서울대학교 기술과 법 센터
Center for Law & Technology

제2판

부정경쟁방지법 주해

UNFAIR COMPETITION PREVENTION ACT
COMMENTARY

편집대표 **정상조**
편집 **설범식**
백강진
박태일

博 英 社

머 리 말

　『부정경쟁방지법 주해』는 초판이 출판된 이후 학계와 실무계에서 참고문헌
으로 널리 활용되고 많이 인용되어 왔습니다. 초판이 출판된 이후 지난 4년간
부정경쟁방지법의 개정도 많았고 흥미로운 쟁점의 판결도 많이 나왔습니다. 특허
법과 저작권법 분야에서도 많은 변화가 있었지만 가장 커다란 변화를 몰고 온 분
야는 부정경쟁방지법입니다. 지난 4년간 여러 차례에 걸쳐서 영업비밀 보호의
강화 및 부정경쟁행위 유형의 확대를 위한 법개정이 있었고 다른 분야에서보다
훨씬 더 빠른 속도로 관련 분쟁과 판결도 대폭 늘어났습니다. 이번 제2판은 이
러한 법개정 사항과 판례 및 학설 변화를 모두 반영했습니다.

　　배터리에 관한 영업비밀침해를 둘러싸고 대기업간 분쟁이 많은 관심을 끌
고 영업비밀보호에 관한 수요가 커지면서 거의 매년 영업비밀보호에 관한 규정
이 개정되어 왔습니다. 특히 영업비밀침해의 행위유형 및 징벌적 손해배상의 대
상이 되는 영업비밀침해의 행위유형이 확대되고, 징벌적 손해배상액의 한도는
손해액의 '3배'에서 '5배'로 상향조정되었습니다.

　　2013년 법개정으로 '성과물 부정차용'과 같이 넓은 의미의 부정경쟁행위를
포섭할 수 있는 일반조항이 도입된 이후 성과물 부정차용을 주장한 사례가 급
증했습니다. 저작권이나 상표권의 침해 또는 기존의 부정경쟁행위를 주장하면
서 그러한 주장이 받아들여지지 않을 경우에 대비하기 위하여 성과물 부정차용
을 주장하는 것은 거의 대부분의 사례에서 볼 수 있는 예비적 청구의 단골메뉴
가 되었습니다. 성과물 부정차용에 관한 일반조항을 널리 적용함으로써 과연 누
구나 바람직하다고 생각하는 공정한 경쟁질서가 확립될 수 있다고 주장하는 견
해가 있지만, 정반대로 자유로운 경쟁을 가로막고 장기적으로 혁신과 경쟁의 위
축을 초래하지 않을까 우려하는 견해도 많습니다.

　　성과물 부정차용에 관한 일반조항이 있음에도 불구하고, 특허청은 데이터를
부정하게 사용하는 행위와 유명인의 초상·성명 등 인적 식별표지를 무단사용하는

행위를 각각 부정경쟁행위로 추가신설하기 위한 법개정을 추진했습니다. 법개정 이전에 이미 데이터의 무단복제 또는 부정사용 그리고 유명인의 초상이나 성명의 무단사용이 성과물 부정차용에 해당된다고 본 사례들이 있었습니다. 데이터의 부정사용에 관한 부정경쟁행위 유형의 도입으로 인하여 인공지능 분야의 기술혁신에 걸림돌이 되지 않을지 그리고 유명인의 인적 식별표지 무단사용을 부정경쟁행위로 추가함에 따라 기존의 관련 판례가 어떠한 변화를 보여줄지 지켜볼 일입니다.

　　부정경쟁방지법에 관한 체계적이고 객관적인 주해를 담은 주해서를 만들기 위하여, 조문별로 교수 7명, 법관 7명, 변호사 6명 총 20명의 국내 최고의 전문가분들이 논점의 정리와 분석을 분담했습니다. 집필자로 참여해주신 교수, 법관, 변호사분들이 기꺼이 원고집필을 수락하고 뜻을 함께 해주시지 않았다면 이 주해서는 세상에 나올 수 없었을 것입니다. 이 분들이 때로는 일요일도 반납하고 때로는 가족들의 불평도 모른 체하면서 헌신적인 노력을 해주셨습니다. 집필자분들의 소중한 원고들이 더욱 빛날 수 있도록 면밀한 교정 등의 힘든 작업이 뒤따라야 하는데 이 과정에서 김광남 고법판사의 도움이 컸습니다. 또한, 집필자의 선정에서부터 원고 편집과 출판 실무에 이르기까지 열정적인 노력을 해주신 설범식 부장판사, 백강진 부장판사 그리고 박태일 부장판사에게 진심으로 감사드립니다. 편집자 및 집필자 여러분께 거듭 거듭 감사드립니다.

　　『부정경쟁방지법 주해』 제2판은 최근까지의 법개정과 판례 및 학설을 완벽하게 반영한 주해서입니다. 우리나라 학계와 실무계 그리고 재조와 재야 전문가들이 함께 모여서 부정경쟁방지법에 관한 다양한 시각과 상당한 고민 및 경험을 담아낸 걸작이라고 자부합니다. 우리 부정경쟁방지법이 직면한 어떠한 쟁점이나 문제가 제기되더라도, 『부정경쟁방지법 주해』 제2판이 속 시원하고 시의적절한 해결책을 제시해줄 수 있을 것으로 기대합니다. 마지막으로 특허법, 저작권법, 디자인보호법, 상표법 주해서에 이어, 이번 『부정경쟁방지법 주해』 제2판의 출판까지 도맡아준 박영사 안종만 회장, 조성호 이사에게 감사드립니다.

2024년 6월
서초동 연구실에서
편집대표 정 상 조

초판 머리말

　　최근 배터리에 관한 영업비밀침해를 둘러싸고 SK이노베이션과 LG화학 사이에 소송이 벌어져서 국내외의 커다란 관심을 끌고 있다. 국내의 기술유출사범도 급증하고 있고, 국가정보원이 적발한 해외산업스파이도 2003년 6건에서 2014년 63건으로 10배 이상 증가했다. 산업구조가 바뀌면서 전문인력이 기업간 그리고 산업간 이동할 수밖에 없기 때문에 영업비밀의 침해는 점점 더 중요한 쟁점이 될 것으로 예상된다. 산업기술의 유출방지 및 보호에 관한 법률도 많이 활용되고 있지만 부정경쟁방지 및 영업비밀보호에 관한 법률("부정경쟁방지법")의 중요성이 커지는 배경이 된다. 이러한 배경에는 특허권침해로 인한 손해배상청구 등 법적 구제가 만족스럽지 못한 국내현실이 자리잡고 있다는 점도 부인할 수 없다. 그 결과로 특허권침해를 둘러싼 소송은 많이 줄어든 반면에 영업비밀침해를 주장하는 소송은 증가하고 있다.

　　저작권법, 디자인보호법, 상표법 등에 의해서 보호받지 못하는 아이디어나 명성 또는 신용 등도 부정경쟁방지법에서 그 구제수단을 찾는 경향이 있다. 특히, 저작권침해 등 기존의 지재권침해로 주장할 수 없던 다양한 부정경쟁경행위가 판례에 의해서 불법행위로 인정되고, 부정경쟁방지법의 개정에 의해서 새로운 부정경쟁행위 유형이 도입되면서 부정경쟁방지법의 활용이 크게 늘고 있다. 부정경쟁방지법이 만병통치약이 될 수는 없고 여동저인 경쟁질서를 위축시킬 수 있는 부작용도 있을 수 있기 때문에, 과다한 확대적용은 경계해야 한다고 하는 지적도 많이 나오고 있다. 바로 이러한 산업, 입법, 해석상의 변화로 인해서, 많은 전문가들이 부정경쟁방지법에 관한 상세하면서도 객관적인 주해서를 필요로 하고 있다.

　　본인을 비롯한 편집자들은 2010년에 상표법 주해서와 부정경쟁방지법 주해서를 동시에 기획하면서 원고내용의 중복을 피하고 양 법의 조화를 이룰 수 있는 주해서를 출판하고자 했다. 상표법 주해서는 2018년 초에 출간할 수 있었지만, 부정경쟁방지법의 경우에는 새로운 유형의 부정경쟁행위도 도입되고 조만간 이뤄질지 모르는 전문개정을 기다려 볼 필요도 있어서 그 출간이 늦춰지게 되었다. 이제 많이 늦은 감이 있지만, 현행 부정경쟁방지법의 모습과 중요한 논점들을 객관적으로 설명 및 정리하고, 향후 전개될 시장 변화와 법적 쟁점을 파악하고 분쟁 해결에 도움이 될 수 있는 주해서를 출간하게 되었다.

이미 특허법, 저작권법, 디자인보호법, 상표법에 관한 주해서를 출판한 바 있는데, 이번 부정경쟁방지법에 관한 체계적이고 객관적인 주해를 담은 주해서를 출판함으로써 대한민국 지식재산권법에 관한 주해서 시리즈의 출간이 완성되는 셈이다. 2010년경 서울대 법대 박준석 교수와 함께 부정경쟁방지법 주해서를 기획하기 시작했고, 설범식 부장판사 및 백강진 부장판사가 합류해서 집필자 선정 및 조문 분담 그리고 원고 집필 등 일련의 주해서 출판작업을 추진했다. 부정경쟁방지법 조문별로 국내 최고의 전문가로 하여금 객관적인 논점의 정리와 분석을 분담할 수 있도록 노력했다. 7명의 교수, 7명의 판사, 4명의 변호사를 포함해서 총 18명의 필자분을 섭외하고 원고 집필에 착수했다. 그 동안 수차례에 걸친 법개정이 있었기 때문에, 그에 따른 주해서 원고의 수정 및 보완을 거쳐서 출판에 이르게 되었다.

1인의 저자에 의해서 쓰인 교과서와 달리, 부정경쟁방지법 주해서는 각 조문별 최고의 전문가들이 모여서 객관적이고 체계적인 정리와 분석을 해놓은 역작이라고 자부할 수 있다. 특히 집필자들의 구성에서 쉽게 알 수 있듯이, 학계와 실무계 그리고 재조와 재야 전문가들이 함께 모여서 수차례의 원고 수정을 거쳐서 완성해낸 주해서라고 하는 점을 강조하고 싶다. 따라서, 9년 동안의 원고집필과 수정이라고 하는 오랜 기다림 끝에 세상으로 나오게 된『부정경쟁방지법 주해』는 우리나라 전문가들의 다양한 시각과 상당한 고민 및 경험이 축적된 작품이라고 자랑하고 싶다. 우리 부정경쟁방지법이 직면한 어떠한 쟁점이나 문제가 제기되더라도, 『부정경쟁방지법 주해』가 적확하고 속 시원한 대답을 제시해줄 수 있을 것으로 기대한다.

집필자의 선정에서부터 원고 편집과 출판 실무에 이르기까지 열정적인 노력을 해주신 박준석 교수, 설범식 부장판사, 백강진 부장판사와 편집 및 교정 작업에 도움을 주신 박태일 부장판사에게 진심으로 감사드린다. 이 분들이 때로는 일요일도 반납하고 때로는 가족들의 불평도 모른 체하면서 헌신적인 노력을 해주셨다. 집필자로 참여해주신 교수, 판사, 변호사분들이 기꺼이 원고집필을 수

락하고 뜻을 함께 해주시지 않았다면 이 주해서는 세상에 나올 수 없었을 것이다. 편집자 및 집필자 여러분께 거듭 거듭 감사드린다. 그리고 특허법, 저작권법, 디자인보호법, 상표법 주해서에 이어, 이번 『부정경쟁방지법 주해』의 출판까지 도맡아준 박영사 안종만 회장, 조성호 이사에게 감사드린다.

2020년 1월
관악캠퍼스 연구실에서
편집대표 정 상 조

부정경쟁방지법 주해(제2판) 편저자

편집대표: 정 상 조 (서울대학교 법학전문대학원 교수)
    편집: 설 범 식 (서울고등법원 부장판사)
          백 강 진 (서울고등법원 부장판사)
          박 태 일 (수원지방법원 성남지원장)

부정경쟁방지법 주해(제2판) 집필자

권 동 주 (법무법인 화우 변호사)
김 광 남 (서울고등법원 고법판사)
김 기 수 (특허법원 고법판사)
김 병 일 (한양대학교 법학전문대학원 교수)
문 선 영 (숙명여자대학교 법학부 교수)
박 성 호 (한양대학교 법학전문대학원 교수)
박 준 석 (서울대학교 법학전문대학원 교수)
박 태 일 (수원지방법원 성남지원장)
백 강 진 (서울고등법원 부장판사)
설 범 식 (서울고등법원 부장판사)
송 재 섭 (인천국제공항공사 변호사)
염 호 준 (법무법인 태평양 변호사)
오 영 준 (서울고등법원 부장판사)
우 성 엽 (특허법원 고법판사)
이 규 호 (중앙대학교 법학전문대학원 교수)
이 대 희 (고려대학교 법학전문대학원 교수)
이 상 현 (법무법인 태평양 변호사)
정 상 조 (서울대학교 법학전문대학원 교수)
최 성 준 (법무법인 김장리 변호사)
최 승 재 (법무법인 클라스한결 변호사)

(이상, 가나다 순)

차   례

제 1 장 총   칙

제1조(목적) ··· 〈정상조〉   1

제2조(정의) 1호 가. 나. ·································· 〈이대희〉   21

제2조(정의) 1호 다. ··································· 〈송재섭〉   52

제2조(정의) 1호 라. ··································· 〈이규호〉   72

제2조(정의) 1호 마. ··································· 〈이규호〉   84

제2조(정의) 1호 바. ··································· 〈송재섭〉   92

제2조(정의) 1호 사. ··································· 〈송재섭〉   103

제2조(정의) 1호 아. ··································· 〈최성준〉   106

제2조(정의) 1호 자. ··································· 〈박성호〉   171

제2조(정의) 1호 차. ··································· 〈이상현〉   219

제2조(정의) 1호 카. ··································· 〈김기수〉   237

제2조(정의) 1호 타. ··································· 〈박성호〉   269

제2조(정의) 1호 파. ··································· 〈문선영〉   321

　　　〈보론〉 부정경쟁방지법과 독점규제 및 공정거래에 관한 법률과의 관계

　　　　　　　　　　　　　　　　　　　　　　　　　　　〈최승재〉   354

제2조(정의) 2호 ······································· 〈박준석〉   369

　　　〈보론〉 영업비밀의 특정 ······················ 〈백강진〉   428

제2조(정의) 3호 가. 나. 다. ························ 〈김병일〉   437

제2조(정의) 3호 라. 마. 바. ························ 〈박준석〉   451

제2조(정의) 4호 ······································· 〈최성준〉   476

제2조의2(기본계획의 수립) ·························· 〈김광남〉   480

제2조의3(시행계획의 수립 등) ···················· 〈김광남〉   487

제2조의4(실태조사) ···································· 〈김광남〉　489

제2조의5(부정경쟁방지 및 영업비밀보호 사업) ··············· 〈백강진〉　492

제 2 장　부정경쟁행위의 금지 등

제3조(국기·국장 등의 사용 금지) ························ 〈권동주〉　494

제3조의2(자유무역협정에 따라 보호하는 지리적 표시의 사용금지 등)

〈백강진〉　501

제3조의3(오인·혼동방지청구) ························· 〈박태일〉　507

제4조(부정경쟁행위 등의 금지청구권 등) ················· 〈백강진〉　510

제5조(부정경쟁행위에 등에 대한 손해배상책임) ············ 〈박성호〉　532

제6조(부정경쟁행위 등으로 실추된 신용의 회복) ············ 〈백강진〉　555

제7조(부정경쟁행위 등의 조사 등) ····················· 〈백강진〉　563

제7조의2(자료열람요구 등) ··························· 〈백강진〉　569

제8조(위반행위의 시정권고 등) ······················· 〈백강진〉　572

제9조(의견청취) ·································· 〈백강진〉　578

제 3 장　영업비밀의 보호

제9조의2(영업비밀 원본 증명) ························· 〈우성엽〉　580

제9조의3(원본증명기관의 지정 등) ····················· 〈우성엽〉　591

제9조의4(원본증명기관에 대한 시정명령 등) ··············· 〈우성엽〉　595

제9조의5(과징금) ································· 〈우성엽〉　599

제9조의6(청문) ·································· 〈우성엽〉　601

제9조의7(비밀유지 등) ····························· 〈우성엽〉　603

제9조의8(영업비밀 훼손 등의 금지) ···················· 〈박태일〉　606

제10조(영업비밀 침해행위에 대한 금지청구권 등) ············ 〈박준석〉　607

제11조(영업비밀 침해에 대한 손해배상책임) ··············· 〈최승재〉　656

제12조(영업비밀 보유자의 신용회복) ························· 〈박준석〉 *661*

제13조(영업비밀 침해 선의자에 관한 특례) ················· 〈박준석〉 *664*

제14조(영업비밀 침해행위 금지청구권 등에 관한 시효) ········· 〈박준석〉 *668*

제 4 장 보   칙

제14조의2(손해액의 추정 등) ··························· 〈염호준〉 *672*

제14조의3(자료의 제출) ······························· 〈염호준〉 *734*

제14조의4(비밀유지명령) ····························· 〈설범식〉 *745*

제14조의5(비밀유지명령의 취소) ······················· 〈설범식〉 *771*

제14조의6(소송기록 열람 등의 청구 통지 등) ·············· 〈설범식〉 *780*

제14조의7(기록의 송부 등) ··························· 〈박태일〉 *787*

제15조(다른 법률과의 관계) ·························· 〈김병일〉 *795*

제16조(신고포상금 지급) ····························· 〈우성엽〉 *801*

제17조(업무의 위탁 등) ····························· 〈백강진〉 *805*

제17조의3(벌칙 적용에서의 공무원 의제) ················· 〈최승재〉 *809*

제18조(벌칙) ····································· 〈최승재〉 *811*

제18조의2(미수) ·································· 〈송재섭〉 *835*

제18조의3(예비·음모) ······························ 〈송재섭〉 *836*

제18조의4(비밀유지명령 위반죄) ······················ 〈설범식〉 *838*

제18조의5(몰수) ································· 〈김광남〉 *841*

제19조(양벌규정) ································· 〈오영준〉 *846*

제19조의2(공소시효에 관한 특례) ····················· 〈오영준〉 *851*

제20조(과태료) ·································· 〈오영준〉 *853*

사항색인 ··· *861*

제1장
총   칙

<소 목 차>

Ⅰ. 서   론
Ⅱ. 부정경쟁방지법제도 일반론
   1. 부정경쟁방지법제도의 기원
   2. 부정경쟁방지에 관한 외국입법례
   3. 우리 부정경쟁방지법의 연혁
Ⅲ. 부정경쟁방지법의 목적

1. 부정경쟁행위의 방지
2. 영업비밀침해의 방지
3. 건전한 거래질서의 유지
Ⅳ. 소결: 부정경쟁방지법의 목적과 해석론

Ⅰ. 서   론

부정경쟁방지법 제1조는 "국내에 널리 알려진 타인의 상표·상호(商號) 등을 부정하게 사용하는 등의 부정경쟁행위"를 방지하고 "타인의 영업비밀을 침해하는 행위"를 방지함으로써 "건전한 거래질서를 유지함"을 목적으로 한다고 규정하고 있다. 다시 말해서, 부정경쟁방지법은 "건전한 거래질서의 유지"라고 하는 법목적을 달성하기 위해서 "부정경쟁행위"와 "영업비밀침해행위"를 금지하고 그에 대한 손해배상청구 등의 구제수단을 규정하고 있다.

부정경쟁방지법의 의의와 역할은 시대별로 많은 변화가 있어 왔고 국가별로 많은 차이가 있다. 우리나라 부정경쟁방지법의 연혁을 보더라도 부정경쟁행위의 범위가 지속적으로 확대되어 오다가 보충적 일반조항을 두기에 이르렀다. 아래에서는 부정경쟁방지법의 기원과 외국입법례의 변화 그리고 우리나라에서의 법제도 변화의 연혁을 살펴봄으로써 부정경쟁방지법의 목적조항을 객관적으로 조명하는데 도움을 받고자 한다.

　　부정경쟁방지법은 "건전한 거래질서의 유지"를 그 궁극적인 법목적으로 규정하고 있는데, 무엇이 "건전한" 거래질서에 해당되는지, 그리고 그러한 거래질서의 유지를 위해서 "부정경쟁행위" 및 "영업비밀침해"의 방지는 어떠한 요건 하에서 어떠한 범위 내에서 이뤄져야 하는 것인지 등이 어려운 해석론 또는 입법론상의 문제로 제기된다. "건전한" 거래질서의 구체적인 내용에 대해서는 백인백색의 주장이 가능하겠지만, 혁신과 경쟁 그리고 명성보호와 영업자유에 관한 최적의 균형을 이룸으로써 최대의 소비자후생을 가져다줄 수 있는 거래질서를 모색하는 것이 과제라고 하는 점에 대해서는 이론의 여지가 없을 것이다. 경제학적으로도 흥미로운 주제이지만 법학적으로도 중요한 논점이다. 우리 법의 해석론으로서는, 우리 헌법상 경제질서에 관한 규정을 출발점으로 해서 "건전한" 거래질서의 내용을 파악하고 그 구체적인 의미를 "부정경쟁행위" 및 "영업비밀침해"의 요건과 범위 해석에 적용할 필요가 있을 것이다.

Ⅱ. 부정경쟁방지법제도 일반론

1. 부정경쟁방지법제도의 기원

　　특허제도나 저작권제도는 비교적 일찍부터 그 권리내용이 성문법에 의해서 명확해진 반면에, 부정경쟁방지에 관한 법리는 판례에 의해서 형성되기 시작한 이래 그 대부분이 아직까지도 판례에 의해서 진화하고 있는 제도라고 볼 수 있다. 다시 말해서, 영국의 1623년 독점법(Statute of Monopolies)과 1710년 앤여왕법(Statute of Anne)[1] 등은 근대적인 모습의 특허 및 저작권제도를 탄생시켰다고 말할 수 있는데, 부정경쟁방지법의 기원에 대해서는 아직도 상당한 논란이 있지만 영국의 1617년 Southern v. How[2] 사건에서 Doderidge판사가 제시한 방론이 "사칭(詐稱: passing off)"이라고 하는 불법행위법리의 기원이 되었고, 이후

---

1) 8 Anne, ch. 19(1710)은 'An Act for the Encouragement of Learning, by Vesting the Copies of Printed Books in the Authors or Purchasers of such Copies, during the Times therein mentioned'라고 하는 다소 기다란 명칭으로 명명되어 있다.

2) 79 Eng. Rep. 1243 (K.B. 1617): James M. Treece, Developments in the Law of Trademarks and Service Marks-Contributions of the Common Law, the Federal Act, State Statutes and the Restatement of Torts, 58 Cal. L. Rev. 885 (1970)에서 재인용.

사칭에 관한 법리는 계속 진화되어 미국 등에 부정경쟁방지의 법리로 발전되어 왔다.

부정경쟁방지의 법리는 영미판례를 통해서 사칭행위 내지 출처혼동의 방지를 중심으로 발달되었지만, 산업화 및 시장의 변화와 함께 다양한 유형의 부정경쟁행위에 널리 적용되는 법리로 진화되어 왔다. 오늘날, 영업비밀과 publicity의 보호도 넓은 의미의 부정경쟁방지의 법리로 이해되고 있다. 다만, 출처혼동에 관한 부정경쟁행위 유형의 상당부분은 상표법이라고 하는 성문법에 흡수되었고, 영업비밀의 보호에 대해서는 그 중요성의 증가와 함께 대부분의 국가에서 그 침해에 대한 형사처벌을 위한 성문법 규정을 두게 되었다.

성문법을 중심으로 한 대륙법 국가 가운데 프랑스는 영업비밀의 보호에 관한 별도의 성문법을 제정한 바 없고 현재까지도 민법상 불법행위의 한 가지 유형으로 다양한 사안에 관한 판례를 발전시켜오고 있다. 이와는 달리, 독일은 19세기 말에 이미 부정경쟁방지법을 제정했는데, 넓은 범위의 부정경쟁행위를 모두 포괄할 수 있는 일반조항을 두고 있다. 따라서, 성문법으로서의 부정경쟁방지법을 가진 독일에서도 여전히 판례를 통해서 그 구체적인 해석론이 계속 진화해 나가고 있다고 볼 수 있다.

2. 부정경쟁방지에 관한 외국입법례

가. 영   국

사칭행위의 법리는 간단히 말해서 "자신의 상품을 타인의 상품인 것처럼 판매행위를 해서는 안된다"고 하는 바람직한 거래질서를 유지하기 위한 법리로서, 원고의 신용이 보호받을 가치가 있고 피고가 소비자/수요자에게 사칭행위를 했고 그 결과로 원고에게 손해를 가한 경우에 그 피해자 원고에게 손해배상청구 등의 구제수단을 부여해준다[3] 그후 사칭행위의 법리는 많은 진화를 하게 되는데, 예컨대, Cadbury Schweppes Pty Ltd v Pub Squash Co. Pty Ltd[4] 사건에

---

3) Perry v Truefitt (1842) 6 Beav. 66; 49 ER 749 사건에서, 향수전문가 겸 미용사인 원고 Perry는 "Perry's Medicated Mexican Balm"이라는 이름으로 두발관리용 화장품을 제조판매했는데, 그와 경쟁관계에 있는 피고 Truefitt이 그와 아주 유사한 성분과 성능의 제품을 만들어서 "Truefitt's Medicated Mexican Balm"이라는 이름으로 판매했다. 원고는 피고의 판매가 사칭판매라고 주장했지만, 법원은 "Medicated Mexican Balm"이 동일하다는 사실만으로는 사칭행위가 성립할 수 없다고 원고청구를 기각하면서도 사칭의 불법행위법리를 명확히 제시한 바 있다.
4) 성인남자용 레몬음료라고 하는 개념과 분위기의 원고제품홍보를 모방한 사안에서 사칭의

서는 상품 그 자체뿐만 아니라 홍보의 유사성에 의해서도 사칭이 성립할 수 있
다고 판시되었다.

　　그후 사칭행위의 법리는 계속 진화를 거듭해서, 제품구입단계에서는 혼동
이 없더라도 제품에 처음 관심을 갖게 된 때의 혼동 즉 판매전 초기혼동(Initial
Interest confusion)을 일으킨 경우,5) 심지어는 판매전 그리고 판매당시 혼동이 전
혀 없더라도 판매후 수요자들에게 출처혼동 내지 암시를 일으킨 경우에도 사칭
에 해당된다고6) 판시된 바 있다. 더 나아가, 최근에는 품질의 동일성에 관한 혼
동을 일으키거나 기망한 경우에 품질에 관한 사칭행위가 성립되고,7) 원산지에
관한 혼동을 일으킨 경우에도8) 사칭행위가 성립된다고 판시되었다. 또한, 유명
연예인의 이미지를 무단으로 도용해서 후원관계의 혼동을 초래한 경우9)에도 사
칭행위의 성립이 인정된 바 있다.

　　사칭행위의 법리가 아무리 넓게 적용된다고 하더라도 넓은 의미의 부정경
쟁방지의 법리와는 다르다. 특히, 영업비밀의 보호에 대해서는 소위 "기밀보호
의 법리(law of confidentiality)"가 발달되어 왔다. 영업비밀의 보호대상과 보호범
위에 대해서는 유럽연합 내에서 많은 논란이 있어왔고, 그에 관한 지침제정안도
마련된 바 있다.10) 유럽연합의 영업비밀보호지침이 마련된다면 기밀보호의 법
리에 관한 판례로 충분할 것인지 아니면 별도의 성문법 제정이 필요하게 될지
그 귀추가 주목된다.

　　범위가 제품에 한정되지 않는 홍보에까지 확대될 수 있다고 판시되었다: [1980] UKPC 30.
　5) Och-Ziff Management Europe Ltd & Another v Och Capital LLP & Another [2010]
　　EWHC 2599 (Ch).
　6) L'Oréal SA v Bellure NV [2010] EWCA Civ 535 사건에서는 수요자들이 어느 회사제품
　　인지 명확히 알면서 구입한 저가 향수임에도 불구하고 그 향기가 너무나도 정확히 원고
　　제품의 특정 향수제품을 암시한 경우에 판매후 혼동에 의해서도 사칭이 성립할 수 있음이
　　인정되었다.
　7) Diageo North America Inc v Intercontinental Brands (ICB) Ltd [2010] EWHC 17 (Ch) 사
　　건에서는 VODKA 성분만으로 만들어진 주류가 아님에도 불구하고 VODKA로 판매한 경
　　우에도 품질에 관한 신용을 도용해서 재산적 손해를 가한 사칭행위에 해당된다고 판시되
　　었다.
　8) Fage UK Ltd & Another v Chobani UK Ltd & Another [2014] EWCA Civ 5 사건에서는
　　그리스에서 만들어진 요거트가 아님에도 불구하고 "Greek Yoghurt"라고 부르는 것은 원산
　　지에 관한 사칭행위에 해당된다고 판시되었다.
　9) Irvine v Talksport [2002] FSR 60; Fenty v Arcadia Group Brands Ltd (t/a Topshop)
　　[2013] EWHC 2310.
　10) Proposal for a Directive of the European Parliament and of the Council on the protection
　　of undisclosed know-how and business information (trade secrets) against their unlawful ac-
　　quisition, use and disclosure (COM/2013/0813 final - 2013/0402).

나. 미   국

영국에서 탄생한 사칭행위의 법리는 미국에서 부정경쟁방지의 법리로 발전
한다. 주법 즉 주법원의 판례에 의해서 확립된 부정경쟁행위 유형 가운데 기업
간 경쟁에 영향을 미치는 기망적인 영업행위는 1914년에 연방의회가 제정한 연
방거래위원회(Federal Trade Commission: FTC)법에 반영되었고, 출처혼동으로 인
한 불법행위는 상표의 등록여부에 관계없이 거의 대부분 1946년에 개정된 연방
상표법(Lanham Act)[11]에 흡수되었다.

출처혼동이나 기망행위 이외의 부정경쟁행위에 있어서, 무엇이 "불공정
(unfair)" 또는 "위법(wrongful)"한 것인지에 관한 판단은 기술의 발전 및 시장의
상황에 따라 상당한 변화를 해왔다. 특히 법원에 따라서 부정경쟁행위의 개념과
범위가 달랐지만 전반적으로 대공황 이전까지는 출처혼동을 넘어 점점 더 다양
한 유형의 부정경쟁행위를 인정하는 확장의 역사를 만들었다. 성과물의 부정차
용을 부정경쟁행위로 인정한 INS v. AP판결이 부정경쟁행위법리 확장의 정점
으로 볼 수 있다.[12] 제1차세계대전 당시 독일과 프랑스는 INS가 독일에 유리한
보도를 한다고 판단하고 INS의 연합국 전신망 사용을 차단했고, INS가 경쟁사
AP의 뉴스보도내용을 토대로 전쟁관련 뉴스서비스를 제공한 사안에서, 문제
된 뉴스정보는 사실에 불과하고 저작권의 보호대상에 해당하지 않지만 연방대
법원은 AP가 상당한 자본과 노력을 투입해서 생산한 뉴스와 같이 시간적으로
중요한 정보는 재산으로 보호할 가치가 있다고 보고 그러한 정보의 '부정차용
(misappropriation)'은 불법행위에 해당한다고 판시했다.[13] 성실한 노력과 투자의
성과물은 재산으로 보호할 가치가 있고 아무런 노력과 투자없이 무임편승하는
행위는 불공정하고 위법하다고 판단함으로써, 연방대법원은 경쟁업자 사이에
무임편승이라고 볼 수 있는 다양한 경쟁행위들을 부정차용이라고 주장하면서
치단할 수 있는 길을 열어준 것이다.

부정경쟁행위 법리의 확장은 유럽 대륙의 부정경쟁방지법으로부터 영향을
받은 것이고 1925년 헤이그회의에서 개정된 '산업재산권보호를 위한 파리협약'
이 회원국의 국민/기업들에게 부정경쟁행위에 대한 효율적인 구제수단을 부여

---

11) 15 U.S.C. §§1124-1125.
12) Christine Haight Farley, The Lost Unfair Competition Law, 110 Trademark Rep. 739
(2020).
13) International News Service v. Associated Press, 248 U.S. 215 (1918).

해야 한다고 하는 규정14)을 새로이 도입한 국제적 동향에 부합하는 변화로 볼
수 있다. 그러나 1930년대 대공황이 시작되면서 미국의 시장질서 및 법제도에
도 커다란 변화가 나타난다. 우선 대공황으로 시장의 합리적이고 효율적인 질서
가 붕괴되자 예일학파를 비롯한 많은 경제학자들은 특허권을 비롯한 대기업의
독점적 지위의 남용이 대공황의 원인이라고 주장했다. 미국 법무부는 특허권의
남용에 의한 경쟁제한을 공정거래법 위반으로 보고 소송제기 등의 적극적인 조
치를 취하기 시작했다. 연방대법원은 부정경쟁행위 법리의 확장에 쐐기를 박는
일련의 판결들을 내리게 된다.

    1938년 통밀로 만든 베개 모양의 비스킷 시리얼 'Shredded Wheat'의 모양
과 명성을 이용하여 경쟁적인 시리얼을 판매하는 행위가 부정경쟁행위에 해당
하는지 문제된 사안에서, 연방대법원은 피고 켈로그가 원고의 투자와 노력의 성
과물을 이용하고 베개 모양 시리얼의 명성에 편승한 것은 부인할 수 없지만 그
러한 경쟁행위가 부정경쟁행위에 해당한다고 볼 수는 없다고 판단했다. 연방대
법원이 부정경쟁행위의 법리가 적용될 수 없다고 본 근본적인 이유는 원고 기
업이 베개 모양의 시리얼을 만드는 기계에 대하여 특허권을 취득했지만 그 특
허권의 존속기간이 지났고 원고가 'Shredded Wheat'에 대한 상표등록출원을 했
지만 기술적상표에 해당하므로 상표등록이 거절된 것에 있다. 연방대법원은 특
허권에 의해서 보호되지 않는 시리얼의 제작 그리고 상표권에 의해서 보호되지
않는 시리얼 명칭의 사용은 타인의 투자와 노력에 무임편승한 것이더라도 부정
경쟁행위라고 볼 수 없고 누구든지 자유롭게 할 수 있는 적법한 경쟁행위에 해
당한다고 판시했다.15)

    부정경쟁행위 법리를 제한하는 미국 판례는 계속 이어져 왔다. 특이한 모양
의 램프가 커다란 성공을 거두자 경쟁업체가 동일한 모양의 램프를 판매한 사
안에서, 연방대법원은 램프에 관한 디자인특허가 무효라고 판단한 원심판결을
그대로 받아들이면서, 부정경쟁행위의 법리가 특허받을 수 없는 램프의 경쟁적
인 생산을 차단하는 도구로 악용될 수는 없고 자유로운 경쟁은 적법한 것이라
고 판시했다.16)

    투자와 노력의 성과물의 부정차용 가운데 영업비밀과 퍼블리시티의 도용은

14) Article 10bis (Unfair Competition), Paris Convention for the Protection of Industrial Pro-
    perty.
15) Kellogg Co. v. National Biscuit Co., 305 U.S. 111 (1938).
16) Sears, Roebuck & Co. v. Stiffel Co., 376 U.S. 225 (1964).

부정경쟁행위로 확립되었지만, 그 이외의 경우에는 성과물의 부정차용을 부정경쟁행위로 판단한 사례는 많지 않다. 특히 타인의 투자와 노력의 결과에 '무임승차(free-riding)'한다고 하는 개념이 너무나 광범위하고 애매모호하기 때문에 '부정차용(misappropriation)'으로 인한 부정경쟁행위의 법리에 대해서는 학계의 반론이 제기된 바 있다.[17]

다. 프 랑 스

프랑스는 성문법 중심의 대륙법 국가에 해당되지만, 부정경쟁행위에 관한 법리는 영미에서와 마찬가지로 불법행위의 한 가지 유형으로 발전되어 왔다. 프랑스의 민법전에 불법행위에 관한 규정이 있는데,[18] 부정경쟁방지의 법리는 바로 민법상 불법행위의 해석론에 의해서 발전되어 온 것이다.[19] 불법행위의 법리는 상표를 재산권의 보호대상으로 보호하는 것은 아니지만 출처혼동의 다양한 행위를 불법행위로 보고 그에 대한 구제수단을 부여해온 것이다. 판례상 부정경쟁방지의 법리는 출처혼동뿐만 아니라 고의 또는 과실로 신뢰위반, 관습의 위반, 타인의 명성과 창작 및 투자결과를 해하는 다양한 행위에 대해서도 적용되게 되었다.

프랑스 부정경쟁방지의 법리도 기본적으로는 영업의 자유에 입각하고 있기 때문에 피해를 주장하는 원고가 입증해야 할 책임을 지고 있다. 출처혼동뿐만 아니라 상품이나 서비스의 디자인, 포장, 광고 등에 있어서 타인의 노력과 투자의 결과에 무임편승하는 위법행위를 입증한다면 구제받을 수 있다. 저작권이나 상표권의 침해가 아니지만, 예컨대 등록무효로 판단된 상표, 병목이 기다란 병 모양, 백색 바탕에 빨간 색으로 상호를 표시하는 색채디자인이 유사한 사안에서, 경쟁업체의 노력과 명성에 무임승차하는 행위가 위법하다고 본 사례들이 있다.[20]

영업비밀도 정보의 자유로운 접근 및 직업선택의 자유라고 하는 상충하는

17) Richard A. Posner, Essay: Misappropriation: A Dirge, 40 Hous. L. Rev. 621 (2003), p. 625; Michael E. Kenneally, Misappropriation and the Morality of Free-Riding, 18 Stan. Tech. L. Rev. 289 (2015), pp. 327-328.
18) Code Civil, Articles 1382-1384.
19) WIPO, Protection against Unfair Competition: Analysis of the Present World Situation (1994), p. 15.
20) Cassation 06.11.84) Ann Prop Ind 1985 p146; Paris Court of Appeals 14/05/04 PIBD 2004 N" 791 III-447; Paris Court of Appeals 18/05/2005 Lettre de la Distribution July/ August 2005, page 2: INTA European & Central Asia Legislation and Regulatory Sub-Committee, Unfair Competition Reports (http://www.inta.org/Advocacy/Documents/INTA-UnfairCompetitionEurope2007.pdf)에서 재인용.

이익과 조화되어야 하기 때문에 비교적 엄격한 입증책임하에서 제한적으로 불법행위의 법리에 의해서 보호되고 있다. 그러나, 영업비밀의 보호를 위한 입법안은 상충하는 이익과의 조화를 깨뜨린다고 하는 반론에 부딪혀서 번번히 통과되지 못하고 있는 실정이다. 영업비밀의 침해에 대한 형사처벌에 있어서도, 프랑스 지식재산권법이 영업비밀침해에 대한 노동법상의 형사처벌조항을 원용하고 있을 뿐이다.[21]

라. 독 일

독일은 산업화 및 시장활성화에 따라서 1896년 부정경쟁방지법을 제정하고 곧이어 그 문제점을 보완하기 위해서 1909년에 개정했다. 독일은 성문법을 중심으로 한 대륙법국가답게 부정경쟁방지법이라고 하는 성문법을 제정했지만 그 적용범위가 아주 광범위해서 시장의 변화에 대응해가면서 넓은 범위의 부정경쟁행위를 규제할 수 있는 포괄적 규정을 담고 있다.

우선, 제1조 법목적 조항을 보면, 부정경쟁방지법이 사업자뿐만 아니라 수요자 그리고 시장에 참여하는 모든 당사자들을 보호대상으로 삼고 있음을 명백히 하고 있다. 다만, 사업자들의 이익과 수요자의 이익이 충돌하는 경우에 어느 이익을 우선할 것인지 등을 해석함에 있어서는, 우리나라 부정경쟁방지법의 "건전한 거래질서"처럼 해석하기 어려운 측면이 남아 있음은 부인할 수 없다. 기존 판례의 해석론을 받아들여 2004년 개정된 부정경쟁방지법은 청구권자의 자격을 (1) 경쟁관계에 있는 사업자, (2) 사업자단체, (3) 소비자단체, (4) 상공회의소에 한정하고 있어서,[22] 개인 수요자는 민법상 계약이나 불법행위의 법리에 의한 구제 이외에 부정경쟁방지법상의 구제를 직접 청구할 수 없다는 점에서 커다란 한계를 가지고 있다.

독일 부정경쟁방지법 제2조는 개념정의에 관한 규정이고, 제3조는 부정경쟁행위에 포괄적으로 적용될 수 있는 일반조항에 해당된다. 즉, 제3조에 의하면, 사업자, 수요자, 기타 시장에 참여하는 당사자들의 이익을 해하는 불공정한 상거래행위가 금지된다. 무엇이 불공정한 상거래행위에 해당되는지의 해석론은 구체적으로 학설의 전개와 법원의 판례에 의해서 구체화되어 왔고 앞으로 계속

---

21) Le Code de la propriete intellectuelle, Article L621-1은 제조관련 비밀의 침해에 대한 형사처벌은 Labor Code Article L152-7에 따른다고 규정하고 있다.

22) Section 8, Gesetz gegen den unlauteren Wettbewerb (UWG): Manuela Finger and Sandra Schmieder, The New Law Against Unfair Competition: An Assessment, 6 German Law Journal, p. 204.

진화해 나가게 될 것으로 예상된다. 제4조 내지 제7조는 부정경쟁행위의 구체적인 유형을 나열해서 규정하고 있다. 제8조 이하에서는 구제수단을 규정하고 있고, 특히 제17조 이하에서는 영업비밀의 침해에 대한 형사처벌을 비롯한 벌칙을 규정하고 있다.

마. 일 본

일본은 독일에 비하여 훨씬 뒤늦게 1934년에 부정경쟁방지법을 제정했다. 1911년에 이미 농상성이 부정경쟁방지법 초안을 마련했지만 그 당시 미국과 유럽에 비해 일본의 산업이 충분히 발달하지 못해서 명백한 권리침해가 아닌 행위에 대하여 법적 책임을 묻는 것이 부적절하다고 판단했던 것이다. 그러나 파리협약이 개정되어 회원국들이 부정경쟁행위에 대한 구제수단을 제공해야 할 의무를 갖게 되었고, 일본 기업들의 외국 제품 모방에 대한 국제적인 비난이 증가하면서 일본은 1934년에 비로소 부정경쟁방지법을 제정하게 되었다. 1934년법에서의 부정경쟁행위는 출처를 오인 또는 혼동하게 하거나 타사의 명예를 훼손하는 행위에 한정되어 있었고 그 위반에 대한 형사처벌은 국가표장을 대상으로 한 부정경쟁행위에 한정되어 있었다.

일본의 부정경쟁방지법은 약간의 개정을 거쳤지만 1994년 개정을 통하여 현행법과 같은 모습을 갖추게 되었고 그 이후 여러 차례의 개정을 통해 다양한 유형의 부정경쟁행위를 추가해왔다. 일본은 OECD회원국으로서 국제거래에서 외국 공무원에 대한 뇌물제공을 규제하기 위한 협약에 서명하고, 1998년에 일본 부정경쟁방지법도 외국 공무원에 대한 뇌물제공을 금지하는 규정을 신설했다. 1999년에는 저작권법이 아니라 부정경쟁방지법의 개정을 통하여 콘텐츠 복제방지 또는 접근통제를 위한 기술적보호조치의 무력화 또는 관련 도구나 프로그램의 제공을 금지하는 규정을 신설했다. 2001년에는 도메인네임의 가치가 커지면서 상표권 침해 사례가 늘어나면서 도메인네임의 선점에 관한 부정경쟁행위를 새롭게 추가하는 개정이 이루어졌다. 2003년에는 대폭적인 개정이 있었는데, 영업비밀의 중요성을 반영하여 영업비밀의 침해에 관한 형사처벌 조항을 신설했고, 특허법 개정에서와 마찬가지로 부정경쟁행위의 입증과 손해액 산정에 관한 규정을 신설했다. 또한 2004년에는 외국에서 일본인에 의한 외국공무원에 뇌물제공 행위도 금지하는 내용의 개정, 2005년에는 주지상표의 무단사용 및 제품형태의 모방에 관한 형사처벌, 외국에서의 영업비밀 침해에 관한 형사처벌

조항을 신설하는 개정, 2009년에는 영업비밀 침해에 관한 형사처벌 대상을 더욱 확대하는 개정, 2011년에는 접근통제를 위한 기술적보호조치의 우회에 관한 규제를 더욱 확대하는 개정, 2015년에는 다시 영업비밀 침해에 대한 민형사 구제수단을 더욱 강화하기 위한 개정이 이루어졌다. 2018년에는 기술적보호조치의 무력화에 관한 규제를 더욱 강화할 뿐만 아니라 특히 '한정제공데이터'의 부정취득 및 사용 등의 행위를 새로운 부정경쟁행위 유형으로 추가해서 규정했다. 일본은 우리나라와 달리 저작권법에 데이터베이스에 관한 특칙을 두지 않아서 창작성을 결여한 데이터 또는 데이터베이스가 저작권법상 보호받을 수 없었고, 2018년 법개정에 의하여 한정제공데이터 즉 '업으로서 특정한 자에게 제공한 정보로 전자적 방법에 의하여 상당량이 축적, 관리되고 있는 정보(영업비밀 제외)'에 한하여 그에 관한 절취, 사기, 강박 기타 부정한 수단으로 한정제공데이터를 취득하거나 사용하는 행위 등을 부정경쟁행위로 규제하게 된 것이다.

3. 우리 부정경쟁방지법의 연혁

미군정의 수요에 따라서 특허법23)과 상표법24)은 해방직후 비교적 일찍 제정되었지만, 저작권법,25) 의장법, 실용신안법26)은 그로부터 10여년이 지난 후에야 제정되었고, 부정경쟁방지법27)은 1961년 12월 30일에 제정되었다. 그후 부정경쟁방지법은 2024년 2월 20일 개정까지 27회에 걸쳐서 개정되었는데 그 보호범위와 구제수단이 확대되어 온 것이고, 그 보호대상에 영업비밀을 포함하면서 그 법 제명도 「부정경쟁방지법」에서 「부정경쟁방지 및 영업비밀보호에 관한 법률」로 바뀌게 되었다.

부정경쟁방지법이 1962년부터 시행되었고 같은 해부터 경제개발5개년 계획이 집행되었지만, 경제개발 초기단계에는 부정경쟁방지법에 대한 관심이나 활용이 아주 미미한 형편이었다. 대법원판결이 모두 공개되어 있지 못한 상황에서 정확히 진단하기는 어렵지만, 80년대 중반까지 부정경쟁방지법에 관한 20여년

---

23) 군정법령(軍政法令) 제91호에 의해서 공표된 1946년 특허법은 대한민국 국회에 의해서 그대로 대한민국 특허법으로 제정되었다. 대한민국 국회가 처음으로 제정한 특허법[법률 제238호] 제1조는 법목적을 규정하는 대신 "본 법은 1946년 특허법이라 칭함"이라고 규정하고 있다.

24) [법률 제71호, 1949. 11. 28. 제정].

25) [법률 제432호, 1957. 1. 28. 제정].

26) [법률 제952호, 1961. 12. 31. 제정].

27) [법률 제911호, 1961. 12. 30. 제정].

간의 대법원판결이 10여건에 불과했다. 그러나 80년대에 들어와 독점규제 및 공정거래에 관한 법률이 제정되어 다양한 불공정거래행위가 규제되기 시작했다.28) 또한, 특허법, 상표법, 저작권법의 경우와 마찬가지로, 부정경쟁방지법도 1986년 12월 31일에 전부개정되고29) 난 이후부터 정부와 기업의 부정경쟁방지법에 관한 관심과 활용도가 급증하게 된다. 1986년 개정법은 부정경쟁방지법의 실효성을 강화하기 위해서 특허청장에게 부정경쟁행위의 중지 등 시정에 필요한 권고를 할 수 있게 하고 위반행위에 대한 벌금액을 상향조정했다.

1991년 말에는 부정경쟁방지법의 역사상 가장 커다란 변화가 일어났다. 다시 말해서, 기술혁신에 따라 산출되는 기술상·경영상 유용한 정보 즉 영업비밀(營業秘密)의 보호가 기업간의 건전한 경쟁질서를 확립하는데 중요하다고 보고, 부정경쟁방지법은 제3장에서 영업비밀 보호에 관한 규정을 신설하게 되었다.30) 1998년에는 영업비밀 보호의 비중이 커지고 있고 출처혼동을 중심으로 한 부정경쟁행위와 동일하게 취급하기 어려운 측면이 있다는 점을 반영하여, 법 제명이 「부정경쟁방지법」에서 「부정경쟁방지 및 영업비밀보호에 관한 법률」로 변경되었다.31) 또한 1998년 개정법은 손해액 산정에 관한 특칙을 두어 손해배상청구를 용이하게 하고, 영업비밀의 보호를 위한 벌칙 강화 등 실효성 강화를 위한 개정을 했다. 또한, 1999년에는 표시·광고의공정화에관한법률32)이 제정되어 기망적인 광고 등에 대한 공정거래위원회의 시정조치 등 행정규제도 시작되었다.

2001년에는 상표법조약(Trademark Law Treaty) 및 파리협약에 부응하기 위해서 상표희석화 등 새로운 유형의 부정경쟁행위를 추가 규정하고 손해액 산정에 관한 특칙 등 실효성 강화를 위한 법개정이 이루어졌다.33) 2004년에는 인터넷의 사용이 급증함에 따라서 도메인이름(Domain name)의 부정한 등록·사용에 의한 부정경쟁행위를 새로이 추가하고, 영업비밀 보호에 관한 규정을 강화하기 위한 개정이 이루어졌다.34) 2007년에는 영업비밀침해에 대한 형벌을 상향조정히는 내용의 개정이,35) 2008년에는 양벌규정에서 영업주가 관리·감독상 주의의무를 다

28) [법률 제3320호, 1980. 12. 31. 제정, 1981. 4. 1. 시행].
29) [법률 제3897호, 1986. 12. 31. 전부개정].
30) [법률 제4478호, 1991. 12. 31. 일부개정].
31) [법률 제5621호, 1998. 12. 31. 일부개정].
32) [법률 제5814호, 1999. 2. 5. 제정].
33) [법률 제6421호, 2001. 2. 3. 일부개정].
34) [법률 제7095호, 2004. 1. 20. 일부개정].
35) [법률 제8767호, 2007. 12. 21. 일부개정].

한 경우에 처벌을 면하게 하는 개정이,[36] 그리고 2009년에는 영업비밀의 해외 유출에 대한 형벌을 상향조정하는 내용의 개정이 이루어졌다.[37]

2011년에는 「대한민국과 유럽연합 및 그 회원국 간의 자유무역협정」의 합의사항을 반영하기 위하여 동 자유무역협정에 따른 지리적 표시의 보호 및 무단사용금지 등에 관한 규정을 두기 위한 개정[38]이 그리고 「대한민국과 미합중국 간의 자유무역협정 및 대한민국과 미합중국 간의 자유무역협정에 관한 서한교환」의 합의사항에 따라 소송절차상의 영업비밀 보호를 위한 비밀유지명령제도를 도입하기 위한 개정이 이루어졌다.[39]

부정경쟁방지법은 2013년 7월 30일 성과물 부정차용과 같이 넓은 의미의 부정경쟁행위를 포섭할 수 있는 일반조항을 신설하는 개정[40]을 통하여 예비적 청구원인으로 가장 많이 활용되는 법으로 새롭게 태어나게 되었다. 산업재산권 보호에 관한 파리협약은 "정직한 관행(honest practices)"에 반하는 경쟁행위를 포괄적으로 부정경쟁행위라고 규정하고 있다.[41] 파리협약보다는 다소 좁은 범위의 일반조항이지만, 개정 부정경쟁방지법은 상당히 넓은 범위의 무임편승행위에 대한 책임추궁을 가능하게 만든 것이다. 공정한 상거래관행이나 경쟁질서에 반하는 방법으로 타인의 무형자산을 무단으로 사용하는 행위가 언제나 법적으로 금지되어야 하는 것은 아니지만, 그러한 행위가 상도덕이나 공정한 경쟁질서에 반하여 경쟁업자에게 부당한 손해를 가하는 위법한 행위라고 판단되는 경우에는 민법상 불법행위를 구성한다고 볼 수 있고,[42] 그러한 부정경쟁행위에 대한 구제가 주어질 수 있게 된 것이다. 부정경쟁행위에 관한 일반조항을 도입하는 부정경쟁방지법은 이와 같은 불법행위유형을 인정한 대법원판례를 반영해서 이루어진 것이라는 점에 또 다른 법제사적 의미를 가진다. 다만, 부정경쟁방지법의 개정에 있어서 대법원판례의 취지를 충분히 반영하지 못한 아쉬움은 남는다. 다시 말해서, 대법원은 불법행위의 경우에도 그 계속성으로 인해서 금전배상만으로는 충분치 못하고 침해금지로 인한 피해자의 이익과 그로 인한 가해자의 불이익을 비교할 때 피해자의 이익이 더 큰 경우에는 그 행위의 금지 또는 예

---

36) [법률 제9225호, 2008. 12. 26. 일부개정].
37) [법률 제9895호, 2009. 12. 30. 일부개정].
38) [법률 제10810호, 2011. 6. 30. 일부개정].
39) [법률 제11112호, 2011. 12. 2. 일부개정].
40) [법률 제11963호, 2013. 7. 30. 일부개정].
41) Article 10[bis], Paris Convention for the Protection of Industrial Property.
42) 대법원 2010. 8. 25. 자 2008마1541 결정.

방을 청구할 수 있다고 판시했다. 그러나, 개정된 부정경쟁방지법은 이익형량에 따라 금지여부를 판단해야 한다고 하는 판시내용을 전혀 반영하지 못했다.[43]

2013년 개정법은 또한 영업비밀 침해 관련 소송 시 영업비밀 보유사실의 입증 부담을 완화하기 위하여 영업비밀 원본증명제도를 도입하는 등 몇 가지 제도개선을 도모하고 있다. 2015년에는 중소기업의 영업비밀 보호를 더욱 용이하게 하기 위해서, 영업비밀 원본증명서를 발급받은 자가 원본등록된 정보를 보유하는 것으로 추정하는 규정을 두고, 비밀유지에 필요한 "상당한 노력"을 "합리적인 노력"으로 완화하는 규정을 두게 되었는데, 이러한 개정이 중소기업에 미치는 영향은 향후 분쟁해결과 판례축적을 통해서 지켜봐야 할 일이다.

2016년 개정법은 기업의 자유로운 영업활동을 보장하기 위하여, 특허청장 등이 관계 공무원에게 사업자의 영업시설 등에 출입하여 조사하게 하거나 조사에 필요한 제품을 수거하여 검사하게 할 수 있도록 하는 요건을 '부정경쟁행위 등의 확인을 위하여 필요한 경우로서 다른 방법으로는 그 행위 여부를 확인하기 곤란한 경우'로 엄격히 하는 한편, 과태료 부과기준 등 규제 관련 규정에 대하여 2015년 1월 1일을 기준으로 3년마다 그 타당성을 검토하여 개선 등의 조치를 하도록 하였다. 2017년 개정법은 행정청의 조사·검사 대상이 되는 부정경쟁행위의 범위에 타인이 제작한 상품의 형태를 모방한 상품을 양도·대여·전시하는 행위 등을 추가하고, 이 부정경쟁행위에 대한 벌칙도 규정하였다.

2018년 개정법은 '국내에 널리 인식된 타인의 상품 판매·서비스 제공방법 또는 간판·외관·실내장식 등 영업제공 장소의 전체적인 외관과 동일하거나 유사한 것을 사용하여 타인의 영업상의 시설 또는 활동과 혼동하게 하는 행위' 및 '사업제안, 입찰, 공모 등 거래교섭 및 거래과정에서 경제적 가치를 가지는 타인의 기술적 또는 영업상의 아이디어를 그 제공 목적에 위반하여 자신 또는 제3자의 영업상 이익을 위하여 부정하게 사용하거나 타인에게 제공하여 사용하게 하는 행위'를 부정경쟁행위로 신설하였다.

2019년 개정법은 영업비밀보호를 강화하기 위하여 보호대상이 되는 영업비밀의 요건을 완화하고, 영업비밀 침해행위에 대해 손해액의 3배의 범위에서 징벌적 손해배상제도를 도입하며, 영업비밀 침해행위의 유형을 확대하고, 영업비

---

43) 대법원은 원·피고의 이익을 비교형량하여 침해금지 여부를 결정하는 법원의 재량과 융통성 있는 판단의 여지를 분명히 하고 있지만, 개정 부정경쟁방지법은 침해금지에 관한 규정은 종전과 동일한 상태로 두었기 때문에, 개정법은 법원의 재량과 융통성을 인정할 수 없고 부정경쟁행위가 인정되면 언제나 침해금지를 해야 하는 결과로 되었다.

밀 유출에 대한 벌칙 수준을 상향조정하였다. 2020년 개정법은 아이디어 탈취행위에 대하여도 징벌적 손해배상을 도입하고 위반행위에 대한 시정권고 내용을 공표하도록 하였다.

2021년 개정법은 데이터를 부정하게 사용하는 행위와 유명인의 초상·성명 등 인적 식별표지를 무단사용하는 행위를 각각 부정경쟁행위로 추가신설하였다. 저작권법에 이미 데이터베이스보호에 관한 규정이 있고 퍼블리시티권의 보호를 위한 저작권법 개정안도 나온 상황 속에서 부정경쟁방지법의 개정이 이루어지게 되면서 중복보호 내지 법률간 모순의 해결이 앞으로의 과제가 되었다.

2023년 개정법은 주지상표의 선(先)사용자에게 부정한 목적이 없는 한 부정경쟁행위의 책임을 지지 않는다는 점을 명확히 하면서 동시에 출처의 오인혼동을 방지하기 위하여 필요한 조치를 취해야 할 의무를 부과했다.

2024년 개정법은 부정경쟁행위를 한 자에 대한 특허청장의 시정명령제도를 도입하고 시정명령을 이행하지 않으면 과태료를 부과할 수 있도록 하였다. 특허청장이 명하는 시정사항은 부정경쟁행위의 중지를 포함하고 있어서 법원이 명하는 침해금지와 마찬가지이지만, 특허청장의 시정명령에 필요한 행정조사는 법원에 의한 재판절차와 전혀 다르다. 또한, 개정법은 기존의 영업비밀의 침해 이외에 타인의 영업비밀을 훼손·멸실·변경하는 것을 금지하고, 아이디어 탈취 및 영업비밀의 침해행위에 대한 징벌적 손해배상액의 한도를 손해액의 '3배'에서 '5배'로 상향조정함으로써 아이디어 및 영업비밀의 보호를 강화했다.

Ⅲ. 부정경쟁방지법의 목적

1. 부정경쟁행위의 방지

부정경쟁방지법은 부정경쟁행위 및 영업비밀침해를 방지함으로써 건전한 거래질서를 유지함을 목적으로 한다고 규정하고 있다. 부정경쟁행위의 방지와 건전한 거래질서의 유지가 수단과 목적의 관계에 있는 것처럼 규정되어 있지만, 부정경쟁행위의 요건과 범위를 판단함에 있어서는 무엇을 건전한 거래질서로 보느냐의 가치판단을 전제로 하지 않을 수 없다. 전술한 바와 같이, 독일 부정경쟁방지법 제1조는 부정경쟁행위로부터 사업자, 수요자 그리고 시장에 참여하는 모든 당사자들을 보호하는 것을 목적으로 한다고 규정하고 있다. 부정경쟁방지법이 그 목적으로 삼고 있는 건전한 거래질서의 유지는 공리주의 또는 법경제한 시각에서 보면 관련시장에서의 최대다수의 최대효용의 실현 다시 말해서 관련시장에 참여하는 모든 당사자들의 이익의 총합을 극대화하는 것이라고 말할 수 있다. 따라서, 우리 부정경쟁방지법이 나열하고 있는 다양한 유형의 부정경쟁행위를 해석함에 있어서는, 관련시장에 참여하는 모든 당사자들의 이익의 총합을 극대화할 수 있도록 그 요건과 범위를 이끌어내야 그 법목적에 충실한 판단이 될 것이다. 그러나, 부정경쟁행위의 유형에 따라서 사업자의 이익과 수요자의 이익이 반드시 일치하지 않는 경우가 많고, 우리 법의 해석론상 사업자, 수요자 또는 어느 당사자의 이익을 더 중시해야 할 것인지 암시하고 있는 경우도 있다. 따라서, 우리 법에 나열된 부정경쟁행위의 유형에 따라서 어느 당사자의 이익을 중시하는 것이 건전한 거래질서의 유지에 부합되는지 유형별로 나눠서 검토해보아야 한다.

가. 사업자 이익 v. 수요자 이익

부정경쟁행위 가운데 "국내에 널리 알려진 타인의 상표·상호(商號) 등을 부정하게 사용하는" 행위와 같은 출처혼동행위는 사업자의 이익과 수요자의 이익을 동시에 보호하는 행위유형이라고 볼 수 있다. 다만, 국내외 판례동향을 보면 출처혼동여부의 판단기준에 있어서 수요자의 시각에서 출처혼동이 있는지 여부를 중점적으로 살펴보고 있고, 따라서 궁극적으로 수요자의 이익을 더욱 중시하는 경향을 보여주고 있다고 말할 수 있다. 특히, 원산지, 품질, 수량 등의 오인을 야기하는 행위를 금지하는 것은 "시장의 투명성(market transparency)"을 높이고 수요자들이 정확한 정보에 입각해서 "효율적인 선택(optimum buying choices)"을 가능하게 해주기 위한 규정이다. 또한, 이는 동시에 우리 사회에서 기망행위를 배제함으로써 사회 전체의 "거래비용(transaction cost)"을 최소화하고 합리적인 거래질서를 유지하기 위한 규정이기도 한 것이다. 이에 반해서, 도메인이름의 무단선섬이나 상표희석화를 금지하는 것은 출처혼동 여부에 관계없이 즉 수요자의 이익을 해하는지 여부에 관계없이 상표보유자의 이익 즉 사업자의 이익을 보호하는데 초점이 맞춰진 규정이다. 상표의 재산으로서의 가치를 최대한 보호해주는 것이 단기적으로는 수요자의 이익과 상충할 수 있지만 장기적으로는 보다 우수한 품질의 상품을 제공하기 위한 인센티브가 되어서 수요자의 이익에도 부합된다고 볼 수 있다.

나. 소비자 후생

출처혼동, 품질오인, 희석화, 또는 기타의 기망행위는 사업자의 이익이든 수요자의 이익이든 사회 전체의 이익을 위해서 방지하고 규제해야 한다는데 이론의 여지가 없다. 그러나, 그 이외에 공정한 상거래 관행이나 경쟁질서에 반하는 기타의 부정경쟁행위로 무엇이 있을 수 있는지에 대해서는 많은 논란이 있다. 2013년 부정경쟁방지법 개정에서, 넓은 의미의 부정경쟁행위를 모두 포섭할 수 있는 일반조항이 신설되었는데,44) 일반조항의 해석에 있어서 무엇이 "공정한 상거래 관행이나 경쟁질서"에 반하는 것인지가 가장 어려운 문제일 것이다. "산업재산권의 보호에 관한 파리조약"이 출처의 혼동을 초래하는 행위뿐만 아니라 "산업 또는 상업적인 관습에 반하는 경쟁행위"를 포괄적으로 부정경쟁행위에 포함시켜서 규정하고 있는 것은 참고할 가치가 있다.45) 또한, 전술한 바와 같이 독일의 부정경쟁방지법도 사업자, 수요자 또는 관련시장에 참여하는 기타의 당사자들의 이익에 해를 가하는 불공정한 상거래행위를 포괄적으로 부정경쟁행위로 보아 금지하고 있어서46) 동일한 고민을 읽어볼 수 있다. 영미의 부정경쟁방지에 관한 판례상의 다양한 부정경쟁행위유형도 참고할 가치가 있다. 그러나, 우리나라 부정경쟁방지법의 해석론은 그 법목적으로 제시된 "건전한 거래질서"를 염두에 두고 그 법목적에 부합되어야 하고, 건전한 거래질서라거나 공정한 상거래 관행 또는 경쟁질서는 나라마다 상이하기 때문에, 외국에서의 부정경쟁행위가 언제나 우리나라에서도 부정경쟁행위에 해당된다고 해석하는 것은 불합리하고 위험하다.

2. 영업비밀침해의 방지

부정경쟁행위에 있어서와 마찬가지로, 부정경쟁방지법은 영업비밀침해의 방지와 건전한 거래질서의 유지가 수단과 목적의 관계에 있는 것처럼 규정하고 있지만, 영업비밀의 개념과 범위 그리고 그 침해여부의 판단기준을 정함에 있어서는 무엇을 건전한 거래질서로 보느냐의 가치판단을 전제로 하지 않을 수 없다. 건전한 거래질서의 당사자로서 수요자보다는 사업자와 비밀유지의무를 가진 종업원이 중요한 보호대상으로 등장하게 된다.

---

44) [법률 제11963호, 2013. 7. 30. 일부개정].
45) Articles 10bis Paris Convention for the Protection of Industrial Property.
46) UWG, §3.

건전한 거래질서에서 보호되어야 할 영업비밀은 무엇이고 그 보호범위가 어떻게 되어야 하는지는 판단하기 어려운 문제임에 틀림없다. 전술한 바와 같이 프랑스에서 영업비밀보호에 관한 성문법 제정을 위한 입법안이 여러번 제출되었지만 통과되지 못한 이유도 영업비밀의 보호 못지않게 사업자 및 종업원간 정보의 자유로운 교환과 접근도 중요하다고 하는 반론이 있었기 때문이다. 또한, 종업원에 의한 영업비밀침해여부의 문제는 종업원이 어떠한 범위의 비밀유지의무 또는 경업금지의무를 부담하는지 또는 퇴직 후 직업선택의 자유와 조화되는 범위의 적정한 의무는 무엇인지 등의 어려운 문제가 제기된다. 이는 우리 법이 법목적조항에서 제시한 "건전한 거래질서"가 시대에 따라서 변화해왔고 산업에 따라서 다르기 때문이다. 예컨대, 기술의 발전속도가 빠른 컴퓨터산업이나 생명공학산업에서의 경업금지의 합리적인 기간은 다른 전통적인 산업에서의 합리적인 기간보다 훨씬 더 짧은 것으로 판단해 온 미국 사례에서도 확인된다.[47]

3. 건전한 거래질서의 유지

우리 부정경쟁방지법은 궁극적으로 '건전한 거래질서'를 유지함을 목적으로 한다. 여기에서 건전한 거래질서라고 함은 무엇인가? 대한민국 헌법은 우리 경제질서가 개인과 기업의 경제상의 자유와 창의를 존중함을 기본으로 한다고 규정하고 있다.[48] 따라서 건전한 거래질서도 기본적으로 개인과 기업의 경제상의 자유와 창의가 보호되고 장려되는 거래질서를 뜻하는 것으로 이해되고 그 이상도 이하도 아닐 것이다.

헌법이 보장하고 있는 경제상의 자유라고 함은 한편으로는 국가의 규제와 간섭으로부터 자유로운 상태에서 개인과 기업이 창의를 바탕으로 경제활동을 할 수 있다고 하는 '국가로부터의 자유'를 뜻한다. 그러나 다른 한편으로는 타인의 재산권이나 기타의 권리를 침해하지 않는 한 자유로운 경쟁을 할 수 있다고 하는 '경쟁의 자유(freedom to compete)' 또는 '기업간의 경쟁'을 의미한다. 이와 같이 국가의 규제와 간섭으로부터 자유로운 상태에서 개인과 기업이 창의를 바탕으로 자유로운 경쟁을 할 수 있는 경제질서를 "자유시장경제(自由市場經濟: free market economy)"라고 한다. 대한민국 헌법은 경제상의 자유 또는 경쟁의 자유가 사회적으로나 경제적으로 바람직한 결과를 가져다 줄 수 있다고 하는 가치

---

47) 예컨대, EarthWeb, Inc. v. Schlack, 71 F. Supp. 2d 299(SDNY 1999) 참조.
48) 헌법 제119조.

판단을 토대로 하고 있는 것이다. 정부규제나 특정기업의 독점하에서보다는 자유로운 경쟁이 보장될 때, 더욱 품질의 향상과 효율성의 증가를 기대할 수 있고 가격은 더 낮게 유지될 수 있다고 하는 점에 대해서 사회적 합의가 이루어져 있다는 것을 의미한다.

경쟁의 자유가 보장된 자유시장경제에서는, 특정 기업이 경쟁상의 패배로 인해서 영업상 손실을 입었다고 해서 당연히 경쟁업자에게 그 손해를 배상해달라고 청구할 수는 없다. 그러나 경쟁의 자유는 모든 행위가 언제나 자유롭다는 것이 아니고, 타인의 자유와 권리를 침해할 수 없고 국가의 규제를 벗어날 수 없다. 우리나라를 비롯한 대부분의 국가들은 완전한 자유방임(complete laissez faire)이 아니라 규제된 자유 또는 진정으로 자유로운 경쟁을 확보하는데 필요한 규제가 수반된 경쟁(regulated competition)을 가장 바람직한 목표로 삼고 있다.[49] 이러한 의미의 자유롭고 공정한 경쟁을 확보하기 위해서, 한편으로는 공정거래법에 의해서 경쟁질서의 왜곡을 금지하고 독과점의 폐해를 방지하려고 한다. 경제상의 자유를 위하여 예외적으로 국가의 개입으로 경제상의 자유를 제한하는 것이다. 다른 한편으로는, 개인과 기업의 창의를 촉진하기 위하여 특허법 등이 부여한 배타적 권리의 범위 내에서 경쟁이 제한된다. 경제상의 창의를 위하여 엄격한 요건과 기간 및 범위 내에서 경제상의 자유를 제한하는 것이다.

부정경쟁방지법은 시장지배적 지위의 남용이나 특허권 등의 권리 침해가 없더라도 일정한 경우에 출처의 혼동, 품질의 오인, 명성이나 신용의 도용 또는 기타의 투자와 노력의 성과물을 도용하는 행위 등을 부정경쟁행위로 보고 그에 대한 구제수단을 부여하고 있다. 상표권 등의 침해가 없더라도 출처혼동 또는 품질오인과 같은 행위는 위법하다고 보고 규제함으로써 소비자의 신뢰 및 기업의 명성과 신용을 보호하고 보다 효율적인 시장질서를 만들 수 있기 때문이다. 타인의 성과물을 부정차용하는 행위도 일정한 경우에 위법하다고 보고 규제함으로써 개인과 기업의 투자와 노력을 촉진하여 보다 많은 창의와 성과물이 시장에 나올 수 있도록 유도할 수 있기 때문이다. 요컨대, 부정경쟁방지법은 소비자를 기망하거나 타인의 투자와 노력에 무임편승하는 행위를 불공정한 경쟁행위 즉 위법행위로 보고 경쟁의 자유를 제한하는 것이다. 다시 말해서, 위법하다고 볼 수 있는 일정한 유형의 경쟁행위를 금지하고 사적구제수단을 부여함으로

---

49) J. Thomas McCarthy, McCarthy on Trademarks and Unfair Competition(Clark, Boardman, Callaghan, Third Edition), §1.02.

써, 부정경쟁방지법은 공정거래법 위반이나 특허권등의 권리침해가 없음에도 불구하고 추가적인 국가개입에 의하여 경쟁의 자유를 제한하는 것이다. 소비자 보호 및 투자와 노력의 촉진이 경제상의 자유와 창의라고 하는 기본 경제질서에 부합되고 그러한 한도에서 부정경쟁방지법은 정당화된다.

출처혼동이나 품질오인을 초래하는 행위 또는 영업비밀을 침해하는 행위 등이 불공정한 경쟁행위로 위법하다고 보는 데에는 이론의 여지가 없다. 소비자 보호 및 개인과 기업의 투자와 노력을 촉진하기 위하여 대부분의 국가들이 그러한 부정경쟁행위를 규제하고 있다. 우리나라도 부정경쟁행위를 규제할 뿐만 아니라 불공정한 경쟁행위로 보는 행위 유형을 계속하여 추가하고 확대해왔다. 기술수준과 산업이 발전하면서 부정경쟁행위로 규제해야 할 행위 유형이 다양화되는 경향이 있다는 점은 부인할 수 없다. 다만, 부정경쟁행위 범위 및 성과물 부정차용에 관한 일반조항의 해석을 둘러싼 논의에 있어서, 무임편승이나 부정차용의 범위를 지나치게 넓게 인정하면 경쟁의 자유에 관한 기본원칙이 위협받는 것이 아닌가 하는 우려가 제기되기도 한다. 또한 부정경쟁방지법의 법목적이 무엇인지, '건전한 거래질서'의 유지라고 하는 법목적은 헌법상 경제상의 자유와 창의라고 하는 경제질서 속에서 어떻게 해석해야 하는지 고민하지 않을 수 없다.

Ⅳ. 소결: 부정경쟁방지법의 목적과 해석론

일반적으로 법목적은 법해석론에 중요한 지침을 제공한다. 특히 부정경쟁방지법의 일반조항처럼 법원에 많은 재량을 부여하고 있는 법조항의 해석론을 전개함에 있어서는, 법목적의 정확한 이해와 법목적에 부합되는 해석론을 도출해내는 것이 더욱 중요한 과제로 제기된다.50)

부정경쟁방지법은 "국내에 널리 알려진 타인의 상표·상호(商號) 등을 부정하게 사용하는 등의 부정경쟁행위와 타인의 영업비밀을 침해하는 행위를 방지하여 건전한 거래질서를 유지함"을 목적으로 한다고 규정함으로써 그 법목적과 그 목적을 달성하기 위한 수단을 명확히 하고 있다. 부정경쟁방지법이 건전한 거래질서의 유지라고 하는 목적을 달성하기 위해서 부정경쟁행위 및 영업비밀

---

50) WIPO, Protection against Unfair Competition: Analysis of the Present World Situation (1994), p. 21.

침해를 방지한다는 것이다. 따라서, 제2조 이하의 부정경쟁행위 유형에서부터 영업비밀의 개념 그리고 위반시 민형사 구제수단에 이르기까지 그 법규정의 해석에 있어서 무엇이 '건전한 거래질서'의 유지에 부합되는 것인지를 염두에 두고 해석되어야 한다.

건전한 거래질서가 무엇인지의 문제는 경쟁의 자유 내지 영업의 자유를 토대로 한 "자유로운 거래질서"와 무임편승 또는 부정차용을 규제함으로써 가능한 "공정한 거래질서"와의 사이에 가장 적절한 균형점이 무엇인지를 찾는 것을 의미한다. 자유로운 거래질서와 공정한 거래질서의 균형점이 헌법에 의해서 보장된 경제상의 자유와 창의를 존중하는 해석론이기 때문이다. 대법원은 타인의 투자와 노력에 무임편승하는 행위가 '부정한 경쟁행위'로서 민법상 불법행위에 해당한다고 인정하면서, 원피고의 이익을 비교형량해서 침해금지청구 인용여부를 판단해야 한다고 판시했다.[51] 대법원은 금지청구 인용여부에 있어서 이익형량을 요구했지만, 부정경쟁행위의 범위를 판단함에 있어서도 이익형량과 균형 있는 해석이 필요함은 마찬가지이다. 기본적으로 소비자 보호와 투자 및 노력의 촉진을 통한 공정한 거래질서를 유지해야 할 필요성이 있고 동시에 자유로운 경쟁 및 영업의 자유를 통한 자유로운 거래질서를 유지해야 할 필요성이 있어서, 부정경쟁행위의 개념과 범위를 해석함에 있어서 두 가지 상충하는 필요성을 균형있게 고려하고 원피고의 이익을 형량할 필요가 있다. 타인의 투자와 노력에 무임편승하는 행위가 언제나 위법하다고 보면 후발 경쟁업자에 의한 경쟁을 위축시키고 부정경쟁방지법에서 추구하는 건전한 거래질서에 반하고 헌법에 규정된 경제상의 자유와 창의의 경제질서에도 반하는 결과로 될 수 있다.

〈정상조〉

---

51) 대법원 2010. 8. 25. 자 2008마1541 결정.

제2조(정의) 이 법에서 사용하는 용어의 뜻은 다음과 같다.

1. "부정경쟁행위"란 다음 각 목의 어느 하나에 해당하는 행위를 말한다.

가. 다음의 어느 하나에 해당하는 정당한 사유 없이 국내에 널리 인식된 타인의 성명, 상호, 상표, 상품의 용기·포장, 그 밖에 타인의 상품임을 표시한 표지(標識)(이하 이 목에서 "타인의 상품표지"라 한다)와 동일하거나 유사한 것을 사용하거나 이러한 것을 사용한 상품을 판매·반포(頒布) 또는 수입·수출하여 타인의 상품과 혼동하게 하는 행위

1) 타인의 상품표지가 국내에 널리 인식되기 전부터 그 타인의 상품표지와 동일하거나 유사한 표지를 부정한 목적 없이 계속 사용하는 경우

2) 1)에 해당하는 자의 승계인으로서 부정한 목적 없이 계속 사용하는 경우

나. 다음의 어느 하나에 해당하는 정당한 사유 없이 국내에 널리 인식된 타인의 성명, 상호, 표장(標章), 그 밖에 타인의 영업임을 표시하는 표지(상품 판매·서비스 제공방법 또는 간판·외관·실내장식 등 영업제공 장소의 전체적인 외관을 포함하며, 이하 이 목에서 "타인의 영업표지"라 한다)와 동일하거나 유사한 것을 사용하여 타인의 영업상의 시설 또는 활동과 혼동하게 하는 행위

1) 타인의 영업표지가 국내에 널리 인식되기 전부터 그 타인의 영업표지와 동일하거나 유사한 표지를 부정한 목적 없이 계속 사용하는 경우

2) 1)에 해당하는 자의 승계인으로서 부정한 목적 없이 계속 사용하는 경우

〈소 목 차〉

Ⅰ. 의   의
Ⅱ. 연   혁
Ⅲ. 상품표지 또는 영업표지의 주지성
   1. 타인의 상품이나 영업임을 표시한 표지
   2. 주 지 성
Ⅳ. 상품표지 또는 영업표지의 동일 또는 유사
   1. 표지의 동일 또는 유사
   2. 동일 또는 유사의 판단
Ⅴ. 혼동가능성

   1. 실제의 혼동 및 혼동가능성
   2. 혼동의 범위
   3. 혼동의 판단방법
   4. 도메인네임과 상품·영업주체 혼동행위
Ⅵ. 선의의 선사용자 보호
   1. 선의의 선사용자 보호 필요성
   2. 오인·혼동방지 표시 청구권
Ⅶ. 제2조 제1호 (나)목 위헌소원
   1. 명확성원칙
   2. 과잉금지원칙

I. 의   의

부정경쟁방지 및 영업비밀 보호에 관한 법률(이하 부정경쟁방지법) 제2조 제
1호 (가)목 및 (나)목은 소위 '상품주체 혼동행위' 및 '영업주체 혼동행위'를 부
정경쟁행위로 규정하고 있는데, 이러한 행위들은 '사칭통용(詐稱通用, passing
off)'의 전형적인 형태에 해당하는 것이다. 사칭통용은 구매자를 기망하기 위하
여 자신의 상품을 타인의 상품이라고 허위로 표시하는 행위(misrepresentation)를
말한다.[1] 곧 공중이나 제3자가 자신의 상품이나 서비스를 원고의 것이라고 믿
도록 허위로 표시하는 것으로서, 원고의 상표, 상호, 포장, 레이블, 용기, 차량,
종업원의 복장, 영업장소의 외관 등을 모방함으로써 이루어진다.[2] 부정경쟁방지
법은 타인의 성명, 상호, 상표, 상품의 용기, 포장 등 '타인의 상품표지'를 이용
한 사칭통용인 상품주체 혼동행위와 타인의 성명, 상호, 상표, 상품의 용기, 포
장 등 '타인의 영업표지'를 이용한 사칭통용인 영업주체 혼동행위를 부정경쟁행
위로 규정하고 있다.

상품주체 혼동행위는 '국내에 널리 인식된 타인의 성명, 상호, 상표, 상품의
용기, 포장 기타 타인의 상품임을 표시한 표지와 동일 또는 유사한 것을 사용하
거나 이러한 것을 사용한 상품을 판매, 반포 또는 수입, 수출하여 타인의 상품
과 혼동을 일으키게 하는 행위'이다. 영업주체 혼동행위는 '국내에 널리 인식된
타인의 성명, 상호, 표장 기타 타인의 영업임을 표시하는 표지와 동일 또는 유
사한 것을 사용하여 타인의 영업상의 시설 또는 활동과 혼동을 일으키게 하는
행위'이다. 이러한 부정행위에 해당하기 위해서는 ① 상품표지 또는 영업표지의
주지성, ② 주지된 상품표지 또는 영업표지와 동일 또는 유사한 것을 사용하는
행위, ③ 이로 인하여 '상품주체 또는 영업주체의 혼동'이 야기될 것 등의 요건
이 충족되어야 한다.

헌법재판소는 상품주체 및 영업주체 혼동행위의 규제에 대하여 다음과 같
이 설명하고 있다(헌법재판소 2021. 9. 30. 선고 2019헌바217 전원재판부 결정).

부정경쟁방지법 제2조 제1호 (나)목에 해당하는 심판대상조항은 이른바 '영업주

---

1) Black's Law Dictionary.
2) PROSSER AND KEETON ON TORTS 1015-1016 (1984).

체 혼동행위'를 부정경쟁행위로 규정하고 있는데, 이는 같은 호 (가)목에서 규정한 소위 '상품주체 혼동행위'와 함께 영미법 등에서 오래전부터 대표적인 부정경쟁행위로 인정되던 '사칭통용'(詐稱通用, passing off)으로 가장 전형적인 부정경쟁행위라고 할 것이다. 부정경쟁방지법상 '상품주체 혼동행위'와 '영업주체 혼동행위'의 정의조항은 자기의 상품이나 영업을 타인의 상품이나 영업과 혼동을 초래하도록 상품표지나 영업표지를 사용하는 행위를 부정경쟁행위로 규정하여 부정경쟁방지법상 규제가 가능하도록 하고 있는바, 타인이 상당한 노력과 투자에 의하여 구축한 성과물을 무단으로 이용하는 부정경쟁행위를 금지시켜 주지된 상품표지 내지 영업표지의 주체를 보호함과 아울러 일반 수요자 내지 거래자를 보호함으로써 공정한 경쟁질서를 유지하기 위한 규정이다.

II. 연   혁

1961년의 제정 부정경쟁방지법(1961. 12. 30. 제정, 법률 제911호, 1962. 1. 1. 시행)은 부정경쟁행위중지청구권이라는 조문 제목으로 상품 및 영업주체 혼동행위를 규정하고 있었다.

제2조 (부정경쟁행위중지청구권) 다음 각호의 1에 해당하는 행위를 하는 자가 있을 때에는 이로 인하여 영업상의 이익이 침해될 우려가 있는 자는 그 행위의 중지를 청구할 수 있다.
1. 국내에 널리 인식된 타인의 성명, 상호, 상표, 상품의 용기, 포장 기타 타인의 상품임을 표시한 표지와 동일 또는 유사한 것을 사용하거나 이러한 것을 사용한 상품을 판매, 무상반포 또는 수출하여 타인의 상품과 혼동을 일으키게 하는 행위
2. 국내에 널리 인식된 타인의 성명, 상호, 표장 기타 타인의 영업임을 표시하는 표지와 동일 또는 유사한 것을 사용하여 타인의 영업상의 시설 또는 활동과 혼동을 일으키게 하는 행위

제정법은 조문제목이 부정경쟁행위중지청구권이라는 것, 무상반포에 한정하였다는 것, 수입이 포함되지 않았다는 것, 제2조에서 행위의 중지를 청구할 수 있게 하여 구제수단까지 제공하고 있다는 점에서 현행법과 차이가 있다. 그러나 상품주체 및 영업주체 혼동행위에 대한 제정법의 기본적인 골격은 현행법에까지 그대로 유지되고 있다고 할 수 있다.

1986년 전부개정법(법률 제3897호, 1986. 12. 31.)은 제2조의 제목을 현재와 같이 '정의'로 개정하였고, 무상반포에 한정하지 않고 일반적인 반포로 확장하였으며, 수입을 포함시켰으며, 부정경쟁행위를 정의함에 있어서 목적을 묻지 않도록 했으며(그 '목적의 여하를 불문하고…'), 제4조에서 부정경쟁행위로 인하여 영업상의 이익이 침해될 우려가 있다고 인정하는 자에게 중지를 청구할 수 있게 하여 구제수단을 별도의 조문으로 하였다. 1986년의 이러한 개정 이후 상품주체 및 영업주체 혼동행위에 관한 한 현행법까지 자구수정 정도 외에는 전혀 변경이 가하여지지 않았다.

이후 1991년 개정(법률 제4478호, 1991. 12. 31. 개정), 1997년 개정(법률 제5454호, 1997. 12. 13. 타법개정), 1998년 개정(법률 제5621호, 1998. 12. 31 일부개정), 1998년 개정(법률 제5621호, 1998. 12. 31, 일부개정; 법률 제5814호, 1999. 2. 5, 타법개정), 2001년 개정(법률 제6421호, 2001. 2. 3. 일부개정)까지는 아무런 변경이 없었다.

2004년 개정(법률 제7095호, 2004. 1. 20.)에서 부정경쟁행위를 정의함에 있어서 목적을 묻지 않도록 한 문언(그 '목적의 여하를 불문하고…')을 삭제한 이후, 2004년 추가개정(법률 제7289호, 2004. 12. 31. 타법개정), 2007년 개정(법률 제8767호, 2007. 12. 21. 일부개정), 2008년 개정(법률 제9225호, 2008. 12. 26. 일부개정), 2009년의 두 차례 개정(법률 제9537호, 2009. 3. 25. 일부개정; 법률 제9895호, 2009. 12. 30. 일부개정), 2011년의 두 차례 개정(법률 제10810호, 2011. 6. 30. 일부개정; 법률 제11112호, 2011. 12. 2. 일부개정), 2013년 개정(법률 제11963호, 2013. 7. 30. 일부개정), 2015년 개정(법률 제13081호, 2015. 1. 28. 일부개정), 2016년의 두 차례 개정(법률 제13844호, 2016. 1. 27. 일부개정; 법률 제14033호, 2016. 2. 29. 타법개정), 2017년의 개정(법률 제14530, 2017. 1. 17. 일부개정) 등 10여 차례의 개정에도 본 조문에 대한 변경은 없었으나, 2018년의 개정(법률 제15580호, 2018. 4. 17. 일부개정)으로, 그 밖에 타인의 영업임을 표시하는 표지에 "상품 판매·서비스 제공방법 또는 간판·외관·실내장식 등 영업제공 장소의 전체적인 외관을 포함한다"는 내용이 추가되었다.

2023년 개정(2023. 9. 29. 시행)을 통하여 선의로 국내에 널리 인식된 표지 등과 동일·유사한 표지를 먼저 사용하던 자에 대해서까지 부정경쟁행위로 보아 손해배상, 침해금지청구 등을 할 수 있어 선의의 행위자가 불측의 손해를 입을 수 있는 문제점을 해결하기 위하여, 국내에 널리 인식된 표지와 동일하거나 유사한 표지에 대하여 부정한 목적 없이 선(先) 사용한 경우는 부정경쟁행위에서 제외하는 개정이 이루어졌다.

III. 상품표지 또는 영업표지의 주지성

1. 타인의 상품이나 영업임을 표시한 표지

가. 타인의 상품이나 영업

소송에서 원고가 되는 법문상의 '타인'에는 법인격이나 상법상의 상행위 여부와 관계없이 원고와 경쟁관계에 있는 주체이면 충분하다. 따라서 자연인은 물론 법인도 포함되며, 개인이나 회사 등 상법상의 상인뿐만 아니라 변호사, 의사, 예술가 등 자유직업인과 기타 경제적 경쟁에 개입하는 모든 사업자가 포함된다.[3]

상품은 거래의 대상이 되는 유체물로서 이를 표시할 수 있는 표지가 사용될 수 있는 것이어야 한다.

영업은 일반적으로 영리를 목적으로 하는 사업으로 정의되지만, 영리성 유무와 관계없이 경제적 거래영역에서 이루어지는 모든 활동을 의미하며 다만 순수한 사업·행정적 활동은 제외된다.[4] 또한 상업에 한정하지 않으며 공업, 광업, 임업, 수산업과 병원, 법률사무소, 디자인사무소 등 독자적인 경제활동을 영위하는 것도 포함된다.[5]

나. 상품임을 표시한 표지

'상품표지(상품임을 표시한 표지)'는 특정의 상품을 표창함으로써 그 상품의 출처를 표시하는 동시에 자신의 상품을 타인의 상품과 구별시키는 식별력을 갖춘 표시를 의미한다. 부정경쟁방지법이 예시하고 있는 상표가 본질적으로 상품표지가 되며 상표로 기능할 수 있는 성명이나 상호도 상품표지가 된다. 상품표지의 이러한 의미는 출처표시 및 식별을 주된 기능으로 하는 상표의 의미와 유사할 수밖에 없고 따라서 상표법상의 상표나 부정경쟁방지법상의 상품표지는 구별할 필요성이 적은 것처럼 보인다. 특히 상표법이 상표란 자기의 상품과 타인의 상품을 식별하기 위하여 사용하는 표장을 말하고, 표장이란 기호, 문자, 도형, 소리, 냄새, 입체적 형상, 홀로그램·동작 또는 색채 등으로서 그 구성이나

---

3) 이기수 외 6인 공저, 지적재산권법, 한빛지적소유권센터 (1996), 1046.
4) 이기수 외 6인 공저(주 3), 1058.
5) 송영식 외 6인 공저, 송영식 지적소유권법, 육법사(2013), 421.

표현방식에 상관없이 상품의 출처를 나타내기 위하여 사용하는 모든 표시를 말한다고 정의하여(상표법 제2조 제1호, 제2호) 상표의 범위를 매우 광범위하게 규정하고 있기 때문에 양자를 구별할 실익은 적어진다.

다만 다음의 점에서 양자를 구별할 실익이 존재하는데 첫째, 상표와 부정경쟁방지법의 보호요건이 다르다는 것이다. 상표로 보호받기 위해서는 등록되어야 하지만 부정경쟁방지법상으로는 등록되지 않은 상표 등도 보호받는다. 또한 상표로 등록된 경우에는 그 상표가 주지성이 없더라도 보호받을 수 있으나 부정경쟁방지법상 보호받기 위해서는 주지성의 요건을 충족하여야 한다.

둘째, 부정경쟁방지법은 상품의 용기나 포장을 상품표지의 하나로서 예시하고 있고, 상품 판매·서비스 제공방법 또는 간판·외관·실내장식 등 영업제공 장소의 전체적인 외관을 영업표지의 하나로서 예시하고 있다는 점이다. 상품의 포장이나 용기나 상품 판매·서비스 제공방법 또는 간판·외관·실내장식 등 영업제공 장소의 전체적인 외관은 소위 트레이드 드레스(trade dress)의 보호에 해당한다. 트레이드 드레스가 보호받기 위해서는 식별력이 있어야 하며, 비기능적이어야 하며, 혼동가능성 야기 등의 요건을 갖추어야 한다. 입체상표나 색채상표 등 비전형상표에 대해서는 등록요건으로서 비기능성 요건을 충족할 것이 요구되지만(상표법 제34조 제1항 15호), 상품의 포장이나 용기나 상품 판매·서비스 제공방법 또는 간판·외관·실내장식 등 영업제공 장소의 전체적인 외관도 트레이드 드레스에 해당하지만 비기능성을 요구하지 않는 결과가 된다.

상품표지는 상품을 개별화하는 인식수단으로서, 여기에 해당하는 대표적인 것이 상표이지만 성명, 상호, 상품의 용기, 포장 등 법률에 예시된 것뿐 아니라 성명, 아호, 예명, 상호의 약칭, 상품화된 캐릭터 등도 가능하다. 캐릭터와 관련하여 법원은 "캐릭터는 그것이 가지고 있는 고객흡인력 때문에 이를 상품에 이용하는 상품화(이른바 character merchandising)가 이루어지게 되는 것이고, 상표처럼 상품의 출처를 표시하는 것을 그 본질적인 기능으로 하는 것은 아니어서, 캐릭터 자체가 널리 알려져 있다고 하더라도 그것이 상품화된 경우에 곧바로 타인의 상품임을 표시한 표지로 되거나 그러한 표지로서도 널리 알려진 상태에 이르게 되는 것은 아니라고 할 것이므로, 캐릭터가 상품화되어 ... 국내에 널리 인식된 타인의 상품임을 표시한 표지가 되기 위하여는 캐릭터 자체가 국내에 널리 알려져 있는 것만으로는 부족하고, 그 캐릭터에 대한 상품화 사업이 이루어지고 이에 대한 지속적인 선전, 광고 및 품질관리 등으로 그 캐릭터가 이를 상품화할 수 있는 권리를 가진 자의 상품표지이거나 위 상품화권자와 그로부터 상품화 계약에 따라 캐릭터사용허락을 받은 사용권자 및 재사용권자 등 그 캐릭터에 관한 상품화 사업을 영위하는 집단(group)의 상품표지로서 수요자들에게 널리 인식되어 있을 것을 요한다"고 판시하고 있다.[6]

상품표지는 특정 상품을 표창하는 것이어서 출처를 표시함과 동시에 타인의 상품과 구별시키는 식별력을 갖추어야 한다. 대표적인 상품표지인 상표는 식별력을 갖출 것이 요구되고 식별력이 없는 기술적인 상표도 사용에 의한 식별력을 획득[2차적인 의미(secondary meaning)의 획득]한 경우 상표로서 인정된다. 이와 마찬가지로 상품표지에 있어서도 사용에 의한 식별력을 획득하는 경우 부정경쟁방지법상의 보호대상이 된다. 법원도 "비록 상표법상 등록받지 못하는 상표라 하더라도 그것이 오랫동안 사용됨으로써 거래자나 일반 수요자들이 어떤 특정인의 상품을 표시하는 것으로서 널리 인식하게 된 경우에는 부정경쟁방지법이 보호하는 상품표지에 해당될 수 있다"고 판시하고 있다.[7]

다. 영업임을 표시하는 표지(상품 판매·서비스 제공방법 또는 간판·외관·실내장식 등 영업제공 장소의 전체적인 외관)

'영업표지(영업임을 표시하는 표지)'는 '영업활동을 표시함과 아울러 영업활동을 위한 인적·물적 설비를 표시하는 기능을 가진 것으로서 자신의 영업과 타인의 영업을 구별시키고 자신의 동일성을 식별시키기 위하여 사용하는 표지'를 의미한다.[8] 부정경쟁방지법에 의하여 보호받을 수 있는 영업표지의 요건에 대하여 법원은 다음과 같이 설시하고 있다.

부정경쟁방지법에…서 말하는 '기타 타인의 영업임을 표시하는 표지'의 의미는, 그 표지와 영업주체 사이에 강한 이미지 내지 독특한 특징에 의하여 결합되어 일반수요자가 일견하여 해당 영업표지를 특정 영업주체의 표지라는 것을 인식할 수 있을 정도의 식별력을 갖추고 있고, 나아가 어떤 영업표지가 장기간에 걸쳐 특정 영업주체의 표지로 계속적·배타적으로 사용되어 그 표지가 가지는 차별적 특징이 일반수요자에게 특정 영업주체임을 인식시킬 정도로 현저하게 개별화된 정도에 이르렀다면 부정경쟁방지법의 보호대상이라 할 것이고, 또한 이는 반드시 상표나 표장 등 어떠한 표시에 한정할 이유는 없고, 특정 영업주체의 특징적인 영업방

---

6) 대법원 1996. 9. 6. 선고 96도139 판결.
7) 대법원 2007. 6. 14. 선고 2006도8958 판결.
8) 이기수 외 6인 공저(주 3), 1059.

식이나 영업형태라도 위 성명, 상표 등의 예에 포함될 수 있을 정도나 그와 동일
시할 정도의 표시성을 수반하는 형태로 자타구별기능과 출처표시기능이 제공되는
경우나 특정한 영업방법 자체가 특정인의 영업활동과 지극히 밀접하게 결합되거
나 혹은 그 영업방법을 접속하는 것이 유일하게 동일인의 영업활동으로 인식할
수 있을 정도에 이르는 경우에 있어서는 어떠한 영업방법도 대외적으로 표시기능
을 취득하여 부정경쟁방지법 소정의 영업표시로 될 수는 있다고 할 것이다.9)

또한 법원은 "영리를 목적으로 하지 아니하는 개인 또는 법인 기타 단체가
행하는 사업에 있어서도 그것이 널리 경제상 그의 수지계산 위에서 행하여지고
경제적 대가를 얻는 것을 목적으로 하는 사업이라면 대가취득에 의하여 영업자
가 존립하는지 여부를 불문하고 부정경쟁방지법에 의한 보호가 인정되며, 과학,
학술, 기예 등의 진흥을 목적으로 하는 공익법인에 있어서도 그 직접의 목적은
영리활동이 아니라고 하더라도 그 사업에 있어서 위와 같은 경제성이 인정된다
면 부정경쟁방지법이 보호하는 영업에 해당한다"고 판시하고 있다.10)

영업표지와 관련하여서는 서비스표가 영업표지에 포함되는가 여부, 부정경
쟁방지법이 영업표지에 상표를 예로서 적시하지 않음으로써 영업표지에 상표가
포함될 수 있는가 여부, 상품표지와 마찬가지로 영업표지로 보호받기 위해서는
식별력을 갖추어야 하는가 여부가 문제된다. 부정경쟁방지법은 성명, 상호, 표장
을 예시하면서 서비스표는 언급되지 않고 있으나 서비스표도 영업표지에 포함
된다.11) 따라서 영업표지는 서비스표보다 넓은 개념이 된다.

법원은 현저한 지리적 명칭만으로 된 상표나 서비스표이어서 상표법상 보
호받지 못한다고 하더라도 그것이 오랫동안 사용됨으로써 거래자나 일반 수요
자들이 어떤 특정인의 영업을 표시하는 것으로서 널리 인식하게 된 경우,12) 간
단하고 흔히 있는 표장만으로 구성된 상표라 하더라도 그것이 오랫동안 사용됨
으로써 거래자나 일반 수요자들이 어떤 특정인의 영업을 표시하는 것으로 널리
알려져 인식하게 된 경우13)에는 부정경쟁방지법이 보호하는 영업표지에 해당한
다고 판시하고 있다. 영업표지는 특정 주체의 영업임을 표시하기 위한 것이므로
다른 영업과 구별되는 식별력을 갖추어야 하는 것은 당연한 것이고 따라서 식

---

9) 서울고등법원 2008. 6. 19. 선고 2008노108 판결.
10) 서울지방법원 서부지원 2002. 8. 28. 선고 2002가합410 판결.
11) 대법원 1999. 4. 23. 선고 97도322 판결.
12) 대법원 2006. 1. 26. 선고 2003도3906 판결.
13) 대법원 2006. 5. 25. 선고 2006도577 판결.

별력이 없는 기술적인 표지일지라도 사용에 의한 식별력을 획득하였다면 부정
경쟁방지법상 보호되는 영업표지가 될 수 있다. 또한 상표와 영업표지는 구별되
는 것으로서 상표라고 하여 바로 부정경쟁방지법상의 영업표지로서 보호받는다
고 할 수는 없으며, 저명상표와 같이 권리자의 의도여하와 관계없이 영업을 나
타내는 표지로서도 널리 인식될 수 있는 경우14)에 비로소 영업표지로 보호받는
다고 할 수 있다.

　　특정 가수의 특징적인 외양과 독특한 행동이 부정경쟁방지법상의 영업표지
에 해당하는가가 문제되는데, 법원은 "타인의 외양과 타인의 독특한 행동15) 그
자체는 단지 무형적이고 가변적인 인상 내지 이미지에 가까운 것이어서, 어떠한
사물을 다른 사물로부터 구별되게 하는 고정적인 징표로서의 기능이 적은 점,
이러한 특징적인 외양과 행동까지 영업표지로 보아 이를 이용한 행위에 대하여
부정경쟁방지법으로 처벌한다면 이는 결과적으로 사람의 특정한 외양 등에 대
해서까지 특정인의 독점적인 사용을 사실상 용인하는 것이 되어 어떠한 영업표
지에 대하여 들인 많은 노력 및 투자와 그로 인하여 일반인들에게 널리 알려진
성과를 보호하여 무임승차자에 의한 경쟁질서의 왜곡을 막는 데에 그 목적이
있는 부정경쟁방지법의 입법 취지와는 거리가 있는 점, 피고인 A가 모자와 선
글라스 등으로 가수 a의 외모와 유사하게 치장하고, 소위 립싱크 방식으로 노래
를 부른 행위는 혼동발생 판단의 자료로 평가함이 상당한 점 등을 고려하여"
부정하였다.16)

라. 트레이드 드레스의 보호

　　2018년의 개정(법률 제15580호, 2018. 4. 17.)에 의하여 '그밖에 영업임을 표
시하는 표지'를 구체적으로 설명하기 위하여 '상품 판매·서비스 제공방법 또는
간판·외관·실내장식 등 영업제공 장소의 전체적인 외관'을 설명하는 내용이
추가되었다. ① 상품 판매·서비스 제공방법 및 ② 영업제공 장소의 전체적인
외관은 소위 '트레이드 드레스(trade dress)'를 의미하는 것으로서, 부정경쟁법 개
정에 의하여 트레이드 드레스의 보호가 명문화된 셈이다. 트레이드 드레스에 관
한 분쟁사례는 미국에 매우 많이 존재하는데, 트레이드 드레스는 "상품의 전체

---

14) 이기수 외 6인 공저(주 3), 1060.
15) 가수 a의 성명을 사용함과 함께 모자와 선글라스를 착용하고 독특한 모양의 수염을 기
　　르는 등의 a의 외양처럼 치장하고, a의 행동을 흉내 내면서 a가 발표한 노래를 입모양만
　　따라하는 소위 립싱크 방식으로 노래한 행동 등.
16) 대법원 2009. 1. 30. 선고 2008도5897 판결.

적인 이미지로서, 크기, 모양, 색채, 색채의 결합, 구성(texture), 도해(graphics), 심지어 특정한 판매기법(sales techniques) 등과 같은 특성(features)"를 포함한다.[17] 미국 연방대법원은 '상품의 트레이드 드레스는 상품 전체의 이미지와 종합적인 외관'으로서, 트레이드 드레스는 "(상품의) 크기, 모양, 색채 또는 색채의 결합, 구성, 도해, 심지어 특정한 판매기법 등과 같은 특성을 포함한다"는 개념을 승인하였다.[18] Two Pesos 케이스의 대상이 된 트레이드 드레스는 서비스산업에 대한 것으로서, 연방대법원은 "레스토랑 외관의 모양, 기호, 레스토랑 부엌의 평면도, 장식, 메뉴, 음식을 제공하기 위한 도구, 음식을 제공하는 사람들의 유니폼, 그리고 레스토랑의 전체적인 이미지를 반영하는 기타의 특성을 포함할 수 있다"고 하였다.

그동안 한국에서 트레이드 드레스 분쟁의 대상이 되었던 것으로서 매장의 외관,[19] 제품의 포장용기,[20] 건물의 내부공간 또는 인테리어,[21] 매장의 전체적인 콘셉트,[22] 매장의 특징(외부 간판, 메뉴판, 콘반지, 젖소 로고, 아이스크림 콘진열 형태, 벌집 채꿀 진열 형태 등),[23] 시설(사케장, 외부 처마 및 외부 조명등 케이스, 대나무 무늬의 천장 장식용 패널, 내부 처마, 다다미 구조와 재질의 벤치, 붉은색을 주조색으로 하는 벽등 케이스, 신발장, 실내 장식용 몰딩 등),[24] 점포의 장식,[25] 영업외관 표지(매장의 간판, 매장의 외벽·출입문·창문 등 외부 디자인, 매장 내부 디자인 등),[26] 종이 라벨의 부착위치나 로고 기재 방식,[27] 서비스 제공장소,[28] 제품의 개념으로 설정한 내츄럴, 페미닌, 클래식, 여행의 감성, 제품의 디자인, 제품의 홍보 방법,[29] 인테리어 등(기울어진 글씨체, 매장 내 트램폴린 위치, 역동적인 생상

---

17) John H. Harland Co. v. Clarke Checks, Inc., 711 F.2d 966, 219 USPQ 515 (11th Cir. 1983).
18) Two Pesos, Inc. v. Taco Cabana, Inc., 505 U.S. 764 n. 1 (1992).
19) 서울중앙지방법원 2023. 5. 8. 자 2022카합21716 결정; 서울중앙지방법원 2019. 11. 21. 선고 2019가합526830 판결; 서울중앙지방법원 2020. 6. 25. 선고 2019가합518853 판결; 특허법원 2022. 4. 28. 선고 2020나1520 판결.
20) 서울중앙지방법원 2015. 9. 8. 선고 2014가합588383 판결.
21) 특허심판원 2019. 12. 27. 자 2019원358 심결.
22) 서울중앙지방법원 2015. 7. 10. 선고 2014가합529490 판결.
23) 서울중앙지방법원 2014. 11. 27. 선고 2014가합524716 판결.
24) 서울고등법원 2017. 12. 14. 자 2017라20489 결정.
25) 서울중앙지방법원 2015. 11. 20. 선고 2014가합58950, 2015가합8662(병합) 판결.
26) 서울중앙지방법원 2023. 5. 8. 자 2022카합21716 결정.
27) 특허법원 2017. 8. 7. 선고 2017나1568 판결.
28) 특허법원 2020. 11. 27. 선고 2020허2062 판결; 특허법원 2020. 11. 27. 선고 2020허2093 판결.
29) 서울중앙지방법원 2017. 2. 15 선고 2016가합570416 판결.

배열 등),30) 건물의 독특한 조형 요소31) 등을 들 수 있다.

법원은, 2018년의 부정경쟁방지법 개정 이전에도 '특정 영업을 구성하는 영업소 건물의 형태와 외관, 내부 디자인, 장식, 표지판 등 영업의 종합적 이미지'가 부정경쟁방지법에 의하여 보호된다고 판시하였다. 2018년 부정경쟁방지법 개정 이전에 트레이드 드레스를 보호하는 근거 조항은 상당한 투자나 노력으로 만들어진 성과 등을 보호하는 조항[제2조 제1호 (파)목]이었다.

부정경쟁방지법 제2조 제1호 (파)목은, 인터넷 및 디지털로 대표되는 새로운 기술의 발달로 인하여 기업의 개발 성과물이 다양한 형태로 나타나고 있고, 그러한 개발 노력에 대하여 이를 법적으로 보호해줄 필요가 있음에도 불구하고 타인이 그 성과물을 자신의 경제적 이익을 위하여 도용하는 것은 매우 쉬운 반면, 특허법, 실용신안법, 상표법, 디자인보호법, 저작권법과 같은 기존의 지식재산권법은 물론 부정경쟁행위를 구체적으로 한정하여 열거하는 열거주의 방식을 취한 종래의 부정경쟁방지법 조항으로는 그 보호가 불가능한 상황이 종종 발생하게 됨에 따라, 새로운 유형의 부정경쟁행위에 대한 부정경쟁방지법의 포섭범위를 확대하기 위하여 기존의 한정적, 열거적 방식으로 제한된 부정경쟁행위에 대한 보충적 일반 조항으로서 부정경쟁방지법에 새로 신설된 것이다.

그러므로 위와 같은 부정경쟁방지법의 개정 이유 등에 비추어 볼 때, 부정경쟁방지법 제2조 제1호 (파)목의 보호 대상인 '타인의 상당한 투자나 노력으로 만들어진 성과'에는 새로운 기술과 같은 기술적인 성과 이외에도 특정 영업을 구성하는 영업소 건물의 형태와 외관, 내부 디자인, 장식, 표지판 등 '영업의 종합적 이미지'의 경우 그 개별 요소들로서는 부정경쟁방지법 제2조 제1호 (가)목 내지 (자)목을 비롯하여 디자인보호법, 상표법 등 지식재산권 관련 법률의 개별 규정에 의해서는 보호받지 못한다고 하더라도, 그 개별 요소들의 전체 혹은 결합된 이미지는 특별한 사정이 없는 한 부정경쟁방지법 제2조 제1호 (파)목이 규정하고 있는 '해당 사업자의 상당한 노력과 투자에 의하여 구축된 성과물'에 해당한다고 볼 수 있으므로, 경쟁자가 이를 공정한 상거래 관행이나 경쟁 질서에 반하는 방법으로 자신의 영업을 위하여 무단으로 사용함으로써 타인의 경제적 이익을 침해하는 행위는 부정경쟁방지법 제2조 제1호 (파)목이 규정한 부정경쟁행위에 해당한다고 봄이 타당하다.32)

---

30) 인천지방법원 2020. 11. 6. 선고 2019가합50204 판결.
31) 서울서부지방법원 2023. 9. 14. 선고 2019가합41266 판결.
32) 대법원 2016. 9. 21. 선고 2016다229058 판결(부정경쟁행위금지 등 청구의 소); 서울고등법원 2016. 5. 12. 선고 2015나2044777 판결 (부정경쟁행위금지 등 청구의 소).

부정경쟁방지법은 트레이드 드레스를 영업표지로서 부정경쟁방지법에 의하여 보호함으로써 법원이 보호를 인정하였던 것을 명문화하고, 트레이드 드레스를 ① 상품 판매·서비스 제공방법 및 ② 영업제공 장소의 전체적인 외관이라고 정의함으로써, 그 보호범위를 법원이 인정한 것보다 확대한 것이라 할 수 있다. 다만 트레이드 드레스가 이러한 개정에 의하여 처음 보호된 것이라 하기는 어려울 것으로 보인다. 이미 상표법은 1990년대 말의 개정을 통하여 입체적 형상을 상표로서 보호하기 시작하고 이후 색체상표 등 비전형 상표를 보호하였고, 부정경쟁방지법에는 상품의 포장·용기를 상품표지로 규정함으로써, 트레이드 드레스에 해당하는 요소들을 보호해 왔다고 할 수 있다.

부정경쟁방지법 개정(제2조 제1호 (나)목)에 의하여 트레이드 드레스를 보호한다는 것은 트레이드 드레스를 모방한 행위에 대하여 형사적 제재가 가능하다는 것을 의미한다. 부정경쟁방지법 개정 이전에 법원은 '특정 영업을 구성하는 영업소 건물의 형태와 외관, 내부 디자인, 장식, 표지판 등 영업의 종합적 이미지'를 상당한 노력과 투자에 의하여 구축된 성과물에 해당할 수 있다고 보고 이러한 영업의 종합적 이미지를 모방한 행위를 부정경쟁방지법 제2조 제1호 (카)목[개정 이전에는 (차)목]의 부정경쟁행위에 해당한다고 판단하였다. 부정경쟁방지법 제2조 제1호 (카)목 위반에 대해서는 형사적 제재가 가하여지지 않음에 반하여(개정법도 마찬가지), (나)목 위반에 대해서는 형사적 제재가 가능하기 때문이다(제18조 제3항 제1호).

2018년 부정경쟁방지법의 개정은 트레이드 드레스의 보호를 명문화하였다는 점에서 상당한 의미가 있을 수 있으나 입법적인 보완을 필요로 한다. 트레이드 드레스는 보호요건으로서 ① 식별력, ② 비기능성, ③ 혼동가능성을 필요로 한다. 영업표지가 부정경쟁방지법에 의하여 보호되기 위해서는 식별력을 필요로 하는데, 법원은 '트레이드 드레스'에 해당하여 '영업표지'로 보호받기 위해서는 각각의 영업외관 표지들이 그 전체 또는 일부의 결합 자체만으로 본태적인 식별력을 갖추거나, 장기간에 걸친 계속적·독점적·배타적 사용 또는 단기간의 강력한 선전·광고에 의한 2차적 의미의 식별력을 갖추어야 한다."고 판시하고 있다.[33]

또한 타인이 트레이드 드레스와 동일하거나 유사한 것을 사용하여 영업상의 시설 또는 활동과 혼동하게 할 가능성이 야기되어야 침해가 인정된다(제2조

---

33) 서울중앙지방법원 2023. 5. 8. 자 2022카합21716 결정.

제1호 (나)목.

　그런데 부정경쟁방지법은 트레이드 드레스를 보호하면서 그 보호요건으로
서 트레이드 드레스가 비기능적이어야 한다는 것을 규정하지 않고 있다. 물론
부정경쟁방지법이 트레이드 드레스로서 보호한다고 할 수 있는 상품의 포장·
용기(제2조 제1호 (가)목)에 대해서도 기능성 원리를 규정하지 않고 있다. 법률이
기능성 원리(doctrine of functionality)에 대하여 규정하고 있지 않음에도 불구하고
법원이나 특허심판원은 트레이드 드레스의 보호요건으로 비기능적일 것을 요구
하고 있다.

　　트레이드 드레스로 보호받기 위하여는 ① 본질적으로 식별력이 있거나(inherently
　distinctive), 2차적 의미(secondary meaning, 사용에 의한 식별력)를 획득함으로써
　식별력이 있어야 하고, ② 비기능적(non-functional)이어야 하며, ③ 트레이드 드레
　스에 의하여 침해자의 상품 출처에 관하여 소비자에게 혼동의 가능성(likelihood
　of confusion)을 야기하여야 한다는 요건을 갖추어야 한다.[34]
　　트레이드 드레스로 등록받기 위해서는 트레이드 드레스가 i) 기능성이 없어야
　하고, ii) 식별력을 가져야 하며, iii) 침해한 트레이드 드레스가 침해자의 상품의
　출처에 관하여 소비자에게 혼동가능성을 야기하여야 하는 등의 요건을 갖추어야
　하고, 여기에서 식별력이라 함은 본질적인 식별력 또는 사용을 통하여 획득하는 2
　차적 의미의 식별력을 말하는 것으로, 상표와 마찬가지로 트레이드 드레스의 경우
　도 본질적으로 식별력이 있다는 것은 그 상품 분야의 특성과 관련하여 ⓐ 흔하지
　않거나, ⓑ 창의적이거나 또는 독특하여 상품의 출처를 나타내는 것일 때 인정된
　다고 할 수 있다.[35]

　부정경쟁방지법의 이러한 태도는 상표법이 트레이드 드레스를 보호한다고
할 수 있는 입체적 형상, 색채, 색채의 조합, 소리 또는 냄새만으로 된 상표에
대하여 기능성 원리를 규정하고 있는 것과 대조된다. 상표법을 통해서도 트레이
드 드레스를 등록·보호할 수 있는 여지가 존재하고, 입체상표의 등록과 관련하

---

34) 서울중앙지방법원 2014. 11. 27. 선고 2014가합524716 판결. 서울중앙지방법원 2015. 9.
　8. 선고 2014가합588383 판결도 비기능성이 요건이라고 판시하고 있다. 이러한 2개 판결
　은 2018년 트레이드 드레스가 입법되기 전에 이루어진 것으로서, '상당한 노력과 투자에
　의하여 구축된 성과물'로 인정될 수 있는 경우 부정경쟁방지법 제2조 제1호 (파)목에 의하
　여 보호 여부를 논의하고 있다.
35) 특허심판원 2019. 12. 27. 자 2019원358 심결. 이 심결은 트레이드 드레스의 한 형태로서
　입체상표의 상표등록에 관한 것이다.

여 기능성 원리를 규정하고 있기 때문이다. 상표법은 '상표'를 자기의 상품과
타인의 상품을 식별하기 위하여 사용하는 표장(標章)으로 정의하고, '표장'을 기
호, 문자, 도형, 소리, 냄새, 입체적 형상, 홀로그램·동작 또는 색채 등으로서 그
구성이나 표현방식에 상관없이 상품의 출처(出處)를 나타내기 위하여 사용하는
모든 표시라고 정의하고 있는데, 이러한 상표의 정의도 트레이드 드레스를 포섭
하는 것이라 할 수 있다. 곧 트레이드 드레스의 형태라 할 수 있는 입체적 형상
이 상표로 등록가능한 것은 물론이고, 구성이나 표현방식에 상관없이 상품의 출
처(出處)를 나타내기 위하여 사용하는 모든 표시가 상표로 등록가능하다.

> 현행 상표법은 입체상표를 상표의 한 형태로 인정하고 있고, 상품의 형태 및 포
> 장·용기 등의 트레이드 드레스는 이 입체상표의 영역에서 보호를 받을 수 있으
> 며, 건물의 내·외관의 장식 또한 트레이드 드레스의 하나로서 상표법상 보호대상
> 이다.36)

상표법은 트레이드 드레스를 상표로 등록하는 모든 경우에 대하여 기능성
원리를 규정하지는 않고 있지만, 입체적 형상에 대해서는 기능성 원리를 규정하
고 있다. 곧 상표법이 상표등록을 받으려는 상품 또는 그 상품의 포장의 기능을
확보하는 데 꼭 필요(서비스의 경우에는 그 이용과 목적에 꼭 필요한 경우를 말한
다) 입체적 형상, 색채, 색채의 조합, 소리 또는 냄새만으로 된 상표를 상표의
부등록사유로 규정하여(상 제34조 제1항 제15호), 기능성 원리를 규정하고 있다.
기능성 원리는 일정한 표지에 존재하는 모양이 실용적인 기능을 행사하는
경우에는 트레이드 드레스로 보호할 수 없다는 것으로서 트레이드 드레스의 보
호여부를 결정하는 가장 핵심적인 원리이다. 일반적으로 상품이나 포장의 형상,
특정 색채나 소리, 냄새 등은 어떤 실용적인 목적을 갖고 그 형상 등이 만들어
졌기에 그 목적을 달성하기 위한 기능을 가지고 있는 경우가 많다. 이와 같은
실용적인 기능의 독점권은 오직 특허·실용신안 제도를 통해 부여될 수 있으며,
이는 해당 독점권을 일정 기간에 한하여 부여하고 존속기간이 만료된 후 경업
자가 해당 입체적 형상 등을 자유로이 사용할 수 있도록 하여 산업의 발전과
자유로운 경쟁을 보장하기 위함이다. 이에 따라 실용적인 기능을 가진 입체적
형상 등을 상표에 의한 반영구적인 보호 적용에서 배제하는 원칙이 「기능성 원

---

36) 특허심판원 2019. 12. 27. 자 2019원358 심결.

칙」이다.

기능성 원리가 요구되는 근본적인 이유는 상표법과 특허법·디자인보호법의 충돌을 방지하기 위한 것이다. 특허나 디자인의 엄격한 요건을 충족하지 못하거나 특허권이나 디자인권의 존속기간이 종료한 상품의 디자인을, 특허나 디자인에 비하여 상대적으로 그 보호를 획득하기가 용이한 상표에 의하여 보호한다면, 그 디자인에 대하여 사실상 영구적인 독점을 부여하는 결과가 되기 때문이다. 따라서 특허나 디자인으로 등록되었거나 특허나 디자인으로 등록되었더라도 존속기간이 종료한 기능적인 디자인의 모양은 일반인의 공유영역에 속하는 것이며 누구든지 이러한 모양을 모방하고 사용할 수 있게 된다. 법원은 기능성원리의 의의에 대하여 다음과 같이 설명하고 있다.

상품 등의 기술적(技術的) 기능은 원칙적으로 특허법이 정하는 특허요건 또는 실용신안법이 정하는 실용신안등록 요건을 구비한 때에 한하여 그 존속기간의 범위 내에서만 특허권 또는 실용신안권으로 보호받을 수 있는데, 그러한 기능을 확보하는 데 불가결한 입체적형상에 대하여 식별력을 구비하였다는 이유로 상표권으로 보호하게 된다면, 상표권의 존속기간갱신등록을 통하여 그 입체적 형상에 불가결하게 구현되어 있는 기술적 기능에 대해서까지 영구적인 독점권을 허용하는 결과가 되어 특허제도 또는 실용신안제도와 충돌하게 될 뿐만 아니라, 해당 상품 등이 가지는 특정한 기능, 효용 등을 발휘하기 위하여 경쟁자가 그러한 입체적 형상을 사용해야만 할 경쟁상의 필요가 있음에도 그 사용을 금지시킴으로써 자유로운 경쟁을 저해하는 부당한 결과를 초래하게 된다. 이에 1997. 8. 22, 법률 제5355호로 개정된 상표법은 상표의 한 가지로 입체적 형상으로 된 상표를 도입하면서, 특허제도 등과의 조화를 도모하고 경쟁자들의 자유롭고 효율적인 경쟁을 보장하기 위한 취지에서 제7조(현행 제34조) 제1항 제13호를 신설하여 상표등록을 받으려는 상품 등의 기능을 확보하는 데 불가결한 입체적 형상만으로 된 상표 등은 제6조(현행 제33조)의 식별력 요건을 충족하더라도 상표등록을 받을 수 없도록 하였다.[37]

특허청의 상표심사기준도 기능성 원리를 다음과 같이 설명하고 있다.

일반적으로 상품이나 포장의 형상, 특정 색채나 소리, 냄새 등은 어떤 실용적인 목적을 갖고 그 형상 등이 만들어졌기에 그 목적을 달성하기 위한 기능을 가지고 있는 경우가 많다. 이와 같은 실용적인 기능의 독점권은 오직 특허·실용신안제도

37) 대법원 2015. 10. 15 선고 2013다84568 판결.

를 통해 부여될 수 있으며, 이는 해당 독점권을 일정 기간에 한하여 부여하고 존
속기간이 만료된 후 경업자가 해당 입체적 형상 등을 자유로이 사용할 수 있도록
하여 산업의 발전과 자유로운 경쟁을 보장하기 위함이다. 이에 따라 실용적인 기
능을 가진 입체적 형상 등을 상표에 의한 반영구적인 보호 적용에서 배제하는 원
칙이 「기능성 원칙」이다.[38]

그렇다면 어떠한 표지의 모양이 기능적인지 여부를 어떻게 판단할 것인가
문제되는데, 법원과 상표심사기준은 이에 대하여 다음과 같이 설명하고 있다.

   상품 등의 입체적 형상으로 된 상표가 위 규정에 해당하는지는 그 상품 등이
거래되는 시장에서 유통되고 있거나 이용 가능한 대체적인 형상이 존재하는지, 대
체적인 형상으로 상품을 생산하더라도 동등한 정도 또는 그 이하의 비용이 소요
되는지, 그 입체적 형상으로부터 상품 등의 본래적인 기능을 넘어서는 기술적 우
위가 발휘되지는 아니하는 것인지 등을 종합적으로 고려하여 판단하여야 한다.[39]

상표심사기준은 기능성 판단기준을 다음과 같이 제시하고 있다.

   심사관은 출원된 입체적 형상 등이 기능성이 있는지 판단함에 있어 다음 네 가
지 요건을 모두 고려해야 하고, 하나 이상의 사항에서 기능성이 있다고 판단되면
본호를 적용하여 거절이유통지를 하여야 한다.
   i) 입체적 형상 등과 관련된 특허출원, 실용신안등록출원, 특허권 및 실용신안권
(이하 "특허권 등"이라 한다)의 존재 여부
   ii) 입체적 형상 등이 제공하는 실용적인 이점에 대한 광고·홍보·설명의 존재
여부
   iii) 동일한 기능을 가진 대체가능한 입체적 형상 등의 존재 여부
   iv) 대체가능한 입체적 형상 등의 생산 용이성 및 경제성[40][41]

---

38) 심사기준 제5부 제15장 §1.2.3.
39) 대법원 2015. 10. 15 선고 2013다84568 판결 [디자인권침해금지등]. 법원은 이 사건에서
   심장혈관용 약제, 성기능장애 치료용 약제를 지정상품으로 하고 마름모 도형의 입체적 형
   상과 푸른색 계열의 색채를 결합하여 구성된 등록상표에 대하여 상표등록을 받고자 하는
   상품의 기능을 확보하는 데 불가결한 입체적 형상만으로 된 상표에 해당하지는 아니한다
   고 판단하였다.
40) 심사기준 제5부 제15장 §2.2.
41) 기능성을 판단하기 위한 이러한 요소들은 소위 'Norton-Norwich 요소'라고 하여 In re
   Morton-Norwich Prods., Inc. 케이스[671 F.2d 1332, 1340-1341, 213 USPQ 9, 15-16
   (C.C.P.A. 1982)]에서 나온 것으로서, 미국 특허상표청(USPTO)의 상표심사기준(TMER)에

상표법과 상표심사기준이 상표법에 의하여 보호되는 트레이드 드레스의 요소에 대해서는 기능성 원리를 규정하고 있는데(심사기준 제5부 제15장), 부정경쟁방지법에 의하여 보호되는 트레이드 드레스의 요소에 대하여 비기능성을 요구하지 않는 것은 모순이 되지 않을 수 없다. 상표법은 등록된 상표를 보호하고 부정경쟁방지법은 상표를 포함한 표지가 등록되지 않아도 일정한 요건을 준수하는 경우 보호한다는 점을 제외하고, 양자가 일정한 표지를 보호하는 점에서는 동일하다. 부정경쟁방지법에 있어서도 기능성 원리가 규정되어야 할 것이다.

2. 주 지 성

부정경쟁방지법은 상품 및 영업표지 혼동행위에 의한 보호대상인 상품 및 영업표지가 국내에 널리 인식될 것, 곧 주지성이 있을 것을 요건으로 하고 있다. 부정경쟁방지법에 의한 이러한 주지성 요건이 상표법에 의한 보호와의 차이를 만들게 된다. 국내에 널리 인식되었다는 것은 어떠한 표지가 국내의 전역 또는 일정한 범위 내에서 거래자 또는 수요자들이 그것을 통하여 특정의 영업을 다른 영업으로부터 구별하여 널리 인식하는 경우를 의미한다.[42][43]

가. 지역적 범위

부정경쟁방지법은 '국내에서 널리 인식된'이라고 규정함으로써 대한민국에서 주지성이 인정되어야 한다. 따라서 어떠한 표지가 외국에서는 주지성이 있으나 국내에서 주지성이 없다면 부정경쟁방지법에 의한 보호대상이 될 수 없으며, 이와 반대로 외국에서는 주지성이 없으나 국내에서 주지성이 있다면 보호될 수 있다.

부정경쟁방지법은 지역적 범위와 관련하여 국내에서 '널리' 인식된 것이라는 것만 언급하고 있어서 국내에서 어느 정도 인식되어야 하는지 여부가 불명확하다. 결국 대한민국 전역에서 인식되어야 하는가, 아니면 대한민국의 일부 지역에서 인식되는 것으로 충분한가의 문제이다. 법원은 국내 전역에 걸쳐 모든 사람들에게 주지되어 있음을 요하는 것이 아니고 국내의 일정한 지역적 범위

도 규정되어 있다[§1202.02(a)(v)]. Norton-Norwich 요소는 ① 등록하고자 하는 디자인의 실용적인 이점을 나타내는 특허의 존재, ② 디자인의 실용적 이점을 선전하는 출원자의 광고, ③ 대체 디자인의 존재 여부에 해당하는 사실, ④ 디자인이 상대적으로 간편하거나 저렴한 생산방법인지 여부에 대한 사실이다.

42) 대법원 1997. 12. 12. 선고 96도2650 판결.

43) 대법원 2004. 3. 25. 선고 2002다9011 판결.

안에서 거래자 또는 수요자들 사이에 알려진 정도로써 족하다고 판시하고 있다.44)

나. 인식주체

부정경쟁방지법은 타인의 주지성이 있는 표지를 사용하여 타인의 상품이나 영업상의 시설이나 활동과 혼동하게 하는 것을 방지하기 위한 것으로서 한편으로는 주지성이 있는 표지의 소유자를 보호하지만 다른 한편으로는 일반 공중의 이익을 보호하는 것을 목적으로 한다. 따라서 어떠한 표지가 주지성이 있다고 믿음으로써 혼동에 빠지는 주체를 보호하는 것이므로 주지성을 인식하는 주체는 일반적으로 거래자나 수요자가 된다. 그러나 주지성이 있기 위해서는 모든 사람들이 표지를 인식하고 있을 필요는 없지만45) 어떠한 상품이나 영업과 관계를 맺는 거래자나 수요자가 인식하여야 한다. 이러한 거래자나 수요자는 상품의 종류·성질 또는 영업이나 거래의 방법·형태에 따라 달라질 수밖에 없으므로 결국 주지성을 인식하는 주체를 결정함에 있어서는 이를 고려하여 개별적으로 판단할 수밖에 없다.46)

다. 주지성의 판단자료

부정경쟁방지법상의 '주지'라는 것은 어떠한 표지가 해당 거래자나 수요자에게 널리 알려진 것을 의미하므로, 주지성이 있는가 여부를 판단하기 위해서는 표지가 거래자나 수요자에게 알려질 수 있는 방법이나 수단 등 여러 가지를 고려할 수밖에 없다. 법원은 "타인의 상품임을 표시한 표지가 국내에 널리 인식되었는지 여부는 그 사용기간, 방법, 태양, 사용량, 거래범위 등과 상품거래의 실정 및 사회통념상 객관적으로 널리 알려졌느냐의 여부"를 판단근거로 제시하고 있다.47) 그 외에도 표지의 강도, 상품의 종류와 성질, 상품의 거래수량과 판매액, 광고의 유무·방법·빈도·기간, 영업의 규모, 점포의 수와 분포지역, 상품이나 영업에 관한 제3자의 평가 등이 판단근거로 제시되고 있다.48)

---

44) 대법원 2002. 6. 14. 선고 2002도1613 판결; 대법원 1997. 4. 24. 자 96마675 결정; 대법원 2003. 9. 26. 선고 2001다76861 판결 등.

45) 대법원 2002. 6. 14. 선고 2002도1613 판결; 대법원 1997. 4. 24. 자 96마675 결정; 대법원 2003. 9. 26. 선고 2001다76861 판결 등.

46) 송영식 외 6인 공저(주 5), 413-414; 이기수 외 6인 공저(주 3), 1044.

47) 대법원 2001. 9. 14. 선고 99도691 판결.

48) 이기수 외 6인 공저(주 3), 1045-1046; 송영식 외 6인 공저(주 5), 414.

라. 주지의 정도

부정경쟁방지법상 보호되기 위하여서는 수요자나 거래자가 표지를 어느 정도로 인식하고 있는가가 문제되는데 이에 대해서는 의견이 대립되고 있다. 이와 관련하여서는 먼저 표지의 선사용자(원고)와 후사용자(피고)의 상호관계에서 논의할 필요성이 있다. 곧 선사용자의 표지에 대한 인식의 정도가 매우 강력할 것을 요구한다면 부정경쟁방지법에 의한 표지의 보호가 무의미해질 수 있으며, 반대의 경우에는 선사용자를 지나치게 보호하여 선의의 경쟁을 저해할 우려가 있기 때문이다.49)

마. 판단 시기

제2조 1호 (가)목 및 (나)목의 상품·영업주체 혼동행위와 관련하여서는 3가지 사유와 관련하여 판단 시점을 어떻게 결정할 것인지 문제된다. 첫째, (가)목 및 (나)목의 표지가 국내에 널리 인식되었는지를 어떤 시점을 기준으로 판단할 것인가 문제된다. 이에 대하여 법원은 상품표지에 대하여 사실심 변론종결 당시를 기준으로 판단하여야 한다는 입장을 취하고 있다.50)

둘째, 부정경쟁방지법은 부정경쟁에 대한 구제수단으로서 금지청구권, 손해배상청구권, 신용회복청구권을 인정하고 있는데(제4조, 제5조, 제6조), 금지청구나 손해배상청구를 인정할 시점이 문제된다. 법원은 금지청구를 인정할 것인지의 판단은 사실심 변론종결 당시를 기준으로, 손해배상청구를 인정할 것인지 및 신용회복청구를 인정할 것인지의 판단은 침해행위 당시를 기준으로 한다고 판시하고 있다.51)

Ⅳ. 상품표지 또는 영업표지의 동일 또는 유사

1. 표지의 동일 또는 유사

부정경쟁방지법 제2조 제1호 (가)목 및 (나)목은 타인의 상품표지와 '동일'하거나 '유사'한 것을 사용하거나 이를 사용한 상품을 판매·반포 또는 수입·수출하여 타인의 상품과 혼동하게 하거나 타인의 영업표지와 '동일'하거나 '유

---

49) 자세한 것은 세종대 산학협력단(주관연구책임자 최승재), 부정경쟁행위 판단기준 및 행정조사에 관한 연구(2018), 20-21.
50) 대법원 2004. 3. 25. 선고 2002다9011 판결.
51) 대법원 2004. 3. 25. 선고 2002다9011 판결; 대법원 2009. 6. 25. 선고 2009다22037 판결.

사'한 것을 사용하여 타인의 영업상의 시설이나 활동과 혼동하게 하여 그 타인
에게 영업상 이익을 침해하여 손해가 발생하는 것을 방지하기 위한 것이다. 따
라서 상품주체나 영업주체 혼동행위의 요건으로서 표지가 동일하거나 유사할
것이 요구된다. (가)목 및 (나)목은 수요자나 거래자가 혼동에 빠지는 것을 방지
하기 위한 것이고 혼동에 빠지게 하는 가장 일반적인 형태는 피고가 원고의 표
지와 동일하거나 유사한 표지를 사용하는 것이다.

    상표권에 있어서는 등록상표와 동일하거나 유사한 상표를 그 지정상품과
동일하거나 유사한 상품에 사용하는 행위만으로 상표권 침해를 인정하고 혼동
가능성을 별도로 요구하지 않는다(상표법 제108조 제1항 제1호). 상표법과 달리
부정경쟁방지법은 표지의 동일 또는 유사 외에 혼동을 요구하고 있는데, 상표권
침해행위나 상품주체 및 영업주체 혼동행위에 의한 부정경쟁행위는 실질적으로
수요자나 거래자가 혼동에 빠지는 것을 방지하기 위한 것이다. 그런데 상표법에
있어서는 동일하거나 유사한 경우에 혼동이 발생할 가능성이 커지고 동일 또는
유사라는 형식적 기준에 의하여 상표를 간이신속하게 보호하기 위하여 상표 및
상품의 동일 및 유사개념을 상표권 침해행위로 정형화한 것이고,[52] 부정경쟁방
지법은 실질적으로 혼동이 야기되는 것을 방지하기 위한 것으로서 혼동을 요건
으로 하고 있는 것이다. 따라서 표지가 동일하거나 유사하다는 것은 혼동야기행
위라는 주된 요소를 판단하기 위한 보조적인 개념에 해당한다. 미국 판례법상으
로도 혼동가능성(likelihood of confusion)을 판단하기 위한 요소로서 흔히 '폴라로
이드 요소(Polaroid factors)'가 판단근거로 사용되는데(후술), 상표의 유사 여부는
혼동가능성을 판단하는 하나의 요소에 불과하다. 혼동이라는 개념이 주된 요소
이고 표지의 동일 또는 유사라는 개념이 보조적인 개념이라면 혼동을 판단함에
있어서 표지의 동일 또는 유사 이외에 미국 판례법이 내세우는 요소도 참작될
수 있을 것이다.[53]

2. 동일 또는 유사의 판단

    상품 또는 영업표지가 동일한가 여부는 판단하기 쉬우나 문제가 되는 것은
유사한가 여부이다. 이에 대하여 법원은 유사성 여부 판단에 대하여 다음과 같

---

52) 송영식 외 6인 공저(주 5), 418-419.
53) 표지의 동일 또는 유사 이외에 양 주체의 지리적 위치, 종전의 관계, 표지선택의 동기,
    표지에 나타난 악의, 주체영업의 대비 등이 제시되고 있다. 송영식 외 6인 공저(주 5), 419.

은 기준을 제시하고 있다.

　법 제2조 제1호 (가)목 소정의 상품표지의 유사 여부 내지 혼동가능성에 관한 판단에 있어서는 동종의 상품에 사용되는 두 개의 상품표지를 전체적·객관적·이격적으로 관찰하여 외관, 호칭, 관념의 어느 하나가 형식적으로 유사하다 하더라도 거래사정을 감안하여 혼동의 염려가 없다면 그 유사성 내지 혼동가능성은 부정된다 할 것이고, 특히 상품표지가 도형, 문양, 문자, 기호, 색깔 등 여러 요소로 이루어진 경우에 그 표지의 구성요소를 자의적으로 나누어 그 일부에만 초점을 두고 표지들의 유사 여부 내지 혼동가능성을 판단할 것이 아니라 상품의 출처를 표시함에 기여하고 있는 일체의 자료를 고려하여 그 표지가 수요자 내지 거래자에게 주는 인상, 기억, 연상 등을 종합적으로 관찰·비교하는 이른바 전체적 관찰이 필요하다 할 것이고 상품표지가 외관상 또는 관념상 그 구성요소를 분리 관찰하는 것이 부자연스럽다고 여겨질 정도로 불가분적으로 결합된 것이 아닌 한 수요자의 주의를 끄는 주요 부분을 분리하여 그 부분을 기준으로 유사 여부를 판단하는 이른바 분리관찰 내지 요부관찰도 보완적 수단으로 이루어져야 한다 할 것인바, 상품의 용기나 포장에 상표, 상호 또는 상품명 등 식별력 있는 요소가 표시되어 있는 경우에는 그 부분이 지나치게 작다든가 제품설명서에만 기재되어 있는 등으로 특별히 눈에 띄지 않거나, 용기나 포장의 전체 구성에 비추어 현저히 그 비중이 낮다고 보이는 경우가 아닌 한 그 상표나 상호, 상품명 등의 표기 부분은 상품표지로서의 용기나 포장의 주요 부분으로 보아 그 부분의 유사 여부 등도 고려하여 다른 표지와의 유사성 내지 혼동가능성 여부를 판단하여야 할 것이다.[54]

　판례에 의하면, 유사성 여부를 판단함에 있어서 두 개의 상품표지를 전체적·객관적·이격적으로 관찰하여 외관, 호칭, 관념의 어느 하나가 유사한지 여부를 판단하고, 예외적으로 외관, 호칭, 관념의 어느 하나가 형식적으로 유사하다 하더라도 거래사정을 감안하여 판단하여야 하며, 전체적·객관적·이격적 관찰에 대한 보완적 수단으로 분리관찰 내지 요부관찰을 할 것이 요구된다.

가. 유사판단의 요소

　"동종의 상품에 사용되는 두 개의 상품표지를 전체적·객관적·이격적으로 관찰하여 '외관, 호칭, 관념'의 어느 하나가 형식적으로 유사"하다면 두 개의 표지간에 유사성이 인정된다. 예컨대 '리프리놀'이나 'Lyprinol'라는 상품표지가

---

54) 대법원 2001. 2. 23. 선고 98다63674 판결.

피고인들의 상품표지인 'Lipfeel'이나 '리프트머셀'과 유사한가 여부와 관련하여
법원은 "이 사건 상품표지와 위 피고인들의 상품표지들은 한글이나 영문자로
된 문자표지로서 각기 그 글자수가 상이하여 외관이 서로 다르고, 이 사건 상품
표지의 경우 4음절인 '리프리놀'로 호칭되는 반면 Lipfeel의 경우 2음절인 '립
필'로 호칭되고 리프트머셀은 5음절인 '리프트머셀'로 호칭될 것이므로 그 음절
수 등이 달라 호칭이 서로 다르며, '리프리놀'과 'Lipfeel'은 특별한 의미가 없는
조어이고 '리프트머셀'은 그 의미가 '입술 달린 홍합'으로 일반적으로 알려진
단어가 아니어서 서로 그 관념을 대비할 수도 없다"고 판시하였다.[55]

외관, 호칭, 관념 중 어느 하나가 유사하다면 표지간의 유사성이 인정되지
만, "'외관, 호칭, 관념'의 어느 하나가 형식적으로 유사하다 하더라도 거래사정
을 감안하여 혼동의 염려가 없다면 그 유사성 내지 혼동가능성은 부정된다."

나. 관찰방법

첫째, 두 개 표지간의 유사성을 판단함에 있어서는 전체적인 관찰을 원칙으
로 하고 보조적인 방법으로 분리·요부관찰이 요구된다. 표지가 간단한 문자나
도형 등으로 단순하게 이루어져 있다면 양자를 그대로 비교하면 되므로 전체관
찰이나 분리·요부관찰을 논의할 필요성이 없으며, 전체적인 관찰과 분리·요부
관찰이 관계되는 문제되는 경우는 표지가 도형, 문양, 문자, 기호, 색깔 등 여러
요소로 이루어진 때이다. 표지가 여러 요소로 이루어진 경우에는 그러한 여러
요소가 일체를 이루어 하나의 표지를 구성하는 것이므로, '그 표지의 구성요소
를 자의적으로 나누어 그 일부에만 초점을 두고 표지들의 유사 여부 내지 혼동
가능성을 판단'하여 유사여부를 판단하여서는 아니 된다. 곧 '상품의 출처를 표
시함에 기여하고 있는 일체의 자료를 고려하여 그 표지가 수요자 내지 거래자
에게 주는 인상, 기억, 연상 등을 종합적으로 관찰·비교하여' 표지의 외관, 칭
호, 관념이 유사한지 여부를 판단하여야 한다.

'상품표지가 외관상 또는 관념상 그 구성요소를 분리 관찰하는 것이 부자
연스럽다고 여겨질 정도로 불가분적으로 결합된 것이 아닌 한,' 전체적 관찰에
대한 보완적인 수단으로서 '수요자의 주의를 끄는 주요 부분을 분리하여 그 부
분을 기준으로 유사 여부를 판단'하는 분리관찰 내지 요부관찰이 이루어질 수
있다. 예컨대 '옥시'와 '옥시화이트'의 유사성을 비교함에 있어서 "피고가 사용

---

55) 대법원 2011. 1. 13. 선고 2008도4397 판결.

하는 상표인 옥시화이트는 외관상 서로 분리되어 있지는 아니하나 그 결합으로
인하여 새로운 관념이 생기는 것도 아니고 일체 불가분적으로 결합되어 있다고
보기도 어려워 옥시와 화이트로 분리 관찰이 가능한데, 그 중 화이트는 백색,
깨끗함의 의미를 가진 영어 단어 'WHITE'의 한글 음역으로 쉽게 인식될 수 있
어 표백제 등의 상품에 관하여는 자타상품의 식별력이 부족하므로, 일반 수요자
가 피고의 옥시화이트 상표를 인식함에 있어서는 그 상표의 요부인 옥시 부분
으로 인식할 개연성이 높아 피고의 옥시화이트 상표는 원고의 상호인 주식회사
옥시와 전체적으로 유사"하다.56)

둘째, 두 개 표지간의 유사성을 판단함에 있어서는 객관적 관찰이 필요하
다. 객관적 관찰은 표지에 대한 소유자의 주관적인 의사 등을 기준으로 하는 것
이 아니라 수요자나 거래자 등을 기준으로 객관적으로 관찰하는 것을 의미한다.

셋째, 두 개 표지간의 유사성을 판단함에 있어서는 '이격적(離隔的) 관찰'이
요구된다. 두 개의 표지를 나란히 놓고 양자가 동일하거나 유사한가 여부를 고
려하는 대비적 관찰은 배제되며, 시간 또는 장소를 달리하여 양 표지를 관찰하
여야 한다. 대비적 관찰을 하는 경우 양 표지간에 약간의 차이라도 있다면 유사
성은 부정될 것이어서 부정경쟁방지법에 의한 보호가 형해화되거나, 또한 일반
수요자가 상품을 구매함에 있어 원고와 피고의 상품표지를 비교하여 구매하는
것이 아니라 과거에 자신이 구매했던 경험이나 광고 등에 의지하여 표지를 불
확실하게 기억하고 구매하기 때문이다.

V. 혼동가능성

1. 실제의 혼동 및 혼동가능성

부정경쟁방지법 제2조 제1호 (가)목 및 (나)목의 상품주체 및 영업주체 혼
동행위는 '혼동'을 요건으로 하고 있는데, 법은 '상품과 혼동'하게 하거나 '영업
상의 시설 또는 활동과 혼동'하게 하는 행위라고 규정하고 있다. 상품주체 또는
영업주체 혼동행위 규정은 타인의 상품표지나 영업표지를 사용함으로써 거래자
나 수요자에게 상표주체나 영업주체에 대하여 혼동을 야기하는 것으로부터 그
주체를 보호하기 위한 것이다. 따라서 혼동은 상품의 출처나 영업의 출처에 대
한 혼동을 의미하게 된다. 상품표지간의 혼동과 상품출처간의 혼동을 구별하기

---

56) 대법원 2004. 3. 25. 선고 2002다9011 판결.

도 하지만,[57] 상품표지를 혼동한다는 것은 결국 출처표시기능이 있는 표지에 대한 혼동을 의미하므로 양자는 동일하다고 할 수 있다.

부정경쟁방지법은 '혼동하게 하는 행위'라고 규정하고 있을 뿐이며 '실제의 혼동(actual confusion)'이 필요하다거나 '혼동가능성(likelihood of confusion)'만으로 충분한가에 대하여 언급하지 않고 있다. 미국 연방상표법이 '혼동을 일으킬 가능성이 있는(likely to cause confusion)'이라고 하여 혼동가능성을 규정하고 있는 것과 다르다[제32조 제1항, 제43조 (a)항]. 그러나 부정경쟁방지법상의 상품주체 및 영업주체 혼동행위가 되기 위해서는 그 주체에 대하여 실제의 혼동이 야기될 것을 요하지 않으며 혼동가능성만으로 충분하다. 부정경쟁행위가 되기 위하여 실제의 혼동이 요구된다면 표지권자는 실제의 혼동으로 인하여 이미 손해를 받은 상태가 되어 표지권자가 보호를 받기도 전에 회복할 수 없는 손해[58]를 입게 되어 부정경쟁방지법에 의한 보호의 의미가 없어지게 되며, 실제의 혼동을 증명하기가 매우 어려우며 특히 상품의 가격이 상대적으로 저렴하거나 양 상품이 동일한 경우에는 증명하기가 어렵기 때문이다. 물론 수요자 내지 거래자들 전체 또는 일부가 실제로 혼동하였다는 것은 부정경쟁행위를 증명하는데 중요한 증거가 될 수 있으나, 실제의 혼동에 대한 증명이 이루어지지 않더라도 부정경쟁행위의 성립이 부정되는 것은 아니다.

2. 혼동의 범위

상품주체 및 영업주체 혼동행위에 있어서의 혼동이 상품이나 영업의 출처에 관하여 혼동하는 것(협의의 혼동)을 포함하는 것은 당연하다. 그런데 이러한 혼동 이외에 상품주체나 영업주체간에 일정한 관계가 있지 않은가 하는 혼동(광의의 혼동)을 포함하는가 여부가 문제된다. 미국 연방상표법은 상표권 침해에 대해서는 혼동을 야기할 가능성이 있는 상표의 사용을 규정하고(제32조 제1항) 연방법상 부정경쟁행위를 규제한다고 할 수 있는 규정에서 '제휴(affiliation), 연결(connection), 연관(association)이나 출처, 후원(sponsorship), 상품·서비스·행위의 승인에 관하여 혼동을 일으킬 가능성이 있는 사용이라고 규정하고 있다[제43조 (a)항].

---

57) 송영식 외 6인 공저(주 5), 417.
58) 상품이나 영업표지가 침해되는 경우 필연적으로 발생하는 표지권자의 이익, 표지에 대한 굿윌, 명성 등에 대한 손해가 수량화하기 어려울 정도가 되어 회복할 수 없는 손해가 발생할 수밖에 없다.

부정경쟁방지법상의 혼동은 협의의 혼동 이외에 광의의 혼동도 포함하는 개념으로 이해하는 것이 일반적이다. "저명한 상표나 저명상호의 경우에는 관계가 없는 이종상품이나 영업에 사용되어도 특히 기업의 다각화 경향에 따라 어느 정도 혼동을 일으키며, 심리적인 연상작용에 의해 양자는 일정한 관계에 있는 것은 아닌가라는 인상을 준다"거나[59] "오늘날 기업의 대규모화·다각화의 전진, 광고선전의 발달과 매체의 진보 등의 현상과 함께 표지의 주지성은 점차 상품종류의 동일 또는 유사의 범위를 초월하고 있으며, 이로 말미암아 이종의 상품간에 있어서도 상품출처의 혼동이 생기는 경우가 있다"[60]고 설명되고 있다.

법원도 이와 동일한 입장을 취하고 있다. 법원은 혼동과 관련하여 "부정경쟁방지법 소정의 영업주체의 혼동은 주체의 동일성에 관한 협의의 혼동 외에 양자 사이에 거래상, 경제상 또는 조직상 밀접한 관계가 있는 것은 아닐까 하는 생각이 들게끔 하는 광의의 혼동 또는 후원관계의 혼동도 포함될 뿐만 아니라 현실의 혼동에 한하지 않고 혼동의 위험이 있는 경우까지도 포함된다고 할 것이고, 이러한 혼동의 위험은 식별력이 강한 저명 영업표지의 경우에 더욱 크며, 오늘날 기업들은 주력업종 뿐만 아니라 취급품목을 확장하는 경향에 비추어 혼동의 위험이 있는 이상 반드시 동종의 상품을 생산, 판매하는 경우에 한정되지 않는다"고 하며[61] "상품의 출처가 동일하다고 오인하게 하는 경우뿐만 아니라 국내에 널리 인식된 타인의 상품표지와 동일 또는 유사한 표지를 사용함으로써 일반수요자나 거래자로 하여금 '당해 상품표지의 주체와 사용자 간에 자본, 조직 등에 밀접한 관계가 있지 않을까' 라고 오신하게 하는 경우도 포함"한다고 판시하고 있다.[62]

영업주체의 혼동에 대해서도 법원은 "타인의 영업상의 시설 또는 활동과 혼동을 하게 한다는 것은 영업표지 자체가 동일하다고 오인하게 하는 경우뿐만 아니라 국내에 널리 인식된 타인의 영업표지와 동일 또는 유사한 표지를 사용함으로써 일반수요자나 거래자로 하여금 당해 영업표지의 주체와 동일·유사한 표지의 사용자 간에 자본, 조직 등에 밀접한 관계가 있다고 잘못 믿게 하는 경우도 포함한다"고 판시하고 있다.[63]

---

59) 송영식 외 6인 공저(주 5), 417.
60) 이기수 외 6인 공저(주 3), 1055.
61) 서울고등법원 2000. 11. 15. 선고 99나61996 판결.
62) 대법원 2007. 4. 27. 선고 2006도8459 판결.
63) 대법원 2009. 4. 23. 선고 2007다4899 판결.

3. 혼동의 판단방법

부정경쟁방지법상의 상품주체나 영업주체 혼동행위가 되기 위해서는 표지가 동일하거나 유사하여야 하고 동일하거나 유사한 표지의 사용으로 인하여 수요자나 거래자가 출처 등에 대하여 혼동에 빠질 가능성이 있어야 한다. 법원은 혼동가능성을 판단함에 있어서 "타인의 상품과 혼동을 하게 하는 행위에 해당하는 여부는 상품표지의 주지성과 식별력의 정도, 표지의 유사 정도, 사용태양, 상품의 유사 및 고객층의 중복 등으로 인한 경업·경합관계의 존부, 그리고 모방자의 악의(사용의도) 유무 등을 종합하여 판단"하여야 한다고 판시하고 있다.64) 흔히 표지의 유사성과 혼동가능성을 동시에 판단되는 경향이 있는데,65) 이것은 표지의 유사성이 높아질수록 혼동가능성이 높아지는 것으로서 유사성 개념이 혼동가능성 개념에 포함되어야 하는 것에서 비롯된 것으로 보인다.

미국의 법원은 혼동가능성을 판단함에 있어서 표지의 유사성 등을 혼동가능성을 판단하기 위한 요소에 포함시킴으로써 혼동가능성의 개념을 최상의 위치에 놓고 있다. 미국 제2연방 항소법원(2nd Cir.)은 흔히 '폴라로이드 요소(Polaroid factors)'라고 하여 혼동가능성을 판단하기 위한 요소로서 (i) 원고상표의 강도(strength), (ii) 두 상표(원·피고의 상표)의 유사함, (iii) 상품의 근접성, (iv) 상표권자가 (상품간의) 간격을 메울 가능성, (v) 사실상의 혼동(actual confusion), (vi) 피고가 상표를 채택하는데 있어서의 선의, (vii) 피고의 상품의 품질, (viii) 구매자들의 분별능력(sophistication) 등 8가지를 제시하고 있고,66) 제9연방 항소법원은 (i) 상표의 유사성, (ii) 두 회사의 상품이나 서비스의 관련성 또는 근접성, (iii) 원고 상표의 강도, (iv) 판매경로, (v) 구매자들이 상품을 선택하는데 있어서 행사하는 주의의 정도, (vi) 상표를 선택하는데 있어서의 피고의 의도, (vii) 실제의 혼동에 대한 증거, (viii) 상품라인에 대한 확장가능성 등 8가지(Sleekcraft 요소)를 사용하고 있다.67) 미국법원이 언급하고 있는 판단요소는 한국법원이 제시하고 있는 '상품표지의 주지성과 식별력의 정도, 표지의 유사 정도, 사용태양, 상품의 유사 및 고객층의 중복 등으로 인한 경업·경합관계의 존

---

64) 대법원 2007. 4. 27. 선고 2006도8459 판결.

65) 대법원 2001. 2. 23. 선고 98다63674 판결.

66) Polaroid Corp. v. Polarad Elects. Corp.287 F.2d 492 (2nd Cir), cert. denied, 368 U.S. 820 (1961).

67) AMF Incorporated v. Sleekcraft Boats, 599 F.2d 341, 204 U.S.P.Q. 808 (1979).

부, 그리고 모방자의 악의(사용의도) 유무 등'과 상당히 유사하다. 혼동가능성을 판단하기 위한 이러한 요소들은 예시적인 것에 불과하므로 그 이외의 요소들도 얼마든지 사용될 수 있다.

4. 도메인네임과 상품 · 영업주체 혼동행위

국내에 널리 알려진 타인의 표지를 도메인이름으로 등록하는 것은 상표법 상의 상표권 침해나 인터넷주소자원에 관한 법률에 의한 무단점유 행위(제12조)에 해당하는 것 외에도, 부정경쟁방지법상의 무단점유 행위(제2조 제1호 (아)목), 표지의 식별력이나 명성을 손상하는 행위(희석) 및 상품 · 영업주체 혼동행위(제2조 제1호 가, (나)목)에 해당할 수 있다.

도메인이름 등록 · 사용 등에 의한 상표권 침해, 상품 · 영업주체 혼동행위, 희석 여부를 판단함에 있어서는 도메인이름이 등록된 이후 웹사이트 개설 등 어떠한 형식으로 진행되었는가와 밀접한 관계가 있다. 상표권 침해 등의 여부 는 도메인이름의 등록, 해당 도메인이름을 사용한 웹사이트 개설, 웹사이트에 서의 상표나 표지의 사용, 상품 · 서비스의 제공, 관련 정보의 제공에 따라 결 정되기 때문이다. 예컨대 도메인이름을 등록만 하였다면 상표적 사용을 인정하 기 어렵고, 웹사이트에서 상표권자나 표지권자와 전혀 관계없는 상품 · 서비스나 정보를 제공한다면 상표권 침해나 상품 · 영업주체 혼동행위를 인정하기 어렵기 때문이다.

대법원은, 제2조 제1호 (가)목의 '상품주체 혼동행위'에 해당하기 위해서는 표지를 상품출처를 표시하는 것으로 사용하여야 한다고 하면서, 원고의 표지가 포함된 도메인네임(viagra.co.kr)을 이용하여 개설한 웹사이트에 사용된 표지가 피고들의 판매하는 제품의 출처표시로 사용된 것이 아니고, 이용자들이 이러한 표지에 의하여 원고 제품의 출처표시로 인식한다고 할 수 없으며, 도메인 이름 자체가 곧바로 상품의 출처표시로서 기능한다고 할 수는 없다는 것 등을 근거 로 상품주체 혼동행위에 해당하지 않는다고 판시하고 있다.[68]

또한 법원은, 부정경쟁방지법 제2조 제1호에서 말하는 '사용'이라 함은 그 규정 내용에 비추어 영리적인 사용만을 의미하는 것이라고 하면서, 타인의 표지 를 이용하여 도메인이름으로 등록하고 홈페이지의 내용이 표지를 영리 또는 상 업적으로 사용하지 않은 경우에는 영업주체혼동의 위험이 있다고 보기 어렵다

---

68) 대법원 2004. 5. 14. 선고 2002다13782 판결.

고 판시하고 있다.[69] 이 사건에서 대법원은, (가)목의 상품주체 혼동행위에 해당하는 표지의 사용은 '상품에 관련된 일체의 사용행위'를 의미하고, (나)목의 영업주체 혼동행위에 해당하는 표지의 사용은 '영업에 관련된 일체의 사용행위'를 의미하며, 비상업적 사용을 그 적용대상에서 제외하고 있는 (다)목의 식별력이나 명성 손상행위에 해당하는 표지의 사용은 '상업적 사용'을 의미하는 것으로 해석하여야 한다고 하여, (가), (나), (다)목의 '사용'에 대하여 원심의 결론과는 다소 차이가 있는 듯한 설명을 하고 있다. 그러나 대법원은 도메인이름의 양도에 대한 대가로 금원 등을 요구하는 행위가 도메인 이름을 상품 또는 영업임을 표시하는 표지로 사용한 것이라고 할 수 없고, 제2조 제1호의 사용이 '상품이나 영업과 관련 없는 일체의 사용행위'까지도 포함하는 것임을 전제로 하는 주장을 부인함으로써, 원심(부산고등법원)의 결론을 수긍하고 있다.

　부정경쟁방지법 제2조 제1호 (가)목의 상품주체 혼동행위에 해당하는 표지의 사용은 '상품에 관련된 일체의 사용행위'를, 같은 호 (나)목의 영업주체 혼동행위에 해당하는 표지의 사용은 '영업에 관련된 일체의 사용행위'를, 비상업적 사용을 그 적용대상에서 제외하고 있는 같은 호 (다)목의 식별력이나 명성 손상행위에 해당하는 표지의 사용은 '상업적 사용'을, 각 의미하는 것으로 해석하여야 할 것이고, 도메인 이름의 양도에 대한 대가로 금원 등을 요구하는 행위는 도메인 이름을 상품 또는 영업임을 표시하는 표지로 사용한 것이라고는 할 수 없어서, 피고 등의 행위가 부정경쟁방지법 제2조 제1호 (가)목, (나)목의 혼동행위나 같은 호 (다)목 소정의 식별력 또는 명성의 손상행위에 해당하지 아니하므로, 원심 판시에 일부 미흡한 점이 있기는 하지만, 위와 같이 인정·판단한 것은 정당하고, 부정경쟁방지법 제2조 제1호의 사용이 '상품이나 영업과 관련 없는 일체의 사용행위'까지도 포함하는 것임을 전제로 하는 상고이유의 제2, 3점의 주장은 이유 없다.

VI. 선의의 선사용자 보호

1. 선의의 선사용자 보호 필요성

　2023년 개정된 부정경쟁방지법은 '타인의 상품표지 또는 영업표지가 국내에 널리 인식되기 전부터 그 타인의 상품표지 또는 영업표지와 동일하거나 유

---

69) 부산고등법원 2001. 7. 27. 선고 2000나13078 판결.

사한 표지를 부정한 목적 없이 계속 사용하는 경우' 및 '이러한 경우에 해당하
는 자의 승계인으로서 부정한 목적 없이 계속 사용하는 경우'는 상품주체 및 영
업주체 혼동행위에 포함되지 않는 것으로 규정하였다(제2조 제1호 가, (나)목). 이
는 국내에 널리 인식된 상품·영업표지를 선의로 먼저 사용하고 있었던 자의 행
위도 상품·영업주체 혼동행위가 되고 이에 따라 책임을 부담할 수 있는 문제점
을 해결하기 위한 것이다.

　　부정경쟁방지법은 국내에 널리 인식된 타인의 상품·영업 표지와 동일하거
나 유사한 것을 사용함으로써 타인의 상품·영업과 혼동하게 하는 행위를 부정
경쟁행위로 규정하고 이에 대하여 일정한 책임을 부과하고 있다. 그런데 동일하
거나 유사한 상품·영업 표지가 사용되고 있었는데 이후 표지 중의 하나가 국내
에 널리 인식된(주지성을 획득한) 경우를 가정해 보자. 그러면 다른 표지(주지성
을 획득하지 않은 표지)의 사용자가 이제 자신의 표지를 사용하면 부정경쟁행위
가 되어 부정경쟁방지법에 따른 책임을 부담하는 부당한 결과가 야기된다. 실제
로 대법원도 다음과 같이 선의의 선사용자 행위도 부정경쟁행위에 해당한다는
입장을 취하고 있었다.

　　원고의 상호가 주지성을 획득하기 이전…부터 xx상표를 사용하여 온 이른바,
　선의의 선사용자로서 부정경쟁방지법 소정의 부정경쟁행위를 한 자에 해당하지
　않는다는 취지의 피고의 주장에 대하여, 원심은, 부정경쟁방지법 제2조 제1호 (가)
　목 소정의 부정경쟁행위에 있어서는 '부정경쟁행위자의 악의' 또는 '부정경쟁행위
　자의 부정경쟁의 목적' 등 부정경쟁행위자의 주관적 의사를 그 요건으로 하고 있
　지 아니할 뿐더러 부정경쟁방지법상 선의의 선사용자의 행위를 부정경쟁행위에서
　배제하는 명문의 규정이 없으므로, 가령 원고가 그 상호에 관한 주지성을 획득하
　기 이전부터 피고가 원고의 상호의 존재를 알지 못한 채 또는 부정경쟁의 목적이
　없는 상태에서 xx상표를 사용하여 왔다고 하더라도 원고의 상호가 주지성을 획득
　한 상품의 표지가 되었고, 피고의 그 상표가 주지된 원고의 상호와 혼동될 위험이
　존재한다고 인정되는 이 사건에서는 피고의 위와 같은 행위는 부정경쟁방지법 제
　2조 제1호 (가)목 소정의 부정경쟁행위를 구성한다는 취지로 판단하였다.
　　기록 중의 증거들에 의해 인정되는 이 사건 사실관계를 위의 법조항에 비추어
　보니, 원심의 위와 같은 판단은 정당하고 거기에는 심리를 다하지 아니하였다거나
　선의의 선사용자에 관한 법리를 오해하였다거나 권리남용 항변에 관한 판단을 유
　탈하였다는 등으로 판결 결과에 영향을 준 잘못이 없다.[70]

_____

70) 대법원 2004. 3. 25. 선고 2002다9011 판결.

대법원 판결에 의하면, 여러 주체에 의하여 사용되고 있었던 표지의 어느 사용자가 표지에 대하여 주지성을 획득한 경우, 이러한 표지와 동일·유사한 표지를 사용하고 있었던 주체들은 불측의 피해를 입을 수밖에 없다. 2023년의 부정경쟁방지법 개정은 바로 이러한 문제점을 해결하기 위한 것으로서, ① 타인의 상품·영업표지가 국내에 널리 인식되기 전부터 그 타인의 상품표지와 동일하거나 유사한 표지를 부정한 목적 없이 계속 사용하는 경우나 ② 이러한 사용자의 승계인으로서 부정한 목적 없이 계속 사용하는 경우를 상품·영업주체 혼동행위로부터 제외하게 되었다.

2. 오인·혼동방지 표시 청구권

국내에 널리 인식된 표지와 동일·유사한 표지를 선의로 사용하는 행위를 상품·영업주체 혼동행위의 예외로 하여 선의의 사용자를 보호하는 경우, 복수의 주체가 동일·유사한 표지를 사용하게 되고 소비자들은 동일·유사한 표지를 사용하는 복수 주체들의 상품·영업 간에 출처를 오인하거나 혼동할 위험에 처하게 된다. 이에 따라 2023년의 부정경쟁방지법 개정은 국내에 널리 인식된 표지의 사용자가 선의의 사용자에 대하여 양자의 상품·영업 간에 출처의 오인이나 혼동을 방지하는 데 필요한 표시를 할 수 있는 권리를 부여하였다(제3조의3).

VII. 제2조 제1호 (나)목 위헌소원

부정경쟁방지법 제2조 제1호 (나)목에 대해서는 2021년 위헌소원이 제기되었는데, 헌법재판소는 이 규정에 헌법에 위배되지 않는다고 판단하였다.[71] 이 사건에서 청구인은 제2조 제1호 (나)목이 ① 경제적 이익의 침해 여부 등을 특정하지 아니한 채 '시설 또는 활동과 혼동하게 하는 행위'라는 추상적이고 광범위한 개념으로 부정경쟁행위를 규정함으로써 자의적 해석의 여지를 제공하고 있는바 명확성원칙에 위배되고, ② 경제적 이익을 침해하거나 방해하지 아니하였음에도 타인의 시설 또는 활동과 혼동할 수 있는 유사한 표현만으로도 부정경쟁행위로 그 행위가 금지 또는 예방될 수 있도록 규정하는바 과잉금지원칙에 위배된다고 주장하였다.

---

71) 헌법재판소 2021. 9. 30. 선고 2019헌바217 전원재판부 결정.

1. 명확성원칙

헌법재판소는 제1호 (나)목의 개념은 그 문언, 입법 취지, 관련 규정의 내용
과 체계 등을 종합적으로 고려하는 가운데 법관의 법 보충작용으로서의 해석을
통하여 그 의미가 분명해질 수 있으므로 불명확하다고 볼 수 없다고 판단하였
다. 곧 "각 요건의 문언적 의미, 중한 법익침해를 입법공백 없이 규제하려는 심
판대상조항의 입법취지 및 경위, 등록주의를 원칙으로 하고 있는 상표법의 예외
로서 특히 주지성을 취득한 영업표지에 한하여 보호하는 점 등에 비추어 본다
면, 심판대상조항은 영업표지가 국내 수요자 사이에 자타식별 및 출처표시기능
을 가지는 특정인의 영업표지라고 널리 인식되고 알려지는 것을 규율하는 것임
을 충분히 알 수 있고, 법원 역시 일관되게 위 각 요건에 관한 보충적 해석기준
을 제시"해오고 있고, 따라서 명확성원칙에 위배되지 아니한다고 판단하였다.

2. 과잉금지원칙

① 심판대상조항은 상당한 노력과 투자를 한 영업주체의 이익을 보호하고,
소비자를 포함한 일반 수요자의 신뢰를 보호하고, 이를 통해 건전한 거래질서를
유지하고, 자유시장 경제체제의 원활한 작동을 도모하기 위한 것으로서 목적의
정당성이 인정되고, ② 기존 영업주체가 상당한 노력과 투자에 의하여 구축한
성과물에 기반한 영업이익과 신용을 보호하기 위해서 이와 같은 경쟁행위를 부
정경쟁행위로서 규제하는 것은 건전한 거래질서를 유지하기 위한 부정경쟁방지
법의 취지에 비추어 그 필요성이 충분히 인정되며, ③ 심판대상조항에 의한 제
한의 정도가 기존 영업주체의 상당한 노력과 투자에 의한 성과를 보호하고, 기
존 영업주체의 신용, 명성 등 무형적인 가치가 손상되는 것을 방지하며 나아가
거래 수요자들의 신뢰를 보호함으로써 건전하고 공정한 거래질서를 보호하려는
공익에 비하여 결코 중하다고 볼 수 없으므로 심판대상조항은 법익의 균형성도
인정된다고 하는 등을 논거로 하여, 심판대상조항이 과잉금지원칙에 위배되지
아니한다고 결정하였다.

〈이대희〉

제2조(정의) 이 법에서 사용하는 용어의 뜻은 다음과 같다.

1. "부정경쟁행위"란 다음 각 목의 어느 하나에 해당하는 행위를 말한다.

[(가)~(나)목은 앞에서 해설]

다. 가목 또는 나목의 혼동하게 하는 행위 외에 다음의 어느 하나에 해당하는 정당한 사유 없이 국내에 널리 인식된 타인의 성명, 상호, 상표, 상품의 용기·포장, 그 밖에 타인의 상품 또는 영업임을 표시한 표지(타인의 영업임을 표시하는 표지에 관하여는 상품 판매·서비스 제공 방법 또는 간판·외관·실내장식 등 영업제공 장소의 전체적인 외관을 포함한다. 이하 이 목에서 같다)와 동일하거나 유사한 것을 사용하거나 이러한 것을 사용한 상품을 판매·반포 또는 수입·수출하여 타인의 표지의 식별력이나 명성을 손상하는 행위

1) 타인의 성명, 상호, 상표, 상품의 용기·포장, 그 밖에 타인의 상품 또는 영업임을 표시한 표지가 국내에 널리 인식되기 전부터 그 타인의 표지와 동일하거나 유사한 표지를 부정한 목적 없이 계속 사용하는 경우

2) 1)에 해당하는 자의 승계인으로서 부정한 목적 없이 계속 사용하는 경우

3) 그 밖에 비상업적 사용 등 대통령령으로 정하는 정당한 사유에 해당하는 경우

<소 목 차>

Ⅰ. 입법 취지
Ⅱ. 적용 요건
  1. 국내에 널리 인식된 상품표지 또는 영업표지 등
  2. 동일 또는 유사성
  3. 상품표지 등의 사용
  4. 식별력 또는 명성의 손상
Ⅲ. 적용 제외 사유

  1. 개　　설
  2. 저명성 획득 이전부터의 사용
  3. 비상업적 사용
  4. 뉴스보도 및 뉴스논평
  5. 공정한 상거래 관행에 어긋나지 않는 사용
Ⅳ. (가)목 및 (나)목과의 관계

Ⅰ. 입법 취지

본 규정은 세계지적재산권기구 상표법 조약(WIPO Trademark Law Treaty) 가입을 위하여 2001. 2. 법 개정 시 추가된 규정이다. 종래 유명상표라고 하더라도

혼동의 위험이 없는 경우에는 이를 비유사상품에 자유롭게 사용하는 것을 허용함에 따라 유명상표의 이미지와 신용, 고객흡인력 등이 각종 상품에 분산·약화되는 것을 방지할 수 없었던 문제점을 해결하는 한편, 진정한 상표권자의 보호를 통해 건전한 상거래 질서를 확립하고 불필요한 통상마찰을 방지하기 위한 규정이라고 할 수 있다.[1]

본 규정은 혼동의 위험이 없다는 이유만으로 널리 알려진 타인의 상품표지·영업표지를 자유롭게 사용하는 것을 방지하기 위해 혼동가능성이 없는 경우에도 상표의 사용을 금지하는 규정이라는 점에서, 널리 알려진 타인의 상품표지 또는 영업표지와 실질적으로 동일한 표지를 유사하지 않은 상품이나 서비스에 사용함으로써 상표의 고객흡인력(顧客吸引力) 내지 판매력(selling power)을 훼손하는 행위를 금지하고자 하는 '희석화 이론'을 도입한 것으로 이해되고 있다.[2] 희석화 이론은 상표의 식별력을 보호하고자 하는 것이 아니라 상표 그 자체에 화체되어 있는 재산적 가치의 보호를 주된 목적으로 하는 것으로서, 전통적인 상표법 체계가 출처의 혼동으로부터 소비자의 이익을 보호하는 것을 1차적인 목표로 하고 있는 것과 구별된다.

2018. 4. 17. 개정법(법률 제15580호)은 (나)목과 마찬가지로 본 규정의 '영업임을 표시한 표지'에 '상품 판매·서비스 제공방법 또는 간판·외관·실내장식 등 영업제공 장소의 전체적인 외관'을 포함시켰다. 이는, 영세·소상공인 등이 일정기간 노력을 기울인 결과 일반 소비자에게 알려지게 된 매장의 실내·외장식 등 영업의 종합적 외관을 무단으로 사용하여 영세·소상공인 등의 영업에 심대한 손해를 끼치는 불공정한 행위가 다양한 형태로 발생함에도 불구하고, 개정 전 규정만으로는 위와 같은 영업제공 장소의 전체적인 외관에 대한 보호 여부가 불분명한 측면이 있었기 때문에,[3] 그 보호 가능성을 명확히 규정하여 수

---

[1] 국회 산업자원위원회, 부정경쟁방지및영업비밀보호에관한법률중개정법률안 심사보고서 (2001), 4.
[2] 정상조, 지적재산권법, 홍문사(2004), 563; 대법원 2004. 5. 14. 선고 2002다13782 판결; 서울고등법원 2003. 1. 22. 자 2002라293 결정.
[3] 서울중앙지방법원 2014. 11. 27. 선고 2014가합524716 판결은 벌집채꿀 아이스크림 매장의 외부 간판, 메뉴판, 로고, 상품 진열 형태 등을 모방한 행위가 부정경쟁방지법 제2조 제1호 (파)목의 부정경쟁행위에 해당한다고 인정한 바 있다. 다만 부정경쟁방지법 제2조 제1호 (파)목은 종래의 지식재산권 관련 제도 내에서는 예상할 수 없어 기존 법률로는 미처 포섭할 수 없었던 유형의 행위에 관하여만 보충적으로 적용되는 규정이라는 점에서(서울중앙지방법원 2015. 9. 23. 선고 2015가합519087 판결), 이를 영업제공 장소의 전체적인 외관을 보호하기 위한 일반적인 규정이라고 보기는 어려운 측면이 있다.

요자의 이익을 보호하기 위한 것이라고 한다.4) 즉 위와 같은 법 개정은 이른바 영업제공 장소에 관한 '전체적인 외양과 느낌(look and feel)' 내지 '트레이드 드레스(trade dress)'를 보호하기 위한 취지라고 해석할 수 있을 것이다.

2023. 3. 28. 개정법(법률 제19289호)은 선사용자를 보호하기 위한 조치로써 선의의 선사용자에 의한 상품표지 또는 영업표지 등 사용 행위를 (가)목 및 (나)목의 부정경쟁행위에서 제외하면서,5) 이와 균형을 맞추어 종래 저명성 획득 이전부터의 사용 행위를 본 규정의 적용 대상에서 제외하고 있던 부정경쟁 방지법 시행령 제1조의2 제3호를 본 규정 본문으로 옮기는 취지로 체계를 정비하였다.

II. 적용 요건

1. 국내에 널리 인식된 상품표지 또는 영업표지 등

본 규정은 '국내에 널리 인식된 상품표지 또는 영업표지 등(이하 '저명표지'라고 한다)'을 보호 대상으로 한다. 상품 또는 영업에 관한 출처를 나타내기만 하면 본 규정의 보호 대상인 '표지'에 해당할 수 있으며, 특히 영업에 관한 출처는 (나)목과 마찬가지로 '상품 판매·서비스 제공방법 또는 간판·외관·실내장식 등 영업제공 장소의 전체적인 외관'을 포함하므로, 사실상 그 형식에 구애를 받지 않는다고 할 수 있다. 다만 아래에서 살펴보는 것처럼 본 규정은 저명한 정도에 이른 영업표지를 보호하는 규정이라는 점에서, 본 규정에 따른 영업제공 장소의 전체적인 외관에 대한 보호는 실제로는 영세·소상공인의 경우보다 전국적인 가맹사업자의 경우에 이루어질 가능성이 높다고 하겠다.

본 규정 중 '국내에 널리 알려진' 부분은 문언상 (가)목 및 (나)목과 동일하지만, 본 규정에서 상품표지 또는 영업표지 등이 '국내에 널리 인식되었다'는 의미는 강학상 '주지성'을 넘어선 '저명성'이라고 이해하는 것이 타당하다.6) 기

---

4) 국회 산업통상자원중소벤처기업위원회, 부정경쟁방지 및 영업비밀보호에 관한 법률 일부개정법률안 심사보고서(2018), 1-2.

5) 종래에는 주지성을 획득한 상품표지 또는 영업표지 등의 존재를 모르는 선의의 선사용자라도 이를 계속 사용하는 행위가 부정경쟁행위에 해당할 수 있었다(대법원 2004. 5. 14. 선고 2002다13782 판결 등).

6) 정상조·박준석, 지식재산권법, 홍문사(2020), 675; 윤태식, 부정경쟁방지법, 박영사(2021), 123; 최정열·이규호, 부정경쟁방지법—영업비밀보호법제 포함, 진원사(2022), 144; 유영선, "부정경쟁방지및영업비밀보호에관한법률이 규정한 희석화 요건", 사법논집 제39집(2004),

본적으로 본 규정은 비경쟁적인 사용 등 혼동가능성이 발생하지 않는 경우에도 그 가치가 손상될 수 있는 상품표지 등을 보호 대상으로 하는 것인바, 이처럼 혼동가능성이 없는 경우에까지 당해 상품표지 등의 재산적 가치가 손상될 수 있다고 하기 위해서는 당해 상품표지 등이 수요자·거래자 등의 관련 거래자뿐만 아니라 일반 소비자 전체에 알려져 있어야 할 필요가 있기 때문이다.[7] 대법원 역시 "위 규정의 입법 취지와 그 입법 과정에 비추어 볼 때, 위 규정에서 사용하고 있는 '국내에 널리 인식된'이라는 용어는 '주지의 정도를 넘어 저명 정도에 이른 것'을 … 의미하는 것으로 해석함이 상당하다."라고 판시하여,[8] 본 규정의 보호 대상이 되는 상품표지 등은 저명한 것이어야 함을 분명히 한 바 있다. 소송상 본 규정의 저명성을 구비하였는지 여부가 문제될 때 그 판단 기준 시점은, 금지청구의 경우에는 사실심 변론종결 시이고,[9] 손해배상청구의 경우에는 상대방의 사용행위 시가 된다.[10]

상품표지 등이 국내에 널리 인식되었는지 여부는 그 사용기간·방법·태양·사용량·영업범위 등과 그 영업의 실정 및 사회통념상 객관적으로 널리 알려졌느냐의 여부 등을 기준으로 판단하여야 한다.[11] 이와 관련하여 미국의 경우 2006년 Lanham Act 개정을 통해 도입된 상표 희석화 수정법(The Trademark Dilution Resolution Act of 2006, 이하 'TDRA'라고 한다)은 저명표지인지의 여부를 판단하기 위한 요소로서 ① 광고·선전의 기간·정도 및 지리적 범위(the dura-tion, extent, and geographic reach of advertising and publicity of the mark), ② 지정상품 또는 서비스의 판매 수량 및 지리적 범위(the amount, volume, and geographic extent of sales of goods or services offered under the mark), ③ 당해 상표가 실제 인식되고 있는 정도(the extent of actual recognition of the mark), ④ 상표등록 여부(whether the mark was registered) 등 제반 사정을 고려하도록 규정하고 있는바,[12] 본 규정의 저명성 여부를 판단함에 있어서도 참고가 될 수 있을 것이다.

나아가 저명성이 전국에 걸쳐 인정되어야 하는지 여부와 관련하여, 저명성

439.

7) 송재섭, "상표 희석화 이론의 해석과 적용", 서울대학교 박사학위논문(2006), 175.

8) 대법원 2004. 5. 14. 선고 2002다13782 판결; 대법원 2006. 1. 26. 선고 2004도651 판결; 대법원 2017. 11. 9. 선고 2014다49180 판결.

9) 대법원 2004. 5. 14. 선고 2002다13782 판결.

10) 일본最高裁 1998. 7. 19. 昭61(オ)30·31.

11) 대법원 2006. 1. 26. 선고 2004도651 판결.

12) 15 U.S.C. §1125(c)(2)(A).

이 인정되기 위해 요구되는 양질감이나 우월적 지위는 주지성보다 훨씬 넓고
깊다는 점 및 본 규정에 따르면 (가)목이나 (나)목과 달리 혼동을 요건으로 하
지 않고 단지 동일·유사 표지를 사용한다는 사실만으로 부정경쟁행위에 해당
할 수 있다는 점을 고려할 때, 저명성이 인정되는 지역적 범위가 반드시 '지리
적'으로는 전국일 것까지는 필요하지 않더라도 적어도 '거래통념상' 전국일 필
요가 있다고 설명된다.[13]

한편 대법원은 (가)목 및 (나)목 소정의 부정경쟁행위와 관련하여, 식별력
이 없거나 미약한 것으로 보이는 문자나 숫자의 결합으로 이루어진 상품표지나
영업표지가 사용된 결과 국내에 널리 인식되기에 이른 경우에는 원래 독점시킬
수 없는 표지에 권리를 부여하는 것이어서 그 기준은 엄격하게 해석 적용되어
야 하므로, 그러한 상품표지나 영업표지가 어느 정도 선전·광고된 사실이 있다
는 것만으로는 이를 추정할 수 없으며 구체적으로 그 상품표지나 영업표지 자
체가 수요자간에 현저하게 인식되었다는 것이 증거에 의하여 명확하게 인정되
어야 한다는 취지로 판시하고 있는바,[14] 이러한 법리는 주지성보다 더 높은 수
준의 저명성까지 요구하는 본 규정에도 마찬가지로 적용될 수 있을 것이다.

그 밖에 영업을 수행하는 데에 필요한 도구나 물건 등에 표시된 문양·색상
또는 도안 등은 일반적으로 영업의 출처를 표시하는 기능을 곧바로 가지고 있
다고 보기 어렵고, 그것이 영업에 독특한 개성을 부여하는 수단으로 사용되고
장기간 계속적·독점적·배타적으로 사용되거나 지속적인 선전광고 등에 의하여
그 문양·색상 또는 도안 등이 갖는 차별적 특징이 거래자 또는 수요자뿐만 아
니라 일반 공중의 대부분에까지 특정 출처의 영업표지임을 연상시킬 정도로 현
저하게 개별화되고 우월적 지위를 획득할 정도에 이른 경우에만 비로소 국내에
널리 인식된 타인의 영업표지에 해당된다고 할 수 있다.[15]

본 규정의 적용을 받을 수 있는 저명표지로 인정된 상품표지 등에는
'ROLLSROYCE',[16] 'VIAGRA',[17] '*LEGO*'와 '레고',[18] '동부' 또는 '동부 센트레

---

13) 윤태식(주 6), 124.
14) 대법원 1999. 9. 17. 선고 99후1645 판결; 대법원 2008. 9. 11. 선고 2007도10562 판결;
    대법원 2009. 11. 12. 선고 2008도11704 판결 등.
15) 대법원 2006. 1. 26. 선고 2004도651 판결.
16) 대법원 2004. 2. 13. 선고 2001다57709 판결.
17) 대법원 2004. 5. 14. 선고 2002다13782 판결.
18) 대법원 2023. 11. 16. 선고 2020후11943 판결.

빌',19) 'BURBERRY' 또는 '버버리',20) 'SONY',21) 'TIFFANY' 또는 '티파니',22) '루이비똥',23) 'MCM' 가방의 디자인,24) '리모와(RIMOWA)' 여행용 가방의 형태25) 등이 있다. 반면 본 규정의 적용을 받는 저명표지에 해당하지 않는다고 판단된 상품표지 등으로는 '마정천도장의사',26) '몬테소리/MONTESSORI',27) 방송 프로그램 '짝'의 제목과 그 영상물에 포함된 장면들,28) '에르메스(HERMES)'의 '버킨백'과 '켈리백' 형태,29) '세레타이드' 천식 치료제 흡입기의 형태,30) '엔하위키'31) 등이 있다.

2. 동일 또는 유사성

본 규정이 정하는 저명표지 희석행위가 성립하기 위해서는, 저명표지와 동일하거나 유사한 상표를 사용하여야 한다. 저명표지 희석행위의 본질은 일반 소비자로 하여금 특정 저명표지를 복수의 출처와 연관시켜 인식하게 함으로써 저명표지의 재산적 가치를 침해하는 데에 있다. 따라서 본 규정에서의 동일성 또는 유사성이란 객관적인 의미에서 완전히 동일할 필요까지는 없다고 하더라도 최소한 일반 소비자의 관점에서 볼 때 사실상 동일하다는 인상을 가질 수 있을 정도로 유사한 정도, 즉 '사실상의 동일성'이 인정되는 정도를 의미한다고 보아야 한다.32)

이와 관련하여 미국 법원의 경우 저명표지의 희석화를 인정하기 위해서는 본질적 동일성(essentially same), 소비자의 입장에서 연관성을 인식할 수 있을 정도의 유사성(sufficient similarity to evoke in consumers an instinctive mental association), 근접한 동일성(nearly identical), 또는 실질적 유사성(substantially similar)이

---

19) 서울고등법원 2010. 1. 20. 선고 2008나95382 판결.
20) 대전고등법원 2010. 8. 18. 선고 2010나819 판결.
21) 서울지방법원 2002. 10. 18. 선고 2001가합35469 판결.
22) 서울기방법원 2003. 8. 7. 신고 2003카합1488 판결.
23) 서울서부지방법원 2010. 3. 31. 선고 2010고단45 판결.
24) 서울중앙지방법원 2015. 1. 16. 선고 2014가합529797 판결.
25) 서울중앙지방법원 2016. 8. 19. 선고 2015가합20914 판결.
26) 대법원 2006. 1. 26. 선고 2004도651 판결.
27) 대법원 2015. 6. 11. 선고 2013다15029 판결.
28) 대법원 2017. 11. 9. 선고 2014다49180 판결.
29) 서울고등법원 2016. 1. 28. 선고 2015나2012671 판결.
30) 서울고등법원 2016. 3. 31. 선고 2015나2049390 판결.
31) 서울중앙지방법원 2015. 11. 27. 선고 2014가합44470 판결.
32) 송재섭(주 7), 191.

필요하다고 보아, 대체적으로 상당히 높은 수준의 유사성을 요구하고 있다. 한편 일본의 경우에도 저명표지 희석행위의 성립 요건인 동일·유사성은 '저명표지를 인식하게끔 할 수 있는지 또는 저명표지를 용이하게 연상시킬 수 있는지의 여부'를 중심으로 판단해야 한다는 견해가 제시되고 있다.[33]

(가)목과 (나)목의 부정경쟁행위와 관련하여 상품표지·영업표지의 유사 여부는 외관·호칭·관념 등의 점에서 전체적·객관적·이격적으로 관찰하여야 하는바,[34] 이러한 관찰 방법은 본 규정에도 마찬가지로 적용될 수 있을 것이다. 다만 제3자의 의도, 저명표지의 고유한 식별력 등과 같은 요소들도 유사성 판단에 있어 중요하게 고려될 수 있다. 예컨대, 제3자가 고의 내지 악의로 저명표지와 유사한 상표를 사용하였다거나 또는 저명표지가 본래부터 강한 식별력을 가진 상표인 경우에는 전체적으로 유사성이 인정될 여지가 클 것이다.[35]

대법원은, 상표법 제34조 제1항 제11호에 관한 사례에서, 'LEGO'와 '레고'는 'LEGOCHEMPHARMA'와 유사하다고 인정한 바 있다.[36] 또한 하급심 판결례 중에는 '동부' 또는 '동부 센트레빌'과 '동부주택 브리앙뜨',[37] 'SONY'와 'WWW.SONYBANK.COM',[38] 'TIFFANY' 또는 '티파니'와 'HiTIFFANY' 또는 '하이티파니'[39] 사이의 유사성을 인정한 사례가 있다.

3. 상품표지 등의 사용

본 규정은 저명표지와 동일·유사한 상품표지 등을 '사용'하여 그 식별력이나 명성을 손상하게 하는 행위를 부정경쟁행위로 규제하고 있다. 다만 상표법이 '사용'의 개념에 관하여 구체적으로 정의하고 있는 것(상표법 제2조 제1항 제11호)과 달리, 부정경쟁방지법은 '사용' 개념에 관하여 아무런 정의를 두고 있지 않아서, 본 규정의 '사용'이 어떠한 개념인지 문제된다.

전술한 바와 같이 본 규정을 저명표지의 희석화를 방지하기 위한 규정이라고 이해하는 한, 본 규정의 목적은 저명표지의 이미지와 신용, 고객흡인력 등이

---

33) 田村善之, 不正競爭法槪說, 有斐閣(2003), 246.
34) 대법원 2011. 1. 13. 선고 2008도4397 판결.
35) 송재섭(주 7), 191.
36) 대법원 2023. 11. 16. 선고 2020후11943 판결.
37) 서울고등법원 2010. 1. 20. 선고 2008나95382 판결.
38) 서울지방법원 2002. 10. 18. 선고 2001가합35469 판결.
39) 서울지방법원 2003. 8. 7. 선고 2003카합1488 판결.

각종 상품 또는 영업에 분산·약화되는 것을 방지하는 데에 있다고 보아야 하므로, 결국 여기서의 '사용'이란 저명표지가 원 보유자 이외의 제3자에 의하여 출처표시 및 자타상품식별표시로서 사용되는 것을 의미한다고 해석해야 한다. 따라서 저명표지를 기술적(記述的) 의미로 사용하는 것이나 또는 원 보유자의 출처를 표시하기 위하여 사용하는 것 등은 모두 본 규정의 '사용'에 포함되지 않는다고 보아야 한다.[40] 예컨대 비교광고에서 저명표지를 사용하는 행위는 저명표지를 자신의 상품표지로 사용하는 것이 아니라 저명표지 보유자의 상품을 지칭하기 위하여 사용한 것이므로, 그 자체만으로는 본 규정의 '사용'에 해당하지 않는다. 같은 맥락에서 상표법상 상표권의 효력이 미치지 아니하는 범위에서의 사용 행위(상표법 제90조 제1항 각호) 역시 본 규정의 '사용'에 포함되지 않는다고 볼 수 있을 것이다. 일본 부정경쟁방지법이 '상품 또는 영업에 관한 보통명칭이나 관용명칭을 보통으로 사용하는 행위'와 '자신의 성명을 부정한 목적 없이 보통으로 사용하는 행위'에 대해서는 저명표지 희석행위에 관한 규정이 적용되지 아니한다고 규정하고 있는 것[41]도 같은 맥락에서 이해할 수 있다.

이와 관련하여 대법원은 본 규정의 '사용'이 '상업적 사용'을 의미하는 것으로 해석하여야 한다는 전제하에 도메인 이름의 양도에 대한 대가로 금원 등을 요구하는 행위는 본 규정에 해당하지 않는다고 판시한 바 있어,[42] 본 규정의 '사용'을 '출처표시 및 자타상품식별표시로서의 사용'으로 이해하는 것과 마찬가지의 입장으로 보인다. 한편 일본의 판결례 중에는, '자기의 상품 등을 나타내는 표지로서 타인의 저명한 표지와 동일 또는 유사한 표지를 사용하는 행위'를 부정경쟁행위로 규정하고 있는 일본 부정경쟁방지법 제2조 제1항 제2호의 해석과 관련하여, 모형 총을 제작·판매하면서 실제 총의 저명표지를 부착한 것은 그 표지를 모형 총의 출처로서 사용한 것이지 자신의 상품 출처로서 사용한 것이 아니므로 위 규정에 해당하지 않는다고 하거나,[43] 서적의 내용이나 특성을 설명하는 제호는 자타상품 식별기능을 갖지 못하기 때문에 타인의 서적 제호와

---

40) 송재섭(주 7), 192.
41) 일본 부정경쟁방지법 제19조 제1항 제1호·제2호.
42) 대법원 2004. 2. 13. 선고 2001다57709 판결. 이와 달리 하급심 판결례 중에는 도메인 이름 등록행위로 인하여 저명표지의 식별력이 손상된다고 본 사례도 있으나(서울지방법원 2002. 10. 18. 선고 2001가합35469 판결), 도메인 이름 자체가 곧바로 상품의 출처표시로서 기능한다고 할 수는 없다는 점(대법원 2004. 5. 14. 선고 2002다13782 판결)에서, 위 하급심 판결례의 결론은 수긍하기 어렵다.
43) 東京地裁 2000. 6. 29. 平10(ワ)21508·23338.

동일·유사한 제호를 사용하였다고 하더라도 위 규정에 해당하지 하거나,[44] 학교 소재지의 지명과 '학원'이라는 문자를 조합하여 사용하는 것은 학교에 관한 보통명칭이나 관용명칭에 해당하지 않는다는 이유로 널리 알려진 학교명과 동일·유사한 학교명을 사용하는 것은 저명표지 희석행위에 해당한다고 본 사례[45]가 있다.

4. 식별력 또는 명성의 손상

가. 희석화의 유형

전통적으로 희석화에는 '약화(blurring)'와 '손상(tarnishment)'의 두 가지 유형이 있다고 설명되고 있다. 약화에 의한 희석화는 저명표지와 동일·유사한 상표를 업종이 전혀 다른 상품에 무단으로 이용함으로써 그 식별력이나 출처표시기능 등을 감소시키는 것을 의미한다. 이에 비해 손상에 의한 희석화는 저명표지와 동일·유사한 상표를 저질의 열등한 상품에 사용하거나 또는 불건전하고 반사회적인 방법으로 사용함으로써 그 명성이나 신용 등을 훼손하는 것을 의미한다.[46] 예컨대 'TIFFANY'나 'ROLEX' 등의 저명표지를 식당이나 레스토랑 등에서 사용하는 것은 약화에 의한 희석화에 해당하고, 음란물이나 유독 화학 물질 등에 사용하는 것은 손상에 의한 희석화에 해당한다. 다만 저명표지 희석행위가 문제되는 실제 사안에서는 약화에 의한 희석화와 손상에 의한 희석화의 성격을 모두 포함하면서 그 중 어느 하나의 유형이 보다 더 강화된 형태로 나타나는 경우도 많을 것이다.

나. 본 규정에 따라 금지되는 희석화의 유형

본 규정은 저명표지의 식별력이나 명성을 '손상'하게 하는 행위를 부정경쟁행위로 규정하고 있다. 본 규정이 저명표지의 희석화를 방지하기 위한 것으로

---

44) 東京地裁 1999. 2. 19. 平10(ワ)18868.

45) 東京地裁 2001. 7. 19. 平13(ワ)967.

46) 미국의 경우 TDRA는 저명표지의 희석화를 '약화에 의한 희석'(dilution by blurring)과 '손상에 의한 희석'(dilution by tarnishment) 두 가지로 구분하여 명문화하면서, 약화에 의한 희석을 '저명표지와의 유사성으로부터 발생하는 연관관계로 인해 저명표지의 식별력을 감소시키는 것'(association arising from the similarity between a mark or trade name and a famous mark that impairs the distinctiveness of the famous mark)이라고 정의하는 한편[15 U.S.C. §1125(c)(2)(B)], 손상에 의한 희석을 '저명표지와의 유사성으로부터 발생하는 연관관계로 인해 저명표지의 명성을 훼손하는 것'(association arising from the similarity between a mark or trade name and a famous mark that harms the reputation of the famous mark)이라고 정의하고 있다[15 U.S.C. §1125(c)(2)(C)].

서, 희석화의 유형에는 전통적으로 약화와 손상 두 가지 유형이 있다고 설명되어 왔다는 점에 비추어 보면, 본 규정은 마치 약화에 의한 희석화는 금지 대상에서 제외하고 있는 듯한 형식을 띠고 있다.

그러나 본 규정에 따라 금지되는 희석화의 유형에는 전통적인 의미에서의 약화에 의한 희석화와 손상에 의한 희석화 모두가 포함된다고 해석하여야 한다. 본 규정은 저명표지의 '식별력'에 대한 희석행위를 금지하고 있는바, 식별력에 대한 희석행위는 전통적인 구별에 따르면 약화에 의한 희석화에 해당하기 때문이다. 또한 약화와 손상은 개념상의 구별일 뿐, 예컨대 저명표지를 본래의 상품과 전혀 다른 조악한 품질의 상품에 사용하는 경우 등과 같이, 실제 사안에서는 양자를 명확히 구별하기 어려운 경우도 발생할 수 있다는 점에 비추어 보더라도, 본 규정이 손상에 의한 희석화만을 금지하고 있다고 해석하는 것은 타당하지 않다.

본 규정에 관한 국회심사보고서 역시 "'KODAK' 상표를 피아노에 사용하는 행위"를 본 규정에 의해 금지되는 부정경쟁행위의 예로 제시하고 있는바,[47] 본 규정의 입법 의도는 전통적인 개념으로서의 손상에 의한 희석화뿐만 아니라 약화에 의한 희석화까지도 금지하고자 하였음이 분명하다. 실무상으로도 저명표지와 동일한 도메인 이름을 등록한 후 생칡즙·칡수 등의 건강 보조 식품을 판매한 경우[48]나 저명표지와 동일·유사한 표지를 무단 사용하여 명품 브랜드 점 분양 사업을 영위한 경우[49] 등 전통적으로 약화에 의한 희석화에 해당하는 사안에까지 본 규정을 적용하고 있다. 입법론상으로는 "식별력을 약화시키거나 명성을 손상하는 행위" 등과 같이 수정하는 것이 바람직하다고 보인다.[50]

다. 손   상

본 규정에서 사용하는 '손상'이라는 표현이 '약화'와 대비되는 희석화의 유형을 의미하는 것이 아님은 전술한 바와 같다. 나아가 본 규정은 '식별력과 명성의 손상'이 부정경쟁행위에 해당한다고만 규정하고 있을 뿐, 어떤 경우에 '손상'이 발생하였는지에 관하여는 아무런 규정을 두고 있지 않다. 대법원은 본 규정에서 사용하고 있는 '식별력의 손상'은 '특정한 표지가 상품표지나 영업표지

47) 국회 산업자원위원회(주 1), 3.
48) 대법원 2004. 5. 14. 선고 2002다13782 판결.
49) 서울지방법원 2003. 8. 7. 선고 2003카합1488 판결.
50) 박준우, "상표의 희석행위 금지청구와 입증책임—실제 희석화 對 희석화의 가능성", 비교사법 제14권 2호(2006), 438도 같은 취지이다.

로서의 출처표시 기능이 손상되는 것'을 의미하는 것으로 해석함이 상당하다고
판시하고 있으나,[51] 더 나아가 구체적으로 어떠한 경우에 출처표시 기능이 손상
되었다고 할 수 있는지에 관하여는 아무런 언급을 하지 않고 있다. 하급심 판결
례 중에는 본 규정에서 '식별력'을 손상하게 하는 행위란 "특정상품과 관련하여
사용되는 것으로 널리 알려진 표지를 그 특정상품과 다른 상품에 사용함으로써
신용 및 고객흡인력을 실추 또는 희석화시키는 등 자타상품 식별기능을 훼손하
는 것, 즉 상품이나 서비스를 식별하게 하고 그 출처를 표시하는 저명상표의 힘
(식별력, 단일성, 독특함, 명성 등)이나 기능이 감소하게 하는 것"을 의미한다고 할
수 있고, '명성'을 손상하게 하는 행위란 "어떤 좋은 이미지나 가치를 가진 주
지의 표지를 부정적인 이미지를 가진 상품이나 서비스에 사용함으로써 그 표지
의 좋은 이미지나 가치를 훼손하는 행위"를 의미한다고 판시한 예가 있다.[52]

    이와 관련하여 본 규정에 관한 국회심사보고서에서는 "선진외국은 저명상
표의 식별력이나 명성을 손상시키는 경우뿐만 아니라 희석 또는 약화시키는 경
우까지 보호대상으로 하고 있으나, 개정안은 희석이라는 용어의 모호함으로 인
한 남용가능성을 고려하여 저명상표를 손상시키는 경우에만 적용되도록 제한
하"였다고 설명하고 있다.[53] 그러나 약화와 손상은 개념상 별개의 희석화 유형
일 뿐, 약화의 정도가 심해지면 손상으로 발전되는 단계적 관계에 있는 것이 아
니라는 점에서, 위와 같은 설명은 적절하지 않은 측면이 있다. 다만 위 국회심
사보고서의 설명에 비추어 보면, 입법자가 본 규정에서 '손상'이라는 표현을 사
용한 의도는 본 규정의 적용 범위를 제한하여 그 남용을 방지하려는 데에 있었
다고 이해할 수 있을 것인바, 이러한 측면에서 본 규정의 '손상'이라는 표현은
본 규정이 적용되기 위해서는 단순히 희석가능성(likelihood of dilution)의 존재만
으로는 부족하고 더 나아가 구체적인 손해(actual harm) 내지 희석화의 결과가
발생하여야 한다는 점을 강조하고 있는 것으로 해석하는 견해가 있다.[54] 이에
대해서는, 부정경쟁행위를 '하려는' 자에 대하여 그 행위의 '예방'을 청구할 수
있도록 하고 있는 부정경쟁방지법 제4조 제1항과의 관계에서는 위와 같은 구체
적인 손해 내지 희석화의 결과가 실제로 발생하지 않았더라도 그 가능성만 인
정되면 금지청구권을 행사할 수 있다고 해석하는 견해[55]나, 부정경쟁방지법 제4

---

51) 대법원 2004. 5. 14. 선고 2002다13782 판결.
52) 서울지방법원 2003. 8. 7. 선고 2003카합1488 판결.
53) 국회 산업자원위원회(주 1), 5.
54) 정상조·박준석(주 6), 677.

조에 비추어 본 규정의 "손상하는 행위"는 실제로 손상행위가 일어난 것 외에 손상의 가능성이 있는 행위를 포함하지만 단순히 손상의 추상적 위험이 발생하는 행위만으로는 부족하고 '손상'이라는 구체적인 결과가 객관적으로 발생하였거나 발생할 가능성이 요구된다는 견해[56]도 제시되고 있다.

   하급심 판결례의 경우, 부정경쟁행위가 성립하기 위해서는 단순한 추상적 위험의 발생만으로는 부족하고 식별력 손상 또는 명성 손상이라는 구체적인 결과가 객관적으로 존재하거나 그렇지 않다고 하더라도 그러한 가능성이 극히 큰 경우가 아니면 안 된다고 하거나,[57] 단지 저명표지와 동일·유사한 상품표지 등을 사용한 사실이 있었다고 하여 저명표지의 식별력이나 명성의 손상이라는 결과 또는 그 가능성을 추정할 것은 아니고 당해 표지의 사용이 부정경쟁행위에 해당한다고 주장하는 당사자가 그러한 사용으로 인하여 실제로 저명표지의 식별력이나 명성이 손상되었다는 결과 또는 그 가능성에 관하여 별도로 주장·증명하여야 한다고 본 사례[58]가 있는 반면, '고객흡인력 또는 판매력의 감소를 초래할 가능성'이 있다는 이유로 '식별력 손상행위'를 인정하거나,[59] 저명표지와 유사한 도메인이름을 등록만 하였을 뿐 특별히 사용하지 않고 있는 경우에도 저명표지 희석행위의 성립을 인정한 예[60]도 있어, 통일되어 있지는 않은 것으로 보인다.

   생각건대 저명표지와 동일·유사한 표지를 사용하기만 하면 부정경쟁행위가 성립한다고 규정하고 있는 일본 부정경쟁방지법과 달리 본 규정은 저명표지와 동일·유사한 상품표지 등의 사용으로 인해 식별력 또는 명성이 손상되었을 것까지 요구하고 있는 점, 구체적인 손해 내지 희석화의 가능성만으로도 금지청

----

55) 박준우(주 50), 441-442; 같은 취지로는 최성준, "부정경쟁행위에 관한 몇 가지 쟁점", LAW & TECHNOLOGY 제5권 제1호(2009), 25.

56) 윤태식(주 6), 127.

57) 서울고등법원 2003. 12. 17. 선고 2002나73700 판결. 이 판결의 원고가 상고를 제기하였으나, 2004. 5. 14. 심리불속행 기각되었다.

58) 대전지방법원 2009. 12. 18. 선고 2009가합9489 판결. 이 판결의 항소심에서는, 피고가 원고의 저명한 등록상표를 영업표지로 사용한 결과 원고의 등록상표가 가지는 상품표지로서의 출처표시 기능이 손상되었다고 할 수 있고, 또한 피고가 원고의 등록상표를 중소도시에서 다수인이 비교적 저렴한 가격에 이용할 수 있는 노래방 업소의 상호에 이용함으로써 국내에서도 널리 고급패션 이미지로 알려진 원고 등록상표의 명성을 손상하였다는 이유로, 본 규정의 부정경쟁행위를 인정하였다(대전고등법원 2010. 8. 18. 선고 2010나819 판결).

59) 서울지방법원 2003. 8. 7. 선고 2003카합1488 판결. 박준우(주 50), 442에서 재인용.

60) 서울지방법원 2002. 10. 18. 선고 2001가합35469 판결. 박준우(주 50), 442 각주 45)에서 재인용.

구권이 인정됨으로써 자유로운 경쟁과 표현의 자유를 과도하게 제한하는 결과
가 초래되는 등 금지청구권이 남용될 위험을 방지할 필요가 있다는 점 등을 고
려하면, '희석화의 가능성' 대신 '희석화의 개연성'을 증명하도록 하는 것이 바
람직하고,[61] 저명표지와 동일·유사한 상품표지 등을 사용하였다는 사실만으로
곧바로 본 규정을 적용하는 것은 피하여야 한다.

　　한편 어떠한 기준으로 희석화의 결과가 발생하였다고 인정할 것인지의 여
부가 본 규정의 해석에 있어 가장 핵심적이고 어려운 문제라고 할 수 있다. 희
석화 이론이 탄생·발전하여 온 미국의 경우 일찍이 판례상으로 희석화가 발생
하였는지의 여부를 판단하기 위해 고려되어야 할 요소들이 제시된 바 있으며,[62]
2006년 개정된 TDRA는 약화에 의한 희석가능성이 존재하는지 여부를 판단하
기 위하여 ① 상표 사이의 유사성(the degree of similarity between the mark or trade
name and the famous mark), ② 저명표지의 식별력(the degree of inherent or acquired
distinctiveness of the famous mark), ③ 저명표지의 독점적 사용 범위(the extent to
which the owner of the famous mark is engaging in substantially exclusive use of the
mark), ④ 저명표지의 인지도(The degree of recognition of the famous mark), ⑤ 상
표 사용자의 의도(whether the user of the mark or trade name intended to create an
association with the famous mark), ⑥ 상표 사이의 실제 연관관계(any actual associ-

---

61) 박준우(주 50), 443. 한편 미국 TDRA는 약화 또는 손상에 의한 희석화의 가능성(likely
　　to cause dilution)이 있으면 금지청구를 할 수 있다고 규정하여, 이 문제를 입법적으로 해
　　결하고 있다[15 U.S.C. §1125(c)(1)].
62) 예컨대 LEXUS 판결에서는 ① 상표 사이의 유사성(the similarity of the marks), ② 지정
　　상품 사이의 유사성(the similarity of the products covered by the marks), ③ 소비자의 주의
　　정도(the sophistication of the consumers), ④ 피고의 악의(predatory intent), ⑤ 원고 상표의
　　유명성(renown of the senior mark), ⑥ 피고 상표의 유명성(renown of the junior mark)을
　　희석화의 판단 요소로 제시하였고[Mead Data Central, Inc. v. Toyota Motor Sales, U.S.A.,
　　Inc., 875 F.2d 1026, 1035 (2d Cir. 1989)], Nabisco 판결에서는 ① 원고 상표의 식별력(the
　　degree of distinctiveness of the senior user's mark), ② 상표 사이의 유사성(the similarity of
　　the marks), ③ 상품의 유사성(the proximity of the products), ④ 위 각 요소들 사이의 상호
　　관계(interrelationship among the distinctiveness of the senior mark, the similarity of the jun-
　　ior mark, and the proximity of the products), ⑤ 중복되는 소비자의 범위(shared consumers
　　and geographic limitations), ⑥ 소비자의 주의 정도(sophistication of consumers), ⑦ 실제
　　혼동 발생 여부(actual confusion), ⑧ 피고의 상표 사용이 기술적(記述的)이거나 지시적인
　　지의 여부(adjectival or referential quality of the junior use), ⑨ 금지명령으로 인한 피고의
　　손해 및 원고의 권리 행사 지체 여부(harm to the junior user and delay by the senior user),
　　⑩ 원고가 이전에도 상표 보호를 소홀히 하였는지의 여부(effect of senior's prior laxity in
　　protecting the mark)를 희석화의 판단 요소로 제시하였다[Nabisco, Inc. v. PF Brands, Inc.,
　　191 F.3d 208, 217-221 (2d Cir. 1999)].

ation between the mark or trade name and the famous mark) 등의 요소들을 고려하도록 규정하고 있다.[63]

그러나 위와 같은 요소들은 모두 전통적인 상표법 체계하에서 혼동가능성 여부를 판단하기 위한 기준과 많은 부분에서 동일하다고 할 것이어서, 혼동가능성 여부와 무관하게 저명표지 자체에 화체되어 있는 재산적 가치를 보호하고자 하는 희석화 이론에 그대로 적용하기에는 적당하지 않은 측면이 있다. 저명표지의 고객흡인력 내지 판매력은 본질적으로 일반 소비자가 당해 저명표지를 특정한 출처와 연관시켜 인식하기 때문에, 즉 저명표지가 단일한 출처표시(unique identifier)로 기능할 수 있기 때문에 발생하는 것이라는 점을 고려하면, 희석화가 발생하였는지 여부를 판단하는 가장 중요한 기준은 저명표지와 동일·유사한 표지의 사용으로 인해 '저명표지의 단일한 출처표시 기능이 침해됨으로써 고객흡인력 내지 판매력이 감소되었는지 여부'가 될 수 있을 것이다. 대법원은 상표법 제34조 제1항 제11호에 관한 사례에서, 저명상표의 식별력을 손상시킬 염려가 있는 상표에 해당하는지 여부는 등록상표와 저명상표 사이의 연상작용을 의도하였는지 여부, 등록상표와 저명상표 사이에 실제 연상 작용이 발생하는지 여부 등을 종합하여 판단하여야 한다고 설시한 바 있는데,[64] 같은 맥락이라고 해석된다.

결국 저명표지와 동일·유사한 상품표지 등의 사용으로 인하여 저명표지가 복수의 출처를 나타내는 표지로 인식됨으로써 그 고객흡인력 내지 판매력이 감소된 경우에 본 규정에 따른 식별력 또는 명성의 손상이 발생하였다고 보아야 한다. 혼동가능성 여부를 문제 삼지 않는 희석화 이론의 본질에 비추어, 위와 같은 식별력 또는 명성의 손상은 저명한 상품표지가 제3자에 의하여 영업표지로 사용되는 경우[65]는 물론 그 반대의 경우에도 발생할 수 있다.

Ⅲ. 적용 제외 사유

1. 개   설

앞서 언급한 것처럼 2023. 3. 28. 개정법(법률 제19289호)은 종래 부정경쟁방지법 시행령을 통해 본 규정의 적용 대상에서 제외하고 있던 저명성 획득 이전

---

63) 15 U.S.C. §1125(c)(2)(B).
64) 대법원 2023. 11. 16. 선고 2020후11943 판결.
65) 대법원 2004. 5. 14. 선고 2002다13782 판결.

부터의 사용 행위를 본 규정 본문으로 옮기는 취지로 체계를 정비하였다. 이와
함께 부정경쟁방지법 시행령은 ① 비상업적 사용, ② 뉴스보도 및 뉴스논평에
의 사용, ③ 공정한 상거래 관행에 어긋나지 않는 사용을 적용 제외 사유로 규
정하고 있다(부정경쟁방지법 시행령 제1조의2).

2. 저명성 획득 이전부터의 사용

저명표지가 저명성을 획득하기 전에 당해 저명표지와 동일·유사한 상품표
지 등을 사용해 온 자가 이를 부정한 목적 없이 계속 사용하는 행위는 본 규정
이 금지하는 저명표지 희석행위에 해당하지 않는다. 상표법 제99조는 타인의 등
록상표와 동일·유사한 상표를 선의로 먼저 사용한 자가 일정 요건을 충족하면
그 상표를 계속 사용할 권리를 갖도록 하고 있는데, 같은 맥락에서 선의의 선사
용자에 대해 부정경쟁행위에 따른 책임을 면하게 하려는 취지이다. 이와 같은
선사용자의 보호에 관한 규정은 선사용자의 신뢰와 이익을 보호하기 위한 것으
로서 타당하다고 할 수 있다. 한편 선사용자의 범위에는 그 승계인이 포함되므
로, 선사용자로부터 영업을 승계한 제3자도 부정한 목적이 없는 한 저명표지 보
유자에게 대항할 수 있다.

여기서 '부정한 목적으로 사용하는 경우'란, 타인의 노력에 의해 자신이 사
용하는 상품표지 등과 동일·유사한 표지가 저명성을 획득하게 되었고, 이로 인
해 자신이 사용하는 상품표지 등이 저명표지의 고객흡인력 내지 판매력을 감소
시키게 된다는 점을 알면서도, 저명표지의 명성이나 신용에 편승하여 부당한 이
익을 얻거나 또는 그 명성이나 신용을 훼손할 목적으로 상품표지 등을 계속해
서 사용하는 경우를 의미한다고 볼 수 있다. 다만 선사용자가 종전의 사용 방식
그대로 상품표지 등을 계속해서 사용하는 경우에는 선사용자에게 부정한 목적
이 있었음을 인정하기란 사실상 어려울 것이나, 반면 선사용자가 비용 등을 투
자하여 종전의 사용 방식이나 범위를 현저하게 초과하는 방법으로 상품표지 등
을 사용하게 된 경우에는 부정한 목적이 인정될 가능성이 상대적으로 높을 것
이다. 또한 선사용자가 상품이나 영업의 종류를 변경하여 이전과 다른 새로운
상품이나 영업에 사용함으로써 수요자·소비자 층이 달라지는 경우에도 선사용
자의 신뢰를 보호할 필요가 없다는 점에서는 부정한 목적이 인정될 여지가 크
다고 하겠다.[66]

---

66) 田村善之(주 29), 113.

한편 입법론적으로는, 저명표지 희석의 결과가 발생하였음에도 불구하고 선사용자에게 부정한 목적이 없었음을 증명하기란 거의 불가능하다는 점에서 선사용자가 책임을 면제받는 경우는 거의 없어지게 될 것이므로 "부정한 목적"을 삭제하는 것이 마땅하다는 견해도 제시되고 있다.[67]

3. 비상업적 사용

가. 의   의

비상업적 사용을 저명표지 희석행위에서 제외시킨 것은 헌법상 보장된 표현과 비판의 자유를 보장하기 위한 것으로서, 본 규정이 상품의 품질이나 기업 정책에 대한 비판적·부정적인 의견 제시를 봉쇄하기 위한 수단 등으로 악용되는 것을 방지하기 위한 규정이라고 할 수 있다. 따라서 비상업적 사용은 본 규정에 관한 일반적인 면책 사유로서의 의미도 가질 수 있다. 이러한 비상업적 사용의 범위는 언론·표현의 자유와 저명표지 보유자의 재산적 이익이라는 두 가지 목적을 조화롭게 달성할 수 있는 방법으로 해석되어야 한다. 즉 언론·표현의 자유에 의해 마땅히 보호받아야 할 행위가 저명표지 희석행위라는 명목으로 금지되어서는 아니 되는 것과 마찬가지로, 저명표지 보유자의 정당한 이익을 침해하는 행위가 비상업적 사용이라는 명목으로 용인되어서도 아니 될 것이다.[68]

한편 일본 하급심 판결례 중에는, 종교 법인의 업무 및 사업이라고 하더라도 부정경쟁방지법의 적용 대상이 된다는 이유에서 저명한 종교 법인의 명칭과 동일·유사한 명칭을 사용하여 종교 활동을 하는 행위가 저명표지 희석행위에 해당한다고 판시한 예가 있다.[69]

나. 판단 기준

비상업적 사용에 해당하는지의 여부를 판단함에 있어서는, 제3자의 상품표지 등 사용 행위가 영업상의 이익을 가져다주는 것인지의 여부와, 상품표지 등의 사용이 어떠한 목적에서 행하여진 것인지를 중요하게 검토할 필요가 있다.[70]

먼저, 제3자가 상품표지 등의 사용을 통해 직접적인 영업상 이익을 얻은 경우에는 당해 행위를 비상업적인 것으로 보아서는 안 된다. 다만 제3자의 이익이

---

67) 최순용, "상표희석화이론의 회고와 전망", 21세기 한국민사법학의 과제와 전망—심당 송상현 선생 화갑기념논문집(2002), 803.
68) 송재섭(주 7), 230.
69) 東京地裁 2004. 3. 30. 平15(ワ)23164.
70) 송재섭(주 7), 230.

상품표지 등의 사용 자체와 밀접한 연관 관계가 인정되지 않거나 또는 간접적
으로 발생한 것인 때에는 여전히 비상업적인 것으로서 보호받을 여지가 있다.
또한 제3자의 상품표지 등 사용으로 인해 저명표지 보유자에게 어떠한 경제적
손해가 발생하였다는 것만으로 당연히 제3자에게 영업상의 이익이 발생하였다
고 볼 것은 아니다. 저명표지와 관련하여 행하여지는 모든 정치·경제·사회·문
화적인 비판 활동들은 잠재적으로 저명표지 보유자에게 경제적 손해를 가할 수
있을 뿐만 아니라, 그와 같은 비판 활동들이 대중적으로 의미를 가지기 위해서
는 저명표지 보유자에게 어느 정도의 경제적 손해가 발생하는 것이 필연적이기
때문이다.

　　다음으로 제3자의 상품표지 등 사용이 저명표지 그 자체를 비판·논평 또
는 패러디 등의 대상으로 삼기 위한 것이었다면 이를 비상업적인 것이라고 볼
수 있으나, 이와 달리 단지 대중의 관심과 주목을 불러일으켜 다른 이익을 얻기
위한 수단으로 상품표지 등을 사용한 것이었다면 이를 비상업적인 것이라고 볼
수 없다. 예컨대 제3자의 행위 목적에 비추어 볼 때 상품표지 등을 사용하는 것
이 필수불가결한 경우라거나 또는 저명표지에 부가된 사회·문화적인 상징적
의미를 비평·패러디의 대상으로 삼는 경우에는, 제3자의 상품표지 등 사용은
비상업적 사용에 해당하여 언론·표현의 자유에 의해 보호받을 수 있을 것이다.
그러나 제3자의 행위 목적이 저명표지의 본래적 의미나 상징적 의미 어느 것과
도 직접적인 연관을 가지지 않으며 단지 주의를 환기하기 위한 것인 경우에는
상업적인 사용으로 볼 여지가 클 것이다.

　　미국 TDRA의 경우에도 비상업적 사용은 금지 대상에서 제외되고 있다.[71]
이에 관해 미국 법원은, 낙태 반대 운동을 전개하는 웹사이트를 운영하면서 기
부금을 모으거나 책의 내용을 홍보한 경우,[72] 물품을 판매하는 다른 웹사이트로
접속할 수 있는 링크를 포함하고 있는 경우[73] 및 저명표지와 동일한 도메인 이
름을 등록한 후 해당 웹사이트에 저명표지 보유자에 대해 비판적인 견해나 부
정적인 논평을 게시한 경우는 저명표지의 상업적 사용에 해당한다고 판시하여
비상업적 사용의 범위를 좁게 인정한 예가 있는가 하면, 반대로 저명표지를 조

---

71) 15 U.S.C. §1125(c)(3)(C).
72) Planned Parenthood Federation of America, Inc. v. Bucci, 42 U.S.P.Q.2d 1430 (S.D.N.Y.
    1997).
73) Jews For Jesus v. Brodsky, 993 F. Supp. 282 (D.N.J. 1998) aff'd, 159 F.3d 1351 (3d Cir.
    1998).

롱하는 내용의 가사를 포함한 노래가 수록된 음반을 제작·판매한 경우74)와 주
지사 선거 후보를 저명표지에 비유하여 광고한 경우75)는 상업적 사용에 해당하
지 않는다고 판시하여 비상업적 사용의 범위를 넓게 인정한 예도 있다.

4. 뉴스보도 및 뉴스논평

모든 형태의 뉴스보도 및 뉴스논평에서 저명표지를 사용하는 행위는 본 규
정에 의해 금지되지 않는다. 뉴스보도 및 뉴스논평은 앞에서 살펴본 비상업적
사용의 한 예라고 볼 수도 있겠는데, 이에 관해 특별한 규정을 둔 이유는 뉴스
보도 및 뉴스논평이 특히 사회적으로 유용한 정보를 전달하는 데에 필수적이기
때문에 그 보호를 강조하기 위한 것으로 보인다. 따라서 신문·방송·잡지 등의
매체에서 뉴스보도나 뉴스논평을 위해 저명표지가 부착된 상품 등을 부정적으
로 묘사함으로써 결과적으로 저명표지의 재산적 가치를 감소시켰다고 하더라도,
이러한 행위는 본 규정의 적용을 받지 않는다. 미국 TDRA 역시 '모든 형태의
뉴스보도 및 뉴스논평'을 희석화의 제외 사유로 명시하고 있다.76)

5. 공정한 상거래 관행에 어긋나지 않는 사용

이상에서 살펴본 사유 이외에도 공정한 상거래 관행에 어긋나지 않는 사용
행위는 본 규정에서 금지하는 저명표지 희석행위에 해당하지 않는다. 이와 같은
부정경쟁방지법 시행령 규정은 이른바 공정사용 개념을 도입한 것으로도 볼 수
있다.77) 이와 관련하여, 패러디에 관한 저작권법상 명문의 예외 규정이 없었음
에도 우리 저작권법상 공정한 인용으로 인정되어 왔던 것처럼, 저명표지의 패러
디 역시 공정한 상거래 관행에 어긋나지 않는 사용으로 보아 허용된다고 해석
하는 것이 타당하다는 견해가 제시되고 있다.78)79) 그 밖에 저명표지와 혼동을

---

74) Mattel, Inc. v. MCA Records, Inc., 296 F.3d 894 (9th Cir. 2002).
75) American Family Life Insurance Co. v. Hagan, 266 F. Supp. 2d 682 (N.D. Ohio 2002).
76) 15 U.S.C. §1125(c)(3)(B).
77) 송재섭(주 7), 238. 같은 맥락에서, 공정한 상거래 관행에 반하지 않는 저명표지를 본 규
정의 적용 제외 사유로 규정한 부정경쟁방지법 시행령은 저명표지의 공정사용을 허용한다
는 점을 명문으로 확인한 것이라는 견해에, 정상조·박준석(주 6), 683.
78) 정상조·박준석(주 6), 683.
79) 미국 TRDA는 패러디(parody) 상표를 공정사용의 유형으로 보아 상표 희석화에 대한 항
변사유로 인정하고 있는데[15 U.S.C. §1125(c)(3)(A)(ii)], 제2순회항소법원은 한 면에
'Louis Vuitton' 가방의 형태를 캐리커처(caricature) 형식으로 삽입하고 다른 한 면에 'My
Other Bag' 문구를 삽입한 저렴한 가방을 제작·판매한 행위가 유명상표의 패러디로서 상

일으키지 않는 범위 내에서 병행수입된 진정상품의 판매나 광고 활동에 타인의
저명표지를 사용하거나, 정당한 비교광고 등에 사용하는 경우와 같이 상표의 사
용 태양이나 목적에 비추어 공정한 경쟁질서를 해치고 경쟁사업자의 영업상 이
익을 해치거나 소비자의 이익을 해치는 것이라고 인정하기 어려운 경우도 공정
한 상거래 관행에 어긋나지 않는 경우라고 할 수 있다.[80]

Ⅳ. (가)목 및 (나)목과의 관계

(가)목과 (나)목은 타인의 상품 또는 영업임을 나타내는 표지와 동일·유사
한 표지를 사용하여 혼동을 일으키는 행위를 규제하기 위한 규정이므로 일응
전통적인 혼동이론에 따른 것이라고 볼 수 있는 반면, 앞서 본 것처럼 본 규정
은 희석화 이론을 도입한 규정이라는 점에서 차이가 있다. 따라서 상품이나 영
업 주체에 관한 혼동가능성이 존재하는 경우에는 (가)목 또는 (나)목이 적용되
고, 그와 같은 혼동가능성이 존재하지 않은 경우에는 본 규정이 적용되는 것이
원칙이다.

그러나 이러한 원칙은 특정 소비자 개개인에 대한 관점에서만 그러할 뿐,
불특정 다수의 소비자 집단에 대한 관계에서는 (가)목 또는 (나)목과 본 규정이
동시에 적용될 수 있는 경우도 상정할 수 있다. 예컨대 어떤 소비자에 대한 관
계에서는 혼동가능성이 발생하는 반면, 다른 소비자에 대한 관계에서는 저명표
지의 희석화가 발생하는 경우가 그러하다.

대법원 판례 중에도 특정 저명표지의 사용이 (가)목 또는 (나)목과 본 규정

표 희석에 해당하지 않는다고 판단한 바 있다[Louis Vuitton Malletier, S.A. v. My Other
Bag, Inc., 674 F. App'x 16 (2d Cir. 2016)]. 반면, 서울중앙지방법원 2018. 10. 4. 선고
2016가합36473 판결은, 피고가 미국의 캔버스 백(canvas bag) 제조회사인 MY OTHER
BAG, INC.으로부터 라이선스를 얻어 원고 루이비통의 저명한 상품표지와 유사한 표장을
쿠션화장품·주머니·거울에 표시하여 판매한 사안에 대하여, ① 피고와 공동작업을 한
MY OTHER BAG, INC.은 국내에서 인지도가 높지 않은 점, ② 우리나라의 사회, 문화적
배경이나 일반적인 영어수준 등을 고려할 때, 우리나라의 일반 대중은 물론 일반 수요자들
에게 "My Other Bag"은 '나의 다른 백'이라는 의미를 갖고 있음에 불과할 뿐 특별한 논평
적 의미가 전달되지 않는 점, ③ 피고는 피고 제품을 광고하면서 "피지 잡는 수분 쿠션 루
이비통백 품은 조이"라는 문구를 사용하여 원고의 상표, 상호를 직접 인용한 점 등에 비추
어, 피고는 원고 상품표지의 주지저명성을 이용하기 위한 의도로 피고 사용표장을 사용한
것으로 보이므로, 피고의 행위는 본 규정에 따른 저명표지 희석행위에 해당할 뿐 상표의
패러디로서 공정사용에 해당한다고는 볼 수 없다고 판단하였다.
80) 최정열·이규호(주 6), 153.

에 모두 해당할 수 있다고 본 사례들이 있으며,[81] 이에 따라 실무상으로도 저명
표지의 보유자로서는 (가)목 또는 (나)목 소정의 부정경쟁행위를 주장하는 이외
에 본 규정의 부정경쟁행위를 함께 주장하는 것이 일반적이다.[82]

〈송재섭〉

---

81) 대법원 2004. 5. 14. 선고 2002다13782 판결 등.
82) 이 경우 각각의 부정경쟁행위에 관한 주장은 각각이 독립된 별개의 청구원인을 구성하
   며 서로 선택적 관계에 있다고 보아야 할 것이나, 실무상으로는 각각의 부정경쟁행위에 관
   한 주장을 모두 판단하는 예도 많은 것으로 보인다(서울중앙지방법원 2004. 10. 29. 선고
   2004가합63595 판결 등).

제2조(정의) 이 법에서 사용하는 용어의 뜻은 다음과 같다.
1. "부정경쟁행위"란 다음 각 목의 어느 하나에 해당하는 행위를 말한다.
  [(가)~(다)목은 앞에서 해설]
  라. 상품이나 그 광고에 의하여 또는 공중이 알 수 있는 방법으로 거래상
    의 서류 또는 통신에 거짓의 원산지의 표지를 하거나 이러한 표지를
    한 상품을 판매·반포 또는 수입·수출하여 원산지를 오인(誤認)하게
    하는 행위

<소 목 차>

Ⅰ. 의의 및 연혁
Ⅱ. 원산지 거짓표시행위((라)목)
  1. 표지의 대상
  2. 상   품
  3. 상품의 광고에 의하여 또는 공중
    이 알 수 있는 방법으로 행해진
    「거래상의 서류 또는 통신」
  4. 거짓의 원산지의 표지
  5. 오인하게 하는 행위
6. 거짓의 원산지 표지를 한 상품을
  '판매·반포 또는 수입·수출'하
  는 행위
Ⅲ. 이 조문을 서비스에 유추적용할 수
  있는지 여부
  1. 미   국
  2. 독   일
  3. 일   본
  4. 우리나라

Ⅰ. 의의 및 연혁

이 조문의 오인유발행위는 특정 영업자 개인의 이익을 침해하는 혼동초래
행위와는 달리 경쟁자 전체에 대한 이미지 및 고객획득 가능성을 훼손시키는
행위임과 동시에 시장의 공정경쟁을 해치는 행위로서 일차적으로는 일반 소비
자의 이익을 해치는 행위에 해당한다.[1] 따라서 오인유발행위의 금지는 허위·과
대광고를 통한 상품의 판매행위를 규제하여 경쟁자 보호보다는 소비자를 보호
하는데 그 목적이 있으며, 오인유발행위를 초래하는 표지 또는 타인의 상품이
주지성을 획득해야 하는 것은 그 요건이 아니다.[2]

---

1) 특허청 산업재산보호팀, 부정경쟁방지및영업비밀업무해설서(2009. 1. 6), 46(http://www.
  kipo.go.kr/kpo/user.tdf?a=user.ip_info.journal.BoardApp&board_id=journal&cp=1&pg=
  1&npp=10&catmenu=m02_03_02&sdate=&edate=&searchKey=2&searchVal=부정경쟁
  &bunryu=&st=&c=1003&seq=8347&gubun=)(최종방문일: 2023년 12월 20일).
2) 위의 책, 46.

소비자 보호를 위한 표시·광고행위에 대하여는 「표시·광고의 공정화에 관한 법률」에서도 규정하고 있다. 그러나 「부정경쟁방지 및 영업비밀보호에 관한 법률」은 사법적 규율에 주안점을 둔 반면, 「표시·광고의 공정화에 관한 법률」은 공법적 규율에 주안점을 두고 있으며, 오인유발행위는 형법에 의한 사기행위에 해당하여 처벌받을 수도 있고, 경범죄처벌법에 의한 허위광고 행위로 처벌받을 수도 있다.3) 농산물·수산물이나 그 가공품 등에 한정하여 적정하고 합리적인 원산지 표시를 하도록 하여 소비자의 알권리를 보장하고, 공정한 거래를 유도함으로써 생산자와 소비자를 보호하는 것을 목적으로 한 「농수산물의 원산지 표시에 관한 법률」(약칭: 원산지표시법)4)은 공법적 규율에 주안점을 두어 (i) 누구든지 원산지 표시를 거짓으로 하거나 이를 혼동하게 할 우려가 있는 표시를 하는 행위, 원산지 표시를 혼동하게 할 목적으로 그 표시를 손상·변경하는 행위 또는 원산지를 위장하여 판매하거나, 원산지 표시를 한 농수산물이나 그 가공품에 다른 농수산물이나 가공품을 혼합하여 판매하거나 판매할 목적으로 보관이나 진열하는 행위를 한 경우(원산지표시법 제6조 제1항), (ii) 농수산물이나 그 가공품을 조리하여 판매·제공하는 자가 원산지 표시를 거짓으로 하거나 이를 혼동하게 할 우려가 있는 표시를 하는 행위, 원산지를 위장하여 조리·판매·제공하거나, 조리하여 판매·제공할 목적으로 농수산물이나 그 가공품의 원산지 표시를 손상·변경하여 보관·진열하는 행위 또는 원산지 표시를 한 농수산물이나 그 가공품에 원산지가 다른 동일 농수산물이나 그 가공품을 혼합하여 조리·판매·제공하는 행위를 한 경우(원산지표시법 제6조 제2항)에는 과징금(원산지표시법 제6조의2), 표시의 이행·변경·삭제 등 시정명령(원산지표시법 제9조 제1항 제1호), 위반 농수산물이나 그 가공품의 판매 등 거래행위 금지(원산지표시법 제9조 제1항 제2호) 등의 행정처분과 형사적 벌칙(원산지표시법 제14조)을 두고 있다.

1961년 제정법5)에서는 부정경쟁행위에 대한 별도의 정의규정을 두지 않고, 제2조에 부정경쟁행위중지청구권에 관한 규정을 두면서 어떠한 행위들이 부정경쟁행위에 속하는지 그 범위를 정하였다. 1986년 개정법6)에서는 부정경쟁행위에 대한 정의규정을 신설하여 제2조 제3호의 "무상반포"를 "반포"로, "수출"을

---

3) 위의 책, 46.
4) [시행 2022. 1. 1.] [법률 제18525호, 2021. 11. 30. 일부개정].
5) 법률 제911호, 1961. 12. 30. 제정, 1962. 1. 1 시행.
6) 법률 제3897호, 1986. 12. 31. 전부개정, 1987. 1. 1 시행.

"수입·수출"로 개정하였다. 1991년 개정법7)에서는 종전의 제2조 제3, 4, 5호로 분리되어 있던 것을 제1호에 통합하고 각각 (다), (라), (마)목으로 규정하였다. 2001년 개정법8) 제2조 제1호에서는 (다)목의 신설로 인하여 종전의 (다), (라), (마)목이 각각 (라), (마), (바)목으로 이동하였다. 2007년 개정법(2007. 12. 21, 법률 제8767호)에서는 제2조 제1호 (라)목의 "허위의"를 "거짓의"로, (라)목의 "오인을 일으키게 하는 행위"를 "오인(誤認)하게 하는 행위"로 수정하였다.

II. 원산지 거짓표시행위((라)목)

1. 표지의 대상

거짓의 원산지 표지 대상물은 「상품」이나 그 광고에 의하여 또는 공중이 알 수 있는 방법으로 행해진 「거래상의 서류 또는 통신」이다.

2. 상   품

「상품」이란 상품표지의 혼동초래행위에서와 같이 일반 소비자에게 제공되는 것에 국한되지 않고 업무용 상품과 중간재, 자본재, 부품 등 독립적·반복적 거래의 대상이 되는 것을 말하고, 후단의 「원산지」의 문구를 볼 때 부동산과 서비스업 등의 영업은 여기에 포함되지 않는다.

3. 상품의 광고에 의하여 또는 공중이 알 수 있는 방법으로 행해진 「거래상의 서류 또는 통신」

가. 광   고

'광고'란 넓은 의미에서 일반 공중에게 상품 등에 관하여 행해진 표시·선전·주장 등 일체의 행위를 말하지만, 여기서는 거래(영업)의 목적 하에 행해진 광고로서, 그 상품에 대한 광고만을 의미하고, '또는 공중이 알 수 있는 방법'의 문구로 볼 때, 광고의 형태·매체 및 방법에 대하여는 제한이 없는 것으로 해석된다. 따라서 신문·잡지 등에 문자 또는 화보로 광고하거나, TV 또는 라디오에 음성·음악·연기 또는 이들을 결합하여 광고하거나, 거리에서 전단지를 나누어 주거나 또는 구두로 광고하거나, 인터넷을 이용한 광고 등 일체의 행위가 포함

---

7) 법률 제4478호, 1991. 12. 31. 일부개정, 1992. 12. 15 시행.
8) 법률 제6421호, 2001. 2. 3. 일부개정, 2001. 7. 1 시행.

된다.

나. 공중이 알 수 있는 방법으로

이 조문의 '공중이 알 수 있는 방법으로'란 표현은 '상품의 출처 허위표시 방지에 관한 마드리드협정'(이하 '마드리드협정') 제3조의2의 개정에 수반하여 삽입된 것이고 '홍보적 성격을 가진 (표시)'와 동의어다. 따라서 이 용어의 의미에 따르면, 그 표시가 그 표현된 방법에 의하여 불특정다수인이 알 수 있는 성격을 가진 것이다. 그리고 불특정다수인에는 일반공중뿐만 아니라 해당 상품의 수요자 및 거래관계자를 포함하는 것이다. 이 조문의 '공중이 알 수 있는 방법으로'란 표현은 마드리드협정 제3조의2의 개정에 수반하여 삽입된 것이고 '홍보적 성격을 가진 (표시)'와 동의어다. 따라서 이 용어의 의미에 따르면, 그 표시가 그 표현된 방법에 의하여 불특정다수인이 알 수 있는 성격을 가진 것이다. 그리고 불특정다수인에는 일반공중뿐만 아니라 해당 상품의 수요자 및 거래관계자를 포함하는 것이다. 그런데 '거래상의 서류 또는 통신'이란 문구 앞에 '공중이 알 수 있는 방법으로'란 수식어가 반드시 필요한지 여부는 의문이다. 우리나라와 대동소이한 조문을 가지고 있던 1993년 개정이전의 일본 부정경쟁방지법상 제1조 제1항 제3호 및 제4호상 '공중이 알 수 있는 방법에 의하여'란 표현은 '거래상 서류 또는 통신'이란 표현과의 관계에서 실질적 의미가 없다는 것을 이유로 1993년 개정 시에 모두 삭제되었다.9) 왜냐하면 '거래상 서류 또는 통신'란 용어 자체가 일반공중에 전파되어 일반공중이 알 수 있는 성질을 가진 것을 의미하기에 '공중이 알 수 있는 방법에 의하여'란 용어는 불필요한 수식어이었기 때문이었다.10)

다. 거래상의 서류 또는 통신

'거래상의 서류 또는 통신'이란 문구는 마드리드협정 제3조의2에 규정된 '상업용 서신 또는 서류 그 밖의 상업용 통신'과 동의어11)이어서 영업거래상 이

9) 通産産業省知的財産政策室監修, 逐条解說不正競爭防止法, 有斐閣(1994), 59.
10) 山本庸行, 要說 不正競爭防止法(2006), 218.
11) 상품출처의 허위표시 방지에 관한 마드리드협정(Madrid Agreement for the Repression of False or Deceptive Indications of Source on Goods(1891년) 제3조의2 원문은 다음과 같다.

 "The countries to which this Agreement applies also undertake to prohibit the use, in connection with the sale or display or offering for sale of any goods, of all indications in the nature of publicity capable of deceiving the public as to the source of the goods, and appearing on signs, advertisements, invoices, wine lists, business letters or papers, or any

용되고 있는 소개장, 추천장, 주문서, 견적서, 송장, 납품서, 계산서, 청구서, 첨
부허가서, 영수증 등의 일체의 서류를 비롯하여 영업상 서신, 전화, 전보, 텔렉
스, PC통신 등 거래상 의사표시행위를 포함하는 일체의 통신형태를 이른다.[12]

「거래」란 영업목적을 가지고 상품을 판매·반포 또는 수입·수출하기 위하
여 시장에 내놓는 행위를 말한다. 따라서 상품과 관련된 판매뿐 만 아니라 임
대·교환·전시 등도 포함되며, 영리성 유무 및 이윤획득 여부는 불문이다.

「서류 또는 통신」이란 그 광고에 의하여 또는 공중이 알 수 있는 방법으로
거짓의 원산지를 표시한 대상물을 말하며,「광고」및「공중이 알 수 있는 방법」
의 문구로 볼 때, 거래(영업)의 목적 하에 행해진 그 상품에 대한 모든 서류와
통신의 의미로 해석된다.

4. 거짓의 원산지의 표지

「원산지」란 그 상품의 주산지를 말하는 것으로 나라, 지방, 특정지역 모두
를 포함하며, 행정구역명이라도 상관없다. 산지의 범위 또한 당해 상품이 그 곳
에서 과거에 생산되었거나 현재 생산되고 있는 경우는 물론 거래자 또는 일반
수요자가 그 곳에서 생산되는 것으로 인식하고 있는 경우를 모두 포함한다.[13]
즉, 상품의 원산지란 상품이 생산된 지역은 물론, 제조 또는 가공되어 상품의
가치가 부여된 지역을 말한다. 따라서 천연의 산물이라 하더라도 다이아몬드와
같이 가공의 여하에 따라 상품가치가 크게 좌우되는 경우에는 그 가공지를 원
산지라고 할 수 있다.[14] 반대로 원료의 산지가 매우 중요한 의미를 갖는 상품의
경우에는 그 원료의 산지도 원산지에 해당한다.[15]

이렇듯 일반적으로「원산지」란 원료나 제품의 생산지를 의미하지만, 여기
서는 어떤 상품이 배타적 혹은 필수적으로 자연적 또는 인간적 요소, 혹은 자연
적·인간적 요소를 모두 포함하는 지리적 환경에 기인하는 특성과 품질 사이에
밀접한 관련이 있는 산지(産地)의 명칭을 말하고,「거짓의 원산지의 표지」란 원
산지를 사칭하는 행위를 말한다. 따라서 원산지와 관련되는 상품은 배타적 혹은

---

    other commercial communication."
  12) 山本庸行, 앞의 책, 225; 竹田稔, 知的財産權侵害要論(不正競爭編), 發明協會(2003),
    198.
  13) 특허청 산업재산보호팀, 앞의 책, 47.
  14) 東京高判 昭和 53. 5. 23. 昭和52年(ゟ)522, 東京刑集時報29卷5号, 84.
  15) 대법원 2002. 3. 15. 선고 2001도5033 판결.

필수적으로 기후·토양 혹은 전통적 생산방법 같은 지리적 요소에 기인하는 것들로 구성되어 있으며,「지(地)」란 행정 및 사회경제적 구역을 불문하는 지리적 공간을 의미한다. 예를 들면, 특정 생산품과 관련하여 널리 알려지고 특별 현저성(顯著性)을 취득한 일정한 장소[예: 코냑(술), 뮌헨(맥주)], 지방[예; 샴페인(술), 라인(술)], 국가[예: 한국 인삼]등이 모두 포함된다.

그리고 원산지의 범위는 해당 상품이 그 곳에서 과거에 생산되었거나 현재 생산되고 있는 경우는 물론이고 거래자 또는 일반 수요자가 그 곳에서 생산되는 것으로 인식하고 있는 경우를 모두 포함하므로 원산지는 농수산물이나 광산물과 같은 천연물의 산지명 외에도 이를 원재료로 하여 상품을 생산, 제조, 가공하는 경우 그 지명이 원산지가 될 수도 있고, 해당 상품의 원재료의 산지도 원산지가 될 수 있다.[16] 이에 대하여 부정경쟁방지법상의 원산지를 판단함에 있어서도 해당 상품의 특성·거래 통념, 해당 물품에 본질적 특성을 부여하기에 충분한 정도의 실질적 생산·가공·제조 과정이 이루어진 곳 및 상품 교역에 있어서 주된 요소가 어디에서 산출되었는지 등을 종합적으로 고려하여 구체적, 개별적으로 결정함이 타당하다는 견해[17]가 있다.

허위표시는 상품에 그 원산지를 사실과 다르게 표시하는 것을 말하며 예를 들어 한국산이 아님에도 불구하고 "Made in Korea"라고 표시하는 경우가 대표적일 것이다. 또한, 이와 같이 상품의 원산지를 명시적으로 표시하는 경우가 아니더라도 어떤 표시가 부착된 상품을 전체적으로 관찰할 때 상품의 수요자 또는 거래자가 당해 표시를 상품의 원산지 표시로 인식할 수 있도록 표시된 경우에는 원산지 표시에 해당하므로 이때 그 표시가 실제 원산지와 다를 경우에는 허위표시에 해당할 수 있다. 상품 원료의 산지와 이를 이용한 생산지나 가공지가 수개의 장소에 걸쳐있고 각각의 장소가 상품의 가치를 결정함에 있어서 중요한 의미를 갖는 경우에는 모두 원산지로 취급될 수 있으며 이때에는 이 여러 곳의 원산지 가운데 하나라도 허위로 표시하는 경우에는 허위표시가 될 수 있다.[18] 예컨대, 상품의 특성상 원료의 산지가 중요한 요소인 경우에는 비록 그 표시의 주체가 완성품의 원산지를 표시한다는 주관적인 의도로 완성품의 원산지를 표시한 경우에도 일반 수요자들이 이를 원료의 원산지로 이해할 수 있도

---

16) 黃義昌, 不正競爭防止法, 세창출판사(1996), 50.

17) 윤태식, 온주 부정경쟁방지및영업비밀보호에관한법률(집필대표: 윤태식)(2016. 9), 4.

18) 최정열/이규호 공저, 부정경쟁방지법—영업비밀보호법제 포함—, 제5판, 진원사(2022), 155-156.

록 표현하였다면 이는 허위표시에 해당할 수 있다.[19)]

　판례에 따르면, "'허위의 원산지의 표지'라 함은 반드시 완성된 상품의 원산지만에 관한 것은 아니고, 거래통념에 비추어 상품 원료의 원산지가 중요한 의미를 가지는 경우에는 그 원료의 원산지를 허위로 표시하는 것도 이에 포함된다고 할 것이고…, 삼베는 전래적으로 대마를 재배·수확하여 실을 만들고 이를 수직 베틀로 짜는 일련의 생산과정이 특정 지역 내에서 이루어져 왔고, 그러한 지역의 고유한 특제품은 전통적인 장례용품성이 반영된 지역명을 삼베의 명칭으로 호칭하는 경우가 많고, 수의는 외국산보다는 우리 것을 선호하는 경향이 있으며, '身土不二'는 '우리 땅에서 재배·수확된 농산물이 우리 체질에 맞는다.'는 의미를 가진 점을 감안하면, 이 사건 수의 제품의 포장상자에 '身土不二, 안동삼베', '국내 최초 100% 대마(삼베)사 개발' 등의 표시를 하고, 또한 포장상자 안에는 '안동포 인간문화재 1호'에 관한 선전문과 사진이 실린 품질보증서를 넣은 것은 일반 수요자나 거래자로 하여금 이 사건 수의가 안동에서 생산(재배)된 대마(삼)로 만든 삼베 수의인 것처럼 삼베 원사의 원산지를 허위로 표시하여 원산지의 오인을 일으키게 하는 행위로 봄이 상당하다."고 판시하여 '거짓의 원산지표지'라 함은 반드시 완성된 상품의 원산지만에 관한 것은 아니고, 거래통념에 비추어 상품 원료의 원산지가 중요한 의미를 가지는 경우에는 그 원료의 원산지를 거짓으로 표시하는 것도 이에 포함된다고 하였다.[20)]

5. 오인하게 하는 행위

　「오인하게 하는 행위」란 오인이 일어날 것을 요하지 않으며, 오인이 일어날 우려만으로도 충분하다. 예를 들면 우리나라의 제품에 미국 뉴욕에 있는 자유의 여신상을 도형하고 영어상표를 붙여 시판하는 경우 소비자가 마치 미국제품으로 오인을 하거나 할 우려가 있는 경우이다. 이 표현은 2007년 개정법(법률 제8767호, 2007. 12. 21.)에 의한 것이다. 즉 2007년 개정법(법률 제8767호, 2007. 12. 21.)에서는 (라)목의 "오인을 일으키게 하는 행위"를 "오인(誤認)하게 하는 행위"로 수정하였다.

　「오인」이란 잘못 알고 있는 것을 말하고, 오인의 주체는 소비자를 포함하는 일반 수요자이며, 오인과 구매결정 사이의 인과관계는 요구되지 않는다. 따라서

---

19) 대법원 2002. 3. 15. 선고 2001도5033 판결.
20) 대법원 2002. 3. 15. 선고 2001도5033 판결.

거래관계가 실제로 오인에 이르러야 하는 것을 뜻하는 것은 아니며, 전술한 바와 같이 오인유발의 위험성만 있으면 족하다.

그 이유는 법은 거짓의 원산지 표시 자체를 문제삼는 것이지, 표시행위의 결과 오인이 생기는지 여부를 문제삼는 것은 아니기 때문이며, 오인위험의 판단에 있어서는 「거짓의 표시」 이외의 사정, 예컨대 표시가 겨냥하는 수요자의 층, 표시의 매개체, 표시의 주체 등을 종합적으로 고려하여 객관적 또는 전체적으로 판단하여야 한다.21)

6. 거짓의 원산지 표지를 한 상품을 '판매·반포 또는 수입·수출'하는 행위

1986년 개정법(법률 제3897호, 1986. 12. 31.)에서는 부정경쟁행위에 대한 정의규정을 신설하여 제2조 제3호의 "무상반포"를 "반포"로, "수출"을 "수입·수출"로 개정하였다. 그런데 상품의 반포에 해당하는 행위가 존재할 수 있는지 의문이다. 이 용어는 일본 부정경쟁방지법상 규정의 '확포(拡布)'란 용어를 계수하면서 오류가 발생한 부분이란 생각이 든다. 참고로 1993년 개정 이전의 일본 부정경쟁방지법 제1조 제1항 제3호(원산지허위표시행위)에서는 "상품 또는 그 광고 또는 공중이 알 수 있는 방법으로 거래상의 서류 또는 통신에 허위의 원산지의 표시를 하거나 또는 이러한 표지를 한 상품을 판매, 확포(拡布) 또는 수출하여 원산지의 오인을 일으키게 하는 행위"를 부정경쟁행위로 규정하였었는데, 1993년 개정이전의 구법에 규정되었던 '확포(拡布)'란 용어를 삭제하고 '수입'이란 용어를 더하였다. 하지만 이것은 '수입'이 새로운 행위유형으로서 더해진 것이 아니고 종래부터 '수출입'은 확포(拡布)란 용어를 현대적인 용어로 치환한 것에 불과하다고 한다.22)

Ⅲ. 이 조문을 서비스에 유추적용할 수 있는지 여부

1. 미 국

연방상표제도를 정하는 연방상표법 제43조 제a항은 허위의 표시에 의한 부정경쟁방지에 관하여 일반조항을 두고 있다. 연방상표법 제43조 제a항 제2문에

---

21) 특허청 산업재산보호팀, 앞의 책, 48.
22) 小野昌延, 新·注解 不正競爭防止法(上卷), 靑林書院(2007), 593.

따르면, 상품 또는 서비스 또는 상품의 용기 상에 또는 그것에 관련하여 단어, 조항, 명칭, 기호, 도형, 또는 이러한 조합 또는 허위의 출처표시, 허위의 기술 내지 표시 또는 오인하게 하는 사실의 기술 내지 표시를 일반적으로 이용하는 자는 상업적 광고 또는 판매촉진활동에 있어서 이러한 행위를 하는 자 자신 또는 타인의 상품, 서비스 또는 상업활동의 성질, 특성, 품질 또는 지리적출처지를 부실표시하는 경우에 그 행위에 의한 손해를 입거나 입을 우려가 있다고 믿는 자가 제기하는 민사소송에 있어 손해배상책임을 부담한다고 규정하고 있다. 또한 미국연방거래위원회법 제5조는 불공정경쟁방법 및 불공정 또는 기만적인 행위 또는 관행을 위반하여 오인야기행위를 한 자에 대해 행정적 규제를 규정하고 있다.

2. 독 일

독일은 부정경쟁방지법 제3조 및 제4조에서 오인야기행위에 관하여 다음과 같이 규제하고 있다. 다시 말하면, 독일 부정경쟁방지법 제3조에서는 "제3조 업무상 거래에 있어서 경쟁의 목적을 가지고 업무상 사항에 대하여, 개개의 상품, 영업상의 서비스 또는 제반 제공물에 관한 성능, 출처지, 제조법, 가격에 대하여 또는 가격표, 상품의 구매방법, 및 구매처, 표창경험, 판매의 동기 및 목적, 재고량에 대하여 오인을 일으키게 하는 자에 대해서는 오인야기행위 금지청구 또는 손해배상을 청구할 수 있다."라고 규정하고, 동법 제4조에서는 "특히 유리하게 제공하는 외관을 만들 의도로 공적 광고 및 광범위한 사람에 대한 통지를 함에 있어 상품, 영업상의 서비스에 관한 그 성능, 출처지, 제조법, 가격평가에 대하여 또는 상품의 구매방법 및 구매처, 표창경험, 판매의 동기 및 목적, 재고량에 대하여 고의로 오인을 일으키게 하기에 적합한 허위의 표시를 하는 자는 2년 이하의 징역 또는 벌금에 처한다."라고 규정하여 상품뿐만 아니라 서비스와 관련해서는 출처지 오인야기행위를 같이 규정하고 있다.

3. 일 본

일본 부정경쟁방지법 제2조 제1항 제13호상 '품질등오인야기행위'에 따르면, 상품 또는 서비스의 원산지 및 품질, 내용 등에 대하여 거래상 오인하게 할 표시를 하는 행위 또는 그러한 표시를 한 상품의 양도 또는 서비스의 제공 등을 하는 행위를 금지하고 있다. 즉 상품 또는 서비스 또는 그 광고 또는 거래에

사용하는 서류 또는 통신에 그 상품의 원산지, 품질·내용·제조방법·용도 또는
수량 또는 그 서비스의 질·내용·용도 또는 수량에 대하여 오인하게 할 표시를
하거나 그 표시를 한 상품을 양도·인도·양도 또는 인도하기 위하여 전시·수
출·수입, 또는 전기통신회선을 통하여 제공하거나 또는 그 표시를 하여 서비스
를 제공하는 행위는 일본의 현행 부정경쟁방지법 제2조 제1항 제13호에 따라
품질등오인야기행위로 규정하고 있다. 예컨대 야마가타현 산(山形県産)이 아닌
버찌에 '야마가타산(山形産)'이라고 표시한 것은 거짓으로 산지를 표시하여 야
마가타현에 거주하는 버찌 업자의 이익 및 신용을 해하는 것은 물론이고, 야마
가타현이라고 생각하고 구입한 소비자의 이익을 해하므로 이 행위는 부정경쟁
행위로 되어 있다.23)

　　1993년 개정이전의 구 부정경쟁방지법 제1조 제1항 제3호(원산지허위표시행
위)에서는 "상품 또는 그 광고 또는 공중이 알 수 있는 방법으로 거래상의 서류
또는 통신에 허위의 원산지의 표시를 하거나 또는 이러한 표지를 한 상품을 판
매, 확포(拡布) 또는 수출하여 원산지의 오인을 일으키게 하는 행위"를, 동법 제
1조 제1항 제4호(출처지오인야기행위)에서는 "상품 또는 그 광고에 의하여 또는
공중이 알 수 있는 방법으로 거래상의 서류 또는 통신에 그 상품이 산출, 제조
또는 가공된 지역 외의 곳에서 산출, 제조 또는 가공된 것으로 오인을 일으키게
하는 표시를 하거나 이러한 표시를 한 상품을 판매, 확포(拡布) 또는 수출하는
행위"를, 동법 제1조 제1항 제5호(질량오인야기행위)에서는 "상품 또는 그 광고
에 의하여 상품의 품질, 내용, 제조방법, 용도 또는 수량에 있어서 오인을 일으
키게 하는 표시를 하거나 이러한 표시를 한 상품을 판매, 반포 또는 수출하는
행위"를 규정하였었다.

　　1993년 개정법에서는 이 3개의 조문을 하나로 정리하였고, 1993년 개정이
전의 구법에 규정되었던 '확포(拡布)'란 용어를 삭제하고 '수입'이란 용어를 더
하였다. 하지만 이것은 '수입'이 새로운 행위유형으로서 더해진 것은 아니고 종
래부터 '수출입'은 확포(拡布)란 용어를 현대적 용어로 치환한 것에 불과하다.24)
또한 1993년 개정법에서는 종래의 오인야기행위에는 상품만이 대상으로 되어
있었지만, 보호의 범위를 서비스까지로 확대하였다.25) 1993년 개정법에서는 구

---

23) 工藤莞司, 不正競爭防止法 解說と裁判例, 社團法人 發明協會(2008), 105.
24) 小野昌延, 앞의 책, 593.
25) 위의 책, 603.

법상 '허위의 원산지'란 표현에서 '허위'란 단어를 떼어내고 '원산지'로 개정하
였다. 아울러 2003년 개정법에서는 종래의 '양도', '인도'에 프로그램을 네트워
크를 통하여 판매하는 행위도 해당하는 것을 명시하기 위하여 상품을 '전기통
신회선을 통하여 제공하는 행위'도 규정하였다. 또한 그리고 '원산지'란 표현에
구법상 '산출, 제조 또는 가공된 곳'이 실질적으로 항시 포함되기 때문에 후자
의 용어는 삭제하였다. 그리고 구법상 제1조 제1항 제3호 및 제4호상 '공중이
알 수 있는 방법에 의하여'란 표현을 모두 삭제한 이유는 '거래상 서류 또는 통
신'이란 용어 자체가 일반공중에 전파되어 일반공중이 알 수 있는 성질을 가진
것을 의미하기에 '공중이 알 수 있는 방법에 의하여'란 용어는 불필요한 수식어
이기 때문이다.26) 일본의 현행 부정경쟁방지법은 '상품'에 대해서는 '상품, 그
광고, 그 거래에 사용하는 서류 또는 통신'으로 '그 상품의 원산지, 품질·내용·
제조방법·용도 또는 수량'에 대하여 '오인하게 할 표시를 하거나 그 표시를 한
상품을 양도·인도·양도 또는 인도하기 위하여 전시·수출·수입, 또는 전기통
신회선을 통하여 제공하는 행위'를 부정경쟁행위로 규정하고, '서비스'에 대해
서는 '그 서비스의 질·내용·용도 또는 수량'에 대하여 '오인하게 할 표시를 하
거나 그 표시를 하여 서비스를 제공하는 행위'를 부정경쟁행위로 규정하고 있
다. 따라서 '상품'에 대해서만 '원산지'오인야기행위가 규제되어 있고, '서비스'
에는 '제조방법' 및 '품질'을 관념상 생각할 수 없기 때문에 규정되어 있지 않
고, 서비스에 대해서는 '품질'이란 용어에 갈음하여 '질'이란 용어를, '양도 등'
이란 용어에 갈음하여 '제공'이란 단어를 사용하였다. 서비스에 대해 독일, 미국
등의 주요국가에 있어서 품질, 내용 등에 관한 오인야기행위에 대해서는 상품과
서비스를 구별하지 아니하고 규제대상으로 하고 있고, 세계지식재산권기구 등
을 통해 국제적으로도 오인야기행위는 상품과 서비스를 구별하지 않고 규제대
상으로 논의하고 있다. 즉, 세계지식재산권기구에 의해 2016년에 제정된 부정경
쟁보호 모델법(Model Provisions on Protection against Unfair Competition) 제4조는
상품뿐만 아니라 서비스에 관하여 일반대중을 오인하게 하거나 오인하게 할 우
려가 있는 행위는 부정경쟁행위에 해당한다고 규정하고 있다.27) 따라서 일본의
1993년 개정법은 '서비스'를 추가하여 규정하였다.28)

---

26) 山本庸行, 앞의 책, 218.

27) WIPO, Model Provisions on Protection against Unfair Competition, 1996, 31-42, available
   at <https://tind.wipo.int/record/28768> (최종방문일: 2024. 1. 17.).

28) 小野昌延, 앞의 책, 596.

4. 우리나라

이 조문에서는 거짓의 원산지오인유발행위는 상품에만 적용되는 것으로 되어 있다. 입법론적으로 해결할 문제이기는 하지만, 이 조문을 서비스에도 유추적용하는 것이 타당하다고 생각한다.[29]

〈이규호〉

---

29) 정진우, 부정경쟁방지법상 오인야기행위에 관한 규정의 개선방안에 대한 고찰―일본법과 비교를 중심으로―, 산업재산권, 제74호, 2023. 4., 348-349.

제2조(정의) 이 법에서 사용하는 용어의 뜻은 다음과 같다.
1. "부정경쟁행위"란 다음 각 목의 어느 하나에 해당하는 행위를 말한다.
[(가)~(라)목은 앞에서 해설]
마. 상품이나 그 광고에 의하여 또는 공중이 알 수 있는 방법으로 거래상
의 서류 또는 통신에 그 상품이 생산·제조 또는 가공된 지역 외의 곳
에서 생산 또는 가공된 듯이 오인하게 하는 표지를 하거나 이러한 표
지를 한 상품을 판매·반포 또는 수입·수출하는 행위

<소 목 차>

Ⅰ. 제도의 취지   3. 상품 등에 표시
Ⅱ. 요   건   4. 오인 표시 상품의 유통행위
   1. 표지의 대상   Ⅲ. 서비스에 유추적용할 수 있는지
   2. 출처지 오인유발행위   여부

Ⅰ. 제도의 취지

부정경쟁방지법 제2조 제1호 (마)목은 "상품이나 그 광고에 의하여 또는 공
중이 알 수 있는 방법으로 거래상의 서류 또는 통신에 그 상품이 생산·제조 또
는 가공된 지역 외의 곳에서 생산 또는 가공된 듯이 오인하게 하는 표지를 하
거나 이러한 표지를 한 상품을 판매·반포 또는 수입·수출하는 행위"를 부정경
쟁행위로 정의하여 이를 금지하고 있다. 부정경쟁방지법이 이러한 행위를 부정
경쟁행위로 정의한 것은 앞에서 본 원산지 허위표시의 경우와 마찬가지로 제품
의 출처지에 화체된 소비자의 신뢰나 신용을 보호하기 위한 것이다.[1]

Ⅱ. 요   건

1. 표지의 대상

거짓의 원산지 표지 대상물과 마찬가지로 '상품'이나 '상품의 광고에 의하
여 또는 공중이 알 수 있는 방법으로 행해진 거래상의 서류 또는 통신'이다.

---

1) 최정열/이규호 공저, 부정경쟁방지법—영업비밀보호법제 포함—, 제5판, 진원사(2022),
157.

이 조문의 '공중이 알 수 있는 방법으로'란 표현은 '상품의 출처 허위표시 방지에 관한 마드리드협정'(이하 '마드리드협정') 제3조의2의 개정에 수반하여 삽입된 것이고 '홍보적 성격을 가진 (표시)'와 동의어다. 따라서 이 용어의 의미에 따르면, 그 표시가 그 표현된 방법에 의하여 불특정다수인이 알 수 있는 성격을 가진 것이다. 그리고 불특정다수인에는 일반공중뿐만 아니라 해당 상품의 수요자 및 거래관계자를 포함하는 것이다.

'거래상의 서류 또는 통신'이란 용어는 마드리드협정 제3조의2에 규정된 '상업용 서신 또는 서류 그 밖의 상업용 통신'과 동의어2)이어서 영업거래상 이용되고 있는 소개장, 추천장, 주문서, 견적서, 송장, 납품서, 계산서, 청구서, 첨부허가서, 영수증 등의 일체의 서류를 비롯하여 영업상 서신, 전화, 전보, 텔렉스, PC통신 등 거래상 의사표시행위를 포함하는 일체의 통신형태를 이른다.3)

그런데 '거래상의 서류 또는 통신'이란 문구 앞에 '공중이 알 수 있는 방법으로'란 수식어가 반드시 필요한지 여부는 의문이다. 우리나라와 대동소이한 조문을 가지고 있던 1993년 개정이전의 일본 부정경쟁방지법상 제1조 제1항 제3호 및 제4호상 '공중이 알 수 있는 방법에 의하여'란 표현은 '거래상 서류 또는 통신'이란 표현과의 관계에서 실질적 의미가 없다는 것을 이유로 1993년 개정시에 모두 삭제되었다.4) 왜냐하면 '거래상 서류 또는 통신'이란 용어 자체가 일반공중에 전파되어 일반공중이 알 수 있는 성질을 가진 것을 의미하기에 '공중이 알 수 있는 방법에 의하여'란 용어는 불필요한 수식어이었기 때문이었다.5)

2. 출처지 오인유발행위

가. 출처지의 의의

상품의 생산지, 제조지 또는 가공지는 출처지(Indication of source)의 의미로서

---

2) 상품출처의 허위표시 방지에 관한 마드리드협정(Madrid Agreement for the Repression of False or Deceptive Indications of Source on Goods(1891년) 제3조의2 원문은 다음과 같다.

"The countries to which this Agreement applies also undertake to prohibit the use, in connection with the sale or display or offering for sale of any goods, of all indications in the nature of publicity capable of deceiving the public as to the source of the goods, and appearing on signs, advertisements, invoices, wine lists, business letters or papers, or any other commercial communication."

3) 山本庸行, 要說 不正競爭防止法(2006), 225; 竹田稔, 知的財産權侵害要論(不正競爭編), 發明協會(2003), 198.

4) 通産産業省知的財産政策室監修, 逐条解說不正競爭防止法, 有斐閣(1994), 59.

5) 山本庸行, 앞의 책, 218.

원산지보다 넓은 개념이며, 원산지 표지는 출처지 표지의 한 형태로 볼 수 있다.[6]

'생산'이라 함은 제1차산업의 원시적 생산을 의미한다. 즉 농산, 임산, 광산 (鑛産), 수산 등이 이에 속한다. '제조'라 함은 원재료에 노력을 가하여 성질, 용도가 전혀 상이한 물건으로 만드는 것을 말한다. 예컨대 방적, 기계기구제작, 주류양조, 화학품제조, 버터치즈 등이 이에 해당한다. '가공'이라 함은 물건의 동일성을 잃지 않는 정도, 다시 말하면 새로운 물체로 되지 아니하는 정도로 원재료에 노력을 가하여 변경을 가져오는 것을 말한다. 예컨대 세탁, 조각, 천연석의 연마 등이 이에 해당한다.[7]

1986년 개정법(법률 제3897호, 1986. 12. 31.)에서는 부정경쟁행위에 대한 정의규정을 신설하여 제2조 제4호의 "국가 이외의 곳"을 "지역 이외의 곳"으로 수정하였다. 1991년 개정법(법률 제4478호, 1991. 12. 31.)에서는 종전의 제2조 제3, 4, 5호로 분리되어 있던 것을 제1호에 통합하고 각각 (다), (라), (마)목으로 규정하였다. 2001년 개정법(법률 제6421호, 2001. 2. 3.) 제2조 제1호에서는 (다)목의 신설로 인하여 종전의 (다), (라), (마)목이 각각 (라), (마), (바)목으로 이동하였다. 그렇게 해서 1986년 개정법 제2조 제4호의 규정이 현행법 제2조 제1항 (바)목에 규정되게 되었다. 따라서 현행법 하에서는 국산품을 단순히 '외제'라고 표시한 경우뿐만 아니라 같은 국산품이라도 제주도 한라산을 배경으로 넣어 마치 제주도산임을 암시적으로 표시한 경우에도 이 조문이 적용된다.

참고로 일본의 부정경쟁방지법은 우리 부정경쟁방지법 제2조 제1호의 라, 마, 바 목에 해당하는 행위를 하나의 규정으로 통합하면서 종래 원산지와 산출·제조·가공지 등으로 달리 표현되던 것을 원산지로만 표현하고 있다.[8]

---

6) 同旨 윤선희·김지영, 부정경쟁방지법, 법문사(2012), 145, 154; 정태호, 부정경쟁행위 특수사례연구, 한국지식재산연구원(2015), 287-288; 이수완, 부정경쟁방지법상 허위의 원산지 표시, 대법원판례해설 41호(2002 상반기)(2002), 412; 윤태식, 부정경쟁방지법, 박영사(2021), 128; 권창환, 온주 부정경쟁방지및영업비밀보호에관한법률(집필대표: 윤태식)(2016. 9), 2에서는 "[부정경쟁방지 및 영업비밀보호에 관한 법률 제2조 제1호] (라)목의 원산지에 관하여 판례는 상품의 제조 내지 가공된 지역까지도 포함하는 것으로 해석하고 있어, (마)목의 출처지(상품이 생산·제조 또는 가공된 지역)는 (라)목의 원산지와 차이가 없는 것으로 보아야 할 것이다. 다만 (라)목의 오인야기행위는 '허위표시(거짓의 원산지 표시행위)'를 통하여 '오인하게 하는 행위'임에 반해, (마)목의 오인야기행위는 '오인하게 하는 표시행위'와 '그러한 표지의 유통행위'만으로도 금지대상이 된다는 점에서 차이가 있다."라고 기술하고 있다.
7) 小野昌延, 新·注解 不正競爭防止法(上卷), 靑林書院(2007), 603.
8) 최정열/이규호, 앞의 책, 158.

나. 오인하게 하는 표지: 원산지 거짓표시행위(부정경쟁방지 및 영업비밀 보호에 관한 법률 제2조 제1호 (라)목)와의 구별

(1) 오인 표지의 의미

「오인하게 하는 표지」란 실제지역 이외의 곳에서 생산·제조 또는 가공된 상품을 실제지역에서 생산·제조 또는 가공된 듯이 오인하게 하는 표지를 말한다. 이 표현은 2007년 개정법(법률 제8767호, 2007. 12. 21.)에 의한 것이다. 즉 2007년 개정법(법률 제8767호, 2007. 12. 21.)에서는 (마)목의 "오인을 일으키게 하는 행위"를 "오인(誤認)하게 하는 행위"로 수정하였다.

출처지 오인을 야기하는 표지는 원산지 표지와 달리 표지가 거짓인가의 여부를 묻지 않고, 생산지 등의 표지를 사실과 다르게 표시하여 오인하게 하거나, 이러한 표지를 부착한 상품을 판매·반포 또는 수입·수출하는 행위이면 족하다. 오인하게 하는 표지는 직접적 표시이든 간접적 표시이든 상관이 없으며, 오인하게 하는 표지는 오인하게 할 우려가 있는 표지도 포함하는 개념이다.[9]

즉 원산지 거짓표시행위는 거짓의 원산지표시를 하는 등의 행위(직접적인 행위)에 의하여 원산지를 오인하게 하는 행위를 의미하는 데 반해, 출처지 이외의 곳에 산출, 제조, 가공된 듯이 오인하게 하는 표지를 하는 등의 행위(간접적인 행위)를 의미한다.[10] 즉 원산지 거짓표시행위(법 제2조 제1호 (라)목)는 거짓의 원산지표지가 존재하고 그로 인해 오인을 야기하는 경우를 대상으로 하고, 출처지오인유발행위(법 제2조 제1호 (마)목)는 그 표지가 거짓인지 여부를 묻지 않고 출처지의 오인을 야기하는 표지를 대상으로 하고 있다.[11] 따라서 후자의 경우에는 가공적 또는 암시적 표지도 포함한다.[12] 즉 후자와 관련하여 비록 상품이나 그 포장의 일정한 곳에 식품위생법 등 관련 법령에 따라 제조자 및 제조자 소재지 등을 별도로 표기하였다고 하더라도 상품의 명칭이나 기타 표지로 인하여 일반적인 주의력을 가진 소비자가 그 상품의 생산지나 가공지를 실제와 다르게 오인할 염려가 있게 되었다면 본호의 부정경쟁행위에 해당할 수 있다.[13] 예컨대

---

9) 황의창, 부정경쟁방지법, 세창출판사(1996), 51.
10) 小野昌延, 앞의 책, 601.
11) 위의 책, 601.
12) 豊崎光衛, 工業所有權法(新版增補), 有斐閣(1980), 466.
13) 대법원 2006. 1. 26. 선고 2004도5124 판결 및 그 원심판결인 수원지방법원 2004. 7. 12. 선고 2004노194 판결 참조.
   위 사건에서 피고인은 피고인이 화성시에서 제조하여 판매하는 두부에 "초당"이라는 글

프랑스 풍물을 그려 불어로 가공의 상표를 표시하면서 설명 그 밖의 표시를 모
두 불어로 행하는 등의 행위를 하여 일반여성들에게 마치 프랑스에서 제조된
것처럼 보이게 하는 암시적인 표시를 한 향수 등은 출처지오인유발행위에는 해
당하지만 거짓의 원산지를 표시하는 행위(원산지 거짓표시행위)에는 해당하지 아
니한다.14) 반면에 특정 지역을 표시하면서 예컨대 ○○식, ○○스타일, ○○풍,
○○타입 등의 표현을 부기한 경우에 원산지를 오인하게 하는 표시로 볼 수 있
는지에 관해서 일본에서는 이러한 표현은 원산지를 표시하는 것이라기보다는
그 제조방법이나 형태, 제품의 내용이 그렇다는 의미에 불과하므로 원칙적으로
원산지를 오인하게 하는 표시가 될 수 없고 다만 그와 같은 표시에도 불구하고
그 상품이 결과적으로 그러한 방식이나 스타일의 제품에서 기대되는 품질과 다
른 경우에는 품질을 오인하게 할 표시에 해당할 가능성이 있을 뿐이라고 주장
하는 견해와15) 그러한 경우에도 원산지를 오인하게 하는 표시로 인정될 수 있
다고 하는 견해가 있다.16) 이와 관련하여 세계무역기구(WTO)의 지적재산권 관
련 부속협정인 이른바 TRIPs17) 제23조는 가입국에 대하여 포도주 및 증류주에
관하여 진정한 원산지를 별도로 표시한 경우에도 "양식", "풍" "모조품" 등의
표현을 부기하여 진정한 원산지와 다른 지리적 표시를 사용하는 것을 금지할
의무를 부과하고 있다.18)

　　판례에 따르면, '초당'이 바닷물을 직접 간수로 사용하여 특별한 맛을 지닌
두부를 생산하는 지역의 명칭에 해당한다고 보아 '초당' 이외의 지역에서 생산

자를 음각으로 표시하였으며 그 운반 기구용 덮개에는 "정남초당맛두부"라고 기재하고 포
장용기에도 "초당"이라는 글자를 표시하는 한편 용기 등의 구석에는 식품위생법에 기초한
식품의약품안전청이 고시에 따른 표시로서 제조원 및 그 소재지를 표시하였다.

14) 小野昌延, 앞의 책, 601.

15) 이는 우리 부정경쟁방지법상으로는 (바)목에 해당하는 것이나 일본 부정경쟁방지법은
우리 부정경쟁방지법의 라, 마, 바 목이 모두 하나의 행위로 규정되어 있으므로 구별의 실
익은 적다고 할 수도 있다.

16) 小野昌延 編, 앞의 책(小松陽一郎 執筆 部分), 617-618.

17) 'AGREEMENT ON TRADE-RELATED ASPECTS OF INTELLECTUAL PROPERTY
RIGHTS'를 뜻한다.

18) 조문의 내용은 다음과 같다.

"Each Member shall provide the legal means for interested parties to prevent use of a
geographical indication identifying wines for wines not originating in the place indicated by
the geographical indication in question or identifying spirits for spirits not originating in the
place indicated by the geographical indication in question, even where the true origin of the
good is indicated or the geographical indication is used in translation or accompanied by ex-
pressions such as "kind", "type", "style", "imitation" or the like."

하는 두부제품에 '초당'을 사용하는 행위가 부정경쟁방지 및 영업비밀보호에 관한 법률 제2조 제1호 (마)목에서 정한 상품의 생산, 제조, 가공 지역을 오인하게 한다고 하면서 출처지를 오인하게 하는 표지라 함은 "거래 상대방이 실제로 오인에 이를 것을 요하는 것이 아니라 일반적인 거래자 즉 평균인의 주의력을 기준으로 거래관념상 사실과 다르게 이해될 위험성이 있음을 뜻하며, 이러한 오인을 일으키는 표지에는 직접적으로 상품에 관하여 허위 표시를 하는 것은 물론, 간접적으로 상품에 관하여 위와 같은 오인을 일으킬만한 암시적인 표시를 하는 것도 포함된다."라고 판시하여 (마)목도 거짓의 원산지 표시를 하는 것을 포함하는 것처럼 판시하였다.19)

(2) 오인의 판단 주체 및 방법

오인의 판단 주체는 당해 상품의 주된 거래자이다. 따라서 당해 상품이 일반 소비자를 대상으로 판매되는 상품이라면 당연히 일반 소비자가 오인의 판단 주체이다.

오인의 판단방법은 상품의 외관이나 기타 표시 전체를 기준으로 하여야 하는 것이므로 예컨대 상품이나 포장의 구석에 실제 원산지를 표시한 경우에도 다른 표시로 인하여 거래자들이 원산지를 실제와 다르게 오인할 수 있다면 본호의 부정경쟁행위에 해당한다.20) 외관상 원산지를 실제와 다른 곳으로 오인할 염려가 있으면 족한 것이므로 실제로 거래자가 원산지를 오인하였음을 입증할 필요는 없다.21)

3. 상품 등에 표시

가. 상   품

'상품'이란 상품표지의 혼동초래행위에서와 같이 일반 소비자에게 제공되는 것에 국한되지 않고 업무용 상품과 중간재, 자본재, 부품 등 독립적·반복적 거래의 대상이 되는 것을 말하고, 후단의 '원산지'의 문구를 볼 때 부동산과 서비스업 등의 영업은 여기에 포함되지 않는다.

---

19) 대법원 2006. 1. 26. 선고 2004도5124 판결.

20) 위 대법원 2006. 1. 26. 선고 2004도5124 판결 참조.

21) 최정열/이규호, 앞의 책, 160.

나. 상품의 광고에 의하여 또는 공중이 알 수 있는 방법으로 행해진「거래
　　상의 서류 또는 통신」

(1) 광　고

'광고'란 넓은 의미에서 일반 공중에게 상품 등에 관하여 행해진 표시·선
전·주장 등 일체의 행위를 말하지만, 여기서는 거래(영업)의 목적 하에 행해진
광고로서, 그 상품에 대한 광고만을 의미하고, '또는 공중이 알 수 있는 방법'의
문구로 볼 때, 광고의 형태·매체 및 방법에 대하여는 제한이 없는 것으로 해석
된다. 따라서 신문·잡지 등에 문자 또는 화보로 광고하거나, TV 또는 라디오에
음성·음악·연기 또는 이들을 결합하여 광고하거나, 거리에서 전단지를 나누어
주거나 또는 구두로 광고하거나, 인터넷을 이용한 광고 등 일체의 행위가 포함
된다.

(2) 공중이 알 수 있는 방법으로

이 조문의 '공중이 알 수 있는 방법으로'란 표현은 마드리드협정 제3조의2
의 개정에 수반하여 삽입된 것이고 '홍보적 성격을 가진 (표시)'와 동의어다. 따
라서 이 용어의 의미에 따르면, 그 표시가 그 표현된 방법에 의하여 불특정다수
인이 알 수 있는 성격을 가진 것이다. 그리고 불특정다수인에는 일반공중뿐만
아니라 해당 상품의 수요자 및 거래관계자를 포함하는 것이다. 그런데 '거래상
의 서류 또는 통신'이란 문구 앞에 '공중이 알 수 있는 방법으로'란 수식어가
반드시 필요한지 여부는 의문이다. 우리나라와 대동소이한 조문을 가지고 있던
1993년 개정이전의 일본 부정경쟁방지법상 제1조 제1항 제3호 및 제4호상 '공
중이 알 수 있는 방법에 의하여'란 표현은 '거래상 서류 또는 통신'이란 표현과
의 관계에서 실질적 의미가 없다는 것을 이유로 1993년 개정 시에 모두 삭제되
었다.22) 왜냐하면 '거래상 서류 또는 통신'이란 용어 자체가 일반공중에 전파되
어 일반공중이 알 수 있는 성질을 가진 것을 의미하기에 '공중이 알 수 있는 방
법에 의하여'란 용어는 불필요한 수식어이었기 때문이었다.23)

(3) 거래상의 서류 또는 통신

'거래상의 서류 또는 통신'이란 용어는 마드리드협정 제3조의2에 규정된
'상업용 서신 또는 서류 그 밖의 상업용 통신'과 동의어24)이어서 영업거래상 이

22) 通産産業省知的財産政策室監修, 逐条解説不正競爭防止法, 有斐閣(1994), 59.

23) 山本庸行, 要說 不正競爭防止法(2006), 218.

24) 상품출처의 허위표시 방지에 관한 마드리드협정(Madrid Agreement for the Repression of

용되고 있는 소개장, 추천장, 주문서, 견적서, 송장, 납품서, 계산서, 청구서, 첨부허가서, 영수증 등의 일체의 서류를 비롯하여 영업상 서신, 전화, 전보, 텔렉스, PC통신 등 거래상 의사표시행위를 포함하는 일체의 통신형태를 이른다.[25]

'거래'란 영업목적을 가지고 상품을 판매·반포 또는 수입·수출하기 위하여 시장에 내놓는 행위를 말한다. 따라서 상품과 관련된 판매뿐만 아니라 임대·교환·전시 등도 포함되며, 영리성 유무 및 이윤획득 여부는 불문이다.

'서류 또는 통신'이란 그 광고에 의하여 또는 공중이 알 수 있는 방법으로 거짓의 원산지를 표시한 대상물을 말하며, '광고' 및 '공중이 알 수 있는 방법'의 문구로 볼 때, 거래(영업)의 목적 하에 행해진 그 상품에 대한 모든 서류와 통신의 의미로 해석된다.

4. 오인 표시 상품의 유통행위

본호의 경우에도 출처지 등에 관한 오인 표시를 한 경우뿐만 아니라 이러한 표시를 한 상품을 판매하는 등의 유통행위까지 부정경쟁행위로 규정하고 있다.

Ⅲ. 서비스에 유추적용할 수 있는지 여부

이 조문에서는 출처지 오인유발행위는 상품에만 적용되는 것으로 되어 있다. 입법론적으로 해결할 문제이기는 하지만, 이 조문을 서비스에도 유추적용하는 것이 타당하다고 생각한다. 이에 대한 보다 상세한 비교법적 분석은 원산지 거짓표시행위에 대한 해설 부분을 참고하면 된다.

〈이규호〉

False or Deceptive Indications of Source on Goods(1891년) 제3조의2 원문은 다음과 같다.

"The countries to which this Agreement applies also undertake to prohibit the use, in connection with the sale or display or offering for sale of any goods, of all indications in the nature of publicity capable of deceiving the public as to the source of the goods, and appearing on signs, advertisements, invoices, wine lists, business letters or papers, or any other commercial communication."

25) 山本庸行, 앞의 책, 225; 竹田稔, 知的財産權侵害要論(不正競爭編), 發明協會(2003), 198.

제2조(정의) 이 법에서 사용하는 용어의 뜻은 다음과 같다.
1. "부정경쟁행위"란 다음 각 목의 어느 하나에 해당하는 행위를 말한다.
   [(가)~(마)목은 앞에서 해설]
   바. 타인의 상품을 사칭(詐稱)하거나 상품 또는 그 광고에 상품의 품질, 내
      용, 제조방법, 용도 또는 수량을 오인하게 하는 선전 또는 표지를 하거
      나 이러한 방법이나 표지로써 상품을 판매·반포 또는 수입·수출하는
      행위

〈소 목 차〉

Ⅰ. 총   설
Ⅱ. 상품사칭행위
   1. 상품사칭행위의 의의
   2. 혼동야기행위와의 관계
   3. 이른바 '역사칭행위'의 문제
Ⅲ. 품질 등 오인야기행위

1. 서   언
2. 상품 또는 광고
3. 품질, 내용, 제조방법, 용도 또는
   수량
4. 오인하게 하는 선전 또는 표지

Ⅰ. 총   설

본 규정은, 타인의 상품을 사칭하거나 이러한 방법이나 표지로써 상품을 판매·반포 또는 수입·수출하는 행위(이하 '상품사칭행위'라고 한다)와, 상품 또는 그 광고에 상품의 품질·내용·제조방법·용도 또는 수량을 오인하게 하는 선전 또는 표지를 하거나 이러한 방법이나 표지로써 상품을 판매·반포 또는 수입·수출하는 행위(이하 '품질 등 오인야기행위'라고 한다)를 부정경쟁행위의 하나로 규율하고 있다. 본 규정은 (라)목 및 (마)목과 함께 수요자의 오인유발을 방지하기 위한 조항이라는 점에서, 출처에 관한 오인·혼동을 방지하고 경쟁자를 보호하기 위한 (가)목 내지 (다)목과 구별된다. 즉 본 규정은 건전한 거래질서 유지를 위해 소비자가 정확한 정보를 확보하도록 하여 공정한 경쟁질서 수립을 위한 규정이라고 할 수 있다.[1]

부정경쟁방지법 외에 표시·광고의 공정화에 관한 법률(이하 '표시광고법'이라고 한다) 제3조 제1항 제1호 및 제2호에서도 소비자 보호를 위해 허위·과장 또는 기만적인 표시·광고행위를 금지하고 있으나, 부정경쟁방지법은 금지청구

---

1) 부산지방법원 2016. 6. 30. 선고 2015노4546 판결.

및 손해배상청구 등 사법적 규제에 초점을 두고 있는 반면, 표시광고법은 시정조치 및 임시중지명령 등 공법적 규제에 초점을 두고 있다는 점에서 차이가 있다. 그 밖에 상품사칭행위 및 품질 등 오인야기행위는 경우에 따라 형법(제347조) 또는 경범죄처벌법(제3조 제2항 제2호)에 해당하여 처벌 대상이 될 수도 있으며, 상품의 종류에 따라서는 의료기기법(제24조 제1항 제1호, 제2항 제1호 및 제2호), 식품 등의 표시 · 광고에 관한 법률(제8조 제1항 제1호 내지 제5호), 화장품법(제13조 제1항) 등에 저촉될 수도 있다.2)

Ⅱ. 상품사칭행위

1. 상품사칭행위의 의의

상품사칭행위란 타인의 상품을 사칭하거나 이러한 방법이나 표지로써 상품을 판매 · 반포 또는 수입 · 수출하는 행위를 말한다. 여기서 '타인의 상품을 사칭'하는 행위란, 적극적으로 타인의 상품임을 알리는 행위(예컨대 "이 제품은 A사 제품입니다"라고 권유하는 경우)는 물론, 소극적으로 고객의 질문에 답변하는 행위(예컨대 "이 제품이 A사 제품입니까?"라는 질문에 "예, 그렇습니다."라고 응대하거나, "A사 제품이 어떤 것입니까?"라는 질문에 "이것이 A사 제품입니다."라고 대답하는 경우)도 포함한다. 설명의무에 위반하여 고객의 물음에 허위의 응답을 하는 경우도 여기에 해당할 수 있음은 물론이다.

상품사칭행위가 성립하기 위하여 반드시 주지 · 저명한 타인의 상품만을 사칭해야 하는 것은 아니다.3) 또한 타인의 '상품'을 사칭하여야 하므로, 자신의 '영업'을 타인의 영업으로 사칭하는 행위는 그것이 상품의 사칭에 이르지 않는 한 본 규정에 해당하지 않는다. 아울러 사칭으로 인해 상대방이 반드시 오인 · 혼동에 이르러야 하는 것은 아니고, 오인 · 혼동을 유발할 위험만 있으면 상품사칭행위가 성립한다고 해석된다. 다만 소비자들에게 자신의 상품이 타인의 상품과 다르다는 점을 밝혀 왔다는 등의 사정이 있는 경우에는 상품사칭행위가 성립하지 않는다.4)

---

2) 개별 사건들에서 본 규정이 문제된 행위유형에 관하여는, 박준우, 부정경쟁방지법상 타인상품사칭과 품질오인유발의 행위유형 검토―제2조 제1호 바목 관련 판례를 중심으로, 정보법학 제22권 제3호(2018), 6-29 참조.
3) 대법원 1995. 11. 7. 선고 94도3287 판결.
4) 서울중앙지방법원 2016. 9. 30. 선고 2015가합510981 판결.

2. 혼동야기행위와의 관계

타인의 주지·저명한 상호나 상표를 모용하여 타인의 상품을 사칭하는 경우, (가)목의 혼동야기행위가 성립하는 이외에 본 규정의 상품사칭행위도 성립하는가?

이에 대해 타인의 상호나 상표를 모용하여 상품제조자를 허위로 표시하거나 광고한 때에는 (가)목의 혼동야기행위뿐만 아니라 상품사칭행위도 성립한다는 견해[5]와, (가)목과의 관계상 상품사칭행위는 구두(oral)로 타인의 상품을 사칭하는 경우에만 성립한다고 해석하는 견해[6]가 있다. 그러나 본 규정을 (가)목과 별도로 규정하면서 특별히 주지·저명성 요건을 요구하고 있지 않은 현행법의 해석상, 상품사칭행위는 상품의 출처에 관한 오인·혼동행위가 아닌 상품 그 자체를 타인의 상품으로 사칭하는 행위를 의미한다고 해석하는 것이 타당하다.[7]

다만 상품사칭행위를 (가)목에서 규정하는 상품주체 혼동행위와 별도로 입법한 이유가 애매하고 이에 대해서는 형법·경범죄처벌법 등에 의한 규제가 가능하므로 입법론상 검토를 요하며, 해석론상 상품사칭행위를 상표법 제34조 제1항 제12호가 규정하는 공중기만상표에 해당하는 경우를 지칭하는 것으로 보아야 한다는 논의가 있다.[8] 이에 의하면, 위와 같이 해석하지 않는 경우 등록하지 않은 비주지 타인상표사용에 의한 사칭은 물론 국내에 전혀 알려져 있지 않은 외국 유명·무명상표의 사용에 의한 사칭의 경우까지도 본 규정에 해당하게 되어 부정경쟁행위의 범위가 지나치게 넓어지는 문제가 발생한다는 것이다.

3. 이른바 '역사칭행위'의 문제

본 규정의 상품사칭행위는 자신의 상품을 타인의 상품으로 사칭하는 경우를 의미하는바, 이와 반대로 타인의 상품을 자신의 상품이라고 사칭하는 경우를

---

5) 정호열, 부정경쟁방지법론, 삼지원(1993), 205.
6) 황의창·황광연, 부정경쟁방지 및 영업비밀보호법, 세창출판사(2009), 58.
7) 서울고등법원 2010. 8. 26. 선고 2009나122304 판결. 이 판결에서 법원은, 피고가 제작한 의류 홍보 카탈로그에 원고의 브랜드를 설명하는 문구를 기재하거나 피고가 국내 상표권자로부터 원고 표장과 유사한 표장에 관하여 사용권을 설정받아 이를 자신이 생산하는 의류에 사용한 경우, 이러한 행위들로 인해 피고 제품이 원고와 라이선스 계약 등 일정한 관련이 있는 것으로 오인이 야기되는 것은 별론으로, 피고가 생산하는 의류 자체를 원고가 생산하는 제품으로 사칭하였다고는 보기 어렵다고 판시하였다.
8) 송영식 외, 송영식 지적소유권법(하), 육법사(2013), 414.

일컬어 이른바 '역사칭행위(reverse passing-off)'라고 한다.

이러한 역사칭행위가 본 규정의 상품사칭행위에 해당하는지 여부와 관련하여 대법원은, 타인의 상품을 자기의 상품인 것처럼 팜플렛으로 인쇄하여 배포하였더라도 자기상품의 품질 등에 관하여 아무런 표시를 하지 않았다면 이는 상품사칭행위에 해당한다고 본 사례가 있다.9) 또한 하급심 판결례 중에도 ① 본 규정에서 '사칭'의 의미는 '자신이 제조한 상품을 타인이 제조한 상품인 것처럼 표시하여 판매하는 경우' 외에 '타인이 제조한 상품을 자신이 제조한 상품인 것처럼 표시하여 판매하는 경우'도 포함된다고 해석하는 것이 법률문언의 통상적인 의미를 벗어난 해석이라고 보기는 어려운 점, ② (가)목에서 '자신이 제조한 상품을 마치 타인이 제조한 상품인 것처럼 표시하여 판매'하는 것을 하나의 부정경쟁행위로 별도 규정하고 있어 본 규정의 '사칭'은 '타인이 제조한 상품을 자기 또는 제3자가 제조한 상품인 것처럼 표시하여 판매하는 경우'만을 의미하는 경우로 볼 수도 있는 점, ③ (가), (나)목에서 상품주체나 영업주체에 관한 혼동을 일으키는 행위를 규정하는 것 외에, (라) 내지 (바)목이 원산지나 출처지, 품질에 오인을 일으키는 행위를 규정하고 있는 것은 소비자가 정확한 정보를 확보하도록 하여 공정한 경쟁질서 수립을 위함이라는 점 등을 근거로, 본 규정에서 정한 '타인의 상품을 사칭'한 경우에는 '타인이 제조한 상품을 자신이 제조한 상품인 것처럼 표시하여 판매하는 경우'가 포함된다고 해석함이 상당하다고 본 사례가 있다.10)

그러나 본 규정은 '타인의 상품'을 사칭하는 행위만을 상품사칭행위로 규정하고 있을 뿐 '자신의 상품'을 사칭하는 행위에 관하여는 별도로 규율하지 않고 있다는 점 및 타인의 상품이 정상적으로 거래에 제공된 이상 이를 자신의 상품으로 사칭한다는 사정만으로는 그 타인에게 어떠한 손해가 발생한다고 보기 어렵다는 점 등에 비추어 보면, 위와 같은 역사칭행위로 인해 자신의 상품이 타인의 상품과 같은 품질의 것이라고 오인을 일으키는 등의 사정이 있는 경우 이를 후술하는 품질 등 오인야기행위에 해당한다고 볼 수 있음은 별론으로, 역사칭행위 그 자체를 본 규정의 상품사칭행위에 해당한다고 인정하는 데에는 신중을

---

9) 대법원 1989. 6. 27. 선고 87도1565 판결 및 대법원 2005. 9. 29. 선고 2005도5623 판결. 다만 이 경우 자기 상품의 품질 등에 관하여 아무런 표시를 하지 않았다면 그와 같은 행위가 품질 등 오인야기행위에 해당하는 것은 아니다(대법원 1989. 6. 27. 선고 87도1565 판결).

10) 부산지방법원 2016. 6. 30. 선고 2015노4546 판결.

기해야 할 것으로 생각한다.[11]

Ⅲ. 품질 등 오인야기행위

1. 서   언

품질 등 오인야기행위는 부정한 수요를 창출하기 위한 이른바 '부정 수요 조종행위'의 하나로서,[12] 허위·과장광고가 그 전형적인 예이다. 품질 등 오인야기행위의 의미에 관해 대법원은, "상품의 속성과 성분 등 품질, 급부의 내용, 제조가공방법, 효능과 사용방법 등의 용도 등에 관하여 일반 소비자로 하여금 오인을 일으키는 허위나 과장된 내용의 표지를 하거나 그러한 표지를 한 상품을 판매하는 등의 행위"를 말한다고 판시한 바 있다.[13] 나아가 상품의 제조원에 일정한 품질 관념이 화체되어 있어서 이를 표시하는 것이 상품의 수요자나 거래자 등이 속한 거래사회에서 그 상품의 품질에 대한 관념의 형성에 기여하는 경우에는, 허위로 이러한 제조원을 상품에 표시하거나 그러한 상품을 판매하는 등의 행위 역시 상품의 품질에 관하여 일반 소비자로 하여금 오인하게 할 우려가 있는 행위로서 품질 등 오인야기행위에 해당한다.[14]

이러한 품질 등 오인야기행위는 고객을 부정하게 획득하는 행위(unfair catching of customers)로서, 특정 경쟁자에 대한 부정경쟁행위라기보다는 정당하게 영업중인 경쟁자 전체로부터 고객 획득 기회를 박탈하여 시장 전체의 공정경쟁을 훼손하는 행위로 볼 수 있으며, 이 점에서 (라)목의 원산지 오인야기행위 및 (마)목의 생산지 등 오인야기행위와 함께 시장의 일반적 파괴를 초래하는 부정경쟁행위로 유형화할 수 있다.[15] 즉 본 규정에서 품질 등 오인야기행위를 부정경쟁행위로 규율하는 것은 부정경쟁방지법의 측면에서 소비자를 보호하기 위한 성격을 갖는다. 이처럼 본 규정의 직접적인 보호 대상은 동종 업계의 경쟁자가 아닌 일반 소비자이며, 따라서 타인의 상품 또는 오인을 야기하는 선전·

---

11) 최정열·이규호, 부정경쟁방지법—영업비밀보호법제 포함, 진원사(2022), 162도 본 규정에서 금지하는 행위는 '자신의 상품을 타인의 상품인 것처럼 사칭하여 소비자를 기망하는 행위'라고 보아야 하므로 '타인의 상품을 자신의 상품으로 판매하는 것과 다르다'는 취지로 설명한다.

12) 小野昌延 編著, 不正競爭防止法(上), 靑林書院(2007), 625(小松 집필부분).

13) 대법원 1992. 2. 29. 자 91마613 결정.

14) 대법원 2012. 6. 28. 선고 2010도14789 판결.

15) 小野昌延 編著, 앞의 책, 625(小松 집필부분).

표지가 반드시 주지·저명해야 함을 요건으로 하는 것은 아니다.16)

한편 원산지나 생산지 등의 오인을 야기하는 행위는 당해 원산지·생산지 등의 상품을 판매하는 경쟁자 집단에 대한 관계에서 소비자들로 하여금 혼동을 초래하는 행위라는 측면에서 넓은 의미로는 혼동야기행위의 일종으로 볼 수 있는 반면, 품질 등 오인야기행위는 극단적으로 경쟁자가 존재하지 않는 경우에도 당해 상품 자체에 관하여 소비자에게 잘못된 정보를 제공함으로써 성립할 수 있다는 점에서, 본 규정은 소비자의 이익 보호에 가장 충실한 규정으로서 소비자의 이익을 부정경쟁방지법의 전면에 내세운 규정이라고도 할 수 있다.

이처럼 품질 등 오인야기행위를 부정경쟁행위로 규제하는 일차적 목표가 소비자의 이익 보호에 있다고 보는 한, 품질 등 오인야기행위로 인해 손해를 입은 일반 소비자들에 대해서도 금지청구권 및 손해배상청구권의 행사를 인정하는 것이 바람직하다. 그러나 현행 부정경쟁방지법은 제4조 제1항에서 부정경쟁행위로 인하여 자신의 영업상 이익이 침해되거나 침해될 우려가 있는 자만을 금지청구권자로 한정하고 있고, 제5조에서 타인의 영업상 이익을 침해하여 손해를 입힌 경우에만 손해배상책임을 인정하고 있어, 사실상 일반 소비자들의 금지청구권 및 손해배상청구권 행사가 봉쇄되어 있는 실정이다. 입법론상 미국·독일 등의 경우와 같이 소비자 내지 소비자단체 등에도 권리를 행사할 수 있는 길을 열어주는 방안을 검토해 볼 필요가 있다.

2. 상품 또는 광고

품질 등 오인야기행위는 상품 또는 그 광고에 상품의 품질 등을 오인하게 하는 선전 또는 표지를 하는 경우에 성립한다. 따라서 단순히 타인이 생산·판매하는 상품과 동일한 형태의 상품을 제조·판매하는 행위는 여기에 해당하지 않는다.17)

본 규정의 광고는 영리적 목적을 가지고 상품에 관한 정보를 제공하는 행위를 의미하는바, 일반적으로 상업광고와 같은 의미로 이해할 수 있다.18) 공중

---

16) 대법원 1995. 11. 7. 선고 94도3287 판결.

17) 윤태식, 부정경쟁방지법, 박영사(2021), 150.

18) 하급심 판결례 중에는 본 규정의 '광고'를 '신문, 잡지, 라디오, 티브이, 인터넷 광고 또는 홈페이지, 실내·외의 광고물 등을 통해 영리 목적으로 도·소매업자 또는 소비자 등 불특정 다수의 거래자에 대해 상품에 대한 정보를 제공하는 행위'로 정의한 사례가 있다 (인천지방법원 2010. 6. 10. 선고 2010노456 판결). 박준우(주 2), 5에서 재인용.

을 대상으로 행해지는 이상, 그 주체나 방법·매체·형태 및 범위 등은 불문한
다. 엄밀한 의미에서 광고는 광고물(advertisement)과 광고활동(advertising)으로 구
별할 수 있으나, 본 규정의 해석에 있어서는 양자를 특별히 구별할 실익이 없다
고 본다.

　　일본 부정경쟁방지법이 '상품 또는 역무'에 관련된 광고에 의한 품질 등 오
인야기행위를 금지하고 있는 것[19]과 달리 본 규정은 '상품 또는 그 광고'에 의
한 품질 등 오인야기행위를 규제하고 있으므로, 영업에 관한 광고에는 그 품질
이나 내용 등을 오인하게 하는 선전·표지를 하는 경우에도 원칙적으로 품질 등
오인야기행위가 성립하지 않으며, 다만 영업에 관한 광고가 상품의 품질 등에
관하여 오인을 야기하는 경우에 본 규정이 적용될 수 있다. 이른바 기업 이미지
광고의 경우에도 그것이 직·간접적으로 특정 상품의 품질 등에 관한 오인을 야
기하는 한 본 규정이 적용될 여지가 있을 것이다.

　　한편 타인이 생산·판매하는 상품과 동일한 형태의 상품을 제조·판매하는
행위는 경우에 따라 (가)목 또는 (자)목의 부정경쟁행위에 해당할 수 있음은 별
론으로, 품질 등 오인야기행위에 해당한다고 볼 수는 없다.[20]

3. 품질, 내용, 제조방법, 용도 또는 수량

가. 품   질

　　품질이란 상품의 속성과 성분 등을 의미하는바, 상품의 품질을 오인하게 할
우려가 있다고 하기 위해서는 해당 표지에 의하여 수요자가 인식하는 상품과
현실로 그 표지가 사용되는 상품 사이에 일정한 경제적 견련관계 내지 부실(不
實) 관계, 예컨대 양자가 동일 계통에 속하는 상품이거나 재료, 용도, 외관, 제
법, 판매 등의 측면에서 계통을 같이 함으로써 그 상품의 특성에 관하여 거래상
오인을 가져올 정도의 관계가 인정되어야 하며, 그와 같은 우려가 있는지 여부
는 일반 수요자를 표준으로 거래사회의 통념에 따라 판단한다.[21]

　　품질에 관한 오인은 직접적으로 그 품질을 과장하거나 허위로 광고하는 경
우뿐만 아니라 간접적으로 연구소·실험실 등의 기관으로부터 보증을 받았다고
과장하거나 허위로 광고하는 경우에도 발생할 수 있다. 예컨대 저급품을 일급품

---

19) 일본 부정경쟁방지법 제2조 제1항 제20호.
20) 대법원 1992. 2. 29. 자 91마613 결정.
21) 윤태식(주 17), 151.

이라고 표시하거나, 중고품을 신품이라고 표시하거나,[22] 전문검사기관의 검사결과를 허위로 표시하는 경우가 그러하다. 그 밖에 자체 품질 검사기관이나 연구인력을 갖추고 있다고 허위 광고하는 경우나, 영업의 역사, 과거의 수요처, 현재의 판로, 제조에 관계하는 전문인력 등을 과장하거나 허위로 표시하는 경우에도 품질에 관한 오인이 발생할 수 있다.[23]

　　이와 관련하여 특허는 본래 상품의 품질을 보증하는 제도라고 보기 어렵지만, 일반적으로 특허제품은 기술적으로 우수한 품질을 지닌 상품이라고 인식될 수 있으므로, 특허를 받지 않았으면서도 특허를 받은 것처럼 표시를 하는 행위는 특허법상 허위표시의 죄(특허법 제228조, 제224조)를 구성하는 동시에 품질 등 오인야기행위에도 해당할 수 있다. 이와 마찬가지로 본래부터 품질을 보증하는 정부기관의 인증이 아니더라도, 전국적인 운동협회 등이 운동용품에 대하여 부여하는 인증은 일반 수요자들에게 품질에 대한 실질적인 보증의 효과를 줄 수 있어, 그 협회 등의 허락을 받지 아니하고 자신의 운동용품 등의 상품에 그 인증표지를 하는 행위는 품질 등 오인야기행위에 해당한다.[24] 그러나 실제로 기술자가 내한하여 기술지도를 하였고 합작투자계약 및 기술제공계약도 체결되었다면, 사실은 투자가 없었고 무상기술제공이기 때문에 당국의 인가를 받지 아니한 채 당해 상품에 기술제휴 표시를 하였더라도 이를 허위표지라고 할 수 없다.[25]

　　품질의 오인은 반드시 당해 상품 전부에 관하여 발생하여야 하는 것은 아니며, 상품을 구성하는 일부 재료에 한정되는 품질을 상품 전체에 관한 품질인 것처럼 표시하는 경우에도 본 규정이 적용될 수 있다.

　　상품의 제조원에 일정한 품질 관념이 화체되어 있어서 이를 표시하는 것이 상품의 수요자나 거래자 등이 속한 거래사회에서 상품의 품질에 대한 관념의 형성에 기여하는 경우에는, 허위로 이러한 제조원을 상품에 표시하거나 그러한 상품을 판매하는 등의 행위도 상품의 품질에 관하여 일반 소비자로 하여금 오인하게 할 우려가 있는 행위에 해당한다.[26]

---

22) 허위 표시를 한 상품을 신품으로 오인될 장소에 진열할 필요까지는 없다(대법원 1977.
　　10. 11. 선고 77도1303 판결).
23) 윤태식(주 17), 151.
24) 대법원 2007. 10. 26. 자 2005마977 결정.
25) 대법원 1978. 7. 25. 선고 77도3513 판결.
26) 대법원 2012. 6. 28. 선고 2010도14789 판결.

나. 내 용

상품의 내용이란 급부의 내용을 의미하는바, 넓은 의미로는 품질, 제조방법, 용도 및 수량을 포함하는 개념이라고 볼 수 있다. 다만 본 규정은 품질, 제조방법, 용도 및 수량을 내용과 구별하고 있으나, 특히 품질의 경우에는 내용과 엄밀히 구별하는 것이 쉽지 않을뿐더러 양자를 구별해야 할 실익도 크지 않다. 상품의 본래적 효용에 직접 영향을 미치는 사항뿐만 아니라, 보증 또는 고객지원의 내용과 기간 등과 같은 부대조건도 상품의 내용에 포함될 수 있다.

이와 관련하여 부정한 할인판매, 경품판매, 현상판매 기타 사행조건부 판매와 같은 이른바 가격사기(Preistauschung)가 상품의 내용을 오인하게 하는 행위에 해당하는지 문제된다. 예컨대 실제 정가는 1,000원인데 "정가 2,000원, 세일가격 600원"이라는 식으로 표시하여 판매하는 경우로서, 소비자로 하여금 진정한 가격이나 상품의 혜택 등에 관해 착오에 빠지도록 하는 등의 경우에는 상품의 내용을 오인하게 하는 행위에 해당한다고 볼 수 있을 것이다.

한편 상품에 특정한 유형, 양식 등을 나타내는 용어를 사용하여 광고하는 경우 본 규정이 적용될 수 있는지도 문제될 수 있다. 이에 대해, 부정경쟁방지법 제3조의2 제1항 제3호 외에는 "종류", "유형", "양식" 또는 "모조품" 등의 표현을 사용하는 행위를 명시적으로 금지하는 규정이 없으므로 위와 같은 광고행위에 대해 본 규정이 적용되지 않는다고 볼 여지가 있으나, 그렇다고 하더라도 그와 같은 표시로 인해 급부의 내용에 대한 오인을 불러일으킬 수 있다면 본 규정이 적용될 수 있다는 견해가 있다.[27]

다. 제조방법

제조방법은 상품을 제조하는 방법으로서, 가공방법을 포함한다. 일반적으로 제조방법을 오인하게 하는 경우 이외에도, 시설·공작기계·공정 등의 제조과정과 직·간접적으로 관련된 사실을 오인하게 하거나, 제품검사·품질관리 등의 방법에 관하여 오인을 유발하는 경우도 여기에 해당한다. 예컨대 공장에서 대량생산된 상품을 수제품으로 표시하거나, 재래식 시설에서 만들어진 상품을 최첨단 자동화 시스템에 의해 생산된 것처럼 광고하는 경우가 그러하다. 제조방법에 관한 오인을 유발하는 경우에는 대부분 상품의 품질과 내용에 관한 오인도 함께 야기할 것인데, 이를 엄격히 구별할 실익은 없다.

---

27) 윤태식(주 17), 153.

라. 용   도

용도는 상품의 효능과 사용방법을 말한다. 예컨대 일반 식품에 의약품으로
서의 효능이 있다고 표시하거나 예방약에 치료 효능이 있는 것처럼 선전을 하
는 경우 용도에 관한 오인을 유발하게 된다.

마. 수   량

수량은 상품의 수량, 무게 또는 부피 등을 의미한다. 통상적으로 상품의 가
격은 일정 수량을 단위로 결정되므로, 상품의 무게나 양을 사실과 다르게 표시
하거나 거래단위의 수량을 줄여서 판매하는 경우 수량에 관한 오인을 유발함으
로써 소비자에게 손해를 발생시키는 결과가 된다. 상품의 수량이 명시되어 있는
경우에는 오인을 유발하는지 여부를 비교적 쉽게 판단할 수 있으나, 수량이 명
시되어 있지 않고 단지 상품의 크기나 내용에 비해 그 포장이 지나치게 과대한
경우에는 그것이 수량에 관한 오인을 유발하는지 여부를 판단하기 어려운 문제
가 있는데, 표준적인 상품을 기준으로 판단해야 할 것이다.28) 그 밖에 거래 대상
이 아닌 동종 상품의 재고량을 실제보다 적게 또는 과다하게 표시함으로써 소비
자를 오인하게 하여 유인하는 경우에도 본 규정에 해당한다는 견해가 있다.29)

4. 오인하게 하는 선전 또는 표지

'상품에 그 상품의 품질 등을 오인하게 하는 표지를 하거나 이러한 표지를 한
상품을 판매 등을 하는 행위'란 상품의 품질 등에 관하여 일반 소비자로 하여금
오인하게 하는 허위나 과장된 내용의 표지를 하거나 그러한 표지를 한 상품을 판
매하는 등의 행위를 말한다.30) 즉 상품의 품질 등에 오인을 일으키게 하는 선전
또는 표지는 반드시 허위의 표시에 한정되는 것은 아니고 과장 내지 과대표시도
포함한다. 품질 등 오인야기행위가 성립하기 위해서는 실제로 오인이 발생하여야
하는 것은 아니고 일반 소비자로 하여금 오인하게 할 우려가 있으면 족하다.31)

다만 광고는 본질적으로 자기 상품의 판촉을 위한 것이라는 점에서 불리한

28) 송영식 외(주 8), 416.
29) 윤선희 · 김지영, 부정경쟁방지법, 법문사(2012), 162.
30) 대법원 1992. 2. 29. 자 91마613 결정; 대법원 2012. 6. 28. 선고 2010도14789 판결.
31) 이와 관련하여, 본 규정이 '수요자 보호'라는 공익 목적을 가지고 있는 점을 고려할 때,
    오인하게 하는 대상을 반드시 최종수요자로 한정할 필요는 없고, 최종수요자의 구매에 실
    질적으로 영향을 미치는 자도 그 대상에 포함시켜 품질 등에 오인을 일으키는지 여부를
    판단하는 것이 적절하다는 견해도 제시되고 있다. 박준우(주 2), 29.

조건이나 상태를 사실대로 드러내기보다는 다소간의 과장이나 허위가 수반되는 경우가 오히려 일반적이다. 따라서 광고로 인해 품질 등 오인야기행위가 성립하려면 일반 상거래의 관행과 신의칙에 비추어 용인될 수 있을 정도의 과장이나 허위만으로는 부족하고, 그로 인해 시장 전체의 공정한 경쟁이 저해될 우려가 있는 정도에 이르러야 한다. 이와 관련하여, 허위의 선전 또는 표지라고 하더라도 수요자의 구매 결정에 영향을 미치지 않는 것임이 명백하면 본 규정에 해당하지 않는다는 취지에서, 본 규정의 "오인하게 하는" 부분은 '수요자의 구매 결정에 영향을 미칠 정도로 오인하게 하는'의 의미로 한정 해석하여야 한다고 설명하기도 한다.32)

　　하급심 판결례 중에는 피고인이 자신의 홈페이지 고객상담실 게시판에 자신을 '리프리놀' 원료 수입업체인 것처럼 표시하고 '리프놀' 제품에 '리프리놀' 성분이 포함되어 있다는 취지의 설명을 게시한 사안에서, 이러한 피고인의 고객답변 취지는 제품의 성분·특성을 묻는 고객의 질문에 대하여 편의상 홍합추출물 성분을 '리프리놀'이라고 표현하였음에 불과하다는 등의 이유로, 피고인의 행위가 '리프놀' 제품의 품질·내용 등에 오인을 유발하는 내용이 아니라고 판단한 사례가 있다.33) 또한 식품제조가공업 영업신고를 하지 않은 피고인이 식품을 제조하여 제조원을 허위로 표시한 후 대형마트에 납품한 사안에서, 제조원 표시는 본 규정상 상품의 제조방법에 관한 표시로서 이를 허위로 표시한 피고인의 행위는 품질 등을 오인하게 하는 선전 또는 표지를 하는 행위에 해당한다고 판단한 사례도 있다.34)

　　한편 앞서 상품사칭행위와 관련하여 언급한 것과 같이, 대법원은 타인의 상품을 자기의 상품인 것처럼 팜플렛으로 인쇄하여 배포한 경우 자기상품의 품질 등에 관하여 아무런 표시를 하지 않았다면 이는 상품사칭행위에 해당할 뿐 품질 등 오인야기행위에 해당하지 않는다고 본 사례가 있으나,35) 이와 같은 역사칭행위로 인해 자신의 상품이 타인의 상품과 같은 품질의 것이라고 오인을 일으키는 등의 사정이 있는 경우에는 품질 등 오인야기행위에 해당한다고 볼 수 있을 것이다.

〈송재섭〉

---

32) 윤선희·김지영(주 29), 163.
33) 서울중앙지방법원 2008. 5. 2. 선고 2008노714 판결.
34) 서울중앙지방법원 2010. 10. 22. 선고 2010노2630 판결.
35) 대법원 1989. 6. 27. 선고 87도1565 판결.

> 제2조(정의) 이 법에서 사용하는 용어의 뜻은 다음과 같다.
> 1. "부정경쟁행위"란 다음 각목의 어느 하나에 해당하는 행위를 말한다.
>   [(가)~(바)목은 앞에서 해설]
>   사. 다음의 어느 하나의 나라에 등록된 상표 또는 이와 유사한 상표에 관한 권리를 가진 자의 대리인이나 대표자 또는 그 행위일 전 1년 이내에 대리인이나 대표자이었던 자가 정당한 사유 없이 해당 상표를 그 상표의 지정상품과 동일하거나 유사한 상품에 사용하거나 그 상표를 사용한 상품을 판매·반포 또는 수입·수출하는 행위
>   (1) 「공업소유권의 보호를 위한 파리협약」(이하 "파리협약"이라 한다) 당사국
>   (2) 세계무역기구 회원국
>   (3) 「상표법 조약」의 체약국

본 규정은 2001년 개정법(법률 제6421호, 2001. 2. 3.)에서 파리협약 제6조의7 제2항의 내용을 수용하여 추가된 부정경쟁행위 유형이다. 1961년 제정법(법률 제911호, 1961. 12. 30.)에는 부정경쟁행위의 유형 중 상표에 관한 권리를 가진 자의 대리인이나 대표자에 의한 사용행위 관련 규정이 별도로 존재하지 않았으나, WTO 지식재산권협정(TRIPs)과 상표법조약(Trademark Law Treaty)에서 파리협약 이행의무를 부여하고 있는 점을 감안하여 부정경쟁행위 유형에 본 규정이 추가되었다. 종래 상표법에는 권한이 없는 자의 상표출원과 등록을 방지하는 규정을 두고 있었으나(상표법 제34조 제1항 제21호), 대리인 등이 상표권자의 허락 없이 등록상표를 사용하는 행위를 금지하는 규정은 별도로 없었던바, 2001년 개정 부정경쟁방지법에서 그 내용을 반영한 것이다.

본 규정은 국세성을 가진 상표의 내리인 또는 내표사이시나 내리인 또는 대표자였던 자가 정당한 사유 없이 무단으로 등록된 상표를 사용하는 행위를 금지하는 규정이다. 등록된 상표에 관한 상표권은 등록된 국가에만 그 효력이 미치는 것이 원칙이지만, 본 규정은 등록된 상표의 효력 범위를 확대하여 국제적인 부정경쟁을 방지하기 위한 것으로서, 상표에 관한 권리자와 대리인 또는 대표자 사이의 신뢰관계 파괴를 방지하고자 과거 대리인 또는 대표자에 있던 자의 행위를 규제하고 있는 것이다.[1]

---

1) 서울고등법원 2011. 10. 27. 자 2011라1080 결정.

본 규정에 의해 보호되는 상표는 파리협약 당사국, 세계무역기구 회원국 또
는 상표법조약의 체약국에 등록된 상표이다. 따라서 예컨대 미국에서 등록상표
권을 가지는 자는 우리나라에서 등록상표권을 갖지 않고 또한 그 상표가 우리
나라에서 주지성을 취득하지 않더라도 그 대리인이 우리나라에서 무단으로 당
해 상표를 그 상표의 지정상품과 동일하거나 이와 유사한 상품에 사용하거나
그 상표를 사용한 상품을 판매·반포 또는 수입·수출할 경우, 이를 금지할 수
있고 손해배상도 청구할 수 있다.[2] 다만 '등록'된 상표 또는 이와 유사한 상표
에 관한 권리여야 하므로, 비록 위 국가들에서 주지·저명하더라도 등록되어 있
지 않은 상표를 사용한 경우에는 (해당 국가에서 등록되지 않은 주지·저명상표에
대해 등록된 상표와 동일한 정도의 보호가 이루어지지 않는 이상) 본 규정이 적용되
지 않는다.[3] 만일 등록상표권자가 우리나라에서 당해 상표를 상품표지 또는 영
업표지로 사용하여 주지·저명성을 획득한 경우라면, 대리인 등의 무단사용행위
에 대해서는 본 규정 이외에 (가)목과 (나)목도 적용될 수 있다.

본 규정의 취지상 '대리인 또는 대표자'는 반드시 법률상의 대리권 또는 대
표권이 있는 자로 제한하여 해석할 것은 아니고, 대리점, 특약점, 위탁판매업자,
총대리점 등 널리 해외에 있는 수입선(輸入先)인 상표소유권자의 상품을 수입하
여 판매·광고하는 자를 가리키며,[4] 상표소유권자가 국내에서 등록한 상표에 대
한 통상사용권만을 가진 자는 특단의 사정이 없는 한 본 규정에서 말하는 '대리
인 또는 대표자'에 해당하지 않는다고 해석된다.[5]

한편 본 규정의 '정당한 사유'와 관련하여, 본 규정이 상표권자와 대리인
또는 대표자 사이의 신뢰관계에 기초한 신의칙상 의무에 터잡은 것이라는 점에
서, 당사자 사이의 신뢰관계를 해치지 않거나 신의칙상 의무를 인정할 필요가
없는 특수한 사정이 있는 경우에 '정당한 사유'가 인정된다고 할 수 있다.[6] 따
라서, 예컨대 상표소유권자가 우리나라 내에서 등록상표에 관한 권리를 포기하
였거나, 권리취득의 의사가 없다는 점에 관하여 대리인 등에게 신뢰를 부여한

---

2) 송영식 외 6인 공저, 송영식 지적소유권법, 육법사(2013), 417.
3) 일본 부정경쟁방지법의 경우 '상표에 관한 권리를 보유한 자의 대리인 또는 대표자'라고
  만 규정하고 있기 때문에(일본 부정경쟁방지법 제2조 제1항 제15호), 미등록 상표를 사용
  한 경우에도 대리인 등의 상표모용행위가 성립하는 것으로 해석되고 있다[小野昌延 編著,
  新·注解 不正競爭防止法(上), 青林書院(2007), 739(茶園 집필부분)].
4) 대법원 2013. 2. 28. 선고 2011후1289 판결.
5) 특허법원 2001. 11. 30. 선고 2001허2269 판결.
6) 최정열·이규호, 부정경쟁방지법 — 영업비밀보호법제 포함, 진원사(2022), 173.

경우에는 정당한 사유가 있다고 볼 수 있다. 다만 단순히 상표소유권자가 우리나라에서의 권리취득에 무관심하다는 사정만으로는 정당한 사유가 인정되기 어려울 것이다. 그리고 대리인 등이 사용하는 상표가 상표에 관한 권리자의 상품표지로서 수요자에게 인식되어 있는 경우에는 대리인 등의 상표 사용을 허용할 필요가 없으므로, 해당 상표에 관해 대리인 등의 독자적인 신용이 형성되어 있어 그러한 상표를 사용할 필요가 있다거나 또는 대리인 등의 사용이 사회적으로 시인될 수 있는 이익이 인정될 수 있어야 정당한 사유가 인정될 수 있다.7) 그 밖에 대리인 등이 상표소유권자로부터 대리권 또는 대표권을 부여받기 이전부터 선의로 당해 상표를 자기의 상품표지로 사용하였다는 사정이 있다고 하더라도, 일단 대리권 또는 대표권 부여를 통해 특별한 신뢰관계가 형성된 이상, 그와 같은 과거의 사정만으로는 신뢰관계가 소멸된 이후에까지 대리인 등이 등록상표를 계속 사용해야 할 정당한 사유가 인정된다고 보기는 어려울 것이다. 이와 같은 정당한 사유의 존재 여부에 대한 주장·증명책임은, 일체의 정당한 사유가 부존재한다는 점을 증명하기란 사실상 불가능하다는 점 및 정당한 사유를 뒷받침할 수 있는 구체적인 자료들은 대리인 등의 지배하에 있을 것이라는 점 등을 고려할 때, 상표를 사용한 대리인 등에게 있다고 보아야 한다.

  본 규정은 '그 행위일 전 1년 이내'에 대리인이나 대표자의 관계가 있었던 경우에만 적용되고, 그와 같은 관계가 종료한 지 1년이 경과한 경우에는 적용되지 않는다. 이는 대리인 또는 대표자의 관계가 종료된 이후에도 과도하게 장기간 그들의 사업활동을 구속하는 것이 가혹하다는 취지에서 둔 제한이라고 할 수 있다.8) 따라서 본 규정에서 말하는 '행위일'은 부정경쟁행위의 판단을 요하는 개개의 행위가 '시작된 날'이 아닌 실제 그 행위가 '행해진 날'을 의미한다고 봄이 상당하다.9) 이러한 시간적 제한으로 인해 본 규정 위반을 이유로 하는 장래의 부정경쟁행위에 대한 금지청구는 허용되지 않거나 매우 제한적으로 허용될 가능성이 높다.10)

〈송재섭〉

---

  7) 윤태식, 부정경쟁방지법, 박영사(2021), 162.
  8) 서울고등법원 2011. 10. 27. 자 2011라1080 결정.
  9) 서울고등법원 2011. 10. 27. 자 2011라1080 결정.
 10) 최정열·이규호, 부정경쟁방지법—영업비밀보호법제 포함, 진원사(2022), 173.

제2조(정의) 이 법에서 사용하는 용어의 뜻은 다음과 같다.
1. "부정경쟁행위"란 다음 각 목의 어느 하나에 해당하는 행위를 말한다.
[(가)~(사)목은 앞에서 해설]
아. 정당한 권원이 없는 자가 다음의 어느 하나의 목적으로 국내에 널리 인식된 타인의 성명, 상호, 상표 그 밖의 표지와 동일하거나 유사한 도메인이름을 등록·보유·이전 또는 사용하는 행위
(1) 상표 등 표지에 대하여 정당한 권원이 있는 자 또는 제3자에게 판매하거나 대여할 목적
(2) 정당한 권원이 있는 자의 도메인이름의 등록 및 사용을 방해할 목적
(3) 그 밖에 상업적 이익을 얻을 목적

〈소 목 차〉

Ⅰ. 본 규정의 의의
1. 본 규정이 신설된 경위
2. 본 규정이 가지는 의미
3. 본 규정과 인터넷주소자원에 관한 법률 제12조의 비교
Ⅱ. 본 규정의 적용요건
1. 도메인이름 등록인이 '정당한 권원이 없는 자'이어야 한다.
2. 도메인이름 등록인에게 '부정한 목적'이 있어야 한다.
3. '국내에 널리 인식된 타인의 성명, 상호, 상표, 그 밖의 표지와 동일하거나 유사한 도메인이름을 등록·보유·이전 또는 사용하는 행위'
4. 본 규정 신설 이전에 등록된 도메인이름에 대해서도 본 규정이 적용될 수 있는지 여부
5. 도메인이름 등록이전청구권을 포기했다고 볼 수 있는지 여부 및 소멸시효의 기산점
Ⅲ. 본 규정의 효과
1. 사용금지 및 등록말소
2. 등록이전을 청구할 수 없음에 따른 문제점
Ⅳ. 여 론
1. 도메인이름 분쟁의 국제재판관할과 관련하여
2. 도메인이름 분쟁에 대한 준거법

Ⅰ. 본 규정의 의의

1. 본 규정이 신설된 경위

가. 도메인이름이 상표권을 침해한다고 인정하기가 쉽지 않다.

도메인이름이 타인의 상표권·서비스표권을 침해하였다고 하기 위해서는,

① 도메인이름과 동일, 유사하다고 주장되는 상표·서비스표가「등록상표·서비스표」이어야 하고, ② 도메인이름이 그 등록상표·서비스표와「동일·유사」하여야 하며,1) ③ 도메인이름의 웹사이트에서 제공되는 상품·서비스업이 등록상표·서비스표의「지정상품·서비스업과 동일, 유사」하여야 하고, ④ 도메인이름을 웹사이트의 주소로 사용하는 행위가 상표·서비스표의「사용」2)에 해당하여야 한다.

  위 요건 중 상표권(서비스표권을 포함한다. 이하 같다) 침해를 인정함에 가장 걸림돌이 되는 것은 ④이다. 우선 도메인이름을 등록만 하고 그 도메인이름으로 웹사이트조차 개설하지 않은 경우에는 상표적 사용이 있다고 할 수 없다.3)4) 도메인이름으로 웹사이트를 개설한 경우라도 상표(서비스표를 포함한다. 이하 같다)와 동일·유사한 문자를 도메인이름으로 사용하는 것이 언제나 상표적 사용에 해당한다고는 할 수 없고 상표적 사용에 해당하는 경우도 있을 수 있다는 의미라고 보아야 한다. 따라서 도메인이름의 사용이 상표적 사용에 해당하는지 여부는 당해 도메인이름이 사용되고 있는 상황이나 웹사이트에 표시된 홈페이지 상의 구성 전체에서 도메인이름이 수행하는 기능을 종합적으로 판단하여 결정하여야 할 것이므로,5) 사안별로 구체적으로 판단함이 상당하다.6) 도메인이름의

---

1) 졸고, 도메인이름 사용과 법적 문제, 인터넷과 법률 Ⅲ(남효순 편)(2010. 9), 법문사, 385-393 참조.

2) 상표법상 '상표의 사용'이라 함은 상표법 제2조 제1항 제11호 각 목 소정의 행위를 의미하는 바, 어떤 표지의 사용이 여기에 해당하기 위해서는 사회통념상 수요자에게 상품의 출처를 표시하고 자기의 업무에 관계된 상품과 타인의 업무에 관계된 상품을 구별하는 식별표지로 기능하고 있어야 하며, 이러한 법리는 구 상표법 제2조 제3항에 의하여 서비스표의 경우에도 마찬가지로 적용된다고 할 것이다[대법원 2007. 10. 12. 선고 2007다31174 판결(한글인터넷주소 파출박사 사건)].

3) 서울고등법원 2001. 7. 4. 자 2000라452 결정(GRAMMY.CO.KR, GRAMMYAWARD. CO.KR 사건).

4) 이러한 도메인이름의 등록인이 상표법 제65조 제1항의 '권리를「침해할 우려」가 있는 자'에 해당하는 것은 아닌가 하는 의문이 있을 수 있으나, 위 규정에서 말하는「침해할 우려」는 객관적으로 존재하여야 하고 침해가능성이 매우 큰 경우이어야 하는바, 단순히 타인의 등록상표와 동일, 유사한 도메인이름을 선점하고 있다는 이유만으로 반드시 상표권을 침해하는 방법으로 사용할 것이라고 단정할 수는 없다.

5) 이상정, "도메인네임과 상표권(2)", 발명특허 2000. 10.(294호), 40; 노태악, "도메인이름 분쟁해결에 관한 국내법의 정비와 최근 법원 판결의 경향에 관한 몇 가지 생각", 도메인이름분쟁해결에 관한 WIPO의 최근 경향과 국내법의 정비(도메인이름분쟁조정위원회 제4차 국제세미나, 2004. 4. 16), 85.

6) 미국에서도 단순히 도메인이름을 부당 선점하고 있거나 인터넷사이트를 특정하기 위해 도메인이름을 활용하는 행동은 상표의 사용이 아니라고 한다. 하지만 도메인이름이 쓰인 해당 웹사이트의 내용과 결합하여 예외적으로 상표로서 기능할 수 있다는 해석이 지배적

본래적 기능 즉 숫자로만 이루어져 있던 인터넷 주소를 사람들이 인식, 기억하기 쉽게 숫자·문자·기호 또는 이들을 결합하여 사용하기 시작한 것으로서 원래 상표나 영업표지로 사용될 것을 예정한 것은 아니라는 사정에 비추어 볼 때, 특정한 상표와 유사한 도메인이름을 등록하고 그 도메인이름 아래 개설한 웹사이트에서 영업을 하고 있다는 사정만으로 곧바로 상표로서의 사용이라고 인정하는 것은 피해야 한다.[7)8)]

대법원 2008. 9. 25. 선고 2006다51577 판결(한글인터넷주소 장수온돌 사건) 및 대법원 2011. 8. 25. 선고 2010도7088 판결(mahamall.com 등 사건)[9)]도, 도메인이름의 사용태양 및 그 도메인이름으로 연결되는 웹사이트 화면의 표시 내용 등을 전체적으로 고려하여 도메인이름이 거래통념상 상품의 출처를 표시하고 자기의 업무에 관계된 상품과 타인의 업무에 관계된 상품을 구별하는 식별표지로 기능하고 있을 때에는 '상표의 사용'으로 볼 수 있고, 이러한 법리는 상표법 제2조 제3항(2016. 2. 29. 법률 제14033호로 전부개정되기 전의 구 상표법 제2조 제3항을 말한다)에 의하여 서비스표의 경우에도 마찬가지로 적용된다고 판시하였다.

이와 같이 도메인이름의 사용이 상표의 사용이 되기 위해서는, 당해 도메인이름의 웹사이트 상에 상품·서비스가 존재하여야 하고, 도메인이름이 그 상품·서비스를 식별하는 표지로서 기능하여야 할 것이다. 도메인이름이 상품·서

이다. 만일 도메인이름을 쓰고 있는 웹사이트 상에서 회계법인 또는 레스토랑 체인을 운영하고 있다면 그 웹사이트는 그런 거래에 대한 광고에 해당할 것이어서 결국 도메인이름도 상표에 해당할 수 있다고 한다[박준석, 인터넷상에서 '상표의 사용' 개념 및 그 지위(Ⅲ), 사법 16호(2011. 6), 사법발전재단, 11].

7) 강기중, "도메인이름에 관한 2개의 판례 비교 해설", 정보법학 제8권 제2호(2004), 121.

8) 박준석 교수는 앞의 글 36-37에서, 상표의 사용에 해당하는지 여부를 지나치게 강조하는 것은 정작 가장 중요한 혼동가능성 판단을 무의미하게 하거나 개념상 혼란을 자초한다고 주장한다.

9) 이 판결은, 이 사건 도메인이름 mahamall.com은 '사찰넷' 웹사이트에 접속하는 단계에서 웹브라우저의 주소창에 입력하는 순간에만 잠시 나타나 있다가 '사찰넷' 웹사이트로 연결되는 과정에서 사라져버리고, 나아가 '사찰몰' 웹사이트에 접속하기 위해서는 '사찰넷' 홈페이지의 링크 부분을 다시 클릭해야 하며, 이에 따라 '사찰넷'과 '사찰몰' 웹사이트의 주소창에는 각각의 도메인이름인 'www.sachal.net'과 'www.sachalmall.com'이 표시될 뿐 이 사건 도메인이름은 나타나지 아니하는 반면, 각 웹사이트의 화면 좌측 상단에는 "사찰넷" 과 "사찰몰"로 된 표장이 별도로 표시되어 피고인이 제공하는 불교용품 판매업 등 서비스업의 출처를 표시하는 기능을 하고 있으므로 이 사건 도메인이름이 서비스업의 출처표시로 기능하고 있다고 보기 어렵고, 따라서 이 사건 도메인이름은 상표법상 서비스표로 사용되었다고 할 수 없어 등록서비스표 마 하 및 마하몰 MAHAMALL 의 서비스표권을 침해하였다고 할 수 없다고 하였다.

비스의 식별표지로서 기능하는지 여부를 판단함에 있어서는 웹사이트의 콘텐츠 내에 도메인이름 외에 달리 상품·서비스를 식별하는 표지가 존재하는지 여부,[10] 당해 도메인이름이 실제의 거래에서 활용, 인식되는 상황이 참작되어야 할 것이다.[11]

도메인이름이 상표적으로 사용된 것이 아니라고 한 대표적인 판결로는 rolls-royce.co.kr에 관한 부산고등법원 2001. 7. 27. 선고 2000나13078 판결을 들수 있는데, 위 판결은, "피고 등이 운용하는 이 사건 홈페이지에서 원고가 등록한 상표권의 지정상품과 동일 또는 유사한 상품을 취급하거나, 원고의 등록서비스표의 지정서비스업과 동일, 유사한 영업을 취급한 사실이 전혀 없으므로 피고 등이 이 사건 홈페이지를 통해 원고의 이 사건 상표권을 침해하였거나 침해할 우려가 있다고 볼 수 없다" 하면서 (   ) 안에서 "원고는 이 사건 상표를 도메인이름으로 사용하는 행위는 상표법 제2조 제1항 제6호 (다)목에서 규정하는 '간판 또는 표찰에 상표를 전시 또는 반포하는 행위'에 해당한다고 주장하나 인터넷상의 주소를 나타내는 도메인이름은 위 법조에서 말하는 간판 또는 표찰에 해당한다고 볼 수 없으므로 원고의 위 주장은 이유 없다"는 판단을 부가하고 있는바, 이에 대한 상고심인 대법원 2004. 2. 13. 선고 2001다57709 판결은 원심의 위와 같은 인정과 판단은 정당하다고 하였다.[12]

그리고 앞에서 본 mahamall.com 등에 관한 대법원 2011. 8. 25. 선고 2010

10) 권영준, "도메인네임에 관한 지적재산권 법적문제점", 사법논집 제31집(2000), 316은, 대부분의 전자상거래 웹사이트에서는 각각의 상품에 이미 그 상품을 식별하기 위한 표지가 부착되어 있을 것이므로 이러한 경우에 도메인이름은 상품식별표지로서 기능하는 것이 아니고, 다만 서비스는 그 무형적인 속성 때문에 인터넷에서 행해지는 서비스를 특정하기 위한 표지가 도메인이름 이외에는 달리 없을 가능성이 상표의 경우에 비하여 더 많을 것이고, 그러한 면에서 서비스표의 경우는 상표의 경우에 비하여 도메인이름의 사용이 서비스표의 사용으로 취급될 가능성이 상대적으로 높다고 한다.

11) 권영준, 앞의 글, 318은 도메인이름이 광고·선전적 기능을 수행한다고 하여 더 나아가 상품출처표시로서의 기능까지 당연히 수행한다고는 볼 수 없는 점, 현실적으로 대부분의 경우에 있어서 도메인이름 이외에 별도로 상품이나 서비스의 식별표지가 존재할 것이라는 점 등을 종합하여 볼 때, 등록상표의 도메인이름으로서의 사용이 상표의 사용에 해당한다고 볼 수 있는 경우는 그리 많지 않을 것이라고 한다.

12) 위 판결에 대하여는 비판하는 견해도 있지만 위 사안의 경우에는 도메인이름이 상표법상 상표(서비스표)로서 사용되었다고 할 수 없으므로 위 판결의 판단은 정당하다. 그렇다 하더라도 위 판결의 취지를, 도메인이름을 사용하는 행위는 언제나 '간판 또는 표찰에 상표를 전시 또는 반포하는 행위'에 해당할 수 없다는 의미로까지 해석할 것은 아니고, 앞에서 설명한 견해와 같은 입장이라고 생각한다. 즉 사안에 따라서는 도메인이름의 등록·사용은 상품이나 서비스의 출처를 표시한다는 의미에서 구 상표법 제2조 제1항 제6호 (다)목의 광고, 간판, 표찰에 상표를 표시하는 행위에 해당하여 상표의 사용이라고 할 수도 있다.

도7088 판결, 한글인터넷주소 '파출박사'에 관한 대법원 2007. 10. 12. 선고
2007다31174 판결[13]과 서울중앙지방법원 2021. 11. 12. 선고 2019가합541426
판결이 있다. 또한 서울중앙지방법원 2009. 11. 13. 선고 2008가합126340 판결
(확정, caselogic.co.kr 사건)은, 위 도메인이름으로 연결된 쇼핑몰에서 일부 "케이
스로직" 제품이 판매되기는 하나, 전체적으로 관찰할 때 위 도메인이름 등은 인
터넷 쇼핑몰의 영업표지로서 사용될 뿐, 거래통념상 원고가 위 도메인이름 등에
서 판매하는 상품의 출처를 표시하고 원고의 업무에 관계된 상품과 타인의 업
무에 관계된 상품을 구별하는 식별표지로 기능하고 있다고는 보기 어렵다 할
것이어서, 이를 두고 '상표의 사용'이라 할 수는 없다고 하였다.[14][15] 그 밖에

---

13) 한글인터넷도메인이름은 최상위도메인이름 등을 입력할 필요 없이 단순히 한글 등의 키
워드를 인터넷주소창에 입력하여 원하는 웹사이트에 접속할 수 있도록 만든 인터넷주소로
서, 인터넷주소창에 도메인이름을 입력하여 실행하면 그 웹사이트의 주소창에 도메인이름
이 표시되는 일반적인 도메인이름과 달리 접속단계에서 피고 개설의 웹사이트에 연결하기
위하여 사용되고 있을 뿐이고, 이 사건 한글인터넷도메인이름을 인터넷주소창에 입력하고
실행하여 연결되는 피고 개설의 웹사이트 화면에는 이 사건 한글인터넷도메인이름이 표시
되지 아니하는 점(아래에서 설명하는 유동포워딩 방식과 같다), 피고가 개설한 웹사이트의

화면 좌측 윗부분에는 "〔이미지〕"로 된 표장이 별도로 표시되어 피고가 제공하는 직업정보제
공 등 서비스의 출처표시기능을 하고 있는 점 등 기록에 나타난 여러 사정을 고려하여 볼
때, 이 사건 한글인터넷도메인이름이 서비스의 출처표시로 기능하고 있다고 보기 어렵다
고 하였다. 아래의 주 16) 판결도 같은 취지이다.
  반면에 voicecaddy.com에 관한 서울중앙지방법원 2012. 8. 10. 자 2011카합2044 결정은,
고정포워딩 방식(포워딩되면서 원래 도메인이름이 웹브라우저의 주소창에 그대로 남아 있
다)은 물론 유동포워딩 방식(포워딩되면서 웹브라우저 주소창에 원래 도메인이름은 사라지
고 이와 다른 도메인이름이 나타난다)을 사용하고 있다고 하더라도 그 실질은 해당 도메인
이름으로 웹사이트를 개설하여 영업을 하는 경우와 크게 달라 보기는 어려우므로, 피신청
인이 위 도메인이름으로 접속하면 포워딩되는 피신청인의 웹사이트에서 골프용 음성안내
거래측정기를 인터넷상으로 판매하는 영업을 하는 것은, 신청인의 주지상표 VoiceCaddie와
유사한 표지를 영업표지로 사용한 것에 해당하고, 설령 피신청인이 'mycaddy'라는 독자적
인 상표를 사용하고 있다고 하더라도 달리 볼 수는 없다고 하였다.
14) 서비스권 침해를 인정할 여지는 있어 보이는데, 위 판결은 여기까지 나아가 판단하지 않
았다.
15) 이 판결은 "케이스로직"이 국내에 널리 인식된 표지라고 할 수 없다는 이유로 부정경쟁
행위에 해당하지 아니한다고 판단하였고, CASE LOGIC, INC를 합병한 피고가 이 사건 상
표의 상표권자라는 사실만으로는 피고만이 대한민국 내에서 케이스로직과 관련된 이 사건
도메인이름에 관한 정당한 이익을 가진 자라 단정할 수 없고, 원고가 피고의 도메인이름
등록을 방해하거나 피고로부터 부당한 이득을 얻는 등 부정한 목적으로 이 사건 도메인이
름을 등록하였다고는 보이지 아니한다는 이유로 인터넷주소자원에 관한 법률 제12조에도
해당하지 아니한다고 판단하였다. 그러나 부정한 목적으로 도메인이름을 보유하는 것도
인터넷주소자원에 관한 법률 제12조에 해당하므로, 인터넷주소자원에 관한 법률 제12조에
해당하지 아니한다는 판단에 관하여는 의문이 있다.

isetan.co.kr에 관한 광주지방법원 2006. 1. 27. 선고 2004가합9260 판결(확정),[16] 특허법원 2007. 1. 25. 선고 2006허8415 판결(심리불속행 상고기각으로 확정),[17] crowngene.co.kr에 관한 서울고등법원 2014. 7. 24. 선고 2013나71687, 71694(병합) 판결(상고기각 되어 확정),[18] yanolza.kr에 관한 서울중앙지방법원 2015. 6. 12. 선고 2014가합586745 판결(확정) 등이 있다.

한편 도메인이름이 상표적으로 사용되었다고 인정한 판결들에 관하여는, 졸고, 도메인이름 사용과 법적 문제, 인터넷과 법률 Ⅲ(남효순 편)(2010. 9), 법문사, 394-398에 2009년까지의 판례들이 설명되어 있다.[19]

---

16) 피고가 이 사건 도메인이름을 등록한 후 주소창에 이 사건 도메인이름을 입력하면 피고가 그의 처 명의로 운영하는 장의용품 인터넷 쇼핑몰 웹사이트로 포워딩되도록 하여 놓은 사안에서, 이 사건 도메인이름은 위 웹사이트를 통해 전시, 판매되고 있는 장의용품 등의 출처를 표시하는 기능을 한다고 보기는 어렵고, 단순히 일반인들을 위 웹사이트로 유인하는 역할만을 하고 있다고 봄이 상당하므로, 피고의 이 사건 도메인이름의 등록, 사용이 상표법상의 상표로서의 사용에 해당한다고 볼 수는 없다고 하였다.

17) 확인대상서비스표 bebehouse.com이 등록서비스표의 권리범위에 속한다고 주장한 적극적 권리범위확인심판청구 사건에서, 위 판결은, 아래에서 보는 viagra.co.kr에 관한 대법원 2004. 5. 14. 선고 2002다13782 판결을 들면서 특정한 도메인이름으로 웹사이트를 개설하여 영업을 하면서 그 웹사이트에서 제공하는 서비스업에 독자적인 별도의 서비스표를 사용하고 있는 경우에는 특별한 사정이 없는 한 그 별도의 서비스표가 서비스의 출처를 표시한다고 보아야 하므로 도메인이름 자체가 곧바로 상표법상의 서비스표로서 사용되었다고 볼 수 없다고 한 다음, 이 사건에서 도메인이름 등록인 원고가 bebehouse.com으로 웹사이트를 개설하여 유아용품 판매업을 하면서 등록서비스표인 를 독자적인 별도의 서비스표로 사용하고 있는 이상 그 별도의 서비스표가 서비스의 출처를 표시한다고 보아야 하므로, 위 도메인이름 자체가 곧바로 상표법상의 서비스표로서 사용되었다고 볼 수 없다고 하였다.

18) 위 판결은, 피고B가 원고의 등록서비스표인 '크라운진'과 호칭이 동일한 'crowmgene'을 도메인이름으로 등록하고 피고A(주식회사 크라운진)로 하여금 위 도메인이름으로 개설된 웹사이트에서 위 등록서비스표의 지정서비스업 중 하나인 유전자검사사업을 영위하게 한 사안에서, 위 등록서비스표 '크라운진'은 한글로서 영문인 위 도메인이름 'crowmgene'과 동일하지 않고, 위 웹사이트에서 위 등록서비스표의 지정서비스업에 해당하지 않는 화장품 판매도 함께 이루어졌으며, 피고A가 위 웹사이트에서 위 등록서비스표권을 침해하는 표장들을 삭제하고 침해하지 않는 표장만을 사용하고 있는 사실 등에 비추어 보면, 위 사실만으로는 위 도메인이름이 거래통념에 비추어 서비스의 출처를 표시하고 자기의 업무에 관계된 서비스와 타인의 업무에 관계된 서비스를 구별하는 식별표지로 기능하고 있다고 단정하기 어려우므로, 위 도메인이름의 사용이 서비스표의 사용에 해당한다고 볼 수 없다고 하였다.

19) 박준석, 인터넷상에서 '상표의 사용' 개념 및 그 지위(Ⅲ), 사법 16호(2011. 6), 사법발전재단, 22는, "도메인이름의 부당선점을 둘러싼 분쟁에서 우리 대법원은 대체로 상표의 사용이 존재하려면 해당 상표가 시각적으로 인식되어야 한다는 입장을 취하고 있음을 확인하였다. 그러나 이것은 사실 오프라인에서 전통적인 '상표의 사용' 개념을 그대로 온라인 공간에도 옮겨 놓은 것에 불과할 뿐 인터넷 환경의 성격은 충분히 고려하지 않은 것이다.

위 책에 없는 2009년 이후의 몇 사례를 소개하면, oki.co.kr에 관한 서울중앙지방법원 2009. 11. 12. 선고 2006가합78621 판결(확정)이 있는데, 위 판결은, 원고는 일반인들이 인터넷 웹브라우저의 주소창에 위 도메인이름을 입력할 경우, 홈페이지를 준비 중이라고 알리면서 상단부에 크게 'oki'라고 표시하였고, 하단부에는 위 'oki' 표시부를 클릭하면 피고[오키(OKI)덴키고교가부시키가이샤]의 프린터와 소모품을 구매할 수 있다는 취지의 문구와 함께 피고 프린터 모델 사진을 게재한 사실, 위 홈페이지의 방문자들이 위 'oki' 표시부를 클릭하거나 위 홈페이지에 접속 후 수초 정도의 시간이 지날 경우, 원고의 다른 웹사이트(cmyk.co.kr)로 자동적으로 이동하도록 위 웹사이트와 링크되어 있는 사실, 원고는 위 웹사이트에서 'OKI', 'OKI, XEROX 컬러프린트의 모든 것' 등의 문구를 표시하면서, 피고의 제품을 포함한 여러 회사(예를 들어, 제록스, 삼성, 휴렛팩커드 등)의 프린터 및 그 소모품을 판매하는 인터넷 쇼핑몰을 운영한 사실을 인정할 수 있으므로, 원고는 위 도메인이름을 원고가 운영하는 쇼핑몰에서 판매하는 제품 등에 대한 식별표지로서 사용하고 있다고 보인다면서, 원고가 이 사건 도메인이름을 등록, 보유하는 행위는 이 사건 상표권에 대한 침해행위에 해당한다고 하였다. 또한 주 13)에서 설명한 voicecaddy.com에 관한 서울중앙지방법원 2012. 8. 10.자 2011카합2044 결정도 도메인이름이 영업표지로 사용되고 있음을 인정하였다. 그리고 newsisdg.com에 관한 서울중앙지방법원 2016. 4. 29. 선고 2015가합532349(본소), 570273(반소) 판결(항소기각되어 확정)은 원고가 위 도메인이름을 사용하는 행위는 도메인이름의 상표적·서비스표적 사용에 해당하고, 나아가 이 사건 등록표장 **NEWSis.( )**에 관한 피고의 상표권·서비스표권을 침해하는 행위에 해당한다고 하였고, china-tong.com에 관한 서울중앙지방법원 2016. 6. 3. 선고 2015가합564827 판결(항소심에서 조정에 갈음하는 결정이 이루어졌다)도, 피고 사용 도메인이름의 사용 태양 및 피고 웹사이트 화면의 표시 내용 등에 비추어 보면 피고가 피고 사용 도메인이름을 서비스표적으로 사

여기에는 도메인이름에 관한 상표권 분쟁이 다른 인터넷상 상표권 분쟁들에 비하여 시기적으로 초기였다는 점도 무관하지 않을 것이다. 그에 비하여 한글도메인이름과 관련한 사안에서 대법원 2008. 9. 25. 선고 2006나51577 판결('장수온돌' 사건)이나 일부 하급심판결들[한글인터넷주소 '파출박사'에 관한 서울고등법원 2007. 4. 11. 선고 2006나62548 판결(위 주 13) 대법원 2007다31174 판결에 의하여 취소되었다], 한글인터넷주소 '세콤'에 관한 서울중앙지방법원 2005. 8. 26. 선고 2004가합91385 판결(항소심에서 조정성립)은 사실상 키워드 검색광고에서처럼 보이지 않는 표지의 사용임에도 침해를 긍정함으로써, '상표의 사용' 개념에 관한 전통적인 태도를 일응 벗어난 태도를 보이고 있다"고 주장한다.

용하였음을 인정할 수 있다고 하면서, 부정경쟁방지법 제2조 제1호 (나)목에 해당한다고 판단하고 본 규정의 해당 여부에 대해서는 따로 판단하지 않았으며, wyckmans.co.kr에 관한 서울중앙지방법원 2017. 1. 19. 선고 2016가합529302 판결(항소기각되어 확정)도, 원고 웹사이트의 좌측 상단에 'WYCKMANS WYCKMANS'라는 표시가 다른 문자에 비해 돋보이도록 회색과 오렌지색으로 2단으로 도안화되어 표시되어 있는 사정 등에 의하면, 위 도메인이름은 단순히 일반인들을 원고 웹사이트로 유인하는 역할을 넘어 위 웹사이트를 통하여 제공되는 상품의 출처를 나타내 주는 식별표지로서 기능하고 있다고 봄이 상당하므로, 위 도메인이름의 사용은 구 상표법 제2조 제1항 제7호 (다)목이 정한 행위로서 '상표의 사용'에 해당한다고 하였다.

또한 권리범위확인 사건인 vanillamint.co.kr에 관한 특허법원 2010. 12. 1. 선고 2010허2346 판결(확정)은, 등록상표와 동일·유사한 도메인이름을 등록한 후 웹사이트를 개설하여 등록상표의 지정상품과 동일·유사한 상품을 판매하는 경우에는 그 웹사이트 내에 등록상표를 직접 표시하거나 그 상표와 연관이 있는 듯한 표시를 하지 아니하더라도 등록상표와 동일하거나 유사한 도메인이름에 이끌려 그 웹사이트를 방문한 수요자들로서는 그 웹사이트에서 판매하는, 등록상표의 지정상품과 동일·유사한 상품을 등록상표권자의 상품으로 오인할 여지가 있으므로, 이러한 경우에는 상표법상의 상표적 사용에 해당할 수 있다고 하였다.

타인의 등록상표를 직접 인터넷주소인 도메인이름으로 사용한 것은 아니지만, 대법원 판결의 경향을 아는데 참고가 될 수 있는 사례를 소개하기로 한다. 대법원 2012. 5. 24. 선고 2010후3073 판결은, VSP 상표가 이미 등록되어 있는 상황에서 그 상표권자가 아닌 피고가 포털사이트로부터 'VSP'라는 키워드를 구입함으로써 포털사이트의 검색결과 화면에 피고가 운영하는 회사명인 'vsp 엔티씨'(이하 이 단락에서는 '이 사건 표장'이라고 한다)가 표시되고 그 아래에 피고가 취급하는 상품 및 피고의 홈페이지 주소 'http://www.dipfree.com'가 표시된 사안에서, 이 사건 표장이나 홈페이지 주소 부분을 클릭하면 이동하게 되는 피고 회사의 홈페이지에는 이 사건 표장(VSP 포함)이 붙은 상품은 표시된 것이 없더라도, 피고가 위와 같이 인터넷 키워드 검색결과 화면에서 이 사건 표장을 표시하여 한 광고행위는 구 상표법(2011. 12. 2. 법률 제11113호로 개정되기 전의 것)

제2조 제1항 제6호 (다)목이 정한 '상품에 관한 광고에 상표를 표시하고 전시하는 행위'에 해당하므로, 이 사건 표장은 자타상품의 출처를 표시하는 상표로 사용되었다고 하였다.

어쨌든 도메인이름을 등록, 보유, 사용하고 있는 자는 상표권 침해에 해당하는 것을 피하기 위하여 나름대로 다양한 수단을 강구할 것이므로, 위 ④ 요건 인정에 어려움이 많아 상표권 침해를 인정하기가 쉽지 않다.

나. 도메인이름이 부정경쟁방지 및 영업비밀보호에 관한 법률 제2조 제1호 (가)목, (나)목, (다)목에 해당한다고 인정하기가 쉽지 않다.

부정경쟁방지 및 영업비밀보호에 관한 법률(이하 '부정경쟁방지법'이라고 한다) 제2조 제1호 (가)목, (나)목 소정의 부정경쟁행위에 해당하기 위해서는 상표권 침해의 경우와 마찬가지로 타인의 상품표지나 영업표지를 '사용'하는 행위가 있어야 한다. 물론 부정경쟁방지법은 상표법과는 달리 사용의 개념을 별도로 규정하고 있지 않으므로 부정경쟁방지법에서의 '사용'의 개념은 상표법과는 달리 보다 탄력적이고 유연하며 넓게 해석되어질 수 있을 것이고,[20] 아울러 그 개념은 구체적, 실질적인 혼동가능성과 관련하여 의미가 확정될 것이다.[21] 그러나 부정경쟁방지법 제2조 제1호 (가)목, (나)목에서의 '사용'의 개념을 무한정 넓게 해석할 수는 없고, 최소한 '상품과 관련된 일체의 사용행위', '영업에 관련된 일체의 사용행위'이어야 한다는 한계가 있다.[22][23] 따라서 부정경쟁행위에 해당하기 위한 요건 중 하나인 표지를 '사용'하는 행위에 관하여도 앞에서 살펴본 상

---

20) 박준석, 앞의 글, 32는, 상표법 제2조에서는 '상표의 사용'을 정의함에 있어 인터넷 환경을 고려하지 못한 결과 현재로서는 신축적인 해석론이 강력히 필요하더라도, 그런 문구적인 제약이 없는 부정경쟁방지법의 해석조차 상표법에서의 제약이 있는 것과 마찬가지로 해석하는 것은 합리적이지 아니하고, 이와 관련하여 이미 대법원 2004. 5. 14. 선고 2002다13782 판결(viagra.co.kr 사건)도 상표법에서와 비교할 때 부정경쟁방지법에서는 표지의 사용 범주를 더 넓게 인정하고 있다고 보인다고 한다.

21) 권영준, 앞의 글, 331.

22) 대법원 2004. 2. 13. 선고 2001다57709 판결(rolls-royce.co.kr 사건)은 위와 같이 판시하면서, 도메인이름의 양도에 대한 대가로 금원 등을 요구하는 행위는 도메인이름을 상품 또는 영업임을 표시하는 표지로 사용한 것이라고 할 수 없으므로 부정경쟁방지법 제2조 제1호 (가), (나)목의 부정경쟁행위에도 해당하지 아니한다고 하였다.

23) 대법원 2005. 5. 27. 자 2003마323 결정(Korea First Card 사건)은 부정경쟁방지법 제2조 제1호 (나)목에 규정된 '사용'이라 함은 동일·유사한 영업표지를 '자신의 영업을 나타내는 영업표지'로 사용함으로써 영업주체의 혼동을 초래하는 것을 말한다고 할 것이므로, 그 영업표지를 자신의 영업을 나타내는 태양으로 사용하지 아니하고 단지 장식적 내지 수식적으로 사용한 경우에는 위 법조 소정의 '사용'에 포함되지 않는다고 판시하였다.

표적 사용에 관한 설명이 대부분 그대로 적용될 수 있을 것이다.

그리고 부정경쟁방지법 제2조 제1호 (가)목, (나)목이 규정하는 상품주체
또는 영업주체의 혼동행위의 개념을 아무리 넓게 해석하더라도, 고의로 타인의
주지표장을 도메인이름으로 등록한 다음 그 도메인이름의 웹사이트에서 그 표
장권자의 상품이나 서비스와는 전혀 다른 상품이나 서비스를 제공하거나 아예
비상업적인 웹사이트를 개설함으로써 혼동가능성을 야기하지 않는 사이버스쿼
터를 규제할 수 없다.24)

한편 부정경쟁방지법은 2001. 2. 3. 제2조 제1호 (다)목을 신설하여(2001. 7.
1.부터 시행) 타인의 표지의 식별력이나 명성을 손상하게 하는 행위를 새로이 부
정경쟁행위로 규정하였다.25) 그러나 위 (다)목은 " … 비상업적 사용 등 대통령
령이 정하는 정당한 사유 없이 … 표지와 동일하거나 이와 유사한 것을 '사용'
… 하여 타인의 표지의 식별력이나 명성을 손상하게 하는 행위"라고 규정하고
있는데,26)27) 도메인이름을 등록만 하여 놓고 웹사이트를 개설하지 아니한 경우

---

24) 주 22)의 대법원 판결 외에 도메인이름에 관한 하급심 판결들을 보면, 사안에 따라
(가)목 및 (나)목에 해당한다는 판결들과 해당하지 않는다는 판결들이 모두 다양하게 있
어 왔다.

25) (다)목에 해당한다고 판단한 판결로는 대법원 2004. 5. 14. 선고 2002다13782 판결
(viagra.co.kr 사건) 및 몇몇 하급심 판결이 있고, (다)목에 해당하지 않는다고 판단한 판결
로는 대법원 2004. 2. 13. 선고 2001다57709 판결(rolls-royce.co.kr 사건), 서울중앙지방법원
2021. 11. 12. 선고 2019가합541426 판결(확정)이 있다.

26) 희석화의 가능성만 있으면 충분한지 아니면 실제로 희석화의 결과가 발생하여야 하는지
에 관하여는 졸고, "부정경쟁행위에 관한 몇 가지 쟁점", LAW & TECHNOLOGY 2009. 1,
24-25 참고[식별력 약화의 가능성이 인정된다면 (다)목에 해당할 수 있다고 설명하고 있
다]. 미국 연방상표법은 " ~ that is likely to cause dilution by blurring or dilution by tarn-
ishment ~ "라는 규정을 두고 2006. 10. 6.부터 시행하여 실제의 희석화 결과가 아니라 희
석화의 가능성을 요건으로 하고 있음이 명확하게 되었다.

27) 주 26)의 쟁점과 관련된 판결들은 아래와 같다.
서울고등법원 2003. 12. 17. 선고 2002나73700 판결(일명 BUDWEISER 판결, 심리불속
행 상고기각으로 확정)은, '부정경쟁방지법 제2조 제1호 (나)목에서 규정하고 있는 희석화
가 성립하기 위해서는 단순한 추상적 위험의 발생만으로는 부족하고 식별력 손상 또는 명
성 손상이라는 구체적인 결과가 객관적으로 존재하거나 그렇지 않다고 하더라도 그러한
가능성이 극히 큰 경우가 아니면 안 된다'고 하면서 이 사건에서는 '식별력이나 명성에 손
상이 발생할 극도의 가능성이나 그러한 우려의 객관적 사정에 관하여 아무런 주장, 입증이
없다'고 하였다.
그 후 대전지방법원 2009. 12. 18. 선고 2009가합9489 판결도 위 2002나73700 판결과
같은 법리를 판시하면서, '단지 유명상표와 동일·유사한 상품표지 또는 영업표지를 사용
한 사실이 있었다고 하여 타인의 표지의 식별력이나 명성의 손상이라는 결과 또는 그 가
능성을 추정할 것은 아니고 당해 표지의 사용이 부정경쟁행위에 해당한다고 주장하는 이
는 그러한 사용으로 인하여 실제로 자신의 표지의 식별력이나 명성의 손상되었다는 결과

역시 어떤 표지를 '사용'하였다고 인정하기 곤란하여 위 (다)목으로도 규제할
수 없고, 더욱이 위 '사용'은 '상업적 사용'을 의미하는 것으로 해석하여야 할
것이므로28) 웹사이트를 개설하기는 하였으나 그 내용이 비상업적인 경우에도
여전히 위 (다)목으로는 규제할 수 없게 되었다.29)

또는 그 가능성에 관하여 별도의 주장·입증을 하여야 할 것인데, 이 사건에서는 '식별력
이나 명성의 손상이라는 결과 또는 그 가능성을 인정하기에 부족하다'고 하였다. 그러나
그 항소심인 대전고등법원 2010. 8. 18. 선고 2010나819 판결(확정)은 이 쟁점에 관하여
아무런 판단을 하지 않은 채, '영업이 동일·유사하지는 않다고 하더라도, 피고는 저명한
원고의 등록상표(버버리, BURBERRY)를 영업표지로 사용하였고 그 결과 원고의 등록상
표의 상품표지로서의 출처표시 기능이 손상되었다고 할 수 있다. 또한 피고는 원고의 등록
상표를 중소도시에서 다수인이 비교적 저렴한 가격에 이용할 수 있는 노래방업소의 상호
에 이용함으로써 국내에서도 널리 고급패션 이미지로 알려진 원고의 등록상표의 명성을
손상하였다'고 하여 위 1심 판결을 취소하였다.

  그 후 아래에서 보는 것처럼, 서울고등법원의 BUDWEISER 판결과 같이 희석화의 요건
을 판시하고 있는 판결들을 찾아볼 수 없고, 미 연방상표법도 2006년 주 26)과 같이 개정
되었으므로, 서울고등법원의 BUDWEISER 판결은 선례로서의 가치를 상실하였다고 보아
야 할 것이다.

  그 밖에 (다)목에 해당한다고 인정한 10여개의 판결들(예를 들면, Viagra 판결로 알려진
대법원 2004. 5. 14. 선고 2002다13782 판결, TIFFANY 판결로 알려진 서울지방법원 2003.
8. 7. 선고 2003카합1488 판결, SONY 판결로 알려진 서울지방법원 2002. 10. 18. 선고
2001가합35469 판결 등)은 모두, 현실적 희석이나 구체적 손해의 발생에 관해 아무런 언
급을 하지 않으면서 (다)목에 해당한다고 판시하였다.

  최근 이 쟁점이 다투어진 사건에서 서울중앙지방법원 2018. 10. 4. 선고 2016가합36473
판결[이 판결은 (나)목을 인정하지 않고 (다)목만을 인정하였는데 항소심인 서울고등법원
2019. 6. 20. 선고 2018나2069579 판결(확정)은 (나)목을 인정하면서 1심 판결을 취소하였
다]은, 이 쟁점에 대하여 구체적으로 명시적인 판단을 하지는 않고, 피고의 이 사건 사용
표장의 사용행위로 인하여 원고의 상표로서 국내에 널리 인식된 이 사건 상품표지의 독특
하고 단일한 출처표시로서의 힘 또는 그러한 독특성이나 단일성에서부터 발현되는 고객흡
인력의 감소를 초래할 수 있으므로, 피고가 이 사건 사용표장을 사용하여 이 사건 각 제품
을 생산, 판매한 행위는 이 사건 상품표지의 식별력을 손상하게 하는 행위에 해당한다고
판시하였다.

28) 대법원 2004. 2. 13. 선고 2001다57709 판결(rolls-royce.co.kr 사건)은, "부정경쟁방지법 제
  2조 제1호 (가)목의 상품주체 혼동행위에 해당하는 표지의 사용은 '상품에 관련된 일체의
  사용행위'를, 같은 호 (나)목의 영업주체 혼동행위에 해당하는 표지의 사용은 '영업에 관
  련된 일체의 사용행위'를, 비상업적 사용을 그 적용대상에서 제외하고 있는 같은 호 (다)
  목의 식별력이나 명성 손상행위에 해당하는 표지의 사용은 '상업적 사용'을 의미하는 것으
  로 해석하여야 할 것이고, 도메인이름의 양도에 대한 대가로 금원 등을 요구하는 행위는
  도메인이름을 상품 또는 영업임을 표시하는 표지로 사용한 것이라고는 할 수 없어서, 피고
  등의 행위가 (가)목, (나)목의 혼동행위나 (다)목 소정의 식별력 또는 명성의 손상행위에
  해당하지 아니한다"고 하였다.
29) 도메인이름의 사용이 부정경쟁방지법 제2조 제1호 (가), (나), (다)목에서의 '사용'에 해
  당하는지에 관한 지침을 주는 대법원 2004. 5. 14. 선고 2002다13782 판결(viagra.co.kr 사
  건)은, 특정한 도메인이름으로 웹사이트를 개설하여 제품을 판매하는 영업을 하면서 그 웹

그러므로 상표권 침해의 경우와 마찬가지로 부정경쟁방지법 제2조 제1호 (가), (나), (다)목에 해당한다고 인정함에 있어 위 '사용'이 역시 걸림돌이 되는 경우가 많았다.

또한, 최근에는 검색엔진의 발달로 인하여 자신이 원하는 웹사이트를 찾고자 할 때 인터넷 웹브라우저의 주소창에 기억하고 있는 도메인이름을 입력하거나 상호·상표·서비스표의 명칭에 '.com'이나 '.co.kr' 등을 붙여서 입력하기보다는 검색엔진을 사용하는 경우가 점차 늘어가고 있는 실정에 비추어 보면, 타인의 저명한 상표·서비스표 등과 동일, 유사한 도메인이름을 등록만 하여 놓았다거나 그 도메인이름으로 개설한 웹사이트에서의 상품이나 영업이 저명한 상표·서비스표의 지정상품·지정서비스업과 전혀 다르다면(비영리적인 웹사이트를 개설하여 놓은 경우 포함), 일반인은 타인의 저명한 상표·서비스표 등과 동일, 유사한 도메인이름이 등록되어 있고 그 도메인이름으로 웹사이트가 개설되어 있음에도 검색엔진을 통하여 아무런 오인, 혼동 없이 그리고 아무런 불편 없이 자신이 원하는 웹사이트를 찾아갈 수 있는바, 이와 같은 상황 아래서도 저명한 상표·서비스표 등의 식별력이나 명성이 손상되었다고 할 수 있는지 즉 희석화가 있다고 할 수 있는지 의문을 제기하는 견해도 있다.

다. 본 규정의 신설

도메인이름을 둘러싼 분쟁이 계속 증가하고 그 분쟁이 국제화되는 상황에서 위 가항 및 나항에서 본 문제점들을 해결하여 도메인이름 무단 선점에 적극 대처하기 위해서 2004. 1. 20. 부정경쟁방지법 제2조 제1호 (아)목으로 부정경쟁행위 중 하나로 "정당한 권원이 없는 자가 (1) 상표 등 표지에 대하여 정당한 권원이 있는 자 또는 제3자에게 판매하거나 대여할 목적 (2) 정당한 권원이 있는 자의 도메인이름의 등록 및 사용을 방해할 목적 (3) 그 밖의 상업적 이익을 얻을 목적으로 국내에 널리 인식된 타인의 성명, 상호, 상표 그 밖의 표지와 동일하거나 유사한 도메인이름을 등록·보유·이전 또는 사용하는 행위"를 신설하

사이트에서 취급하는 제품에 독자적인 상표를 부착·사용하고 있는 경우에는 특단의 사정이 없는 한 그 도메인이름이 일반인들을 그 도메인이름으로 운영하는 웹사이트로 유인하는 역할을 한다고 하더라도 도메인이름 자체가 곧바로 상품의 출처표시로서 기능한다고 할 수는 없다고 하면서도, 피고들이 위 도메인이름으로 개설한 웹사이트에서 생칡즙, 재첩국, 건강보조식품 등을 인터넷상으로 판매하는 행위를 한 것은 원고들의 저명상표와 유사한 표지를 영업표지로 사용한 것에는 해당하고, 이로 인해 위 저명상표의 상품표지로서의 출처표시기능을 손상하였다고 하였다.

여 2004. 7. 21.부터 시행되었다.[30]

(아)목은 우리나라의 국가별 최상위 도메인이름(~ .kr, ~ .한국, 우리나라 ccTLD라고 약칭한다)은 물론이고 일반 최상위 도메인이름(~ .com, ~ .net, ~ .org 등으로 gTLD라고 약칭한다)에 대하여도 적용된다.[31] 그러나 '국내에 널리 인식된'이라는 요건을 충족하여야 하므로, 주지성을 취득하지 못한 표장을 도메인이름으로 등록·보유 또는 사용하는 경우에는 (아)목이 적용될 수 없다.[32]

라. 인터넷주소자원에 관한 법률

2004. 1. 29. 인터넷주소자원에 관한 법률(이하 '인터넷주소법'이라고 한다)이 제정되어 2004. 7. 30.부터 시행되고 있는데, 2009. 6. 9. 개정되기 전까지 인터넷주소법 제4조는 우리나라 ccTLD만을 그 적용대상으로 하고 있어 gTLD는 그 적용대상이 아니었기 때문에[33] gTLD 분쟁에 대하여는 인터넷주소법이 적용되

---

30) 서울중앙지방법원 2008. 5. 8. 선고 2006가합31110 판결(항소취하로 확정, delonghi.co.kr 사건)은 (아)목의 신설에 관하여, "사이버스쿼팅(cybersquatting)에 대해서는 부정경쟁방지법 제2조 제1호 (가), (나), (다)목과 상표법에 의해 대처할 수 있지만, 도메인이름을 사용조차 하지 않고 소극적으로 보유하고 있는 경우에는 상품 등 표시나 상표로서의 사용요건을 갖추지 못하여 위와 같은 법률의 적용이 곤란하다. 여기서 부정경쟁방지법 제2조 제1호 (아)목은 주지표시를 사용하는 자에게 비즈니스 활동에서 점차로 중요성을 더해가는 인터넷에서 도메인이름에 관한 상품 등 표시를 활용함에 불필요한 장해가 생김으로 인해 주지상품 등 표시에 신용을 화체하는 노력에 대한 인센티브를 과도하게 꺾는 일이 없도록 도메인이름의 부당취득 등의 새로운 부정경쟁행위를 두게 된 것이다"라고 설명한다.

31) 위 (아)목이 다른 나라의 국가별 최상위 도메인이름에도 적용될 수는 있으나 우리나라에서 다른 나라의 국가별 최상위 도메인이름을 대상으로 하는 분쟁이 발생할 여지는 거의 없고, 실제로 그런 분쟁이 사건화된 적도 없다.

32) 예를 들어, 광주지방법원 2008. 10. 30. 선고 2008가합4867 판결(확정)은, 피고의 'SEMICON' 상표(피고인 Semiconductor Equipment & Materials International은 1992. 8. 25. 미합중국에서 반도체 장비 및 반도체 재료산업 관련 무역박람회 조직 및 운영업에 관하여 'SEMICON' 상표를 등록하였고, 1988. 11. 30. 대한민국에서 전시회 조직업, 전시회 장소 제공업, 전시회 조직 자문업 등에 관하여 같은 상표를 등록하였다)가 국내에 널리 알려진 것이라고 볼 증거가 없으므로, 피고는 부정경쟁방지법에 근거하여 이 사건 도메인이름의 사용금지·이전을 구할 권리가 없다(SEMICON'은 반도체를 의미하는 'semiconductor'의 약칭으로서 보통명칭에 해당하여 식별력이 없으므로, 피고는 대한민국 상표권에 근거하여 이 사건 도메인이름의 사용금지·이전을 구할 권리도 없다)고 하였다. 또한 ifil.com에 관한 서울남부지방법원 2008. 6. 19. 선고 2007가합16978 판결(확정)은, 이탈리아에 소재하는 다국적 투자기업으로서 한국에 2006. 4. 3. 'IFIL INVESTMENT'라는 서비스표를 등록한 IFIL S.p.A의 'ifil'이라는 상호가 적어도 국내의 일정한 지역범위 안에서 그 표지 등이 사용된 상품, 서비스 등의 거래자 또는 수요자들 사이에 널리 알려졌을 정도로 널리 인식되었음을 인정할 아무런 증거가 없다고 하면서, 부정경쟁방지법 제2조 제1호 (아)목의 부정경쟁행위에 해당한다는 주장을 받아들이지 않았다(UDRP 판정과 법원 판결이 다른 결론을 취한 몇 사건 중 하나이다).

33) 2009. 6. 9. 개정되기 전 제4조는, "이 법은 국제표준에 따라 대한민국에서 할당되는 인

지 아니하였으나, 2009. 6. 9. 개정되면서(2009. 9. 10.부터 시행되었다) 위 제4조를
개정하여 인터넷주소법의 적용범위를 gTLD 및 다른 나라 ccTLD까지 넓히되
대한민국에서 등록·보유 또는 사용되는 gTLD 및 ccTLD로 한정하였다.[34] 즉
대한민국에서 등록·보유 또는 사용되는 모든 도메인이름[35]으로까지 확대함으
로써 위 요건을 충족하는 gTLD에 대한 분쟁에도 인터넷주소법이 적용될 수 있
게 되었다.[36] 그리고 2009. 6. 9. 개정되기 전까지 위 법률 제12조 제1항은, 누
구든지 정당한 권원이 있는 자의 도메인이름 등의 등록을 방해하거나 정당한
권원이 있는 자로부터 부당한 이득을 얻을 목적으로 도메인이름 등을 등록하여
서는 아니 된다고, 제2항은, 정당한 권원이 있는 자는 제1항의 규정을 위반하여
도메인이름 등을 등록한 자에 대하여 법원에 그 도메인이름 등의 등록말소를
청구할 수 있다고 규정하고 있었다. 그런데 그 후 2009. 6. 9. 개정되어 2009. 9.
10.부터 시행된 위 법률 제12조 제1항은 "누구든지 정당한 권원이 있는 자의 도
메인이름 등의 등록을 방해하거나 정당한 권원이 있는 자로부터 부당한 이득을
얻는 등 부정한 목적으로 도메인이름 등을 등록·보유 또는 사용하여서는 아니
된다"로, 제2항은 "정당한 권원이 있는 자는 제1항을 위반하여 도메인이름 등을
등록·보유 또는 사용한 자가 있으면 법원에 그 도메인이름 등의 등록말소 또는
등록이전을 청구할 수 있다"고 규정하고 있다. 정리하면 2009. 6. 9. 개정 이전
에는 부정한 목적으로 등록한 자에 대하여 등록말소만을 청구할 수 있었으나,
개정 이후에는 부정한 목적으로 등록·보유 또는 사용한 자에 대하여 등록말소
뿐만 아니라 등록이전도 청구할 수 있게 되었다. 인터넷주소법의 역할 및 그 적

터넷 프로토콜 주소와 대한민국의 국가코드(code)에 따르는 도메인이름 등의 인터넷주소
자원에 대하여 적용한다"고 규정하고 있어서 gTLD는 모두 인터넷주소자원에 관한 법률의
적용대상이 아니었다.

34) 그 적용범위를 넓힘에 있어 인터넷주소법 제12조에 관하여는 문제가 없으나, 인터넷주
소자원(도메인이름을 포함하는 개념이다)에 관한 기본계획(제5조), 인터넷주소정책심의위
원회의 심의(제6조), 인터넷주소관리기관의 위탁(제9조), 도메인이름의 등록(제11조), 인터
넷주소관리준칙(제13조), 인터넷주소관리대행자 선정(제14조) 등과 관련하여서는 gTLD나
다른 나라 ccTLD에 대해서까지 그 적용범위를 넓히더라도 현실적으로 그 적용이 불가능
하므로[이에 따라 인터넷주소법 제13조에 의하여 제정된 도메인이름관리준칙은 그 적용범
위를 대한민국 국가코드(kr과 한국)에 따르는 도메인이름 관리업무로 규정하고 있다], 인터
넷주소법 제12조에 한정하여서만 적용대상 도메인이름을 확대함이 바람직하였을 것이다.
35) 인터넷주소법 제2조 제1호 (나)목은 도메인이름을 '인터넷에서 인터넷 프로토콜 주소를
사람이 기억하기 쉽도록 하기 위하여 만들어진 것'이라고 정의하고 있다.
36) 우리나라에서의 gTLD에 관한 분쟁은 지금까지 모두 대한민국에서 등록·보유 또는 사
용되는 도메인이름에 관한 것이다. 다만 '대한민국에서 ~ 사용'이 어느 경우까지를 포함하
는지가 반드시 명확한 것은 아니다.

용범위에 관하여는 아래에서 보다 상세히 살펴보기로 한다.

2. 본 규정이 가지는 의미

위와 같은 과정을 거쳐 도메인이름을 둘러싼 분쟁에 관하여 종래 논의되어
온 범위를 뛰어넘어 부정경쟁방지법 제2조 제1호 (아)목 및 인터넷주소법 제12
조에 의한 해결이 가능하게 되었다. 즉 도메인이름을 등록하여 보유만 하고 있
는 자에게 위 각 규정이 정하고 있는 부정한 목적이 있었음이 증명된다면 위
각 규정에 해당하게 되므로 위 규정들의 신설로 인하여 앞에서 논의한 많은 문
제점들이 손쉽게 해결될 수 있는 길이 열리게 되었다. 다만 위 규정들에 의하여
도메인이름의 등록말소 또는 등록이전을 구하는 자는 도메인이름 등록인에게 위
와 같은 부정한 목적이 있었음을 증명하여야 하는 부담을 추가로 안게 되었다.

본 규정의 취지를 정리하면, 도메인이름은 선착순으로 자유롭게 등록할 수
있는 것이 원칙이나 그 중복 등록이 불가능함을 악용하여 부정한 목적으로 도
메인이름을 선점하는 이른바 사이버스쿼팅(cybersquatting) 행위를 규제함으로써
정당한 권원이 있는 자의 도메인이름 등록 및 사용을 보장하고 도메인이름에
관한 인터넷 사용자들의 혼동 등을 방지하려는 데에 있다.[37][38]

---

37) k2.co.kr에 관한 대법원 2013. 4. 26. 선고 2011다64836 판결 참조. 한편 그 1심인 서울중
   앙지방법원 2010. 9. 17. 선고 2010가합43684 판결은, 인터넷주소법 제12조가 "도메인이름
   등의 등록을 방해하거나 정당한 권원이 있는 자로부터 부당한 이익을 얻는 등 부정한 목
   적"이라는 주관적 요건을 설정한 것은, 원칙적으로 도메인이름 등록제도의 간이·신속성에
   따라 누구든지 선착순으로 자유롭게 도메인이름을 등록할 수 있지만, 도메인이름이 인터
   넷상의 주소로서 기능하도록 하기 위해 동일한 도메인이름을 중복해서 등록하는 것은 허
   용되지 않으므로, 제반 사정에 비추어 볼 때 도메인이름의 취득·보유 또는 이용형태가 도
   메인이름 등록권자로서의 '권리남용'에 이르는 특별한 사정이 있는 경우에는 그 보유 및
   사용을 금지시켜야 한다는 취지로 해석된다고 판시하였으나, 위 '권리남용'을 엄격하게 해
   석한다면 위 규정의 취지가 몰각될 우려가 있으므로, 상표권자의 상표의 사용을 알고 있으
   면 되는 정도로 완화하여 해석하여야 할 것이다.
38) delonghi.co.kr에 관한 서울중앙지방법원 2008. 5. 8. 선고 2006가합31110 판결(항소취하
   로 확정)은, 본 규정이 '부정한 목적'이라는 주관적 요건을 설정한 것은 누구든지 원칙적
   으로 선착순으로 자유롭게 등록이 가능한 도메인이름 등록제도의 간이·신속성이라는 장
   점을 살리고, 기업이 자유롭게 도메인이름을 취득하고 폭넓은 활동을 보증해야 하며, 도메
   인이름의 취득·보유 또는 이용형태가 남용에 이르는 특별한 사정이 있는 경우에는 그 취
   득이나 사용 등을 금지시켜야 하는 등의 모든 사정을 종합적으로 고려하여 도메인이름의
   정당한 사용 등의 범위를 정해야 한다는 취지라고 한다.

3. 본 규정과 인터넷주소자원에 관한 법률 제12조의 비교

가. 규정내용의 차이

(1) 적용범위의 차이

본 규정((아)목)은 모든 도메인이름[39](ccTLD 및 gTLD 모두)에 대하여 적용되고(문언상으로는 우리나라 ccTLD뿐만 아니라 다른 나라 ccTLD에도 적용될 수 있으나 실제로 다른 나라 ccTLD가 대상이 된 경우는 없다), 한편 인터넷주소법 제12조는 대한민국에서 등록·보유 또는 사용되는 도메인이름(ccTLD 및 gTLD)에 적용된다(인터넷주소법 제4조). 도메인이름관리준칙 제4조 제1항에 의하면 우리나라 ccTLD 신청인 및 등록인은 대한민국에 주소지가 있어야 하므로 우리나라 ccTLD는 모두 당연히 대한민국에서 등록·보유 또는 사용된다고 볼 수 있다. 따라서 일응 문언상으로 양 법의 적용범위가 gTLD 및 다른 나라 ccTLD에 관하여 차이가 있는 것처럼 보인다.

"대한민국에서 등록·보유 또는 사용되는 도메인이름"에서 '등록·보유 또는 사용'의 범위는 어디까지일까? '대한민국에서 등록되는'이란 '대한민국에 소재하는 도메인이름 등록기관에 등록되어 있는'을 의미함이 분명하고, '대한민국에서 보유하는'이란 '대한민국 국민이나 대한민국에 주소지를 두고 있는 개인 및 법인 기타 단체가 보유하는'을 의미한다고 볼 수 있을 것이다. 문제는 '대한민국에서 사용되는'의 외연이 어디까지인가이다. 도메인이름은 그 형태가 어떠하든 등록인 및 등록기관이 누구이든가에 관계없이 인터넷을 통하여 전 세계적으로 사용될 수 있으므로 이를 가장 넓게 해석한다면 도메인이름 모두가 대한민국에서 사용될 수 있다고 할 수 있기 때문이다. 그러나 이렇게 해석하는 것은 인터넷주소법 제4조가 제한적으로 규정하고 있는 취지를 무시하는 것이므로 타당하다고 할 수 없다. 인터넷주소법 제4조의 취지를 합리적으로 해석한다면, '대한민국에서 사용되는'이란 그 도메인이름의 사용 태양이 대한민국과 일정한 관계를 갖는 경우로 한정하여야 할 것이다.

그런데 우리나라에서의 gTLD에 관한 분쟁은 지금까지 모두 대한민국에서 등록·보유 또는 사용되는 도메인이름에 관한 것이어서, 실제로는 양 법은 그 적용범위에 있어서 차이가 없다고 하여도 과언이 아니다.

---

39) 부정경쟁방지법 제2조 제4호는 도메인이름을 '인터넷상의 숫자로 된 주소에 해당하는 숫자·문자·기호 또는 이들의 결합'으로 정의하고 있다.

(2) 적용요건의 차이

본 규정은 도메인이름 등록인에게 상표 등 표지에 대하여 정당한 권원이 있는 자 또는 제3자에게 판매하거나 대여할 목적이나 정당한 권원이 있는 자의 도메인이름의 등록 및 사용을 방해할 목적뿐만 아니라 그 밖의 상업적 이익을 얻을 목적이 있는 경우에도 적용되고, 인터넷주소법 제12조는 도메인이름 등록인에게 정당한 권원이 있는 자의 도메인이름 등의 등록을 방해하거나 정당한 권원이 있는 자로부터 부당한 이득을 얻는 등의 부정한 목적이 있는 경우에 적용된다. 문언상으로는 인터넷주소법 제12조의 부정한 목적이 본 규정의 상업적 이익을 얻을 목적보다 약간 좁다고 할 여지가 있으나, 아래에서 보듯이 본 규정 3호의 '그 밖의 상업적 이익을 얻을 목적'이란 본 규정 1, 2호의 목적과 유사하거나 연관성이 있는 경우를 한정하여 지칭하는 것으로 해석되므로, 적법하거나 정당한 상업적 이익을 얻을 목적까지 포함하는 것이 아님이 분명하여, 결국 정상적이지 못한 방법으로 상업적 이익을 얻을 목적을 의미함을 알 수 있으므로, 실제 사례에서 양자의 차이가 의미 있는 경우는 거의 없다고 할 수 있다.

그러나 본 규정((아)목)은 다른 목의 규정과 마찬가지로 도메인이름과 동일하거나 유사한 타인의 성명·상호·상표 그 밖의 표지가 '국내에 널리 인식'되어 있어야 한다는 제한이 여전히 있음에 반하여, 인터넷주소법 제12조는 정당한 권원이 있는 자의 도메인이름 등의 등록을 방해하거나 정당한 권원이 있는 자로부터 부당한 이득을 얻는 등의 부정한 목적만을 요건으로 하고 있을 뿐이어서 정당한 권원이 있는 자의 성명·상호·상표 그 밖의 표지가 반드시 국내에 널리 인식되어 있어야 함을 요구하지는 아니하므로,[40] 이 점에서 큰 차이가 있다.

본 규정과 인터넷주소법 제12조는 성명·상호·상표 그 밖의 표지에 관한 권리자가 도메인이름 등록인을 상대로 도메인이름 등록말소를 청구할 수 있는 범위를 상호 보완하면서 대폭 넓혔다고 할 수 있다.

(3) 효과의 차이

1) 각 규정에 해당하는 경우 도메인이름 등록이전청구를 할 수 있는지 여부

앞에서 설명한 것처럼, 처음의 인터넷주소법 제12조 제2항에 의하면 어떤 표지에 대하여 정당한 권원이 있는 자는 부정한 목적으로 도메인이름을 등록한

---

40) nca.com에 관한 대법원 2013. 9. 12. 선고 2011다57661 판결(인터넷주소법 제12조에서 도메인이름에 대한 정당한 권원을 인정하는 데에 그 대상표지가 반드시 국내에서 널리 인식되어 있음을 요하는 것은 아니라고 판시하였다) 등 많은 판결들이 이와 같이 판시하고 있다.

자에 대하여 도메인이름의 등록말소만을 청구할 수 있었으나, 2009. 6. 9. 개정
되어 2009. 9. 10.부터 시행되는 인터넷주소법 제12조 제2항은 부정한 목적으로
도메인이름을 등록한 자에 대하여 도메인이름의 등록말소뿐 아니라 등록이전까
지 청구할 수 있도록 규정하고 있다.[41][42] 한편 본 규정((아)목)의 부정경쟁행위
에 해당하면 부정경쟁방지법 제4조에 의하여 부정경쟁행위의 금지 또는 예방을
청구할 수 있고, 그 청구를 할 때에는 부정경쟁행위의 대상이 된 도메인이름의
등록말소(제4조 제2항 제3호) 그 밖에 부정경쟁행위의 금지 또는 예방을 위하여
필요한 조치(제4조 제2항 제4호)를 함께 청구할 수 있다.[43] 이와 같이 해당 도메
인이름의 등록말소를 청구할 수 있음은 명백한데, 나아가 같은 항 제4호에 의하
여 해당 도메인이름의 등록이전까지 청구할 수 있을까?

gTLD인 myspce.com에 관한 서울중앙지방법원 2007. 8. 30. 선고 2006가합
53066 판결(확정)을 비롯한 하급심 판결들 대부분은, 도메인이름 등록인이 위
도메인이름을 등록하여 보유하고 있는 것은 부정경쟁방지법 제2조 제1호 (아)
목에 정해진 부정경쟁행위에 해당한다고 판단하면서도, 부정경쟁방지법상 부정

---

41) 상표·서비스표 권리자 등은 UDDP의 분쟁해결절차[mandatory administrative proceeding
(의무적 행정절차)]에 따라 ICANN(Internet Corporation for Assigned Names and Numbers)이
지정한 분쟁해결기관[administrative dispute resolution service provider, 현재는 스위스 제네
바의 WIPO 중재조정센터(WIPO Arbitration and Conciliation Center), 미국의 NAF(Natio-
nal Arbitration Forum), 베이징·홍콩·서울·쿠알라룸푸르에 사무소를 두고 있는 ADNDRC
(Asian Domain Dispute Resolution Center), 체코의 CAC(Czech Arbitration Court), 캐나다
국제인터넷분쟁해결센터(CIIDRC), 아랍분쟁해결센터(ACDR) 6개이다]에 gTLD 등록인을
상대로 해당 도메인이름의 등록이전, 등록말소를 신청할 수 있는데, 신청인이 ① 자신이
권리를 가지고 있는 상표 또는 서비스표와 등록인의 도메인이름이 동일하거나 혼동을 일
으킬 정도로 유사하다는 것, ② 등록인이 해당 도메인이름의 등록에 대한 권리 또는 정당
한 이익을 가지고 있지 아니하다는 것, ③ 등록인의 도메인이름이 부정한 목적으로 등록
및 사용되고 있다는 것을 모두 입증하면 위 신청이 인용될 수 있다. 하지만 등록인이 위 신
청을 인용한 즉 해당 도메인이름의 등록이전이나 등록말소를 명한 행정패널(administrative
panel)의 판정(decison)을 통지받은 날부터 10 영업일 내에 관할법원에 제소하였다는 공식
적 문서를 제출하는 경우에는 일단 위 판정의 실행은 보류된다. 그 후 해당 법원으로부터
등록인의 소를 기각 또는 등록인이 해당 도메인이름을 계속 사용할 권리가 없다는 판결이
나 결정의 사본 등이 접수되면 위 판정은 실행된다(UDRP 제4조 a항, d항, k항).
42) 서울중앙지방법원 2021. 8. 27. 선고 2020가합585507 판결(확정)은, 원고가 대한민국에
주소지를 두고 있지 않아 도메인이름 관리준칙 제4조에 의하여 우리나라 ccTLD 도메인이
름을 등록할 수 없다는 이유로 원고가 주식의 100%를 소유하고 있는 완전 자회사인 소외
회사에게 도메인이름의 등록을 이전하여 줄 것을 구한 것에 대해, 인터넷주소법 제12조를
근거로 정당한 권원이 있는 자가 자신이 지정한 제3자에게 등록이전을 구할 수 있다고 보
기는 어렵다고 하면서, 예비적 청구인 도메인이름 등록말소만을 인용하였다.
43) 부정경쟁방지법 제4조는 2007. 12. 21. 개정되었으나, 표현과 체재를 변경하였을 뿐이고
개정 전후의 내용은 사실상 같다.

경쟁행위 금지의 효과로서 그 도메인이름의 등록말소에 갈음하여 부정경쟁행위
자가 가진 도메인이름을 자기에게 이전할 것을 청구할 수 있는 도메인이름의
등록이전 청구권을 가진다고까지 해석할 수는 없다고 하여,44) 이전등록청구권
부존재확인청구를 인용하였다. 반면에 ccTLD인 kangwonland.co.kr에 관한 춘천
지방법원 영월지원 2004. 4. 9. 선고 2003가합556(본소), 2004가합140(반소) 판결
(확정), gTLD인 cebit.com에 관한 서울중앙지방법원 2004. 8. 19. 선고 2003가합
88245 판결(확정) 등은, 부정경쟁행위 금지의 효과로 도메인이름의 등록이전 청
구권을 인정하거나, 또는 어차피 도메인이름은 피고에 의하여 등록말소 된 후
피고 명의로 등록될 것이 예정되어 있고, 원고(도메인이름 등록인)는 도메인이름
을 사용할 수 없으므로, 피고에게 도메인이름의 등록말소 및 사용금지를 구할
권리를 인정하면서 등록이전을 구할 권리가 없음을 확인하는 것은 아무런 실익
이 없고, 오히려 피고가 원고에게 도메인이름의 등록말소 및 사용금지를 구하는
것은 궁극적으로 도메인이름을 피고 명의로 등록하기 위함이므로, 결국 피고에
게 도메인이름에 관하여 등록말소, 사용금지 등을 청구할 권리가 없음을 확인한
다는 청구뿐만 아니라 등록이전을 구할 권리가 없음 또한 확인한다는 원고의
청구 역시 받아들일 수 없다고 하였다.

　　그러던 중 대법원은 한글인터넷주소 '장수온돌'을 대상으로 한 상표권 침해
사건이기는 하나 2008. 9. 25. 선고 2006다51577 판결에서, 상표법 제65조 제2
항의 '침해의 예방에 필요한 조치'는 도메인이름의 사용금지 또는 말소등록 등
의 범위를 넘어서 도메인이름의 이전등록까지 당연히 포함한다고 볼 수 없다고
판시하였는바, 이는 위 하급심 판결의 주류적인 입장을 지지한 것으로 볼 수 있다.

　　결국 실무의 주류적인 경향에 의하면, 인터넷주소법 제12조 제2항에 해당
하는 경우와는 달리 본 규정에 해당하는 경우에는 등록말소청구만이 허용되고

---

44) 그 중 일부 판결들은 ① 부정경쟁행위의 대상이 된 도메인이름의 이전등록은 등록말소
에 버금가는 강력한 조치인데, 부정경쟁방지법은 제4조 제2항 제3호에서 '등록말소'만을
규정하고 있을 뿐 명시적으로 '이전등록'을 규정하고 있지 않고, 같은 조 제4호 '그 밖에
부정경쟁행위의 금지 또는 예방을 위하여 필요한 조치'에 이전등록이 포함된다고 단정하
기도 어려운 점, ② 주지·저명한 상표 등의 표지를 보호하기 위하여 도메인이름의 사용금
지나 등록말소만으로도 충분함에도 이전등록까지 인정하는 것은 목적과 수단의 비례, 보
충성의 원칙에 반할 수 있는 점, ③ 만약 하나의 도메인이름에 관하여 다수의 권리자가 이
전등록을 청구할 경우 누구에게 우선권을 부여하여야 할 것인지를 결정하기도 어려운 점
등의 사정을 종합하면, 부정경쟁방지법상 부정경쟁행위 금지의 효과로서 부정경쟁행위의
대상이 된 도메인이름의 이전등록청구권까지 인정된다고 볼 수는 없다 할 것이라고 하여,
보다 상세한 논거를 제시하고 있다.

등록이전청구는 허용되지 아니한다. 이는 본 규정의 효과에서 자세히 살펴보는 바와 같이 매우 큰 차이라고 할 수 있다.

nca.com에 관한 대법원 2013. 9. 12. 선고 2011다57661 판결이, 인터넷주소법 제12조에서 도메인이름의 등록말소 또는 등록이전을 청구하는 이에게 '정당한 권원'이 있다고 하려면 (중략) 그 도메인이름을 대가의 지불 없이 말소하게 하거나 이전을 받는 것이 정의 관념에 비추어 합당하다고 인정할 수 있을 만큼 직접적 관련성이 있고 그에 대한 보호의 필요성도 충분하다는 사정이 존재하여야 한다고 판시한 것은, 본 규정과는 달리 인터넷주소법 제12조만이 가지고 있는 도메인이름의 등록이전 청구의 측면까지 종합적으로 고려하여 본 규정과는 차별적인 의미를 가진 규정이라는 것을 설시하였다는 데 나름대로 중요한 의의가 있다고 주장되기도 한다.[45)]

2) 각 규정에 해당하는 경우 손해배상청구를 할 수 있는지 여부

부정경쟁방지법 제5조가 고의 또는 과실에 의한 본 규정 소정의 부정경쟁행위로 타인의 영업상 이익을 침해하여 손해를 입힌 자는 그 손해를 배상할 책임을 진다고 규정하고 있음에 반하여, 인터넷주소법은 제12조 해당 행위로 인한 손해배상에 관하여 아무런 규정을 두고 있지 않으므로, 손해배상청구를 할 수 있는지에 관하여 차이가 있다.

3) 형사처벌의 차이

부정경쟁방지법 제18조 제3항 제1호는 부정경쟁행위를 한 자를 처벌한다고 규정하면서 본 규정은 제외하였고, 인터넷주소법도 제12조에 위반하는 자를 처벌하는 규정을 두고 있지 않으므로, 이 점에서는 서로 차이가 없다.

나. 양 규정의 관계

지금까지 우리나라에서 분쟁이 발생하였던 사건들은 모두 대한민국에서 등록·보유 또는 사용되는 노메인이름에 관한 것이므로, 이제는 동일한 분쟁에 대하여 본 규정과 인터넷주소법 제12조가 중복적용되는 경우가 매우 많이 생기게된다. 양 규정은 부정한 목적으로 도메인이름을 등록 또는 사용하는 행위를 규율하고자 하는 것인 점에서 아무런 차이가 없다. 그런데 본 규정의 보호대상은 "국내에 널리 인식된 성명·상호·상표 그 밖의 표지"임에 반하여, 인터넷주소법 제12조의 보호대상은 단순히 누군가가 정당한 권원을 가지고 있는 표지일

---

45) 정태호, 인터넷주소자원에 관한 법률 제12조의 해석에 관한 연구(대법원 2013. 9. 12. 선고 2011다57661 판결의 분석을 중심으로), 창작과 권리 2014년 겨울호, 122-123.

뿐이므로, 본 규정이 인터넷주소법 제12조보다 표지의 권리자에게 더 확실한 권원이 있다고 할 수 있다. 하지만 국내에 널리 인식되어 더 확실한 권원을 가진 자는 등록말소밖에 청구하지 못함에 반하여, 인터넷주소법 제12조에 의하면 상표등록 여부와도 관계없고 표지에 대해 부정경쟁방지법보다 더 약한 정도이어도 정당한 권원을 가지고 있으면서 등록인에게 부정한 목적이 있다고 인정되기만 하면 등록이전을 청구할 수 있으므로, 양 법 사이에 균형이 맞지 아니한다.

따라서 굳이 두 법률로 각각 중복하여 규정할 필요는 없고,[46] 본 규정의 효과 규정을 개정하여 양자의 차이를 일치시키거나(최소한 부정경쟁방지법 제4조 제2항 제3호를 삭제하여 제4호의 '부정경쟁행위의 금지 또는 예방을 위하여 필요한 조치'에 등록말소청구 뿐만 아니라 등록이전청구도 포함된다고 해석할 수 있는 여지를 남겨 놓아야 할 것이다), 한쪽을 삭제하여 하나의 법률로 통일함이 바람직하며(하나의 법률로 통일한다면 본 규정을 삭제하고 인터넷주소법 제12조를 존치시키는 방안이 우수하다고 생각된다. 최근의 동향을 보면 표지의 권리자는 본 규정보다는 인터넷주소법 제12조에 해당한다고 주장하는 것을 더 선호하는 것 같다), 적어도 법률 간의 적용 우선순위나 적용의 경계에 대한 명확한 정리가 필요하다.[47]

II. 본 규정의 적용요건

1. 도메인이름 등록인이 '정당한 권원이 없는 자'이어야 한다.

가. 도메인이름 등록인에게 그 도메인이름(정확히 말하면 우리나라 ccTLD나 gTLD의 1단계나 2단계인 .co.kr, .kr, .한국, .com, .net 등을 제외한 2단계나 3단계 부분의 문자)에 대한 정당한 권원이 없어야 한다. 인터넷주소의 등록·보유 또는 사용과 관련된 분쟁의 조정에서의 판단기준 중 하나이기는 하나, 인터넷주소법 제18조의2 제3항이, 피신청인(도메인이름 등록인)의 인터넷주소가 피신청인이 정당한 권원을 가지고 있는 성명, 명칭, 표장 또는 상호와 동일하거나 그 밖에 피신청인이 인터넷주소의 등록이나 사용에 정당한 권리나 이익을 가지고 있는 경우에는 조정부는 신청을 기각할 수 있다고 규정하고 있는 것과 같은 취지이다. gTLD

---

46) 부정경쟁방지법을 담당하는 특허청과 인터넷주소자원에 관한 법률을 담당하는 구 정보통신부 사이에서 상표, 상호, 성명 등 표지에 관한 사이버스쿼팅은 부정경쟁방지법에서, 그 외의 일반적인 사이버스쿼팅은 인터넷주소자원에 관한 법률에서 각 규정하기로 합의하였다고 하지만, 각 규정 내용이 그렇게 되었다고 볼 수는 없다.

47) 김원오·이경규, "도메인이름 사이버스쿼팅에 관한 실체적 분쟁해결 규준의 문제점", 법학연구 제10집 제3호(2007. 9, 인하대학교 법학연구소), 78.

에 관한 분쟁 판단기준인 UDRP도 등록인을 상대로 도메인이름의 등록이전이나 등록말소를 신청하려면 등록인이 해당 도메인이름의 등록에 대한 권리 또는 정당한 이익을 가지고 있지 아니하다는 것을 입증하여야 한다고 규정하고 있다.

나. 도메인이름 등록인이 그 도메인이름의 2단계나 3단계 부분에 일치하는 상표, 서비스표, 상호를 등록한 경우, 일반적으로는 등록인이 그 도메인이름에 대하여 권리 또는 정당한 이익을 가지고 있다고 인정할 수 있으나, 그 등록의 목적이 단순히 UDRP나 본 규정 및 인터넷주소법 제12조를 벗어나기 위한 것임이 여러 정황상 인정되는 경우나 그 상표, 서비스표, 상호에 관해 정당한 이익이 있는 자의 도메인이름 등록을 방해하려는 경우에는 그러하지 아니하다(WIPO Overview 3.0[48]) 중 2.12항 참조).

karma-online.com, karma-online.co.kr에 관한 서울중앙지방법원 2003. 4. 29. 자 2003카합439 결정은, 피신청인(도메인이름 등록인)이 지정상품을 '집적회로, 트랜지스터'로 한 '카르마' 상표권을 이전등록 받거나 상표 등록출원을 한 바 있으므로 피신청인의 행위는 위 상표권 또는 독자적인 주지성을 취득한 상표에 기하여 하는 것이어서 부정경쟁행위에 해당하지 아니한다고 주장한 것에 대하여, 피신청인이 신청인의 주지·저명한 표장인 '카르마(karma)'(컴퓨터용 게임 이름)와 유사한 '카르마 온라인(karma-online)'을 도메인이름(karma-online.com, karma-online.co.kr)으로 사용하는 행위는 상품주체를 혼동하게 하는 부정경쟁행위에 해당하고(이미 주지성을 취득한 타인의 상표와 동일·유사한 상표 등록출원 자체가 부정경쟁행위가 된다고 할 것이고), 비록 권리행사의 외형을 갖추었다 하더라도 이는 상표법을 악용하거나 남용한 것이 되어 적법한 권리의 행사라고 보기 어렵다고 하여 위 주장을 배척하였다. 위 결정은 도메인이름 등록인이 등록상표권자임에도 그 도메인이름 사용행위가 부정경쟁행위에 해당한다고 함으로써, 상표권자이기만 하면 그 등록상표와 동일 또는 유사한 도메인이름을 등록·사용할 정당한 권원이나 이익이 있다고 하여야 하는 것은 아님을 분명히 하였다는 점에서 의의가 있다.[49]

version.com에 관한 서울중앙지방법원 2011. 11. 22. 선고 2011가합55899 판결(확정)도, 소외 버라이즌 커뮤니케이션사의 계열사로서 상표 및 서비스표를

---

48) gTLD 분쟁해결기관 중 하나인 WIPO 중재조정센터의 패널들의 UDRP에 대한 견해 요약 제3판.
49) 2010 도메인이름 분쟁백서, 161(남호현 집필부분).

관리하는 회사인 버라이즌 트레이드마크 서비시즈 엘엘씨가 피고인 사안에서, 비록 도메인이름 등록인인 원고가 '베리시온, version'에 관하여 2010. 1. 7. 서비스표 등록출원을 하여 2011. 4. 26. 등록을 받았다 하더라도, 피고의 표장 'verizon'은 피고가 제공하는 서비스에 관하여 국내외에서 상당한 인지도를 가지고 있고, 대한민국에도 위 서비스업에 관하여 'verizon'이라는 표장으로 다수의 서비스표를 등록하여 이를 유지하고 있으며, 위 도메인이름에 의해 연결되는 웹페이지에서 제공되는 서비스가 피고가 제공하는 서비스와 동일·유사하고, 위 도메인이름을 미화 10,000달러에 매도하겠다는 취지의 광고가 도메인이름 거래 웹페이지(sedo.com) 상에 올라와 있으며, 우리나라의 평균인의 영어지식 수준을 고려할 때, 위 도메인이름은 피고의 표장과 유사한 것으로 보이므로, 원고는 피고의 표장과 유사한 'version'이 도메인이름으로 등록되어 있지 않음을 알고 이를 미리 선점하여 피고의 도메인이름 등록을 방해하거나 피고로부터 부당한 이득을 얻으려는 등의 부정한 목적으로 이 사건 도메인이름을 보유 및 또는 사용하고 있다고 봄이 상당하다고 하였다.

다. nca.com에 관한 대법원 2013. 9. 12. 선고 2011다57661 판결에 비추어 볼 때, '정당한 권원'이 있다고 하려면 '그 도메인이름과 사이에 밀접한 연관관계를 형성'하고 있어야 한다. 도메인이름의 2단계나 3단계 부분이 등록인의 성명(넓게는 도메인이름 등록인이 이해관계를 가질 수 있는 성명, 예를 들어 가족의 성명), 불리는 명칭(별명), 사용하는 표장이나 상호와 동일하면 상표·상호등록이 되어 있지 않더라도 정당한 권원이 있다고 볼 여지가 있고, 또한 위 부분이 보통명사, 기술적(記述的) 의미를 갖는 단어, 현저한 지리적 명칭 등 식별력이 없는 단어인 경우 등록인이 그 단어와 관련된 사업을 하면서 제3자보다 먼저 그 단어를 사용하기 시작하여 도메인이름 등록까지 하였다면 정당한 권원이 있다고 볼 여지가 있다. WIPO Overview 3.0 중 2.1항은 합의된 의견으로, 만일 신청인이 피신청인(도메인이름 등록인)에게는 권리 또는 정당한 이익이 없다는 일응의 추정(prima facie)을 제시하고 피신청인이 UDRP 제4조 c항(그 내용은 아래 바.와 같다)에 예시된 바와 같은 정당한 이익을 갖고 있다는 증거를 제시하지 못하는 경우, 피신청인은 도메인이름에 대한 정당한 이익을 갖지 못하는 것으로 간주된다고 설명하면서, 많은 패널들은 피신청인의 권리 또는 정당한 이익을 인정할 수 있는 확립된 추가 근거를 인정하는데, 예를 들면, 두 문자 단어, 사전 단어(dictionary words), 일반적인 문구(common phrases)로 구성된 도메인이름을 수집하고 보유하는 것은 선의일 수 있고 UDRP에 따라 본질적으로 불법이 아님을 인정한다고 설명한다[다만 WIPO Overview 3.0 중 2.10항에서는 도메인이름에 대한 권리 또는 정당한 이익을 인정하려면 해당 도메인이름이 신뢰할 수 있는 사전적 의미와 관련하여 진정으로 사용되거나 적어도 그러한 용도로 사용하려는 의도가 입증되어야 하며 제3자 상표권과 거래하지 않아야 한다고 한다. 그리고 .WIPO Overview 2.0[50) 중 2.2항은 권리나 정당한 이익이 있는지 여부를 결정할 때 패널이 살펴야 할 요인으로는 상표의 상태 및 인지도, 피신청인이 다른 보통명사를 도메인이름으로 등록하였는지 여부, 그 도메인이름이 일반적이거나 기술적(記述的)인 의미와 관련된 용도로 사용되는지 등이 있다고 설명하고 있었다(예를 들어, 피신청인이 사과와 관련된 사이트에 apple.com을 사용한다면 피신청인의 권리가 인정될 가능성이 높지만, 컴퓨터, 휴대폰 판매나 부적절한 다른 목적과 관련된 사이트에 사용한다면 권리가 인정될 수 없다)]. 도메인이름과 등록인의 사업이나 비전과 매치시킬 만한 합리적인 연결점이 도출될 수 있는 경우, 등록인이 도메인이름으로 웹사이트를 개설하여 성실하게 상품을 판매하거나 서비스를 제공하거나 또는 비상업적으로 사용하고 있는 경우에도 등록인이 정당한 권리나 이익을 가지고 있다고 볼 여지가 있다.

그리고 도메인이름 자체뿐만 아니라 그 등록이나 사용에 정당한 권리나 이익이 있는 경우에도 '정당한 권원'이 있다고 할 수 있다. 예를 들어, 외국 상표권자의 상품을 수입·판매하는 대리점은 그 대리점을 계속 운영하는 동안에는 그 상표 철자로 된 도메인이름에 대하여 정당한 권리나 이익이 있다고 할 수 있을 것이다. WIPO Overview 3.0 중 2.8항도, 그 상품 및 서비스를 실제로 제공하고 있을 것, 해당 도메인이름을 그 상표 부착 상품만을 판매하기 위한 사이트에 사용할 것, 위 사이트에 등록상표권자와 도메인이름 등록인 사이의 관계가 정확히 공지되어 있을 것을 충족하면(Oki Data Test) 도메인이름 등록인에게 정당한 이익이 있으며, 다만 도메인이름 등록인은 상표권자도 자신의 상표를 도메인이름에 반영하지 못할 정도로 그 상표가 반영된 도메인이름을 독점하려 하여서는 안 된다고 설명한다[51](하지만 WIPO Overview 2.0 중 2.3항은 도메인이름 등록인에게 상표와 관련된 아무런 권리가 없거나, 상표권자의 승낙 없이 상표권자의 상표

---

50) gTLD 분쟁해결기관 중 하나인 WIPO 중재조정센터의 패널들의 UDRP에 대한 견해 요약 제2판.

51) UDRP 판정 사례에 의하면, 대리점이 상표권자의 선택을 제약할 정도로 유사한 도메인이름을 매점하면 안 된다고 한다[정찬모, "도메인이름 분쟁해결에 있어서 정당한 권리자의 범위", 인터넷상의 상표권 침해와 도메인이름에 대한 정당한 권리자의 범위 고찰(제7회 인터넷&정보보호 세미나 2010. 8. 26), 104].

와 동일한 도메인이름을 사용하는 경우에는, 일반적으로 피신청인에게 권리나 정당한 이익을 인정하기 매우 어렵다는 소수의견도 소개하고 있었다52)53)).

　　하지만 '정당한 권원'의 유무는 위와 같은 사정만으로 단정적으로 판단해서는 안 되고, 항상 아래의 2.에서 보는 부정한 목적이 있는지 여부와 연관시켜 함께 판단하여야 한다.

　　라. 진정상품의 병행수입업자가 진정상품의 상표를 도메인이름으로 등록한 경우, 병행수입업자에게 인정될 수 있는 영업표지의 사용범위는 그 진정상품의 판매행위 및 전시행위 또는 이를 위한 필요 최소한의 광고·홍보행위에 그치므로, 병행수입업자가 위 도메인이름으로 개설한 웹사이트에서 진정상품을 판매하는 것은 영업표지의 사용범위를 넘는 것이어서, 병행수입업자에게 위 도메인이름에 대하여 정당한 권원이 있다고 할 수 없다.54)55)

---

52) UDRP 판정 사례에 의하면, 대리점 계약에서 구체적으로 대리점이 본사의 상표를 도메인이름으로 등록할 수 없다고 한 경우뿐만 아니라 아무런 언급이 없는 경우에도 본사의 상표를 도메인이름으로 사용할 수 없다고 한 것도 있다(정찬모, 위의 글, 104).

53) delonghi.co.kr에 관한 서울중앙지방법원 2008. 5. 8. 선고 2006가합31110 판결(항소취하로 확정)은, "원고(도메인이름 등록인)는 피고(De'Longhi S.p.A)의 진정상품의 광고와 판매를 위해서가 아니라 원고의 컨벡스오븐 제품의 광고와 판매를 위해서 국내에 널리 알려진 피고의 표지와 동일하거나 유사한 도메인이름을 보유·사용하면서 www.delonghi.co.kr 웹사이트를 운영하였다. 또한 원고는 2004. 5.부터는 피고의 제품을 수입하여 판매하고 있지 않으면서 컨벡스오븐만을 생산·판매하고 있다. 그리고 원고가 피고와 독점판매계약을 체결한 적이 있지만 그 계약이 더 이상 존속하고 있다고 보기 어렵고, 피고의 표지와 동일하거나 유사한 도메인이름의 사용을 허락받지도 않았으며, 설령 원고가 독점판매계약에 따라 이 사건 도메인이름을 보유·사용할 정당한 권원이 있다고 하더라도 그 권원은 피고로부터 수입한 진정상품의 광고와 판매에 관해서만 미친다고 할 것인데, 원고는 원고의 컨벡스오븐 제품의 광고와 판매를 위해서 도메인이름을 보유·사용하였다. 따라서 원고가 피고의 표지와 동일하거나 유사한 이 사건 도메인이름을 보유하고 사용하는 것에 대한 정당한 권원 내지 이익이 있다고 볼 수 없다"고 하였다.

　　또한 pioneer.co.kr에 관한 서울중앙지방법원 2007. 11. 21. 선고 2007가합31803 판결(확정)은, 원고(도메인이름 등록인)가 이 사건 도메인이름 사용이 정당하다고 주장한 것에 대해, "원고의 주장대로 대동음향이 이 사건 도메인이름을 등록할 당시 피고(파이오니아 가부시키가이샤)로부터 사용승낙을 받았다 하더라도 피고의 사용승낙은 대동음향과 피고와의 대리점계약에 부수하여 이루어진 것으로 보아야 할 것이고, 따라서 대동음향과 피고와의 대리점계약이 해지된 이상 위 사용승낙도 철회된 것으로 볼 수밖에 없다 할 것인데, 한편 원고가 대동음향으로부터 이 사건 도메인이름을 양수받은 것은 위 대리점계약이 해지된 후임은 원고가 자인하고 있으므로, 원고가 이 사건 도메인이름을 사용하는 것이 정당하다고 볼 수 없다"고 하면서 위 주장을 배척하였다.

54) 서울지방법원 2000. 9. 22. 선고 2000가합5188, 31156(병합) 판결(확정) 참조.

55) mikihouse.co.kr에 관한 부산지방법원 2013. 11. 25. 자 2013카합1186 결정은, 위 도메인이름 등록인인 피신청인의 행위가 진정상품의 병행수입에 해당한다 하더라도, 피신청인이 위 도메인이름으로 인터넷 사이트를 개설하여 전자상거래를 하는 행위 등은 피신청인을

마. 어떤 사안에서는 도메인이름 등록인이 이니셜 구성(영문 약자 구성)을 설명하며 그 도메인이름을 선정한 동기의 순수성을 항변하기도 하나 정당한 권원이 인정되기 어려운 억지스러운 경우가 대부분이다.

바. UDRP 제4조 c항은 도메인이름에 관한 권리 및 정당한 이익의 입증방법의 예시로, ① 등록인이 도메인이름에 관한 분쟁의 통지를 받기 전에 상품 또는 서비스의 제공을 위하여 부정한 목적 없이 해당 도메인이름 또는 이에 대응하는 명칭을 사용하고 있었거나 그 사용을 위한 상당한 준비를 하고 있었던 경우, ② 등록인(개인, 기업이나 기타 단체로서)이 비록 상표권이나 서비스표권을 갖고 있지는 않더라도 해당 도메인이름으로 일반에 널리 인식되고 있었던 경우, ③ 등록인이 상업적 목적으로 해당 도메인이름을 사용해서 소비자를 오인시키거나 문제시된 상표나 서비스표를 희석시키는 것이 아니라, 정당한 비상업적 사용 또는 공정한 사용을 하고 있는 경우를 들고 있다. UDRP 판정 사례에 의하면, 위 ①의 '그 사용을 위한 상당한 준비'란 사업계획, 회사 설립준비, 로고 작성, 시장테스트, 자원구매 약속, 지출계획의 수립 등을 의미하고, 단순히 장래에 사용할 계획이 있다는 주장, 다른 웹사이트로 링크된 경우, 웹사이트에 '공사 중'이라고 표시한 경우는 이에 해당하지 아니한다고 한다. ③과 관련하여, 공정한 사용은 순수하여야 하고, 비영리적이라 하더라도 포르노, 마약, 범죄 등 불건전 웹사이트에 연결하는 것은 이에 해당하지 아니한다.

사. 비평 사이트를 운영할 목적으로 타인의 등록상표나 주지·저명한 표장과 혼동될 정도로 유사한 도메인이름 또는 이에 anti, fuck, sucks 등을 붙인 도메인이름을 사용하는 경우, WIPO Overview 3.0 중 2.6항은, "도메인이름이 신청인의 상표와 동일하지는 않지만 상표와 경멸적인 용어(예: <trademarksucks.tld>)를 포함하는 경우, 패널은 피신청인이 해당 상표를 비평 사이트의 도메인이름으로 사용하는 것이 일응 비상업적으로 보이고 진정으로 공정하며 오해의 소지가 있거나 거짓이 아닌 경우 정당한 이해관계가 있다고 판단하는 경향이 있다. 일부 패널은 이러한 경우 특정 상황에서 제한된 수준의 부수적인 상업적 활동이 허용될 수 있다고 판단한다(예: 도메인이름 및 웹사이트와 관련된 등록 또는 호스팅 비용을 충당하기 위한 '모금 활동')"고 설명한다.

조정욱 변호사의 분석[56]에 의하면, 인터넷주소분쟁조정위원회의 조정결정

신청인의 국내 공인대리점 등으로 오인하게 할 우려가 있어 허용되지 않는다고 하였다.

56) 조정욱, "WIPO 조정결정과 인터넷주소분쟁조정위원회 조정결정 경향 비교", 국내외 인

의 주요 경향은 비영리 웹사이트를 운영하고 있더라도 적어도 '상표와 동일하거나 혼동을 야기할 가능성이 매우 높을 정도로 유사한 도메인이름의 등록 또는 사용'에 대해서까지 피신청인에게 정당한 이익이 있다고 인정하지는 않는 것[다만 oakley.co.kr 사건(D2002-0045)에서만은 조정부는 위 도메인이름으로 비영리적 동호회사이트를 운영하고 있다는 이유로 신청을 기각하였다] 같아 보인다고 한다.

   antisec.co.kr에 관한 인터넷주소분쟁조정위원회 결정(D2005-A033)은, 위 도메인이름의 등록인인 피신청인이 위 도메인이름을 사용하여 안티사이트를 운영하고 있으므로 신청인인 삼성전자 주식회사의 표지(영문상호의 약칭인 SEC[57])에 대한 식별력은 손상될 여지는 없다고 볼 수 있으나, 반면 피신청인이 신청인 측에 대한 안티사이트를 운영함으로써 그 내용을 정확히 인지하고 있지 못한 일반 인터넷 이용자들에게는 신청인의 대외적 이미지 및 명성에 부정적으로 영향을 미칠 가능성은 충분히 있다고 판단된다고 함으로써, 안티사이트에 관한 도메인이름이 저명표장에 대한 명성의 손상으로 인하여 도메인이름분쟁조정규정 제9조 제1항 제3호(현재 인터넷주소법 제18조의2 제1항 제3호)에 해당한다고 하였다[피신청인에게 위 도메인이름을 신청인이나 그 외의 자에게 판매하여 부당한 이득을 얻으려는 목적이 있었다고 보아 도메인이름분쟁조정규정 제9조 제2항(현재 인터넷주소법 제18조의2 제2항)에도 해당한다고 하였다]. 저명표장 그 자체를 도메인이름으로 등록하여 그 도메인이름으로 웹사이트를 개설하여 안티 행동을 하는 경우와는 달리,[58] 저명표장에 'anti'를 결합한 도메인이름으로 웹사이트를 개설하여 비영리적으로 공정한 비판을 하면서 불법을 자행하지 않으며 운영하는 경우에까지 그 도메인이름이 저명표장에 대한 명성을 손상한다고 보아 도메인이름분쟁조정규정 제9조 제1항 제3호에 해당한다고 하는 것은 안티사이트를 전혀 허용하지 않는 결과가 되어 바람직하지 않다고 생각된다.

   아. 본 규정의 적용을 주장하는 자는 도메인이름 등록인이 정당한 권원을 갖고 있지 않다는 일응의 추정을 할 수 있을 정도로만 증명하면 충분하고, 일단

터넷주소분쟁해결제도 최근 경향과 국제재판관할 문제 고찰(인터넷주소분쟁조정위원회 · 한국정보법학회 공동 국제세미나, 2009. 10. 29), 47.

57) 삼성전자 주식회사가 저명하고, 일반적으로 위 회사의 상표, 서비스표 또는 상호가 저명하다고 하여, 위 회사의 영문 상호의 약칭인 SEC가 과연 국내에서 저명하다고 할 수 있는지는 의문이다. 위 SEC에 관하여 상표 및 서비스표 등록을 하였다고 하더라도 마찬가지이다.

58) 이 경우에는 본 규정(부정경쟁방지법 제2조 제1호 (아)목) 또는 인터넷주소자원에 관한 법률 제12조 제1항, 제18조의2 제2항에 해당할 여지가 많다.

이러한 일응의 추정이 인정되면 도메인이름에 대한 정당한 권원이 있다는 사실
은 도메인이름 등록인이 입증하여야 한다.

2. 도메인이름 등록인에게 '부정한 목적'이 있어야 한다.

가. 부정한 목적의 개관

(1) 도메인이름 등록인이 웹사이트를 개설하여 상품을 판매하거나 서비스
를 제공하고 있는 경우뿐만 아니라, 도메인이름을 등록만 하여 놓고 웹사이트를
개설하지 않거나, 개설하였더라도 그 내용이 형식적인 것에 불과하거나 또는 비
상업적인 경우에도 아래의 나., 다., 라.항의 '부정한 목적'이 있을 수 있다. 그런
데 위 '부정한 목적'이라는 주관적 요건사실은 도메인이름의 이전 또는 말소를
구하는 자가 제출한 증거 등과 도메인이름 등록인의 대응태도, 등록의 동기 등
아래에서 보는 여러 가지 객관적 정황을 토대로 하여 추론적으로 판단할 수밖
에 없다.

위 '부정한 목적'이 있는지 여부는 정당한 권원이 있는 자의 성명·상호·
상표·서비스표 그 밖의 표지(이하 '대상표지'라고 한다)에 관한 인식도 또는 창작
성의 정도, 도메인이름과 대상표지의 동일·유사성의 정도, 도메인이름을 등록·
보유 또는 사용하는 자가 대상표지를 알고 있었는지 여부 및 도메인이름을 판
매·대여하여 경제적 이익을 얻고자 한 전력의 유무, 도메인이름에 의한 웹사이
트의 개설 및 그 웹사이트의 실질적인 운영 여부, 그 웹사이트상의 상품 또는
서비스업 등과 대상표지가 사용된 상품 또는 서비스업 등과의 동일·유사성 내
지는 경제적 견련관계 유무, 대상표지에 화체되어 있는 신용과 고객흡인력으로
인하여 인터넷 사용자들이 그 웹사이트로 유인되는지 여부, 그 밖에 도메인이름
의 등록·보유 또는 사용을 둘러싼 제반 사정을 종합적으로 고려하여 판단되어
야 한다.[59]

보다 구체적으로 보면, 도메인이름의 이전 또는 말소를 구하는 자(이하 이
항에서는 '신청인'이라고 한다)의 표장이 국내에서 주지, 저명하고(대부분 신청인은
도메인이름이 등록되기 이전에 그 표장에 관하여 상표, 서비스표 등록을 한 상태이다.
그리고 신청인의 표장이 저명한 경우에는 비록 등록인이 신청인에게 매각 제의를 한
적이 없다고 하더라도 자신이 사용할 목적이라기보다는 판매 등 다른 부정한 동기를

---

59) k2.co.kr에 관한 대법원 2013. 4. 26. 선고 2011다64836 판결, nca.com에 관한 대법원
2013. 9. 12. 선고 2011다57661 판결, electrolube.co.kr에 관한 대법원 2017. 6. 29. 선고
2016다216199 판결, goodauction.co.kr에 관한 대법원 2021. 7. 15. 선고 2016다25393 판결.

의심할 수 있는 요소가 된다), 설사 신청인의 표장이 국내에서 주지, 저명하다고
인정하기 부족한 경우라도 여러 사정에 의하여 해당 도메인이름 등록인이 신청
인의 표장의 존재 나아가 외국에서의 그 명성을 알고 있었음이 명백하며, 해당
도메인이름 중 3단계 부분이 신청인의 표장과 동일 또는 거의 동일한 정도로
유사하거나 신청인의 표장에 식별력이 없는 성질표시적 용어를 결합한 것이며,
등록인이 도메인이름을 등록한 이래 오랜 기간이 경과하도록 그 도메인이름으
로 웹사이트를 개설하지 않거나 개설하였더라도 그 내용이 형식적인 것에 불과
하고, 등록인이 도메인이름에 대한 정당한 권리나 이익을 전혀 가지고 있지 않
다면(등록인이 도메인이름에 대한 정당한 권리나 이익을 전혀 가지고 있지 않다는 점
은 도메인이름의 등록과 보유의 동기를 의심해 볼 만한 충분한 이유가 된다), 특별한
사정이 없는 한 일응 등록인에게 '정당한 권원이 있는 자의 도메인이름의 등록
및 사용을 방해할 목적' 내지 '그 밖의 상업적 이익을 얻을 목적'이 있다고 추
정할 수 있다('그 밖의 상업적 이익을 얻을 목적'은 주로 신청인의 표장이 저명한 경
우에 추정이 가능할 것이다).

　여기에 더하여 등록인이 신청인에게 양도의 대가로 등록비용을 훨씬 초과
하는 금원을 요구하거나 도메인이름으로 웹사이트를 개설하여 해당 도메인이름
의 판매를 광고하는 것 이외에는 별도의 영업행위를 하지 아니하고 있는 경우
에는 등록인에게 상표 등 표지에 대하여 '정당한 권원이 있는 자에게 판매·대
여할 목적'이 있다고 추정할 수 있을 것이다. 도메인이름 분쟁 초창기에는 등록
인이 상표권자에게 먼저 금전적 요구를 하는 경우가 많았으나, 분쟁사례가 축적
되면서 등록인이 먼저 금전적 요구를 하는 경우는 줄어들고 있다. 이는 먼저 금
전적 요구를 하는 경우 전형적인 사이버스쿼터로 취급받기 때문이다. 이러한 이
유로 도메인이름을 등록한 후 상표권자 등 권리자로부터 연락을 받고도 답변을
하지 않는 경우가 많아지고 있다. 이러한 경우 신청인은 등록인의 부정한 목적
을 증명하기가 어려워지는 경향이 있다.[60] 그러나 등록비용을 훨씬 초과하는 금
전적 요구를 하지 않더라도 도메인이름으로 웹사이트를 개설하지 않거나 개설
하였더라도 아무런 내용이 없거나 아주 형식적이면서(이를 domain parking이라고
한다) 신청인의 등록이전 요구에 응하지 않고 앞에서 본 정당한 권원도 인정되
지 않는 경우라면, 여러 정황에 비추어 적어도 '정당한 권원이 있는 자의 도메
인이름의 등록 및 사용을 방해할 목적'이 있다고 추정할 수 있다.

────────

60) 2010 도메인이름분쟁백서, 한국인터넷진흥원, 98.

신청인의 표장이 조어인 경우에는 등록인이 그 도메인이름을 우연히 선택한 결과라고 볼 수 없으므로 더욱 쉽게 '부정한 목적'을 추정할 수 있을 것이다. 또한, 등록인이 다수의 유명상표를 도메인이름으로 등록해 두고 있다든지 나아가 이미 일부 도메인이름에 대하여 이전 또는 말소 결정이나 판결을 받은 적이 있는 경우에는 역시 더욱 쉽게 '부정한 목적'을 추정할 수 있을 것이다.

(2) 도메인이름의 등록·보유 또는 사용에 정당한 권리나 이익을 가지고 있는 자에게는 특별한 사정이 없는 한 이와 같은 부정한 목적이 없는 것으로 보아야 한다.[61]

(3) UDRP 제4조 b항은, 도메인이름의 등록 및 사용이 부정한 목적에 의한 것이라는 것이 입증된 것으로 보는 경우로(이에 한정되지는 않는다), (i) 등록인이 상표권자나 서비스표권자인 신청인 또는 신청인의 경업자에게 해당 도메인이름과 직접적으로 관련된 비용으로 서류에 의해 입증된 비용을 초과하는 대가를 받기 위하여 해당 도메인이름을 판매, 대여, 그 밖에 이전하는 것을 주된 목적으로 해당 도메인이름을 등록 또는 취득한 경우, (ii) 등록인이 상표권자나 서비스표권자로 하여금 그의 상표나 서비스표에 상응하는 도메인이름을 사용할 수 없도록 방해하기 위하여 해당 도메인이름을 등록한 경우로서 해당 등록인이 그러한 방해 행위를 반복적으로 행한 경우, (iii) 등록인이 경업자의 사업을 방해할 것을 주된 목적으로 해당 도메인이름을 등록한 경우, (iv) 등록인이 도메인이름을 이용함으로써 상업상의 이득을 얻을 목적으로 그 웹사이트나 기타의 온라인 장소 또는 그 곳에 등장하는 상품이나 서비스의 출처, 후원관계, 거래상 제휴관계, 추천관계 등에 관하여 신청인의 상표나 서비스표 등과 혼동을 야기할 의도로 인터넷상의 이용자를 고의적으로 그 웹사이트 또는 기타의 온라인 장소로 유인하려고 시도해 온 경우를 들고 있다.

(4) 미국의 cybersquatting 방지에 관한 법 규정인 'Anticybersquatting Consumer Protection Act[15 U.S.C. §1125(d), 이하 ACPA라고 약칭한다]' (1)(A)는, 상표권자가 제기한 민사소송에서 그 상품이나 서비스와 무관하게, 그 상표로부터 이익을 얻으려는 '부정한 목적(bad faith)'으로, 도메인이름 등록 당시 식별력을 가진 상표와 동일하거나 혼동을 일으킬 정도로 유사한 것 또는 도메인이름 등록 당시 저명(famous)한 상표와 같거나 혼동을 일으킬 정도로 유사하거나 그 상표를 희석화하는 것에 해당하는 도메인이름을 등록, 거래, 사용한 경우 책임(손

61) k2.co.kr에 관한 대법원 2013. 4. 26. 선고 2011다64836 판결.

해배상만이 아니라 금지청구까지 포함)을 진다고 규정하고 있다. 이어서 (1)(B)(i)
은 도메인이름 등록인의 '부정한 목적'을 판단할 때 고려할 수 있는 요소로서
(이에 한정되지 않는다), (Ⅰ) 도메인이름에 대하여 등록인이 상표권 또는 지식재
산권을 가지고 있는지 여부, (Ⅱ) 도메인이름이 등록인의 법적 이름 또는 그를
지칭하기 위해 통상 사용되는 명칭으로 구성되어 있는 정도, (Ⅲ) 어떤 상품이
나 서비스의 제공과 관련하여 등록인이 선의로 도메인이름을 선사용하였는지
여부, (Ⅳ) 그 도메인이름으로 접속되는 사이트에서 등록인이 그 표장을 선의로
비상업적으로 또는 정당하게 사용했는지 여부, (Ⅴ) 소비자들을 표장의 권리자
의 온라인사이트로부터, 상업적 이익 또는 상표를 훼손하거나 비난하려는 의도
를 가지고 사이트의 출처, 후원, 제휴 또는 보증관계에 있는 것과 같은 혼동 가
능성을 일으킴으로써 그 표장에 화체된 신용을 손상할 가능성이 있는 도메인이
름으로 접속되는 사이트로 유인하려는 등록자의 의도, (Ⅵ) 도메인이름을 상품
이나 서비스를 선의로 제공하는 데에 사용하지 않았거나 또는 사용할 의사 없
이 경제적 이익을 위해 표장의 권리자 또는 제3자에게 이전·판매 그 밖의 양도
를 하려는 등록자의 제의, 또는 그러한 행동 패턴을 나타내는 등록인의 선행행
위, (Ⅶ) 등록인이 도메인이름의 등록을 신청할 때 거짓 연락 정보의 제공, 정확
한 연락정보의 고의적인 비유지, 또는 그러한 행동 패턴을 나타내는 등록인의
선행행위, (Ⅷ) 당사자의 상품 또는 서비스와 관계없이, 도메인이름 등록 당시
식별력이 있는 타인의 상표와 동일하거나 혼동을 일으킬 정도로 유사하거나, 또
는 도메인이름 등록 당시 저명한 타인의 상표를 희석화하는 것을 알면서 다수
의 도메인이름을 등록 또는 취득하였는지 여부, (Ⅸ) 등록된 도메인이름에서 사
용되는 표장의 식별력 및 알려진 정도를 열거하고 있다. 그리고 (1)(B)(ⅱ)는
등록인이 도메인이름 사용이 정당하거나 합법적이라고 믿었고 그렇게 믿을만한
정당한 이유가 있었다고 법원이 인정하는 경우에는 위 (A)항에 기재된 '부정한
목적'이 있다고 판단할 수 없다고 규정하고 있다.

      (5) 상표법 제34조 제1항 제13호(구 상표법 제7조 제1항 12호)는, 국내 또는
외국의 수요자들에게 특정인의 상품을 표시하는 것이라고 인식되어 있는 상표
(지리적 표시는 제외한다)와 동일·유사한 상표로서 부당한 이익을 얻으려 하거나
그 특정인에게 손해를 입히려고 하는 등 '부정한 목적'으로 사용하는 상표에 대
해서는 상표등록을 받을 수 없다고 규정하고 있는데, 이는 도메인이름 사이버스

쿼팅을 방지하고자 하는 것과 입법취지가 같으므로, 그 해석[62]을 본 규정의 (1),
(2), (3)으로 열거되어 있는 '부정한 목적'(인터넷주소법 제12조의 '부정한 목적'과
차이가 없다)에 해당하는지의 판단에 참고할 수 있을 것이다.[63]

(6) goodauction.co.kr에 관한 대법원 2021. 7. 15. 선고 2016다25393 판결은,
원고와 피고 A가 도메인이름들을 피고 A에게 매도하는 계약을 체결하고 이에
따라 피고 A가 위 도메인이름들에 대해 등록이전을 마친 다음 이어서 피고 A
의 대표이사의 아들인 피고 B에게 등록이전을 마쳤는데, 수년 후 위 매매계약
이 주주총회 특별결의를 거치지 않아 무효로 된 경우, 원고는 위 도메인이름들
에 대해 정당한 권원이 있고 피고 B는 원고가 위 도메인이름들을 사용하여 영
업하는 것을 방해하려는 부정한 목적으로 위 도메인이름들을 자신의 명의로 등
록이전하였다고 볼 여지가 있다고 판시하면서, 인터넷주소법 제12조 제2항이
부정한 목적으로 도메인이름을 선점하는 이른바 사이버스쿼팅을 한 사람만을
대상으로 한다는 전제에서 위 도메인이름들이 위 매매계약을 통하여 피고 B에
게 등록이전된 것이라는 등의 사정만을 근거로 원고의 피고 2에 대한 위 도메
인이름들 등록이전청구를 받아들이지 않은 원심판결을 파기하였다. 이 판결은
인터넷주소법 제12조에 기한 이전등록청구가 불법행위의 영역인 사이버스쿼팅
이 아니라 이 사건과 같이 계약이 무효가 된 경우에도 적용될 수 있음을 밝힌
최초의 사례인데,[64] 본 규정 해석에도 동일하게 적용될 수 있다.

(7) 부정한 목적을 판단하는 기준 시점

electrolube.co.kr에 관한 대법원 2017. 6. 29. 선고 2016다216199 판결은,
"인터넷주소법은 도메인이름의 '등록'과는 별도로 '보유 또는 사용' 행위를 금
지의 대상으로 정하고 있으므로, 도메인이름의 등록에는 부정한 목적이 없었더
라도 '보유 또는 사용'에 부정한 목적이 있다면 인터넷주소법 제12조에 의한 등
록말소 또는 등록이전 청구가 가능하다고 해석되며, '보유 또는 사용' 행위에

---

62) 대법원 2010. 7. 15. 선고 2010후807 판결; 대법원 2011. 7. 14. 선고 2010후2322 판결;
   대법원 2014. 8. 20. 선고 2013후1108 판결 등은, 위 규정에 정한 부정한 목적이 있는지 여
   부는 특정인의 상표의 인식도 또는 창작성의 정도, 특정인의 상표와 출원인의 상표의 동
   일·유사성의 정도, 출원인과 특정인 사이의 상표를 둘러싼 교섭의 유무와 그 내용, 기타
   양 당사자의 관계, 출원인이 등록상표를 이용한 사업을 구체적으로 준비하였는지 여부, 상
   품의 동일·유사성 내지는 경제적 견련관계 유무, 거래 실정 등을 종합적으로 고려하여 등
   록상표의 출원 당시를 기준으로 판단하여야 한다고 판시하였다.
63) 정태호, 인터넷주소자원에 관한 법률 제12조의 해석에 관한 연구(대법원 2013. 9. 12. 선
   고 2011다57661 판결의 분석을 중심으로), 창작과 권리 2014년 겨울호, 132-133.
64) 구민승, 도메인이름에 관한 권리 침해와 금지청구, 법률신문 2021. 9. 9. 자

대하여 부정한 목적이 있는지는 그와 같은 행위 시를 기준으로 판단함이 타당
하다"고 판시하였다.[65] 이러한 법리는 당연히 본 규정에도 그대로 적용되므로,
도메인이름을 등록하거나 이전받을 때에는 부정한 목적이 없었더라도 그 후에
계속 도메인이름을 보유하는 중에 주위 상황이 변화되어 부정한 목적이 인정될
수 있으면 본 규정에 해당될 수 있다.

    aveda.co.kr/aveda.kr에 관한 서울고등법원 2014. 5. 8. 선고 2013나59175 판
결(심리불속행 상고기각으로 확정)도, 피고의 상표가 가진 신용과 고객흡인력에
따라 인터넷 사용자들이 원고(도메인이름 등록인)가 개설하는 웹사이트로 유인될
가능성을 충분히 인정할 수 있는데, 인터넷주소법(본 규정도 마찬가지이다: 필자
주)이 부정한 목적의 도메인이름 '보유' 행위에 대하여도 말소의무를 인정하고
있는 이상, 반드시 이러한 유인가능성이 도메인이름 등록 시부터 발생하였어야
하는 것은 아니라고 하였다.[66]

나. 상표 등 표지에 대하여 정당한 권원이 있는 자 또는 제3자에게 판매하 거나 대여할 목적

    (1) 위 요건 중 '정당한 권원이 있는 자'의 의미에 대하여는 아래 다.의 (1)
의 설명 참조

    (2) 사회상규에 부합하는 대가, 예컨대, 도메인이름 등록·유지비용에 그 이
자 상당액을 더한 금액을 초과하여 도메인이름 등록인이 상표권자에게 양도의
대가를 요구한 경우에는 이에 해당할 수 있다.[67]

다. 정당한 권원이 있는 자의 도메인이름의 등록 및 사용을 방해할 목적

    (1) '정당한 권원이 있는 자'의 범위

    본 규정 및 인터넷주소법 제12조는 '정당한 권원이 있는 자'의 의미에 관하
여 아무런 명시적인 규정을 두고 있지 않다. nca.com에 관한 대법원 2013. 9.
12. 선고 2011다57661 판결은, 도메인이름의 등록말소 또는 등록이전을 청구하
는 이에게 '정당한 권원'이 있다고 하려면, ① 그 도메인이름과 동일 또는 유사
한 성명, 상호, 상표, 서비스표 그 밖의 표지를 타인이 도메인이름으로 등록하기
전에 국내 또는 국외에서 이미 등록하였거나 상당 기간 사용해 오고 있는 등으

---

65) 대법원 2013. 4. 26. 선고 2011다64836 판결; 수원지방법원 성남지원 2019. 6. 18. 선고
    2018가합404545 판결(확정)도 같은 취지이다.
66) 서울중앙지방법원 2023. 5. 19. 선고 2021가합589230 판결(항소)도 같은 취지이다.
67) cebit.com에 관한 서울중앙지방법원 2004. 8. 19. 선고 2003가합88245 판결(확정).

로 그 도메인이름과 사이에 밀접한 연관관계를 형성하는 한편, ② 그 도메인이름을 대가의 지불 없이 말소하게 하거나 이전을 받는 것이 정의 관념에 비추어 합당하다고 인정할 수 있을 만큼 직접적 관련성이 있고 그에 대한 보호의 필요성도 충분하다는 사정이 존재하여야 한다고 하여, 그 의미에 관하여 처음으로 판시하였다.68)69)

그러므로 '정당한 권원이 있는 자'에 타인이 도메인이름을 등록하기 전에 ㉮ 상표법에 의하여 등록을 한 상표권자·서비스표권자, 상법에 의하여 등록을 한 상호권자, ㉯ 등록을 하지는 아니하였더라도 부정경쟁방지법에 의하여 보호를 받는, 국내에 널리 인식된 성명·상호·상표·표장 기타 타인의 상품임을 표시한 표지의 권리자가 이에 해당함에는 의문의 여지가 없다. 그리고 인터넷의 특성과 사이버스쿼팅의 규제라는 입법 목적 등을 고려하면, ㉰ 비록 국내에 등록되지 않았고 널리 인식되지도 않았으나 외국에서만 널리 인식된 위 표지의 권리자도 이에 해당한다고 할 수 있다.70)71)

위 대법원 판결이 '정당한 권원이 있는 자'의 요건 중 하나로 '① 해당 표지와의 밀접한 연관관계 형성'을 들면서 이를 등록과 상당기간 사용에 한정하지 않고 있으므로(' ~ 있는 등으로' 라고 판시하였다), '정당한 권원이 있는 자'의 범위가 어디까지 확장될 수 있는지에 관하여 논의가 있을 수 있다.

먼저 아래 사례와 같이 인수합병을 앞둔 상황이라면 타인이 도메인이름으로 등록하기 전에 해당 표지를 아직 등록하지도 않았고 상당 기간 사용해 오지도 않았더라도 '정당한 권원'을 인정하여야 할 것이다. xstrataglencore.com,glen

---

68) 위 대법원판결은 인터넷주소법 제12조의 '정당한 권원이 있는 자'에 관하여 판시하고 있으나, 본 규정에서의 '정당한 권원이 있는 자'와 인터넷주소법의 그것은 해석에 있어 차이가 없다. goodauction.co.kr에 관한 대법원 2021. 7. 15. 선고 2016다25393 판결도 같은 취지로 판시하였다.

69) ② 요건이 '정당한 권원'이 있는지 여부를 판단함에 있어 고려되어야 할 요소인지에 대하여는 의문이 있을 수 있다. ② 요건은 '부정한 목적'을 판단함에 있어 고려하거나, 비록 정당한 권원은 인정되지만 직접적 관련성과 보호의 필요성이 인정되지 않아서 말소나 이전을 기각한다고 논리구성을 하는 것이 더 적절하다는 생각도 해 볼 수 있기 때문이다.

70) nca.com에 관한 대법원 2013. 9. 12. 선고 2011다57661 판결.

71) 헌법재판소 2013. 10. 24. 선고 2011헌바138 결정은 인터넷주소자원에 관한 법률 제12조 제1항 중 '정당한 권원이 있는 자' 위헌소원사건에서, 도메인이름과 동일 또는 유사한 성명, 상호, 상표, 서비스표 그 밖의 표지(이하 '대상표지'라 한다)에 관하여 상표법이나 부정경쟁방지법에 따라 보호되는 권리나 이익이 여기의 '정당한 권원'에 포함됨은 분명하고, (중략) '정당한 권원'을 인정함에 있어 그 대상표지가 국내에서 등록되거나 널리 인식되어 있을 것은 요구되지 않는다고 판시하였다.

corexstrata.com에 관한 서울중앙지방법원 2013. 4. 12. 선고 2012가합71096 판결의 경우, 원고가 피고 Xstrata(Schweiz) AG와 Glencore International PLC의 합병이 추진되고 있다는 보도를 보고 합병이 되었을 경우의 회사명을 예상하여 위 도메인이름을 미리 등록한 것이기 때문에, 합병을 추진 중인 회사나 합병될 회사가 이에 앞서 xstrataglencore나 glencorexstrata를 등록하거나 상당 기간 사용해 올 여지가 있을 수 없지만 피고에게 정당한 권원을 인정하였다.

다음으로 미등록·미주지 표지(상호, 상표, 표장 등), 저작권, 성명권, 퍼블리시티권 등을 주장하여 도메인이름의 등록인에 대하여 사용금지나 등록말소를 주장할 수 있는지는 신중한 검토를 필요로 한다. 그 판단에는 '② 직접적 관련성과 보호의 필요성 요건'이 상당히 의미 있는 역할을 할 것이다. '정당한 권원이 있는 자'의 해석 여하에 따라 본 규정의 적용범위가 UDRP 제4조 a항[각주 41) 참조]의 경우보다 훨씬 넓어질 우려가 있다는 주장도 있다.[72]

k2.co.kr에 관한 서울중앙지방법원 2010. 9. 17. 선고 2010가합43684 판결(서울고등법원 2011. 6. 30. 선고 2010나106353 판결로 항소기각되었고, 대법원 2013. 4. 26. 선고 2011다64836 판결로 상고기각되었다)은, 도메인이름 등록 당시에는 도메인이름의 3단계 부분과 철자가 동일한 상표권자의 상표가 미등록, 미주지 상표이었다 하더라도 그 후 그 상표가 등록되고 주지성을 얻었다면 상표권자는 '정당한 권원에 있는 자'에 해당한다고 하였다.

한편 상표권자·서비스표권자라고 하여 항상 유일한 '정당한 권원이 있는 자'는 아니다. caselogic.co.kr에 관한 서울중앙지방법원 2009. 11. 13. 선고 2008가합126340 판결(확정)은, 피고(미국회사)가 2007. 4.경 'caselogic'의 상표권자인

---

72) 김종윤, "도메인이름 분쟁 해결에 관한 논의", 한국과 중국의 인터넷주소분쟁해결제도의 고찰(인터넷주소분쟁조정위원회 설립기념 2004. 9. 17. 국제세미나), 60-61은, "UDRP의 주된 목적은 사이버스쿼팅을 막자는 것이고 그 결과 반사적 이익으로 오프라인의 표장권자가 그 도메인이름을 이전받을 수 있는 것이지, 오프라인의 표장권자의 권리의 당연한 효력으로 그 도메인이름을 회복하는 것은 아니라고 하겠다. (중략) 이와 같이 오프라인의 표장권의 효력이 도메인이름에까지 미치는 것이 아님에도 불구하고 인터넷주소법 제12조는 '정당한 권원이 있는 자'라는 표현을 사용함으로써 마치 오프라인의 표장에 관한 권리가 당연히 도메인이름에까지 확대 또는 연장되는 듯한 느낌을 줄 염려가 있는바, 이러한 점에서 보면 인터넷주소법에서 '정당한 권원이 있는 자'란 용어를 사용한 것은 잘못된 것이라 여겨진다."고까지 주장한다. 개인적인 의견으로는 도메인이름이 등록인 또는 상품 및 서비스를 식별하는 표지로의 기능을 수행하는 많은 경우에 오프라인에서의 표장에 관한 권리의 효력이 당연히 도메인이름에도 미친다고 할 수밖에 없다고 생각하기 때문에 위 견해에 전적으로 찬성할 수는 없으나, '정당한 권원이 있는 자'란 용어의 문제점을 지적한 부분에 대하여는 동감한다.

CASE LOGIC, INC.를 인수·합병한 후 2007. 5.경 제3자와 대한민국 내 독점적
배포권을 부여하는 내용의 공급계약을 체결하면서, 도메인이름 등록인인 원고
를 상대로 위 도메인이름의 등록말소를 구하는 조정신청을 하여 인용 결정을
받은 사안에서, 우리나라 ccTLD에 관하여 정당한 권원을 가진 자라 함은 그 주
된 이용자가 대한민국 국민에 한정된다는 점에 비추어 대한민국에서 정당한 권
원을 가진 자로 제한되어야 하는 점,73) 피고는 2007. 5.경까지 대한민국에서 케
이스로직 제품에 관하여 영업상 신용을 쌓은 적이 없는 점, 원고만이 2002년부
터 대한민국에서 케이스로직 제품을 판매하면서 그 제품을 홍보한 결과 케이스
로직 제품의 인지도가 상당한 정도에 이른 점, CASE LOGIC, INC.는 원고에게
케이스로직 제품의 홍보를 위한 자료 등을 공급하였고, 피고는 2007. 3.경 원고
가 위 도메인이름으로 인터넷 쇼핑몰을 운영하며 케이스로직 제품을 판매하는
것을 인식하고 있었던 점 등을 고려하면, 피고가 상표권자라는 사실만으로는 피
고만이 대한민국 내에서 케이스로직과 관련된 도메인이름에 관한 정당한 이익
을 가진 자라고 단정할 수 없다고 판시하였다.74)75)

---

73) 위 판결은 "국가코드 최상위도메인(ccTLD)은 등록기관이 국가 단위로 나누어지고,
ICANN은 통상 해당 국가의 등록기관에 등록업무를 위임하여 수행하도록 하며, 해당 도메
인이름의 사용 특히 특정한 언어인 한국어를 사용하는 대한민국과 같은 국가의 도메인이
름은 그 주된 이용자가 해당 국가의 국민에 한정된다는 점에 비추어, 국가코드 최상위도메
인에 관하여 정당한 권원을 가진 자라 함은 해당 국가에서 정당한 권원을 가진 자로 제한
되어야 할 것이고, 부정한 목적을 판단함에 있어서도 이를 고려하여야 한다"고 하였다. 그
러나 이에 대하여는 "실은 대한민국 국가최상위도메인도 도메인이름으로서의 유일성을 가
지고 전 세계적으로 이용되고 있으므로 '정당한 권원이 있는 자'를 국내에서의 정당한 권
원이 있는 자로 한정하는 것은 재고의 여지가 있다"는 비판이 있다[방송통신위원회·한국
인터넷진흥원, 2012 도메인이름분쟁백서(2013년 개정판), 415; 김태형, '사이버스쿼팅' 관
련 도메인이름 분쟁해결에 있어 '정당한 권원이 있는 자'의 해석, Law&Technology 2013.
9. 81도 같은 취지].
74) 위 판결은 이어서 "나아가 원고에게 피고의 도메인이름 등록을 방해하거나 피고로부터
부당한 이득을 얻는 등 부정한 목적으로 위 각 도메인이름을 등록하였다고는 보이지 아니
한다"고 하였다. 그러나 부정한 목적으로 도메인이름을 등록하는 것뿐 아니라 (정당하게
도메인이름을 등록했더라도) 부정한 목적으로 도메인이름을 보유하는 것도 인터넷주소법
제12조에 해당하는데, 이에 해당하는지에 대해서는 구체적인 판단을 하지 않은 것이 아쉽다.
75) 일반적으로 도메인이름 분쟁 조정신청이 상표권자로서 정당한 권원을 갖고 있더라도
그 도메인이름의 등록인이 등록·사용에 정당한 권리나 이익을 갖고 있으면 도메인이름
말소청구권이나 이전청구권이 인정되지 않는다고 한다. 그런데 이 사건에서 과연 원고가 그
와 같은 정당한 권리나 이익을 갖고 있다고 할 수 있는지는 의문이나(방송통신위원회·한
국인터넷진흥원, 2012 도메인이름분쟁백서(2013년 개정판), 416-417 참조), 위 판결은, 피
고는 상당한 기간 동안 대한민국 내에서의 영업을 스스로 포기하고, 오히려 원고가 독자적
으로 비용과 노력을 들여 대한민국 내에서 시장을 확대하는 것을 용인하여 왔는데, 대한민
국 내에서 시장성을 갖게 되자 원고를 배제하고 제3자와 독점적 공급계약을 체결한, 신의

또한 인터넷주소법 제12조의 적용이 문제된 사건으로 citycard.com에 관한 서울중앙지방법원 2012. 9. 21. 선고 2011가합98322 판결(확정)이 있다. 이 판결은, 우리나라에 'CITICARD' 서비스표를 등록한 피고(시티그룹 인크)에게 인터넷주소법 제12조의 '정당한 권원'이 있는지에 관하여, "인터넷주소법 제12조의 '정당한 권원이 있는 자'란 상표법, 부정경쟁방지 및 영업비밀보호에 관한 법률 등 관련 법령의 규정과 취지에 비추어 타인이 비용을 지출하고 등록한 도메인이름을 대가 없이 이전시켜야 할 만큼 자신의 권리와 도메인이름 사이에 직접적 관련성과 정당성이 있는 자를 말한다고 할 것이고, 보통명사인 'city'와 'card'가 결합된 'citycard'는 상표법 제6조 제1항 제7호에 의하여 서비스표 등록을 받을 수 없는 표장이다. 그런데 원고의 위 도메인이름과 피고의 서비스표가 유사하다는 이유만으로 피고에게 위 도메인이름의 이전을 구할 권리가 인정된다면, 이는 피고가 등록한 서비스표에 'citycard'로 서비스표 등록을 받은 것과 같은 효력을 부여하는 결과가 될 뿐만 아니라, 특정인에게 그 사용을 독점시키기보다는 누구나 자유롭게 사용할 수 있도록 하는 것이 더 공익에 부합한다고 판단되는 표장에 대하여는 서비스표 등록을 받을 수 없도록 한 상표법 제6조 제1항 제7호의 규정 취지를 몰각시키는 결과가 될 수 있다. 나아가 세계 여러 도시에서 'city card'라는 명칭을 사용하여 도시형 멤버쉽 카드(도시의 대중교통이나 관광지, 문화시설 등을 저렴한 가격으로 이용할 수 있는 카드)를 발급하고 있는 사실을 인정할 수 있는바, 이러한 점에서도 피고가 국내에 등록한 위 서비스표와 유사하다는 이유만으로 어떠한 대가의 지급도 없이 피고에게 이 사건 도메인이름을 배타적으로 소유할 권리를 인정하는 것은 부당하다"고 하면서, 피고에게 위 도메인이름에 관하여 정당한 권원이 없으므로 원고를 상대로 위 도메인이름의 이전을 구할 권리는 존재하지 아니한다고 하였다.[76)]

이 판결은, 표지권자가 인터넷주소법 제12조에서 말하는 '정당한 권원이 있는 자'에 해당하는지에 관하여 등록말소청구의 경우와 등록이전청구의 경우에

에 반하는 행위를 한 사정을 고려한 것으로 보여진다[권창환, "국내 도메인이름 분쟁해결에 있어서 정당한 권리자의 범위", 인터넷상의 상표권 침해와 도메인이름에 대한 정당한 권리자의 범위 고찰(제7회 인터넷&정보보호 세미나 2010. 8. 26), 126].

76) 상표권자에게 그의 상표와 동일한 표장에 대해서 도메인이름을 등록받을 권리가 있음은 인정될 수 있겠으나, 그의 상표와 유사한 표장에 대해서까지 도메인이름을 등록받을 권리가 있는 것으로 보는 것은 타당하지 않다고 생각된다는 견해[김종윤, "도메인이름 분쟁에 있어서 상표권의 보호범위 및 그 한계", 도메인분쟁 해결의 사법적 문제에 관한 고찰(인터넷주소분쟁조정위원회 제4회 국제세미나, 2006. 9. 22), 11]도 비슷한 맥락이라고 생각된다.

달리 해석하려 한 것으로 보인다.[77][78] 하지만 아래의 'Ⅲ. 본 규정의 효과'에서 보는 것처럼 표지에 관하여 정당한 권원이 있는 자에게 도메인이름 등록이전청구권까지 인정하는 것이 이론상으로는 무리가 있을 수는 있으나, 도메인이름 사이버스쿼팅이 성행하고 있고 도메인이름 등록이전청구권을 인정하지 아니하면 같은 분쟁이 계속 반복될 수 있는 상황이어서 등록이전청구권을 인정할 수밖에 없는 실정이고 실제로 그와 같이 입법된 점을 고려하면, 위와 같이 두 경우를 달리 해석하는 것이 타당한지는 의문이다. 물론 인터넷주소법 제12조가 부정경쟁방지법 제2조 제1호 (아)목과는 달리, 도메인이름 등록인의 상대방이 가지고 있는 표지에 대하여 주지성을 요구하지 않고 있으면서도 도메인이름의 등록이전까지 인정하고 있는 점을 고려하면, '정당한 권원이 있는 자'에 해당하는지 여부는 엄격하게 판단하여야 한다. 그렇다 하더라도 등록이전청구에서도 도메인이름이 어떤 표지와 매우 유사하여 혼동을 일으킬 것임이 명백하다면 일단 그 어떤 표지의 표지권자는 인터넷주소법 제12조에서 말하는 '정당한 권원이 있는 자'라고 하여야 한다. 왜냐하면 위 '정당한 권원이 있는 자'란 도메인이름과 동일 또는 매우 유사한 대상표지에 대하여 정당한 권원이 있는 것으로 충분하지, 반드시 도메인이름으로 사용되는 철자의 표장 자체에 대하여 정당한 권원이 있어야 하는 것은 아니기 때문이다. 위 대법원 2011다57661 판결도, 도메인이름의 등록말소 또는 등록이전을 청구하는 이에게 어떤 경우에 '정당한 권원'이 있다고 할 수 있는지를 설명하면서, 그 도메인이름과 동일 또는 유사한 성명, 상호, 상표, 서비스표 그 밖의 표지를 등록하였거나 상당 기간 사용해 왔음

---

77) 강진우, 인터넷주소자원에 관한 법률 제12조의 '정당한 권원이 있는 자'의 해석, Law & Technology 제9권 제3호(2013. 5), 122-124는 그 이유로, 등록말소청구권의 경우 도메인이름 등록자로 하여금 도메인이름의 보유, 사용을 금지시키는 것에 그치는 반면, 등록이전청구권의 경우에는 이러한 효과 외에 청구권자에게 도메인이름이 귀속되도록 하여 청구권자가 제3자와의 관계에서 도메인이름에 관한 독점적, 배타적 권리를 누릴 수 있게 되기 때문이라고 하고, 나아가 등록말소청구에 있어 '정당한 권원'은 원고가 보유하고 있는 도메인이름에 의하여 침해받는 피고의 권리가 있는지 여부의 관점에서 파악하여야 할 것이지만, 등록이전청구에 있어 '정당한 권원'은 더 나아가 피고가 제3자와의 관계에서도 도메인이름을 독점적, 배타적으로 보유할 권리가 있는지 여부의 관점에서 파악하여야 하며, 물론 그렇다고 하여 도식적으로 도메인이름에 대하여 이해관계 내지 일정한 권리가 있다고 판단되는 자가 2인 이상이면 등록말소청구는 가능하고, 등록이전청구는 불가능하다고 볼 것은 아니라고 한다.
78) raonhaje.com에 관한 의정부지방법원 2012. 10. 26. 자 2012카합271 결정은, 도메인이름 사용금지 가처분은 인용하고, 도메인이름 점유이전단행 가처분신청에 대하여는 보전의 필요성이 인정되지 않는다는 이유로 신청을 기각하였다.

을 요건 중 하나로 들고 있다. 그리고 도메인이름은 상표권처럼 그 도메인이름을 사용할 권리를 독점하기는 하지만, 반면에 상표권과는 달리 도메인이름 자체에 의하여 도메인이름을 침해한 자 또는 침해할 우려가 있는 자에 대하여 그 침해의 금지 또는 예방을 청구할 수는 없는 점을 감안하면, 피고에게 위 도메인이름 등록이전청구권을 인정함으로써 식별력이 없는 'citycard'로 서비스표 등록을 받은 것과 같은 효력을 부여하는 결과가 된다는 점을 염려할 필요는 없다고 생각한다. 즉 피고가 '정당한 권원이 있는 자'인지를 판단하는데 'citycard'가 구 상표법 제6조 제1항 제7호에 의하여 서비스표등록을 받을 수 없는 표장인지를 고려할 이유는 없을 것이다.

　　인터넷주소법 제12조가 도메인이름 등록인에게 정당한 권리나 이익이 있는 경우 등록말소 또는 등록이전 청구를 할 수 없다고 명문으로 규정하고 있지는 않으나, 그와 같이 해석하는데 이의가 없으므로, 위 사건에서는 차라리 'citycard'는 식별력이 없어서 누구나 자유롭게 사용할 수 있는 표장이라는 점을 고려하여 도메인이름 등록인인 원고에게 'citycard'에 대하여 정당한 권리나 이익이 있는지 여부를 살펴보아(도메인이름이 일반명칭 또는 기술적 표장인 경우 그 등록인에게 정당한 권리나 이익이 있다고 보는 것이 일반적이다) 이전등록청구를 부정할 것인지를 판단함이 적절하다고 생각한다.79)80)

　　이런 점에서 역시 인터넷주소법 제12조가 문제된 사건인 iptime.com에 관한 대구고등법원 2013. 7. 23. 선고 2012나5804(본소), 5811(반소) 판결(확정)이, "'ip'라는 표시가 인터넷 관련 업계에서 'internet protocol'의 약자로 통용되고, 'time'은 시간을 의미하는 영어단어에 해당하기는 하나, 양자가 결합한 'iptime'이라는 표시가 당시 사회적으로 널리 통용되고 있지 않으므로 새로운 식별력 있는 표시가 될 수 있고, 피고가 이를 자신의 회사와 상품에 관한 상표로 위 표시를 사용하여 동종업계 관련자들이나 인터넷에 관심이 있는 일반인들에게 피고의 상표로 인식되었다면, 'iptime'의 개별 구성요소가 인터넷 관련 약어와 보통명사에 해당한다고 하더라도 피고 이외의 제3자가 마음대로 사용할 수 있다

---

79) 그러나 원고는 이 도메인이름을 등록한 후 이를 전혀 사용하고 있지 않았으므로 'citycard'에 대하여 정당한 권리나 이익이 있다고 인정하기가 쉽지는 않아 보인다.
80) 2016 도메인이름 분쟁백서, 미래창조과학부·한국인터넷진흥원, 322-323 및 정태호, 인터넷주소자원에 관한 법률 제12조의 해석에 관한 연구(대법원 2013. 9. 12. 선고 2011다57661 판결의 분석을 중심으로), 창작과 권리 2014년 겨울호, 134도 위 판결에 대하여 비판적인 입장을 설명하고 있다.

고 인정하기 어렵다. 이와 같이 피고의 업계에서의 위치와 그 상표 사용의 시기와 형태, 위 표시의 식별력과 통용상태 등을 종합적으로 고려할 때 피고는 이 사건 도메인이름에 정당한 권원이 있는 자라고 봄이 상당하다"고 한 것은 타당하다고 생각한다.

(2) 부당한 이득과 직접 관련되지 아니하는 행위라도 정당한 권원이 있는 자의 도메인이름의 등록을 방해하는 행위에 해당할 수 있다. 따라서 도메인이름의 보유 또는 사용 목적이 도메인이름을 판매·대여하여 경제적인 이득을 얻기 위한 것이 아니라는 이유만으로 부정한 목적이 부정된다고 단정할 수 없다.[81]

라. 그 밖의 상업적 이익을 얻을 목적

(1) '그 밖의 상업적 이익을 얻을 목적'이라 함은 영업표지에 대하여 정당한 권원이 있는 사람 또는 제3자에게 판매하거나 대여할 목적 또는 정당한 권원이 있는 사람의 도메인 이름의 등록 및 사용을 방해할 목적 외에 공서양속 내지는 신의성실의 원칙에 반하는 형태로 자신이 적극적으로 이익을 얻거나 타인에게 재산상 손해나 신용의 훼손 등 유형무형의 손해를 야기함으로써 반사적으로 이익을 얻고자 하는 목적을 의미하는 것으로 해석된다.[82]

(2) 상표권자가 그 상표 문자를 도메인이름으로 등록하여 사용하고 있는데 그 상표 문자 중 영문 철자 하나를 삭제하거나 영문 철자 하나를 추가하여 도메인이름을 등록한 것[83]은, 인터넷 이용자가 도메인이름을 잘못 입력할 경우 자신의 웹사이트로 연결되도록 유인하여 재산상의 이익을 얻는 것으로서 부정한 목적이 있다고 할 수 있다. 또한 국내 또는 외국의 수요자 간에 특정인의 상표라고 널리 인식되어 있는 상표에, 식별력이 없고 오히려 국내 대리점, 지점 등의 관계로 오인할 수 있는 부분(예를 들어 ~korea)만을 추가하여 도메인이름을 등록하는 것도 부당한 이익을 얻으려는 부정한 목적이 있다고 할 수 있다.

또한 도메인이름 등록인인 피고가 상표권자인 원고의 국내에이전트가 된 후 원고의 제품을 소개하기 위하여 위 도메인이름을 등록하여 사용하였으나, 그

---

81) electrolube.co.kr에 관한 대법원 2017. 6. 29. 선고 2016다216199 판결.

82) myspce.com에 관한 서울중앙지방법원 2007. 8. 30. 선고 2006가합53066 판결(확정), pioneer.co.kr에 관한 서울중앙지방법원 2007. 11. 21. 선고 2007가합31803 판결(확정).

83) 실제 사례를 보면, 상호가 'MySpace, Inc'인 회사가 myspace.com을 등록하여 사용하고 있는데 제3자가 myspce.com을 등록한 것, 'Cellular South' 상표권자가 cellular.com 도메인 이름을 등록하여 사용하고 있는데 제3자가 celluarsouth.com을 등록한 것, 'adidas' 상표는 저명한데 제3자가 addidas.com을 등록한 것, 'THE HOME DEPOT'란 서비스표가 등록되어 있는데 제3자가 homedepo.com을 등록한 것 등이 있다.

후 그 에이전트 계약이 종료되어 원고와는 경쟁업체가 되었음에도 위 도메인이름을 피고의 웹사이트 주소로 계속 사용하면서 원고를 해외 거래처라고 지칭함으로써 인터넷 사용자들에게 피고가 아직도 원고의 한국 공식대리점이라는 인상을 주어 혼동을 초래하고 그로 인하여 원고의 대리점 관리 및 판매 실적에도 영향을 미치는 등의 사정들을 종합하면, 위 도메인이름의 보유 및 사용에 관하여 피고에게 인터넷주소법 제12조의 '부정한 목적'을 인정할 수 있다.[84]

마. 부정한 목적을 인정하지 않은 사례

(1) 위 다.의 1에서 본 caselogic.co.kr에 관한 서울중앙지방법원 2009. 11. 13. 선고 2008가합126340 판결(확정)이 있다.

(2) 그리고 o2soft.com, o2-media.com, o2sport.com에 관한 서울북부지방법원 2013. 9. 5. 선고 2012가합5609 판결(확정)[85]은, 피고(o2 holdings limited)의 상호 중 'o2'가 위 도메인이름(등록인은 원고이다)에 공통으로 사용되었으나, 'o2'는 산소의 분자식을 뜻하는 것으로 일반명사에 해당하고, 대한민국에서 피고의 인지도가 높지 않으며, 피고는 피고에게 위 도메인이름에 대하여 정당한 권원이 있음을 뒷받침할 자료를 제시하지 못하고 있으므로, 피고의 상호 중 'o2'가 원고의 위 도메인이름에 포함되어 있다는 사정만으로는 피고가 위 도메인이름에 대하여 정당한 권원이 있다거나, 원고가 피고의 도메인이름 등록을 방해하거나 피고로부터 부당한 이득을 얻는 등 부정한 목적으로 위 도메인이름을 등록, 보유, 사용하였다고 인정하기에 부족하다고 하였다.

(3) 또한 platon.com에 관한 수원지방법원 성남지원 2011. 5. 4. 선고 2010가합10708 판결은, 'PLATON'이라는 상호로 사용하면서 그에 관하여 상표 및 서비스표 등록을 한 피고(덴마크 회사)가 위 도메인이름의 등록인인 원고를 상대로 하여 위 도메인이름의 피고에게로의 이전을 명하는 UDRP 판정을 받자, 원고가 위 판정의 실행을 보류시키기 위하여 피고를 상대로 제기한 소송에서, 위 도메인이름은 등록된 이후 어떠한 구체적인 사업에 이용되었다기보다는, 광고

---

84) electrolube.co.kr에 관한 대법원 2017. 6. 29. 선고 2016다216199 판결.
85) 위 판결은 특이하게 도메인이름 등록인인 원고가 위 도메인이름을 등록하여 보유, 사용하고 있으므로 원고에게 위 도메인이름에 관한 정당한 권원이 존재하는 것으로 보인다고 하면서 원고의 청구를 받아들여 주문에서 "위 도메인이름에 대한 정당한 권원이 원고에게 있음을 확인한다"고 판결하였는데, 도메인이름을 등록하여 보유, 사용하고 있다는 것만으로 정당한 권원이 있다고 단정하는 것이 적절한지, 과연 원고에게 정당한 권원의 확인을 구할 확인의 이익이 있다고 할 수 있는지는 의문이다.

링크의 특성을 가지는 상업적 디렉터리 사이트에 연결되어 있었을 뿐인 사실, 피고는 2005. 6. 13.경 위 도메인이름 등록인 측으로부터 "위 도메인이름을 경매에 붙일 예정인데, 희망 가격을 기재한 이메일을 보내는 방법으로 경매에 참가할 수 있다"는 내용의 이메일을 받고서, 위 도메인이름을 취득하기 위하여 위 도메인이름 등록인 측과 몇 차례 교섭을 하기도 하였으나 가격에 대한 의견 차이로 무산된 사실은 인정되나, 원고는 그 이후인 2010. 5. 12.경 김경환으로부터 위 도메인이름을 이전받은 점, 대한민국에서 피고의 인지도가 별로 높지 않은 점 등에 비추어 볼 때, 원고가 위와 같은 사정을 알면서도 위 도메인이름을 이전받았음을 피고가 입증하지 못하고 있는 이상, 위와 같은 사정만으로는 원고가 부정한 목적으로 위 도메인이름을 보유하고 있다고 인정하기에 부족하다고 하였다.

이 판결에 대하여는, 설사 위 도메인이름의 판매교섭이 원고가 위 도메인이름을 이전받기 전에 전 등록인에 의하여 이루어졌다 하더라도[86], 원고가 위 도메인이름을 이전받은 후 위 도메인이름으로 블루웹이라는 형식적인 웹사이트를 개설하고 있을 뿐(홈페이지 상으로는 어떤 협회의 웹사이트인 것처럼 보이지만, 웹사이트의 내용 자체에 의하더라도 위 협회는 아직 설립되지도 않았고 연락처조차 없는 상태임을 알 수 있으므로, 위 웹사이트는 원고가 위 도메인이름을 이전받은 후 사용하지 않고 방치하고 있다는 말을 듣지 않기 위해 형식적으로 개설한 것에 지나지 않는다) 위 도메인이름으로 제대로 된 웹사이트를 개설하지 않고 있는 점에 비추어 보면, 원고에게 위 도메인이름을 왜 어떤 경위로 얼마의 대가를 지급하고 취득하였는지, 위 도메인이름을 어떻게 사용할 계획인지 등에 관하여 석명을 구하는 등의 방법으로 조금 더 사실관계를 파악하여 보았다면[87] 정당한 권원이 있는

---

86) merck-serono.com에 관한 인천지방법원 2008. 5. 23. 선고 2007가합5089(본소), 17037(반소) 판결(판결 선고 후 본소, 반소 모두 취하되었다)은, 원고가 위 도메인이름에 대해서 NameInc라는 이름으로 등록하고 그 뒤 mGm에게 위 도메인이름을 이전하는 형식을 취하면서 mGm을 가장하여, 피고(MERCK KGaA)에게 우선권 있는 자와 협상중이라는 취지의 이메일을 보내어 피고에 대하여 위 도메인이름의 양도 의사를 드러낸 점 등을 들면서, 원고는 'MERCK'란 명칭에 대하여 정당한 권원이 있는 피고 또는 제3자에게 위 도메인이름을 판매할 목적 기타 위 도메인이름을 이용하여 상업적 이익을 얻을 목적 또는 정당한 권원 있는 피고의 도메인 이름의 등록 및 사용을 방해할 목적으로 위 도메인이름을 등록하였거나 적어도 그러한 목적으로 위 도메인이름을 보유하고 있음이 인정된다고 하였다.

87) airchina.com에 관한 수원지방법원 안산지원 2008. 3. 27. 선고 2007가합5745(본소), 2008가합372(반소) 판결[항소심인 서울고등법원 2008. 12. 3. 선고 2008나41095(본소), 41101(반소) 판결이 1심 판결을 그대로 인용하면서 항소기각하여 확정됨]은, 원고가 자신은 중국여행 관련사업을 영위하기 위하여 위 도메인이름을 취득하였다고 주장하나, 원고가 위

피고의 도메인이름 등의 등록을 방해하거나 정당한 권원이 있는 피고로부터 부
당한 이득을 얻는 등 부정한 목적이 있다고 추단을 할 수 있었지 않았을까[88]
하는 아쉬움이 남는다.

(4) disneystore.co.kr에 관한 서울중앙지방법원 2007. 4. 13. 선고 2006가합
58818 판결(확정)은, 원고가 '임신과 출산 그리고 육아'라는 명칭의 다음 카페를
독립된 웹사이트로 이전하려는 계획을 세우고 위 도메인이름을 위 독립된 웹사
이트에 사용하고자 하였으나 원고가 운영하던 기업이 부도가 나서 실행하지 못
하였을 뿐이라고 주장한 사안에서, 위 도메인이름은 저명 표장인 'DISNEY'와
외관 및 호칭에 있어서 유사하지만, 이러한 사정만으로 곧바로 원고가 위 도메
인이름을 피고 또는 제3자에게 판매·대여할 목적, 피고의 도메인이름의 등록 및
사용을 방해할 목적, 기타 사회상규나 거래관행에 반하는 부당한 상업적 이익을
얻을 목적에서 이를 등록·보유함에 있다고 인정하기에 부족하다고 판단하였다.

3. '국내에 널리 인식된 타인의 성명, 상호, 상표, 그 밖의 표지와 동일하거나 유사한 도메인이름을 등록·보유·이전 또는 사용하는 행위'

가. '국내에 널리 인식된'의 의미

'국내에서 널리 인식된'의 의미는 (가), (나)목에서와 같이, 국내 전역에 걸
쳐 모든 사람에게 널리 알려져 있음을 요하는 것이 아니고, 국내의 일정한 지역
범위 안에서 그 표지가 사용된 상품, 서비스 등의 거래자 또는 수요자들 사이에
널리 알려진 정도로써 족하며(주지의 정도로 충분하고 저명의 정도에 이를 것을 요
하지 아니하며), 거래자 또는 수요자들이 그 표지를 통하여 특정의 상품이나 영

도메인이름을 취득하기 전에 중국여행 관련사업이나 그와 유사한 사업을 영위한 적이 없
고, 원고는 위 도메인이름을 미화 41,000달러라는 거액을 들여 매수한 후에도, 위 도메인
이름을 이용하여 중국여행 관련사업이나 그와 유사한 사업을 영위하지 않은 사실 등을 들
어, 원고는 위 도메인이름에 대하여 정당한 권원이 있는 피고 또는 제3자에게 위 도메인이
름을 판매하거나 대여할 목적 또는 위 도메인이름을 이용하여 상업적 이익을 얻을 목적으
로, 위 도메인이름을 등록하여 보유하고 있다고 봄이 상당하다고 하였다.
88) herts.com에 관한 광주지방법원 2008. 7. 3. 선고 2007가합11141(본소), 2008가합6375(반
소) 판결[항소심인 광주고등법원 2008. 11. 19. 선고 2008나4987(본소), 2008나4994(반소)
판결이 1심 판결과 거의 같은 이유로 항소기각하여 확정]은, 위 도메인이름을 이용한 사이
트는 형식적으로만 개설되었을 뿐 준비 중인 상태로 장기간 방치되고 있으며 원고 주장의
사업 구상도 구체적이거나 명백하지 아니한 점을 알 수 있으므로, 결국 위 도메인이름은
정당한 권원이 있는 피고의 도메인이름의 등록 및 사용을 방해할 목적 또는 위 도메인이
름을 이용하여 상업적 이익을 얻을 목적으로 위 도메인이름을 등록하여 보유하고 있다고
봄이 상당하다고 하였다.

업을 다른 상품이나 영업으로부터 구별하여 널리 인식하는 경우를 말하는데, 널
리 알려진 표지 등인지 여부는 그 사용기간, 방법, 태양, 사용량, 영업(거래)범위
등과 영업(거래)의 실정 및 사회통념상 객관적으로 널리 알려졌느냐의 여부가
기준이 된다.[89]

　단순히 상품이나 영업의 내용을 서술적으로 표현하거나 통상의 의미로 사
용하는 일상용어 등은 상품이나 영업에 대해 자타구별기능이나 출처표시기능이
없어 식별력을 가지지 못하므로 표지에 포함되지 않지만, 그러한 경우라도 그것
이 오랫동안 사용됨으로써 거래자 또는 수요자들이 어떤 특정의 상품이나 영업
을 표시하는 것으로 널리 인식하게 된 경우에는 부정경쟁방지 및 영업비밀보호
에 관한 법률이 보호하는 상품이나 영업상의 표지에 해당한다.[90]

　부정경쟁방지법 제4조에 의한 금지청구에 있어서 타인의 상호·상표 등 타
인의 상품임을 표시한 표지가 국내에 널리 인식되었는지의 여부는 사실심 변론
종결 당시를 기준으로 판단하여야 한다.[91]

나. 상표 등과의 동일, 유사

(1) 판단기준

myspce.com에 관한 서울중앙지방법원 2007. 8. 30. 선고 2006가합53066 판
결(확정)은, 타인의 표지와 도메인이름의 유사성을 판단함에 있어서는 도메인이
름 가운데 식별력을 갖는 부분을 기준으로 표지 그 자체를 형식적으로 대비함
은 물론 그 이외에 당해 도메인이름을 타인의 표지로 오인하는데 기여하는 일
체의 요소들을 참작하여 그 양자 표지의 외관, 호칭 또는 관념에 기초한 인상,
기억, 연상 등에 비추어 양자를 전체적·이격적으로 관찰·비교하여 유사한 것
으로 받아들일 우려가 있는지, 아닌지를 기준으로 판단해야 한다고 하였다.

　(2) 주지·저명상표와 관련된 구체적인 사례를 보기로 한다.

　① 위 편딘기준에 의하면 도네인이름 중 3단계가 수지·저명한 등록상표에
보통명칭이나 식별력이 없는 단어(예를 들면 shop, store, mall, i, e 등)를 덧붙인
것으로 구성된 경우 그 도메인이름은 등록상표와 유사하다고 할 수 있다. 예를
들어 disneystore.co.kr에 관한 서울중앙지방법원 2007. 4. 13. 선고 2006가합

　89) fruitella.com에 관한 광주지방법원 2010. 1. 14. 선고 2009가합11978 판결(확정), cebit.com
　　에 관한 서울중앙지방법원 2004. 8. 19. 선고 2003가합88245 판결(확정).
　90) myspce.com에 관한 서울중앙지방법원 2007. 8. 30. 선고 2006가합53066 판결(확정)
　91) 대법원 2004. 3. 25. 선고 2002다9011 판결 참조, fruitella.com에 관한 광주지방법원
　　2010. 1. 14. 선고 2009가합11978 판결(확정).

58818 판결(확정), giorgioarmanihotel.com에 관한 대구고등법원 2009. 7. 23. 선고 2009나1024(본소), 1031(반소) 판결[확정, 원심은 대구지방법원 2009. 1. 13. 선고 2007가합11792(본소), 2008가합10505(반소) 판결], hsbccard.com에 관한 서울고등법원 2004. 10. 27. 선고 2002나68784 판결(심리불속행 상고기각으로 확정), SONYBANK. COM에 관한 서울지방법원 2002. 10. 18. 선고 2001가합35469 판결(확정), kbsi. co.kr에 관한 서울남부지방법원 2004. 6. 4. 선고 2003가합9494 판결(확정), imbc. co.kr에 관한 서울고등법원 2005. 7. 6. 선고 2004나91948, 91955 판결, window game.com / windowphones 등에 관한 서울중앙지방법원 2014. 5. 16. 선고 2013 가합87838(본소), 2014가합1497(반소) 판결[서울고등법원 2014. 9. 18. 선고 2014나 2018184(본소), 2018191(반소) 판결로 항소기각 되어 확정], window10.asia에 관한 대법원 2022. 4. 14. 선고 2021다303134, 303141 판결[항소심은 서울고등법원 2021 나2008772(본소), 2008789(반소) 판결, 1심은 서울중앙지방법원 2021. 2. 5. 선고 2019 가합511142(본소), 546063(반소) 판결] 등이 있다.

② 철자 한자가 생략되거나 추가된 경우(Typo-squatting) 양자는 일반적으로 유사하다고 할 수 있다. 예를 들어, myspce.com에 관한 서울중앙지방법원 2007. 8. 30. 선고 2006가합53066 판결(확정)(비교대상은 회사 상호인 MySpace, Inc), WALL- MART.COM에 관한 대구지방법원 2009. 6. 9. 선고 2008가합2092(본소), 2009가합3405(반소) 판결(확정, 비교대상은 유명한 쇼핑몰인 WAL-MART), fruitella.com에 관한 광주지방법원 2009. 7. 16. 선고 2008가합7040 판결(확정, 비교대상은 유명한 과자, 캔디 상표인 FRUITTELLA) 등이 있다.

(3) 그 밖의 사례

서울고등법원 2016. 12. 15. 선고 2015나2074198 판결(심리불속행 상고기각으로 확정되었다)은, 원고의 영업표지인 "엔하위키" 중 '위키'는 사용자들이 직접 내용을 편집, 수정하는 온라인 백과사전 형태의 사이트를 일반적으로 가리키는 단어이므로, 식별력을 갖는 부분은 "엔젤하이로"라는 인터넷 사이트의 약어로부터 유래한 것으로 보이는 '엔하'라 할 것이고, 피고의 이 사건 도메인이름 mirror. enha.kr 등은 모두 영문자 'enha'가 포함되어 있어 이를 식별력을 갖는 부분으로 볼 수 있는데, 이 사건 도메인이름에 포함된 'enha'는 모두 '엔하'로 호칭되어 그 발음과 호칭이 원고의 영업표지와 거의 동일하다 할 것이고, 이 사건 도메인이름의 피고 사이트를 방문하는 일반인들로서는 그 차이를 인식함이 없이 동일한 명칭으로 혼동할 가능성이 매우 높으므로 이 사건 도메인이름은 원고의 영업표지인 ”엔하위키“와 동일하거나 유사하다고 판시하였다.

kgic.co.kr에 관한 서울남부지방법원 2015. 1. 27. 선고 2014가합9381 판결 (확정)은, 원고(2009. 11. 4. kgicenter.com 도메인이름을 등록하여 사용하고 있다)가 사용하는, 국문 ‘한국유전자정보센터’와 영문 ‘Korea Gene Information Center’이 병기된 영업표지는 피고가 2012. 11. 6. 등록한 도메인이름 kgic.co.kr과 유사하다고 할 수 없다고 하였다.

(4) 사용금지청구를 인용할 때 고려할 사항

우리나라의 일부 하급심 판결들은 “별지 목록 기재 상표를 포함하는 문자를 도메인이름으로 사용하여서는 아니된다” 또는 “상표로 사용되는 문자를 도메인이름에 포함시켜서는 아니된다”는 주문을 선고하기도 하는데, 이러한 주문 형태에 대하여는 사용금지의 범위가 지나치게 넓어서 도메인이름 등록희망자들의 권리를 침해하게 될 소지가 있다는 비판도 있다.[92] 도메인이름의 특징인 희소성과 관련하여 볼 때, 타인의 등록상표에 별개의 다른 문자를 붙여 전혀 다른 의미를 가지는 경우라든지, 병행수입업자가 외국상표의 앞 또는 뒤에 병행수입업자 표시를 덧붙이는 경우에는 과연 상표권 침해가 있다고 할 수 있는지에 관하여 신중한 판단을 요한다.[93]

(5) 상표에 부정적 용어를 합쳐 만든 도메인이름은 그 상표와 혼동될 정도로 유사하다고 할 수 있나?

주로 저명상표에 ‘sucks’나 그 밖의 명성을 손상시키는 접미사를 추가하는 도메인이름의 경우에 이와 같은 문제가 발생한다.

walmartsucks.com에 관한 WIPO 판정(D2000-0662) 등은, UDRP는 사이버스쿼팅을 방지하기 위하여 채택된 정책임을 고려하여 상표권 침해라고 할 수 있

---

[92] 손경한, “도메인네임 선점과 법적 과제”, e-commerce 2000.1/2; 장덕조, “도메인네임의 법적성질 및 규제방안”, 상사법연구 19권 2호(2000), 303.

[93] 대법원 2002. 9. 24. 선고 99다42322 판결은, 병행수입업자가 소극적으로 상표를 사용하는 것에 그치지 아니하고 나아가 적극적으로 상표권자의 상표를 사용하여 광고·선전행위를 하더라도 그로 인하여 상표의 기능을 훼손할 우려가 없고 국내 일반 수요자들에게 상품의 출처나 품질에 관하여 오인·혼동을 불러일으킬 가능성도 없다면, 이러한 행위는 실질적으로 상표권 침해의 위법성이 있다고 볼 수 없다고 하면서, 그러나 그 사용태양 등에 비추어 영업표지로서의 기능을 갖는 경우에는 일반 수요자들로 하여금 병행수입업자가 외국 본사의 국내 공인 대리점 등으로 오인하게 할 우려가 있으므로, 이러한 사용행위는 부정경쟁방지법 소정의 영업주체 혼동행위에 해당되어 허용될 수 없다고 하였는바, 따라서 병행수입업자가 외국상표의 앞 또는 뒤에 병행수입업자 표시를 덧붙이는 경우 상표권 침해가 아니라고 하더라도 부정경쟁행위에 해당할 여지는 있다.

는지 여부를 판단할 때와는 다른 기준을 적용하여 출처의 혼동이 발생하는지 여부와는 상관없이 상표와 도메인이름 그 자체만 비교하여 유사한지 여부를 결정한다는 입장을 취하면서, 혼동을 일으킬 정도의 유사성을 인정하고 있다. 그리고 정당한 비평 사이트의 권리는 UDRP 제4조 a가 그 적용 대상이 되는 분쟁의 다른 요건으로 들고 있는, '등록인이 해당 도메인이름의 등록에 대한 권리 또는 정당한 이익을 가지고 있지 아니하다는 것과 등록인의 도메인이름이 부정한 목적으로 등록 및 사용되고 있다는 것'에 의하여 적절히 보호받을 수 있으므로,94) 위와 같이 해석하더라도 정당한 비평 사이트의 권리를 제한하는 것은 아니라고 한다. 이에 반하여 일부 패널들의 소수의견은, 인터넷 사용자들이 상표소유자 및 그 상표에 부정적 용어를 합쳐 만든 도메인이름 사이에 연관성이 있는 것으로 볼 가능성은 크지 않으므로 상표에 부정적 용어를 합쳐 만든 도메인이름은 혼동될 정도로 유사하지 않다고 한다. lockheadsucks.com에 관한 WIPO 판정(D2000-1015) 등은 상표권 침해에서와 같은 접근을 하여 위 도메인이름이 상표권자와 연관이 없다는 것(출처가 같지 않다는 것)은 명백하므로95) 상표와 혼동을 일으킬 정도로 유사하다고 할 수 없다고 하였다. 개인적인 생각으로는 UDRP의 제정목적을 감안하더라도 그 요건이 '혼동을 일으킬 정도로 유사하다'는 것인 이상 소수의견이 타당하다고 생각한다.96)

다. 도메인이름을 등록 · 보유 · 이전 또는 사용하는 행위

도메인이름과 관련된 모든 행위를 의미한다. electrolube.co.kr에 관한 대법원 2017. 6. 29. 선고 2016다216199 판결은, "인터넷주소법 제12조에서 '보유'란 등록된 도메인이름을 가지고 있는 것을 의미하며, '사용'은 등록된 도메인이름으로 인터넷에서 웹사이트를 개설하여 자기가 관리하는 컴퓨터 등 정보시스템의 식별기호로 이용하는 등 도메인이름의 등록 · 보유 후에 이를 실제로 이용하

---

94) WIPO Overview 3.0 중 2.6항은 비평사이트를 운영할 목적으로 도메인이름을 사용하는 피신청인은 권리 및 적법한 이해관계를 주장할 수 있는가에 관하여 앞의 1.의 사.에서처럼 설명하고 있다.

95) 위 사건에서는 인터넷이용자는 피신청인의 웹사이트가 신청인의 상품에 대한 비판사이트임을 구별할 수 있다고 하였고, fucknetscape.com 사건(D2001-0918)에서는 Netscape사가 이 도메인이름을 자신의 도메인이름으로 선택하여 사용하고 있다고는 이 도메인이름 자체에서도 연상되기 어렵다고 하였다.

96) 조정욱, 앞의 글, 39-40은, 단순히 부정적 단어가 포함되어 있다고 유사성이 부인된다고 보기는 어렵다고 하면서도, 부정적 의미가 매우 강하여 상표권자가 등록하였다고 생각하기 어려운 도메인이름에 관하여는 '혼동할 정도의 유사성'을 인정하는 것에 신중할 필요가 있다고 주장한다.

는 것을 의미한다"고 한다. 앞의 Ⅱ. 2. 가. (6)에서 자세히 설명한 바와 같이 도메인이름을 '등록'하거나 '이전'받을 때에는 부정한 목적이 없었더라도 '보유 또는 사용'하는 과정에 부정한 목적이 있다면 본 규정에 해당한다.

4. 본 규정 신설 이전에 등록된 도메인이름에 대해서도 본 규정이 적용될 수 있는지 여부

가. 본 규정이 신설되면서 그 개정법률 부칙에서 아무런 경과규정을 두고 있지 아니하므로, 그 시행일 이전에 등록된 도메인이름 또는 그 시행일 이전에 제소된 사건에 대하여도 적용된다고 보아야 할 것이다.[97] 인터넷주소법 제12조 및 개정된 제12조의 경우도 마찬가지이다. 더욱이 인터넷주소법(법률 제7142호, 2004. 1. 29.) 부칙 제3조 및 개정법률(법률 9782호, 2009. 6. 9.) 부칙 제2항은 이 법 시행 당시 등록된 도메인이름(인터넷주소)은 이 법에 따라 등록된 도메인이름(인터넷주소)으로 본다고 규정하고 있으므로, 그 각 시행일 이전에 등록된 도메인이름 또는 그 각 시행일 이전에 제소된 사건에도 인터넷주소법 및 개정법률을 적용하겠다는 것으로 해석할 수 있다.[98]

ccfhsbc.com, hsbcccf.com에 관한 서울고등법원 2008. 6. 25. 선고 2008나21077 판결(심리불속행 상고기각으로 확정)도, 부정경쟁방지법 제2조 제1호 (아)목(본 규정)은 2004. 1. 20. 신설되어 2004. 7. 21.부터 시행되었는데 그 이전에 등록된 도메인이름에도 적용되는지에 관하여, 2004. 1. 20. 제7095호로 개정된 부정경쟁방지법에서는 제2조 제1호 (아)목을 신설하면서도 부칙에 공포 후 6월이 경과한 날부터 시행한다는 시행일 규정 이외에 달리 경과규정을 두지 아니하고 있고, 원고가 이 사건 도메인이름을 등록한 이후 현재까지 계속 보유하고

---

97) viagra.co.kr에 관한 대법원 2004. 5. 14. 선고 2002다13782 판결은, 원심이 2000. 11. 7, 2001. 3. 13. 두 번에 걸쳐 변론을 종결하고 선고기일을 추후로 지정하였다가, 현행 부정경쟁방지법 시행일 이후에 2001. 8. 21. 자 원고들의 변론재개신청을 받아들여 2001. 10. 11. 변론을 재개하여 다시 심리를 한 다음, 2001. 11. 13. 변론을 종결하고, 이 사건에 현행 부정경쟁방지법에 신설(필자 주: 2001. 7. 1.부터 시행되었다)된 위 법률 제2조 제1호 (다)목의 규정(부칙에서 아무런 경과규정을 두고 있지 아니하다)을 적용하여 판결을 한 사실이 인정되는바, 법원은 변론을 종결한 후라도 심리에 미진함이 발견되거나 기타 필요하다고 인정할 때에는 종결된 변론을 재개할 수 있는 것이므로, 이와 같이 기일을 진행한 원심판결에 소송지휘권을 남용한 위법이 있다고 보기는 어렵다고 판시하였다.

98) 김운호, "국내 도메인(.kr, gTLD) 분쟁해결 경향(Court Trend in Resolving Doman Name Dispute)", 아시아 지역 도메인 분쟁해결 경향 및 신규 일반도메인 분쟁해결 정책(인터넷주소분쟁조정위원회 · 아시아도메인이름분쟁조정센터 공동 국제세미나, 2011. 7. 7), 42.

있어 이로 인해 피고 등이 주장하는 권리 침해 역시 현재까지 발생하고 있다고 보아야 하는 이상 위 조항은 이 사건 도메인이름에 대하여 적용할 수 있다고 하였다.[99]

verision.com에 관한 서울중앙지방법원 2011. 11. 22. 선고 2011가합55899 판결(확정)은, 원고가 위 도메인이름을 인터넷주소법이 개정되기 전인 2008. 11. 8. 이전등록받은 사안에서(당연히 최초의 등록일은 이전등록일 이전이다), 인터넷주소법 부칙(법률 제9782호, 2009. 6. 9.) 제2항은 "이 법 시행 당시 인터넷주소관리기관등에 등록된 인터넷주소는 이 법에 따라 등록된 인터넷주소로 본다"고 규정하고 있으므로, 위 도메인이름은 인터넷주소법에 따라 등록된 인터넷주소로 간주되어, 이 사건에는 개정된 인터넷주소법이 적용된다고 하였다.

반면에 fruitella.com에 관한 두 번째 판결인 광주지방법원 2010. 1. 14. 선고 2009가합11978 판결(확정)은 원고가 2009. 6. 9. 개정된 인터넷주소법 제12조 제2항에 기하여 등록이전절차의 이행을 청구한 사건에서, 인터넷주소법은 위 도메인이름과 같은 '.com'은 그 적용대상이 아니라 하면서 위 청구를 기각하였는데, 그 이유를 더 이상 자세히 밝히고 있지는 않으나 위 도메인이름이 인터넷주소법이 개정되기 이전인 2003. 7. 5. 등록되었기 때문에 이런 판단을 하였을 가능성도 있다[인터넷주소법은 이른바 사이버스쿼팅을 규제하기 위하여 국내 도메인이름

---

99) 위 판결은 계속하여, 경과규정을 두는 등 당사자의 신뢰를 보호할 적절한 조치를 취함이 없이 위 (아)목을 그대로 시행하거나 적용하는 것은 헌법의 기본원리인 법치주의 원리에서 도출되는 신뢰보호의 원칙에 위배되는지에 관하여, 위 (아)목은 과거에는 존재하지 않았던 인터넷을 통한 상거래의 등장으로 온라인상의 상행위자를 식별하는 이름이라 할 수 있는 도메인이름을 선점하여 이를 해당 도메인이름에 대해 성명, 상호, 상표 등 표지에 관한 권원을 갖는 자에게 되팔아 이득을 취하려는 이른바 사이버스쿼팅(cybersquatting)을 규제하기 위하여 신설된 것으로, 타인에게 정당한 권원이 있는 상표 등 표지를 자신의 도메인이름으로 등록하는 행위는 정당한 표지에 관한 권리를 갖고 있는 자에 대한 상거래상의 신뢰를 저하하고 소비자의 혼동을 야기함으로써 거래질서를 저해할 뿐 아니라 일반인의 인터넷 검색에 있어서의 사회적 총비용을 증가시키는 등의 폐해가 있어 이미 미국, 일본 등에서 이를 금지하는 입법이 이루어진 점 등을 참조하여 이를 부정경쟁행위로 새롭게 규정한 취지인바(위 법 개정 시 제출된 국회 전문위원 구희권 작성의 검토보고서 참조), 이러한 사이버스쿼팅 행위 금지를 통해 보호하고자 하는 건전한 온라인 상거래 질서라는 공익적 목적에 비하여, 타인의 정당한 도메인이름을 선점함으로써 부당한 이익을 취하려 시도하는 개인들이 이로써 침해받는 이익은 그 보호할 가치가 작음이 분명하고, 전 세계에서 접근할 수 있는 인터넷의 특성상 이미 분쟁해결방침(UDRP)은 물론 미국, 일본 등의 각 국가에서도 이러한 행위를 규율하는 입법이 이루어진 시점에서 사이버스쿼팅 행위 금지에 대한 행위자들의 신뢰 손상의 정도 역시 미미하다고 보이므로, 위 (아)목 신설 전에 등록된 위 각 도메인이름에 대하여 위 (아)목을 적용하는 것이 신뢰보호의 원칙에 위배된다고 할 수는 없다고 하였다.

(.kr)을 적용대상으로 하여 신설된 법률이라는 표현이 있는 것으로 보아 2009. 6. 9. 개정으로 인터넷주소법의 적용범위가 확대된 것을 모르고 위와 같이 판단하였을 가능성도 있다]. 그러나 이런 판단은 앞에서 살펴본 바에 어긋나는 것으로 타당하다고 할 수 없다.

나. 본 규정 등이 시행된 이후 다시 등록이전, 등록말소 등을 청구할 수 있나?

본 규정 및 개정된 인터넷주소법 제12조의 등록이전은 새로운 소송물인 권리관계의 발생원인을 창설한 것이고 따라서 새로운 청구원인인 권리관계의 발생원인에 해당하는 사실 역시 창설된 것이므로, 본 규정 및 개정된 인터넷주소법 제12조가 시행되기 이전에 도메인이름의 무단점유자를 상대로 도메인이름 등록말소청구를 하였다가 패소판결을 받고 그 판결이 확정되었더라도, 위 규정들의 적용을 주장하며 '보유'뿐만 아니라 '등록'을 새로운 청구원인으로 하여 등록말소 및 등록이전을 청구하는 소송을 제기하는 것은 기판력은 저촉되는 것은 아니라고 보아야 할 것이다.[100]

5. 도메인이름 등록이전청구권을 포기했다고 볼 수 있는지 여부 및 소멸시효의 기산점

amway.co.kr에 관한 서울중앙지방법원 2012. 9. 26. 선고 2012가합10121 판결(확정)은, "단순히 이 사건 도메인이름이 등록되어 있다는 사실을 알고서도 장기간 등록권자에게 아무런 이의를 제기하지 않았다는 사정만으로는(위 도메인이름이 등록된 때로부터 약 14년이 지나서 비로소 위 도메인이름에 관하여 인터넷주소분쟁조정위원회에 조정신청을 하였다) AMWAY 상표권자인 피고가 위 도메인이름의 이전청구권을 묵시적으로 포기하였다고 인정하기 부족하고, 피고들이 분쟁조정신청에 이르게 된 경위, 인터넷주소법에 도메인이름 이전청구권이 도입된 시기, 피고들이 위 도메인이름에 관한 이전청구권을 포기할 만한 동기나 이유는 없었던 점 등의 여러 사정을 종합적으로 검토하면 피고들이 이를 묵시적으로 포기하였다고 할 수 없다. 그리고 도메인이름에 관한 이전청구권은 채권적 권리로서 10년의 소멸시효가 적용된다고 할 것이지만, 위 도메인이름에 관한 이전청구권은 인터넷주소법 제12조 제2항에 근거한 권리라고 할 것인데, 인터넷주소법 제12조 제2항에 의한 도메인이름에 관한 이전청구권은 인터넷주소법이 2009. 6.

---

100) 정진용, "도메인이름의 무단점유 관련 새로운 입법에 관한 소고", 인터넷법률 제24호 (2004. 7), 97-98.

9. 법률 제9782호로 개정되면서 도입되었고, 위 개정법률은 2009. 9. 10. 시행되었으므로, 위 도메인이름의 이전청구권에 대한 소멸시효의 기산점은 그 권리를 행사할 수 있는 때인 2009. 9. 10.부터라고 할 것인바, 이로부터 10년이 경과되지 않았음은 역수상 명백하므로 이 사건 도메인이름에 관한 이전청구권은 아직 소멸시효가 완성되지 아니하였다”고 하였다.

또한 ford.co.kr에 관한 서울중앙지방법원 2013. 12. 13. 선고 2013가합33503 판결은, 피고(Ford Motor Company)가 1988년에 ford.com 도메인이름을 등록한 후 25년이나 지났으므로 ford.co.kr 도메인이름(원고가 1997년에 등록하였다)에 관한 등록말소청구권이 시효로 소멸하였다는 주장에 대하여, 인터넷주소법 제12조 제2항은 같은 조 제1항을 위반하여 도메인이름을 등록한 자뿐만 아니라 이를 보유 또는 사용한 자를 상대로 하여도 그 도메인이름 등의 등록말소를 청구할 수 있도록 규정하고 있는바, 같은 조 제1항을 위반한 자가 그 도메인이름 등을 보유 또는 사용하고 있는 이상 같은 조 제2항에 의한 등록말소청구권은 계속하여 발생한다 할 것이므로(본 규정의 경우도 마찬가지라고 볼 수 있다), 피고가 미국에서 1988. 9. 1. ford.com 도메인이름을 등록한 후 25년이 경과하였다고 하여 피고의 인터넷주소법 제12조에 따른 ford.co.kr 도메인이름 등록말소청구권이 시효로 소멸하였다고 할 수 없다고 하였다.[101]

Ⅲ. 본 규정의 효과

1. 사용금지 및 등록말소

본 규정에 해당하는 부정경쟁행위로 자신의 영업상의 이익이 침해되거나 침해될 우려가 있는 자 즉 국내에 널리 인식된 타인의 성명, 상호, 상표, 그 밖의 표지의 권리자는 부정경쟁행위의 대상이 된 도메인이름의 등록인을 상대로 법원에 그 도메인이름의 사용금지를 청구할 수 있다.[102] 그리고 부정경쟁행위의 대상이 된 도메인이름의 등록말소를 청구할 수 있다.[103] 그러나 앞의 Ⅰ. 3. 가.

---

101) 위 판결은 계속하여, 피고의 등록말소청구권이 최초로 발생한 때로부터 시효가 진행한다 하더라도 인터넷주소법 제12조 제2항에 의한 도메인이름에 관한 말소청구권은 인터넷주소법이 2004. 7. 30.부터 시행되었으므로 이 사건 도메인이름의 말소청구권에 대한 소멸시효의 기산점은 그 권리를 행사할 수 있는 때인 2004. 7. 30.부터라고 하였다.
102) 부정경쟁방지법 제4조 제1항.
103) 부정경쟁방지법 제4조 제2항 제3호.

(3) ㈎에서 본 것처럼 부정경쟁방지법 제4조 제2항 제4호에 의하여 표지의 권리자가 청구할 수 있는 '부정경쟁행위의 예방을 위하여 필요한 조치'에 도메인이름의 사용금지 또는 등록말소 등의 범위를 넘어서 도메인이름의 등록이전까지 포함된다고 볼 수는 없으므로,[104] 법원에 부정경쟁행위의 대상이 된 도메인이름의 등록이전을 청구할 수는 없다.

2. 등록이전을 청구할 수 없음에 따른 문제점

앞의 I. 3. 가. (3) ㈎에서 본 것처럼 본 규정의 부정경쟁행위에 해당하면 도메인이름의 등록말소는 청구할 수 있지만, 등록이전을 청구할 수는 없다. 그런데 표지의 권리자로서는 해당 도메인이름의 등록말소를 구하는 것만으로는 불충분하고, 해당 도메인이름을 현재의 등록인으로부터 자신에게 등록이전하여 자신이 계속 보유함으로써 앞으로 더 이상의 분쟁이 발생하지 않기를 원하는 경우가 대부분일 것이다. 해당 도메인이름의 등록말소만이 허용되고 등록이전이 허용되지 아니하면 어떤 문제가 생길까?

우선 UDRP에 의한 분쟁해결절차나 인터넷주소법에 의한 조정절차는 거치지 않고 바로 표지의 권리자가 도메인이름 등록인을 상대로 본 규정의 부정경쟁행위에 해당한다는 이유로 소송을 제기하여 해당 도메인이름 등록말소 판결을 받은 경우를 보면, 일반적으로 위 표지의 권리자 등이 그 말소되는 순간을 정확히 알 수 없기 때문에 위 표지의 권리자 등에 앞서 제3자(많은 경우 종전의 등록인과 관련이 있다고 의심되는 자이다)가 위 도메인이름을 먼저 등록할 가능성도 있으므로, 도메인이름 등록이 말소된 후 항상 위 표지의 권리자 등이 위 도메인이름을 새로 등록할 수 있다는 확실한 보장이 없다.[105]

다음으로 많은 경우 표지의 권리자 등이 도메인이름 등록인을 상대로 gTLD의 경우에는 UDDP의 분쟁해결절차에 따라 ICANN이 지정한 분쟁해결기관에게, 우리나라 ccTLD의 경우에는 인터넷주소분쟁조정위원회에게 조정 신청을 하는 경우가 많은데, 분쟁해결절차나 조정절차에서 등록이전 판정이나 결정이 나는 경우 도메인이름 등록인이 그 판정이나 조정내용의 실행을 보류시키기

---

104) 대법원 2008. 9. 25. 선고 2006다51577 판결 참조.

105) 제3자가 위 도메인이름을 먼저 등록한다면 분쟁이 계속 반복된다. 이렇게 되면 위 정당한 권원이 있는 자는 그 도메인이름에 대한 법적 방어를 포기하고 도메인이름 등록인과 매수협상을 하려 할 가능성이 높고, 이러한 상황은 도메인이름에 대한 부정한 목적의 등록 및 사용을 부추길 우려가 있다.

위하여 관할법원106)에 등록이전청구권 부존재 확인청구의 소를 제기하면, 그 소
송절차에서 법원은 UDRP나 인터넷주소법 제18조의2(조정절차에 적용되는 규정)
에 의하여 피고(분쟁해결절차나 조정절차 신청인)에게 등록이전청구권이 인정되는
지 여부를 판단하는 것이 아니라, 위 도메인이름에 적용 가능한 법률 즉 본 규
정이나 상표법, 부정경쟁방지법 제2조 제1호 (가)목, (나)목, (다)목, 인터넷주소
법 제12조 등에 의하여 피고에게 등록이전청구권이 인정되는지 여부를 판단한
다(ccfhsbc.com, hsbcccf.com에 관한 대법원 2008. 2. 1. 선고 2004다72457 판결 참조).
이 때 만일 본 규정을 비롯한 부정경쟁방지법이나 상표법이 적용되면 표지의
권리자에게 등록이전청구권은 인정되지 않으므로 도메인이름 등록인의 등록이
전청구권 부존재 확인청구는 인용되게 되고, 그렇게 되면 분쟁해결절차나 조정
절차 신청인은 기각 확정판결을 제출할 수 없어서(UDRP 제4조 K항, 인터넷주소
분쟁조정세칙 제11조 제2호 참조) 위 판정이나 조정내용은 결국 실행되지 못하는
이상한 결과가 된다. 인터넷주소법이 2009. 6. 9. 개정되기 이전에는, 즉 인터넷
주소법의 적용범위가 우리나라 ccTLD에 한정되고, 인터넷주소법도 등록말소만
을 청구할 수 있고 등록이전청구를 할 수 없었을 당시에는 실제로도 이러한 사
례가 여러 차례 발생하였다.107)108) 다만 UDRP 제4조 K항과 인터넷주소분쟁조

---

106) UDRP의 경우에는, 등록기관의 주된 사무소 소재지를 관할하는 법원(등록인이 도메인이
    름의 사용에 의하여 유발되는 분쟁의 재판관할에 대하여 등록약관에서 승낙한 경우에 한
    한다)과 도메인이름 등록인의 주소지를 관할하는 법원 중 분쟁해결절차 신청인이 그 신청
    당시 관할권에 복종하기로 선택한 법원이다[Rules for Uniform Domain Name Dispute
    Resolution Policy 제1조 및 제3조 (b) (x ⅲ)]. 인터넷주소법(인터넷주소분쟁조정위원회)에
    의한 조정절차의 경우에는 민사소송법에 따른 관할법원이다.
107) 일부 사례에서는 등록이전을 명하는 UDRP 판정의 실행을 보류하기 위해 도메인이름 등
    록인이 등록이전청구권 부존재 확인청구와 함께 사용금지청구권 부존재 확인청구를 하기
    도 하였는데, 비록 등록이전청구권 부존재 확인청구는 인용되더라도 사용금지 청구권 부
    존재 확인청구는 기각하는 확정판결이 있는 경우에는, 분쟁해결절차 신청인이 그 판결을
    등록기관에게 제출하면 등록기관은 위 판결이 UDRP 제4조 K항의 '해당 도메인이름을 계
    속 사용할 권리가 없다는 판결'에 해당한다고 보아 UDRP 판정을 실행하여야 하나, 실제
    로는 그 집행이 제대로 이루어지지 않았다[myspce.com에 관한 서울중앙지방법원 2007. 8.
    30. 선고 2006가합53066 판결, wes.com에 관한 서울중앙지방법원 2007. 10. 11. 선고 2006
    가합74971 판결 등]. 등록기관은 책임 문제에 매우 민감한데, 도메인이름 등록 이전은
    UDRP 결정이나 조정결정에 의하여 이루어지는 것이고 판결에 의하여 이루어지는 것은
    아니라 하더라도 판결문에 명시적으로 신청인에게 등록이전청구권이 없다고 기재되어 있
    는 이상은 불안감을 떨쳐버릴 수 없기 때문이라고 한다.
108) 외국 표지권자는 위와 같이 UDRP 판정의 실행이 보류되었다가 도메인이름 등록인이 우
    리나라에 제기한 소송에서 사용금지청구권 부존재 확인청구를 기각하는 확정판결을 받았
    음에도 불구하고 이전등록청구권 부존재 확인청구가 인용되었다는 이유로(즉 판결문상으
    로 이전등록청구권이 인정되지 않는다는 이유로) 등록기관이 UDRP 판정의 집행을 꺼리

정세칙 제11조 제2호가 도메인이름 등록인이 해당 도메인이름을 계속 사용할 권리가 없다는 확정판결을 제출하면 위 판정이나 조정내용을 실행한다고 규정하고 있으므로, 위 소송에서 분쟁해결절차나 조정절차 신청인이 반소로 도메인이름 사용금지청구의 소를 제기하여 승소판결을 받아 위 판정이나 조정내용을 실행시키는 방법은 있다.[109]

이런 상황이라면 표지의 권리자는 아예 분쟁해결절차나 조정절차에서 도메인이름의 등록말소를 구할 수도 있다. 그런데 우리나라 ccTLD의 경우에는 인터넷주소법 제20조 제2항에 의하여 신청인이 인터넷주소분쟁조정위원회(이하 '분쟁조정위원회'라 약칭한다)에 조정결정의 실행을 신청하면 분쟁조정위원회는 바로 인터넷주소관리기관[110] 등에 그 조정결정의 실행을 요청하고 인터넷주소관리기관 등은 이를 지체 없이 시행하는데, 신청인이 비록 말소만을 명하는 조정결정을 받았더라도, 실무상 인터넷주소관리기관이 말소하는 시점을 분쟁조정위

자, 우리나라 법원 및 등록기관의 위와 같은 입장에 곱지 않은 시선을 보내면서 다른 방법을 강구하기도 하였다. 즉 미국의 Anticybersquatting Consumer Protection Act(ACPA라고 약칭한다)에 의하여 .com을 비롯한 주요 gTLD 도메인이름 등록원부 관리기관(registry)인 VeriSign사가 소재하는 미국 버지니아주 동부 연방지방법원에 위 도메인이름 자체를 피고로 하여 도메인이름의 등록이전을 청구하는 대물소송(in rem action)을 제기하기도 하였다 (그 예를 보면, continental.com에 대하여 2009. 5. 18. UDRP에 따른 NAF의 등록이전 판정이 있은 후 등록인이 우리나라에서 이전등록청구권 등 부존재 확인청구의 소를 제기하고 등록자변경금지가처분을 받는 사이에, 분쟁해결절차 신청인인 Continental Airlines, Inc.는 미국 동부버지니아 연방지방법원에 대물소송을 제기하고 2009. 12. 7. 판결을 받아 이 판결에 기해 위 도메인이름을 등록원부 관리기관을 통하여 이전받아 가버렸다). 또한 분쟁해결절차와 소송절차를 거치면서 많은 시간과 비용을 낭비하기보다는 차라리 도메인이름 등록인과 협상하여 그에게 적절한 비용을 지급하고 그로부터 직접 도메인이름 등록을 이전받는 것이 훨씬 경제적이라는 생각에서 그와 같은 협상이 종종 성사되기도 하였다. 이에 관한 상세한 내용은 2010 도메인이름 분쟁백서 259-261 참조.

109) fruitella.com에 관하여는 WIPO 중재조정센터의 등록이전 판정이 있은 후 등록인이 등록이전청구권 및 사용금지청구권 부존재 확인청구의 소를 제기하여 광주지방법원 2009. 7. 16. 선고 2008가합7040 판결(확정)로 등록이전청구권 부존재 확인청구는 인용되고 사용금지청구권 부존재 확인청구는 기각되었으나, 상표권자가 사용금지청구 등을 반소로 제기하지 아니한 결과, 등록인이 위 확정판결에도 불구하고 위 도메인이름을 여전히 보유하면서 등록기관만을 변경하여 계속 위 도메인이름을 사용하자, 상표권자는 다시 주위적으로 사용금지, 등록이전절차 이행을 구하고 예비적으로 등록말소를 구하는 소를 제기하여 광주지방법원 2010. 1. 14. 선고 2009가합11978 판결(확정)로 사용금지청구 및 등록말소청구를 인용하는 판결을 받기도 하였다. 뒤의 판결에서는 전소의 판결의 기판력이 문제되기도 하였다.

110) 인터넷주소관리기관이란 인터넷주소의 할당·등록 등과 관련된 업무를 수행하는 한국인터넷진흥원과 한국인터넷진흥원으로부터 인터넷주소 관리업무를 위탁받은 법인 및 단체를 말한다.

원회가 신청인에게 알려주고 있어서 신청인은 그 도메인이름이 말소되는 시점
을 정확히 알기 때문에, 그 도메인이름이 말소되자마자 바로 그 도메인이름을
등록함으로써 사실상 이전을 명하는 조정결정을 받은 것과 동일한 효과를 얻는
결과가 된다. 그러나 gTLD의 경우에는 등록기관이 UDRP 판정이나 판결 등을
수령하면 말소를 명하는 UDRP 판정을 즉시 집행하는 것이 아니라 그때부터 약
30일 이내에 집행을 하고 있어서 신청인으로서는 도메인이름이 말소되는 시점
을 정확히 알 수 없어서 그 도메인이름을 자신이 등록하지 못할 수도 있고(전
등록인뿐만 아니라 이에 관심을 가지는 제3자가 그 도메인이름을 먼저 등록할 수 있는
여지가 있다) 실제로도 그런 사례가 여러 차례 있었다. 이와 같이 gTLD의 경우
에는 이전을 명하는 UDRP 판정과 말소만을 명하는 UDRP 판정 사이에 나중에
신청인이 그 도메인이름을 확실히 확보할 수 있는지 여부에 관하여 큰 차이가
있게 되고, 따라서 표지의 권리자는 분쟁해결절차에서 도메인이름의 등록말소
를 구하는 것만으로는 최종적인 목적을 이루지 못할 수도 있다.

　　지금까지 설명한 이러한 문제를 해결할 수 있는 확실하고 발본색원적인 구
제수단이 인정되어야 할 것인데111) 당연히 가장 적절한 방법은, 표지에 관하여
정당한 권원이 있는 자에게 부정한 목적으로 등록하거나 보유하고 있음을 이유
로 한 이전등록청구권을 인정하여 주는 것이다.112)113) 인터넷주소법은 이런 입

---

111) 김기태, "도메인이름 관련 법률문제와 입법과제"(국회 법제실, 법제현안 제2006-21호), 32.
112) 표지에 관하여 정당한 권원이 있는 자에게 이전등록청구권까지 인정하는 것은 이론상으
로는 무리가 있다는 견해도 있다. 이 견해가 드는 논거는 다음과 같다. ① 위와 같이 이전
등록청구권을 인정하는 것은 그 도메인이름에 관하여 권리를 주장하는 자에게 도메인이름
이 배타적으로 귀속되는 것을 전제로 한다. 그러나 등록된 도메인이름에 대하여 등록인이
어떤 권리를 가지는지를 정해놓은 법률이 없는 이상은 등록인이 갖는 도메인이름에 관한
권리란 등록기관의 등록약관이 정한 바에 따라 등록인과 등록기관 사이에 체결된 계약에
의하여 인정되는 것이므로 현행법상 도메인이름에 관한 권리는 등록기관에 대한 채권적
사용권으로 볼 수밖에 없고, 상표권과 같은 지적재산권의 일종 다시 말하여 배타적 효력이
인정되는 권리라고 할 수는 없으므로, 결국 도메인이름에 관하여 특정인에게로의 도메인
이름 이전등록청구권을 인정할 수 없다. ② 상표법이나 부정경쟁방지법은 표지가 분쟁당
사자들 중 누구에게 귀속되는 것이 타당한가를 밝혀 그 당사자에게 이전시켜주는 법이 아
니므로, 상표법이나 부정경쟁방지법은 상표권 침해나 부정경쟁행위에 해당하는 표지가 등
록상표인 경우 사용금지나 등록말소를 구할 수 있을 뿐이고 상표권 침해나 부정경쟁행위
에 해당한다는 이유로 그 등록상표를 상표권 침해를 주장하는 상표권자나 주지·저명한
표지권자에게 강제로 이전등록하도록 하는 규정을 두고 있지 아니하다. 따라서 등록상표
나 미등록 주지·저명상표를 보호하기 위해서는 도메인이름의 사용금지나 등록말소만으로
도 충분함에도 불구하고 등록이전까지 인정하는 것은 목적과 수단의 비례, 보충성의 원칙
또는 다른 표지와의 형평에 반한다. ③ 정당한 권원이 있는 자가 다수 경합할 수 있는데,
정당한 권원이 있는 자 여럿이 각자 도메인이름 등록인을 상대로 도메인이름 이전등록청

장에서 2009. 6. 9. 개정을 하였으나, 본 규정은 아무런 변화가 없다. 그러므로 앞으로 사이버스쿼팅이라고 할 수 있는 도메인이름 분쟁에 본 규정이 적용되기 보다는 인터넷주소법 제12조가 적용될 것이어서 본 규정의 역할은 매우 한정적 일 수밖에 없다. 이런 점에서도 본 규정과 인터넷주소법 제12조는 양자의 차이 를 일치시켜 하나의 법으로 통일하여야 할 것이다.

Ⅳ. 여   론

1. 도메인이름 분쟁의 국제재판관할과 관련하여

가. hpweb.com 사건에 관한 3차례의 대법원 판결

(1) 일반적인 사안은 아니지만, 등록인(한국인, 웹디자이너)이 hpweb.com을 미국 버지니아주에 있는 등록기관 NSI에 등록하였다가 분쟁해결기관 중 하나인 NAF에서 UDRP에 따라 위 도메인이름을 신청인인 휴렛패커드(이하 'HP'라 한 다)에게 이전하라는 판정을 받은 다음, HP가 신청 당시 관할권에 복종하기로 선택한 버지니아주 헌던시 법원이 아닌 등록인의 주소지 법원인 서울지방법원 에 HP를 피고로 하여 소송을 제기함으로써 위 판정의 집행을 보류시키지 못하 고 HP에게 도메인이름의 등록이 이전되자 HP에 대하여 도메인이름 등록이전 청구와 침해금지청구권의 부존재확인청구(손해배상청구를 하였다가 항소심에서 취 하하고 위 확인 청구를 선택적 청구로 추가하였다)를 한 사안에서, 서울지방법원 2001. 12. 14. 선고 2000가합67360 판결은, 이 사건 소는 UDRP에 의한 분쟁해 결절차가 종결된 후의 소에 해당한다고 보아야 한다면서, 국제재판관할의 일반 원칙에 따라 도메인이름 등록인의 주소지 법원인 서울지방법원의 관할권을 인 정하였다.

(2) 항소심인 서울고등법원 2002. 9. 25. 선고 2002나4896 판결(1차 항소심 판결)은, 원고가 주장하는 불법행위가 있었다고 하더라도 그 가해 행위지 및 결 과 발생지가 모두 미국이라고 봄이 상당하고, 위 도메인이름의 피고에게로의 이

구를 하는 경우 별도의 해결방안이 있을 수는 없고 먼저 확정판결을 받아 집행하는 자에 게 도메인이름의 등록이 이전될 수밖에 없는 바람직하지 못한 결과가 된다.

113) 서울중앙지방법원 2019. 6. 28. 선고 2018가합126(본소), 590803(반소) 판결(확정)은, 도 메인이름에 대하여 '정당한 권리자'의 요건을 갖춘 당사자가 UDRP에 의한 분쟁처리신청 인 이외에 더 있을 수도 있다는 개연성만으로는 위 분쟁처리신청인의 도메인이름에 대한 이전등록 청구가 허용되지 않는다고 보기 어렵다고 판시하였다.

전이 부당이득에 해당한다 하더라도 그 반환 의무의 이행지는 위 도메인이름의
등록기관 소재지인 미국이라고 봄이 상당하며, 등록기관의 주소지가 미국이므
로 원고의 위 도메인이름에 관한 권리라는 재산의 소재지도 미국이라고 봄이
상당하고, 국제사법 제2조 등을 고려하여 볼 때 원고 또는 이 사건이 대한민국
과 실질적 관련이 있다고 보기 어렵고 오히려 등록기관 소재지국 법원에 국제
재판관할을 인정하는 것이 국제재판관할 배분의 이념에 부합한다고 하면서, 국
제재판관할이 서울지방법원에 없다는 이유로 제1심 판결을 취소하고 원고의 이
사건 소를 각하하였다.

　　(3) 그러나 대법원 2005. 1. 27. 선고 2002다59788 판결(1차 대법원 판결)은,
"도메인이름의 선등록자인 원고는 행정패널의 판정이 내려져 집행되기 이전까
지는 대한민국 내의 자신의 주소지를 사업 중심지로 삼아 회원들에게 위 도메
인이름을 포함한 여러 도메인이름들을 이메일 주소용으로 사용할 수 있도록 제
공하는 서비스업을 영위하면서 도메인이름을 사용하고 있었고, 그 웹사이트의
주된 이용 언어는 한국어이었으며 그 주된 서비스권역 역시 대한민국이었던 것
으로 보이며, 도메인이름에 대한 이전 판정으로 인하여 영업상의 손해가 발생한
곳 역시 원고의 사업본거지이므로, 과연 그러한 이용 행위가 침해행위인지 여부
및 손해의 유무를 판정하기 위한 증거들은 모두 대한민국에 소재한다고 보이고,
따라서 분쟁이 된 사안과 대한민국 사이에 대한민국 법원이 재판관할권을 행사
하는 것을 정당화할 수 있을 정도로 실질적 관련성이 있다 할 것이다. UDRP
절차규정 제1조가 행정패널의 판정의 집행을 저지하기 위한 소송을 제기할 수
있는 관할로서 신청인이 선택 가능한 관할인 상호관할을 정의하면서 등록기관
의 주된 사무소 소재지 법원과 함께 도메인이름 등록자의 주소지 법원을 나란
히 열거하고 있는 것은 의무적 행정절차에 따른 판정을 신청할 당시를 기준으
로 볼 때 등록인이 소극적 당사자라는 측면을 고려한 것이기도 하지만, 다른 한
편으로 도메인이름에 관한 소송에 있어서 도메인이름 등록자의 주소지는 등록
기관의 주된 사무소와 함께 도메인이름에 관한 분쟁과 실질적 관련성이 인정될
가능성이 큰 곳이라는 점을 고려한 것으로 이해할 수도 있겠다. 피고가 UDRP
에 따른 판정을 신청할 당시에 원고의 주소지를 중심지로 하는 영업에 영향을
미치게 된다는 점을 충분히 알 수 있었을 것이므로 자신이 지정한 상호관할지
법원 이외에 대한민국 법원에 소송이 제기될 가능성을 충분히 예견할 수도 있
었다 할 것이다"라고 하여, 서울지방법원의 국제재판관할을 부정한 1차 항소심

판결을 파기하고 사건을 서울고등법원으로 환송하였다.

　　이에 대하여는, 원고가 승소 판결을 받는다고 하더라도 등록기관이 위 도메인이름을 다시 원고에게 이전해 줄 가능성은 거의 없으므로, 우리나라 법원에게 국제재판괄할을 인정한다고 하더라도 당사자 사이의 분쟁이 실효성 있게 해결되지 아니하는 이상 우리나라 법원으로서는 국제재판괄할권 행사에 신중을 기하여야 하고, 이러한 관점에서 본다면 위 대법원 판결보다는 항소심 판결이 보다 실제적인 관점에 입각한 것이라는 견해,[114] 국제재판관할의 기준을 영토적 관련 여부를 중심으로 구체화하기 위해서는 다툼의 대상인 법률관계의 성질별로 국제재판관할의 기준을 구체화할 필요가 있으므로 당해 사건이 어떤 성질의 법률관계에 관한 분쟁인지를 판단하여야 하고(사안 근접성이 주된 고려 요소가 되고 증거 근접성은 보조적인 역할을 한다), 위 대법원 판결 이전까지의 우리나라 하급심 판결들에서 사건의 성질, 유형별로 국제재판관할의 판단기준을 구체화하려는 경향도 점진적으로 확대되어 왔으나, 위 대법원 판결은 구체적 사건에서의 국제재판관할 유무의 판단에 대해 증거 조사의 편의가 인정된다면 사건과 법정지 간에 '실질적 관련'이 있고 그 법정지에서 재판하는 것이 '재판의 적정, 신속, 공평'에 맞는다고 함으로써 '재판의 적정, 신속, 공평'에 맞는지 여부를 주로 증거 근접성에 비추어 직접 판단하는 것으로 족하다는 태도를 밝혔는바, 이는 기존의 판례의 주류적인 흐름으로부터 궤도를 이탈한 것이고 국제사법 제2조의 입법 취지에도 맞지 않는다는 견해[115]가 있다.

　　(4) 한편, 환송을 받은 서울고등법원은 2005. 11. 8. 선고 2005나23409 판결(2차 항소심 판결)로, 원고의 침해금지청구권 부존재확인청구에 대하여는 이미 위 도메인이름을 피고에게 이전한 이상 위 부존재 확인청구는 위 도메인이름을 원고에게 회복하기 위한 유효적절한 수단이라 할 수 없으므로 확인의 이익이 없어서 부적법하다는 이유로 이를 각하하였고, 원고의 도메인이름 이전 청구에 대하여는 UDRP나 우리나라의 부정경쟁방지 및 영업비밀보호에 관한 법률 제2조 제1호 (아)목(본 규정) 및 미국의 연방상표희석화방지법 어느 것에 의하더라도 이유 없다는 이유로 받아들이지 아니하였다.

　　마. 이에 대하여 원고가 다시 상고하자, 대법원은 2008. 4. 24. 선고 2005다75071 판결(2차 대법원 판결)로 다시 2차 항소심 판결을 파기하고 사건을 서울고

---

114) 도두형, 도메인이름 분쟁의 국제재판관할, 인권과 정의(2005. 7), 141-142.
115) 장준혁, 도메인이름 분쟁에 관한 국제재판관할, 경희법학 41권 2호(2006. 12), 81-86.

등법원으로 환송하였다. 2차 대법원 판결은 우선 대법원 2008. 2. 1. 선고 2004
다72457 판결과 마찬가지로 도메인이름 등록인과 제3자 사이의 도메인이름에
관한 소송을 심리·판단하는 법원은 특별한 사정이 없는 한 UDRP에 의할 것이
아니라 당해 사건에 적용 가능한 법률에 의하여 당해 사건을 심리·판단하여야
할 것임을 전제로 한 다음 "원심이 원고의 위 도메인이름 등록·사용이 UDRP
의 요건을 충족하므로 원고가 피고에게 도메인이름을 이전하는 것이 위법하거
나 부당하지 않다고 판단한 것은 UDRP의 구속력에 대한 법리를 오해하였음이
분명하다. 또한 위 도메인이름이 피고에게 이전등록된 2000. 9. 29. 당시에는 위
(아)목이 신설되기 전이므로 원심이 위 (아)목을 근거로 원고가 피고에게 도메
인이름을 이전하는 것이 위법하거나 부당하지 않다고 판단한 것은 위 (아)목에
대한 법리를 오해한 것이다. 위 도메인이름 이전등록 당시 피고에게 위 도메인
이름의 사용금지를 구할 실체법적 권리가 인정되지 않는다면 비록 분쟁해결기
관의 조정결정에 따른 이전등록이었다고 하더라도 결국 위 이전은 법률상 원인
이 없는 것으로 피고에게 부당이득이 성립할 여지가 있다 할 것이므로,116) 원심
으로서는 부당이득반환채권의 성립 및 효력에 관한 구 섭외사법 제13조(제1항은
부당이득 또는 불법행위로 인하여 생긴 채권의 성립 및 효력은 그 원인된 사실이 발생
한 곳의 법에 의한다고 규정하고 있다. 부당이득에 있어 원인된 사실이 발생한 곳은
그 이득이 발생한 곳을 말한다)의 규정에 따라 준거법을 결정하고 그 준거법을 적
용하여 도메인이름 반환 청구의 당부를 살펴보았어야 함에도 달리 판단하고 말
았으니 원심은 구 섭외사법상 준거법에 관한 법리 및 부당이득의 법리를 오해
한 위법이 있다"고 하였다(다만 위 도메인이름의 이전등록으로 인하여 원고는 대한
민국에서 위 도메인이름을 사용하지 못하게 되었으므로 불법행위의 성립 및 효력에 대
하여는 대한민국법이 준거법이 된다고 할 것인바, 피고가 UDRP에서 정한 바에 따라
분쟁해결기관에 분쟁조정 신청을 하고서 그 조정 결과에 따라 위 도메인이름을 이전받
은 행위는 특별한 사정이 없는 한 위법하다고 할 수 없으므로 원고에 대한 불법행위는
성립되지 않는다고 하였다).117)

---

116) 김기중, "통일도메인이름분쟁해결(UDRP)의 해석과 적용", 인터넷법률 통권 제11호(2002.
   3), 136에서는 UDRP 판정을 통보받은 날부터 10영업일이 지나서야 소를 제기함으로써 분
   쟁해결절차 신청인에게 도메인이름 등록이 이전되었다 하더라도 분쟁해결절차 피신청인
   (당시 등록자)이 위 소에서 등록이전 등을 명하는(또는 신청인에게 사용금지청구권이나
   등록이전청구권이 부존재한다는) 확정 판결을 받은 경우 등록기관은 위 판결에 따라 다시
   원등록자에게 등록이전 등을 하여야 한다고 주장한다.
117) 이에 대한 판례해설로는 법원 지식재산권법연구회/사단법인 한국특허법학회, 부정경쟁방

(5) 다시 환송을 받은 서울고등법원은 2009. 1. 21. 선고 2008나43015 판결 (3차 항소심 판결)로, 피고의 불법행위의 성립에 대하여는 2차 대법원 판결과 같이 판단하여 부정하였고, 부당이득반환을 원인으로 한 도메인이름 이전청구에 대하여는, 위 도메인이름을 피고가 보유함으로써 그 이득이 발생하고 있는 곳은 피고의 소재지인 미국이어서 아래에서 보는 섭외사법의 규정에 따라 부당이득 반환채권의 성립 및 효력에 관하여는 미국법이 준거법이 된다고 하면서, 원고는 그의 위 도메인이름 등록 또는 사용이 미 연방상표법에 위반되지 아니함을 입증함으로써 미 연방상표법 §1114(2)(D)(v)의 규정에 의하여 이 사건 도메인이름의 반환을 구할 수 있는데, 원고의 위 도메인이름의 등록, 사용은 미 연방상표법 §1125(d)(1)(A)(d) 규정에 따라 피고의 상표권을 침해하는 위법한 행위에 해당하므로 원고는 미 연방상표법 §1114(2)(D)(v)의 규정에 의하여서는 피고를 상대로 위 도메인이름의 반환을 구할 수는 없다고 하였다. 결국 3차 항소심 판결은 원고의 도메인이름 이전청구를 기각한 제1심 판결에 대한 항소를 기각하고, 항소심에서 추가된 원고의 침해금지청구권 부존재확인 청구 부분의 소는 각하하였다.

(6) 이에 대하여 다시 원고가 상고를 하였고, 대법원 2011. 5. 26. 선고 2009다15596 판결(3차 대법원 판결)은 상고기각을 함으로써 10년이 넘는 기나긴 분쟁에 종지부를 찍었다. 3차 대법원 판결의 요지는 다음과 같다.

● 도메인이름 이전등록으로 이득이 발생한 곳은 피고(HP) 본사 소재지인 미국 캘리포니아주이므로, 부당이득반환채권의 성립 및 효력에 관하여는 미국 캘리포니아주법이 준거법이 된다.

● 피고의 부당이득이 성립하는지를 판단하기 위해서는 피고에게 도메인이름 사용금지를 구할 실체법적 권리가 있는지 먼저 살펴야 하는데, 이는 부당이득반환채권의 성립 및 효력과는 별개의 문제이므로, 이에 관하여는 구 섭외사법(2001. 4. 7. 법률 제6465호 국제사법으로 전부 개정되기 전의 것) 규정에 따라 부당이득과는 별도로 준거법을 정해야 한다.

● 도메인이름 사용금지청구권은 원고(등록인)의 도메인이름 등록·사용행위가 미국에 등록된 피고(HP)의 상표권을 침해하는 불법행위임을 원인으로 하므로, 준거법은 구 섭외사법(2001. 4. 7. 법률 제6465호 국제사법으로 전부 개정되기 전의 것) 제13조에 따라 정해져야 할 것이고, 여기서 그 원인된 사실이 발생한

지법 판례백선 166 이하가 있다.

곳은 상표권 침해행위가 행하여지고 권리 침해 결과가 발생한 미국이므로 미국법이 그 준거법이 되며, 미국법에 의할 때 원고의 도메인이름 등록·사용행위는 사이버스쿼팅(cybersquatting) 방지에 관한 15 U.S.C. §1125(d)(1)(A)에 해당하는 것으로서 피고의 상표권을 침해하는 위법한 행위이므로, 피고는 금지명령구제(injunctive relief)에 관한 15 U.S.C. §1116 규정에 의하여 원고를 상대로 도메인이름 사용금지를 구할 실체법적 권리가 있다.

• 15 U.S.C. §1114(2)(D)(v)는 '사용금지나 이전등록 등이 된 도메인이름의 등록자는 상표권자를 상대로 자신의 도메인이름의 등록·사용이 이 챕터(chapter) 아래에서 위법이 아님을 입증하여 도메인이름의 반환 등을 구할 수 있다'는 취지로 규정하고 있는데, 위 규정은 분쟁해결기관의 부적절한 도메인이름의 이전등록 결정 등에 의해 발생하는 부당이득에 관한 특칙임을 알 수 있다. 따라서 분쟁해결기관의 이 사건 도메인이름의 이전등록 결정에 의한 피고(HP)의 부당이득 여부가 문제되는 이 사건에서 그에 관한 준거법이 미국 캘리포니아주의 법이라고 하더라도 위 연방법 규정에 의한 부당이득의 성립 여부를 먼저 따져봐야 할 것인데, 앞서 본 바와 같이 원고(등록인)의 이 사건 도메인이름의 등록·사용행위는 15 U.S.C. §1125(d)(1)(A)에 해당하여 위법하므로, 원고는 15 U.S.C. §1114(2)(D)(v) 규정에 의하여서는 피고를 상대로 이 사건 도메인이름의 반환을 구할 수가 없다.

• 또한 기록에 의하면, 미국 캘리포니아주법상 부당이득(Unjust Enrichment)은 타인의 손실로 인해 적절한 법적인 근거가 없는 부당한 이익을 얻는 경우에 성립함을 알 수 있는데, 앞서 본 바와 같이 미국 연방법상 피고에게 이 사건 도메인이름의 사용금지를 구할 실체법적 권리가 인정되는 이상 그 등록이 원고로부터 피고에게로 이전된 것을 두고 적절한 법적인 근거가 없는 부당한 것이라고 할 수 없으므로, 원고는 미국 캘리포니아주법상의 부당이득을 원인으로 하여서도 피고를 상대로 이 사건 도메인이름의 반환을 구할 수가 없다.

나. myspce.com에 관한 서울중앙지방법원 2007. 8. 30. 선고 2006가합53066 판결(확정)

이 판결은, 국제사법 제2조에서의 '실질적 관련'의 의미를 설명하고, 법원이 구체적인 관할 유무를 판단함에 있어서는 국내법의 관할규정을 참작하되 국내법상의 재판적에 관한 규정은 국내적 관점에서 제정된 것이므로 국제재판관할의 특수성을 고려하여야 하며, 법원으로서는 소송당사자들의 공평, 편의 그리고 예측가능성과 같은 개인적인 이익뿐만 아니라 재판의 적정, 신속, 효율 및 판결의 실효성 등과 같은 법원 내지 국가의 이익도 함께 고려함이 상당하다고 판단한 다음, NAF의 도메인이름 이전결정에 불복하여 제기한 소송에 관하여, 분쟁이 된 사안 또는 당사자와 우리나라 사이에는 우리나라 법원이 재판관할권을 행사하는 것을 정당화할 수 있을 정도로 실질적 관련성이 있고, 그 결정에 대한 불복과 관련하여 관할법원으로 우리나라 법원이 특정되어 있었으므로 우리나라 법원이 재판관할권을 행사하는 것이 소송당사자의 예견에 부합하여 당사자 사이의 공평과 소송의 편의를 도모하는 데에도 기여할 뿐만 아니라, 소송경제와 재판의 효율성 및 집행 등을 통한 판결의 실효성을 꾀하는 측면에서도 가장 밀접한 관련을 갖고 있다는 이유로 우리나라 법원의 국제재판관할권을 인정하였다.[118]

다. ccfhsbc.com, hsbcccf.com에 관한 서울고등법원 2008. 6. 25. 선고 2008나21077 판결(심리불속행 상고기각으로 확정)

이 판결은, 원고(도메인이름 등록인)는 우리나라에서 거주하는 우리나라 국민으로 이 사건 각 도메인이름을 이용하여 우리나라에서 영업을 하고 있다고 주장하고 있으므로 그 도메인이름에 대한 사용금지조치, 등록말소 또는 이전등록이 이루어질 경우 원고의 손해가 발생하는 곳은 우리나라이고, 그 등록말소 등의 집행 또한 국내 등록기관인 한강시스템(주)이 있는 우리나라에서 이루어지게 되는 점, 피고(Crédit Commercial de France)와 소외 회사(HSBC Holdings Plc)가 우리나라에 각 그 서비스표 등록을 마친 이상, 만일 이 사건 각 도메인이름으로 인하여 피고와 소회 회사의 권리에 대한 침해가 이루어진다면 우리나라가 손해 발생지가 되는 점, 특히 원고가 분쟁해결방침에 의한 의무적 행정절차에서 이 사건 각 도메인이름을 이전하라는 결정이 있은 후 그 결정의 집행을 저지하기 위하여 UDRP에서 정한 관할법원 중 하나인 서울지방법원에 제소한 점 등에 비추어 보면, 국제사법 제2조가 규정하는 실질적 관련성이 있음이 분명하다고 판시하였다.[119]

---

118) 이 판결 중 국제재판관할 쟁점에 대한 해설은, 사법정책연구원, 인터넷에 의한 계약 및 불법행위에 관한 소의 국제재판관할(2023. 12), 158 이하 참조
119) 이 판결 중 국제재판관할 쟁점에 대한 해설은, 사법정책연구원, 인터넷에 의한 계약 및 불법행위에 관한 소의 국제재판관할(2023. 12), 163 이하 참조

2. 도메인이름 분쟁에 대한 준거법

가. 소송에서 UDRP나 인터넷주소법 제18조의2를 준거법으로 인정할지 여부

분쟁해결기관의 UDRP에 따른 판정(이하 'UDRP 판정'이라고 약칭한다)의 실행을 보류시키기 위하여 제기한 소송에서 여전히 UDRP를 적용하여 판단하여야 하는지 아니면 우리나라의 실정법을 적용하여 판단하여야 하는지에 관하여 살펴본다. 우리나라의 인터넷주소분쟁조정위원회의 조정결정(이하 '조정결정'이라고 약칭한다)의 집행을 보류시키기 위하여 제기한 소송에서도 인터넷주소법 제18조의2(종전의 도메인이름분쟁조정규정)를 적용하여 판단하여야 하는지 아니면 실정법인 상표법, 부정경쟁방지법, 인터넷주소법 제12조를 적용하여 판단하여야 하는지의 마찬가지 문제가 발생한다. 이하에서는 UDRP 판정과 조정결정을 묶어서 편의상 UDRP 판정이라고 표시하는 경우가 있는데, 위 문제에 대한 설명에 있어서 양자 사이에는 아무런 차이가 없다.

이에 대하여는 UDRP 또는 인터넷주소법 제18조의2 적용설, 실정법 적용설, 절충설 등으로 나뉘어 논란이 있었고, 하급심 판결들도 위 논란에 따라 통일되지 못하고 구구각색이었다.

그러던 중 ccfhsbc.com, hsbcccf.com에 관한 대법원 2008. 2. 1. 선고 2004다72457 판결은 지금까지의 논의와 하급심 판결들의 혼란에 종지부를 찍었다. 위 대법원 판결은 다음과 같이 판시하여 실정법 적용설이 타당함을 명백히 하였다.

"① ICANN이 마련한 UDRP는 도메인이름 등록기관과 도메인이름 등록인 사이에 합의된 등록약관의 내용에 편입되어, 도메인이름 등록인과 상표 또는 서비스표에 관한 권리(이하 '상표 등에 관한 권리'라고 한다)를 가진 자(이하 '제3자'라고 한다) 사이에 도메인이름을 둘러싸고 분쟁이 발생한 경우 그 등록의 유지·취소·이전 등에 관한 판단을 신속히 내려 등록행정의 적정성을 향상시키기 위한 등록기관의 행정절차에 관한 규정에 불과하고, 특별한 사정이 없는 한 도메인이름 등록인과 제3자 사이에서는 UDRP가 상표 등에 관한 권리와 도메인이름의 등록·사용 등에 관한 실체적 권리관계를 규율하는 구속력을 가지는 것이 아니므로, 제3자로서는 의무적 행정절차를 벗어나서 UDRP가 정한 요건에 의하여 도메인이름의 사용금지를 도메인이름 등록인에게 직접 청구할 수 있는 실체적 권리가 있음을 주장할 수 없다. UDRP는 그것이 규정하는 상표권 또는 서비스표권의 개념이 모호하고, 준거법 조항이 불명확하며, '공업소유권의 보호를 위한 파리협약' 제6조 제3항의 속지주의의 원칙과 부합하지 아니하여 세계 각국의 법체계와 조화되지 않는 등 내재적인 한계가 있고, UDRP 스스로 그 의무적 행정절차의 개시 전, 진행 중 또는 종료 후라도 국제재판관할권이 있는 법원이 당해 사건에 적용 가능한 법률에 의하여 도메인이름에 관한 분쟁을 최종적으로 해결할 것을 예정하고 있는 것(UDRP 제4조 k항, Rules for UDRP 제18조 a항 참조)도 이를 뒷받침한다. 따라서 도메인이름에 관한 소송을 심리·판단하는 법원은 UDRP에 의할 것이 아니라 당해 사건에 적용 가능한 법률에 의하여 당해 사건을 심리·판단하여야 할 것이다.

② 이 사건 소는 원고가 WIPO 중재조정센터 담당 행정패널이 UDRP에 따라 한 결정의 집행을 보류시키기 위하여 제기한 것인바, 도메인이름 등록기관의 등록행정절차에 관한 규정인 UDRP는 원고와 한강시스템 사이에서 이루어진 합의에 따라 의무적 행정절차에서 적용될 수 있음은 별론으로 하고, 의무적 행정절차를 벗어나서 원, 피고 사이의 실체적 권리관계를 규율하는 구속력이 있다고 할 수 없으므로, 원고의 이 사건 각 도메인이름의 등록·사용 등이 UDRP의 등록취소·이전 등의 요건을 충족하는지 여부는 이 사건의 심리·판단 대상이 될 수 없고, 피고가 자신의 상표 등에 관한 권리에 터 잡아 원고를 상대로 이 사건 각 도메인이름의 사용금지를 청구할 수 있는 법률요건을 충족하는지 여부가 이 사건의 심리·판단의 대상이라고 할 것이다.

③ 원심은 UDRP가 원, 피고간의 실체적 권리관계를 규율하는 구속력이 있다고 본 나머지 피고가 UDRP에 의하여 원고를 상대로 이 사건 각 도메인이름의 사용금지를 직접 청구할 권리가 있다고 판단함으로써, UDRP의 구속력 및 준거법에 관한 법리를 오해하였으니 위법하다."

나. 위 대법원 판결의 의의

위 대법원판결은 이 쟁점에 관한 최초의 대법원판결로서 그 의의가 크고 이 쟁점에 관한 하급심의 다양한 입장을 실정법 적용설로 통일시켰다. 위 대법원판결은 그 원심판결이 선고된 이래 3년 2개월여 만에 선고되었는데, 이와 같이 오랜 기간 검토하여 결론을 내린 것으로 보아 그 사이 많은 고민이 있었음을 짐작하게 해준다.

위 대법원판결 후 그 파기환송 사건인 ccfhsbc.com, hsbcccf.com에 관한 서울고등법원 2008. 6. 25. 선고 2008나21077 판결(파기환송심에서 피고는 위 도메인 이름들의 등록행위는 부정경쟁방지법 제2조 제1호 (아)목의 부정경쟁행위에 해당한다는 주장을 새로 하고 있다. 다시 상고되었다가 심리불속행 상고기각으로 확정되었다)을 비롯하여, 모든 판결들이 위 대법원판결의 판시에 따라 실정법 적용설을 취하고 있다.

다. 실정법 적용설을 취할 경우 예상되는 문제점

① 조정결정의 집행을 보류시키기 위하여 소송이 제기되었을 때 실정법이 UDRP(인터넷주소법 제18조의2)와 같은 규정을 두고 있지 아니한 경우 법원은 UDRP(인터넷주소법 제18조의2)가 아닌 다른 실정법이 정하는 바에 따라 판단을 하게 됨으로써 동일한 사안에 대하여 각각 다른 기준과 절차가 적용되어 분쟁해결제도 사이에 갈등의 여지가 있을 수 있다는 반론도 있을 수 있다. 그런데 ccTLD와 우리나라에서 등록·보유 또는 사용되는 gTLD에 있어서 분쟁조정절차와 소송에서 적용되는 법규에는 아무런 차이가 없고, 다만 그 밖의 gTLD의 경우 약간의 불일치가 있을 수 있으나 그 범위가 매우 좁다는 점, UDRP를 적용함에 있어서도 패널에 따라 그 해석이 다를 수 있고, UDRP 해석기준의 법 선택을 어떻게 하느냐 — 예를 들어 보호대상인 상표의 정의와 범위에 관하여 상표권 침해지법에 따를 것인지 등록기관 소재지법에 따를 것인지 — 에 따라 다른 해석이 나올 수 있으므로, UDRP를 준거법으로 한다고 하여 항상 같은 결론이 도출되는 것은 아니라는 점 등을 종합적으로 고려하면, 실정법 적용설을 채택함으로 인하여 위와 같은 문제가 생길 여지는 없다고 생각한다.

② 또한, 실정법 적용설을 채택할 경우 앞에서 본 바와 같이 등록이전을 명한 조정결정의 집행을 보류시키기 위하여 등록인이 제기한 소송(사용금지청구권 및 등록이전청구권 부존재 확인의 소)에서 인터넷주소법 제12조가 적용되지 않는 사안에서는 신청인의 사용금지청구권은 인정되더라도 이와 관계없이 무조건 등록이전청구권은 인정되지 아니하기 때문에 등록인이 최소한 항상 일부 승소 판결을 받게 되는 문제가 있는데, 이에 대하여는 앞에서 살펴보았다.

〈최성준〉

제2조(정의) 이 법에서 사용하는 용어의 뜻은 다음과 같다.

1. "부정경쟁행위"란 다음 각 목의 어느 하나에 해당하는 행위를 말한다.

[(가)~(아)목은 앞에서 해설]

자. 타인이 제작한 상품의 형태(형상·모양·색채·광택 또는 이들을 결합한 것을 말하며, 시제품 또는 상품소개서상의 형태를 포함한다. 이하 같다) 를 모방한 상품을 양도·대여 또는 이를 위한 전시를 하거나 수입·수출 하는 행위. 다만, 다음의 어느 하나에 해당하는 행위를 제외한다.

(1) 상품의 시제품 제작 등 상품의 형태가 갖추어진 날부터 3년이 지 난 상품의 형태를 모방한 상품을 양도·대여 또는 이를 위한 전시 를 하거나 수입·수출하는 행위

(2) 타인이 제작한 상품과 동종의 상품(동종의 상품이 없는 경우에는 그 상품과 기능 및 효용이 동일하거나 유사한 상품을 말한다)이 통상적으로 가지는 형태를 모방한 상품을 양도·대여 또는 이를 위한 전시를 하거나 수입·수출하는 행위

〈소 목 차〉

Ⅰ. 서 론
　1. 의 의
　2. 부정경쟁방지법의 '상품의 형태' 와 디자인보호법의 '디자인'
Ⅱ. 입법취지
　1. 입법이유
　2. 입 법 례
　3. 법 규정
Ⅲ. 상품형태를 모방한 상품을 양도하는 등의 행위에 해당하기 위한 요건

1. 개 설
2. 청구주체
3. 보호대상으로서의 '상품의 형태'
4. 모방한 상품의 양도·대여·전시· 수입·수출
5. 동종의 상품이 통상적으로 가지는 형태
6. 보호기간
Ⅳ. 선의취득자에 관한 특례여부

Ⅰ. 서 론

1. 의 의

부정경쟁방지 및 영업비밀보호에 관한 법률(이하, '부정경쟁방지법' 또는 '법' 이라 한다)은 제2조 제1호 (자)목[이하, '본호 (자)목'이라 한다]에 상품형태의 보호 에 관한 규정을 신설하였다.[1] 이 신설 규정에 의하면 주지성 요건과는 관계없

이 상품의 형태나 모양도 그 상품의 형태가 갖추어진 날로부터 3년간 보호받을
수 있게 되었다.[2] 본호 (자)목이 규정하는 '상품의 형태'란 상품의 형상·모양·
색채·광택 또는 이들을 결합한 것을 말하는데, 이는 후술하는 것처럼 디자인보
호법상의 '디자인' 개념과 밀접한 관련이 있다. 따라서 본호 (자)목에 의한 상품
형태의 보호는 결과적으로 무등록디자인을 보호하는 기능을 한다.[3]

　　부정경쟁방지법에 의한 상품형태의 보호 규정이 신설되기 이전에도 우리나
라에서는 상품형태의 법적 보호 문제와 관련하여 디자인보호법 등 산업재산권
법에 의한 보호, 저작권법에 의한 보호, 민법상 불법행위 규정에 의한 보호 등
이 논의되어 왔으나 어느 경우에나 그 보호에 일정한 한계가 있다는 점이 문제
점으로 지적되었다. 특히 부정경쟁방지법에 의한 보호와 관련해서는 상품형태
가 상품표지나 영업표지로서 보호받기 위하여 갖추어야 할 요건상의 제약 때문
에 일본의 경우와 같이 '데드 카피' 행위를 규제하는 규정을 신설할 필요가 있
다는 주장이 제기되었다.[4] 이러한 입법의 필요성에 의하여 2004년 개정된 부정
경쟁방지법에 타인의 상품형태를 모방한 상품을 양도하는 등의 행위를 부정경
쟁행위로서 규제하는 내용을 신설한 것이다. 이 개정법에 의해 도입된 본호
(자)목은 일본의 1993년 개정 부정경쟁방지법에 신설된 상품형태의 보호 규정
내용을[5] 거의 그대로 받아들인 것으로 평가된다.[6]

<hr>

1) 본호 (자)목은 2004. 1. 20. 법률 제7095호로 일부 개정될 때에 신설되어 같은 해 7. 20.
부터 시행되고 있다. 그 후 본호 (자)목은 2007. 12. 21. 법률 제8767호로 전문 개정되었으
나 일부 문언을 수정하는 데에 그치고 있다. 예컨대, 단서 (1)의 "3년이 경과된"을 "3년이
지난"으로, 단서 (2)의 "동일 또는 유사한"을 "동일하거나 유사한"으로, "통상적으로 갖는"
을 "통상적으로 가지는"으로 등으로 字句만을 수정하였다.
2) 이 규정의 신설 전에는 부정경쟁방지법 제2조 제1호 (가)목의 규정에 의하여 제한적으
로 보호받는 데에 그쳤다. 즉, 상품의 형태가 모양이 특정한 출처의 상품임을 연상시킬 정
도로 현저하게 개별화되기에 이른 경우에 비로소 타인의 상품임을 표시한 표지로서 보호
받을 수 있었다(대법원 2002. 10. 25. 선고 2001다59965 판결 등).
3) 이러한 관점의 연구로는, 배상철·홍상현, "형태모방(Dead Copy)으로부터 미등록디자인
의 보호강화방안 연구", 특허청(2008. 7. 21), 1 이하.
4) 도두형, "부정경쟁방지법상의 상품형태의 보호", 판례연구(제9집), 서울지방변호사회
(1996), 244.
5) 1993년 개정된 일본 부정경쟁방지법 제2조 제1항 제3호는 "타인의 상품(최초 판매된 날
부터 기산하여 3년을 경과한 것을 제외한다)의 형태(당해 타인의 상품과 동종의 상품[동종
의 상품이 아닌 경우에는 당해 타인의 상품과 그 기능 및 효용이 동일 또는 유사한 상품]
이 통상 가지는 형태를 제외한다)를 모방한 상품을 양도, 貸渡, 양도나 대도를 위한 전시,
수출 또는 수입하는 행위"를 부정경쟁행위의 하나로 신설하였다. 그런데 위 규정 중 "통상
가지는 형태"나 "모방" 등의 용어가 다의적이고 불명확하다는 비판이 제기되었고 또 상품
형태의 모방행위를 刑事罰의 대상으로 하기 위해서는 構成要件을 명확히 해야 한다는 지

2. 부정경쟁방지법의 '상품의 형태'와 디자인보호법의 '디자인'

본호 (자)목이 규정하는 '상품의 형태'란 상품의 형상·모양·색채·광택 또는 이들을 결합한 것으로서 동종의 상품이 통상적으로 가지는 형태를 제외한다고 말하는데, 이러한 상품의 형태는 '디자인' 개념과 밀접하게 관련된다. 오늘날 디자인은 '기능과 부합되는 형태를 창출하는 조형활동'이라 정의된다. 즉 디자인이란 인공물이 갖는 기능에 부합되는 최적의 형태를 창출하기 위해 생산, 사용, 유통, 환경 등 여러 요소들을 고려하여 독특한 시각적 특성을 만들어내는 조형활동이라고 설명할 수 있다. 그러므로 적어도 현대 디자인은 미적 계기와 기술적 계기를 통합하는 개념이다. 이러한 양 개념 아래에서 성립하는 디자인은 그 기술적 계기가 큰 비중을 차지하면 할수록 엔지니어링에 근접하여 종국적으로는 엔지니어링이 된다. 반면 미적 계기가 큰 비중을 차지하면 할수록 미술에 근접하여 마침내 미술 그 자체가 된다.[7]

한편, 디자인보호법 제2조(정의) 제1호는 "'디자인'이라 함은 물품[물품의 부분, 글자체 및 화상(畵像)을 포함한다. 이하 같다]의 형상·모양·색채 또는 이들을 결합한 것으로서 시각을 통하여 미감을 일으키게 하는 것을 말한다"고 규정한다. 즉 디자인보호법상의 디자인이기 위한 요건으로 물품성, 형태성, 시각성, 심미성이 필요하다고 해석된다. 여기서 물품이란 독립성이 있는 구체적 유체동산

적이 있어서 위 규정은 2005년 대폭 개정되었다. 이에 따라 제2조 제1항 제3호는 "타인의 상품의 형태(당해 상품의 기능을 확보하기 위하여 불가결한 형태를 제외한다)를 모방한 상품을 양도, 貸渡, 양도나 대도를 위한 전시, 수출 또는 수입하는 행위"로 문언이 정리되었다. 아울러 "수요자가 통상의 용법에 따라 사용할 때에 知覺에 의해 인식할 수 있는 상품의 외부 및 내부의 형상 또는 그 형상에 결합한 모양, 색채, 광택 및 질감을 말한다"는 "상품의 형태"에 관한 定義(제2조 제4항) 및 "모방한다"(제2조 제5항)에 관한 定義, 그리고 "일본 국내에서 최초 판매된 날부터 기산하여 3년을 경과한 상품"(제19조 제1항 제5호 (가)목) 및 모방상품의 선의취득자에 대하여(동호 (나)목) 각 상품형태의 모방행위의 적용을 제외한다는 適用除外規定을 각 마련하였다. 이러한 일본법의 개정경위와 내용에 비추어 볼 때, 우리나라 부정경쟁방지법의 상품형태의 보호에 관한 본호 (자)목의 규정은 1993년 일본법 제2조 제1항 제3호를 거의 그대로 받아들이면서 일본의 학설상 주장되어온 '상품의 형태'에 관한 정의규정을 참조하여 입법한 것이라고 평가할 수 있다. 한편, 2023년 일본은 메타버스(metaverse)나 SNS 등 디지털 공간에서의 상품형태 모방행위를 규제한다는 취지에서 위 규정을 개정하여 "(…수입, 수출, 또는) 전기통신회선을 통하여 제공하는 행위"도 부정경쟁행위로서 추가하였다(2024년 4월 1일 시행).

6) 황보영, "부정경쟁방지법상 상품형태의 보호", 지적재산권의 현재와 미래, 법문사(2004), 346 참조.

7) 이상정, 산업디자인과 지적소유권법, 세창출판사(1995), 28; 齊藤瞭二, 意匠法, 發明協会 (1985), 41.

을 뜻하므로 상품이 포함되는 것은 당연하다.[8] 또 심미성이란 요건은 디자인이 표현된 물품을 보는 사람으로 하여금 지금까지 볼 수 없었던 특수한 취미감, 유행감, 안전감 또는 편리감 등을 느낄 수 있도록 하면 족하고, 반드시 미학적으로 높은 수준의 우아하고 고상한 것을 요구하는 것은 아니다.[9] 그러한 점에서 심미성이란 기능적·기술적인 것이 아니면 된다는 소극적 개념으로 파악할 수도 있을 것이다. 이러한 디자인보호법의 '디자인' 개념을 전제로 할 때, 본호 (자)목의 '상품의 형태'라는 것은, 가령 육안으로는 식별할 수 없는 미세 부품 등과 같은 不可視的 形態도 포함할 수 있다는 점에서는 '디자인'과 구별되는 점도 있지만, 그러한 예외적인 경우 이외에는 '디자인'과 상당 부분 겹쳐지는 것으로서 상호 밀접한 연관성을 가지는 개념이라고 이해할 수 있다. 따라서 본호 (자)목에 의한 상품형태의 보호는 결과적으로 무등록디자인을 보호하는 역할을 수행하고 있다고 평가할 수 있다.

II. 입법취지

1. 입법이유

부정경쟁방지법 제2조 제1호 (자)목의 입법이유는 다음과 같다.[10]

최근 상품 라이프사이클의 단축화, 유통기구의 발달, 복사·복제기술의 발전을 배경으로 하여 타인이 시장에서 상품화하기 위해 노력, 자금, 시간을 투자한 성과에 대한 모방이 용이하게 이루어지고 있다. 이를 방치할 경우 모방자는 상품화를 위한 비용이나 위험이 대폭 줄 수 있지만, 선행자의 시장선행의 이점이 현저하게 감소해서 모방자와 선행자간에 현저한 불공정이 발생하고 개성적인 상품개발이라든가 시장개척의 의욕이 저해되기 때문에 공정한 경쟁질서가 붕괴될 수 있다. 따라서 타인의 상품을 고의로 모방하여 자신의 상품으로서 시장에 제공하여 그 타인과 경쟁하는 행위에 대해서도 부정경쟁행위로 규제할 필

---

8) 다만, 후술하는 것처럼 본호 (자)목의 유체물로서의 상품에 부동산이 포함되는지에 관해서는 견해가 나뉜다.

9) 송영식 외 6인, 송영식 지적소유권법(상) 제2판, 육법사(2013), 954-955.

10) 특허청, 부정경쟁방지 및 영업비밀보호에 관한 법률 조문별 해설서(2008), 64; 노태정·김병진, 디자인보호법, 세창출판사(2005), 96-97; 송영식 외 6인, 송영식 지적소유권법(하) 제2판, 육법사(2013), 418; 최정열·이규호, 부정경쟁방지법 제5판, 진원사(2022), 188; 황보영(주 6), 346; 안원모, "상품형태의 보호", 산업재산권(제19호), 한국산업재산권법학회(2006. 4), 301 각 참조.

요가 있다. 그래서 2004년 법 개정에서 상품형태를 모방한 상품을 양도하는 등
의 행위에 대해서도 부정경쟁행위의 유형으로 추가하여 상품의 형태보호를 강
화하였다. 물론 종전의 부정경쟁방지법에 의해서도 상품형태의 보호는 가능하
였으나 상품의 형태가 상품표지에 해당하여야 하고, 주지성을 획득할 필요가 있
어야 한다는 점에서 한계가 있었다. 따라서 이 규정의 신설은 주지성이 인정되
지 않는 상품의 형태에 대해서도 보호가능하게 된 것에 커다란 의의가 있다.

2. 입 법 례

본호 (자)목에 의한 상품형태의 보호와 관련한 입법례 중에서 가장 중요한
것은 일본의 부정경쟁방지법이다. 일본의 1993년 개정 부정경쟁방지법 제2조
제1항 제3호는 '상품형태를 모방한 상품을 양도하는 등의 행위'를 부정경쟁행위
의 하나로 신설하였고, 2005년 同法을 대폭 개정하였는데,[11] 특히 1993년 일본
법의 내용은 본호 (자)목의 입법에 가장 큰 영향을 주었다.

영국의 1988년 著作權디자인特許法(Copyright, Design and Patent Act, CDPA)
에 의해 보호되는 무등록디자인권(unregistered design right), 그리고 유럽공동체
디자인規程[12]에 의해 보호되는 무등록공동체디자인권(unregistered community de-
sign right)도 상품형태의 보호에 관한 입법례로서 중요하다.[13] 영국의 무등록디
자인권의 특징은 3차원 형상에 한하여 보호하고, 카펫디자인이나 벽지 등 2차원
패턴 또는 표면장식은 보호하지 않는다는 점이다. 보호기간은 디자인이 만들어
진 날부터 15년간이고 상대적 모방금지권이다. 한편, 무등록공동체디자인권은
디자인이 최초로 유럽연합 域內의 公衆에게 이용 가능하게 된 날로부터 무방식
으로 권리가 발생하고 3년간 보호된다. 영국의 무등록디자인권과 달리 모든 제
품에 대해 보호가 가능하며, 또 유럽연합 域外에 居所가 있는 사람이라도 무등
록공동체디자인권을 주장할 수 있다. 따라서 우리나라 사람이나 기업도 이 권리
의 취득이 가능하다. 이 권리의 효력은 저작권과 마찬가지로 제3자가 독자적으
로 창작한 경우에는 미치지 않는 상대적 독점권인 모방금지권이다. 무등록공동

---

11) 일본 부정경쟁방지법의 '상품형태 모방행위'의 규정내용 및 그 개정경위에 관해서는, 주
    5) 참조.
12) Art. 3 of the Council Regulation (EC) No. 6/2002 of 12 December 2001 on the
    Community designs.
13) 유럽연합과 영국의 각 무등록디자인 보호제도에 관한 상세는, 박성호·차상육, "디자인
    보호를 위한 저작권 정책방안 연구", 문화체육관광부(2011. 2), 40 이하 참조.

체디자인권은 디자인의 창작 시점에서 권리가 발생하지 않고 公衆이 이용 가능하게 되는 단계에서 권리가 발생하기 때문에, 저작권 타입의 권리가 아니라 부정경쟁 타입의 보호에 해당한다고 설명할 수 있다.

한편, 상품형태의 보호는 미국 연방상표법에 의한 트레이드 드레스(trade dress) 보호와도 관련이 있다. 일반적으로 트레이드 드레스란 상품의 형상 그 자체, 상품의 포장, 상품에 첨부된 라벨의 구성 등에서 생기는 전체적 인상·이미지를 뜻한다. 미국에서는 종래부터 제3자가 트레이드 드레스를 도용하는 경우 이것의 상표적 기능에 주목하여 상표법으로 보호해왔는데, 이러한 트레이드 드레스의 보호 법리는 우리 상표법에 의한 입체상표의 보호제도에 더 가까운 것이라고 할 수 있다.

3. 법 규정

본호 (자)목에 해당하기 위해서는 ① 타인이 제작한 상품의 형태(형상·모양·색채·광택 또는 이들을 결합한 것을 말하며, 시제품 또는 상품소개서상의 형태를 포함한다. 이하 같다)를 ② 모방한 상품을 ③ 양도·대여 또는 이를 위한 전시를 하거나 수입·수출하는 행위임을 요한다. 다만, ④ 상품의 시제품 제작 등 상품의 형태가 갖추어진 날부터 3년 이내에 한하여, ⑤ 타인이 제작한 상품과 동종의 상품(동종의 상품이 없는 경우에는 그 상품과 기능 및 효용이 동일하거나 유사한 상품)이 통상적으로 가지는 형태의 것을 제외한다. 또 본 규정에 의한 소극적인 요건에 해당하는 보호기간은 상품의 시제품 제작 등 상품의 형태가 갖추어진 날부터 3년이 지나지 않은 상품형태만을 대상으로 한다. 3년의 기간으로 한 것은 선행자의 투자회수기간을 고려한 것이다.[14]

Ⅲ. 상품형태를 모방한 상품을 양도하는 등의 행위에 해당하기 위한 요건

1. 개   설

부정경쟁방지법 제2조 제1호 (자)목은, 타인이 제작한 상품의 형태를 모방한 상품을 양도·대여 또는 이를 위한 전시를 하거나 수입·수출하는 행위(이하, '상품형태의 모방행위'라 한다)는 부정경쟁행위에 해당한다고 규정한다. 본호 (자)

---

14) 노태정·김병진(주 10), 97; 최정열·이규호(주 10), 207.

목은 그 설명의 편의상 '상품형태의 모방행위'라고 약칭하는 것이지만, (자)목 규정에서 알 수 있듯이 모방행위 자체를 부정경쟁행위로서 규제하는 것이 아니라 상품형태를 모방한 상품을 양도하는 등의 행위를 규제대상으로 한다는 점이다. 모방행위 자체를 규제대상으로 하면 시험연구를 위한 모방행위까지 규제대상이 되는 등 과도한 규제가 이루어져 타당하지 않다는 점을 고려한 것이다. 또한 이것은 전술한 바와 같이 상품형태의 보호 필요성 때문에 부정경쟁행위의 한 유형으로서 새로이 추가된 것으로서 상품주체 혼동행위 등에서 보는 것처럼 周知性이나 商品混同性 등을 보호 요건으로 하지 않는다. 즉 본호 (자)목은 폭 넓게 규제하는 방식으로 입법화되어 있다. 다만, 법적 타당성을 기하기 위하여, 가령 형식적으로는 타인의 상품형태의 모방행위에 해당하더라도 타인이 제작한 상품과 동종의 상품이 통상적으로 가지는 형태에는 그 적용이 제외된다고 규정한다. 이러한 입법 내용은 전술한 것처럼 일본의 1993년 개정 부정경쟁방지법 제2조 제1항 제3호에 의한 상품형태의 보호의 경우와 거의 동일하다. 따라서 이에 관한 일본에서의 판례 및 학설의 동향은 본호 (자)목의 해석론을 전개함에 있어서 비교법적으로 유용한 관점을 제공해 줄 것이다.

참고로 1909년 제정된 독일 부정경쟁방지법(Gesetz gegen den unlauteren Wettbewerb, UWG)은 우리 구법(2013. 7. 30. 개정 전)이나 일본법과는 달리 "영업적 거래에 있어서(im geschaftlichen Verkehr) 경쟁의 목적으로 良俗에 반하는(gegen die guten Sitten) 행위를 한 자에 대해서는 중지 및 손해배상을 청구할 수 있다."(제1조)는 일반조항을 두고 있었다. 이에 따라 독일에서는 이러한 일반조항으로부터 원칙적으로 타인의 성과에 대한 모방의 자유(Nachahmungsfreiheit)를 인정하면서 예외적으로 선량한 풍속에 반하는 경우의 모방만을 규제대상으로 하였다.[15] 2004년 전면 개정된 독일 부정경쟁방지법의 일반조항은 "競業者, 소비자 및 그 밖의 시장참가자의 이익에 반하여, 경미하다고 할 수 없는 정도로(nicht nur unerheblich) 경쟁을 침해할 우려가 있는 부정한 경쟁행위는 위법하다."(제3조)고 규정한다. 1909년 법은 제1조의 일반조항과 병렬적으로 일련의 특별규정(제3조, 제6조 내지 제8조)을 마련하였는데, 이와 달리 2004년 법 제3조의 일반조항에서 규정하는 부정경쟁의 개념은 제4조 내지 제7조의 例示的 構成要件(Beispielstatbestand)에 의해 구체화될 수 있는 포괄적인 형태로 규정되어 있

---

15) 이에 관해서는, 小泉直樹, 模倣の自由と不正競爭, 有斐閣(1994), 101 이하 및 160 이하; 牛木理一, 商品形態の保護と不正競爭防止法, 経済産業調査会(2004), 193 각 참조.

다.[16] 2004년 법은 오해를 주거나 잘못 평가될 가능성이 있는 '양속'이란 표현 대신에 '부정한 경쟁'이란 용어를 사용하고 있지만, 2004년 법의 경우에도 부정한 경쟁, 즉 경미하다고 할 수 없는 정도로 경쟁을 침해할 우려가 없는 한 원칙적으로 타인의 성과에 대한 모방의 자유를 인정하는 태도를 견지하고 있다.

그런데 2004년 법 제3조의 '부정한 경쟁의 금지(Verbot unlauteren Wettbewerbs)'라는 일반조항의 표제는 2008년 12월 개정으로 '부정한 거래행위의 금지(Verbot unlauterer geschäftlicher Handlungen)'로 일반조항의 표제가 수정되면서 조문내용도 변경되었다. 2015년 12월 개정된 독일 부정경쟁방지법 제3조 제1항에서는 "부정한 거래행위는 위법하다."고 규정함으로써 事業者間, 非事業者間, 事業者 · 消費者間에 두루 적용되는 보다 간략한 일반조항으로 정리되었고, 사업자와 소비자 사이의 관계를 규정하는 소비자 일반조항(제2항)과 언제나 금지되는 첨부목록행위(誤認을 惹起하는 거래행위 및 공격적 거래행위)(제3항) 등에 관한 규정도 두고 있다. 상품형태의 모방행위는 2004년 법에서 예시적 구성요건 중 하나인 제4조 제9호에서 규정한 세 가지 전형적인 유형의 부정경쟁행위 중의 하나로 포섭되어 규제되었는데, 이들 세 가지 유형은 2015년 법에서는 제4조 제3호에 규정되어 있다.[17]

2. 청구주체

가. 문제의 제기 ― 청구주체로서 '타인'의 의미

부정경쟁방지법 제2조 제1호 (자)목이 규정하는 상품형태의 모방행위, 구체적으로는 타인이 제작한 상품형태를 모방한 상품을 양도 · 대여 · 전시 · 수입 · 수출하는 부정경쟁행위에 대하여 구제수단으로서 '자신의 營業上의 利益이 侵害

---

16) Wolfgang Büscher · Stefan Dittmer · Peter Schiwy, Gewerblicher Rechtsschutz-Urheberrecht-Medienrecht, Carl Heymanns Verlag(2008), 1077, 1093.

17) 2015년 개정된 독일 부정경쟁방지법 제4조(경쟁자의 보호) "아래에 열거한 경우에는 부정하게 행해진 것으로 한다. 〔…〕제3호. 어느 자가 경쟁자의 상품이나 서비스를 모방한 상품이나 서비스를 제공하고 그 자가 아래에 열거한 경우의 어느 하나에 해당하는 때. (a) 상품이나 서비스의 거래상 출처에 대해 회피할 수 있었음에도 소비자에게 誤認을 야기한 경우, (b) 모방된 상품이나 서비스의 명성을 부당하게 이용하거나 손상한 경우, (c) 모방에 필요한 정보나 서류를 불성실한 방법으로 취득한 경우." 이에 관해서는, 이규홍, "부정경쟁방지법 제2조 제1호 차목(변경 후 카목)에 대한 연구 ― 부정경쟁행위와 불공정거래행위의 교차점", 정보법학(제22권 제2호), 한국정보법학회(2018), 65-67; Anja Barabas, "ドイツ不正競争防止法及びその模倣品からの保護", パテント(Vol.71 No.14), 発明協会(2018. 12), 53, 59 각 참조.

되는 (또는 침해될 우려가 있는) 者'는 금지청구를 할 수 있고(법 제4조), 또 '자신의 영업상 이익이 침해된 자'는 손해배상청구(법 제5조)를 할 수 있다고 규정한다. 아울러 3년 이하의 징역 또는 3천만 원 이하의 벌금에 처하도록 刑事罰을 규정한다(법 제18조 제3항 제1호).[18] 문제는 '자신의 영업상의 이익이 침해되는 (또는 침해될 우려가 있는) 자'의 의미이다. 즉 상품형태의 모방행위자를 상대로 금지나 손해배상을 청구할 수 있는 주체로서 본호 (자)목의 '타인'이란 누구인가 하는 점이다. 이에 관해서는 다음과 같이 나누어 살펴볼 필요가 있다.

나. 상품을 개발한 자

부정경쟁방지법 제4 · 5조는 상품형태의 모방행위에 대해 손해배상을 청구하거나 이를 금지할 수 있는 청구주체에 관하여 명시적으로 규정하고 있지 않다. 그러나 상품형태의 모방행위를 부정경쟁행위로서 규제하게 된 입법경위 및 취지, 그리고 부정경쟁방지법이 금지청구 또는 손해배상청구를 할 수 있는 자를 '자신의 영업상의 이익이 침해되는 (또는 침해될 우려가 있는) 자'로 규정하는 점을 고려할 때, 그 청구주체는 본호 (자)목의 '타인'으로서 해당 상품의 형태를 제작(개발 · 상품화)하는 데에 노력과 비용 등을 투자한 자라고 할 수 있다. 즉, 해당 형태를 가진 상품을 제조하여 판매한 자가 청구주체가 된다.[19] 따라서 상품형태의 디자이너는 디자인보호법이나 저작권법에 의해 보호를 받을 수 있는지 여부는 別論으로 하고 위 요건에 해당하지 않는 한 청구주체가 될 수 없다.

나아가 청구주체의 결정 문제는 금지청구 또는 손해배상청구를 할 수 있는 '영업상의 이익'과 관련하여 좀 더 살펴볼 필요가 있다. 상품을 최초로 시장에 내놓은 자의 先行者로서의 이익을 '영업상의 이익' 또는 '시장선행의 이익'이라고 한다면[20] 청구주체는 형태모방의 대상이 된 상품을 개발 · 상품화하여 시장에 내놓은 선행개발자가 된다.[21] 우리 하급심 판결은 본호 (자)목은 "창작적 성

---

18) 구 부정경쟁방지법은 상품형태 모방행위에 대해서 민사적 구제만을 인정하고 刑事罰을 인정하지 않았으나, 2017년 개정 부정경쟁방지법(법률 제14530호 2017. 1. 17. 일부개정, 同年 7. 18. 시행)은 형사처벌의 대상에 포함하고 있다.

19) 같은 취지 최정열 · 이규호(주 10), 216-217; 田村善之, 不正競爭法槪說(第2版), 有斐閣 (2003), 319; 大阪弁護士会 知的財産法実務研究会 編, 不正競争防止法における商品形態 の模倣, 商事法務研究会(2002), 15-16.

20) 田村善之(주 19), 284는 "신상품의 개발을 촉진시키기 위해서는 상품의 데드 카피행위를 금지하여 시장선행의 이익이라는 인센티브를 법적으로 보장"하는 것이 상품형태의 모방행위를 규제하는 취지라고 설명한다.

21) 井上健一, 不正競爭防止法の解說, 一橋出版(2002), 34-35.

과보다는 상품개발에 자본·노력을 투자한 시장선행자의 이익을 보호하기 위한 것"이라고 판시하였다.22) 이에 관하여 일본 하급심 판결은 명시적으로 "상품을 스스로 개발·상품화하여 시장에 내놓은 자에 한정된다"고 판시하였고,23) 그 후 하급심 재판례에서24) 청구주체의 결정 기준으로 정착되어 개별 사안마다 이 기준의 적용이 시도되는 단계에 있다.25) 그런데 이 경우 구체적인 사안에 따라서는 상품을 실제로 시장에서 판매하고 있지 않아도 구체적·물리적인 형태를 띤 시제품이나 설계도가 완성된 단계라면 상품화를 위한 자본투자는 거의 완료되어 영업상 이익의 침해가 인정되는 단계이므로 당해 형태를 모방행위로부터 보호할 필요성은 발생하게 된다. 따라서 그 단계에서 상품형태의 모방행위를 규제하는 것이 합리적이라고 생각된다. 그렇기 때문에 청구주체는 상품을 실제로 시장에 내놓지 않았어도 그 전 단계, 즉 상품을 개발하고 있다면 충분하다고 할 것이다.26) 결국 일반론으로서 부정경쟁방지법 제2조 제1호 (자)목에 기한 청구주체가 되는 '타인'이란 형태모방의 대상이 되는 상품을 개발한 자가 된다. 그러므로 당해 상품을 개발·상품화하였지만 상품의 제조는 직접 하지 않고 제3자에게 外注한 경우에도 청구주체가 된다.27)

한편, 타인의 상품형태를 모방하여 상품을 개발한 경우에도 청구주체가 될 수 있는지가 문제될 수 있다. 일본 판례는 원고의 상품이 저명한 에르메스 社의 버킨백의 형태를 모방한 것이므로 "원고는 스스로 비용, 노력을 투하하고 상품을 개발하여 시장에 내놓은 자라고 할 수 없다"고 하여 피고가 원고의 상품형태를 모방하였다는 것을 원인으로 하는 원고의 손해배상청구를 부정하

---

22) 서울동부지방법원 2006. 12. 1. 선고 2006가합1983 판결(토끼털패닝코트 사건)(항소심에서 화해로 종결).

23) 東京地裁 1999(平成11). 1. 28. 판결(캐디백 사건).

24) 東京地裁 1999(平成11). 4. 22. 판결(誕生石 팔찌 사건); 東京地裁 1999(平成11). 6. 29. 판결(패션시계 사건); 大阪地裁 2004(平成16). 9. 13. 판결(누브라 I 사건) 등.

25) 井上由里子, "不正競爭防止法上의 請求權者", 日本工業所有権法学会年報(第29号), 有斐閣(2005), 146.

26) 小野昌延 編著, 新·注解 不正競爭防止法 上卷(新版), 青林書院(2007), 483(泉克幸 執筆部分).

27) 大阪弁護士会 知的財産法実務研究会 編(주 19), 37-38 참조. 이를 긍정한 일본 재판례로는, 東京地裁 1999(平成11). 4. 22. 판결(誕生石 팔찌 사건)이 있다. 이 사건은 원고가 기획하여 그 형태를 결정하고 한국의 제조업자에게 지시·제조하게 하여 판매한 상품에 관한 사안인데, 판결은 원고가 상품을 개발·상품화하여 시장에 출시한 것이므로 원고가 청구주체라고 판단하였다. 그 밖에 大阪地裁 2000(平成12). 7. 27. 판결(結露水 수집도구 사건—제1심); 大阪高裁 2001(平成13). 2. 27. 판결(결로수 수집도구 사건—항소심)도 이를 긍정하였다.

였다.28) 우리 특허법원도 일반 블라우스에서 흔히 볼 수 있는 형상으로 변경한 정도에 불과하고 원고 스스로 비용과 노력을 투자하여 해당 상품의 형태를 개발하고 상품화하였다고 볼 수 없다는 이유로 금지 및 손해배상청구를 기각하였다.29) 이와 관련하여, 우리 하급심 판결 중에는 피고들이 원고 역시 타사의 제품을 모방하였고, 원고의 제품이 동종 상품에 공통되어 특징이 없는 흔한 형태이므로 원고는 피고들에게 위 (자)목의 부정경쟁행위로 인한 손해배상을 청구할 수 없다고 주장한 사안에서 "위 (자)목은 창작적 성과보다는 상품개발에 자본·노력을 투자한 시장선행자의 이익을 보호하기 위한 것이어서 선행자의 상품 자체에 표현된 창작적 성과를 응용하여 또 다른 시장가치 있는 상품형태를 창작하는 경우까지 본 규정의 모방행위에 해당된다고 할 수는 없고, 선풍적으로 인기를 끌어 대중화된 선행자의 창작적 성과를 응용하였다 하여 이를 통해 창작된 또 다른 시장가치 있는 상품형태마저도 동종의 상품이 통상적으로 갖는 형태라고는 할 수 없는바, 원고의 제품은 2005년 겨울 시즌에 세계적으로 유행했던 스타일에 기초하여 제작되었지만 나름대로의 특징이 있어서, 피고들의 위 주장은 이유 없다"고 하였다.30)

한편, 원고의 상품이 형태 이외의 점에서 타인의 지적재산을 침해한 경우에도 청구주체가 될 수 있는지가 문제된다. 이에 관한 몇 가지 일본 재판례를 보면, 원고의 상품형태가 제3자의 실용신안권의 기술적 범위에 속하는 경우에도 원고는 자기의 상품형태를 모방한 피고에 대해 부정경쟁방지법에 기해 청구할 수 있다고 하였다.31) 원고가 제3자의 상표권을 침해한 경우,32) 원고의 행위가 제3자의 원산지오인표시 및 품질오인표시에 해당하는 경우33) 등에도 원고는 자신의 상품형태를 모방한 피고에 대해 부정경쟁방지법상의 청구주체가 될 수 있다고 하였다.

---

28) 東京地裁 2001(平成13). 8. 31. 판결(에르메스 모방 백 사건). 같은 취지 東京地裁 2006 (平成18). 4. 26. 판결(가방형태 모방품 사건) 등.
29) 특허법원 2021. 10. 1. 선고 2020나1964 판결(블라우스 및 여성용 코트 사건).
30) 서울동부지방법원 2006. 12. 1. 선고 2006가합1983 판결(토끼털패닝코트 사건).
31) 大阪地裁 2000(平成12). 7. 27. 판결(結露水 수집도구 사건—제1심); 大阪高裁 2001(平成13). 2. 27. 판결(결로수 수집도구 사건—항소심). 제1심 판결은 원고에 의한 제3자의 실용신안권 침해행위는 피고의 부정경쟁행위와는 별개의 법률문제이므로 실용신안권자인 제3자와 원고 간에 별도로 규율될 수 있는 것이라고 판시하였다.
32) 大阪地裁 1998(平成10). 9. 10. 판결(타올 세트 사건).
33) 東京地裁 2001(平成13). 1. 30. 판결(소형 숄더백 사건—제1심); 東京高裁 2001(平成13). 9. 26. 판결(소형 숄더백 사건—항소심).

다. 상품을 개발한 자가 여러 사람인 경우

상품을 개발한 자, 또는 상품을 출시한 자가 여러 사람인 경우에는 그 전원이 부정경쟁방지법상의 청구주체가 될 수 있다.[34] 일본 하급심 판결은 공동으로 상품형태를 개발하였다는 것을 이유로 상품의 기획을 제안한 자와 상품의 구체적 形態·仕樣을 창작한 자 양자를 금지청구 및 손해배상청구권자로 인정한 바 있다.[35] 그런데 여러 사람이 관여하여 당해 상품을 상품화하였거나 시장에 내놓았지만 그 후 관여자 사이에 분쟁이 발생한 경우 상호간에 부정경쟁방지법에 의한 청구를 할 수 있는가 하는 점이 문제가 된다. 이에 대해서 일본 판례는 "만일 양자가 각각 당해 상품을 상품화하여 시장에 내놓기 위하여 비용이나 노력을 분담한 경우에는 제3자의 모방행위에 대해서는 양자 모두 보호를 받을 수 있는 입장에 있다는 것은 말할 필요조차 없다. 그러나 양자 간에 있어서는 당해 상품이 상호간에 '타인의 상품'에 해당하지 않기 때문에 당해 상품을 판매하는 등의 행위를 부정경쟁행위라고 할 수 없다"고 하였다.[36]

라. 독점적 판매업자

상품을 개발·상품화한 자로부터 독점적 판매권을 부여받은 자에게 청구주체성이 인정되는지 여부가 문제가 된다. 우리나라 하급심 판결은 "제2조 제1호 (자)목의 '타인'이란 상품의 형태를 창작한 자가 아니라 상품화를 위하여 투자하거나 모험을 감수한 자라 할 것이고, 독점적 수입판매권자의 경우 판매망의 개척과 확보를 위한 노력을 한 결과 보호되어야 할 영업상의 이익이 있으므로 ① 선행자가 상품화하였다는 점, ② 선행자로부터 독점판매권을 수여받았다는 점을 입증하면 위 (자)목의 청구주체가 될 수 있다"고 판시하여 독점적 수입판매권자인 원고의 금지청구 및 손해배상청구권을 긍정하였다.[37] 이에 대하여 일

---

34) 小野昌延 編著(주 26), 486; 최정열·이규호(주 10), 218.

35) 東京地裁 1999(平成11). 6. 29. 판결(패션시계 사건).

36) 東京地裁 2000(平成12). 7. 12. 판결(미니게임기 사건—제1심); 東京高裁 2000(平成12). 12. 5. 판결(미니게임기 사건—항소심).

37) 서울남부지방법원 2007. 2. 8. 선고 2006가합6288 판결(직물지 디자인 사건 Ⅰ)(항소심에서 조정에 갈음하는 결정으로 종결); 같은 취지 의정부지방법원 2008. 12. 18. 자 2008카합278 결정(직물지 디자인 사건 Ⅱ). 차상육, "패션디자인 보호를 둘러싼 분쟁양상과 법적 쟁점", 산업재산권(제32호), 한국산업재산권법학회(2010. 8), 267-270. 그 밖에 서울동부지방법원 2016. 2. 3. 선고 2015나22399 판결(국내 독점수입·판매자에게 손해배상청구권을 인정); 서울중앙지방법원 2018. 5. 4. 선고 2017가합502502 판결(등록디자인권의 전용실시계약을 체결한 국내 독점수입·판매자에게 손해배상청구권을 인정); 서울중앙지방법원

본 재판례는 부정·긍정으로 나뉜다. 청구주체는 "상품을 스스로 개발·상품화하여 시장에 내놓은 자에 한정된다"는 전제하에 독점적 수입판매업자에 대해서는 상품형태의 모방행위에 대한 금지청구와 손해배상청구를 부정한 사건들이 있는 반면에,38) "스스로 자금, 노력을 투하하여 상품화한 선행자는 보호의 주체가 될 수 있지만, 그러한 자뿐 아니라 선행자로부터 독점적 판매권을 부여받은 자(독점적 판매권자)와 같이 자기의 이익을 지키기 위하여 모방에 의한 부정경쟁을 저지하여 선행자의 상품형태의 독점을 유지하는 것이 필요하고, 상품형태의 독점에 대하여 강한 이해관계를 갖는 자도… 보호의 주체가 될 수 있다고 해석하는 것이 상당하다"고 판시한 판결도 있다.39)

    이 문제에 관하여 국내 학설은 부정설40)과 긍정설41)로 나뉜다. 국내의 학설들은 대체로 일본의 학설과 판결례를 매개로 하여 이루어지므로 일본의 학설 동향을 소개하기로 한다. 우선 부정설은42) 東京地裁 1999(平成11)년 1월 28일

2018. 8. 22. 자 2018카합20786 결정(상품제작자로부터 독점적 판매권을 부여받은 자의 금지청구권 인정). 김원오, "부정경쟁방지법에 의한 미등록 디자인 보호의 요건—2016년 이후 대법원 판결들을 통해 본, 법 제2조 제1호 자목 해석론 정립—", 법학연구(제25집 제3호), 인하대학교 법학연구소(2022. 9), 334; 장현진, "상품형태 모방의 부정경쟁행위에 대한 금지청구권자 — 서울중앙지방법원 2018. 8. 22. 자 2018카합20786 결정 —", Law&Technology, 서울대학교 기술과법센터(2018. 9), 121 이하.

38) 東京地裁 1999(平成11). 1. 28. 판결(캐디백 사건); 東京地裁 2001(平成13). 8. 31. 판결(에르메스 모방 백 사건); 東京地裁 2004(平成16). 2. 24. 판결(猫砂 사건); 東京地裁 2006(平成18). 4. 26. 판결(가방형태 모방품 사건) 등.

39) 大阪地裁 2004(平成16). 9. 13. 판결(누브라 Ⅰ 사건); 大阪地裁 2005(平成17). 9. 8. 판결(누브라 Ⅱ 사건); 大阪地裁 2006(平成18). 1. 23. 판결(누브라 Ⅲ 사건); 大阪地裁 2006(平成18). 3. 30. 판결(누브라 Ⅳ 사건); 大阪高裁 2006(平成18). 4. 19. 판결(누브라 Ⅱ—항소심); 大阪地裁 2011(平成23). 10. 3. 판결(물기 빼는 소쿠리 사건). 한편, 위 누브라 Ⅰ 사건 판결은 통상적 판매권자에 대해서는 "선행자가 상품화한 형태의 상품을 단순히 판매하는 자와 같이, 상품의 販賣數가 증가하는 것에 대하여 이해관계를 가진다고 해도, 선행자의 상품형태의 독점에 대하여 반드시 강한 이해관계를 가진다고 할 수 없는 자는 보호의 주체가 될 수 없다고 해석해야 한다"고 하여 통상적 판매권자의 청구주체성을 부정하였다.

40) 박성호, "부정경쟁방지법에 의한 상품형태의 보호", 산업재산권(제23호), 한국산업재산권법학회(2007. 8), 586.

41) 최정열·이규호(주 10), 222; 안원모(주 10), 304; 장현진(주 37), 125; 구회근, "부정경쟁방지 및 영업비밀보호에 관한 법률 제2조 제1호 자목에 규정된 '상품형태 모방'의 의미", 법조(제606호), 법조협회(2007. 3), 151-152; 오창국, "상품형태모방", 지식과 권리(2006년 가을·겨울호), 대한변리사회(2006), 101; 같은 취지 차상육(주 37), 267 이하.

42) 本間崇, "他人の商品の形態の模倣(二條一項三号)の訴訟についての諸問題", 現代裁判法大系(26)—知的財産権, 新日本法規(1999), 351; 岡口基一, "商品形態模倣", 新·裁判実務大系(4)—知的財産関係訴訟法, 青林書院(2001), 469; 田村善之(주 19), 320-321; 井上由里子(주 25), 153. 다만 井上 교수는 "계약상 외국기업의 모방품 배제의무가 명시되어 있는

판결(캐디백 사건)을 지지하는 것으로서 청구주체를 상품을 개발한 자에 한정하
는 견해이다. 이에 반하여 긍정설은[43] 청구주체를 독점적 판매권자나 독점적 수
입업자 나아가 그 이상으로 확대하는 것을 인정하는 견해이다.[44]

  생각건대, 상품형태 모방행위의 규제를 신설한 취지에 비추어 볼 때 청구주
체를 상품을 스스로 개발한 자에 한정하는 것이 타당할 것이다. 본호 (자)목은
선행하여 상품을 개발·상품화하는 데에 노력과 비용 등을 투자한 자를 보호하
기 위해 모방행위를 규제함으로써 선행자가 투자한 자본을 회수할 기회를 부여
하고, 이로써 상품개발과 시장개척에의 인센티브를 高揚하는 것을 목적으로 하
는 규정이다. 즉 선행하여 상품을 개발한 자를 법적으로 보호하지 않으면 인센
티브가 부족하게 될 것이 명백하다는 점을 반영하여 마련된 입법이다. 그런데
본호 (자)목은 상품주체 혼동행위 등과 비교해 볼 때 周知性이나 商品混同性
등을 보호 요건으로 하지 않고, 경쟁자에 의한 모방행위를 폭넓게 규제하는 방
식으로 입법화되어 있다. 다시 말해 '주지성'과 '혼동'을 전제로 하는 상품주체
혼동행위의 규제의 경우와, 상품형태 모방행위의 규제는, 입법취지는 물론이고
그 보호요건을 달리한다. 더구나 본호 (자)목에 의한 상품형태의 보호는 결과적
으로 무등록디자인을 부정경쟁 방식으로 보호하는 기능을 하고 있다. 그렇기 때

경우나 이에 준하는 사정이 인정되는 경우에는 독점적 판매권자의 채권자대위를 긍정해야
할 것"이라고 한다(위의 논문, 154).

43) 小野昌延 編著(주 26), 489; 高部眞規子, "營業上の利益", 新·裁判実務大系(4)—知的
財産関係訴訟法, 青林書院(2001), 434; 渋谷達紀, 知的財産法講義 III, 有斐閣(2005), 97.
渋谷 교수는 상품형태를 사용하는 것에 대해 고유하고 정당한 이익을 갖는 자라면 상품을
개발한 자로부터 허락을 얻어 당해 형태를 자기의 상품에 사용하는 자, 당해 형태를 사용
한 眞正商品을 취급하는 유통업자 등도 청구주체가 될 수 있다고 한다. 따라서 이에 따르
면 독점적 판매권자는 물론이고 통상적 판매권자와 유통업자에게까지 폭넓게 청구주체가
확대되는 셈이다. 요컨대, 渋谷 교수는 긍정설 중에서 最広義說에 해당한다. 그러나 이러
한 일본 긍정설의 흐름과는 달리 국내 긍정설 중에는 비독점적 판매권자에게는 이를 인정
하지 않는 태도를 보이는 견해가 있다. 장현진(주 37), 125는 "상품개발자로부터 그 상품
에 대한 비독점적 판매권한을 부여받거나 상품형태에 대한 통상적 사용권한만을 허락받은
경우에는 특별한 사정이 없는 한 제3자가 동일한 형태의 제품을 판매하더라도 그 영업상
의 이익이 침해된다고 보기 어렵고, 다수의 비독점적 판매권자가 있어 각자가 모방행위자
에게 손해배상을 청구할 경우 중복 배상이 문제될 소지도 있으므로, 비독점적 판매권자는
상품형태 모방행위에 대해 금지청구를 할 수 없다고 봄이 타당하다"고 한다.

44) 부정설과 긍정설을 취하는 그 밖의 일본 문헌에 관한 상세는, 小野昌延 編著(주 26),
489-490; 山內貴博, "商品形態模倣行為に対する差止等の請求主体", 実務に効く 知的財産
判例精選, 有斐閣(2014), 134-137. 이에 관한 국내 문헌은, 박선하·양인수, "부정경쟁방지
법상 상품형태모방규제에 있어서 '타인'의 의미와 청구주체", 지식재산연구(제18권 제2호),
한국지식재산연구원(2023. 6), 134-140.

문에 상품주체 혼동행위의 경우처럼 그 청구주체의 外延을 확대할 필요는 없을 것이다.45)

3. 보호대상으로서의 '상품의 형태'

가. 법 규정

부정경쟁방지법 제2조 제1호 (자)목은 '상품의 형태'라 함은 "형상·모양·색채·광택 또는 이들을 결합한 것을 말하며, 시제품 또는 상품소개서상의 형태를 포함한다"고 규정한다. 즉, 법에 의한 보호 대상은 상품의 형태이고, 상품의 형태란 "형상·모양·색채·광택 또는 이들을 결합한 것"을 말한다. 그러므로 이하에서는 상품의 형태가 구체적으로 무엇을 가리키는 것인지를 살펴볼 필요가 있다.

나. 문제의 제기 — '부동산', '상품의 아이디어나 상품형태에 관한 추상적 특징'이 상품형태에 해당하는지, '상품형태의 창작성'이 요구되는지 등

여기서 말하는 '상품'의 의미에 대해서는 기본적으로 부정경쟁방지법 제2조 제1호 (가)목, (나)목 등에서 말하는 상품과 다를 바가 없다. 즉, 유체물이고 독립하여 거래의 대상이 되는 것을 말하므로 당연히 서비스와 같은 無形의 것은 포함되지 않는다.46) 문제는 유체물인 이상 건물과 같은 부동산도 포함되는지 여부이다. 유체동산만을 대상으로 한다는 否定說47)과 아파트나 업자가 처음부터 판매목적으로 건축하는 주택의 경우는 포함된다고 보는 肯定說48)로 나뉜다. 일본에서는 긍정설 쪽이 유력하게 주장되고 있다.49) 또한 상품이라면 내국인의 상

---

45) 다만, 일본의 井上 교수가 주장하는 바와 같이 일정한 경우 독점적 판매권자는 민법의 채권자대위권을 활용하여 보호받을 수는 있을 것이다.

46) 안원모(주 10), 306; 松村信夫, 不正競業訴訟の法理と実務(第4版), 民事法研究会(2004), 308.

47) 안원모, "디자인의 부정경쟁방지법적 보호문제", 창작과 법(제1권 제1호), 홍익대학교 창작과 법 연구센터(2007), 62-63.

48) 박성호(주 40), 587.

49) 岡口基一(주 42), 460; 渋谷達紀(주 43), 90. 日本弁理士会 中央知的財産研究所, "意匠法と不正競争防止法 第2条 第1項 第3号との関係ついて", 研究報告書(第6号)(2000. 3. 29), 36은 "부동산, 특히 아파트나 업자가 처음부터 판매목적으로 건축하는 주택은, 거래의 대상이 되는 유체물이므로 本号(우리법 제2조 제1호 (자)목—필자 주)의 '상품'에 해당하는 것이 가능하다"고 한다. 이와 관련하여 大阪高裁 2004(平成16). 10. 30. 판결(주택 사건)은, 주문주택이 '상품의 형태'에 해당한다는 것을 전제로 원고의 주택과 피고의 주택 간에는 그 형태에 실질적 동일성이 인정되지 않는다고 판시하였다. 青木博通, 知的財産権としてのブラントとデザイン, 有斐閣(2007), 324.

품과 외국인의 상품인 것을 묻지 않는다.[50] 문제는 상품의 '형태'가 어떠한 것을 가리키는가 하는 점이다. 상품의 '형태'란 상품의 구체적 형태를 말하는 것이므로, 상품의 아이디어나 상품의 형태에 관한 추상적인 특징은, 여기서 말하는 상품의 '형태'에 해당하지 않는다.[51] 또한 상품의 형태에는 특허법과 같은 고도성은 물론이고 특허법의 신규성·진보성과도 관계가 없고 디자인의 창작성도 요구되지 않는다.[52][53] 이하에서는 상품의 '형태'와 관련하여 제기되는 쟁점을 구체적 사안별로 세분하여 검토하고자 한다.

(1) 평면적 형태

전술한 상품의 형태에 관한 법 규정에 비추어 보면 상품의 형태란 물품의 형상 외에 모양·색채·광택 또는 이들을 결합한 것을 가리키는 넓은 개념이므

---

50) 松村信夫(주 46), 308.

51) 대법원 2016. 10. 27. 선고 2015다240454 판결(벌집채꿀 아이스크림 사건); 서울고등법원 2015. 9. 10. 선고 2014나2052436 판결(벌집채꿀 아이스크림 사건—원심); 東京地裁 1997(平成9). 6. 27. 판결(쁘띠 륙색 사건). 벌집채꿀 아이스크림(매장 직원이 주문을 받아 즉석에서 벌집 그대로의 상태인 꿀을 올린 모습으로 만든 아이스크림) 사건에서 대법원 판결은, 본호 (자)목의 보호대상인 상품의 형태를 갖추었다고 하려면, 수요자가 그 상품의 외관 자체로 특정 상품임을 인식할 수 있는 형태적 특이성이 있을 뿐 아니라 정형화된 것이어야 하고, 사회통념으로 볼 때 그 상품들 사이에 일관된 정형성이 없다면 비록 상품의 형태를 구성하는 아이디어나 착상 또는 특징적 모양이나 기능 등의 동일성이 있다고 하더라도 이를 '상품의 형태'를 모방한 부정경쟁행위의 보호대상에 해당한다고 할 수 없다고 법리를 설시한 다음, 원심의 판단은 원고 제품이 일관된 형태의 정형성을 갖추지 못하였다는 사실인정을 전제한 것이라고 이를 긍정하고 상고를 기각하였다.

52) 小野昌延 編著, 新·注解 不正競爭防止法, 靑林書院(2000), 317(小野昌延 執筆部分). 상품의 형태에 창작성이 요구되지 않는다는 것은 일본의 통설이라 할 것인데, 이에 대하여 일본의 실무가 중에는 공정한 경쟁의 확보라는 부정경쟁방지법의 목적에 비추어 저작권법에서 요구하는 것보다 어느 정도 높은 수준의 창작성이 요구되는 것으로 보아야 한다는 견해를 주장하기도 한다. 光石俊郎, "商品形態模倣禁止と創作性", 意匠法及び周辺法の現代的課題, 牛木理一 先生 古稀記念, 発明協会(2005), 685 이하.

53) 서울고등법원 2014. 5. 22. 선고 2013나2014833 판결(컴퓨터 모니터 지지대 사건). 이 판결은 본호 (자)목이 보호하는 "'상품의 형태'에 디자인보호법에서 등록요건으로 규정하고 있는 공지된 디자인을 조합하여 용이하게 창작할 수 없을 정도의 창작성이 요구된다고 할 수 없다"고 판시하고 있다. 우리나라 학설 중에서 창작성 등의 요건이 불필요하다는 것으로는, 황보영(주 6), 347; 안원모(주 10), 308; 최정열·이규호(주 10), 194. 다만, 안원모 교수는 필요설이나 불필요설이나 결론에 있어서는 큰 차이가 없다고 한다. 창작성이 없는 상품형태는 본 조항 단서의 '동종의 상품이 통상적으로 갖는 형태'에 해당할 가능성이 매우 많기 때문에 결과적으로 본 조항의 보호대상에서 제외될 가능성이 매우 높다는 것을 그 이유로 든다. 마찬가지로 최정열 변호사와 이규호 교수의 공저에서도 디자인보호법에서와 같은 창작성이 요구되는 것은 아니지만 종래 상품형태와의 관계에서 최소한의 차이는 있어야 '동종상품이 통상적으로 갖는 형태'에 해당하지 않게 될 것이고 창작성을 요한다는 견해도 고도의 창작성을 요구하지는 않는다는 점에서 결론에서 큰 차이가 있을 것 같지는 않다고 한다.

로 입체적 형태뿐 아니라 평면적인 형태도 포함되는 것으로 해석된다.[54] 일본의 학설도 우리와 마찬가지로 새기지만,[55] 부정설도 있다.[56] 평면적 형태에는 상품의 素材, 천의 바탕, 광택 등이 가져오는 효과 등도 포함된다고 해석되고, 또한 상표 등의 상품표시도 상품형태로서의 성질을 함께 가지고 있는 것은 평면적 형태에 포함된다고 할 것이다.[57] 우리 대법원 판결은 상품주체 혼동행위와 관련하여 도자기의 과일문양이 "그 모양, 색채, 위치 및 배열에서 다른 업체의 문양과 차별성이 인정"된다고 하여 "이 사건 과일문양은 도자기그릇 세트의 출처를 표시하는 표지에 해당한다"고 판시한 바 있는데,[58] 이러한 경우의 과일문양이 천의 바탕으로 사용된다면 평면적인 상품형태에 해당한다고 볼 수 있을 것이다. 일본에서 부정경쟁방지법상 상품형태의 보호를 입법할 당시 이에 해당하는 사안으로 나무결 무늬 화장지 사건[59]과 같은 사안을 想定하였던 점에 비추어 보면, 상품의 형태에 평면적 형태가 포함되는 것으로 해석하는 것은 당연하다고

---

54) 박성호(주 40), 588-589; 안원모(주 47), 68; 최정열·이규호(주 10), 194-195.

55) 松村信夫(주 46), 308; 大阪弁護士会 知的財産法実務研究会 編(주 19), 46 각 참조.

56) 松尾和子, "商品形態をめぐる訴訟の審理の特徴及び効率的な審理のための留意点", 知的財産法の理論と実務(3), 新日本法規(2007), 234. 松尾 변호사는 일본의 2005년 개정 부정경쟁방지법에 신설된 상품형태의 정의규정에 따르면 '知覚에 의해 인식할 수 있는 상품의 외부 및 내부의 형상 또는 그 형상에 결합된 모양, 색채, 광택 및 질감'을 상품의 형태라고 하는데, "대개 形状에는 면과 선이 있기 때문에 평면에 표현된 模様 자체가 그대로 보호대상이 되는 것은 아니다"고 한다. 즉 "띠와 같은 상품은 실제 사용할 때에 입체적 形状으로 완성되어 사용되고, 模様은 사용할 때에 함께 표현되기 때문에 띠 전체가 상품형태로서 보호될 수 있는 것"이라고 한다(위의 논문, 234). 생각건대, 일본의 긍정설은 대부분 상품형태의 정의규정이 신설되기 전에 나온 것이고, 상품형태에 관한 우리법의 정의규정(형상·모양·색채·광택 또는 이들을 결합한 것)과 일본법의 그것(…상품의 외부 및 내부의 형상 또는 그 형상에 결합된 모양…)이 서로 다르다는 점을 고려하면, 우리법의 정의규정은 형상과 모양을 병렬적으로 열거하므로 '평면적 형태'를 상품형태에 포함시키는 데에 별다른 문제가 없다. 이에 반해 일본법은 형상을 상위개념으로, 모양을 하위개념으로 하여 상품형태를 정의하고 있기 때문에 해석상 난점이 있다.

57) 渋谷達紀, "商品形態の模倣禁止", 知的財産と競争法の理論, F.K. バイヤー教授 古稀記念論文集, 第一法規(1996), 281. 渋谷 교수는 나아가 서적의 이른바 版面도 상품의 평면적 형태의 일종에 해당한다고 한다.

58) 대법원 2002. 2. 8. 선고 2000다67839 판결.

59) 東京高裁 1991(平成3). 12. 17. 판결(나무결 무늬 화장지 사건). 이것은 일본에서 상품형태의 모방행위가 부정경쟁행위로서 규제되는 입법이 이루어지기 이전에 발생한 사건이다. 사안은 원고가 제조한 나무결 무늬 화장지를 피고가 그대로 모방하여 염가로 판매한 것으로서 원고가 저작권 침해 및 민법상의 불법행위를 이유로 금지 및 손해배상을 청구한 사건인데, 재판부는 나무결 무늬 원화는 산업상 量産되는 실용품의 模様으로서 미술저작물성이 인정되지 않는다고 하여 저작권 침해를 이유로 한 원고의 청구를 기각하였지만, 다른 한편 피고의 행위는 불공정한 수단을 사용하여 타인의 법적 보호를 받을만한 영업활동상의 이익을 침해한 것이므로 불법행위를 구성한다고 하여 원고의 손해배상청구를 인정하였다.

할 것이다.[60] 따라서 일본법의 입법으로부터 영향을 받아 상품형태의 모방을 부정경쟁행위의 한 유형으로 新設한 우리법의 해석상으로도 마찬가지라고 할 것이다. 이에 관한 일본 판결로는 인터넷 홈페이지 상에서 신문기사의 표제와 같은 것은 '상품의 형태'에 해당하지 않는다고 판시한 것이 있다.[61]

  (2) 포장·용기의 형태

    문제는 상품의 포장·용기이다. 상품의 포장이나 容器는 상품을 보호하는 기능을 가지지만 상품 그 자체의 형태라고 보기는 일응 어렵다고 생각된다.

    이에 대하여 국내 학설 중에는 본호 (자)목의 문언상 '상품의 형태'라고만 규정되어 있고 용기나 포장은 언급하고 있지 않으므로 용기나 포장은 제외되는 것으로 해석해야 한다는 견해가 있다. 다만, 이 견해는 액체 등으로 되어 있어 자체의 형태가 없이 용기의 형태에 의존하는 상품, 예컨대 음료수병, 향수병 등은 그 商品(음료수, 향수)이 容器(병)와 함께 사용되어 일체성이 있다고 볼 수 있으므로 상품형태에 포함된다고 보는 것이 타당하다고 한다(이하, '甲說'이라 한다).[62] 甲說은 일본의 다수설과 그 논지가 같다. 일본의 다수설은 일본 부정경쟁방지법 제2조 1항 1호 및 2호[우리법 제2조 1호 (가)목 및 (다)목]에는 '용기·포장'이 각 열거되고 있음에 반하여 일본법 同項 3호[우리법 同號 (자)목]에는 '용기·포장'이 열거되어 있지 않은 점을 고려하면 '용기·포장'은 일반적으로 (자)목에서 말하는 '상품의 형태'로서 보호되지 않는다고 한다. 다만, 상품이 액체·기체·분말이어서 그 형상에 유동성이 있는 경우에는 그 상품을 수납하는 포장·용기도 포함하여 '상품의 형태'가 된다고 보는 것이 상당할 것이라고 한다.[63] 즉, 청량음료수와 같이 그 자체가 定形을 이루지 않는 상품의 경우 그 容器는 商品과 一體化되는 것으로 관념되므로 그 용기의 형태를 상품 자체의 형태로 보아 이를 보호할 필요가 있다는 것이다.[64] 따라서 이러한 경우에는 '상품 자체의 형태'뿐 아니라 '상품의 용기·포장의 형태'도 '상품의 형태'에 포함되어, 그 결과 '기체·액체'나 고체라도 분말인 것은 '용기·포장'의 형태와 함께 '용기·포장에 들어간 기체·액체 또는 분말이라는 상품의 형태'로서 파악된다고 한다.[65] 이에

---

  60) 小野昌延 編著(주 26), 439.
  61) 知財高裁 2005(平成17). 10. 6. 판결(요미우리 온라인 사건); 小野昌延 編著(주 26), 439.
  62) 황보영(주 6), 346-347.
  63) 松村信夫(주 46), 311 참조.
  64) 澁谷達紀(주 57), 369; 같은 취지, 岡口基一(주 42), 461.
  65) 小野昌延 編著(주 52), 318 참조.

해당하는지 여부는, 용기·포장을 포함한 형태가 당해 상품이 상품으로서의 기능을 발휘하는 장면에서의 형태인지 여부에 의해 '상품의 형태'에 해당하는지를 판단해야 한다고 한다. 즉, 향수나 화장품은 용기에 담긴 상태에서 사용되는 것이고, 음료수는 병에 주입된 상태로 휴대되거나 소비되는 것이므로, 이러한 상품에 대해서는 용기·포장을 포함한 상품의 형태를 '상품의 형태'에 해당한다고 판단할 수 있다는 것이다.[66]

　우리 대법원 결정 중에는 본호 (자)목이 규정하는 "'상품의 형태'라고 함은 일반적으로 상품 자체의 형상·모양·색채·광택 또는 이들을 결합한 것을 의미하고, 위와 같은 '상품의 형태'의 범위에 당해 상품의 용기·포장이 당연히 포함되는 것은 아니라 할 것이다. 그러나 상품의 용기·포장도 상품 자체와 일체로 되어 있어 용기·포장의 모방을 상품 자체의 모방과 실질적으로 동일시할 수 있는 경우에는 위 규정상의 상품의 형태에 포함된다고 할 것"이라고 하였다.[67] 이러한 抽象的 法律論에만 주목하면 위 결정은 전술한 국내 甲說 및 일본의 다수설에 기반한 것으로 읽힌다. 그러나 구체적 사실관계를 보면, 신청인의 포장은 "종이로 만든 직육면체 상자 형상으로서 그 안에 마가렛트 상품이 2개씩 포장된 봉지들이 여러 개 담긴 채 봉해져 일체로서 전시·판매되고 있어 포장을 뜯지 않으면 그 내용물이 실제로 외관에 나타나지 않는 경우 포장은 마가렛트 상품 자체와 일체로 되어 있어 이 사건 포장을 모방하는 것이 실질적으로 마가렛트 상품 자체를 모방하는 것과 동일시"된다고 판단하고 있다.[68] 위 사실관계대로라면 "과연 마가렛트 상품의 포장이 그 상품 자체와 일체로 되어 있다고 할 수 있을까? 이와 같은 논리라면 포장을 뜯지 않으면 그 내용물이 실제로 외부로 나타나지 않는 포장은 대부분 상품의 형태에 포함되는 불합리한 결과가 될 것이다."[69]

　결국 위 대법원 결정의 핵심인 "상품의 용기·포장이 상품 자체와 일체로 되어 있어"라는 추상적 법률론을 위 사실관계와 對比하며, 사실상 修辭的 表現

---

66) 三村量一, "商品の形態模倣について", 知的財産法の理論と実務(3), 新日本法規(2007), 287.

67) 대법원 2008. 10. 17. 자 2006마342 결정.

68) 위 2006마 결정. 다만, 결론적으로는 신청인의 이 사건 포장과 피신청인의 포장은 실질적으로 동일한 형태라고 볼 수 없다고 하여 본호 (자)목의 상품형태모방행위에 해당하지 않는다고 판단하였다.

69) 최성준, "부정경쟁행위에 관한 몇 가지 쟁점", Law&Technology, 서울대학교 기술과법센터(2009. 1), 33; 정봉현, "부정경쟁방지법에 의한 상품형태의 보호", 산업재산권(제37호), 한국산업재산권학회(2012. 4), 73.

에 그치는 문언이 되어버린다. 오히려 종래 우리의 하급심 결정들 중에서 "상품
의 용기 · 포장이 상품 자체와 일체로 되어 있어"라는 추상적인 법률론을 典型
的으로 적용한 사례를 끄집어 낼 수 있다. 이들 사건은 본호 (자)목이 적용된
것이 아니라, 법 제2조 제1호 (가)목이 규정하는 商品의 標識로서 '용기 · 포장'
의 유사성이 문제된 사안들이었기 때문에 "상품의 용기 · 포장이 상품 자체와 일
체로 되어" 있는지 여부를 판단할 필요조차 없는 사건들이었다. 그 중 하나인
코코아 상품의 음료용기 사건에서는 브랜드명이 각기 다르지만 그 포장이나 용
기에 진한 초콜릿색이나 녹색을 바탕색으로 하면서 글자의 배열 위치가 브랜드
명, 광고문안 순으로 그 크기가 유사하고 하단에 코코아잔 그림이 들어가 있어
전체적인 분위기가 유사하다고 판단한 바 있다.[70] 또 다른 하나는 자일리톨 성
분을 사용한 껌 제품의 용기의 전체적인 분위기 내지 느낌이 유사하다고 판단
한 사건도 있다.[71] 생각건대, 이들 사건의 容器를 전술한 위 국내 甲說과 일본
의 다수설에 따라 판단한다면, '액체' 코코아 음료 또는 '과립' 형태의 자일리톨
껌을 담은 "상품의 용기가 상품 자체와 일체로 되어 있다"고 관념할 수 있는 사
안들이었다. 따라서 이들 사건의 容器가 만일 본호 (자)목에 관한 것이었다면
'상품의 형태'에 해당한다고 판단할 수 있었을 것이다. 甲說에 따라 본호 (자)목
이 적용된 하급심 판결로는 "액체형 화장품은 제품의 용기가 제품 자체와 사실
상 일체로 되어 있어 용기의 모방을 제품 자체의 모방과 실질적으로 동일시할
수 있는 경우에 해당하므로 위 용기에 표시된 표장 역시 상품의 형태에 포함된
다고 보아야 한다"고 판시한 액체형 화장품 용기 사건이 있다.[72]

    일본 재판례 중에는 '포장 · 용기'가 '상품의 형태'에 해당하는지 여부가 직
접적으로 다투어진 사건이 몇 가지 등장한다. 우선 샌들 자체의 특징적 형상이
상품형태로서 보호받을 수 있는가 하는 점과 아울러 샌들의 설명서와 종이상자
가 '상품의 형태'에 해당하는지가 문제된 가처분 사건에서, 재판부는 샌들 자체,
포장용 종이상자와 상품설명서를 포괄하여 '상품의 형태'로 파악하고 두 가지

---

70) 인천지방법원 2005. 2. 1. 자 2004카합2670 결정.
71) 서울서부지방법원 2004. 4. 12. 자 2003카합2068 결정.
72) 서울고등법원 2012. 2. 2. 선고 2011나69529 판결(확정). 이 판결에서는 화장품 용기 후
    면에 제품에 포함된 성분과 포함되지 않은 성분의 이름, 함량을 표시하고 이를 막대그래프
    등으로 표현하는 방식이 원고 용기의 표장의 특징이라고 판단한 다음 원 · 피고 용기에 표
    시된 표장의 실질적 동일을 인정하였다. 위 판결에 대한 평석으로는, 백강진, "상품형태모
    방에 따른 부정경쟁행위의 인정요건", Law&Technology, 서울대학교 기술과법센터(2012.
    3), 1 이하.

상품 전부에 대하여 채권자 상품과 채무자 상품은 실질적 동일성을 가진다고 판단하였다.73) 이에 대해 위 사건의 가처분 이의신청사건에서는 상품의 용기·포장 등이나 상품에 첨부된 상품설명서는 당연히 상품의 형태에 포함되는 것은 아니지만 "상품의 용기·포장이나 상품설명서도 상품 자체와 일체가 되어 상품 자체와 쉽게 분리할 수 없는 態樣으로 결합되어 있는 경우에는 '상품의 형태'에 포함되는 것"으로 보아야 하는데, 이 사건 "채권자의 상품설명서 및 종이상자는 샌들과 일체가 되어 샌들과 쉽게 분리할 수 없는 태양으로 결합되어 있다고 할 수 없음은 명백하다"고 하고, 샌들 자체에 대해서도 그 특징적 형상은 독일의 빌켄슈탁社가 최초로 제조·판매한 샌들과 같은 것으로서 일반적으로 '빌켄 타잎의 샌들'로 불리는 상품이 통상 가지는 형태에 지나지 않는다고 판시하여 상품형태 모방행위의 해당성을 부정하였다.74)

다음으로 초콜릿을 넣는 하트형 포장·용기가 문제된 사안에서는 원고의 제품인 하트형 포장용기는 초콜릿을 넣는 포장·용기로서 통상 가지는 형태가 아니라고 판시하여 원고의 손해배상청구를 일부 인정하였다.75) 이 사건에서 원고는 플라스틱제 용기의 제조판매업을 하는 회사이고, 더구나 위 샌들 사건과는 달리 포장·용기로서 사용되는 물건 자체가 시장에서 유통·거래의 대상이 된 경우이므로 하트형 포장·용기가 '상품의 형태'에 해당한다고 판단하여도 별다른 문제가 없을 것이다.76) 한편, 와이어 브러시 세트 사건에서는 원고의 상품이, 와이어 브러시 상품 자체와 이를 포장하는 블리스터 팩(blister pack) 및 팩 포장을 위해 바탕이 되는 두꺼운 종이로 구성되어 있었는바, 원고의 와이어 브러시 상품 자체는 동종의 상품이 통상 가지는 형태를 가진 것에 지나지 않아 브러시 본체 자체의 형태는 보호되는 '상품의 형태'에 해당하지 않지만, 포장을 포함한 와이어 브러시 상품은 그 포장(블리스터 팩 및 두꺼운 종이)과 일체가 되어 상품 자체와 쉽게 분리할 수 없는 態樣으로 결합되어 있고 이와 같이 포장된 형태로 시장에서 유통되고 있으므로 '상품의 형태'에 포함된다고 판시하였다.77)

73) 大阪地裁 1995(平成7). 4. 25. 결정(호킨스 샌들 가처분 사건).
74) 大阪地裁 1996(平成8). 3. 29. 결정(호킨스 샌들 가처분이의 사건). 동 결정의 취지에 전적으로 찬동하는 견해로는, 盛岡一夫, "通常有する形態·商品の形態", 判例意匠法, 三枝英二 先生·小谷悦司 先生 還暦記念, 発明協会(1999), 982.
75) 名古屋地裁 1997(平成9). 6. 20. 판결(하트형 포장용기 사건).
76) 大阪弁護士会 知的財産法実務研究会 編(주 19), 48 참조; 박성호(주 40), 592; 같은 취지 안원모(주 10), 309.
77) 大阪地裁 2002(平成14). 4. 9. 판결(와이어 브러시 세트 사건). 이 사건에서는 포장을 포

이러한 일련의 일본 재판례의 취지를 요약하면, "상품의 용기·포장도, 거래상 상품과 일체가 되어 상품 자체와 쉽게 분리할 수 없는 態樣으로 결합되어 있는 경우에는 '상품의 형태'에 포함된다"[78]는 것이다. 그리고 이에 해당한다고 판단된 상품의 용기·포장으로서는 앞서 소개한 '와이어 브러시 세트'를 담은 블리스터 팩(blister pack) 包裝을 들고 있는데,[79] 그 밖에도 같은 취지의 판결로서 '이온 브러시' 사건[80]과 香醋 사건[81] 등이 있다.[82] 전술한 우리 대법원 결정과 비교할 때 위 일본 하급심 판결의 특징은 "상품 자체와 쉽게 분리할 수 없는 態樣으로 결합"되어 있을 것을 요구한다는 데에 있다. 상품 자체와 그 용기·포장의 결합을 고려한 점에서는, 전술한 국내 甲說 및 일본의 다수설과 맥락을 같이 하는 것으로 이해할 수도 있을 것이다. 하지만 기체·액체 등으로 이루어진 상품에 국한한 것이 아니기 때문에, 이에 한정하여 용기·포장을 '상품의 형태'로 파악하는 국내 甲說이나 일본의 다수설보다 위 일본 판례에서의 인정범위는 앞으로 점차 넓어질 가능성도 있어 보인다.[83] 그러한 점을 우려하여 일본의 다수설 쪽에서는 '상품의 형태'는 출처표시기능을 가지는 것으로서 보호되는 것이 아니므로 유통단계의 형태에 주목할 이유는 없으며, 용기·포장을 포함한 형태가 당해 상품이 상품으로서의 기능을 발휘하는 장면에서의 형태인지 여부에 의해 '상품의 형태'에 해당하는지를 판단해야 한다면서 위 일본 하급심 판결들에 의문을 표한다.[84]

한편, 국내 학설 중에는 용기나 포장 자체의 특징으로 인하여 상품판매에 영향을 미치고 있는 경우에 그 용기나 포장 자체의 모방행위는 본호 (자)목의 적용대상이 된다는 견해가 있다(이하, '乙說'이라 한다).[85] 나아가 부정경쟁방지법에서 '상품의 형태'라고만 규정하고 있을 뿐 '용기나 포장'을 언급하고 있지

함한 원고 상품의 전체적인 상품형태는 규율대상인 '상품의 형태'에 해당한다고 하면서도, 원고의 상품은 피고와의 관계에서 '타인의 상품'이 아니므로 '상품형태 모방행위'에 해당하지 않는다고 하였다. 다만, 피고가 원고와의 계속적 거래계약을 위반하였다는 점을 받아들여 원고의 손해배상청구를 인정하였다.

78) 知的財産裁判実務研究会, "知的財産訴訟の実務(11)", 法曹時報(第60卷7号), 法曹会(2008), 81.

79) 大阪地裁 2002(平成14). 4. 9. 판결(와이어 브러시 세트 사건).

80) 大阪地裁 2003(平成15). 8. 28. 판결(이온 브러시 사건).

81) 大阪地裁 2004(平成16). 12. 16. 판결(香醋 사건).

82) 小野昌延·山上和則 編, 不正競爭の法律相談, 靑林書院(2010), 271.

83) 小野昌延 編著(주 26), 447.

84) 三村量一(주 66), 287-288.

85) 안원모(주 10), 310; 최정열·이규호(주 10), 200.

않다는 이유만으로 이를 제한적으로 해석하여 상품이 액체나 기체인 경우를 제외한 나머지 경우에 용기나 포장을 상품형태에서 제외하는 것은 문제가 있다고 하면서, 용기나 포장 그 자체에 대체성이 존재하는 경우를 제외하고 그 용기나 포장이 해당 상품만을 위하여 제작된 것이라면 상품형태에 대부분 포함되는 것으로 보아야 한다는 견해도 있다(이하, '丙說'이라 한다).[86] 국내 乙說은 일본의 소수설과 그 취지를 같이 하는 견해로 이해된다. 일본의 소수설은 상품과 용기가 간단하게 분리될 수 있어도 상품의 배치방법이나 포장이 소비자의 눈길을 끄는 디자인으로 기능할 수 있으므로 그 보호가 일률적으로 부정된다고 할 수 없고, 수납되는 상품 자체의 형태에는 특색이 없어도 그 용기나 포장의 형태를 집중적으로 연구하여 이를 개발하는 데에 노력과 비용을 쏟아 붓는 경우도 드물지 않다는 등의 이유로 기체나 액체, 분말 등에 한정하지 않고 포장·용기도 '상품의 형태'에 포함될 수 있다고 한다.[87] 국내 丙說은 일본의 소수설보다 더 넓게 용기·포장의 형태를 '상품의 형태'로 긍정하는 견해로 이해된다. 전술한 우리 대법원 결정[88]은 그 추상적 법률론에도 불구하고 적용된 사실관계에 비추어 보면, 결과적으로 위 丙說에 가까운 판단을 내리고 있는 것이 아닌가 생각된다.

포장·용기의 형태가 '상품의 형태'에 해당하는지의 문제를 판단함에 있어서는 당해 상품이 시장에서 어떠한 외관과 태양으로 거래되고 있는가 하는 점을 고려하지 않을 수 없을 것으로 생각한다. 그러한 점에서 "상품의 용기·포장도, 거래상 상품과 일체가 되어 상품 자체와 쉽게 분리할 수 없는 態樣으로 결합되어 있는 경우에는 '상품의 형태'에 포함된다"고 판단하는 것이 타당할 것이다.

(3) 부   품

원칙적으로 '상품의 형태의 일부'는 상품의 형태가 아니다. 그러나 '상품의 형태의 일부'에 상품의 형태의 특징이 있고 '상품의 형태의 일부'의 모방이 '상품의 형태'의 모방으로 평가할 수 있는 경우에는 본호 (자)목의 상품의 형태의 모방에 해당한다는 데에,[89] 국내 학설은 대체로 일치하고 있다.[90] 따라서 이러

---

86) 구회근(주 41), 136.

87) 中島敏, "'商品形態'模倣に対する規制", 民事弁護と裁判実務(8)─知的財産権, ぎょうせい(1998), 510; 田村善之(주 19), 298; 같은 취지 小野昌延 編著(주 26), 448-449.

88) 대법원 2008. 10. 17. 자 2006마342 결정.

89) 小野昌延 編著(주 51), 318.

90) 배상철·홍상현(주 3), 43; 박성호(주 40), 593; 안원모(주 47), 67; 최정열·이규호(주 10), 197.

한 평가는 '모방'에 해당하는지 여부를 판단하는 단계에서 다루어져야 한다.

문제는 '부품'의 경우이다. 우선 부품 그 자체가 상품인 경우, 즉 '물품 중 독립하여 생산·판매되는 부분'으로서의 상품의 형태인 경우에는 보호대상인 '상품의 형태'에 해당한다. 일본 하급심 판결도 본체 상품과는 "별개로 시장에서 거래대상이 되어 있는 경우" 당해 부품의 형태는 보호대상인 '상품의 형태'에 해당한다고 한다.[91] 다만, 이러한 경우에도 그 부품이 修理 등의 목적을 위해 별개의 독립적 상품(즉, 純正部品)으로 판매되는 때에는 후술하는 '통상적으로 갖는 형태'에 해당하게 되어 규제대상이 되지 않는다고 한다.[92]

다음으로 그 부품이 시장에서의 독립적 거래대상이 아닌 경우 '상품의 형태'에 해당하는지 여부와 관련하여 일본의 학설은 갈린다. 이러한 경우 부품의 형태는 상품의 형태의 일부로서 형태의 구성부분이므로 '상품의 형태'가 아니라는 견해[93]가 있는 반면에, 이러한 경우에도 이를 모방함으로써 영업상의 이익이 침해될 우려가 있는 한 '상품의 형태'로서 보호되어야 한다는 견해도 있다.[94] 이에 관해 일본 판례는 "상품의 형태의 일부분이 독립적인 양도·대여 등의 대상이 아니고, 판매의 단위인 상품의 일부분을 구성함에 불과한 경우에는 당해 일부분에 상품의 형태의 특징이 있어 그 모방이 전체로서의 '상품의 형태'의 모방이라고 평가할 수 있는 등의 특별한 사정이 없는 한 원칙적으로 그 일부분의

---

91) 大阪地裁 1998(平成10). 11. 26. 판결(에어소프트건 사건—제1심); 大阪高裁 1999(平成 11). 12. 27. 판결(에어소프트건 사건—항소심).

92) 東京地裁 1999(平成11). 2. 25. 판결(에어소프트건 사건—제1심)은 순정부품이 수리 등을 목적으로 판매되는 부품으로서 '통상적으로 갖는 형태'에 해당한다고 하여 원고의 청구를 기각하였다. 에어소프트건 사건 제1심 판결에 대해서는 수리용 부품시장과 이른바 '튜닝' 목적의 고객주문 교환부품(custom parts) 시장을 구분해야 하는데 제1심 재판부는 위 부품을 수리용 부품으로 오해한 잘못이 있다는 비판이 제기되었다[佐藤惠太, "'純正部品'の形態模倣", 平成11年度重要判例解說, ジュリスト 臨時増刊 1179号, 有斐閣(2000. 6. 10), 278]. 東京高裁 2002(平成14). 1. 31. 판결(에어소프트건 사건—항소심)은 이러한 비판을 수용하여 위 부품은 수리용 부품이 아니라 에어소프트건의 성능이나 기능, 외관을 변경·개량하기 위한 고객주문 교환부품(custom parts)이므로 同種商品이 '통상적으로 갖는 형태'에 해당하지 않는다고 하여 원고의 청구를 일부 인용하였다. 항소심 판결에 대해서는 수리용 부품과 고객주문 교환부품을 명확히 구별하기 어렵고 또 피고와 같은 외부의 제품 공급자뿐 아니라 특정 에어소프트건을 애호하는 수요자의 입장도 고려할 필요가 있다는 비판이 제기되고 있다[白石忠志, "交換用部品の形態", 商標·意匠·不正競爭判例百選, 有斐閣(2007), 179].

93) 小野昌延 編著(주 52), 318(小野昌延 執筆部分); 大阪弁護士会 知的財産法実務研究会 編(주 19), 49; 같은 취지, 松村信夫(주 46), 310.

94) 渋谷達紀(주 57), 366-367; 같은 취지, 田村善之(주 19), 303; 小野昌延 編著(주 26), 449-450(泉克幸 執筆部分).

형태를 가지고 '상품의 형태'라고 할 수 없다"고 판시한다.[95]

(4) 상품의 조합

개개의 상품을 조합하여 세트로 판매하는 경우 '상품의 형태'에 해당하는지에 관하여, 국내 학설은 다수의 상품을 조합하여 세트로서 판매되는 상품의 경우에는 당해 상품의 판매단계에서 세트로서 포장되고 구매자도 세트의 상태를 보고 구입하는 것이므로 당해 세트의 형태도 상품의 형태로 인정해야 한다고 한다.[96] 마찬가지로 일본의 학설도 거래자 및 수요자 입장에서 세트 상품을 볼 때 그 전체가 하나의 거래대상으로 취급되고 또 항상적인 형태를 갖추고 있는 상품이라면 그 전체를 상품의 형태로 관념할 수 있다고 한다.[97] 이에 대해 일본 판례는, 작은 곰 인형, 타올 걸개, 작은 곰 그림이 그려진 여러 종류의 타올 등을 등나무 바구니 안에 수납·배치한 타올 세트에 대해 상품의 형태에 해당한다고 판시한 바 있다.[98] 또한 "사용하는 용기, 재료 및 반찬의 종류, 배치 등으로 구성되는 개개의 초밥을 초월한 전체적인 형상, 모양, 색채, 광택 및 질량감" 등이 상품의 형태가 될 수 있다고 한 판결도 있다.[99] 이러한 재판례에 따르면, 개개의 상품으로 구성되는 세트 상품이라도 거래상 그 세트 상품이 전체적으로 하나의 특정한 형태를 갖추고 있는 경우에는 '상품의 형태'에 해당한다고 할 수 있다.[100] 참고로 일본 학설 중에는 위 타올세트 사건 판결을 비판적으로 검토하는 견해도 있다.[101]

(5) 상품의 내부의 형태

우리 부정경쟁방지법 제2조 제1호 (자)목은 '상품의 형태'라 함은 "형상·

---

95) 東京地裁 2005(平成17). 5. 24. 판결(맨홀용 발판 사건).

96) 안원모(주 47), 69; 최정열·이규호(주 10), 200-201; 같은 취지 박성호(주 40), 594.

97) 飯村敏明, "商品形態(1)—セット商品", 商標·意匠·不正競爭判例百選, 有斐閣(2007), 169; 松尾和子(주 55), 233.

98) 大阪地裁 1998(平成10). 9. 10. 판결(타올세트 사건).

99) 東京地裁 2001(平成13). 9. 6. 판결(백배 초밥 사건). 이 사건에서 새판부는 원형 노시락 안에 초밥 등을 배치한 것이 '상품의 형태'에는 해당하지만 '통상적으로 갖는 형태'에 불과하다고 하여 원고의 청구를 기각하였다.

100) 知的財産裁判實務研究会(주 78), 81; 같은 취지 小野昌延 編著(주 26), 451.

101) 三村量一(주 66), 286-287은, "상품의 형태는 당해 상품이 상품으로서의 기능을 발휘하는 장면에서의 형태를 가리키는 것이라고 해석해야 하므로 유통단계에서 상품의 전시방법에 기울인 노력을 보호할 것은 아니다"고 전제한 다음, 위 타올세트 사건 판결에서 문제된 '상품의 조합'은 유통단계에서 전시목적으로 이루어진 것이고 사용단계에서는 '상품의 조합'이 해소되어 개개의 상품 별로 사용되므로 상품형태에 해당한다고 볼 수 있는지 의문이지만, 위 택배 초밥 사건 판결에서 다투어진 '상품의 조합'은 상품형태 그대로 배달되어 식탁에서 소비되는 것이므로 '상품의 형태'에 해당한다는 데에 문제가 없다고 한다.

모양·색채·광택 또는 이들을 결합한 것"을 말한다고 규정하는데, 문제는 상품의 외부의 형태뿐 아니라 내부의 형태도 '상품의 형태'에 포함되는가 하는 점이다. 일본은 법 개정으로 이 문제를 해결하였지만[102] 우리법의 경우에는 해석상 논란이 있을 수 있다. 이에 대해 국내 학설은 상품의 형태는 외관상 인식할 수 있는 것에 한정되고 외관으로 나타나지 않는 내부구조는 상품형태에 해당하지 않는다고 한다.[103] 이는 후술하는 종래 일본의 다수설과 그 논지가 같다.

   이와 관련하여 법 개정 전 일본의 하급심 판결은 단열 호스의 내부구조가 문제된 사건에서 "상품의 기능, 성능을 실현하기 위한 구조는 그것이 外觀으로 나타나는 경우에는 '상품의 형태'가 될 수 있지만 외관으로 나타나지 않는 내부구조에 그치는 한 '상품의 형태'에 해당하지 않는다"고 판시한 바 있다.[104] 또 다른 하급심 판결은 숄더백 내부의 형상에 대해 수요자가 지퍼를 열어 내부의 형상을 확인하고서 구입하는 것으로 추인되는 것이므로 상품의 형태에 해당한다고 하였고,[105] 에어소프트건의 내부구조에 대해서는 수요자가 분해·조립하거나 개량하는 것을 예정하고 있는 부품이고 외부로 나타난다는 이유로 상품의 형태에 해당한다고 하였다.[106] 이와 같이 일본 판례는 외관상 인식할 수 있는지 여부에 따라 내부의 형태가 상품의 형태에 해당하는지 여부를 판단하였다.

   법 개정 전 일본의 학설은 판례의 입장처럼 상품의 형태란 외관상 인식할 수 있는 것에 한하고 외관으로 나타나지 않는 내부구조는 '상품의 형태'에 해당하지 않는다고 하는 견해가 다수설이었다.[107] 다수설의 내용은 상품형태의 모방 행위를 규제하는 입법 당시의 입법관여자의 입장과 동일하다. 입법관여자는 일반 시장에서 유통하는 상품형태의 객관적 인식가능성과 모방 판정의 용이성 및

---

102) 일본은 2005(平成17). 6. 29. 법률 제75호로 부정경쟁방지법을 일부 개정하여 제2조 4항에서 "이 법률에서 '상품의 형태'란 수요자가 통상의 용법에 따라 사용할 때에 知覺에 의해 인식할 수 있는 상품의 외부 및 내부의 형상 또는 그 형상에 결합한 모양, 색채, 광택 및 질감을 말한다"고 규정하고 있다.

103) 구회근(주 41), 132; 안원모(주 10), 310; 배상철·홍상현(주 3), 48.

104) 大阪地裁 1996(平成8). 11. 28. 판결(단열 호스 사건).

105) 東京地裁 2001(平成13). 1. 30. 판결(소형 숄더백 사건—제1심); 東京高裁 2001(平成13). 9. 26. 판결(소형 숄더백 사건—항소심).

106) 東京高裁 2002(平成14). 1. 31. 판결(에어소프트건 사건—항소심).

107) 竹田稔, 知的財産権侵害要論(不正競業編), 発明協会(1997), 108; 土肥一史, 知的財産法入門(第2版), 中央経済社(1998), 1998, 13; 松村信夫·三山峻司, 知的財産関係法の解説, 新日本法規(1998), 174; 紋谷暢男, 無体財産権法概論(第9版), 有斐閣(2000), 15; 青山紘一, 不正競争防止法, 法学書院(2004), 64; 松村信夫(주 46), 313; 같은 취지, 小野昌延 編著(주 52), 319-321 각 참조.

그 밖의 여러 제도와의 관계를 거론하면서, 상품형태의 모방행위에서의 형태란 상품의 외관이 문제가 되는 것이므로 모방 평가의 대상이 되는 것은 상품의 外見에 한한다고 설명한 바 있다.108) 이와 달리 소수설은 입법관여자의 입장이나 판례의 태도에 반대한다. 소수설 주장자들의 내용이나 논거는 조금씩 다른데 이를 소개하면 다음과 같다. ⓐ 상품형태가 혼동방지규정의 적용을 받기 위해서는 수요자가 이를 인식하여 상품선택의 기준으로 삼아야 하는 것이지만, 타인의 경제적 성과에 무임승차하는 것을 방지하기 위한 상품형태의 모방행위에 대한 규제의 경우에는 그 형태가 식별력을 갖추었는지 여부를 묻지 않으므로 내부의 형태도 '상품의 형태'에 해당한다.109) ⓑ 상품 내부의 形狀도 상품의 형태에 포함되는 것으로 해석해도 무방하다고 하면서 내부의 형상만을 모방한 것에 대해 보호가 인정되는 경우는 그 부분만으로도 별개의 상품화가 가능한 예외적인 경우에 지나지 않는다.110) ⓒ 상품의 내부구조라는 것은 상품의 유통단계와 소비자의 사용단계 어느 쪽에서나 외관으로 나타나는 경우와, 소비자의 사용단계에서는 이미 외관으로 나타나지 않는 경우가 있는데, 후자의 경우에도 유통단계에서 외관으로 나타나 인식되는 경우라면 '상품의 형태'에 해당하는 것으로 보아야 한다.111)

(6) 기   타

외부에서 식별할 수 있는 이상, 가령 육안으로는 식별할 수 없는 미세 부품 등과 같은 不可視的 形態도 '상품의 형태'에 해당한다고 할 수 있다.112) 이 점에서 디자인보호법의 보호대상인 디자인과는 구별되는데, 그 이유는 디자인은 "시각을 통하여 미감을 일으키는 것"(디자인보호법 제2조 제1항)인데 반하여 여기

---

108) 山本庸幸, 不正競爭防止法入門, ぎょうせい(1994), 54; 同, 要說不正競爭防止法(第2版), 発明協会(1997), 117, 122 각 참조.
109) 渋谷達紀(주 57), 364-365 참조; 같은 취지, 岡口基一(주 42), 461-462 참조.
110) 田村善之(주 19), 299이 가주(1) 참조.
111) 角田政芳, "外観に現れない内部構造と商品形態の保護", 判例意匠法, 三枝英二 先生·小谷悦司 先生 還曆記念, 発明協会(1999), 1017 참조. 이 논문은 大阪地裁 1996(平成8). 11. 28. 판결(단열 호스 사건)의 결론 및 이론구성에 반대하는 판례평석으로서 다수설을 '외관적 형태설'로, 소수설을 '내부적 형태포함설'로 각각 명명하고 있다(위의 논문, 1016). 이와 같은 취지의 국내학설로는 상품 그 자체로는 내부구조가 드러나지 않지만 상품의 소개서 등에 내부구조가 표현되어 외부로 드러나 있다면 본호 (자)목에서 '상품소개서상의 형태'도 상품형태에 포함하고 있으므로 이를 모방한 경우 상품형태를 모방한 것으로 볼 여지가 있다는 견해가 있다. 최정열·이규호(주 10), 195.
112) 松村信夫(주 46), 313-314; 小野昌延 編著(주 52), 318; 田村善之(주 19), 299; 渋谷達紀(주 57), 368.

서는 타인의 성과물의 가치에 무임승차하는 것을 규제하는 것이기 때문이다.[113]

　구체적인 상품의 형태를 떠난 상품의 아이디어나 상품의 추상적인 특징은 '상품의 형태'에 해당하지 않지만 개개의 사안에 따라서는 '상품의 형태'인지 아니면 '아이디어'에 불과한 것이지를 판단하기 어려운 경우도 있을 수 있다. 이에 관한 일본 재판례를 보면, 자질구레한 물건들을 넣을 수 있는 동물 봉제인형 모양의 작은 배낭 상품들 중에서 원고와 피고의 개개의 상품형태가 실질적으로 동일하다고 주장하지 않고, 상품들 상호간의 개개의 상품특징에서 공통점(예컨대, 동물 봉제인형의 뒷면의 지퍼, 배낭 형태의 어깨벨트를 모방한 벨트 및 열쇠고리용 금속장식이 붙어 있는 것 등)을 파악하여 피고 상품의 형태가 원고 상품의 형태와 실질적으로 동일하다고 주장한 사안에서, "'상품의 형태'란 상품의 구체적인 형태를 말하는 것으로서 구체적인 상품의 형태를 떠난 상품의 아이디어나 상품의 형태에 관한 추상적인 특징은 '상품의 형태'에 해당하지 않는다"고 판결한 바 있다.[114] 또한 원고가 상품의 아이디어를 기재하여 상품화의 검토를 촉구하는 서면을 보냈을 뿐이고 이를 상품화하여 제조·판매하지 않은 경우 상품에 관한 '아이디어'는 일본법 제2조 제1항 3호의 '상품'에 해당하지 않는다고 하였다.[115]

다. '상품의 형태'의 주장·입증

　상품형태를 완전히 그대로 모방한 경우는 별 문제가 없지만, 그렇지 않은 경우에는 피고의 상품이 원고의 상품을 모방하였다는 것을 주장·입증하기 위하여 원고 상품의 형태적 특징과 피고 상품의 형태적 특징이 동일하거나 실질적으로 동일하다는 것을 입증하여야 한다. 그러므로 원고는 모방행위를 주장·입증하기 위한 전제로서 자기의 상품의 형태적 특징을 어느 정도 구체적으로 주장할 필요가 있다. 따라서 이때의 주장은 '모방' 상품과의 형태적 동일성을

---

113) 小野昌延 編著(주 52), 318 참조.
114) 東京地裁 1997(平成9). 6. 27. 판결(쁘띠 룩색 사건). 이에 관한 평석으로는, 伊原友己, "商品形態の模倣と抽象的特徵の同一性", 判例意匠法, 三枝英二 先生·小谷悦司 先生 還曆記念, 発明協会(1999), 961 이하. 한편 국내 판결로는 대법원 2016. 10. 27. 선고 2015다 240454 판결(벌집채꿀 아이스크림 사건) 참조. 이 판결은 아이스크림의 형태에 대해 매장 직원이 주문을 받아 즉석에서 만들어 판매하는 특성상 아이스크림의 높이·모양, 벌집채꿀의 크기·모양·위치 등이 개별 제품별로 차이가 날 가능성이 높고 실제로 벌집채꿀 모양이 불규칙적인 형태로 판매되고 있는 점 등을 감안할 때 본호 (자)목의 상품형태에 해당하지 않는다고 판시하였다.
115) 東京地裁 2000(平成12). 4. 25. 판결(반찬을 끼운 주먹밥 사건—제1심); 東京高裁 2000 (平成12). 11. 29. 판결(반찬을 끼운 주먹밥 사건—항소심).

주장하기 위하여 필요로 하는 범위로 충분하고, 전술한 것처럼 그 형태가 창작성을 가지는지 여부를 주장·입증할 필요는 없다.[116] 요컨대, 실제 訴狀의 청구원인에서 원고의 '상품의 형태'는 그 형태적 특징을 가지고 특정할 필요가 있다. 즉, 그 상품의 기본적 구성요소를 명시함과 동시에 상품의 형태를 나타내는 도면·사진을 첨부함으로써 특정하게 된다.[117]

4. 모방한 상품의 양도·대여·전시·수입·수출

가. '모방'의 의의

상품형태 모방행위에 있어서 '모방'이란 완전모방 또는 무의미한 변경이 이루어진 완전모방에 준하는 것을 뜻한다.[118] 다시 말해 여기서의 모방이란 '데드카피', 즉 '완전한 모방'을 의미하는 것이고 넓은 의미의 모방을 말하는 것이 아니다.[119] 그렇기 때문에 모방의 개념을 정립하는 것은 부정경쟁방지법상 규제행위의 법적 성격과 그 적용 범주를 결정하는 데에 중요한 계기가 된다. 이러한 점에서 여기서 규정하는 '모방'이란 이미 존재하는 타인의 선행 상품의 형태를 흉내 내어 해당 선행 상품의 형태와 동일하거나 실질적으로 동일한 형태의 상품을 만드는 것을 의미한다.[120] 이처럼 '모방'이라는 개념은 (자)목의 적용 범주를 결정하는 핵심사항에 해당하는 것임에도 우리 부정경쟁방지법은 '모방'에 관한 정의규정을 두지 않고 있다. 다만, 일본 부정경쟁방지법의 '모방'에 관한 정의규정에 따라 '모방'이란 상품의 형태가 동일하거나 실질적으로 동일하다는 객관적 요건뿐 아니라, 타인의 상품의 형태를 알고 이것에 依據하여 자기 상품의 형태를 결정하였다는 주관적 요건도 필요하게 된다고 해석하고 있을 뿐이다.[121]

---

116) 松村信夫(주 46), 314.

117) 大江忠, 要件事実知的財産法, 第一法規(2002), 398.

118) 최성준(주 69), 34.

119) 상품형태 모방행위에서의 '모방'의 의의에 관하여는, 田村善之(주 19), 289, 293의 각주 (1); 小野昌延 編著(주 26), 453 각 참조.

120) 大阪弁護士会 知的財産法実務研究会 編(주 19), 63 참조.

121) 일본은 2005(平成17). 6. 29. 법률 제75호로 부정경쟁방지법을 일부 개정하여 제2조 5항에 '모방'의 정의규정을 두었다. 즉 '모방'이란 "타인의 상품의 형태에 의거하여 이것과 실질적으로 동일한 형태의 상품을 만드는 것을 말한다"고 규정하고 있다.
　　우리 부정경쟁방지법에 '모방'에 관한 정의규정이 없다는 문제점을 지적하고 (자)목의 핵심개념인 '모방'의 범주와 관련된 용례를 탐구하여 정리한 문헌으로는, 박소연·김병일, "부정경쟁방지법상 형태모방상품 제공행위의 '모방'의 범주에 관한 연구—일본에서의 용례를 중심으로—", 법학논총(제40집 제2호), 한양대학교 법학연구소(2023. 6), 197~215 참조.

우리 대법원도 일본 부정경쟁방지법의 '모방'에 관한 정의규정에 따라 본호 (자)목의 "'모방'이란 타인의 상품형태에 의거하여 이와 실질적으로 동일한 형태의 상품을 만들어 내는 것을 말하며, 형태에 변경이 있는 경우 실질적으로 동일한 형태의 상품에 해당하는지는 당해 변경의 내용·정도, 착상의 난이도, 변경에 의한 형태적 효과 등을 종합적으로 고려하여 판단하여야 한다."고 판시하고 있다.[122]

나. '모방'의 객관적 요건
(1) 의   미

모방에 해당하기 위해서는 객관적 요건으로서 타인의 상품의 형태와 동일하거나 실질적으로 동일한 형태의 상품을 만들어 내는 것이 요구되는데,[123] 이때의 '실질적 동일'이란 상품의 형태가 전체적으로 동일하거나 매우 類似한 것 (a strong likeness)을 말한다.[124] 우리 하급심 판결 중에 "원고의 제품과 피고들의 제품은 그 각 구성부분은 물론 전체적으로도 그 형상, 모양, 색채, 광택 등이 거의 동일하다 할 것"이라고 판시한 例가 있는데,[125] 이것이 바로 '실질적 동일성'을 의미하는 것이라 할 것이다.

(2) 실질적 동일성의 판단

실질적 동일성의 판단방법 및 그 기준의 정립에 관하여 논의할 필요가 있다. 먼저 판단방법에 관하여 본호 (자)목에서는 상품형태의 '모방'을 요건으로 하고 '혼동'을 요하지 않으므로 離隔的 관찰이 아닌 눈앞에 늘어놓고 비교하는 對比的 觀察을 하여야 할 것이다.[126] 그 이유는 상품주체 혼동행위의 경우는 그 상품표지가 수요자 간에 '혼동'을 야기하는지 여부를 판단하는 것이므로 시간과 장소를 달리하는 이격적 관찰을 하여야 하지만, 본호 (자)목의 경우는 선행자의 상품형태를 '모방'하였는지 여부가 문제의 초점이므로 대비적 관찰이 요구되기 때문이다. 그리하여 기본적으로는 두 상품의 형태를 形狀, 模樣, 色彩, 光澤, 그 밖에 필요한 요소로 분해하여 대비적으로 관찰을 한 다음 전체적으로 그 인상을 비교하여 전체적 관찰을 행함으로써 실질적 동일 여부를 판단하여

---

122) 대법원 2008. 10. 17. 자 2006마342 결정; 대법원 2012. 3. 29. 선고 2010다20044 판결.
123) 위 2006마342 결정; 위 2010다20044 판결 각 참조.
124) 知的財産裁判實務研究会(주 78), 84.
125) 서울동부지방법원 2006. 12. 1. 선고 2006가합1983 판결(토끼털패닝코트 사건)(항소심에서 화해로 종결). 최성준(주 69), 34.
126) 최성준(주 69), 34.

'모방'인지 아닌지를 결정하게 될 것이다.[127] 정리하면, 전체적 관찰방식을 기본으로 하면서도 일대일 비교를 하는 부분 관찰방식을 병행하여 전체적으로 모방 여부를 판단하여야 할 것이다.

이와 관련된 우리 하급심 결정을 보면, 꽃무늬 모양을 넣은 두건이 부착된 채권자의 차양모에 관한 사건에서 "채권자의 차양모와 채무자의 실시제품은 모두 차양모의 전방에 썬캡의 일부인 챙이 형성되어 있고, 후방에 두건이 형성되어 있으며, 썬캡과 두건을 탈·부착할 수 있도록 챙과 두건에 똑딱이가 있고, 두건은 차양모를 쓴 사람의 옆면과 뒤통수를 모두 가릴 수 있도록 어깨까지 길게 늘어진 형상을 가지면서 어깨의 연결 부위가 움푹 들어간 부분은 통풍이 되도록 망사를 배치한 점에서 상품의 형상이 동일하고, 여러 색채의 꽃무늬 모양을 가진 두건을 가진다는 점에서 두건의 모양 역시 실질적으로 동일하다. 또한 채권자의 차양모와 채무자 실시제품의 두건 부분을 좌측, 우측, 중앙면을 중심으로 절개하여 각 그 대응 부분을 비교하면 …(중략)… 각 그 절개 부위의 형상이 동일하고 치수가 거의 일치하고 있음을 알 수 있다. 결국, 채권자의 차양모와 채무자의 실시제품은 그 상품의 형태가 실질적으로 동일하여, 채무자의 실시제품은 채권자의 차양모를 모방한 것으로 보아야 한다"고 판단하였다.[128] 우리 하급심 결정에서 설시된 내용을 살펴보면, 대비적 관찰방법에 의하면서 디자인보호법의 유사성 판단기준을 크게 참고하여 상품형태의 실질적 동일성 여부를 판단한 것으로 생각된다.

다음으로 판단기준에 관해서는 상품형태 모방행위를 규제하는 입법취지에 비추어 특징이 없는 진부한 부분보다는 상품에 개성을 부여하는 특징적 부분을 높이 평가해야 할 것이고, 그 밖에 그 상품의 종류, 용도, 형태의 특징 등에 입각하여 판단하게 되면 판단기준의 세세한 부분도 정해질 것이므로, 그러한 경우 디자인보호법의 유사성 판단기준이 크게 참고가 될 것이다.[129] 특히 디자인의 유사성 판단기준 중에서 '유사'라는 용어만 '모방'으로 바꾸면 그대로 '실질적 동일성'의 판단기준으로 사용하더라도 지장이 없을 것이다. 즉 ① 전체적 관찰에 의한 종합판단, ② 육안으로 하는 대비적 관찰을 하되, ③ 模樣은 모티프, 표

---

127) 山本庸幸, 要說 不正競爭防止法(第4版), 發明協会(2006), 127.
128) 서울고등법원 2009. 12. 22. 자 2009라1496 결정(확정). 함석천, "디자인과 상품형태 모방에 관한 부정경쟁행위 — 서울고법 2009. 12. 22.자 2009라1496 결정 —", Law&Technology, 서울대학교 기술과법센터(2010. 1), 159 이하.
129) 山本庸幸(주 127), 127.

현기법, 구도, 무늬의 크기 및 색채를 종합하여 판단하고, ④ 大小의 차이는 그 상품으로서 상식적인 것인 한 '유사'하다고[본호 (자)목과 관련하면, '모방'이라고] 판단하며, ⑤ 색채는 색의 밝고 어두운 정도를 중심으로 하여 색조에 의해 판단한다는 것 등을 참조할 수 있을 것이다.130) 실제로 일본 하급심 판결은 의장권 침해소송의 유사성 판단에 관한 법리에 따라 '모방'의 객관적 요건을 판단하고 있는 것으로 보인다. 즉, 재판부는 원고의 상품 및 피고의 상품을 비교함에 있어서 본체 부분 전체의 기본적 구성, 龍의 구체적 형태 및 색채라는 주요부분이 공통점을 갖고 있음에 반하여 서로 다른 점은 사소한 데 불과하므로 상품을 전체적으로 관찰하면 상품형태에 있어서 양자는 실질적으로 동일하다고 말할 수 있을 정도로 매우 유사하다고 판시한 바 있다.131) 또한 이러한 방법론에 입각하여 상품의 형태를 기본적 형태와 구체적 형태로 나누어 인식한 다음 구체적 형태에 서로 다른 점을 가지고 있다는 이유로 실질적 동일성이 인정되지 않는다고 판시한 판결도 있다.132) 그러나 이러한 학설이나 판례의 태도에 대해서는 '기본적 구성' 운운하는 것은 의장(디자인)에 있어서 창작행위가 체현된 '要部'를 파악할 때의 도구개념으로서 상품형태의 가치평가를 전제로 하는 방법론이므로, 결국 이에 따르면 본래의 입법취지와는 달리 상품의 형태에 나타난 창작적 가치를 보호하는 것과 다름없는 결과가 된다는 비판이 제기된다.133) 물론 학설 중에는 이러한 비판이 제기하는 문제점을 의식하고 상품형태 모방행위를 규제하는 입법취지를 감안하면서 모방 여부의 판단기준으로서 要部觀察의 방법이 일응 유용할 것이라는 취지의 견해를 밝히기도 한다.134)

한편, 실제 사건에서 후행자는 선행자의 상품형태를 모방하면서 여기에 무엇인가 다른 형태를 부가하여 변경하는 경우가 많다. 그렇기 때문에 객관적 요건과 관련하여 중요한 것은 이러한 다소간의 개변이 이루어진 경우 이것이 실질적 동일성의 범주에 포함되는지 여부를 판단하는 일이다.

전술한 대법원 재판례는 "[상품의] 형태에 변경이 있는 경우 실질적으로 동

---

130) 山本庸幸(주 127), 130의 후주(5).
131) 東京地裁 1996(平成8). 12. 25. 판결(드래곤 키홀더 사건—제1심).
132) 東京地裁 1997(平成9). 3. 7. 판결(피어스 장착용 보호구 사건).
133) 小泉直樹, "改正不正競爭防止法のおける商品形態模倣規制", 日本工業所有権法学会年報(第18号), 有斐閣(1994), 41; 佐藤惠太, "不競法 2條 1項 3号における'模倣'の認定方法", 法学新報(第104卷 第6·7号), 中央大学法学会(1998), 174 각 참조.
134) 松村信夫, "不正競爭防止法と工業所有權法", パテント(Vol. 51 No. 2), 発明協会(1998), 28 참조.

일한 형태의 상품에 해당하는지 여부는 당해 변경의 내용·정도, 그 착상의 난이도, 변경에 의한 형태적 효과 등을 종합적으로 고려하여 판단하여야 한다"[135] 고 추상적 법률론을 설시한 다음, 신청인의 쿠키 과자 포장과 피신청인의 쿠키 과자 포장을 구체적으로 대비하여 관찰하면서 다음과 같이 그 실질적 동일성 여부를 판단하였다. 즉 "이 사건 포장과 피신청인의 위 각 포장은 전체적인 색감이나 타원형의 존재 및 그 위치, 제품사진의 배치와 구성 등에 있어 어느 정도 유사한 면이 있다. 그러나 배경 그림의 소재와 모양 등 그 차이점 또한 적지 아니한바, 피신청인의 위 각 포장에서 변경된 내용 및 그 정도, 변경의 착상의 난이도, 위 변경에 의한 형태적 효과 등을 종합적으로 고려해 볼 때, 피신청인의 위 각 포장은 그 변경에 따른 형태상의 특징이 명백히 나타나 있다 할 것이므로, 이 사건 포장과 피신청인의 포장을 실질적으로 동일한 형태라고 볼 수 없다"고 하였다.[136] 같은 취지로 우리 하급심 판결은 "원고의 제품과 피고들의 제품은 여러 가지 점에서 동일하고, 몇 부분에서 차이가 있으나, 당해 개변의 내용, 정도, 개변에 의한 형태적 효과 등을 종합하여 볼 때 위 개변은 대부분 원고 제품의 장식적 요소를 생략하는 정도에 불과하여 위와 같은 개변만으로 피고들 제품이 원고의 제품과 다른 형태를 갖추었다고 보기 어려운 점에서, 원고의 제품과 피고들의 제품은 그 각 구성부분은 물론 전체적으로도 그 형상, 모양, 색채, 광택 등이 거의 동일하다 할 것"이라고 판시하였다.[137)138)] 또한 하급심 판결은 "이 사건 표장과 피고 표장에는 'Mineral oils, Synthetic fragrances, Animal origin ingredients'라는 3가지 문구가 공통되는데, 양 표장이 이처럼 그 개별 문구까지 완전히 일치하는 경우가 발생하기란 매우 드물다고 보이는 점, 피고 표장은 이 사건 표장의 기본 형태를 유지하면서 막대그래프의 위치를 바꾸고 외곽에 점선을 부가하였으며 유해 성분 중 몇 가지를 치환한 것에 불과하

---

135) 대법원 2008. 10. 17. 자 2006마342 결정; 대법원 2012. 3. 29. 선고 2010다20044 판결.

136) 위 2006마342 결정.

137) 서울동부지방법원 2006. 12. 1. 선고 2006가합1983 판결(토끼털패닝코트 사건)(항소심에서 화해로 종결); 같은 취지 서울중앙지방법원 2006. 9. 12. 자 2006카합2449 결정(여성용의류 사건).

138) 서울서부지방법원 2013. 10. 31. 선고 2012나4361 판결(수중용 손전등 사건). 이 판결에서도 "피고 상품은 원고 상품과 비교하여 그 형태에 약간의 변경이 있기는 하나, 그 변경 내용이 미미한 길이의 조정, 일부 무늬의 변경 등에 불과하여 그 변경 정도가 크지 않고, 그 변경 후의 형태도 전체적으로 보아 원고 상품과 유사한 점 등에 비추어 원고 상품과 피고 상품은 그 상품의 형태가 실질적으로 동일하다"고 판단하고 피고의 손해배상책임을 인정하였다.

여 부수적인 부분을 변경하는 데 그치고 있고, 그와 같은 변경이 특별히 어렵다고도 보이지 아니하는 점" 등을 이유로 실질적 동일성을 인정하였다.139)

　　이에 관한 일본의 대표적 판결인 이른바 '드래곤 키홀더' 사건에서는 선행자와 후행자의 각 상품형태 간에 서로 다른 점이 있어도 "서로 다른 것이 사소한 개변에 따른 것이어서 매우 유사한 것이라고 평가할 수 있는 경우에는 실질적으로 동일한 형태라고 해야 할 것이지만, 당해 개변의 착상의 난이도, 개변의 내용·정도, 개변에 의한 형태적 효과 등을 종합적으로 판단하여 당해 개변에 의해 상응한 형태상의 특징이 도출되고, 이미 존재하는 타인의 상품의 형태와 매우 유사한 것이라고 평가할 수 없는 경우에는 실질적으로 동일한 형태라고 할 수 없는 것이다"라고 한다.140) 이와 같은 취지의 것으로 "서로 다른 부분에 대한 착상의 난이도, 개변의 내용·정도, 개변이 상품 전체의 형태에 주는 효과 등을 종합적으로 판단할 때에, 당해 개변에 의해 상품에 상응한 형태적 특징이 도출되고 있어서, 당해 상품과 타인의 상품 간의 서로 다른 점이 상품 전체의 형태에 대한 類比를 판단하는 데에 무시할 수 없는 경우에는 양자를 실질적으로 동일한 형태라고 할 수 없다"는 판결이 있다.141) 이와 관련하여, 타인의 노력·비용의 성과를 그대로 이용한 것인가, 아니면 새로운 노력·비용을 투하하여 타인의 상품형태에 '의미 있는' 변경을 가한 것인가도 중요한 고려사항이 된다. 그러므로 실질적으로 상품형태의 동일성을 잃지 않을 정도의 개변이나 경쟁상 의미가 없는 부가·개변에 대해서는 '모방'이라고 인정하는 데에 아무런 지장이 없다.142)

　　문제는 상품형태의 실질적 동일성 여부의 판단주체를 누구로 할 것인가이다. 이에 대해 위 '드래곤 키홀더' 사건에서는 "피고 상품에 있어 서양식 칼의 손잡이 부분과 칼끝 부분에 나타난 용의 머리 부분이 마주보고 있는 형태는 수

---

139) 서울고등법원 2012. 2. 2. 선고 2011나69529 판결(확정). 서울중앙지방법원 2012. 7. 24. 자 2012카합1460 결정(여성의류 모방 사건)도 신청인의 제1의류제품과 피신청인의 제2의류제품의 차이점은 사소한 변경에 불과하여 피신청인이 제2의류제품에 별도의 비용, 시간, 노력을 들여 독자적인 특징을 추가하였다고 보기 어렵고, 그 차이점으로 인해 제2의류제품에서 특별한 형태상 특징이 나타난다고 보기 어렵다는 사정을 인정한 다음 양 제품은 실질적으로 동일한 형태의 상품이라고 판단하였다.

140) 東京高裁 1998(平成10). 2. 26. 판결(드래곤 키홀더 사건―항소심). 이 사건에서 제1심은 실질적 동일성을 긍정하였지만 항소임은 이를 부정한 것인데, 田村 교수는 항소심 판결에 대해 "그 개변이 쉽게 이루어질 수 있는 범위 내이고, 서로 다른 점이 그다지 눈에 띄지 않는 데에 그치고 있다고 생각되므로 의문이다"라고 비판한다. 田村善之(주 19), 290.

141) 東京地裁 2001(平成13). 12. 27. 판결(소형 솔더백 II 사건).

142) 松村信夫(주 46), 315, 340-341의 각주(8).

요자에게 강한 인상을 주게 된다"고 설시하고 있어서,[143] 이 점에서 보면 수요자를 기준으로 한 것처럼 읽힌다.[144] 이 점에 대해서는 수요자가 아닌 當業者가 (선행상품의 제작 시점이 아닌) 후발상품의 모방 시점에서 용이하게 제작할 수 있는 정도의 서로 다른 점이 있는 경우에는 실질적 동일성이 있다고 해야 한다는 견해[145]가 있는 반면에, 실질적 동일성의 판단주체를 당업자가 아닌 거래자·수요자로 보아야 한다는 견해도 있다.[146] 우리 하급심 결정 중에도 실질적 동일성 여부를 판단함에 있어서 당해 상품의 종류, 용도, 거래자 및 수요자의 관점을 함께 고려해야 한다고 판시한 사례가 있다.[147] 생각건대, 상품형태 모방행위의 규제에 있어서는 상품주체 혼동행위의 규제와는 달리 '혼동'을 요건으로 하지 않으므로 수요자·거래자의 관점에서 실질적 동일성 여부를 판단할 것이 아니라 모방의 당사자 즉 동종 사업자의 관점에서 실질적 동일성 여부를 판단할 필요가 있을 것이다.[148]

(3) 실질적 동일성의 판단순서

이러한 비판이 제기하는 문제점에 유의하면서, 실무상 구체적으로 어떠한 순서에 따라 실질적 동일성을 판단해 갈 것인가 하는 점에 대해서도 논의할 필요가 있다. 참고로 이에 관한 일본 재판례의 판시 부분을 정리하면 대략 다음과 같은 순서에 따라 실질적 동일성의 판단이 이루어질 수 있다고 한다.[149] 즉, 먼저 ⓐ 원고상품과 피고상품 각각의 형태를 특정하고, ⓑ 그렇게 하여 특정된 형태의 구성에 따라 원고상품과 피고상품 각각의 형태에 있어서 공통점 및 서로 다른 점을 인정한다. 그런 다음 ⓒ 당해 공통점 내지 서로 다른 점이 '형태상의 특징'에 해당하는가, 그렇지 않으면 사소한 부분에 지나지 않는가를 판단한다. ⓓ 그리고 공통점의 대부분에 형태상의 특징이 포함되어 있다면 실질적 동일성을 쉽게 긍정할 수 있다.

---

143) 東京高裁 1998(平成10). 2. 26. 판결(브래곤 기올더 사건—항소심).

144) 岡本岳, "'模倣'の意義", 商標·意匠·不正競爭判例百選, 有斐閣(2007), 183.

145) 小野昌延 編著(주 52), 327.

146) 竹田稔(주 107), 109; 같은 취지 知的財産裁判實務研究会(주 78), 84. 즉 "원고 상품의 형태가 수요자가 주목하는 부분에서 특징적 형상을 가지고 있는 경우, 피고 상품의 형태가 당해 특징적 형상을 공통으로 하고 있으면, 다른 부분이 서로 달라도 실질적으로 동일하다 할 수 있다"(위의 논문, 84)고 한다.

147) 서울중앙지방법원 2006. 9. 12. 자 2006카합2449 결정(여성용의류 사건). 차상육(주 37), 266-267.

148) 같은 취지 小野昌延 編著(주 52), 327; 최정열·이규호(주 10), 204.

149) 大阪弁護士会 知的財産法実務研究会 編(주 19), 79.

다. '모방'의 주관적 요건

주관적 요건은 모방행위자의 주관적 인식을 말한다. 즉, 후발자가 모방의 의사를 가지고 있었음을 의미하는 것이다.[150) 따라서 모방의 의사란 당해 타인의 상품의 형태를 알고 이것과 형태가 동일하든가 실질적으로 동일하다고 할 수 있을 정도로 매우 유사한 형태의 상품이라고 객관적으로 평가되는 형태의 상품을 만드는 것을 인식하고 있는 것을 말한다.[151)152) 요컨대, 이는 당해 타인의 상품의 형태를 알고 이것과 실질적으로 동일한 형태의 상품을 만드는 것을 인식하고 있는 것을 말한다.[153) 다만, 여기서 모방의 의사란 행위자의 적극적인 模倣의 意圖를 요한다는 취지는 아니고, 동일하거나 실질적으로 동일하게 된다는 것을 알면서 이를 감수한다는 정도의 심리상태를 말한다고 할 것이다. 따라서 후발자가 선행자와는 별도로 독자적으로 기획·개발한 상품이 우연히 선행상품과 실질적으로 동일한 형태로 되었더라도 본호 (자)목의 모방에는 해당되지 않는다. 이와 같이 후발자가 선행자의 상품형태를 모방하지 않고 독자적으로 개발한 경우에는 그 사실을 주장·입증하여야 하는데 이를 독자개발의 항변이라고 한다.[154)

라. 양도 등의 행위

부정경쟁방지법 제2조 제1호 (자)목에 의한 규제대상은 타인의 상품의 형태를 모방한 상품을 "양도·대여 또는 이를 위한 전시를 하거나 수입·수출하는 행위"이다. 이것은 디자인보호법과 마찬가지로 양도·대여 또는 이를 위한 전시를 규제대상으로 한 것인데, 그 이유는 (자)목에 의한 보호법익은 사업자의 영업상의 이익을 보호하는 것을 목적으로 하기 때문이다. 이와 비교하여 부정경쟁

---

150) 송영식 외 6인(주 10), 419; 같은 취지 함석천(주 128), 164.
151) 이러한 취지의 우리나라 재판례로는, 서울고등법원 2009. 12. 22. 자 2009라1496 결정(확정).
152) 이러한 취지의 일본 재판례로는, 大阪地裁 1995(平成7). 4. 25. 결정(호킨스 샌들 가처분 사건); 東京地裁 1997(平成9). 3. 7. 판결(피어스 장착용 보호구 사건); 奈良地裁 1997(平成9). 12. 8. 판결(옷걸이 사건); 東京高裁 1998(平成10). 2. 26. 판결(드래곤 키홀더 사건—항소심). 大阪弁護士会 知的財産法実務研究会 編(주 19), 17, 110-111 각 참조.
153) 송영식 외 6인(주 10), 419 참조. 同面에서는 "모방상품의 형태가 피모방상품과 실질적으로 동일한 것으로 객관적으로 평가될 수 있는 경우에는 모방의사에 의한 것으로 추정된다"고 설명한다. 참고로 일본의 2005년 개정 부정경쟁방지법은 '모방'의 정의규정을 마련하면서 주관적 요건으로서 '모방의 의사'라는 표현 대신에 '의거'라는 용어를 사용하고 있다. 즉 '모방'이란 "타인의 상품의 형태에 의거하여 이것과 실질적으로 동일한 형태의 상품을 만드는 것을 말한다"고 규정하고 있다.
154) 송영식 외 6인(주 10), 419; 최정열·이규호(주 10), 202.

방지법 제2호 제1호 (가)목과 (나)목은 일반 公衆의 오인혼동을 방지하는 취지도 포함하는 것이기 때문에 물건의 단순한 현실적 지배의 이전에 그치는 '반포'의 단계까지도 규제의 대상이 되는 것이다.155) 또한 (자)목에는 타인의 상품형태를 모방하는 행위 그 자체는 포함되어 있지 않다. 모방행위 그 자체를 규제대상으로 하면 시험연구를 위한 모방행위까지 대상으로 되는 등 과도한 규제가 이루어져 타당하지 않기 때문이다.156) 따라서 금형을 발주한 것, 현물이 없는 상태에서 계약한 것, 판매를 위한 광고·영업활동 개시 그 자체는 '모방상품의 양도 등의 행위'에 해당하지 않는다. 다만 모방상품을 제작하기 위한 금형의 발주나 그 판매를 위한 광고·영업활동이 '모방상품의 양도 등의 행위'에 전 단계에 해당하는 경우에는 침해예방청구의 대상은 된다고 보아야 할 것이다.157)

마. '모방'의 주장·입증

전술한 것처럼 여기서 말하는 '모방'이란 원고와 피고의 상품형태가 실질적으로 동일하다는 객관적 요건과, 피고가 원고의 상품의 형태를 알고 이것과 실질적으로 동일한 형태의 상품을 만드는 것을 인식하고 있었다는 주관적 요건으로 이루어지는 개념이다. 모방의 주관적 측면은 피고의 내심에 관계되는 사정이 있으므로 이를 직접 입증하는 것은 곤란하다. 그런데 원고의 상품이 선행하여 시장에서 판매되고 있고 후발자인 피고가 그 존재를 알고 있어서 이를 모방한 경우 상품형태의 실질적 동일성이 주장·입증되면 주관적 요건은 사실상 추정되는 것으로 될 것이다.158)

우리 하급심 결정은, 채무자에게 모방의사가 있었는지에 관해 판단하면서 "채권자가 2007. 4. 13.경부터 채권자의 차양모를 제조하여 채권자의 차양모가 그 무렵부터 동대문시장, 남대문시장 등지에서 소비자에게 판매되기 시작하였고, 한편 기록에 따르면, 채무자는 2008. 5. 2. 썬캡용 햇빛가리개에 관한 디자인을 출원하여 2008. 12. 11. 등록(등록번호 30-051511)한 사실이 소명되므로, 채무자는 늦어도 채무자가 등록디자인을 출원하던 무렵인 2008. 5.경부터는 채권자와 동종업종에 종사하였던 것으로 보여, 채권자와 동종업종에 종사하면서 동일한 제품을 판매하는 채무자로서는 채권자가 먼저 출시한 채권자의 차양모가

155) 靑木博通, 知的財産權としてのブラントとデザイン, 有斐閣(2007), 330 참조.
156) 小野昌延 編著(주 26), 482 참조.
157) 송영식 외 6인(주 10), 419; 최정열·이규호(주 10), 207.
158) 大江忠(주 117), 399; 松村信夫(주 46), 319 참조.

소비자에게 판매되고 있다는 사실을 잘 알고 있었을 것으로 넉넉히 추인된다"
고 하였다.159) 일본 하급심 판결도 같은 취지로 판시하고 있다. 즉, 피고의 상품
이 원고의 상품의 발매 후 4개월이 경과한 뒤에 발매되었고 그 상품명이 '뉴 타
마고우치'로 원고의 상품명 '타마고치'와 칭호 및 관념에서 유사하다는 등의 사
정을 고려하면 피고의 상품이 원고의 상품에 의거하여 만들어졌다는 것을 추인
할 수 있다고 하였다.160) 또 다른 하급심 판결은 원고 상품과 피고 상품이 형태
상 동일하고, 피고 상품의 대부분이 원고 상품이 카탈로그에 게재된 6개월부터
1년 후에 피고의 카탈로그에 게재되고 있다는 점 등에서 피고의 '모방의 의사'
를 추인하였다.161)

    이와 같이 객관적 요건인 '모방의 사실'이 입증된 경우에는 주관적 요건인
'모방의 의사'의 존재가 事實上 推定되는 결과가 된다. 따라서 이 경우 '모방의
의사'를 부정하고자 하는 피고로서는 원고의 상품과는 별개 독립적으로 개발하
였다는 등의 주장을 할 필요가 있을 것이다.162) 이것을 '독립개발의 항변'으로
부르는 견해도 있지만,163) 소송법상으로 이는 抗辯이 아닌 적극적 否認이라 할
것이고 입증의 정도에서 말한다면 間接反證의 일종으로 보아야 할 것이다.164)
한편, 모방의 주장·입증과 관련하여 주의할 것은 원고가 자기의 자금과 노력을
투하하였다는 것에 대해 아무런 주장·입증도 할 필요가 없다는 것이다.165) 또
한 전술한 것처럼 상품형태의 보호를 위해서는 창작성을 필요로 하지 않으므로
이에 대해서도 입증할 필요가 없다.

5. 동종의 상품이 통상적으로 가지는 형태

가. 취   지

    '同種의 상품이 통상적으로 가지는 형태'라는 요건은 부정경쟁방지법 제2
조 제1호 (자)목의 소극적 요건이다. 본호 (자)목의 보호대상에서 해당 상품과

---

159) 서울고등법원 2009. 12. 22. 자 2009라1496 결정(확정).
160) 東京地裁 1998(平成10). 2. 25. 판결(타마고치 사건).
161) 東京地裁 2002(平成14). 11. 27. 판결(베르나 사건).
162) 岡本岳(주 144), 183.
163) 山本庸幸, 不正競爭防止法入門, ぎょうせい(1994), 56; 山本庸幸(주 127), 126에서는
    '독자적으로 기획·개발하였다는 취지의 반증'이라고 변경하였다.
164) 大江忠(주 117), 399; 松村信夫(주 46), 326 참조. 이에 대한 반대설로는, 田村善之(주
    19), 295의 각주(5) 참조.
165) 小野昌延 編著(주 52), 323.

동종의 상품이 통상적으로 가지는 형태가 제외되는 이유는 다음과 같다. 첫째, 모방의 대상과 경쟁관계에 있는 동종의 상품이라면 통상적으로 가지는 진부한 상품형태는 그 개발·상품화에 특별한 노력과 자금이 투하되지 않는 것이 일반적이다. 오히려 이러한 진부한 형태를 특정인에게 독점시키면 동종의 상품 간에 자유롭고 발전적인 경쟁을 저해하는 것이 된다.[166] 둘째, 동종의 상품이 통상적으로 가지는 형태는 그 상품의 기능 또는 효용을 달성하기 위해 불가피하게 채용하지 않으면 안 되는 상품형태인 경우가 보통일 것이고, 이러한 종류의 형태를 특정인에게 독점시키는 것은 상품의 형태가 아니라 동일한 기능 및 효용을 갖는 그러한 종류의 상품 그 자체의 독점을 초래하게 되므로 부정경쟁방지법의 취지 그 자체에도 반하게 된다.[167]

따라서 '동종의 상품이 통상적으로 가지는 형태'라는 문언에는 후술하는 것처럼 ① 진부한 상품형태 또는 ② 해당 상품의 기능을 확보하기 위하여 불가결한 형태라는 두 가지 의미가 모두 포함되어 있다고 할 것이다.[168]

나. 판단내용 및 사례

'동종의 상품이 통상적으로 가지는 형태'의 의미를 구체적으로 나누어 살펴본다. 먼저 '同種의 商品'이란 모방한 대상과 경쟁관계에 있는 상품을 말한다.[169] 그러나 동종의 상품이란 개념은 선험적(a priori)으로 존재하는 것이 아니며, '동종의 상품'이란 문언은 '통상적으로 가지는 형태'와 일체가 되어 모방의

---

166) 大阪弁護士会 知的財産法實務研究会 編(주 19), 19-20, 125-127 각 참조.
167) 東京地裁 1997(平成9). 3. 7. 판결(피어스 장착용 보호구 사건).
168) 일본의 1993년 개정법은 '동종의 상품이 통상 가지는 형태'로 규정하고 있었으나, 2005년 개정법은 위 문언을 '당해 상품의 기능을 확보하기 위하여 불가결한 형태'로 변경되었다. 이에 대해 일본의 立法關與者들은, 종래 판례 등의 해석에 따르면 개정 전 文言에는 ① 진부한 형태, 또는 ② 당해 상품의 기능을 확보하기 위하여 불가결한 형태가 해당되는 것으로 해석해왔다고 이해한 다음, 이러한 이해를 전제로 ①의 진부한 형태에 대해서는 그와 동일한 형태의 상품을 판매하더라도 당연히 '타인의 상품의 모방'에 해당하지 않으므로, 2005년 개정법에서는 刑事罰의 도입과 관련하여 그 적용이 제외되는 형태를 명확히 하기 위해 특히 ②의 경우만을 明文으로 규정한 것이라고 한다[樫原哲哉·波田野晴朗, "不正競爭防止法等의一部를改正하는 法律", ジュリスト(No. 1298), 有斐閣(2005. 10. 1), 94]. 생각건대, 일본 판결이 '통상 가지는 형태'를 위 ① 또는 ②의 의미로 해석해왔다는 것은 ①과 ②는 서로 배제관계에 있거나 모순·저촉되는 내용이 아니므로, 결국 '통상 가지는 형태'라는 것은 ①② 양자를 포함하는 문언이라고 이해할 수 있을 것이다. 따라서 일본의 2005년 개정법이 적용제외범위를 ②의 경우로 좁혀 명문화하였더라도 ①의 경우가 '타인의 상품의 모방'에 해당하지 않는 것은 종래와 마찬가지이기 때문에, 위 개정으로 인해 부정경쟁의 범위가 변경된 것은 아니라고 할 것이다[같은 취지 白石忠志(주 92), 179].
169) 小野昌延 編著(주 52), 330(小野昌延 執筆部分).

범위를 한정하는 기능을 가지고 있다는 점을 생각할 때, '동종의 상품'이란 문
언적 범위만을 너무 엄격하게 확정할 필요는 없으며, 모방된 상품과의 관계에서
상대적으로 그 의미를 확정해가면 충분할 것이다.170) 동종의 상품이 없는 신상
품의 경우에는 해당 상품과 그 기능 및 효용이 동일하거나 유사한 상품이 동종
의 상품에 해당하게 된다.171) 따라서 이러한 상품이 통상적으로 갖는 형태는 보
호대상에서 제외된다.

　　다음으로 '通常的으로 가지는 形態'란 ① 해당 상품의 진부한 형태, 즉 '몰
개성적 형태' 또는 ② 해당 상품의 기능을 확보하기 위하여 불가결한 형태, 즉
'기능적 형태'나 '경쟁상 불가피한 형태' 또는 '시장에서 사실상 표준으로 되어
있는 형태'가 모두 이에 해당한다.172) 우리 학설은 대체로 위와 같은 취지로 '통
상적으로 가지는 형태'의 의미를 이해하고 있다.173)

　　대법원 판결은 "동종의 상품이 통상적으로 가지는 형태는 동종의 상품 분
야에서 일반적으로 채택되는 형태로서, 상품의 기능·효용을 달성하거나 그 상
품 분야에서 경쟁하기 위하여 채용이 불가피한 형태 또는 동종의 상품이라면
흔히 가지는 개성이 없는 형태 등을 의미한다."고 판시함으로써 ①, ②의 형태,
즉 몰개성적 형태나 경쟁상 불가피한 형태가 모두 '통상적으로 가지는 형태'에
포함된다고 보고 있다.174) 위 대법원 판결의 사안은 소화기의 상품형태에 관한
것이다.175) 원고는 원고 제품의 '액체식' 에어졸 형태의 분사를 위한 '분사구'의
설계에 상당한 비용과 노력을 들였는데, 피고 제품은 원고 제품과 동일한 '제품
의 크기, 원형의 분사구, 반타원형의 분출구, 밑덮개, 누름버튼' 등을 그대로 모
방한 것이라고 주장하였으나 패소하자176) '모방의 의도' 및 '통상적으로 가지는

---

170) 松村信夫(주 46), 328-329.
171) 윤선희·김지영, 부정경쟁방지법, 법문사(2012), 193.
172) 小野昌延 編著(주 26), 463-464(泉克幸 執筆部分); 정봉현(주 69), 97 각 참조.
173) 송영식 외 6인(주 10), 419; 최정열·이규호(주 10), 212-213; 최성준(주 69), 35; 안원모
　　(주 10), 323; 박성호(주 40), 606; 구회근(주 41), 155; 정봉현(주 69), 96-98.
174) 대법원 2017. 1. 25. 선고 2015다216758 판결. 최정열·이규호(주 10), 213.
175) 구체적 사안은 다음과 같다. 원고 제품은 두 개의 소화기캔을 하나의 케이스에 내장하여
　　휴대할 수 있도록 구성된 쌍구형 소화기인데, 원고 제품의 주된 특징적 형태와 실질적으로
　　동일한 형태들이 이미 1984년 1월경 '소형 소화기의 케이스'라는 명칭으로 출원된 실용신
　　안등록에 관한 공보의 도면에 圖示된 제품과 2007년 11월 및 2009년 7월경부터 실제 판매
　　되고 있었던 두 가지 선행제품들에도 그대로 나타나 있었다. 그런데 원고 제품은 '액체식'
　　에어졸 소화기이므로 '가스식'인 선행제품들과는 분사방식의 차이로 인해 분사구 설계에
　　차이가 있었다.
176) 인천지방법원 2015. 4. 23. 선고 2014나54489 판결.

형태'에 관한 법리오해 등을 이유로 상고하였다. 이에 대해 대법원은 원고 제품은 선행제품들과 다소 차이가 인정되는 것이지만 그와 같은 정도의 세부적인 차이를 들어 선행제품들과 동종 상품이 아니라고 판단할 수는 없다고 판시한 것이다.[177] 위 대법원 판결은 동종의 상품이 통상적으로 가지는 형태의 의미에 관하여 최초로 법리적으로 판시하면서 그 구체적인 판단방법을 보여준 사례로서 의미가 있다.[178]

우리 하급심 재판례도 "동종의 상품이 통상적으로 가지는 형태라고 함은 동종의 상품이라면 통상 가지는 그와 같은 흔하고 특별한 특징이 없는 상품형태와 그와 같은 형태의 상품을 단순히 조합한 형태 및 해당 상품으로서 기능을 확보하기 위해서 불가결하게 갖추어야 하는 형태를 말한다."고 판시하고 있다.[179] 또한 운동화의 밑창과 그 바닥의 모양을 모방한 사건에서는 동종 상품이 통상적으로 가지는 형태에 대해 "이 사건 운동화의 전체적인 형상, 모양, 색채는 물론 신발 밑창의 모양 등 세부적인 형태 등이 시장에서 사실상 표준으로 되어 있다거나 상품의 기능상 … 그러한 형상, 모양, 색채, 밑창 등을 취하지 않고서는 상품으로 성립하기 어렵다고 볼 만한 사실을 인정"할 수 있어야 한다고 판시하고 있다.[180] 소프트 아이스크림 위에 벌집채꿀이 올려진 것을 특징으로 하는 벌집채꿀 아이스크림 사건에서는, 원고 제품인 아이스크림의 개별 특징들은 기존의 아이스크림 업계에서 사용해오던 통상적인 형태 내지 방식이라고 판

---

177) 즉 대법원 판결은 선행제품들과 비교할 때에 "원고 제품은…(중략)…세부적인 형상·모양 등에서 선행제품들과 다소 차이가 있다고 볼 수는 있다. 그러나 이와 같은 차이점이 전체 상품의 형태에서 차지하는 비중이나 이로 인한 시각적인 효과 등에 비추어 볼 때 이는 원고 제품에 다른 제품과 구별되는 개성을 부여하는 형태적 특징에 해당한다고 보기는 어렵다. 원고는 일부 선행제품들과 원고 제품의 분사방식의 차이를 들어 그 선행제품들은 원고 제품과 동종 상품이 아니라고 주장하나, 그와 같은 정도의 세부적인 차이를 들어 동종 상품이 아니라는 주장을 받아들일 수 없다"고 판시하였다.

178) 김창권, "상품형태 모방과 관련하여 동종의 상품이 통상적으로 가지는 형태의 의미", 대법원 판례해설(제112호, 2017년 상), 법원도서관(2017), 24.

179) 서울고등법원 2014. 4. 24. 선고 2013나63211 판결(백팩 가방 사건). 이 판결에서는 "피고가 모방한 원고 가방의 덮개와 수납공간의 모양과 배치, 수납공간의 크기, 내부 수납공간의 모양, 지퍼의 위치 등은 원고가 시간과 노력, 비용을 들여 개발한 제품의 형태"라고 인정한 다음 원고의 가방 형태는 백팩 가방 제품의 통상적인 형태라는 피고의 주장을 배척하였다.

180) 서울중앙지방법원 2015. 6. 10. 선고 2013가합556587, 2014가합546662(병합) 판결(나이키 운동화 사건). 이 판결은 결론적으로 시장에서 사실상 표준으로 되어 있다는 등의 사실을 인정하기에 부족하다는 이유로 운동화라는 동종 상품이 통상적으로 가지는 형태를 모방한 것이라는 피고의 항변을 배척하였다.

단하였다. 아울러 여러 부분이 조합되어 이루어진 상품의 경우 조합된 방법이 종래 없었다는 이유만으로 보호하게 된다면 이는 상품의 형태가 아닌 상품을 조합하는 방법이라는 아이디어를 보호하게 되어 부당하다고 판단하였다.181) 복수의 용기가 결합되어 만들어진 컵반 사건에서도 개별 상품을 단순히 조합한 것으로 흔한 형태에 해당한다고 판단하였다.182)

　　상품의 형태가 '진부한 형태'에 해당하는지 여부는 상품을 전체적으로 관찰하여 판단하여야 하므로, 개개의 부분적 형상이 진부하고 각 형상을 조합하는 것이 쉽다고 하더라도, 그 전체 형상이 진부한 형태인 것으로는 되지 않는다. 이러한 취지의 우리 판결로는 "상품형태는 그 형태의 일부분이 모여서 전체적으로 하나의 형태를 구성하게 되는 것이므로, 동종 상품에 사용되는 통상적인 형태의 일부분을 개별적으로 모방하였다 하더라도, 그 일부분이 전체적으로 결합되어 이루게 되는 형태가 동종 상품이 통상적으로 가지는 형태가 아니라면, 동종 상품의 통상적인 형태의 모방에 해당한다고 보기 어렵다"고 판시하여 전체적 관찰을 통해 통상적 형태인지 여부를 판단해야 한다고 하였다.183) 또한 일본 판결로는, 소매 없는 니트 의류 디자인을 모방한 사건에서 당해 의류의 상품형태에 대하여 그 상품형태를 구성하는 개개의 부분적 형상을 지닌 몇 가지 상품들이 이미 원고 상품이 판매되기 이전부터 존재하였고 원고 상품은 이러한 부분적 형상들을 조합하여 디자인된 것이라 하더라도 원고 상품의 전체적인 상품형태는 '통상 가지는 형태'에 해당한다고 할 수 없다고 판시한 것이 있다.184)185) 같은 취지의 우리 하급심 판결로는 원고 제품은 2005년 겨울 시즌에 세계적으로 유행하였던 스타일에 기초하여 제작되었지만 다른 의류업체들이 생산하는 의류들과 구별되는 특징적인 요소들이 있음을 인정하여 원고 제품은 동종 상품에 공통되어 특징이 없는 흔한 형태에 해당하지 않는다고 판단하였다.186)

---

181) 서울고등법원 2015. 9. 10. 선고 2014나2052436 판결(벌집채꿀 아이스크림 사건—항소심).
182) 서울중앙지방법원 2017. 10. 20. 자 2017카합80943 결정(컵반 사건). 박선하·양인수, "부정경쟁방지법상 상품형태모방에서 '동종 상품이 통상적으로 가지는 형태'의 의미", 지식재산연구(제16권 4호), 한국지식재산연구원(2021. 12), 141.
183) 서울중앙지방법원 2013. 9. 6. 선고 2012가합40610 판결(백팩 가방 사건—제1심).
184) 知財高裁 2005(平成17). 12. 5. 판결(노슬리브 니트의류 사건). 차상육(주 37), 271-274; 知的財産裁判実務研究会(주 78), 82. 원고의 이 사건 의류 제품은, 옷 앞길의 주름장식, 둥글게 파인 목둘레 디자인, 옷의 끈을 목 뒤에서 묶는 방식 등 진부한 몇 가지 디자인을 조합하여 제작한 소매 없는 스타일의 니트 의류(cut sew)이었다.
185) 같은 취지의 판결로 知財高裁 2007(平成20). 1. 17. 판결.
186) 서울동부지방법원 2006. 12. 1. 선고 2006가합1983 판결(토끼털패닝코트 사건). 박선하·

다. 동종의 상품이 통상적으로 가지는 형태와 용이 창작의 관계

한편, 관련 문제로서 동종의 상품이 통상적으로 가지는 형태와 용이 창작의 관계에 대해 살펴보아야 한다. 선행자의 상품형태가 디자인 등록을 받았지만 그 디자인이 공지된 디자인 등으로부터 용이하게 창작할 수 있는 디자인에 해당한다고 판단되는 경우 동종의 상품이 통상적으로 가지는 형태에 해당한다고 판단할 수 있는지 여부이다. 무등록 상품형태의 보호를 본호 (자)목에만 근거하여 주장하는 사안에 비하여, 해당 형태가 동시에 등록디자인이기도 한 경우에는 등록디자인으로서의 무효사유가 부정경쟁행위에 의한 보호에 어떠한 영향을 미치는지가 실무상 문제될 수 있다.[187] 즉 등록디자인으로서의 무효사유가 본호 (자)목 단서의 통상적 형태의 주장과 결부되어 제기되는 사안에서, 어떠한 정도이면 디자인 등록무효에는 해당하지만, 동종의 상품이 통상적으로 가지는 형태에는 해당하지 않아 상품형태의 모방이라는 부정경쟁행위는 성립할 수 있는지가 쟁점이 된다.[188]

우리 하급심 법원은 물품의 명칭이 '캔들 워머'로 디자인등록 된 사건에서 디자인권 침해부분은 이 사건 등록디자인이 공지형태 또는 주지형태를 결합하여 용이하게 창작할 수 있는 디자인으로서 그 디자인등록이 무효심판에 의하여 무효로 될 것임이 명백하다고 설시하고 "등록디자인이 용이하게 창작될 수 있는 디자인에 해당한다고 하여 그 상품의 형태가 동종의 상품이 통상적으로 가지는 형태에 불과하다고 단정할 수는 없다"는 일반론을 전개한 다음 원고와 피고의 공통된 상품형태의 지배적 특징이 다수의 선행제품들에서 그대로 발견되고 여기에 역시 다수의 선행제품들에 나타나는 형태를 단순히 결합하는 정도의 변형만으로 전체 상품형태가 쉽게 도출되는 정도인 경우여서, 전체적으로 볼 때 동종 상품이 통상적으로 가지는 형태에 해당한다고 판단하였다.[189] 제1심 판결 후 '캔들 워머' 디자인은 등록무효가 되었는데[190] 항소심 법원은 원고의 디자인권은 디자인보호법 제121조 제3항 본문에 따라 처음부터 없었던 것으로 보아야

양인수(주 182), 141-142.

187) 박태일, "디자인 용이창작 여부 및 통상적 형태 해당 여부—서울중앙지방법원 2019. 11. 28. 선고 2019가합520962 판결—", Law&Technology, 서울대학교 기술과법센터(2021. 7), 118.
188) 박태일(주 187), 119.
189) 서울중앙지방법원 2019. 11. 28. 선고 2019가합520962 판결(캔들 워머 사건—제1심). 박태일(주 187), 111~113, 122 각 참조.
190) 특허법원 2020. 10. 16. 선고 2019허9142 판결(캔들 워머 디자인등록무효 사건).

한다고 판시한 다음 원고 상품은 그 형태적 특징이 동종 상품에서 종래부터 채
용되던 형태 혹은 동종의 상품이라면 흔히 가지는 개성이 없는 형태 등에 해당
하므로 전체적으로 볼 때 본호 (자)목에 의해 보호되는 상품형태가 아니라고 판
단하였다.[191]

　　문제는 구체적으로 어떠한 경우에 디자인이 등록무효에 해당하더라도 동종
의 상품이 통상적으로 가지는 상품형태에는 해당하지 않아 부정경쟁행위에 해
당한다고 판단할 수 있을 것인지 하는 점이다. 하급심 판결은 디자인등록을 한
크리스탈 물병이 등록무효가 된 사건에서 "부정경쟁방지법상 상품형태 보호행
위는 디자인보호법에서 요구하는 정도의 창작성을 요건으로 하지 아니한다."고
하면서 "'동종의 상품이 통상적으로 갖는 형태'라 함은 그 형태가 동종업계의
시장에서 사실상 표준으로 되어 있거나 상품의 기능상 그러한 형태를 취하지
않고서는 상품으로 성립하기 어려운 형태를 말하는 것"이라고 판시하여 (자)목
위반을 긍정하였다.[192] 결국 본호 (자)목의 입법취지를 고려하여 구체적 사안별
로 판단할 수밖에 없을 것이다. 그러므로 이는 디자인의 등록 여부와는 무관하
게 상품형태를 보호하고자 마련된 본호 (자)목의 실효성과 의의를 살리면서도
균형된 판단이 이루어질 필요성이 있는 쟁점이라고 생각된다.[193]

라. 그 밖의 관련 문제 ― 새로운 상품이 출시된 경우, 상품의 본체와 조립되어 사용되는 부품의 경우

　　또 다른 문제는 전혀 새로운 상품이 출시된 경우이다. 신종 상품의 경우는
동일한 기능 및 효용을 가지는 유사한 상품이 과거에 존재하지 않았으므로 당
해 신종 상품이 오로지 기술적 기능이나 효용을 발휘하기 위하여 창작된 것(발
명고안)이더라도 비교할 상품이 없기 때문에 '통상적으로 가지는 형태'라는 것
도 존재하지 않게 될 것이고, 따라서 이러한 신종 상품의 경우는 후발자의 모방
행위를 보다 쉽게 규제할 수 있게 될 것이라는 견해가 있다.[194] 그러나 상품형
태 모방행위에 대한 규제는 '타인의 상품형태'의 창작성의 정도와는 관계없이

---

191) 특허법원 2020. 12. 11. 선고 2020나10182 판결(캔들 워머 사건―항소심)(확정). 박선
　　하·양인수(주 182), 143-144. 특허법원은 제1심 판결과 같은 일반론을 설시하지 않았지만
　　이는 당연한 전제이므로 생략한 것이라고 이해할 수 있다.
192) 서울중앙지방법원 2014 1. 16. 선고 2012가합529007 판결(크리스탈 물병 사건). 박선하·
　　양인수(주 182), 142-143.
193) 박태일(주 187), 122.
194) 牛木理一(주 15), 38.

이루어지는 것이므로 이러한 모방행위를 규제하고자 하는 입법취지에 비추어 볼 때, 창작성이 높기 때문에 보다 용이하게 보호되어야 한다는 立論은 성립되지 않을 것으로 생각한다.[195]

한편, 상품의 본체와 조립되어 사용되는 부품의 경우에는 본체와 결합되는 부품의 속성상 그 형태가 불가피하게 정해질 수밖에 없다. 이러한 호환성이 요구되는 부품의 형태가 부정경쟁방지법 제2조 제1호 (자)목의 적용이 제외되는 '기능적 형태' 또는 '경쟁상 불가피적 형태'에 해당하는지가 문제이다. 이에 대해 대부분의 일본의 학설은 '기능적 형태'에 해당한다고 보고 있다.[196] 일본의 판례는 피고의 상품이 에어소프트건의 조립에 사용하는 순정부품에 해당하고 그 형태는 '통상적으로 가지는 형태' 중에서 '기능적 형태'에 해당한다는 이유로 원고의 청구를 기각한 바 있다.[197] 그러나 같은 사건의 항소심은 원고의 상품을 모방한 피고의 상품에 대하여 일반적으로 상품이 파손된 경우 이를 수리할 필요가 생기고 이 경우 소비자에게 과도한 부담을 지우지 않도록 공정한 경쟁질서가 요청되는 것이지만, 피고의 상품은 수리를 위한 순정부품이 아니라 에어소프트건의 성능이나 기능, 외관을 변경·개량하기 위한 고객주문 교환부품(custom parts)이기 때문에 동종의 상품이 '통상적으로 가지는 형태'에 해당하지 않는다고 하여 원고의 청구를 일부 인용하였다.[198]

마. 주장·입증

'동종의 상품이 통상적으로 가지는 형태'는 소극적 요건으로서 선행자인 원고의 상품형태를 모방한 후발자가 피고로서 주장·입증해야 할 항변이다. 이때 피고는 피고의 상품형태가 원고의 상품과 동종의 상품이 통상적으로 가지는 형태라는 점, 또는 원고의 상품과 동종의 상품이 아직 존재하지 않는 경우에는 피고의 상품형태는 원고의 상품과 그 기능 및 효용이 동일하거나 유사한 상품이 통상적으로 가지는 형태라는 점을 주장·입증하여야 한다.[199]

---

195) 小野昌延 編著(주 26), 471. 이와 관련하여 일본 판결 중에는 신규적인 상품이라 하더라도 '통상적으로 갖는 형태'에 해당할 가능성이 있다는 것을 판시한 것이 있다. 東京地裁 1997(平成9). 3. 7. 판결(피어스 장착용 보호구 사건) 참조.

196) 田村善之(주 19), 304; 小野昌延 編著(주 26), 477.

197) 東京地裁 1999(平成11). 2. 25. 판결(에어소프트건 사건—제1심). 제1심 판결에 대한 비판적 평석으로는, 佐藤惠太(주 92), 278 참조.

198) 東京高裁 2002(平成14). 1. 31. 판결(에어소프트건 사건—항소심). 항소심 판결에 대한 비판적 평석으로는, 白石忠志(주 92), 179 참조.

199) 大江忠(주 117), 400-401.

6. 보호기간

가. 취   지

부정경쟁방지법 제2조 제1호 (자)목 단서는 "상품의 시제품 제작 등 상품의 형태가 갖추어진 날부터 3년이 경과된 상품의 형태를 모방한 상품을 양도·대여 또는 이를 위한 전시를 하거나 수입·수출하는 행위"를 보호대상에서 제외한다고 규정한다. 3년간 보호기간의 취지는 선행자의 성과를 후발자가 모방함으로써 발생하는 경쟁상의 불공정을 방지하고 선행자의 거래상의 이익을 확보하기 위한 것이다.[200) 따라서 3년의 기간은 선행자의 투자회수의 기간을 고려한 것이다.

나. 3년간의 기산일

본호 (자)목 단서에 의하면 3년간 보호기간의 기산일은 '상품의 시제품 제작 등 상품의 형태가 갖추어진 날'이다. 보호기간의 기산일을 최초로 판매한 날이 아닌 상품의 시제품 제작 등 상품의 형태가 갖추어진 날로 한 이유는, 상품을 실제로 시장에서 판매하고 있지 않아도 구체적·물리적인 형태를 띤 시제품이 완성된 단계라면 상품화를 위한 자본투자는 거의 완료되어 영업상 이익의 침해가 인정되는 단계이므로 당해 형태를 모방행위로부터 보호할 필요성이 있다고 보았기 때문인 것으로 이해된다.

그런데 일본의 구 부정경쟁방지법 제2조 제1항 제3호는 보호기간을 "최초 판매된 날로부터 기산하여 3년"으로 규정하고 있었음에도, 일본의 학설은 상품을 아직 시장에서 판매하고 있지는 않더라도 상품의 개발을 완료한 자는 청구주체가 될 수 있다고 보았다.[201) 그러한 점에서 일본 구법의 보호기간은 그 기산점이 우리법의 경우보다 시간적으로 뒤에 놓이게 됨으로써 그 기간만큼 연장되는 효과가 있다고 할 것이다.[202) 더구나 일본의 현행법은 보호기간에 관한 조문의 위치를 구법 제2조 제1항 제3호에서 제19조 제1항 제5호로 변경하면서 그

---

200) 大阪弁護士会 知的財産法実務研究会 編(주 19), 21.

201) 渋谷達紀(주 57), 383; 田村善之(주 19), 312-313; 小野昌延 編著(주 26), 1210(泉克幸 執筆部分) 각 참조. 이러한 일본의 학설에 따르면, '최초의 판매일'은 보호기간의 개시시점이 아니라 보호기간의 종료시점의 기산점으로서의 의미를 갖는 것에 지나지 않기 때문에, 여기서 말하는 '최초의 판매일'은 보호의 始期를 정한 것이 아니라고 한다.

202) 즉 우리법의 보호기간은 '시제품 제작 등 상품형태 갖춘 날'부터 3년이 경과하는 날까지의 기간으로 그치는 데에 비하여, 일본법은 '최초 판매일'로부터 3년이 경과하는 날까지의 기간에, '시제품 제작 등 상품형태를 갖춘 날'부터 '최초 판매일'까지의 기간이 플러스된다.

보호기간의 기산점을 "일본 국내에서 최초 판매된 날부터 기산하여 3년"으로 개정하였다. 이로써 구법에서 쟁점이 되었던 최초 판매를 둘러싼 논의, 즉 일본 국내에서의 발매를 의미하는 것인지 아니면 국외시장에서의 발매도 포함하는지를 둘러싼 그간의 논란을 잠재웠다.203)

본호 (자)목에 의한 보호기간은 국내외를 불문하고 '상품의 시제품 제작 등 상품의 형태가 갖추어진 날'부터 3년 동안만 보호된다고 해석된다. 따라서 외국인이 해외에서 제작한 상품형태도 그 외국에서 상품형태가 완성된 날부터 3년간만 보호된다고 할 것이다.204) 우리 하급심 판결은 위 (자)목은 국내 또는 국외를 구분하지 않고 상품의 형태가 갖추어진 날로부터 3년의 기간 동안만 상품의 형태에 관한 권리를 보호한다는 취지로 보아야 한다고 판시하였다.205)

대법원은 이러한 3년의 기간 도과 여부는 부정경쟁방지법에 의한 금지청구를 인정할 것인지가 문제되는 사안에서는 사실심 변론종결 당시를 기준으로 하여야 한다고 판시하였다.206)

한편, 보호기간을 단축할 것인지 아니면, 연장할 것인지 하는 문제는 입법정책상의 과제라고 하겠지만, 일본법의 경우와 비교할 때에 본호 (자)목에 의한 보호기간은 그 기산일이 '상품의 시제품 제작 등 상품의 형태가 갖추어진 날'로 앞당겨져 있는 관계로 상품형태의 선행투자자를 제대로 보호하지 못하고 있는 실정이다.207) 본호 (자)목에서 규제하고자 하는 행위유형은 모방상품의 판매행위이지 모방상품의 상품형태를 갖추는 것(제조)이 아니므로 일본법의 보호기간이 합리적이다.208) 향후 법 개정시에 고려되어야 할 것으로 생각한다.

다. 주장·입증

원고의 상품의 시제품 제작 등 상품의 형태가 갖추어진 날로부터 3년 이내에 모방자인 피고의 행위가 있었다는 것은 원고의 주장·입증 사항이 아니라 피고의 항변 사항이나. 따라서 피고는 원고의 개발·상품화로부터 3년의 보호기간

---

203) 종래 일본의 다수설은 외국에서의 판매도 포함된다는 입장이었다. 이에 관해서는 小野昌延 編著(주 52), 337(小野昌延 執筆部分); 山本庸幸(주 163), 54 등.
204) 안원모(주 10), 319; 배상철·홍상현(주 3), 52.
205) 수원지방법원 2005. 4. 1. 선고 2005카합231 판결(안마기 의자의 형태에 관한 가처분이의 사건). 최성준(주 69), 34. 서울중앙지방법원 2011. 6. 8. 선고 2010가합135897 판결(소변연습기 사건). 최정열·이규호(주 10), 215-216.
206) 대법원 2018. 6. 28. 선고 2018다215893 판결.
207) 그 실태와 문제점에 관해서는, 안원모(주 47), 74-75 참조.
208) 송영식 외 6인(주 10), 419.

이 경과하였다는 것을 주장·입증하여야 한다.209)

IV. 선의취득자에 관한 특례여부

일본 부정경쟁방지법 제19조(적용제외) 제1항 제5호 (나)목은 타인의 상품
형태를 모방한 상품을 양수한 자가 그 양수 당시에 모방상품이라는 점을 알지
못하였고 알지 못한 데에 중대한 과실이 없는 경우에는 그 모방상품을 양도하
는 등의 행위를 하더라도 상품형태의 모방으로 인한 부정경쟁행위에 해당하지
않는다고 규정하는 선의자 면책규정을 마련하고 있다.

우리 법은 이러한 규정을 두고 있지 않으므로 선의취득자(예컨대, 타인의 상
품형태를 모방한 상품임을 모르고 구입하여 판매하는 소매상)의 판매행위도 금지청
구의 대상이 되는 것은 당연하다.210) 입법론으로서는 선의취득자나 소비자 보호
를 위해 일본 법과 같은 규정을 두는 것이 바람직하다고 생각된다.211)

〈박성호〉

---

209) 大江忠(주 117), 400.
210) 송영식 외 6인(주 10), 419.
211) 최정열·이규호(주 10), 222.

제2조(정의) 이 법에서 사용하는 용어의 뜻은 다음과 같다.
  1. "부정경쟁행위"란 다음 각 목의 어느 하나에 해당하는 행위를 말한다.
  [(가)~(자)목은 앞에서 해설]
    차. 사업제안, 입찰, 공모 등 거래교섭 또는 거래과정에서 경제적 가치를
    가지는 타인의 기술적 또는 영업상의 아이디어가 포함된 정보를 그 제
    공목적에 위반하여 자신 또는 제3자의 영업상 이익을 위하여 부정하게
    사용하거나 타인에게 제공하여 사용하게 하는 행위. 다만, 아이디어를
    제공받은 자가 제공받을 당시 이미 그 아이디어를 알고 있었거나 그
    아이디어가 동종 업계에서 널리 알려진 경우에는 그러하지 아니하다.

<소 목 차>

Ⅰ. 신설 배경
Ⅱ. (차)목의 체계적 지위 및 기능
  1. 아이디어의 보호에 관한 종래의
     논의
  2. 기존 보호규범과의 관계에서 (차)
     목의 역할
  3. (차)목 도입 이후의 실무례
Ⅲ. (차)목의 적용 요건
  1. 기술적 또는 영업상 아이디어일
     것
  2. 거래교섭 또는 거래과정에 제공되

    었을 것
  3. 경제적 가치를 가지는 아이디어일
     것
  4. 제공받을 당시 이미 그 아이디어
     를 알고 있었거나 그 아이디어가
     동종 업계에서 널리 알려지지 않
     았을 것
  5. 제공 목적에 위반하여 부정하게
     사용하거나 타인에게 제공하여 사
     용하게 할 것
Ⅳ. 영업비밀 보호조항과의 관계

Ⅰ. 신설 배경

2018년 개정 부정경쟁방지법(2018. 4. 17. 법률 제15580호로 개정되어 2018. 7. 18.부터 시행)은 제2조 제1호 (차)목에 거래 교섭 단계에 제공된 아이디어를 보호하는 규정을 신설하였다. 사업제안, 입찰, 공모 등을 통하여 제공받은 경제적 가치를 가지는 아이디어를 정당한 보상 없이 사용하는 행위를 규제하기 위한 조항이다. 아이디어 사용에 관한 의사의 합치가 있기 전에 알게 된 중소·벤처기업 등 개발자의 참신한 아이디어를 임의로 사업화하여 막대한 경제적 이익을 얻는 이른바 아이디어 탈취의 폐해를 방지하는 것이 개정 취지이다.[1]

---

1) 국회 산업통상자원중소벤처기업위원회 제안 이유 참조(의안번호 2012752).

부정경쟁방지법은 1961년에 제정된 후 크고 작은 개정을 거쳐 현재의 모습에 이르렀다. 신설된 (차)목은 그 오랜 역사 속에서 '아이디어'를 처음으로 법문에 명시한 조항이다. 그렇다고 (차)목이 아이디어에 대한 일반적인 보호를 선언한 규범은 아니다. 거래교섭 또는 거래과정에 자발적으로 제공된 아이디어의 보호에 관한 규정이며, 이러한 요건은 (차)목이 보호규범으로 작동하는 영역을 그려보는 데 중요한 기준이 된다.

전통적인 지적재산권법의 보호범위에 속하지 않은 아이디어를 어떻게 보호할 것인가에 관하여 종래 많은 논의가 이루어졌다. 신설된 (차)목이 그러한 논의 속에서 어떠한 의미를 가지는지 분석하는 것은 정교하게 설계되어 온 지적재산권 보호체계 속에서 (차)목의 역할을 설정하는 데 반드시 필요한 과정이다.

Ⅱ. (차)목의 체계적 지위 및 기능

1. 아이디어의 보호에 관한 종래의 논의[2]

가. 미국의 논의

미국에서 아이디어를 보호할 수 있는 법리로는 재산권(property) 이론, 준계약(quasi contract) 책임, 명시적 또는 묵시적 계약 관계, 비밀유지의무(confidential relationship) 위반 등이 논의되었다. 대체로 연방 저작권법이 우선 적용(preemption)되지 않는 영역에서 각 주의 법률이나 판례에 의하여 아이디어의 보호가 이루어졌다. 가령, 캘리포니아에서는 1872년 제정 당시부터 1947년 개정 전까지 '일체의 정신적 산물(any product of the mind)'에 대하여 배타적 권리를 부여하는 주법이 존재하였고,[3] 뉴욕에서는 재산권 이론에 근거하여 아이디어의 유용에 대한 배상책임을 인정한 사례도 있었다.[4] 그러나 대부분의 사건에서는 아이디어 제공자와 사용자 사이의 명시적 또는 묵시적 계약 성립 여부가 다투어지고, 비밀유지의무 위반이 드물게 주장되고 있는 것으로 보인다.[5]

아이디어 사용 계약이 성립하기 위해서는 아이디어가 구체적이고(concrete)

---

2) 이하에서는 아이디어 보호에 관한 일반론 중 아이디어 보유자가 자발적으로 아이디어를 제공한 경우를 중심으로 살펴본다. 아이디어 보호에 관한 미국의 전반적인 논의는 Melville B. Nimmer, *The Law of Ideas*, 27 S. Cal. L. Rev. 119 (1954) 참조.

3) California Civil Code §980에 관한 Westlaw Historical and Statutory Notes 참조.

4) *Healey v Macy & Co.*, 277 N.Y. 681, 681 (1938).

5) Lionel S. Sobel, *The Law of Ideas, Revisited*, 1 UCLA Ent. L. Rev. 9, 21 (1994).

참신해야(novel) 한다는 것이 주류적인 판례의 입장이었다.6) 초기에는 묵시적 계약과 명시적 계약을 구분하지 않고 모두 아이디어의 참신성을 요구한 판결,7) 명시적 계약에서는 비교적 입증이 수월한 독창성(originality)을 판단 기준으로 제시한 판결8) 등이 혼재하였고, 그 후에는 명시적 계약 성립 여부를 판단할 때 반드시 참신성이나 독창성이 요구되는 것은 아니라고 본 판결도 선고되었다.9) 아이디어 사용에 관한 묵시적 계약의 성립요건은 1956년 Desny 판결10)에서 주된 쟁점으로 다루었는데, 캘리포니아 주대법원은 아이디어 제공자는 대가 지급을 조건을 명확히 하여 아이디어의 사용을 제안하고, 상대방은 그러한 조건을 알면서 아이디어를 사용해야 묵시적 계약이 성립될 수 있다고 판시하였다.11)

한편, 아이디어 보유자와 상대방이 비밀유지관계(confidential relationship)에 있는 경우 비밀유지의무를 부담하는 상대방은 제공된 아이디어를 함부로 사용하거나 공개할 수 없으므로, 그러한 범위에서 아이디어를 보호받을 수 있다는 법리도 형성되었다. 다만, 비밀유지관계는 아이디어 보유자가 비밀리에 아이디어를 제공한다는 점을 상대방에게 알리고 상대방도 비밀을 유지하겠다고 동의한 때에 한하여 인정된다.12)

나. 우리나라의 논의

타인에게 제공된 아이디어의 도용이 문제된 초창기 사례로는 하이트 맥주 광고사건,13) 미술제 주제 공모전 사건,14) 한국통신 프리텔 사건15) 등이 있다.

---

6) Nimmer, 앞의 논문, 140.

7) *Masline v. New York, N. H. & H. R. Co.*, 112 A. 639, 642 (1921), *Soule v. Bon Ami Co.*, 195 N.Y.S. 574, 576 (1922).

8) *Schonwald v. F. Burkart Mfg. Co.*, 356 Mo. 435, 446-448 (1947).

9) *Weitzenkorn v. Lesser*, 40 Cal.2d 778, 798 (1953).

10) *Desny v. Wilder*, 46 Cal.2d 715 (1956).

11) 46 Cal.2d 715, 738-739.

12) *Thompson v. California Brewing Co.*, 150 Cal.App.2d 469, 475-476 (1957).

13) 서울고등법원 1998. 7. 7. 선고 97나15229 판결[원고가 제안한 온도감응 맥주 용기에 관하여, 원고의 아이디어 사용제안서는 청약의 유인에 불과하여 아이디어 사용에 관한 묵시적 계약이 체결된 것으로 보기 어렵고, 아이디어의 '참신성(독창성)'이 부족하여 제안자의 허락을 받지 않고 사용하더라도 불법행위로 보기 어렵다고 판단한 사례].

14) 서울지방법원 1999. 5. 14. 선고 98나24852 판결(미술제 주제 공모전을 기획한 피고가 응모자들에게 당선작이 없다고 통보한 후 원고가 응모했던 기획안을 미술제에 이용하였다고 주장한 사안에서, 피고의 미술제 주제와 원고의 기획안이 유사하기는 하나 원고의 기획안을 모방하였다는 점이 입증되지 않았고, 원고의 기획안에 '독창성'이나 '신규성'이 없어 이를 보호하여야 할 법적 가치가 없다는 이유로 불법행위 책임이 성립하지 않는다고 판단한 사례).

위 사건에서는 저작권 등 지적재산권 침해 주장 외에도 묵시적으로 체결된 아
이디어 사용계약을 원인으로 하는 채무불이행 책임이나 아이디어 무단 사용으
로 인한 민법상 불법행위 책임이 쟁점으로 다루어졌다. 판결마다 표현이 조금씩
다르기는 하나, 참신성, 독창성, 신규성 등 일정한 요건을 갖춘 아이디어만 불법
행위 법리로 보호된다는 것이 대체적인 흐름이었다.

대법원이 이른바 성과 도용에 관한 법리, 즉 상당한 노력과 투자에 의하여
구축한 성과물을 무단으로 이용함으로써 부당하게 이익을 얻고 경쟁자의 법률
상 보호할 가치가 있는 이익을 침해한 경우 민법상 불법행위에 해당한다는 법
리를 설시하고,[16] 위 법리가 2013년 부정경쟁방지법 제2조 제1호 (파)목[변경 전
(차)목 내지 (카)목[17]]으로 성문화된 후에는 양상이 다소 변하였다. 아이디어 보
유자가 민법 제750조 대신 위 (파)목을 청구원인으로 주장함에 따라 법원도 그
러한 요건에 따라 아이디어 도용으로 인한 부정경쟁행위의 성립 여부를 판단하
게 된 것이다. 이를테면, 피고가 원고에게 킥보드 신제품 런칭 프로젝트 참여를
요청하여 슬로건, 영상 콘티, 광고 컨셉 등을 제공받고도 원고가 아닌 제3자와
마케팅 대행계약을 체결한 후 위 아이디어를 사용한 사례,[18] 중소기업진흥공단
이 주관하는 아이디어사업자로 선정된 채권자가 채무자와 위탁개발협약을 체결
하고 아이디어의 핵심인 무선호출기를 개발하였는데, 채무자가 협약을 위반하
여 위 무선호출기와 유사한 제품을 임의로 생산하여 판매하였다고 주장한 사
례[19] 등이 그러하다.

2. 기존 보호규범과의 관계에서 (차)목의 역할

계약의 성립과 그에 따른 구속력은 권리·의무관계를 주장할 수 있는 가장
명확한 근거이다. 실제로 묵시적 계약관계는 아이디어 도용에 관한 우리나라와
미국의 사례에서 빈번하게 등장하는 청구원인이다. 그런데 쌍무계약에서 묵시
적 의사표시는 의무 부담 의사를 추단하는 과정이라는 점에서 당사자들의 행위

---

15) 서울지방법원 2001. 3. 16. 선고 99가합93776 판결(원고가 구상한 증권정보 부가서비스
   등을 담은 정보제공 표준제안서를 피고 측 직원에게 전달하였는데 피고가 아무런 대가를
   지급하지 않고 위 부가서비스를 시행한 사안에서, 원고와 피고 사이에 아이디어 사용계약
   이 체결되었다고 인정할 증거가 없다며 채무불이행 책임을 인정하지 않은 사례).
16) 대법원 2010. 8. 25. 자 2008마1541 결정; 대법원 2012. 3. 29. 선고 2010다20044 판결.
17) 이하에서는 현행 부정경쟁방지법에 따라 '(파)목'으로 지칭한다.
18) 서울중앙지방법원 2018. 4. 12. 선고 2017나78683 판결.
19) 서울고등법원 2017. 6. 9. 자 2016라20250 결정.

는 물론 그에 이르게 된 동기와 배경 등을 충분히 고려해야 한다.[20] 계약의 주된 급부인 아이디어 사용과 대가 지급에 관한 내용이 어느 정도 확정되고 그러한 의무를 부담하겠다는 당사자의 의사가 행위 등을 통해 구체적으로 드러나지 않는다면, 계약의 구속력을 인정할 근거가 희박해진다. 드물지 않게 주장되었음에도 불구하고 실제로 묵시적 계약이 체결되었다고 인정한 사례를 찾기 쉽지 않은 이유이기도 하다.

결국 아이디어 제공자는 법정채권관계에 의지할 수밖에 없고, 교섭과정 등에서 형성된 신뢰의 침해에 기초한 불법행위 법리를 선택하게 된다. 그런데 구속력 있는 계약관계로부터 신뢰보호의 필요성이 바로 도출되는 경우와 달리, 불법행위를 주장하는 아이디어 제공자는 아이디어 사용자와 법적 보호가치 있는 신뢰관계에 있었음을 충분히 증명해내야 한다.[21] 신설된 (차)목은 제공된 아이디어의 도용을 부정경쟁행위의 하나로 열거함으로써 위와 같은 아이디어 제공자의 부담을 덜어줄 수 있는 규범으로 기능한다. 이로써 교섭과정에서 계약 체결이 무산되거나 공모전에서 당선이 안 될 경우 제공한 아이디어를 빼앗길 수 있다는 두려움에서 벗어나 폭넓은 아이디어의 공유와 활용 기회를 창출할 수 있게 된다.[22]

그렇다고 하여 (차)목이 아이디어의 보호영역을 새롭게 만들어냈다고 보기는 어렵다. 앞에서 본 바와 같이, (차)목이 도입되기 전에도 민법 제750조와 부정경쟁방지법 제2조 제1호 (파)목은 이미 신뢰관계에 기초하여 제공된 아이디어의 보호규범으로 작동해왔다.[23] 더욱이 개별 지적재산권법은 고유의 입법목

---

20) 어떠한 경우에 묵시적 의사표시를 통해 계약이 성립되었다고 볼 수 있는지는 당사자들이 취한 일련의 행위 또는 용태, 묵시적 합의에 이르게 된 동기 및 경위, 그 합의의 내용 등을 종합적으로 고찰하여 사회정의와 형평의 이념에 맞도록 논리와 경험의 법칙에 따라 판단하여야 한다(대법원 2011. 9. 29. 선고 2011다30765 판결).

21) 계약관계는 특별결합관계로서 그 관계로부터 바로 신뢰보호의 필요성이 도출된다는 점에서 불법행위와 구별된다는 설명으로는 권영준, "계약관계에 있어서 신뢰보호", 서울대학교 법학, 제52권 제4호(2011), 266 참조.

22) 거래관계에서 협상력이 약한 아이디어 보유자의 적극적인 신고가 이루어질 경우, 그동안 모방 상품 등에 한하여 일부 발동되었을 뿐 다른 부정경쟁행위에 관해서는 거의 이용되지 않았던 특허청장의 시정권고 권한(부정경쟁방지법 제8조)도 활성화될 수 있을 것으로 보인다. 2024. 8. 21. 시행되는 개정 부정경쟁방지법(2024. 2. 20. 법률 제20321호로 개정된 것) 제20조 제1항은 (차)목을 비롯한 부정경쟁행위[(아)목 및 (파)목 제외]에 대한 시정명령을 정당한 사유 없이 이행하지 않는 경우 2,000만 원 이하의 과태료를 부과할 수 있다고 규정한다.

23) 어떠한 행위가 부정경쟁방지법 제2조 제1호 (차)목과 (파)목에 해당하는 경우 이를 선택적으로 적용할 수 있다는 설명으로는 이한상, "부정경쟁방지법 제2조 제1호 (차)목에서 정

적에 따라 각기 정교한 보호영역을 구축해왔기 때문에 새로운 보호규범을 해석할 때에는 보호요건과 보호수준의 균형도 고려해야 한다. 마찬가지로 (차)목 부정경쟁행위의 해석도 위와 같은 체계 내에서 신중하게 이루어질 필요가 있다.

3. (차)목 도입 이후의 실무례

대법원 2020. 7. 23. 선고 2020다220607 판결은 (차)목 시행 이후 상고심에서 그 적용 요건을 다룬 최초의 판시이다. 위 판결에서는 어떠한 아이디어가 '경제적 가치를 가지는 기술적 또는 영업상의 아이디어가 포함된 정보'에 해당하는지, '거래교섭 또는 거래과정에서 제공받은 아이디어 정보를 그 제공 목적에 위반하여 부정하게 사용하는 등의 행위'란 무엇을 의미하는지 등에 관하여 지침이 될 만한 설시가 이루어졌다. 나아가 (차)목의 부정경쟁행위가 개정법 시행일 이후에도 계속되고 있다면, 아이디어의 제공이 시행일 전에 이루어졌어도 (차)목이 적용될 수 있다는 점을 분명히 하였다.

현행 부정경쟁방지법 제2조 제1호 (파)목 성과도용행위가 도입될 당시에도 비슷한 논의가 있었지만, 일반 불법행위 법리에 의하여 규율되어 왔던 행위태양이 부정경쟁행위의 한 유형으로 성문화되는 경우, '공공영역(public domain)'에 속하는 지적 창작물이 새로운 규범 해석을 거쳐 특정인의 배타적 지배영역으로 다시 포섭될 수 있다는 가능성이 제기된다.[24] 입법자가 이와 같은 결론을 의도하였든, 그렇지 않았든, 위 대법원 판결 선고 이후 현재까지의 하급심 재판례는 (차)목의 개별 요건을 면밀하게 검토함으로써 기존의 공공영역을 크게 변화시키지 않는 방향으로 결론을 도출하고 있는 것으로 해석된다.[25] 상세한 내용은 아래 Ⅲ.항에서 살펴본다.

한 부정경쟁행위의 판단 기준", 대법원판례해설 제126호, 법원도서관(2021), 407 참조.

24) 대법원은 과거 (파)목의 보호대상인 '성과'에 관하여도, "그 성과를 무단으로 사용함으로써 침해된 경제적 이익이 누구나 자유롭게 이용할 수 있는 이른바 공공영역(public domain)에 속하지 않는다고 평가할 수 있어야 한다."라는 점을 분명히 하였다(대법원 2020. 3. 26. 선고 2016다276467 판결; 대법원 2020. 7. 23. 선고 2020다220607 판결 등).

25) 다툼의 대상이 된 아이디어에 독점권을 부여할 경우 잠재적 경쟁자의 시장 진입을 원천적으로 차단하여 건전한 경쟁을 제한할 우려가 있는지, 이른바 '독점적응성'까지 고려한 서울중앙지방법원 2021. 5. 21. 선고 2019가합567848 판결은 흥미로운 화두를 제시한다.

Ⅲ. (차)목의 적용 요건

1. 기술적 또는 영업상 아이디어일 것

기술적 아이디어뿐만 아니라 영업상 아이디어를 포함한 정보도 (차)목의 보호대상이 된다. 기술적 아이디어에는 설계도, 시공법, 제조공정, 원재료 성분표, 프로그램 소스코드, 연구 및 개발 이력 등이 있고, 영업상 아이디어로는 원자재 구입처, 고객 명부, 협상 노하우, 홍보 전략 등을 들 수 있다. 하급심에서는 브랜드네임, 로고, 심볼마크,[26] 일회용 컵에 결합되어 음식물을 담을 수 있는 내부 용기,[27] 마사지구 돌기의 형상, 패턴, 간격[28] 등이 (차)목에 의하여 보호되는 아이디어로 인정된 바 있다.

다른 지적재산권법에 의하여 보호될 수 있는 지적 창작물에 대한 침해가 부정경쟁행위로 다루어지는 예가 실무에서 드물지 않다.[29] 개별 법률이 설정한 보호영역이 언제나 중첩됨이 없이 명확한 경계로 나누어지는 것은 아니기에 일어나는 현상이다. 다만, (차)목의 보호대상은 어디까지나 '아이디어'라는 점에서, 적어도 '표현'을 보호대상으로 하는 저작권법과는 구분할 필요가 있다. 그러므로 하나의 지적 창작물에 대하여 저작권 침해와 (차)목 부정경쟁행위가 함께 주장될 경우, 각 청구원인별로 다툼의 대상이 되는 지적 창작물의 범위를 나누어 접근할 필요가 있다.[30]

한편, 지적 창작물은 유체물과 달리 어느 정도 추상적일 수밖에 없기 때문에 보호대상이 되는 아이디어의 범위를 어떻게 설정할 것인지 문제된다. 아이디어가 특정되지 않고서는 (차)목에서 정한 부정경쟁행위에 해당하는지 판단할 수 없으므로, 개별 소송절차에서 침해 여부를 결정하기 위하여 선결적으로 검토해야 할 사항이기도 하다.

26) 서울중앙지방법원 2022. 5. 13. 선고 2019가합578640 판결.
27) 서울중앙지방법원 2022. 10. 7. 선고 2020가합561655 판결.
28) 서울중앙지방법원 2022. 11. 24. 선고 2020가합593652 판결.
29) 일반조항 성격을 지닌 (파)목의 성과도용행위가 부정경쟁방지법에 도입된 이후 그러한 경향이 더욱 뚜렷해졌다.
30) 가령, 서울중앙지방법원 2022. 10. 6. 선고 2021가합569014(본소), 2021가합569021(반소) 판결에서 원고는 매장 인테리어에 대한 건축저작권 침해 및 (차)목 부정경쟁행위를 모두 주장하면서, 침해 대상 '저작물'과 (차)목의 보호대상이 되는 일부 '아이디어'를 동일한 내용으로 특정하였다. 특허법원 2023. 5. 11. 선고 2022나1043 판결도 하나의 소스코드 파일에 대해 저작권 침해와 (차)목의 부정경쟁행위가 함께 주장된 사례이다.

특허권이 설정된 아이디어는 청구항과 발명의 설명을 통해 권리범위를 구체적으로 정할 수 있을 뿐만 아니라 출원 과정에서 보정을 통해 기재사항을 명확히 하는 절차가 진행되기도 하나, 그러한 과정을 거치지 않은 기술적 또는 영업상 정보는 소송절차에서 당사자의 주장과 입증을 통해 아이디어의 범위를 특정할 수밖에 없다.

이와 관련하여 마찬가지로 출원 및 등록절차를 거치지 않는 영업비밀에 관한 실무례를 참고할 수 있다.31)32) 기본적으로 비공지성을 상실하지 않는 범위에서 법원의 심리와 상대방의 방어권 행사에 지장이 없도록 특정하되, 다른 정보와 구별할 수 있고 어떤 내용에 관한 정보인지 알 수 있는 정도라면 충분히 특정되었다고 보아야 한다. 문서, 도화, 전자기록, 노하우 등 정보의 형태에 따라 다양한 특정 방식을 생각해 볼 수 있는데, 결국 개별 사건에서 보호대상이 특정되었는가는 아이디어의 성격, 아이디어가 제공된 경위, 공지된 정보와의 관계, 침해행위의 태양, 구제수단의 집행가능성 등을 고려하여 판단할 수밖에 없을 것이다.

아이디어 보유자는 보호받을 아이디어를 어떻게 특정할 것인지 선택해야 한다. 폭넓은 보호범위를 의도하여 추상적으로 특정한다면 부정경쟁행위로 포착할 수 있는 영역이 확장될지 모르나, 그로 인하여 공지된 정보와의 경계가 흐려질 경우 취득·개발에 상당한 비용이나 노력이 필요한 아이디어로 인정받기 어렵게 되거나, (차)목 단서에 따라 아이디어 사용자가 면책될 가능성이 높아질 수 있다.33)

---

31) 영업비밀 침해행위의 금지를 구하는 경우에는 법원의 심리와 상대방의 방어권 행사에 지장이 없도록 그 비밀성을 잃지 않는 한도에서 가능한 한 영업비밀을 구체적으로 특정하여야 하고, 어느 정도로 영업비밀을 특정하여야 하는지는 영업비밀로 주장된 개별 정보의 내용과 성질, 관련 분야에서 공지된 정보의 내용, 영업비밀 침해행위의 구체적 태양과 금지청구의 내용, 영업비밀 보유자와 상대방 사이의 관계 등 여러 사정을 고려해야 한다(대법원 2013. 8. 22. 자 2011마1624 결정); 다른 정보와 구별될 수 있고, 어떤 내용에 관한 정보인지 충분히 알 수 있으며, 피고인의 방어권 행사에도 지장이 없다면 충분히 특정된 것으로 볼 수 있다(대법원 2009. 7. 9. 선고 2006도7916 판결).
32) 영업비밀 특정에 관한 법리는 (카)목[변경 전 (차)목]에 따른 부정경쟁행위의 금지를 구하는 경우에도 동일하게 적용된다는 취지의 판시로는 서울중앙지방법원 2018. 8. 24. 선고 2015가합576738 판결 참조.
33) 서울중앙지방법원 2022. 9. 16. 선고 2020가합565770 판결은 '강의안 및 커리큘럼 기획안'에 대한 (차)목 부정경쟁행위가 주장된 사안에서, "학술적인 이론과 개념 혹은 그 분야에서 일반적으로 사용하는 용어에 의하여 표현된 설명 등을 차용한 수준에 불과"하거나, "추상적인 커리큘럼 편성·조직 기준과 방침으로서의 관념 내지 아이디어만을 차용한 수준"이라는 이유로 경제적 가치를 부정하였다. 한편, 대구지방법원 2021. 8. 19. 선고 2020

2. 거래교섭 또는 거래과정에 제공되었을 것

(차)목은 거래교섭 또는 거래과정에서 제공된 아이디어를 보호대상으로 한다. 법문에 예시된 사업제안, 입찰, 공모는 물론, 사용계약이 체결될 가능성을 전제로 아이디어가 제공되기는 하였으나 종국적인 합의에는 이르지 못한 단계라면 이에 해당하는 것으로 볼 수 있다.

거래교섭 또는 거래과정은 신뢰관계의 형성을 뒷받침할 수 있어야 한다. 그러므로 아이디어를 제공받은 상대방의 입장에서 적어도 아이디어 사용계약이 체결될 가능성을 인식할 수 있어야 하고, 아이디어 보유자가 상대방의 의사와 무관하게 일방적으로 아이디어를 제공한 경우에는 (차)목의 보호를 받을 수 없다. 아이디어 사용의 대가를 지급받고자 하는 보유자의 의도는 일방적인 기대에 불과하고, 신뢰관계를 형성하지 않은 상대방이 우연히 알게 된 아이디어를 사용하지 못하도록 금지해야 할 당위성도 약하기 때문이다.

같은 맥락에서, 제공된 아이디어는 교섭 중인 계약이나 참여한 공모전 등과 관련성이 있어야 한다. 거래교섭 또는 거래과정은 단순히 아이디어가 제공된 시점에 그치지 않고, 신뢰관계가 형성된 배경으로서 의미를 가진다. 따라서 상대방이 부여한 신뢰에 근거하지 않고 임의로 제공한 아이디어는 적어도 (차)목의 보호대상에는 포함된다고 보기 어렵다.

한편, 부정경쟁방지법상 금지청구권은 자신의 영업상의 이익이 침해되거나 침해될 우려가 있는 자가 행사할 수 있고, 손해배상청구권도 마찬가지로 영업상 이익이 침해된 자가 행사할 수 있다(법 제4조 제1항, 제5조). 이러한 규정의 체계를 고려할 때 단순히 타인에게 아이디어를 제공하였다는 사정만으로 (차)목의 부정경쟁행위를 주장할 수 있다고 보기는 어렵고, 아이디어를 창안하거나 그에 관한 권리를 보유하는 등 영업상 이익의 침해를 주장할 수 있는 지위에 있다는 점이 전제되어야 할 것이다.[34]

가합204456 판결은 '소금 미립자를 공기 중에 뿌려지는 키즈카페' 아이디어가 문제된 사안에서, "소금놀이 키즈카페 아이디어 자체는 추상적인 아이디어에 불과하여 그 자체만으로는 경제적 가치를 가진다고 보기 어렵고, 또한 누구나 자유롭게 이용할 수 있는 공공영역에 속하는 것"이라고 판단하였다(대구고등법원 2022. 2. 16. 선고 2021나25794 판결로 항소기각). 위 판결에 대한 평석은 법원 지적재산권법연구회·한국특허법학회 공편, 부정경쟁방지법 판례백선, 박영사(2024), 226-230(이승엽 집필 부분) 참조.

34) 같은 취지의 판시로는 서울중앙지방법원 2021. 7. 8. 선고 2020가합533995 판결 참조.

3. 경제적 가치를 가지는 아이디어일 것

아이디어가 가지는 경제적 가치의 효과는 기간 단축, 비용 절감, 품질 향상, 매출 증대 등 다양한 형태로 나타날 수 있다. 경쟁시장에서 정당한 권리자에게 돌아가야 할 경쟁상 우위, 즉 '유리한 출발(headstart)' 또는 '시간 절약(lead time)'을 보호함으로써 건전한 거래질서를 유지하는 것이 부정경쟁방지법의 역할임을 고려하면, '경제적 가치'가 있는 아이디어란 결국 경쟁시장에서 쉽게 얻을 수 없고 이를 통해 자신의 경쟁상 우위를 강화하거나 상대방의 경쟁상 우위를 약화시킬 수 있는 아이디어로 볼 수 있다.

대법원이 (차)목에 명시된 '경제적 가치를 가지는 기술적 또는 영업상의 아이디어가 포함된 정보'에 관하여, "아이디어 정보의 보유자가 그 정보의 사용을 통해 경쟁자에 대하여 경쟁상의 이익을 얻을 수 있거나 또는 그 정보의 취득이나 개발을 위해 상당한 비용이나 노력이 필요한 경우인지 등에 따라 구체적·개별적으로 판단해야 한다."라고 판시[35]한 것도 같은 취지로 해석된다. 이러한 점에서 부정경쟁방지법이 영업비밀의 개념요소 중 하나로 규정한 '독립된 경제적 가치'와 그 의미가 다르다고 보기는 어렵다.[36]

다만, 실무상 (차)목 본문의 '경제적 가치' 요건과 단서의 '아이디어가 널리 알려지지 않았을 것' 요건을 명확히 구분하지 않은 채 함께 판단하는 사례가 다수 발견된다.[37] 동종 업계에 널리 알려진 아이디어는 그 사용을 통해 경쟁상의 이익을 얻을 수 없거나 취득이나 개발을 위해 상당한 비용이나 노력이 필요하지 않은 경우가 많고, 적극 요건과 소극 요건을 함께 판단하는 형식으로 재판서를 간이하게 작성할 수 있다는 점에서 그 취지를 이해하지 못할 바는 아니다. 그러나 영업비밀의 경우 침해를 주장하는 자가 경제적 가치와 비공지성을 모두 입증해야 하는 것과 달리, (차)목 부정경쟁행위에서 본문에 규정된 경제적 가치

---

35) 대법원 2020. 7. 23. 선고 2020다220607 판결.

36) 대법원은 부정경쟁방지법 제2조 제2호에 규정된 영업비밀의 '독립된 경제적 가치'에 관하여도, "정보의 보유자가 그 정보의 사용을 통해 경쟁자에 대하여 경쟁상의 이익을 얻을 수 있거나 또는 그 정보의 취득이나 개발을 위해 상당한 비용이나 노력이 필요하다는 것"을 의미한다고 판시하였다(대법원 2009. 7. 9. 선고 2006도7916 판결; 대법원 2016. 1. 14. 선고 2013도12655 판결 참조).

37) 서울중앙지방법원 2023. 9. 8. 선고 2021가합553347 판결; 서울중앙지방법원 2023. 6. 2. 선고 2021가합531477 판결; 서울중앙지방법원 2023. 4. 28. 선고 2020가합563187 판결; 서울중앙지방법원 2023. 2. 17. 선고 2021가합527263 판결; 서울중앙지방법원 2023. 2. 3. 선고 2021가합509289 판결 등에서 그러한 판단 구조가 관찰된다.

증명책임은 침해를 주장하는 자에게, 단서에 마련된 공지성의 증명책임은 그 상대방에게 각각 귀속된다. 위와 같은 판단 구조로 인하여 자칫 증명책임의 전환이 일어나지 않도록 유의할 필요가 있다.

4. 제공받을 당시 이미 그 아이디어를 알고 있었거나 그 아이디어가 동종 업계에서 널리 알려지지 않았을 것

우리나라와 미국에서 보호가치 있는 아이디어의 요건으로 참신성, 독창성 등이 고려된 과정은 앞에서 본 바와 같다. 부정경쟁방지법도 (차)목의 적용 요건으로 아이디어에 경제적 가치가 있을 것을 명시하는 한편, 아이디어를 제공받은 자가 이미 그 내용을 알고 있거나 아이디어가 동종 업계에 널리 알려져 있는 경우에는 부정경쟁행위에 해당하지 않는다는 예외를 인정하였다. 참신성 등이 없는 아이디어까지 모두 보호하는 것은 공공영역에서 자유롭게 이루어져야 할 모방과 이용을 위축시킬 수 있다는 기존의 문제의식이 (차)목의 단서에 소극적 요건으로 반영되어 있다고 평가할 수 있다.

아이디어를 제공받는 상대방이나 동종 업계에 종사하는 사람들에게 널리 알려져 있지 않을 것을 요하는 단서의 해석에 있어서도 영업비밀에 관한 실무례가 일응의 기준이 될 수 있다. 대법원은 영업비밀의 요건인 비공지성에 관하여, 정보가 간행물 등의 매체에 실리는 등 불특정 다수인에게 알려져 있지 않기 때문에 보유자를 통하지 않고는 그 정보를 통상 입수할 수 없는 상태를 의미한다고 일관되게 판시하면서도,[38] 동종 업계 종사자와 같이 영업비밀을 이용하여 경제적 이익을 얻을 가능성이 있는 사람들 사이에 알려진 경우에도 비공지성이 상실된다고 보았다.[39] 후자의 기준에 의할 경우, 아이디어를 포함한 정보가 동종 업계에 알려진 때에 비공지성을 상실한다는 점에서 결과적으로 (차)목 단서의 문리적 해석에 매우 근접하게 된다.

하급심 재판례의 시각도 이와 다르지 않다.[40] 구체적으로 국내·외에서 이미 채택된 시공법,[41] 광고 영상에서 널리 사용되는 클리셰(chliché),[42] 범용 설비

---

38) 대법원 2004. 9. 23. 선고 2002다60610 판결; 대법원 2008. 9. 11. 선고 2008도5383 판결; 대법원 2009. 3. 16. 자 2008마1087 결정; 대법원 2009. 7. 9. 선고 2006도7916 판결; 대법원 2011. 7. 14. 선고 2009다12528 판결; 대법원 2017. 1. 25. 선고 2016도10389 판결 등.
39) 대법원 2008. 7. 10. 선고 2006도8278 판결; 대법원 2019. 1. 17. 선고 2017도18176 판결 등.
40) 예컨대, 서울중앙지방법원 2022. 5. 20. 선고 2019가합585891 판결에서는 영업비밀의 비공지성과 (차)목 단서 해당 여부를 동일한 기준으로 판단하였다.
41) 서울중앙지방법원 2023. 2. 17. 선고 2021가합527263 판결.

를 통해 확인할 수 있거나 인터넷 등에 공개된 제작 기술,[43] 언론보도 내지 논문을 통해 제안된 적이 있는 사업계획,[44] 기존에 알려진 이미지 파일 압축 및 전송 기술[45] 등은 (차)목 단서에 따라 보호받을 수 없다는 판단이 이루어졌다.

실무상 아이디어의 공지 여부를 둘러싼 공방은, 마치 특허 침해사건에서 신규성 내지 진보성을 다투기 위해 선행기술을 제시하거나, 영업비밀 침해사건에서 비공지성을 다투기 위해 역설계 가능성 등을 주장하는 것과 비슷한 양상으로 진행된다. 공지된 복수의 정보를 조합하여 얻어낼 수 있는 아이디어인 경우에도 그 조합이 용이하지 않다면 비공지성이 상실되지 않고,[46] 역설계를 통해 해당 아이디어를 입수할 수 있다고 하더라도 그 과정에 상당한 시간과 노력이 필요하다면 동종 업계에 널리 알려진 것으로 볼 수 없다[47]는 판단기준도 (차)목에 해석에 마찬가지로 적용될 수 있을 것이다.

(차)목 단서에 의하면, 아이디어를 제공받는 자가 이미 그 아이디어를 알고 있었던 경우에는 설령 동종 업계에 널리 알려지지 않았더라도 보호대상에서 제외되는 것으로 해석된다. 그러므로 아이디어를 제공받기 전에 독자적으로 그와 같은 아이디어를 착상하였거나,[48] 관련 제품의 역설계를 통해 이미 기술정보를 보유하고 있었다면, 결과적으로 동일한 내용의 아이디어를 사용하였다고 하더라도 (차)목 단서에 따라 부정경쟁행위로 볼 수 없다.

한편, (차)목은 아이디어의 공지 여부를 소극적 요건으로 단서에 규정하여 침해를 주장하는 자가 아닌 상대방이 입증하도록 한다는 점에서, 영업비밀과 객관적 증명책임에 차이가 있음은 앞서 살펴본 바와 같다.

---

42) 서울중앙지방법원 2023. 11. 24. 선고 2022가합520085 판결.

43) 서울중앙지방법원 2020. 7. 23. 선고 2019가합532576 판결.

44) 특허법원 2023. 10. 18. 선고 2022나1487 판결.

45) 서울중앙지방법원 2020. 10. 22. 선고 2019가합585990 판결.

46) 공지기술 조합과 영업비밀의 비공지성에 관하여는 한국특허법학회 편, 영업비밀보호법, 박영사(2017), 311(김병국 집필 부분) 참조.

47) 대법원은 역설계로 인한 비공지성 상실 여부에 관하여, "역설계가 허용되고 역설계에 의하여 기술정보의 획득이 가능하다고 하더라도 그러한 사정만으로는 그 기술정보가 영업비밀이 되는 데 지장이 없다."라고 판시하였다(대법원 1996. 12. 23. 선고 96다16605 판결).

48) 환생-NEXT 드라마 사건에서는 원고의 시나리오와 유사한 드라마를 제작한 피고의 불법행위 책임이 다투어졌는데, 법원은 원고의 시나리오가 피고에게 전달되었다고 볼 만한 증거가 없어 피고가 원고의 시나리오를 참조하여 드라마를 제작하였다고 보기 어려우므로 불법행위 책임이 성립하지 않는다고 판단하였다(서울중앙지방법원 2006. 4. 26. 선고 2005가합58156 판결).

5. 제공 목적에 위반하여 부정하게 사용하거나 타인에게 제공하여 사용
하게 할 것

가. 아이디어의 제공 목적

아이디어가 제공된 목적에 반한다는 사정은 타인의 영업비밀이 아닌 아이
디어의 사용에 대하여 보호가치 있는 법익의 침해를 인정하고 부정경쟁행위로
포착할 수 있는 중요한 단서이다. 가령, 영업비밀의 경우 그 정보가 비밀로 유
지·관리되고 있다는 사실이 제3자의 입장에서 객관적으로 인식될 수 있어야
하고,[49] 이러한 점에서 비밀로 관리되고 있는 정보를 부정한 수단으로 취득하는
것 자체가 침해의 한 유형이 된다. 반면 신설된 (차)목은 제공된 아이디어가 비
밀로 관리되고 있을 것을 요하지 않는다. 결국 타인의 보호가치 있는 법익을 침
해한다는 인식은 당초 제공받은 목적에 위반하여 아이디어를 사용한다는 점에
서 출발한다.

아이디어가 제공된 목적은 거래교섭 또는 거래과정에 나타난 당사자의 의
사를 합리적으로 해석하여 판단해야 한다. 종래에도 거래 과정 또는 공모전에서
아이디어 제공 목적과 사용 조건을 명시하도록 강제[50]하거나 일정한 방향으로
유인[51]하는 제도적 장치가 일부 마련되어 있었다. 그러나 그에 관한 명시적인
약정이 없고 오히려 당사자 사이에 다툼이 있다면, 결국 합리적인 거래당사자의
입장에서 아이디어가 제공된 배경을 어떻게 이해하였을 것인지 고려해야 한다.
예를 들어, 기술제안 입찰 방식의 성격상 제공된 기술정보가 다른 입찰참가자들
에게도 공개될 것이 예정되어 있었고 실제로 그러한 방식에 따라 공개되었다면,
이를 제공 목적에 반하는 아이디어 사용으로 볼 수는 없을 것이다.[52]

---

[49] 대법원 2012. 6. 28. 선고 2012도3317 판결; 대법원 2009. 7. 9. 선고 2006도7916 판결.
[50] 하도급 계약 관계에서 원칙적으로 원사업자는 수급사업자에게 합리적인 노력에 의하여
    비밀로 유지된 시공 자료 등의 제공을 요구할 수 없고, 정당한 사유를 들어 요구하는 경우
    에는 요구목적, 비밀유지 사항, 권리귀속 관계, 대가 등을 서면에 명시해야 한다(하도급거
    래 공정화에 관한 법률 제2조 제15항, 제12조의3 참조).
[51] 특허청이 2013. 12. 배포한 '공모전 아이디어 보호 가이드라인'은 아이디어 공모 프로그
    램에 제출된 아이디어는 원칙적으로 제안자에게 귀속되고 주최자는 비밀유지 의무를 부담
    하되, 수상 아이디어에 관해서는 합리적인 대가 지급을 전제로 주최자가 우선협상권을 갖
    도록 권고하였다.
[52] 서울중앙지방법원 2020. 12. 15. 자 2020카합21629 결정 참조.

나. 부정사용 또는 타인 제공

(1) 일반적 판단 기준

어떠한 사용행위를 부정사용으로 볼 것인가는 자유로운 경쟁질서를 보호하는 부정경쟁방지법의 입법취지를 고려하여 결정해야 할 문제이다. 상도덕이나 공정한 경쟁질서에 반하는 사용행위를 일반적인 기준으로 설정할 수 있다. 다만 앞에서 본 바와 같이, 불법행위 규범으로서 (차)목이 전제하고 있는 위법성의 본질은 신뢰관계를 통해 제공받은 아이디어의 배신적(背信的) 사용에 있다.53) 그와 같이 취득한 아이디어를 자신 또는 제3자의 영업상 이익을 위하여 임의로 사용함으로써 아이디어 보유자의 경쟁상 우위에 영향을 미쳤다면 부정사용으로 인정할 수 있다.54)

대법원이 "'거래교섭 또는 거래과정에서 제공받은 아이디어 정보를 그 제공목적에 위반하여 부정하게 사용하는 등의 행위'에 해당하기 위해서는 거래교섭 또는 거래과정의 구체적인 내용과 성격, 아이디어 정보의 제공이 이루어진 동기와 경위, 아이디어 정보의 제공으로 달성하려는 목적, 아이디어 정보 제공에 대한 정당한 대가의 지급 여부 등을 종합적으로 고려하여, 그 아이디어 정보 사용 등의 행위가 아이디어 정보 제공자와의 거래교섭 또는 거래과정에서 발생한 신뢰관계 등에 위배된다고 평가할 수 있어야 한다."라고 판시한 것도(대법원 2020. 7. 23. 선고 2020다220607 판결) 같은 맥락으로 이해된다.

(2) 개별적 검토

1) 아이디어의 임의 공개

(차)목은 아이디어를 제공받은 자가 직접 사용하는 경우뿐만 아니라 타인에게 제공하여 사용하게 하는 것도 부정경쟁행위로 규정한다. 이와 관련하여 아이디어를 전달받은 타인이 그 아이디어를 현실적으로 사용하지 않은 경우에도 부정경쟁행위에 해당하는지 검토할 필요가 있다. 즉, 제공받은 아이디어를 임의로 타인에게 공개하는 것만으로도 부정경쟁행위로 볼 수 있는지 문제된다.

---

53) 아이디어 무단 사용행위의 위법성은 아이디어를 제공받은 당사자에게 신의칙상 또는 조리상 그 아이디어를 비밀로 유지하거나 이용 허락을 받아야 할 의무가 있는 경우에만 인정될 수 있다는 견해로는 정상조, "경제적 불법행위 시론: 아이디어의 유통을 둘러싼 민사법적 문제", 민사판례연구, 제34권(2012), 862 참조.

54) 부정사용은 침해행위가 아이디어 보유자의 영업을 상실시키거나 파괴하는 정도에 이른 것을 의미한다는 견해로는 나종갑, "아이디어 제공과 부정경쟁행위", 법학평론, 제8권(2018), 242 참조.

경쟁력 있는 아이디어는 보유자의 의사에 반하여 외부에 공개되는 것만으로도 보유자의 경제적 이익을 침해할 우려가 있고, 실제로 영업비밀의 경우 '사용'과 '공개'를 사실상 대등한 평면에서 침해행위로 규정하고 있다.[55] 또한 '제공하여 사용하게 하는 것'이라는 (차)목의 문언이 반드시 구체적 · 현실적인 사용행위가 있을 것을 전제로 한다고 보기도 어렵다. 따라서 현실적인 사용에 이르지 않더라도 타인에게 아이디어를 공개하여 사용할 수 있는 상태에 놓였다면 (차)목의 부정경쟁행위로 인정할 수 있다.

2) 아이디어의 변형 또는 개량

아이디어를 제공받은 그대로 사용하지 않고 다소 변형하거나 개량하여 사용한 경우에도 제공받은 아이디어를 사용한 것으로 볼 수 있는지 살펴볼 필요가 있다. 침해 여부를 판단할 때 보호범위를 어디까지 확장할 것인가는 특허법의 균등 침해, 저작권법의 실질적 유사성, 상표법의 유사 상표 판단 등 기존의 지적재산권법에서도 비슷하게 다루어진 쟁점이다. 이러한 논의는 대체로 침해자가 권리 범위를 우회하여 정당한 권리행사로부터 회피하는 것을 방지해야 한다는 고려에서 이루어지기 때문에 그 기준을 일률적으로 정하기 어렵다. 특히 (차)목이 적용되는 기술적 정보의 경우 앞에서 본 바와 같이 보호대상을 특정하는 단계부터 불확실성을 극복해야 하므로, 아이디어의 사용 여부를 판단하는 과정에 이르러서는 자칫 불확실성에 불확실성이 더해질 우려도 있다.

이러한 점에서 아이디어의 변형이나 개량을 어떻게 고려할 것인가는 아이디어에 내재된 실질적인 가치를 보호해야 할 구체적 타당성과 상대방이 예측할 수 없는 불이익을 입지 않도록 해야 할 법적 안정성의 균형을 찾는 과정으로 볼 수 있다. 기본적으로 아이디어의 핵심적인 구성과 효과가 구현되어 있고 독자적인 성과가 가미되었다고 볼 만한 정도의 변형이나 개량이 없다면, 특별한 사정이 없는 한 제공받은 아이디어를 사용한 것으로 보아 침해를 인정할 수 있을 것이다.[56][57]

---

55) 부정경쟁방지법 제2조 제3호 각 호 참조.

56) '일회용 테이크아웃 컵 속에 들어가는 내부용기'에 관한 아이디어가 문제된 서울중앙지방법원 2022. 10. 7. 선고 2020가합561655 판결에서는 "음식물을 담는 상단과 음료를 담는 하단을 구분한다는 점, 중공부 기둥이 솟아있어 적재한 음식물이 컵 안의 음료로 흘러 들어가지 않도록 한다는 점에서 이 사건 아이디어의 주요한 특징이 모두 포함"되어 있는 이상, "중공부 기둥이 짧아 손잡이로 사용하지 않고, 상단부 둘레에 단차가 있어 컵에 고정되며, 하단에 빗살무늬 형태"가 있는 점만으로는 서로 다른 아이디어로 볼 수 없다고 판단하였는데, 전자는 아이디어의 핵심적인 구성과 효과이고, 후자는 독자적인 성과로 보기 어

3) 제3자와의 공동 침해

거래교섭 또는 거래과정에서 아이디어를 제공받은 자가 아닌 제3자도 손해배상청구 또는 금지청구의 상대방이 될 수 있는지 문제된다. 원칙적으로 (차)목은 신뢰관계를 형성하여 아이디어를 제공받은 자를 수범자로 하는 규범이지만, 부정경쟁행위는 상사 불법행위의 한 유형이므로 공동불법행위 법리에 따라 책임 범위가 확대될 수 있다.[58]

따라서 거래교섭 또는 거래과정에 직접 관여하거나 아이디어를 제공받지 않은 제3자라 하더라도, 아이디어가 제공된 경위와 그 목적에 반한다는 사정을 인식하면서 부정사용 또는 제공에 가담하는 등 불법행위의 요건을 충족시킨다면 공동불법행위자로서 책임을 부담한다.[59]

다만, 부정경쟁행위에 대한 금지청구를 인정할 것인지는 사실심 변론종결 당시를 기준으로 판단하고,[60] 공동불법행위자 중 1인이라고 하여 자신의 행위와 상당인과관계가 없는 손해에 대해서까지 당연히 배상책임을 지는 것은 아니므로,[61] 복수의 공동 침해자에 대한 청구의 인용 여부 및 그 범위가 언제나 동

려운 정도의 변형 내지 개량으로 평가할 수 있다. 한편, '특정한 형태의 교량 주탑'에 관한 아이디어가 쟁점이 된 서울중앙지방법원 2021. 4. 2. 선고 2019가합565163 판결에서는 "원고가 기존에 제시했던 V형 주탑과는 교량과의 배치각도나 케이블 연결 위치 등에서 상당한 차이"가 있다는 점을 근거로, 원고의 주장을 받아들이지 않았다.

57) 만약 제공받은 아이디어에 사용자의 독자적인 노력을 상당 부분 가미하여 양적 또는 질적으로 현저히 다른 결과물을 만들어 낸 경우는 어떠한가? 제공받은 아이디어가 새로운 결과물의 일부를 구성한다면 해당 아이디어를 '사용'한 것으로 해석할 여지가 있는 것은 사실이다. 다만, 지적재산권법이 부여하는 보호수준의 균형이라는 관점에서 위와 같은 해석이 가져올 결론을 충분히 음미할 필요가 있다. 가령, 기술적 또는 영업상 아이디어에 관한 지적재산권 중 가장 엄격한 심사를 거쳐 권리가 부여되는 특허발명에 관해서도 이용발명의 개념을 인정하여, 상당한 경제적 가치가 있는 중요한 기술적 진보에 대해서는 특허권자의 권리가 제한되고 강제실시권이 허여될 수 있다(특허법 제98조, 제138조). 그런데 부정경쟁방지법에는 이러한 규정이 없을 뿐만 아니라, 현재 실무상 부정경쟁행위가 인정되면 형평적 고려 없이 바로 금지청구권이 부여되고 있으므로, 제공받은 아이디어를 활용하여 훨씬 진보된 결과물을 만들어 낼 수 있다고 하더라도 아이디어 보유자의 의사에 반하여 이를 사용할 수 있는 방법이 사실상 없는 셈이다.

58) 민법 제760조의 공동불법행위가 성립하기 위해서는 반드시 행위자 상호간의 공모나 공동의 인식이 필요한 것은 아니고 객관적으로 그 공동행위가 관련되어 있으면 충분하지만, 각 행위가 독립하여 불법행위의 요건을 갖추고 있어야 한다(대법원 1998. 2. 13. 선고 96다7854 판결; 대법원 2006. 1. 26. 선고 2005다47014, 47021, 47038 판결).

59) (차)목의 개별 요건에 대하여 제3자의 인식과 고의가 인정되는 경우 책임을 인정할 수 있다는 견해로는 최호진, "개정 부정경쟁방지법 (차)목 및 (카)목의 해석·적용에 관한 고찰", 인권과 정의, 제476호(2018), 18 참조.

60) 대법원 2004. 3. 25. 선고 2002다9011 판결; 대법원 2009. 6. 25. 선고 2009다22037 판결 등 참조.

일해야 하는 것은 아니다.

Ⅳ. 영업비밀 보호조항과의 관계

영업비밀은 비공지성, 경제적 가치성, 비밀관리성을 개념요소로 하고, 신설된 (차)목은 아이디어의 경제적 가치에 더하여 아이디어를 제공받는 상대방이나 동종 업계에 종사하는 사람들에게 널리 알려져 있지 않을 것을 요건으로 한다.

입법취지에 따라 다양한 보호영역을 설정해 온 개별 지적재산권법들을 해석함에 있어 보호요건과 보호수준의 균형을 갖추도록 하는 것은 매우 중요한 기준이다.[62] 한편, 문언의 표준적 의미를 지나치게 벗어난 해석은 객관적 타당성을 인정받기 어렵다.[63]

대법원 판례는 영업비밀의 개념요소인 부정경쟁방지법 제2조 제2호의 '독립된 경제적 가치'와 제2조 제1호 (차)목의 '경제적 가치'를 동일한 의미로 보고 있고,[64] 영업비밀의 비공지성과 (차)목 단서의 비공지성에도 실질적인 차이가 없음은 앞서 본 바와 같다. 기존의 보호규범과 중복되지 않은 영역에서 새로운 부정경쟁행위 유형을 창설하고자 한 입법 의도를 최대한 존중하여, (차)목 단서는 단순히 동종 업계에 알려진 것만으로는 부족하고 '널리' 알려진 정도로 공지된 경우에야 비로소 적용된다고 해석해야 한다는 지적이 있을 수 있다. 그런데 이 경우 동종 업계에 널리 알려지지는 않았다고 하더라도 이미 '어느 정도' 알려진 아이디어의 사용을 부정경쟁행위로 포착하여 특별히 보호해야 할 필요성에 관하여 고민하지 않을 수 없다.

결국 (차)목이 영업비밀 보호조항과의 관계에서 독자적으로 가질 수 있는

---

61) 대법원 1982. 12. 28. 선고 80다3057 판결; 대법원 1991. 11. 22. 선고 91다26980 판결; 대법원 1994. 6. 14. 선고 93다39973 판결; 대법원 2022. 9. 7. 선고 2022다237098 판결 등 참조.

62) 지적재산권 법률 상호간의 보호요건의 엄격성과 보호수준의 고저에 관하여는 박준석, "상품형태 보호에 있어 지적재산권 법률들의 역할분담 Ⅰ : 디자인보호법상 기능과 미의 구분을 중심으로", 산업재산권, 제51호(2016), 333-334 참조.

63) 법은 원칙적으로 불특정 다수인에 대하여 동일한 구속력을 갖는 사회의 보편타당한 규범이므로 이를 해석함에 있어서는 법의 표준적 의미를 밝혀 객관적 타당성이 있도록 하여야 하고, 가급적 모든 사람이 수긍할 수 있는 일관성을 유지함으로써 법적 안정성이 손상되지 않도록 하여야 한다(대법원 2009. 4. 23. 선고 2006다81035 판결).

64) 이한상, 앞의 논문, 398 참조.

보호영역은 한정될 것으로 보인다. 이를테면, 경제적 가치가 있는 아이디어를
비밀로 관리해오다가 거래교섭 등의 과정에서 비밀유지약정을 체결하지 않은
채 상대방에게 제공한 경우 영업비밀로는 보호받을 수 없지만 (차)목에 의한 보
호가능성은 남아 있다. 또한 비밀로 관리되지는 않았으나 특별한 사정으로 인하
여 아직 동종 업계에 널리 알려지지 않은 아이디어도 영업비밀에는 해당하지
않지만 (차)목에 의해 보호될 여지는 있다.

〈이상현〉

제2조(정의) 이 법에서 사용하는 용어의 뜻은 다음과 같다.

1. "부정경쟁행위"란 다음 각 목의 어느 하나에 해당하는 행위를 말한다.

[(가)~(차)목은 앞에서 해설]

카. 데이터[「데이터 산업진흥 및 이용촉진에 관한 기본법」 제2조 제1호에 따른 데이터 중 업(業)으로서 특정인 또는 특정 다수에게 제공되는 것으로서, 전자적 방법으로 상당량 축적·관리되는 기술상 또는 영업상의 정보(제2호에 따른 영업비밀은 제외한다)를 말한다. 이하 같다]를 부정하게 사용하는 행위로서 다음의 어느 하나에 해당하는 행위

1) 접근권한이 없는 자가 절취·기망·부정접속 또는 그 밖의 부정한 수단으로 데이터를 취득하거나 그 취득한 데이터를 사용·공개하는 행위

2) 데이터 보유자와의 계약관계 등에 따라 데이터에 접근권한이 있는 자가 부정한 이익을 얻거나 데이터 보유자에게 손해를 입힐 목적으로 그 데이터를 사용·공개하거나 제3자에게 제공하는 행위

3) 1) 또는 2)가 개입된 사실을 알고 데이터를 취득하거나 그 취득한 데이터를 사용·공개하는 행위

4) 정당한 권한 없이 데이터의 보호를 위하여 적용한 기술적 보호조치를 회피·제거 또는 변경(이하 "무력화"라 한다)하는 것을 주된 목적으로 하는 기술·서비스·장치 또는 그 장치의 부품을 제공·수입·수출·제조·양도·대여 또는 전송하거나 이를 양도·대여하기 위하여 전시하는 행위. 다만, 기술적 보호조치의 연구·개발을 위하여 기술적 보호조치를 무력화하는 장치 또는 그 부품을 제조하는 경우에는 그러하지 아니하다.

〈소 목 차〉

Ⅰ. 서   론
 1. 의   의
 2. 기존의 데이터 보호 체계
 3. 새로운 데이터 보호방식에 대한 논의 및 (카)목의 신설
 4. 일본 부정경쟁방지법상 한정제공데이터의 보호
Ⅱ. 데이터 부정사용행위의 요건
 1. 본 규정의 보호대상이 되는 데이터
 2. 데이터 부정사용행위의 유형

Ⅲ. 데이터 부정사용행위에 대한 구제수단
 1. 민사적 구제수단
 2. 행정적 구제수단
 3. 형사적 구제수단
Ⅳ. 데이터보호와 관련한 다른 법률 규정과의 관계
 1. 영업비밀과의 관계
 2. 저작권법과의 관계
 3. 부정경쟁방지법상 성과 등 무단사용행위와의 관계

I. 서   론

1. 의   의

데이터는 4차 산업혁명, 인공지능 등 디지털시대의 근간이라고 할 수 있다. 충분한 데이터를 확보하지 못하면 아무리 정교한 알고리즘을 가지고 있어도 적절한 예측모델을 생성할 수 없다. 빅 데이터는 엄청난 경제적 부가가치 창출의 원천으로 그 중요성이 날로 커지게 되었다.

부정경쟁방지 및 영업비밀보호에 관한 법률(이하 '부정경쟁방지법' 또는 '법'이라 한다)은 제2조 제1호 (카)목[이하 '(카)목'이라고 한다]에 데이터 보호에 관한 규정을 신설하여 데이터의 부정사용행위를 부정경쟁행위 중 하나로 정의하고 있다.[1] 이와 같은 데이터 부정사용행위는 데이터를 부정한 수단으로 취득해서 부당하게 이익을 얻거나 데이터 보유자에게 손해를 끼치는 행위를 제재함으로써 데이터 시장질서를 확립하기 위한 목적으로 신설된 규정이다.[2] 위 규정에서 보호하고자 하는 데이터는 한 건의 개별 데이터에 대한 것이 아니라 전자적 방법으로 상당량 축적·관리되는 데이터의 집합체에 관한 것이다.

2. 기존의 데이터 보호 체계

빅 데이터의 경제적 가치에 주목한 세계 각국은 빅 데이터의 생산·유통 및 이용을 촉진하는 선순환 시스템을 먼저 구축하여 우위를 점하고자 치열한 경쟁을 벌이고 있다.[3] 빅 데이터의 생산·유통 및 이용의 촉진이라는 관점에서 우리나라의 기존 데이터 보호 체계를 간략하게 살펴보기로 한다.

가. 영업비밀에 의한 보호

부정경쟁방지법 제2조 제2호는 공공연히 알려져 있지 아니하고 독립된 경

---

1) (카)목은 2021. 12. 7. 법률 제18548호로 일부 개정될 때에 신설되어 2022. 4. 20.부터 시행되고 있다. 그 후 (카)목은 2024. 1. 25. 개정에 의해 보호대상인 데이터의 개념에서 '비밀로서 관리되고 있지 아니한' 대신 영업비밀을 제외하는 것으로 변경하였다.

2) 채수근, 부정경쟁방지 및 영업비밀보호에 관한 법률 일부개정법률안 검토보고 <데이터 부정경쟁행위 신설> 김경만 의원 대표발의(의안번호 제2107535호), 산업통상자원중소벤처기업위원회(2021), 2-3.

3) 박준석, 빅 데이터 등 새로운 데이터에 대한 지적재산권법 차원의 보호가능성, 산업재산권 제58호, 한국산업재산권법학회(2019), 81.

제적 가치를 가지는 것으로서, 비밀로 관리된 생산방법, 판매방법, 그 밖에 영업 활동에 유용한 기술상 또는 경영상의 정보를 영업비밀로 정의하고 있다. 따라서 데이터 보유자가 비밀로 관리하고 있는 경제적 유용성을 가진 비공개 데이터는 영업비밀로서 보호받을 수 있다. 실제로 구글 등 다국적 기업들은 자신의 빅 데이터를 경쟁기업들이나 일반 공중에게 철저하게 비밀로 유지하는 방법을 통해 보호하고 있는 것으로 보인다.[4]

영업비밀에 의한 데이터 보호는 빅 데이터를 구축하고자 하는 동기는 제공할 수 있을지 모르지만 영업비밀을 공개하거나 유통시킬 동기를 제공하기 어렵다. 즉, 영업비밀에 의한 데이터 보호만으로는 데이터의 공개 및 유통을 촉진시키기에는 충분하지 않다.[5]

나. 저작권법상 편집저작물 또는 데이터베이스

저작권법은 편집저작물, 즉 편집물로서 그 소재의 선택·배열 또는 구성에 창작성이 있는 것을 독자적 저작물로 보호한다.[6] 편집물은 저작물이나 부호·문자·음성·영상 그 밖의 형태의 자료의 집합물을 말하며, 데이터베이스를 포함한다.[7] 한편, 우리 저작권법은 소재의 선택·배열에 창작성이 없는 데이터베이스를 저작물로 취급하지 않고, 데이터베이스제작자의 권리를 별도로 규정하여 보호하는 형식을 취하고 있다.[8] 데이터베이스는 소재를 체계적으로 배열 또는 구성한 편집물로서 개별적으로 그 소재에 접근하거나 그 소재를 검색할 수 있도록 한 것을 의미하고,[9] 데이터베이스제작자는 데이터베이스의 제작 또는 그 소재의 갱신·검증 또는 보충에 인적 또는 물적으로 상당한 투자를 한 자를 의미한다.[10]

빅 데이터가 데이터베이스로 그 소재의 선택·배열 또는 구성에 창작성이 있으면 편집저작물로서의 보호를 받을 수 있고, 동시에 데이터베이스제작자에 대한 보호도 가능하다. 반면, 빅 데이터가 그 소재의 선택·배열 또는 구성에 창작성이 없는 경우라면 데이터베이스제작자로서의 보호만을 받을 수 있다.

그런데 이와 같이 편집저작물로서의 보호 또는 데이터베이스제작자로서 보

---

4) 박준석(주 3), 109.
5) 박준석(주 3), 109-110.
6) 저작권법 제6조 제1항, 제2조 제18호.
7) 저작권법 제2조 제17호.
8) 저작권법 제4장.
9) 저작권법 제2조 제19호.
10) 저작권법 제2조 제20호.

호를 받을 수 있는 데이터는 그 소재가 체계적으로 배열·구성된 정형 데이터에 한정된다. 즉, 형태·규격 등이 구조화되지 않아 소재가 체계적으로 배열·구성되어 있다고 볼 수 없는 비정형 내지 부정형 데이터는 데이터베이스의 정의에 부합하지 않기 때문에 저작권법에 의해 보호받을 수 없다.11) 인공지능 학습용 데이터는 크게 텍스트, 음성, 이미지, 동영상 등 주로 비정형 데이터가 다수를 차지하고 있으며, 데이터의 저장구조가 전통적인 DB에 저장하는 방식이 아닌 인공지능 학습에 필요한 데이터 파일 단위로 관리되는 특성이 있는바,12) 저작권법만으로는 이와 같은 비정형 데이터에 대한 보호의 공백이 발생하게 된다.

다. 부정경쟁방지법상 성과 등 무단사용행위

　　개정 전 부정경쟁방지법 제2조 제1호 (카)목[현재는 (파)목으로 변경되었다. 이하, 현행 (카)목과의 혼동을 피하기 위해 (파)목이라고 한다]은 타인의 상당한 투자나 노력으로 만들어진 성과 등을 공정한 상거래 관행이나 경쟁질서에 반하는 방법으로 자신의 영업을 위하여 무단으로 사용함으로써 타인의 경제적 이익을 침해하는 행위를 부정경쟁행위로 규정하고 있다. 위 규정은 이른바 보충적 일반조항으로 기술의 변화 등으로 나타나는 새롭고 다양한 유형의 부정경쟁행위에 적절하게 대응하기 위한 것이다. 판례는 성과 등 무단사용행위에서 보호대상인 '성과 등'의 유형에 제한을 두고 있지 않으므로, 유형물뿐만 아니라 무형물도 이에 포함되고, 종래 지식재산권법에 따라 보호 받기 어려웠던 새로운 형태의 결과물도 포함될 수 있다.13)

　　위 규정의 '성과 등'에는 상당한 투자나 노력으로 구축된 데이터도 포함될 수 있다. 실제로 숙박정보를 제공하는 인터넷 웹사이트 및 모바일 애플리케이션을 운영하는 회사가 크롤링 프로그램을 개발·이용하여 경쟁회사 서버에 저장되어 있는 숙박정보 데이터를 무단으로 복제하여 취득하고 자신의 영업을 위하여 사용한 사안에서 (파)목의 성과 등 무단사용행위를 인정한 사례도 있다.14)

　　한편, 위와 같은 보충적 일반조항에 의한 보호는 향후 발생할 수 있는 다양한 형태의 데이터 무단 수집·이용·유통 행위를 적절히 제재하기에 한계가 있다.15)

---

11) 김윤명, AI 학습데이터의 활성화 방안 연구—AI 학습데이터 공개·보호·활용을 중심으로—, 특허청(2022), 34.

12) 김윤명(주 11), 24.

13) 대법원 2020. 7. 9. 선고 2017다217847 판결.

14) 서울고등법원 2022. 8. 25. 선고 2021나2034740 판결.

15) 채수근(주 2), 1.

구체적으로, 데이터를 제3자로부터 제공받는 자에 대한 규제까지 가능하다고 볼
수 없다는 점,16) 무단 '사용'행위를 규제하는 것이므로 데이터를 '취득'하는 유
형이 포함되기 어렵다는 점17) 등이 한계로 지적되고 있다.18)

3. 새로운 데이터 보호방식에 대한 논의 및 (카)목의 신설

빅 데이터의 생산·유통 및 이용의 촉진시키기 위한 새로운 데이터 보호방
식에 관한 논의는 크게 보면 ① 데이터에 관하여 배타적 권리를 부여하여 물권
적으로 보호하자는 견해(지배권 모델)와 ② 데이터에 배타적 권리를 부여하지
않고 데이터에게 관한 경쟁자의 특정한 침해행위를 부정경쟁행위로 보아 채권
적으로 보호하자는 견해(부정경쟁 모델)로 나뉜다.19) 지배권 모델과 부정경쟁 모
델은 권리를 주장할 수 있는 상대방의 범위, 권능의 범위, 법적 처분 가능성 등
에서 차이가 있다. 지배권 모델이 데이터의 자유로운 흐름을 방해하고 데이터의
결합을 방해할 우려가 있다는 점 등을 근거로 학자들은 대체로 부정경쟁 모델
이 지배권 모델보다 우수하다고 평가하고 있다.20)

(카)목은 데이터에 대한 법적 보호 체계를 마련하되, 데이터에 별도의 물권
적 '권리'를 부여하는 것이 아닌 사회 통념상 시장실패를 야기하는 부정한 '행
위' 유형에 대하여 최소한의 범위에서 규제하려는 취지에서 신설된 조항이다.
(카)목의 신설에 관하여, 빅 데이터 작성자에게 지재권 차원의 보호를 부여함으
로써 빅 데이터 작성을 촉진할 유인책이 조기에 마련되었다는 점, 배타적 독점
권 대신 부정경쟁방지법 특유의 소극적 보호 방식을 선택함으로써 불필요한 논
란을 피하고 훨씬 신축성을 기할 수 있다는 점에서는 긍정적이라고 보면서도,

---

16) 심현주·이헌희, "데이터의 부정경쟁 유형으로의 보호에 관한 소고—일본의 부정경쟁방
   지법 개정을 중심으로", 법학논총 제35집 제4호, 한양대학교 법학연구소(2018), 184.
17) 권영준, "데이터 귀속·보호·거래에 관한 법리 체계와 방향", 비교사법 제28권 제1호
   (2021), 28.
18) 최기성, 개정 부정경쟁방지법상 데이터 보호에 관한 소고, 법학연구 제63권 제1호, 부산
   대학교 법학연구소(2022), 5.
19) 양 견해의 상세한 내용은 이상용, 데이터베이스의 효율적인 보호방안 도출을 위한 연구,
   한국저작권위원회(2022), 49-56 참조.
20) 이동진, 데이터 소유권 개념과 그 실익, 정보법학 제22권 제3호, 정보법학회(2018), 237;
   유대종, 디지털콘텐츠제작자 보호 법리에 관한 소고—온라인디지털콘텐츠산업발전법상의 보
   호 법리를 중심으로—, 법학연구 제15권 제1호, 경상대학교 법학연구소(2007), 68; 정상조
   외 5인, 데이터베이스 보호방안 연구, 한국데이터베이스진흥센터(2000), 61.; 박준석(주 3),
   111; 다만, 두 모델이 서로를 배제하는 관계에 있다고 볼 근거가 없고 두 모델에 의한 보호
   요건을 모두 충족하는 경우에는 중복 적용을 막을 이유도 없다는 견해로 이상용(주 19), 56.

영업비밀 침해행위 규율을 변형한 일본 입법자의 태도를 그대로 추종하여 규정한 부분은 잘못된 것이라는 입법에 대한 평가가 있다.[21]

4. 일본 부정경쟁방지법상 한정제공데이터의 보호

일본은 빅 데이터 시대에 데이터 보호를 위한 대응방안으로 2018년 부정경쟁방지법을 개정하여 '한정제공데이터'에 의한 보호방법을 도입하였는데, 우리 부정경쟁방지법의 (카)목의 규정은 일본의 한정제공데이터에 관한 개정 규정을 입법모델로 한 것이다.[22] 따라서 일본의 한정제공데이터에 관한 해석론은 (카)목의 데이터 부정사용행위에 해당하기 위한 요건을 해석함에 있어서도 참고가 될 수 있으므로, 이하 필요한 범위에서 일본 한정제공데이터에 관한 논의를 함께 소개하기로 한다.

Ⅱ. 데이터 부정사용행위의 요건

1. 본 규정의 보호대상이 되는 데이터

가. 개   요

(카)목은 그 보호대상이 되는 데이터를 "「데이터 산업진흥 및 이용촉진에 관한 기본법」 제2조 제1호에 따른 데이터 중 업(業)으로서 특정인 또는 특정 다수에게 제공되는 것으로서, 전자적 방법으로 상당량 축적·관리되는 기술상 또는 영업상의 정보(제2호에 따른 영업비밀은 제외한다)를 말한다."고 정의하고 있다.[23] 따라서 (카)목의 데이터로 보호받기 위해서는 ① 「데이터 산업진흥 및 이용촉진에 관한 기본법」(이하 '데이터산업법'이라고 한다)에서 정의하는 데이터일 것을 전제로 하면서, ② 한정제공성, 즉 업(業)으로서 특정인 또는 특정 다수에게 제공되는 데이터일 것, ③ 전자적 방법에 의한 축적·관리성(전자적 관리성), ④ 전자적 방법에 의한 상당량의 축적·관리성(상당축적성), ⑤ 기술상 또는 영

---

21) 박준석, 빅 데이터 보호와 유명인의 퍼블리시티 보호를 인정한 새로운 부정경쟁방지법에 관한 소고, 법률신문(2021. 11. 25), 12.

22) 채수근(주 2), 6.

23) 참고로 일본 부정경쟁방지법 제2조 제7항은 한정제공데이터를 "업으로서 특정인에게 제공하는 정보로서 전자적(電磁的) 방법[전자적(電子的) 방법, 자기적(磁気的) 방법, 그 밖에 사람의 지각으로 인식할 수 없는 방법을 말한다. 다음 항에서 같다.]으로 상당량 축적되고 관리되는 기술상 또는 영업상의 정보(비밀로 관리되는 것을 제외한다.)를 말한다."고 정의하고 있다.

업상의 정보일 것, ⑥ 영업비밀이 아닐 것 등의 개별 요건을 모두 충족하는 것이 필요하다.24)

　(카)목은 모든 데이터를 보호 대상으로 삼고 있지 않으며, 위의 요건을 갖춘 데이터만을 보호대상으로 하여 그 보호범위를 한정하고 있는데, 이와 같이 보호 대상이 되는 데이터를 한정한 것은 데이터 제공자와 이용자의 균형을 고려하여 데이터 사용행위를 최소한으로 규율하기 위한 취지이다.25) 데이터 공급자 측에서는 안심하고 데이터를 제공할 수 있는 제도 도입에 대한 요청이 있는 반면, 데이터의 이용자 측에서는 과도하게 광범위한 행위를 부정경쟁행위로 규정한다면 데이터의 활용을 위축시킬 수 있다는 우려가 존재하므로, 양자 간의 균형을 유지할 필요가 있다. 따라서 (카)목의 보호대상이 되는 데이터의 범위를 해석함에 있어서도 이와 같은 데이터 제공자와 이용자의 균형을 고려할 필요가 있다.

나. 데이터산업법 제2조 제1호에 따른 데이터일 것

　(카)목의 보호대상이 되는 데이터는 데이터산업법 제2조 제1호에 따른 데이터일 것을 전제로 하고 있다. 다수의 법률에서 "데이터"라는 동일 용어를 사용하면서 그 정의를 달리 규정할 경우26) 수범자에게 혼란을 줄 소지가 있다는 점이 입법과정에서 지적되어27) 데이터산업법과의 정합성 측면에서 최종적으로 데이터산업법의 정의를 인용하되 이를 재한정(再限定)하여 규정하는 방식이 채택된 것이다. 데이터산업법 제2조 제1호는 데이터를 "다양한 부가가치 창출을 위하여 관찰, 실험, 조사, 수집 등으로 취득하거나 정보시스템 및 「소프트웨어 진흥법」 제2조 제1호에 따른 소프트웨어 등을 통하여 생성된 것으로서 광(光) 또는 전자적 방식으로 처리될 수 있는 자료 또는 정보"라고 정의하고 있다. 위 정의에 따른 개념요소를 간략하게 분설하면 아래와 같다.

(1) 다양한 부가가치 창출을 위하여

　'다양한 부가가치 창출을 위하여'라는 목적 요건은 데이터 시대에 따라 향

24) 차상육, 2021년 개정 부정경쟁방지법상 데이터 보호와 부정사용행위의 규제—2021. 12. 7. 신설된 (카)목을 중심으로—, 정보법학 제26권 제2호, 한국정보법학회(2022), 42.

25) 채수근(주 2), 9.

26) 데이터 관련 법률에서는 각 법률의 목적에 맞게 제한적 의미의 용어를 사용하여 데이터를 정의하고 있다. 예컨대 「공공데이터의 제공 및 이용 활성화에 관한 법률」은 "공공데이터", 「지능정보화 기본법」은 "지능정보기술", 우리 위원회에 계류되어 있는 「산업디지털 전환 촉진법안」은 "산업데이터", 「중소기업 스마트제조혁신 지원법안」은 "제조데이터"라는 용어를 사용하고 있다.

27) 채수근(주 2), 10.

후 경제적 부가가치를 창출할 수 있을 것으로 예견되면 충분하므로, 결국 데이
터 거래계에서 요구하는 경제적 가치를 가지는 것으로 해석하면 족하다.[28]

(2) 관찰 등으로 취득하거나 정보시스템 및 소프트웨어 등을 통해 생성

'관찰, 실험, 조사, 수집 등으로 취득하거나 정보시스템 및 「소프트웨어 진
흥법」 제2조 제1호에 따른 소프트웨어[29] 등을 통하여 생성된 것'은 데이터 취
득 및 생성에 대하여 예시적으로 열거한 것이다.[30]

(3) 광(光) 또는 전자적 방식으로 처리될 수 있는 자료 또는 정보

'광(光) 또는 전자적 방식으로 처리될 수 있는 자료 또는 정보'의 경우, 통
상 수집 등으로 취득하거나, 소프트웨어 등으로 생성된 데이터를 이용하기 위해
서는 각종 전자적(電子的)·자기적(電磁的) 매체에 기록·저장을 하고 유선(동축
케이블, 광통신 케이블 등) 또는 무선 통신 기술을 통하여 유통하는 것이 일반적
이라는 점에서, 실질적으로 유통과 거래가 가능한 데이터를 염두에 둔 것으로
볼 수 있다.[31]

다. 업(業)으로서 특정인 또는 특정 다수에게 제공될 것

(카)목의 보호대상이 되는 데이터는 '업으로서 특정인 또는 특정 다수에게
제공되는 것'이어야 한다. 즉, (카)목은 특정인 또는 특정 다수라는 한정된 범위
내에서 거래와 유통을 위해 업으로 제공되는 데이터만으로 보호대상을 한정하
고 있다. 데이터제공자가 ID와 패스워드가 부여되어 있는 자에 대해서만 데이
터를 제공하는 등 특정한 자에게 선택적으로 제공하는 데이터만을 보호범위에
포함시키고 불특정 다수에게 제공되는 데이터를 보호범위에서 제외함으로써 공
개된 데이터를 이용하고자 하는 경쟁사업자의 경제활동의 안정성 도모하고, 제3
자에게 제공되지 않고 내부적으로만 사용되는 데이터 또한 보호범위에서 제외
함으로써 데이터의 적극적 공개·공유·유통을 통한 가치창출을 극대화하기 위
한 정책적 목적이 반영된 규정이다. 일본의 부정경쟁방지법 제2조 제7항의 한정
제공데이터의 경우에도 이러한 '한정제공성'을 요건으로 하여 보호하고 있는데,

---

28) 차상육(주 24), 43.
29) 컴퓨터, 통신, 자동화 등의 장비와 그 주변장치에 대하여 명령·제어·입력·처리·저장·
   출력·상호작용이 가능하게 하는 지시·명령(음성이나 영상정보 등을 포함한다)의 집합과
   이를 작성하기 위하여 사용된 기술서(記述書)나 그 밖의 관련 자료.
30) 채수근(주 2), 17.
31) 김훈건, 데이터에 관한 개정 부정경쟁방지법의 비판적 검토, 법학논총 제39집 제1호, 한
   양대학교 법학연구소(2022), 263.

양법의 입법취지로 보아 이는 거의 대동소이한 개념으로 볼 수 있다.[32]

(1) 업으로서

"업으로서"란 데이터보유자가 데이터를 반복·계속적으로 제공하는 경우를 의미한다. 아직 실제로 제공하지 않거나 1회만 제공된 경우라 하더라도 데이터보유자에게 그러한 사업의 일환으로 반복·계속적으로 제공할 의사가 인정되는 경우에는 "업으로서"에 해당한다. 개인적·가정적 범주의 실시는 "업으로서"에 해당하지 않는다고 볼 것이지만, 반드시 영리를 목적으로 하는 경우에 한하는 것은 아니다.[33] 업으로 데이터를 제공하였는지 여부는 데이터 제공행위의 반복·계속성, 영업성 등의 유무와 그 행위의 목적이나 규모, 횟수, 기간, 태양 등 여러 사정을 종합적으로 고려하여 사회통념에 따라 판단하여야 할 것이다. "업으로서"에 해당하는 구체적인 예로서, ① 데이터 보유자가 반복하여 데이터를 제공하고 있는 경우(각자에게 1회씩 복수자에게 제공하고 있는 경우나 고객별로 커스터마이즈하여 제공하고 있는 경우도 포함), ② 데이터 보유자가 다음 달부터 데이터 판매를 시작한다는 취지를 홈페이지 등에서 공표한 경우, ③ 컨소시엄 내에서 데이터 보유자가 컨소시엄 구성원에게 제공하고 있는 경우를 들 수 있다.[34]

(2) 특정인 또는 특정 다수

"특정인 또는 특정 다수"란 일정 조건하에서 데이터 제공을 받는 자를 의미하며, 데이터 제공을 받는 자의 수는 무관하다. "특정인 또는 특정 다수"에 해당하는 구체적인 예로서, ① 회비를 지불하면 누구라도 제공을 받게 되는 데이터에 관하여 회비를 지불하고 제공을 받게 되는 자, ② 자격을 갖춘 자만이 참가하는 데이터를 공유하는 컨소시엄에 참가하는 자를 들 수 있다.[35]

그러나 데이터 제공에 일정한 조건을 부가한다고 하더라도 그 조건이나 절차가 느슨하면 특정성의 요건을 만족하지 못하는 결과가 초래될 수 있다.[36] 예를 들어 단지 웹사이트에 방문한 자일 것과 같은 유명무실한 조건만으로는 데이터를 제공받는 자가 특정인 또는 특정 다수에 해당한다고 볼 수 없다.[37] 설령

---

32) 차상육(주 24), 44.
33) 특허법원 지적재산소송실무연구회, 지적재산소송실무(제4판), 박영사(2019), 489.
34) 経済産業省, "限定提供データに関する指針"[平成31年1月23日(最終改訂: 令和4年5月)] (이하 '한정제공데이터 지침'이라고 한다), 9頁.
35) 한정제공데이터 지침, 9-10.
36) 김훈건(주 31), 264.
37) 奥邨弘司, "人工知能に特有の知的成果物の営業秘密・限定提供データ該当性" 法律時報 91巻 8号(2019), 28頁.

데이터 제공자의 주관적인 의사가 특정인 또는 특정 다수에게 데이터를 제공하고자 하는 것이었다고 하더라도, 특정인 또는 특정 다수만이 데이터를 제공받을 수 있도록 하는 적절한 보호조치를 취하지 아니하여 객관적으로 누구든지 해당 데이터에 접근하여 이를 제공받을 수 있었다면, 이는 결국 불특정 다수에게 데이터를 제공하고 있는 것과 다를 바 없기 때문이다.[38]

데이터가 (카)목에 의해 보호받기 위해서는 "특정인 또는 특정 다수"에 대해서만 제공되는 것이어야 하는데, 이는 이용약관 등 계약의 규정에 의해서만 판단하는 것이 아니라 데이터에의 접근에 관한 설계(아키텍처)를 종합적으로 고려하여 판단해야 한다. 따라서 서비스제공자가 데이터를 (카)목에 의해 보호하고자 한다면 계약서나 이용규약에 접근권한에 관한 조건을 부가하는 것만으로는 불충분하고 데이터 접근에 관한 설계를 신중하게 점검할 필요가 있다.[39]

(3) 제공하는 것

'제공한다'는 데이터를 특정인 또는 특정 다수가 이용할 수 있는 상태에 두는 것을 의미한다. 실제로 데이터를 제공하고 있는 경우뿐만 아니라 그 데이터를 제공하는 의사가 인정되는 경우에도 본 요건을 충족한다. 구체적인 예로서, ① 대량으로 축적하고 있는 데이터에 대해 각 고객의 요구에 따라 고객별로 일부 데이터를 제공하고 있는 경우(이 경우 대량으로 축적하고 있는 데이터 전체에 대해 본 요건이 충족됨), ② 클라우드 상에서 보유하고 있는 데이터에 대해 고객이 해당 클라우드에 접속하는 것을 인정하는 경우를 들 수 있다.[40]

(4) 공중에게 널리 무상으로 제공되는 데이터의 문제

일본 부정경쟁방지법은, 공중에게 널리 무상으로 제공되는 오픈데이터는 한정제공데이터에 대한 규정이 적용되지 않음을 명시적으로 밝히고 있다.[41] 이른바 오픈 데이터의 자유로운 이용을 촉진하는 관점에서 적용을 제외하는 것이

---

38) 이러한 경우는 뒤에서 살펴볼 '전자적 관리성' 요건도 충족하지 못하게 될 가능성이 크다.
39) 차상육(주 24), 45.
40) 한정제공데이터 지침, 9-10.
41) 일본 부정경쟁방지법 제19조(적용제외 등) ① 제3조부터 제15조까지, 제21조(제2항 제7호와 관련된 부분을 제외한다) 및 제22조는 다음 각 호의 부정경쟁의 구분에 따라 해당 각 호에서 정하는 행위에 대하여는 적용하지 아니한다.
  8. 제2조 제1항 제11호부터 제16호까지의 부정경쟁: 다음 중 어느 하나에 해당하는 행위
    로(ㅁ)목. 그 상당량 축적되어 있는 정보가 무상으로 공중에게 이용 가능하게 되어 있는 정보와 동일한 한정제공데이터를 취득하거나 그 취득한 한정제공데이터를 사용하거나 혹은 개시하는 행위

다. 아래의 표42)에서 회색 바탕으로 표시된 부분이 무상으로 공중에게 제공된
정보, 즉 오픈데이터의 예에 해당된다.

외부에 제공하는 정보	유상	무상
공중 이용 불가 (특정인만 접근 가능)	• 제휴 기업과 공유하는 고객 명부 • 선박 데이터를 공유하는 컨소시엄 내에서 유료 제공되는 데이터 • 유료 회원을 위한 자동 주행용 지도 데이터 • 유료회원 전용 뉴스 사이트에서 공유되는 기사 • 자신이 저장하는 데이터를 제공하는 것을 조건으로 참가가 인정되는 컨소시엄에서 제공되는 데이터 • 차 내비게이션을 구입한 사용자에게만 추가 제공되는 지도 갱신 데이터	• 업계 단체 내에서 그 회원이면 이용할 수 있는 데이터 • 전용 어드레스를 알고 있는 자만 열람할 수 있는 파일 공유 사이트에 업로드된 화상 데이터 • 등록 무료인 취직 활동 정보 사이트의 구인 정보
공중 이용 가능 (누구나 접속 가능)	• CD-ROM으로 시판 중인 산업조사 보고 데이터(ID·비밀번호 등에 의한 사용자 인증 기술이 되어 있지 않은 데이터)	• 정부 제공 통계 데이터 • 지도회사가 제공하는 피난소 데이터 • 인터넷상으로 자유롭게 열람할 수 있는 한편, 인용하는 경우에는 출전을 명시하는 것이 요구되는 데이터 • 희망하면 누구나 제공받을 수 있는 데이터이며, 데이터의 송료 등 실비 지불은 필요하지만 데이터 자체에 대하여 금전 지불은 요구되지 않는 데이터 • 인터넷상에서 누구나 무상으로 열람 가능하며, 운영자는 광고에 의한 수입을 얻고 있는 데이터 • 자유롭게 열람 및 이용이 가능한 한편, 이용 후 성과도 공중에 대한 이용을 가능하도록 할 것이 요구되는 학습용 데이터

---

42) 김혜정, 개정 부정경쟁방지 및 영업비밀보호에 관한 법률의 주요내용 분석—데이터 부
   정사용행위 및 유명인의 인적 식별표지 무단사용행위를 중심으로—, 한국지식재산연구원
   (2022), 19-20[위 논문에서 '한정제공데이터 지침'을 참고하여 정리한 표이다].

반면, 우리 부정경쟁방지법에는 이와 같은 명시적 적용제외에 관한 규정이 없다. 그러나 불특정 다수에게 제공되는 오픈데이터는 우리 부정경쟁방지법 (타)목에서 규정하고 있는 '특정인 또는 특정다수'에게 제공되는 데이터일 것이 라는 요건을 충족하지 못할 것이다. 따라서 오픈데이터는 우리 부정경쟁방지법 (카)목에 의한 보호를 받지 못한다고 해석함이 타당하다.[43)

라. 전자적 방법으로 상당량 축적·관리될 것
(1) 전자적 방법

'전자적 방법으로 상당량 축적·관리될 것'은 '전자적 방법으로 상당량 축 적'되고, '전자적 방법으로 관리'될 것을 의미하는 것으로 볼 수 있다. 일본 부 정경쟁방지법은 전자적 방법을 "전자적(電子的) 방법, 자기적(磁気的) 방법, 그 밖에 사람의 지각에 의해서는 인식할 수 없는 방법"으로 정의하고 있다. (카)목 은 빅 데이터 등을 염두에 두고, 유용성을 가지는 정도로 축적된 전자 데이터를 보호하고자 하는 데 목적이 있다는 점에서, '전자적 방법'은 이러한 전자 데이 터의 특성을 반영한 요건으로 이해된다.[44)] 예컨대, 육필 원고나 종이에 인쇄된 형태 등 전자적 방식 이외의 매체에 담겨 있는 각종 자료 등은 (카)목에서 보호 하는 데이터가 아니다.

(2) 상당량의 축적

"상당량"이란 개개의 데이터의 성질에 따라서 데이터가 전자적 방법에 의 해 유용성을 가지는 정도의 량이 존재하고 있는 것을 의미한다. 여기서 어느 정 도의 데이터 량이면 "상당량"이라고 말할 수 있는가에 관하여 명확한 기준은 없지만, 일반적으로 해당 데이터가 전자적 방법에 의해 축적됨으로써 창출되는 부가가치, 이용·활용의 가능성, 거래 가격, 데이터의 창출·수집·해석·관리에 있어서 투입된 노력·시간·비용 등을 종합적으로 고려하여 판단할 수 있다.[45)] 한편, 문언상 '상당량'이라는 표현을 사용하고 있지만, 본 요건을 판단함에 있어

---

43) 김혜정(주 42), 20.; 최기성, 개정 부정경쟁방지법상 데이터 보호에 관한 소고, 법학연구 제63권 제1호, 부산대학교 법학연구소(2022), 221도 같은 취지이다. 한편, 차상육(주 24), 55에서는 "위와 같은 일본의 적용제외 규정의 해석론은 공공저작물의 자유이용에 관한 저 작권법 제24조의2에 따른 공공저작물의 자유로운 이용이나, '공공데이터의 제공 및 이용 활성화에 관한 법률'에 따른 공적 영역의 데이터 개방에 따른 공공데이터의 자유로운 이 용의 장면에서, 일정한 경우 사안마다 우리의 해석론으로도 시사를 받을 수 있다 할 것이 다." 정도로 서술하고 있다.
44) 김혜정(주 42), 20.
45) 한정제공데이터 지침, 10-11.

서는 축적된 데이터의 "양"뿐 아니라 "질"도 고려 요소가 될 수 있다. 또한 데이터의 일부가 제공되는 경우에는 그 부분에 관하여 축적되는 것에서 생겨나는 부가가치, 이용 및 활용의 가능성, 거래가격, 데이터의 창출·수집·해석·관리에 있어서 투입된 노력·시간·비용 등을 감안하여 해당 일부에 대해 축적된 가치가 생긴 경우에는 상당축적성이 있는 것으로 판단할 수 있다.[46]

구체적으로, ① 휴대전화의 위치정보를 전국 지역에서 축적하고 있는 사업자가 특정 지역 단위로 추출해 판매하고 있는 경우 그 특정 구역분의 데이터에 대해서도 전자적 방법에 의해 축적됨으로써 거래상의 가치를 가지고 있다고 생각되는 데이터, ② 자동차의 주행 이력을 바탕으로 만들어지는 데이터베이스에 대해 실제로는 해당 데이터베이스를 전체적으로 제공하고 있으며 그 중 일부를 추출하여 제공하지는 않는 경우에도 전자적 방법에 의해 축적됨으로써 가치가 발생하고 있는 일부분의 데이터, ③ 대량으로 축적되고 있는 과거의 기상(氣象) 데이터에서 인력·시간·비용 등을 투입해 태풍에 관한 데이터를 추출·해석함으로써 특정 지역의 태풍에 관한 경향을 정리한 데이터, ④ 분석·해석에 노력, 시간, 비용 등을 들여 작성한 특정 프로그램을 실행시키기 위해 필요한 데이터의 집합물 등이 '상당량의 축적'이라는 요건을 충족할 수 있을 것이다.[47]

(3) 전자적 관리

(카)목의 데이터는 전자적 방법으로 축적되고 관리될 것을 요한다. 즉, 데이터가 전자적으로 축적되고 또 패스워드 등에 의한 디지털적인 접근 통제수단에 의하여 관리되고 있다는 전자적 관리성이 요건으로 되어 있다.

전자적 관리성이 충족되기 위해서는 데이터 제공시 이루어지고 있는 관리조치에 의해 해당 데이터가 특정인에 대해서만 제공하는 것으로 관리하겠다는 보유자의 의사를 제3자가 인식할 수 있도록 되어 있어야 한다.[48] 전자적 관리성 요건의 취지는 제3자의 예견가능성의 확보에 있다. 따라서 전자적 관리로 인정되기 위해서는 해당 데이터 전용의 관리가 이루어지고 있으며 해당 데이터에 대해 특정인에게 제공하는 것으로서 관리할 의사를 제3자로부터 인식할 수 있는 것이어야 한다. 전자적 관리가 있었는지에 대한 판단은 데이터 제공 시에 이루어진 관리조치에 의해 판단되며, 실제로 데이터의 제공을 개시하지 않았더라

---

46) 한정제공데이터 지침, 11.
47) 한정제공데이터 지침, 11.
48) 차상육(주 24), 45-46.

도 객관적으로 볼 때 실제 제공 시 전자적 관리를 예정하고 있음이 인정된다면 전자적 관리성을 충족한 것으로 볼 수 있다.

관리조치의 구체적인 내용·관리 정도는 기업의 규모·업태, 데이터의 성질이나 기타 사정에 따라 달라질 수 있지만, 제3자가 일반적으로 용이하게 인식할 수 있는 관리일 필요가 있다. 이때의 '관리'는 데이터 보유자와 해당 보유자로부터 제공을 받은 자(특정인 또는 특정 다수) 이외의 사람이 데이터에 접근할 수 없도록 하는 조치(접근 제한 조치)를 의미하며, ID와 패스워드, IC카드, 특정 단말기기, 토큰, 생체 정보, 전용 회선에 의한 전송 등이 그 예에 해당될 수 있다.[49]

반면, ① 복제를 할 수 없는 조치가 이루어지고 있지만 접근통제는 이루어지지 않은 경우(DVD로 제공되는 데이터에 대해 해당 데이터를 열람할 수 있지만 복사할 수 없는 조치가 취해진 경우 등), ② 해당 데이터 전용 관리가 이루어지지 않은 경우(즉, 데이터를 제공받고자 하는 자가 해당 데이터를 받기 위해서는 다른 작업을 수행할 수도 있는 방에 설치된 PC에 물리적으로 접속해야 하는 경우에, 데이터 자체에는 전자적인 관리가 되지 않고, 해당 방의 출입만을 전자적으로 관리하는 경우) 등의 경우에는 전자적으로 관리되고 있는 것으로 보기 어렵다.[50]

마. 기술상 또는 영업상의 정보

(카)목은 보호대상이 데이터를 '기술상 또는 영업상의 정보'로 규정하고 있다. 구체적으로 '기술상 정보'로서는 지도 데이터, 기계의 가동(稼働) 데이터, AI 기술을 이용한 소프트웨어의 개발용의 데이터 세트(학습용 데이터 세트)나 해당 학습으로부터 얻을 수 있는 학습완료 모델 등의 정보를 들 수 있다. 또 '영업상 정보'로서 소비동향 데이터, 시장조사 데이터 등의 정보를 들 수 있다.[51]

한편 위법한 정보나 이것과 동일시할 수 있는 공서양속에 반하는 유해한 정보에 대해서는, 부정경쟁방지법상 명시되어 있지는 않지만, 법 제1조의 목적(건전한 거래질서를 유지)을 근거로 보호대상이 되는 기술상 또는 영업상의 정보에는 해당하지 않는다는 견해가 있다.[52] 그러나 데이터에 포함되는 일부 정보의 위법성(예컨대 명예훼손적인 내용이 포함된 데이터, 타인의 저작권을 침해하는 내용이

---

49) 김혜정(주 42), 22.
50) 한정제공데이터 지침, 13.
51) 차상육(주 24), 49-50; 김혜정(주 42), 25.
52) 차상육(주 24), 50.

포함된 데이터, 정보주체의 동의의 범위를 넘어서는 개인정보가 포함된 데이터 등)이 해당 데이터 전체에 대한 (카)목에 의한 보호를 배제한다고 단정하기는 어렵다고 생각된다. 위법한 정보가 포함된 데이터를 (카)목의 데이터의 개념에서 제외하지 않더라도, 데이터제공자의 영업 자체가 전체적으로 위법한 것으로 판단될 경우, 즉, 데이터제공자의 영업상의 이익이 법률상 보호가치가 없는 것으로 판단될 경우에는 그 데이터제공자의 영업상의 이익을 보호하기 위한 손해배상이나 금지청구의 행사를 배제하는 것이 가능할 것이다.[53]

바. 영업비밀이 아닐 것

(카)목이 보호하는 데이터에는 부정경쟁방지법 제2조 제2호의 영업비밀에 해당하는 데이터가 제외되는 것으로 규정되어 있다. 그 결과 영업비밀에 해당하는 데이터는 (카)목에 의해서는 보호되지 않는데, 이러한 제외규정을 둔 것은 제3자에게 제공되는 데이터만을 보호대상으로 함으로써 데이터의 유통·활용을 촉진하고, 영업비밀에 의한 보호와의 중복보호를 피하기 위한 취지이다.[54] 따라서 데이터 제공자가 보유하고 있는 데이터 중 영업비밀에 해당하는 것, 즉 공공연히 알려져 있지 아니하고 독립된 경제적 가치를 가지며, 비밀로 관리된 정보는 부정경쟁방지법 제2조 제2호의 영업비밀로만 보호되고, (카)목에 의한 보호는 받을 수 없다.

일본 부정경쟁방지법은 한정제공데이터의 정의에서 "비밀로서 관리되어 있는 것은 제외한다."고 규정하고 있다. 우리 부정경쟁방지법도 2021. 12. 7. 데이터보호에 관한 (카)목을 신설할 당시 "비밀로서 관리되고 있지 아니한 기술상 또는 영업상의 정보"라고 규정하여 비밀관리정보를 제외하는 것으로 규정하였었다. 그런데 (카)목에 의한 보호를 받기 위해서는 '전자적으로 관리'될 것을 요하고, 이때의 관리는 '데이터 보유자와 해당 보유자로부터 제공을 받은 자(특정인 또는 특정 다수) 이외의 사람이 데이터에 접근할 수 없도록 하는 조치(접근 제한)'를 의미한다는 점에서 본다면, 실무상 영업비밀의 성립요건으로서의 '비밀관리성'과의 구별이 문제될 수 있었다.[55] 즉, (카)목의 데이터의 경우 전자적 관리성이 요구되는데, 전자적 관리성에서의 엑세스 제한이 갖추어지면 비밀관리성도 만족하는 것이 아닌지 의문이 생길 수 있었던 것이다.[56] 또한 데이터보유자

---

53) 정상조, 부정경쟁방지법 주해, 박영사(2020), 397(백강진 집필부분).
54) 채수근(주 2), 9.
55) 김혜정(주 42), 23.

가 특정인에게 제공하는 데이터가 비밀로 관리되기는 하지만 비공지성의 요건
을 충족하지 않는 경우에는 영업비밀로도 보호받을 수 없고, (카)목에 의해서도
보호받을 수 없어 보호의 공백이 생길 소지가 있었다.[57]

그런데 2024. 1. 25. 개정된 (카)목에서는 보호대상인 데이터의 개념에서
'비밀로서 관리되고 있지 아니한' 대신 영업비밀을 제외하는 것으로 변경하여
(카)목의 데이터에 관한 해석을 보다 간명하게 하였다. 즉, 데이터산업법 제2조
제1호에 따른 데이터 중 업으로서 특정인 또는 특정 다수에게 제공되는 것으
로서, 전자적 방법으로 상당량 축적·관리되는 기술상 또는 영업상의 정보는
영업비밀의 요건을 만족할 경우 영업비밀로서 보호되고, 영업비밀의 요건을 만
족하지 않는 경우 (카)목에 의해 보호될 수 있게 되어 보호의 공백 문제가 해
결되었다.

다만, 영업비밀 요건으로서의 비밀관리성과 (카)목의 보호요건으로서 전자
적 관리성 사이의 구별 문제는 여전히 의미가 있다. 우리 판례는 영업비밀에서
비밀관리성의 의미를 "그 정보가 비밀이라고 인식될 수 있는 표시를 하거나 고
지를 하고, 그 정보에 접근할 수 있는 대상자나 접근 방법을 제한하거나 그 정
보에 접근한 자에게 비밀준수의무를 부과하는 등 객관적으로 그 정보가 비밀로
유지·관리되고 있다는 사실이 인식 가능한 상태인 것"으로 정의한다.[58] 비밀관
리성은 영업비밀보유기업의 비밀관리의사가 비밀관리 조치에 의해 종업원 등에
대해 명확히 제시되고, 해당 비밀관리의사에 대한 종업원 등의 인식가능성이 확
보되어야 하며, 해당 요건이 충족되기 위해서는 적어도 보유자에게 비밀로 관리
할 의사가 있어야 한다.[59]

일본 한정제공데이터 지침은 동일한 데이터에 대해서도 상황에 따라 비밀
관리성 유무를 달리 판단할 수 있다고 한다. 한정제공데이터에 대해서도 ID·패
스워드 등에 의한 전자적 관리, 제공처에 대한 '제3자 공개 금지'의 의무를 부
과하는 등의 조치가 이루어지는 경우가 있을 수 있다. 그러나 이러한 조치가 대
가를 확실히 얻는 것 등을 목적으로 하는 것에 그치고, 그 목적이 충족되는 한

---

56) 최기성(주 43), 15.
57) 차상욱(주 24), 51.
58) 대법원 2008. 7. 10. 선고 2008도3435 판결. 비밀관리성 요건은 원래 '상당한 노력'에 의
    한 비밀유지에서, 2015년 부정경쟁방지법 개정으로 '합리적인 노력'으로, 다시 2019년 개
    정으로 '비밀로 관리될 것'만으로 완화되어 왔다.
59) 차상욱(주 24), 51.

누구에게 데이터가 알려져도 좋다는 방침 하에 행해지고 있는 경우에는 이들 조치는 비밀로 관리하는 의사에 근거한 것이 아니며, 해당 의사를 객관적으로 인식할 수 있는 것도 아니다. 따라서 그러한 경우에는 법 제2조 제7항의 한정제공데이터의 정의에 규정되는 '비밀로서 관리되고 있는 것을 제외한다'의 '비밀로서 관리되고 있는' 것에는 해당하지 않는다.[60]

예를 들면 종업원에 대해 사외비로 제3자 개시금지 등의 비밀유지의무를 과하고 전자적 관리를 행한 데이터는 영업비밀로 보호될 수 있지만, 데이터 보유자가 제3자와 공유하는 것에 가치를 찾아 제공을 개시하거나, 그 데이터의 판매에 상업상 기회를 찾아내어 제3자에 대해 소정 요금으로 판매를 개시하는 경우 판매 전후로 사내 관리태양에 변경이 없어도 데이터 보유자가 그러한 판매의사가 명확하게 된 시점부터 그 비밀관리의사가 상실되어 해당 데이터는 비밀로 관리되는 것에 해당하지 않게 되는 것으로 정리된다고 한다. 또 이때 판매를 실제 하지 못하고 그만둔 경우 다시 사외비로 관리한다는 비밀관리의사가 명확하게 되는 시점에서 해당 데이터가 의연히 비공지성 등의 요건을 만족하는 경우에는 판매사업의 개시 전과 같이 영업비밀로 보호될 수 있다고 한다.[61]

한편, 특정한 데이터가 (카)목으로 보호받을 수 있을지 아니면 영업비밀로 보호받을 수 있을지 불분명한 경우, 데이터보유자는 침해자에 대하여 선택적으로 양 규정에 의한 보호를 청구함으로써 구제를 받을 수 있을 것으로 보인다.

2. 데이터 부정사용행위의 유형

가. 개 요

부정경쟁방지법은 데이터 제공자에게 (카)목에 의해 보호받는 데이터에 관한 독점권을 부여하여 허락받지 않은 제3자의 데이터 사용행위를 모두 금지하는 방식(권리부여형)이 아니라, 위 데이터에 관한 일정한 유형의 부정사용행위만을 규제하는 방식(행위규제형)으로 데이터를 보호하고 있다. 이는 부정경쟁의 대상이 되는 행위에 관해서는 데이터 제공자의 이익을 적절하게 보호하는 한편 데이터 이용 및 활용을 위축시키지 않도록 양자의 균형을 고려하여 정당한 사업활동을 저해하지 않는 범위에서 필요최소한의 규율을 두기 위한 입법취지로

---

60) 한정제공데이터 지침, 15-16.
61) 한정제공데이터 지침, 16.

이해된다.62)

(카)목은 부정경쟁행위의 구체적 태양을 ① 접근권한 없는 자의 부정취득·
사용·공개 행위[(카)목의 1(제1유형)], ② 접근권한 있는 자의 신의칙 위반 행위
[(카)목의 2(제2유형)], ③ 악의적 전득행위[(카)목의 3(제3유형)], ④ 기술적 보호
조치 무력화행위[(카)목의 1(제4유형)]로 나누어 규정하고 있다.

나. 접근권한 없는 자의 부정취득·사용·공개 행위(제1유형)

(카)목의 (1)은 '접근권한이 없는 자가 절취·기망·부정접속 또는 그 밖의
부정한 수단으로 데이터를 취득하거나 그 취득한 데이터를 사용·공개하는 행
위'를 부정경쟁행위로 규정하고 있다. 이는 영업비밀 침해행위의 하나인 절취,
기망, 협박, 그 밖의 부정한 수단으로 영업비밀을 취득하는 행위(이하 '부정취득
행위') 또는 그 취득한 영업비밀을 사용하거나 공개(비밀을 유지하면서 특정인에게
알리는 것을 포함한다)하는 행위63)에 대응하는 규정이다. 이 유형에 해당하는 예
로 ① 정규회원의 ID·패스워드를 그 회원의 허락없이 이용하여, 데이터 제공사
업자의 서버에 침입하고 정규회원에게만 제공되고 있는 데이터를 자기의 컴퓨
터에 복제하는 행위, ② 부정한 접근행위에 의해 데이터 제공사업자의 서버로부
터 부정취득한 데이터를 데이터 브로커(중개인, 플랫폼 등)에게 판매하는 행위 등
을 들 수 있다.64)

(1) 접근권한 없는 자

제1유형의 부정경쟁행위에 해당하기 위해서는 접근권한 없는 자의 행위이
어야 한다. (카)목의 데이터는 그 보유자가 특정한 자를 지정하여 전자적으로
관리하는 정보를 보호 대상으로 하고 있으므로, 이때의 접근 권한은 데이터 보
유자가 설정한 데이터에 관한 전자적 관리 방법 및 절차에 따라 데이터의 취득,
사용, 공개 등 일정한 행위를 할 수 있는 권한을 의미한다.65) 접근권한이 있는
자의 데이터 취득 행위는 뒤에서 살펴볼 제2유형의 신의칙 위반 행위에 해당하
지 않는 한 원칙적으로 (카)목의 부정경쟁행위에 해당되지 않는다.

(2) 부정한 수단

부정한 수단은 형법상 범죄가 되는 경우뿐 아니라 선량한 풍속 기타 사회

---

62) 김혜정(주 42), 4; 차상육(주 24), 55.
63) 부정경쟁방지법 제2조 제3호 (가)목.
64) 차상육(주 24), 58.
65) 김훈건(주 31), 272.

질서에 반하는 일체의 행위를 의미한다.66) (카)목의 (1)에서 규정하고 있는 절
취·기망·부정접속은 부정한 수단의 예시이다. 영업비밀 침해행위와 달리 부정
한 수단에서 협박이 제외되고 부정접속이 포함되어 있다. 그렇다고 하여 협박의
방법으로 데이터를 취득한 것이 제1유형의 부정경쟁행위에 해당하지 않는다고
보기는 어렵다. 데이터 보유자를 협박하는 방법으로 데이터를 취득한 것은 사회
질서에 반하는 행위로서 '그 밖의 부정한 수단'에 해당한다고 봄이 타당하다.
'부정접속'은 데이터의 특성을 고려하여 부정한 수단의 예시로 규정한 것으로
이해되는데, 정보통신망법상 침해행위의 하나인 접근 권한 없는 침입행위67)에
해당하는 경우나 그에 준하는 행위를 부정접속행위로 볼 수 있을 것이다.68)

부정한 수단으로 데이터를 취득하는 구체적인 예로, 데이터가 저장된 USB
메모리를 절도하는 행위, 정당한 데이터 수령자로 위장하여 데이터 보유자에게
데이터를 자신이 관리하는 서버에 넣도록 지시하는 메일을 송신하여 권원이 있
는 자로부터 온 메일이라고 오해한 데이터 보유자로 하여금 자신의 서버에 데
이터를 넣도록 시키는 행위, 데이터 보유자에게 컴퓨터 바이러스를 보내어 그
회사가 관리하는 비공개 서버에 저장된 데이터를 빼내는 행위, 데이터에 접근할
정당한 권원이 있는 것처럼 위장하여 데이터 접근을 위한 비밀번호를 무단으로
입수하여 데이터를 취득하는 행위 등을 상정해 볼 수 있다.69)

(3) 취득행위

'취득'은 데이터를 자기의 관리 하에 두는 것을 의미한다. 데이터를 종이에
인쇄하여 반출하거나, 데이터가 저장된 USB 메모리 등의 유체물을 취득하는 방
식으로 데이터를 취득할 수도 있지만 데이터를 연 컴퓨터 디스플레이의 사진이
나 비디오를 촬영하거나 데이터가 기록된 전자 파일을 첨부한 메일을 전송하게
하고 수신하는 등 데이터가 기록되어 있는 매체 등의 이동을 수반하지 않는 형
태로 데이터를 취득하는 것도 가능하다. 나아가 자신의 계정에 관계되는 클라우

---

66) 대법원 1996. 12. 23. 선고 96다16605 판결 참조("부정경쟁방지법 제2조 제3호 (가)목 전
    단에서 말하는 '부정한 수단'이라 함은 절취·기망·협박 등 형법상의 범죄를 구성하는 행
    위뿐만 아니라 비밀유지의무의 위반 또는 그 위반의 유인 등 건전한 거래질서의 유지 내
    지 공정한 경쟁의 이념에 비추어 위에 열거된 행위에 준하는 선량한 풍속 기타 사회질서
    에 반하는 일체의 행위나 수단을 말한다").
67) 정보통신망 이용촉진 및 정보보호 등에 관한 법률 제48조(정보통신망 침해행위 등의 금
    지) ① 누구든지 정당한 접근권한 없이 또는 허용된 접근권한을 넘어 정보통신망에 침입
    하여서는 아니 된다.
68) 최기성(주 43), 18.
69) 김혜정(주 42), 27.

드상의 영역 등에서 데이터를 이용할 수 있는 상태가 되어 있는 경우 등과 같이 자신의 컴퓨터나 USB 메모리에 다운로드하지 않아도 '취득'에 해당할 수 있다.[70] 대법원은 영업비밀의 취득과 관련하여, 사회통념상 영업비밀을 자신의 것으로 만들어 이를 사용할 수 있는 상태가 되면 인정되는 것으로 보고, ① 유체물의 점유를 취득하는 형태나 ② 영업비밀 자체를 직접 인식하고 기억하는 형태 뿐 아니라 ③ 영업비밀을 알고 있는 사람을 고용하는 형태로 이루어질 수도 있는 것으로 폭넓게 해석하고 있는데,[71] 데이터의 취득과 관련하여서도 같은 해석론을 적용할 수 있을 것이다.

(4) 부정취득 후 사용행위

사용은 부정한 수단으로 취득한 데이터를 이용하는 행위로,[72] 데이터를 사용하여 연구·개발하거나 물품을 제조하거나 프로그램을 작성하는 행위 등을 생각할 수 있다. 또한 취득한 데이터에서 인공지능 기술을 이용한 소프트웨어 개발용의 학습용 데이터 세트를 작성하기 위해 분석 및 해석하는 행위 등도 데이터 사용의 예로 볼 수 있다.[73]

부정 취득자로부터 데이터를 전득한 자의 사용은 제3유형의 부정사용행위에 해당하므로, 본호의 사용은 부정한 수단으로 데이터를 취득한 자 자신이 그 데이터를 이용하는 경우로 한정된다.

(5) 부정취득 후 공개행위

공개는 부정한 수단으로 취득한 데이터를 제3자가 알 수 있는 상태로 두는 것을 의미하며, 실제로 제3자가 알았다거나, 반드시 공개의 상대방이 취득에 이를 것까지는 요하지 않는다. 예를 들어, 누구나 열람이 가능한 홈페이지에 데이터를 업로드하는 경우도 공개에 해당할 수 있다. 또한 비밀을 유지하면서 특정인에게 알리는 행위를 포함한다. 예를 들어 부정 취득한 데이터를 비밀을 유지한 채 경쟁사에게 판매하는 행위도 본호의 공개에 해당한다.[74]

---

70) 김혜정(주 42), 27.
71) 대법원 1998. 6. 9. 선고 98다1928 판결.
72) 참고로 대법원은 영업비밀의 사용의 의미에 관하여 '영업비밀 본래의 사용 목적에 따라 이를 상품의 생산·판매 등의 영업활동에 이용하거나 연구·개발사업 등에 활용하는 등으로 기업활동에 직접 또는 간접적으로 사용하는 행위로서 구체적으로 특정이 가능한 행위'라고 해석하고 있다(대법원 1998. 6. 9. 선고 98다1928 판결; 대법원 2009. 10. 15. 선고 2008도9433 판결 등 참조).
73) 김혜정(주 42), 28.
74) 정상조(주 53), 345, 346(김병일 집필 부분).

이와 관련하여, 제2유형의 접근권한 있는 자의 신의칙 위반에 관한 규정에
는 '사용·공개·제3자 제공 행위'가 모두 포함되어 있는 반면, 제1유형과 관련
하여서는 '제3자 제공 행위'가 포함되어 있지 않으므로, 제1유형의 '공개'에는
비밀을 유지한 채 제3자에게 제공하는 것은 포함되지 않는다는 견해도 불가능
한 것은 아니다. 그러나 본 유형에서 '공개'의 해석을 영업비밀 침해행위의 '공
개'에 관한 해석[75]과 달리할 이유가 없으므로, 본 유형의 '공개'에 비밀을 유지
하면서 제3자에게 제공하는 행위를 포함한다고 해석하는 것이 타당하다. 이와
관련하여, '공개행위'는 제3자가 취득하는 경우는 물론 취득할 수 있는 상태까
지 넓게 인정되는 행위이므로 제2유형에 '공개' 이외에 '3자에게 제공하는 행
위'를 굳이 추가적으로 규정할 필요가 없는바, 이는 입법기술상의 과오로 보인
다는 지적이 있다.[76]

부정 취득한 데이터를 사용하여 생성된 데이터베이스 등 성과물을 공개하
는 행위는 그 성과물이 원래 데이터와 실질적으로 같은 경우나 실질적으로 같
은 것을 포함하고 있다고 평가되는 경우에는 원래 데이터의 공개에 해당되며,
그렇지 않다고 평가되는 경우에는 본호의 공개에 해당하지 않는다.[77]

다. 접근권한 있는 자의 신의칙 위반(제2유형)

(카)목의 (2)는 '데이터 보유자와의 계약관계 등에 따라 데이터에 접근권한
이 있는 자가 부정한 이익을 얻거나 데이터 보유자에게 손해를 입힐 목적으로
그 데이터를 사용·공개하거나 제3자에게 제공하는 행위'를 부정경쟁행위로 규
정하고 있다. 이는 영업비밀 침해행위의 하나인 "계약관계 등에 따라 영업비밀
을 비밀로서 유지하여야 할 의무가 있는 자가 부정한 이익을 얻거나 그 영업비
밀의 보유자에게 손해를 입힐 목적으로 그 영업비밀을 사용하거나 공개하는 행
위"[78]에 대응하는 규정이다. 이 유형에 해당하는 예로, ① 데이터 제공자를 위
하여 분석을 위탁받고 데이터 제공을 받았음에도 불구하고 그 위탁계약에서 위
탁받은 업무의 목적 외의 사용이 금지되어 있는 것을 인식하면서 무단으로 그
데이터를 목적 외로 사용하고 다른 회사의 소프트웨어를 개발하고 부정한 이익
을 얻는 행위, ② 데이터 공유를 행하는 컨소시움(consortium)이나 협의체가 회

---

75) 정상조(주 53), 345(김병일 집필 부분).
76) 김훈건(주 31), 275.
77) 한정제공데이터 지침, 20~21.
78) 부정경쟁방지법 제1조 제3호 (라)목.

원에게 데이터를 제공하는 경우에 있어서 해당 회원이 서면에 의한 계약에 의
해 제3자에게 제공하는 행위가 금지되는 데이터인 것을 명확하게 인식하면서
해당 데이터를 데이터 브로커(중개인, 플랫폼 등)에게 판매하여 부정한 이익을 얻
는 행위 등을 들 수 있다.79)

(1) 계약관계 등에 따라 데이터 접근권한이 있는 자

위탁, 프랜차이즈, 컨소시엄, 라이선스, 고용 등 계약에 의한 접근권한을 가
지게 된 자가 허락의 범위를 초과하여(제3자 제공금지 의무위반, 목적 외 사용금지
의무위반 등) 데이터를 사용·공개하는 행위는 부정경쟁행위에 해당될 수 있다.

우리 판례는 영업비밀 침해사건에서 '계약관계 등에 의하여 영업비밀을 비
밀로서 유지할 의무'에 대하여 "계약관계 존속 중은 물론 종료 후라도 또한 반
드시 명시적으로 계약에 의하여 비밀유지의무를 부담하기로 약정한 경우뿐만
아니라 인적 신뢰관계의 특성 등에 비추어 신의칙상 또는 묵시적으로 그러한
의무를 부담하기로 약정하였다고 보아야 할 경우를 포함한다."고 판단한 바 있
다.80) 이러한 판례의 태도를 고려하면 고용계약, 사용허락계약 등에 의한 경우
뿐만 아니라, 일정한 사실관계에 근거하여 신의칙 또는 묵시적인 약정이 있다고
볼 수 있는 경우에도 본 요건이 인정될 수 있다.

또한 계약 등에 따라 허용된 접근 권한을 초과한 경우에도 데이터 접근권
한이 있는 자에 포함될 수 있다. 다만, 허용된 접근권한을 초과한 것만으로 제2
유형의 부정경쟁행위가 되는 것은 아니며, 그 자에게 부정한 이익을 얻거나 데
이터 보유자에게 손해를 입힐 목적이 인정되고 데이터가 사용·공개되어야 부정
경쟁행위가 된다.81)

한편, 한편 일본 부정경쟁방지법 제2조 제1항 제14호는 "한정제공데이터를
보유하는 사업자로부터 그 한정제공데이터를 제공받은 경우에 있어, 부정한 이
익을 얻을 목적 또는 그 한정제공데이터 보유자에게 손해를 가할 목적으로, 그
한정제공데이터를 사용하는 행위(그 한정제공데이터의 관리에 관한 임무에 위반하
여 행하는 경우로 한정) 또는 개시하는 행위"를 부정경쟁행위로 규정하고 있다.
즉, 접근권한 있는 자의 행위 태양 중 '개시'와 달리 '사용'에는 "한정제공데이
터의 관리와 관련된 임무에 위반하여 이행하는 것으로 한정"하고 있다. 예를 들

---

79) 차상육(주 24), 58, 59.
80) 대법원 1996. 12. 23. 선고 96다16605 판결.
81) 김혜정(주 42), 29-30.

어 데이터 보유자를 위하여 데이터 가공을 요청받은 경우 등은 위탁 신임 관계
가 인정되므로 그 데이터를 임무에 위반하여 사용할 경우 한정제공데이터 부정
사용에 해당할 수 있지만, 신상품 개발 등을 목적으로 오로지 데이터 취득자를
위해 데이터를 구입한 경우에는 위탁 신임 관계가 부정되므로 데이터 취득자에
게 한정제공데이터의 "사용"과 관련한 부정경쟁행위에 해당할 여지는 없다.[82]
이는 정당하게 데이터를 취득한 자가 취득한 데이터를 사용하는 것에 그치는
경우(공개하지 않은 경우), 데이터 취득 자제는 정당하게 이루어졌으므로 데이터
의 유통의 안정성 확보를 위하여 부정사용으로 보는 행위를 한정한 것으로 볼
수 있다. 즉, 데이터의 유통을 확보하는 관점에서 취득자의 사업활동에의 위축
효과가 미치지 않도록 배려할 필요가 있어 부정경쟁으로서의 사용행위를 횡령 ·
배임에 상당하는 악질성 높은 행위에 한하기 위한 취지이다.[83]

　　우리 부정경쟁방지법은 접근권한 있는 자의 "사용"이라는 행위태양에 대하
여 위와 같은 가중요건을 별도로 규정하고 있지는 않지만 우리 부정경쟁방지법
(카)목을 해석함에 있어서도 '데이터 제공자의 이익을 보장하면서도 데이터 활
용이 위축되지 않도록 필요 최소한으로 규율'하고자 하는 입법취지를 고려할
필요가 있는바, 오로지 데이터 취득자의 이익을 위해 정당하게 데이터를 취득한
자가 취득한 데이터를 사용하는 행위에 대하여 (카)목을 적용하는 것은 신중해
야 할 것이다.

(2) 부정한 이익을 얻거나 데이터 보유자에게 손해를 입힐 목적

　　부정한 이익을 얻거나 데이터 보유자에게 손해를 입힐 목적이라는 주관적 요
건을 규정한 것은 계약 등에 근거하여 정당하게 취득한 데이터를 사용 · 공개하
는 행위를 과도하게 위축시키지 않기 위하여, 단순 계약 위반을 넘어 이러한 주
관적 요건이 충족된 행위에 대해서만 부정경쟁행위로 취급하고자 한 취지이다.[84]

　　'부정한 이익을 얻거나'라 함은 계약관계 등에 따라 데이터에 접근할 권한
을 가진 자가 데이터 제공자에게 부담하는 계약상 또는 신의칙상 의무를 위반
하여 그 데이터를 사용 · 공개하여 이익을 얻는 행위를 의미한다. 손해를 입힐
목적은 데이터 보유자에 대해 재산상 손해, 신용 상실, 기타 유형무형의 부당한
손해를 가할 목적인 것을 말하고 현실의 손해가 발생할 것까지 요구되지 않는

---

82) 한정제공데이터 지침, 34.
83) 한정제공데이터 지침, 32.
84) 김혜정(주 42), 31.

다.[85]

예를 들어 ① 제3자 공개 금지가 규정된 라이선스 계약에 근거하여 한정제
공데이터를 취득한 자가 제3자 공개 금지임을 인식하면서 해당 데이터의 상당
한 축적성을 충족하는 일부를 자사의 서비스에 캡처하여 고객에게 공개하는 경
우, ② 제3자 공개 금지가 규정된 라이선스 계약에 근거하여 한정제공데이터를
취득한 자가 제3자 공개 금지임을 인식하면서 보유자에게 손해를 가할 목적으
로 해당 데이터를 홈페이지에 공개하는 경우, ③ 위탁된 분석 업무에만 사용한
다는 조건에서 취득한 데이터를 그 조건을 인식하면서 무단으로 자사의 신제품
개발에 사용하는 경우 등은 부정한 목적을 인정할 수 있을 것이다.[86]

한편, 데이터 이용자가 데이터 사용자에게 대가를 지급하고 데이터 접근권
한을 얻은 경우 등과 같이 오로지 데이터 취득자의 이익을 위해 정당하게 데이
터를 취득한 자가 취득한 데이터를 자신의 이익을 위해 사용하는 행위에 관하
여는, 설령 그와 같은 사용행위에 계약위반에 해당하는 부분이 있었다고 하더라
도 그러한 사정만으로 곧바로 부정한 목적을 인정하기는 어려울 것이다.

(3) 사용 · 공개 · 제3자 제공

이 유형은 데이터 보유자와의 계약관계 등에 따라 접근권한을 가진 경우이
므로 취득은 제외된다. 사용 · 공개의 의미는 앞서 제1유형에서 검토한 바 있으
므로, 이 부분에서는 언급을 생략한다. 제1유형과 달리 '제3자 제공'이 추가로
규정되어 있으나, '공개'의 의미에 '제3자 제공'이 포함되는 것으로 해석할 수
있음은 앞서 본 바와 같다.

라. 악의적 전득행위(제3유형)

(카)목의 (3)은 '접근권한 없는 자의 부정취득 · 사용 · 공개(제1유형) 또는 접
근권한 있는 자의 신의칙 위반(제2유형)이 개입된 사실을 알고 데이터를 취득하
거나 그 취득한 데이터를 사용 · 공개하는 행위'를 부정경쟁행위로 규정하고 있
다. 이는 영업비밀 침해행위 중의 하나인 "영업비밀에 대하여 부정취득행위가
개입된 사실을 알거나 중대한 과실로 알지 못하고 그 영업비밀을 취득하는 행
위 또는 그 취득한 영업비밀을 사용하거나 공개하는 행위"[87]에 대응하는 규정
이다. 다만, 데이터에 관한 부정경쟁행위에 있어서는 중대한 과실로 알지 못하

---

85) 정상조(주 53), 368-369(박준석 집필 부분).
86) 김혜정(주 42), 31.
87) 부정경쟁방지법 제1조 제3호 (나)목.

는 유형은 제외하고 오로지 악의(惡意)인 자만을 규율 대상으로 하였다. 일본 부정경쟁방지법도 중대한 과실은 제외하는데, 전득자는 부정 경위의 유무의 확인 등의 주의의무나 조사의무를 부담하지 않는다는 의미로 이해된다.[88]

이 유형에 해당하는 예로서는, 예컨대 부정접속행위에 의하여 취득된 데이터인 것을 알면서 해당행위를 행한 해커로부터 그 데이터를 수취하는 행위나, 그 후 자사의 프로그램개발에 해당 데이터를 사용하는 행위 등을 들 수 있다.[89]

(1) 악   의

접근권한 없는 자의 부정취득·사용·공개(제1유형)에 대한 악의는 데이터가 부정취득·사용·공개되었음을 인식하고 있음을 의미한다. 데이터를 부정취득한 자로부터 직접 취득한 경우뿐만 아니라 간접적으로 취득한 경우에도 악의가 있었다면 부정사용행위에 해당된다. 이때 악의가 인정되기 위해서는 데이터 부정취득·사용·공개의 존재를 인식하고, 부정취득·사용·공개가 된 데이터와 전득한 데이터가 동일한 것이라는 점에 대해 인식하여야 한다.[90]

접근권한 있는 자의 신의칙 위반(제2유형)에 대한 악의가 인정되기 위해서는 부정한 이익을 얻거나 데이터 보유자에게 손해를 입힐 목적으로 데이터 보유자로부터 취득한 데이터를 공개하거나 제3자에게 제공하는 행위의 존재를 인식하고, 신의칙을 위반하여 부정사용행위가 이루어진 데이터와 전득한 데이터가 동일하다는 점에 대해 인식하여야 한다.[91]

(2) 중과실에 의한 전득

영업비밀 침해행위에는 부정취득 또는 신의칙 위반이 개입된 사실을 '중과실'로 알지 못한 전득자의 행위까지도 포함되는 반면, 데이터 부정사용행위의 경우에는 부정취득 또는 신의칙 위반이 개입된 사실을 중과실로 알지 못한 경우에는 규제의 대상에서 제외된다. 이는 부정경쟁방지법의 개정 과정에서 "① 영업비밀과 달리 이 법의 보호 대상인 데이터는 '특정 다수에게 제공된 비밀로서 관리되지 않는 정보'인 점, ② 영업비밀의 경우 생산·이용·유통 과정에 참여하는 사람이 제한적이고 입수 경로 확인이 비교적 쉬운 반면, 데이터는 복제가 쉽고 타인의 접근을 통제하기 어려운 특성상 여러 단계에 걸쳐 다수가 동시에 참여하여 명확한 입수 경로 확인이 어려운 점 등 을 고려할 때, 고의가 아닌

---

88) 한정제공데이터 지침, 37.
89) 차상육(주 24), 61.
90) 한정제공데이터 지침, 32.
91) 김혜정(주 42), 33.

'중과실'로 알지 못한 전득자의 행위까지 규제하는 것은 다소 과도한 측면이 있다는 비판과 함께 집행에 혼란을 초래할 소지가 있어 보이므로, '중과실로 알지 못한 경우'는 규제 대상에서 제외할 필요성은 없는지에 대해서도 검토가 필요하다."는 의견[92]이 제시됨에 따라, 이를 반영한 것으로 보인다.

(3) 사후적 전득

사후적 전득행위의 경우, 데이터 부정사용행위는 사전적 전득행위만을 규제 대상으로 삼고 있는 반면, 영업비밀 침해행위는 사전적 전득행위뿐만 아니라 사후적 전득행위까지도 규제 대상에 포함시키고 있다. 이는 영업비밀과는 달리 데이터는 그 산업의 특성상 원(原) 데이터를 그대로 사용하는 경우는 드물고 이종(異種)의 데이터를 결합하여 새로운 서비스를 창출하는 경우가 대부분임을 고려할 때, 선의로 취득한 데이터를 다른 데이터와 결합하여 서비스를 창출·제공하던 사업자가 취득한 데이터에 부정한 경위가 개입되었던 사실을 사후에 알게 된 경우까지 규제하는 것은 관련 산업을 과도하게 위축시킬 우려가 있다는 정책적 판단이 고려된 것이다.[93]

마. 기술적 보호조치 무력화행위(제4유형)

(카)목의 4는 "정당한 권한 없이 데이터의 보호를 위하여 적용한 기술적 보호조치를 회피·제거 또는 변경(이하 "무력화"라 한다)하는 것을 주된 목적으로 하는 기술·서비스·장치 또는 그 장치의 부품을 제공·수입·수출·제조·양도·대여 또는 전송하거나 이를 양도·대여하기 위하여 전시하는 행위. 다만, 기술적 보호조치의 연구·개발을 위하여 기술적 보호조치를 무력화하는 장치 또는 그 부품을 제조하는 경우에는 그러하지 아니하다."라고 규정하고 있다. 이 규정은 데이터 자체의 규제가 아니라 데이터 보호를 위해 적용된 기술적 보호조치의 무력화를 규제하기 위한 점에 유의할 필요가 있다. 다른 규정과는 달리 이 규정을 위반하면 민사적 책임과 더불어 형사적 책임까지 부담한다.

저작권법 제104조의2 제1항은 "누구든지 정당한 권한 없이 고의 또는 과실로 제2조 제28호 (가)목의 기술적 보호조치를 제거·변경하거나 우회하는 등의 방법으로 무력화하여서는 아니 된다."하여 '접근통제조치의 직접적인 무력화행위 금지'를 규정하고 있고, 제2항은 "누구든지 정당한 권한 없이 다음과 같은 장치, 제품 또는 부품을 제조, 수입, 배포, 전송, 판매, 대여, 공중에 대한 청약,

---

92) 채수근(주 2) 16.
93) 채수근(주 2) 15.

판매나 대여를 위한 광고, 또는 유통을 목적으로 보관 또는 소지하거나, 서비스를 제공하여서는 아니 된다."고 하여 기술적 보호조치의 무력화 예비행위를 규정하고 있다. 저작권법상 기술적 보호조치와 비교할 때, 부정경쟁방지법의 기술적 보호조치는 법조문의 문언상 '기술적 보호조치 무력화 예비행위'를 규제하고 있는 것으로 볼 수 있다.

(1) 데이터의 보호를 위하여 적용한 기술적 보호조치

기술적 보호조치는 데이터 보유자가 데이터에 대한 접근을 제한하거나 복제를 방지하기 위해 취하는 기술적 조치를 의미한다. 기술적 보호조치는 크게 접근통제조치와 이용통제조치로 구분된다.

저작권법 제2조 제28호는, "저작권, 그 밖에 이 법에 따라 보호되는 권리의 행사와 관련하여 이 법에 따라 보호되는 저작물 등에 대한 접근을 효과적으로 방지하거나 억제하기 위하여 그 권리자나 권리자의 동의를 받은 자가 적용하는 기술적 조치(접근통제조치)"와 "저작권, 그 밖에 이 법에 따라 보호되는 권리에 대한 침해 행위를 효과적으로 방지하거나 억제하기 위하여 그 권리자나 권리자의 동의를 받은 자가 적용하는 기술적 조치(이용통제조치)"를 기술적 보호조치로 정의하고 있다.

부정경쟁방지법은 기술적 보호조치에 관하여 별도의 정의규정을 두고 있지 않으나, 저작권법의 위 정의를 참고하면, (카)목의 기술적 보호조치는 "(카)목에 의해 보호되는 데이터에 대한 접근을 효과적으로 방지하거나 억제하기 위하여 데이터 보유자나 보유자의 동의를 받은 자가 적용하는 기술적 조치(접근통제조치)"와 "(카)목에 의해 보호되는 데이터에 대한 부정취득 행위를 효과적으로 방지하거나 억제하기 위하여 데이터 보유자나 보유자의 동의를 받은 자가 적용하는 기술적 조치(이용통제조치)"라고 정의할 수 있을 것이다. 접근통제조치의 예로는 회원에게만 데이터에 대한 접근을 허용하고 비회원은 이를 이용할 수 없도록 한 기술적 보호조치를, 접근통제조치의 예로는 무단복제 등을 방지하기 위하여 해당 사이트에 대해 행한 기술적 보호조치를 들 수 있다.

(2) 무력화를 주된 목적으로 하는 기술·서비스·장치 또는 그 장치의 부품

(카)목은 기술적 보호조치를 '회피·제거 또는 변경'하는 것을 무력화라고 정의하고 있다. 저작권법 제104조의 2 제1항은 '제거·변경하거나 우회하는 등의 방법으로 무력화'라고 규정하여 표현에 약간의 차이가 있다.

'무력화를 주된 목적으로 하는 기술·서비스·장치 또는 그 장치의 부품'에

서 '주된 목적'이라는 요건을 둔 것은 모든 기술 등을 포함하면 관련 산업을 지나치게 위축시킬 수 있고, 유일한 목적일 것을 요하면 실효성을 담보할 수 없는 점에서 균형을 고려한 것으로 볼 수 있다. 주된 목적의 인정 여부는 기술 등을 이용하는 자의 의도가 아니라 객관적으로 판단되어야 한다.[94] 즉, 해당 기술·서비스·장치 자체가 무력화를 주된 목적으로 한 것이 아니라면 해당 기술 등을 사용하기에 따라 기술적 보호조치의 무력화가 가능하다고 하더라도 해당 기술 등을 제공하는 행위 등은 (카)목에 해당하지 않는다. 또한 해당 기술이 기술적 보호조치를 무력화하는 것에 주된 목적이 있다면 다른 부수적인 목적 또는 용도가 있다는 이유만으로 (카)목의 적용을 피할 수 없다.

(카)목은 무력화를 주된 목적으로 하는 기술·서비스·장치 외에 "그 장치의 부품"을 제공하는 행위까지 규율하고 있다. 이는 무력화를 주된 목적으로 하는 장치의 제공을 규율하는 (카)목의 실효성을 담보하기 위한 규정으로 보인다. 그러나 이때 "그 장치의 부품"은 범용 부품을 포함하여 그 장치의 생산에 사용되는 모든 부품을 의미하는 것으로 해석하면 (카)목의 적용범위가 부당하게 넓어지게 되므로, 특허권의 간접침해에 관한 특허법 제127조를 참고하여 "그 장치의 생산에만 사용되는 부품"으로 제한하여 해석하는 것이 타당하다.[95] "그 장치의 생산에만 사용되는 부품"에 해당하기 위해서는 사회통념상 통용되고 승인될 수 있는 경제적, 상업적 내지 실용적인 다른 용도가 없어야 할 것이고, 이와 달리 단순히 그 장치 이외의 물건에 사용될 이론적, 실험적 또는 일시적인 사용가능성이 있는 정도에 불과한 경우에는 "그 장치의 생산에만 사용되는 부품"에 해당한다고 보아야 할 것이다.[96]

(3) 제공 등

(카)목은 무력화를 주된 목적으로 하는 기술 등의 "제공·수입·수출·제조·양도·대여 또는 전송하거나 이를 양도·대여하기 위하여 전시하는 행위"를 부정경쟁행위로 규정하고 있다. 장치나 그 장치의 부품과 같은 유형물만이 아니라 기술이나 서비스도 포함하므로 제공이나 전송과 같은 행위유형도 포함되어 있다. 한편, 일본 부정경쟁방지법은 장치 등을 제조하는 행위는 그것만으로 곧바로 공정한 경쟁을 저해하는 것으로 보기 어려워 대상에서 제외하고 있는데,

---

94) 김혜정(주 42), 37.
95) 특허법 제127조의 특허권의 간접침해 규정 참조.
96) 대법원 2009. 9. 10. 선고 2007후3356 판결 참조.

우리 부정경쟁방지법은 '제조'를 행위 유형에 포함하고 있음을 유의할 필요가
있다.

　(4) 기술적 보호조치의 연구·개발을 위한 장치 또는 부품의 제조

　본 유형에서는 기술적 보호조치의 연구·개발을 위한 장치 또는 부품의 제
조는 부정경쟁행위에 해당하지 않는 예외 사유로 규정되어 있다. 저작권법은 제
104조의2 제1항 단서의 각호에서 연구·개발을 위한 예외 외에도 국가의 법집
행, 합법적인 정보수집 또는 안전보장 등 기술적 보호조치 무력화에 관한 다수
의 예외사유를 두고 있는 것과 비교된다.

Ⅲ. 데이터 부정사용행위에 대한 구제수단

1. 민사적 구제수단

　부정경쟁방지법은 (카)목의 데이터 부정사용행위에 대한 민사적 구제수단
으로 다른 부정경쟁행위와 마찬가지로 침해금지 또는 예방 청구권(법 제4조), 손
해배상청구권(법 제5조), 신용회복조치청구권(법 제6조)을 인정하고 있다.

　민사적 구제수단은 부정경쟁행위로 자신의 영업상의 이익이 침해되거나 침
해될 우려가 있는 자가 행사할 수 있다. 예를 들어 데이터 유통 플랫폼 서비스
를 제공하는 플랫폼의 경우, 플랫폼상에서 유통하는 데이터가 이 플랫폼상에서
유출된 경우에는 '자신의 영업상의 이익'이 침해된 자에 해당하여 금지청구 등
을 할 수 있다. 플랫폼이 데이터를 직접 생산한 것이 아니라 데이터 제공자로부
터 제공받은 데이터를 가공하여 그 가공된 데이터를 데이터 취득자에게 제공하
는 역할(가공된 데이터에 관한 데이터 제공 계약은 플랫폼과 데이터 취득자 사이에
체결)을 수행한 경우에도 플랫폼이 금지청구의 주체가 될 수 있다. 반면, 플랫폼
이 데이터를 제공하고자 하는 자와 데이터를 취득하고자 하는 자를 매개하는
역할만을 할 때에는 플랫폼이 데이터를 전자적으로 축적·관리하는 경우에 해당
하지 않기 때문에 금지청구의 주체가 될 수 없다.[97)

2. 행정적 구제수단

　특허청장 등은 부정경쟁행위를 확인하기 위해 필요한 경우로서 다른 방법
으로는 그 행위 여부를 확인하기 곤란한 경우에는 일정한 조사 행위를 할 수

---

97) 한정제공데이터 지침, 44.

있다(제7조). 행정조사를 거부하는 행위에 대해서는 부정경쟁방지법 제20조 제1
항에 따라 2천만 원 이하의 과태료를 부과할 수 있다. 다만 모든 부정경쟁행위
에서 행정조사가 인정되는 것은 아니며, 상품주체 혼동, 영업주체 혼동, 저명 상
표 희석화, 국기·국장 상표 사용 금지, 지리적 표시의 사용 금지, 유명인의 인적
식별표시 무단 사용, 상품 형태 모방, 아이디어 탈취, 데이터 부정사용, 원산지
오인, 생산지 오인, 상품 품질 오인, 대리인의 무단상표 사용 등 13개의 유형에
대해서만 행정조사가 인정된다. 데이터 부정사용행위에 대하여 행정적 구제조치
를 둔 것은 복제 및 대량적 확산이 쉬운 데이터의 특성을 고려하여 데이터 유통
시장 질서를 교란하는 행위에 대하여 행정청이 신속히 대처하려는 취지이다.[98]

특허청장 등은 부정경쟁행위가 있다고 인정되면 30일 이내의 기간을 정하
여 위반행위의 중지, 표지 등의 제거 또는 폐기 등 그 시정에 필요한 권고를 할
수 있다(법 제8조).

3. 형사적 구제수단

형사적 구제조치에 대해, 데이터 부정취득 등 행위에 대해 형사벌을 도입하
면 데이터의 이용 및 활용이 위축할 우려가 크다는 의견이 제기되는 것을 고려
하여 (카)목 (1)부터 (3)까지에 따른 데이터 부정사용행위에 관하여는 형사적
구제조치를 도입하지 않았다.

다만, (카)목 (4)의 기술적 조치의 무력화 행위에 대해서는 3년 이하의 징
역 또는 3천만원 이하의 벌금의 형사처벌 규정을 두고 있다.

IV. 데이터보호와 관련한 다른 법률 규정과의 관계

1. 영업비밀과의 관계

데이터 보유자가 비밀로 관리하고 있는 경제적 유용성을 가진 비공개 데이
터, 즉 부정경쟁방지법 제2조 제2호의 요건에 해당하는 데이터는 영업비밀로서
보호받을 수 있다. 그런데 (카)목의 보호대상이 되는 데이터에는 영업비밀이 제
외되어 있으므로, 영업비밀에 해당하는 데이터는 (카)목에 의해 보호받을 수 없
다. 한편, 어떠한 데이터가 (카)목에 의해 보호받을 수 있다는 것은 그 데이터가
영업비밀에 해당하지 않는다는 것이므로 영업비밀에 의한 보호는 받을 수 없다.

---

98) 채수근(주 2) 19.

즉, 데이터에 대한 영업비밀과 (카)목에 의한 중복보호는 허용되지 않는다.

2. 저작권법과의 관계

데이터가 데이터베이스로 그 소재의 선택·배열 또는 구성에 창작성이 있으면 편집저작물로서의 보호를 받을 수 있고, 동시에 데이터베이스제작자에 대한 보호도 가능하다. 반면, 빅 데이터가 그 소재의 선택·배열 또는 구성에 창작성이 없는 경우라면 데이터베이스제작자로서의 보호만을 받을 수 있다. 그런데 이와 같이 편집저작물로서의 보호 또는 데이터베이스제작자로서 보호를 받을 수 있는 데이터는 그 소재가 체계적으로 배열·구성된 정형 데이터에 한정된다.

이에 대하여 (카)목은 저작권법이 보호하지 않는 비정형 데이터를 보호하기 위한 규정이라는 견해가 있다.[99] (카)목에 관한 국회의 검토보고서를 보더라도 저작권법과의 관계에서는 저작권법이 정형 데이터 보호를, 개정 부정경쟁방지법이 비정형 데이터 보호를 염두에 둔 것으로 구별하는 것을 개정의 취지로 보이기는 한다.[100] 그러나 (카)목은 보호대상이 되는 데이터를 '데이터산업법 제2조 제1호에 따른 데이터 중 업으로서 특정인 또는 특정 다수에게 제공되는 것으로서, 전자적 방법으로 상당량 축적·관리되는 기술상 또는 영업상의 정보'라고 규정하면서 영업비밀만을 보호대상에서 제외하고 있을 뿐 정형 데이터를 보호대상에서 제외하고 있지 않다. 부정경쟁방지법 제15조 제1항은 '특허법, 실용신안법, 디자인보호법, 상표법, 농수산물 품질관리법, 저작권법 또는 개인정보보호법에 부정경쟁방지법 제2조부터 제6조까지 및 제18조 제3항과 다른 규정이 있으면 다른 법률에 따른다'고 규정되어 있기는 하나, 위 규정이 저작권법에 의해 보호되는 권리에 관하여 부정경쟁방지법이 적용되지 않는다는 의미가 아니다.[101] 즉, (카)목은 비정형 데이터 뿐 아니라 정형 데이터도 보호대상으로 하고 있다고 해석함이 타당하고, 동일한 데이터에 관하여 저작권법과 (카)목에 의한 중첩적 보호도 가능할 것으로 보인다.[102]

---

99) 김혜정(주 42), 15.

100) 채수근(주 2), 3.

101) 대법원은 '부정경쟁방지법 제15조의 규정은 상표법 등에 부정경쟁방지법의 규정과 다른 규정이 있는 경우에는 그 법에 의하도록 한 것에 지나지 아니하므로, 상표법 등 다른 법률에 의하여 보호되는 권리일지라도 그 법에 저촉되지 아니하는 범위 안에서는 부정경쟁방지법을 적용할 수 있는 것이다'고 판시한 바 있다(대법원 1999. 4. 23. 선고 97도322 판결).

102) 최기성(주 43), 232.

3. 부정경쟁방지법상 성과 등 무단사용행위와의 관계

(카)목에 의해 데이터에 관한 부정사용행위가 부정경쟁행위로 명시적으로 규정되기 전에는 데이터의 부정사용행위에 관하여 (파)목의 성과 등 도용행위 규정을 적용한 사안[103]이 있었음은 앞서 본 바와 같다. 그런데 데이터에 관한 (카)목이 신설된 현재 상황에서 데이터에 관한 부정사용행위에 관하여 (파)목을 적용할 수 있는지가 문제된다. 예를 들어 "크롤링은 특정인에게만 제공하는 데이터를 대상으로 하는 것이 아니라 불특정 다수인에게 제공되는 데이터를 수집하여 분석 및 활용하는 것이므로 (카)목의 데이터 부정사용행위에 해당하지 않는다."라고 판단될 수 있는데, 이러한 행위에 대하여 다시 (파)목을 적용할 수 있는지의 문제이다.[104]

(파)목은 기존법률로는 미처 포섭할 수 없었던 유형의 행위로서 (가) 내지 (타)목의 부정경쟁행위에 준하는 것으로 평가할 수 있는 행위에 한하여 적용되고, 특별한 사정이 없는 이상 (가) 내지 (타)목에서 정하고 있는 행위유형에는 해당하나 위 각 목에서 정하고 있는 부정경쟁행위로 인정되기 위한 요건을 갖추지 못한 행위에 대하여는 (파)목에 의한 부정경쟁행위로 함부로 의율하여서는 안 된다.[105] 따라서 부정경쟁행위 일반조항에 따른 보호를 인정할 수 있는지 여부를 판단함에 있어서 기존의 개별조항들에 의한 법적 보호의 공백이 있는지 여부를 함께 살펴보아야 하며, 기존의 개별조항들에 준하는 정도의 보호를 할 필요가 있는지의 관점에서 매우 신중하게 판단하여야 한다.[106] 그렇지만 부정경쟁방지법의 개별조항에 의해 보호될 수 없다는 이유만으로 언제나 (파)목에 의한 보호가 부정되는 것이 아니라는 점도 유의할 필요가 있다.[107]

〈김기수〉

103) 서울고등법원 2022. 8. 25. 선고 2021나2034740 판결.
104) 김혜정(주 42), 80.
105) 서울중앙지방법원 2014. 8. 28. 선고 2013가합552431 판결.
106) 특허법원 2017. 10. 19. 선고 2016나56 판결.
107) 서울고등법원 2020. 10. 22. 선고 2019나2058187 판결.

제2조(정의) 이 법에서 사용하는 용어의 뜻은 다음과 같다.
1. "부정경쟁행위"란 다음 각 목의 어느 하나에 해당하는 행위를 말한다.
[(가)~(카)목은 앞에서 해설]
타. 국내에 널리 인식되고 경제적 가치를 가지는 타인의 성명, 초상, 음성, 서명 등 그 타인을 식별할 수 있는 표지를 공정한 상거래 관행이나 경쟁질서에 반하는 방법으로 자신의 영업을 위하여 무단으로 사용함으로써 타인의 경제적 이익을 침해하는 행위

<소 목 차>

Ⅰ. 서 론
1. 의   의
2. 입법이유
Ⅱ. 요 건
1. 국내에 널리 인식되고 경제적 가치를 가질 것
2. 타인의 성명, 초상, 음성, 서명 등 그 타인을 식별할 수 있는 표지
3. 공정한 상거래 관행이나 경쟁질서에 반하는 방법으로 자신의 영업을 위하여 무단으로 사용
4. 타인의 경제적 이익을 침해하는 행위
Ⅲ. 관련문제

1. 본호 (타)목에 의한 권리 인정 여부
2. 사람의 동일성을 나타내는 인적 식별표지가 갖는 재산적 이익의 보호방식
Ⅳ. 보론 — 이른바 '퍼블리시티권'의 보호
1. 퍼블리시티권의 의의
2. 인격권과 퍼블리시티권의 交叉
3. 우리나라에서의 퍼블리시티권 관련 재판례
4. 퍼블리시티권을 둘러싼 몇 가지 쟁점
5. 소   결

Ⅰ. 서 론

1. 의   의

부정경쟁방지 및 영업비밀보호에 관한 법률(이하, '부정경쟁방지법' 또는 '법'이라 한다)은 제2조 제1호 (타)목[이하, '본호 (타)목'이라 한다]에 인적 식별표지의 무단사용행위를 부정경쟁행위로서 규제하는 규정을 신설하였다.[1] 종래 우리나라에서는 사람이 자신의 성명, 초상, 음성, 서명 등을 상업적으로 이용하거나 그

---

1) 본호 (타)목은 후술하는 대법원 2020. 3. 26. 자 2019마6525 결정(BTS 화보집 사건)을 계기로 2021년 12월 7일 개정된 부정경쟁방지법에 신설되어 2022년 4월 20일부터 시행되고 있다.

이용을 허락할 수 있는 권리를 뜻하는 이른바 퍼블리시티권(right of publicity)에
대한 논의가 학계와 실무를 막론하고 활발하게 진행되어온 바 있다.2) 이를 간
단히 정의하면 "초상·성명 등의 상업적 이용에 관한 권리", 즉 "사람의 초상·
성명 등 그 사람의 동일성(identity)을 나타내는 인적 식별표지를 광고, 상품 등
에 상업적으로 이용하여 경제적 이익을 얻을 수 있는 권리"를 말한다고 설명한
다.3) 우리나라에서는 소설 '무궁화 꽃이 피었습니다'의 출판 등 금지가처분 사
건에서 '퍼블리시티권'이란 용어가 사용되기 시작하였고,4) 평전 '메이저리그와
정복자 박찬호' 사건에서는 유명 운동선수의 대형 브로마이드 사진에 대해 퍼
블리시티권의 침해를 인정하였다.5) 그 후에도 다수의 퍼블리시티권 사건들이
존재하였는데,6) 이른바 퍼블리시티권에 의해 보호하고자 하는 영역은 인격권의
영리적 이용이라는 측면과 겹쳐진다는 점에서, 사람의 동일성을 나타내는 인적
식별표지가 갖는 재산적 이익을 어떻게 이론구성을 하여 보호할 것인지를 둘러
싸고 판례와 학설이 형성되었다.7)

　　그런데 최근 대법원은 사람의 동일성을 나타내는 인적 식별표지가 갖는 재
산적 이익을 부정경쟁방지법 제2조 제1호 (카)목[현 (파)목]에 의해 보호할 수
있다는 것을 처음으로 판시하였다.8) 그 결정요지는 다음과 같다. 채권자는 전속
계약에 따라 남성그룹 방탄소년단(BTS)의 음악, 공연, 방송, 출연 등을 기획하
고, 음원, 영상 등의 콘텐츠를 제작·유통시키는 등 해당 그룹의 활동에 상당한
투자와 노력을 하였고, 그로 인해 해당 그룹과 관련하여 쌓인 명성·신용·고객
흡인력이 상당한 수준에 이르렀는데, 이는 '상당한 투자나 노력으로 만들어진

2) 정상조, 부정경쟁방지법 원론, 세창출판사(2007), 132~133; 한위수, "퍼블리서티권의 침
   해와 민사책임(상)", 인권과 정의, 대한변호사협회(1996. 10), 27; 남형두, "세계시장 관점
   에서 본 퍼블리시티권", 저스티스(제86호), 한국법학원(2005. 8), 89의 각주(10).
3) 前註 문헌 참조.
4) 서울지법 1995. 6. 23. 선고 94카합9230 판결. 정상조·박준석, "부정경쟁방지 및 영업비
   밀보호에 관한 법률에 의한 퍼블리시티권 보호방안 연구", 특허청(2009), 19는 이 사건이
   우리 판례상 '퍼블리시티권' 용어를 최초로 사용한 사례라고 설명한다.
5) 서울고법 1998. 9. 29. 자 98라35 결정. 정경석, "국내 초상권 이론 및 사례의 전개", 변
   호사(제38집), 서울지방변호사회(2008), 122는 이 사건에 대해 법원이 퍼블리시티권이란
   용어를 사용하면서 그 침해를 인정한 최초의 사례라고 한다.
6) 가령, 서울고법 2000. 2. 2. 선고 99나26339 판결(비달사순 사건); 서울고법 2005. 6. 22.
   선고 2005나9168 판결(이영애 사건); 서울서부지법 2010. 4. 21. 자 2010카합245 결정 등.
7) 이에 관해서는 'IV. 보론 3. 우리나라에서의 퍼블리시티권 관련 재판례 4. 퍼블리시티권
   을 둘러싼 몇 가지 쟁점 (2) 학설' 참조.
8) 대법원 2020. 3. 26. 자 2019마6525 결정(BTS 화보집 사건 — 재항고심).

성과 등'으로 평가할 수 있고, 누구나 자유롭게 이용할 수 있는 공공영역(public domain)에 속한다고 볼 수 없으므로, 타인이 이를 무단으로 사용하면 채권자의 경제적 이익을 침해하게 되고, 통상적인 정보제공의 범위를 넘어 특정 연예인에 대한 특집 기사나 사진을 대량으로 수록한 별도의 책자나 DVD 등을 제작하면서 연예인이나 소속사의 허락을 받지 않거나 대가를 지급하지 않는다면, 상거래 관행이나 공정한 거래질서에 반한다고 판단하였다.

이 사건 항고심 결정에서도 남성그룹의 명칭, 그 구성원의 이름, 초상 등이 상품의 판매, 광고계약 등과 관련하여 가지는 고객흡인력은 상당한 투자나 노력으로 만들어진 것으로서, 채권자는 해당 그룹의 명칭을 정하여 그룹을 결성하기로 하고 구성원을 선발하여 전속계약을 체결한 후 훈련을 통해 구성원들의 능력을 향상시키는 등 해당 그룹의 활동에 상당한 투자와 노력을 하였음을 인정하였다. 채권자는 해당 그룹 구성원들과 체결한 전속계약에 따라 그룹의 명칭은 물론 구성원들의 동일성을 나타내는 인적 식별표시가 갖는 재산적 이익을 독점적으로 향유할 권리를 보유하는데, 채무자가 정당한 언론보도의 수준을 넘어 그 그룹의 명칭, 구성원의 이름, 사진을 이용하여 특별부록을 제작·판매하는 등의 행위를 한 것은 채권자가 전속계약에 따라 가지는 독점적 권리에 기한 영업상의 이익을 부당하게 침해하는 것으로 (카)목 위반의 부정경쟁행위에 해당한다고 판단하였다.[9] 이에 대해 대법원은 앞서 본 결정요지와 같이 판시하면서 항고심 결정이 정당하다고 판단하고 채권자와 채무자의 재항고를 모두 기각하였다.

본호 (타)목은 이러한 대법원 결정이 나온 직후 입법이 추진되어 2021. 12. 7. 법률 제18548호로 부정경쟁방지법이 일부 개정될 때 신설되었고 2022. 4. 20. 부터 시행된 것으로 그 입법이유는 아래와 같다.

2. 입법이유

본호 (타)목의 신설을 제안하게 된 입법이유는 다음과 같다.

한류의 영향력이 확대되고 유명인의 초상·성명 등을 사용하는 제품 및 서비스가 다양해지면서 관련 불법상품의 제작·판매 행위도 증가하고 있다. 그러나 이는 유명성 획득을 위해 상당 시간 투자한 노력에 대한 무임승차이자, 우수한 품질을 기대하며 제품과 서비스를 구매하는 소비자에게 피해를 야기하는 행위이므로, 적절히 제재할 필요가 있다. 민법에 근거하여 이러한 무임승차행위를

---

9) 서울고등법원 2019. 9. 18. 자 2019라20535 결정(BTS 화보집 사건 — 항고심).

일부 규제할 수 있으나, 이는 초상 등을 인격권으로서 보호하는 것이므로 위자료에 의한 정신적 손해배상만을 인정하다보니 유명인 등에 발생한 재산적 손해에 대한 보호로서는 한계가 있다는 것이다.[10]

또한 그동안 유명인의 초상 등을 이른바 '퍼블리시티권'이라는 권리로 보호해야 한다는 논의도 있었으나, 초상 등이 지니는 일신전속적인 성격상 권리의 양도가 불가능하여 유명인에게 투자한 기획사 등에 발생한 재산적 손실을 적절하게 보호할 수 없다는 한계가 있다. 더욱이 현행 상표법은 성명이 포함된 상표의 등록을 허용하므로, 유명인의 성명을 양도 불가능한 권리로 보호하면, 상표권자가 유명인 본인이 아닐 경우 퍼블리시티권 행사와 등록된 성명 상표에 대한 권리행사가 충돌하는 부작용이 발생할 수 있다는 것이다.[11]

한편, 최근 대법원은 유명인의 초상·성명 등이 지니는 유명성을 '상당한 투자와 노력의 성과'로 인정함으로써 이를 무단사용하여 화보집을 제작·판매하는 행위를 부정경쟁행위라고 판단하였는데, 이는 부정경쟁방지법의 보충적 일반조항에 근거한 것이다. 이처럼 보충적 일반조항에 근거한 것이라는 점에서 앞으로 발생할 수 있는 다양한 형태의 무단사용행위를 적절히 제재하기에 한계가 있으므로 법령에 명시적인 규정이 마련되어야 할 필요가 있다는 것이다.[12]

II. 요   건

1. 국내에 널리 인식되고 경제적 가치를 가질 것

'국내에 널리 인식된'이란 어떠한 의미를 가리키는 것일까? '국내에 널리 인식된'이란 문언은 상품표지 및 영업표지 혼동행위[본호 (가)목 및 (나)목], 저명표지 식별력 및 명성 손상행위[본호 (다)목], 도메인이름 부정취득행위[본호 (아)목]에서도 사용되고 있다. 본호 (가)목·(나)목·(아)목은 '주지성'을, 본호 (다)목은 '주지를 넘어 저명한 정도에 이른 것'[13] 즉 '저명성'을 가리키는 것이라고 설명하는 것이 일반적이다.[14] 그렇다면 본호 (타)목에서 규정하는 '국내에 널리

---

10) 채수근, "부정경쟁방지 및 영업비밀보호에 관한 법률 일부개정법률안 검토보고 — <유명인의 인적 식별표지의 무단사용행위 규제>"[이철규의원 대표발의(의안번호 제2107846호)], 산업통상자원중소벤처기업위원회(2021. 3), 1.

11) 채수근(주 10), 1-2.

12) 채수근(주 10), 2.

13) 대법원 2004. 5. 14. 선고 2002다13782 판결 등 참조.

14) 이에 관해서는 본호 (가)목·(나)목·(다)목·(아)목 주해 각 참조.

인식된'이란 '주지성'과 '저명성' 중 어느 쪽을 의미하는 것일까?[15] 입법단계에서의 검토보고에 따르면 '국내에 널리 인식된'이란 '주지성'을 뜻하는 것이라고 설명하고[16] 학설 또한 그와 같다.[17] 생각건대 (다)목은 이른바 희석화(dilution) 행위를 규제하기 위한 것으로 법 제5조 '손해배상'과 제6조 '신용회복' 규정에서 다른 부정경쟁행위와 달리 취급하고 있다는 점을 고려할 때,[18] 본호 (타)목의 '국내에 널리 인식된'이란 상품표지 및 영업표지 혼동행위 등에서의 '주지성'을 의미하는 것이라고 보는 것이 적절할 것이다.

상품표지 및 영업표지 혼동행위 등에서 말하는 주지성이란 어떠한 표지가 국내의 전역 또는 일정한 범위 내에서 거래자 또는 수요자들이 그것을 통하여 특정의 영업을 다른 영업으로부터 구별하여 널리 인식하는 경우를 의미한다.[19] 또한 주지성이란 국내를 전제로 하므로 어떠한 표지가 외국에서는 주지성이 있으나 국내에서 주지성이 없다면 부정경쟁방지법의 보호를 받을 수 없다.[20] 따라서 반대로 외국에서는 주지성이 없으나 국내에서 주지성이 있다면 보호될 수 있다. 또한 국내 전역에서 모든 사람들에게 주지되어 있음을 요하는 것이 아니고 국내의 일정한 지역적 범위 안에서 거래자 또는 수요자들 사이에 알려진 것

---

15) 참고로 종래 통설 및 판례는 본호 (가)목 및 (나)목의 주지성은 상표법 제34조 제1항 제9호[구 상표법(법률 제14033호로 2016. 2. 29. 전부개정되기 전의 것, 이하 같다) 제7조 제1항 제9호]의 주지상표(well-known trademark)의 주지성과 그 정도 및 인지도의 수준에 있어서 차이가 없으며 이때의 주지성이란 "수요자나 거래자 사이에서 현저하게 인식된 것"(대법원 2011. 7. 14. 선고 2010후2322 판결 등)을 말한다고 한다. 이에 대해서 상표법 제34조 제1항 제11호(구 상표법 제7조 제1항 제10호)의 저명상표(famous trademark)의 저명성이란 "수요자나 거래자 및 일반대중 사이에서 현저하게 인식된 것"(대법원 2007. 2. 8. 선고 2006후3526 판결 등)을 의미한다고 한다.

16) 채수근(주 10), 7.

17) 강명수, "2021년 부정경쟁방지법 개정의 체계 적합성과 해석론에 대한 일고찰—행위규제형 부정경쟁방지법의 본질적 특징을 중심으로—", 법학연구(제63권 제4호), 부산대학교 법학연구소(2022. 11), 210; 최정열·이규호, 부정경쟁방지법 제5판, 진원사(2022), 280.

18) 법 제5조 및 제6소는 (나)목의 희석화 행위에 대해서 소비자(거래자나 일반 수요자)에게 직접인 손해를 가져오는 다른 부정경쟁행위와 다르다는 점을 고려하여 '고의'의 경우에만 손해배상과 신용회복 책임을 묻도록 규정하고 있다.

19) 대법원 2022. 1. 14. 선고 2017도16384 판결; 대법원 2011. 4. 28. 선고 2009도11221 판결; 대법원 1997. 12. 12. 선고 96도2650 판결 등.

20) 대법원 1981. 2. 24. 선고 80다1216 판결[원고 상표(McDONALD)가 게재된 영문잡지 리더스다이제스트 및 타임즈지가 71년 및 73년에 각 1만부 국내에 수입·반포되었고 20여 개 외국에서 선전되었다 하더라도 위 원고 상표가 국내에서 널리 인식되었다고 볼 수 없다는 판결]. 하광룡, "부정경쟁방지및영업비밀보호에관한법률 제2조 제1호 (가)목 소정의 상품의 용기·포장·기타 상품의 형태 등 상품의 표지에 관하여", 사법논집(제31집), 법원도서관(2000), 922 각주(25).

으로 충분하다.[21]

이처럼 '주지'라는 것은 어떠한 표지가 해당 거래자나 수요자에게 널리 알
려진 것을 의미하므로, 주지성이 있는지 여부를 판단하기 위해서는 표지가 거래
자나 수요자에게 알려질 수 있는 방법이나 수단 등 여러 가지를 고려할 수밖에
없다. 대법원은 "타인의 상품임을 표시한 표지가 국내에 널리 인식되었는지 여
부는 그 사용기간, 방법, 태양, 사용량, 거래범위 등과 상품거래의 실정 및 사회
통념상 객관적으로 널리 알려졌느냐의 여부가 기준이 된다"고 판시하고 있다.[22]

이러한 주지성의 의의, 그 지역적 범위와 인식의 주체, 주지성 인정자료 등
그간 형성되어온 판례에 비추어 볼 때, 본호 (타)목에서 규정하는 인적 식별표
지가 '국내에 널리 인식된' 타인이라는 것은, 일반적으로 유명인을 뜻하는 것이
라고 이해할 수 있다.[23] 다만 사람의 동일성을 나타내는 인적 식별표지가 갖는
재산적 이익에 대해 이처럼 유명인의 경우만을 보호하고 비유명인을 그 보호범
위에서 배제하는 것은 바람직하지 않다고 비판하는 견해가 있다.[24] 이 견해에서
도 지적하듯이 현대사회에서 인터넷, 유튜브, SNS 등이 일상화되고 있고 이를
통해 즉각적으로 많은 사람의 주목을 받게 될 수 있다는 점[25]을 감안하면 유명
인(celebrities)에 해당하는지 여부에 관한 판단은 상대적인 것으로서 인적 식별표
지가 갖는 재산적 이익의 존부 자체를 결정하는 요소라기보다는 손해액 산정의
고려요소에 지나지 않는다. 그러한 점에서 본호 (타)목은 일반인의 인적 식별표
지가 갖는 재산적 이익을 보호하지 못한다는 한계가 있지만, 부정경쟁방지법상
의 부정경쟁행위는 민법상 일반 불법행위의 하나의 유형이라 할 수 있고 부정
경쟁방지법은 민법상 불법행위법의 특별법적 위치에 있는[26] 부정경쟁방지법의
성격과 그 제정 목적 등에 비추어 볼 때 이는 부득이한 측면이라고 할 것이다.
일반인의 경우에는 민법상 불법행위법에 의해 보호를 받으면 그것으로 충분한

---

21) 대법원 2012. 5. 9. 선고 2010도6187 판결; 대법원 2008. 9. 11. 선고 2007도10562 판결;
    대법원 2001. 4. 10. 선고 2000다4487 판결 등.
22) 대법원 2011. 4. 28. 선고 2009도11221 판결; 대법원 2009. 9. 24. 선고 2009도4614 판결;
    대법원 2008. 9. 11. 선고 2007도10562 판결; 대법원 2003. 9. 26. 선고 2001다76861 판결;
    대법원 2001. 9. 14. 선고 99도691 판결 등.
23) 채수근(주 10), 3-6 참조.
24) 권태상, "퍼블리시티권과 부정경쟁방지법 — 대법원 2020. 3. 26. 자 2019마6525 결정 —",
    새봄을 여는 민법학, 홍문사(2023), 94.
25) 권태상(주 24), 94.
26) 송영식 외 6인, 송영식 지적소유권법 하, 육법사(2008), 407; 양창수, "불법행위법의 변천
    과 가능성", 민법연구 3, 박영사(1995), 335-336; 정상조(주 2), 9

것이 아닌가 생각한다.

한편, 여기서 말하는 '경제적 가치'는 아이디어가 포함된 정보 보호에 관한 본호 (차)목의 '경제적 가치'와 달리 해석할 이유는 없다.27) (차)목에 관한 최초의 대법원 판결에서는 "'경제적 가치를 가지는 기술적 또는 영업상의 아이디어가 포함된 정보'(이하 '아이디어 정보'라 한다)에 해당하는지 여부는 아이디어 정보의 보유자가 정보의 사용을 통해 경쟁자에 대하여 경쟁상의 이익을 얻을 수 있거나 또는 정보의 취득이나 개발을 위해 상당한 비용이나 노력이 필요한 경우인지 등에 따라 구체적·개별적으로 판단해야 한다"고 판시한 바 있다.28) 이러한 판시취지에 따르면, 유명인의 인적 식별표지가 갖는 고객흡인력 등의 재산적 이익에 대하여 그 경제적 가치를 인정하는데 별다른 문제는 없을 것이다.29)

2. 타인의 성명, 초상, 음성, 서명 등 그 타인을 식별할 수 있는 표지

타인의 성명, 초상, 음성, 서명 등은 그 타인의 인적 식별표지로서 예시한 것이다. 이는 어디까지나 예시에 불과하므로 여기서 예시하지 않은 것이더라도 그 타인을 식별할 수 있는 인적 표지에 해당하는 한 보호대상이 될 수 있다.30) 과거 대법원은 직업가수의 모자, 선글라스, 수염 등 특징적인 외양과 독특한 행동에 대해 본호 (나)목의 영업표지성을 부정한 바 있으나31) 본호 (타)목에서는 타인의 인적 식별표지로서 보호될 수 있을 것이다.

3. 공정한 상거래 관행이나 경쟁질서에 반하는 방법으로 자신의 영업을 위하여 무단으로 사용

이는 위법성 판단에 관한 요건으로 본호 (파)목의 요건과 공통된다. 대법원은 앞서 본 'BTS 화보집 사건'을 비롯한 일련의 본호 (파)목[구 (카)목] 관련 사건에서 다음과 같이 판시하였다.32) 즉 '공정한 상거래 관행이나 경쟁질서에 반

---

27) 강명수(주 17), 210.
28) 대법원 2020. 7. 23. 선고 2020다220607 판결.
29) 채수근(주 10), 7 각주(8)에서도 주지성 있는 인적 식별표지가 가지는 "'경제적 가치'란 유명성을 통해 획득한 고객흡인력 등으로 볼 수 있을 것"이라고 설명한다.
30) 예컨대, 발레리나 강수진의 '세상에서 가장 아름다운 발'이라 불리는 하루 10시간씩 연습을 버텨낸 결과 고목처럼 뒤틀리고 옹이가 진 발가락 사진을 들 수 있다.
31) 대법원 2009. 1. 30. 선고 2008도5897 판결.
32) 대법원 2020. 3. 26. 선고 2016다276467 판결; 대법원 2020. 3. 26. 자 2019마6525 결정; 대법원 2020. 7. 23. 선고 2020다220607 판결 등.

하는 방법으로 자신의 영업을 위하여 무단으로 사용'한 것에 해당하는지를 판
단하기 위해서는 ① 권리자[33]와 침해자가 경쟁관계에 있거나 가까운 장래에 경
쟁관계에 놓일 가능성이 있는지, ② 권리자가 주장하는 성과 등이 포함된 산업
분야의 상거래 관행이나 경쟁질서의 내용과 그 내용이 공정한지, ③ 이러한 성
과 등이 침해자의 상품이나 서비스에 의해 시장에서 대체될 수 있는지, ④ 수요
자나 거래자들에게 성과 등이 어느 정도 알려졌는지, ⑤ 수요자나 거래자들의
혼동가능성이 있는지 등을 종합적으로 고려해야 할 것이라고 판시하였다.[34]

4. 타인의 경제적 이익을 침해하는 행위

이 요건도 본호 (파)목의 요건과 공통된다.[35] 타인의 경제적 이익이란 타인
의 인적 식별표지가 갖는 고객흡인력 등과 관련된 영업상의 이익을 말하므로
재산상의 손해를 의미하고 정신적인 손해만 발생한 경우에는 이에 해당하지 않
는다.

Ⅲ. 관련문제

1. 본호 (타)목에 의한 권리 인정 여부

본호 (타)목이 신설됨으로써 인적 식별표지 보유자에게 이른바 '퍼블리시티
권'과 같은 어떤 권리를 인정한 것으로 볼 수 있는지 여부이다.[36] 이는 부정경
쟁방지법의 보호방식과 관련된 문제이다.

부정경쟁방지법이 민법상 불법행위법의 특별법으로서의 성격을 가진다는
것은 부정경쟁방지법이 권리부여방식의 입법이 아니라 행위규제방식의 입법을
채택하였다는 것을 의미한다. 지적재산법에 대한 권리부여방식의 입법은 보호
대상인 무체물을 민법상 물건으로 의제하여 일정한 요건을 갖춘 보호대상에 대
해 독점·배타적 권리를 인정하는 것으로 이는 민법상 물권법의 입법 테크닉을
차용하여 보호대상에 대해 물권유사의 권리(준물권)를 부여하는 것을 말한다. 이

---

33) 손해배상청구권을 행사한 원고를 의미하는 것으로 善解할 수는 있지만, 부정경쟁방지법
   이 행위규제방식의 입법이라는 점을 고려할 때 '권리자'라는 용어의 사용은 바람직하다고
   보기 어렵다. 이에 관해서는 'Ⅲ. 관련문제 1. 본호 (타)목에 의한 권리 인정 여부' 참조.
34) 이에 관해서는 본호 (파)목 주해 참조.
35) 이에 관해서는 본호 (파)목 주해 참조.
36) 권태상(주 24), 96.

에 대해 행위규제방식의 입법은 불법행위법의 연장선상에서 부정한 경쟁행위로
부터 법률상 보호할 가치가 있는 이익을 보호하는 것으로서 이는 특허권, 상표
권, 저작권 등 권리부여방식 입법의 보완적 성격을 가지는 것을 말한다.[37][38]

　　유의할 것은 부정경쟁방지법에서 규제하는 부정경쟁행위를 한 경우에 그
실체법상의 효과로서 금지청구권(법 제4조) 및 손해배상청구권(법 제5조)이 인정
되는데, 부정경쟁행위에 대한 구제수단으로 이러한 실체법상 효과가 부여되는
것에 대해 이를 마치 부정경쟁방지법이 권리부여방식의 입법인 것처럼 오해하
는 일이 있어서는 안 된다는 점이다.[39]

　　그러면 지적재산법의 입법방식, 특히 행위규제방식 입법에 관한 논의에는
어떤 實益이 존재하는가? 헌법 제22조 제2항("저작자·발명가·과학기술자와 예술
가의 권리는 법률로써 보호한다.")은 창작성 있는 정보(발명, 저작물 등)에 대해 '권
리'를 부여할 수 있도록 하여 특허법, 저작권법 등으로 보호한다는 취지의 규정
이다.[40] 따라서 창작성 없는 정보(가령, 창작성 없는 DB)에 대해서는 법률을 임
의로 만들어 '권리'를 부여하게 되면 헌법 위반 문제가 발생할 수 있다. 즉 무체
물로서의 정보는 유체물과 달리 소비(사용)에 있어서 非경합성(non-rivalry in con-
sumption)과 非배타성(non-exclusiveness)의 특징을 가지고 있어 공공재(public
goods)의 성격을 가진다. 그렇기 때문에 창작성 있는 정보에 한하여 '권리'를 부
여하여 私的獨占을 인정하는 경우만이 지적재산'권'으로서의 정당성을 가진다.
즉 특허법, 저작권법, 실용신안법, 디자인보호법과 같이 창작성이 인정되는 경우
에 특허'권', 저작'권', 실용신안'권', 디자인'권'을 부여하는 것이 정당화되는 것
이다.[41]

37) 정상조 외 5인, 데이터베이스 보호방안 연구보고서, 한국데이터베이스진흥센터(2000),
　　63-67; 신재호, "지적재산의 보호방법론에 관한 연구: 특허법적 보호방법과 저작권법적 보
　　호방법을 중심으로", 한양대학교 대학원 박사학위논문(2004. 8), 55 이하(특히 98 이하);
　　윤선희·김기영, 부정경쟁방지법, 법문사(2012), 61, 최정열·이규호(주 17), 5; 박성호, "우
　　리나라 '부정경쟁방지법의 탄생'과 그에 관한 법제사적 고찰", 정보법학(제26권 제2호), 한
　　국정보법학회(2022. 8), 16-18 각 참조.
38) 헌법재판소 2001. 9. 27. 선고 99헌바77 결정; 헌법재판소 2015. 2. 26. 선고 2013헌바73
　　결정은 부정경쟁방지법과 상표법의 관계에 대해 언급하면서 전자는 '행위규제형 입법'이
　　고 후자는 '권리부여형 입법'이라고 구분하여 판시하고 있다.
39) 박성호(주 37), 17.
40) 미국 연방헌법 제1조 제8항 제8호의 지적재산권 조항(intellectual property clause)도 公共
　　財에 대해 사적 독점을 인정하여 지적재산권을 부여하기 위해서는 창작성 요건이 필요하
　　다는 것으로 우리 헌법 제22조 제2항과 동일하게 이해될 수 있다.
41) 박성호, "지적재산권에 관한 헌법 제22조 제2항의 의미와 내용", 법학논총(제24집 제1

정리하면, 헌법 제22조 제2항에서 나열된 저작자, 발명가, 과학기술자, 예술가의 공통점은 창작자이며, 여기서 창작성은 공유영역(public domain)에 속하는 공공재에 대해 지적재산권을 부여하여 특정인에게 귀속시키는 것을 정당화하는 헌법적 근거가 된다.42) 이처럼 헌법 제22조 제2항의 지적재산권은 창작활동에 대한 대가로서 주어지는 권리이므로, 창작성은 지적재산권을 부여받을 자격이 있는지를 판단하는 기준이자, 지적재산권의 범위에 한계를 설정하는 기능을 한다.43)

결국 부정경쟁방지법이 권리부여방식의 입법이 아니라 행위규제방식의 입법이라는 특성을 고려할 때, 본호 (타)목은 사람의 동일성을 나타내는 인적 식별표지가 갖는 재산적 이익을 일정한 요건 하에서 보호하는 의미를 가지는 데에 그치는 것이고, 이를 넘어서 그러한 인적 식별표지 자체에 대해 어떠한 권리를 인정하는 것은 아니다.44)

2. 사람의 동일성을 나타내는 인적 식별표지가 갖는 재산적 이익의 보호방식

이는 인적 식별표지가 갖는 재산적 이익의 보호를 둘러싼 입법론에 관한 것이다. 이른바 '퍼블리시티권'에 대해서는 아래에서 보는 것처럼 그동안 경쟁적으로 입법 시도가 이루어져 왔다.45)

먼저 퍼블리시티권의 법적 성격46)을 재산권으로 이해하는 국내 학설 중에는 별도의 입법을 시도하기보다는 본호 (파)목[구 (카)목]을 퍼블리시티권 보호의 근거규정으로 설명하는 견해가 유력하였다. 이는 본호 (타)목 신설을 지지하는 입장의 原流에 해당하는 견해이다.47) 다만 이에 따르면 바로 앞에서 언급한

호), 한양대학교 법학연구소(2007. 4), 102-104; 이규홍, "지식재산권법에 관련된 헌법적 쟁점과 향후 과제", 저스티스(통권 제170-3호), 한국법학원(2019. 2), 195 각 참조.
42) 박성호(주 41), 102, 109.
43) 서경미, "위헌심사에 있어서 헌법 제22조 제2항의 규범적 의미", 헌법재판연구(제6권 제2호), 헌법재판연구원(2019. 12), 202; 정필운, "헌법 제22조 제2항 연구", 법학연구(제20권 제1호), 연세대학교 법학연구원(2010. 3), 230.
44) 강명수(주 17), 211; 권태상(주 24), 97.
45) 이에 관한 2020년 이후 상황에 대해서는 권영준, "2022년 민법 일부 개정안에 관한 단상 — 인격권과 디지털콘텐츠계약에 관한 개정안을 중심으로 —", 새봄을 여는 민법학, 홍문사(2023), 60-64.
46) 이에 관해서는 'Ⅳ. 보론 4. 퍼블리시티권을 둘러싼 몇 가지 쟁점 (2) 학설' 참조.
47) 박준우, "퍼블리시티 보호의 주요 쟁점", 법률신문(2014. 12. 4), 11; 같은 취지 박준석, "인격권과 구별된 퍼블리시티권을 인정할지에 관한 고찰 — 최근의 비판론에 대한 논리적

것처럼 권리부여방식의 입법이 아닌 행위규제방식의 입법형태를 취하는 부정경
방지법의 특성상 퍼블리시티권을 물권 유사의 재산권으로 立論하는 데에는 어
려움이 따른다.[48] 그래서 아예 퍼블리시티권만을 대상으로 삼은 신규 입법을 추
진하여 퍼블리시티권을 둘러싼 여러 가지 쟁점들을 일거에 해소하는 방안을 고
려해 볼 수도 있을 것이나, 퍼블리시티권의 주체, 보호대상, 양도성·상속성의
문제, 보호기간, 침해판단 등 첨예하게 이해가 갈리는 여러 쟁점들에 관하여 다
양한 의견들을 수렴하여 퍼블리시티권을 전반적으로 규율하는 입법을 추진하는
것은 매우 복잡하고 어려운 일이 될 것이다. 그에 관해서는 지난 2005년 이래
2012년 무렵까지 우리나라에서도 국회 차원에서 저작권법의 개정을 통한 입법
방안[49]이 논의되어왔다. 그 후 2015년 국회에 계류되었던 법안들 중에는 민법
제766조의5(성명·초상 등의 상업적 이용) 조항을 신설하여 퍼블리시티권을 보호
하는 법안[50] 및 '인격표지권 이용 및 보호에 관한 법률'이란 별도의 단행 법률
로 퍼블리시티권을 인정하려는 법안 등이 존재하였다.[51]

   그러다가 민법을 관장하는 법무부는 2022. 12. 26. 자로 인격권에 기초한
'인격표지영리권'에 관한 민법 개정안을 입법예고하였고,[52] 저작권법을 관장하
는 문화체육관광부는 2021. 1. 15. 재산권에 기초한 '초상등재산권'을 저작권법
속에서 보호하고자 저작권법 개정안을 의원입법 형식을 빌려 발의하였다.

재반박을 중심으로 —", 법학(제56권 제4호), 서울대학교 법학연구소(2015. 12), 91~97; 최
승재, "퍼블리시티권에 대한 각국의 태도와 입법방향", 지식재산정책(제22권), 한국지식재
산연구원(2015. 3), 10. 다만 박준석 교수는 부정경쟁방지법이 행위규제 방식의 입법이라
는 점을 고려하여 위 (차)목에 의해 퍼블리시티권이 '대세적인 효력을 갖는 지위'에서 '권
리(물권, 절대권)에 가까운 것'으로서 보호된다고 설명한다(위의 논문, 97). 이는 퍼블리시
티권이 부정경쟁방지법에 의해 보호되는 '넓은 의미의 재산권'이라는 취지로 이해된다.

48) 물론, 박준우(주 47), 11에서 보듯이 현행 (파)목[구 (카)목, 한때 (차)목]을 근거로 '퍼블
   리시티를 보유한 유명인'에 대하여 '물권과 유사한 독점배타적 재산권'이 아닌 '불공정한
   상관행으로부터의 보호'를 부여하면 된다는 입장을 취할 수도 있을 것이다.

49) 이는 연예인 등의 퍼블리시티권을 저작권법상 실연자의 저작인접권에 근접·유사한 것
   으로 파악하고 그 연장선상에서 입법을 추진하는 입장으로 이해할 수 있다. 가령, 남형두
   (주 2), 112 이하(특히 118) 참조.

50) 이는 김재형, "인격권에 관한 입법제안", 민사법학(제57호), 한국민사법학회(2011. 12),
   96~99에서 제시한 입법제안을 거의 그대로 따른 것이라고 한다. 박준석(주 47), 105의 각
   주(92).

51) 박준석(주 47), 105.

52) 이에 관한 상세는, 권영준(주 45), 60-64; 김민성, "<인격표지영리권(퍼블리시티권) 신설
   을 위한 민법 일부개정법률안>에 대한 법리적 고찰", 재산법연구(제40권 제1호), 한국재산
   법학회(2023. 5), 74 이하(특히 87-89) 참조.

Ⅳ. 보론 — 이른바 '퍼블리시티권'의 보호

1. 퍼블리시티권의 의의

퍼블리시티권(right of publicity)은 미국의 판례법 또는 성문법상 형성되어온 것으로서 사람이 자신의 姓名, 肖像, 목소리, 서명, 이미지 등을 상업적으로 이용하거나 그 이용을 허락할 수 있는 권리를 말한다. 이를 간단히 정의하면 "초상·성명 등의 상업적 이용에 관한 권리", 즉 "사람의 초상·성명 등 그 사람의 동일성(identity)을 나타내는 인적표지를 광고, 상품 등에 상업적으로 이용하여 경제적 이익을 얻을 수 있는 권리"를 말한다고 설명한다.53)

그런데 이와 같이 사람의 초상·성명 등과 같은 인격적 요소를 영리적으로 이용하는 권리인 퍼블리시티권의 침해를 둘러싼 사건들은, 우리 판례상 인정되어온 초상권이나 성명권과 같은 인격권 개념과 밀접한 관련을 맺으면서 전개되고 있다.54) 특히 퍼블리시티권은 미국법에서 발전해온 권리개념이므로 우리나라의 법률 체계 아래에서 이것을 제대로 파악하기 위해서는, 一身專屬的 성격의 인격권과 재산권적 측면이 강조되는 퍼블리시티권과의 관계를 어떻게 정립하여 이해할 것인가 하는 문제에 주목할 필요가 있다. 이것은 민법상 불법행위에 기한 손해배상 뿐 아니라 금지청구까지 인정할 것인가의 문제와도 관련이 있고, 종국적으로는 퍼블리시티권이란 개념을 명시적이고 전면적으로 승인할 것인가의 문제와 직결된다.

2. 인격권과 퍼블리시티권의 交叉

가. 인 격 권

(1) 개관 — 일반적 인격권과 개별적 인격권

독일에서의 이론 전개에 영향을 받아 국내 학설은 인격권을 一般的 人格權과 個別的 人格權으로 나누어 설명하는 것이 일반적이다.55) 우선 법적 근거에

---

53) 정상조(주 2), 132~133; 한위수(주 2), 27; 남형두(주 2), 89의 각주(10).

54) 가령, 肖像權에 대해서는, 대법원 2008. 1. 17. 선고 2007다59912 판결; 대법원 2006. 10. 13. 선고 2004다16280 판결. 이에 관한 하급심 판결로는 서울고법 1989. 1. 23. 선고 88나 3877 판결 외 다수. 姓名權에 대해서는, 대법원 2009. 9. 10. 선고 2007다71 판결. 이에 관한 하급심 판결로는 서울중앙지법 2007. 12. 26. 선고 2005가합112203 판결 등.

55) 지홍원, "인격권의 침해", 사법논집(제10집), 법원행정처(1979), 215; 김증한 편집대표,

대해서는 인격권에 관한 명문의 규정은 없지만 인간의 존엄과 가치를 규정한 헌법 제10조에서 일반적 인격권이 나온다고 설명한다.[56] 우리 하급심 판결도 헌법 제10조가 규정하는 인간으로서의 존엄과 가치는 생명권, 명예권, 성명권, 초상권 등을 포괄하는 일반적 인격권을 의미한다고 한다.[57] 또 우리 재판례나 학설에서는 민법 제751조가 생명·신체와 자유 또는 명예에 관한 위법한 침해 행위를 불법행위로 보고 있을 뿐이고 민법상 인격권에 관한 별도의 규정을 두고 있지는 않지만 인격권이라는 개념을 사용하고 그 권리성을 인정한다고 보고 있다.[58] 또한 인격권의 개념은 다양하여 반드시 명확한 것은 아니지만, 통상 인격에 전속하는 자유·명예·신체 등의 인격적 이익의 총체를 一般的 人格權이라 부르고, 자유권·명예권·신체권 등 개별적인 권리를 의미하는 것을 個別的 人格權이라 정의한다.[59][60] 양자의 관계에 대해서는 일반적 인격권은 일반조항적 성격을 가지고 있고 개별적 인격권은 일반적 인격권으로부터 도출되는 것이

주석 채권각칙(IV), 한국사법행정학회(1987), 118; 권성 외 4인, 가처분의 연구, 박영사(1994), 490; 김상용, 불법행위법, 법문사(1997), 103; 권영준, "초상권 및 사생활의 비밀과 자유, 그리고 이익형량을 통한 위법성 판단", 민사판례연구(XXXI), 박영사(2009), 528~529 각 참조.

56) 가령, 김철수, 헌법학개론(제12전정신판), 박영사(2000), 358 이하.

57) 서울지법 남부지원 1997. 8. 7. 선고 97가합8022 판결(항소기각, 확정). 이 사건은 대학 신입생 환영회 장면을 당초의 약속과 달리 TV에 부정적인 내용으로 방송하고 본인의 동의 없이 대화 장면을 방송한 행위가 사생활의 자유 및 초상권을 침해하였다고 본 사례에 관한 판결이다.

58) 인격권이란 용어를 최초로 사용한 대법원 1980. 1. 15. 선고 79다1883 판결은 "출근한 교사에 대하여 근무를 못하게 하면서 급료를 지급하지 아니한 채 차별대우를 한 所爲는 교사의 인격권 침해로서 불법행위가 된다."고 하여 그 정신적 손해의 배상으로 위자료를 인정하였다. 그 후 이러한 用例는 주(54)에서 보듯이 우리나라의 재판례에서 일반화되었다.

59) 전술한 주(55)의 국내 문헌 참조.

60) 독일 법학의 영향을 받은 일반적 인격권과 개별적 인격권의 구분을 비판하는 견해로는, 김재형, "인격권 일반: 언론 기타 표현행위에 의한 인격권 침해를 중심으로", 민사판례연구(XXI), 박영사(1999), 638~639. 이에 따르면 독일의 경우에는 민법 등 실정법에 명문의 규정이 있는 성명권, 초상권 등을 개별적 인격권이라 하고 그 이외의 인격적 이익에 관한 권리를 일반적 인격권이라 하는데, 우리나라에서는 성명권, 초상권 등에 관한 명문의 규정이 없는데도 이들을 개별적 인격권에 포함시키고 있고 그 의미도 명확하지 않다고 비판한다. 오히려 우리나라에서는 개별적 인격권을 개개의 종류와 같은 의미로 사용하고 있으므로 굳이 일반적 인격권이나 개별적 인격권이라는 용어를 사용할 필요가 없으며 단순히 인격권이란 용어를 사용하는 것으로 충분할 것이라고 한다. 한편, 이러한 구분 비판론에 의문을 제기하면서 우리나라 실정법에도 명예권, 초상권은 물론이고 성명표시권 등을 규율한 저작인격권 등 개별적 인격권에 관한 명문의 규정이 있으므로 양자를 구분하여 보호할 實益이 있다는 견해로는, 박성호, "인격권의 변용 — 퍼블리시티권에 관한 논의를 중심으로 —", 법학논총(제23집 제2호), 한양대학교 법학연구소(2006. 10), 387~389 참조.

라고 설명한다. 즉 일반적 인격권을 일종의 母權으로 하여 개별적 인격권이 파
생된다는 것이다. 또한 인격권은 一身專屬權으로서 양도할 수 없으며 또한 상
속할 수 없다고 설명한다.61) 다만 인격권이 사람의 사망으로 소멸하는가에 대해
서는 견해가 나뉜다.62)

(2) 성 명 권

성명은 사람의 동일성을 나타내는 것으로서 그 인격과 결합하여 당해 개인
을 표상하는 기능을 하며, 성명권이란 사람이 자기의 성명에 대해 갖는 법적으
로 보호할 가치 있는 이익(schutzwürdiges Interesse)을 말한다.63) 우리나라 민법에
는 독일 민법 제12조와 같은 성명권의 보호에 관한 일반적인 규정은 존재하지
않는다.64) 다만 개별적으로 저작권법에 저작자가 자신의 저작물 등에 성명을 표
시할 수 있는 성명표시권에 관한 규정과 타인이 이를 침해한 경우에는 그 침해
의 정지 등을 청구하거나 손해배상 등을 청구할 수 있다는 규정이 있고,65) 또한
상표법과 부정경쟁방지법 등에 저명하거나 널리 알려진 타인의 성명의 사용금
지 내지 배제에 관한 규정이 있을 뿐이다.66)

그런데 이와 같이 우리 민법에 성명권의 보호에 관한 일반적인 규정이 없
다고 하더라도 성명권이 인격권의 일종으로서 보호되어야 한다는 데에 우리나

---

61) 곽윤직 편집대표, 민법주해 채권(12), 박영사(2005), 416~419.
62) 이것이 바로 死者의 人格權을 인정할 것인지 여부의 문제이다. 국내 학설은 死者의 인
    격권의 존속을 인정하여 그 침해는 불법행위를 구성한다는 直接保護說을 취하는 견해, 이
    를 부정하고 遺族 固有의 인격적 법익의 침해를 이유로 유족을 보호함으로써 간접적으로
    死者를 보호하는 間接保護說을 취하는 견해, 사자의 명예도 일정한 경우에는 불법행위책
    임법으로 보호되어야 한다고 하면서, 명예훼손의 효과로서 발생하는 청구권은 상속인이나
    근친자에 의해서 행사되어야 하므로 엄밀한 의미에서는 상속인이나 근친자에 대한 불법행
    위책임이 발생할 뿐이라는 절충적인 견해로 대립하고 있다. 이에 관해서는, 김재형, "모델
    소설과 인격권", 인권과 정의, 대한변호사협회(1997. 11), 66 참조.
63) 三井健, "氏名權の侵害", 現代損害賠償法講座 2, 日本評論社(1972), 223; Ulrich Loe-
    wenheim, Handbuch des Urheberrechts, C.H. Beck(2003), S.1744 각 참조.
64) 가령, 독일 민법 제12조는 성명권(Namensrecht)이란 표제 아래 "타인이 성명을 사용할
    권리를 가지는 사람에 대하여 그 권리를 다투거나 타인이 권한 없이 동일한 성명을 사용
    함으로써 권리자의 이익이 침해되는 때에는, 권리자는 그 타인에 대하여 침해의 배제
    (Beseitigung der Beeinträchtigung)를 청구할 수 있다. 앞으로도 침해할 우려가 있는 때에는
    부작위(Unterlassung)를 소구할 수 있다."[양창수, 독일민법전—총칙·채권·물권(2005년
    판), 박영사(2005), 4~5]고 규정함으로써 자신의 성명이 타인에 의해 권한 없이 사용된 사
    람은 그 타인에 대해 부작위를 청구할 수 있게 되는데[Konrad Zweigert·Hein Kötz, 양창
    수 역, 비교사법제도론, 대광문화사(1991), 625], 이에 따라 성명은 그 구체적인 侵害의 態
    樣에 따라 개별적 인격권 내지 일반적 인격권으로 보호된다.
65) 저작권법 제12조, 제123조, 제127조 각 참조.
66) 상표법 제7조 제1항 제6호, 부정경쟁방지법 제2조 제1호, 제2호 각 참조.

라 대부분의 학설은 일치하는 것으로 보인다.[67] 이에 관한 우리나라 판례를 보면, 연극배우 윤석화와 연극공연계약을 체결한 적도 없으면서 마치 연극에 출연하는 것처럼 허위광고를 한 자에게 성명권 침해를 이유로 1천만 원의 손해배상 판결을 내린 사건이 있다.[68] 우리나라와 마찬가지로 성명권의 보호에 관한 일반 규정이 없는 일본의 판례도 "성명은 사회적으로 본다면 개인을 타인과 식별하여 특정하는 기능을 가지는 것이지만, 동시에 그 개인으로부터 보면 사람이 개인으로서 존중되는 기초이고 그 개인의 인격을 상징하는 것으로서 인격권의 한 내용을 구성하는 것"이라고 판시하여[69] 성명권이 인격권의 하나를 구성하는 독립적인 권리라는 점을 인정하고 있다.[70]

성명권의 내용과 관련하여 종래 우리 학설은, 타인이 자기의 성명을 무단으로 사용하는 경우 피해자는 "손해배상 외에 금지청구권을 행사할 수 있을 것"[71]이라거나 "그 사용금지를 청구할 수 있을 뿐만 아니라 손해배상을 청구할 수 있다고 하여야 할 것"[72]이라고 설명한다. 또한 무단으로 사용한다는 의미에 대해서는, ① 무단으로 僭稱하거나 冒用하는 경우 뿐 아니라 ② 무단으로 또는 조건에 위반하여 광고 등에 이용하는 경우를 포함한다고 설명한다.[73] ① 무단으로 타인의 성명을 冒用하는 경우란 甲이 乙이 아님에도 乙이라고 사칭하는 것을 말하고, ② 무단으로 또는 조건에 위반하여 광고 등에 이용하는 경우란 甲이 乙의 동일성을 침해하지 않으면서 乙의 성명을 사용하는 것, 즉 乙의 성명을 乙을 표시하는 데에 이용하는 것을 말한다. 일본 학설은 ①의 경우처럼 무단으로 참칭(또는 모용)되지 않을 권리를 '專用使用權'[74] 혹은 '姓名專用權'[75]이라

---

67) 곽윤직 편집대표(주 61), 433~434; 박준서 편집대표, 민법 채권각칙(7), 한국사법행정학회(2000), 56~57; 김증한 편집대표(주 55), 125~126; 지홍원(주 55), 221 각 참조.

68) 서울지법 1996. 4. 25. 선고 95가합60556 판결.

69) 最高裁 1988(昭和63). 2. 16. 판결(이른바 NHK 日本語 읽기 訴訟).

70) 菅原崇, "氏名權の侵害", 新·裁判實務大系—名譽·プライバシー保護關係訴訟法, 靑林書院(2001), 304.

71) 지홍원(주 55), 221.

72) 김증한 편집대표(주 55), 126; 박준서 편집대표(주 67), 57; 같은 취지, 곽윤직 편집대표(주 61), 434.

73) 지홍원(주 55), 221; 김증한 편집대표(주 55), 126; 박준서 편집대표(주 67), 57; 곽윤직 편집대표(주 61), 434 각 참조.

74) 森英樹, "氏名權と個人の尊重", 最新判例演習室—法學セミナー增刊, 日本評論社(1989), 39; 菅原崇(주 70), 304. 전자의 견해에 따르면 성명권이란 일반적으로 전용사용권을 의미하는데 이는 冒用되지 않을 권리 내지 이익을 말한다고 한다(森英樹, 39); 후자의 견해에 따르면 전용사용권이란 자기의 성명을 독점적 배타적으로 사용할 수 있는 권리를 의미한다고 한다(菅原崇, 304).

칭하고, ②의 경우처럼 무단으로 이용되지 않을 권리를 '姓名의 無斷使用禁止
權'76)이라고 부른다.77) 그런데 우리나라나 일본의 경우에는 독일 민법 제12조
와 같은 규정이 없기 때문에 위 ①②의 경우는 모두 일반적 인격권의 침해가
될 것이고, 다만 實演者나 저작자의 성명표시권의 침해가 문제되는 경우에는
개별적 인격권의 침해에 해당될 것이다.

　　요컨대, 성명권이란 사람이 자기의 성명에 대해 갖는 법률상의 이익을 말하
고, 만일 타인이 무단으로 자기의 성명을 위 ① 또는 ②의 行爲態樣으로 사용
하는 경우 불법행위가 성립하므로 그 구제수단으로 손해배상을 청구할 수 있을
뿐 아니라 이러한 "인격권 침해에 대하여는 사전(예방적) 구제수단으로 침해행
위 정지·방지 등의 금지청구권도 인정된다"78)고 해석할 수 있을 것이다.79) 결

---

75) 五十嵐淸, 人格權法槪說, 有斐閣(2003), 152.

76) 五十嵐淸(주 75), 156.

77) 독일 민법 제12조 규정[전술한 각주(64)]에 의한 보호는 그 성명에 의해 표상되는 본인
　　의 동일성을 침해하는 경우에 한정되므로 제12조는 위 본문에서 상정한 ①의 경우만을 보
　　호한다는 취지로 설명하고 이는 독일법상 個別的 人格權의 침해에 해당한다고 한다. 이에
　　반하여 가령 저명한 예술가의 성명을 그의 동의 없이 광고에 사용하는 경우(BGH 1959. 3.
　　18. 판결. BGHZ 30, 7), 즉 위 본문의 ②에 해당하여 姓名冒用의 요건을 갖추지 못한 경
　　우에는 제12조의 개별적 인격권 침해가 아닌 一般的 人格的의 침해에 해당한다고 설명한
　　다[三島宗彦, 人格權の保護, 有斐閣(1965), 50; 川井健(주 63), 224 각 참조]. 나아가 독일
　　하급심(OLG Hamburg GRUR 1989, 666)은 명확히 규정된 인격요소가 아닌 목소리나 몸동
　　작 같은 것을 타인이 권한 없이 상품화 하는 경우에는 일반적 인격권에 의해 보호 받을
　　수 있다고 한다[Ulrich Loewenheim, Handbuch des Urheberrechts, C.H. Beck(2003), S.
　　1744].

78) 대법원 1996. 4. 12. 선고 93다40614, 40621 판결. 위 판결은 비록 성명권 침해에 관한
　　사건은 아니었지만, 명예를 훼손하는 비방광고가 행하여졌고 앞으로 행하여질 우려가 있
　　는 사안에서 "인격권은 그 성질상 일단 침해된 후의 구제수단(금전배상이나 명예회복 처
　　분 등)만으로는 그 피해의 완전한 회복이 어렵고 손해전보의 실효성을 기대하기 어렵다"
　　는 이유로 "인격권 침해에 대하여는 사전(예방적) 구제수단으로 침해행위 정지·방지 등의
　　금지청구권도 인정된다"고 판시함으로써 부작위청구의 일종인 광고중지청구를 인정하였
　　다. 이와 관련하여 양창수 교수는, 위 대법원 판결과 그 취지를 같이 하는 대법원 판결들
　　을 언급하면서 "(우리나라의) 판례나 통설은 명예 이외에도 가령 초상이나 성적 염결성,
　　신용 등의 인격적 법익을 불법행위를 이유로 하는 손해배상청구권은 물론이고, 나아가 그
　　법익의 침해를 이유로 물권적 청구권의 성질을 가지는 留止請求權을 인정함으로써 보호
　　하고 있다"고 평가하고[양창수, 민법연구(제7권), 박영사(2003), 19], "이와 같이 인격권의
　　침해에 대한 각종의 구제수단(손해배상청구권, 방해배제청구권, 방해예방청구권 등)을 어
　　떠한 요건 아래서 인정할 것인가를 생각함에 있어서는 많은 경우에 각자의 기본권 간의
　　충돌이라는 문제가 제기된다"고 설명한다[양창수, 민법연구(제5권), 박영사(1999), 9].

79) 박성호, "실연자의 '예명'에 대한 법적 보호(상) ― 성명권·성명표시권·상표권, 그리고
　　이른바 '퍼블리시티권'을 둘러싼 몇 가지 문제점", 법조(통권 제613호), 법조협회(2007.
　　10), 297~298.

국 성명권의 내용 중 위 ②의 성명권자의 동의 없이 그의 성명을 광고 등에 영
리적으로 이용하지 않을 권리라는 측면은 독일 판례의 영향을 받아[80] 일본과
우리나라의 학설로 형성·전개된 것이라고 생각되는데, 성명권의 내용 중에서
위 ②의 자신의 성명이 무단으로 영리목적에 이용되지 않도록 하는 권리를 '성
명의 영리이용권' 또는 '성명영리권'이라 부를 수 있을 것이다. 이러한 관점에서
는 퍼블리시티권을 성명권의 내용 중에서 위 ②의 유형인 姓名의 營利的 側面
에 해당하는 것으로 이해할 수 있을 것이다.

(3) 초 상 권

초상권은 자기의 초상을 권한 없이 타인이 회화, 조각, 사진 등으로 작성·
공표하는 것을 금지할 수 있는 권리이다. 대부분의 국내 학설은 초상권에 관해
우리 실정법상 명문의 규정이 없다고 설명하면서,[81] 판례와 학설은 헌법 제10
조의 인간의 존엄과 가치, 행복추구권 규정 및 제17조의 사생활의 비밀과 자유
규정으로부터 도출되는 일반적 인격권의 일종으로 초상권을 인정하고 있다.[82]
이와 달리 저작권법 제35조 제4항의 "위탁에 의한 초상화 또는 이와 유사한 사
진저작물의 경우에는 위탁자의 동의가 없는 때에는 이를 이용할 수 없다"는 규
정을 초상권의 근거조항으로 이해하는 견해도 있는데,[83] 이에 따르면 초상권은

---

80) 전술한 주(77)에서 언급한 것처럼, 독일 판례는 저명한 예술가의 성명을 그의 동의 없이
    광고에 사용하는 경우(BGH 1959. 3. 18. 판결. BGHZ 30, 7), 명확히 규정된 인격요소가
    아닌 목소리나 몸동작 같은 것을 타인이 권한 없이 상품화 하는 경우(OLG Hamburg
    GRUR 1989, 666)는 각 일반적 인격권에 의해 姓名權의 保護가 이루어질 수 있다고 한다.
81) 가령, 곽윤직 편집대표(주 61), 433; 엄동섭, "언론보도와 초상권침해", 민사판례연구(XXI),
    박영사(1999), 752; 한위수, "사진의 무단촬영·사용과 민사책임", 민사재판의 제문제(제8
    권), 한국사법행정학회(1994), 212; 같은 취지 권영준(주 55), 528~529 각 참조.
82) 곽윤직 편집대표, 민법주해 채권(11), 박영사(2005), 396~397.
83) 허희성, "잡지에 사진게재로 인한 초상권의 침해", 계간 저작권, 저작권심의조정위원회
    (1989 겨울), 80; 박성호(주 60), 387~389 각 참조. 국내의 다수 학설은, 예외 없이 모두 독
    일에서 초상권이 인정되는 근거로 '미술 및 사진저작물의 저작권에 관한 법률'(KUG) 제
    22조를 소개하면서도, 우리 저작권법 제35조 제4항에 대해서는 위 소항의 내용이 초상본
    인으로부터 초상을 미술저작물이나 사진저작물로 작성할 것을 위탁 받아 당해 저작물을
    완성한 경우 그 저작자의 저작권과 위탁한 초상본인의 초상권이 相衝하는 경우에 이를 조
    정하기 위한 규정이므로 초상권에 관한 근거규정으로 볼 수 없다고 주장한다[가령, 한위수
    (주 81), 212~213; 엄동섭(주 81), 753]. 독일의 KUG 제22조의 立法趣旨와 입법자의 意圖
    등을 감안할 때 이러한 국내의 다수 학설의 태도는 의문이다. 왜냐하면, KUG 제22조는 우
    리 저작권법 제35조 제4항과 마찬가지로 저작자의 저작권과 초상본인의 초상권 간의 충돌
    을 방지하기 위한 조정규정이라는 점과, 우리 저작권법 제35조 제4항은 이러한 KUG 제22
    조의 입법취지를 모방하여 입법한 것이라는 점을 고려한다면 당연히 우리 저작권법 제35
    조 제4항도 초상권의 근거규정으로 볼 수 있을 것이기 때문이다[이에 관해서는, 齊藤博,
    人格權法の硏究, 一粒社(1979), 69~72; 同, 人格價値の保護と民法, 一粒社(1986), 72, 76

개별적 인격권이 될 것이다.

한편, 초상권의 내용으로는 우리의 학설은 ① 자신의 초상이 함부로 촬영·작성되는 것을 거부할 수 있는 이른바 촬영·작성거절권, ② 촬영·작성된 초상이 함부로 공표·복제되는 것을 거부할 수 있는 공표거절권, ③ 자신의 초상이 함부로 영리목적에 사용되지 않도록 할 수 있는 이른바 초상영리권의 3종류의 권능을 그 내용으로 한다고 설명한다. 그리고 초상권이 침해된 경우에는 불법행위를 이유로 하는 손해배상청구권은 물론이고, 나아가 그 법익의 침해를 이유로 금지청구를 할 수 있다고 한다.[84] 우리나라의 경우와 마찬가지로 일본 학설은 초상권에는 ① 자기 초상의 작성(특히 사진촬영)을 금지하는 권리, ② 작성된 초상의 공표를 금지하는 권리, ③ 초상을 영리목적으로 이용하는 것을 금지하는 권리의 세 가지 態樣이 인정된다고 설명하고, 유럽 대륙법의 肖像개념은 이상의 세 가지를 포함하는 것으로 해석하고 있다. 아울러 초상권의 침해에 대해서는 금지청구나 손해배상청구를 인정할 수 있다고 한다.[85][86] 우리 대법원 판결은 "사람은 누구나 자신의 얼굴 기타 사회통념상 특정인임을 식별할 수 있는 신체적 특징에 관하여 함부로 촬영 또는 그림묘사되거나 공표되지 아니하며 영리적으로 이용당하지 않을 권리를 가지는데, 이러한 초상권은 우리 헌법 제10조 제1문에 의하여 헌법적으로도 보장되고 있는 권리이다"고 판시하였다.[87] 이러한 위 대법원 판결의 판시내용도 또한 "함부로 촬영 또는 그림묘사되…지 않을 권리", 즉 전술한 ① 촬영·작성거절권, "촬영 또는 그림묘사(된 것이) 공표되지…않을 권리", 즉 ② 공표거절권, "촬영 또는 그림묘사(된 것이) 영리적으로 이용당하지 않을 권리", 즉 ③ 초상영리권이라는 3종류의 권능을 나타낸 것으로 이해되고 있다. 이러한 관점에서는 퍼블리시티권을 초상권의 내용 중에서 위 ③

각 참조]. 이러한 점에서 국내의 다수 학설은 독일과 우리나라의 관련 법조문의 표현만을 대비하는데 그치고, 독일에서 초상권 보호의 입법이 성립하게 된 법제사적 배경이나 저작권법과의 관계, 그리고 KUG 제22조의 입법취지 등을 충분히 고려하지는 않았던 것이 아닌가 생각한다.

84) 곽윤직 편집대표(주 82), 397~398; 양창수(주 78), 19; 권영준(주 55), 529~530.

85) 五十嵐淸(주 75), 166 및 190 이하.

86) 참고로 우리의 실정법상 초상권에 관한 근거규정이 존재하지 않는다고 보는 다수설에 따르면 위 ①②③을 내용으로 하는 초상권은 모두 일반적 인격권의 일종으로 이해될 수 있을 것이나, 소수설에 따르면 위 ②는 저작권법 제35조 제4항에 포섭되는 행위태양이므로 개별적 인격권으로, 위 ①③의 내용은 일반적 인격권으로 각 파악될 수 있을 것이다. 이러한 소수설 입장의 이해와 관련해서는 전술한 주(64)의 독일 민법 제12조에 관한 설명 참조. 아울러 권영준(주 55), 530의 주(23) 참조.

87) 대법원 2006. 10. 13. 선고 2004다16280 판결.

의 유형인 肖像의 營利的 側面에 해당하는 것으로 이해할 수 있을 것이다.

나. 퍼블리시티권의 기원 및 그 발전

(1) 기　원

퍼블리시티권이 미국에서 탄생한 배경과 과정을 살펴보면, 먼저 '명예훼손'에서 '프라이버시권'[88]으로 그 다음에는 '프라이버시권'에서 '퍼블리시티권'으로 이론이 전개되어 왔다는 것을 확인할 수 있다.[89]

초창기에 프라이버시는 그 권리 여부가 다투어졌지만, 1905년 미국 조지아 주 대법원의 Pavesich v. New England Life Insurance 사건[90]을 비롯하여 1931년 캘리포니아 주 대법원의 Melvin v. Reid 사건[91] 등을 거치면서 손해배상 청구의 근거로서 확고히 그 권리성을 인정받게 되었다. 그 결과 1930년대 이후 미국에서는 프라이버시권의 권리성에 관하여 의문을 나타내는 분위기는 일소되었으며 개인에게 당연히 인정되는 헌법상의 권리로서 존중되기에 이르렀다. 프라이버시권이란 명칭 대신에 '퍼블리시티권'(right of publicity)이란 용어가 처음 등장한 것은 1953년 미국 연방 제2항소법원이 Haelan 사건[92]에서 사용하기 시작

---

88) 주지하듯이 프라이버시권은 S.D. Warren and L.D. Brandeis, "The Right to Privacy"(4 Harvard Law Review, 1890, pp.193~220)라는 유명한 논문에서 유래한다. Warren과 Brandeis 두 사람은 당시 미국에서 횡행하고 있던 황색 저널리즘에 의한 유명인의 사생활 폭로에 대항하기 위하여 그때까지 인정되어온 명예훼손의 법리에 의한 보호와는 별개로 새로이 "사람의 눈을 피한다"는 의미의 라틴어 privatue에서 연원하는 프라이버시(privacy)라는 용어를 사용하여, '혼자 있을 권리(right to be let alone)'를 의미하는 프라이버시권(the right to privacy)이 인정될 필요가 있다는 점을 주장한 것이다.

89) 이에 관해서는, 홍승기, "퍼블리시티권 — 그 실체와 입법론", 계간 국제법률경영, 국제법률경영연구원(2005 겨울), 75~79 참조.

90) 원고인 페이브시크의 사진이 무단으로 신문광고에 사용되고 있음을 목격하고 광고주인 보험회사를 상대로 소송을 제기하였다. 문제의 광고에는 허름한 복장에 나약해 보이는 남성의 사진과 함께 원고의 사진이 실려 있었고, 사진 설명에는 그가 보험에 가입하여 보호를 받고 있다는 허위 사실이 기재되어 있었다. 이에 원고는 프라이버시권의 침해를 이유로 손해배상을 청구하였고 조지아 주 대법원은 원고 승소 판결을 내렸다.

91) 피고 레이드는 원고 멜빈의 공개되지 않은 과거사실을 소재로 '붉은 기모노'(The Red Kimono)라는 영화에서 원고의 결혼 전의 본명을 사용한 영화를 무단으로 제작하여 상영하면서 이 영화의 광고 포스터에 주인공의 과거사실에 대한 실화라는 점을 광고하였다. 멜빈은 과거에 창녀생활을 하였고 세상을 떠들썩하게 한 살인사건의 피고인으로 재판정에서 무죄판결을 받은 적이 있었다. 그러나 그 후에 개과천선하여 과거를 정리하고 결혼한 후 평온한 생활을 영위하고 있었는데, 자신의 과거가 폭로되어 새로운 생활이 파경을 맞게 되었기 때문에 레이드를 상대로 소송을 제기했던 것이다. 이에 대해 캘리포니아 주 대법원은 원고의 손해배상청구를 받아들였다.

92) Haelan Laboratories, Inc. v. Topps Chewing Gum, Inc., 202 F.2d 866 (2d Cir. 1953), cert denied, 346 U.S. 816 (1953).

한 때부터이다. 원고 껌회사(Haelan Laboratories Inc.)는 프로야구 선수들의 사진을 자사의 껌 광고에 독점적으로(exclusive) 사용할 수 있는 권리를 허락받았다. 그런데 피고인 경쟁 껌회사(Topps Chewing Gum)가 그 프로야구 선수들의 사진을 광고에 사용하자 원고는 피고가 동일 선수의 사진을 광고에 사용하지 못하도록 금지하기 위한 소를 제기하였다. 이에 대해 피고는 사진의 사용과 관련된 유일한 권리는 야구 선수들에게 속한 프라이버시권이므로 원고는 소를 제기할 수 없다고 주장하였다. 법원은 "개인은 뉴욕주 제정법으로 인정되는 프라이버시권에 더하여 그리고 이와는 별개로 사진에 대한 퍼블리시티 가치, 즉 사진을 공표할 수 있는 배타적 특권을 부여할 수 있는 권리가 인정되는데… 이 권리를 퍼블리시티권이라 부를 수 있다." 원고는 이러한 배타적 특권(즉, 퍼블리시티권)을 야구선수들로부터 독점적으로 양도받았으므로 피고를 상대로 광고 금지 등을 청구할 수 있다고 하여 원고의 청구를 받아들였다.

이 새로운 권리의 법적 개념에 관하여 다음 해인 1954년 Melville B. Nimmer 교수는 그의 유명한 논문 "The Right of Publicity"를 발표하였다.[93] 이 논문에서 Nimmer는 프라이버시권과 퍼블리시티권을 법적 개념으로 구분하고 전통적인 프라이버시권 이론으로는 개인의 인적 속성(persona)이 가지는 상업적 가치를 보호하는데 미흡하다고 지적하였다.[94] 그러나 이러한 이론화에도 불구하고 퍼블리시티권의 개념을 둘러싸고 논란이 계속되던 중 불법행위법(Torts)의 대가인 William L. Prosser 교수가 1960년 "Privacy"라는 논문에서 '프라이버시권'에서 '퍼블리시티권'의 근거를 모색한 이론구성을 제창하였다.[95] 同 교수는 프라이버시권 침해를 ① 사생활의 침해(intrusion), ② 개인적인 일의 공개 내지 무단 공표(public disclosure of private facts), ③ 오해를 낳게 하는 표현(false light in the public eye), ④ 성명이나 초상의 영리적 이용(appropriation)의 네 가지로 유형화하고, ④의 '성명이나 초상의 영리적 이용'에서 퍼블리시티권을 도출하였다.[96][97]

---

93) M.B. Nimmer, "The Right of Publicity", 19 Law & Contemporary Problems(1954), 203 이하.

94) 김성환, 퍼블리시티권의 법리와 실제, 진원사(2009), 42~43.

95) W.L. Prosser, "Privacy", 48 California Law Review(1960), 383 이하; Prosser and Keeton, The Law of Torts, 5th ed., West Publishing Co.(1984), 849 이하.

96) Prosser and Keeton(주 95), 849~868.

97) 다만, 퍼블리시티권이 실재인물인 자연인의 인적 속성(human persona)에서 도출된다고 이론구성하는 Prosser 교수의 견해와는 달리 架空의 캐릭터(fictional character)와 같이 자

(2) 발   전

Prosser 교수의 이러한 이론구성은 미국 학계와 법조계에 널리 받아들여졌지만, 퍼블리시티권의 법적 성격이 재산권(property)인지를 둘러싸고 논의가 분분하였기 때문에 상황은 여전히 유동적이었다. 그러다가 1970년대 접어들면서 퍼블리시티권이 보다 확고하게 인식되기 시작하였고 그 결정적 전환점이 된 것이 1977년 미 연방대법원의 Zacchini 사건이다. 동 사건에서 연방대법원은 "원고의 속성이 이용됨으로써 장래의 경제적 가치가 손상된다"고 판단하고, "개인은 자신의 노력에 의한 보상을 수확할 권리가 있다"는 점을 강조하여 퍼블리시티권을 프라이버시권과는 독립된 재산권적 성격의 권리로 파악하였다. 즉, 이 사건에서 법원은 처음으로 퍼블리시티권 침해는 프라이버시권이나 명예훼손법과는 완전히 다른 불법행위라고 인정한 것이다.[98] 원고인 Zacchini는 스스로 대포 속에 들어가 발사되는 인간대포알의 실연행위를 하는 자로서 유명한 사람이었다. 원고의 실연행위는 시작부터 발사, 목표지점 도착에 이르기까지 15초 정도가 소요되는데, 이를 방송사가 원고의 허락을 얻지 않고서 원고의 실연행위 전부를 뉴스시간에 방영하였다. 원고는 그 실연행위를 보러 오는 사람들이 지불하는 입장료를 통하여 수입을 얻고 있었는데, 피고 방송사의 뉴스 방영으로 인하여 상당수의 입장객이 감소하는 등 손해를 입었다. 이에 원고는 소송을 제기하였다. 연방대법원은 "원고의 실연행위 전부를 방송한 것은 원고의 공연에 대한 경제적 가치에 대한 심각한 위협을 제기하고 … 연예인으로서 생계를 유지하는 원고에게 피해를 끼친다"고 판시하여 원고 승소 판결을 내렸다.

이와 같이 1977년 미 연방대법원의 Zacchini 판결을 계기로 퍼블리시티권의 법적 성격이 재산권이고 인격권이 아니라는 것이 명확히 판시되었고, 위 판결을 전후하여 퍼블리시티권은 미국의 여러 州法에 의해 양도나 상속이 가능한 것으로 성문화되어[99] 퍼블리시티권의 권리자 또는 그 권리를 양수하거나 상속한 자는 침해자에 대하여 손해배상은 물론이고 금지청구도 할 수 있게 되었다.

연인이 아닌 실체(non-human entities)에게까지 퍼블리시티권의 범위를 확대할 수 있다는 견해를 취하는 경우에는 架空의 캐릭터의 창작자에게도 퍼블리시티권이 귀속된다고 한다. M.B. Nimmer(주 93), 216; Julius C.S. Pinckaers, From Privacy toward A New Intellectual Property Right in Persona, Kluwer Law International(1996), 31.
98) Zacchini v. Scripps-Howard Broadcasting Co., 433 U.S. 562, 205 U.S.P.Q. 741 (1977).
99) 미국 각 주의 퍼블리시티권 입법현황에 관해서는, 정상조·박준석(주 4), 37 이하 참조.

다. 인격권과 퍼블리시티권의 交叉 영역에서 발생하는 문제

그런데 우리나라 재판례에서는 一身專屬權으로서 양도와 상속이 불가능한 인격권과, 성명과 초상의 영리적 이용을 본질로 하면서 그 법적 성격을 재산권으로 파악하고 양도와 상속이 가능한 것을 전제로 하는 퍼블리시티권이, 교차적으로 사용되거나 혼용되고 있기 때문에, 양자의 관계 설정은 물론이고 퍼블리시티권의 개념 정립과 법적 성격의 究明이 문제되고 있다. 이하에서는 항을 바꾸어 우리나라에서 퍼블리시티권을 둘러싸고 제기된 주요 재판례를 정리·검토한다.

3. 우리나라에서의 퍼블리시티권 관련 재판례

가. 서   설

1980년대 후반 이후 연예인이나 운동선수 등 유명인의 성명이나 초상을 영리적으로 이용하는 사례가 빈번히 발생하면서 이를 둘러싼 법률문제도 다양한 국면에서 전개되고 있고 裁判例도 다수 형성되었다.100) 이러한 유명인과 주로 관련하여 발생한 주요 하급심 재판례를 살펴보기에 앞서 다소 논란의 여지가 있는 용어지만 유명인이란 어떤 사람을 말하는지에 관해 그 개념 정의가 필요할 것이다.

有名人(celebrities)이란 공적인물(public figure)을 말하는 것으로서 다음과 같은 유형의 사람들을 포함한다고 말할 수 있을 것이다. (a) 정치인, (b) 연예인, (c) 스포츠선수, (d) 관계·실업계의 인물, (e) 성직자·문필가·학자·교육자·변호사·의사·언론인, (f) 사교계의 인물, (g) 범죄 용의자, (h) 범죄 피해자, (i) 관심이 집중된 사건의 관계자 등이다.101) 결국 유명인에 해당하는지 여부에 관한 판단은 상대적인 것으로서 퍼블리시티권의 존부 자체를 결정하는 요소라기보다는 손해액 산정의 고려요소에 지나지 않는다고 보는 것이 타당할 것으로 생각한다.

나. 주요 재판례

우리나라에서 퍼블리시티권에 관하여 명시적으로 판단한 대법원 재판례는 아직 존재하지 않지만, 이에 관한 하급심 재판례는 다수 존재한다.

---

100) 다만, 본문에서 후술하는 ⑧ 사건 판결에서 보는 것처럼 유명인이 아닌 일반인과 관련하여 퍼블리시티권이 문제된 사건도 드물지만 존재한다.
101) 한상범, 기본적 인권, 정음사(1985), 161~162; 한상범, "보도와 공인, 유명인", 언론중재, 언론중재위원회(1986 여름), 18 이하; 山川洋一郎·山田卓生 編, 有名人とプライバシー, 有斐閣(1987), 112~118 각 참조.

① 피고 광고회사가 피고 전자회사의 제품판매를 위한 광고업무활동을 대행하면서 피고들간의 계약에 따라 광고업무집행을 상호 협의하거나 공동으로 처리해왔는데 피고 광고회사가 TV 탤런트인 원고(한혜숙)의 사진을 계약범위 외의 광고에 사용하여 분쟁이 발생한 사안에서 "피고들은 원고를 모델로 한 카탈로그용 사진의 촬영 및 광고에 관하여서만 승낙을 얻었음에도 불구하고 그 승낙의 범위를 벗어나 당초 원고가 피고들과 카탈로그 모델계약을 체결할 때 예상한 것과는 상이한 별개의 광고방법인 월간잡지에까지 원고의 위 카탈로그용 사진을 원고의 승낙 없이 위법하게 사용하여 원고의 초상권을 침해하였다고 할 것이므로 피고들은 공동불법행위자로서 원고가 입은 손해를 배상할 책임이 있다."고 판시하고 다른 모델들의 모델료, 유사한 지명도와 인기를 가진 모델의 모델료 등을 감안하여 손해배상액을 정하였다.102)

이 판결은 초상권 침해를 이유로 한 손해배상청구에 관한 것으로서 그 내용은 초상의 무단 이용에 대한 재산적 손해를 인정한 사건이다. 즉 초상에 관한 재산적 이익을 불법행위법상의 보호법익으로서 긍정한 사건이다.103) 이 사건에서는 퍼블리시티권이란 용어가 사용되고 있지 않지만 초상의 영리목적 사용에 관한 최초 사례로서 실질적인 내용은 퍼블리시티권 침해를 주장할 수 있는 사안이라고 평가하는 견해가 있다.104)

② 상품선전용 TV광고 출연계약 기간 만료 후에도 계속하여 광고를 방영하자 광고모델인 원고(최애숙)가 광고주인 피고 회사들을 상대로 제기한 손해배상청구 사건에서 "모델 등은 자기가 얻은 명성으로 인하여 자기의 성명이나 초상을 대가로 얻고 제3자에게 전속적으로 이용하게 할 수 있는 경제적 이익을 가지고 있어서 이를 침해한 자에 대하여 그 불법사용에 대한 사용료 상당의 손해를 재산상 손해로서 배상을 청구할 수 있으므로 상품선전용 텔레비전 광고출연계약 기간 만료 후에도 광고주가 광고를 계속 방영하였다면 그로 인하여 그 광고모델의 인격적 및 경제적 이익을 침해하였다 할 것이므로 광고주는 위 모델이 입은 재산상 및 정신상의 모든 손해를 배상할 책임이 있다."고 하고 "구체적인 손해액은 위 광고물의 제작에 대하여 용역을 제공함으로써 얻게 되는 보

---

102) 서울고법 1989. 1. 23. 선고 88나38770 판결(상고허가신청기각, 확정).
103) 같은 취지 곽윤직 편집대표(주 82), 302~303 참조.
104) 남형두(주 2), 101; 박인수, "판례상의 퍼블리시티권", 영남법학(제5권 제1·2호), 영남대 법학연구소(1999. 2), 125; 오승종, 저작권법, 박영사(2007), 829; 김성환(주 94), 78.

수가 아니라 모델이 이미 제작된 위 광고물을 계속 방영하는데 동의함으로써 그 방영 당시 얻을 수 있는 보수 중 그 방영기간에 상응하는 금액으로 봄이 상당하다."고 판시하였다.105)

이 판결에서도 퍼블리시티권이란 용어는 사용되지 않았지만 초상이나 성명에 관한 재산적 이익을 불법행위법상의 보호법익으로서 긍정하였다는 점에 의미가 있다.106) 이 판결이 "모델 등은 자기가 얻은 명성으로 인하여 자기의 성명이나 초상을 대가로 얻고 제3자에게 전속적으로 이용하게 할 수 있는 경제적 이익을 가지고 있[다]"고 설시한 점에 주목하여 이것이야말로 퍼블리시티권의 개념에 해당하는 것이라고 설명하기도 한다.107)

③ 소설 "무궁화꽃이 피었습니다"에 관한 출판 등 금지가처분 사건에서 법원은 피신청인이 유명한 물리학자인 故 이휘소와 그의 가족들인 신청인들의 성명 · 초상 · 이력 · 경력 · 生活相 · 성격상 등이 지닌 재산적 가치를 이용함으로써 퍼블리시티권을 침해하였다는 신청인들의 주장에 대하여 "퍼블리시티권이라 함은 재산적 가치가 있는 유명인의 성명, 초상 등 프라이버시에 속하는 사항을 상업적으로 이용할 권리(right of commercial appropriation)라고 할 수 있는데, 문학작품인 위 소설에서 위 이휘소의 성명, 사진 등을 사용하였다고 하더라도 이를 상업적으로 이용했다고 볼 수는 없다."고 판시하였다.108)

이 판결은 소설의 출판에 대해 신청인들의 퍼블리시티권 침해 주장을 배척한 사건이지만, 우리 판례상 '퍼블리시티권'이란 용어를 최초로 사용하면서 그 개념을 정의하였을 뿐 아니라, 상속인 3인의 퍼블리시티권 침해 주장을 본격적으로 검토하였다는 점에서 간접적이나마 퍼블리시티권의 상속성이 인정된다는 것을 전제로 한 사례에 해당한다고 볼 수 있다.109)

④ 인기 개그맨인 피고(주병진)가 '제임스 딘(JAMES DEAN)'을 레스토랑, 의류, 신발, 화장품 등의 지정상품에 상표로서 등록한 다음 피고 회사를 설립하여 표장으로 '제임스 딘(JAMES DEAN)'을 사용한 내의 등 의류들을 제조 · 판매

---

105) 서울민사지법 1991. 7. 25. 선고 90가합76280 판결(확정).
106) 곽윤직 편집대표(주 82), 303~304.
107) 박인수(주 104), 124; 김성환(주 94), 79.
108) 서울지법 1995. 6. 23. 선고 94카합9230 판결.
109) 정상조 · 박준석(주 4), 19; 오승종(주 104), 830; 김성환(주 94), 82.

하자 제임스 딘의 유족 및 재단으로부터 퍼블리시티권을 양도·수탁 받았다고 주장하는 원고가 피고 및 피고 회사를 상대로 손해배상 및 불법상표사용행위의 금지 및 예방청구를 한 사건이다. 법원은 "성명과 초상 등의 상업적 이용과 같은 특수 분야에 있어서는 기존의 인격권의 일종으로서의 초상권과는 별도로 재산적 권리로서의 특성을 가지는 이른바 퍼블리시티권의 성립을 인정할 여지가 있다"고 한 다음 "퍼블리시티권이 아직까지 성문법상의 권리로 인정되지 않고 있고, 향유주체(저명인에게만 인정될 것인가, 저명인이 아닌 일반인 모두에게도 인정될 것인가, 또는 법인이나 단체에게도 인정될 수 있는가의 문제) 및 양도의 가능 여부 등에 관하여 아직까지 학설의 대립이 있을 뿐, 이에 대한 일치된 견해가 없는 점, 퍼블리시티권이 한 사람의 인격을 상징하는 성명·초상 등을 상업적 이용이 가능한 분야에서 이용할 수 있는 권리를 의미한다는 점에서 볼 때 그 당사자의 인격과 완전히 분리된 독립된 권리 또는 무체재산권과 유사한 권리라고 보기 어려운 점, 재산권이라고 하여 반드시 상속이 가능한 것은 아닌 점(예컨대, 연금청구권) 등을 고려하여 볼 때, 일반적으로 인격권은 상속될 수 없는 것과 마찬가지로 퍼블리시티권도 상속될 수 없는 권리라고 파악하는 것이 타당하다고 할 것이다."고 판시하였다.110)

　이 판결은 퍼블리시티권의 본질을 본격적으로 검토하였다는 점에 의의가 있는 사건인데,111) 우리나라에서 관습법상의 권리로서 퍼블리시티권을 인정하면서도 상속될 수 없는 권리라고 하였다.112) 이 판결 외에도 '제임스 딘' 관련 판결은 몇 가지가 더 존재한다.113)

---

110) 서울지법 서부지원 1997. 8. 29. 선고 94가합13831 판결; 서울고법 1998. 12. 1. 선고 97나46780 판결(항소기각 확정).

111) 김성환(주 94), 83.

112) 최성준, "퍼블리시티권의 인정 여부", Law&Technology(창간호), 서울대학교 기술과법센터(2005. 7), 126.

113) 김성환(주 94) 82 이하에서는 '제임스 딘'과 관련한 다수의 판결들 중에서 전술한 주(110)의 판결을 '제임스 딘 사건 1'이라 하고 각각의 사건별로 사건 2, 3, 4로 분류하고 있다. '사건 2'는 같은 원고가 제임스 딘 상표가 부착된 상품을 판매하는 유통업체를 상대로 표장사용금지 등을 구한 사건인데, 서울지법 1997. 11. 21. 선고 97가합5560 판결은 사건 1 판결과 같은 취지에서 퍼블리시티권이 재산적 특징을 가지는 권리라는 점을 인정하면서도 그 상속성을 부인하였다. '사건 3'은 개그맨 주병진이 등록하여 보유하고 있던 '제임스 딘' 관련 상표의 등록취소와 관련된 판결들인데, 특허법원 1998. 9. 24. 선고 98허171 등 일련의 판결들은 원고 주병진의 심결취소청구를 받아들여 특허심판원이 한 상표등록취소심결을 모두 취소하였다. '사건 4'는 본문에서 후술하는 ⑨의 판결이다.

⑤ 광고주인 피고가 TV탤런트 겸 광고모델인 원고(황인정)의 동의를 얻지
아니한 채 광고출연계약의 존속기간이 경과한 후에도 광고물을 계속 방영한 사
건에서 "원고와 같은 연예인이 자신의 성명이나 초상, 음성, 연기 등을 광고모
델 등에 상업적으로 이용할 수 있는 권리는 일종의 재산권으로서 보호의 대상
이 된다고 할 것이며, 한편 그 불법사용에는 제3자가 일정한 기간을 정하여 사
람의 성명이나 초상 등을 사용하기로 약정하였으면서 그 기간을 경과한 이후에
도 그의 승낙이나 동의를 얻지 아니한 채 이를 계속하는 것도 포함된다."고 한
다음 "피고가 원고의 동의를 얻지 아니한 채 이 사건 광고출연계약의 존속기간
이 경과한 이후에도 이 사건 광고물을 계속 방영함으로써 원고가 입게 된 재산
상의 손해는 피고가 원고로부터 동의를 얻어 이 사건 광고물을 계속 방영하기
위하여 원고에게 추가로 지급하여야 할 보수 중 무단 방영기간에 상응하는 금
액이라 할 것이다."고 판시하였다.114)

이 판결은 퍼블리시티권이란 용어를 사용하지는 않았지만 "성명이나 초상
등을 상업적으로 이용할 수 있는 권리는… 일종의 재산권으로서의 보호대상이
된다"고 함으로써 '재산적 이익'에서 한 발 나아가 일종의 '재산권'으로서 성명
이나 초상 등의 상업적 이용권을 자리매김하였다는 데에 의미가 있다. 따라서
퍼블리시티권이란 용어를 사용하지는 않았지만 사실상 퍼블리시티권의 존재를
긍정하면서 그 침해를 인정하였다.115)

⑥ 유명 야구선수의 허락 없이 평전 "메이저리그와 정복자 박찬호"를 저술
하고 그 서적 말미에 대형 브로마이드 사진을 첨부하여 출판한 사건에 대해 법
원은 브로마이드 사진 부분에 대해서만 초상권 또는 퍼블리시티권 침해를 인정
하였다. 즉 법원은 "이 사건 서적의 표지구성형식과 내용, 그와 관련하여 게재
된 신청인의 성명과 사진이나 이 사건 서적의 배포를 위한 광고내용을 정사하
여 보아도 그 내용에 나타나는 신청인의 성명과 사진이 공적인물인 신청인이
수인하여야 할 정도를 넘어서서 신청인의 성명권과 초상권을 침해하는 정도로
과다하거나 부적절하게 이용되었다고 보여지지 아니하고, 또한 신청인이 유명
야구선수로서 그 성명과 초상을 재산권으로 이용할 수 있는 권리 즉 이른바 퍼
블리시티권을 침해하는 것으로 볼 수 있을 정도로 신청인의 성명과 초상 그 자

114) 서울고법 1998. 3. 27. 선고 97나29686 판결(확정).
115) 최성준(주 112), 126.

체가 독립적·영리적으로 이용되었다고 보여지지 아니하며… 다만, 신청인의 대형사진이 게재된 이 사건 브로마이드는 신청인에 대한 평전이라 할 수 있는 이 사건 서적과 분리되어 별책 부록으로 제작된 것으로서 그 자체만으로도 상업적으로 이용될 염려가 적지 않고, 그와 같이 상업적으로 이용될 경우에 신청인의 초상권 또는 퍼블리시티권이 침해될 것으로 보여지므로 이 사건 브로마이드의 발매·반포로 신청인의 초상권 또는 퍼블리시티권이 침해된다는 신청인의 주장은 이유 있다"고 판시하였다.116)

　　이 사건은 브로마이드 사진의 발매에 대해 법원이 퍼블리시티권이란 용어를 사용하면서 그 침해를 인정한 최초의 사례라고 설명되고 있다.117) 소설 "무궁화 꽃이 피었습니다" 사건과 마찬가지로 이 사건은 서적의 출판에 대하여 퍼블리시티권의 침해를 인정하지 않았다는 점에서 보다 큰 의의를 찾을 수 있을 것이다.

　　⑦ 영국의 유명 헤어디자이너 비달사순(Vidal Sassoon)의 성명·초상권을 양도받은 미국 P&G사가 국내 미용학원을 상대로 제기한 퍼블리시티권 침해금지소송에서 법원은 "유명인사의 성명이나 초상을 상품에 붙이거나 서비스업에 이용하는 경우에는 그 상품의 판매촉진이나 서비스업의 영업활동의 촉진에 효과가 있다는 것은 공지의 사실이다.… 그 유명인사는 이러한 고객흡인력이 갖는 경제적 이익 내지 가치를 배타적으로 지배하는 재산적 가치를 가지는 것이고, 이러한 성명이나 초상이 갖는 재산적 가치를 이용하는 권리를 이른바 퍼블리시티권이라 하는데, 이는 일종의 재산권으로서 인격권과 같이 일신에 전속하는 권리가 아니므로 그 귀속주체는 성명이나 초상이 갖는 경제적 가치를 적극적으로 활용하기 위하여 제3자에 대하여 양도할 수 있는 것이다. 따라서 위 권리를 양수한 자는 그 권리에 터 잡아 그 침해행위에 대하여는 금지 및 침해방지를 실효성 있게 하기 위하여 침해물건의 폐기를 청구할 수 있다고 해석함이 상당하다."고 판시하였다.118)

　　이 판결은 퍼블리시티권이 인격권과는 구분되는 별개의 독립적인 재산권이라는 것을 명시적으로 인정하였을 뿐 아니라 그 양도성을 긍정하고 그 권리인

---

116) 서울고법 1998. 9. 29. 자 98라35 결정.
117) 정경석(주 5), 122.
118) 서울고법 2000. 2. 2. 선고 99나26339 판결(상고취하 확정).

정의 근거로서 고객흡인력을 들고 있다는 점에서 의미가 있다고 한다.[119]

⑧ 가정주부 김某씨는 원고의 허브座燻 다이어트를 소개한 '21세기 위원회'라는 방송프로그램에 출연하여 원고가 제안한 방법으로 체중감량에 성공한 사례로 소개되었는데, 원고는 자신의 허브좌훈기 판매에 위 방송화면을 홍보자료로 사용하기 위하여 위 가정주부로부터 그녀의 퍼블리시티권 관련 권리를 모두 양수하였다. 그런데 피고는 자신이 제작한 허브좌훈기를 홈쇼핑방송을 통해 판매하면서 퍼블리시티권을 양수한 원고의 승낙 없이 위 방송화면을 사용하였다. 이에 원고가 피고를 상대로 퍼블리시티권 침해를 주장한 사안이다. 법원은 "피고가 원고의 승낙 없이 농수산방송으로 하여금… 김○○가 출연한 '21세기 위원회'의 화면을 위 광고에 방영하도록 함으로써 원고의 퍼블리시티권을 침해하였다"고 판시하면서도 원고가 입은 손해액을 산정할 수 있는 자료가 없다는 이유로 손해배상청구를 배척하였다.[120]
이 판결은 유명인이 아닌 일반인(主婦 모델)에 대하여도 퍼블리시티권을 인정하였다는 점에 의의가 있다.[121]

⑨ 원고는 미국의 저명한 영화배우였던 제임스 딘(James Dean)의 상속인인 윈튼 딘(Winton A. Dean)으로부터 제임스 딘의 성명·초상 등에 관한 독점적 사용권을 내용으로 하는 퍼블리시티권을 전전 양수한 자이고, 피고들은 제임스 딘의 성명이 기재된 각 표장을 그들의 제품과 포장지 등에 표시하여 의류 등의

---

119) 남형두(주 2), 109; 김성환(주 94), 87~88. 고객흡인력을 퍼블리시티권의 인정근거로 삼은 또 다른 하급심 판결로는 서울지법 1999. 7. 30. 선고 99가합13985 판결이 있다. 후술 각주(121) 참조.

120) 서울동부지법 2004. 2. 12. 선고 2002가합3370 판결(항소심인 서울고법 2004나27695에서 조정성립).

121) 최성준(주 112), 126; 남형두(주 2), 112는, 이 판결에 대해 "우리나라에서 일반인 (non-celebrities)에게 퍼블리시티권이 인정된다고 본 최초이자 유일한 사례라고 할 수 있다"고 평가한다. 이 판례와는 달리 서울지법 1999. 7. 30. 선고 99가합13985 판결은, 피고가 교육용 CD롬 타이틀을 제작하면서 대학교수인 원고의 감수를 받지 않았음에도 그 포장 및 카탈로그에 원고를 감수위원으로 기재한 사안에서 "원고의 성명이 인격과 분리되어 독자적으로 고객흡인력을 가지는 등 그 경제적 가치가 객관화되었"다고 볼 수 없다는 이유로 퍼블리시티권에 기한 청구를 기각하고, 성명권 침해 및 명예훼손에 기한 위자료 500만원 및 명예회복에 필요한 조치청구를 인용하였다. 김영훈, "하급심 판결례의 퍼블리시티권(Right of Publicity) 인정에 대한 비판적 고찰", 사법논집(제44집), 법원도서관(2007), 391의 목록 18판결.

상품을 제조·판매하고 제임스 딘의 초상과 서명 등을 피고들의 매장이나 인터 넷사이트에 게재함으로써 원고가 보유한 퍼블리시티권을 침해하였다는 이유로 피고들에 대하여 표장사용금지 등을 청구한 사안이다. 이에 대해 법원은 "우리 나라에서도 근래에 이르러 연예·스포츠산업 및 광고산업의 급격한 발달로 유 명인의 성명이나 초상 등을 광고에 이용하게 됨으로써 그에 따른 분쟁이 적지 않게 일어나고 있으므로 이를 규율하기 위하여 이른바 퍼블리시티권(Right of Publicity)이라는 새로운 권리 개념을 인정할 필요성은 수긍할 수 있으나, 성문법 주의를 취하고 있는 우리나라에서 법률·조약 등 실정법이나 확립된 관습법 등 의 근거 없이 필요성이 있다는 사정만으로 물권과 유사한 독점·배타적 재산권 인 퍼블리시티권을 인정하기는 어렵다고 할 것이며, 퍼블리시티권의 성립요건, 양도·상속성, 보호대상과 존속기간, 침해가 있는 경우의 구제수단 등을 구체적 으로 규정하는 법률적인 근거가 마련되어야만 비로소 퍼블리시티권을 인정할 수 있을 것이다."고 판시하였다.122)

이 판결은 후술하는 ⑩ 판결과 함께 퍼블리시티권이란 새로운 권리개념을 인정할 필요성을 수긍하면서도 실정법이나 확립된 관습법의 근거가 없는 한 독 점·배타적이고 양도·상속성이 인정되는 재산권인 퍼블리시티권을 인정할 수 없다고 한 것이다.123)

⑩ 원고는 TV탤런트인 연예인(김민희)과의 사이에 위 연예인의 연예활동과 관련한 전속계약을 체결하고 위 연예인의 퍼블리시티권을 양수한 자이고 피고 회사는 인터넷사이트를 통하여 통신판매 및 통신판매중개업을 하는 회사인데 원고의 동의 없이 피고 회사가 운영하는 사이트에서 상품 판매를 목적으로 위 연예인의 성명과 사진을 게재함으로써 원고가 위 연예인으로부터 讓受한 퍼블 리시티권을 침해한 사건이다. 이에 대해 법원은 "무릇 재산적 가치가 있는 유명 인의 성명, 초상 등 프라이버시에 속하는 사항을 상업적으로 이용할 수 있는 권 리를 일반적으로 퍼블리시티권(the right of publicity)이라 하는바, 이는 인격권에 기초한 것으로서 본인이 자신의 성명, 초상 등 프라이버시에 속하는 사항을 구 체화하여 상업적으로 이용함으로써 그것이 인격과 분리되어 독자적으로 고객흡 인력을 가지는 등 그 경제적 가치가 객관화되었다면 인격권과는 별도로 법으로

---

122) 서울고법 2002. 4. 16. 선고 2000나42061 판결(상고취하 확정).

123) 박성호(주 60), 396.

보호될 필요성”은 인정된다고 할 것이나 “성문법주의를 취하고 있는 우리나라
에서 법률, 조약 등 실정법이나 확립된 관습법 등의 근거 없이 필요성이 있다는
사정만으로 물권과 유사한 독점·배타적 재산권인 퍼블리시티권을 인정하기는
어렵다고 할 것이며, 퍼블리시티권의 성립요건, 양도·상속성, 보호대상과 존속
기간, 침해가 있는 경우 구제수단 등을 구체적으로 규정하는 법률적인 근거가
마련되어야만 비로소 원고가 주장하는 바와 같은 퍼블리시티권을 인정할 수 있
다.”고 하면서 재산권으로서의 퍼블리시티권이 인정됨을 전제로 한 원고의 이
사건 청구는 이유 없다고 하여 기각하고 위 연예인의 초상권 침해로 인한 위자
료 청구권을 양수한 원고의 손해배상청구만을 일부 인용하였다.124)

　　⑪ 원고(이영애)는 TV 방송드라마 ‘대장금’ 등에 여주인공으로 출연한 여자
연예인으로서 피고 화장품회사와 광고모델계약을 체결하였는데 피고 회사가 위
계약에서 정한 계약기간 및 사용기간이 경과하여 원고의 초상을 이용한 광고물
을 제작하거나 사용할 권리가 없음에도 불구하고 3년여에 걸쳐 원고의 사진을
무단으로 제작하고 상업적으로 이용하여 원고의 肖像權과 퍼블리시티권을 침해
하였다고 주장한 사건이다. 이에 대해 제1심 법원은 “피고 회사가 사용기간이
종료한 이후에 계속하여 무단으로 이 사건 책자에 원고를 모델로 한 광고물 등
을 사용한 것은 그 목적 여하를 불문하고 원고의 인격권으로서의 초상권을 침
해한 것”이고 또한 “피고회사가 위와 같은 원고의 초상을 상업적으로 사용한
것으로 탤런트, 영화배우 겸 광고모델로 대중적 지명도가 있어 재산적 가치가
있는 원고의 초상 등을 상업적으로 이용할 권리인 퍼블리시티권도 침해한 것”
이라고 한 다음 “퍼블리시티권의 침해로 원고에게 배상하여야 할 재산상 손해
액은 피고 회사가 원고로부터 동의를 얻어 광고행위를 계속하기 위하여 원고에
게 추가로 지급해야 할 보수 상당액”이라고 하고 “원고는 유명 연예인으로서
그 초상권을 일반인의 그것과는 달리 재산권인 퍼블리시티권으로 보호받으므로
타인의 불법행위로 그 초상권 등이 침해된 경우에는 특별한 사정이 없는 한 그
재산상 손해 외에 정신적 손해가 발생한다고 보기 어렵다.”고 하였다.125) 항소
심 법원은 여기서 더 나아가 “일반적으로 성명, 초상 등이 갖는 경제적 이익 내
지 가치를 상업적으로 사용·통제하거나 배타적으로 지배하는 권리라고 설명되

---

124) 서울중앙지법 2004. 10. 1. 선고 2002가단254093 판결(확정).
125) 서울중앙지법 2004. 12. 10. 선고 2004가합16025 판결.

는 퍼블리시티권(Right of Publicity)은 일찍이 광고산업이 발달한 미국에서 판례
와 각 주의 성문법에 의하여 보호되기 시작하였으며, 일본과 우리나라에서도 이
러한 권리를 인정한 하급심 판결을 다수 찾을 수 있는 바, 비록 퍼블리시티권의
양도 및 상속성, 보호대상과 존속기간, 구제수단 등을 구체적으로 규정한 우리
나라의 실정법이나 확립된 관습법이 존재하지는 않으나, …원고의 성명, 초상
등에 대하여 형성된 경제적 가치가 이미 광고업 등 관련 업계에서 널리 인정되
고 있는 이상 이를 침해하는 행위는 원고 본인에 대한 관계에서 명백히 민법상
의 불법행위를 구성한다고 볼 것이고, 이와 같이 보호되는 한도 내에서 원고가
자신의 성명, 초상 등의 상업적 이용에 대하여 배타적으로 지배할 수 있는 권리
를 퍼블리시티권으로 파악하기에 충분하다고 할 것이며, 이는 원고의 인격으로
부터 파생된 것이기는 하나 원고의 인격권과는 독립된 별개의 재산권으로 보아
야 할 것"이라고 판시하였다.126)

　　제1심 판결은 유명 연예인의 경우 초상권이 침해되면 퍼블리시티권의 침해
도 함께 인정된다고 하면서도 이 경우 퍼블리시티권에 의해 재산적 손해를 배
상받게 되면 특별한 사정이 없는 한 초상권 침해로 인한 정신적 손해가 발생한
다고 보기 어렵다고 판시하였다는 점에 주목할 필요가 있다. 또 항소심 판결은
제1심과 결론을 같이 하면서도 퍼블리시티권의 연혁, 개념, 법적 성격 등에 관
하여 구체적으로 검토하였다는 점에 의의가 있다.

　　⑫ 휴대전화용 야구게임물을 제작함에 있어 각 구단의 프로야구 선수들의
성명을 허락 없이 사용한 것에 대해 이종범 등 국내 야구선수 123명이 게임물
제작업체들을 상대로 제기한 성명사용금지 및 손해배상청구 사건이다. 이에 대
해 법원은 "피고들이 원고들의 허락을 받지 아니하고 원고들의 성명을 상업적
으로 이용하는 행위는 원고들의 성명권 중 성명이 함부로 영리에 이용되지 않
을 권리를 침해한 민법상의 불법행위를 구성한다고 볼 것이고, 이와 같이 보호
되는 한도 내에서 원고들이 자신의 성명 등의 상업적 이용에 대하여 배타적으
로 지배할 수 있는 권리를 퍼블리시티권으로 파악하기에 충분하다"고 하고, "유
명 프로야구 선수들의 허락을 받지 아니하고 그 성명을 사용한 게임물을 제작
하여 상업적으로 이동통신회사에 제공한 것은 위 프로야구 선수들의 성명권 및
퍼블리시티권을 침해한 것으로 불법행위에 해당"한다고 하면서 퍼블리시티권에

---

126) 서울고법 2005. 6. 22. 선고 2005나9168 판결.

대해서는 "이는 인격으로부터 파생된 것이기는 하지만 독립한 경제적 이익 또
는 가치에 관한 것인 이상 인격권과는 독립된 별개의 재산권으로 보아야 할
것"이라고 하였다. 한편, 원고들은 공적인물이므로 성명이 공표되는 것을 어느
정도 수인해야 하는데 피고들은 휴대전화용 야구게임에 사용한 것에 불과하므
로 침해가 될 수 없다는 주장에 대해서는 "공적인물이라 하더라도 그 성명을
상업 목적만을 위해 사용하는 경우까지 그 사용을 수인하여야 한다고 할 수 없
다"는 이유로 이를 배척한 다음 손해배상에 대해서는 이를 사용료 기준으로 산
정하면서 게임물 사용료 중에서 야구선수들의 이름이 차지하는 비율을 20퍼센
트로 계산하여 피고들은 게임물 판매로 얻은 수익 중 2천9백만 원을 원고들에
게 균등하게 나누어 지급하라고 판시하고 위자료 청구는 기각하였다.[127]

　　이 판결은 우리나라 프로야구선수들의 퍼블리시티권 인식에 일대 전환의
계기를 가져온 사건이라는 긍정적 평가도 있지만,[128] 이 사건에서 퍼블리시티권
이란 용어를 사용하지 않더라도 성명권의 구체적 내용에 포함되는 이른바 '성
명영리권' 내지 '성명의 영리이용권'으로 파악하여 금지청구나 손해배상청구를
인정하는 데에 별다른 무리가 따르지 않는 무난한 사건으로 이해할 수도 있
다.[129]

　　⑬ 소설가 이효석의 후손인 원고가 이효석의 초상 및 '메밀꽃 필 무렵'이라
는 문구를 상품권에 임의로 사용한 피고에 대하여 이효석의 초상이 갖는 퍼블
리시티권 침해를 이유로 손해배상을 청구한 사안이다. 이에 대해 법원은 퍼블리
시티권이 우리법에 명문의 근거규정이 없더라도 해석상 독립적인 권리로 인정
될 수 있음을 인정한 다음 "퍼블리시티권은 인격권보다는 재산권에 가까운 점,
퍼블리시티권에 관하여는 그 성질상 민법상의 명예훼손이나 프라이버시에 대한
권리를 유추 적용하는 것보다는 상표법이나 저작권법의 규정을 유추 적용함이
상당한데 이러한 상표권이나 저작권은 상속 가능한 점, 상속성을 부정하는 경우
사망이라는 우연적 요소에 의하여 그 재산적 가치가 크게 좌우되므로 부당한
결과를 가져올 우려가 큰 점" 등을 이유로 그 상속성을 인정하고, 나아가 퍼블

리시티권의 존속기간에 대해서는 저작권법을 유추하여 사망 이후 50년간 존속한다고 판시하였다.130)

이 판결은 퍼블리시티권의 주요 쟁점인 권리의 독립성 여부, 권리 향유주체의 범위, 상속성, 보호기간 등의 문제에 관하여 폭넓게 인정한 사례로 평가될 수 있을 것이다.131)

⑭ 전직 프로야구선수 13명이 게임업체들을 상대로 초상권 및 성명 등 사용금지 가처분신청을 하였다. 신청인들은 게임업체 측이 허락 없이 선수들의 개인기록과 실명, 사진을 수록한 초상과 출신고교 등의 신상정보를 게재함으로써 성명권, 초상권, 퍼블리시티권을 침해하였다고 주장하고, 피신청인들은 신청인들이 유명 프로야구선수로서 '공적인물'에 해당하므로 자신들의 성명 등이 공표되는 것을 어느 정도 수인할 의무가 있으므로 피신청인들의 행위는 헌법이 보장하는 표현의 자유의 범위 내에 포함된다는 취지로 주장하였다. 이에 대해 법원은 "신청인들은 모두 전직 프로야구선수로서 야구와 관련된 분야에서는 일반대중이 정당한 관심을 가지는 공적 지위를 가진다고 할 것이니 그 성명이나 초상 또는 선수로서의 경력, 실적, 근황 등 관련 정보가 합당한 목적과 합리적인 방식으로 이용되는 데 대해서는 이를 수인할 의무가 있다고 할 것이다. 그러나 이 사건 게임에서 신청인들의 성명을 표시한 것은 신청인들의 활동에 대한 사실의 적시 또는 의견의 제시 등 의사표현의 수단으로서가 아니라 게임 캐릭터를 개별적으로 특정하기 위한 명칭의 도구로 활용한 것뿐이어서… 신청인들의 성명을 사용하는데 공공의 관심이나 이익이 관련되어 있다는 요소도 전혀 없으므로… 신청인들의 성명이 가지는 공적 요소와는 무관하게 피신청인들이 사적인 영리추구를 위하여 무단으로 이를 이용한 데 지나지 않는다. 따라서 피신청인들의 행위는 표현의 자유로 보호될 수 있는 범위를 넘어 신청인들의 성명권 등에 대한 침해에 해당한다"고 판단하였다.132)

---

130) 서울동부지법 2006. 12. 21. 선고 2006가합6780 판결. 다만, 결론에서는 이효석 사후 62년이 경과하여 제기된 이 사건 청구는 퍼블리시티권의 보호기간인 사후 50년을 도과하였다는 이유로 청구 기각하였다.

131) 김성환(주 94), 94~95.

132) 서울중앙지법 2009. 11. 23. 자 2009카합2880 결정. 위 전직 야구선수들이 다른 인터넷게임업체를 상대로 제기한 가처분 사건에서 서울남부지법 2009. 12. 17. 자 2009카합1108 결정에서도 같은 취지의 결정(성명 등 사용금지가처분 결정)을 하였다. 백강진(주 129), 100~101 및 112 참조.

이 결정에 대해서는 신청인들은 성명권, 초상권, 퍼블리시티권 침해를 주장
한데 대하여 법원은 '성명 등을 상업적 목적으로 활용할 수 있는 권리'라고만
판시하여 퍼블리시티권에 대한 불필요한 언급을 자제하고 있는 점이 특기할 만
하다는 평가가 있다.[133]

⑮ 전직 프로야구 선수들의 사전 동의 없이 위 선수들의 성명을 영문 이니
셜로 변경하여 인터넷 야구게임에 등장하는 캐릭터에 사용한 행위가 위 선수들
의 자기동일성의 경제적 가치를 상업적으로 사용하여 퍼블리시티권을 침해한
것이라고 본 사례이다. 이 사건에서 법원은 "일반적으로 성명이나 초상 등 자기
동일성이 가지는 경제적 가치를 상업적으로 사용하고 통제할 수 있는 배타적
권리라고 설명되는 퍼블리시티권은 이를 명시적으로 규정한 실정법이 존재하지
는 않으나, 헌법상의 행복추구권과 인격권의 한 내용을 이루는 성명권에는 사회
통념상 특정인임을 알 수 있는 방법으로 성명이 함부로 영리에 사용되지 않을
권리가 포함된다고 할 것인 점, 특정인의 성명 등에 관하여 형성된 경제적 가치
가 이미 인터넷 게임업 등 관련 영업에서 널리 인정되고 있으므로 이를 침해하
는 행위는 그 특정인에 대한 관계에서 민법상의 불법행위를 구성한다고 볼 것
인 점 등에 비추어 보면, 특정인이 성명이나 초상 등 자기동일성의 상업적 사용
에 대하여 배타적으로 지배할 수 있는 권리를 퍼블리시티권으로 파악하기에 충
분하므로, 어떤 사람의 성명 전부 또는 일부를 그대로 사용하는 것은 물론 성명
전부 또는 일부를 그대로 사용하지 않더라도 그 사람을 나타낸다고 볼 수 있을
정도로 이를 변형하여 사용하는 경우에도 퍼블리시티권을 침해한 것으로 볼 것
이며, 이러한 퍼블리시티권은 인격권, 행복추구권으로부터 파생된 것이기는 하
나 재산권적 성격도 가지고 있다"고 판단하였다.[134]

이 판결은 어떤 사람의 성명 전부 또는 일부를 그대로 사용하지 않더라도
그 사람을 나타낸다고 볼 수 있을 정도로 이를 변형하여 사용하는 경우에도 퍼
블리시티권을 침해한 것으로 볼 수 있다고 판시한 점에 의의가 있다. 아울러 인
격권의 한 내용을 이루는 성명권에는 성명이 함부로 영리에 사용되지 않을 권
리가 포함되는데 이러한 측면을 퍼블리시티권으로 파악하는 것이 가능하다고
판단한 점도 의미가 있다.

---

133) 백강진(주 129), 113.
134) 서울서부지법 2010. 4. 21. 자 2010카합245 결정.

⑯ 원고는 은퇴선수협의회 운영과 수입사업 대행 및 관장 등의 사업을 목적으로 설립된 전직 프로야구선수 300명으로 구성된 법인이고, 피고는 게임소프트웨어 개발 및 유통 판매업을 목적으로 설립된 회사인데, 피고의 게임에서 선수들의 동의 없이 그 성명을 이용한 사안이다. 법원은 "비록 퍼블리시티권의 보호대상과 존속기간, 구제수단 등을 구체적으로 규정한 우리나라의 실정법이나 확립된 관습법이 존재하지는 않으나, … 우리나라 하급심 판례 중 퍼블리시티권을 인정하는 판결이 다수이며, … 현대사회에서 이른바 '인격권의 유동화' 현상이 발생함에 따라 이러한 권리를 보호하고 그 주체가 사회적으로 유익한 활동을 하도록 유인할 필요성이 증가하고 있는 점, … 지적재산권을 보호하는 저작권법, 상표법의 취지 등에 비추어 보면, 특정인이 성명이나 초상 등 자기동일성의 상업적 사용에 대하여 배타적으로 지배할 수 있는 권리를 퍼블리시티권으로 파악하기에 충분하고, 이는 인격권과는 독립된 별개의 재산권으로 보아야 할 것"이라고 판시한 다음 "퍼블리시티권의 대상은 '인격 그 자체'가 아니라 '인격의 발현으로 인하여 생성된 경제적 이익'이며 퍼블리시티권은 독립한 재산권이므로, 제3자에게 양도하거나 권리행사를 포괄적·개별적으로 위임할 수 있다"고 판단하였다.135)

이 판결은 퍼블리시티권은 인격권과는 독립된 별개의 재산권으로 보아야 한다는 점과 퍼블리시티권의 대상은 '인격의 발현으로 인하여 생성된 경제적 이익'으로서 제3자에게 양도하거나 권리행사를 위임할 수 있다는 점을 명확하게 인정하고 있다는 점에 의의가 있다.136)

⑰ 원고들은 남성 또는 여성 아이돌 그룹 멤버들이고 피고는 치과의사인데, 피고가 운영하는 치과를 홍보하기 위해 네이버 사이트에 블로그를 개설하고 관리하면서 블로그 중 치과를 홍보하는 카테고리와 구별되는 '휴식공간란'의 '음악' 또는 '뉴스'란에 원고들의 사진을 게재한 사안이다. 법원은 "퍼블리시티권이라 함은 사람의 초상, 성명 등 그 사람 자체를 가리키는 것을 광고, 상품 등에 상업적으로 이용하여 경제적 이득을 얻을 수 있는 권리"를 말하는 것으로서

---

135) 서울동부지법 2011. 2. 16. 선고 2010가합8226 판결. 홍승기 외 2인, "퍼블리시티권에 관한 국내 실태 조사", 저작권정책연구, 한국저작권위원회(2012. 12), 111~113.
136) 나아가 이 판결에서는 '인격의 유동화'라는 용어를 사용하면서 재산권으로서의 퍼블리시티권을 긍정하고 있는데, 이는 남형두(주 2), 89의 각주(9)에서 영향을 받은 것으로 보인다.

"이러한 권리에 관하여 우리 법은 아직 명문의 규정은 없으나, 인간이 자기의 성명, 초상에 대하여 인격권이 인정되는 것과 마찬가지로 이들을 상업적으로 이용할 권리는 명문의 규정 여하를 불문하고 인정할 필요가 있다"고 이를 긍정하면서도, "유명인의 성명, 초상 등을 허락 없이 인격적 동일성을 인식할 수 있도록 상업적으로 이용하되, 광고, 게임 속 캐릭터의 사용 등과 같이 유명인의 성명, 초상 등의 경제적 가치 즉, 유명인의 대중에 대한 호의관계 내지 흡인력이 직접 그 사용자의 영업수익으로 전환되었다고 볼 수 있을 정도로 이용하였다고 인정되어야 퍼블리시티권의 침해를 인정할 수 있을 것이며, 이와 달리 유명인의 성명, 초상 등을 이용한 상품 내지 서비스를 제공하면서 그 내용에 있어서 유명인의 인격적 동일성 범위 내의 요소가 그 외적 요소만을 사용하고, 그 표현에 있어서도 상품 내지 서비스의 설명을 위한 필요 최소한도에 그쳐 유명인의 성명, 초상 등의 경제적 가치가 직접 그 사용자의 영업수익으로 전환되었다고 볼 수 없는 경우에는 퍼블리시티권의 침해가 인정될 수 없다"고 판시하였다.137)

이 판결은 퍼블리시티권의 인정을 긍정하면서도 원고들의 성명, 초상 등이 피고가 운영하는 치과 광고에 직접 사용된 것이 아니라 일반적인 표현행위의 일환으로 사용된 것이므로 표현의 자유라는 관점에서 퍼블리시티권 침해를 부정한 것이라는 점에서 의미가 있다.138)

⑱ 피고들의 포털 사이트가 제공하는 키워드 검색광고 서비스에 대하여 유명 탤런트, 배우, 아이돌 그룹 멤버인 원고들이 퍼블리시티권 침해를 문제 삼은 사안이다. 이 사건에서 법원은 "성명권은 헌법상의 행복추구권과 인격권의 한 내용을 이룬다. 성명권은 일반적으로 자신의 성명을 타인의 방해를 받지 않고 사용할 수 있는 권리, 자신의 성명이 타인에 의하여 모용되거나 무단으로 사용되지 않을 권리를 내용으로 한다. 자신의 성명을 상업적으로 이용하고 통제할 수 있는 권리는 위에서 본 성명권에 당연히 포함되고, 별도로 퍼블리시티권이라는 개념을 인정할 필요가 없다"고 한 다음 "민법 제185조는 물권은 법률 또는 관습법에 의하는 외에는 임의로 창설하지 못한다고 규정하고 있을 뿐 아니라,

---

137) 서울중앙지법 2013. 9. 13. 선고 2013가합7344 판결.
138) 한편, 이와 유사한 사안의 판결로서 서울중앙지법 2013. 12. 20. 선고 2013가합7337 판결
    참조. 다만, 이 판결은 퍼블리시티권의 인정을 부정하면서 성형외과를 홍보하는 블로그 중
    에서 별도 카테고리를 마련하여 연예인의 성명이나 초상을 사용한 것은 그 태양에 비추어
    볼 때 일반적인 표현행위라고 판단하여 인격권 침해도 부정한 사건이다.

현재 인정되고 있는 성명권만으로도 퍼블리시티권이 보호하고자 하는 유명인의 성명에 관한 권리의 보호가 가능하므로 퍼블리시티권을 독립적인 권리로 인정할 필요가 있다고 보기도 어렵다"고 판시하였다. 또한 "성명과 초상은 특정한 개인을 다른 사람으로부터 식별하는 표지가 되고, 이를 기초로 사회적 관계와 신뢰가 형성되는 등 고도의 사회성을 가진 공적 기표로서의 기능을" 하는 것이므로 "검색 이용자가 검색어로서 원고들의 성명을 사용…하여 피고들이 검색서비스를 제공하는 것 자체는 금지될 수 없고, 오히려 피고들이 제공하는 검색서비스는 타인의 홈페이지나 정보에 접근할 수 있는 가치를 제공함으로써 인터넷 활성화에 크게 기여하였으며, 검색서비스로 인하여 정보 이용자는 비용 부담 없이 쉽게 정보를 검색할 수 있으므로, 사회적 공공재로서 운영되는 검색서비스는 그 역할이 강화되어야 한다"고 판시하였다. 그리고 키워드 검색광고 서비스가 원고들의 성명권을 침해하여 불법행위가 성립하는지에 대해서는 "구체적 사안에서의 사정을 종합적으로 고려한 이익형량을 통하여 침해행위의 최종적인 위법성이 가려져야" 한다[139]고 설시한 다음 (i) 검색이용자들과 광고주는 "원고들의 성명을 공적 기표로서 사용하는 것이고 피고들의 검색서비스는 이에 대응하는 것"인 점, (ii) "원고들과 같은 연예인들은 자기의 성명이 널리 일반 대중에게 공개되기를 희망하거나 추구"하므로 "검색어로 자주 사용된다고 하여 원고들의 사회적 평가와 명성 등을 저하시킨다고 볼 수 없"는 점, (iii) "광고주들은 포털 사이트에서 많이 검색되는 것을 바라고 원고들에게 물품을 협찬하거나 대가를 지급하는 것"이므로 "키워드 검색광고에 원고들의 성명이 사용된다고 하여 원고들에게 손해가 발생한다고 할 수 없"는 점, (iv) "신문이나 방송 광고의 경우에도 원고들의 성명이 포함된 광고가 있는데, 광고주가 원고들의 성명권을 침해하였다고 하여 신문이나 방송 등 광고매체가 그 대가를 받는 것을 금지"하지 않는 점, (v) "검색서비스는 사회적 공공재로서의 역할을 하고 있어 무료로 제공되어야 할 필요가 있는데, 검색서비스 제공자들의 수익원을 봉쇄한다면 결국 사회적 공공재로서의 검색서비스가 약화될 위험성이 있"는 점 등을 "종합해

---

139) 위 판결은 이러한 이익형량의 과정에서 "침해행위 영역에 속하는 고려요소로는 침해행위로 달성하려는 이익의 내용 및 그 중대성, 침해행위의 필요성과 효과성, 침해행위의 보충성과 긴급성, 침해방법의 상당성 등"이 있고 "피해이익의 영역에 속하는 고려요소로는 피해법익의 내용과 중대성 및 침해행위로 인하여 피해자가 입는 피해의 정도, 피해이익의 보호가치 등이 있다"고 하면서 초상권을 인정한 대표적 선례인 대법원 2006. 10. 13. 선고 2004다16280 판결에서 설시한 초상권 침해행위의 위법성 판단기준을 원용하고 있다.

보면 피고들이 원고들의 성명을 검색어로 사용하는 키워드 검색광고로 이득을 얻는 것이 원고들의 성명권을 침해하는 상업적 사용이라고 할 수 없다"고 판단하였다.[140]

이 판결은 퍼블리시티권이라는 물권 유사의 배타적 재산권을 인정하는 것은 민법 제185조의 물권법정주의에 반할 뿐만 아니라 기존의 성명권만으로도 퍼블리시티권이 보호하고자 하는 유명인의 성명에 관한 영리적 보호가 가능하므로 퍼블리시티권을 독립적인 권리로 인정할 필요가 없다고 판시하면서 키워드 방식의 검색광고는 성명을 공적 기표로 사용하는 것으로서 성명권을 침해하는 상업적 이용에 해당한다고 보기 어렵다고 판단하였다는 점에서 중요한 의미를 갖는다.[141]

다. 요약 · 정리

주요 재판례들 중에서 ①은 초상권 침해라고만 판시한 것으로서 그 내용은 초상의 무단 이용에 대한 재산적 손해를 인정한 것이다. 즉, 전술한 초상권의 내용 중에서 이른바 肖像營利權을 판시한 것이므로 그 내용만으로는 퍼블리시티권의 존재를 의식한 것인지 알기 어렵다. ②의 판결은 모델 등이 성명이나 초상을 제3자에게 專屬的으로 이용하게 할 수 있는 경제적 이익을 가진다고 판시하면서도 퍼블리시티권이란 용어만은 사용하지 않았다. 이 판결 또한 성명권의 내용 중 이른바 姓名營利權 및 초상권의 내용 중 이른바 초상영리권으로 파악하여 이해할 수 있다.

한편, ③의 판결은 퍼블리시티권이란 용어를 사용하면서 퍼블리시티권의 존재를 최초로 긍정하였고 또 간접적이나마 퍼블리시티권의 상속성이 인정되는 것을 전제로 한 사건이다. 다만 문학작품인 소설에서 이휘소의 성명 · 사진 등을 이용한 행위는 상업적 이용에 해당하지 않는다는 이유로 퍼블리시티권 침해를 부정하였다. 그런데 ④의 판결은 관습법에 의해 퍼블리시티권은 인정하되 상속될 수 없는 권리라고 하였고, ⑤의 판결은 퍼블리시티권이란 용어는 사용하지 않았지만 '상업적으로 이용할 수 있는 일종의 재산권'이라는 용어를 사용하여 사실상 퍼블리시티권의 존재를 인정하였다.[142] ⑥의 결정은 퍼블리시티권 침해

---

140) 서울고법 2015. 1. 30. 선고 2014나2006129 판결(제1심: 수원지법 성남지원 2014. 1. 22. 선고 2013가합201390 판결).
141) 위와 같은 사안에서 같은 취지의 판결로는, 서울서부지법 2014. 7. 24. 선고 2013가합 32048 판결.
142) 최성준(주 112), 126.

를 일부 인정하였지만, 서적 출판에 관해서는 ③의 판결과 마찬가지로 퍼블리시티권 침해를 인정하지 않았다. 나아가 ⑦의 판결은 퍼블리시티권의 양도성까지 인정하였으며, ⑧의 판결은 유명인이 아닌 일반인(주부 모델)에 대해서도 퍼블리시티권을 인정하고 있다.143) 이에 반하여 ⑨와 ⑩의 각 판결은 퍼블리시티권이란 새로운 권리개념을 인정할 필요성을 수긍하면서도 실정법이나 확립된 관습법의 근거가 없는 한 독점·배타적이고 양도·상속성이 인정되는 재산권인 퍼블리시티권을 인정할 수 없다고 한다. ⑪과 ⑫의 각 판결과 ⑮의 결정 및 ⑯ 판결도 또한 재산권적 성격을 갖는 퍼블리시티권의 존재를 인정하고 있고, 더구나 ⑯ 판결은 제3자에게 양도하거나 권리행사를 위임할 수 있다고 한다. ⑬의 판결은 퍼블리시티권의 독립성을 긍정하였을 뿐 아니라 향유주체의 범위, 상속성, 보호기간 등에 관하여 폭넓게 인정한 사례이다. 한편 ⑭의 결정에서는 퍼블리시티권에 대한 불필요한 언급을 자제하면서 '성명 등을 상업적 목적으로 활용할 수 있는 권리'라고만 판단하고 있을 뿐이다. 또한 ⑰ 판결은 퍼블리시티권을 인정하면서도 광고에 직접 사용한 것이 아니므로 표현의 자유라는 관점에서 퍼블리시티권 침해를 부정하였다. 그러나 이와 달리 ⑱ 판결은 퍼블리시티권이라는 물권 유사의 배타적 재산권을 인정하는 것은 민법 제185조의 물권법정주의에 반할 뿐만 아니라 기존의 성명권만으로도 퍼블리시티권이 보호하고자 하는 유명인의 성명에 관한 영리적 보호가 가능하므로 퍼블리시티권을 독립적인 권리로 인정할 필요가 없다고 한다.

　이상의 裁判例들을 종합적으로 검토해 보면 ③의 판결 이후 우리 하급심 법원은 퍼블리시티권의 존재를 인정하는 추세에 있다고 볼 수 있을 것이나, 그 구체적 내용을 보면 여전히 유동적인 상황에 놓여 있다고 판단되는 측면이 많다. 즉 ③의 판결은 간접적이지만 퍼블리시티권의 상속성을, ⑦ 및 ⑯의 판결은 그 양도성을, 나아가 ⑬의 판결은 그 상속성과 본인 사후 50년까지 퍼블리시티권의 보호기간을 각 인정하였다. 이에 반하여 ④의 판결은 관습법상 퍼블리시티권을 인정하면서도 그 상속성은 부정하였고, ⑨와 ⑩의 각 판결은 실정법이나 확립된 관습법의 근거가 없는 한 독점·배타적이고 양도·상속성이 인정되는 재

___

143) 有名人(celebrities)이 아닌 일반인(non-celebrities)도 퍼블리시티권의 주체가 될 수 있는지 여부를 둘러싸고 후술하는 것처럼 긍정설과 부정설로 견해가 나뉘고 있으나, 유명인의 定義에서 살펴보았듯이 유명인에 해당하는지 여부에 관한 판단은 상대적인 것으로서 손해액 산정의 고려요소에 불과한 것이지 권리의 존부 자체를 결정하는 요소는 아니라고 할 것이다.

산권인 퍼블리시티권을 인정할 수 없다고 판시하였다. 나아가 ⑱ 판결은 기존의 성명권만으로도 퍼블리시티권이 보호하고자 하는 유명인의 성명에 관한 영리적 보호가 가능하므로 퍼블리시티권을 독립적인 권리로 인정할 필요가 없다고 한다. 그 밖에 ①②판결은 전통적인 초상권이나 성명권이 문제된 사건이거나 종래의 인격권 유형에 속하는 사건으로 파악할 수 있는 사안들이고, 나머지 ⑤⑥⑧⑪⑫⑭⑮의 각 재판례들은 퍼블리시티권이란 용어를 사용하고는 있지만 퍼블리시티권의 양도성이나 상속성이 쟁점이 된 사건들이 아니었다.

결국 지금까지 존재하는 주요 하급심 재판례들 중에서 위 ⑨⑩⑱의 각 판결을 제외하고 판단한다면, 퍼블리시티권 개념의 적극적 수용을 주장하는 입장에서는 우리 재판례의 주류적 흐름이 퍼블리시티권 도입에 긍정적인 태도를 취하고 있는 것이라고 해석할 수 있을 것이다. 반면에 퍼블리시티권에 대해 소극적이거나 유보적 자세를 보이는 입장에서는 위 ③⑦⑬의 각 판결을 제외한다면, 종래 인격권 중의 영리적 보호의 측면에 해당하는 것으로 해석하여 얼마든지 해결 가능한 사례들이라고 이해할 수도 있을 것이다. 이와 같이 퍼블리시티권의 도입에 적극적인 해석론을 취하든지 아니면 소극적인 태도에 머물든지 간에 모두 그 나름의 타당한 논거들을 가지고 있다고 생각한다. 다만, 아직 퍼블리시티권에 관한 대법원 판결이 나오지 않은 상태이고, 더구나 퍼블리시티권의 양도나 상속 그리고 본인 사후 일정 기간 동안의 보호 문제 등은 퍼블리시티권에 관한 실정법이 제정되어야 비로소 그 명확한 해결이 가능할 것으로 보인다. 이러한 정황을 고려할 때, 종래 우리나라의 판례와 학설로 인정되어온 기존의 인격권 이론을 토대로 하여 퍼블리시티권에 관한 논의를 포섭·정리하는 것도 일정한 의미는 있을 것이라고 생각한다.

이러한 관점에서 보면, 퍼블리시티권의 양도성이나 그 상속성 여부, 나아가 본인의 사후 일정한 기간 동안의 보호기간 인정 여부 등이 쟁점이 된 위 ③⑦⑬⑯의 각 판결들을 제외한 나머지 사건들은, 모두 퍼블리시티권이란 개념을 굳이 도입하거나 활용하지 않더라도 기존의 초상권이나 성명권에 관한 해석론으로 포섭하여 해결 가능한 사건들이었다고 판단할 수 있다. 즉, 전술한 것처럼 우리나라의 학설이나 판례를 통해 인정되어온 성명권 내용 중의 이른바 姓名營利權, 또는 초상권 내용 중의 이른바 肖像營利權에 관해서는 그 침해가 발생한 경우 금지청구를 인정하는 데에 아무런 문제가 없으며, 또 손해배상과 관련해서도 人格權 侵害에 의해 財産的 損害가 발생하는 것은 드문 일이 아니다. 더구나 오늘날 인격권을 자기정보의 통제권 내지 자기결정권으로까지 넓혀서 이해하는 추세에 있다는 점을 고려한다면, 우리나라에서 발생한 퍼블리시티권에 관한 거의 대부분의 사건들은 인격권 침해에 관한 것으로 파악하여 해결 가능한 사건들이라고 말할 수 있을 것이다.144)145) 물론 立法을 통하여 퍼블리시티권을 둘러싼 제반 쟁점을 해결하고자 시도하는 것은, 이러한 해석론과는 별개의 문제이다.

4. 퍼블리시티권을 둘러싼 몇 가지 쟁점

가. 퍼블리시티권의 법적 성격

(1) 서

퍼블리시티권은 유명인이나 일반인의 인격과 관련이 있는 것이므로 그 법적 성격이 문제가 된다. 이 문제는 인격권과 퍼블리시티권의 관계를 어떻게 정립할 것인가 하는 논의와도 관련이 있다. 다시 말해 '인격권의 영리적 이용이라는 측면', 즉 '퍼블리시티권에 의해 보호하고자 하는 영역'을 어떻게 이론 구성할 것인가 하는 문제이다. 이에 관한 학설은 아래에서 보는 것처럼, 인격권설,

---

144) 백강진(주 129), 106 이하; 박성호(주 60), 398 이하; 박성호(주 79), 305~306; 같은 취지 김영훈(주 121), 367 이하 각 참조.

145) 일찍이 지홍원 변호사(전 판사)는 1979년 司法論集(제10집)에 발표한 "인격권의 침해"(주 55)라는 논문에서, 직접적으로 퍼블리시티권을 거명한 것은 아니었지만, 퍼블리시티권의 이론적 근거로 일컬어지는 프로써(Prosser) 교수가 제창한 프라이버시의 네 번째 유형에 해당하는 문제를 언급하면서, 이 문제는 성명권의 내용 중의 하나인 성명영리권이나 초상권의 내용 중의 하나인 초상영리권으로 해결할 수 있다고 설명한 바 있다. 가령, 지홍원(주 55), 236~237에서, 프라이버시권의 내용을 확실히 이해하기 위해서는 프로써(Prosser) 교수의 네 가지 분류법이 有用하다고 열거한 다음 이 중 네 번째 유형인 "성명이나 초상 등 사람의 동일성에 관한 것을 영리목적으로 이용하는 경우…는 大陸法下에서는 별개의 개별적 인격권으로 취급되고" 있다고 설명한다. 즉 "자기의 성명이… 무단으로 혹은 조건에 위반하여 광고 등에 이용되는 경우 인격권 침해의 일종으로서 손해배상 외에 금지청구권을 행사할 수 있을 것"이고(위의 논문, 221), "예능인과 같은 유명인…의 초상을 무단히 광고에 사용…하는 것은" 인격권의 침해로서 "금지청구 외에 손해배상도 인정될 것"이라고 한다(위의 논문, 222~223). 양창수 교수(전 대법관)도 이러한 論旨에 찬동을 표하면서 다음과 같이 서술하였다. "이미 肖像이나 姓名 기타 프로써의 표현에 의하면 '原告의 同一性의 徵表들'(attributes of the plaintiff's identity)을 '盜用'한 … 類型은 이미 그 독자적 保護項目으로 인정되어 왔으므로, 이를 따로 '프라이버시'의 이름 아래 다룰 필요가 없다고 생각된다"[양창수, "정보화사회와 프라이버시의 보호", 민법연구(제1권), 박영사(1991), 512 및 각주(37)에서 지홍원, 위의 논문, 236 이하 인용]. 특히 최근에는 민법학자들을 중심으로 이러한 입장이 유력한 견해로서 제기되고 있다. 권태상, 퍼블리시티권의 이론적 구성-인격권에 의한 보호를 중심으로-, 경인문화사(2013), 271 이하; 안병하, "인격권의 재산권적 성격-퍼블리시티권 비판 서론", 민사법학(제45권 제1호), 한국민사법학회(2009. 6), 99 이하 각 참조.

인격에서 파생된 재산권설, 인격권과 재산권의 결합설, 재산권설로 나뉘고 있다.

  (2) 학   설

  1) 인격권설

    퍼블리시티권은 재산권이 아니라 실제로는 사람들이 자신들의 프라이버시
권을 포기할 수 있는 권리(=자유권)에 불과한 것이며, 다만 계약을 통해 그 사람
으로부터 취득한, 그 사람의 아이덴티티를 경제적으로 이용할 수 있는 권리가
재산권(청구권)에 해당하는 것이라고 한다. 다시 말해 가령 유명인이 대가를 받
고 제3자로 하여금 자신의 명성을 이용하도록 허락한 경우에 유명인의 퍼블리
시티권의 객체인 명성(fame)에는 재산권의 개념적 요소인 특정성(specificity)이
결여되어 있기 때문에 재산권이 아니라 실제로는 유명인이 자신의 프라이버시
권을 포기할 수 있는 권리(자유권)에 불과한 것이라는 것이다. 다만 당해 유명인
과 제3자 사이의 이용허락계약에 기초한 청구권이 재산권이라는 것이다. 이와
같이 퍼블리시티권 그 자체는 재산권이 아니라 인격권이므로 양도가 불가능한
권리이며 다만 그 이용허락만이 가능하다고 하며 당연히 그 상속성도 부정될
수밖에 없다고 한다.[146)

    한편, 위와 같이 퍼블리시티권이란 개념을 전제로 하면서 이를 인격권으로
이해하는 학설과는 달리 인격설 중에는 성명·초상 등이 가지는 인격적 이익뿐
만 아니라 재산적 가치도 종래의 인격권으로 보호 가능하므로 퍼블리시티권이
란 개념을 도입할 필요가 있을 것인지 의문을 제기하는 견해가 있다.[147) 이 견
해는 퍼블리시티권을 초상이나 성명의 영리적 측면에 해당하는 것으로 파악할

---

146) 엄동섭, "퍼블리시티(Publicity)권", 서강법학연구(제6권), 서강대학교 법학연구소(2004),
    167~168. 엄동섭 교수는 Terell과 Smith의 유명한 논문(T.P. Terell & J.S. Smith, "Publicity,
    Liberty and Intellectual Property: A Conceptual and Economic Analysis of the Inheritability
    Issue", 34 Emory Law Journal, 1985)에 기초하여 이러한 견해를 주장하고 있다. 다만
    Terell과 Smith의 논문이 퍼블리시티권의 객체를 '명성'이라 보고 있음에 반하여 同 교수는
    비유명인의 퍼블리시티권도 인정되어야 한다는 점을 전제로 하여 그 객체를 명성을 포함
    하는 '사람의 아이덴티티가 가지는 경제적 가치' 일반으로 넓게 파악하고 있다. 이에 관해
    서는, 엄동섭, 위의 논문, 163, 167 및 전술한 주(143) 각 참조.
147) 계승균, "우리나라에서 퍼블리시티권(the right of publicity) 보호에 관한 소견", 정보법학
    (제17권 제3호), 한국정보법학회(2013. 12), 100~101; 정경석, "초상권의 침해요건과 구제
    방법", 저스티스(제98호), 한국법학원(2007. 6), 145; 박성호(주 60), 398~399; 권태상(주
    145), 368; 안병하(주 145), 99 이하. 안병하 교수는 "인격권이라는 포괄적인 권리가 인정
    되지 않는 나라에서 그 보호의 틈을 메꾸기 위해 등장한 퍼블리시티권은 인격권을 인정하
    고 있는 나라에서는 전혀 필요가 없는 것이며 오히려 유해하기까지 하다"고 주장한다(위
    의 논문, 114).

수 있다는 입장이다.[148]

2) 인격에서 파생된 재산권설

퍼블리시티권은 성명·사진 등 개인의 인적 속성이 갖는 경제적 가치를 상업적으로 사용·통제하는 권리이므로 그 본질은 기본적으로 재산권이지만 본인의 인격으로부터 파생한 것으로 본인의 인격과 일체 불가분의 관계에 있다고 하면서도, 다만 퍼블리시티권의 양도 및 상속성, 소멸, 침해와 구제방법에 관하여 매끄럽게 이론구성을 할 필요가 있다고 한다.[149]

3) 인격권과 재산권의 결합설

퍼블리시티권은 '완전한 재산권'이라기보다는 프라이버시권에 근거를 둔 권리로서 인격권과 재산권의 성격을 겸한다고 해석할 수 있고, 종래 인격권의 침해에 대하여 인격권 자체에 기한 금지청구권을 인정하는 데에 학설이 일치하고 있으므로 퍼블리시티권의 경우에도 그 인격권으로서의 속성에서 금지청구권의 근거를 찾을 수 있다고 한다.[150]

4) 재산권설

이 견해는 인간의 인격적 요소는 프라이버시권리(內的人格權)와 퍼블리시티권리(外的人格權)를 가지는 동전의 양면 혹은 표리관계에 있다고 하면서, 외적 인격의 요소인 성명·초상·음성 등은 독립하여 재산권을 형성하게 되고 이는 당연히 양도성과 상속성을 갖는다고 한다. 이러한 외적 인격이 갖는 재산적 가치 내지 이익을 향유할 수 있는 권리를 인격재산권이라고 칭하면서 이 용어를 퍼블리시티권과 같은 의미로 해석하는 견해이다.[151]

한편, 재산권설 중에는 퍼블리시티권이 보호하려는 것은 성명이나 초상 그

---

148) 국내 학설 중에는 퍼블리시티권을 인격권으로 파악한다면 퍼블리시티권을 인정할 필요가 없을 것이라고 설명하기도 한다[가령, 김영훈(주 121), 343]. 일본의 인격권설에 따르면 성명·초상 등이 가지는 재산적 가치는 '인격권'으로 보호되는 것이기 때문에 '퍼블리시티권'이란 용어는 재산적 가치라는 측면을 直視하기 위한 하나의 道具概念으로 사용되는 것에 불과하다고 설명한다[가령, 化本広志, "人格權の財産的側面―パブリシティ價値の保護に關する總論的考察", 獨協法學(第45号), 獨協大學(1997), 252].

149) 이한주, "퍼블리시티권에 관하여", 사법논집(제39집), 법원도서관(2004), 354. 한편 퍼블리시티권을 인격에서 파생된 재산권으로 파악하고 인격과 일체불가분의 관계에 있다고 하면서도, 이한주 변호사의 견해와는 달리 퍼블리시티권을 양도하는 방법 등으로 인격적 요소를 처분하면 인격요소를 통제할 기회를 상실하게 된다고 비판하는 견해로는, 이재경, "퍼블리시티권의 법제화 가능성", 법학논총(제15집), 숭실대학교 법학연구소(2006. 2), 114 참조.

150) 홍승기(주 89), 94~95.

151) 정희섭, "퍼블리시티(Publicity)권리의 상속성에 관한 고찰", 동아법학(제31호), 동아대학교 법학연구소(2002), 261~263.

자체가 아니라 그 성명이나 초상이 가지는 고객흡인력이라고 하면서 퍼블리시
티권은 일종의 무체재산권이나 지적재산권으로서 보호될 수 있다거나, 특히 부
정경쟁방지법에 의해 인정되는 일종의 재산권으로 보호될 수 있다는 견해가 있
는데, 이들은 모두 퍼블리시티권을 인격권과는 구별되는 별개의 독립된 재산권
으로 파악한다.[152]

(3) 소   결

위 학설 중에서 인격권설을 제외한 나머지 학설, 즉 '인격에서 파생된 재산
권설'이나 '인격권과 재산권의 결합설' 또는 '재산권설'을 모두 재산권설로 함께
묶어서 이해하여도 무방할 것이다. 요컨대, 이들 견해는 모두 퍼블리시티권이란
용어 아래 성명·초상 등이 갖는 경제적 이익 내지 가치를 상업적으로 사용·통
제하거나 배타적으로 지배하는 재산권으로 파악할 수 있다. 다만, 인격적 요소
와의 관련성을 어떻게 이해하느냐 하는 이론구성이 다를 뿐이다.[153] 또한, 인격
권설이나 재산권설 그 어느 것을 취하든지 퍼블리시티권의 침해에 대해서 금지
청구권을 인정할 수 있는 배타적 권리라고 이해하는 데에 차이점은 없다.[154]

이처럼 퍼블리시티권의 법적 성격과 관련하여 우리나라에서는 그간 많은
논의가 전개되었지만, 이에 관한 우리 대법원 판결은 아직 없는 상황이다. 참고
로 일본 최고재판소 판결은 여성잡지에 핑크레이디라는 인기 여성 듀오의 흑백
사진을 무단 게재한 사건에서 "사람의 성명, 초상 등(이하, 초상 등이라 한다)은
개인 인격의 상징이므로 당해 개인은 인격권에서 유래하는, 함부로 이용되지 않
을 권리를 가진다고 해석된다. 또한 초상 등은 상품 판매 등을 촉진하는 고객흡
인력을 가지는 경우가 있고, 이러한 고객흡인력을 배타적으로 이용할 권리(이하,
퍼블리시티권이라 한다)는 초상 등 그것 자체의 상업적 가치에 기초한 것이므로,

---

152) 퍼블리시티권을 무체재산권이나 지적재산권의 일종으로 이해하는 견해로는, 이상정, "퍼블
리시티권에 관한 소고", 아세아여성법학(제4호), 아세아여성법학연구소(2001. 6), 317~318;
남형두(주 2), 89. 특히 부정경쟁방지법에 의해 보호되는 '고객흡인력과 같은 재산적 이익
을 향유할 수 있는 권리', 즉 '넓은 의미의 재산권'이라는 취지로 이해하는 견해로는, 정상
조(주 2), 135~137; 박준석, "퍼블리시티권의 법적 성격—저작권과 상표 관련 권리 중 무
엇에 더 가까운가?", 산업재산권(제30호), 한국산업재산권법학회(2009. 12), 326~327.

153) 김영훈(주 121), 343~344 참조.

154) 다만, 재산권설의 경우는 이론적, 법률적 근거를 모색하는 과정이 요구된다. 그 결과 우
리나라 일본에서 제창되는 견해가 퍼블리시티권을 저작권이나 상표권과 유사한 성격을
가지는 것이거나, 또는 부정경쟁방지법에 의해 보호되는 넓은 의미의 재산권으로 파악하
여 금지청구의 정당화 근거를 찾는 입장이다[가령, 이한주(주 149), 355~356; 김영훈(주
121), 345; 박준석(주 152), 323~326].

위 인격권에서 유래하는 권리의 한 부분을 구성하는 것이라고 할 수 있다."고
판시함으로써 퍼블리시티권의 법적 성격이 인격권이라는 것을 밝혔다.[155]

나. 퍼블리시티권의 내용

(1) 주　　체

퍼블리시티권의 주체는 유명인, 즉 공적인물에 한정되는가 하는 문제이다.
유명인이 아닌 일반인도 퍼블리시티권의 주체가 될 수 있는지 여부를 둘러싸고
긍정설과 부정설로 견해가 나뉘고 있으나,[156] 전술한 것처럼 유명인에 해당하는
지 여부에 관한 판단은 상대적인 것으로서 손해액 산정의 고려요소에 불과한
것이지 권리의 존부 자체를 결정하는 요소는 아니라고 할 것이므로 긍정설이
타당할 것이다. 아울러 자연인 외에 법인 또는 단체에게도 퍼블리시티권을 인정
할 수 있을 것인지에 관해서도 견해가 나뉘는데,[157] 퍼블리시티권은 실재인물인

---

155) 일본 最高裁 2012(平成24)年 2月 2日 平成21(受)2056号 判決(핑크레이디 사건). 국내
　　학설 중에는 최고재 판결이 '인격권에서 유래하는 권리'에 대해 퍼블리시티권이라는 이름
　　을 붙이고 그 내용도 '고객흡인력을 배타적으로 이용할 권리'로 보고 있으며 '침해시 재산
　　적 손해를 인정할 수 있는 근거'로 삼기 위한 것이라는 점에 비추어 볼 때 퍼블리시티권의
　　법적 성격을 인격권설에 입각한 것이라고 보기 어렵다는 견해가 있다[가령, 이해완, 저작
　　권법(제3판), 박영사(2015), 922]. 그러나 'Ⅳ. 보론 2. 인격권과 퍼블리시티권의 交叉 중
　　성명권과 초상권'에서 보았듯이 성명권의 2가지 권능 중 하나인 성명영리권이나 초상권의
　　3가지 권능 중 하나인 초상영리권 침해가 바로 인격권 침해에 의해 재산적 손해가 발생하
　　는 것을 의미하는 것으로 이해된다. 더구나 일본에서는 위 최고재 판결에 대해 인격권설을
　　채택한 것으로 설명하는 것이 일반적이다. 이른바 물건의 퍼블리시티권에 관한 '갤럽 레이
　　서 사건'에서 일본 하급심 판결은 재산권설에 입각하여 물건의 소유자에게는 그 소유물
　　(경주마)의 명칭 등에 내재된 고객흡인력이 가지는 경제적 가치나 이익을 지배할 권리가
　　있다고 판시하여 물건의 퍼블리시티권을 긍정하였으나[名古屋高裁 2001(平成13)年 3月 8
　　日 判決], 최고재 판결이 이를 부정한 이래[最高裁 2004(平成16)年 2月 13日 判決] 일본
　　재판례의 흐름이 인격권설로 수렴되었다는 것이다[瀨戸口壯夫, 最高裁判所判例解說民事
　　篇平成16年度(上), 法曹会(2007), 119; 設樂隆一, "パブリシティの権利", 新·裁判実務大
　　系22 著作権関係訴訟法, 靑林書院(2004), 552 이하]. 그리고 '핑크레이디 사건' 당시 最高
　　裁 담당조사관 해설에 따르면, 동 판결은 퍼블리시티권의 법적 성격이 인격권설로 귀착되
　　었다는 것을 명확히 밝힌 것이라고 설명한다[中島基至, "最高裁判所判例解說", 法曹時報
　　(第65巻 第5号), 法曹会(2013. 5), 157].
156) 가령, 肯定說로는 한위수, "퍼블리서티권의 침해와 민사책임(하)", 인권과 정의, 대한변
　　호사협회(1996. 11), 110; 정상기, "PUBLICITY권에 관한 소고", 한국저작권논문선집(Ⅱ),
　　저작권심의조정위원회(1995), 127; 이한주(주 149), 362 등 참조. 否定說로는 송영식 외 6
　　인, 송영식 지적소유권법(하), 육법사(2008), 589 등 참조. 이에 관한 국내 판례는 Ⅳ. 보론
　　중 3. 나. 主要 裁判例에서 소개한 ⑧의 판결 및 각주(121)에서 언급한 것처럼 일반인의
　　퍼블리시티권을 긍정한 것(서울동부지법 2004. 2. 12. 선고 2002가합3370 판결)과 부정한
　　것(서울지법 1999. 7. 30. 선고 99가합13985 판결)으로 나뉜다.
157) 가령, 肯定說로는 한위수(주 156), 111; 송영식 외 6인(주 156), 589 등 참조. 否定說로는
　　이한주(주 149), 362; 정상기(주 156), 129 등 참조. 김영훈(주 121), 347은 정상기 교수의

자연인의 인적 속성(human persona)에서 도출되는 것으로 이해하여야 할 것이므로 자연인에 국한된다고 보는 부정설이 타당할 것이다.

(2) 보호대상

퍼블리시티권의 보호대상에 관해서는 이른바 '인격 요소' 이외의 것도 보호될 수 있는지가 문제가 된다. 즉 자연인의 인적 속성에 해당하는 성명이나 초상 또는 음성, 신체적 특징과 같은 인격 요소에 대해서는 별다른 문제가 없을 것이다. 퍼블리시티권을 성명이나 초상의 영리적 측면으로 파악하는 인격권설을 취하더라도 본인의 외형적이거나 시각적 특징, 말투나 연기 등을 보호대상으로 포함하는 데에 무리는 없을 것이다.158) 문제는 물건의 명칭이나 그 영상도 퍼블리시티권의 보호대상으로 삼을 수 있을 것인지 하는 점이다. 퍼블리시티권의 법적 성격을 인격권설에 입각하여 이해하는 경우는 물론이고 재산권설을 취하는 경우라도 퍼블리시티권을 실재인물인 자연인의 인적 속성에서 도출되는 것으로 이해하는 한 이른바 물건의 퍼블리시티권을 인정할 수는 없을 것이다.159)160)

견해를 긍정설로 분류하나 오해이다. 지금까지의 국내 재판례 중에는 법인이나 단체의 퍼블리시티권이 문제된 사안은 없었던 것으로 보인다.

158) 백강진(주 129), 109.

159) 이에 관한 국내 재판례는 아직 없는 것으로 보인다. 일본에서는 가정용·업무용 게임소프트 '갤럽레이스' 개발자가 그 게임 내에 등장하는 경주마의 데이터에 실존의 경주마와 같은 말의 명칭, 성별, 털빛, 경주능력을 사용하자 실존 경주마의 馬主로부터 허락 없이 마주들의 경주마 명칭 등을 사용하였다고 하여 퍼블리시티권 침해를 이유로 게임소프트웨어의 제작·판매 중지와 손해배상을 청구한 사건이 있었다. 이에 대해 日本 最高裁判所 2004(平成16). 2. 13. 判決은 "경주마 등과 같은 물건의 소유권은 그 물건의 有體物로서의 側面에 대한 배타적 지배권에 그치는 것이고, 그 물건의 명칭 등 無體物로서의 面을 직접 배타적으로 지배하는 권능에 미치는 것이 아니므로, 제3자가 경주마의 유체물로서의 측면에 대한 소유자의 배타적 지배권능을 침해함이 없이, 경주마의 명칭 등이 갖는 고객흡인력 등 경주마의 무체물로서의 면에 있어서 경제적 가치를 이용한 것이라 하더라도, 그 이용행위는 경주마의 소유권을 침해한 것은 아니라고 해석된다"고 하여 이른바 물건의 퍼블리시티권을 부정하였다. 따라서 경주마의 명칭 등 무체적 속성은 소유권 개념으로 보호되는 영역도 아니고, 현행의 상표법, 상법, 부정경쟁방지법, 저작권 등 지적재산권법에 의하여 보호되는 영역도 아니므로 현재로서는 公有(public domain)에 속하는 영역이라고 판시하였다.

160) 참고로 미국의 Bayer v. Ralston Purina Co. (Mo 1972) 사건에서 법원은 원고가 소유한 말의 사진을 피고가 광고에 이용해서 원고의 퍼블리시티권이 침해되었다는 주장에 대하여 말의 사진을 원고의 인격적 징표로 볼 수 없다는 이유로 기각하였다. 또한 Lawrence v. Ylla (1945) 사건에서 원고는 뉴욕타임즈 지면광고에서 National Biscuit 회사의 광고에 자신의 개 사진이 실린 것이 원고의 퍼블리시티권을 침해하였다고 주장하였으나 법원은 원고의 주장을 기각하였다[이영록, "퍼블리시티권에 관한 연구(I)", 저작권심의조정위원회 (2003), 76~77].

(3) 양도성 · 상속성

양도성 · 상속성에 관한 문제는 무엇보다 퍼블리시티권의 법적 성격을 어떻게 이해하느냐에 따라 그 구체적 내용이 달라질 것이다. 우선 퍼블리시티권의 법적 성격으로 인격권설을 취하는 경우에는 아무리 그 이론적 외연을 확장하더라도 퍼블리시티권을 인격권으로 파악하는 한 그 권리의 전면적 양도성, 상속성을 인정하기는 어려울 것이다.[161] 실제 우리나라에서 체결되는 연예인이나 운동선수와 관련된 매니지먼트계약을 보면 퍼블리시티권의 양도계약이라기보다는 관리위임 내지 이용허락계약이라고 볼 수 있는 경우가 대부분인데, 만일 그 구체적 내용이 獨占的 利用許諾契約이라고 인정되는 경우라면 그 이용권자는 본인을 대위하여 소송을 제기할 수 있을 것이므로 실무상 큰 문제는 없을 것으로 생각된다.[162]

한편, 퍼블리시티권의 재산권적 성격을 인정하는 경우라도 그 권리의 양도성을 긍정하는 견해가 있는 반면에 부정하는 견해도 있다. 상속성에 관해서도 마찬가지로 긍정설과 부정설로 견해가 갈린다.[163][164] 문제를 더욱 복잡하게 하는 것은 미국의 판례와 각주의 제정법의 내용을 검토해 볼 때 퍼블리시티권의 상속성 인정이 반드시 그 양도성의 인정 여부와 함께 하지 않는다는 점이다.[165]

---

161) 백강진(주 129), 109.

162) 백강진(주 129), 109. 同 논문에서는 '독점적' 이용허락인지 '단순한' 이용허락인지를 구별하지 않고 있으나 '독점적'인 것에 한하여 채권자대위권을 행사할 수 있다고 보는 것이 타당할 것이다.

163) 퍼블리시티권의 양도성 · 상속성에 관한 국내 학설에 관해서는, 김성환(주 94), 537~541; 오승종(주 104), 834~835; 김영훈(주 121), 347~349; 이한주(주 149), 383~393; 최형구, "퍼블리시티권의 양도성에 대한 재검토", 산업재산권(제31호), 한국산업재산권법학회(2010. 4), 280 이하; 同, "퍼블리시티권의 사후존속", 산업재산권(제34호), 한국산업재산권법학회(2011. 4), 355 이하 각 참조.

164) 이에 관한 국내 판례는Ⅳ. 본론 중 3. 나. 主要 裁判例에서 소개한 것처럼 ③의 서울지법 1995. 6. 23. 선고 94카합9230 판결은 간접적이지만 퍼블리시티권의 상속성을, ⑦의 서울고법 2000. 2. 2. 선고 99나26339 판결과 ⑯의 서울동부지법 2011. 2. 16. 선고 2010가합8226 판결은 그 양도성을, 나아가 ⑬의 서울동부지법 2006. 12. 21. 선고 2006가합6780 판결은 그 상속성과 본인 사후 50년까지 퍼블리시티권의 보호기간을 각 인정하였다. 이에 반하여 ④의 서울지법 서부지원 1997. 8. 29. 선고 94가합13831 판결 등은 관습법상 퍼블리시티권을 인정하면서도 그 상속성은 부정하였고, ⑨의 서울고법 2002. 4. 16. 선고 2000나42061 판결과 ⑩의 서울중앙지법 2004. 10. 1. 선고 2002가단254093 판결은 실정법이나 확립된 관습법의 근거가 없는 한 독점 · 배타적이고 양도 · 상속성이 인정되는 재산권인 퍼블리시티권을 인정할 수 없다고 판시하였다.

165) 실제 미국에서도 퍼블리시티권의 양도성은 대부분의 판례와 각주의 제정법이 이를 인정하고 있으나, 상속성에 관해서는 판례 및 그 제정법의 태도가 대립되고 있다고 한다[한위수(주 156), 113~114, 116 참조].

(4) 보호기간

퍼블리시티권의 상속을 인정하는 경우에는 그 존속기간을 언제까지 인정할 것인지의 문제, 즉 보호기간의 문제가 제기된다. 이에 관한 국내 학설로는 채권 및 소유권 이외의 재산권의 소멸시효에 관한 민법 제162조 제2항을 유추 적용하여 본인 사후 20년으로 보호기간을 제한하자는 견해,[166] 퍼블리시티권을 본인과 사용자 사이의 채권적 초상사용권으로 파악하는 것을 전제로 민법상 채권의 일반적 소멸기간을 유추 적용하여 존속기간을 10년으로 제한하자는 견해가 있다.[167] 아울러 저작권법을 유추 적용하여 퍼블시티권의 보호기간을 본인 사후 50년이라고 판시한 하급심 판결도 있다.[168]

(5) 침해판단

1) 서   언

퍼블리시티권은 "초상·성명 등의 상업적 이용에 관한 권리", 즉 "사람의 초상·성명 등 그 사람 자체를 가리키는 것을 광고, 상품 등에 상업적으로 이용하여 경제적 이익을 얻을 수 있는 권리"를 말한다고 정의한다. 이에 따르면 퍼블리시티권을 광고, 상품 등에 상업적으로 이용하는 경우 그 침해가 성립하게 될 것이다. 문제는 (a) 廣告에 利用, (b) 商品에 利用(즉 상품화), (c) 그 밖에 商業的 利用(commercial exploitation)이라는 세 가지 유형을 구체화 내지 실체화하는 작업이다. 요컨대, 이는 어떠한 행위가 퍼블리시티권의 침해에 해당되는가 하는 쟁점을 명료화하는 일이다. 특히 이것은 표현의 자유와 관련하여 제기되는 퍼블리시티권의 적용 한계에 관한 문제이다. 퍼블리시티권의 법적 성격을 인격권으로 파악하는 인격권설의 입장을 취하는 경우에 있어서도, 인격적 이익(특히 영리적 측면)의 침해를 이유로 하는 불법행위 사건에서 표현의 자유가 문제되는 사례가 빈번히 제기된다. 이 경우 피해자 측의 불이익과 가해자 측의 이익을 형량하여 침해행위의 위법성이 승인되는지 여부를 결정하는 이른바 '이익형량론'이 문제될 수 있는데,[169] 전술한 (a) 廣告에 利用, (b) 商品化, (c) 그 밖에 商業

---

166) 정희섭(주 151), 252~253.

167) 최형구, "퍼블리시티권의 사후존속", 산업재산권(제34호), 한국산업재산권법학회(2011. 4), 361.

168) 이에 관한 국내 판례는 Ⅳ. 보론 중 3. 나. 主要 裁判例에서 소개한 것처럼 ⑬의 서울동부지법 2006. 12. 21. 선고 2006가합6780 판결은 그 상속성 및 저작권법을 유추 적용하여 본인 사후 50년까지 퍼블리시티권의 보호기간을 각 인정하였다.

169) 이러한 '이익형량론'에 입각한 학설로는, 곽윤직, 채권각론(재전정판), 박영사(1984), 720~721; 同, 채권각론(제6판), 박영사(2003), 446~447; 김상용(주 55), 142. 초상권을 인정

的 利用이라는 세 가지 유형은 인격권의 보호에 의하여 달성되는 가치와 표현의 자유로 얻어지는 가치를 형량하여 그 규제의 폭과 방법을 정하는 구체적인 이익형량 절차에 있어서도 많은 도움이 될 것이다.[170]

2) 광고에 이용

퍼블리시티권이란 개념으로 상징되는 인격권의 영리적 측면을 성명이나 초상본인의 허락 없이 광고에 이용하는 경우 그 권리 침해가 성립한다는 데에 별다른 異論이 없을 것이다. 우리나라 하급심 재판례의 대부분도 이러한 무단 광고이용·행위와 관련된 것들이다.[171] 문제는, 후술하는 것처럼 유명인에 대한 소

한 대표적 선례인 대법원 2006. 10. 13. 선고 2004다16280 판결에서도 이익형량에 입각하여 초상권 침해여부를 판단하고 있다.

170) 전술한 '핑크레이디 사건'에 관한 일본 最高裁 2012(平成24)年 2月 2日 判決은 "초상 등에 고객흡인력을 가지는 자는 사회의 이목을 집중시켜서 그 초상 등이 시사보도, 논설, 창작물 등에 사용될 수도 있으므로, 정당한 표현행위 등으로서 그 사용을 受忍해야 할 경우도 있다"면서 퍼블리시티권의 적용한계와 관련되는 그 침해요건에 관하여 "초상 등을 승낙 없이 사용하는 행위는 ① 초상 등 그 자체를 독립하여 감상의 대상으로 하는 상품 등에 사용하고, ② 상품 등의 차별화를 도모하는 목적으로 초상 등을 상품 등에 붙이며, ③ 초상 등을 상품 등의 광고로서 사용하는 등 오로지 초상 등이 가지는 고객흡인력 이용을 목적으로 한다고 할 수 있는 경우에 퍼블리시티권을 침해하는 것으로 불법행위법상 위법이 된다고 해석하는 것이 상당하다."고 판시하였다.
  '핑크레이디 사건' 最高裁 判決 당시 담당조사관이던 실무가의 설명에 따르면, '인격권에서 유래하는 권리'로서의 성격을 갖는 퍼블리시티권은, '인격권으로서의 명예권'보다도 그 중요성에서 한 단계 낮은 권리라고 한다. 따라서 명예권의 손상행위는 바로 위법하게 되지만 '인격권에서 유래하는 권리'로서의 퍼블리시티권은 초상 등의 고객흡인력을 이용하는 행위를 하였다고 해서 바로 위법하게 되는 것이 아니라 3가지 유형, 즉 ① 독립적 감상대상으로 초상 등 사용(제1유형), ② 상품화로 사용(제2유형), ③ 광고에서 사용(제3유형) 등 어느 하나의 유형에 해당하여야 비로소 위법하게 되어 불법행위가 성립한다고 한다[中島基至, "スナップ写真等と肖像権をめぐる法的問題について", 判例タイムズ(No.1433), 判例タイムズ社(2017. 4), 6]. 예컨대 유명 스포츠 스타의 그라비아 사진이 1페이지 전체에 걸쳐 게재되었더라도 서적의 기사 내용과 관계가 있고 동 기사가 겉치레로 작성된 형식적인 것이 아닌 이상 제1유형에 해당하지 않는다고 한다. 제2유형과 관련해서는 퍼블리시티권이 대상으로 하는 것은 '상품 등'이므로 유체물의 상품뿐만 아니라 서비스, 무체물에 사용하는 것도 포함된다고 한다. 제3유형과 관련해서는 상품 등의 출처를 표시하면서 초상 등을 사용하는 것은 '광고'에 해당하지 않는다고 한다. 예컨대, 책 광고에 그 책 저자의 초상 등을 사용하는 행위는 퍼블리시티권 침해가 아니며(리스테이트먼트 제47조 코멘트 b 참조), 레스토랑 등에 연예인이 방문한 사진을 식당 내에 장식하는 행위도 방문사실을 나타내는 것에 지나지 않고 '광고'라고 할 수 없으므로 침해가 되지 않는다는 것이다[中島基至(111), 155~161, 173~179 각 참조].

171) 가령, Ⅳ. 보론 중 3. 나. 主要 裁判例에서 소개한 ①의 서울고법 1989. 1. 23. 선고 88나38770 판결, ②의 서울민사지법 1991. 7. 25. 선고 90가합76280 판결, ⑤의 서울고법 1998. 3. 27. 선고 97나29686 판결, ⑩의 서울중앙지법 2004. 10. 1. 선고 2002가단254093 판결, ⑪의 서울고법 2005. 6. 22. 선고 2005나9168 판결 등이다.

설이나 평전 형식의 서적출판은 상업적 이용에 해당하지 않으므로 퍼블리시티
권 침해가 성립하지 않는다고 하더라도, 그 서적의 판매를 위하여 신문광고에
유명인의 초상과 성명을 이용하는 것이 광고이용에 해당하는지 여부이다. 결국
이는 서적판매를 위한 상업적 광고표현에 해당한다고 할 것인데, 상업적 광고표
현 또한 표현의 자유의 보호를 받는 대상이 되는 것이므로,172) 퍼블리시티권 침
해에는 해당하지 않는다고 할 것이다.173)

　　3) 상품화 또는 그 밖에 상업적 이용

　　연예인의 초상을 그대로 브로마이드 사진이나 캘린더에 이용하는 경우가
상품화의 전형적인 사례이다. 이러한 경우에도 인격권의 영리적 측면에 대한 침
해라든가 퍼블리시티권의 침해를 긍정하는 데에 별다른 문제는 없을 것이다. 우
리 하급심 판결 가운데 영국의 유명 헤어디자이너의 성명과 초상을 미용학원에
이용한 경우,174) 미국의 유명 배우의 성명과 초상 등을 의류 상품과 그 포장지
에 이용한 경우,175) 그리고 우리나라 유명 소설가의 초상 등을 상품권에 이용한
경우가176) 상품화의 전형적인 사례에 해당할 것이다. 상품화의 또 다른 유형이
라 할 수 있는 스포츠 게임물과 관련해서는 현역 또는 전직 야구선수 사건들의
성명·초상이나 성명의 영문 이니셜을 무단 이용하여 제작한 야구게임물 사건
에서 보는 것처럼 우리 하급심은 퍼블리시티권의 침해를 긍정하고 있다.177)

　　침해판단이 어려워 논란의 여지가 많은 사안은 본인의 허락 없이 전기를
쓰거나 소설화, 영화화, 연극화하면서 성명, 초상 등을 이용하는 경우이다. 예컨

172) 헌법재판소 1998. 2. 27. 선고 96헌바2 결정; 동 2000. 3. 30. 선고 99헌마143 결정 등.
173) 이와 관련해서는 김우중 평전에 관한 서울지법 1995. 9. 27. 자 95카합3438 결정(확정)
　　참조. 이 결정에서는 "신문광고에 신청인의 사진을 사용하고 성명을 표기하거나 그 내용에
　　신청인의 가족관계를 기재하는 것은 위 평전이 신청인의 명예를 훼손시키는 내용이 아닌
　　한 허용되어야 할 것이다"고 판단하였다. 비록 퍼블리시티권을 긍정하면서 내린 결정이 아
　　니라 성명권 및 초상권 침해가 다투어진 사안에서 표현의 자유의 보호가 문제된 것이지만,
　　퍼블리시티권의 경우에도 동일한 결론으로 귀결될 것이라고 생각한다.
174) 서울고법 2000. 2. 2. 선고 99나26339 판결. Ⅳ. 보론 중 3. 나. 主要 裁判例 중 ⑦의 판결.
175) 서울고법 2002. 4. 16. 선고 2000나42061 판결. Ⅳ. 보론 중 3. 나. 主要 裁判例 중 ⑨의
　　판결. 이 사건의 원고는 퍼블리시티권의 양수인이었는데, 법원은 실정법이나 확립된 관습
　　법의 근거가 없는 한 독점·배타적이고 양도·상속성이 인정되는 재산권인 퍼블리시티권
　　을 인정할 수 없다는 이유로 청구를 기각하였다.
176) 서울동부지법 2006. 12. 21. 선고 2006가합6780 판결. Ⅳ. 보론 중 3. 나. 主要 裁判例 중
　　⑬의 판결. 결론에서는 퍼블리시티권의 보호기간이 경과하였다는 이유로 청구를 기각하였다.
177) Ⅳ. 보론 중 3. 나. 主要 裁判例에서 소개한 ⑫의 서울중앙지법 2006. 4. 19. 선고 2005
　　가합80450 판결, ⑭의 서울중앙지법 2009. 11. 23. 자 2009카합2880 결정, ⑮의 서울서부
　　지법 2010. 4. 21. 자 2010카합245 결정, ⑯의 서울동부지법 2011. 2. 16. 선고 2010가합
　　8226 판결 등이다.

대, 어느 연예인이나 운동선수를 다룬 서적을 출판하면서 그 유명인의 성명이나
초상을 게재하였을 때 퍼블리시티권 침해를 긍정할 수 있을 것인지가 문제이다.
이러한 경우는 퍼블리시티권을 보호해야 한다는 요청이 있는 한편으로 서적의
저자가 가지는 표현의 자유나 언론·보도의 자유를 보장해주어야 할 필요도 있
다. 그렇기 때문에 맞바로 퍼블리시티권의 침해를 긍정할 수 없는 경우가 적지
않을 것으로 생각된다.178) 우리나라 하급심 재판례 중에는 유명 물리학자에 관
한 소설 형태의 서적출판에 관해 상업적 이용에 해당하지 않는다고 하여 퍼블
리시티권 침해를 부정한 판결이 있고,179) 유명 야구선수의 브로마이드 사진에
대해서는 상업적 이용에 해당한다고 하여 퍼블리시티권 침해를 인정하면서도
평전 형식의 서적출판 자체에 대해서는 그 침해를 인정하지 않은 결정이 존재
한다.180) 학설 중에는 소설이나 평전 형식의 서적출판은 상업적 이용에 해당하
지 않으므로 퍼블리시티권 침해가 성립하지 않는다고 판단한 우리 재판례의 태
도를 긍정적으로 평가하는 견해181)가 있는 반면 이에 부정적인 의견을 표명하
는 견해도 존재한다.182) 전자는 傳記物과 같은 서적출판의 경우 퍼블리시티권
과 언론의 자유가 충돌할 때에 상업적 이용에 해당하지 않는다고 판단한 미국
뉴욕주 법원의 일련의 판결들에 주목한 견해로 보인다.183) 한편, 후자의 견해에
따르면 예컨대 "소설을 창작하는 것은 판매하기 위한 것이므로 소설 속에 특정
인의 아이덴티티를 이용하였다면 그 자체로 상업적 사용(commercial use)이라고
할 수 있기 때문"에 우리 하급심 판결에는 납득하기 어려운 점이 있다고 하면
서 "오히려 원고의 청구를 배척하기 위해서는 소설에의 사용이 상업적 사용이
아니라고 할 것이 아니라, 표현의 자유와의 충돌에 의해 퍼블리시티권이 제한된

---

178) 上野達弘, "パブリシティ權をめぐる課題と展望", 知的財産法制の再構築, 日本評論社
　　(2008), 201 참조.
179) 서울지법 1995. 6. 23. 선고 94카합9230 판결. Ⅳ. 보론 중 3. 나. 主要 裁判例 ③의 판결.
180) 서울고법 1998. 9. 29. 자 98라35 결정. Ⅳ. 보론 중 3. 나. 主要 裁判例 ⑥의 결정.
181) 긍정적인 견해로는, 김재형, "모델소설과 인격권", 인권과 정의, 대한변호사협회(1997.
　　11), 61; 같은 취지 한위수(주 156), 121; 같은 취지 문건영, "실존인물의 모델화와 인격권
　　보호", Entertainment Law, 박영사(2007), 273 이하 각 참조.
182) 부정적인 견해로는, 남형두(주 2), 104; 정상조·박준석(주 4), 20, 23; 같은 취지 오승종
　　(주 104), 830 각 참조.
183) 가령, 전설적인 운둔의 대부호 하워드 휴즈의 전기에 관한 사건으로 Rosemont
　　Enterprises, Inc. v. Random House, Inc., 58 Misc 2d 1, 294 N.Y.S. 2d 122 (1968); 유명 영
　　화배우 마릴린 먼로의 전기에 관한 사건으로 Frosch v. Grosset & Dunlap, Inc., 427 N.Y.S.
　　2d 828, 829 (N.Y.A.D. 1980); 유명 추리소설작가 아가사 크리스티가 생존 중 겪은 사실을
　　기초로 집필된 소설 및 영화에 관한 사건으로 Hicks v. Casablanca Records, 464 F. Supp.
　　426, 433 (D.C.N.Y. 1978). 이에 관해서는, 김성환(주 94), 387~388; 한위수(주 156), 121.

다고 하는 것이 더욱 설득력"이 있었을 것이라고 한다.[184] 위 견해 가운데 어느
쪽을 취하든 표현의 자유를 퍼블리시티권에 우선하는 우월적 법익으로 인정하
여 퍼블리시티권 침해를 긍정하지 않는다는 점에서 대부분의 경우에 있어서는
그 결론을 같이할 것이 아닌가 생각된다. 오늘날 현대 민주사회에서 언론의 자
유가 가지는 중요성을 감안할 때, 작가 등이 상업적 성공을 위하여 전기를 쓰거
나 소설화·영화화하거나, 심지어 기업이 직접 자금을 대어 작품을 제작하였다
하더라도 퍼블리시티권 침해로는 되지 않을 것이다.[185] 다만, 원고에 대하여 架
空의 기사를 쓰면서 원고의 성명, 초상을 사용하는 경우 또는 작품과는 합리적
인 관계가 없는 사람의 성명이나 초상을 이용하는 것은 타인의 눈길을 끌기 위
한 '위장된 광고'(advertisement in disguise)로서 퍼블리시티권의 침해에 해당한다
고 할 것이다.[186]

5. 소   결

사람의 동일성을 나타내는 인적 식별표지가 갖는 재산적 이익을 둘러싼 논
의는 본질적으로 인격권의 영리적 이용 내지 인격권 침해로 인한 재산적 손해
에 관한 쟁점이다. 이처럼 인격권은 이론적으로는 물론 현실에서도 매우 중요한
권리로 자리 잡고 있다. 본호 (타)목은 이른바 '퍼블리시티권'에 관한 최초의 입
법으로 평가되지만 일반인의 인적 식별표지에 대해서까지 그 보호가 미치지 못
한다는 한계가 있음은 분명하다. 이러한 한계에 대해서는 민법상 불법행위법에
의해 보호가 이루어질 수 것을 것이다. 만일 현재 입법 예고된 인격표지영리권
에 관한 민법 개정안이 실제 입법으로 이어진다면 보다 명확한 법적 보호가 도
모될 수 있을 것이다.

〈박성호〉

---

184) 각주(182) 문헌 각 참조.
185) 한위수(주 156), 121. Benavidez v. Anheuser Busch Inc., 873 F. 2d 102 (5th Cir. 1989)는
    맥주회사(피고)가 원고를 포함한 Hispanic Congressional Medal of Honor 수상자들의 공적
    을 기리는 다큐멘터리를 피고 비용으로 제작하여 공공기관 등지에서 상영한 사안에서 비
    록 피고의 이미지와 신용을 고양하는 역할을 하였더라도 다큐멘터리가 피고회사의 광고가
    되어 원고의 퍼블리시티권을 침해한 것으로 볼 수는 없다고 판시하였다. 위의 논문, 121의
    각주(114).
186) 한위수(주 156), 122.

제2조(정의) 이 법에서 사용하는 용어의 뜻은 다음과 같다.
1. "부정경쟁행위"란 다음 각 목의 어느 하나에 해당하는 행위를 말한다.
  [(가)~(타)목은 앞에서 해설]
  파. 그 밖에 타인의 상당한 투자나 노력으로 만들어진 성과 등을 공정한
     상거래 관행이나 경쟁질서에 반하는 방법으로 자신의 영업을 위하여
     무단으로 사용함으로써 타인의 경제적 이익을 침해하는 행위

<소 목 차>

Ⅰ. 본 조항의 취지
Ⅱ. 본 조항의 연혁
Ⅲ. 본 조항의 법적 성격 및 적용범위
  1. 본 조항의 법적 성격
  2. 적용 범위
Ⅳ. 본 조항의 요건
  1. 타인의 상당한 투자나 노력으로
    만들어진 성과 등
  2. 공정한 관행이나 경쟁질서에 반하
    는 방법으로 자신의 영업을 위하
  여 무단으로 사용
  3. 타인의 경제적 이익을 침해하는
    행위
Ⅴ. (파)목과 기존 법률과의 관계 및 기
   타 쟁점
  1. (파)목의 중첩적 적용의 가부 문
    제
  2. 기존 법률과의 관계
  3. 기타 관련 법적 쟁점

Ⅰ. 본 조항의 취지

본 조항은 2013. 7. 30. 부정경쟁방지 및 영업비밀보호에 관한 법률(이하 부정경쟁방지법) 개정에 의해 당시 (차)목으로 신설된 것으로, 기술의 변화 등으로 나타나는 새롭고 다양한 유형의 부정경쟁행위에 적절하게 대응하기 위하여 도입된 보충적 일반조항이다.[1] 본 조항의 신설 이전에는 같은 호 (가) 내지 (자)목에서 9가지 유형의 부정경쟁행위를 한정하여 열거하고 있었을 뿐이어서 기술이 발전하고 시장이 변화함에 따라 점점 다양화, 지능화되어 가는 수많은 유형

---

* 본고는 2016. 2. 한남대학교 과학기술법연구원 발행 과학기술법연구 제22권 제1호에 발표한 "부정경쟁행위 일반조항에 관한 주요 법적 쟁점 연구" 및 2022. 7. 충남대학교 세종지적재산권연구소 발행 The Journal of Law & IP 제12권 제1호에 발표한 "부정경쟁방지법상 '기타 성과 등 무단사용행위'에 대한 비판적 고찰"을 기초로, 이후의 논의와 관련 판례를 추가하고 수정 보완하여 작성한 것임을 밝힌다.
1) 법제처, 부정경쟁방지 및 영업비밀보호에 관한 법률 제정·개정 이유, http://www.law.go.kr/lsInfoP.do?lsiSeq=142374&lsId=&efYd=20140131&chrClsCd=010202&urlMode=lsEfInfoR&viewCls=lsRvsDocInfoR#0000(2024. 1. 6. 최종방문)

의 부정경쟁행위에 적절히 대처하기 어렵다는 문제점을 지니고 있었다. 판례는
'경쟁자가 상당한 노력과 투자에 의하여 구축한 성과물을 상도덕이나 공정한
경쟁질서에 반하여 자신의 영업을 위하여 무단으로 이용함으로써 경쟁자의 노
력과 투자에 편승하여 부당하게 이익을 얻고 경쟁자의 법률상 보호할 가치가
있는 이익을 침해하는 행위'를 부정한 경쟁행위로서 민법상 불법행위에 해당한
다고 보고, 위와 같은 무단이용 상태가 계속되어 금전배상을 명하는 것만으로는
피해자 구제의 실효성을 기대하기 어렵고 무단이용의 금지로 인하여 보호되는
피해자의 이익과 그로 인한 가해자의 불이익을 비교·교량할 때 피해자의 이익
이 더 큰 경우에는 그 행위의 금지 또는 예방을 청구할 수 있다고 판시함으로
써 일정 유형의 부정한 경쟁행위를 불법행위 법리로 규율하여 입법적인 공백을
메워왔는데,[2] 본 조항은 위와 같은 판례의 판시취지를 입법화하여 그동안 민법
상 불법행위 법리에 의해 규율해 온 부정한 경쟁행위를 기존의 불법행위 법리
에 의존하지 않고도 일정한 요건 하에 직접 부정경쟁방지법상 부정경쟁행위로
규율할 수 있도록 명문화하기에 이르렀다.[3]

Ⅱ. 본 조항의 연혁

본 조항은 2013. 7. 30. 법률 제11963호로 부정경쟁방지법 개정 시 처음 도
입된 것으로, 2014. 1. 31.부터 시행되었다. 당초 (차)목으로 입법되었으나, 2018.
4. 17. 법률 제15580호로 개정시 (차)목이 부정경쟁행위로 추가 신설됨에 따라
(카)목으로 이동되었고, 2021. 12. 7. 법률 제18548호로 개정시 현재의 (카) 및
(타)목이 부정경쟁행위로 추가됨에 따라 현재의 (파)목으로 이동되었다.

Ⅲ. 본 조항의 법적 성격 및 적용범위

1. 본 조항의 법적 성격

본 조항은 기술의 변화 등으로 나타나는 새롭고 다양한 유형의 부정경쟁행

---

2) 대법원 2010. 8. 25. 자 2008마1541 결정. 그밖에 같은 취지의 판시로는, 대법원 2012. 3.
   29. 선고 2010다20044 판결; 서울중앙지방법원 2014. 11. 7. 선고 2014가합524716 판결 등.
3) 부정경쟁방지법, 사법연수원(2015), 78; 최정열·이규호, 부정경쟁방지법(제3판), 진원사(2019),
   219; 유영운, 부정경쟁방지법 일반조항의 적용범위에 관한 고찰, LAW & TECHNOLOGY,
   제11권 제4호, 서울대학교 기술과 법 센터(2015. 7), 53.

위에 적절하게 대응하기 위한 보충적 일반조항이라는 것이 입법자의 설명이다.[4] 본 조항은 부정경쟁방지법 제2조 제1호 (가) 내지 (타)목에 규정된 구체적 개별적 부정경쟁행위에 해당되지 않는 경우에 보충적으로 적용되는 조항이며, 법문상으로도 이러한 점을 분명히 하기 위하여 '그 밖에'라는 문구를 넣어 개별 조항의 우선적 적용을 전제로 (파)목이 적용되는 것임을 명시하고 있다. 이와 같은 보충적 일반조항의 규정형식은 상표법 제33조 제1항 제7호,[5] 저작권법 제35조의5,[6] 독점규제 및 공정거래에 관한 법률 제45조 제1항 제10호[7] 등에서도 찾아 볼 수 있다. (파)목의 입법과정에서 일반조항이 남용될 경우에 기업 활동을 위축시키고 개별 부정경쟁행위 규정이 형해화될 우려가 있음이 지적되었고 이를 경계하기 위하여 보충적 규정으로 입법하여 법문의 형식상 이러한 점을 명확히 한 사실을 감안하면, (파)목의 성격은 보충적 일반조항으로 보아야 하고 이를 개방적 규정이나 기타 부정경쟁행위와 경합적 적용을 인정하는 조항으로 볼 것은 아니다.

　(파)목의 부정경쟁행위의 성격에 대하여는 입법자의 설명에 따라 보충적 일반조항으로 설명하는 것이 다수이나,[8] '그밖에' 라는 문언에도 불구하고 일반조

---

4) 특허청 산업재산보호팀, 부정경쟁방지 및 영업비밀보호에 관한 법률 일부개정법률안 설명자료, 2011. 8, 1; 박영규, 보충적 일반조항의 이론과 쟁점 분석, 2015 제2회 지식재산 정책포럼 자료집, 47.

5) 상표법 제33조는 상표등록을 받을 수 없는 식별력 없는 상표에 대해 제1호 내지 6호에서 구체적으로 열거하고 제7호에서는 '제1호부터 제6호까지에 해당하는 상표 외에 수요자가 누구의 업무에 관련된 상품을 표시하는 것인가를 식별할 수 없는 상표'라고 규정하고 있는데, 제7호는 제1호 내지 제6호에 해당되지 않는 경우에 보충적으로 적용되는 것으로 보는 것이 일반적이다.

6) 저작권법 제35조의5(저작물의 공정한 이용) ① 제23조부터 제35조의4까지, 제101조의3부터 제101조의5까지의 경우 외에 저작물의 일반적인 이용 방법과 충돌하지 아니하고 저작자의 정당한 이익을 부당하게 해치지 아니하는 경우에는 저작물을 이용할 수 있다.

7) 제45조(불공정거래행위의 금지) ① 사업자는 다음 각 호의 어느 하나에 해당하는 행위로서 공정한 기래를 해칠 우려가 있는 행위(이하 "불공정거래행위"라 한나)를 하거나, 계열회사 또는 다른 사업자로 하여금 이를 하도록 하여서는 아니 된다.
　10. 그 밖의 행위로서 공정한 거래를 해칠 우려가 있는 행위

8) 부정경쟁방지법, 사법연수원(2015), 79; 최정열·이규호, 앞의 책, 219; 김원오, 부정경쟁방지법상 신설된 일반조항의 법적 성격과 그 적용의 한계, 산업재산권, 제45호, 한국지식재산학회(2014), 273; 문선영, 부정경쟁행위 일반조항에 관한 주요 법적 쟁점 연구, 과학기술법연구, 제22집 제1호, 한남대학교 과학기술법연구원(2016. 2), 85; 문선영, 부정경쟁방지법상 '기타 성과 등 무단사용행위'에 대한 비판적 고찰, The Journal of Law & IP, 제12권 제1호, 충남대학교 세종지적재산권연구소(2022. 7), 130; 박윤석·박해선, 성과모방행위에 관한 고찰, 지식재산권 연구, 제9권 제4호, 한국지식재산연구원(2014), 71; 이상현, 불법행위 법리를 통한 지적 창작물의 보호, LAW & TECHNOLOGY, 제11권 제4호, 서울대학

항이라기보다는 그 자체가 독자적으로 열거되어 있는 하나의 부정경쟁행위 조
항으로 성과모용행위를 규율하는 조항이라고 설명하는 견해가 있고,[9] 보충적
일반조항이 아니라 기존의 부정경쟁행위 이외에 부정취득·사용행위(misappro-
priation)를 새로운 부정경쟁행위의 유형으로 추가한 것으로 보아야 한다는 견해
가 있다.[10]

　　(파)목을 독자적 조항으로 해석하는 것은 자칫 지적재산법제의 목적에 반해
그 적용범위를 지나치게 확대하게 될 우려가 있고, 반대로 이를 염려하여 (파)
목을 미국법상의 협의의 부정취득·사용행위로 제한해석하는 것은 입법과정에
서 논의된 내용을 살펴볼 때 (파)목은 독일법상의 성과모방행위를 모델로 도입
되었다는 점에서 입법자의 의도와는 거리가 멀다. 무엇보다도 두 견해 모두 '그
밖에' 적용되는 것으로 규정하고 있는 (파)목의 법문과 부합하지 않는다. 본 조
항의 입법 경위 및 입법자가 밝히고 있는 법률 제·개정 이유 등을 종합하면,
본 조항은 보충적 일반조항으로 입법된 것으로 판단되며, 이러한 해석이 법조문
의 문언적 해석에도 부합하다고 생각된다. 한편, 보충적 일반조항으로 설명하는
견해들에 있어서도 저적재산법제의 목적에 부합하도록 그 적용에 매우 신중하
여야 한다는 점에는 이론이 없다.[11]

　　대법원은 지난 2020년 (파)목은 "구 부정경쟁방지법의 적용 범위에 포함되
지 않았던 새로운 유형의 부정경쟁행위에 관한 규정을 신설한 것으로, 이는 새
로이 등장하는 경제적 가치를 지닌 무형의 성과를 보호하고 입법자가 부정경쟁
행위의 모든 행위를 규정하지 못한 점을 보완하여 법원이 새로운 유형의 부정
경쟁행위를 좀 더 명확하게 판단할 수 있도록 함으로써, 변화하는 거래관념을
적시에 반영하여 부정경쟁행위를 규율하기 위한 보충적 일반조항"임을 명시적
으로 판시하였고, 이후 판례도 이를 계속하여 확인하는 판결을 내리고 있다.[12]

___

교 기술과 법센터(2015. 7), 43. 한편, 논자에 따라서는 작은 일반조항 또는 제한적 일반조
항이라 지칭하기도 한다.

9) 최승재, 부정경쟁방지법 (차)목에 대한 하급심 판결의 동향 분석, 변호사, 제49집, 서울
지방변호사회(2017), 402; 최승재, 제품의 형태와 색채 모방행위와 부정경쟁행위에 대한
소고 — 비아그라 판결과 세레타이드 판결을 중심으로 —, 상사판례연구, 제30권 제2호, 한
국상사판례학회(2017), 212-213.

10) 나종갑, 부정경쟁방지법의 본질론과 무임승차 행위의 한계 — 한 우산속 바람꽃, 너도바
람꽃, 나도바람꽃 —, 산업재산권, 제53호, 한국지식재산학회(2017. 8), 77.

11) 김원오, 앞의 논문. 273; 이규홍, 부정경쟁방지법 제2조 제1호 차목(변경 후 카목)에 대
한 연구, 정보법학, 제22권 제2호, 한국정보법학회(2018), 63.

12) 대법원이 (파)목의 성격을 보충적 일반조항으로 판시한 최초의 사례는 2020. 3. 26. 선고

2. 적용 범위

(파)목의 부정경쟁행위는 타인의 상당한 투자나 노력으로 만들어진 성과를 무단사용하는 행위를 보호대상으로 하는데, 비록 본 조항의 도입 목적이 기존의 법률에 의하여 보호되지 않았던 다양한 유형의 부정한 경쟁행위를 포섭하기 위한 것이기는 하지만 이러한 성과의 해석에 따라 자유로운 영역에 있어야 할 많은 성과물의 이용이 위축되고 위법 여부에 대한 예견가능성이 확보되지 못할 우려가 있으므로 적용범위의 해석에 있어서 신중을 요하고 있다.

본 조항의 입법 과정에서 새로운 유형의 다양한 부정경쟁행위를 포섭하고자 독일식 포괄적 일반조항의 도입이 논의된 것이 사실이나,[13] 독일의 일반조항은 동법 내 개별규정과 경합적으로 적용되고 개별규정이 마련되지 아니한 사항에 대해서는 보완적으로 적용되는 것으로 통상적인 일반조항과 큰 차이가 있었다.[14] 또한 본 조항 도입시 법개념의 불명확성에 대한 혼란 우려와 함께 경합

2016다276467 판결(골프존 사건) 및 대법원 2020. 3. 26. 자 2019마6525 결정(BTS 사건)이며, 그 밖의 판결례로는 대법원 2020. 7. 9. 선고 2017다217847(눈알가방 사건); 서울고등법원 2016. 5. 12. 선고 2015나2044777 판결(서울연인 단팥빵 사건 2심, 대법원 2016. 9. 21. 선고 2016다229058 판결로 심불기각 확정) 등 다수가 있다. 참고로 과거 하급심 판례 중에는 (파)목의 성격을 부정경쟁행위 일반조항으로 판시하기도 하였으나[서울중앙지방법원 2015. 7. 10. 선고 2014가합529490 판결(서울연인 단팥빵 사건 1심) 및 서울중앙지방법원 2014. 8. 28. 선고 2013가합552431 판결(MoMoko 사건) 등] 이후 점차 보충적 일반조항임을 명시하여 본 조항의 성격을 한정적으로 해석하고 있다. 다만 이에 대해서는 표현과는 달리 실질적으로 일반조항으로 해석하고 있다는 비판이 있다(나종갑, 성과 '모방' 도그마와 부정경쟁방지법 제2조 제1항 (카)목의 적용범위 ― 서울연인단팥빵사건을 중심으로, 산업재산권, 제62호, 한국지식재산학회(2020), 153의 각주 7).

13) 독일 부정경쟁방지법(UWG)은 1896년 제정시 일반조항을 가지고 있지 않았으나 1909법은 제1조에서 "영업상의 거래에 있어서 경쟁의 목적으로 선량한 풍속에 반하는 행위를 저지른 자에 대해서 금지와 손해배상을 청구할 수 있다."라고 규정하여, 동법 내 개별규정과 경합적으로 적용되고 개별규정이 존재하지 않는 경우에 대하여는 보완적으로 적용되는 일반조항을 신설하였다. 이후 EU 지침의 국내법적 수용을 위한 2004년 법개정시 제3조로 위치를 바꾸어 "경쟁업자, 소비자 및 기타 시장참여자의 이익에 반하여 경미하다고 할 수 없는 정도로 경쟁을 침해할 우려가 있는 부정한 경쟁행위는 허용되지 않는다."라고 규정하면서 위법성의 판단 기준을 선량한 풍속에 반하는 행위에서 불공정한 거래행위로 변경하였고, 과거 일반조항으로 규율해 온 부정경쟁행위 유형들을 제4 내지 7조의 예시적 구성요건으로 구체화하였다. 한편, 2016년 법개정시 제3조는 다시 개정되어 제1항에서 불공정한 경쟁행위는 허용되지 않는다는 원칙을 선언하고 있으며, 제3항에서는 특히 소비자관련행위로서 첨부목록상 정하는 30개 행위에 대하여는 언제나 금지됨을 규정하는 등 점차로 한정적으로 열거하면서 일반조항중심주의에서 이탈하는 경향을 보이고 있다.

14) 정호열, 경제법(전정 제7판), 박영사(2022), 44-45; 박영규, 독일 부정경쟁방지법(UWG)상 일반조항의 의미와 역할, 지적재산권, 제29호, 한국지적재산권법제연구원(2009), 13-14.

적용을 허용하면 개별 구성요건의 적용이 무력화되거나 적용을 회피할 위험성
도 제기되었다.[15] 독일 부정경쟁방지법은 경쟁법제에 속하며 경쟁자 외에 소비
자 및 기타 시장참여자까지 보호대상으로 하는 반면,[16] 우리나라는 부정경쟁방
지법과 별도로 공정거래법제 및 소비자보호법제를 가지고 있어서 양 법제가 법
의 목적과 규율대상 등에 상당한 차이가 있으므로 독일법의 논의를 그대로 우
리 부정경쟁방지법의 해석 및 적용에 직접적으로 수용하기는 어렵다.[17]

이에 따라 (파)목은 전형적인 부정경쟁행위로 분류되어온 행위유형들을 모
두 포함하는 보편적 일반조항이 아니라, 독일 부정경쟁방지법의 일반규정이 규
율해 온 행위 유형 중, 지적재산법을 보완하는 의미를 갖는 경쟁상대의 노력을
모용하는 행위로서 타인의 성과물에 대한 도용행위를 중심으로[18] 불법행위론에
기초한 판례[19]의 문구를 기초로 하여 입법되었다.[20] 따라서 본 조항은 새로이
등장하는 경제적 가치를 지닌 무형의 산물을 보호하기 위하여 도입되었으나, 그
적용대상에 있어서 성과모용 금지라는 일정 범주의 유형에 국한된다.[21] 따라서
타인의 상당한 노력과 비용의 투자에 의해 성립된 것으로서 (파)목의 보호대상

---

15) 박영규, 앞의 자료, 54.
16) 독일 부정경쟁방지법은 제1조(법의 목적)에서 "경쟁자, 소비자 및 기타 시장 참가자를
    부정한 거래행위(불공정 거래행위)로부터 보호하기 위한 것이다. 동시에 이 법은 공정경쟁
    에 대한 공공의 이익을 보호한다."라고 규정하고 있어서 경쟁자 외에 소비자 및 기타 시장
    참가자까지 보호대상으로 하는 법제임을 명확히 하고 있으나, 우리나라는 (파)목의 도입
    당시 부정경쟁행위 일반조항 입법과 함께 보호주체의 확대를 위한 목적 조항의 개정 시도
    가 있었으나 현재까지도 목적조항의 개정은 이루어지지 않은 상태이다.
17) 다만, 경쟁업자의 보호를 통해 소비자 및 기타 시장참가자에 대한 간접적 보호 효과가
    있음은 사실이며 우리 법 역시 목적조항에서 동법의 목적이 궁극적으로 건전한 거래질서
    유지에 있음을 밝히고 있다.
18) 위와 같은 타인의 성과물 모방행위로서 유형화된 행위들은 2004년 독일 부정경쟁방지법
    제4조 제9항에 a) 상품이나 서비스의 출처에 관련되어 수요자 혼동을 가져오거나 수요자
    를 기망하는 경우, b) 최초 제조자의 명성이 부정하게 손상되거나 이용되는 경우, c) 상품
    을 복제하기 위한 자료나 지식이 부정하게 취득된 경우로 명문화되었다.
19) 대법원 2010. 8. 25. 자 2008마1541 결정; 대법원 2012. 3. 29. 자 2010다20044 판결.
20) 독일의 1909년 부정경쟁방지법상 포괄적 일반조항이 규율하는 여러 행위의 유형은 구체
    적 사례에 의해 유형화할 수 있는데, 학자에 따라 이를 불공정한 고객유인행위, 개별적 방
    해행위, 경쟁상대 노력의 모용행위, 일반적 시장방해행위(시장교란행위), 기타의 행위로
    분류하거나(박영규, 앞의 자료, 51; 박영규, 앞의 논문, 16), 보호법익을 기준으로 다른 경
    쟁자의 이익을 침해하는 행위, 소비자(또는 수요자)의 이익을 침해하는 행위, 또는 공중의
    이익을 침해하는 행위로 나누기도 한다(박성호, 지적재산법의 비침해행위와 일반불법행
    위 — 불법행위법리에 의한 지적재산법의 보완 문제를 중심으로 —, 정보법학, 제15권 제1
    호, 한국정보법학회(2011), 224).
21) 김원오, 앞의 논문, 261, 277; 박영규, 앞의 자료, 55.

인지 여부를 판단함에 있어서는 관련 지식재산권법의 요건과 취지를 고려하여
해당 지식재산권법을 형해화하지 않는 범위 내에서 부정경쟁방지법의 목적을
고려하여 신중히 판단하여야 할 것이다.

IV. 본 조항의 요건

1. 타인의 상당한 투자나 노력으로 만들어진 성과 등

가. 타   인

(파)목의 보호대상은 '타인의 상당한 투자나 노력으로 만들어진 성과 등'이
다. 타인에는 자연인 외에 법인이 포함됨은 당연하나, 기업집단이나 법인에 이
르지 않은 기타 단체도 그 단체 자체로서 위 타인에 포함되는지에 관한 문제가
있다. 이에 대하여는 부정경쟁방지법상 권리를 행사하기 위해서는 특정 집단이
나 단체가 비법인사단으로 인정될 정도에는 이르러야 할 것이라는 견해가 있
다.[22] 한편, (파)목의 적용요건인 '타인'이 경쟁자에 한정되는지에 관하여 논쟁
이 존재한다. 독일의 경우 성과모방행위로 인한 부정경쟁행위가 되려면 경쟁
자의 지위에 있을 것을 요구하고 있고,[23] (파)목의 입법에 모델이 되었던 대법
원 결정이 부정한 경쟁행위에 대한 불법행위의 성립요건에 관하여 경업관계에
있는 경쟁자 사이에 적용된다는 점을 명확히 판시하고 있는 것에 기인하나,[24]
(파)목은 '경쟁자'가 아닌 '타인'이라는 용어를 사용하고 있고 이러한 타인이라
는 용어는 부정경쟁방지법 제1조, 제2조 제1호 (가), (나), (다), (바), (아), (자),
(차), (타)목에도 사용되나 문언해석상 경쟁자에 국한된다고 보기 어려우므로,
'타인의 성과물'인지 여부를 판단할 때 '타인'이 경쟁자에 국한되지는 않는다고
생각된다.[25] 실제로 부정경쟁방지법은 주지저명표지에 대한 보호에 있어서 경
쟁자에 한정하고 있지 않으므로, 법문과 달리 타인을 반드시 경쟁자로 한정하여
제한 해석해야 한다고 보기 어렵다.[26] 다만, (파)목의 성립여부 판단시 위법성
판단은 물론이고 이로 인한 법적 효과로서 금지명령을 내리거나 손해배상액의

---

22) 유영운, 앞의 논문, 56.
23) 박윤석·박해선, 앞의 논문, 82-83 재인용.
24) 대법원 2010. 8. 25. 자 2008마1541 결정; 유영운, 앞의 논문, 56; 유영선, 부정한 경쟁행
　　위와 관련한 불법행위 성립요건 및 그에 기한 금지청구권 허용여부, 사법논집 제53집, 법
　　원행정처(2011), 135.
25) 유영운, 앞의 논문, 57.
26) 문선영, 앞의 논문(2016. 2), 80-81.

판단에 있어서도 무단사용행위자와 성과물의 귀속주체 사이의 경쟁관계의 존부
는 가장 중요한 고려요소임은 이론의 여지가 없다. 다만, 이에 대하여 (파)목이
대법원 2008마1541 결정 등 판례의 내용과 문구에서 유래한 것이고 동 결정 등
에서 불법행위 상대방을 경쟁자에 한정하고 있으며, 경쟁자 사이에서가 아닌 성
과 등의 무단사용행위가 타인의 경제적 이익을 침해할 가능성이 적다는 등의
이유로 경쟁자에 한정된다고 보는 유력한 견해가 있다.[27)]

나. 상당한 투자나 노력으로 만들어진 성과 등의 범위와 판단기준

　(파)목의 보호대상인 '성과 등'이란, 모든 성과물이 아닌 상당한 투자나 노
력으로 만들어진 것으로서, 반대해석상 상당한 투자나 노력을 기울이지 않은 성
과는 보호대상이 아닌 일반의 자유 이용 영역에 두어야 한다. (파)목은 적용범
위와 관련하여 동 조항이 포괄적으로 해석될 경우 지적재산권의 과도한 보호에
대한 우려가 제기되었고 자칫 기업활동의 위축을 가져올 수 있다는 문제가 입
법과정에서부터 제기되었으므로, 결과적으로 파리협약 제10조의2이나 독일, 스
위스 등 입법례와 같은 개방적 일반조항이 아니라[28)] 보충적, 택일적 일반조항의
형식으로 입법되었고 나아가 적용대상도 타인의 성과물 도용행위에 국한된 것
이었다.[29)] 따라서 (파)목의 적용에 신중을 기하기 위해서는 그 보호대상이 되는
'성과 등'의 범위와 판단방법을 살필 필요가 있다.

　(파)목의 보호대상인 성과물은 유체물에 한정되지 않고 무체물도 포함하는
것이며 기술적 성과는 물론이고 고객에 대한 이미지, 비즈니스 모델이나 비즈니
스 플랫폼, 그리고 고객 데이터나 고객 네트워크 같은 경영적 성과도 포함될 수
있다.[30)] (파)목의 보호대상인 '성과 등'의 범위에 부동산과 동산 등 유체물은 제
외하여야 한다는 지적도 있으나,[31)] 무체자산은 흔히 유체물에 표현되므로 (파)
목의 보호대상은 무체물에 한정되지 않고 유체물도 포함한다고 생각된다. (파)

---

27) 박정희, 부정경쟁방지법 제2조 제1호 차목의 적용범위, 특허법원 개원 20주년 기념논문
　　집, 특허법원(2018), 843; 이규홍, 앞의 논문, 84.
28) 공업소유권의 보호를 위한 파리협약 제10조의 2, 독일 부정경쟁방지법 제3조, 스위스 부
　　정경쟁방지법 제2조 등의 규정은 개방적 일반조항의 규정을 두고 있다.
29) 김원오, 앞의 논문, 277-278.
30) 최정열·이규호, 앞의 책, 220; 문선영, 앞의 논문(2016. 2), 81면. 참고로, (파)목의 도입에
　　모델이 되었던 독일법상 성과의 범위는 모든 종류의 노력의 성과물을 대상으로 하고 있어
　　그 범위가 매우 광범위 하다는 것이 입법관여자의 설명이며(박영규, 앞의 자료, 55면), 지
　　적재산법에 의해 보호받지 못하는 경우에도 공서양속에 반하는 모용행위 등에 대해 금지
　　가 가능하므로 지적재산권법을 보충하는 역할을 담당하였다고 한다.
31) 나종갑, 앞의 논문(2020), 177-180.

목의 적용대상을 지나치게 확대하는 것은 경계해야 할 것이나, 보호대상인 성과 자체를 무체물로 한정한다 하더라도 유체물에 체화되는 무형적 가치가 보호대상이 된다는 점에는 이론이 없으므로,32) (파)목의 보호대상에 대한 논의는 대상이 유체물이냐 무체물이냐 보다는 어떠한 '성과 등'을 보호할 것인가에 보다 논의가 집중되어야 할 것이다.

또한 (파)목의 보호대상은, 모든 성과물이 아닌 상당한 투자나 노력으로 만들어진 것을 요한다. 과연 어느 정도가 상당한 것인가에 관하여는 적어도 (가)내지 (타)목의 부정경쟁행위 보호법익에 대한 투자나 노력에 상응하는 정도의 투자나 노력에 의한 것이어야 할 것이다.33) 그러나 상당한 투자나 노력으로 만들어진 성과이기만 하면 바로 (파)목의 보호대상이 되는 것은 아니며, 명문으로 규정되지 않았다 하더라도 독일 부정경쟁방지법상 요구되는 바와 같이, 거래적 가치(Wettbewerbliche Eigenart)가 있을 것을 요한다고 해석하는 것이 일반적이다.34) 우리법제에서도 상사불법행위로서 부정경쟁행위의 대상은 경제적 가치가 있을 것을 전제로 하고 있고, (파)목에 해당되는 행위가 타인의 경제적 이익 침해를 요구하고 있다는 점에서 성과 등에 해당되기 위하여 보호할 만한 거래적 가치를 요한다는 해석은 무리가 없다고 생각된다. 다만, 우리법상 성과 등에 해당되기 위해서 반드시 거래적 가치를 가지고 출처표시 기능을 수행해야 한다고 제한적으로 해석할 필요는 없다.35)

한편, 대법원은 (파)목의 보호대상과 관련하여, "위와 같은 법률 규정과 입법 경위 등을 종합하면, (파)목(당시 (카)목)은 그 보호대상인 '성과 등'의 유형에 제한을 두고 있지 않으므로, 유형물뿐만 아니라 무형물도 이에 포함되고, 종래 지식재산권법에 따라 보호받기 어려웠던 새로운 형태의 결과물도 포함될 수 있다."고 판시하면서 원심과 달리 '골프장 명칭'을 포함한 골프코스의 종합적인 이미지를 성과로 판단하였고,36) 그 밖에 아이돌 그룹의 명성·신용·고객흡인력

---

32) 위 견해도 (파)목의 적용범위가 무형의 결과를 의미한다고 하면서 유체물에 체화된 무형의 가치가 보호대상이라고 설명하고 있다(나종갑, 앞의 논문(2020), 180).

33) 최정열·이규호, 앞의 책, 209.

34) 박성호, 앞의 논문, 100; 이규홍, 앞의 논문, 67. 다만, 논자에 따라서는 이를 경쟁적 특성으로 번역하기도 한다(박윤석·박해선, 앞의 논문, 83).

35) 유영운, 앞의 논문, 57-58; 문선영, 앞의 논문(2016. 2), 82; 이규홍, 앞의 논문, 85.

36) 대법원 2020. 3. 26. 선고 2016다276467 판결(골프존 사건). 참고로 (파)목의 법적 성격을 부정취득·사용행위로 보는 견해로서, 명성, 고객흡입력 등 이른바 'goodwill(상업상 신용)'에 대한 침해의 핵심은 허위표시(misrepresentation)로서 이미 허위표시법리에 의해 보호되고 있고, 'goodwill'에 대한 혼동을 가져 오는 것은 수요자로 하여금 'goodwill'을 혼동

이나[37] 지상파 3사가 구축한 전국동시지방선거 개표방송을 위해 출구조사를 통해 얻은 당선자 예측조사 결과 정보가 (파)목의 성과물에 해당된다고 판시하는 등,[38] (파)목의 판단 시 성과 등의 범위 자체를 제한적으로 해석하고 있지는 않다.

또한 대법원은 "'성과 등'을 판단할 때에는 위와 같은 결과물이 갖게 된 명성이나 경제적 가치, 결과물에 화체된 고객흡인력, 해당 사업 분야에서 결과물이 차지하는 비중과 경쟁력 등을 종합적으로 고려해야 한다."고 판시함과 아울러, "이러한 성과 등이 '상당한 투자나 노력으로 만들어진' 것인지는 권리자가 투입한 투자나 노력의 내용과 정도를 그 성과 등이 속한 산업분야의 관행이나 실태에 비추어 구체적·개별적으로 판단하되, 성과 등을 무단으로 사용함으로써 침해된 경제적 이익이 누구나 자유롭게 이용할 수 있는 이른바 공공영역(公共領域, public domain)에 속하지 않는다고 평가할 수 있어야 한다."고 판시함으로써 (파)목의 보호대상과 그 판단기준에 대하여 제시하고 있다.[39] 특히 대법원이 부정경쟁방지법의 보충성과 관련하여 공공영역에 속하지 않을 것을 판단기준으로 명시하고 있다는 점은 주목할 만하다. 결국 문제된 '성과 등'이 공공의 영역으로 볼 수 있는지 아니면 법상 보호할 가치가 있는 성과 등에 해당될 것인지에 대한 판단이 (파)목의 적용에서 중요한 의미를 갖는다고 할 수 있으며, 이러한 대법원의 판시는 이후 다수의 판결에도 영향을 미치고 있다.

다. 보호대상여부에 관한 논쟁과 관련 후속 입법

(파)목의 보호대상과 관련하여 (파)목의 부정경쟁행위 조항은 성과 등의 무단사용행위를 규율하는 것인데, 성과물의 범위가 넓어지면 (파)목을 보충적 조항이 아닌 모든 행위에 적용될 수 있는 만능조항으로 해석될 가능성이 있게 된다는 지적이 있었고,[40] 특히 아이디어, 퍼블리시티, 트레이드 드레스 등에 관하여 논란이 많았다.

우선 (파)목의 도입이전에도 아이디어의 무단 사용에 대한 규제필요성과 법

하게 할 뿐 'goodwill'을 직접 취득하는 것이 아니므로 이를 부정취득법리(misappropriation)를 근거로 보호하여서는 안되며, 고객흡인력을 성과로 보게 되면 (파)목이 적용범위를 가늠할 수 없는 만능조항이 되어 버린다고 비판하는 견해가 있다(나종갑, 앞의 논문(2020), 180-182면).

37) 대법원 2020. 3. 26. 자 2019마6525 결정(BTS 사건).
38) 대법원 2017. 6. 15. 선고 2017다200139 판결
39) 2020. 3. 26. 선고 2016다276467 판결; 대법원 2020. 3. 26. 자 2019마6525 결정(BTS 사건) 등.
40) 나종갑, 앞의 논문(2020), 160.

적 보호방안에 대한 많은 논의가 있었고,[41] 아이디어가 (파)목의 보호대상이 될 것인지에 대하여 찬성하는 견해도 있으나,[42] 부정경쟁방지법은 지적재산권의 보충적 규범이므로 타인의 투자와 노력이 들어간 성과물은 표현된 것에 한해야 하고 구체적으로 형성되지 않은 아이디어는 성과물의 개념에서 제외되어야 한다는 반론이 있었다.[43] 필자 역시 다른 창작물의 아이디어를 차용하였다 하더라도 이에 자신만의 독자적 아이디어나 창작물 등의 새로운 성과를 부가한다면 이러한 행위는 자유 경쟁질서에 반한다고 볼 수 없을 것이므로, 아이디어의 무단 사용행위를 (파)목의 부정경쟁행위로 판단하는 것은 매우 신중을 기하여야 한다는 입장이었고,[44] 판례 역시 과거 아이디어를 (파)목에 의하여 보호하는 데에는 소극적인 입장을 취하고 있었다.[45] 아이디어의 무단 사용에 대한 규제는 2018. 4. 17. 법률 제15580호로 개정에 의해 거래교섭 또는 거래 과정에서 자발적으로 제공된 아이디어에 대하여 규율하는 (차)목의 부정경쟁행위 조항이 신설되면서 이후 (파)목에 의해 직접적으로 아이디어를 보호할 수 있는가에 대한 논의는 잦아들었다.

　또한 트레이드 드레스를 (파)목의 보호대상으로 볼 것인가에 대하여 살펴보면, 그동안 우리법상 트레이드 드레스가 반드시 법적 보호에서 배제되었던 것이 아니고, 상표법상 입체적 상표의 보호가 가능하고, 부정경쟁방지법 (가), (나), (다)목의 상품의 용기, 표장 등 그 밖의 타인의 상품표지와 영업표지, 또는 (자)

---

41) 이헌, 아이디어의 보호에 관한 연구, LAW & TECHNOLOGY, 제6권 제1호, 서울대학교 기술과 법센터(2010). 13.
42) 유영운, 앞의 논문, 59.
43) 박윤석·박해선, 앞의 논문, 25.
44) 문선영, 앞의 논문(2016. 2), 89-90.
45) 판례는 타인의 안경테 디자인 모방제품을 이탈리아에서 제조 후 수입, 판매한 행위의 (파)목 해당여부가 문제된 사안에서, "안경테 좌측 하단에 전체적인 색과 다른 색을 일부 입히는 컷은 그 자체로 아이디어에 해당하는 것으로 보충적 일반조항에 따라 반드시 보호되어야 하는 성과라고 보기 어렵다"고 판시하였고[서울중앙지방법원 2014. 8. 29. 자 2014카합80386 결정(확정)], 아이스크림 위에 벌집채꿀을 올린 제품 형태의 모방이 문제된 아이스크림 가게 소프트리 사건에서도 이러한 상품 형태는 독자적인 특징이 없이 단순히 소프트 아이스크림과 토핑으로서의 벌집채꿀을 조합하는 제품 결합방식이나 판매방식에 관한 아이디어를 실현한 것에 불과하다는 이유로 실질적으로 동일한 제품을 판매하더라도 공정한 상거래 관행이나 경쟁질서에 반하는 부정경쟁행위에 해당한다고 보기 어렵다고 판시하여(서울고등법원 2015. 9. 10. 선고 2014나2052436 판결), 아이디어를 (파)목에 의하여 보호하는데 신중을 기하고 있었다. 한편 위 서울고등법원 2014나2052436 판결의 상고심 판결인 대법원 2016. 10. 27. 선고 2015다240454 판결에서는 (파)목 해당 여부에 대하여는 상고이유의 기재가 없어 판단이 이루어지지 않았고, (자)목에 관하여만 판단하였다.

목의 상품형태에 해당할 경우 부정경쟁방지법에 의한 보호가 가능하다. 나아가 판례는 현행법상 명문 규정을 가지고 있지 않는 트레이드 드레스에 대하여도 (파)목을 활용한 보호가 가능함을 시사하고 있었다. 대표적인 사례로는 이른 바 서울연인 단팥빵 매장 사건의 1심판결에서는 트레이드 드레스의 요건을 자세히 설시하면서 "이를 모두 충족하여 상품이나 서비스의 전체적인 이미지로서의 트레이드 드레스로 평가될 수 있다면 해당 사업자의 상당한 노력과 투자에 의하여 구축된 성과물에 해당한다."46)고 판시하였으며, 이는 상급심 법원에서도 유지되었다.47)48)

그러나 이에 대하여는 트레이드 드레스는 영업 주체를 표장하는 것으로 유사한 트레이드 드레스의 사용은 허위표시(misrepresentation)에 해당하고, (나)목의 "그 밖에 타인의 영업임을 표시하는 표지"에 해당하므로 (파)목보다 (나)목이 트레이드 보호에 더 구체적인 조항이라는 비판이 제기되었고,49) 판례 중에도 "트레이드 드레스는 부정경쟁방지법 제2조 제1호 (가)목 내지 (다)목 소정의 상품표지나 영업표지에 해당하므로 그와 동일·유사한 트레이드 드레스의 사용행위에 대해서는 위 각 조항이 적용되고, 특별한 사정이 없는 한 그러한 행위에 대하여 부정경쟁방지법 제2조 제1호 (구) (차)목이 적용된다고 보기 어렵다."는 판결50)이 내려지기도 하였다. 이와 같이 트레이드 드레스에 관하여 (파)목으로 보호하는 것이 적절한 것인가에 대한 지속적인 비판은 2018. 4. 17. 법률 제

---

46) 서울중앙지방법원 2015. 7. 10. 선고 2014가합529490 판결.
47) 서울고등법원 2016. 5. 12. 선고 2015나2044777 판결(대법원 2016. 9. 21. 선고 2016다 229058 판결에 의해 심불기각으로 확정). 본 사례에서 서울고등법원은 "부정경쟁방지법의 개정 이유 등에 비추어 볼 때, 부정경쟁방지법 제2조 제1호 (파)목(당시 (차)목)의 보호 대상인 '타인의 상당한 투자나 노력으로 만들어진 성과'에는 새로운 기술과 같은 기술적인 성과 이외에도 특정 영업을 구성하는 영업소 건물의 형태와 외관, 내부 디자인, 장식, 표지판 등 '영업의 종합적 이미지'의 경우 그 개별 요소들로서는 부정경쟁방지법 제2조 제1호 (가)목 내지 (자)목을 비롯하여 디자인보호법, 상표법 등 지식재산권 관련 법률의 개별 규정에 의해서는 보호받지 못한다고 하더라도, 그 개별 요소들의 전체 혹은 결합된 이미지는 특별한 사정이 없는 한 부정경쟁방지법 제2조 제1호 (파)목이 규정하고 있는 '해당 사업자의 상당한 노력과 투자에 의하여 구축된 성과물'에 해당한다고 볼 수 있으므로, 경쟁자가 이를 공정한 상거래 관행이나 경쟁질서에 반하는 방법으로 자신의 영업을 위하여 무단으로 사용함으로써 타인의 경제적 이익을 침해하는 행위는 부정경쟁방지법 제2조 제1호 (파)목이 규정한 부정경쟁행위에 해당한다고 봄이 타당하다."고 판시하였다.
48) 그밖에 사례로는 아이스크림 매장의 외부 간판, 메뉴판, 내부 인테리어 등의 모방이 문제된 사건에서 (파)목의 부정경쟁행위에 해당된다고 인정한 판례가 있다[서울중앙지방법원 2014. 11. 7. 선고 2014가합524716 판결(소프트리 아이스크림 사건 1심)].
49) 나종갑, 앞의 논문(2020), 158면.
50) 서울고등법원 2017. 12. 14. 자 2017라20489 결정.

15580호로 개정시 (나) 및 (다)목의 영업 표지에 관한 부분을 '타인의 영업임을 표시하는 표지(상품 판매·서비스 제공방법 또는 간판·외관·실내장식 등 영업제공 장소의 전체적인 외관을 포함한다)'로 개정하면서 일단락되었고, 위와 같은 개정은 그동안 (파)목의 적용 여부에 논란이 있었던 트레이드 드레스에 관한 부정경쟁 행위 유형이 입법적으로 구체화된 것으로 평가할 수 있다.

한편, 퍼블리시티의 보호에 대해서도 현행법상 부정경쟁행위 일반조항에 의해 퍼블리시티권의 보호가 가능하고 별도의 입법이 불필요하다는 견해,[51] (파)목의 신설로 퍼블리시티권에 관한 근거조항을 갖게 되었다고 평가하면서 다만 존속기간에 대하여는 보완입법이 필요하다는 견해,[52] 퍼블리시티권의 침해가 문제되는 경우 (파)목 적용을 반드시 부정적으로 볼 것은 아니라는 견해,[53] 퍼블리시티권의 보호대상이 되는 이미지도 부정경쟁행위 일반조항의 보호대상에 해당하나 이러한 부정경쟁행위에 대한 권리를 누가 누구를 상대로 행사할 수 있는가의 범위를 정하는 것이 어려운 문제라는 견해,[54] (파)목의 요건을 신중히 판단하여야 하나 이를 만족하는 한도 내에서는 이를 활용하여 퍼블리시티권을 보호하는 것이 가능하다는 견해[55] 등이 있었으나, 여전히 초상·성명 등은 생래적인 특징일 뿐 후천적인 투자나 노력으로 만들어진 성과물일 수 없다는 이유로 (파)목의 보호대상인 성과에 해당될 수 없다는 반론이 존재하였고, 그밖에 (파)목은 적용범위가 제한되어 퍼블리시티권을 전반적으로 보호하기에 부족하고 부정경쟁방지법은 행위규제형 규범이므로 기존에 제기된 문제들에 대한 해결책을 제시하지 못하는 등 퍼블리시티권을 보호하기 어려운 문제점들을 지니고 있다는 비판이 존재하였다.[56] 그런데 지난 2020년 대법원이 유명 아이돌 그룹 구성원들이 사진을 허락없이 사용하여 잡지를 발행, 판매한 행위가 (파)목의 부정경쟁행위에 해당한다는 판결을 내리면서[57] 부정경쟁방지법에 의한 퍼블리시티 보호에 관한 입법논의가 다시 급물살을 타게 되었고, 이에 2021.

---

51) 박준우, 퍼블리시티권의 이해, 커뮤니케이션북스(2015), 84.

52) 박준석, 인격권과 구별된 퍼블리시티권을 인정할지에 관한 고찰 — 최근의 비판론에 대한 논리적 재반박을 중심으로 —, 법학, 제56권 제4호, 서울대학교 법학연구소(2015), 128.

53) 최승재, 퍼블리시티권에 대한 하급심 판결 동향 분석 및 권리화 방안, 정보법학, 제19권 제3호, 한국정보법학회(2015. 12), 29.

54) 유영운, 앞의 논문, 60-61.

55) 문선영, 앞의 논문, 92.

56) 한지영, 부정경쟁방지법에 의한 퍼블리시티권 보호방안에 대한 비판적 검토, 홍익법학, 제17권 제3호, 홍익대학교 법학연구소(2016), 660-661.

57) 대법원 2020. 3. 26. 자 2019마6525 결정(BTS 사건).

12. 7. 법률 제18548호로 부정경쟁방지법이 개정되면서 데이터 부정사용행위와 함께 유명인의 초상·성명 등 인적 식별표지를 무단사용하는 행위가 (타)목의 부정경쟁행위 유형으로 추가되기에 이르렀다. 이는 해당 행위를 부정경쟁행위로 명확히 규정하여 제재함으로써 건전한 거래 질서를 확립하고, 부당한 피해로부터 소비자를 보호하려는 것이었다는 점이 입법자의 설명이나,[58] 새로운 (타)목의 입법에 대해서는 위법성 판단 기준 등을 포함하여 표현의 자유와의 관계에서 적절한 것이었는지 여전히 논란의 여지가 있고, 소속사에 대한 금지청구권 인정의 적절성 여부도 고민이 필요한 부분이라 생각되므로 입법의 구체적 내용에 대하여는 향후 논쟁의 여지가 있다고 생각된다. 또한, 현재 국회에 계류 중인 저작권법 전면개정안을 보면, 초상등재산권을 입법하는 안을 포함하고 있어서,[59] 향후 퍼블리시티의 보호에 관한 법제동향을 주시할 필요가 있다.

2. 공정한 상거래 관행이나 경쟁질서에 반하는 방법으로 자신의 영업을 위하여 무단으로 사용

가. 위법성의 판단기준

본 조항이 금지하는 성과 등의 무단사용은 '공정한 상거래 관행이나 경쟁질서에 반하는 방법으로' 타인의 성과 등을 무단 도용한 경우를 말한다. 공정한 상거래 관행이나 경쟁질서에 반하는지에 대한 판단은 결국 거래 관행이나 사회적 효용을 참작하여 구체적, 개별적으로 판단하여야 할 것인데, 타인의 성과 등의 무단사용이 자유로운 경쟁질서를 해하지 않고 정당한 경쟁을 촉진하거나 그 분야의 표준으로서 성과를 사용하는 등의 행위는 (파)목의 부정경쟁행위로 볼 수 없다. 또한 '자신의 영업을 위하여' 무단사용하는 것이 아닌 공익을 위한 사용이나 그밖에 영업 이외 다른 목적으로 사용하는 것은 본 조항에 해당되지 않는다. 아울러, 성과 등 귀속 주체의 허락이 있다면 무단 사용이라 볼 수 없을 것인데 이때의 허락은 명시적인 허락은 물론 묵시적인 허락도 포함한다.[60]

'공정한 상거래 관행이나 경쟁질서에 반하는 방법으로' 타인의 성과 등을

---

58) 법제처, 부정경쟁방지 및 영업비밀보호에 관한 법률 제정·개정 이유, https://www.law.go.kr/ls InfoP.do?lsiSeq=237355&ancYd=20211207&ancNo=18548&efYd=20220420&nwJoYnInfo=N&efGu bun=Y&chrClsCd=010202&ancYnChk=0#0000(2024. 1. 12. 최종방문).

59) 국회 의안정보시스템, 의안번호 2107440, 저작권법 전부개정법률안(도종환의원 등13인), http://likms.assembly.go.kr/bill/billDetail.do?billId=PRC_Q2T1M0X1D0M4W1T4M3O0R3Y4C 7O3D2 (2024. 1. 9. 최종방문).

60) 최정열·이규호, 앞의 책, 231.

무단 사용하였는지 여부에 대한 판단은 (파)목의 적용여부의 판단에서 가장 핵심적인 부분으로, 이는 구체적인 행위가 부정경쟁행위로서 위법성을 갖는지 여부를 판단하는 기준이 된다. (파)목은 독일, 스위스의 입법례와 같이 부정경쟁행위 일반을 규율대상으로 하는 것이 아닌 보충적 일반조항이고, 구체적인 행위유형을 규정하고 있는 여타 부정경쟁행위와는 달리 일반적, 추상적인 법문으로 구성되어 있으므로 그 위법성 판단은 보다 신중을 기할 필요가 있다. 지식재산 법률에 의해 규제되지 않는 것은 공공의 자유의 영역에 돌려야 함이 원칙이고, 부정경쟁방지법이 민법의 특별법 관계에 있음을 고려할 때 부정경쟁방지법상 부정경쟁행위가 위법성을 갖기 위해서는 침해법익과 침해행위에 있어서 부정경쟁행위로서의 특별한 사정을 고려하여 판단하는 것이 원칙이라고 할 수 있다. 일반적인 위법성의 판단은 침해법익의 성질, 피침해법익과 침해행위의 상관관계 등을 고려하여 구체적 행위마다 개별적, 상대적으로 판단하는데,[61] 본 조항은 기존의 지식재산 법률에 의하여 규율하지 못한 다양한 부정한 경쟁행위를 규율하기 위해 특별히 도입된 규정이라는 점을 고려할 때, 그 위법성을 인정하는데 있어서는 이를 인정할 만한 특별한 사정이 존재하여야 한다.[62] (파)목으로 규율할 만한 위법성이 있는지를 판단함에 있어서는 다른 부정경쟁행위의 행위태양과 동일한 정도의 부정한 수단을 이용하였는지, 그리고 다른 부정경쟁행위와 대등할 정도로 시장의 경쟁질서를 심각하게 교란하였는지, 경쟁질서를 해할 목적으로 상대방에게 손해를 가하거나 스스로 이익을 취할 의사가 있었는지, 그 산업분야의 거래 관행에 부합하는지, 그 행위를 규제함으로써 그 산업분야에 악영향을 미쳤는지, 현재 또는 장래의 기술발전이나 소비자에게 미치는 영향이 어떠한지, 그 행위의 규제가 사회 전반의 이익에 부합됨이 명백한지 등 이와 같은 제반의 요소들을 종합적으로 고려하여 해당 행위가 사회 전체적 관점에서 부정경쟁행위로 규제되어야 할 특별한 사정이 있는지를 판단하여야 하고, 그 판단에 있어서는 부정경쟁방지법의 목적과 지식재산권의 정당화 근거를 고려하여 보다 신중을 기해야 할 것이다.[63] 또한 그 위법성의 정도는 부정경쟁방지법상 열거된 개별 부정경쟁행위에 준하는 경우로서 공정한 거래질서 및 자유로운 경쟁질서

---

61) 곽윤직 편집대표, 민법주해[XIII] — 채권(11), 이상훈 집필부분, 박영사(2005), 205-227; 지원림, 민법강의, 제12판, 홍문사(2014), 1683-1684; 대법원 2003. 6. 27. 선고 2001다734 판결.

62) 문선영, 앞의 논문, 99; 박성호 앞의 논문, 98.

63) 문선영, 앞의 논문(2016. 2), 99-100; 유영운, 앞의 논문, 66.

의 관점에서 정당화할 수 없는 정도에 이르러야 한다.64)

나. 위법성 판단기준으로서의 예속적 모방과 직접적 모방의 구별론

위법성의 판단기준과 관련하여, 독일 부정경쟁방지법상 일반조항의 해석과 관련하여 전개된 부정경쟁행위로서 인정할 수 있는 특별한 사정에 관한 유형을 참고할 필요가 있다고 하면서, 그 행위유형 중 하나인 타인의 성과물에 대한 도용으로써 예속적 모방과 직접적 모방을 구분하여 설명하는 견해가 유력하게 제시되고 있다. 이 견해에 따르면, 타인의 성과물에 대한 모방은 모방의 양태에 따라 타인의 성과를 토대로 모방자 자신의 창작이 가미된 형태인 예속적 모방(sklavische Nachahmung)과 타인의 성과를 대부분 그대로 가져오고 모방자의 창작이 거의 없는 직접적 모방(unmittelbare Leistungsübernahme)으로 나눌 수 있고, 후자는 특별한 사정이 인정되어 위법성을 긍정할 수 있으나, 전자는 후자와 달리 타인의 성과물에 대한 직접적 모방이 아닌 자신의 창작이 가미된 형태로 모방한 경우이므로 언제나 특별한 사정이 인정되는 것은 아니며, 선행자와의 계약상 의무나 신의칙에 반하는 형태로 모방하거나, 부정한 수단에 의해 정보를 취득한 양태로 모방한 경우에 특별한 사정이 인정된다고 설명한다.65) 또한 이러한 유형의 특별한 사정이란, 타인의 지적 성과물의 이용행위를 민법상 불법행위 법리에 의해 보호해 주지 않으면 그 지적 성과물을 창출하거나 고객흡인력 있는 정보를 획득한 타인에 의한 인센티브가 부족하게 될 것이 명백한 경우, 즉 지적 재산법의 입법적 흠결에 대해 입법보완이 필요하지만 그때까지 기다릴 수 없는 상황을 의미한다고 한다.66)

예속적 모방의 경우 곧바로 위법성을 인정하지 않고, 계약상 의무나 신의칙에 반하는 형태의 모방이나 부정한 수단에 의한 정보를 취득한 형태로 모방하는 경우에만 위법성이 인정되는 것으로 제한하여 해석하고 있다는 점에서, 이 견해는 법상 금지되어 있지 않은 행위를 부정경쟁행위로 규율함에 있어서 위법

---

64) 서울고등법원 2017. 2. 16. 선고 2016나2035091 판결(눈알가방 사건 항소심); 서울고등법원 2017. 1. 12. 선고 2015나2063761판결(포레스트 매니아 사건); 서울고등법원 2018. 10. 11. 선고 2015나2047271 판결 등.

65) 박성호, 앞의 논문, 99-100. 다만 이에 대하여, 독일법상 'sklavische Nachahmung'는 예속적 모방이 아니라 노예적 모방이라고 함이 타당하나, 위 견해가 모방자의 사고나 창작성이 가미되지 않는 경우를 노예적 모방(sklavische Nachahmung)이 아니라 직접적 모방(unmittelbare Leistungsübernahme)으로 설명하고 있다고 비판하고 있는 견해로는 나종갑, 앞의 논문(2020), 170.

66) 박성호, 앞의 논문, 100.

성을 엄격하게 판단함으로써, (파)목의 적용범위가 지나치게 확대되지 않도록 제한하여 해석하고 있다는 점에서 여전히 의의가 있다고 생각된다.

다만, 독일에서 논의된 일반조항에 의해 부정경쟁행위로 판단할 수 있는 특별한 사정의 유형들은, 위법성 판단의 요소로서 고려할 수 있는 제반 사정으로 참고할 필요는 있으나 예속적 모방의 경우에 특별한 사정이 인정되는 부분을 위와 같은 예외적인 경우로 한정하고 이에 해당하지 않는 경우에는 무조건 (파)목의 적용을 배제할 필요는 없다고 생각되며, 부정경쟁행위로 규율할 만한 특별한 사정이 인정되는지에 대해서는 위에서 살펴 본 제반 사정을 종합적으로 고려하여 사안에 따라 구체적, 개별적으로 위법성을 판단할 필요가 있다고 생각된다. 따라서, 위 견해에서 제시하고 있는 계약상 의무나 신의칙에 반하는 형태의 모방이나 부정한 수단에 의한 정보취득의 양태로 모방하는 것은 특별한 사정이 인정되는 하나의 예시가 될 수 있을 것으로 생각되며, 반대로 직접적 모방이라고 하더라도 무조건 위법하다고 판단할 수 있는 특별한 사정이 인정된다고 단정하기보다는 개별적, 구체적으로 판단할 때 위법성이 부인되는 경우도 있을 수 있다고 생각된다.[67] 한편, 판례 중에는 과거 앞서 본 견해와 같이 (파)목의 위법성을 엄격히 판단하여 직접적 모방만을 특별한 사정에 해당하는 것으로 판시한 사례들도 존재하였으나.[68] 앞서 본 최근의 대법원 판결[69] 이후에는 위법성 판단시 이러한 고등법원 판결들과 같이 특별한 사정에 대한 설시를 명문으로 요구하기보다는 아래 기술하는 바와 같은 위법성의 제반 고려요소를 설시하고 이를 종합하여 판단하고 있다.

---

67) 독일 부정경쟁방지법상 직접적 모방의 예로 제시되는 공정이용의 대상이 되는 서적의 복제하는 행위의 경우에 이를 복제하였다고 해서 언제나 위법성 판단기준이 되는 특별한 사정을 인정하기는 이러울 것이다(직접적 심파모방행위의 금시여부에 관한 녹일에서의 견해대립을 소개하는 문헌으로는 박윤석·박해선, 앞의 논문, 86-87 참조).
68) 서울고등법원 2017. 1. 12. 선고 2015나2063761판결(포레스트 매니아 사건); 서울고등법원 2019. 9. 26. 선고 2018나2052021판결(루프박스 사건 항소심) 등. 다만 최근의 판례에서는 위법성의 인정을 위해 특별한 사정에 대해 특별히 요구하거나, 이를 기초로 예속적 모방과 직접적 모방을 구분하여 직접적 모방만을 특별한 사정이 존재하는 것으로 판단하지는 않는 것으로 보인다(2020. 3. 26. 선고 2019마6525 결정 및 2016다276747 판결 등).
69) 2020. 3. 26. 선고 2016다276467 판결(골프존 사건) 및 대법원 2020. 3. 26. 자 2019마6525 결정(BTS 사건). 대법원은 동 판결들을 통해 최초로 (파)목의 성격을 분명히 하고 각 요건사실에 관련된 성과의 범위 및 판단요소, 위법성의 판단기준 등에 대하여 구체적으로 설시하는 판결을 내렸다.

다. 관련 판례의 검토

한편 대법원은 앞서 본 위 사건들을 통하여 (파)목이 정하는 '공정한 상거래 관행이나 경쟁질서에 반하는 방법으로 자신의 영업을 위하여 무단으로 사용'한 경우에 해당하기 위해서는, "권리자와 침해자가 경쟁관계에 있거나 가까운 장래에 경쟁관계에 놓일 가능성이 있는지, 권리자가 주장하는 성과 등이 포함된 산업분야의 상거래 관행이나 경쟁질서의 내용과 그 내용이 공정한지, 위와 같은 성과 등이 침해자의 상품이나 서비스에 의해 시장에서 대체될 수 있는지, 수요자나 거래자들에게 성과 등이 어느 정도 알려졌는지, 수요자나 거래자들의 혼동가능성이 있는지 등을 종합적으로 고려해야 한다."고 하여 위법성이 인정될 수 있는 판단기준을 구체적으로 제시하였고,[70] 이는 이후 다른 판결에서 자주 인용되고 있다. (파)목이 혼동가능성을 법문상 요구하고 있지 않아 이를 (파)목의 성립요건으로 볼 수는 없으나, 대법원이 이를 위법성 판단의 고려 요소로 거시하고 있다는 점이 주목된다.

위 대법원 판결에 대하여는 판례가 타인의 성과 모방이나 이용행위에 공정한 거래질서 및 자유로운 경쟁질서에 비추어 정당화될 수 없는 '특별한 사정'이 있는 경우에만 (파)목 위반을 인정했던 일부 하급심 판결과 달리, 그와 같은 특별한 제한을 명문으로 요구하지 않음으로써 (파)목의 인정 범위를 넓혔다고 평가하는 견해가 있다.[71] 과거 위 하급심 판결들[72]이 원칙적으로 직접적 모방만을 특별한 사정에 해당하는 것으로 판시하는 등 위법성을 엄격하게 판단 위 대법원 판결을 비롯한 이후의 일련의 판결들이 (파)목의 적용범위를 적극적으로 판단하고 있는 것은 사실이나, 향후에도 판례는 위법성 판단 시 그 요소로서 제시한 바 있는 위 여러 가지 사정들을 종합하여 매우 신중하게 판단하여야 함은 물론이다.

덧붙여 하급심 판례 중에는, "'공정한 상거래 관행이나 경쟁질서에 반하는 방법으로 자신의 영업을 위하여 무단으로 사용'한 경우에 해당하는지를 판단함

---

[70] 2020. 3. 26. 선고 2016다276467 판결 및 대법원 2020. 3. 26. 자 2019마6525 결정(BTS 사건).

[71] 대법원, 부정경쟁방지법 제2조 제1호 (카)목이 '보충적 일반조항'임을 최초로 판시, 2020. 3. 31. 자 법률신문기사, https://www.lawtimes.co.kr/news/160682 (2024. 1. 3. 최종검색).

[72] 서울고등법원 2017. 2. 16. 선고 2016나2035091 판결(눈알가방 사건 항소심); 서울고등법원 2017. 1. 12. 선고 2015나2063761판결(포레스트 매니아 사건); 서울고등법원 2019. 9. 26. 선고 2018나2052021판결(루프박스 사건 항소심) 등.

에 있어서는 앞서 본 바와 같은 요소들에 추가하여 이용의 목적 등 이용자의 주관적 인식 및 악의, 이용의 방법, '성과 등'의 취득 경위, 이용(모방)의 정도, 이용까지의 시간적 간격, 투자 동기(인센티브)에 미치는 영향, 공공의 이익, 당사자들 사이의 이익균형 등을 함께 고려할 필요가 있다"고 하면서 "한편, 특정인의 행위가 '타인의 상당한 투자나 노력으로 만들어진 성과 등을 공정한 상거래 관행이나 경쟁질서에 반하는 방법으로 자신의 영업을 위하여 무단으로 사용한 것'인지를 판단함에 있어서는, 먼저 앞서 본 법리에 따라 현 (파)목의 보호대상인 '성과 등'에 해당하는지를 검토함과 동시에 침해자의 행위가 '공정한 상거래 관행이나 경쟁질서에 반하는 방법으로 자신의 영업을 위하여 무단으로 사용'한 경우에 해당하는지를 검토한 이후에, 피침해이익인 '성과 등'과 행위태양인 '공정한 상거래 관행이나 경쟁질서에 반하는 무단 사용'을 상관적·종합적으로 고찰하여 (파)목 부정경쟁행위에 해당하는지를 최종적으로 평가하는 과정을 거칠 필요가 있다. 여기서 상관적·종합적으로 고찰한다는 것은 '성과 등'에 대한 법적 보호의 필요성·강도(정도)가 큰 경우에는 무단 사용이 공정한 상거래 관행이나 경쟁질서에 반하는 정도가 작은 경우에도 (파)목 부정경쟁행위에 해당할 수 있고, 반대로 '성과 등'에 대한 법적 보호의 필요성·강도(정도)가 작은 경우에도 무단 사용이 공정한 상거래 관행이나 경쟁질서에 반하는 정도가 큰 경우에는 (파)목 부정경쟁행위에 해당할 수 있음을 의미한다."고 판시하여[73] 침해된 이익과 가해행위 사이의 상관관계에 따른 위법성 판단기준을 설시하고 있다.

라. 사용의 의미

(파)목은 법문상 타인의 성과 등을 무단으로 '사용'하는 경우에 성립되는 것인데, 이 때 '사용'은 타인의 성과를 본래 목적에 따라 영업활동에 이용하거나 연구, 개발사업 등에 활용하는 등으로 기업 활동에 직, 간접적으로 이용하는 행위라고 할 수 있다.[74] (파)목이 금지하는 성과 등의 무단사용은 '공정한 관행이나 경쟁질서에 반하는 방법으로' 타인의 성과 등을 무단 도용하여야 한다. 공정한 관행이나 경쟁질서에 반하는지의 판단은 결국 거래 관행이나 사회적 효용을 참작하여 구체적, 개별적으로 판단하여야 할 것인데, 타인의 성과 등의 무단사용이 자유로운 경쟁질서를 해하지 않고 정당한 경쟁을 촉진하거나 그 분야의 표준으로서 성과를 사용하는 등의 행위는 (카)목의 부정경쟁행위로 볼

---

73) 서울고등법원 2020. 10. 22. 선고 2019나2058187 판결.
74) 유영운, 앞의 논문, 61-62.

수 없다. 또한 '자신의 영업을 위하여' 무단사용하는 것이 아닌 공익을 위한 사용이나 그밖에 영업 이외 다른 목적으로 사용하는 것은 본 조항에 해당되지 않는다. 아울러, 성과 등 귀속 주체의 허락이 있다면 무단 사용이라 볼 수 없을 것인데 이때의 허락은 명시적인 허락은 물론 묵시적인 허락도 포함한다.[75]

　한편, (파)목의 경우 타인의 성과 등을 자신의 영업을 위하여 '무단사용'하였을 것을 요건으로 하고 있어 (자)목에서 규정하는 상품형태 모방보다는 문언 해석상 넓은 의미로 해석될 수 있다. (자)목의 모방행위는 유체물만을 대상으로 하고 모방이란 타인의 상품의 형태에 의거하여 이와 실질적으로 동일한 형태의 상품을 만들어 내는 것이나,[76] 성과를 동일 또는 유사하게 모방하는 행위는 (파)목의 무단사용행위가 될 수 있어 (파)목의 무단사용행위는 보다 넓은 행위 태양을 포섭할 수 있다. (파)목은 법문상 '무단사용'행위로 규정하고 있어 모방 행위를 대상으로 하는 독일 부정경쟁방지법의 경우보다 넓은 행위 태양을 포섭할 수 있다고 설명하기도 한다.[77] 한편, 모방을 무단사용의 한 형태로 보는 위와 같은 견해와 달리, (파)목을 협의의 부정취득·사용행위(misappropriation)에 한정하고, 법문의 사용의 의미를 성과 그 자체를 가져오는 것으로 좁게 해석하는 유력한 견해가 제시되고 있다.[78] 즉, (파)목은 부정경쟁방지법의 성격상 보충적 일반조항이 아니며, 타인의 노력에 의해 취득한 결과물에 대한 부정취득·사용에 관한 조항이므로, 이를 성과모방행위로 보고 허위 표시의 하나인 모방행위까지 포함하는 것으로 해석하는 것은 부적절하다는 비판이다.[79] 우리나라 부정경쟁방지법상 모방은 노예적 모방(sklavische Nachahmung)이고, 노예적 모방은 경쟁자의 물품을 직접적으로 가져오는 것이 아니라 부정경쟁행위자 스스로 동일한 상품을 제조하는 것이며, 부정경쟁방지법은 허위표시행위를 별도로 구체적으로 규정하고 있으므로 부정취득사용은 허위표시와 구별되는 개념으로 사용하여야 한다는 설명이다.

　불법행위법리에서 유래한 허위표시 법리와 형평법상 법리에서 출발한 부정취득사용은 다른 법리로 규율되어야 하므로 양자를 구분하여야 한다는 지적은 매우 타당하고, (파)목의 적용범위를 판단함에 있어서도 반드시 유념하여야 할

75) 최정열·이규호, 앞의 책, 231.
76) 부정경쟁방지법, 사법연수원(2015), 75.
77) 박윤석·박해선, 앞의 논문, 88.
78) 나종갑, 앞의 논문(2017. 8), 78.
79) 나종갑, 앞의 논문(2020), 172-173.

것으로 생각된다. 다만, 법문상의 사용의 개념을 협의의 부정취득사용으로 제한하는 것은 향후 개별 부정경쟁행위 조항의 정비와 (파)목의 입법적 개선방향으로 의미가 있으나 (파)목의 입법경위나 그 취지 및 법문의 문언해석상으로 위와 같이 제한 해석하기는 다소 어렵다고 생각된다. (파)목의 적용범위가 지나치게 확대되지 않도록 하기 위해서는, 사용의 의미에 대한 제한 해석보다는 결국 해당 성과 등이 '상당한 투자나 노력에 의해 만들어진 것인지' 여부 및 이를 '공정한 상거래 관행이나 경쟁질서에 반하는 방법으로 무단 사용하였는지'[80]에 대한 엄격한 판단에 있어서 규율되도록 함이 더 적절할 것으로 판단된다. 그밖에 (파)목은 혼동가능성이 요건이 아니라는 점에서 법문의 무단사용은 성과 그 자체를 가져오는 것 혹은 유체물의 경우 이에 준하여 완전히 같게 모방하는 것을 의미하는 것으로 엄격히 보아야 하고 이에 이르지 않은 모방행위에 대해서는 민법의 영역으로 남겨두어야 한다는 견해도[81] 같은 취지의 입장으로 생각되나, 법률상 요건사실을 매우 제한하여 인정하고 있는 (자)목의 상품형태모방행위와는 달리 법문상 위법성 판단의 요건사실을 불확정적으로 제시하고 있는 (파)목에 있어서 혼동가능성이 요건이 아니라는 이유로 사용의 범위를 위와같이 제한 해석하는 것은 현행법의 해석상으로는 어렵다고 생각되며, 앞서 본 바와 같이 대법원은 혼동가능성을 위법성 판단의 고려 요소로 거시하고 있기도 하다.[82]

3. 타인의 경제적 이익을 침해하는 행위

(파)목의 부정경쟁행위에 해당하기 위해서는 타인의 경제적 이익을 침해하는 행위이어야 하며, 이는 다른 각 목의 부정경쟁행위와 구별되는 특징이다. 타인의 경제적 이익이란 성과물과 관련된 영업상의 이익으로, 재산상의 손해를 의미하고 정신적인 손해만 발생한 경우에는 이에 해당되지 않는다.[83] 또한 이러한 경제적 이익이란 성과물 등과 관련된 영업상 이익으로 유형의 이익은 물론이고 명성, 신용, 고객흡인력, 영업가치, 기술상 또는 영업상 정보와 같은 무형의 이익도 포함한다.

---

80) 참고로, 앞의 견해에 의하면 상대방에게 영향을 미치는 그 이상의 것, 기생행위로 인정될 만한 요건이 있어 하다고 설명하고 있다(나종갑, 앞의 논문(2017. 8), 72-78 및 나종갑, 앞의 논문(2020), 186-189 등 참조).

81) 이규홍, 앞의 논문, 88.

82) 2020. 3. 26. 선고 2016다276467 판결 및 대법원 2020. 3. 26. 자 2019마6525 결정(BTS 사건).

83) 최정열·이규호, 앞의 책, 232.

부정경쟁행위 금지청구권 행사에 필요한 영업상의 이익은 원칙적으로 현존하여야 하고, 과거에 향수한 영업상 이익이라도 현존하지 않으면 보호를 받을 수 없다고 해석되므로,[84] (파)목의 보호대상인 타인의 경제적 이익도 현재의 이익을 의미하는 것으로 해석하여야 할 것이나, 장래의 잠재적 영업이익을 침해하는 것은 경쟁질서를 해치는 부정한 경쟁행위이므로 이에 포함될 수 있다고 할 것이다.[85] (파)목의 부정경쟁행위에 해당한다는 이유로 금지청구권을 행사하기 위해서는 이러한 경제적 이익의 침해 내지 침해 우려가 있음을 입증하여야 할 것이고, 나아가 손해배상청구권을 행사하기 위해서는 위 경제적 이익이 침해되었음을 입증하여야 할 것이다.

한편, (파)목의 부정경쟁행위로 인한 금지청구권을 행사할 수 있는 자는 자신의 상당한 노력과 비용으로 성과를 만든 자와 이로부터 그 성과와 관련된 모든 권리나 법률상 지위를 승계한 자가 모두 해당된다. 이와 관련하여 특정한 성과를 만든 자와 그 성과를 사용하여 직접 영업을 하는 자가 달라질 경우 누가 부정경쟁방지법상 구제수단의 주체인가 문제가 될 수 있는데, (파)목의 보호대상은 타인의 성과로 인한 경제적 이익이므로 해당 성과물을 구축한 자를 우선하여 보호하되, 그 성과를 사용하여 영업을 함으로써 그 성과의 구축에 특별히 기여하거나 새로운 성과를 부가하거나 구축하였음을 인정하기에 상당하다면 그 부분에 있어 그 자도 (파)목에 따른 권리를 행사할 수 있다고 보는 것이 상당하다고 생각된다.[86]

V. (파)목과 기존 법률과의 관계 및 기타 쟁점

1. (파)목의 중첩적 적용의 가부 문제

(파)목의 경우 그 요건사실이 다소 모호하고 불확정적으로 구성되어 있어 입법당시부터 적용을 지나치게 확대하게 되면 다른 부정경쟁행위 유형에 관한

84) 부정경쟁방지법, 사법연수원(2015), 75; 대법원 1998. 7. 10. 선고 97다41370 판결.
85) 이와 관련하여, 드라마 주인공을 연상시키는 옷을 입은 인형을 파는 행위가 부정한 경쟁행위로서 민법상 불법행위 성립 여부가 문제된 이른바 헬로 키티 사건에서 대법원이 실제 상품화 사업을 직접 하지 않은 방송사업자의 잠재적 영업이익도 위 경제적 이익에 포함되는 것처럼 판단하였다고 보는 견해가 있다(유영운, 앞의 논문, 63).
86) 참고로, 이와 관련하여 그 성과를 독점적으로 사용할 권한을 받는 자는 (구) (차)목에 기한 권리를 행사할 수 있으나 비독점적 권한이 있는 자는 (구) (차)목으로 보호받기 어렵다는 견해가 있다(유영운, 앞의 논문, 64-65).

조항은 물론이고, 저작권법, 상표법, 특허법 등 지적재산법을 형해화시킬 우려가 제기 되었다. 이에 따라 (파)목의 적용은 '그 밖에' 다른 개별 부정경쟁행위의 요건이 충족되지 않는 경우에 보충적으로 적용되어야 한다는 의미에서 보충적 일반조항으로 입법이 되었으나, 실제 사건에서는 다른 청구원인의 주장과 (파)목이 함께 주장되는 것이 일반화되었고, 이에 (파)목을 중첩적으로 적용할 수 있는지 여부가 논란이 되었다.

이 부분은, 문제된 사안이 예를 들어 전형적으로 다른 부정경쟁행위의 행위유형에 해당되는 사안인데, 다시 (파)목의 적용이 가능한지와 같은 경우에 문제가 되는데, 이미 법상 규율대상으로 특정한 부정경쟁행위의 행위유형이거나 나아가 기타 지적재산권법상 침해 여부가 문제되는 사안에서, 그 요건사실이 인정되지 않아 결과적으로 허용되는 행위라고 판단되는 경우에 다시 (파)목을 적용하는 것은, 보충적 일반조항의 본질에 맞지 않고, 부정경쟁방지법의 본질에도 맞지 않는다. 이러한 경우까지 예를 들어 (가)목 위반이자 (파)목 위반으로 판단하거나, 행위유형상 (가)유형의 행위이나 이에 해당되지 않아 허용된다고 판단할 행위를 다시 (파)목에 해당되는지 여부를 검토하여 청구를 인용하는 것은 법이 예정한 (파)목의 적용범위에 포함되지 않는다고 생각된다. 덧붙여 전형적으로 다른 개별 부정경쟁행위 유형에 해당되는 경우에 (파)목이 함께 주장된 경우에는, 우선 그 다른 개별 부정경쟁행위에의 해당 여부를 판단하여야 하며, 이를 먼저 판단하지 않은 채 (파)목의 해당여부를 먼저 판단하여 인용하는 것도 보충적 일반조항의 성격상 허용되지 않는다.

그러나, 만약 지적재산법이나 다른 부정경쟁행위의 행위유형에 해당되지 않으나, 이를 규율할만한 상당한 이유가 있는 경우, 상당한 투자나 노력으로 만들어진 성과로서, 나아가 이를 법적으로 보호할 만한 부정한 수단의 사용, 경쟁관계에서 타인의 손해를 초래하고 자신의 이익을 꾀하는 등 위법한 요소들이 충분한 경우라면, 보충적으로 (파)목의 적용이 가능할 수 있다고 생각된다. 다만, 법이 위법하다고 특정해 놓은 행위유형에 해당되지 않는다면 이러한 행위는 원칙적으로 자유이므로, 이를 부정경쟁행위로 규율하기 위해서는 부정경쟁방지법의 본질로 보나 지적재산법의 목적에서 볼 때, (파)목의 적용대상인 성과에 해당되는지 그리고 이러한 규율을 정당화할 수 있는 특별한 사정이 인정되는지의 위법성의 판단에 있어서 구체적이고 세밀한 검토가 요구된다.

2. 기존 법률과의 관계

(1) 부정경쟁방지법상 기타 전형적인 부정경쟁행위와의 관계

(파)목은 부정경쟁방지법상 다른 전형적인 부정경쟁행위 조항들을 보충하는 일반조항으로서 성과모방 행위를 규제하기 위한 규정이다.[87] 따라서 부정경쟁방지법 제1호 (가) 내지 (타)목에 규정된 부정경쟁행위에 해당되지 않을 때 보충적, 선택적으로 적용되는 조항이다. 부정경쟁방지법상 다른 전형적인 부정경쟁행위에 해당하는 경우에도 (파)목의 요건을 만족하는 경우에는 (파)목의 부정경쟁행위에 해당한다고 보아야 하고 이러한 경우에는 (파)목의 선택적 적용이 가능하나, (가), (나), (다)목 등 전형적인 부정경쟁행위의 적용이 우선하는 것으로 볼 수 있고 (파)목은 이에 보충적으로 적용된다고 할 것이다. 다만 (파)목은 부정경쟁방지법 제2조 제1호 (가) 내지 (타)목에 규정된 부정경쟁행위에 대한 관계에서 보충적, 선택적으로 적용되는 조항이므로 다른 부정경쟁행위의 요건을 만족하지 않아 위법성이 인정되지 않는 경우에 이를 별도로 (파)목에 의해 다시 규율하는 것은 원칙적으로 타당하지 않다.

과거 하급심 판결을 살펴보면, 부정경쟁방지법 제2조 제1호 (나)목의 영업주체 혼동행위, (아)목의 부정목적 도메인 등록행위, (구) (차)목 소정의 부정경쟁행위, 민법상 부정한 경쟁행위로 인한 불법행위가 성립하는지가 문제된 사안에서, '전형적인 부정경쟁행위 유형에는 해당하나 그 각목이 정하고 있는 부정경쟁행위로 인정되기 위한 요건을 충족하지 못하여 위법하다고 보기 어려운 경우 그 같은 행위를 부정경쟁행위 일반조항으로 규제하는 것에 신중하여야 한다.'고 판시하여 (파)목의 적용에 신중을 기하고 있는 판결과,[88] 유명 브랜드인 MCM 제품의 디자인을 모방한 가방을 판매한 행위가 문제된 사안에서 비록 피고들의 행위가 부정경쟁방지법 제2조 제1호 (가), (다)목의 부정경쟁행위에 해당한다고 하여 (파)목(당시 (차)목)의 규정이 적용될 수 없다고 볼 수는 없다고 판시하면서 (파)목의 부정경쟁행위에도 해당한다고 보아 (파)목의 중복적용을 인정한 사례가 혼재하고 있었다.[89]

---

87) 김원오, 앞의 논문, 257-261; 박윤석, 박해선, 앞의 논문, 71.

88) 서울중앙지방법원 2014. 8. 28. 선고 2013가합552431 판결(확정). 같은 취지의 판결로는 서울중앙지방법원 2015. 6. 10. 선고 2013가합55687 판결(확정).

89) 서울중앙지방법원 2015. 1. 16. 선고 2014가합529797 판결(MCM 가방사건, 동 판결은 2015. 12. 23. 상소심인 서울고등법원 2015나201177 사건에서 강제조정으로 확정됨).

그런데 2020년 대법원은 (파)목의 법리에 대하여 구체적으로 설시한 일련의 판결을 내렸고,[90] 이 중 대법원 2020. 7. 9. 선고 2017다217847 판결(일명 논알 가방 사건)[91]에서는 대법원은 우선, 피고들 제품이 원고들의 켈리 백(Kelly Bag)과 버킨 백(Birkin Bag)의 형태(이하 '이 사건 상품표지')와 유사하다는 사정만으로는 구매자는 물론이고 제3자가 피고들 제품과 이 사건 상품표지를 동일한 출처로 혼동하게 할 우려가 있다고 보기 어렵다고 판단하여 (가)목의 적용을 배척하고, 이 사건 상품표지가 갖는 차별적 특징이 관계 거래자 이외에 일반 공중의 대부분에까지 특정 출처의 상품임을 연상시킬 정도로 현저하게 개별화된 정도에 이르렀다고 보기 어렵다고 판단하여 (다)목의 적용 역시 배제한 원심의 각 판단을 지지하였다. 나아가 대법원은 (파)목과 관련하여 이 사건 상품표지는 국내에서 계속적·독점적·배타적으로 사용되어 옴으로써 전면부와 측면부의 모양, 손잡이와 핸드백 몸체 덮개의 형태, 벨트 모양의 가죽 끈과 링 모양의 고정구 등이 함께 어우러진 차별적 특징으로 일반 수요자들 사이에 특정의 상품 출처로서의 식별력을 갖추게 되었으므로, 공공영역(public domain)에 속하는 것으로 보기 어렵고, '법률상 보호할 가치가 있는 이익'에 해당한다고 판시하면서, 피고들이 이 사건 상품표지를 무단으로 사용하는 행위는 원고들이 상당한 투자나 노력으로 만든 성과 등을 공정한 상거래 관행이나 경쟁질서에 반하는 방법으로 자신의 영업을 위하여 무단으로 사용함으로써 타인의 경제적 이익을 침해하는 행위라고 판단하였다.

그러나 이러한 대법원의 판시 내용에 대하여는 앞서 본 예속적 모방 및 직접적 모방 구별론에 의하면 타인의 성과를 모방하면서도 자신의 창작성이 가미된 형태 즉 눈이나 입술 모양의 이 사건 디자인을 덧붙인 형태로서 부정경쟁행위로 인정할 만한 특별한 사정이 존재하지 않으므로 (파)목의 적용이 부정되어야 한다는 비판이 있으며,[92] 다른 견해로는 (가) 내지 (다)목의 상품의 'goodwill'과

---

90) 같은 날 선고된 대법원 2020. 3. 26. 선고 2016다276467 판결 (골프존 사건)과 대법원 2020. 3. 26. 자 2019마6525 결정(BTS 사건)은 대법원이 (파)목(판결당시 ㈔목)의 법리에 대해 구체적으로 설시한 최초의 사례들이다.

91) 본 사건은 원고들이 생산하는 세계적인 명품 가방인 켈리 백(Kelly Bag)과 버킨 백(Birkin Bag)과 유사한 형태의 핸드백 전면에 피고 갑이 창작한 🐾(샤이걸), 🐾(윙키걸), 🐾 등의 도안(이하 이 사건 도안이라 한다.)이 부착된 가방제품들을 생산·판매한 피고들의 행위가 부정경쟁방지법상 (가), (다) 또는 (파)목(당시 (차)목)의 부정경쟁행위에 해당되는지가 문제된 사례이다.

92) 박성호, 패션디자인의 모방행위와 부정경쟁방지법 제2조 제1호 (차)목의 적용범위, 2018. 4. 10. 자 법률신문 기사, https://www.lawtimes.co.kr/news/141952 (2024. 1. 9. 최종검색).

관련된 사안에서 (파)목을 적용해서는 안되며, 단순히 'goodwill'을 차용하거나
상품이나 영업표지가 동일하거나 유사하다는 이유만으로 수요자 기망을 요구하
지 않는 (파)목을 적용하면 (파)목이 최상의 조항이 된다는 비판이 존재한다. 눈
알가방 사건은 시장의 차이로 상품의 대체나 혼동이 발생하지 않았으므로, 이는
(가)목과 (다)목이 소극적으로 규정한 공공영역에 속하는 것이고, 피고는 단지
가방의 디자인으로 사용한 것이며 식별표지로 사용한 것이 아니라는 견해이
다.93)

  본 건에서 있어서 모방된 원고들의 가방형태의 주지성은 인정되나 피고들
제품은 고가의 원고들 제품에 전혀 사용되지 아니하는 광택이 있는 저렴한 인
조가죽과 반짝이는 소재의 스팽글을 사용하고 있으므로 혼동가능성이 인정되지
않는다. 따라서 원고들이 상품형태는 (가)목의 상품표지에 해당되지 않으며, 이
사건 상품표지가 관계 거래자 이외에 일반 공중의 대부분에까지 특정 출처의
상품임을 연상시킬 정도로 현저하게 개별화된 정도에 이르렀다고 보기 어려우
므로 원고들의 상품형태가 저명한 상품표지에 해당되지 않는다는 점 역시 전
심급을 통해 법원이 일관적으로 인정한 사실이다. 대법원은 그럼에도 불구하고
이 사건 상품표지가 특정의 상품 출처로서의 식별력을 갖추게 되었으므로 공공
의 역역에 속하는 것으로 보기 어렵다고 판단하였는데, 본 건에서 일반 표지법
의 원리와 달리 부정경쟁방지법만의 독자적 원리에 기해 (파)목을 적용할 만한
위법성이 있다고 볼 수 있는지, 법적 보호의 공백을 메꾸어 주어야 하는 특별한
사정이 있는 것인지는 의문이다.

  상표법제는 식별력 있는 표장에 대하여 등록에 의해 상표권을 보호하고,
미등록 표지에 대해서는 부정경쟁방지법상 허위표시 법리에 의해 규제되는 (가)
내지 (다)목의 법리에 의해 보호하는 것이 원칙인데, 본 사안에서 원고들 제품
과 피고들 제품은 혼동가능성이 없어 서로 경쟁관계에 있다고 보이지 않으며,
표장의 모방은 결과물의 모방과는 다른 것이라는 점을 종합하면, 본 사례에서
위와 같이 (가) 및 (다)목의 개별부정경쟁행위에 해당되지 않음에도 (파)목에
의해 다시 규율할 만한 위법성이 있다고 보이지 않는다.

  한편 아이디어의 도용에 관한 (차)목의 부정경쟁행위에 관한 법리를 설시한
최초의 대법원 판결로서도 의미가 있는 대법원 2020. 7. 23. 선고 2020다220607

  93) 나종갑, 부정경쟁방지법 제2조 제1호 카목은 사냥허가(hunting license)인가, 지식재산연
    구, 제15권 제4호, 한국지식재산연구원(2020), 176-177.

판결(이른 바 광고도용 사건)94)에서는 피고의 행위가 (차)목의 부정경쟁행위에 해당한다고 명시적으로 판시하면서도 다시 (파)목의 부정경쟁행위의 해당한다고 판시하여 (파)목의 중복적용을 인정하고 있다. 이와 같은 입장에서 일반적 보충조항의 의미는 바로 종래 보호받기 어려웠던 새로운 형태의 결과물에 대해서 보호가 가능하다는 적극적·긍정적 의미이지 다른 지식재산권 또는 부정경쟁행위에 해당하지 않을 때에만 보호하겠다는 소극적·부정적 의미라고 볼 수 없다고 하면서 (파)목은 독자적 요건으로서 별다른 이유 없이 (파)목의 중복적용을 제한하는 것은 타당하지 않다는 견해도 있으나,95) (파)목의 보충적 일반조항의 성격상 피고의 행위가 (차)목과 함께 (파)목의 행위에 중첩적으로 해당된다고 판시한 원심을 수긍한 위 대법원 판결이 적절한 것인지는 의문이다. (파)목은 보충적 일반조항이므로 위와 같은 해석은 입법취지와 법문에 반함은 물론이고 지적재산법의 목적에도 부합하지 않으며, 더욱이 다른 개별 부정경쟁행위에 해당됨에도 다시 (파)목에 해당된다고 판시하는 것은 선택적 청구의 특성상 실익도 없다.

따라서 문제된 행위가 기타 전형적인 부정경쟁행위의 규율대상으로서 그 요건을 흠결한 것으로 판단되는 경우에는 원칙적으로 허용되는 행위로 판단하여야 할 것이고, (파)목은 기존 법률로는 미처 포섭할 수 없었던 유형의 행위로서 (가) 내지 (타)목의 부정경쟁행위에 준하는 것으로 평가할 수 있는 행위에 한하여 적용하여야 하며, 기타 부정경쟁행위에 해당하지 않더라도 이를 부정경쟁방지법의 목적과 지식재산법률의 정당화 근거에 비추어 볼 때 부정경쟁행위로 규율하는 것이 건전한 거래질서를 위하여 필요한 경우에 한하여 (파)목의 부정경쟁행위로 판단하여야 할 것이다.

(2) 다른 지적재산권 법률과의 관계

부정경쟁방지법 제15조 제1항에 의하면 "특허법, 실용신안법, 디자인보호법, 상표법, 농수산물 품질관리법, 저작권법에 제2조부터 제6조까지 및 제18조

---

94) 위 판결은 치킨배달점 가맹사업 회사인 피고가 광고대행 회사인 원고와 마케팅업무대행 계약을 체결하고 그 계약에 따라 결과물인 네이밍과 콘티 등을 제공받은 후 그 결과물 제작비 전액을 지급하지 않았음에도 불구하고, 다른 광고대행 회사를 통해 광고용역 결과물인 본건 콘티에 의거하여 광고를 제작하고 그 네이밍에 따라 만들어진 제품 명칭으로 신제품을 출시·판매한 사안으로, 피고의 행위가 (차)목에 해당하거나 (파)목(당시 (카)목)의 행위에 해당한다고 판시한 원심의 판단을 대법원이 지지하였다.

95) 손천우, 부정경쟁방지법 제2조 제1호 ㉛목이 규정하는 성과물 이용 부정경쟁행위에 관한 연구, 사법, 제1권 제55호, 사법발전재단(2021), 1019, 1028.

제3항과 다른 규정이 있으면 그 법에 따른다."고 규정하고 있다. 따라서 이 규정의 문리적 해석에 의하면 부정경쟁방지법은 다른 지적재산 법령에 대한 보충적 관계에 있는 것으로 보인다. 그러나 이 조항의 의미는 지적재산권 관련 법령의 적용대상에 대하여는 부정경쟁방지법이 적용되지 않는다는 의미가 아니라, 부정경쟁방지법과 위 지적재산권법률 상호간의 저촉, 충돌이 있을 경우 그 지적재산 관련 법률이 우선한다는 것으로, 지적재산법률과 저촉되지 않는 범위 내에서는 지적재산법률에 의하여 보호되는 권리일지라도 부정경쟁방지법을 적용할 수 있다고 해석된다. 대법원은 상표의 등록출원이나 상표권의 양수 자체가 부정경쟁행위를 목적으로 하는 것으로서, 가사 권리행사의 외형을 갖추었다 하더라도 이는 상표법을 악용하거나 남용한 것이 되어 상표법에 의한 적법한 권리의 행사라고 인정할 수 없으므로, 부정경쟁방지법의 적용이 배제된다고 할 수 없다고 판시하였고,[96] 헌법재판소 역시 상표법 위반과 부정경쟁방지법 위반의 관계에 관하여 "위 조항은 상표법 위반이 성립되지 않는 경우에는 이 조항의 규율대상이 되지 않으며, 상표법상 상표나 서비스표로 등록될 수 없는 표지는 부정경쟁방지법의 보호대상도 될 수 없다거나 상표법상 상표나 서비스표로 일단 등록이 된 표지에 관한 권리 침해 여부에 대해서는 상표법만 적용되고 부정경쟁방지법은 적용될 수 없다는 의미로 해석해서는 안 된다"고 판시한 바 있다.[97]

이러한 법리를 대입하면 부정경쟁방지법 제15조 제1항에 의할 때 부정경쟁행위 일반 조항인 (파)목과 다른 지적재산 법률이 충돌하는 경우 다른 지적재산 법률이 먼저 적용되고 그 법률로 해결되지 않는 경우 다른 지적재산 법률에 저촉되지 않는 범위 내에서 (파)목이 적용된다고 해석할 수 있을 것이다.[98] 그러나 이와 같이 (파)목에 의하여 다른 지적재산 법령을 보충하는 것이 허용된다 하더라도 그 범위는 앞서 본 바와 같이 종래의 지적재산권 관련 제도 내에서는 예상할 수 없어 기존 법률로는 미처 포섭할 수 없었던 유형의 행위로서 (가) 내지 (타)목의 부정경쟁행위에 준하는 것으로 평가할 수 있는 행위에 한하여야 할 것이다.

판례 역시 명품 백 에르메스의 상품 형태를 모방하여 (구) (차)목의 부정경행행위가 인정된 사안에서 "부정경쟁방지법 제2조 제1호 (구) (차)목이 정한 부

---

96) 대법원 1993. 1. 19. 선고 92도2054 판결.
97) 헌법재판소 2001. 9. 27. 선고 전원재판부 99헌바77 결정.
98) 김원오, 앞의 논문, 284-285.

정경쟁행위에 해당하는지 판단함에 있어서는, ① 보호되어야 한다고 주장하는 성과 등이 '상당한 투자나 노력'으로 만들어진 것인지 살펴본 다음, ② 특허법, 실용신안법, 디자인보호법, 상표법, 부정경쟁방지법, 저작권법 등 제반 지식재산권 관련 법률과 민법 제750조의 불법행위 규정을 비롯하여 시장의 경쟁과 거래질서를 규율하는 전체 법체계 내에서 보호주장 성과 등을 이용함으로써 침해되었다는 경제적 이익이 '법률상 보호할 가치가 있는 이익'에 해당한다고 볼 수 있는지, 아니면 위와 같은 전체 법체계의 해석 결과 보호주장 성과 등이 누구나 자유롭게 이를 이용할 수 있는 이른바 공공영역(公共領域, public domain)에 속해 있는 것이어서 이를 무단으로 이용하더라도 '법률상 보호할 가치가 있는 이익'을 침해한 것으로 볼 수는 없는지를 독자적으로 규명해 보고, 또한 ③ 그러한 침해가 현재 우리나라 시장에 형성되어 있는 관행과 질서 체계에 의할 때 '공정한 상거래 관행이나 경쟁질서에 반하는 방법'이라고 평가되는 경쟁자의 행위에서 비롯되었는지도 살펴보아야 할 것이다."라고 판시하고 있다.99)

　　또한 판례는 자연물인 솔섬과 이를 중심으로 한 풍경 사진에 대한 (구) (차)목의 부정경쟁행위성 여부가 문제된 사례에서, 원고의 사진저작물과 실질적 유사성이 인정되지 않는다는 이유로 저작권 침해를 부인한 후, 실질적 유사성이 인정되지 아니하는 형태의 모방행위는 저작권법에 의해 허용되는 것이고 (구)(차)목은 한정적으로 열거된 부정경쟁방지법 제2조 제1호 (가)~(자)목 소정의 부정경쟁행위에 대한 보충적 규정일 뿐 저작권법에 의해 원칙적으로 허용되는 행위까지도 규율하기 위한 규정은 아니라는 이유로 (구) (차)목의 부정경쟁행위 해당여부를 부정하고 있다.100)

(3) 민법과의 관계

　　일반 불법행위 조항은 특별법에서 예상하지 못한 위법행위의 법적 규율을 보충하는 역할을 하므로, 종래의 지적재산권 관련 법률이 예상하지 못한 타인의 성과물 모방행위에 대하여도 불법행위 요건을 갖춘 경우 민법상 불법행위 책임을 부담한다. 판례 역시 과거 저작권에 의해 보호되지 않는 창작성 없는 데이터베이스는 물론이고 저작물성을 인정받지 못한 사진이나 상담사례를 무단으로 사용하는 것은 법적으로 보호할 가치 있는 영업활동상의 신용 등의 무형의 이익을 위법하게 침해하는 것으로서 민법상 불법행위에 해당한다고 판시한 바 있

99) 서울고등법원 2016. 1. 28. 선고 2015나2012671 판결(확정).
100) 서울고등법원 2014. 12. 4. 선고 2014나2011480 판결.

고,101) 앞서 본 인터넷 포털 광고 방해 사건에서의 부당한 광고행위나 방송사들이 구축한 캐릭터의 의상을 입힌 인형을 판매한 행위에 대하여도 부정한 경쟁행위로서 민법상 불법행위로 규율한 바 있다.102) 따라서 2013. 7. 30. 법률 제11963호로 개정된 부정경쟁방지법에서 현재의 (파)목[(구) (차)목]을 신설하기 이전에는 타인의 성과물을 무단 도용하는 행위에 대하여 이를 규율하는 명문규정이 없었으므로 민법상 불법행위 이론을 보다 적극적으로 활용하였다고 할 수 있다. 그렇다면 (파)목이 신설된 이후에는 민법상 불법행위 규정과의 관계는 어떠한지가 문제로 될 것인데, 앞서 본 바와 같이 (파)목은 보충적 일반조항으로서 입법과정에서 그 남용을 경계하여 그 대상을 성과모방행위에 한정한 것임을 감안할 때 이에 해당되지 않는 부정한 경쟁행위에 대하여는 구체적 타당성을 기하여 여전히 민법에 의해 해결될 필요가 있다.103) 이와 관련하여 (파)목의 부정경쟁행위를 인정하기 위한 위법성과 부정한 경쟁행위가 민법상 불법행위에 해당되기 위한 위법성이 어떻게 다른지도 문제될 수 있다. (파)목의 입법이 기존의 부정한 경쟁행위에 해당하는 행위를 민법상 불법행위로 규율해 온 사례에서 유래한 탓에 실무적으로 이를 사실상 구별하지 않고 중첩적으로 적용하기도 하였으나, 부정경쟁방지법과 부정한 경쟁행위로서의 민법상 불법행위가 중첩적으로 성립되는 경우에는 일반 특별법 관계에서와 같이 부정경쟁방지법이 우선하여 적용되어야 할 것이고 그 위법성 판단에 있어서도 앞서 본 바와 같이 부정경쟁행위로 볼 수 있는 특별한 사정이 고려되어야 할 것이며, 민법상 불법행위론은 이에 해당되지 않을 경우에 보충적으로 성립여부가 검토되어야 할 것이다.

(4) 독점규제법과의 관계

부정경쟁방지법과 독점규제 및 공정거래에 관한 법률(이하 독점규제법)은 모두 자유롭고 공정한 경쟁질서의 유지를 목적으로 하는 것이나, 부정경쟁방지법은 부정경쟁행위에 대한 경쟁자의 사법상 구제수단을 주요 내용으로 하고 독점규제법은 시장지배적 사업자의 지위 남용행위, 부당한 공동행위 및 불공정 거래행위로부터 시장질서를 보호함으로써 기업활동과 소비자를 보호하기 위한 공법적 구제를 주된 내용으로 하는 것으로서 현행법상 차이가 있다. 부정경쟁방지법 제15조 제2항은 "독점규제 및 공정거래에 관한 법률에 다른 규정이 있으면 그

---

101) 서울중앙지방법원 2007. 6. 21. 선고 2007가합16095 판결.
102) 대법원 2010. 8. 25. 자 2008마1541 결정; 대법원 2012. 3. 29. 선고 2010다20044 판결 등 참조.
103) 김원오, 앞의 논문, 293; 박윤석, 박해선, 앞의 논문, 89.

법에 따른다."고 규정하고 있어 이 조항의 문언만 보면 일응 독점규제법이 부정
경쟁방지법에 우선하는 것으로 보인다. 그러나 부정경쟁방지법 역시 부정경쟁
행위와 영업비밀 침해행위의 방지를 통해 궁극적으로 시장의 경쟁질서 유지를
목적으로 한다는 점에서 양 법이 공통점을 가지고 있고, 시정 권고 등 행정적
조치도 할 수 있도록 규정하고 있으며, 한편 독점규제법의 규율대상인 불공정거
래행위는 사적인 부정경쟁행위에 해당한다는 점에서 양법이 중첩되는 부분이
있고 명확한 구분이 어려운 것이 현실이다. 또한 독점규제법 제45조 제1항 10
호에도 보충적 일반조항이 규정되어 있어 부정경쟁행위와의 구분을 더욱 어렵
게 하고 있으므로, 현실적으로 부정경쟁방지법 제15조 제2항만을 근거로 독점
규제법이 우선한다고 보기는 어려우며, 양 법이 저촉되는 경우에는 독점규제법
이 우선 적용되나 양 법의 목적과 기능이 충돌하지 않는 한에서는 중첩적 적용
이 허용된다고 봄이 타당하다고 생각된다. 양 법률의 목적이나 규율대상의 중첩
으로 인한 양자의 통합 내지 개편 등의 문제는 향후 또 다른 과제가 될 것으로
생각된다.

3. 기타 관련 법적 쟁점

(1) (파)목에 의한 금지청구권의 시효기간

　부정경쟁방지법은 (차)목의 행위 및 영업비밀 침해 금지청구권에 대하여는
그 행위가 계속되는 경우에 그 영업상의 이익이 침해되거나 침해될 우려가 있
다는 사실 및 침해행위자를 안 날부터 3년 또는 그 침해행위가 시작된 날부터
10년의 시효로 소멸한다는 규정을 두고 있으나(부정경쟁방지법 제4조 제3항, 제14
조), 부정경쟁행위로 인한 금지청구권에 대하여는 시효를 정하는 규정은 없다.
손해배상청구권에 대하여는 일반법인 민법상 불법행위로 인한 손해배상청구권
에 준하여 민법 제766조를 적용하면 되겠지만, 이러한 시효 기간을 정하고 있지
않은 (파)목의 부정경쟁행위로 인한 금지청구권은 그 시효가 어떻게 되는지 문
제가 될 수 있다.

　타인의 성과물의 도용행위를 규제하는 것은 해당 성과물을 구축한 자의 투자
나 노력에 대한 합리적 보상을 통해 경쟁질서를 유지하기 위한 것이라는 점, 그
리고 다른 지식재산 법률에 의해 보호되는 권리들도 유한한 보호기간을 가지고
있다는 점을 고려할 때, 부정경쟁행위로 인한 금지청구권의 행사는 그 기한을 무
제한이라고 할 수는 없다. 이에 대하여는 해당 성과의 내용과 난이도, 타인이 그

성과를 구축하기 위해 소요한 기간과 비용, 부정경쟁행위자나 다른 사업자들이
독자적인 개발이나 역설계와 같은 합법적 방법에 의하여 그 성과를 구축하기 위
해 필요한 시간, 그 성과와 유사한 대상을 보호하는 다른 지식재산권의 존속기간
이나 보호기간을 종합적으로 고려하여 결정하여야 한다는 견해가 있다.[104]

　　따라서 일반조항의 부정경쟁행위로 인한 금지청구권의 시효는 해당 성과물
을 구축한 자가 투여한 노력과 투자를 회수하기 위해 합리적인 기한 내로 한정
되어야 할 것이며, 그 기한은 해당 성과의 성질과 이와 유사한 권리의 보호기간
을 종합적으로 고려하여 판단하여야 할 것이다. 또한 민법 제166조 제2항은 '부
작위를 목적으로 하는 채권의 소멸시효는 위반행위를 한 때로부터 진행한다.'고
규정하고 있는바, 이를 유추적용하면, 일반조항에 해당하는 부정경쟁행위임을
이유로 하는 금지청구권의 시효는 그 부정경쟁행위를 한 때로부터 진행한다 할
것이다.

(2) 금지청구권 행사의 제한 가능 여부

　　성문법주의를 취하고 있는 현행법의 해석에 의할 때 법상 정한 요건을 충
족하는 금지청구권의 행사가 제한되는 것은 판례상 관습상의 법정지상권을 이
유로 소유권의 행사가 제한된 경우를 제외하고는 찾아보기 힘들다. 그러나 지적
재산권 침해 소송에서 침해된 법익의 성질과 침해 태양, 침해의 정도 등을 구분
하지 않고 법상 인정된 금지청구권을 모두 인용하는 것은 지적재산권의 부당한
남용의 문제를 일으킬 수 있고, 더욱이 (파)목에 해당하는 행위에 대하여는 그
범위의 불명확성으로 인해 위법 여부를 명확하게 판단하기 어려워 잘못 운영될
경우 자칫 경쟁자의 기업활동을 위축시킬 우려가 있다. 그리하여 부정경쟁행위
금지청구권의 행사에 대하여 미국 판결례에서 보는 바와 같이 형평적 요소를
고려하여 부정경쟁행위에 대한 금지청구권을 제한하여 운용할 필요가 있다고
할 것이다. 성문법 주의를 근간으로 하는 우리나라 법제에는 적절하지 못하다는
비판이 있을 수 있으나, 전통적인 분쟁 유형과는 달리 타인의 성과물의 도용이
라는 부정경쟁행위가 발생하였을 경우 금지청구권을 인용함으로써 얻게 되는
성과보유자의 이익과 금지청구권이 인용되어 입게 되는 경쟁자의 손실을 이익
형량을 통해 인용여부를 결정하는 것이 궁극적으로 경쟁질서를 확보하는 데 더
도움이 될 것이고 이것이 부정경쟁방지법의 취지에 합당하다고 생각된다. 이 부
분에 대한 판례로는 비록 오래된 것이지만, 경쟁자의 가구 광택제 표지와 유사

---

104) 유영운, 앞의 논문, 67.

한 표지를 사용한 것이 부정경쟁행위가 되었는지 문제된 사안에서 대법원이 "(구) 부정경쟁방지법상 중지청구권의 '중지'의 범위는 당해 부정경쟁행위의 정지, 예방, 배제를 함에 필요하고도 충분한 한도 내에서 그쳐야 하는 것이고 특히 그것을 결정함에 있어서 고려해야 할 여러 가지 사정 가운데에서 '중지'에 의하여 의무자가 입게 되는 불이익까지도 아울러 충분하게 고려하여야 하는 것이라고 판시한 것이 있는데,[105] 앞으로 (파)목의 부정경쟁행위에 해당한다는 이유로 금지청구권을 행사할 때 참고할 만한 선례라고 생각된다.

〈문선영〉

---

[105] 대법원 1988. 4. 12. 선고 87다카90 판결.

〈소 목 차〉

Ⅰ. 문제의 소재
Ⅱ. 비교법적 고찰
　1. 미　　국
　2. 독　　일
　3. 일　　본

Ⅲ. 정리: 공정거래법과 부정경쟁방지법
　1. 부정경쟁방지법상 부정경쟁행위
　2. 공정거래법상 불공정거래행위
　3. 양자의 관계
　4. 입 법 론

Ⅰ. 문제의 소재

상표법의 기원과 연혁을 보면, 상표법은 사칭행위 또는 출처혼동을 중심으로 한 부정경쟁행위의 규제로부터 시작했다.[1] 그러나 이후 양자는 개별적인 법령으로 발전하였다. 상표법은 상표심사·등록이라는 절차적 수단에 의하여 등록상표권자를 보호하는 법인 반면, 부정경쟁방지법은 등록에 따라 배타적인 권리를 부여하는 상표법과 달리 유통시장에서 주지된 상표, 상호, 성명 등의 표지와 혼동이 생길 염려가 있는 행위를 개별·구체적으로 파악해서 금지하고, 이로써 공정한 경쟁질서를 유지하는 동적인 법제라는 점에서 양자는 구별된다.[2] 우리 법의 경우 상표법과의 관계에서 부정경쟁방지법은 미등록상표의 보호를 위한 규범으로 기능한다.

양자는 모두 적용될 수 있으나 부정경쟁방지법 제15조는 다른 법률과의 관계에 대해서, 「특허법」, 「실용신안법」, 「디자인보호법」 또는 「상표법」에 제2조부터 제6조까지 및 제18조 제3항과 다른 규정이 있으면 그 법에 따르며(제1항), 「독점규제 및 공정거래에 관한 법률」, 「표시·광고의 공정화에 관한 법률」 또는 「형법」 중 국기·국장에 관한 규정에 제2조 제1호 (라)목부터 (바)목까지, 제3조부터 제6조까지 및 제18조 제3항과 다른 규정이 있으면 그 법에 따른다고 규정하여 양자의 관계에서 부정경쟁방지법을 열위에 두고 있어 양자가 경합하면 부정경쟁방지법의 적용이 배제된다.[3] 그러므로 양자는 영업상 표식보호에 관하여

---

* 이하 "공정거래법"이라고 한다.
1) 정상조 편집대표, 상표법주해 I, 박영사(2018), 11(정상조 집필부분).
2) 윤선희, 상표법(2007), 105.
3) 대법원 1996. 5. 13. 선고 96마217 판결.

일반법과 특별법의 관계에 있다고 볼 수 있다.4)

따라서 상표법상 상표는 타인의 상품과 자기의 상품을 식별하기 위한 목적을 달성함으로써 소비자의 상품간 오인 및 혼동을 방지하는 기능을 수행한다.5) 반면 부정경쟁방지법은 널리 인식된 상표뿐만 아니라 용기, 상호 기타 널리 인식된 포장 등을 부정경쟁의 목적으로 사용하는 행위에 대해 제재를 가함으로써 거래의 공정성을 담보하고자 한다.6) 이런 점에서 양자는 법 목적을 달성하기 위한 수단이 다를 뿐 목적은 동일하다고 할 것이다.7) 이런 점에서 미국이 초기 판례에서는 상표에 대한 침해를 인정하기 위한 요건으로 소비자를 기만할 의도를 요구하여 타인의 상표를 모방하는 것은 소비자를 기만하고 상표사용자의 신용을 약탈하는 행위로 금지되어야 된다고 판시한 것이다.8) 미국 상표법은 보통법상 상표권이 연방상표법에 따라 출원인이 미국의 특허상표청에 상표를 출원하고 그 출원된 상표에 대하여 심사관이 심사를 한 이후에 상표등록이라는 하는 행정처분에 의해서 발생하는 것이 아니라, 상표소유자의 상표의 선택과 실제 사용에 의해서 발생한다. 이런 점에서 미국에서는 어느 상인이 보통법상 상표권을 확보하기 위해서 연방상표법에 따라 상표를 반드시 등록할 필요는 없다.9) 이런 점에서 미국상표법과 우리법은 구별된다. 이런 점을 염두에 두고 우리법과 미국법을 비교하여 보아야 한다.

그러나 이러한 기본적인 목적의 동일성에도 불구하고 이러한 목적을 달성하기 위한 방향성은 상표법과 부정경쟁방지법은 구별된다. 상표법은 상표에 관한 권리를 지적노동의 산물(fruit of intellectual labor)로 보고 상표권을 재산권으로 보아 상표권자를 보호한다.10) 반면 부정경쟁방지법은 상거래상의 경쟁자를 보

---

4) 대법원 1999. 4. 23. 선고 97도322 판결.
5) 상표법 제7조 제1항, 대법원 2002. 5. 28. 선고 2001후2870 판결; 대법원 1997. 7. 30. 선고 95후1821 판결.
6) 부정경쟁방지법 제2조(정의) 이 법에서 사용하는 용어의 뜻은 다음과 같다.
  1. "부정경쟁행위"란 다음 각 목의 어느 하나에 해당하는 행위를 말한다.
    가. 국내에 널리 인식된 타인의 성명, 상호, 상표, 상품의 용기·포장, 그 밖에 타인의 상품임을 표시한 표지(標識)와 동일하거나 유사한 것을 사용하거나 이러한 것을 사용한 상품을 판매·반포(반포) 또는 수입·수출하여 타인의 상품과 혼동하게 하는 행위
7) 윤선희, 앞의 책, 106.
8) Thomson v. Winchester, 36 Mass (19 Pick) 214, 31 Am. Dec. 135 (1837).
9) 문삼섭, 미국상표법(2019), 7.
10) United States v. Steffens, 100 U.S. 82 (1879).

호하려는 것이 아니라 소비자를 보호하려는 것을 입법목적으로 하고 있으므로
양자는 이 점에서 서로 구별되는 것으로 이해된다.

　　연혁적으로 미국에서 부정경쟁방지법은 항상 일관된 기준을 유지하지 않고
상표사용자가 상표법상 등록이 이루어지지 않은 경우에도 부정경쟁방지법에 의
한 보호를 제공함으로써 양자의 권리로서의 성격은 혼동을 일으켰다. 미국 법원
은 부정경쟁방지법에 의한 상표 등의 보호는 상표권자의 보호라는 재산권법적
원리에 기한 보호가 아니라 기망행위로부터 공중을 보호하기 위한 것이라고 판
시하였다.[11] 이와 비교하여 우리 부정경쟁방지법은 건전한 거래질서의 보호를
목적으로 한다고 제1조에서 규정함으로써 소비자뿐만 아니라 상표사용자도 보
호하고 있다.[12]

　　그렇다면 영미법상 불법행위 유형의 하나로 부당한 경쟁제한행위에서 발전
한 공정거래법과 부정경쟁방지법의 관계는 어떻게 보는 것이 타당할까. 이하에
서 이 점에 대해서 검토하여 보기로 한다.

Ⅱ. 비교법적 고찰

1. 미　　국

가. 경쟁법과 불공정거래행위

　　미국 법원은 경쟁사 직원들이 판촉활동을 하는 것을 방해하거나 경쟁사 상
품을 허위로 비방한다거나 하는 불법행위가 있는 경우에도 이러한 행위가 통상
적으로는 시장에서의 경쟁을 제한하는 정도에는 이르지 않는다고 할 것이므로
(de minimus rule) 이러한 행위는 셔먼법 제2조 위반행위는 되지 않는다고 보고
있다.[13] 경쟁법은 공급축소를 통하여 가격을 올리는 것과 같은 행위를 규율하는
법이므로 경쟁사 제품에 대한 허위광고, 사기, 상품비방, 산업스파이행위나 영업
비밀절취 기타 사업활동을 방해하는 행위와 같은 부정경쟁행위는 단기적으로나
장기적으로 이러한 효과를 초래하지는 않는다. 그러므로 통상적으로는 부정경

---

11) Croft v. Day, 7 beav. 84; 49 Eng. Rep. 994 (Ch. 1843).

12) 부정경쟁방지법 제1조(목적) "이 법은 국내에 널리 알려진 타인의 상표·상호(상호) 등
　　을 부정하게 사용하는 등의 부정경쟁행위와 타인의 영업비밀을 침해하는 행위를 방지하여
　　건전한 거래질서를 유지함을 목적으로 한다." 한편 미국에서도 부정경쟁방지법의 보호대
　　상을 소비자외에 상표사용자를 포함한 판결도 있었다. Carson v. Ury, 39 FEd. REp. 5; 5
　　LRA 614 (CA Mo. 2 Sep. 1889).

13) Sanderson v. Culligan International Co., 415 F.3d 620 (7th Cir. 2005).

쟁행위가 경쟁법 위반이 되지는 않고 불법행위로서 민사손해배상이나 법상 형사처벌규정이 있을 경우에는 형사처벌이 됨으로 족하다. 경쟁법은 경쟁사업자의 피해를 구제하기 위한 법이 아니라 이를 넘는 시장에서의 경쟁제한행위를 규율하고자 하는 법으로서 이와 같은 부정경쟁행위가 시장에서 경쟁을 제한하는 경우는 거의 없으며 이는 독과점적인 시장구조하에서도 마찬가지이기 때문이다.[14]

미국에서도 1960년대 및 1970년에는 경쟁사업자를 해할 의도를 가지고 있다는 점만으로 셔먼법 위반을 인정한 사례가 있었다. 그러나 이후 경쟁법 위반 여부의 판단에서 의도는 유일한 판단기준이 아니며 의도가 있다고 하더라도 경쟁제한효과가 증명되지 않으면 경쟁법 집행을 할 수 없다는 점은 미국 연방대법원이 Brooke Group 사건[15]에서 명확히 하였으므로 부정경쟁행위는 경쟁법이 규율할 사안이 아니다. 그러나 예외적으로 만일 부정경쟁행위가 시장에서의 경쟁제한성이 인정된다면, 불법행위에 그치지 않고 경쟁법 위반으로 판단될 소지가 전혀 없는 것은 아니다.

나. 연방거래위원회법 제5조

미국에서는 1914년 연방거래위원회법(FTCA: Federal Trade Commission Act) 제정 당시의 실체법 규정인 연방거래위원회법 제5조는 "불공정한 경쟁방법(unfair method of competition)"만을 규정하고 있었으며, 동 조항은 미국 법무부에 있어 경쟁법 집행기관으로 설립된 연방거래위원회에 의해서 미국 법무부의 경쟁법 집행권한인 셔먼법 제1조와 제2조에 상응한다. 1914년 시행초기에는 경쟁제한적인 행위를 초기단계에서 적극적으로 시정하라는 연방거래위원회를 설립한 의회의 취지를 반영해서 연방거래위원회와 미국 사법부는 불공정한 경쟁방법의 금지를 통해서 셔먼법으로 규제하기 어려운 행위를 규제하게 되었다. 연방거래위원회는 연방거래위원회법 제5조의 "불공정한 거래방법"이라는 문언은 셔먼법 등의 독점금지법에 위반되는 경쟁제한행위 이외에 반드시 경쟁제한적 효과가 입증되지 않는 다양한 기만적인 영업행위도 경쟁상 부당하게 불리한 위치에 처하게 한다는 이유로 동 조항의 규율대상에 포함되는 행위로 간주하여 법 집행을 하였고, 당시 각급 연방법원의 판결도 연방거래위원회의 이와 같은 해석

---

14) Herbert Hovenkamp, *Antitrust Enterprise; Principle & Execution*, Harvard University Press (2005) pp. 174-180.
15) Brooke Group Ltd. v. Brown & Williamson Tobacco Corp., 509 U.S. 209 (1993).

관행을 대체로 지지하였다. 그러다가 연방거래위원회법 제5조와 셔먼법 제1조
및 제2조가 실체적으로 동일한 규정이지만 동일한 행위를 적용법조가 다르다고
달리 볼 수 없다는 미국 대법원의 입장이 판결을 통해 확인되면서 법개정의 필
요성이 발생하였다. 왜냐하면 미국 연방대법원이 FTC v. Raladam Co. 판결에서
연방거래위원회법 제5조에 따라 위법한 행위로 판단하기 위해서는 반드시 "경
쟁에 대한 부정적인 영향(adverse impact on competition)이 입증되어야 한다"고 판
시함으로써 경쟁에 대한 부정적인 영향이 입증되지 않는 기만적인 행위 등은
위 조항에 따라 위법한 것으로 규제할 수 없게 되었기 때문이다.[16]

1938년 연방의회는 연방대법원의 이와 같은 연방거래위원회법 제5조에 대
한 제한해석의 문제를 입법적으로 해결하기 위해서 휠러-리(Wheeler-Lee) 개정
법을 입법하여 기존의 조항에 불공정하거나 기만적인 행위나 관행(unfair or de-
ceptive acts or practices) 금지 규정을 추가하였다. 이에 따라 연방거래위원회법
제5조는 휠러-리(Wheeler-Lee) 개정으로 경쟁에 대한 부정적인 영향이 입증되지
않더라도 소비자이익을 저해하는 불공정하거나 기만적인 행위를 규율하는 규정
으로 해석되어 소비자보호를 위한 규정으로 운영될 수 있게 되었다. 따라서 연
방거래위원회법 제5조는 허위·과장광고나 표시와 같은 소비자를 현혹해 피해
에 이르게 하는 행위가 경쟁제한효과가 발생하지 않더라도 이를 규제하는 근거
조항으로 운영될 수 있었다. 이와 같은 전단의 불공정한 경쟁방법은 셔먼법과
중복되는 한편, 후단의 불공정하거나 기만적인 행위나 관행은 소비자보호 규정
이다. 그리고 후단은 허위표시나 기만광고 등 불법적 행위를 규제하는 조항이므
로 미국 경쟁법에도 불공정경쟁행위를 규제하는 조항이 있다고 볼 수 있으나
동 조항은 소비자보호를 위한 조항으로 분류되어 미국 법원의 판례나 경쟁당국
의 실무는 경쟁법 집행으로 보기 어렵다.

다. 상표침해를 통한 부정경쟁행위와 연방거래위원회법 제5조

미국은 등록된 상표의 경우에는 연방상표법(랜험법 Lanham Act)에 의해서 규
율되지만, 등록하지 않은 상표의 경우에는 대부분 주(州)법에 의한 보호를 받게 된
다. 그러나 랜험법 제43조(15 U.S.C §1125(a))는 비등록상표의 경우에도 상품이나 서
비스의 출처나 후원관계에 혼동을 가져오는 경우에는 이를 금지하여 보호하고 있다.

---

16) 283 U.S. 643 (1931). 이 사건은 Raladam 사가 자사가 판매하는 비만치료제를 광고하면
서 그것이 인체에 위험한 성분을 포함하고 있다는 사실을 숨기고 인체에 아무런 위험이
없는 안전한 제품인 것처럼 허위광고를 하였다는 점이 문제가 된 사건이다.

이 랜햄법 제43조는 연방상표법에 의해서 등록하지 않은 상표를 보호하는 법으로 이를 보통 연방불공정경쟁법(Federal Unfiar Competition Law)이라고 한다.[17]

이 랜햄법 제43조(a)는 출처혼동행위(false designation of origin)와 허위표시행위에 적용된다.[18] 1946년 랜햄법은 불공정경쟁에 대해서 아무런 언급이 없다. 그러므로 부정경쟁행위에 대해서는 입법적인 공백이 있었고, 이런 공백을 보완하기 위해서 법원은 여러 판결을 통하여 통일되지 않은 태도를 취했다. 그러나 점차 법원이 일련의 판결들을 통해서 출처혼동행위(false designation of origin)와 허위표시행위와 같은 행위들을 랜햄법 제43조(a)의 적용을 통해서 해결하는 기준을 제시하였다. 1988년 랜햄법의 개정으로 혼동가능성(likelihood of confusion)을 명시적으로 입법함으로써 부정경쟁행위의 성립여부의 판단에 있어서도 혼동가능성이 중요한 판단기준이 되었다.

이러한 상표법상의 부정경쟁행위에 대한 규제와는 별개로 연방거래위원회는 연방거래위원회법 제5조는 소비자이익을 저해하는 허위표시나 광고행위 등을 규율한다. 이 양자의 관계는 우리 부정경쟁방지법 제15조와 같은 규정이 없으므로 각각의 기관이 개별적으로 이에 대한 규율을 할 수 있다.

2. 독   일

독일은 부정경쟁방지법(Gesetz gegen den unlauterem Wettbewerb, UWG)을 경쟁제한방지법(Gesetz gegen Wettbewerbsbeschrankungen)과 구별하여 운용하고 있다. 독일 부정경쟁방지법은 1869년 영업활동의 자유를 원칙으로 규정한 "영업에 관한 규정(Gewerbeordnung vom 21. 1869)"을 출발점으로 한다. 1869년 제정된 부정경쟁방지법[19]은 제1조에서 2004년 개정법 제3조와 같은 일반조항을 두고, 고객유인행위로서의 부정표시, 영업비방, 표지의 모방 등 특정의 부정경쟁행위를 규정하는 조항을 따로 두있다.[20]

---

17) 나종갑, 미국 상표법, 글누리(2006), 337.
18) Geisel v. Poynter Prods, Inc., 283 F.Supp. 261 (S.D.N.Y 1968); Scarves by Vera, Inc. v. United Merchants Mfrs, inc., 173 F.Supp. 625 (S.D.N.Y 1959). 한편 연방법의 적용 및 주법상의 원칙의 해석에 대하여 소위 링컨밀스원칙(Lincoln Mills Doctrine)이 적용되는바, 이에 따르면 랜햄법 제43조(a)의 적용에 있어 연방법의 해석에 있어서 주법이라도 연방법의 취지에 부합하면 주법상의 원칙도 연방법의 해석에 원용될 수 있다고 보았다. Textile Workers v. Lincoln Mills, 353 U.S. 448 (1957).
19) Gesetz zur Bekämpung unlauteren Wettwerbs vom 27. 5. 1896 (RGBl S. 145).
20) 2004년 개정법의 내용에 대해서는 박영규, "독일 부정경쟁방지법상 일반조항의 의미와

2004년 개정법은 제1조에서 부정경쟁방지법의 목적을 시장 관여자, 특히 소비자와 경쟁업자가 동일하게 그리고 동일한 지위에 보호되고 있고, 아울러 공정한 경쟁의 유지와 이로 인해 제 기능을 하는 경쟁에 대한 공중의 이익을 보호한다는 점을 규정하였다.[21] 특히 소비자를 명확하게 보호의 주체로 포함하였다는 점이 특징이라고 하겠다.

독일 부정경쟁방지법 제3조는 불공정한 경쟁의 금지를 규정하면서, 일반조항을 두고 있다.[22] 이는 구 부정경쟁방지법 제1조에 대응하는 것이다. 제3조에 대해서는 입법자가 모든 불공정 행위의 유형을 사전에 규정하는 것이 불가능하므로 법원으로 하여금 새로운 부정경쟁행위를 파악하여 포섭할 수 있도록 한다는 점에서 평가될 수 있다. 이런 점에서 일반조항의 해석은 법원의 판단에 의한 것이며, 법원은 일반조항을 구체화할 책무를 가지고 있다.[23]

이와 달리 제4조는 구체적이며, 전형적인 부정경쟁사유들을 열거적으로 규정함으로써 제3자의 규정을 보완하고 있다. 그러나 이러한 열거는 제한적인 것이 아니며, 예시적인 것으로 이해된다.[24]

우리 부정경쟁방지법을 개정하여 우리 법에도 제3조와 같은 일반조항을 입

역할", 한국기적재산권법제연구원(2009. 1), 25 이하.

21) 위 논문, 26. 원문은 §1 Zweck des Gesetzes Dieses Gesetz dient dem Schutz der Mitbewerber, der Verbraucherinnen und Verbraucher sowie der sonstigen Marktteilnehmer vor unlauteren geschäftlichen Handlungen. Es schützt zugleich das Interesse der Allgemeinheit an einem unverfälschten Wettbewerb.

22) §3 Verbot unlauterer geschäftlicher Handlungen (1) Unlautere geschäftliche Handlungen sind unzulässig, wenn sie geeignet sind, die Interessen von Mitbewerbern, Verbrauchern oder sonstigen Marktteilnehmern spürbar zu beeinträchtigen.
(2) Geschäftliche Handlungen gegenüber Verbrauchern sind jedenfalls dann unzulässig, wenn sie nicht der für den Unternehmer geltenden fachlichen Sorgfalt entsprechen und dazu geeignet sind, die Fähigkeit des Verbrauchers, sich auf Grund von Informationen zu entscheiden, spürbar zu beeinträchtigen und ihn damit zu einer geschäftlichen Entscheidung zu veranlassen, die er andernfalls nicht getroffen hätte. Dabei ist auf den durchschnittlichen Verbraucher oder, wenn sich die geschäftliche Handlung an eine bestimmte Gruppe von Verbrauchern wendet, auf ein durchschnittliches Mitglied dieser Gruppe abzustellen. Auf die Sicht eines durchschnittlichen Mitglieds einer auf Grund von geistigen oder körperlichen Gebrechen, Alter oder Leichtgläubigkeit besonders schutzbedürftigen und eindeutig identifizierbaren Gruppe von Verbrauchern ist abzustellen, wenn für den Unternehmer vorhersehbar ist, dass seine geschäftliche Handlung nur diese Gruppe betrifft.
(3) Die im Anhang dieses Gesetzes aufgeführten geschäftlichen Handlungen gegenüber Verbrauchern sind stets unzulässig.

23) 박영규, 앞의 논문, 26.

24) 위 논문, 27.

법화하자는 주장도 있으나,25) 이와 같은 주장은 공정거래법과 2원적 체계를 취하면서, 부정경쟁방지법이 공정거래법의 보완적인 역할을 하고 있는 우리나라에서는 받아들이기 어려운 주장이라고 본다.

3. 일　　본

일본의 '사적 독점금지 및 공정거래확보에 관한 법률'(이하 '사적독점금지법')은 1947년 제정 당시 미국 연방거래위원회법 제5조를 계수하여 이를 하나의 법에 포함시켰다. 제정법 제19조는 미국의 연방거래위원회법 제5조와 같이 "불공정한 경쟁방법"을 규율하였고, 이 조항은 1953년 개정으로 "불공정한 거래방법"을 금지하는 법이 되었다. 같은 법 제2조 제9항은 제정당시 5개의 행위유형을 "불공정한 경쟁방법"으로 규정하였다가, 1953년 개정을 통해 "불공정한 거래방법"으로 차별적 취급, 부당염매, 부당한 고객유인, 거래강제, 구속조건부거래, 우월한 지위의 남용 및 경쟁회사 내부교란행위 등 6개 행위유형을 열거하였다. 이 과정에서 제정당시 있던 배타조건부 거래가 일본 공정취인위원회의 일반지정으로 포함되고, 대신 우월한 지위의 남용 및 경쟁회사에 대한 내부교란행위가 추가되었다.

그런데 미국 연방거래위원회법은 셔먼법 등의 독점금지법과 기타의 소비자보호법령을 효율적으로 집행하기 위하여 독짐규제위원회인 연방거래위원회를 설립하면서 제5조에서 동 위원회의 집행권한의 범위를 정한 것으로 셔먼법과는 규정의 대상이나 규범목적이 상이한 법이다. 독점금지법은 경쟁제한행위를 방지하기 위한 법이다. 이와 달리 상표법은 독점권을 인정하는 공업소유권의 하나로서 상표전용권의 배타적 효력을 부여하는 법제이다. 이와 비교하여 부정경쟁방지법은 사실이익의 보호법으로 부정경쟁방지법이 보호하는 주지상표와 보호는 상표법과 병행해서 보호가 이루어질 수 있다고 본다.26) 부정경쟁방지법과 상표법의 성격은 자족완결법이다. 양자는 중복적용이 인정되며, 부정경쟁방지법은 미등록상표의 보호를 위해서 적용된다는 것이 일본의 판례이다.27)

결국 일본은 결국 사적독점금지법 안에 공동행위규제와 같은 미국의 셔먼법에서 규율하는 전형적인 독점규제장치와 함께 미국 연방거래위원회법 제5조와 같은 거래규제 내지 소비자보호를 위한 장치를 같이 규정함으로써 같은 법

---

25) 위 논문, 29.

26) 小野昌延, 三山峻司 編, 新注解 商標法[上卷], (2016) 50, 52.

27) 위의 책, 53. 大阪高等裁判所 昭和 38. 8. 27. 下民集14卷8戸1610頁, 東京高等裁判所 昭和 45. 4. 28. 無体集 2卷 1戸213頁 등 다수. 위의 책에서 재인용.

체계 내에서 상당히 차이가 나는 규제장치를 동시에 두는 모습을 띠게 되었다.

　　이런 사적독점금지법에 의한 불공정거래행위에 대한 규율 외에 별개로 일본도 부정경쟁행위를 규율하기 위하여 부정경쟁방지법(不正競爭防止法)28)을 두고 있다. 일본의 부정경쟁방지법도 우리 법과 유사하게 당사자간의 공정한 경쟁을 도모하는 것을 목적으로 하고 있다.29) 한편 일본 부정경쟁방지법은 우리와 달리 특허청장의 시정권고나 관계공무원의 조사권 등을 규정하고 있지 않다는 등의 점에서 특징이 있다.

　　그리고 우리 부정경쟁방지법 제15조와 같은 법령간의 선후에 대한 규정을 두고 있지는 않다. 이와 관련하여 일본에서는 부정경쟁의 방지(不正競爭の防止)는 사적독점금지의 보완적 제도로 이해하는 것이 통설(通說)이다.30)

Ⅲ. 정리: 공정거래법과 부정경쟁방지법

1. 부정경쟁방지법상 부정경쟁행위

　　부정경쟁방지법 제2조는 부정경쟁행위를 규정하고 있다. 대법원은 제2조 제1호 (나)목이 규정하고 있는 부정경쟁행위는 "등록 여부와 관계없이 사실상 국내에 널리 인식된 타인의 성명·상호·표장 기타 타인의 영업임을 표시하는 표지와 동일하거나 이와 유사한 것을 사용하여 타인의 영업상의 시설 또는 활동과 혼동을 하게 하는 일체의 행위를 의미한다. 따라서 여기서 영업표지를 사용하는 방법 및 형태 등에는 특별한 제한이 없으므로, 인터넷 웹페이지상의 팝업광고 행위가 팝업창 자체의 출처표시 유무, 웹페이지 내에서의 팝업창의 형태 및 구성, 웹페이지의 운영목적과 내용, 팝업창의 출현 과정과 방식 등에 비추어 웹페이지상에 표시된 국내에 널리 인식된 타인의 영업표지를 그 팝업광고의 출처표시로 사용한 것으로 인식되고 이로써 팝업광고의 영업 활동이 타인의 광고 영업 활동인 것처럼 혼동하게 하는 경우에는 위 법조에서 정한 부정경쟁행위에 해당한다."고 판시하고 있다.31) 그리고 위와 같은 부정경쟁행위의 성립에는 상

---

28) 平成五年五月十九日法律第四十七号.

29) (目的) 第一条 この法律は、事業者間の公正な競争及びこれに関する国際約束の的確な実施を確保するため、不正競争の防止及び不正競争に係る損害賠償に関する措置等を講じ、もって国民経済の健全な発展に寄与することを目的とする.

30) 小野昌延, 新注解不正競争防止法, 青林書院(2000), 36.

31) 대법원 2010. 9. 30. 선고 2009도12238 판결. 이 사건은 구 부정경쟁방지 및 영업비밀보호에 관한 법률(2007. 12. 21. 법률 제8767호로 개정되기 전의 것)이 적용되는 사안임.

법상의 상호권의 침해에서와 같은 부정한 목적이나 부정경쟁행위자의 고의·과
실은 그 요건이 아니다.[32]

2. 공정거래법상 불공정거래행위

가. 공정거래법의 규율대상

반면 공정거래법은 헌법 제119조 제2항에 의해서 수권을 받아 제정된 법으
로서[33] 공정거래법은 독점규제와 공정거래유지라는 경제정책적 목표를 개인의
경제적 자유를 제한할 수 있는 정당한 공익을 달성하고자 하는 법이다. 국가는
공정거래법을 통해서 국가경쟁정책을 시행하고 이를 통하여 자유로운 경쟁을
촉진할 수 있게 되는 것이다.[34]

공정거래법은 부정경쟁방지법이 달성하고자 하는 목적도 일부를 포섭하고
있지만 반드시 이에 한정하는 것은 아니며, 경제질서 전반을 규율하는 기본법이
다. 이런 관점에서 공정거래법을 경제헌법(經濟憲法)이라고 부르기도 하는 것이다.

공정거래법은 제1조의 목적조항에서 규정하고 있는 바와 같이 시장에서의
경쟁을 촉진함으로써, 창의적인 기업활동을 조장하고 소비자를 보호함과 아울
러 국민경제의 균형 있는 발전을 도모하기 위한 법이다.

나. 공정거래법 제23조

우리나라는 1980년 공정거래법 제정 당시 일본법을 계수하였다. 공정거래
법 제23조는 1980년 법 제정당시부터 규정되어 있었다. 법 제정당시에는 현행
법이 규정하는 7가지 불공정거래행위 유형 중 사업활동방해, 부당한 거래거절,
부당한 지원행위 및 기타 불공정거래행위는 규정되어 있지 않았다. 이들 규정은
1986년 1차 법 개정 당시 제5호에 구속조건부거래와 함께 사업활동방해를,
1990년 제2차 법개정 당시 제1호에 차별적 취급과 함께 거래거절을, 1996년 제
5차 법개정 당시 제7호에 부당한 지원행위를, 1999년 제7차 법개정 당시 제8호
를 신설하여 기타의 불공정거래행위유형을 규정하여 현재와 같은 모습이 되었
다. 그리고 법 제정당시에는 불공정거래행위 유형으로 공정거래법에 규정되어

---

32) 대법원 1996. 1. 26. 선고 95도1464 판결.
33) 헌법재판소 2002. 7. 18. 선고 2001헌마605 결정.
34) 이와 같은 취지는 대법원 2007. 11. 22. 선고 2002두8626 판결에서 대법원이 공정거래법 제
    3조의2 제1항 제3호에서 금지하는 시장지배적 사업자의 지위남용행위의 한 유형으로서 거래
    거절행위의 부당성 판단에 있어 헌법 제119조와의 관계에서 경쟁제한성이 요구된다고 판시
    한 것에서도 알 수 있다(권오승 편(조혜수 집필), 독점규제법 30년, 법문사(2011), 7).

있었던 허위·과장광고행위는 1999년 표시·광고의 공정화에 관한 법률(법률 제
5814호)이 별도로 제정됨에 따라 1999년 제7하 법 개정시에 구 공정거래법 제23
조에서 삭제되었다.

　　구 공정거래법은 법 제23조의 세부위반행위에 대해서 시행령 제36조 제2
항은 공정거래위원회가 위임입법으로 상세한 불공정행위의 행위유형 또는 기
준을 특정 분야 또는 특정 행위에 적용하기 위하여 세부기준을 정하여 고시할
수 있도록 하고 있었다. 이에 따라 공정거래위원회는 '불공정거래행위 심사지
침'(공정거래위언회 예규 제26호, 2005. 5. 11 개정)을 포함한 다양한 불공정거래행
위 유형별지침을 제정하여 시행하였다. 이 규정은 이후 2021시행 공정거래법
전면개정으로 조문이 제45조가 되었다. 공정거래법 제6장 제45조는 조문위치
는 변경되었으나 법조의 구체적인 내용은 그대로 유지되었다. 공정거래법 제4
조는 10가지 유형의 불공정거래행위를 열거하고 있다. 동조 제3항은 불공정거
래행위의 유형 또는 기준을 대통령령으로 정하도록 규정하고 있고, 이에 따라
법 시행령 제52조 관련 [별표2]는 법 제45조 제1항 각 호가 규정하고 있는 각
유형의 불공정거래행위에 대하여 그 세부유형 및 기준을 구체적으로 규정하고
있다.[35)

3. 양자의 관계

　　양자의 관계에 대해서 부정경쟁방지법은 제1조의 목적 조항이 부정경쟁행
위와 영업비밀 침해행위를 방지하여 건전한 거래질서를 유지함을 목적으로 하
는 법이라는 점에서 공정한 거래질서를 보호하기 위한 거래질서법으로 이해하
는 견해가 유력하다.[36) 이런 이해는 독일의 관점과 일치되는 것으로 이해된다.
독일은 우리의 공정거래법에 해당하는 경쟁제한방지법은 경쟁의 자유를, 부정
경쟁방지법은 경쟁의 공정을 보호하기 위한 것으로 이해하는 견해가 지배적이
라고 한다.[37)

　　부정경쟁방지법과 공정거래법은 소비자의 보호를 목적으로 한다는 점에서
는 공통점을 가지고 있다. 그러나 부정경쟁방지법은 소비자가 상표나 상호를 혼
동하도록 함으로써 그로 인해서 소비자의 후생을 저해하는 행위를 그 규제대상

---

35) 이호영, 독점규제법(2022) 327.

36) 권오승, 경제법(2010), 283.

37) 위의 책, 위 같은 면. 이 책은 Adolf Baumbach & Wolfgang Hefermehl, Wettbertbsrecht,
　　18th ed. Verlag C.H. Beck, S. 73을 인용하고 있음.

으로 함에 반하여 공정거래법 — 광의의 공정거래법으로서 "표시광고의 공정화에 관한 법률",38) "소비자기본법" 등을 포함한 — 은 이러한 경우를 포함한 다양한 유형의 소비자이익 저해행위를 규율하고 있다. 이러한 점에서 부정경쟁방지법은 보완관계에 있다.39)

이런 점에서 부정경쟁방지법 제15조(다른 법률과의 관계) 제2항은 "「독점규제 및 공정거래에 관한 법률」, 「표시·광고의 공정화에 관한 법률」 또는 「형법」 중 국기·국장에 관한 규정에 제2조 제1호 (라)목부터 (바)목까지, 제3조부터 제6조까지 및 제18조 제3항과 다른 규정이 있으면 그 법에 따른다."고 하여 공정거래법의 우선적인 적용을 명문화하고 있다.40) 법원은 "부정경쟁방지법 제15조는 상표법 등 다른 법률에 부정경쟁방지법과 다른 규정이 있는 경우에는 부정경쟁방지법의 규정을 적용하지 아니하고 다른 법률의 규정을 적용하도록 규정하고 있으나, 상표권의 등록이 자기의 상품을 타인의 상품과 식별시킬 목적으로 한 것이 아니고 국내에서 널리 인식되어 사용되고 있는 타인의 상표와 동일·유사한 상표를 사용하여 일반 수요자로 하여금 타인의 상품과 혼동을 일으키게 하여 이익을 얻을 목적으로 형식상 상표권을 취득하는 것이라면 그 상표의 등록출원 자체가 부정경쟁행위를 목적으로 하는 것으로서, 가사 권리행사의 외형을 갖추었다 하더라도 이는 상표법을 악용하거나 남용한 것이 되어 상표법에 의한 적법한 권리의 행사라고 인정할 수 없으므로 이러한 경우에는 구 부정경쟁방지법 제15조의 적용이 배제된다."고 판시한 바 있다.41)

이렇게 보면, 부정경쟁방지법에서 말하는 부정경쟁은 국내에 널리 알려진 타인의 상표·상호 등을 무단으로 이용하여 자기의 이익을 도모하는 행위를 지칭하는 것으로, 공정거래법, 특히 제45조(구 법 제23조) 제1항에서 말하는 불공

---

38) 원래 "표시광고의 공정화에 관한 법률"은 공정거래법 제23조 제1항 제9호로 규정되어 불공정거래행위의 한 유형으로 예시되어 있었던 것으로 이후 개별법으로 입법되면서 공정거래법에서는 삭제되었다. 그러나 여전히 불공정거래행위의 일부로서의 성격이 변한 것은 아니다.

39) 이와 같은 견해로 권오승, 앞의 책, 284.

40) 부정경쟁방지법 제15조 제1항은 "「특허법」, 「실용신안법」, 「디자인보호법」 또는 「상표법」에 제2조부터 제6조까지 및 제18조 제3항과 다른 규정이 있으면 그 법에 따른다."라고 하여 특허법 등과의 관계에서도 부정경쟁방지법이 보충적인 지위에 있다고 규정하고 있다.

41) 대법원 2000. 5. 12. 선고 98다49142 판결(소위 '비제바노' 사건). 이 법리를 유지하는 판결로 대법원 2008. 9. 11. 자 2007마1509 결정; 대법원 2007. 4. 12. 선고 2006다10439 판결; 서울고등법원 2019. 4. 10. 선고 2019나2028506 판결; 특허법원 2018. 10. 5. 선고 2018허4867 판결 등. 비제바노 판결에 대한 평석으로는 정민호, "상표법상 권리와 부정경쟁방지법상 보호에 관한 소고", 성균관법학 제4권 제3호(2012. 9) 743-762.

정거래행위 규제 있어서의 불공정거래행위는 경쟁방법의 불공정성이나 경쟁제
한성 또는 거래의 내용이나 조건의 부당성을 문제삼는 것으로 이해된다.42) 그러
므로 부정경쟁의 방지는 사업자의 사적이익을 보호하기 위한 것으로 그 구제는
부정경쟁행위의 금지청구나 손해배상소송을 제기하는 방법으로 사법적으로 이
루어지는 반면, 공정거래법상 불공정거래행위의 경우에는 공정한 거래질서를
해치는 행위로서 행정기관인 공정거래위원회가 이를 규율하는 것으로 설명될
수 있다.43)

4. 입 법 론

부정경쟁방지법과 공정거래법 제45조(구 법 제23조)의 관계에 대해서는 부
정경쟁방지법 제15조와 같은 규정을 두어 2원적인 규율체제를 정리하는 방법도
있을 수 있을 것이다. 그러나 이러한 규율체제에 대하여는 우리 입법체계가 경
쟁의 자유를 제한하는 공정거래법에 독점규제와는 직접적인 관련이 없는 불공
정한 수단의 경쟁행위를 무원칙적으로 포함시켜 경쟁의 윤리적 공정성을 보호
하기 위한 시민법에 행정청의 시정권고와 같은 행정규제조항을 혼입함으로써
법의 성격도 불투명해지고 규제기능에도 혼선을 초래하고 있다는 비판이 있
다.44)

이 견해는 현행 불공정거래행위 규정을 부정경쟁방지법으로 통합하는 방안
(1안), 부정경쟁방지법과 공정거래법의 불공정거래행위 규제에 대한 법 제45조
(구 법 제23조) 및 구 소비자보호법(현 소비자기본법), 하도급거래공정화에 관한
법률 등에 산재되어 있는 불공정거래 관련조항을 모두 모아서 이들을 포괄하는
새로운 불공정거래행위규제법을 제정하는 방안(2안), 현행대로 부정경쟁방지법
과 공정거래법의 2원 체제를 유지하되, 법의 성격에 부합하지 않는 불투명하고
비효율적인 내용을 정비하여 전자는 불공정한 경쟁수단에 의한 거래행위를 제

---

42) 위의 책, 284.

43) 사인의 금지청구는 현행법의 해석상 불가능하다고 보고 있어 입법을 통하여 허용되어야
한다는 견해가 유력하게 주장되고 있다. 곽상현, "공정거래법의 집행과 금지청구제도 : 미
국의 판례 및 도입과 관련된 쟁점을 중심으로", 법조 제56권 제4호 통권 제607호(2007. 4),
80-145. 반면 손해배상청구는 민법 제750조 등의 일반조항이 아니더라도 공정거래법에 의
하여도 가능하다. 그러나 현실적으로 손해배상청구가 활성화되고 있지 않아 이에 대한 활
성화 방안이 논의되고 있다. 홍명수, "공정거래법상 징벌적 손해배상제도의 도입에 관한
검토", 성균관법학 제20권 제2호(2008. 8), 521-538.

44) 정성진, "부정경쟁행위와 불공정거래행위", 국민대학교 법학연구소, 법학논총, 제12집
(2000. 2), 61.

한하는 민사적인 규율[45])로, 후자는 경쟁자유를 제한하는 시장구조 및 거래행태를 개선하는 경제법으로서의 기능과 역할도 더욱 충실하도록 하는 방안이 있다고 제안하고 있다.[46])

위 각 견해를 검토하여 보면, 1안의 경우 통합을 하는 것은 부정경쟁방지법과 공정거래법의 입법목적이 서로 상이하여 이를 통합하는 것은 어렵다고 본다. 이는 앞서 본 각국의 입법례를 보더라도 마찬가지이다. 2안의 경우 구 공정거래법 제23조(현 제45조)는 여러 가지 공과에 대한 논의에도 불구하고 우리 공정거래위원회가 상당 기간 동안 실무를 축적하여 온 결과 어느 정도 그 구체적인 내용이 정립되어 있어 이를 갑자기 삭제하여 부정경쟁방지법에 통합하는 경우 부정경쟁방지법은 기본적으로 사인간의 민사소송이나 금지청구권 등의 행사를 통하여 권리침해를 구제하는 것을 내용으로 하는 법이므로 공정거래위원회의 관여가 사라짐으로써 여전히 행정적인 규율이 필요한 사항에 대한 규율의 공백이 있을 수 있으며, 새로운 법을 만들 경우 그를 담당한 기관 등도 명확하여지지 않고, 더구나 사적인 규율이 필요한 사항과 행정적인 규율이 필요한 사항이 혼합되어 더욱더 많은 문제를 야기할 수 있다는 점에서 어려움이 있다. 3안의 경우 양자가 병립할 수 있는 것으로 보이지만 구체적인 법안의 제시가 쉽지 않다고 본다.[47]) 3안과 같이 되면, 현행 일본의 부정경쟁방지법과 같이 우리 부정경쟁방지법도 사법적인 성격이 분명하여질 수 있으며,[48]) 한편으로는 공정거래법 제23조와 관련된 논란을 줄일 수도 있다고 보인다. 그러나 조문화가 쉽지 않아서 현실화될 수 있는지도 의문이 있다.

결국 필자의 생각으로는 제15조 제2항의 공정거래법이 부정경쟁방지법과의 관계에서 다른 규정이 있으면 공정거래법에 따르도록 하는 조문을 삭제하는 것이 타당하다고 본다.[49]) 양자가 각자의 입법목적에 따라서 병행해서 적용될 수 있도록 하는 것이 타당하다고 본다. 일률적으로 부정경쟁방지법 제15조 제2항

---

45) 위 논문의 필자는 시민법(市民法)이라는 표현을 쓰고 있음.

46) 정성진, 앞의 논문, 62-63.

47) 공정거래법 제45조 제1항 제10호와 관련하여 법 시행령에 세부적인 금지유형을 신설해서 부정경쟁방지법과의 관계를 정립하자는 주장도 변형된 3안이라고 생각된다. 이 견해로 박성호, "부정경쟁방지법 제2조 제1호 (파)목의 문제점과 독점규제법을 통한 해결 방안의 모색", 법률신문 2024. 2. 28. 자.

48) 우리 부정경쟁방지법은 특허청장에게 부정경쟁행위를 조사하고, 그에 대한 시정권고를 할 수 있는 권한을 부여하고 있다(제7조 및 제8조).

49) 삭제 시 부정경쟁방지법과 공정거래법의 관계에 대한 논문으로 이선희, "공정거래법과의 관계에서 본 부정경쟁방지법 제15조 제2항의 의미와 적용", 저스티스 196권(2023) 105-136.

을 통해서 공정거래법이 부정경쟁방지법의 적용을 배제할 것이 아니라 사안에
따라서 양자의 관계를 사안별로 적용하고 조율하도록 하는 것이 타당하다고
본다.

〈최승재〉

> 제2조(정의) 이 법에서 사용하는 용어의 뜻은 다음과 같다.
> 2. "영업비밀"이란 공공연히 알려져 있지 아니하고 독립된 경제적 가치를 가지는 것으로서, 비밀로 관리된 생산방법, 판매방법, 그 밖에 영업활동에 유용한 기술상 또는 경영상의 정보를 말한다.

<소 목 차>

Ⅰ. 서   론
Ⅱ. 영업비밀에 관한 제외국에서의 정의
  1. WTO Trips협정에서의 정의
  2. 일본 부정경쟁방지법 상의 정의
  3. 미국 통일영업비밀법 등에서의 정의
Ⅲ. 우리 법의 영업비밀 정의 분석
  1. 부정경쟁방지법 제2조 제2호가 정의한 영업비밀의 3가지 요건

  2. 우리 조문 상의 영업비밀 정의조항의 문제점
Ⅳ. 영업비밀 보호와 특허법상 발명 보호와의 상호관계
  1. 특허발명과의 기본적 관계 등
  2. 특허법상 발명 보호와의 구체적 비교

Ⅰ. 서   론

현행 부정경쟁방지 및 영업비밀보호에 관한 법률(이하, 부정경쟁방지법)은 영업비밀을 "공공연히 알려져 있지 아니하고 독립된 경제적 가치를 가지는 것으로서, 비밀로 관리된 생산방법, 판매방법, 그 밖에 영업활동에 유용한 기술상 또는 경영상의 정보"라고 정의하고 있다. 이런 영업비밀을 법률로 보호하는데 있어 아래와 같은 몇 가지 근본적인 문제점이 수반된다.

우선 영업비밀의 개념[1]이 지극히 광범위하다. 고객명부와 같이 단순 경영정보에서 시작하여 신규성과 진보성을 구비하여 특허법의 보호를 받을 수도 있는 발명 같은 첨단 기술정보에 이르기까지 영업비밀의 종류와 내용은 천차만별이다. 그런 영업비밀의 실체를 통일적으로 파악하고 법적 판단을 내리는데 어려움이 있다. 특히 부정경쟁방지법으로 보호되는 영업비밀의 종류가 기술정보인 경우 특허법에서 보호되는 발명과 비교하여 서로 객관적인 실체가 상당부분 중첩된다. 그런데 두 법률이 각각 부여하는 보호는 서로 분명한 성격차이가 있다.

---

1) 이하 영업비밀의 개념에 관련된 설명 및 아래 항목의 설명('영업비밀에 관한 제외국에서의 정의' 부분)의 일부는 박준석, "우리법상 영업비밀보호에 관한 비교론적 고찰", 산업재산권 제38호, 한국산업재산권법학회(2012. 8), 12 이하 및 4 이하의 내용을 기초로 한 것이다.

특허법의 보호는 출원공개 등을 통해 해당 발명의 내용을 공개하는 대가로 제한적 기간 동안에만 주어지는 강력한 독점권임에 비하여, 부정경쟁방지법 상의 영업비밀 보호는 해당 기술정보의 내용을 공개하지 않았음에도 경우에 따라서는 영속적으로 주어지지만 특허권과 비교하여 보호범위가 제한된 권리라는 차이가 있는 것이다. 기술정보를 개발한 자는 특허법상의 보호와 부정경쟁방지법 상의 영업비밀 보호가 가진 장단점을 비교하여 자신에게 더 적합한 보호를 선택할 수 있기 때문에, 그에 대응하여 입법자나 사법부도 영업비밀 보호법제를 운영함에 있어서는 특허법제와의 균형을 항상 염두에 두어야 한다.

다음으로 영업비밀은 구체적인 분쟁에서 다투어지는 특정한 영업비밀의 실체를 외부에서 정확히 파악하기 어렵다는 모호성을 가지고 있다. 특허권과는 달리 영업비밀에 관한 권리는 특허청에의 출원, 심사나 등록 없이 보호되기 때문에 명세서(specification) 등의 객관적인 자료가 존재하지 않는다. 더 나아가 외부에 그 실체가 뚜렷하게 공개되지 않는다. 만약 그렇지 않고 공개되어 버릴 경우 그 자체로 영업비밀로서의 보호요건을 결여하게 되기 때문이다. 이런 사정 때문에 구체적인 분쟁에서 분쟁 대상인 영업비밀의 실체를 법원 등 제3자가 제대로 파악하는 데 어려움이 클 수밖에 없다. 영업비밀 사건에서 '영업비밀의 특정'이 자주 문제되는 배경이기도 하다.

부정경쟁방지법 중 영업비밀보호 관련 규정들은, 동법이 규율하는 또 다른 중요대상인 '일반 부정경쟁행위'[2] 관련 규정들과 성질이 다른 금지청구권이 부여된다는 점[3] 등 몇 가지 차이가 있다. 본 주해서 중 필자가 서술할 이하 부분들에서는, 영업비밀보호 관련 규정들을 편의상 '영업비밀보호법'으로 지칭하기도 할 것이다.

II. 영업비밀에 관한 제외국에서의 정의

1. WTO Trips협정에서의 정의

세계무역기구 지적재산권 부속협정(WTO Trips협정)은 제39조에서 이른바 '알려지지 않은 정보(undisclosed information)'의 보호를 회원국의 의무로 규정하고 있다. 동 조항은 "① 일반적으로 알려지지 않았거나 문제된 정보와 같은 종

---

2) 제2조 제1호 (가)목 내지 (파)목에 열거된 부정경쟁행위들을 가리킨다.

3) 제4조, 제10조 및 제14조 참조.

류를 취급하는 집단 내의 주체들이 즉시 취득할 수 없어야 하며, ② 비공지성에 기인한 상업적인 가치(commercial value)를 가져야 하며, ③ 비밀을 유지하기 위하여 보유자에 의해 적절한 조치(reasonable steps)가 취해져야 하는 것을 가리킨다."고 정의하고 있다(이하 제외국에서의 영업비밀 정의에 포함된 일련번호들은 필자가 삽입함).

나아가 이런 정보에 해당하는 경우 정당한 상관습에 반하여 보유자의 동의 없이 사용하지 못하도록 금지할 의무를 가입국에 부과하고, 그것과 관련하여 금지명령이나 손해배상, 부당이득행위 금지, 증거보존 규정 등의 효과적인 구제수단을 제공할 것을 요구하고 있다.

2. 일본 부정경쟁방지법 상의 정의

상표 및 부정경쟁방지 법제 전반의 모습에 있어 한국과 아주 가까운 일본의 경우, '부정경쟁방지법'(不正競争防止法,[4] 약칭이 아닌 정식명칭임) 제2조 제6항[5])에서 영업비밀을 '① 비밀로 관리되고 있는 ② 생산방법, 판매방법 기타의 사업활동에 유용한 기술상 또는 영업상의 정보로서, ③ 공연히 알려져 있지 아니한 것'이라고 정의하고 있다.

이런 정의조항뿐만 아니라 영업비밀보호에 관한 나머지 조항들의 문구는 한국의 부정경쟁방지법과 내용상 무척 흡사하다. 조항에 따라서는 한국의 대응 조항과 차이를 발견하기 힘들 정도로 유사하다는 사실이 발견되는데, 그 때문인지 한국의 판례나 학설의 구체적 내용에서도 일본의 그것들로부터 강한 영향을 받고 있다.

3. 미국 통일영업비밀법 등에서의 정의

미국의 경우, 그동안 우리 법에 미친 누적적인 영향력을 따지자면 아직 일본만큼은 아닐지 몰라도, 시간이 갈수록 우리 부정경쟁방지법의 변화에 점점 더 큰 영향을 끼치고 있다. 그런데 과거에는 미국의 영업비밀 관련 법제가 한국을 비롯한 제외국에 끼치는 영향력의 크기가 미국의 특허법 혹은 저작권법의 영향력과는 서로 비교할 수도 없이 미약한 편이었다. 여러 가지 원인이 있었겠지만

---

4) 令和5年 法律第51号에 의해 개정된 것을 말한다.
5) "이 법률에 있어 영업비밀이란, 비밀로 관리되는 생산방법, 판매방법 기타 영업 활동에 유용한 기술상 또는 영업상의 정보이며 공공연하게 알려져 있지 않은 것을 말한다."

중요한 원인은 미국 국내에서조차 영업비밀에 관해 분명하게 통일된 연방법제가 존재하지 않았기 때문에 대외적으로도 통일된 목소리를 내기 힘들었다는 점이었다. 그러나 시간이 흐름에 따라 점차 영업비밀보호에 관해서도 연방법이 수립되어 관여하는 비중이 증가하고 있는 상황이다. 이런 변화를 조금 더 부연하면 아래와 같다.

미국 연방법 차원에서는 과거 오랫동안 영업비밀을 규율대상으로 삼지 않았기에 당연히 그 정의조항도 없었다. 지적재산권법의 다른 분야인 특허발명이나 저작물에 대한 태도와 다르게 연방법이 '영업비밀'을 직접 취급하지 않았던 것은 영업비밀이나 그에 인접한 부정경쟁에 관한 규율이 오랫동안 미국 각 주(州)의 권한으로 취급되었기 때문이다.6) 이 시절에는 연방법이나 연방법원에 의한 통일된 정의나 판례가 존재하지 않았고 각 주가 본래 보통법(common law)에 뿌리를 둔 판례법 혹은 독자적인 주법(州法)을 입법하는 방법으로 영업비밀을 보호하여 왔다.

그렇지만 각 주마다 서로 조금씩 상이한 규율을 통일하기 위한 노력이 통일주법 전국위원회(National Conference of Commissioners on Uniform State Laws)에 의해 진행되어 1979년 통일영업비밀법(Uniform Trade Secrets Act, UTSA)이 수립되었다. 이것은 직접 구속력을 가진 법규가 아니라 위 위원회의 권고적인 지침에 불과하였다. 그렇지만 1981년 캔사스 주가 이를 채용한 것을 비롯하여 2024년 1월 현재까지 뉴욕주를 제외한 나머지 49개주가 모두 채택하기에 이르렀다.7) 연방이 아닌 각 주가 오랫동안 영업비밀 보호를 제각각 관장해 온 상황에

---

6) 미국의 연방헌법은 연방제 하에서 연방의회와 주의회 간의 입법충돌문제를 해결하기 위하여 연방헌법에서 특별히 연방의회의 권한으로 정하지 아니한 나머지 일체를 주의회(州議會)의 권한으로 미루고 있다. 그런데 연방의회의 다양한 권한을 정하고 있는 연방헌법 제1조 제8항에서는 이른바 '지적재산권 조항(IP Clause)'(동항 제8호)을 통해 저작자나 발명가의 권리를 보호하는 것만큼은 분명하게 연방의 권한으로 규정하였지만 여타 지적재산권에 관해서는 언급하고 있지 않다. 그 때문에 '영업비밀'을 비롯한 여타 지적재산권 영역은 오랫동안 연방이 아닌 각 주(州)의 권한으로 남겨진 분야로 취급되었다.

그러다가 연방은 앞서 제1조 제8항의 또 다른 호(號)인 통상조항(Commerce Clause)에서 주간 통상(州間 通商, interstate commerce) 등의 문제는 개별 주가 아닌 연방이 규율할 수 있도록 권한을 분배하고 있음을 헌법상 근거로 내세워 뒤늦게 여타의 지적재산권 영역에서도 점차 연방법을 수립해 나갔다. 영업비밀과 관련되는 입법은 아니었지만 1870년 제정된 연방상표법(이것은 1946년 Lanham법으로 대체됨)이 가장 대표적인 예이다. 영업비밀 관련 입법으로는 후술하는 연방 경제스파이법(EEA)과 연방 영업비밀방어법(DTSA)이 마찬가지의 예이다. 이상은 박준석, "퍼블리시티권의 법적성격 — 저작권과 상표 관련 권리 중 무엇에 더 가까운가? —", 산업재산권 제30호, 한국산업재산권법학회(2009. 12), 305-306 및 박준석, "우리법상 영업비밀보호에 관한 비교론적 고찰", 5-6 등 참조.

서 어쨌든 영업비밀의 법률상 정의를 찾고자 한다면 부득이 '통일영업비밀법'상
의 그것을 살펴보아야 한다.8) 그 법 제1조 제4항에서는 영업비밀을 "① 일반적
으로 알려져 있지 아니하며, 그 공개나 이용으로부터 경제적 가치를 얻을 수 있
는 '타인(other persons)'에 의하여 정당한 수단으로는 쉽게 획득될 수 없어('not
generally known or readily ascertainable' 요건, 즉 비공지성 요건), ② 현실적 혹은 잠
재적으로, 독립한 경제적 가치를 가지며('independent economic value' 요건, 즉 독
립한 경제적 가치성 요건), ③ 비밀성을 유지하기 위하여 상황에 맞는 합리적인
노력이 기울여지는('reasonable efforts to maintain secrecy' 요건, 즉 비밀관리성 요건)
정보로 일체의 방식, 패턴, 조합, 프로그램, 장치, 방법, 기법, 혹은 과정을 포함
한다."고 정하고 있다.

시간이 흐름에 따라 미국 연방도 이른바 연방헌법의 통상조항을 근거로 삼
아9) 영업비밀 보호에 점점 개입하게 되었는데 먼저 등장한 연방법은 1996년 제
정된 '연방 경제스파이법(EEA: The Economic Espionage Act)'이었다. 경제스파이
법은 민사적 구제를 정한 법률이 아니며 오직 형사벌에 관해 영업비밀 침해사
범에 대한 강력한 처벌조항을 도입한 것이다. 경제스파이법의 영업비밀 정의 조
항10)에서는 통일영업비밀법의 앞서 ① 내지 ③ 요건들과 엇비슷하게 영업비밀
개념을 제시하고 있지만, 여러 가지 차이도 보여준다. 그런 차이 중 아주 중요
한 부분은 ① 요건에 있어 경쟁자를 의미하는 '타인(other persons)'이라는 표현
대신에 '일반인(일반공중, the public)'을 기준으로 삼아 그 요건 충족여부를 따지
도록 함으로써 결과적으로 영업비밀의 개념을 더 넓혔다는 점11)이다.

7) 매사추세츠 주가 2018년 10월에 이르러 UTSA를 채택한 새로운 주법을 발효시킴으로써
   UTSA를 채택하지 않은 주는 뉴욕 주만이 남게 되었다. 노스캐롤라이나 주의 경우 견해
   대립이 있는데, 통일주법 전국위원회의 관련 입장에 불구하고, UTSA와 유사한 주법을 가
   지고 있기에 UTSA를 채택한 주로 분류하는 견해를 이 글에서 따르고 있다. 이는 America
   n Law Institute & the Natl Conf. of Commissioners on Uniform State Laws, *Uniform Laws
   Annotated* (Westlaw database, 2018) 중 'Uniform Trade Secrets Act-References and Annotati
   ons' 부분 및 Dawn Mertineit & Kate Perrelli, "The Massachusetts Trade Secrets Act, Four
   Years On -What to know", Boston Bar Journal, Vol. 66, Issue 4 (Fall 2022), 그리고 "Unde
   rstanding The Uniform Trade Secrets Act" (April 2018), <https://fhnylaw.com/understanding
   uniform-trade-secrets-act/> 등을 참조.
8) 한편 뉴욕주의 경우 UTSA를 채용한 성문의 주법을 수립하기보다는 종전과 마찬가지로
   보통법의 지배에 이를 맡기고 있으며, 여기서는 보통법의 내용에 관한 권위 있는 해석인
   '불법행위법 주해(Restatement of Torts, 1939)'에 따라 영업비밀을 정의한다.
9) 이에 관해서는 앞서 연방헌법 제1조 제8항 관련 설명 참조.
10) '연방 영업비밀방어법'에 의해 개정이 이루어지기 이전의 18 U.S.C. §§1839 (3) 참조.
11) 비공지성 요건의 구비 여부를 판단함에 있어, 일반인에게와 다르게 경쟁자에게는 쉽게

　　이런 경제스파이법에 의해 연방 차원에서 통일적인 형사처벌은 가능해졌지만 민사적 구제에 관해서는 여전히 각 주마다 상이한 처리가 이루어지는 현상이 제법 오랫동안 지속되었다. 경제스파이법도 '침해금지 민사절차 조항'(18 U.S.C §1836)을 신설하고 있었지만 이것은 법무부장관이 당사자로 금지명령을 구할 수 있다는 내용에 불과하였고 영업비밀보유자가 직접 당사자로 금지청구를 할 수 있다는 내용이 아니었기에 전형적인 민사적 구제와 거리가 멀었던 것이다. 그런 현상을 비판하면서 민사영역에서도 연방이 나서 통일적 구제절차를 규정하여야 한다는 목소리가 높아졌으며 이런 호소에 부응한 것이 2016년 제정된 '연방 영업비밀방어법(DTSA: Defend Trade Secrets Act)'이었다. 영업비밀방어법은 기존 연방법전에서 한 장(chapter)을 차지하고 있던 연방 경제스파이법을 개정하면서 새로 민사적 구제까지 추가하는 방식의 입법으로 진행되었다. 영업비밀방어법에 이르러서야 경제스파이법에서 시작된 민사절차조항(18 U.S.C §1836)은 침해금지뿐 아니라 손해배상까지 망라하여 진정한 민사절차 조항으로서의 모습을 갖추게 되었다. 영업비밀방어법에서는 영업비밀의 개념에 대하여 경제스파이법의 기존 정의조항 중 앞서 ① 요건의 '일반인(일반공중, the public)' 부분을 '다른 이(another person)'로 수정함으로써[18 U.S.C §1839(3)] 결국 통일영업비밀법(UTSA)의 입장으로 회귀하였다.

Ⅲ. 우리 법의 영업비밀 정의 분석

1. 부정경쟁방지법 제2조 제2호가 정의한 영업비밀의 3가지 요건[12]

가. 비공지성

(1) 비공지성의 개념

　　우리 부정경쟁방지법 제2조 제2호에서 영업비밀을 정의함에 있어 '공공연히 알려져 있지 아니할 것'을 요구하며, 이를 강학상 '비공지성(非公知性)'이라고 부른다. 해당 영업정보가 간행물이나 여타 정보전달 매개체에 의해 널리 공

　　득될 수 있는 결과 비공지성이 부정될 수 있어 영업비밀 개념에서 제외되는 영역이 존재하였는데 그런 영역까지 영업비밀 개념 안에 포섭된 셈이다.

12) 이하, 영업비밀의 3가지 요건에 관한 설명 일부는 박준석, 부정경쟁방지 및 영업비밀보호에 관한 법률의 각 행위유형, 공정거래법과의 관련성, 각국의 부정경쟁방지법 실무 및 관할 집중의 필요성에 관한 연구 ― 법원행정처 2019년 정책연구 용역보고서 ―, 법원행정처(2019. 9) 및 정상조, 박준석, 영업비밀의 사법적 보호에 관한 비교법적 연구 ― 법원행정처 2008년 정책연구 용역보고서 ―, 법원행정처(2009. 7) 중 필자 집필부분을 원용하고 있다.

개되어 있지 않기 때문에, 영업비밀의 공개 또는 사용에 의하여 경제적 가치를 얻을 수 있는 자가 언제, 어디서나 쉽게 구입, 열람, 복사 등 통상적인 방법을 통하여서는 영업비밀의 내용을 파악할 수 없는 상태를 의미한다. 환언하여, 비밀보유자의 비밀관리체제나 그 유사방법을 동원하거나 부정한 수단·방법을 동원하지 않고서는 상대방이 일반적으로 그 정보를 취득할 수 없는 상태에 있는 것을 말한다. 우리 판례도, 비공지성의 의미에 관하여 그 정보가 간행물 등의 매체에 실리는 등 불특정 다수인에게 알려져 있지 않기 때문에 보유자를 통하지 아니하고는 그 정보를 통상 입수할 수 없는 것을 말한다고 풀이한다.13)

특허법에서 발명이 특허를 부여받기 위한 요건으로 신규성(novelty)을 요구하고 있음에 비하여, 영업비밀로 보호받기 위하여는 비공지성(not generally known or readily ascertainable)만을 구비하면 족하다. 이런 '비공지성'은 특허법상의 '신규성(novelty)'과 엄밀히 비교할 경우, 해당 영업비밀의 요소 일부가 일반적으로 알려지지 않았다는 의미여서 분명한 차이가 있다. 이와 관련하여 미국의 경우, 연방대법원이 Kewanee Oil Co. v. Bicron Corp.사건의 판결14)을 통하여 '최소한의 신규성(minimally novel)'으로 족하다고 판시한 바 있다.

(2) 비공지성 판단에서의 대상자(對象者)

우리 판례15)는 "공연히 알려져 있지 아니하다고 함은 그 정보가 간행물 등의 매체에 실리는 등 불특정 다수인에게 알려져 있지 않기 때문에 보유자를 통하지 아니하고는 그 정보를 통상 입수할 수 없는 것"을 가리킨다고 판시하여 결국 비공지성 판단에서의 대상자로 일반공중을 내세우고 있다. 다수설16)도 마

---

13) 대법원 2004. 9. 23. 선고 2002다60610 판결을 비롯하여, 아래 열거한 판례를 참조할 것.
14) 416 U.S. 470, 476 (1974). 통상 영업비밀에 관한 미국에서의 규율은 연방이 아니라 주의 주법에 의하는 것이 원칙이다. 위 사건 역시 원래 쟁송은 영업비밀보호에 관한 아이오와 주법에 기하여 제기되었다. 그러나 "특허요건을 구비하지 않아 연방특허법에서 보호하지 않는 영업비밀을 주법에서 새롭게 보호하는 것은 연방특허법의 규정취지에 반하여 위 주법은 무효다"라는 주장이 상대방에 의하여 제기되자, 연방법원이 개입하게 되어 연방대법원까지 이르게 되었다.
15) "부정경쟁방지 및 영업비밀보호에 관한 법률 제2조 제2호의 '영업비밀'이란, 공연히 알려져 있지 아니하고 독립된 경제적 가치를 가지는 것으로서, 상당한 노력에 의하여 비밀로 유지된 생산방법·판매방법 기타 영업활동에 유용한 기술상 또는 경영상의 정보를 말하고, 여기서 공연히 알려져 있지 아니하다고 함은 그 정보가 간행물 등의 매체에 실리는 등 불특정 다수인에게 알려져 있지 않기 때문에 보유자를 통하지 아니하고는 그 정보를 통상 입수할 수 없는 것"을 가리킨다고 판시한 대법원 2004. 9. 23. 선고 2002다60610 판결 참조. 같은 취지로는 대법원 2009. 3. 16. 자 2008마1087 결정; 대법원 2011. 8. 25. 선고 2011도139 판결; 대법원 2020. 2. 27. 선고 2016도14642 판결; 대법원 2022. 6. 16. 선고 2018도51 판결; 대법원 2024. 4. 12. 선고 2022도16851 판결 등 다수.

찬가지이다.

　　하지만 비공지성을 판단함에 있어 대상이 되는 자들은 일반 공중이 아니라 영업비밀이 속하는 산업분야에 종사하는 자 일반, 환언하여 경업자(競業者)를 기준으로 하여야 더 합리적이라고 사료된다.[17] 왜냐하면 설령 일반공중에 의하여 정당한 수단으로 쉽게 획득될 수 없다고 하더라도 경쟁자들에 의하여서는 그렇지 않다고 하면 해당 정보를 영업비밀로 보호하는 것은 무의미하기 때문이다.

　　미국의 경우 유력한 기준이었던 통일영업비밀법(UTSA) 등 주류적 입장이 오랫동안 '경업자'를 기준으로 판단하는 태도를 취하여 왔다. 그런 영향 하에 미국 주법원 판결 중에는 '가격책정 공식'을 영업비밀로 보호받으려면 해당 공식의 가치가 이를 이용하여 이득을 볼 수 있는 다른 업자에게 일반적으로 알려져 있지 아니하였다거나 일반적인 기술과 지식으로는 얻을 수 없다는 점을 입증하여야 한다고 판시한 사례가 있다.[18] 이후 경제스파이법(EEA)에서 '일반공중'을 기준으로 삼는 태도를 취하였지만 다시 영업비밀방어법(DTSA)은 종전처럼 '경업자'를 기준으로 삼는 태도로 회귀하였음은 앞에서 설명하였다.

　　한국의 부정경쟁방지법에서는 영업비밀 정의규정 중 "공공연히"라는 문구를 채택함으로써 '일반공중'을 기준으로 삼는 판례의 입장에 더 가깝게 표현하고 있을지라도, '경업자' 대신 '일반공중'을 기준으로 삼은 비공지성 요건은 앞서 설명한 대로 무의미한 요건이 될 수 있으므로 판례의 해석론이 전환되거나 그렇지 않다면 아예 입법의 수정을 검토할 필요가 있다고 본다.

(3) 비공지성 요건이 문제될 만한 경우들

　　최신 판례[19]는, 어떠한 정보가 공지된 정보를 조합하여 이루어진 것이라고 하더라도 그 조합 자체가 해당 업계에 일반적으로 알려져 있지 않고 전체로서 이미 공지된 것 이상의 정보를 포함하고 있는 등의 이유로 보유자를 통하지 않고서는 조합된 전체로서의 정보를 통상적으로 입수하기 어렵다면 그 정보는 공공연하게 알려져 있다고 할 수 없다고 보았다. 해당 정보의 각 구성요소들이 공

---

16) 송영식, 지적소유권법 하, 육법사(2013), 436 등.

17) 이런 사견에 관해 자세히는, 박준석, "우리법상 영업비밀보호에 관한 비교론적 고찰", 23; 정상조·박준석, 영업비밀의 사법적 보호에 관한 비교법적 연구 — 법원행정처 2008년 정책연구 용역보고서 —, 법원행정처(2009. 7) 중 필자 집필부분인 42-43 및 13-14 각 참조.

18) Stenstrom Petroleum Services Group, Inc. v. Mesch, 314 Ill. Dec. 594, 874 N.E.2d 959, App. Ct. 2d Dist. 2007 등.

19) 대법원 2024. 4. 12. 선고 2022도16851 판결.

지된 정보일지라도 그 조합물은 여전히 제한적으로 비공지성을 가질 수 있다는 점을 확인한 판시로 지극히 타당하다고 본다.[20] 영업비밀의 비공지성은 특허발명의 신규성과는 개념상 차이가 있다는 점, 만약 특허발명이었다면 공지기술로부터 해당 조합물을 쉽게 만들 수 있는지가 쟁점[21])이 되었을만한 사안에 대해 영업비밀 보호법제에서 어떻게 취급해야 할지는 결국 영업비밀의 비공지성 요건의 조화로운 해석론[22])에 의할 수밖에 없는 점 등에 비추어 그러하다.

비공지성을 충족하기 위해서는, 제한된 범위의 특정한 사람들만이 알고 있어야 하지만 반드시 소수의 특정인만 알고 있을 필요는 없다. 많은 사람들이 알고 있다고 하더라도 그들에게 비밀을 지킬 의무가 부과되어 있는 경우에는 비밀로 유지된 정보라고 할 수 있다.

미국에서도 마찬가지로, 우리 실무도 대체로 해당 정보를 누설하지 않을 명시적 혹은 묵시적 의무가 있는 자나 신뢰관계 있는 자에게 제공하더라도 영업비밀의 비공지성은 여전히 유지된다고 파악하면서, 가령 영업비밀의 장래의 매수자나 영업비밀을 이용하는 제조과정에 관여하는 피용자 등에게 공개되더라도 영업비밀의 비공지성은 상실되지 않는다고 해석하여 거래현실의 실정에 부응하고자 하고 있다.

반면, 극소수의 사람만이 알고 있다고 하더라도 그들이 비밀을 지킬 의무가 없다면 그것은 공지의 것으로 취급될 수 있다. 영업비밀보유자가 거래상대방에

---

20) "어떤 정보의 단편이 여러 간행물에 게재되어 있어서 그 단편들을 모을 경우 해당 영업비밀에 가까운 정보가 재구성될 수 있더라도, 그것만으로 곧장 비공지성이 부정되는 것은 아니다. 왜냐하면, 그 단편에 반대되는 정보도 복수 존재할 수 있는 상황에서 어떤 정보를 조합하느냐 하는 것 자체에 유용성이 있는 영업비밀일 수 있기 때문이다."라는 설명으로는 日本 経済産業省 知的財産政策室編, 逐条解説 不正競争防止法 (令和6年4月1日施行版), 50-51.

21) 해당 특허권의 진보성 결여 여부가 쟁점이거나 상대방이 특허권자의 균등침해 주장을 반박하면서 내세운 자유실시기술 여부가 쟁점이 될 것이다.

22) 영업비밀의 비공지성 요건이 특허법 상의 신규성 요건뿐만 아니라 진보성 요건까지 포섭하고 있다는 해석을 뜻하지 않는다. 다시 한번 강조하거니와, 영업비밀의 비공지성 요건은 특허법 상의 신규성 등 요건과는 차이가 있는 개념인 것이다. 위 2022도16851는 개개 구성요소들이 모두 공지되었다 할지라도 그 구성요소들을 결합한 조합체에 대한 비공지성 유무는 전혀 다르게 판단될 여지가 있음을 분명히 하는 과정에서, 마치 특허법 상의 진보성 판단과정과 비슷한 기준이 앞으로 더 구체적으로 도입될 여지를 열었을 뿐이다. 즉, 해당 판결의 제시대로 "그 조합 자체가 해당 업계에 일반적으로 알려져 있지 않고 전체로서 이미 공지된 것 이상의 정보를 포함하고 있(다)"고 인정되려면 이미 공지된 구성요소들을 결합하여 조합하는 것이 해당 업계에서 통상의 지식을 가진 자에게 일응 쉽지 않아야 할 것이다. 다만 영업비밀의 비공지성 요건 관련한 이 부분의 해석론 전개에서도 특허법의 진보성 요건의 그것과는 차이가 있는 해석이 타당하다.

게 비밀유지의무를 부과하지도 아니한 채 제품수주나 계약체결을 위하여 공개
한 경우는 설령 그 계약이 최종적인 체결에 이르지 않았다고 하더라도 그 거래
상대방에 대하여 영업비밀이라고 주장할 수는 없다.

　　또한 시판된 제품을 살펴보아 타인이 쉽게 그 제품에 내재한 영업비밀을
알 수 있다면 해당 상품을 시장에 내놓는 순간 비공지성은 상실된다. 하지만 해
당 정보가 시판제품에 포함되어 있더라도 거기에서 해당 영업비밀의 정보를 취
득하는 것이 사실상 용이하지 않는 경우, 가령, 리버스 엔지니어링으로 정보를
취득하는 데에 장기간이나 고비용을 요구하는 경우에는 비공지라고 할 수 있다.
비공지성은 특허법 상의 신규성보다 일면 충족하기 쉬운 상대적·주관적 개념
이므로, 해당 제품이 공연히 실시됨으로써 신규성 상실이 인정될 상황에서도 영
업비밀의 비공지성 여부는 별도로 판단되어야 한다.

　　한편, "음료나 맥주의 용기에 내용물의 온도를 확인할 수 있는 열감지 테이
프나 열감지 잉크 등의 온도감응수단을 부착하는 아이디어는 국내에서 사용된
바는 없다 할지라도 국외에서 이미 공개나 사용됨으로써 그 아이디어의 경제적
가치를 얻을 수 있는 자에게 알려져 있는 상태에 있었으므로, 온도테이프를 부
착한 맥주 용기에 관한 아이디어는 부정경쟁방지법에서의 영업비밀이라고 볼
수 없다."고 판시함으로써 국내에서는 사용된 바 없으나 국외에서 이미 공개되
거나 사용된 아이디어의 경우에는 비공지성이 결여되었다고 소극적인 입장을
보인 하급심 판례23)가 있는데 그 타당성은 의문이다. 왜냐하면 사건으로는 비공
지성의 지역적 범위는 전 세계가 아니라 한국을 기준으로 판단하면 충분하기
때문이다. 신규성 판단에 있어 이른바 세계주의를 취하는 특허법의 경우와 달
리, 영업비밀의 비공지성 판단을 비롯하여 부정경쟁방지법의 제반 판단은 기본
적으로 국내를 기준으로 내려져야 한다. 즉 부정경쟁방지법 제1조 목적조항에서
보호하려는 '건전한 거래질서'는 다름 아니라 국내의 거래질서일 뿐이며, 그런
견지에서 국내 일반공중을 기준으로 상표 혼동 유무 등을 판단하는 상표법의
상황과 같다. 앞서 판례의 사안에서도 국내에서 비밀상태를 유지하였다면 설령
외국에서 공개된 아이디어에 불과하였는지는 한국 부정경쟁방지법에 따른 영업
비밀 보호 여부에 직접 영향을 미치지 않는다고 본다. 외국에서 이미 공개된 정

---

　　23) 서울지방법원 1997. 2. 14. 선고 96가합7170 판결(이 사건은 서울고등법원 97나15229호로
　　　　항소되었고 항소심 판결에서 원심의 결론이 변경되었지만 항소심 역시 부정경쟁방지법에서
　　　　의 영업비밀에 해당하지 않는다고 본 점에 있어서는 원심과 동일한 입장을 취함) 참조.

보라는 사정은 그런 상황을 활용하여 한국의 경쟁자가 그렇게 공개된 외국의 정보를 쉽게 얻을 수 있다고 인정된 결과로 한국 내에서도 비공지성을 인정하기 어렵게 되는 것과 같이 오직 간접적 영향을 줄 여지가 있을 뿐이다.

(4) 일반적 지식의 문제

근로자가 사용자의 회사에 근무하면서 지득하게 된 업무상 지식이라 하여 모두 채권자 회사의 영업비밀로 인정되는 것은 아니다. 근로자가 근로계약에 따라 직장에서 근무하는 동안에 그 학력과 경력에 비추어 스스로 체득하게 된 일반적 지식(general knowledge and skill), 기술, 경험, 고객과의 친분관계 등은 채권자의 영업비밀이라 할 수 없는 것이다. 이런 입장은 미국[24]이나 한국[25] 모두 마찬가지이다. 이에 관하여 근로자 자신에게 귀속되는 인격적 속성의 대상이기 때문이라고 근거를 설명하기도 하지만,[26] 그것보다는 근로자 스스로 체득할 수준이었다면 성질상 비공지성을 결여한 것으로 파악한 결과라고 보아야 합리적이다. 이에 관한 다툼에 관해서는 본 주해서 중 제2조 제3호 (라)목 부분에서 더 상세히 설명할 것이다.

(5) 영업비밀의 비공지성과 특허출원

1) 영업비밀보호와 특허법적 보호의 상관관계

새로운 기술 발명을 완성한 자는 해당 기술정보에 관하여 영업비밀로 보호받을 지, 아니면 특허출원하여 특허권을 부여받을 지 선택의 기로에 놓이게 된다. 영업비밀로 보호받는 경우 그것이 비공지성 등 보호요건을 구비하는 한 영구히 보호받을 수 있다는 큰 장점이 있다. 가령, 코카콜라의 제조비법이 대표적 사례이다. 반면, 영업비밀은 그 관리가 소홀하거나 혹은 다른 기업의 리버스 엔지니어링(Reverse Engineering) 등으로 공지상태가 되면 법적 보호를 상실할 수 있고, 심지어는 상대방 기업이 먼저 특허등록함으로써 아예 쓰지 못하게 될 수도 있다는 단점이 있다.

---

24) CVD, Inc. v. Raytheon Co., 769 F.2d 842, 852. "퇴사하는 근로자가 일반적 지식과 경험을 가져가는 것은 노동유연성이라는 공익을 달성하고 직업수행의 자유와 경쟁의 자유를 증진시킨다"고 판시했다.

25) 가령, 문제된 정보가 근로자가 해당 전문직에 종사하면서 스스로 체득하게 된 것이므로 이런 지식을 사용해 동종업무에 근무하는 것을 부정경쟁방지법 위반으로 볼 수 없다고 판시한 서울고등법원 2008. 4. 30. 자 2007라1506 결정(이는 대법원 2008. 7. 4. 자 2008마701 결정으로 재항고기각됨) 참조.

26) 이런 입장은 서울중앙지방법원 2007. 8. 10. 선고 2007카합1160 결정 등.

2) 특허출원이 공개된 경우는 원칙적으로 비공지성을 결여함

특허출원을 하는 경우 특허출원서에는 발명의 명세서와 필요한 도면 및 요약서를 첨부하여야 하고, 발명의 설명에는 그 발명이 속하는 기술분야에서 통상의 지식을 가진 자가 쉽게 실시할 수 있을 정도로 명확하고 상세하게 기재하여야 하며, 특허청구범위에는 발명이 명확하고 간결하게 그 구성에 없어서는 아니되는 사항을 기재하여야 한다.[27] 나아가 특허출원이 일단 이루어지면 출원인의 신청이 있거나, 그렇지 않더라도 소정의 기간이 경과한 뒤에는 일반공중에게 그 발명의 내용이 공개된다.[28]

이상과 같은 특허출원의 공개가 있는 경우 해당 출원된 발명기술은 원칙적으로 비공지성을 잃게 되므로[29] 영업비밀로서의 보호는 불가능해진다. 이렇게 공개된 출원발명임에도 영업비밀임을 주장하려면, 그런 자는 특허출원된 내용 이외의 어떠한 정보가 영업비밀로 관리되고 있으며 어떤 면에서 경제성을 갖고 있는지를 구체적으로 특정하여 주장·입증하여야 한다는 것이 대법원 판례[30]이다.

3) 공개되기 이전의 특허출원 발명의 경우나 행정당국의 인허가를 받기 위해 제출된 경우는 여전히 비공지성을 가짐

특허청에 특허출원되었으나 아직 공개되기 이전의 정보이거나, 정부기관에 인·허가 내지 승인을 받기 위하여 혹은 등록·신고를 하기 위하여 제출된 정보가 영업비밀의 보호대상인지는 논란이 있다.

재판절차나 정부기관에 영업비밀을 제시함으로써 비공지성이 파괴될 수 있음을 들어 보호대상임을 부정하는 듯한 견해도 있으나,[31] 신청자의 재산적 가치

---

27) 특허법 제42조 제2항 내지 제4항.

28) 특허법 제64조(출원공개) ① 특허청장은 다음 각 호의 구분에 따른 날부터 1년 6개월이 지난 후 또는 그 전이라도 특허출원인이 신청한 경우에는 산업통상자원부령으로 정하는 바에 따라 그 특허출원에 관하여 특허공보에 게재하여 출원공개를 하여야 한다. <이하 생략>

29) 대법원 2004. 9. 23. 선고 2002다60610 판결 참조. 아울러 특허출원 후 출원공개는 제조방법에 관하여 비밀관리의사가 없음을 보여준다는 서울고등법원 1998. 12. 2. 자 98라134 결정 참조.

30) 위 2002다60610 판결. 위 사건에서 원심은 원고가 이 사건 특허출원으로 공개된 제조기술 이외의 영업비밀로 주장하는 기술상 정보가 구체적으로 무엇인지 특정·밝히지 아니한 채 만연히 이동식교각에 대한 생산방법에 대한 정보를 영업비밀이라고 인정·판단하였다. 그러나 대법원은 원심을 파기하면서 원고는 제3자가 특허등록한 "이동식교각"에 관한 특허권의 전용실시권자로서 위 특허출원과 동일한 이 사건 이동식교각을 제작·생산하고 있으므로, 원고의 이동식교각에 관한 제조기술 자체는 특허출원으로 인하여 이미 공개되었다고 할 것이어서 그 비공지성을 상실하였다는 점을 그 파기이유의 하나로 지적하였다.

31) 조성필, "부정경쟁방지 및 영업비밀보호에 관한 법률상의 영업비밀의 보호에 관한 검

가 있는 정보로 일정한 목적 범위 내에서의 사용만을 전제로 한 것이고, 일반적 공개를 목적한 것이 아니므로 국가기관에 제출되었다는 것 자체만으로 비공지성을 상실하거나 비밀관리포기의사가 추정된다고 보기 어려우므로 여전히 보호의 대상이 된다는 견해[32]가 더 유력하다. 정보보유자가 국가기관에게 명시적으로 비밀유지의무를 부과하지 않았음을 근거로 삼아 정보보유자를 비난하기 곤란하고, 해당 정보에 관해 국가기관에서 당초 제출을 요구한 목적 범위에서 제한적으로 이용할 것으로 정보보유자가 신뢰하면 충분하다고 보는 것이 타당하기 때문이다.

우리 판례 중에는, 특허권자가 해양경찰청의 '선박 프리패스 시스템 구축 사업' 입찰에 참가하여 낙찰받은 후 비교대상발명 1의 시스템을 개발하여 해양경찰청 공무원들을 상대로 시스템 사용법 등을 교육하면서, 비교대상발명 1이 개시되어 있는 선박 프리패스 시스템 사용자지침서를 교육참석자들에게 배부한 사안에서, 위 비교대상발명 1은 비밀유지의무를 지고 있는 특정인에게만 배포된 것이어서 "선박 프리패스 시스템"을 명칭으로 하는 특허발명이 출원되기 전에 공지된 것이라고 볼 수 없다고 판시한 것이 있다.[33] 미국의 사례를 보건대, 원고가 화학살충제를 등록하도록 요구하는 관련법의 규정에 따라 미국 환경보호국(EPA)에 이를 등록하였고, 해당 정보가 제출된 후에는 제출 회사는 이를 비밀이라고 주장할 수 없다는 환경보호국의 가이드라인이 존재하였더라도, 그 정보가 일반에게 공개되지 않은 한, 환경보호국에 정보를 제출한 것만으로 영업비밀이 아니라고 할 수 없다는 하급 법원의 판례가 있다.[34]

마찬가지로 특허출원에 의한 정보제출의 경우에도 출원공개의 시점까지는 특허심사관이 직무상 비밀을 유지하면서 심사를 진행하는 과정만 전제한 것이므로 아직 비공지성을 유지한다고 볼 것이다.

토 — 민사적 구제 및 이에 대한 판례를 중심으로 — ", 재판실무연구, 광주지방법원(2000), 288.

32) 竹田稔, 知的財産權侵害要論(不正競業編 改訂版), 發明協會(2003), 153. 이는 김운호, "거래상대방 및 정부기관에 제출된 정보의 영업비밀성 인정 여부에 관하여 — 전동차 설계도면 등의 복제 등 금지가처분에 대한 항고사건(서울고등법원 2006라23 영업비밀침해금지가처분)을 중심으로 —", 정보법학회 발표문(2007. 4. 10), 21에서 재인용.

33) 특허법원 2010. 6. 11. 선고 2009허9693 판결.

34) Amvac Chemical Corp. v. Termilind, Ltd., No. 96-1580-HA, 1999 U.S. Dist. LEXIS 20151 (D.Or., Aug. 3, 1999).

(6) 비공지성과 리버스 엔지니어링

우리 대법원은 해당 기술정보에 대하여 경쟁업체에 의한 리버스 엔지니어
링(reverse engineering), 즉 역설계가 이루어지면 그에 의하여 기술정보가 공개될
가능성이 존재하더라도, 그러한 사정만으로는 그 기술정보를 비공지성을 가진
영업비밀로 보호하는 데 아무런 지장이 없다고 본다.[35]

(7) 비공지성의 입증

우리 법원은 영업비밀이 공연히 알려져 있지 아니하다는 사실의 입증책임
에 관하여, 영업비밀을 주장하는 권리자가 문제의 정보가 통상적인 방법으로 입
수될 수 없다는 점을 합리적으로 입증하면 그 정보는 공연히 알려져 있지 않은
것으로 사실상 추정되므로, 상대방이 영업비밀이 공연히 알려져 있다는 점에 대
하여 적극적으로 반증을 제출할 책임이 있다고 처리하고 있다.[36]

나. 독립된 경제적 가치성

(1) 개   념

1) 총   설

우리 부정경쟁방지법 제2조 제2호에서는 영업비밀이 되려면 '독립된 경제
적 가치를 가지는 생산방법, 판매방법, 그 밖에 영업활동에 유용한 기술상 또는 경
영상의 정보'일 것을 요구하고 있다. 이 부분을 '독립된 경제적 가치성(independent
economic value)'으로 총칭하고 있다. 이를 나누어 보면 해당 정보가 i) 생산방법,
판매방법 기타 영업활동에 유용한 기술상 또는 영업상의 정보로서 ii) 독립된
경제적 가치를 가짐을 뜻한다.

2) 기술상 또는 영업상의 정보

기술상 정보의 예로는 원재료 배합방법 등 물건의 제조방법이나 새로운 용
도에 사용하는 방법, 그 밖에 여러 가지 정보가 해당될 수 있다. 영업상 정보의
예로는 고객 명단, 거래처 리스트, 투자 등 사업계획, 인사관리 등 조직관리 기

---

35) 대법원 1999. 3. 12. 선고 98도4704 판결. 여기서는 피고인들이 삼성전자로부터 유출한
판시 자료들은 모두 삼성전자에서 많은 인력과 자력을 투여하여 만들어 낸 핵심공정자료
들로서 삼성반도체의 특유한 생산기술에 관한 영업비밀이라면, 일부 내용의 경우 제품을
분해하여 고율의 전자현미경으로부터 분석하면 그 내용을 대략적으로 알 수 있다거나, 그
제품의 생산장비를 생산하는 업체를 통하여 간접적으로 알 수 있다 하더라도 영업비밀 누
출로 인한 배임죄로 처단함에 달리 볼 것이 아니라고 판단하고 있다. 위 대법원 판결을 따
른 하급심 판결로는 부산지방법원 2016. 8. 30. 선고 2014노873 판결. 아울러 아래 대법원
1996. 12. 23. 선고 96다16605 판결 등 참조.
36) 이런 예로는 서울중앙지방법원 2016. 12. 8. 선고 2016가합518302 판결 등.

법 등이 있다. 그 유형만 보더라도 통일적으로 설명하기 어려울 만큼 상당히 광범위한 셈이다. 미국에서도 보통법 하에서, 영업에 사용되는 거의 모든 지식이나 정보가 영업비밀이 될 수 있다고 인정된다. 구체적 예로 1. 화학제품, 의약품, 음식 등에 관한 공식, 2. 산업 공정,37) 3. 노하우, 즉 특허받거나 받지 않은 발명들의 실제 적용과 관련된 기술적 정보, 4. 빌딩이나 기계의 설계도, 5. 공급원, 가격결정정보, 판매자나 공급자의 신원, 고객명단 등이 거론되고 있다. 가령, 미국 워싱턴 주의 법률에서는 영업비밀이 부정적인 의미에서 상업적 가치를 가지는 정보(예를 들면, 특정한 절차에 의해서는 어떤 제품을 생산할 수 없다는 지식)도 포함할 수 있다고 한다.

3) 독립된 경제적 가치를 가질 것

우리 판례에 따르면 '독립된 경제적 가치를 가진다'는 것은 그 정보의 보유자가 그 정보의 사용을 통해 경쟁자에 대하여 경쟁상의 이익을 얻을 수 있거나 또는 그 정보의 취득이나 개발을 위해 상당한 비용이나 노력이 필요하다는 것을 말한다.38) '독립' 혹은 '경제적 가치' 등 추상적 개념의 해석은 궁극적으로 '건전한 거래질서 유지'라는 부정경쟁방지법 제1조39)의 명시적 목적에 비추어 판단되어야 한다. 해당 정보가 그 보유자의 영업에서 핵심적 요소를 이룬다면 독립한 경제적 가치를 가진다고 판단함에 어려움이 없다.40)

(2) 독립된 경제적 가치성이 있는지 문제되는 경우

과거에 실패경험을 축적한 실험데이터와 같이 소극적·부정적 정보도 독립된 경제적 가치가 긍정된다. 직접적인 이용가치는 없지만, 위 정보를 가진 자는 같은 실패를 반복하지 않고 시간과 비용, 노력 등을 절약할 수 있기 때문이다.

반면 사회적 상당성이 없는 정보는 독립된 경제적 가치를 가지지 않은 것

---

37) E.I. du Pont de Nemours & Company, Inc. v. Christopher, 421 F.2d 1012 (5th Cir. 1970).

38) 대법원 2009. 4. 9. 선고 2006도9022 판결; 대법원 2011. 8. 25. 선고 2011도139 판결; 대법원 2022. 6. 16. 선고 2018도51 판결 등.

39) 제1조(목적) 이 법은 국내에 널리 알려진 타인의 상표·상호 등을 부정하게 사용하는 등의 부정경쟁행위와 타인의 영업비밀을 침해하는 행위를 방지하여 건전한 거래질서를 유지함을 목적으로 한다.

40) 가령 대법원 1996. 12. 23. 선고 96다16605 판결. 이 사건에서는 필기구 제조업체에 있어서 잉크제조의 원료가 되는 10여 가지의 화학약품의 종류, 제품 및 색깔에 따른 약품들의 조성비율과 조성방법에 관한 기술정보가 가장 중요한 경영요소 중의 하나로서, 그 기술정보가 짧게는 2년, 길게는 32년의 시간과 많은 인적, 물적 시설을 투입하여 연구·개발한 것이고, 생산 제품 중의 90% 이상의 제품에 사용하는 것이라면, 실질적으로 그 기술정보 보유업체의 영업의 핵심적 요소로서 독립한 경제적 가치가 있다고 보았다.

으로 취급되고 있다. 탈세정보나 공해배출정보가 대표적이다. 부정경쟁방지법이 건전한 거래질서의 유지를 목적으로 하는 것임을 중시하여(제1조), 위와 같은 정보는 이런 거래질서 확립에 오히려 역행하는 정보일 뿐이므로 보호대상이 아니라는 사고에 기인한다. 따라서 종업원이 사회정의를 위하여 개인이나 기업의 탈세정보 및 공해배출정보를 공개하더라도 영업비밀 침해행위가 아니라는 해석이 유력하다.41) 그러나 사회적 상당성이 없음이 분명하지 아니한 경우, 가령 기술보유자가 외국의 기존제품을 분석하여 이를 토대로 정보를 보유한 것에 불과하다는 정도로는 영업비밀로 보호됨에 아무런 장애가 없다.42)

다. 비밀관리성
(1) 비밀관리성 요건 부분의 잦은 조문 변경 등

영업비밀로 보호되려면, 비밀관리성을 갖추어야 한다.

참고로 미국 통일영업비밀법(UTSA)의 경우 비밀관리성 요건에 관하여, 정보의 보유자에 의하여 합리적인 노력에 의하여 비밀로 유지되는(reasonable efforts to maintain secrecy) 정보여야 한다고 요구하고 있다.

비밀관리성 요건에 대하여 당초 우리 부정경쟁방지법은 1991년 부정경쟁방지법 개정으로 새로 영업비밀 보호규정을 도입한 이래 20여년 이상 '상당한 노력에 의하여 비밀로 유지된' 것임을 요구하고 있었다. 그런데 2015. 1. 28. 개정법에서 '합리적인 노력에 의하여 비밀로 유지된'으로 해당 문구를 수정하였고, 다시 채 몇 년이 지나기도 전인 2019. 1. 8. 개정법을 통해 '비밀로 관리된'이라고 재차 수정하였다. 요컨대, 거칠게 압축하자면, '상당한 노력필요 → 합리적인 노력필요 → 그런 노력 불요' 순으로 순차 변화가 있었던 셈이다. 2015년 및 2019년 개정과정에서 우리 입법자는 비밀관리성 요건을 종전보다 낮추기 위한 입법적 시도임을 각각 분명히 밝히고 있다.43) 즉 2015년 개정법 입법자의 설명44)에

---

41) 김운호, 앞의 논문, 15-16. '독립된 경제적 가치성' 요건에 관한 한국에서의 이런 논의는, '유용성' 요건에 관한 일본에서의 다음 논의로부터 영향 받은 것으로 볼 수 있다. '유용성 요건은, 기업의 비밀이라면 무엇이든 보호받는 것이 아니며 보호받음에 일정한 사회적 의의와 필요성이 인정되는 것에 한정하기 위한 요건으로서, 공해·탈세 등의 공서양속에 반하는 내용의 정보는 보호대상에서 제외된다.'는 취지의 설명으로는 熊谷健一, "トレードシークレットの保護と不正競争防止法の改正", 金融法務事情 1258号, 金融財政事情研究会(1990), 57-58[이는 小野昌延·松村信夫, 新不正競争防止法概説 第2版, 青林書院(2015), 341에서 재인용].

42) 위 96다16605 판결의 사안이다.

43) 각 개정법의 '개정이유' 참조.

44) 2015. 1. 28. 개정 부정경쟁방지법의 개정이유 참조.

따르면 자금사정이 좋지 않은 중소기업이 원활하게 영업비밀을 보호받을 수 있도록 하기 위해서 그 노력의 수준을 '상당한'에서 '합리적인'으로 완화하였다는 것이고, 2019년 개정법 입법자의 설명[45] 역시 기업의 영업비밀보호를 강화하기 위하여 보호대상이 되는 영업비밀의 요건을 완화하고자 합리적인 노력이 없더라도 비밀로 유지되었다면 영업비밀로 인정하겠다는 것이다.

　그러나 그런 입법자의 기대에 따라 영업비밀로 보호받기 위해 필요한 '노력'의 수준이, 과연 실제로 낮아지는 효과가 생길 수 있을 지는 의문이다. 현행법 문구에 의하더라도 그 표현을 달리할 뿐 여전히 '비밀관리성' 요건은 존속하고 있음이 분명하고 '상당한 노력' 또는 '합리적인 노력'이란 과거의 표현들이 삭제된 한국 현행법의 문구는 '비밀로 관리되고 있는'이라고 비밀관리성을 규정한 일본 부정경쟁방지법의 영업비밀 정의조항(동법 제2조 제6항)에 더욱 흡사한 모습을 가지게 되었을 뿐이다. 그런데 우리 현행법과 흡사하게 이미 '비밀로 관리되고 있는'이라고만 비밀관리성을 규정하고 있을 뿐인 일본법의 해석론 하에서도 그 요건충족이 결코 쉽지만은 않은 수준으로 반드시 일정한 노력이 요구되고 있다. 한편 미국법의 경우에도 통일영업비밀법 등에서 '합리적인 노력 (reasonable efforts)'이라고 규정한 비밀관리성 요건을 해석하면서 나름 만만치 않은 노력을 요구하고 있다. 심지어 Trips 협정 제39조에서도 앞서 보았듯이 그 보호요건 중 하나로, 비밀을 유지하기 위한 적절한 조치(reasonable steps)를 요구한다.

　요컨대, 한국의 현행법조차 '비밀로 관리'할 것만큼은 분명히 요구하고 있는 이상 그런 관리의 노력이 어떤 형태로든 반드시 필요한데, 영업비밀 보호 요건을 운영하면서 미국과 일본 등 제외국이나 국제규범에 공통된 상황과 전혀 상치되게 그런 관리 노력의 내용을 우리만 아예 없애거나 현저하게 낮추기도 어려운 실정이므로 결국 관건은 그동안 개별 분쟁사례에서 우리의 일부 판례가 구체적 쟁점에 대하여 지나치게 높은 노력을 요구한 결과로 영업비밀 보호가 과도하게 부정되었던 태도를 전향적으로 수정하여 앞으로는 비밀관리 노력의 요구 수준을 부분적으로 낮추는데 있는 것이지 앞으로는 '합리적인 노력' 혹은 '상당한 노력'이 마치 필요 없게 된 것처럼[46] 입법자가 혼란스럽게 몇 년 사이

---

45) 2019. 1. 8. 개정 부정경쟁방지법의 개정이유 참조.

46) 가령 2019년 개정법의 '개정이유'에서는 "…기술상 또는 경영상의 정보가 합리적인 노력에 의하여 비밀로 유지되어야만 영업비밀로 인정받던 것을, 합리적인 노력이 없더라도 비밀로 유지되었다면 영업비밀로 인정받을 수 있도록 영업비밀의 인정요건을 완화함"이라

에 수차례나 조문변경을 행할 사안은 아닌 것이다.

　2019년 개정 법은 해당 정보가 '비밀로 관리될 것'을 요구할 뿐이고 구법에
서처럼 '비밀로 유지될 것'까지는 요구하지 않는다고 하여 마치 양자의 표현에
실질적 차이가 존재하는 것처럼 설명하려는 학설47)도 보이나, 이런 설명은 개정
에 불구하고 여전히 비밀로 유지되어야 한다는 점만큼은 분명히하고 있는48)
2019년 개정이유에도 배치될 뿐만 아니라, 무엇보다 비밀로 유지되지 않아 비
공지성을 결여한 정보는 애당초 논의대상이 될 수 없음을 간과한 설명이다.

　어쨌든 비공지성과 독립된 경제적 가치성 이외에도 비밀관리성 요건이 존
재하기 때문에 영업비밀보유자 스스로는 현실적으로 부단하게 일정한 노력을
기울여야 부정경쟁방지법의 보호를 얻을 수 있다. 과거 '상당한 노력' 문구가
존재하던 시절의 판례들이기는 하지만 우리 판례는 비밀관리성을 충족하기 위
한 노력의 내용에 관하여, 그 정보가 비밀이라고 인식될 수 있는 표시를 하거
나 고지를 하고, 그 정보에 접근할 수 있는 대상자나 접근 방법을 제한하거나
그 정보에 접근한 자에게 비밀준수의무를 부과하는 등 객관적으로 그 정보가
비밀로 유지·관리되고 있다는 사실이 인식 가능한 상태여야 비로소 '상당한
노력에 의하여 비밀로 유지된다'라고 비교적 엄격하게 보고 있다.49) 다만 이때
의 노력 수준은 절대적인 수준의 비밀유지에 달할 것을 요구하는 것이 아니라,

고 설명하고 있다. 그러나 다른 법률, 다른 쟁점이라면 '합리적인'과 '상당한'이 제각각 독
자적인 의미를 부여받을 수 있고, 그런 문구가 없는 상황과 차별화까지 가능할지 모르겠으
나 적어도 영업비밀의 비밀관리성에 있어서는 그 관리의 노력은 언제나 합리적인 노력, 그
리고 (개별환경에 맞추어) 상당한 노력이어야 하는 것은 너무나 당연한 이치이다. 설령 그
런 표현이 삭제된 현행법의 해석론을 전개하는 과정에서도 관리의 노력이 요건충족에 합
당한지는 그런 추상적 기준에 기대어 판단될 수밖에 없는 것이다. 법원이 구체적 사건별로
해당 사건에서는 과연 무엇이 합리적인 노력 혹은 상당한 노력인지를 판단하는 단계에서
각각 구체적으로 기대되는 노력의 수준을 낮추어야 궁극적으로 해결될 문제임에 불과하
고, 입법자가 사실은 법리적으로 동어반복에 불과한 개정을 거듭하여 오히려 혼란을 초래
하는 것은 무척이나 아쉬운 대목이다. 다소 다른 맥락에서이지만 '상당한 노력'이 다름 아
니라 '합리적인 노력'과 동의어에 불과하다는 같은 견해로는 정차호, "영업비밀 관리성 요
건: 객관적 인식을 위한 상당한 노력", 성균관 법학 26권 1호(2014. 3), 12-15 참조.

47) 최정열·이규호, 부정경쟁방지법(영업비밀보호법제 포함), 제5판, 진원사(2022), 382.
48) 2019년 개정법의 '개정이유' 중 "… 비밀로 유지되었다면 영업비밀로 인정받을 수 있도
　록 …" 부분 참조.
49) 대법원 2008. 7. 10. 선고 2008도3435 판결; 대법원 2010. 12. 23. 선고 2008다44542 판
　결; 대법원 2011. 7. 14. 선고 2009다12528 판결; 대법원 2011. 7. 28. 선고 2009도8265 판
　결; 대법원 2011. 8. 25. 선고 2011도139 판결; 대법원 2014. 8. 20. 선고 2012도12828 판
　결; 대법원 2019. 10. 31. 선고 2017도13791 판결; 대법원 2020. 2. 27. 선고 2016도14642
　판결; 대법원 2022. 6. 16. 선고 2018도51 판결 등 다수.

정보가 일반적으로 알려지지 않도록 제반정황상 합리적인 노력만 기울이면 된
다. 가령 산업스파이에 대응하여 영업비밀을 보호하기 위하여 극단적이고 고비
용의 조치를 취할 것까지는 요구하지 않지만, 전시나 잡지, 출판물, 광고, 여타
영업비밀보유자의 과실에 의해 정보가 공개되는 경우라면 보호하지 않겠다는
것이다.50)

(2) 비밀관리성 구비의 요건

1) 영업비밀 보유자에 의할 것

영업비밀은 영업비밀 보유자에 의하여 관리되어야 한다. 여기서 '보유자'의
의미에 관하여 영업비밀에 관해 정당한 사용수익권을 갖는 자를 말한다는 해석
이 유력하다. 반면, 우리 하급심 판례들은 영업비밀의 '보유자'라 함은 그 보유
에 관하여 정당한 권원을 가지는 자뿐만 아니라 사실상의 보유자도 포함하는
개념이라고 판시하고 있다.51) 이처럼 학설과 판례가 대립하는 듯하지만, 학설은
부정행위에 의하지 아니하고 비밀을 보유하는 자까지 정당한 보유자에 포함하
고 있고 아울러 판례는 부정행위에 의한 비밀보유자까지 보호하지는 아니하므
로, 학설과 판례 사이에 실질적인 차이가 거의 없다. 결국 영업비밀에 대한 정
당한 권리자를 뜻한다고 볼 수 있다. 어쨌든 영업비밀을 창작한 원시적 보유자
뿐만 아니라, 그 승계자, 전득자 등 부정행위에 의하지 않고 비밀을 보유하는
자도 모두 영업비밀보유자가 된다.

2) 비밀로 유지·관리할 것

㈎ 취   지

종전까지 '상당한 노력' 혹은 '합리적인 노력'을 요구하는 문구가 2019. 1.
8. 개정법에서부터 삭제되었지만 현행법에서도 여전히 "비밀로 관리된" 것임을
요구하고 있고, 그렇게 관리되기 위해서는 어떤 형태로든 영업비밀보유자의 노
력이 투입되어야 할 것임은 어느 정도 자명하므로 결국 현행법 하에서도 비밀
관리성 요건 충족을 위해서는 일정 수준의 노력이 필요하다. 다만 과거와 달라

---

50) Kurt M. Saunders, "The Law and Ethics of Trade Secrets: A Case Study", 42 *California Western Law Review* 209 (spring 2006), 219.

51) 위 96다16605 판결의 1심이었던 서울지방법원 남부지원 1995. 2. 22. 선고 94가합3033 판
결 및 2심이었던 서울고등법원 1996. 2. 29. 선고 95나14420 판결 등 참조. "영업비밀의 '보
유자'라 함은 그 보유에 관하여 정당한 권원을 가지는 자뿐만 아니라 사실상의 보유자도
포함하는 개념"이라고 하면서 "가사 피고들의 주장과 같이 원고 회사가 외국의 잉크제품
을 분석하여 이를 토대로 이 사건 잉크 등 제조방법을 개발하였다고 하더라도 원고 회사
가 영업비밀인 이 사건 잉크 등 제조방법의 보유자임에는 변함이 없다."고 판시하고 있다.

진 점이 있다면 조문의 실질적 내용이 바뀌었다고 보기 어렵더라도 비밀관리성
을 지나치게 엄격하게 해석해온 법원의 관행을 입법적으로 시정하려는 입법자
의 개정취지를 최대한 존중하여 우리 판례가 현행법을 해석함에 있어서는 과거
의 판례들보다 구체적인 사안에서 그 노력의 수준을 완화할 필요가 있다는 점
일 것이다. 실제로도 그렇게 해석하려는 입장을 분명히 함으로써 결과적으로,
그동안 지나치게 높은 수준의 노력을 요구하여 영업비밀 보호에 상대적으로 소
홀하였던 우리 판례의 일반적 태도에서 벗어나는 듯한 하급심 판례들이 근래에
속속 등장하고 있다.[52] 어쨌든 오랫동안 유지되던 관련 문구가 2015년 이후 2
회나 변경된 상황이므로 이하 설명에서는 종전 규정에 근거한 판례 등을 설명
할 때와 같이 편의에 따라 '상당한 노력' 혹은 '합리적인 노력'이란 표현을 병용
할 것이다.

　　영업비밀의 보호요건으로 비밀관리성을 따로 요구하는 것은 다음과 같은
이유들 때문이다. 원래 영업비밀의 정보는 무형의 것이어서 그 권리관계가 쉽게
공시되지 않으므로 제3자로서는 어떤 정보가 영업비밀에 해당하는지 여부를 쉽
게 판별할 수 없는 상태에 있게 되어 이런 상태에서의 영업비밀 보호는 거래의
안정을 해치게 된다. 이를 피하기 위하여서라도 제3자가 해당 정보가 영업비밀
이라는 것을 객관적으로 인식할 수 있도록 하기 위하여 보유자에게 노력을 요
구할 필요가 있다.

　　뿐만 아니라, 정보보유자가 군이 비밀로 유지·관리하는 노력을 기울이지
않는 정보에 대하여서까지 제3자의 이익을 희생시키며 영업비밀로서의 보호를
부여할 정책적 이유가 없다. 특허법에서 상세한 규정을 두어 기술개발자에게 독
점권을 보장하면서 그 반대급부로 해당 기술의 공개 및 일정기간 후의 공유자
산귀속을 요구하고 있는데 영업비밀 보유자는 이런 특허법의 입법취지에 반하

52) 영업비밀에 대한 물리적 접근 통제 시스템을 마련하거나 복제 제한 및 사후 관리가 엄
격히 이루어지지는 않았지만 영업비밀 관리규정을 사내 인트라넷에 게시하고 임직원의 입
퇴사 시 관련 서약서를 징구한 사안에 있어서, 부정경쟁방지법 제2조 제2호의 순차 개정
과정을 고려할 때 비밀관리성 인정 여부에 "과도하게 엄격한 관점을 취하지 않는 것이 부
정경쟁방지법의 개정취지 … 에 부합"한다고 판시하면서 영업비밀 침해를 긍정한 대전지방
법원 2021. 10. 20. 선고 2019노3551 판결. 한편 사건 결론에서는 영업비밀 침해가 부정되
었지만, " … 이처럼 부정경쟁방지법 제2조 제2호의 개정을 통하여 '비밀관리성' 인정 요건
이 다소 완화된 점을 고려할 때, 보유자가 취한 조치들을 종합하여 의식적인 노력이 이루
어졌다고 평가할 수 있는 경우에는 비밀관리가 되었다고 보는 것이 개정 취지에 부합한
다."고 판시한 뒤 비밀관리성을 긍정한 서울고등법원 2021. 9. 9. 선고 2020나2016653(본
소), 2020나2038875(반소) 판결 등.

는 행동을 하는 자라고도 볼 여지가 있다. 특허권에 비하여 지나치게 두터운 보호를 부여할 필요는 없으므로 부정경쟁방지법의 조력을 받으려면 최소한의 노력을 기울이도록 요청하는 것이다.

또한, 비밀관리를 하지 않는 정보에 대해서까지 영업비밀로 보호하게 된다면 피고 종업원들이 영업비밀보유자인 원고 회사에서 근무하면서 다루거나 취득한 대부분의 정보를 영업비밀로 보게 되어 그 종업원들이 동종업체에 취업하거나 동종업체에서 피고 직원들을 고용하는 행위가 대체로 원고 회사의 영업비밀을 침해하는 것으로 취급될 것이다. 이는 결과적으로 종업원들의 직업의 자유 및 동종업체의 경쟁의 자유를 지나치게 제약하는 결과가 될 수 있다.[53]

다만, 여기서 주의할 점은 비밀관리성의 충족을 지나치게 어렵게 하여서는 영업비밀 법제가 비밀보유자에게 부여하고 있는 유인[54]이 사라질 수 있다는 사실이다. 이 점에 관하여 분명히 하고 있는 사례가 미국에서 Rockwell Graphic Systems, Inc. v. DEV Industries, Inc. 판결[55]이다. 이 사건에서는 인쇄프레스 생산업자가 비밀유지약정을 수반하여 소매상들에게 생산부품의 교체 관련 부분설계도를 배부하였는데, 지나치게 많은 소매상들에게 부분설계도가 제공됨으로써 결과적으로 제3자조차도 비교적 쉽게 해당 설계도를 입수할 수 있었던 상황이었다. 이후 인쇄프레스 생산업자가 그 경쟁기업 및 대표를 일리노이(Illinois) 주 영업비밀법 위반 및 '연방 공갈 개입 부패조직 법(Racketeer Influenced and Corrupt Organizations Act, RICO)' 위반[56]으로 제소하였다. 여기서 쟁점은 원고가 영업비밀이라고 주장한 부분설계도에 대하여 과연 비밀을 유지하기 위하여 사전(事前)에 '합리적인 주의(reasonable precaution)'를 기울이고 있었는지 여부였다. 이에 대하여 1심인 연방지방법원은 충분한 주의를 기울이지 않았다고 보아 약식판결(summary judgment)로 원고 청구를 배척하였지만, 항소심에서 연방제7항소법원의 Posner 판사는 반대되는 입장을 취하였다. 그 과정에서 Posner 판사는 영업비밀보호를 위한 요건 중 하나인 '사전의 합리적인 주의'를 지나치게 높은 기준으로 요구하게 되면 결과적으로 그런 주의를 기울이는 데 영업비밀보유자가 투입하

---

53) 서울중앙지방법원 2008. 1. 16. 선고 2007가합14143 판결.

54) 영업비밀 제도뿐 아니라 지적재산권법 모든 영역에서 독점권 부여 혹은 법적 보호의 근거로 흔히 거론되는 인센티브(incentive)를 가리킨다.

55) 925 F.2d 174 (7th Cir., 1991).

56) 영업비밀을 부정하게 유용(流用)하기 위한 공모행위를 이런 연방법 위반행위라고 주장하였다.

여야 할 추가비용이 그 주의의 결과로 얻어지는 사회적 이익을 상회하는 부작
용이 발생할 수 있음을 경고하고 있다.

  (나) 종업원에 대한 비밀 유지·관리

  해당 정보에 접근 가능한 종업원에 대하여 그것이 영업비밀이라는 것을 인
식할 수 있도록 객관적인 조치를 취해야 한다. 이러한 조치는 해당 정보 자체에
‘극비’와 같은 라벨을 부착하는 방법은 물론, 종업원에 대한 교육을 통하여 해
당 정보가 영업비밀임을 주지시키는 행위도 포함된다. 또한 실제적으로 해당 정
보에 대하여 접근할 수 있는 자를 제한하고 있어야 하는데, 컴퓨터에 해당 정보
를 저장하고 그 패스워드에 접근할 수 있는 사람을 제한하거나, 정보의 접근 통
로에 보관책임자 이외의 물리적 접근을 통제하는 장치를 마련하는 것 등이 포
함된다.

  다만 영업비밀로 인정받기 위한 구체적인 비밀관리의 정도는 획일적 기준
이 존재한다기보다 정보 보유자의 업종, 자산규모, 종업원의 수, 해당 정보의 성
질과 중요성, 비밀침해의 수단과 방법, 정보 보유자가 속한 업계의 일반적인 상
황 등을 고려하여 탄력적으로 결정된다는 것이 이견이 없는 학설57)이고, 판례
역시 “(영업비밀의) 유지·관리를 위한 노력이 상당했는지는 영업비밀 보유자의
예방조치의 구체적 내용, 해당 정보에 접근을 허용할 영업상의 필요성, 영업비
밀 보유자와 침해자 사이의 신뢰관계와 그 정도, 영업비밀의 경제적 가치, 영업
비밀 보유자의 사업 규모와 경제적 능력 등을 종합적으로 고려해야 한다.”는 입
장을 분명히 하고 있다.58)

  우리 판례59)를 보면, 문제된 정보를 사업주가 비밀로 유지하도록 하는 계
약·각서·취업규칙을 작성하거나 이에 대한 보안교육을 시키는 등으로 비밀로
유지하기 위한 관리 노력을 행한 적이 없다면, 비록 종업원이 이를 제3자에게
알렸더라도, 그것은 영업비밀이 아니므로 누설행위도 성립되지 않는다고 보았
다. 한편 또 다른 판례60)는 피해회사에서 별도로 보안교육을 하거나 영업비밀인
지 여부가 문제가 되는 사건실험결과 등을 보안자료로 분류해 관리한 적이 없

---

  57) 최정열·이규호, 부정경쟁방지법(영업비밀보호법제 포함), 제5판, 진원사(2022), 381 및
      김운호, 앞의 논문, 17 등 참조. 이런 학설들은 모두 개정 전의 구법에 관한 것들이지만,
      현행법에 대한 입장도 다르지 아니할 것으로 보인다.
  58) 이런 판례로는 대법원 2019. 10. 31. 선고 2017도13791 판결 등.
  59) 대법원 2003. 1. 24. 선고 2001도4331 판결.
  60) 대법원 2009. 1. 30. 선고 2006노8498 판결.

고, 실험결과 등이 저장된 컴퓨터가 보안장치 없이 피고인이 근무하던 책상에
놓여있었고, 또 피고인이 근무하던 연구실은 별도의 독립된 공간이 아니라 생산
설비 한편에 위치해 다른 사람들과 별도로 구분돼 있지도 않은 점 등의 사정이
있었다면 비록 피고인이 회사 입사당시 일반적인 보안각서를 작성했더라도 그
것만으로 피고인이 빼낸 실험결과가 상당한 노력에 의해 비밀로 유지된 것으로
볼 수 없다고 판단하였다.

　(다) 거래상대방에 대한 비밀 유지 · 관리

　거래상대방에 대한 영업비밀의 관리가 문제가 되는 이유는 영업비밀의 활
용에서 거래상대방에게 정보가 전달되는 경우가 많기 때문이다. 가령 영업비밀
을 보유자 또는 그 종업원이 아니라 거래상대방인 제3자로 하여금 직접 이용하
게 하는 라이선스 계약을 체결하거나, 자신 또는 라이센시(licensee)가 영업비밀
을 이용함에 있어 편의를 꾀할 수 있도록 제3자에게 필요한 작업을 의뢰하는
도급계약을 체결하는 등의 상황이 그러하다.

　도급관계에 있는 상대방이 아니라 직접적 계약관계에 있지 않은 상대방의
하수급인(하청업체)에 대하여는 어떠한 비밀조치를 취하여야 할지에 관하여 논
란이 있을 수 있다. 만일 영업비밀보유자가 수급인이 하도급을 주었음을 알지
못할 경우에는 하수급인에게 어떠한 조치를 취할 것을 기대할 수 없겠지만, 수
급인이 하도급을 주었음을 어떤 경위로든지 알게 된 경우에는 영업비밀 보유자
가 이에 대응하는 조치를 취하여야만 비밀로서 유지 · 관리하였다고 평가할 수
있다는 견해[61]가 유력하다. 이런 견해에 의하면, 하수급인은 영업비밀보유자와
직접적인 계약관계에 있지 아니하여 영업비밀보유자가 자신과의 계약에 의한
비밀유지의무를 부과하는 것은 곤란하므로 하수급인에게 직접 해당 정보가 비밀
임을 통보하거나 수급인으로 하여금 하수급인에게 그런 취지를 통보하여 줄 것을
요구하는 등의 조치가 있었다면 비밀관리성을 충족할 만한 노력이라고 평가할 수
있다고 한다. 아울러 이미 하수급인이 해당 정보가 영업비밀에 해당함을 알고 있
다면 묵시적으로 또는 신의칙상 하수급인에게도 비밀유지의무가 부과되었다고
할 수 있으므로 영업비밀보유자가 취할 조치는 일응 충족하였다고 볼 수 있다.

　거래상대방에게 영업비밀의 유지 · 관리를 위임한 경우라면, 제3자를 상대로
침해주장에 있어서는 그런 거래상대방의 유지 · 관리 노력을 영업비밀 보유자의
노력과 마찬가지로 보아 비밀관리성 인정의 근거로 삼을 수 있겠지만, 해당 거

---

61) 김운호, 앞의 논문, 18-19.

래상대방을 상대로 한 침해주장에 있어서는 비밀관리성을 인정하기 어렵다는 것이 판례[62]이다.

　　3) 비밀관리성 유무에 대한 사법적(司法的) 판단에서 고려할 요소들

　　영업비밀 관리에 대한 노력 유무는 부정경쟁방지법에 정한 '영업비밀'로서 법적 보호대상이 되기 위해서 반드시 필요할 뿐 아니라 3가지 요건 중 가장 문제되어온 요건이다. 미국의 사례들에서는 대략적으로 다음의 요소들을 고려하고 있는 것으로 보인다.[63]

　　1. 비밀의 영업정보에 대하여 명확한 정책을 세우고 집행하는지 여부

　　2. 비밀로 여겨지는 과학적·기술적 정보의 파악 여부

　　3. 영업비밀의 존재를 근로자와 다른 이들에게 알리고 숙지시켰는지 여부

　　4. 근로자나 다른 이들과의 비밀유지 약정을 사용하였는지 여부

　　5. 필요한 경우에 한정하여 영업비밀에의 접근을 제한하였는지 여부

　　6. 회사문서와 시설·위치에 대한 접근을 통제하였는지 여부

　　7. 설계도나 공학 도면의 중앙통제 여부

　　8. 보안 시스템과 요원을 사용하였는지 여부

　　9. 연구실 노트북과 같이 민감한 정보에 대해 잠금 저장장치를 제공하는지 여부

　　10. 문서 보호와 보존 정책의 실행 여부

　　11. 조직 전체에 걸쳐 컴퓨터 암호와 방화벽을 사용하는 지 여부

　　한편 우리의 판례에서 나타난 관련 동향만 살펴보면 다음과 같다. 2012년경 대법원 판례[64]는 게임개발 및 서비스 회사인 피해자가 평소 새로운 게임 개발에 있어 ① 그 기획문서들은 관련 부서의 권한 있는 직원들만 접근하도록 함으로써 이에 접근할 수 있는 대상자와 방법을 제한하고, ② 피고인을 비롯한 직원들에게 정보보안 및 지시감독 동의서 받는 등의 방법으로 비밀준수의무를 부

---

62) 대법원 2019. 10. 31. 선고 2017도13792 판결. 거래상대방(주류 공급 회사)이 소유·관리하는 서버에 구축된 '도매점 전산시스템' 상에 주류 도매점들이 자신들의 개별거래처 및 매출액 등 거래 관련 영업비밀을 입력하여 정보를 공유하는 방식으로 상호 영업하던 중, 거래상대방이 주류 도매 공급계약을 단절하고 위 입력정보를 임의로 활용한 행위가 문제된 사안이다. 거래상대방의 영업비밀 침해를 긍정한 원심을 파기하면서, 대법원은 위 본문 설명과 같은 취지로 판시하는 한편 거래상대방이 신의칙상 위 입력정보를 제3자에게 공개하지 아니할 의무를 부담한다는 점만으로 거래상대방에 대한 관계에서도 비밀관리성을 긍정하기는 어렵다고 판시했다.

63) 이에 관하여는 <www.geocities.com/thomasloop/articles/USTradeSecretLaw.pdf>.

64) 대법원 2012. 4. 12. 선고 2010도391 판결.

과하였으며, ③ 각종 규정의 마련 및 폐쇄망과 업무망의 구분, 방화벽 설치, 프린터 감사증적 로그시스템 등을 도입하여 운영하였음에도, 직원인 피고인들이 그 문서 등을 외부로 누출한 행위가 비밀관리성을 충족한 영업비밀에 대한 침해라고 판단한 바 있다. 또 다른 대법원 판결은, 피고인들이 직원으로 일하다가 피해자 회사의 추어탕 제조방법을 임의로 누출한 사안에 관해 평소 피해자 회사가 생산직 직원들로부터 영업비밀 누설금지 및 경업금지 등에 관한 비밀유지서약서를 제출받아 오고 있고, 추어탕 생산공장 중 천연소스배합실과 분말소스배합실을 출입통제구역으로 관리하면서 소스 제조를 담당하는 직원들 외에는 출입을 통제하는 한편, 그 주변에 폐쇄회로 텔레비전을 설치 · 관리하고 있었던 사정을 들어 비밀관리성을 충족하였다고 판단하였다.[65]

　　반면 하급심 판례 중에는 "원고는 보안관리 규정을 제정하여 직원들에게 보안 및 비밀 유지를 위한 교육을 주기적으로 실시하였고, 피고를 포함한 원고 소속 직원들로부터 '서약서'에 서명토록 하여 이를 제출받은 사실, 원고는 연구개발 전담부서를 두고 여기에서 개발된 기술정보 등을 관리하기 위하여 USB 사용제한 등의 외부저장장치 제한정책, 영업비밀의 분류 · 관리를 위하여 개발이력관리시스템, 문서보안시스템을 적용하고 있고, 보안인증서에 의하여 접속하는 사내 인트라넷 시스템을 확보하고 있는 사실, 원고는 프린터출력물 제어시스템을 적용하고 있고, 원고의 연구소에서는 연구원이 노트북을 반출할 경우 엄격하게 사전승인이 요청되고 있으며, 원고의 영업기밀 문서는 별도의 문서보관실 캐비넷에 보관 후 시정장치를 통해 개폐하고 있는 사실, 원고는 주식회사 에스텍시스템에게 원고의 보안 인력경비를 맡긴 사실을 각 인정할 수 있다."고 판단하면서도 비밀관리성을 부정한 예가 있는바,[66] 이것은 위 설시만으로는 다른 판결례와 모순되는 듯 하지만 다른 판시부분을 살펴보면 "그러나 원고가 위와 같이 보안관리를 하여왔다고 하더라도, 구체적으로 이 사건 영업자료가 비밀로 분류되었다거나 이 사건 영업자료에 그와 같은 표시가 되었다고 볼 만한 자료가 없는 점, 원고는, 문서는 비문(자료, 문서, 도면, 사진)을 구분하여 대외비로 관리하였다고 주장하면서도 이 사건 영업자료에 관하여는 어떻게 분류 및 관리하였는지를 밝히지 못하고 있는 점, 이 사건 서약서상의 기밀유지조항은 원고가 그 직원들에게 일반적 · 추상적인 기밀유지의무를 부과한 것에 불과한 것으로 보여지

---

65) 대법원 2012. 10. 25. 선고 2012도7874 판결.
66) 서울중앙지방법원 2010. 5. 19. 선고 2009가합41286 판결.

는 점" 등을 법원이 중시하여 비밀관리성 부정의 결론에 이르렀음을 확인할 수 있다. 요컨대 개별구체적인 사안에서 다소간의 표현 차이는 있지만, 합리적인 수준에서 비밀의 분류와 표기, 비밀접근에의 제한, 비밀유지서약, 여타 교육의 주기적 실시 등 비밀관리를 위한 제반노력을 기울인 경우 우리 판례도 비밀관리성을 대체로 긍정하고 있는 것으로 볼 수 있다.

바꾸어 말하자면, 영업비밀로서 비밀관리성을 구비하였는지 여부는 해당 정보를 '보안(비밀)자료' 등으로 명명해 분류하였는지 여부와 같은 형식적 기준에 따라 판단되는 것이 아니라 제반사정을 실질적으로 판단하여야 한다.[67]

2. 우리 조문 상의 영업비밀 정의조항의 문제점

가. 총   설

우리 부정경쟁방지법 제2조의 영업비밀 정의는 언뜻 보아서는 외형상의 흠을 쉽게 찾기 힘든 조항이지만, 자세히 살펴보면 다음과 같은 문제가 있다.[68] 우리가 가입하고 있는 Trips협정 혹은 미국과 일본에서의 그간 논의내용을 참조하여 비교해보면 위 정의조항이 사실은 우리 입법자가 미국·일본의 선행입법을 수용하는 과정에서 잘못하여 동일한 내용을 다른 표현으로 이중으로 언급하여 혼란을 주고 있음을 발견할 수 있다. 뿐만 아니라 '생산방법, 판매방법'이라는 예시 역시 재검토의 여지가 있는 상황이다.

나. 우리 정의조항에서의 중복 문구 문제

앞서 본 대로 Trips협정, 일본과 미국의 법이 공통적으로 영업비밀의 개념을 3가지로 정리하고 있음을 확인할 수 있다. 즉 비록 구체적인 표현은 다소 상이하지만 ① 비공지성, ② 경제적 가치성, ③ 비밀관리성이라는 요건들을 공통적으로 요구하고 있는 것이다. 우리 부정경쟁방지법의 정의가 "i) 공공연히 알려져 있지 아니하고 ii) 독립된 경제적 가치를 가지는 것으로서, iii) 합리적인 노력에 의하여 비밀로 유지된 생산방법, 판매방법, 그 밖에 영업활동에 유용한

---

67) 소속연구소의 보안관리지침 상으로 '보안과제'가 아닌 '일반과제'로 분류된 정보였지만 보안과제뿐 아니라 일반과제에 대해서도 보안대책이 수립·시행되고 있었다는 사정, 그 열람에 제한이 있었다는 사정 등에 터잡아 영업비밀성을 긍정한 수원지방법원 2021. 2. 15. 선고 2019노1423 판결 및 이를 그대로 지지한 대법원 2022. 6. 9. 선고 2021도3231 판결 참조. 비슷한 취지로, 대법원 2019. 10. 31. 선고 2017도13791 판결.

68) 이 부분은 박준석, "우리법상 영업비밀보호에 관한 비교론적 고찰", 산업재산권 38호(한국산업재산권법학회, 2012. 8), 4 이하를 기초로 한 것이다.

기술상 또는 경영상의 정보"임을 볼 때 일본의 그것을 전반적으로 가장 많이
참조하면서도 ② 경제적 가치성 요건 부분에 관하여는 일본의 '유용성'(앞서 일
본의 법조문 중 '사업활동에 유용한' 문구 참조)이란 표현 대신 미국의 '독립한 경
제적 가치성'('독립한 경제적 가치를 가지며' 문구 참조)이란 표현을 입법상 따른
것으로 보인다. 그런데 여기서 문제는 위 ③ 요건을 정의하는 문구에서 일본의
입법을 거의 그대로 수용하는 과정에서 '영업활동에 유용한'이라는 표현까지 삽
입한 점이다. 이렇게 됨으로써 현재 우리 법의 정의에서는 미국에서의 '독립한
경제적 가치'란 표현과 일본에서의 '유용한'이란 표현이 공존하게 되어 불필요
한 혼란을 줄 여지가 생겼다. 이것들이 모두 별도의 요건으로 규정된 것이라는
풀이가 과거의 유력한 학설[69]이지만 실제로 양자를 구별하여 논할 만큼 차이를
발견하기 어렵다. 참고로 일본 '부정경쟁방지법'중 영업비밀 정의조항에 대한
학자들의 해석[70]에 있어서는 '독립된 경제적 가치성' 요건 관련 논의는 제외되
고 '유용성' 요건에서 그에 대응하는 내용이 거론되고 있다.

결국 향후 우리 부정경쟁방지법 개정에서는 전자나 후자 중 하나가 삭제되
어야 할 것이다. 어차피 일본법을 주로 따랐으므로 '유용성'을 존치하고 '경제적
가치성'을 삭제하자는 분석도 불가능하지는 않겠지만 굳이 미국의 예를 들지
않더라도 우리가 가입한 Trips협정에 보다 가까운 표현은 후자일 것이므로 '유
용성'을 삭제하는 편이 나을 것이다.[71] 우리 판례는 그동안 오류 있는 법조문
때문에 다소간의 혼란이 있었으나 현재는 '유용성' 요건을 별도로 거론하지 않
고 있는 것으로 보인다.[72]

---

69) 송영식, 지적소유권법 하, 육법사(2013), 439-440; 차상육, "영업비밀의 보호 — 부정경쟁
   방지및영업비밀보호에관한법률 제2조 제3호 라.목을 중심으로 — ", 산업재산권 제23호, 한
   국산업재산권법학회(2007. 8), 99 및 103 각 이하 등.
70) 小野昌延 編,「新 註解 不正競爭防止法 3版 (下)」, 青林書院(2012), 849 이하; 青山紘
   一,「不正競爭防止法」, 經濟産業調査会(2002), 101 이하 각 참조.
71) 중복규정이라는 취지에서 사견과 같지만 '경제적 가치성'이 이질적이므로 삭제되어야
   한다는 견해로는 현대호, "영업비밀의 보호요건과 구제수단에 관한 법제연구", 법조 통권
   587호, 법조협회(2005. 8), 188. 한편, 어느 한쪽의 삭제가 아니라 양쪽을 하나로 묶어 '경
   제적 유용성'요건으로 이해하자는 견해로는 김동준, "영업비밀 성립요건 중 경제적 유용
   성", 강원법학 52권(2017. 10), 590 등.
72) 비공지성, (독립된) 경제적 가치성, 비밀관리성 등 3개 요건만 논의할 뿐 '유용성' 요건
   은 분명히 제외하고 있는 판례로 대법원 2008. 7. 10. 선고 2008도3435 판결; 대법원 2011.
   7. 28. 선고 2009도8265 판결; 대법원 2011. 8. 25. 선고 2011도139 판결 등 참조.

다. 우리 정의조항에 예시된 생산방법 및 판매방법의 부적절성

우리 부정경쟁방지법의 영업비밀 정의조항에서 '생산방법, 판매방법'을 영업비밀의 전형으로 예시한 것은 일본법을 그대로 따른 것에 불과하며 실제 영업비밀의 양상을 고려할 때 대표성을 가진 좋은 예시로 보기 어렵다는 의견[73]이 상당히 설득력을 가지므로, 이런 예시가 재검토될 필요가 있다. 다만 필자가 더 부언하자면 '생산방법'은 그대로 존치하여도 무방할 것이나 '판매방법'은 적절치 않다고 생각된다.

현재 우리 실무에서 영업비밀의 보호가 현실에서 가장 문제되는 것은, 가령 대기업 종업원이 부정한 대가를 약속받고 회사의 영업비밀을 훔쳐 경쟁업체에 누설하거나 전직하는 것과 같이, 대부분 고부가가치 기술 혹은 고객정보와 관련된다. 이 점은 우리 판례가 취급하고 있는 사안들에서도 마찬가지이다.[74] 그 중에서도 전자가 훨씬 많다. 이런 고부가가치 기술은 다름 아니라 특허법상 발명으로 보호될 가능성이 큰 것들이므로 영업비밀의 많은 대상이 특허법이 보호하는 발명과 아주 밀접한 관련을 가지고 있음을 경험적으로 확인할 수 있다.[75]

그런데 특허법은 주지하다시피 '물건의 발명'과 '방법의 발명'으로 양분하여 발명을 보호하고 있고 그 중에서도 후자는 전자에 비하여 아무래도 출원건수나 실제 분쟁발생빈도에서 뒤떨어진다. 이 점만 기준으로 하면 '생산방법'이라고 표현하여 다분히 '방법의 발명'을 우선 염두에 둔 것 같은 영업비밀의 정의조항이 적절치 않다고 볼 수도 있겠지만 공개적으로 유통되는 특허발명과 달리 영업비밀은 기업이나 개인의 내부에 비밀로 간직되어야만 한다는 속성상, 실제로는 '물건의 발명'에 해당하는 영업비밀을 침해한 사례를 발견하기가 아주

---

[73] 각계 전문가로 구성된 '특허청 영업비밀보호 제도개선 협의회'가 진행한 2011년 4월 29일 회의에서 개진된 정차호 교수의 지적이다.

[74] 고부가가치 기술에 관한 것으로는 이동식교각 제조방법에 관한 대법원 2004. 9. 23. 선고 2002다60610 판결; 잉크제조 등을 포함한 필기구 제조방법에 관한 대법원 1996. 12. 23. 선고 96다16605 판결; 발포제 PTSS 제조기술에 관한 서울중앙지방법원 2009. 1. 28. 선고 2007가합28982 판결 등. 고객정보에 관한 것은 서울중앙지방법원 2011. 10. 27. 선고 2011고단2113 판결 그리고 회원정보나 업무용 컴퓨터프로그램을 함께 유출한 사건에 관한 서울중앙지방법원 2011. 11. 23. 선고 2011노1252 판결 등. 최근 판례들의 경향도 마찬가지이다. 가령 협력업체에 의한 삼성디스플레이 기술의 중국유출이 처벌된 대법원 2023. 7. 13. 선고 2023도4058 판결; 주류도매점의 개별거래처 정보 등이 문제된 대법원 2019. 10. 31. 선고 2017도13792 판결 등 참조.

[75] 반면 경영정보는, 원래 부정경쟁방지법 상에 영업비밀 보호가 처음 도입되었던 1991년 개정법에서부터 그 보호대상으로 기술정보와 나란히 열거되기는 하였지만, 2004년 개정법에 이르러서야 형사처벌의 대상에 포섭되는 등 다소 부차적인 지위를 가지고 있었다.

어려울 것으로 예견된다. 가령 갑이 월등한 효용을 가진 최첨단의 물건발명을 하였다고 가정해 보자. 갑이 그 발명을 특허법상 보호받고자 한다면 당연히 청구범위(claim)에 따른 효력이 '방법의 발명'의 경우보다 더 넓은 '물건의 발명'으로 출원할 것이다. 하지만 영업방법으로 보호받기를 선택한 때라면 더 이상 물건의 발명 차원에서 영업비밀로서의 보호를 기대하기 어렵다는 사정이 있다. 왜냐하면 아주 이례적으로 발명자 개인의 용도로만 활용되는 물건이 아닌 이상, 해당 물건이나 그 복제품을 생산하여 시장에 유통하는 과정에서 물건 자체는 영업비밀 보호요건 중 비공지성을 잃게 되는 것이 일반적이고[76] 오직 그 생산방법만이 영업비밀로 간직될 수 있을 것이기 때문이다. 결국 기술정보에 해당하는 영업비밀 중 상당부분이 특허발명으로 보호될 대상에 관한 것이고 그런 발명을 직접 다루는 특허법에서는 비록 물건의 발명이 주된 대상이더라도 부정경쟁방지법에서는 (생산)방법의 발명을 주로 전제하여 예시로 삼은 것이 그다지 모순되지는 않는다고 생각된다.

　　그렇지만 '판매방법'에 관한 예시는 부적절하다. 우선 영업비밀의 정의를 쫓아 '사업활동에 유용한 기술상 또는 경영상의 정보'의 한 종류로서 판매방법이 구체적으로 무엇일까 생각해보자. 위 예시는 문맥상 위치로 보거나 현실적 경험으로 보거나 기술정보가 아니라 경영정보의 예시로 제시된 것이라고 보아야 옳을 것이다. 최첨단 전산처리과정을 통하여 대량 고객의 수요에 즉시 맞추어 물품을 판매하는 방법과 같은 것이라면 그것이 일종의 영업방법(BM) 발명이 되어 기술정보에 속할 수도 있겠지만, 이는 극히 이례적인 경우일 뿐이다. 실제 대부분의 경우에서 판매와 관련된 유용한 정보란 가령 고객명단과 같은 고객정보나 상품정보·기업정보 등 전형적인 경영정보에 관련될 뿐이다. 이 점은 학설[77]에서의 이론적 설명에서뿐 아니라 우리 판례[78]에 드러난 실제 분쟁 현황에

---

[76] 예외적으로 복잡한 구조의 제품 내부에 장착된 부품과 같이, 특허법상 공용(公用)에는 해당될지 몰라도 부정경쟁방지법상 공지(公知) 상태라고 보기 어려운 경우라면 해당 제품의 시장유통에 불구하고 그 부품은 여전히 비공지성을 지녔다고 볼 수도 있겠지만, 이런 경우는 상당히 이례적인 것이어서 부정경쟁방지법 정의조항에서 예시될 대표성을 가졌다고 보기 어렵다. 결국 방법의 발명이 아닌 물건의 발명을 특허법이 아니라 영업비밀보호법의 보호대상으로 삼는 경우처럼 해당 물건에 담긴 기술정보 자체가 영업비밀인 상황이 아주 이례적으로 존재하더라도, 이런 영업비밀은 해당 물건이 시장에 유통되는 과정에서 이내 영업비밀성을 상실하기 쉽기 때문에 영업비밀보호법의 주된 관심대상이 아닌 것이다.

[77] 고객정보, 제품정보, 재정적 정보 등을 경영정보의 유력한 예로 설명하고 있는 윤선희, "영업비밀에 있어서의 경영상 정보", 창작과 권리 제39호, 세창출판사(2005. 6), 82 이하; 가장 첫 예시로 내세운 '고객리스트'를 중심으로 설명하고 있는 나종갑, "부정경쟁방지 및

서도 확인할 수 있다. 따라서 이런 판매상의 경영정보를 판매'방법'이라고 표현한 것은 적절한 법률용어 선택이 아니다.

3. 유형물(유체물)도 영업비밀의 개념 안에 포함될 수 있는지 여부

가. 서

영업비밀은 개념 정의상 '기술상 또는 경영상의 정보'로서, '정보'에 대한 전통적인 해석론에 따르면 성질상 무형(無形)의 정보에 해당한다. 기술정보(가령 첨단설계도면)가 저장되고 보관되는 장소에 해당하는 컴퓨터 저장매체, 경영정보(가령, 고객리스트)가 기록된 서류는 각각 영업비밀이 담긴 유형물일 뿐 영업비밀 자체는 아니다.

오랫동안 우리 판례는 영업비밀이 무형의 정보임을 전제하고 판단하였으며, 마치 유형물을 영업비밀인 것처럼 판시한 것 같은 일부 판례들도 그 취지를 자세히 살펴보면 해당 유형물이 아니라 그 안에 담긴 무형적 정보가 영업비밀이라는 입장에 선 것이었다.[79]

참고로 먼저 일본 부정경쟁방지법의 경우, 우리 영업비밀보호법(부정경쟁방지법 상의 영업비밀보호규정)과 비슷하게 ' … 기술상 또는 영업상의 정보'를 영업비밀로 정의하고 있는데, 유형물 자체가 영업비밀이 될 수 있는 지 여부를 정면으로 논의한 예를 발견하기 힘들다. 그러나 전반적인 논의의 흐름은 영업비밀이려면 유형물이 아니라 무형의 정보여야 한다는 입장에 별다른 이견이 없는 것으로 보인다.[80] 다만, 2010년 동경지방재판소 판결[81]에서 의약 생산을 위한 생

영업비밀보호에 관한 법률상의 '기술상 또는 경영상의 정보'의 의미", 무역구제 통권 제15
호(여름호), 산업자원부 무역위원회(2004) 등.

78) 앞서 등장한 서울중앙지방법원 2011고단2113 판결 및 2011노1252 판결 등.

79) 아래 다. (3) 항목 참조.

80) "본 호의 절취·사기 등에 의한 취득의 대상에 영업비밀을 기록한 종이, CD 등의 매체
(유체물)가 포함됨은 물론이지만, 본 호의 취지상으로 <u>영업비밀 자체(무형의 정보)도</u> 포함
된다고 생각한다."고 설명하는 金井重彦·小倉秀夫, 不正競争防止法コンメンタール 改訂
版, レクシスネクシス·ジャパン(2014), 98(山口三惠子 집필부분) 및 "부정경쟁방지법은
<u>영업비밀이라고 하는 무형의 정보에</u> 관한 행위를 부정경쟁행위로 금지 및 손해배상을 인
정하는 동시에 … "라고 설명하는 工藤莞司, 不正競争防止法 解説と裁判例, 発明推進協会
(2012), 81 각 참조.

또한, "영업 비밀 자체는 <u>정신적 산물의</u> 하나이지만, 비밀의 대상은 정신적 산물에 한정
되는 것이 아니라, 모든 정보에 대해 성립할 수 있다."고 설명하는 小野昌延·松村信夫,
新不正競争防止法概説 第2版, 靑林書院(2015), 323 및 "영업비밀의 정보로서의 특성"이
란 제목 하에 "<u>영업비밀은 애초에 정보 자체가 무형이고,</u> 그 보유·관리 형태도 다양하다는
점, 또한 특허권 등과 같이 공시를 전제로 할 수 없다는 점에서 영업비밀인 정보의 취득,

산균(코엔자임 Q10 생산균)이 영업비밀에 해당한다고 판시한 예가 있지만, 유형물이 영업비밀이 될 수 있느냐는 쟁점에 대한 직접적 판단은 보이지 않으므로 해당 쟁점에 대한 입장을 단정하기 곤란하다.

그와 달리 미국의 경우, 법조문의 외형상으로는 마치 유형물까지 영업비밀의 개념 안에 분명히 포섭하고 있는 것처럼 규율하지만 실제 해석은 전혀 차이가 있다. 먼저 1985년 개정된 모델법인 통일영업비밀법(UTSA)의 경우 영업비밀을 정의함에 있어 '정보(information)'로 전제하면서도 "방식, 패턴, 조합, 프로그램, 장치(device), 방법, 기법, 혹은 과정"을 포함한다는 점을 분명히 하고 있었

사용 또는 공개를 하려는 종업원이나 거래상대방 …에게 있어서 해당 정보가 법에 의해 보호되는 영업비밀이라는 것을 쉽게 알 수 없는 상황이 상정된다."고 설명한 経済産業省, 営業秘密管理指針{最終改訂: 平成31(2019)年1月23日}, 4 각 참조.

그 외 논의들에서도 '영업비밀이 화체된 유체물'식으로 표현함으로써 양자를 구분하는 듯한 서술{가령, 小野昌延 編, 新 註解 不正競爭防止法 3版 (上), 青林書院(2012), 86(小野昌延 집필부분) 및 1350(佐久間 집필부분)}이 간간히 보일뿐 위 쟁점에 관해 정면으로 판단한 예를 여전히 찾기 힘들다.

반면, 짤막한 문구이지만 "영업비밀 그 자체인 유체물(비밀의 촉매나 신제품 등)이나 영업비밀이 기재되어 있는 유체물(설계도나 고객명부 등) 등(이하, '영업비밀의 매체물'이라 한다.)"라고 하여 마치 유체물 자체가 영업비밀일 수 있다는 입장으로 해석할 여지가 있는 것처럼 보이는 이례적인 표현{田村善之, 不正競爭法槪說 第2版, 有斐閣(2004), 339}이 눈에 뜨인다. 이런 田村善之 교수의 표현을 한국의 몇몇 학자들도 따르고 있는 듯하다(더 자세히는, 바로 아래 나.항목의 각주부분 참조). 살피건대, 일본과 한국의 이런 이례적 표현들 모두가, 절취 등에 의한 영업비밀 부정취득행위의 유형을 설명하면서 ① 위와 같이 '영업비밀 그 자체인 유체물'을 절취하는 경우, ② 영업비밀이 기재된 유체물을 절취한 경우, ③ 영업비밀이 기재된 유체물의 보관장소에 침입해 영업비밀을 기억하는 등의 경우, ④ 영업비밀을 기억하고 있는 자연인으로부터 다시 부정취득하는 경우의 순서로 점점 영업비밀과 유체물의 밀접성·상호관련성이 낮아지는 순서로 설명하는 과정에서, 아주 짤막하게 등장하고 있을 뿐이다. 다른 어느 곳에서도 영업비밀 개념 안에 무형적인 것을 넘어 유체물 자체까지 포함되는 지에 관해 더 자세히 언급하고 있지 아니하다. 오히려 田村善之 교수는 "영업비밀 그 자체인 유체물(비밀의 촉매나 신제품 등)"이란 표현 바로 앞 문장에서 "절취·사기·강박 기타 부정한 수단이라는 절취, 사기, 강박 기타 부정한 수단이라는 개념은 어디까지나 부정경쟁방지법상의 개념이므로, 본 호의 취지에 따라 해석해야 하며, 형법상의 여러 개념에 얽매일 필요는 없다."고 명시함으로써 (일본) 형법상 '재물' 개념과 이 부분 논의가 별개임을 분명히 하고 있다. 이런 사정들을 종합해보면, 앞서 표현들은 田村善之 등의 위 표현은 영업비밀이 사안에 따라서는 유체물과 아주 긴밀하게 결합된 결과로 화체 혹은 일체화되었음을 나타낸 것에 불과하다고 여겨진다. 영업비밀의 보호대상이 민법상 소유권과 마찬가지로 유체물을 포함해 널리 '물건'에도 미친다는 견해로 보이지는 않는다.

81) 東京地判 平22.4.28 平18(ワ)29160. 해당 생산균, 그리고 그 생산 노하우를 각각 영업비밀이라고 주장한 원고의 주장 중 노하우 부분은 비밀관리성 결여를 들어 주장을 배척했지만 생산균 부분은 비공지성, 유용성, 비밀관리성을 긍정하면서 영업비밀에 해당한다고 긍정했다.

다.[82] 다음으로 1996년 제정된 '연방 경제스파이법(The Economic Espionage Act, EEA)'과 2016년 제정된 연방 영업비밀방어법(DTSA)도 각각 영업비밀의 정의조항에서 '정보(information)'로 전제하면서도 유형·무형을 가리지 않으며 프로그램 장치(program devices), 시제품(prototypes), 프로그램 등까지 망라한다는 취지로 광범위하게 정의하고 있다.[83] 그렇지만, 위와 같이 일부 유형물까지 언급하고 있는 것은 영업비밀의 본질이 무형적 정보라는 점에 관해 다른 입장을 취한 것이라기보다 복사, 사진 촬영 등 유형물을 매개체로 영업비밀에 대한 침해가 이루어지는 전형적 상황을 정의규정 안에서 다룬 것이며, 종전 UTSA보다 확장된 EEA 및 DTSA의 개념정의에서 오히려 분명하게 추가 포섭하고자 한 대상은 단순기억에 의한 암기, 디지털 전송 등 무형적 수단에 의한 침해행위였다.[84] 바꾸어 말하면, 위 정의조항을 '종래의 무형적 정보 형태에 더하여, 유형물 형태까지 영업비밀의 개념 확장을 할 것인가'라는 우리의 시각에 기초해 이해해서는 곤란하다.[85]

---

82) 영업비밀을 "일반적으로 알려져 있지 아니하며, 그 공개나 이용으로부터 경제적 가치를 얻을 수 있는 타인에 의하여 정당한 수단으로는 쉽게 획득될 수 없어 현실적 혹은 잠재적으로 독립한 경제적 가치를 가지며, 비밀성을 유지하기 위하여 상황에 맞는 합리적인 노력이 기울여지는 정보로 일체의 방식, 패턴, 조합, 프로그램, 장치, 방법, 기법, 혹은 과정을 포함한다."고 정의하고 있는 UTSA 제1조 제4항 참조.

83) 연방 영업비밀방어법은 연방경제스파이법의 영업비밀에 관한 정의조항{18 U.S.C. §1839 (3)} 중 비공지성 요건부분은 일부 손질하였지만 나머지 부분은 마찬가지로 정하고 있다. 즉, 두 법 모두 위 정의조항 중 (비공지성·독립한 경제적 가치성·비밀관리성 부분을 제외한 나머지 문구에서 "…유형적(tangible) 혹은 무형적(intangible) 여부, 어떤 방법을 통해 물리적으로, 전자적으로, 도화적으로, 사진으로, 혹은 기록으로 저장, 수집, 혹은 기억되었는지 여부를 가리지 않고, 패턴, 계획, 조합, 프로그램 장치, 공식, 디자인, 시제품, 방법, 기법, 과정, 절차, 프로그램 또는 코드를 포함하여, 모든 형태의 유형의 금융, 비즈니스, 과학, 기술, 경제 또는 공학 정보"를 영업비밀로 정의하고 있다.

84) 영업비밀 관련한 암기행위, 디지털 전송행위 등 유형물의 매개가 없는 행위에 대해 UTSA 관련 형사판례에서는 처벌가능성을 부정했지만, 반면 관련 민사 판례법에서는 침해행위 안에 포섭하고 있어 차이가 있었다. 이런 상황에서 연방 차원의 형사처벌을 다룬 EEA에서는 위와 같은 민사 판례법의 태도를 형사법 영역에도 수용한 셈이다. 이는 James H.A. Pooley et al., "Understanding the Economic Espionage Act of 1996", 5 Texas Intellectual Property Law Journal 177 (Winter, 1997), 189-190; U.S. Department of Justice, Executive Office for United States Attorneys, Prosecuting Intellectual Property Crimes 4th ed. (2013), 175-176; Adam Cohen, "Securing Trade Secrets in the Information Age: Upgrading the Economic Espionage Act After United States v. Aleynikov", 30 Yale Journal on Regulation 189 (Winter 2013), 227 등 참조.

85) 같은 취지로 분석한 견해들로 류시원, "유체물의 영업비밀성' 문제의 성격과 실무적 의의 — 대법원 2022. 11. 17. 선고 2022다242786 판결을 계기로 삼아 —", 저스티스 197호 (2023. 8), 210 및 권상한, "식물 원종의 부정취득에 의한 영업비밀침해(2022. 11. 17. 선고

나. 관련 판례와 학설의 동향 등

그런데 유형물 자체도 영업비밀의 개념 안에 포함시킬 수 있는 여부가 근래 우리 판례에서 쟁점이 되고 있다. 비록 하급심 판례이지만 '유체물'[86] 자체도 영업비밀일 수 있다고 정면으로 판시한 사례들[87]이 복수로 등장하였고, 이를 지지하는 학설[88]도 분명하게 존재한다. 이런 판례와 학설은 '기술상 또는 경영상의 정보'로 한정하고 있는 우리 영업비밀보호법의 영업비밀 개념 정의와 관련하여 유체물일지라도 개개 사안에 따라서는 '정보'에 해당할 수 있다는 나름의 해석론[89]을 제시하고 있는 것이다.

먼저 2022년경 세칭 '토마토 원종' 사건[90]에서 항소심이었던 서울고등법

2022다242786 판결: 공2023상, 38)", 대법원판례해설 제134호(2022년 하), 법원도서관(2023), 258-259 각 참조. 반면 유형물(유체물) 긍정설 입장인 국내 논자들이, 그와 동일한 입장을 취했다면서 인용하는 미국의 학설과 판례들의 실제 내용은 유체물도 영업비밀인지를 정면으로 검토한 내용이라기보다 EEA가 유체물까지 포함하여 위와 같이 명문으로 정하고 있다는 사실을 재확인하고 있는 것에 가깝다.

86) 바로 다음 항목에서 필자가 설명하는 내용처럼, '유체물'이란 용어는 적절치 못한 면이 있다. 하지만 판례와 학설에서 이런 용어를 채택하고 있으므로 해당 판례와 학설에 관한 설명에서는 '유형물'이란 용어 대신 '유체물'이란 용어를 병행하여 채용한다.

87) 아래에서 언급할 세칭 '토마토 원종' 사건의 항소심(서울고등법원 2022. 5. 12. 선고 2021나2026169 판결), 그리고 '아몰레드(AMOLED) 패널' 사건의 항소심(수원고등법원 2023. 3. 7. 선고 2021노69 판결) 및 '양배추 부계 원종' 사건의 항소심 판결(수원지방법원 2019. 9. 19. 선고 2018노5924 판결) 등.

88) 이규호·백승범, "영업비밀의 대상과 비밀관리성 요건에 관한 연구", 중앙법학 제22집 제1호, 중앙법학회(2020. 3), 9-11 및 거의 동일한 설명으로 최정열·이규호, 부정경쟁방지법 제5판, 진원사(2022. 11), 402-403. 최정열·이규호, 부정경쟁방지법 제5판, 진원사(2022. 11), 402-403. 최정열·이규호, 부정경쟁방지법의 과거 버전에서는 영업비밀의 요건으로서 비밀성, 경제적 유용성, 비밀관리성만을 다루고 있었지만 그것들과 대등한 별개 요건으로 그 대상이 '정보'여야 한다는 요건을 새로 논의하면서 '유체물 포함설'을 취하고 있다.

89) 종전까지는 영업비밀의 요건을 논의할 때 비공지성·독립된 경제적 가치성·비밀관리성 등 3대 요건만이 집중 거론되었다면, 유형물 긍정설 등장으로 새로운 독립요건으로 점점 '정보성'을 덧붙이고 있는 모습이다.

90) 이 사건에 관해 대법원재판연구관 입장의 상세한 해설로는 권상한, "식물 원종의 부정취득에 의한 영업비밀침해(2022. 11. 17. 선고 2022다242786 판결: 공2023상, 38)", 대법원판례해설 제134호(2022년 하), 법원도서관(2023), 251면 이하를, 학술적 촌평으로는 박성호, "2022년 지적재산법 중요판례평석", 인권과정의 2023년 5월호, 대한변호사협회(2023. 5), 220-221을 각 참조할 것. 특정한 토마토 품종을 농부가 재배하는데 필요한 원고 측의 시판용 '종자'는, 원고가 비밀로 관리 중인 해당 품종의 부계 및 모계 '원종'을 사용한 교배방법이 아닌 다른 방법으로는 유전공학 상으로 만들기가 지극히 곤란한 상황임을 전제한 다음, 피고 측이 위 종자와 동일한 종자를 시판하고 있다는 사실은 결국 원고의 위 원종을 (불상의 경로를 통해) 부정취득한 행위가 개입되어 있음을 드러낸다고 보아 영업비밀 침해책임이 긍정된 사건이었다.

원[91]은 "기술상 또는 경영상 정보가 담긴 유체물은 부정경쟁방지법 제2조 제2호의 영업비밀에 해당할 수 있다."고 명확히 판시하고 정면으로 반대되던 피고의 주장을 배척함으로써, 이 쟁점에 관해 유형물 긍정설의 입장을 분명하게 취했다. 나아가 대법원 판결[92]의 경우 침해자인 피고의 상고를 기각하면서도 위 쟁점에 관해서는 판단하지 않았고 다만 유체물을 취득하는 것이 사안에 따라서는 영업비밀 취득으로 이어질 수 있다는 점만큼은 분명히 하였다.[93]

다음으로 형사사건 중에서도 유체물 자체가 영업비밀이라는 입장을 분명하게 취한 사례가 등장하고 있다. 2023년경 '아몰레드(AMOLED) 패널' 형사사건에서 그 항소심[94]인 수원고등법원이 "유체물이라고 하더라도 영업비밀의 핵심에 해당하는 구성요소가 모두 또는 중대하게 포함되어 있을 경우, 충분히 영업비밀에 해당한다고 봄이 타당하(다)"고 판시한 다음 아몰레드 디스플레이 패널 생산에 필요한 핵심부품인 PAD 실물도 영업비밀에 해당한다고 보았고, 2019년경 '양배추 부계 원종' 형사사건의 항소심 판결[95]에서도 해당 원종 자체가 목표 형질을 가진 양배추의 생산을 위한 기술의 집약체로 그 부계와 모계 각 원종을 교배하여야 종자생산이 가능하고 그런 종자 생산이 무제한적으로 가능한 점에서 무제한 생산 및 사용이 가능한 '정보'의 특성도 갖추었다고 판시하면서 원종 자체가 영업비밀이라고 판단하였다.[96]

한편, 시기적으로는 위 판결들보다 앞선 시기인 2014년경 세칭 '야간 투시경' 사건에서는 그 항소심[97]이 '유체물의 영업비밀성'이란 소제목 하에서 판단

---

91) 서울고등법원 2022. 5. 12. 선고 2021나2026169 판결.

92) 대법원 2022. 11. 17. 선고 2022다242786 판결.

93) "영업비밀의 '취득'이란 사회통념상 영업비밀을 자신의 것으로 만들어 이를 사용할 수 있는 상태에 이른 경우를 의미하므로(대법원 1998. 6. 9. 선고 98다1928 판결 등 참조), 절취, 기망, 협박, 그 밖의 부정한 수단으로 영업비밀에 해당하는 정보를 담고 있는 유체물을 취득함으로써 그 정보를 본래의 목적에 맞게 사용할 수 있는 상태에 이른 경우에는 영업비밀을 취득하였다고 인정할 수 있다." 판시부분. 이런 대법원 판단은 영업비밀과 유체물과의 관련성에 관해 기존 판례의 입장을 재확인한 것에 해당한다.

94) 수원고등법원 2023. 3. 7. 선고 2021노69 판결(대법원 2023. 7. 13. 선고 2023도4058 판결로 상고기각됨). 이 사건 1심이었던 수원지방법원 2021. 1. 21. 선고 2018고합586, 2018고합616, 2019고합53(각 병합) 판결에서는 해당 쟁점이 전혀 다루어지지 않았다.

95) 수원지방법원 2019. 9. 19. 선고 2018노5924 판결.

96) 이 사건의 경우, 대법원 판결(2019. 12. 12. 선고 2019도14411 판결)에서는 검사만이 상고한 결과로 전혀 다른 쟁점만이 다루어졌고 상고가 기각되었다. 한편 1심 판결(수원지방법원 2018. 8. 30 선고 2018고단971 판결)은 토마토 원종 사건의 1심과 비슷하게 해당 사건의 문제된 '양배추 부계 원종이 … 영업비밀에 해당한다.'고만 판시하였다.

97) 창원지방법원 2015. 8. 20. 선고 2014노2924 판결.

하여 영업비밀 침해책임을 긍정하였고, 나아가 대법원에서도 원심을 지지한 상고기각 판결[98]을 내린 바 있었다. 하지만 이 사건의 실제 판시내용은 위 소제목에 걸맞은 판단을 하였다기보다, 유체물의 점유를 통하여 그 안에 담겨진 영업비밀을 사용할 수 있게 된 상태라면 영업비밀의 취득으로 볼 수 있다는 기존 대법원 입장[99]을 재확인한 사례[100]에 가까워 앞서 3건의 항소심들과는 차이가 있다.

현재 한국의 학설상으로도 사안에 따라서는 '유체물'도 영업비밀 개념 안에 포함시켜야 한다는 분명한 긍정설[101]이 근래에 등장했다. 긍정설에 따르면 영업비밀이 유체물인 경우에는 영업비밀보호법에 따른 금지청구권이 시효소멸하더

---

98) 대법원 2017. 9. 26. 선고 2015도13931 판결.

99) 아래 설명할, 대법원 1998. 6. 9. 선고 98다1928 판결 이후 여러 판결에서 반복적으로 확인된 입장을 가리킨다.

100) " … 유체물의 점유를 취득하는 형태는 물론이고, 그 외에 유체물의 점유를 취득함이 없이 영업비밀 자체를 직접 인식하고 기억하는 형태 또는 영업비밀을 알고 있는 사람을 고용하는 형태로도 이루어질 수 있으나, 어느 경우에나 사회통념상 영업비밀을 자신의 것으로 만들어 이를 사용할 수 있는 상태가 되었다면 영업비밀을 취득하였다고 할 것인바(대법원 2009. 10. 15. 선고 2008도9433 판결 등 참조) 즉 유체물의 경우에도 이를 통하여 영업비밀을 자신의 것으로 만들어 사용할 수 있는 상태가 되는 경우에는 그 취득이 영업비밀의 취득이 될 수 있는 것이므로 유체물이라고 하여 영업비밀에 해당될 수 없다는 취지의 위 주장은 이유 없다."고 판시한 위 2014노2924 판결 참조. 대법원 역시 "이 사건 야간투시경의 완제품이나 부품과 같은 유체물은 부정경쟁방지법 제 2조 제 2호의 영업비밀에 해당하지 않(는다)."는 피고인 주장을 배척한 원심이 정당하다고 지지하고 있지만, 그런 원심의 배척 근거를 '유체물도 영업비밀에 속한다'식이 아니라 "완제품과 부품의 점유를 취득함으로써도 영업비밀인 이사건 야간투시경에 관한 기술정보를...사용할 수 있는 상태가 되었다"고 보아 원심이 배척한 것이라고 대법원 스스로 정리한 다음 그런 원심 판단배척이 정당하다고 보았다. 대법원 판결의 취지에 대한 비슷한 해석으로는 류시원, "유체물의 영업비밀성'문제의 성격과 실무적 의의 — 대법원 2022. 11. 17. 선고 2022다242786 판결을 계기로 삼아 — ", 저스티스 197호(2023. 8), 206-207.

101) 이규호·백승범, 앞의 글, 9-11 및 거의 동일한 설명으로 최정열·이규호, 앞의 책, 402-403.

한편 정상조 편저, 부정경쟁방지법 주해(초판), 박영사(2020. 2), 341(김병일 진술부분)은 "영업비밀 그 자체인 유체물(비밀의 촉매나 신제품 등)이나 영업비밀이 기재되어 있는 설계도나 고객명부 등과 같은 유체물 등(이하 '영업비밀의 媒體物') …"이라 표현하고 있고, 마찬가지로 윤선희·김지영, 부정경쟁방지법, 법문사(2012. 6), 266에서도 "영업비밀 그 자체인 유체물(비밀의 촉매나 신제품 등)이나 영업비밀이 기재되어 있는 유체물(설계도나 고객명부 등) 등(이하, '영업비밀의 매체물'이라 한다)."라고 표현하고 있고, 이런 표현들은 田村善之, 不正競爭法槪說 第2版, 有斐閣(2004), 339 등의 표현을 따른 것으로 보인다[같은 지적은, 권상한, 앞의 글, 256 참조]. 이런 표현만으로 판단한다면 유체물 긍정설의 입장으로 볼 여지도 전혀 없지 있지만, 위와 같은 표현의 전후맥락 등을 자세히 살펴보면 田村善之 등의 위 표현은 영업비밀이 사안에 따라서는 유체물과 아주 긴밀하게 결합된 결과로 화체 혹은 일체화되었음을 나타낸 것에 불과하다고 여겨진다.

라도 여전히 민법상 동산의 소유권에 기한 규정이 적용된다고 한다.[102] 가령 동
산의 점유취득시효에 관한 민법 제246조 혹은 선의취득에 관한 민법 제249조
등이 적용된다는 것이다. 아울러 유체물인 영업비밀에 대하여 영업비밀 침해행
위가 성립하지 않는 경우에도 절도죄의 객체로 되어 절도죄나 횡령죄가 성립할
수 있다고 설명한다. 나아가 긍정설의 내용 중에는 박테리아 등과 같은 미생물
의 경우 그 자체가 영업비밀이 될 수 있다는 주장[103]도 있다.

다. 관련 판례와 학설에 대한 평가
(1) '유체물'이 아니라 '유형물'을 대상으로 논의하는 것이 타당

영업비밀의 개념 안에 '유체물'이 포함되어야 한다는 입장을 취하고 있는
근래의 일부 하급심 판례들과 유체물 긍정설은 그 용어부터 더 정확하게 수정
할 필요가 있다고 본다.

이들 판결과 학설에서 지칭하는 '유체물'이란 전통적인 지재권(知財權)의
보호대상인 무형적인 정보와 대립된 대상을 가리킨다. 바꾸어 말하면, 민법상의
'물건' 또는 형법상의 '재물'도 지재권의 보호대상인 무형적인 정보와 마찬가지
로 영업비밀 개념 안에 포함될 수 있는지 여부를 다투고 있는 것이다. 그런데
위 '물건'과 '재물'의 각 개념 안에는 공통적으로 '유체물'뿐만 아니라 민법상
'무체물'로 분류되는 '전기 기타 관리가능한 자연력'까지 아울러 포함된다는
점[104]을 고려하면 '유체물'이란 용어사용은 전기 기타 관리가능한 자연력 부분
을 처음부터 이 논의에서 누락한 셈이어서 부적절할 수 있다. 물론, "전기 기타
관리가능한 자연력 자체도 영업비밀인가?" 여부가 직접 문제되는 사례가 실제
로는 많지 않을 것이므로 '무체물 대(對) 유체물' 구도의 용어사용이 아주 큰 문
제를 낳을 정도는 아닐지도 모른다. 하지만, 이 부분 논의에 있어 보다 더 정밀
한 경계선은 '무형물 대 유형물' 구도임이 분명하므로, 이 글 이하에서는 원칙
적으로 '유체물'이란 용어 대신 '유형물'이라고 지칭하고자 한다. '유체물' 자체
도 영업비밀일 수 있다는 일부 판례와 학설의 입장은 '유체물 긍정설'이 아니라
'유형물 긍정설'로 수정해서 지칭할 것이다.

지식재산기본법[105]에서도 지재권이 보호하는 대상 전반을 '무형적인 것'이

---

102) 이규호·백승범, 앞의 논문, 11 및 최정열·이규호, 앞의 책, 403.
103) 최정열·이규호, 앞의 책, 404.
104) 민법 제98조 및 이에 관한 곽윤직·김재형, 민법총칙, 박영사(2012. 3), 212, 그리고 형법
    제346조 및 이에 관한 이재상·장영민·강동범, 형법각론 제10판 보정판, 박영사(2017),
    251 이하 각 참조.

라고 명시하고 있으므로, 그런 견지에서도 그런 무형적인 것과 대비되는 민법상의 '물건'이나 형법상의 '재물'은 '유형적인 것'으로 지칭함이 적절하다.

(2) 영업비밀이 유형물과 아주 긴밀한 관련을 맺고 있는 경우는 존재할 수 있음

영업비밀의 무형적 정보가 특정한 유형물에 담겨 있는 구체적 모습은 사안마다 제각각이지만, 유형물과 얼마나 관련을 맺고 있는지 그 정도에 따라 아래 3가지 유형으로 구분해볼 수 있겠다. ① 영업비밀이 유형물에 직접 구현되어 있는 경우(가령, 실제 영업비밀의 내용이 시제품의 외형적 모습으로 그 전체가 분명하게 드러났거나, 혹은 앞서 언급한 '토마토 원종' 사건에서처럼 영업비밀인 유전정보가 해당 원종의 형질을 좌우하는 경우 등),[106] ② 단지 유형물이 영업비밀 정보를 기록한 저장매체의 역할을 하는 데 그치는 경우(가령, 설계도가 디지털화되어 파일로 저장된 컴퓨터저장매체), ③ 유형물의 도움 없이 영업비밀이 존속하는 경우(가령, 오직 최고경영진 혹은 특정 임직원의 기억에만 의지하는 경우) 등이다. 이들 3가지 유형 중 앞의 유형일수록 영업비밀이 해당 유형물과 한층 긴밀한 관련을 맺고 있다고 할 수 있다.

위 ①번 및 ②번의 유형들에서처럼 영업비밀이 유형물과 일정한 관련을 맺고 있는 경우, 행위자가 해당 유형물의 점유를 취득하면 특별히 예외적인 상황[107]이 아닌 한은 그 유형물에 담긴 무형의 정보까지 자연스럽게 지배하게 될 것이다. 즉 해당 '유형물 점유의 취득'이 '영업비밀 취득'의 인정으로 이내 이어질 것이다. 하지만 유형물 점유의 취득과 영업비밀 취득을 완전히 동일시하여서는 곤란하다. 위 ③번 유형에서처럼 유형물 점유의 취득과 전혀 무관하게 영업비밀 취득이 이루어지는 경우가 있을 뿐만 아니라,[108] '영업비밀 취득'의 궁극

---

105) '지식재산'에 관해 "인간의 창조적 활동 또는 경험 등에 의하여 창출되거나 발견된 지식·정보·기술, 사상이나 감정의 표현, 영업이나 물건의 표시, 생물의 품종이나 유전자원, 그 밖에 <u>무형적인 것</u>으로서 재산적 가치가 실현될 수 있는 것"으로 정의한 현행 지식재산기본법 제3조 제1호 참조(밑줄은 필자주).

106) 이런 유형에 속하는 것들 중에서 영업비밀과 유형물이 그 어느 것보다 긴밀한 관련을 맺고 있는 경우에는 영업비밀이 해당 유형물에 화체되었거나 일체화되었다고 지칭되기도 한다.

107) 가령, 고도로 암호화되어 오직 원래의 영업비밀보유자만이 해독할 수 있기 때문에 타인이 사용할 수 있을 가능성이 0%인 디지털 파일 형태의 설계도면의 예처럼, 침해혐의자가 관련 유형물의 점유를 장악하였더라도 여전히 그것이 담고 있는 영업비밀에는 접근불가능한 상황이 있을 수 있다.

108) 바로 위 ③에 해당하는 영업비밀을 기억하고 있는 자를 스카우트하는 방법으로 영업비밀 취득이 이루어질 수 있다. 아래 98다1928 판결의 판시 참조.

적인 기준은 결국 사회통념에 비추어 해당 정보를 행위자 자신의 지배하에[109] 둔 상태, 혹은 판례[110]의 표현을 빌리자면 "사회통념상 영업비밀을 자신의 것으로 만들어[111] 이를 사용할 수 있는 상태"에 이르렀는지 여부가 될 것인데 위 ① 번과 ②번 유형에서도 유형물 점유 시점과 영업비밀 취득이 인정될 시점은 사안에 따라 시간적 간격이 존재할 수 있고 설령 두 시점이 일치한다고 하더라도 양자는 법적으로 전혀 별개이기 때문이다.

　　영업비밀 취득의 인정기준에 관해 가장 중요한 선례로 볼 수 있는 1998년경의 대법원 판례[112]는 "영업비밀의 '취득'은 문서, 도면, 사진, 녹음테이프, 필름, 전산정보처리조직에 의하여 처리할 수 있는 형태로 작성된 파일 등 유체물의 점유를 취득하는 형태로 이루어질 수도 있고, 유체물의 점유를 취득함이 없이 영업비밀 자체를 직접 인식하고 기억하는 형태로 이루어질 수도 있고, 또한 영업비밀을 알고 있는 사람을 고용하는 형태로 이루어질 수도 있는바, 어느 경우에나 사회통념상 영업비밀을 자신의 것으로 만들어 이를 사용할 수 있는 상태가 되었다면 영업비밀을 취득하였다고 보아야 (한다)."고 판시하고 있다.

　　영업비밀과 유형물이 가장 긴밀한 관계를 맺고 있는 위 ①번 유형에 속하는 사례들, 더 구체적으로는 식물 원종에 관해 일부 하급심 판결들[113]이 그 유형물(원종) 자체를 영업비밀로 인정하고 있지만 이런 유형에 있어서조차 토마토 원종 사건에 대한 2022년 대법원 판결[114]은 앞서 1998년 선례의 기준을 따르고 있다. 즉 먼저 1998년의 위 선례를 언급한 다음에 "절취, 기망, 협박, 그 밖의 부정한 수단으로 영업비밀에 해당하는 정보를 담고 있는 유체물을 취득함으로써 그 정보를 본래의 목적에 맞게 사용할 수 있는 상태에 이른 경우에는 영업

---

109) 가령 회사서버로부터 영업비밀을 몰래 다운받아 회사 밖으로 반출하려 한 경우 그 정보에 대한 사실상의 지배가 가능해진 시점(가령, 자신의 USB에 다운받은 시점)에 영업비밀 취득이 인정될 수 있다. 이는 회사의 내부전산망에 접속해 영업비밀을 피고인의 업무용 컴퓨터에 다운로드 받았지만 이후 삭제하였더라도 부정취득의 기수가 된다고 판단한 대법원 2008. 12. 24. 선고 2008도9169 판결 참조.
110) 아래 98다1928 판결 등 참조.
111) 이 부분에 대한 합리적인 해석론 상, 침해자가 해당 영업비밀의 세세한 내용까지 완전히 이해하여야 영업비밀의 취득이 인정될 수 있는 것은 아니다. 가령 외부로부터 침입한 산업스파이가 자신은 전혀 이해하지 못하는 첨단기술정보를 자신의 USB에 다운받은 경우 바로 취득이 인정될 것이다.
112) 대법원 1998. 6. 9. 선고 98다1928 판결을 가리킨다. 토마토 원종 사건의 대법원 판결 등 많은 후속판결들이 위 판결을 따르고 있다.
113) 토마토 원종 사건의 항소심 판결과 양배추 부계 원종 사건의 항소심 판결을 가리킨다.
114) 대법원 2022. 11. 17. 선고 2022다242786 판결. 이는 토마토 원종 사건의 상고심 판결이다.

비밀을 취득하였다고 인정할 수 있다."고 판시하고 있는 것이다. 이런 판시에서 만약 '유체물 … 취득'과 '영업비밀 … 취득'이란 문구만을 서로 대비시킨 다음 각 취득의 대상인 '유체물'과 '영업비밀'을 완전히 같은 것으로 취급하려는 해석론이 유형물 긍정설에 의해 시도될지도 모르지만, 이런 시도는 부당하다. 1998년 선례의 문구와 대비하여 보면, 2022년 대법원 판결에서도 영업비밀인 '정보'를 담고 있는 것이 '유체물'이라고 판시하여 정보와 '유체물'을 구분하였고 아울러 그런 '유체물'의 (점유115)) 취득을 통해 최종적으로 '유체물' 안에 담긴 정보를 사용할 수 있는 상태가 되면 영업비밀 취득이 인정됨을 분명히 하고 있는 것이다. 이 대법원 판결을 해설한 재판연구관의 설명 역시, 대법원이 해당 토마토 원종 자체가 영업비밀에 해당한다는 원심의 쟁점 판단까지 지지한 것이 아니며 그 쟁점에 대한 판단은 하지 않았다는 취지이다.116)

한편, 토마토 원종 사건의 1심 판결117)에서는 '원고의 영업비밀인 D원종'이란 표현을 여러 번 채용하면서 침해책임을 긍정했지만 위 쟁점에 관해서는 더 설시한 바가 없다. 1심 판결의 위와 같은 표현은 영업비밀과 유형물이 긴밀하게 결합되어 있다는 사실을 염두에 둔 표현일 뿐, 유형물(D원종) 자체가 영업비밀이라는 입장을 분명히 한 것으로는 보기 어렵다. 왜 그런지는 항목을 바꾸어 상세히 분석해본다.

(3) '영업비밀인 물건 Y'식의 일부 표현은 편의상 지칭에 가까움

기술보호 법제라는 큰 틀에서 가장 중요한 법제이자, 영업비밀보호법과 긴밀한 관계를 가지고 있는 것이 특허법이다. 그런데 특허법의 실무에서는 '물건의 발명'을 묘사하면서 가령 '특허발명인 물건 X'과 같이 지칭함으로써 마치 X라는 물건 자체가 특허발명인 것처럼 표현하는 용례를 드물지만 찾아볼 수 있다.

가령 2002년경의 대법원 판례118)는 "특허발명인 증명서 자동피복장치"이라는 표현을 취하고 있는데, 다른 부분에서 "특허발명의 대상이거나 그와 관련된 물건"이란 판시를 통해 결국 위 "증명서 자동피복장치"는 특허발명 자체가 아

---

115) 1998년 선례와 달리 2022년 대법원 판결은 '점유'라는 문구를 제외하고 있지만, 실질적 차이가 있다고 보기 어렵다. 영업비밀 정보를 취득하기 위한 방법 중 하나에 속하는 '유체물 취득'은 영업비밀보호법의 합리적인 해석론 상 그 유형물에 대한 사실상 지배력, 즉 점유의 취득을 의미할 뿐 점유가 아닌 소유권 취득 등으로 대체되기 어려운 성질의 것이기 때문이다.

116) 권상한, 앞의 글, 261 및 266-267 참조.

117) 서울중앙지방법원 2021. 6. 17. 선고 2018가합556315 판결.

118) 대법원 2002. 11. 8. 선고 2000다27602 판결.

니라 그 대상 혹은 그와 관련된 물건임을 드러내고 있다. 마찬가지로 "이 사건 특허발명인 니이들 장치"[119], "이 사건 특허발명인 '수공예용 조형제 조성물'과 인용발명인 '완구용 흑색점토'"[120], "이 사건 특허발명인 '디지털 회로설계 트레이닝 키트'(특허번호 제236563호)"[121] 등과 같이 마치 특정한 유형물이 특허발명인 것처럼 표현한 대법원 판결이 여러 건이다. 이런 식의 표현을 취한 예가 존재하는 것은 하급심 판결[122]도 마찬가지이다.

위 사례들에서 특허법에서 보호하는 특허발명이 해당 유형물(물건)이 아니라 그것에 구체화된 발명의 아이디어, 즉 기술정보임은 두말할 나위가 없다. 그 점에서 위 판결들의 판시 표현은 흠이 있다고 볼 수 있다. 흠이 전혀 없으려면 가령 위 2002년경 대법원 판례의 경우 '특허발명인 증명서 자동피복장치 관련 기술'같이 표현되었어야 적절했을 것이다. 하지만 어찌되었든 위 사례들에서 법원 등이 '특허발명인 X물건'과 같이 지칭한 것은 편의상 지칭에 가깝지, 해당 장치와 같은 유형물 자체를 발명으로 파악한 것은 아님이 분명하다. 더 엄밀히 보자면, 이런 사례들은 법원이 지칭을 잘못하였다기보다 특허출원인이 출원서에 기재한 '발명의 명칭' 혹은 특허청 공보에서의 기재를 그대로 따라 해당 발명을 특정함으로써 불필요한 혼란을 피하려 한 노력의 결과물일 수도 있다. 그런 견지에서 가장 바람직하게는 특허 출원서류의 기재부터 위와 같은 흠이 없도록 장차 개선이 이루어져야 한다.

마찬가지로 영업비밀보호법의 사례에서도 판결문의 판시가 '영업비밀인 Y물건'으로 표현하고 있다고 하더라도 그런 판시만을 근거로 곧장 영업비밀 긍정설을 취한 판례로 단정하여서는 곤란하다. 나머지 판시 내용의 맥락에 비추어 보아 과연 Y물건에 담긴 정보가 아니라 Y물건 자체를 영업비밀로 파악한 것인지를 탐색해보아야 할 것이다.

그런 견지에서 영업비밀 관련 사례들을 탐색해볼 때, 앞서 특허법과 비교해서도 '영업비밀인 물건 Y'식으로 표현한 사례들이 더욱 드물다는 사실을 알 수 있다. 특허법의 경우 만약 실질적 내용이 동일한 발명이라면 '방법의 발명'이 아니라 이왕이면 '물건의 발명'으로 출원하여 보호받는 것이 더 넓은 독점권을

---

119) 대법원 2005. 10. 27. 선고 2003다37792 판결.
120) 대법원 2001. 9. 7. 선고 99후734 판결.
121) 대법원 2005. 1. 28. 선고 2003후175 판결.
122) 가령, "특허발명인 공기정화제"라고 표현하고 있는 서울중앙지방법원 2010. 8. 10. 선고 2009고단7633 판결 등.

누리므로 선호될 것이지만, 영업비밀보호법의 경우 아주 이례적인 상황[123]이 아닌 한은 해당 물건이나 그 복제품을 생산하여 시장에 유통하는 과정에서 물건 자체는 영업비밀 보호요건 중 비공지성을 잃게 되는 것이 일반적이고 오직 그 생산방법만이 영업비밀로 간직될 수 있을 것이기 때문이다. 그런 견지에서 볼 때 물건의 발명이 중추를 맡고 있다고 볼 수 있는 특허법의 상황과 다르게 영업비밀보호법에서는 생산방법 등 방법의 발명이 중심이 될 수밖에 없을 것이고 그런 현실을 고려해서인지 우리 입법자가 영업비밀 정의조항에서 '생산방법'을 가장 앞선 전형적 예시로 삼고 있는 것도 충분히 이해된다.

비교적 근래에 유형물 자체를 영업비밀로 정면 긍정한 몇몇 하급심 판결들이 등장하기 전까지, 과거 우리 판례 거의 대부분 사례에서 영업비밀이 무형적 정보임을 당연히 전제하고 판단한 것으로 보인다. '기술정보',[124] '기술',[125] '정보'[126]라는 용어를 취한 예들은 물론이려니와 왕왕 해당 영업비밀을 '도면',[127] '자료'[128] 등으로 지칭한 사례에서도 서류 형태의 도면이나 서류가 아니라 디지털 정보 혹은 무형적 정보를 뜻함이 해당 판시의 전후 맥락에서 분명했다.

앞서 설명한 대로, 영업비밀 영역에서는 '물건의 영업비밀' 형태가 아주 드물기 때문에 '영업비밀인 물건 Y'식으로 (잘못) 표현한 예를 극히 찾아보기 힘들지만, 그런 사례가 존재하기는 한다. 가령 세칭 'Q22 합금' 사건[129]에 대한 2011년경 1심 판결[130]이 그것이다. 이 판결에서는 "영업비밀인 고강도 경량 아

---

123) 발명자 개인의 내부적 용도로만 활용되는 물건을 영업비밀로 관리하는 경우, 토마토 원종 사건에서처럼 시장에 시판되는 제품(토마토 종자)을 만들기 위해 필요한 물건(토마토 원종) 자체는 회사 내부에서만 비밀로 간직하는 경우 등이다.

124) 이런 예로는 대법원 2019. 9. 10. 선고 2017다34981 판결(내비게이션 회로설계 기술을 영업비밀로 보아 "영업비밀인 기술", "영업비밀인 기술정보" 등으로 판시에서 표현함) 등.

125) 위 2017다34981 판결 등.

126) 이런 예로는 대법원 2015. 1. 16.자 2014마1688 결정["영업비밀인 작업지시서(Work Instruction) 기재 관련 정보"로 영업비밀을 특정함].

127) 이런 예로는 대법원 2008. 12. 24. 선고 2008도9169 판결(피고인의 업무용 컴퓨터에 다운로드 받은 내용을 영업비밀로 보아 "영업비밀인 판시 도면"으로 표현함) 등.

128) 이런 예로는 대법원 1999. 3. 12. 선고 98도4704 판결(반도체 생산을 위한 핵심공정 회로도를 전자매체에 저장하여 유출한 사안에서 해당 저장의 대상내용을 "영업비밀인 반도체 관계 자료"로 표현함) 등.

129) 그 상고심(2012도6676 판결)의 판시내용은 제2조 제3호 관련 설명 중 Ⅲ. 2. 다. (2) 부분 참조.

130) 서울중앙지방법원 2011. 12. 29. 선고 2010고단4380 판결. 항소심(서울중앙지방법원 2012. 5. 18. 선고 2012노170 판결)에서는 영업비밀을 아예 특정하지 않았고, 상고심(대법원 2012. 11. 15. 선고 2012도6676 판결)도 마찬가지이다.

연알루미늄 다이캐스팅 합금인 Q22(이하 '이 사건 합금'이라고 한다)"라고 표현
하고 있는데, 유형물 자체도 영업비밀에 해당한다는 입장을 취한 선구적인 판
결이 아니라 앞서 "특허발명인 증명서 자동피복장치"란 표현과 마찬가지로 원
래였다면 "영업비밀인 … 합금 관련 기술"식으로 특정할 것을 잘못 표현한 것
이다.131)

　　또한, 전자파일은 엄밀히 따져보자면 그 실질이 유체물이거나 (설령 유체물
이 아닐지라도) 전기 기타 관리가능한 자연력에는 해당될 것이다.132) 결국 전자
파일이 민법상 '물건'에 해당하는 유형물임을 전제할 때, 전자파일 관련 사
례133)에서는 "영업비밀인 이 사건 기술파일"로 특정할 것이 아니라 "영업비밀
인 이 사건 기술파일 (관련) 정보"식으로 판시되었어야 올바른 특정이었을 것이
다.134) 기술파일 자체를 영업비밀로 판시하였다고 하여 이런 판결들이 유형물
긍정설의 태도를 취한 것으로 보기 어려움은 물론이다.

　　지금까지의 영업비밀 관련 판례 동향에 따르자면 유형물의 영업비밀 가능
성 여부에 관해 정면으로 긍정한 판례는 토마토 원종 사건의 항소심,135) 그리고
형사사건들이었던 아몰레드(AMOLED) 패널 사건과 양배추 부계 원종 사건의

---

131) 다른 판시 부분에서는 "영업비밀인 이 사건 합금의 관련 자료"라고 올바르게 특정하고
　　있다.
132) (전자)파일은 유형물이 아니라 무형물에 해당하지 않느냐는 반론 내지 논란이 충분히 있
　　을 수 있다. 그 파일 안에 담겨진 디지털 정보와 개념상 혼용되어 왔기 때문이다. 하지만
　　이 글의 논의에서는 아래 설명하는 이유 때문에, 전자파일 자체는 무형물이 아니라 널리
　　유형물(즉, 민법상의 물건)에 속하는 것으로 취급한다. 그 전자파일이 담고 있는 정보가
　　무형물일 뿐이다. 전자파일의 전자(電子)적 정보 저장방식은 전자(電子) 혹은 전하(電荷)
　　의 움직임에 의해 이루어지는 것이다. 전자가 과연 공간적 크기를 가진 유체물인지는 현대
　　의 첨단과학에서조차 아직 명확히 규명되지 못한 상황이지만, 설령 전자가 공간적 크기를
　　전혀 가지지 못했다고 할지라도, 일단 우리 민법상의 분류에 의한다면 '전기 기타 관리할
　　수 있는 자연력'까지 망라하고 있는 '물건'의 개념 안에 포함될 것이어서, 이 글의 '무형물'
　　대 '유형물' 구분방식 하에서라면 후자에 해당할 것임은 분명하다. 이상의 설명 중 과학상
　　식 부분은 <https://news.samsung.com/kr/찰나의-마법-양자컴퓨터-세계가-온다>, <https://
　　contents.premium.naver.com/rimpine/knowledge/contents/220909194202863hb>, <https://namu.
　　wiki/w/전자>(각 2024. 6. 11. 최종방문) 등을 참조함.
133) 이런 예로는 대법원 2019. 3. 14.자 2018마7100 결정. 그 원심인 서울고등법원 2018. 10.
　　30.자 2018라20045 결정도 " … 이 사건 기술파일은 구 부정경쟁방지법 소정의 영업비밀에
　　해당한다."라고 판시하여 마찬가지로 특정하였다.
134) 다만, 전자파일은 그것이 담고 있는 무형적 정보와 구분이 곤란할 정도로 긴밀하게 일체
　　화된 대상임을 고려하면 '이 사건 영업비밀인 전자파일' 식으로 특정한 것은 편의상의 지
　　칭에 가깝고, 법원이 진정으로 거론하고자 대상은 전자파일의 외형이 아니라 그 안에 담긴
　　무형적 정보라는 사실이 어느 정도 분명하다.
135) 서울고등법원 2022. 5. 12. 선고 2021나2026169 판결.

각 항소심136) 등 비교적 근래에 집중적으로 등장한 몇몇 사례들에 국한되는 듯
보인다. 이들 사례들의 경우 영업비밀 정보가 해당 유형물과 아주 밀접한 관련
을 맺고 있어 혹자가 지칭하기에 따라서는 정보와 유형물이 화체(化體) 혹은 일
체화되었다고 부를 수도 있겠다. 사실상 하나가 되었으므로 법률적으로도 하나
인 것처럼 취급해 영업비밀보호법의 보호대상 논의에서도 민법상 물건(유형물)
까지 예외적으로 포섭하는 것이 타당할까에 관해서는 항목을 바꾸어 살펴본다.

(4) 유형물 긍정설은 소유권 등의 보호대상과 지재권의 보호대상을 혼동하고 있음

1) 개설

영업비밀이 사안에 따라서 유형물과 아주 밀접한 관련성을 맺을 수는 있겠
지만 유형물과는 개념상 분명히 별개의 무형물인 '정보'이므로 유형물 부정설이
타당하다고 본다. 즉 유형물에 담겨 있는 무형(無形)의 정보가 영업비밀일뿐, 어
떤 경우에라도 해당 유형물 자체는 영업비밀이라고 보기 어렵다. 유형물 긍정설
은 영업비밀보호법의 보호대상(정보)을 민법상 소유권·점유권 등의 보호대상(물
건)과 부지불식간에 혼동한 결과이거나 적어도 그런 혼동을 낳을 우려가 있는
견해라고 본다.

'특허발명인 물건 X'와 마찬가지로 '영업비밀인 물건 Y'와 같은 표현을 편
의상 채용하고 있을 뿐인 일부 판례들과는 다르게, 아예 실제 법적 취급이나 효
과에서까지 유형물 자체를 영업비밀의 개념 안에 포함시키면 자칫하면 큰 문제
가 야기될 수 있다. 앞서 ①번 유형의 경우처럼 영업비밀과 유형물이 일체화된
경우라면 유형물 자체를 영업비밀로 인정하던지, 그렇지 않던지 간에 결론 등에
서 별다른 차이가 없어 결국 논의의 실익이 없다는 취지의 견해137)도 있지만,
불필요한 이론적 혼란을 자초할 필요가 없다고 본다. 어떤 유형물이던지 그에
걸맞게 민법 상 소유권 등에 기한 보호가 주어지는 것은 너무나 당연하고 온당
한 일이지만, 유형물 긍정설의 논리는 거기에 그치지 않고 해당 유형물이 영업
비밀이므로 그 유형물에 주어지는 민법 상 소유권 등에 의한 보호도 일정하게
영업비밀을 위한 보호로 볼 수 있고 결국 민법 상 소유권 등에 의한 보호도 영

---

136) 수원고등법원 2023. 3. 7. 선고 2021노69 판결과 같은 법원 2019. 9. 19. 선고 2018노
5924 판결.

137) 권상한, 앞의 글, 261-262. 그렇다고 같은 논자가 유형물 긍정설에 찬동하는 것은 아니
다. 바로 다음의 설명부분(권상한, 앞의 글, 262-263)에서 (가)목의 문구 안에 '절취'가 포
함되어 있다는 점만을 근거로 유형물도 영업비밀이라는 위 긍정설의 논리적 허술함을 비
판하고 있기 때문이다.

업비밀보호법 상의 보호와 일정부분 중첩되는 역할을 하게 된다는 이해로 이어지고 있다. 이런 이해는, 민법상 소유권 등에 의한 보호영역과 지재법의 보호영역 사이에 불필요한 중첩을 낳아 결과적으로 큰 개념상의 혼란을 야기할 가능성이 높다.[138)

유형물 긍정설에서 ㉮[139] "영업비밀의 침해행위를 금지 또는 예방할 수 있는 권리가 시효로 소멸하더라도 해당 '유체물'의 소유권에 대해서는 민법상 동산의 소유권에 관한 규정(민법 제246조, 제247조, 제249조, 제250조, 제251조 등[140])이 적용된다."고 설명[141]하면서 ㉯ "'유체물'인 영업비밀에 대하여 영업비밀 침해행위가 성립하지 않는 경우에는 민법상 소유권 침해행위가 있는지 여부를 살펴보아야 할 수도 있다."고 설명[142]하거나 ㉰ "'유체물'인 영업비밀에 대하여 영업비밀 침해행위가 성립하지 않는 경우에도 절도죄의 객체로 되어 절도죄나 횡령죄가 성립할 수 있다."고 설명[143]하는 것이 그런 혼란을 드러낸다고 본다.

2) 소유물방해제거청구 등은 영업비밀 침해금지청구 등의 대용물이 될 수 없음
㉮ 유형물에 대한 민법·형법에 따른 구제는 영업비밀 정보에 대한 구제로는 의미가 없음

사실 영업비밀이 담긴 유형물은, 그 유형물이 영업비밀 자체에 해당하는 지와 전혀 상관없이, 민법상 유형물인 이상은 당연히 소유권에 기해 침해행위에 대항한 소유물반환청구권·방해제거청구권(혹은 방해배제청구권[144])의 구제가 주어질 수 있고 다른 한편으로 점유취득시효나 선의취득의 대상이 될 수 있다. 그

---

138) 다만, 다음과 같은 비유는 사정이 다르다. 지재권 안의 논의에서는 특허권·저작권 같이 배타적·대세적인 효력의 독점권을 이해의 편의상으로 민법상 소유권과 같은 물권에 자주 비유하고 있다. 가령, '물권적 권리', '물권에 준하는 효력' 혹은 '물권적 지위'와 같이 표현하는 것이다. 이런 것들은 비유일 뿐이다. 그렇더라도 이런 비유를 넘어 만약 '특허권은 물권이므로 소유물반환청구권이 인정된다.'로까지 설명한다면 이는 개념상의 혼란에 불과할 것이다.

139) 이하 ㉮, ㉯, ㉰ 순번부여는 필자주.

140) 민법 제246조는 동산의 점유취득시효를, 제247조는 취득시효의 소급효 및 중단사유를, 제249조는 동산의 선의취득을, 제250조 및 제251조는 선의취득에 있어 도품·유실물에 대한 특례들을 각각 규정한 조항들이다.

141) 이규호·백승범, 앞의 글, 11 및 최정열·이규호, 앞의 글, 403.

142) 이규호·백승범, 앞의 글, 11.

143) 최정열·이규호, 앞의 글, 403

144) 민법 제214조의 명문은 '소유물방해제거'이지만, '소유물방해배제청구권'으로 호칭하는 예도 다수이다. 가령 곽윤직 대표편저, 민법주해 Ⅴ-물권(2), 박영사(1999), 234(양창수 집필부분) 등.

러나 그것은 어디까지나 민법상 관점에 국한하여서이다.[145] 형법상 재물에 해당
하는 이상은 형법상 절도죄나 횡령죄가 성립할 수 있는 것도 마찬가지로 그 재
물 자체가 영업비밀일 수 있는지와 관련이 없다. 민법 및 형법의 각 관점에 따른
이런 취급 내지 구제수단은 영업비밀보호법에 따라 주어지는 취급 내지 구제수
단과의 관계에서 대체적·보완적 수단이 아니다. 바꾸어 말하자면, 위와 같이 민
법과 형법의 관점에 따른 이런 취급 내지 구제수단이 주어지더라도 영업비밀보
호법에 따른 침해금지청구권 등의 구제가 주어지지 않는 한, 해당 영업비밀은
무형적 정보로서 보호받는 구제수단이 전혀 없는 것이지 대체적·보완적 구제수
단이 존재한다고 보기 어렵다. 여기서 영업비밀로서의 구제수단이란, 소유권에
근거한 구제수단들처럼 특정대상을 직접 지배함으로써 그 가치를 향유하도록 보
장하기 위한 수단이 아니라, 타인이 해당 정보를 함부로 사용함을 일반적으로는
금지시키고 예외적인 허락을 부여함을 보장하기 위한 수단을 가리킨다.

   (나) 민법상 방해제거청구권과 영업비밀 침해금지청구권은 중요한 차이가 있음
   혹자는 영업비밀 침해금지청구권이든, 소유권에 기한 방해제거청구권(방해
배제청구권)이든지간에 양자 모두 개념상 타인의 위법행위를 제거하려 한다는
점에서 공통되므로 엇비슷한 효과를 얻을 수 있을 것이라고 오해할지도 모르겠
다. 그 결과로, 영업비밀 침해금지청구권이 시효소멸 등으로 발동되지 못하더라
도 그 대신에 소유권에 기한 방해제거청구권 발동을 통해 엇비슷한 효과를 꾀
할 수 있다는 식으로 이해하거나 설명할 수 있다. 실제로 유형물 긍정설에 의한
위 ㈎부분 설명이 그런 식의 설명에 가깝다. 그러나 설령 유형물 긍정설에 따라
유형물 자체가 영업비밀이라고 설령 가정하더라도, 소유권에 기한 방해제거청
구권과 영업비밀 침해금지청구권은 중요한 차이[146]가 있다. 이를 다음 항목에서
상세히 살펴보겠다.

   (다) 소유권자의 직접 지배 대(對) 지재권자의 금지와 허용(간섭의 배제 대 적
      극적 간섭)
   민법상 소유권에 기한 법적 보호는 권리자(소유자)가 물건(소유물)을 지배

---

145) 유형물 긍정설에서도 "해당 유체물의 소유권에 대해서" 점유취득시효나 선의취득이 가
   능하다는 취지일 뿐, 영업비밀보호법상의 지위가 취득된다는 취지는 물론 아닌 것으로 이
   해된다. 그렇지만 이런 취급이 마치 영업비밀보호법상의 구제수단과의 관계에서 대체적·
   보완적 수단일 수 있는 것처럼 설명하는 것이 문제이다.
146) 물론 소유물방해제거청구권과 영업비밀침해금지청구권 모두 대세효가 있는 청구권으로
   상대방의 침해행위를 제거하여 배타적 지위를 확보하는 수단이라는 점 등에서 공통점이
   있지만, 여기서는 논외로 한다.

(사용·수익·처분)하는 것을 통해 그 가치를 향유하는 것을 보장하는 시스템이다. 소유권을 비롯한 물권은 외계(外界)에 존재하는 물건을 '직접' 지배하는 것을 내용으로 하는 권리[147]라는 점에서, 무형적인 정보를 타인이 함부로 사용하는 것을 일반적으로 금지하는 한편[148] 예외적으로 허락하는 과정에서 (로열티 징수 등을 통해) 가치를 향유하는 것을 보장하는 시스템인 영업비밀보호법 상의 보호 혹은 특허법 등 나머지 지재권 법률 전반의 보호방식[149]과 대조적이다. 다소 거칠게 비유하자면, 민법상 소유권의 보호는 보호대상(소유물)에 관해 타인의 점유침탈이나 방해 등 일체의 간섭을 배제함으로써 충실히 달성될 수 있음에 비해서, 영업비밀보호법을 비롯해 지재권의 보호는 보호대상(무형적 정보)에 관해 타인의 문제적 행위를 상대로 오히려 지재권자가 적극 간섭하는 것을 보장함으로써 달성될 수 있다는 근본적인 차이가 있다.[150]

---

147) 곽윤직 대표편저, 앞의 주해서, 179(양창수 집필부분).
148) 소유권 보호에서는 금지청구권이 소유자의 사용·수익·처분행위를 보장하기 위한 보조적 수단에 그치지만, 부정경쟁방지법 상의 보호 등 지재권 법률의 보호에 있어서는 금지청구권이 단지 보조적 수단이 아니라 핵심적 위치에 있다. 소유권 보호에 있어서는 타인의 침해행위를 아무리 잘 금지하더라도 만약 소유권자 스스로가 소유물을 사용·수익·처분할 수 없다면 그 소유권은 무의미한 것이지만, 지재권 보호에 있어서는 지적재산권자 스스로 지적재산을 사용·수익·처분할 수 있느냐가 아니라 권리자 자신의 적법한 허락 없이 지적재산을 사용하는 타인의 침해행위를 금지할 수 있느냐가 관건이기 때문이다. 이와 관련해서는, 박준석, "간략한 조문과 등록 등 절차 부재에 따른 부정경쟁방지법 사건의 특징", 서울대법학 제63권 제4호, 서울대법학연구소(2022. 12), 306 이하를 참조할 것.
149) 영업비밀보호법의 보호는 배타적 독점권을 부여하지 않는다는 점에서 특허법·저작권법 등 다른 지재권 법률들과는 차이가 있다(더 자세히는, 본 주해서의 제10조 관련 설명 중 II. 1. 가. 부분을 참조할 것). 하지만 여기서는 그런 차이는 관심대상이 아니며, 모든 지재권 법률들은 금지청구권이 구제수단 등 법적 보호에 있어 핵심적 위치에 있다는 점에서 공통된다는 사실이다.
150) 전자의 간섭배제 수단으로 소유물반환청구권·방해제거청구권·방해예방청구권이, 후자의 적극적 간섭 수단으로 침해금지청구권·침해예방청구권이 각각 주어지고 있는 셈인데 양자의 수단들이 달성하려는 근본목적이 서로 상이하기 때문에, 가령 얼핏 보아서는 아주 흡사한 내용일 것 같은 방해제거청구권과 침해금지청구권의 실질적 내용에 차이가 크다는 점은 후술할 것이다.
　　양자의 손해배상청구권 관련 사정도 마찬가지이다. 유형물 긍정설의 앞서 논리에 따를 경우 아무래도 민법 제750조 이하의 규정들과 지재법의 손해배상 규정들의 차이점을 간과하고 서로 혼용하기 쉬울 것이지만, 그렇게 되면 민법상 소유권 등에 의한 보호영역과 지재법의 보호영역 사이에 불필요한 중첩을 낳아 결과적으로 큰 개념상의 혼란을 야기하게 될 것이다. 가령 최대 5배까지 배상액을 확장한 징벌적 손해배상 조항(영업비밀보호법의 경우 제14조의2 제6항 및 제7항)은 실손해배상 원칙을 취한 민법의 손해배상 규율과는 정면충돌하는 내용이다. 단지 민법의 손해배상규범에 대한 특칙이라기보다 아예 미국의 영향 하에 입법된 전혀 다른 규범에 가깝다[이런 분석은, 박준석, "한국 지적재산권법과 다른 법률들과의 관계", 법조 통권 제687호, 법조협회(2013. 12), 22-23, 아울러 우리 민법이

㈜ 소유물반환청구 및 방해제거청구와 성격이 각각 다른 영업비밀 침해금지청구

민법상 소유권에 기한 법적 보호에서는 위와 같은 지배를 보장하기 위해 침해에 대항한 구제수단으로 소유물반환청구권, 소유물방해제거청구권(방해배제청구권), 방해예방청구권이란 3가지 물권적 청구권을 부여하고 있다. 소유물반환청구권은 점유침탈에 대항하여 점유를 잃은 소유자가 발동할 수 있는 권리인 반면, 소유물방해제거청구권[151]은 점유침탈 이외의 침해[152]에 대항하여 발동되는 권리이다.

그에 비하여 영업비밀보호법의 법적 보호에서는 다른 지재법에서의 보호와 마찬가지로 반환청구권이 존재하기 어렵다. 특정 물건(유형물)을 직접 지배하는 권리가 아니라, 무형적 정보에 관해 타인의 사용을 금지할 수 있는 권리이기 때문이다.[153] 또한 영업비밀보호법의 법적 보호에서는 민법에서와 같은 방해제거청구권도 존재하지 않는다. 얼핏 보아서는 민법상 방해제거청구권과 같은 성질의 것으로 오해될 수 있는 것이 영업비밀 침해금지청구권이지만, 영업비밀 침해금지청구권은 애당초 권리자가 대상을 직접 지배하거나 점유하는 상태에서 발동되는 권리가 아니라는 점에서 앞서 소유물방해제거청구권과도 다르다.[154] 굳이 억지로 '점유'와 연결지어 비유하자면, 영업비밀 침해금지청구는 권리자가 점유[155]를 상실한 상태에서야(더 정확하게는, 민법상 점유는 애당초 불가능해 전혀

징벌적 손해배상을 배제하고 실손해 전보원칙을 취하고 있다는 설명으로는 양창수·권영준, 민법Ⅱ — 권리의 변동과 구제 — 제5판, 박영사(2023. 9), 630 참조|. 또한, 침해가 없었더라도 어차피 권리자 자신의 사정 때문에 생산할 수 없었던 수량에 대해서까지 '합리적인 실시료'를 가정하여 배상하도록 요구하는 손해액 추정조항(영업비밀보호법의 경우 제14조의2 제1항)도 민법의 관련 원칙을 완전히 벗어난 조항이다. 요컨대 영업비밀보호법을 포함해 지재법의 손해배상 조항들은, 소유권을 침해한 타인의 간섭행위(불법행위)가 없었다면 권리자 홀로 원래 존재했을 상황으로의 회복을 지향하는 민법의 손해배상과는 달리, 타인의 판매수량이나 이익 행위 등에 오히려 적극적으로 간섭할 수 있게 하고 심지어 권리자와는 실제 관련이 없는 영역까지 간섭하게 해주는 셈이다.

151) 방해예방청구권도 관련되겠지만 편의상, 이하의 논의에서 논외로 한다.

152) 소유물 방해제거청구권은 소유권의 내용 실현이 점유의 상실(목적물의 점유침탈) 이외의 방법으로 방해되고 있는 경우 그 방해제거를 청구하는 것이라는 설명은, 곽윤직·김재형, 물권법 제8판, 박영사(2015. 2), 233-234. 비슷한 취지의 설명으로는 곽윤직 대표편저, 앞의 주해서, 234-235(양창수 집필부분) 등 다수.

153) 앞에서 설명한 것처럼, 금지청구권이 지재권 보호에 있어 핵심적 지위를 차지한다.

154) 방해제거청구권에서 '방해'란, 소유권에 근거해 물건을 전면적으로 지배하는 것이 타인의 개입에 의해 실현되지 못하고 있는 상태를 가리킨다[곽윤직 대표편저, 앞의 주해서, 241-242(양창수 집필부분)| 등. 영업비밀 침해금지청구권에서는 타인의 개입을 제거함이 목적이 아니라 오히려 반대로 타인의 행위에 적극 개입하는 것을 목적으로 삼는다는 점에서부터 차이가 있다.

155) 유체물 자체가 영업비밀이라고 파악한다면 모르겠지만 유체물도 아닌 영업비밀을 '점유'

점유하지 못한 대상에 대해서) 발동될 수 있는 셈이다.

㈐ 영업비밀 침해 상황에서 민법의 방해제거청구는 곤란

한편, 설령 유형물 긍정설에 따라 유형물 자체를 영업비밀로 긍정하는 입장을 취하든, 그렇지 않고 유형물은 영업비밀과 긴밀한 관련을 맺고 있을 뿐이라는 입장을 취하든지 간에, 만약 영업비밀 침해가 발생한 경우 그 영업비밀이 담긴 유형물 자체에 주어지는 민법의 소유물방해제거청구권으로는 구제되기 어렵다. 왜냐하면 소유물방해제거청구권 행사에 있어서, 방해받는 소유자는 반환청구의 경우와 달리 방해받고 있는 물건의 점유를 그대로 가지고 있는 상황이고 이런 방해는 대부분 부동산에 관하여 생기는 것인데,156) 영업비밀과 관련된 유형물은 부동산인 경우를 상정하기 어렵기 때문이다.

3) 형법상 보호대상인 재물과 영업비밀보호법의 보호대상과의 혼동

또한, 유형물 긍정설에 의한 위 ㈐부분 설명 역시 형법 상 보호대상인 '재물'과 영업비밀보호법의 보호대상을 혼동한 결과에 불과하다. 유형물 긍정설에서는 영업비밀보호법 제3조 (가)목에서 영업비밀을 '절취'의 대상으로 명시하고 있다는 점에 근거해서 절취의 대상이려면 (민법·형법에서의 관련논의에 비추어) 유형물이지 않을 수 없으므로 결국 유형물도 영업비밀에 포함된다는 논리를 전개하면서도, 다른 한편 위 ㈐부분 설명처럼 "유체물인 영업비밀에 대하여 영업비밀 침해행위가 성립하지 않는 경우에도 절도죄의 객체로 되어 절도죄나 횡령죄가 성립할 수 있다."고 주장한다. 그렇지만, 절도죄가 성립할 수 있다는 것은 결국 유형물 긍정설의 논리에 따라서는 해당 영업비밀이 '절취'되었다는 것인데 그런 절취가 있었음에도 (부정취득에 의한) 영업비밀 침해행위가 성립하지 않는 경우가 과연 존재할 수 있는 것인지 의문이다.

(5) 유형물 긍정설이 (가)목의 '절취' 문구를 근거로 삼은 것은 무리한 해석론임

(가)목에서 '절취'라는 문구를 채용한 것은, 영업비밀보유자가 영업비밀을

한다는 것은 상정하기 어렵다. 하지만 여기서는 유형물 긍정설에 따라서 특정 유형물이 영업비밀 자체이며 그것을 타인이 절취 등으로 부정취득한 상황 혹은 그 유형물과 완전히 동일한 유형물을 타인이 제작함으로써 결과적으로 그렇게 동일하게 만들어진 영업비밀(유형물)의 점유가 침탈된 상황을 가정한다.
156) 소유물 방해제거청구권의 행사에 있어 방해받는 소유자는 반환청구의 경우와 달리 점유를 그대로 가지고 있고 이런 방해는 대부분 부동산에 관하여 생긴다는 설명은, 곽윤직·김재형, 앞의 책, 233-234. 비슷한 취지의 설명으로는 곽윤직 대표편저, 앞의 주해서, 234-235(양창수 집필부분) 등 다수.

비밀로서 관리하는 과정에서 해당 영업비밀 정보가 일정한 유형물에 수록된 형태로 관리되는 상황이 많고 그런 상황에서 해당 유형물을 절취하는 방법으로 영업비밀을 침해하는 경우를 상정한 규정이라고 파악함이 합리적이다. 즉, 침해 과정에서 '절취' 행위가 발생할 것을 염두에 두었다고 하여 곧장 해당 절취행위의 객체가 다름 아니라 영업비밀 자체일 것이라고 연결 짓는 해석론은 부당하다. 그런 유형물 긍정설의 논리대로라면 결국 (가)목은 무형적 정보가 아니라 오히려 '절취'의 형법적 객체인 유형물(재물)을 영업비밀의 전형적인 대상으로 상정하고 있다는 주장이 되는데, 영업비밀의 개념을 '기술상 또는 경영상의 정보'라고 규정하여 무형적인 성질의 '정보'를 염두에 두고 있는157) 영업비밀의 정의규정에서부터 상호 충돌이 생긴다.158)

또한 (가)목의 '절취' 문구를 반드시 형법상의 절취 개념과 동일하게 해석할 필요는 없고, 영업비밀보호법의 맥락 안에서 해석되어야 타당하다. 민법과 형법은 전통적으로 현실공간의 물건(혹은, 재물)을 대상으로 규율한 법제이고,159) 그와 대조적으로 영업비밀보호법 등 지재법은 가상의 무형적 정보를 대상으로 규율한 법제로서 서로 관련을 맺고 있더라도 기본적으로 별개의 영역이므로 만약 형법이 아닌 영업비밀보호법 안에 특정 문구가 존재한다면 (물론 형법에서 동일 문구를 어떻게 해석하는지를 잘 참고해야 하겠지만 참고에 그칠 뿐) 영업비밀보호법의 맥락 안에서 해석하여야 하는 것이다. 일본에서의 유력한 견해도 마찬가지 입장이다.160) 그럼에도 유형물 긍정설은 자기 학설의 정당성을 얻고자 '절취'라는 문구를 철저하게 형법의 시각에서 해석하고 있는데 그런 형법의 해석론에 그대로 따른다면 컴퓨터저장정보는 재물이 아니므로161) 그 저장정보를 침해자가 자신의 USB에 저장해 가지고 나오는 행위는 형법상 절도죄가 성립할 수 없음은 물론 '절취'에 의한 (가)목 위반의 영업비밀 침해행위가 아니라는 결과가 되어버린다. 유형물 긍정설의 해석은 무형적 '정보'를 규율하는 영업비밀보호법

---

157) 일본에서도, 영업비밀은 무형의 것이자 정신적 산물로 파악되고 있다. 小野昌延・松村信夫, 新不正競争防止法概説 第2版, 青林書院(2015), 323 참조.
158) 같은 취지의 비판으로는 권상한, 앞의 글, 262-263.
159) 컴퓨터에 저장된 정보를 종이에 출력하여 가져간 행위에 대하여 해당 정보는 절도죄의 객체인 '재물'이 아니라는 이유 등으로 절도죄 성립을 부정한 대법원 2002. 7. 12. 선고 2002도745 판결 참조.
160) 田村善之, 不正競争法概説 第2版, 有斐閣(2004), 339 및 金井重彦・小倉秀夫, 不正競争防止法コンメンタール 改訂版, レクシスネクシス・ジャパン(2014), 98(山口三恵子 집필 부분).
161) 위 2002도745 판결.

안의 문구를 해석하면서 '재물'(유형물)을 규율하는 형법에 맞추어 무리하게 해석한 결과, 위 문구가 포함된 해당 조문 (가)목 자체는 더 이상 영업비밀보호법이 본래 다루고자 한 무형적 정보에 대해서 규율의 힘을 잃어버리게 되었고 아울러 형법 역시 절도죄 등 관련 조문 운용에 있어서 애당초 무형적 정보까지 아우르면서 규율하려는 입법이 아니다보니 결국 최종적으로는 규율의 공백만 생긴 셈이다.

　　부정경쟁방지법의 '절취' 문구가 형법상의 그것과는 다른 맥락으로 채용된 문구라는 사실은 (카)목에 등장하는 '절취' 문구를 통해서도 확인할 수 있다. 2021년 신설된 (카)목은 빅 데이터 등 데이터를 보호하고자 규율함에 있어서, '절취' 등 방법에 의해 침해행위가 발생할 수 있음을 예정하고 있다는 점에서는 (가)목과 마찬가지이다.[162] 그런데 (가)목은 다소 추상적으로 '기술상 또는 경영상의 정보'라고만 규정한 결과로 그 '정보'의 개념 안에 형법상 '절취'의 대상인 재물(유형물)이 포함된다는 유형물 긍정설의 해석론이 무리하게라도 개진될 여지를 주고 있다고 볼 수도 있지만, (카)목은 아예 약칭 데이터산업법[163]의 데이터 중 전자적 방법으로 관리되는 정보만을 대상으로 하고 있음을 분명히 명시한 결과 유형물 긍정설이 무리하게 도입하고 있는 형법적 해석론에 의하면 애당초 '절취'가 가능한 대상이 아닌 셈이다. 즉 (카)목의 '절취' 문구는 유형물 긍정설의 해석론에 따를 경우 조문 자체가 논리적으로 말이 되지 않는 흠을 가진 것이 되어 버린다. 결국 (가)목이나 위 (카)목에 등장하는 '절취' 문구는 형법의 해석론에 의하지 않고 해당 목, 나아가 부정경쟁방지법 전체의 취지에 따라 합리적으로 해석하는 것이 타당하다.[164] 그런 견지에서 영업비밀이 기록된 CD 등 매체를 직접 반출하지 않더라도 그 매체에 수록된 영업비밀 정보를 복제한 순간 그런 복제행위도 (가)목의 절취에 해당한다는 해석론[165]도 있다.

---

162) 우리 입법자가 일본의 입법방식을 (잘못) 쫓아 자국 영업비밀보호 관련 조문의 침해행위 규율방식을 거의 그대로 모방해 입법한 결과, (카)목의 이 부분 문구는 (가)목과 상당부분에서 동일하다. 더 자세히는 박준석, "빅 데이터 보호와 유명인의 퍼블리시티 보호를 인정한 새로운 부정쟁방지법에 관한 소고", 법률신문 2021. 11. 25.자 연구논단 기사 참조.
163) 데이터 산업진흥 및 이용촉진에 관한 기본법.
164) 같은 취지는 田村善之, 前揭書, 339 및 金井重彦·小倉秀夫, 前揭書, 98(山口三惠子 집필부분) 등.
165) 金井重彦·小倉秀夫, 前揭書, 98.

(6) 산업기술보호법 및 국가첨단전략산업법166)의 보호대상 관련

영업비밀보호법을 논외로 하면, 넓은 의미의 영업비밀 보호법제로 볼 수 있는 법률들이 '산업기술의 유출방지 및 보호에 관한 법률'(약칭 '산업기술보호법'), '국가첨단전략산업 경쟁력 강화 및 보호에 관한 특별조치법'(약칭 '국가첨단전략산업법')이다. 침해행위에 대한 금지 및 그에 대한 (형사적) 제재와 같이 가장 핵심적인 보호 부분의 조문들167)이 부정경쟁방지법 상의 영업비밀 보호방식을 근간으로 삼고 있기 때문이다.168)

2006년 제정된 산업기술보호법은 미국의 산업스파이방지법(Economic Espionage Act, EEA) 입법에 영향을 받아 '국가핵심기술'169)을 보호하는 한편 널리 '산업기술'의 해외유출행위 등에 강력한 형사제재를 가하려는 규범이고, 국가첨단전략산업법은 일명 '반도체특별법'으로서 한국의 경제 · 안보에 큰 영향력을 가진 반도체칩 관련기술 등 극소수 기술170)을 강하게 보호하기 위해 2022. 8. 4.부터 시행된

---

166) 이하, 산업기술보호법 및 국가첨단전략산업법에 관한 설명 중 일부는 박준석, "영업비밀 공동보유자의 동의 없는 자기사용은 침해행위인가? ― 공유 조문 흠결에 대한 해석론 모델의 제시 ―", 서울대 법학 제64권 제1호, 서울대 법학연구소(2023. 3), 300-301에 기초한 것이다.

167) 산업기술보호법 제36조 및 제14조, 국가첨단전략산업법 제50조 및 제15조 등 참조.

168) 이들 특별법들의 내용 중에는 관련위원회를 설치 · 운영하고 국가의 적극적 행정지원 등을 정한 조문들처럼 지재법과 관련 없는 부분도 포함되어 있지만, 가장 핵심적인 보호 부분(침해행위에 대한 금지 및 형사적 제재 등)의 조문들에서 두 특별법이 금지하는 행위유형은 모두 부정경쟁방지법 중 영업비밀 보호조항과 거의 동일한 부정취득 · 부정공개 행위들을 중심으로 규정되어 있다. 심지어 "절취 · 기망 · 협박 그 밖의 부정한 방법으로 … " 해당 기술정보를 부정취득하는 행위를 금지하고 아울러 "비밀유지의무가 있는 자가 부정한 이익을 얻거나 … 손해를 입힐(가할) 목적으로" 해당 기술정보를 공개하는 행위를 금지하고 있어 구체적 문구까지 흡사하다.

나아가 영업비밀보호법과 마찬가지로 부정취득행위와 부정공개행위를 출발점으로 삼고 그 사후에 가담하는 침해행위들까지 규율하는 규율방식을 취하고 있다는 점도 공통된다. 다만 사후에 가담하는 침해행위들을 분류함에 있어서 영업비밀보호법에서는 최초의 침해행위가 부정취득행위인지, 아니면 부정공개행위인지에 따라 별도의 목으로 규율하고 있지만 위 두 법률에서는 하나의 목으로 통합하는 등의 차이가 있을 뿐이다.

조금 거친 표현이지만 쉽게 비유하자면, 국가손방에 영향을 줄 수준의 극소수 첨단기술은 국가첨단전략산업법이(현재 17개 지정), 그보다 못할 수 있지만 국가차원에서 핵심적으로 중요한 기술들(현재 71개 지정)은 산업기술보호법이, 일반적 수준의 기술들은 부정경쟁방지법의 영업비밀 보호조항이 계층적으로 나누어 보호하고 있는 셈이다.

169) '국가핵심기술'로 보호되는 대표적인 영업비밀로는 반도체칩 관련 기술 및 전기자동차용 리튬 2차전지 기술 등이 있다(산업기술보호법 제9조 제4항에 근거한 '국가핵심기술 지정 등에 관한 고시' 참조). 그 중 후자의 기술은, 한국 굴지의 대기업 계열사인 L사가 한국의 또 다른 대기업의 계열사인 상대회사의 영업비밀 침해를 이유로 한국 법원이 아니라 미국의 ITC에 제소하여 약 2조원의 손해배상 합의금을 받아낸 최근 사건에서 분쟁대상이었던 기술이기도 하다.

170) 국가첨단전략산업법으로 보호될 가장 대표적인 영업비밀은 역시나 S사의 반도체칩 관련

규범이다. 침해행위에 대항하여 민형사 구제수단을 모두 갖춘 영업비밀보호법과 비교하자면, 오직 형사적 구제만을 인정한 국가첨단전략산업법보다는 민형사 구제수단뿐 아니라 특허법 등 널리 지재권 법률에서나 찾아볼 수 있는 비밀유지명령 제도171)까지 갖춘 산업기술보호법이 한층 영업비밀보호법과 가까운 거리에 있다.

물론 산업기술보호법의 보호대상인 '산업기술' 혹은 '국가핵심기술'172)과 국가첨단전략산업법의 보호대상인 '전략기술'은 비공지성이나 비밀관리성 등을 요구하지 않고,173) 두 법 모두 관계당국에 의해 보호대상 기술로 지정·변경·해제됨에 의해 보호대상 여부가 결정된다는 점 등에서 영업비밀보호법과 차이가 있다. 그렇지만 이 특별법들이 특정 침해행위를 금지하거나 형사처벌함에 있어 부정경쟁방지법 상의 영업비밀 보호방식을 그 근간으로 삼고 있는 이상, 영업비밀보호법의 영업비밀 보호조항을 어떻게 해석하느냐 문제는 단지 영업비밀보호법 안의 문제에 그치지 않고 이들 특별법의 해석론에도 큰 영향을 미치게 된다.

그런 견지에서 보건대, 유형물 자체도 보호대상에 해당하는 지에 관한 영업비밀보호법 관련 앞서의 논의는 위 특별법의 보호대상 논의에도 당연히 영향을 미친다.174) 특히, 영업비밀보호법과는 달리, 산업기술보호법과 국가첨단전략산업법은 구체적인 보호대상인 '국가핵심기술'175) 등 여러 '산업기술'과 '전략기

기술일 것이다. 한국 기업들이 보유한 기술들 중에서 최초로 세계 최고 수준에 도달하였다고 할 수 있는 S사 반도체칩 관련 기술의 경우 오래전부터 특허출원 대신 영업비밀로 관리되어 왔다(침해분쟁이 진행되어 외부에 확인된 사례는 대법원 1999. 3. 12. 선고 98도4704 판결 참조). S사 반도체칩 관련 기술을 비롯해서 앞 부분 각주에서 언급한 전기자동차용 리튬 2차전지 기술 같이 '국가핵심기술' 중 일부만이 국가첨단전략산업법의 보호대상으로 지정된 상황이다.

171) 산업기술보호법 제22조의4 내지 제22조의6 참조.

172) 산업기술보호법의 일반적 보호대상은 '산업기술'임이 법명칭부터 분명하지만, 동법에서 보호하는 핵심대상은 '국가핵심기술'이라고 할 수 있는데 관련 조문의 상호 포섭관계가 불분명하여 두 기술의 관계가 무엇인지 과거에는 논란의 소지가 없지 않았다. 그렇지만, 판례(대법원 2012. 8. 30. 선고 2011도1614 판결)는 국가핵심기술이 '산업기술'의 일부임을 분명히 하였고, 2015년경 개정에서는 '산업기술'의 첫 번째 열거대상으로 '국가핵심기술'이 아예 명문으로 포섭되었다.

173) 산업기술의 비공지성 등 여부에 대한 대법원 2013. 12. 12. 선고 2013도12266 판결 참조.

174) 같은 견해로는 류시원, "'유체물의 영업비밀성'문제의 성격과 실무적 의의 ― 대법원 2022. 11. 17. 선고 2022다242786 판결을 계기로 삼아 ―", 저스티스 197호(2023. 8), 204.

175) 동법 제2조 제1호는 (가)목의 국가핵심기술에 이어 (나)목 내지 (자)목까지 다양한 기술들을 보호대상으로 열거하고 있다. 이들 기술 모두가 공통적으로 지정·고시·공고·인증에 따라 보호대상으로 획정된다.

술'을 일일이 하위규범(고시)으로 지정하는 방식을 취하고 있고[176] 그런 지정의 결과물 중에는 유독 유형물 자체를 보호대상으로 명시한 경우까지 존재한다.[177] 그런 상황이기 때문에, "유형물 자체도 동법의 보호대상(기술, 정보)일 수 있는 가?"라는 쟁점이 조문 해석론상의 논쟁에 그쳤던 영업비밀보호법에서와 다르게 직접적으로 해당 하위규범의 적법성 문제로 연결된다.

　　이 문제는, 영업비밀보호법 관련에서 앞서 비판한 유형물 긍정설의 논리와 비슷하게, 입법자가 무형적인 기술정보와 유형물 간의 관계를 혼동한 결과물일 수 있다. 설령 유형물 자체를 보호대상으로 명시한 취지가 설령 '특허 받은 물건 X' 혹은 '영업비밀인 물건 Y'과 같은 용례[178])에서처럼 해당 기술정보가 유형물과 아주 밀접한 관련성을 가진 것임을 나타내기 위한 것이라 하더라도, 충분히 해당 기술정보 자체를 특정할 여지가 있는 이상 온당한 입법으로 보이지는 않는다. 특히 다른 법률과 비교해서 한층 강화된 형사처벌조항으로 곧장 연결되고 있음을 고려하면 더욱 그러하다. 입법적 수정조치가 필요하다고 본다.

Ⅳ. 영업비밀 보호와 특허법상 발명 보호와의 상호관계

1. 특허발명과의 기본적 관계 등

가. 사법절차에서 특허법과 마찬가지로 취급할 여지가 있음

　　영업비밀 개념이 혼란스럽다 보니 시각에 따라 특허법과 동떨어진 것으로 취급되기도 하였었지만, 앞에서 언급한 대로 영업비밀 중 기술정보는 경영정보

---

176) 산업기술보호법 제9조 및 국가첨단전략산업법 제11조 참조.

177) 2023. 4. 6. 시행된 국가핵심기술 지정 등에 관한 고시(산업통상자원부고시 제2023-60호)에서 열거된 대상 중, "조선용 ERP/PLM시스템 및 CAD기반 설계·생산지원 프로그램"과 "보툴리눔 독소제제 생산기술(보툴리눔 독소를 생산하는 균주 포함)"이 그런 경우들이다. 그 외 나머지 국가핵심기술들은 모두 "~~기술"이라고 특정하고 있다. 반면 여타의 산업기술들에서는, 유형물이 보호대상으로 고시된 경우가 제법 많은데 이는 가장 핵심적 보호대상인 국가핵심기술과 비교해보면 여타 산업기술들은 그 보호대상인 기술의 가짓수부터 무척 많은 것이 이유 중 하나이다. 가령 산업발전법에 따른 '첨단기술'은 무려 수천 가지의 기술들이 고시대상이다.
　한편 2023. 6. 2. 시행된 국가첨단전략기술 지정 등에 관한 고시(산업통상자원부고시 제2023-108호)에서 열거한 전략기술들도 모두 "~~기술"이라고 특정하고 있다. 다만 전략기술의 열거 내용 중에 가령 "에너지밀도가 280Wh/kg 이상인 파우치형 배터리"식으로 유형물이 언급된 부분이 있지만 보호대상 기술정보인 "고에너지밀도 리튬이차전지 설계, 공정, 제조 및 평가기술"을 더 구체적으로 특정하는 과정에서 등장하는 것일 뿐이다.

178) 앞서 (3) '영업비밀인 물건 Y'식의 일부 표현은 편의상 지칭에 가까움' 항목 참조.

와 달리 특허발명과 밀접한 관계에 있다. 다만 가령 '컴퓨팅을 동원한 최첨단 고객관리방법'과 같이 기술정보와 경영정보의 중간적 형태에 이르러서는 모호한 점이 다소 있지만 이런 방법은 대부분 특허법에서 보호대상으로 인정되는 영업방법(BM) 발명에 해당하는 한편 영업비밀 차원에서는 기술정보로 취급될 여지가 크다.

  영업비밀의 이런 성질은 법적 취급, 특히 사법처리절차에서 영업비밀 관련 분쟁을 특허분쟁과 마찬가지의 성격을 가진 사건으로 분류하여 처리할 여지가 있음을 드러낸다. 특히 사건에 따라서는 영업비밀 관련분쟁이 특허분쟁에서보다 더욱 기술전문가적 지식을 필요로 할 수도 있다. 특허분쟁에서는 다툼이 되는 기술의 내용을 판단하는데 도움이 될 특허명세서 등의 객관적인 자료가 존재함에 비하여, 영업비밀 분쟁에서는 계속 비밀로 보호되다가 쟁송에 이른 사정 때문에 외부에서 뚜렷하게 확인할 만한 자료가 부족할 것이기 때문이다.179) 따라서 사건심리에 있어 법관에게 기술조사관 등 전문가의 조력이 필요하게 된다.

나. 영업비밀과 특허발명은 기술경영 차원에서 만남

  발명이 완성된 이후 발명자가 이것을 법적으로 보호받고자 절차를 강구함에 있어 종전의 특허출원과 달리 새로 영업비밀로 유지하여 보호받는 방안까지 아울러 진지하게 고민하게 된 것은 적어도 한국에서는 비교적 근래의 일이다. 물론 그전에도 영업비밀로 보호되는 대상이 존재하지 않는 것은 아니었지만 이것들은 특허출원하기에는 진보성이 스스로 의심되는 경우이거나 혹은 중소기업이 특허출원에 소요되는 시간과 비용이 두려워 부득이 영업비밀로의 보호에 만족하였던 경우가 많았다.

  어쨌든 발명, 아니 영업비밀보호규정 상의 표현으로 '기술정보'를 성취한 기업이나 개인은 특허출원을 밟는 상황과 영업비밀로 유지하는 상황 사이의 갈림길에서 그 상호간의 장·단점을 치밀하게 비교하여 선택을 하게 된다.180) 이

---

179) 물론 기술정보를 관리하기 위한 차원에서 정리한 내부 비문(秘文) 등이 존재할 것이지만 이것은 설령 공개될 위험을 감수하고 법관에게 제공된다고 할지라도 특허명세서와 달리 애당초 타인(심사관)에게 제시되어 설득에 동원할 목적으로 친절하고 상세하게 작성된 서류가 아닌 것이다.

180) 반면, 가령 해당 특허기술의 명세서만으로는 많은 경우 제대로 그 기술을 향유하기 어렵고 그 기술에 관한 '노하우'라는 영업비밀이 결부되어야 진정한 의미가 있는 상황에서처럼, 특허와 영업비밀이 양자택일의 관계라기보다 상호보완적인 관계라는 점을 강조하는 견해로는 Karl F. Jorda, "Patent And Trade Secret Complementariness: An Unsuspected Synergy", 48 Washburn Law Journal 1 (Fall 2008), p. 11 이하 참조. 그렇지만 사견도 위와

때 당사자가 당면하는 고민의 핵심은 해당 정보를 특허출원하여 등록함으로써 한정된 기간 동안만이라도 확실히 독점할 지, 아니면 영업비밀로 간직함으로써 타인의 독자적인 개발이나 부당한 공개 등에 의해 설령 권리가 상실될 위험이 있더라도 영구히 독점할 기회를 모색할 지 사이의 이익형량이다. 이런 고민을 진행함에 있어 여러 가지 고려요소가 있겠다. 가령 특허출원에는 많은 비용과 시간이 소모되므로 그런 것들을 감내하기 힘든 사정이라면 영업비밀로 보호하길 원하게 될 것이다. 발명자가 특허냐, 영업비밀이냐를 선택함에 있어 또 다른 고려 요소를 예로 들자면, 가령 해당 기술정보의 수준이 시대의 한계를 극복한 수준으로 아주 혁신적인 것이라면 발명자가 영업비밀을, 그렇지 아니하고 자신이 우연히 선점하게 된 것일 뿐 시간흐름에 따라 경쟁자가 조만간 추적개발할 수 있는 것이라면 특허출원을 택할 가능성이 높다는 점이다.[181] 전자의 경우 만일 특허출원을 택하였다면 그 출원 후 20년이 경과하여 특허권이 소멸할 시점에 경쟁자들은 사실 비슷한 기술수준에 도달하지도 못하였지만 향후 특허기술을 자유롭게 활용할 수 있게 되고, 후자의 경우 만일 영업비밀을 택하게 되면 경쟁자가 이내 독자적으로 후속개발하거나 발명자의 제품을 리버스 엔지니어링(reverse engineering, 逆分析)하는 방법[182]으로 영업비밀보유자가 권리를 너무나 빨리 상실할 수 있기 때문이다.

　그렇지만 위 선택은 해당 판단주체가 처한 상황이나 그를 둘러싼 환경변화

같은 보완관계가 예외적으로 있음을 부정하는 것이 아니며, 위 논자 역시 특허와 영업비밀 보호 간에 차이가 있음을 일단 인정하고 있으므로 서로 근본적 차이가 있다고 보기 어렵다. 두 견해 모두 영업비밀보호가 특허제도와 아주 긴밀한 관계에 있다는 기본적 인식에서 공통된다.

181) 가령 영업비밀 보호의 대표적 성공사례로 일컬어지는 미국 코카콜라의 제조법 관련 비밀은 백년이 훨씬 지난 오늘날까지도 경쟁자들의 리버스 엔지니어링에 의해 깨지지 않고 있다. 한국에서도 삼성전자의 메모리 반도체 제조 관련 기술, LG에너지솔루션의 2차전지 관련 기술과 같이 세계최첨단을 달리는 기술은 그 핵심적 내용이 영업비밀로 간직되고 있다

182) 영업비밀을 리버스 엔지니어링을 통하여 타인이 탐지하는 것이 적법하다고 선언한 예로는 "영업비밀 법령은 독립한 작성행위나 리버스 엔지니어링과 같은 공정하고 성실한 수단에 의하여 해당 영업비밀을 발견하는 것을 금지하지 않는다"고 선언한 미 연방대법원의 Oil Co. v. Bicron Corp. 판결[416 U.S. 470, 490 (1974)]이나 "소비자 자신의 리버스 엔지니어링은 독립한 발명의 한 예이며, 그런 리버스 엔지니어링은 영업비밀 관련 원칙으로 분명히 허용된다"고 판시한 미 연방항소법원의 Chicago Lock Co. v. Fanberg 판결[676 F.2d 400, 405 (9th Cir. 1982)] 참조. 나아가 우리 특허법 제96조에 의해 리버스 엔지니어링으로 취득한 발명내용은 타인이 연구·실험의 범위 내에서만 실시할 수 있을 뿐이나, 영업비밀의 경우에는 그렇게 탐지한 내용을 오히려 자기의 영업비밀로 보호받을 수 있다는 판단으로는 대법원 1996. 12. 23. 선고 96다16605 판결.

에 따라 너무나 많은 변수가 존재하여 각 사안별로 결론이 달라질 수밖에 없는 문제이다. 법적 측면의 판단이 주축이라기보다 이른바 기술경영(Management of Technology, MOT) 측면의 적절한 판단을 요구한다고 할 수 있다.[183] 이렇듯 발명에 해당하는 기술정보를 중심으로 보자면, 영업비밀과 특허발명은 하나의 출발점에서 서로 갈라지고 있는 셈이다.

다. 영업비밀보호규정 운영에서 특허법과의 균형을 항상 점검하여야 함

기술정보를 획득한 발명자가 위와 같은 기술경영적 판단에 따라 그것을 특허로 출원하거나 혹은 영업비밀로 유지할지 선택함에 있어 만일 지나치게 한쪽 방향이 유리하거나 불리하게 법제가 잘못 설계되어 있다면 특허법이나 영업비밀보호규정 중 어느 하나의 입법취지가 무의미하게 될 것이다.

특허의 경우 출원단계에서의 출원공개 혹은 나중의 등록공고 절차를 통하여 해당 기술정보의 내용이 상세히 공개될 뿐만 아니라, 특허권의 존속기간이 만료하면 일반공중에게 해당 기술정보에 대한 권리가 귀속된다. 기술정보의 공개에 대한 대가로서 주어지는 특허법상 보호와 비교하여 볼 때, 기술정보를 공개하지 않고 있음에 따른 경제적 이익이라는 사실적 상태를 보호하는 것에 지나지 않는 영업비밀을 법적 보호에서 두텁게 대우한다면 결과적으로 발명자들이 자신의 기술정보를 발명으로 특허출원하는 것을 기피하게 될 것임은 자명하고 영업비밀이 비밀성을 가지는 한 사실상 영구적으로 독점권을 인정하는 결과가 될 수 있어 오히려 시장경제질서를 해하는 독점적 장애물이 될 수 있다.[184] 이것은 특허라는 독점권을 보장하여 출원을 촉진한 뒤 나중에 결국 공개될 해당 발명내용으로 산업발전을 이룩하려는 특허법 입법자의 의도를 우회적으로 좌절시키는 것이다.

반대로 특허출원만을 장려하고자 영업비밀보호를 거의 하지 않는다면 그에 대한 침해를 방지함으로써 달성하고자 한 '건전한 거래질서'는 부정경쟁방지법 제1조에만 선언된 공허한 메아리에 그치게 될 것이다.

183) 기술경영 차원에서는 특허권과 같은 법적 보호의 획득에 그치지 않고 나아가 그런 권리를 시장에서 거래하는 행위(IP transaction)가 중요한 영역이다. 이것은 쉽게 비유하자면, 소재(素材)인 과학기술을 특허법적 보호라는 형식으로 포장(包裝)한 것을 기술경영자가 시장(市場)에서 거래하는 것이라 할 수 있다. 그런데 특허권과 달리 영업비밀이 포장인 경우라면 이런 상품은 시장에서 공개적으로 거래되기가 어려울 것이다.
184) 영업비밀 보호제도를 비난하는 시각에서 보자면 이런 영업비밀의 보유행위는 발명내용의 공중에의 공개 대(對) 한정된 독점권의 부여라는 특허법의 좋은 취지를 거부하고 있는 경우라고 볼 수 있다.

　　결국 양 법의 목적을 균형 있게 달성하기 위해서는 영업비밀보호규정 자체
만의 분석에 그칠 것이 아니라 반드시 특허법과의 구체적인 비교를 통하여 제
도간의 형량이 필요하다. 이런 관점에서 이 글의 다음 부분에서는 특허권과의
구체적인 비교를 행할 것이다. 다만 이런 균형점을 찾음에 있어 파괴되지 말아
야 할 대명제는, 궁극적으로 해당 독점의 대상을 사회에 환원함으로써 산업발전
이라는 공익적 목적에 기여하는 특허제도가 아무래도 영업비밀 보호제도보다는
언제나 더 무게를 가진 법제도일 수밖에 없다는 점일 것이다.

2. 특허법상 발명 보호와의 구체적 비교

가. 개　　설

　　현재 여러 기업에서 보유한 영업비밀 중 기술정보는 사실 특허요건을 구비
한 경우가 많음에도 이를 특허출원하지 않고 영업비밀로 간직하고자 하는 것은
일정한 장점이 있기 때문이다. 반면 그렇게 비밀로 간직할 때 감수하여야 하는
단점도 만만치 않다.

　　장점으로는, 수학공식이나 자연법칙 그 자체와 같이 특허법에서 특허권을
부여하지 않는 객체조차 대상으로 삼을 수 있다는 점, 시간이 소요되는 심사나
등록의 절차를 거치지 않고도 정보취득 즉시 효력을 발생하는 점, 아울러 특허
출원에 비하여 비용부담이 거의 들지 않는 점,[185] 비밀관리를 잘하기에 따라서
는 영구적으로 배타적 지위를 누릴 수 있다는 점[186] 등이 있다.

　　반면 단점으로는, 타인이 독자적으로 기술정보에 도달하였을 때 특허권자
와 달리 해당 기술정보 이용에 관한 독점권을 주장하지 못한다는 점, 타인이 리
버스 엔지니어링을 통하여 해당 정보를 획득하는 것이 제한 없이 허용된다는
점, 영업비밀로 보호되던 정보가 널리 알려지기만 하면 곧바로 보호를 상실한다
는 점 등이 있다. 이런 내용을 항목별로 하나하나 따져보자면 다음과 같다.

---

185) 다만 주의할 것은 영업비밀로 간직할 때 특허출원비용은 절감할 수 있을지 모르겠으나,
　　부정경쟁방지행위로부터 보호받으려면 '비밀관리성'을 충족하기 위한 합리적인 수준의 다
　　양한 노력을 기울여야 하므로 이 범위 내에서는 비용이 소요된다는 점이다. 다만 비밀관리
　　성의 충족을 지극히 어렵게 하는 경우, 즉 이런 노력에 지나치게 과다한 비용이 들도록 법
　　원이 요구하는 경우 결과적으로 영업비밀보호 법제가 가지는 유인이 사라질 수 있다는 점
　　을 유의하여야 한다. 이 점은, 유명한 Rockwell Graphic Systems, Inc. v. DEV Industries,
　　Inc. 판결(925 F.2d 174, 7th Cir. 1991)에서 주심 Posner 판사가 지적한 사실이기도 하다.
186) '코카콜라 제조비법'이 19세기 이후 지금까지 100년 이상 유효하게 존속하고 있는 것이
　　좋은 예이다.

나. 항목별 비교

첫째, 보호대상에 있어, 특허의 경우 그 범주를 비교적 엄격하게 제한하고 있다. 설령 발명의 개념을 정한 제2조에 일부 모호한 점(가령 '자연법칙 이용성'의 문제)이 있더라도 그 모호함을 해소하기 위한 자세한 판례와 학설이 존재하여 상당한 도움을 받을 수 있다. 반면 영업비밀의 경우 기술뿐만 아니라 경영정보 등에까지 폭넓게 적용되지만 그만큼 범위의 외연이 모호하다.

둘째, 보호요건에서는, 특허의 경우 산업상 이용가능성, 신규성, 진보성 등을 특허법 제29조가 명시적으로 규정하고 있다. 마찬가지로 영업비밀의 경우에도 부정경쟁방지법 제2조에서 비공지성, 경제적 가치성, 비밀관리성 등이 명시적으로 규정되어 있으나 앞서 분석한 대로 경제적 가치성과 관련하여 혼란스런 문구가 포함되어 있다.

셋째, 공개요구에 있어, 특허의 경우 출원공개절차나 등록공고로 공개가 강제된다. 반면 영업비밀의 경우 공개되면 보호요건을 상실하므로, 비밀유지의무 아래서 일정한 자에게만 알려질 수 있을 뿐이다.

넷째, 보호의 성격 혹은 보호방법에 있어, 특허의 경우 해당 기술정보에 관해 독점이 허용된다. 즉 대세효를 가진 재산권을 부여하는 방법이어서 상대방의 고의, 과실을 불문하고 나중에 스스로 발명한 타인이 동일발명을 실시할 경우 침해책임을 부담하게 된다. 반면 영업비밀의 경우 상대방이 부정한 행위를 한 때라야 소극적으로 배제를 구할 수 있는 권리가 주어질 뿐이다. 타인이 독립적으로 개발하거나 리버스 엔지니어링을 통한 사용행위는 허용되며 선의자를 구제하는 특례 조항도 있다.

다섯째, 보호기간은, 특허의 경우 '출원일로부터 등록후 20년'이다. 반면 영업비밀의 경우 보호요건을 갖추고 있는 한 이론상으로는 그 기간제한이 없지만 우리 판례가 영업비밀 침해금지기간을 일정하게 설정하여 사실상 보호기간의 제한을 가하고 있다.

여섯째, 보호범위에 있어, 특허의 경우 청구범위(claim)에 따라 해석되는 것이 원칙으로서 균등론이 적용된다. 반면 영업비밀의 경우 청구범위 제도가 없고, 균등론이 직접 관계되지는 않는다.

일곱째, 보호에 가해지는 제한에 있어, 특허의 경우 앞에서 설명한 대로 상대방이 연구·시험을 위해 특허를 실시하는 경우 그 연구·시험 범위 내에만 특허권의 효력이 미치지 않을 뿐이다. 반면 영업비밀의 경우 그 연구·시험의 결과로 탐지한 비밀을 타인이 일반적으로 사용하더라도 이것은 적법한 리버스 엔지니어링의 일환일 뿐이어서 침해를 주장할 수 없다.

여덟째, 특허의 경우 공동특허권자 1인이 다른 공동공유자의 동의를 받지 않더라도 자유롭게 해당 특허발명을 실시할 수 있음이 특허법의 명문으로 허용되고 있지만, 영업비밀의 경우 부정경쟁방지법 전체가 소략한 결과로 해당 규정이 없어 그 해석론을 둘러싸고 최근 판례와 학설이 분분하다.[187]

아홉째 권리보호를 받던 중 생길 수 있는 위험으로는, 특허의 경우 무효화 및 수용(收用)이나 강제실시의 대상이 될 수 있다. 반면 영업비밀의 경우 타인의 독립적인 개발에 의해 무용지물이 될 수 있고 소송 중 공개되어 영업비밀성을 잃을 수 있다는 위험 때문에 실제 법적 보호를 동원하기도 더 어렵다.

끝으로 열째, 시장에서의 거래가능성을 따져볼 때, 특허의 경우 등록된 권리이므로 상대적으로 거래대상으로 삼기 용이하지만, 여전히 무효심판 등에 의해 무효화될 위험은 상존한다. 반면 영업비밀의 경우 등록부 자체가 존재하지 않고 비밀로 유지되어야 하는 성격상 시장에서의 공개적 거래와 친하지 않다. 다만 기업전체가 양도되는 것과 같이 그 영업의 다른 부분과 더불어 일괄하여 거래되는 것은 어느 정도 가능할 것이다.

〈박준석〉

---

187) 이에 관해 자세히는, 박준석, "영업비밀 공동보유자의 동의 없는 자기사용은 침해행위인가 — 공유 조문 흠결에 대한 해석론 모델의 제시 —", 서울대학교 법학 64권 1호, 서울대 법학연구소(2023. 3), 297~400 참조. 영업비밀 공동보유자 간의 자유사용을 명확히 부정한 판례로는 수원고등법원 2023. 3. 7. 선고 2021노69 판결(대법원 2023. 7. 13. 선고 2023도4058 판결로 상고기각됨)을, 자유사용을 명확히 인정한 판례로는 서울고등법원 2021. 9. 9. 선고 2020나2038172 판결(대법원 2021다289399호로 상고 중) 및 같은 재판부가 같은 날 판결한 2020나2016653(본소)·2020나2038875(반소) 판결(대법원 2021다278931호로 상고 중)을 각각 참조할 것.

〈소 목 차〉

I. 영업비밀 특정의 필요와 한계　　　　2. 전직 사건과 영업비밀의 특정
　1. 필　　요　　　　　　　　　　　3. 형사사건에서의 영업비밀의 특정
　2. 한　　계　　　　　　　　Ⅲ. 특정의 정도와 방법
Ⅱ. 관련 판례　　　　　　　　　　　1. 특정의 정도
　1. 판단 기준: 기능성 염료 가처분　　2. 특정의 방법
　　사건　　　　　　　　　　Ⅳ. 결　　어

I. 영업비밀 특정의 필요와 한계

1. 필　　요

영업비밀의 특정은 보호대상인 '영업비밀'이 인식 가능한 일정한 형태로 존재한다는 사실에 대한 영업비밀 보유자 측의 증명에 해당한다. 민사소송법적 관점에서 보면 영업비밀 침해금지명령을 위한 금지대상의 특정은 청구취지나 판결 주문의 특정에 해당하므로 침해행위 등 금지대상은 원칙적으로 집행기관이 별도로 재량 판단을 하지 않고도 이해하는 데 지장이 없도록 특정되어야 한다.[1]

영업비밀 침해자로 주장되는 사람 입장에서 보더라도, 상대방에 의해 영업비밀이 제대로 특정되지 아니하면 방어권 행사의 대상이 불명확하여 소송상의 권리행사에 지장을 받게 됨으로써 공정한 재판의 원칙을 해치게 된다.

그러나 비정형적이고 다양한 형태로 존재하는 영업비밀을 실제로 명확하게 특정하는 작업은 쉽지 아니하다. 다음에서 보는 것처럼 무엇보다 영업비밀의 본질적 특징인 비밀성과의 관계에서 영업비밀의 특정이 곤란한 경우가 많다.

2. 한　　계

영업비밀 관련 소송도 공개재판이 원칙인 이상 보호받고자 하는 정보가

---

[1] 대법원은 영업비밀의 사용에 관하여 "영업비밀의 사용은 영업비밀 본래의 사용 목적에 따라 이를 상품의 생산·판매 등의 영업활동에 이용하거나 연구·개발사업 등에 활용하는 등으로 기업 활동에 직접 또는 간접적으로 사용하는 행위로서 구체적으로 특정이 가능한 행위를 가리킨다."고 판시하고 있다(대법원 1998. 6. 9. 선고 98다1928 판결; 대법원 2009. 10. 15. 선고 2008도9433 판결 등 참조).

'영업비밀'에 해당한다는 점을 입증하는 과정에서 그 비밀성이나 비공지성이 침해될 우려가 있다. 반대로 그 비밀성을 이유로 개괄적인 내용만으로 영업비밀을 특정하는 방법을 폭넓게 허용한다면 상대방이 그 정보의 공지성이나 경제성 여부 등을 다툴 수 있는 방어권이 침해될 우려가 있다. 이러한 충돌하는 이해관계를 조율하여 양자의 권리가 침해되지 않는 적정한 수준의 특정이 이루어지는 것이 가장 바람직하다.

현재 실무는 영업비밀 침해금지청구의 청구취지나 주문에 원고의 영업비밀을 특정하도록 하는 것이 일반적이다. 다만 영업비밀 특정을 지나치게 요구할 경우 이로 인하여 원고의 영업비밀이 비밀성을 상실할 우려가 있다는 이유로 집행상 의문을 남기지 아니하는 범위 내에서 개괄적으로 특정하는 것은 불가피하다는 견해가 주류이다.

이에서 더 나아가 영업비밀 침해금지청구에 있어서 청구취지나 주문에 특정되어야 하는 것은 다른 지식재산권 침해금지청구의 경우와 마찬가지로 원고의 영업비밀을 이용하여 피고가 생산하는 제품이나 확보한 기술 또는 영업망 등이지 원고의 영업비밀이 아니며, 원고의 영업비밀은 청구원인의 전제사실로서만 특정되어야 한다고 하여 더 제한적으로 파악하는 견해도 있다.

II. 관련 판례

1. 판단 기준: 기능성 염료 가처분 사건[2]

이 사건은 대법원이 민사 가처분 사건에서의 영업비밀의 특정 방법에 대하여 가장 종합적으로 판단한 대표 사례이다.[3] 위 사건에서 대법원의 주요 결정사항은 다음과 같다.

영업비밀 침해행위의 금지를 구하는 경우에는 법원의 심리와 상대방의 방어권 행사에 지장이 없도록 그 비밀성을 잃지 않는 한도에서 가능한 한 영업비밀을 구체적으로 특정하여야 하고, 어느 정도로 영업비밀을 특정하여야 하는지는 영업비밀로 주장된 개별 정보의 내용과 성질, 관련 분야에서 공지된 정보의 내용, 영업비밀 침해행위의 구체적 태양과 금지청구의 내용, 영업비밀 보유자와 상대방 사이

---

2) 대법원 2013. 8. 22. 자 2011마1624 결정(공2013하, 1678).
3) 위 판례에 대한 해설은, 김병식, 영업비밀 침해금지소송에서 영업비밀의 특정정도 및 판단 기준, 대법원판례해설 제97호 하(2014), 312-338 참조.

의 관계 등 여러 사정을 고려하여 판단하여야 한다.

요약하면, 특정은 구체적이어야 하지만 해당 영업비밀의 특성을 비롯한 여러 사정을 고려하여 특정의 정도는 사건마다 달라질 수 있다는 것이다. 결국 위 판결 이후에는 영업비밀의 특정 정도를 결정하는 개별 인자들의 확정이 소송에서의 주된 쟁점이 될 것이고, 그 결과 영업비밀의 종류에 따라 특정 정도를 유형화하는 작업도 이루어질 수 있으리라 예측된다.

위 사건의 내용을 간략히 본다. 항고심은 1심의 신청인 승소결정을 취소하였고, 대법원은 항고심 결정을 유지하였다. 가처분 대상이 된 기술정보는 주로 기능성 염료 제품에 관한 것이었다. 신청인은 먼저 그가 생산하는 제품명을 특정한 후 이에 관한 '배합염료의 배합비율, 염료의 합성반응 데이터, 과립형 형광증백제의 제조방법, 립스틱용 안료페이스트의 분산방법' 등의 내용으로 영업비밀을 특정하였는데, 항고심은 해당 염료의 구체적인 배합 또는 제조방법을 더 상세히 밝히지 않는 이상 영업비밀의 특정에 이르지 못하였다고 보았다. 덧붙여 '염료의 제품개발과 제조과정의 공정을 수행하는 데 필요한 구체적인 방법 또는 그러한 방법이 기재된 매뉴얼, 수치자료, 보고서의 명칭이나 내용을 제시하거나 언급하지 않았다.'는 점을 지적하였다.

이에 대하여 신청인은, '신청인 제품의 배합 및 제조방법은 핵심적인 영업비밀로서 구체적으로 밝히기 어려운 사항이고, 단순히 '배합비율, 합성반응 데이터, 제조방법, 분산방법'이라고 하면 영업비밀의 특정이 곤란할 수도 있으나, 별지 영업비밀 목록에 기재된 제품정보를 통하여 어떠한 제품의 배합비율 등인지를 충분히 특정할 수 있다.'는 이유로 재항고하였다. 그러나 대법원은 앞서 본 법리 아래 항고심의 판단을 수긍하였다.

위 사건 항고심은 결정이유 중에 '피신청인 2가 같은 목록 제3항 기재 영업정보에 대하여 접근 가능성이 있었고, 신청인이 이에 관련한 상당한 정도의 기술력과 노하우를 가지고 있었을 것으로 보이는 점 등에 비추어 영업비밀의 인정 및 특정 여부에 다소 완화된 기준을 적용할 수 있다고 보더라도…'라고 판시함으로써, 영업비밀의 특정 기준이 사안에 따라 달라질 수 있음을 시사하였다. 그럼에도 위 사건에서 좀 더 구체적 특정을 요구한 주된 이유는 신청인과 피신청인이 각각 생산하고 있던 제품이 모두 다른 업체에서도 동종 제품을 생산하고 있는 공지된 정보에 가까운 것들이라는 점이었다고 보인다. 즉 앞서 본 대법원 결정 요지에서 언급한 여러 고려 요소 중 '관련 분야에서 공지된 정보의 내용'이라는 요소를 가장 중하게 고려한 결과 상세한 특정이 요구되었던 사안이다.[4]

2. 전직 사건과 영업비밀의 특정

대법원은 신청인 회사 연구소장에서 관련회사 사장으로 전직한 피신청인에 대한 영업비밀 침해금지 등 청구사건[5]에서, 다음과 같이 판시하면서 다소 포괄적인 방법의 영업비밀 특정[6]을 허용하였다.

"영업비밀 침해금지를 명하기 위해서는 그 영업비밀이 특정되어야 할 것이지만, 상당한 정도의 기술력과 노하우를 가지고 경쟁사로 전직하여 종전의 업무와 동일·유사한 업무에 종사하는 근로자를 상대로 영업비밀 침해금지를 구하는 경우 사용자가 주장하는 영업비밀이 영업비밀로서의 요건을 갖추었는지의 여부 및 영업비밀로서 특정이 되었는지 등을 판단함에 있어서는, 사용자가 주장하는 영업비밀 자체의 내용뿐만 아니라 근로자의 근무기간, 담당업무, 직책, 영업비밀에의 접근 가능성, 전직한 회사에서 담당하는 업무의 내용과 성격, 사용자와 근로자가 전직한 회사와의 관계 등 여러 사정을 고려하여야 한다."

이 사건은 앞서 본 기능성 염료 사건보다 시기상 앞선 것이지만, '영업비밀 보유자와 상대방 사이의 관계'가 영업비밀 특정 수준을 완화할 수 있는 인자로 작용하는 사례를 보여주고 있다. 위법한 전직의 경우에는 전직 그 자체가 영업비밀 침해가 되기도 한다. 이러한 사건에서는 그 특성상 쌍방의 영업비밀 내용에 대한 인식 정도에 비추어 집행이 가능한 한도 내에서 특정의 정도를 완화할 수 있다는 취지로 보인다.[7]

---

4) 위 사건 항고심이 영업비밀의 특정문제와 증명문제를 동일하게 취급하는 오류를 범하고 있다는 견해도 있다(한국특허법학회 편, 영업비밀보호법, 박영사(2017), 198(김병국 집필부분)). 즉 영업비밀의 보유 여부나 비공지성의 증명과 영업비밀의 특정은 별개의 문제로서 위 사건에서 영업비밀의 특정은 되었으나 보유 여부 등의 증명이 부족하다는 취지로 이해되고(같은 책 200면 참조), 이는 결국 대법원 판례와 결론이 다른 독자적 해석으로 보인다. 그 당부를 떠나 논의의 실익이 크지 아니한 부분으로서, 위 저자는 후술하는 바와 같이 민사와 형사소송에서 영업비밀의 특정 정도를 동일하게 보고 있어 특정 정도를 상당히 완화하는 입장을 취하고 있다.

5) 대법원 2003. 7. 16. 자 2002마4380 결정[공2003. 9. 15.(186), 1809].

6) 피신청인이 1998. 1. 1.부터 2000. 3. 29.까지 신청인의 무선사업부 개발팀장으로 이통통신단말기의 개발업무에 종사하면서 지득한 설계기술, 실험 결과 등.

7) 이것이 영업비밀의 특정의 문제인지 아니면 쌍방 당사자 사이에 큰 다툼이 없으므로 증명의 정도를 완화한 것인지에 대해서는 다소 의문이 있다. 이러한 태도의 바탕이 된 것으로 보이는 일본의 재판례에 대해서는, 김병식, 위의 글, 321 이하 참조.

하지만 앞서 본 기능성 염료 사건에서는 신청인 회사의 직원 중 일부가 퇴사한 후 새로운 회사를 창업하여 경쟁제품을 생산하기는 하였으나, 그 제품이 공지된 정보에 가깝다면 특정의 정도를 완화할 수 없다고 보았던 점에서 차이가 있다. 즉 공지된 정보에 가까울수록 엄격한 특정을 요구하고, 영업비밀 보유자와 침해자가 친밀한 사이일수록 완화된 특정을 인정하는 것이 판례의 태도로 보인다.8)

3. 형사사건에서의 영업비밀의 특정

영업비밀 침해에 관한 형사사건9)에서 대법원은 다음과 같이 판시하여 그 특정에 있어 다소 완화된 태도를 보인 바 있다.

> "공소를 제기함에 있어 공소사실을 특정하여 기재할 것을 요구하는 형사소송법 제254조 제4항의 취지는 법원에 대하여 심판의 대상을 한정함으로써 심판의 능률과 신속을 꾀함과 동시에 방어의 범위를 특정하여 피고인의 방어권 행사를 쉽게 해 주기 위한 것에 있으므로, 부정한 이익을 얻을 목적으로 영업비밀을 사용하였는지 여부가 문제되는 부정경쟁방지 및 영업비밀보호에 관한 법률 위반 사건의 공소사실에 영업비밀이라고 주장된 정보가 상세하게 기재되어 있지 않다고 하더라도, 다른 정보와 구별될 수 있고 그와 함께 적시된 다른 사항들에 의하여 어떤 내용에 관한 정보인지 알 수 있으며, 또한 피고인의 방어권 행사에도 지장이 없다면 그 공소제기의 효력에는 영향이 없다."

이러한 일련의 형사판례에서 그 영업비밀의 특정 기준이 앞서 본 민사 사건의 기준과 다르다는 점에 대하여 다소 논란이 있으나, 민사소송과 달리 수사 과정 등을 거쳐 영업비밀 침해자라고 주장되는 피고인이 형사소송법에 규정된 권리 행사에 따라 그 혐의사실에 포함된 영업비밀의 내용을 비교적 잘 알게 되는 등으로 방어권 행사에 지장이 없다면 그 공소제기의 효력을 부정할 이유는 없고, 형사판결에서는 영업비밀의 내용에 따라 판결 주문의 집행이 문제된 여지도 없다는 점에서 위 판단은 수긍할 수 있다.10) 즉 앞서 본 '영업비밀 보유자와 상

---

8) 다만, 이러한 차이가 2011. 12. 2. 비밀유지명령 제도가 신설되어 영업비밀 특정의 원칙을 좀 더 강조할 수 있는 환경의 변화를 반영한 것이라는 취지의 견해에는, 박태일, "영업비밀의 특정 및 금지기간의 기산점", 부정경쟁방지법 판례백선 [73], 박영사(2024), 359 참조.
9) 2008. 7. 10. 선고 2006도8278 판결; 대법원 2009. 7. 9. 선고 2006도7916 판결[공2009하, 1362] 등 참조.
10) 박성수, "소송절차상 영업비밀의 특정", 국제규범의 현황과 전망: 2010년 국제규범연구

대방 사이의 관계' 요소가 형사사건의 특성에 따라 다른 방식으로 고려되는 것에 불과하다. 따라서 위 형사판례의 기준을 민사 사건에 그대로 원용하는 것은 부적절하다.11)12) 다만, 실무상 형사사건을 거친 후 민사소송이 제기된 경우에는 위와 같은 고려 아래 영업비밀의 특정 수준을 완화할 여지는 있을 것이다.13)

Ⅲ. 특정의 정도와 방법

1. 특정의 정도

앞서 살핀 것처럼 소송에서 영업비밀의 특정 정도에 관한 하나의 기준을 미리 정하기는 어렵고, 해당 소송의 성격14)과 진행단계, 영업비밀의 특성과 종류, 침해행위의 형태, 당사자 사이의 관계 등 여러 요소에 따라 필요한 특정의 정도가 달라 질 수 있다.15)

먼저 손해배상청구 사건에서는 집행대상의 특정 문제가 없으므로 금지청구나 가처분 사건에 비하여 특정의 정도가 완화된다고 보아야 한다. 다음으로, 금지청구나 가처분 사건에서는 주로 집행대상인 침해품을 위주로 특정이 이루어

반 연구보고 및 국제회의 참가보고, 법원행정처(2011), 90 참조.

11) 박성수, 위의 글, 97도 같은 취지.

12) 한편, 한국특허법학회 편, 영업비밀보호법, 박영사(2017), 201(김병국 집필부분)에서는 영업비밀 침해로 인한 형사소송과 민사소송, 특허권 침해로 인한 형사소송에서의 특정기준이 크게 다르지 않다는 견해를 취하고 있는바, 형사소송과 민사소송의 차이에 대해서는 상술한 바와 같고, 특허권의 경우에는 그 기술 내용이 공개되어 있어 침해되는 권리가 아닌 '침해품'의 특정이 주로 문제되는 차이가 있는 등, 각 소송절차의 특성에 따른 특정 정도의 차이는 가볍게 무시할 수 있는 것이 아니라고 보인다. 원칙적으로 앞서 본 영업비밀 관련 일반 민사소송이나 가처분 절차에서의 영업비밀의 특정에 관한 기준이 널리 적용되는 것이지만 형사소송이나 전직 금지 등 사건에서 사건의 특성에 비추어 그 원칙이 일부 완화되는 것이라고 봄이 타당하다.

13) 실제로 수원고등법원 2023. 8. 23. 자 2021라10249 결정, 수원지방법원 2023. 7. 17. 자 2023카합10052 결정 등에서는 채무자들이 형사절차에서 피고인으로서 기록열람을 할 수 있었던 점 등을 이유로 영업비밀이 특정되었다고 판단하였다.

14) 가처분에서 제품명 및 제품형식번호 등으로만 신청취지를 특정할 경우 침해자가 침해품을 사소하게 변경만 하여도 이를 회피할 수 있게 되는 부당한 결과를 가져올 수 있다. 그러나 실제에 있어서 이미 상당한 제조비용을 투입한 경우나 행정상의 관련 제조허가를 받은 경우 등이 대부분이므로 회피행위는 생각만큼 쉽지 아니할 것이고, 설령 그와 같이 변경한 경우에도 실제로 같은 제품임을 소명하여 다시 가처분 신청을 할 경우 피보전권리의 인정에 별다른 어려움이 없을 것이라는 반론도 있다.

15) 미국 법원은 영업비밀에 관한 디스커버리 절차에서 영업비밀의 특정에 대하여 '합리적인 구체성(reasonable particularity)'을 요구하고 있는바(김병식, 위의 글, 327 등 참조), 이 기준 또한 다양한 요소를 특정 여부의 판단에 고려하고 있다.

지게 되나, 사안에 따라서 부득이한 경우에는 영업비밀을 특정한 후 그것을 사용하거나 공개하는 것을 포괄적으로 금지하는 형태로 이루어지는 것도 허용할 여지가 있으며,16) 양자를 혼합한 형태, 즉 ‘특정 영업비밀’을 이용하여 생산하는 ‘특정 제품’의 제조·판매를 금지할 수도 있다. 이러한 점에서 영업비밀은 신청 원인의 전제 사실로서 특정하여야 할 것일 뿐, 신청취지나 주문에서는 제품, 기술, 영업망 등 영업비밀을 이용한 대상만을 특정하여야 한다는 견해17)는 다수의 사례에 대한 일반적 설명에 불과한 것으로 볼 수 있다.

다만, 청구원인 내지 신청원인으로서의 영업비밀의 특정은 비밀성 유지의 필요가 있는 경우 등에는 반드시 신청서 자체에 그 상세한 내용이 명시될 필요는 없다고 본다. 예를 들면 독일에서는 주문이 아닌 이유에서의 특정은 물론 첨부문서만에 의한 특정도 원칙적으로 허용되고 있고,18) 우리 법의 해석 또한 이를 금지하고 있다고 보이지 않는다.

즉, 앞에서 살핀 판례에 따르면 그 비밀성이 높은 영업비밀의 경우에는 특정 정도를 완화할 수 있다고 할 것이다. 다만 이 경우 집행을 위한 수단과 상대방의 방어권 보장책이 강구되어야 한다. 영업비밀 관련 금지청구와 가처분사건은 간접강제나 대체집행의 방법으로 집행하게 되므로 집행법원의 심리를 한 번 더 거치게 된다. 따라서 반드시 주문이나 청구취지에 영업비밀의 내용을 상세하게 명시할 필요성이 크지 않다. 그러므로 영업비밀의 심리 과정에서는 비공개(In Camera) 절차나 비밀유지명령 등을 통하여 영업비밀을 보호하는 조치 아래 영업비밀의 내용을 구체적으로 심리하되, 주문이나 청구취지에는 개괄적으로만 특정하는 것이 바람직하다.

특허 가처분 사건에서 영업비밀이 사용된 제품이나 영업비밀과 관련된 거

16) 우리 법원의 실무는 특허침해로 인한 금지청구에 있어 특허청구항을 기재하는 등의 권리를 특정하는 방식에 의한 일반적 금지명령을 허용하지 아니하고(서울중앙지방법원 2022. 9. 23. 선고 2021가합509135 판결 등 참조), 특정된 침해품에 더하여 ‘이와 유사한 제품·형태’ 등을 금지하는 것도 주문의 불특정으로 허용되지 아니한다고 보고 있다. 그러나 현재 비교법적으로 이러한 엄격한 특정을 요구하는 국가는 일본과 우리나라만 남아 있는 것으로 보인다(각 국의 특허침해 금지명령의 침해품 특정 실무에 대해서는 “2023 국제특허법원 콘퍼런스 자료집”, 특허법원(2023), 266~275 참조). 기술내용이 공개되어 있고 청구항에 의해 특정도 되어 있는 특허권의 침해에 대해서는 이러한 엄격한 방식의 요구를 수긍할 수 있다고 하더라도, 영업비밀 침해의 경우에는 그 권리와 침해 내용의 비밀성, 긴급성 등 특성에 비추어 그 특정의 기준을 완화할 필요성이 존재함은 분명하다고 할 것이다.
17) 법원실무제요 민사집행 [V], 사법연수원(2020), 460.
18) BGH GRUR2012, 407; OLG Frankfurt GRUR-RR 2021, 229; OLG Shleswig GRUR-RR 2022, 404.

래처 등 영업비밀 자체가 아닌 그 결과물의 제거만을 구하는 것으로 목적 달성이 가능할 때에는 굳이 주문이나 신청취지에서 영업비밀의 내용까지 특정할 필요가 없다.

나아가 영업비밀이 기술정보인 경우와 영업정보인 경우 그 특정 정도에 차이가 있을 수 있다. 후술하는 것처럼 영업정보인 경우보다 기술정보의 경우 구체적 특정이 곤란한 경우가 더 많다. 또 소송의 초반부에는 개괄적인 특정을 허용하되 변론의 진행에 따라 상대방의 방어권 보장과의 관계에서 단계적으로 특정이 더 구체적으로 이루어지는 것이 통상적인 소송의 진행 경과일 것이다.

전직 사건과 같이 당사자 사이에 영업비밀의 특정 여부에 관하여 큰 다툼이 없는 경우, 형사 사건과 같이 수사기관의 개입에 의하여 이미 영업비밀 내용이 상당 부분 밝혀져 있는 경우 등에는 그 특정의 정도를 완화할 수 있음은 앞서 본 바와 같다.

2. 특정의 방법

특정을 위한 기준이 사안에 따라 달라질 수 있다 하더라도, 영업비밀의 유형에 따라 어느 정도의 특정 방법을 마련해 두는 것은 실제에 있어 매우 유용할 것이다.

일단 기술정보와 영업정보는 그 특성에 있어 큰 차이가 있어 특정방법도 다르다. 즉 전자는 기술내용 자체가 영업비밀이 될 상당한 가능성이 있으나 후자는 대부분 정보가 문서(예를 들면 고객명부, 매출장부)에 기재되는 등으로 유형화되어 있다. 이처럼 영업정보는 그 정보가 담긴 자료, 장부나 문서의 명칭을 기재하는 등으로 비교적 특정이 쉽다.

다음으로 유형 자료와 무형 자료이다. 기술자료 중에서도 컴퓨터파일, 설계도 등으로 유형화되어 있는 자료는 그 유형물을 적시하면 된다. 다만 그 중 어느 부분이 영업비밀인가에 대하여 심리가 필요한 경우가 대부분이다.

가장 어려운 것은 특정 공정에 대한 노하우나 기술 그 자체(특히 종업원의 기억에 담긴 기술사상 등) 등 무형의 정보이다.[19] 이 경우 ~에 대한 제조/설계 방법, ~ 구조, ~을 하는 기술 등으로 특정할 수밖에 없는데 원칙적으로 그 기술의

---

19) 침해된 기술정보에 관한 실시제품이 시장에서 입수 가능한 경우 이를 입수하여 그대로 제출하거나 성분분석이 필요한 경우 이를 감정하여 결과를 제출하는 등의 방법으로 쉽게 특정할 수 있는 경우도 있다. 그러나 기업 내부의 공장 내에서만 실시하고 있거나 독자적 소프트웨어를 이용하는 등 그 기술구성이 외부로 드러나 있지 아니하는 경우가 많다.

개략적 특징(예: ~을 가능하게 하는 기술)만을 기재하게 된다.

　　그런데 그 기술 정보가 공지의 기술에 가까워 추가 특정이 필요한 사안에서는 노하우나 기술이 공지 기술과 비교하여 어떤 특징이 있는지 구체적으로 나타 낼 수밖에 없다(예: 공지된 기술에 비하여 %의 효율증가가 있는 기술).[20] 그렇다고 하여 특허청구항과 같이 기술사상의 핵심이 모두 드러날 정도까지 구체적으로 특정이 요구되는 것은 아니다. 나아가 침해행위의 특정을 위해서, 가능한 경우에는 그 기술이 축적되거나 전달된 매체가 무엇인지를 명확히 함이 좋을 것이다.

Ⅳ. 결   어

　　영업비밀의 특정 기준에 관해서는 여전히 실무 사례의 충분한 축적을 기다려야 하는 상황이다. 우리나라에서는 민사집행절차의 상대적 미비와 영업비밀 침해에 대한 형사 처분이라는 강력한 수단의 존재로 말미암아 영업비밀 특정에 대한 활발한 논의가 부족했던 측면이 있다. 비밀유지명령을 비롯한 영업비밀 보호수단에 관한 조치가 민사소송에 도입된 이래 상당 기간 시행되었고, 형사절차에서는 영업비밀의 완벽한 보호가 쉽지 않은 점 등을 고려하면, 향후 민사소송에서의 영업비밀의 특정에 관한 활발한 논의와 다양한 실제 사례의 축적이 기대된다. 보다 구체적으로는 상대방의 방어권을 보장하는 한도에서 최대한 어느 정도까지 완화하여 특정하고, 어떠한 보조적 수단이나 방법을 허용하며, 어느 단계의 절차에서 영업비밀을 최종적으로 특정할 것인지에 대한 풍부한 논의가 필요하다.

〈백강진〉

---

20) 같은 취지의 대법원 2004. 9. 23. 선고 2002다60610 판결 참조(특허출원을 하기 위한 특허출원서에는 발명의 명세서와 필요한 도면 및 요약서를 첨부하여야 하고, 발명의 상세한 설명에는 그 발명이 속하는 기술분야에서 통상의 지식을 가진 자가 용이하게 실시할 수 있을 정도로 그 발명의 목적·구성 및 효과를 기재하여야 하며, 특허청구범위에는 발명이 명확하고 간결하게 그 구성에 없어서는 아니되는 사항을 기재하여야 하므로(…) 그 기술분야에서 통상의 지식을 가진 자라면 누구든지 공개된 자료를 보고 실시할 수 있다 할 것이니, 특허출원된 발명에 대하여 영업비밀을 주장하는 자로서는 그 특허출원된 내용 이외의 어떠한 정보가 영업비밀로 관리되고 있으며 어떤 면에서 경제성을 갖고 있는지를 구체적으로 특정하여 주장·입증하여야 할 것이다).

제2조(정의) 이 법에서 사용하는 용어의 뜻은 다음과 같다.

3. "영업비밀 침해행위"란 다음 각 목의 어느 하나에 해당하는 행위를 말한다.

가. 절취(竊取), 기망(欺罔), 협박, 그 밖의 부정한 수단으로 영업비밀을 취득하는 행위(이하 "부정취득행위"라 한다) 또는 그 취득한 영업비밀을 사용하거나 공개(비밀을 유지하면서 특정인에게 알리는 것을 포함한다. 이하 같다)하는 행위

나. 영업비밀에 대하여 부정취득행위가 개입된 사실을 알거나 중대한 과실로 알지 못하고 그 영업비밀을 취득하는 행위 또는 그 취득한 영업비밀을 사용하거나 공개하는 행위

다. 영업비밀을 취득한 후에 그 영업비밀에 대하여 부정취득행위가 개입된 사실을 알거나 중대한 과실로 알지 못하고 그 영업비밀을 사용하거나 공개하는 행위

<소 목 차>

Ⅰ. 총   론
　1. 의   의
　2. 연   혁
Ⅱ. 영업비밀을 부정취득·사용·공개하는 행위(제2조 3호 (가)목)
　1. 개   요
　2. 부정한 취득행위

　3. 부정취득 후 사용행위
　4. 부정취득 후 공개행위
Ⅲ. 부정취득된 영업비밀을 악의·중과실로 취득·사용·공개하는 행위(제2조 3호 (나)목)
Ⅳ. 선의취득 후 악의·중과실에 의한 사용·공개 행위(제2조 3호 (다)목)

Ⅰ. 총 론

1. 의 의

부정경쟁방지법에서는 영업비밀 침해행위를 기본적으로 민법상의 불법행위(민법 제750조)와 채무불이행(민법 제390조)의 특수형태인 부정경쟁행위의 일종으로 유형화하여 제2조 제3호에서 규정하고 있다.

부정경쟁방지법은 침해행위의 유형을 6가지로 규정하고 있으나, 기본적으로는 제3자의 부정취득행위 등과 비밀유지 의무자의 의무위반행위의 2가지 유형으로 구성되어 있으며, 이 2가지 유형의 기본적 침해행위에 따르는 사후적 관여행위를 각각 2가지씩 추가하여 규정하고 있다. 즉, 부정경쟁방지법상 영업비

밀 침해행위의 유형은 개념적으로 다음 4개의 유형으로 구분된다.

첫째, 절취·기망·협박 기타 부정한 수단으로 영업비밀을 취득하는 행위 또는 그 취득한 영업비밀을 사용하거나 공개(비밀을 유지하면서 특정인에게 알리는 것을 포함한다)하는 행위(부정경쟁방지법 제2조 제3호 (가)목), 둘째 근로자 또는 라이선시 등과 같이 영업비밀에 대한 접근이 허용된 반면, 계약관계 등에 의하여 영업비밀을 비밀로서 유지하여야 할 의무가 있는 자가 부정한 이익을 얻거나 그 영업비밀의 보유자에게 손해를 가할 목적으로 영업비밀을 사용 또는 공개하는 행위(부정경쟁방지법 제2조 제3호 (라)목), 셋째, 영업비밀에 대하여 첫째의 부정취득행위 또는 둘째의 의무위반행위가 있는 사실을 알거나 혹은 중대한 과실로 알지 못하고 그 영업비밀을 취득하는 행위 또는 그 취득한 영업비밀을 사용하거나 공개하는 행위[부정경쟁방지법 제2조 제3호 (나)목(전자), (마)목(후자)], 넷째, 일단 영업비밀을 취득함에 있어서는 선의·무중과실이었으나, 그 후에 그 영업비밀에 첫째의 부정취득행위 또는 둘째의 의무위반행위가 개재되어 있는 사실을 알거나 중대한 과실로 알지 못하고 그 영업비밀을 사용 또는 공개하는 이른바 사후적부정사용행위[부정경쟁방지법 제2조 제3호 (다)목(후자), (바)목(전자)]로 나누어 볼 수 있다.

2. 연   혁

1961년 제정법(1961. 12. 30, 법률 제911호)에서는 부정경쟁행위의 하나로 규정되지 않았으나, 1991년 개정법(1991. 12. 31, 법률 제4478호)에서 기술상·경영상 유용한 정보(영업비밀)의 중요성이 높아짐으로 인해 제2조(정의) 제3호에 영업비밀 침해행위에 관한 정의 규정을 (가)목부터 (바)목까지 각 목에 신설하고, 절취·기망·협박 기타 부정한 수단으로 영업비밀을 취득하는 행위 등을 (가)목에 규정하였다.

【비교법】독일에서 영업비밀의 보호는 비밀정보의 부정이용에 대한 형사처벌을 중심으로 발전하였다는 데에 그 특색이 있다. 독일의 부정경쟁방지법(Gesetz gegen den unlauteren Wettbewerb: 이하 'UWG')은 2004년 전면개정을 통하여, 영업비밀을 보다 강하게 보호해 왔다. 2016년에 제정된 EU 영업비밀보호지침에 따라 부정경쟁행위에 대한 규제와는 독자적으로 영업비밀 보호를 강화하고자 하는 세계적 흐름에 맞추어 2019년 4월 부정경쟁방지법에서 분리된 새로

운 영업비밀보호법(Gesetz zum Schutz von Geschäftsgeheimnissen: 이하'GeschGehG')
이 시행되고 있다. 동법 제23조 제1항은 영업비밀을 취득한 자(1호), 영업비밀을
취득한 후 사용-공개한 자(2호), 고용기간 내에 공개한 자(3호)를 처벌하는 규정
으로, 형벌의 대상이 되는 행위를 확인하고 있다. 동 규정은 금지규정인 제4조
제1항과 제2항을 참조하고 있으며, 이 금지규정에서 위법한 영업비밀 침해행위
를 규정하고 있다.[1]

　　미국의 UTSA 및 각 주법의 정의에 따르면, 부정취득, 부정공개 또는 부정
사용은 그 상황에서 영업비밀이 부정하게 취득된 사실을 알았거나 알 수 있었
던 경우에는 영업비밀의 침해가 된다고 규정하고 있다.[2]

Ⅱ. 영업비밀을 부정취득 · 사용 · 공개하는 행위(제2조 3호 (가)목)

1. 개 요

　　절취(竊取), 기망(欺罔), 협박, 그 밖의 부정한 수단으로 영업비밀을 취득하
는 행위(이하 "부정취득행위"라 한다) 또는 그 취득한 영업비밀을 사용하거나 공
개(비밀을 유지하면서 특정인에게 알리는 것을 포함한다. 이하 같다)하는 행위(제2조
제3호 (가)목)는 영업비밀 침해행위가 되어 금지청구 등의 대상이 된다(부정경쟁
방지법 §2(iii) (가)목). 본 규정은 ① 영업비밀 그 자체인 유체물(비밀의 촉매나 신
제품 등)이나 영업비밀이 기재되어 있는 설계도나 고객명부 등과 같은 유체물
등(이하 '영업비밀의 媒體物')을 절취하거나 사기, 협박 기타의 부정한 수단에 의

---

1) 'GeschGehG' 제4조(행위의 금지) ① 영업비밀은 다음 행위로 취득되어서는 안 된다.
　1. 영업비밀은 영업비밀 보유자의 정당한 관리의 기초가 되는 영업비밀을 포함하거나
　　또는 영업비밀이 도출되는 문서, 물건, 원료, 재료, 또는 는 전자적 정보에 대한 권한
　　없는 접근, 획득 또는 복제, 또는
　2. 그 밖에 그 당시의 상황에서 공정한 상거래 관행을 고려하고 신의성실의 원칙에 부
　　합하지 않는 행위.
　② 다음 호에 해당하는 자는 영업비밀을 사용하거나 공개하여서는 아니 된다.
　1. 자기 행위로 인해 제1항의 a) 제1호 또는 b) 제2호에 의해 영업비밀을 취득한 자,
　2. 영업비밀의 사용 제한 의무를 위반한 자, 또는
　3 영업비밀의 비공개 의무를 위반한 자.
　제3항은 우리 부정경쟁방지법 제2조 제3호 (나)목, (마)목의 영업비밀 침해행위와 동일
　한 행위를 침해행위로 규정하고 있다.
2) 미국 법상 영업비밀의 침해행위(Misappropriation)에 대해서는, 나종갑, 영업비밀보호법
　의 철학적·규범적 토대와 현대적 적용, 홍진기법률연구재단(2022), 449-464; John G.
　Sprankling·Thomas G. Sprankling, Understanding Trade Secret Law, Carolina Academic
　Press(2020), 61-95.

해 취득하는 행위뿐만 아니라 ② 영업비밀의 媒體物이 보관되어 있는 장소에 무단으로 침입하거나 영업비밀의 매체물을 보관하고 있는 책상, 금고, 봉투, 플로피 디스크 등을 무단으로 개봉하거나 사용하여 안에 들어 있는 영업비밀을 기억하거나 복제하는 행위, 그리고 ③ 영업비밀을 기억하고 있는 사람으로부터 사기, 강박, 도청 등의 수단에 의해 영업비밀을 취득하는 행위 등이 포함될 것이다.3) 본 규정은 정당한 수단에 의하여 영업비밀을 입수할 지위에 있지 않은 자가 절취·기망·협박 기타 형벌법규에 위반되는 것과 같은 위법한 수단을 사용하여 취득하는 행위를 기본으로 다시 이와 같이 취득한 정보를 스스로 사용하여 경쟁상의 이득을 얻거나 특정한 타인 또는 불특정 다수인에게 그 비밀을 전득·공개하는 행위를 금지하는 것이다.

  법문상 절취·기망·협박은 전형적인 부정한 수단의 예시이며, 그 밖의 부정수단이란 형벌법규 위반행위만이 아니고 사회통념상 이와 동등한 위법성을 가진다고 판단되는 공서양속에 반하는 일체의 행위유형을 포함한다.4) 판례5) 역시 "부정경쟁방지법 제2조 제3호 (가)목 전단에서 말하는 '부정한 수단'이라 함은 절취·기망·협박 등 형법상의 범죄를 구성하는 행위뿐만 아니라, 비밀유지의무의 위반 또는 그 위반의 유인(誘引) 등 건전한 거래질서의 유지 내지 공정한 경쟁의 이념에 비추어 위에 열거된 행위에 준하는 선량한 풍속 기타 사회질서에 반하는 일체의 행위나 수단을 말한다"고 판시하고 있다.

  부정한 방법의 예로서, 폭행 등 부정한 방법으로 시제품이나 비밀 촉매 등 영업비밀이 담긴 유체물을 취득하거나 영업비밀이 저장된 매체를 취득하는 행

---

  3) 金井 重彦、小倉 秀夫、山口 三惠子, 不正競爭防止法コンメンタール, LexisNexis(2004), 84-85; 田村善之, 不正競爭防止法槪說, 有斐閣(1994), 241.
  4) 김국현, 영업비밀보호법 실무, 세창출판사(2010), 63. 영업비밀의 본질은 무체물인 정보이며, 취득수단에 대해서는 영업비밀이 담겨져 있는 매체의 취득, 즉 점유이전 이외에도 여러 가지 방법이 있을 수 있다. 예컨대, 영업비밀이 매체(책, 테이프 등)에 담겨져 있는 경우에 절취, 기망, 협박 등에 의하여 그 매체 자체를 취득하는 경우에는 매체가 "재물"에 해당하는 이상 절도죄, 강도죄, 사기죄, 공갈죄 등이 별도로 성립하게 된다. 대법원은 기술정보자료 취거행위에 대하여, "피고인이 근무하던 회사를 퇴사하면서 가져간 서류가 이미 공개된 기술내용에 관한 것이고 외국회사에서 선전용으로 무료로 배부해 주는 것이며, 동 회사연구실 직원들이 사본하여 사물처럼 사용하던 것이라도 위 서류들이 회사의 목적업무 중 기술분야에 관한 문서들로서 국내에서 쉽게 구할 수 있는 것도 아니며, 연구실 직원들의 업무수행을 위하여 필요한 경우에만 사용이 허용된 것이라면 위 서류들은 위 회사에 있어서는 소유권의 대상으로 할 수 있는 재물에 해당한다 할 것이다"(대법원 1986. 9. 23. 선고 86도1205 판결)라고 판시하여 절도죄의 적용을 인정한 바 있다.
  5) 대법원 1996. 12. 23. 선고 96다16605 판결; 대법원 2011. 7. 14. 선고 2009다12528 판결 등.

위, 영업비밀 저장 매체가 보관된 장소에 무단으로 침입하거나 그 매체물이 보관되고 잠금장치된 물건을 개봉하여 복제하거나 암기하는 등의 행위, 고객을 가장한다거나 종업원을 상대방 기업의 공장에 들어가게 하는 행위, 도청이나 기망행위로 영업비밀 기억 소지자로부터 비밀정보를 취득하는 행위 등을 들 수 있다.[6] 또한 종업원이 알고 있는 사용자의 영업비밀을 입수하기 위한 목적으로 높은 지위의 제공 등을 내세워 종업원을 스카웃하는 행위도 부정한 수단의 예에 해당할 것이다. 그러나 영업비밀을 이용하여 제조된 시판 제품을 분석하는 수단으로 상대의 영업비밀에 관한 정보를 탐지하는 행위와 같은 역분석(reverse engineering)은 부정한 수단을 이용한 행위가 아니다.[7]

본목 규정의 부정취득·사용·공개행위의 주체는 영업비밀을 직접 침해한 행위자이며, 동 행위자로부터 전득한 자는 동 목의 규정에 해당하지 않고 법 제2조 제3호 (나)목 또는 (다)목의 규정에 해당한다.

2. 부정한 취득행위

영업비밀의 '취득'은 문서, 도면, 사진, 녹음테이프, 필름, 전산정보처리조직에 의하여 처리할 수 있는 형태로 작성된 파일 등 유체물의 점유를 취득하거나 유체물의 점유를 취득함이 없이 영업비밀 자체를 직접 인식하고 기억하거나 영업비밀을 알고 있는 사람을 고용하는 형태로 이루어질 수 있는데, 어느 경우에나 사회통념상 영업비밀을 자신의 것으로 만들어 이를 사용할 수 있는 상태가 되었다면 영업비밀을 취득하였다고 보아야 하므로, 회사가 다른 업체의 영업비밀에 해당하는 기술정보를 습득한 자를 스카우트하였다면 특별한 사정이 없는 한 그 회사는 그 영업비밀을 취득한 것으로 인정된다.[8]

영업비밀의 취득이란 '사회 통념상 영업비밀을 자신의 것으로 만들어 이를 사용할 수 있는 상태'에 이른 경우를 말한다.[9] 따라서 절취, 기망, 협박, 그 밖의 부정한 수단으로 영업비밀에 해당하는 정보를 담고 있는 유체물을 취득함으로써 그 정보를 본래의 목적에 맞게 사용할 수 있는 상태에 이른 경우에는 영

---

6) 윤태식, 부정경쟁방지법, 박영사(2021), 339-340.
7) 김병일, "영업비밀 침해금지와 금지청구의 기산점", 창작과 권리 제53호(2008), 112; 鎌田 薫 "財産的情報の保護と差止請求權(5)" Law & Technology 11호(1990), 41; 田村善之, 不正競争防止法概説, 有斐閣, 1994, 242 참조; 小野昌延·松村信夫, 新·不正競争防止法概説〔第3版〕上卷, 有斐閣, 2020, 355.
8) 대법원 1996. 12. 23. 선고 96다16605 판결; 대법원 1998. 6. 9. 선고 98다1928 판결 등 참조.
9) 대법원 1998. 6. 9. 선고 98다1928 판결.

업비밀을 취득한 것에 해당한다.[10] 그러나 영업비밀 보유자인 업체의 직원이 자신이 접근할 수 있는 범위 내의 영업비밀을 외부로 유출한 행위 자체는 (가)목이 정한 '부정취득행위'에 해당하지 않는다.[11] 즉, 영업비밀의 취득이란 영업비밀에 해당하는 문제의 정보를 입수 또는 확보하는 것으로 비밀이 화체(化體)된 문서 기타의 매체 그 자체에 대한 권한없는 점유취득뿐만 아니라 영업비밀을 기억하는 등의 방법으로 권한 없이 문제의 정보를 확보하는 일체의 행위를 포함한다. 따라서 사외로 반출이 금지되어 있는 사무책상 서랍 속의 잡지구독회원 명부를 종업원이 사외에 가지고 나가 복사하고 2시간 후에 원본을 원래의 장소에 갖다 놓았다고 해도 이는 부정행위가 되며,[12] 고객명부가 입력되어 있는 자기테이프를 아무런 권한이 없는 보조종업원이 복사하여 복제물을 가지고 나가는 행위[13]도 마찬가지이다.

부정한 수단에 의한 취득과 관련된 우리나라 판례를 보면, "영업비밀의 취득은 문서, 도면, 사진, 녹음테이프, 필름, 전산정보처리조직에 의하여 처리할 수 있는 형태로 작성된 파일 등 유체물의 점유를 취득하는 형태로 이루어질 수도 있고, 유체물의 점유를 취득함이 없이 영업비밀 자체를 직접 인식하고 기억하는 형태로 이루어질 수도 있으며, 또한 영업비밀을 알고 있는 사람을 고용하는 형태로 이루어질 수도 있는바, 어느 경우에나 사회통념상 영업비밀을 자신의 것으로 만들어 이를 사용할 수 있는 상태가 되었다면 영업비밀을 취득하였다고 보아야 하므로, 회사가 다른 업체의 영업비밀에 해당하는 기술정보를 습득한 자를 스카우트하였다면 특별한 사정이 없는 한 그 회사는 그 영업비밀을 취득하였다고 보아야[14]" 하고 "필기구 제조업체의 연구실장으로서 영업비밀에 해당하는 기술정보를 습득한 자를 고액의 급여와 상위의 직위를 조건으로 스카우트한 회사의 행위는 부정경쟁방지법 제2조 제3호 (가)목 소정의 영업비밀 부정취득행

---

10) 대법원 2022. 11. 17. 선고 2022다242786 판결.

11) 대법원 2008. 4. 10. 선고 2008도679 판결; 대법원 2009. 10. 15. 선고 2008도9433 판결; 대법원 2010. 1. 14. 선고 2009도9434 판결 참조. 대법원 2012. 6. 28. 선고 2012도3317 판결은 "기업의 직원으로서 영업비밀을 인지하여 이를 사용할 수 있는 사람은 이미 당해 영업비밀을 취득하였다고 보아야 하므로 그러한 사람이 당해 영업비밀을 단순히 기업의 외부로 무단 반출한 행위는 업무상배임죄에 해당할 수 있음은 별론으로 하고, 위 조항 소정의 '영업비밀의 취득'에는 해당하지 않는다."라고 하여 피해자 회사에서 근무하던 중 취득한 영업비밀을 퇴사 후 가지고 나온 행위가 영업비밀의 취득에 해당하지 않는다고 본다.

12) 建設調査會 事件, 判例時報 956號 118(東京地判 1980. 2. 14) 참조.

13) 京王百貨店 事件, 判例時報 1250號 144(東京地判 1987. 9. 30) 참조.

14) 대법원 1998. 6. 9. 선고 98다1928 판결.

위에 해당한다[15)"고 판시하고 있다.

'취득' 행위란 부정한 수단으로 영업비밀에 해당하는 정보를 얻는 것을 말한다. 따라서 정당한 수단으로 어떤 정보를 취득하는 것은 영업비밀 침해행위가 아니다. 예컨대, 독자적 발명 혹은 독립적으로 개발한 영업비밀의 취득, 역설계, 역분석(reverse engineering)[16)에 의한 영업비밀의 취득행위는 정당한 수단에 의한 영업비밀의 취득에 해당한다. 또한 종업원이 업무상 습득한 정보는 영업비밀의 부정취득행위에는 해당하지 아니한다.[17) 다만, 기업의 직원으로서 영업비밀을 인지하여 이를 사용할 수 있는 자가 당해 영업비밀을 기업의 외부로 무단 반출한 행위는 업무상 배임죄에 해당할 수는 있다.[18)

부정취득의 구제에 있어 영업비밀의 부정취득행위가 계속해서 되풀이되는 때에는 취득행위 그 자체에 대한 금지청구가 가능하겠으나, 일회적으로 취득이 종결되는 경우에는 취득의 예방청구가 주로 문제된다.

3. 부정취득 후 사용행위

사용행위란 영업비밀을 그 고유의 용도 내지 사용목적에 따라 활용하는 행위를 말하며, 전통적인 제조 · 판매 등에 사용하는 행위는 물론 반드시 사용에 따른 이윤을 남길 필요도 없다. 다만 취득자로부터 비밀을 전득한 자의 사용은 (나)목 또는 (다)목 소정의 구성요건에 해당하기 때문에, 본목의 사용은 부정한 수단으로 영업비밀을 취득한 자 자신이 그 비밀을 이용하는 경우로 한정된다.[19)

영업비밀의 사용은 영업비밀 본래의 사용 목적에 따라 이를 상품의 생산 · 판매 등의 영업활동에 이용하거나 연구 · 개발사업 등에 활용하는 등으로 기업 활동에 직접 또는 간접적으로 사용하는 행위로서 구체적으로 특정이 가능한 행위

---

15) 대법원 1996. 12. 23. 선고 96다16605 판결.
16) 미국에서 reverse engineering에 의한 정보취득이 부정한 방법이 아님을 인정한 대표적인 사안으로 Kewanee Oil Co. v. Bicron Corp., 416 U.S. 470, 476 (1971); Bonito Boats, Inc. v. Thunder Craft Boats, Inc., 489 U.S. 141, 155 (1989) 사건 등이 있으며, 연방영업비밀보호법(Defend Trade Secrets Act :DTSA)은 명시적으로 reverse engineering이 부적절한 수단 (improper means)에 해당하지 않는다고 하고 있다. 그러나 부적절한 수단과 결합된 reverse engineering은 DTSA 위반에 해당한다.
17) 대법원 2008. 4. 10. 선고 2008도679 판결.
18) 대법원 2009. 10. 15. 선고 2008도9433 판결. 동판결에 대한 자세한 평석은, 남양우, "부정경쟁방지 및 영업비밀보호에 관한 법률상의 영업비밀 부정사용등 죄에 관한 사례", 대법원판례해설 82호(2009 하반기), 778-814 참조.
19) 최정열 · 이규호, 부정경쟁방지법(제4판), 진원사(2020), 341.

를 가리킨다고 할 수 있다.[20] 직접적 사용행위의 예로서는 취득한 기술정보·설계도·매뉴얼 등을 단순 모방하여 제품을 생산하거나, 취득한 고객리스트를 이용하여 판촉활동을 하는 등의 행위를 들 수 있고, 간접적 사용행위로서 다른 기업이 실패한 연구실험자료(negative information)를 참고하여 불필요한 연구실험과정을 생략함으로써 연구개발 비용을 절감하거나 다른 기업의 판매데이터와 재고관리정보를 참조하여 자신의 판매계획을 수립하는 행위 등을 생각할 수 있다.[21]

부정취득한 영업비밀의 사용에는 영업비밀을 전부 사용하는 경우뿐만 아니라 그 중 일부를 사용하는 경우도 포함한다.[22] 비록 당해 영업비밀을 개량하거나 변경한 후 사용했다고 하더라도 실질적 내용이 동일하다면 사용의 개념에 포함된다.[23] 즉 개량된 생산기술, 추가편집된 고객명부 등과 같이 취득한 영업비밀이 그대로 사용(이용)되지 않고 변형된 경우에도 그 동일성이 인정되는 경우에는 사용행위가 인정될 수 있다.[24]

한편, 영업비밀의 부정취득 자체만으로 손해가 발생하였다고 보아야 하는지에 관하여, 영업비밀을 부정취득한 자는 그 취득한 영업비밀을 실제 사용하였는지에 관계없이 부정취득행위 그 자체만으로 영업비밀의 경제적 가치를 손상시킴으로써 영업비밀 보유자의 영업상 이익을 침해하여 손해를 입히는 것으로 본다.[25]

4. 부정취득 후 공개행위

영업비밀의 '공개'란 영업비밀을 불특정인에게 공공연히 알리거나 그 비밀

---

20) 대법원 1998. 6. 9. 선고 98다1928 판결; 대법원 2019. 9. 10. 선고 2017다34981 판결 등 등 참조. 이러한 개념 정의는 법률 제18조 제2항에 정한 영업비밀 부정취득·사용에 그대로 적용되고 있다.

21) 정호열, 부정경쟁방지법, 삼지원(1993), 266; 김국현, 영업비밀보호법 실무, 세창출판사 (2010), 66. 대법원 2019. 9. 10. 선고 2017다34981 판결.

22) 대법원 2019. 12. 24. 선고 2016다222712 판결은 "갑회사의 최종도면과 Schedule A는 다수의 차이점이 존재하기는 하지만, Schedule A에 나타나 있는 설계의 기본 틀은 갑회사의 최종도면에도 유지되어 있고, 이 사건 각 기술정보의 구체적인 세부 수치가 일치하는 경우가 발견되고 있으므로, 피고는 이 사건 각 기술정보의 일부를 이 사건 공장의 건설에 사용한 것으로 볼 수 있다."라고 하였다.

23) 이상경, 지적재산권소송법, 육법사(1998), 627-628; 한국특허법학회(편), 영업비밀보호법, 박영사(2017), 159(최승재 집필).

24) 한국특허기술원, 부정경쟁방지 및 영업비밀보호에 관한 업무편람, 진한엠앤비(2010), 75.

25) 대법원 2011. 7. 14. 선고 2009다12528 판결; 윤태식, 부정경쟁방지법, 박영사, 2021, 342-343.

성을 유지하면서 특정인에게 알려주는 것을 말한다. 즉, (가)목에서의 영업비밀의 공개란 부정한 방법으로 취득한 영업비밀을 영업비밀의 최초 보유 자 및 부정한 취득자 이외의 제3자로 하여금 그 영업비밀의 내용을 알게 하는 것을 말한다.[26] 구체적 태양으로는 부정 취득한 영업비밀을 포함한 도면, 견본 및 설명서 등을 제3자에게 매각 또는 라이선스계약 등의 방법으로 공개하는 경우 등이다.[27] 사용과 공개는 구별되는 개념이다. 예컨대, 영업비밀 취득자가 비밀을 유지한 채로 자신이 이용하고 있는 경우에는 사용행위는 있으나 공개행위는 없다.[28]

공개방법은 영업비밀이 들어있는 매체물을 교부하거나 정보 내용을 말로 전달하는 등 취득한 영업비밀의 종류에 따라 다양하다.[29] 이러한 공개행위는 구두·서면뿐만 아니라 도면·모형의 전시에 의해서도 가능하고, 제3자가 영업비밀을 알려고 하는 것을 방해하지 않는 부작위 형식에 의한 공개행위도 인정되며, 공개에는 유상·무상을 묻지 않고 제3자의 선의나 악의도 묻지 아니한다.[30]

부정한 수단으로 취득한 자의 행위로 영업비밀을 불특정인에게 공개하는 행위 및 비밀로 유지하면서 특정인에게 알리는 행위를 포함한다. 예를 들면 절취한 대량주문서(大口受注書) 등을 산업스파이에게 인도하는 행위 또는 절취한 공사견적서 등의 기밀서류를 경쟁회사의 종업원에게 판매하는 행위[31] 등이 있다. 또한 영업비밀을 부정공개행위로부터 보호하는 바는 통상 입수할 수 없는 비밀, 지식 등을 제 3자가 입수하는 것을 금지하는 데 있으므로 영업비밀의 전부뿐만 아니라 그 일부만을 알 수 있게 한 경우도 부정공개행위에 해당한다. 다만 영업비밀을 불공정한 상대방이 이미 그 영업비밀을 알고 있는 경우에도 부

---

26) 최정열·이규호, 부정경쟁방지법(제4판), 진원사(2020), 341.

27) 한국특허법학회, 영업비밀보호법, 박영사(2017), 160(최승재 집필). 영업비밀의 공개행위는 업무상 배임죄를 구성할 수 있다. 대법원은 "배임죄는 타인의 사무를 처리하는 자가 그 임무에 위배하는 행위로써 재산상 이익을 취득하거나 제3자로 하여금 이를 취득하게 하여 본인에게 손해를 가함으로써 성립하는바, 이 경우 그 임무에 위배하는 행위라 함은 사무의 내용, 성질 등 구체적 상황에 비추어 법률의 규정, 계약의 내용 혹은 신의칙상 당연히 할 것으로 기대되는 행위를 하지 않거나 당연히 하지 않아야 할 것으로 기대되는 행위를 함으로써 본인과 사이의 신임관계를 저버리는 일체의 행위를 포함하는 것이므로, 기업의 영업비밀을 사외로 유출하지 않을 것을 서약한 회사의 직원이 경제적인 대가를 얻기 위하여 경쟁업체에 영업비밀을 유출하는 행위는 피해자와의 신임관계를 저버리는 행위로서 업무상배임죄를 구성한다."라고 판시하여 영업비밀의 공개행위가 업무상 배임죄를 구성할 수 있음을 인정한바 있다(대법원 1999. 3. 12. 선고 98도4704 판결).

28) 윤태식, 부정경쟁방지법, 박영사, 2021, 343.

29) 윤태식, 부정경쟁방지법, 박영사, 2021, 343.

30) 한국특허법학회, 영업비밀보호법, 박영사(2017), 160(최승재 집필).

31) 大日本印刷事件, 判例時報 419號 14(東京地判 1965. 6. 26) 참조.

정공개행위가 성립하는가에 대해서는 견해가 대립될 수 있다. 일본에서는 영업비밀을 부정공개한 상대방이 이미 그 영업비밀을 알고 있는 경우에도 부정공개행위가 성립한다고 하는 견해[32]도 있지만, 이 경우에는 부정공개행위에 대한 금지청구의 실익이 없을 뿐 아니라 공개되어 버린 경우에도 손해의 인정이 곤란하여 손해배상청구가 인용될 가능성도 거의 없으므로 법적인 의미는 별로 없다는 비판[33]도 있다. 그러나 영업비밀의 보호는 비밀 상태의 보호라는 의미와 함께 영업비밀 침해행위에 대한 제재의 의미를 갖는다. 따라서 부정공개의 상대방이 영업비밀을 이미 알고 있는가는 크게 문제되지 않으며, 판단되어야 할 사항은 공개행위의 부정성이라 하겠다. 따라서 공개의 상대방이 이미 영업비밀을 알고 있다고 하더라도 부정공개행위가 성립한다.[34]

Ⅲ. 부정취득된 영업비밀을 악의·중과실로 취득·사용·공개하는 행위(제2조 3호 (나)목)

부정경쟁방지법 제2조 제3호 (나)목은 영업비밀 침해행위의 하나로 영업비밀에 대하여 부정취득행위가 개입된 사실을 알거나 중대한 과실로 알지 못하고 그 영업비밀을 취득하는 행위 또는 그 취득한 영업비밀을 사용하거나 공개하는 행위를 규정하고 있다.

본 규정의 취지는 (가)목의 영업비밀 부정취득행위 후, 당해 영업비밀의 유통과정에서 악의[35] 또는 중대한 과실[36]로 당해 영업비밀을 전득(轉得)하는 행위

---

32) 小野 昌延(編), 新·注解不正競爭防止法, 上卷, 靑林書院(2007), 501.

33) 강영수, "영업비밀의 민사적 보호에 관한 연구", 서울대학교 대학원 석사 학위 논문(1993), 41.

34) 小野 昌延(編), 新·注解不正競爭防止法, 上卷, 靑林書院(2007), 501; 윤태식, 부정경쟁방지법, 박영사, 2021, 343.

35) '악의'라 함은 전득자가 부정취득자로부터 영업비밀을 매수함에 있어서 당해 영업비밀은 부정취득자가 절취한 것이라는 사실, 즉 부정취득행위가 개입된 사실을 알고 있는 경우를 말한다.

36) '중대한 과실'에 의한 취득이란 전득자가 부정취득자로부터 영업비밀을 취득함에 있어서 사회적 지위, 종사하는 직업 등에 따라 평균적으로 요구되는 주의를 현저하게 게을리하였기 때문에 부정취득행위가 개입된 사실을 알지 못한 것을 말한다. 이상경, 지적재산권소송법, 육법사(1998), 631. 영업비밀을 보유하고 있는 회사에 근무하였거나 근무하고 있는 직원이 제3자에게 고객정보를 판매하려고 하거나 기술정보를 현저히 낮은 가격으로 판매하려고 시도하는 경우에 상대방은 그 정보의 취득에 부정행위가 있는 것은 아닌지 일응 의심할 필요가 있고 이러한 의심 없이 쉽게 그 정보를 매수할 경우에는 부정한 행위가 개입된 사실을 중대한 과실로 알지 못하고 취득하였다고 할 수 있다. 윤태식, 부정경쟁방지

를 금지하려는 규정으로 부정취득자로부터 직접 취득한 자(轉得者)뿐만 아니라 轉得者로부터 영업비밀을 취득한 자도 본 규정의 적용을 받는다. 동산 등의 물건에 있어서는 一物一權의 요청상 하나의 물건 위에 그 내용이 서로 용납되지 않는 소유권과 같은 물권이 병존할 수 없다. 반면 정보는 동시에 복수의 자에 의한 보유가 가능한바 영업비밀이 부정취득되었거나 부정공개된 후에도 원래의 영업비밀 보유자는 그 영업비밀의 사용 등에 관한 이익을 상실하지 않으며, 이러한 이익의 보호를 위해 법은 전득자에 의한 영업비밀 취득 등의 행위를 영업비밀 침해행위로서 규제하고 있는 것이다. 본 목에서 경과실을 제외한 이유는 영업비밀은 비밀로 관리되고 특허 등과 같이 별도로 공시되지 않아 제3자에 대해 이를 금지할 수 있도록 한다면 거래의 안전을 해칠 우려가 있기 때문이다.[37]

영업비밀의 부정취득자로부터 다시 부정취득하는 경우에는 원래의 보유자에 대한 부정취득행위(법 제2조 제3호 (가)목)에 해당하므로 (나)목에서는 취득자가 영업비밀을 취득하는 수단 그 자체는 부정(위법)한 것이 아니어야 한다.[38]

여기서 '부정한 행위가 개입되었다'라고 함은 영업비밀 보유자로부터 행위자에 이르는 유통과정에 부정수단에 의한 영업비밀 취득행위가 존재하는 것을 말하므로, 부정취득자로부터 직접 취득하는 경우뿐 아니라 그 과정에 제3자의 부정취득행위(부정한 행위 개입)가 있는 경우에도 취득 당시를 기준으로 부정한 행위가 개입된 사실을 알거나(악의) 중대한 과실로 알지 못하면 그 취득행위 및 취득 후 사용·공개행위는 부정경쟁행위가 된다.[39]

본목은 단순히 영업비밀 부정취득행위가 개입된 사실을 인식하면서 또는 인식하지 못한데 중대한 과실이 있으면서 영업비밀을 취득하거나 그것을 사용, 공개하는 행위로 족하다. 주관적인 요건으로서 악의 이외에 '중대한 과실'을 포함한 이유는 소송 중에 있어서 주관적 요건인 악의의 증명이 곤란하므로 행위자로서 조금만 주의를 기울였더라면 당연히 알 수 있었을 객관적 상황을 증명하면 중과실로 보아 악의와 동일시하려는 것이다.[40] 이때 주관적 요건의 입증책

법, 박영사, 2021, 344.

37) 한국특허법학회, 영업비밀보호법, 박영사(2017), 165(최승재 집필); 윤태식, 부정경쟁방지법, 박영사, 2021, 344.

38) 윤태식, 부정경쟁방지법, 박영사, 2021, 343.

39) 윤태식, 부정경쟁방지법, 박영사, 2021, 343; 최정열·이규호, 부정경쟁방지법(제4판), 진원사(2020), 342.

40) 황의창·황광연, 부정경쟁방지 및 영업비밀보호법, 5정판, 세창출판사(2009), 213.

임은 구제를 청구하는 영업비밀 보유자가 부담한다.[41)]

　　본 목에 규정된 침해행위는 취득·사용·공개하는 행위이며, 침해주체는 부정취득 영업비밀 유통과정중의 모든 전득자이고, 행위의 판단시점은 취득·사용·공개행위 당시이다. 따라서 이 점에서 (다)목의 사후적 악의자에 의한 영업비밀 침해행위가 취득당시에는 선의·무중과실이었다가 취득한 이후 사용·공개할 당시에는 악의 또는 중과실로 전환되는 것과 구별된다.

　　본 목의 예로서는 ① 일본의 大日本印刷産業 스파이사건이 있는데, 위 인쇄회사의 조업원 甲이 회사의 록커(locker)內 및 임원의 책상서랍 속에 있던 기밀서류를 입수하고, 종업원 乙은 다른 기밀서류를 동사 소유 복사기를 사용하여 복사하여 각각 社外로 가지고 나가서 기업조사를 업으로 하는 자에게 교부한 사건,[42)] ② 자사의 의약품 개발 및 그 제조승인 취득 절차를 가급적 신속하고 확실하게 하기 위하여 국립예방위생연구소의 技官과 공모하여 동연구소 내의 그 上司가 사용하는 캐비넷에 보관되어 있던 타사의 신약 데이터에 관한 자료를 가지고 나와 자사에 가져가서 복사를 한 다음 그 자료를 7-16시간 내에 원래의 캐비넷에 반환한 사건,[43)] ③ 백화점의 컴퓨터 기술자가 근무처의 전산실에서 고객명부를 입력한 자기테이프를 훔쳐내 외부의 명부판매업자에게 매각한 사건[44)] 등이 있다. 본목의 규정은 (가)목에서 규정된 부정취득행위를 전제로 당해 영업비밀의 유통과정에서 부정취득이 개재된 사실에 관하여 악의 또는 중과실인 채 이를 전득하는 경우를 금지하고 있는 것으로, (가)목의 부정취득행위를 본범이라면 본목은 장물범적 위치에 있다고 설명하기도 한다.[45)]

IV. 선의취득 후 악의·중과실에 의한 사용·공개 행위(제2조 3호 (다)목)

　　부정경쟁방지법 제2조 제3호 (다)목은 "영업비밀을 취득한 후에 그 영업비밀에 대하여 부정취득행위가 개입된 사실을 알거나 중대한 과실로 알지 못하고

---

41) 이에 대해 영업비밀 취득 에는 선의이고 중과실이 없었는데 그 취득 후 사용. 공개할 당시에 부정취득행위가 개입된 사실을 알거나 중대한 과실로 알지 못한 경우는 법 제2조 제3호 (다)목이 적용된다. 윤태식, 부정경쟁방지법, 박영사, 2021, 344.

42) 大日本印刷 事件, 判例時報 419號 14(東京地判 1965. 6. 26) 참조.

43) 新薬データ 事件, 判例時報 1126號 3(東京地判 1984. 6. 15) 참조.

44) 京王百貨店 事件, 判例時報 1250號, 144(東京地判 昭和62. 9. 30) 참조.

45) 황의창·황광연, 부정경쟁방지 및 영업비밀보호법, 5정판, 세창출판사(2009), 211; 한국특허법학회, 영업비밀보호법, 박영사(2017), 160(최승재 집필).

그 영업비밀을 사용하거나 공개하는 행위"를 영업비밀 침해행위의 하나로 규정하고 있다.

　본 목도 (나)목과 같이 (가)목의 부정한 행위에 의해 직접적으로 영업비밀을 취득한 자로부터의 영업비밀의 재전득을 한 자에 대한 규정이나, 사후적으로 악의로 된 자에 대한 규정이라는 점에서 (나)목과 구별된다. 영업비밀은 점유가 이전되는 민법상 동산의 경우와 달리 선의취득 후에도 원래의 영업비밀 보유자가 그 정보를 그대로 보유하고 있어 민법상의 선의취득의 규정을 그대로 적용할 수 없으므로 영업비밀 보유자를 보호하기 위해 본 목과 같은 규정을 두었다.46) 본 규정은 영업비밀 취득시에는 선의·무과실이었으나 취득 후 영업비밀 보유자의 통지 등에 의하여 악의 또는 중과실로 전환되는 사후적 악의자의 사용 또는 공개행위를 제한하려는 규정이며, 일정한 요건하에 부정경쟁방지법 제13조의 "선의자에 관한 특례"가 적용될 수 있다.

　(다)목에서는 선의47)이며, 중대한 과실 없이 영업비밀을 취득한 자가 그 후 자기가 취득한 영업비밀이 부정한 것임을 취득 후 알았거나 혹은 중대한 과실로 알지 못하고, 이를 사용하거나 공개하는 행위를 침해유형의 하나로 들고 있다. 이는 영업비밀을 선의이며 중대한 과실 없이 취득하고 이를 사용 또는 공개하기 이전에, 영업비밀의 보유자로부터의 경고가 있거나, 또는 언론에 침해행위에 대한 보도가 있는 등의 전혀 예측할 수 없었던 상황에 의해 악의 또는 중과실이 있게 되는 경우가 많기 때문이다.48) 동산(動産)의 선의 취득 시 원소유자가 점유를 잃는 것과는 달리, 영업비밀은 취득 후에도 원천적 보유자가 그 영업정보를 그대로 보유하고 있는 상태이므로 선의취득으로 인한 항변의 절단을 인정하지 아니하고 보유자의 이익을 보호하기 위하여 더 이상 부정하게 공개되는 것을 방지하고자 부정취득행위의 범위를 확장하고 있다.49)

　'개입'이란 (나)목에서와 마찬가지로 당해 영업비밀의 유통과정에 부정수단에 의한 영업비밀 취득행위가 존재하는 것을 말하며, 행위자의 주관적 요건으로서 악의 이외에 중과실을 요건으로 한 것은 영업비밀보유자가 침해소송에 있어서 주관적 요건인 악의의 증명이 곤란하므로 행위자로서 조금만 주의를 기울였

46) 윤태식, 부정경쟁방지법, 박영사, 2021, 345.
47) "선의"라 함은 영업비밀취득자가 부정취득자 또는 전득자로부터 영업비밀을 취득함에 있어서 당해 영업비밀에 부정취득행위가 개입된 사실을 알지 못한 것을 말한다.
48) 최정열·이규호, 부정경쟁방지법(제4판), 진원사(2020), 342.
49) 이상경, 지적재산권소송법, 육법사(1998), 630.

더라면 당연히 알 수 있었을 객관적 상황을 증명하면 중과실로 보아 악의와 동일시하려는 것이다.

본 목의 행위는 (가)·(나)목과 달리 영업비밀을 취득한 후의 행위이므로 당연히 영업비밀의 사용과 공개하는 행위만이 금지된다.[50] '부정취득한 영업비밀의 사용'이란 부정한 수단으로 영업비밀을 취득한 자가 직접 그 영업비밀을 사용하는 행위를 말하며, '공개하는 행위'란 부정한 수단으로 영업비밀을 취득한 자가 그 영업비밀을 제3자에게 매각, 대여(lease), 실시권 허여(licence) 등을 하거나 영업비밀을 불특정인에게 구두나 서면 등 간행물 기타 매체를 통하여 알리는 행위를 말한다. 공개에는 유상·무상을 묻지 않고 제3자의 선의·악의 여부도 묻지 않는다. 예컨대 기업체의 종업원, 영업상 거래관계자, 영업비밀실시권자 등과 같이 계약관계 내지 신뢰관계 등에 의해 영업비밀을 비밀로 유지하여야 할 의무가 있는 자가 재직 중이나 퇴직 후 또는 계약 기간 중 또는 계약만료 후 부정한 돈을 받거나 상위직에 오를 목적 등으로 또는 그 영업비밀의 보유자에게 손해를 입힐 목적으로 그 영업비밀을 스스로 사용하거나 공개하는 행위가 본목의 행위이다.

취득당시에는 부정취득의 개입 여부에 관하여 선의, 무중과실이었던 자가 영업비밀의 보유자로부터 경고 또는 통보를 받거나 금지청구의 소장송달을 받게 되면 사후적 악의자가 된다. 그리고 보유자등으로부터 경고나 소장의 송달을 받지 못했더라도 약간의 주의로 부정취득이 개입되었음을 알 수 있었던 경우에는 사후적 중과실이 인정된다.[51]

〈김병일〉

---

50) 영업비밀에 해당하는 정보를 담고 있는 유체물(토마토 원종)을 취득한 것을 영업비밀을 취득한 것으로 볼 수 있는지 여부가 문제가 된 사건에서 대법원은 영업비밀에 해당하는 정보를 담고 있는 유체물을 취득함으로써 그 정보를 본래의 목적에 맞게 사용할 수 있는 상태에 이른 경우에는 영업비밀을 취득하였다고 인정할 수 있다고 설시하면서, "품종의 부계 및 모계 원종을 개발해 원고 종자를 생산하여 판매하는 원고가, 위 품종의 원종과 동일한 원종을 사용해 생산된 피고 종자를 판매하는 피고를 상대로, 피고가 원고로부터 '유전자 분석 결과 피고 종자가 원고 종자와 동일한 품종으로 밝혀졌다'는 취지의 내용증명우편을 받은 시점부터는 피고 종자를 생산하는 행위는 부정경쟁방지법 제2조 3호 (다)목의 영업비밀 침해행위에 해당한다"고 판시하였다(대법원 2022. 11. 17. 선고 2022다242786 판결).

51) 정호열, 부정경쟁방지법, 삼지원(1993), 271-272.

제2조(정의) 이 법에서 사용하는 용어의 뜻은 다음과 같다.

3. "영업비밀 침해행위"란 다음 각 목의 어느 하나에 해당하는 행위를 말한다.
[(가)~(다)목은 앞에서 해설]

라. 계약관계 등에 따라 영업비밀을 비밀로서 유지하여야 할 의무가 있는
자가 부정한 이익을 얻거나 그 영업비밀의 보유자에게 손해를 입힐 목
적으로 그 영업비밀을 사용하거나 공개하는 행위

마. 영업비밀이 라목에 따라 공개된 사실 또는 그러한 공개행위가 개입된
사실을 알거나 중대한 과실로 알지 못하고 그 영업비밀을 취득하는 행
위 또는 그 취득한 영업비밀을 사용하거나 공개하는 행위

바. 영업비밀을 취득한 후에 그 영업비밀이 라목에 따라 공개된 사실 또는
그러한 공개행위가 개입된 사실을 알거나 중대한 과실로 알지 못하고
그 영업비밀을 사용하거나 공개하는 행위

〈소 목 차〉

Ⅰ. 서   론
Ⅱ. 부정공개행위 등의 주체
  1. 총   설
  2. 일본에서의 관련 논란
  3. 한국 부정경쟁방지법 제2조 제3호
    (라)목의 관련 요건 평가
Ⅲ. 부정공개행위 등의 객체
  1. 근로자의 일반적인 지식·기술·
    경험이 아닐 것
  2. 사용자가 보유하는 영업비밀일 것

Ⅳ. 부정공개행위 등의 행위유형
  1. 부정한 이익을 얻거나 영업비밀보
    유자에게 손해를 가할 목적일 것
  2. 사용 또는 공개행위가 존재할 것
  3. 관련 문제(형법상 업무상배임죄의
    적용가능성)
Ⅴ. 부정공개된 영업비밀의 악의적 취득
  등((마)목)
Ⅵ. 부정공개된 영업비밀에 대해 사후적
  악의를 가진 경우((바)목)

Ⅰ. 서   론

부정경쟁방지 및 영업비밀보호에 관한 법률(이하, '부정경쟁방지법') 제2조
제3호의 (가)목부터 (바)목까지 6가지 목(目)으로 규정된 영업비밀 침해행위는,
다음과 같이 4가지로 나누어볼 수 있다.[1] 첫째는 절취 등 부정한 수단으로 영
업비밀을 취득하는 행위(약칭, 부정취득행위) 및 그런 취득 후의 사용 또는 공개

---

* 이 부분 조문 해설은 박준석, "영업비밀의 부정공개 및 이후의 침해행위에 대한 고찰", 인
권과정의 2019년 2월호, 대한변호사협회(2009. 12), 27 이하를 기초로 한 것이다.

행위의 경우이다((가)목)[1]. 둘째는 계약관계 등에 따른 비밀유지의무를 위반하여
사용하거나 공개하는 행위(약칭, 부정공개행위)의 경우이다((라)목).[2] 셋째는 위와
같은 부정취득행위나 부정공개행위가 있다는 사실에 관한 고의 또는 중과실을
가지고[3] 해당 영업비밀을 양수(혹은 전득)하는 행위 또는 그 취득한 영업비밀을
사용 또는 공개하는 행위의 경우((나)목 및 (마)목)이다. 넷째는 양수(혹은 전득)
할 당시에는 선의였으나 사후적으로 고의 또는 중과실을 가지고[4] 해당 영업비
밀을 사용 또는 공개하는 행위의 경우((다)목 및 (바)목)이다.

　　이것을 다시 분류하자면, 영업비밀에 관해 최초로 부정취득하거나 부정공
개하는 행위((가)목 및 (라)목), 그런 사정에 관해 고의 또는 중과실을 가지고 해
당 영업비밀을 그로부터 넘겨받거나 사용·공개하는 경우((나)목 및 (마)목), 그
렇게 넘겨받을 당시에는 선의였지만 사후에 고의 또는 중과실을 가지게 되었음
에도 해당 영업비밀을 사용·공개하는 경우((다)목 및 (바)목) 등 3가지로 나누어
볼 수 있겠다.

　　이렇게 분류될 부정경쟁행위들 중 이하에서는, 부정공개행위(不正公開行爲)
자체를 규제하는 (라)목, 그리고 그런 부정공개행위에 관해 고의 또는 중과실을
가지고 영업비밀침해에 가담하는 행위들을 규제하는 (마)목 및 (바)목을 자세히
살펴본다.[5]

---

1) 영업비밀 보호에 관한 이 부분 조항들의 내용은 일본 부정경쟁방지법의 그것과 대동소
이하다. 그 중 위 본문의 (가)목을 일본의 논의에서도 해당 조문의 명명에 따라 '(영업비밀
의) 부정취득행위'라고 통칭한다. 이는 일본 부정경쟁방지법(令和5年 法律第51号에 의해
개정된 것) 및 小野昌延 編, 「新 註解 不正競爭防止法 3版 (上)」, 靑林書院(2012), 529 이
하 등 참조.
2) 마찬가지로 일본에서는 이를 '보유영업비밀의 부정사용·공개행위'라고 통칭한다.
3) 일본에서는 이를 '악의(惡意)'로 통칭하여 위 (나)목 및 (마)목 모두 악의자에 의한 침해
라는 공통점이 있다고 분류한다.
4) 마찬가지로 일본에서는 위 (다)목 및 (바)목이 악의가 '사후적'으로 생겼다는 점에 공통
점이 있는 침해행위로 분류한다.
5) (나)목·(다)목과 (마)목·(바)목은 (가)목의 부정취득행위와 (라)목의 부정공개행위가 있
을 것을 각각 전제로 하여 사후에 가담하는 침해행위라는 공통점을 가진다. 즉 최초의 침
해행위가 이미 존재한다는 점에 관해 악의 또는 중과실을 가지고 해당 영업비밀을 넘겨받
거나 사용·공개하는 경우{(나)목 및 (마)목}, 그렇게 넘겨받을 당시에는 선의이면서 무중
과실(無重過失)이었지만 사후에 악의 또는 중과실을 가지게 된 상태에서 해당 영업비밀을
사용·공개하는 경우{(다)목 및 (바)목}를 각각 다루고 있다(이런 설명은, 박준석, "영업비
밀의 부정공개 및 이후의 침해행위에 대한 고찰", 479-480에서 옮김).
　　만약 최초의 침해행위가 존재하지 않는다면 사후에 가담하는 행위들도 당연히 침해행위
로 규율될 수 없다. 영업비밀보호법 안에서는 너무나 당연한 이런 명제가 산업기술의 유출
방지 및 보호에 관한 법률(약칭, 산업기술보호법) 및 국가첨단전략산업 경쟁력 강화 및 보

호에 관한 특별조치법(약칭, 국가첨단전략산업법) 등에서는 논란꺼리가 될 수 있다. 이 법률들이 '넓은 의미의 영업비밀 보호법제'에 해당한다는 점, 이들 법률이 영업비밀보호법과 마찬가지로 부정취득행위와 부정공개행위를 출발점으로 삼고 그 사후에 가담하는 침해행위들까지 규율하는 규율방식을 취하고 있다는 점은 앞부분(제2조 제2호 해설 중 Ⅲ. 3. 부분)에서 이미 설명했다.

영업비밀보호법이 보호하는 '영업비밀'이라면, 부정취득행위 혹은 부정공개행위인지가 문제되는 최초 행위 당시에는 가령 비공지성·비밀관리성 등의 결여로 영업비밀이 아니던 대상정보가, 그 보유자의 허락 없이 타인이 취득 혹은 공개한 이후의 시점에 이르러서야 비로소 원래 보유자의 영업비밀이 됨으로써 (나)목·(마)목 혹은 (다)목·(바)목의 적용여부가 논란이 되는 상황을 상정하기 어렵다. 그에 비하여, 산업기술보호법의 보호대상 중 '국가핵심기술' 등 여러 '산업기술'들과 국가첨단전략산업법의 보호대상인 '전략기술'은 비공지성 등을 요구하지 않아 영업비밀보호법 상의 영업비밀과는 차이가 있고(산업기술의 비공지성 등 여부에 대한 대법원 2013. 12. 12. 선고 2013도12266 판결 참조) 특히 관계당국의 지정·변경·해제 등에 의해 보호대상 여부가 결정되기 때문에 현재 보유자의 허락 없이 타인이 취득 혹은 공개한 이후의 시점에 이르러서야 뒤늦게 국가핵심기술과 전략기술이 되는데 별다른 장애가 없다.

이런 차이 때문에, 부정취득행위 혹은 부정공개행위가 문제된 시점에는 아직 관계당국에 의한 국가핵심기술·전략기술 지정이 없어 타인의 취득·공개행위를 (형법 등 다른 법률에 의해 문제 삼을 수 있음은 별론으로) 적어도 이들 법률상의 부정취득행위 혹은 부정공개행위로는 규율할 수 없음이 분명했던 상황에서, 타인의 취득·공개행위 이후에야 위와 같은 기술 지정이 이루어졌다면 그 지정 시점 이후부터 새로 가담한 자들이 해당 기술을 취득·사용·공개하는 행위를 앞서 영업비밀보호법의 상황과는 다르게 규제·처벌할 수 있을까? 더 구체적으로는, 영업비밀보호법의 (나)목·(다)목과 (마)목·(바)목 조문에 대응해서 사후에 가담하는 침해행위를 규율하고 있는 산업기술보호법 제14조 제3호 및 제4호, 국가첨단전략산업법 제15조 제3호 및 제4호의 각 조문에서 공통적으로 먼저 요구하는 "제1호 또는 제2호(의 규정)에 해당하는 행위가 개입된 사실"의 존재가 단지 "절취·기망·협박 그 밖의 부정한 방법"을 통해서 문제된 정보를 취득하거나 비밀유지의무를 위반하여 공개하는 행위가 있었으면 충분하다고 해석할지, 그렇지 않으면 실제 제1호와 제2호에서 명시한 것처럼 그런 행위시점에도 이미 "산업기술" 혹은 "전략기술"로 지정된 상태였어야 한다고 해석할지 문제될 여지가 없지 않은 것이다.

만약 전자의 해석론을 지지하는 입장이 혹시라도 등장한다면, 아마도 ① 후자의 해석론에 따를 경우, 아직 기술지정이 있기 이전 시점에 해당 기술정보가 이미 유출된 상황임을 기화로 사후에 편승하는 행위를 제대로 규율할 수 없는 구멍이 생긴다는 점, ② 행위규제형 입법인 영업비밀보호법과 마찬가지로, 산업기술보호법과 국가첨단전략산업법의 해당 규정 해석에 있어서도 절취·기망·협박이나 비밀유지의무 위반과 같이 제1호 또는 제2호 관련 문제된 행위에 부정(不正)한 요소가 존재했다는 점이 더 중요하며, 직접적 규율대상인 사후 가담 행위시점에는 국가핵심기술·전략기술이 분명한 이상 규율함이 상당하다는 점 등을 근거로 삼고자 할 것이다. 그렇지만, 여러 가지 측면에서 너무나 무리한 해석론에 불과하여 결국 후자의 해석론이 타당하다고 본다.

첫째, 조문의 문구부터 너무나 분명하게 전자의 해석론이 아닌 후자의 해석론에 일치한다. 만약 (이상적) 입법자의 뜻이 전자의 해석론이었다면, 산업기술보호법 제14조 제3호 및 제4호, 국가첨단전략산업법 제15조 제3호 및 제4호의 각 조문은 "제1호 또는 제2호(의 규정)에 해당하는 행위가 개입된 사실"이 아니라 가령 "절취·기망·협박 또는 그 밖의 부정한 방법으로 '해당 기술을' 취득하는 행위 … 사용하거나 공개하는 행위가 개입된 사실 또는 … 비밀유지의무가 있는 자가 부정한 이익을 얻거나 그 대상기관에 손해를 가할 목적

Ⅱ. 부정공개행위 등의 주체

1. 총   설

부정경쟁방지법 제2조 제3호 (라)목이 규제하는 '부정공개행위 등'의 주체
는 "계약관계 등에 따라 영업비밀을 비밀로서 유지하여야 할 의무가 있는 자"
이어야 한다. 여기서 '계약관계'는 물론 전형적인 예시에 불과하다. 계약관계가
없더라도 법률에서 그 의무를 명시하고 있는 경우는 물론 계약관계의 존재에
준하는 신뢰관계가 있어 신의칙상 비밀유지의무가 발생하는 경우에도 (라)목
위반의 주체가 될 수 있다는 것이 우리 판례6)와 학설7)의 일치된 해석이다. 따
라서 계약만료 후에도 신의칙에 비추어 (라)목 위반이 문제될 수 있다. 참고로
우리 부정경쟁방지법의 위 (라)목에 대응하는 일본 부정경쟁방지법 제2조 제1
항 제7호의 문구는 "계약관계 등"의 존재를 요구하는 우리 법의 문구와 차이가

으로 '해당 기술'을 유출하거나 … 사용 또는 공개하거나 제3자가 사용하게 하는 행위가
개입된 사실"식으로 입법되었을 것이다. 그렇지 않고, 조문의 문구가 "산업기술" 혹은 "전
략기술"을 분명히 대상으로 적시한 이상 그런 대상이 아닌 정보에 대해서는 애당초 "제1
호 또는 제2호(의 규정)에 해당하는 행위"가 성립될 여지가 없다.
  둘째, 영업비밀보호법에서와 마찬가지로 산업기술보호법과 국가첨단전략산업법의 해당
조문이 설령 행위규제형 입법에 해당하더라도 그 조문이 규율하는 특정 행위가 부정한지
여부는 특정 요소에 국한하지 않고 전체적으로 판단되는 것이다. 바꾸어 말하자면, "제1호
또는 제2호(의 규정)에 해당하는 행위"가 규율되는 것은 단지 절취·기망·협박이나 비밀
유지의무 위반이 존재하기 때문이 아니라 그 존재와 아울러 행위대상이 산업기술·전략기
술이기 때문이다. 영업비밀보호법 제2조 제3호 (가)목 및 (다)목에 있어서 침해대상이 영
업비밀이기 때문에 문제된 절취·기망·협박이나 비밀유지의무 위반 행위를 특별히 규율하
고 있는 것과 마찬가지이다.
  셋째, 위 조문들은 각각 형사처벌 조항으로 연결되고(산업기술보호법 제36조 및 국가첨
단전략산업법 제50조) 이들 형사벌칙의 내용은 해당 기술들의 중요성을 고려하여 다른 법
률들과 비교해서 아주 가중된 형사처벌을 과하고 있음을 고려하면 해당 조문들을 함부로
유연하게 유추해석할 수 없다. 만약 해당 조문들의 규율에 공백이 있다고 판단되면 향후
입법의 보완으로 해결하여야 한다. 국가핵심기술·전략기술이 국가경제적으로 극히 중요한
것들임을 고려하면 이런 입법적 보완은 다른 경우보다 신속할 필요가 있다고 본다.
6) "(라)목에서 말하는 '계약관계 등에 의하여 영업비밀을 비밀로서 유지할 의무'라 함은
계약관계 존속 중은 물론 종료 후라도 또한 반드시 명시적으로 계약에 의하여 비밀유지의
무를 부담하기로 약정한 경우뿐만 아니라 인적 신뢰관계의 특성 등에 비추어 신의칙상 또
는 묵시적으로 그러한 의무를 부담하기로 약정하였다고 보아야 할 경우를 포함한다."고 판
단한 원심을 그대로 지지한 대법원 1996. 12. 23. 선고 96다16605 판결(모나미 사건) 등 다수.
7) 송영식, 지적소유권법(하), 육법사(2013), 450; 한국특허법학회, 영업비밀보호법, 박영사
(2017), 171(최승재 집필부분) 및 최정열·이규호, 부정경쟁방지법(영업비밀보호법제 포
함), 제5판, 진원사(2022), 409-410 등 다수.

있지만, 일본의 지배적 입장8) 역시 제2조 제1항 제7호를 해석함에 있어 계약은 물론 적어도 신의칙상으로 비밀을 유지하여야 할 의무 있는 자에 국한하여 침해의 주체가 될 수 있다고 하여 우리와 거의 동일하게 해석한다.9) 더 나아가, 미국10)의 주류적 입장도 마찬가지이다.

그런데 영업비밀의 부정공개행위 등을 규율한 일본과 한국의 부정경쟁방지법의 관련 규정들은 구체적 문구에서 서로 차이가 있다. 특히 부정공개행위 등의 주체에 관해서 한국 부정경쟁방지법은 '계약관계 등에 따라 영업비밀을 비밀로서 유지하여야 할 의무가 있는 자'를 주체로 규정하고 있는 반면, 일본 부정경쟁방지법은 영업비밀 보유자로부터 영업비밀을 '제시받은' 자11)로 규정하고 있어 차이가 두드러진다. 따라서 한국에서의 논의라면 이 부분 차이점을 잘 인식하고 일본에서의 논의를 그대로 수입하기보다 우리 부정경쟁방지법에 맞는 해석론을 전개할 필요가 있음은 두말할 나위가 없다. 다만 이런 차이에 불구하고 한국과 일본 모두 실제 사건들에서 위 주체인지가 다투어지는 영업비밀 침해소송의 상대방은 대부분 영업비밀 보유자와의 사이에 근로계약을 체결한 근로자들이다.

2. 일본에서의 관련 논란

영업비밀의 부정공개행위를 규율하는 일본 부정경쟁방지법 제2조 제1항 제7호는 "영업비밀을 보유한 사업자(이하, '보유자'라 한다)로부터 그 영업비밀을 제시받은(示された) 경우에 부정한 이익을 얻을 목적 또는 그 보유자에게 손해를 가할 목적으로 그 영업비밀을 사용 또는 개시하는 행위"라고 규정하고 있다. 이런 규정 때문에 근로자가 처음부터 그 작성에 관여했던 영업비밀이 침해다툼

---

8) 이에 관하여는 小野昌延・松村信夫, 新不正競争防止法概説[第2版], 青林書院(2015), 367 및 小野昌延 編, 「新 註解 不正競爭防止法 3版(上)」, 靑林書院(2012), 545(小野昌延/平野恵稔 집필부분) 참조.

9) 다만 일본법은 우리법과 달리 영업비밀 보유자로부터 영업비밀을 '제시받은(示された)' 자라야 침해자가 될 수 있는 것처럼 규정하고 있어 그로 인한 논란이 있다는 차이점은 아래에서 설명할 것이다.

10) Elizabeth Rowe & Sharon Sandeen, Cases and Materials on Trade Secret Law 2 edition, West Academic Publishing(November 23, 2016), pp. 246-247.

11) 엄밀히 살피자면 일본법의 '제시받은'이란 문구를 둘러싼 해석론은 행위주체에 관한 것이라기보다 보호대상(객체)에 관한 것으로 볼 수도 있겠다. 하지만, 원시적 귀속설과 귀속불요설로 대표되는 일본에서의 논의는 행위주체에 관한 다툼으로 진행되는 양상이므로 이 글에서도 그런 맥락에 맞추어 살핀다.

의 대상이라면 그것은 사용자로부터 제시받은 영업비밀이라고 보기 어려워 결
국 위 조문으로 규제되는 침해행위가 성립하지 않는다는 해석론, 바꾸어 말하자
면 영업비밀 보유자로부터 먼저 영업비밀을 '제시받은' 자라야 침해자가 될 수
있다는 해석론이 일본에서 지배적 견해를 차지하고 있다. 다만 그 견해들의 구
체적 논리는 아래에서 보듯이 조금씩 차이가 있다.

일부 견해에서는 근로자가 해당 영업비밀의 권리를 원시취득한 주체일 경
우에 국한하여 이후 근로자로부터 그 권리를 승계한 사용자는 위 제7호의 문구
상 '영업비밀의 제시'를 근로자에게 하였다고 인정하지 않는다. 바꾸어 말하면
근로자가 영업비밀의 원시적 귀속 주체인 경우 제7호의 요건 충족을 부정한다
(이른바 '원시적 귀속설').[12] 반면 다른 견해에서는 영업비밀에 관한 권리귀속은
사용자의 자금지원관계 등 제반사정을 고려한 법적 가치판단일 뿐 특허법,[13] 저
작권법상 권리귀속문제와는 관련이 없는 성질의 것이어서 근로자가 영업비밀에
관한 원시적인 권리를 취득하였는지는 위 문구의 해석과 무관하다고 풀이하면
서, 근로자가 스스로 해당 영업비밀을 작성한 사실상의 주체이기만 하면 위 문
구상 '사용자로부터 제시받은 경우'에 해당하지 않는다고 보고 있다. 즉 근로자
가 영업비밀의 원시적 귀속주체가 아닌 일정한 경우에도 제7호 요건 충족을 부
정한다(이른바 '귀속 불요설').[14] 대체적인 흐름은 후자의 견해가 더 우세한 것으
로 보인다.

이렇듯 '제시받은'이란 문구는 학자들 사이에 그 문구의 진의가 무엇인지에
관해 심한 다툼을 낳았고 아울러 그 문구의 요건을 엄격히 해석하기에 따라서
는 일견 영업비밀 부정공개행위라고 규제할 만한 사안에 있어서도 그 영업비밀
은 '제시받은' 것이 아니라고 하여 결국 보호에서 제외되는 결과를 낳기도 한
다. 가령, 공급업체와 협상에 의해 최종 결정된 매입가격은, 설령 영업비밀에 해
당하더라도, 그 내용이 영업비밀보유자로부터 제시받은 것이 아니라 쌍방합의
를 통해 쌍방이 각자의 고유한 정보로 보유하고 있던 것이기 때문에 일방이 이

---

12) 渋谷達紀, "營業秘密の保護", 法曹時報 45卷 2号(1993), 353. 이는 中山信弘 外, 商標·
    意匠·不正競争判例百選, 別冊ジュリスト No.188, 有斐閣(2007), 195에서 재인용.

13) 직무발명 조항을 특허법에서 분리하여 별도 법률(2006. 3. 3. 개정 발명진흥법)로 옮긴
    한국과 달리, 일본은 현재까지도 특허법 안에 직무발명 조항을 두고 있다(동법 제35조).

14) 中山信弘과 田村善之 등 다수 학자들의 견해이다. 이는 大寄麻代, "營業秘密をめぐる差
    止請求権の帰属主体について-從業員が自ら開発·取得した營業秘密の利用·開示を企業
    が差し止めることはできるか", 牧野利秋 外, 知的財産法의 理論と實務[第3卷], 新日本法
    規出版(2007), 349-351 참조.

를 제3자에게 공개하더라도 일본 부정경쟁방지법 제2조 제1항 제7호 위반이 아니라는 고등재판소의 판례[15]가 존재한다. 이런 판례의 입장에 찬성하는 듯한 견해[16]도 존재하지만 비판하는 견해[17]가 더 유력하다. 비판론에서는, 판례의 입장에 따를 경우 만일 가격을 제시받은 상대방이 최종합의하지 않았을 상황이라면 영업비밀로 보호된다는 결론이 되어버리는데 '제시받았는지' 여부의 판단은 사실적으로 해당 정보가 상대방에게 제공되었는지를 따져서 결정될 문제이지 그 정보가 계약내용에 포함되었는가라는 규범적 문제는 아니라는 점,[18] 위 판례의 논법대로라면 가령 노하우가 합의대상인 라이선스 계약에서 자칫 영업비밀 보호가 소홀해질 수 있다는 점 등을 판례 비판의 근거로 내세우고 있다.

3. 한국 부정경쟁방지법 제2조 제3호 (라)목의 관련 요건 평가

일본 부정경쟁방지법 제2조 제1항 제7호에서와 다르게 한국 부정경쟁방지법 제2조 제3호 (라)목에서는 영업비밀 보유자가 해당 영업비밀을 제시하였는지 여부는 침해행위가 성립하기 위한 요건이 아니다. 따라서 일본에서였다면 근로자가 처음 작성한 것이고 아울러 사용자가 그에 대한 권리를 종업원으로부터 넘겨받았을 뿐인 영업비밀의 경우 '원시적 귀속설'을 취하든지 혹은 '귀속 불요설'을 취하든지 간에 해당 근로자는 사용자로부터 해당 영업비밀을 제시받은 자가 아니라는 아니라는 이유로 침해가 부정될 것이지만, 한국에서는 위와 같은 영업비밀일지라도 근로자에게 '계약관계 등에 따라 영업비밀을 비밀로서 유지하여야 할 의무'가 인정되는 한 부정공개행위 등이 인정될 수 있다.

평가하건대, 영업비밀을 제시받은 자라야 침해가 인정될 수 있는 것처럼 규정하고 있는 일본 부정경쟁방지법의 태도는 그로 인한 장점보다는 단점이 훨씬 더 크다고 판단된다. 앞서 본 것처럼 학설의 불필요한 다툼을 불렀고, 다분히 형식논리에 빠져 실제 보호할만한 대상을 보호에서 제외하는 결론을 내린 고등재판소 판례가 내려진 것이다. 그런 점에서 그렇게 제시받았음을 요구하지 않는

---

15) 東京高判 平成16年9月29日 平成14年(ネ)1413号 및 平成18年2月27日 平成17年(ネ) 10007
号 참조, 이는 모두 '原価セール事件' 관련 판결들이다.

16) 小野昌延・松村信夫, 앞의 책, 361.

17) 田村善之, "商品の仕入価格と不正競争防止法2条1項7号の保護の成否ー「原価セール」事件; 東京高判 平成16. 9. 29 平成14(ネ)1413(原審: 東京地判平成14. 2. 5判時1802号145頁)", 判例タイムズ No.1173 (2005), 71.

18) 즉 田村善之(타무라 요시유키) 교수의 견해는 앞서 학설 대립에서 설명한 대로 '제시받은' 요건의 충족여부를 규범적으로 권리귀속주체였는지가 아니라 전적으로 사실적 측면에서 판단하여야 한다는 입장이다.

한국 부정경쟁방지법의 태도가 더 합리적이라고 할 것이다.

Ⅲ. 부정공개행위 등의 객체

1. 근로자의 일반적인 지식·기술·경험이 아닐 것

가. 영업비밀과 일반적인 지식·기술·경험의 구별 필요성

(라)목 위반에 해당하는 '부정공개행위 등'의 객체인 영업비밀이라고 하려면 일단 비공지성·경제적 가치성·비밀관리성 등 부정경쟁방지법 제2조 제2호의 3가지 요건을 구비하여야 함은 두말할 나위가 없다. 이런 3가지 개념요소에 관해서는 이 글 서두에 밝힌 대로 이미 선행연구가 많이 이루어진 상황이므로 여기서는 더 설명하지 않겠다. 관련하여 더 자세한 내용은, 본서 중 위 제2조 제2호 설명부분을 참조하기 바란다.

또한 (라)목 위반인 '부정공개행위 등'이 (가)목 위반인 '부정취득행위 등'과 큰 차이가 있는 부분은 침해자 측이 영업비밀을 취득한 최초 시점에는 위법한 행위가 개입되지 않고 적법하게 취득하였다는 점이다. 가령 근로자가 그 직무수행을 위하여 사용자가 보유하는 영업비밀 관련 내용을 전달받았다가 새로운 직장으로 전직하면서 그 내용을 공개하는 상황이 대표적이다. 그런데 여기서, 나중에 근로자가 임의로 공개한 내용이 과연 사용자가 근로자에게 사전에 적법하게 전달하였던 영업비밀인지 그렇지 않으면 그런 전달이 없었더라도 근로자 스스로 이미 가지고 있었거나 직무수행과정에서 자신의 능력만으로 함양한 지식·기술·경험에 해당하는지가 실무상 자주 문제된다.

사실 근로자가 사용자의 지휘 하에 근무하면서 축적하고 생산한 업무상 지식이나 산물 안에는, 사용자의 영업비밀로서 보호되어야 할 것뿐만 아니라 근로자 자신의 것으로 취급되어야 할 성질의 것들, 즉 일반적인 지식·기술·경험이 혼재되어 있다. 여기서 '영업비밀'은 성질상 그 직무수행의 기회가 없었다면 해당 근로자가 도저히 얻기 힘들었을 정보이지만, '일반적인 지식·기술·경험'은 해당 직무가 아니더라도 근로자의 학력과 경력 등에 비추어 통상적으로 알고 있을 내용이거나 직무수행이 아닌 다른 경로로 충분히 얻을 수 있었던 정보라는 점에서 개념상의 차이가 있다. 이렇게 보호대상인 영업비밀과 그렇지 않은 근로자의 일반적인 지식·기술·경험을 서로 개념상 구별하고 영업비밀만 보호대상으로 삼으려는 태도는 미국 등 영미법 국가에서 오래전부터 인정되어 왔다.19) 가령 1985년 내려진 판결20)에서는 "퇴사하는 근로자가 일반적인 지식과 경험을 가져가는 것은 노동유연성이라는 공익을 달성하고 직업수행의 자유와 경쟁의 자유를 증진시킨다."고 판시하면서 영업비밀의 보호범주로부터 근로자의 일반적인 지식과 경험을 제외하자고 분명히 제창하였다.

   한국21)이나 일본22)도 현재 같은 입장을 취하고 있다. 가령 한국의 대법원은 영업비밀 분야에서 대표적인 선례인 1996년 모나미 판결23)에서 "피고회사는 단지 피고가 원고회사에서 다년간 근무하면서 지득한 일반적인 지식·기술·경험 등을 활용하기 위하여 그를 고용한 것이 아니라, 피고가 비밀유지의무를 부담하면서 원고 회사로부터 습득한 특별한 지식, 기술, 경험 등을 사용하기 위하여 그를 고용하여…"라고 판시하여 일반적인 지식·기술·경험과 그렇지 않은 영업비밀을 구별하였고, 2008년의 또 다른 결정24)에서도 문제된 정보는 근로자가 해당 전문직에 종사하면서 스스로 체득하게 된 것이므로 이런 지식을 사용해 동종업무에 근무하는 것을 부정경쟁방지법 위반이라고 볼 수 없다는 요지로 판단한 바 있다. 일본의 판례 중에서도 "근로자는 고용 중에 다양한 경험에 의해 많은 지식·기능을 습득할 수 있는데 이것들이 당시의 동종업계에 있어 보편적인 내용이라면, 즉 근로자가 다른 사용자 밑에서도 동일한 습득을 할 수 있는 일반적인 지식·기능을 습득하는데 그친 경우에는 근로자에게 속하는 일종의 '개인적 재산'(원어는 '主観的財産')을 구성하므로 그런 지식·기능을 근로자가 고용관계 종료 후 크게 활용하는 대신 그런 활용을 금지하는 것은 단순히 경쟁 제한과 다를 바 없이 근로자의 직업선택자유를 부당하게 제한하는 것으로 공서 양속에 반한다."고 분명하게 판시한 사례가 존재한다.25)

---

19) 이런 설명은 William van Caenegem, Trade Secrets and Intellectual Property: Breach of Confidence, Misappropriation and Unfair Competition, Wolters Kluwer (2014), pp. 198-199 참조.

20) CVD, Inc. v. Raytheon Co., 769 F.2d 842, 852 (1985). 이에 관해서는 Elizabeth Rowe & Sharon Sandeen, op cit., pp. 108-109 참조.

21) 한국특허법학회, 영업비밀보호법, 박영사(2017), 348-349(김병국 집필부분) 등 다수.

22) 牧野利秋 外, 知的財産法の理論と実務 第3巻 商標法·不正競争防止法, 新日本法規出版株式会社(2007), 359(大寄麻代 집필부분). 나아가 이런 입장을 취한 것으로 이해되는 여러 학설 및 판례의 구체적 내용에 관하여는 平澤卓人, "労働者の競業活動と不法行為─三佳テック最高裁判決と下級審判決の総合的研究─", 新世代法政策学研究 Vol.19 (2013), 302-304를 참조할 것.

23) 대법원 1996. 12. 23. 선고 96다16605 판결.

24) 대법원 2008. 7. 4. 자 2008마701 결정.

25) 奈良地裁 昭和45年10月23日 判決 判時624·78 (フォセコ·ジ、ヤパン事件). 이는 平澤

나. 영업비밀과 일반적인 지식·기술·경험을 구별하는데 타당한 기준

일반적인 지식·기술·경험 등을 보호대상으로부터 분리하는 근거에 관해서는 근로자 자신에게 귀속되는 인격적 성질의 것이기 때문이라는 설명[26]이 있다. 그러나 이런 견해에 따른다면 그런 귀속의 대상이 영업비밀로서의 요건들을 이미 온전히 구비한 것이라면 단지 근로자에게 인격적으로 귀속되었다는 사정만으로 왜 곧장 영업비밀이 아니게 되는지 제대로 설명할 수가 없다. 사견으로는 이런 일반적인 지식 등은 성질상 영업비밀의 보호요건 중 하나인 '비공지성'을 당초부터 결여한 것으로 파악하는 입장[27]이 논리적으로 더 타당하다고 본다. 본래 '비공지성' 여부는 문제된 사용자·근로자의 내부에서가 아니라 그들의 외부에 위치한 일반공중 혹은 경업자들을 기준으로 판단되어야 하는 요소임에 불구하고, 해당 근로자 스스로가 습득한 지식과 기술을 영업비밀과 그렇지 않은 일반적인 지식·기술·경험 등으로 구분하는 기준으로 '비공지성'을 활용하자는 사견은 결코 개념혼란의 결과가 아니다. 그런 구분에서 비공지성이란 기준을 적용하자는 뜻은, 해당 근로자와 완전히 동일한 학력 등 제반능력을 갖추었지만 내부가 아니라 외부에 위치한 '가상의 근로자'가 포함된 일반공중 혹은 경업자들을 기준으로 실제 문제된 근로자의 지식·기술·경험이 공지성을 결여한 것인지를 판단하자는 의미이다.

뿐만 아니라 근로자에게 귀속되는 인격적 성질의 것인지 여부라는 기준으로는 영업비밀과 일반적인 지식·기술·경험을 실제 사안에서 구별하기가 아주 곤란하다. 가령 인격적 성질의 정보인지를 기준으로 삼자는 판례[28]와 학설[29]은 공통적으로 '(거래선과의) 친분관계'도 일반적인 지식·기술·경험과 마찬가지로 영업비밀이 아니라고 설명한다. 그런데 특정 고객들과의 친분관계가 과연 해당

卓人, 앞의 글, 303 참조.

26) 이런 입장에 속하는 것으로는 "(근로자가) 기억하고 있는 정보들은 신청인회사에서의 포렌직 서비스 업무 등에 종사하면서 그 학력과 경력에 따라 스스로 체득하게 된 일반적인 지식·경험·거래선과의 친분관계 등의 일종으로서 인격적 성질의 지식이라고 봄이 상당하므로… 이와 같은 지식을 사용해 동종 업무에 근무하는 것을 가리켜 부정경쟁방지법상 영업비밀침해행위에 해당한다고 볼 수 없다"고 판시한 서울중앙지방법원 2007. 8. 10. 자 2007카합1160 결정, 그리고 최정열·이규호, 앞의 책, 404 및 한국특허법학회, 앞의 책, 349(김병국 집필부분).

27) 이상 설명 및 이런 견해는, 정상조·박준석, 영업비밀의 사법적 보호에 관한 비교법적 연구(Working Paper 2009-1), 서울대학교 기술과법센터(2009), 44-45.

28) 앞서 언급한 2007카합1160 결정을 가리킨다.

29) 역시 앞에서 언급한 최정열·이규호의 책을 가리킨다.

근로자 자신의 자질 덕택에 형성될 수 있었던 인격적 성질의 정보인지, 그렇지 않으면 영업비밀로 보호될만한 정보인지는 '인격적 성질의 정보'라는 판단기준 만으로는 전혀 제대로 판별할 수 없다. 그런 판단기준으로는 자칫하면 근로자의 개인적 활동이 일정부분 개입되었다는 점만으로 근무와 관련해 쌓은 지식의 대부분이 종국에는 영업비밀의 보호대상에서 빠지게 될 우려마저 생긴다. 그런 기준 대신 비공지성을 결여한 정보인지 여부라는 기준에 따라야 '(거래선과의) 친분관계'에 대해서도 보다 명확하게 영업비밀과 그렇지 않은 것을 나눌 수 있다. 즉 '(거래선과의) 친분관계'도, 해당 정보가 비공지성을 결여하였는지를 기준으로 판별한다면 일반공중이나 경업자들의 입장에서 해당 친분관계를 쉽게 유추할 수 있는 지 여부에 따라 보다 쉽게 구별할 수 있을 것이다. 더 구체적 예를 들자면, 스마트폰에 필요한 카메라모듈 등을 공급하는 한국 기업 '파트론(Partron)'은 삼성전자의 수많은 하청업체 중 하나인데 이들 하청업체 전체의 명단은 삼성 측이 대외에 공개하지 않고 있지만 파트론은 매출이 무려 1조원을 넘는 거대업체여서 이미 신문지상에도 여러 번 보도된 상황이다.[30] 이런 상황이므로 파트론이 삼성전자의 카메라모듈을 공급하는 주요 거래선이라는 사실 자체는 일반적인 지식·기술·경험과 마찬가지로 영업비밀의 대상이 아닐 것이다. 하지만 위와 같은 신문보도들에서도 드러나지 않은 세부적 내용(가령, 파트론의 카메라모듈 공급단가)은 아직 비공지성을 갖는 정보이므로 영업비밀에 해당할 수 있는 것이다. 이렇게 비공지성을 결여하였는지 여부라는 기준을 가지고 판별할 때라야, 인격적 성질의 정보에 해당하는지 여부라는 기준에서는 두루뭉술하게 일괄 취급할 수밖에 없었던 '(거래선과의) 친분관계'에서도 훨씬 구체적이고 명확하게 영업비밀인 부분과 그렇지 않은 부분이 구별될 수 있는 것이다.

2. 사용자가 보유하는 영업비밀일 것

가. 서   설

'부정공개행위 등'의 객체는 계약관계 등에 근거하여 상대방이 적법하게 취득한 상태에 놓여있는 영업비밀임과 아울러 권리주장자가 보유하는 영업비

---

[30] 가령, 주간조선 2013. 5. 27. 자 "삼성전자 협력업체 매출이 1조! 甲보다 나은 乙들" 기사 참조. 이는 <http://weekly.chosun.com/news/articleView.html?idxno=5763>, 2024. 1. 31. 최종방문.

밀이어야 한다. 실제 사례들에서는 권리주장자가 사용자이고 그 상대방은 근로자인 경우가 많다. 이런 사례에서 '부정공개행위 등'에 해당하는 침해가 인정되려면 그 침해가 '사용자'가 보유하는 영업비밀을 대상으로 이루어져야 한다.31) 여기서 흥미로운 쟁점은, 만일 근로자가 직무상 작성한 내용에 대하여 사용자가 영업비밀 보호를 주장할 경우 과연 그런 내용까지 '사용자가 보유한 영업비밀'로 취급할 수 있는지 여부이다. 즉 근로자가 작성하였다는 사실을 중시하면 마치 근로자가 직무발명을 한 경우처럼 일단 근로자에게 영업비밀의 권리가 귀속되는 것이 아닌가 합리적인 의문이 제기되는 것이다. 특허나 저작권 등 다른 지적재산권 분야에서는 직무발명 조항이나 '업무상저작물' 조항을 통하여 근로자가 직무상 작성한 성과물의 지적재산권 귀속문제를 비교적 명확하게 규정하고 있으나, 상표 및 부정경쟁방지 분야에서는 그런 규정이 별도로 존재하지 않으며 이런 사정은 부정경쟁방지법의 일부인 영업비밀 보호법제도 마찬가지이다. 그렇기 때문에 근로자가 작성한 영업비밀에 관해 사용자와 근로자 중 누구에게 귀속되는지 상당히 모호하고 결과적으로 근로자가 작성하였던 영업비밀을 해당 근로자가 공개한 사안에서는 과연 침해가 성립하는지 불확실함이 존재한다.

이런 경우의 영업비밀 권리귀속 문제를 미국에서는 나름 분명하게 해석론으로 정리하고 있지만, 일본과 한국에서는 아직 그런 수준의 지배적인 논의가 형성되지 못했기 때문에 모호함이 더욱 극심한 상황으로 특히 한국은 아예 그런 논의 자체가 거의 진행되고 있지 않다. 따라서 바로 아래 항목에서는 먼저 비교법적으로 일본이나 미국 등에서 영업비밀의 권리귀속문제를 어떻게 처리하고 있는지 고찰하고, 그 다음으로 한국에서 향후 활발하게 전개될 논의를 기대하며 필자의 사견을 선제적으로 제안하고자 한다.

나. 일본과 미국의 관련논의 동향

일본 부정경쟁방지법은 한국의 부정경쟁방지법과 여러 가지 부분에서 아주

---

31) 근로자가 작성한 영업비밀의 관련 권리를 사용자가 보유하느냐 혹은 근로자가 보유하느냐 문제에 관한 이글 이하의 분석은 혹자의 접근시각에 따라 '부정공개행위의 주체' 문제로 오해할 수 있겠다. 하지만 그런 분석에 따라 권리보유자로 판정된 어떤 주체는 '부정공개행위'라는 침해에 대하여 주체·객체·행위내용 등의 순서대로 검토함에 있어 침해행위의 주체가 아니며, 그런 점에서 관련 분석은 '객체'와 더 밀접한 내용임을 간과하지 말아야 한다. 그런 맥락에서 이 글은 위 문제의 분석을 '부정경쟁행위 등의 객체'를 다룬 이 부분에서 다루고 있다.

흡사한데, 영업비밀 침해행위가 무엇인지 규정하고 있을 뿐 영업비밀을 개발하고 작성한 행위와 관련하여 누가 권리주체가 되는지에 관해서는 규정하고 있지 아니한 점도 한국의 사정과 흡사하다. 현재 일본에서는 근로자가 직무상 작성한 영업비밀의 권리귀속에 관해 크게 나누어 2가지 견해가 제시되고 있다.[32)

첫 번째 견해에 속하는 입장들은 다시 세부적 논리에서 차이를 보이고 있다. 그런 입장들 중 영업비밀의 권리귀속에 있어서도 특허법의 직무발명 규정(일본 특허법 35조)이나 저작권법의 '업무상저작물' 규정(일본 저작권법 15조, 원문은 '직무상 작성한 저작물')을 유추적용하여 결정하여야 한다는 입장[33)이 존재한다. 그런 입장과 엇비슷하게, "영업비밀은 사업자가 기획한 것이고 그 업무범위에 속하며 게다가 그 근로자의 직무에 속하는 것이라고 한다면 그 사업자가 영업비밀 보유자가 된다는 추정이 이루어지며 최종적으로는 근로자의 기여도 등을 고려하여 실질적으로 결정하여야 한다는 입장[34)도 있다. 또한 일반적으로 특허법의 직무발명 규정과 저작권법의 '업무상저작물' 규정을 유추적용하는 것은 부정하면서도 기술적 노하우(know-how)가 특허법 상의 발명 개념인 '고도한 기술적 사상'에 해당하는 경우는 발명에 관한 특허법의 취급과 균형을 맞추기 위해 직무발명을 규정한 일본 특허법 제35조를 유추적용하여 직무 노하우에 한정해서 예약승계를 인정하는 것이 타당하다는 입장[35)도 존재한다.

두 번째 견해는, 영업비밀의 권리귀속은 하나의 기준으로 결정하기 어려운 사안이라는 입장을 취한다. 이런 견해가 일본에서는 더 유력하다고 볼 수 있다.[36) 이 견해는 일단 일본 부정경쟁방지법에 따라 영업비밀에 주어지는 보호의 성질은 특허권 등과 같이 '권리'[37)로서 보호하려는 것이 아니라 타인에 의한 부

---

32) 이하 일본에서의 학설·판례 관련 설명부분의 구체적 문헌 출처는 田村善之, 不正競争法概説 第2版 2刷, 有斐閣(2004)를 제외하고는 모두 小野昌延·松村信夫, 앞의 책, 363-365에서 재인용하였음을 밝힌다.

33) 鎌田薫, "財産的情報の保護と差止請求権(5)", Law&Technology 11号(1990), 42 및 通産省 知的財産政策室 監修, 営業秘密-逐条解説改正不正競争防止法, 有斐閣(1990), 87.

34) 山本庸幸, 要説 不正競争防止法[第2版], 発明協会(1997), 157.

35) 松村信夫, "不正競争防止法と工業所有権法", パテント51巻2号(1998), 30. 판례로는 東京地判 昭和58年12月23日 判時1104号 120(連続グラッド装置事件).

36) 바로 아래 제시하듯이 中山信弘(나카야마 노부히로)나 田村善之 같은 권위자들이 가담한 견해이다.

37) 주의할 점은, 여기서 나카야마 교수 등이 지칭하는 '권리'의 의미는 특허권·저작권과 같은 완전한 독점배타권을 의미할 뿐 한국 민사법이 일반론으로 지칭하는 채권 등을 망라한 '권리'와는 개념차이가 있다는 사실이다. 이에 관해 더 자세히는, 박준석, "무체재산권·지적소유권·지적재산권·지식재산권 — 한국 지재법 총칭(總稱) 변화의 연혁적·실증적 비

정취득과 부정공개 등 위법한 침해행위를 규제함으로써 주어지는 (소극적) 보호
일 뿐임을 일단 전제한다. 그런 전제 하에서 영업비밀침해를 구성하는 개별부정
행위 유형에 해당하는지 여부는 해당 행위유형에 예정된 위법성이 있는지 여부
에 따를 뿐 누구에게 영업비밀이 귀속되는 지에 따라 결정될 문제는 아니라고
주장한다.[38) 그런 견지에서, 영업비밀의 다양성을 고려하면 설령 특허법의 직무
발명 규정이나 저작권법의 '업무상저작물' 규정을 유추적용하려해도 그 판단이
애매해지는 경우가 많다고 하면서 앞서 첫 번째 견해를 비판하고 있다.[39) 그런
난점 때문에 설령 영업비밀의 권리자가 누구인지 그 귀속이 명확히 정해지지
못하더라도, 사용자는 여전히 근로자에 대하여는 근로계약상의 비밀유지약정
등의 이행을 구하고 악의·중과실이 있는 제3자에 대하여는 일본 부정경쟁방지
법 제2조 제1항 제8호(우리 부정경쟁방지법 제2조 제3호 (마)목에 대응함)에 따라
금지청구 등을 구할 수 있기 때문에 실제로는 별다른 문제가 없다면서 두 번째
견해를 타당하다고 옹호[40)한다.

　　한편 미국의 경우 근로자가 작성한 영업비밀의 권리귀속에 있어 일단 '발
명'에 해당하는 영업비밀에 관해서라면 특허받을 권리와 마찬가지로 보통법에
근거를 둔[41) 여러 법리가 적용된다.[42) 이에 따라 근로자가 다름 아니라 해당 발
명을 위해 고용된 경우라면, 다른 특약이 없는 한, 그 발명의 권리는 사용자에
게 귀속된다.[43) 그렇지 않은 경우들에서는, 다른 특약이 없는 한, 근로자에게 해

　　판 —", 서울대학교 법학 53권 4호, 서울대학교 법학연구소(2012), 142 이하 참조. 필자
　　는 일본의 주류적 견해를 대변하는 나카야마 교수 등이 이렇게 '권리'의 개념을 (잘못) 한
　　정한 데서 출발함으로써 위 본문과 같은 영업비밀 관련 논의에서도 '결국 권리가 주어지
　　지 않는 영업비밀보호에서 누가 권리자인지를 따지는 것은 무의미하다.'라는 식의 잘못된
　　종착역에 이르렀다는 비평을 가하고 싶다. 필자의 이해에 따르자면, 영업비밀 보호와 관련
　　해 부정경쟁방지법에서는 가령 금지청구권·손해배상청구권의 부여와 같이 최소한 채권
　　등을 포괄하는 개념인 한국 민사법 상의 '권리' 이상의 보호를 부여하고 있기 때문에 그런
　　권리의 귀속주체가 누구인지 분명히 따질 필요가 생긴다고 본다.

38) 中山信弘, "營業秘密の保護に関する不正競争防止法改正の経緯と将来の課題(上)", JNBL
　　470号, 商事法務(1991), 342.

39) 田村善之, 不正競争法概説 第2版 2刷, 有斐閣(2004), 342-345; 牧野利秋 監修=飯村敏
　　明, 座談會 不正競争防止法をめぐる実務的課題と理論, 靑林書院(2005), 178-181.

40) 田村善之, 앞의 책, 342-345.

41) 미국의 직무발명 제도는 특허법 상의 명문이 아니라 보통법에 따라 규율된다.

42) 이하 미국에서 발명에 해당하는 영업비밀의 권리귀속에 관한 설명은 Mark A. Lemley et
　　al., Intellectual Property in the New Technological Age 2016: Vol. I Perspectives, Trade
　　Secrets and Patents, Clause 8 Publishing, (2016), II-72 이하 참조.

43) 이 부분을 'hired to invent' doctrine, 즉 '발명 자체가 직무인 경우' 법리로 지칭하기도
　　한다. 이 법리에 따라 근로자는 사용자에게 해당 발명에 관한 권리를 이전할 의무를 부담

당 권리가 귀속되지만 그런 경우들 중 근로자의 직무와 해당 발명이 관련성이
있거나 그 발명이 사용자의 시설, 인력이나 기타 자원을 활용하여 만들어졌을
경우에는 사용자에게 무상(無償)이면서 양도 불가능한 실시권인 'shop right'가
부여된다.44) 하지만 이상 설명과 같은 여러 가지 법리들에 불구하고 발명의 권
리귀속을 결정하는데 가장 우선적인 기준은 사용자와 종업원이 사이의 계약 내
용이다.45) 그에 따라 현실에서는 계약 내용 중에 관련 합의를 포함시키는 방법
으로 사용자가 거의 언제나 근로자의 발명에 대한 권리를 차지하여 왔다.46)

　　한편, '발명'에 속하지 않는 여타 영업비밀의 권리귀속 문제에 관해서 미국
의 관련 논의나 사례의 내용은 그 처리방향이 비교적 분명하다. 즉 근로자로 하
여금 그것을 만들도록 한 사용자가 해당 영업비밀의 권리귀속주체가 된다는 것
이 보통법상 원칙이라고 한다.47) 아울러 설령 근로자에게 권리가 귀속되었을 일
부 사안에서도 사용자들은 대체로 계약을 통하여 그 권리를 양수하고 있다는
사정은 여기에서도 마찬가지이다.

한다.

44) 이 부분을 'shop-right' doctrine, 즉 '사용자의 무상실시권 취득' 법리로 지칭하기도 한다.
다만 설명에 따라서는, 근로자가 이룬 발명 등 산물에 관해 사용자에게 일정한 권리를 인
정하는 법리들을 묶어 'shop-right' doctrine으로 통칭하기도 한다.

45) 더 자세히는 박준석, "종업원의 직무발명과 영업비밀로서의 보호: 대학(원)생이 관여한
발명을 중심으로", 산업재산권 33호, 한국산업재산권법학회(2010), 9-10 참조.

46) Martin J. Adelman et al., Cases and Materials on Patent Law 4th edition(West Academic,
2015), p. 838.

47) United Centrifugal Pumps v. Cusimano, 9 U.S.P.Q.2d 1171, 1180 (W.D.Ark.1988) (citing
Solomon v. U.S., 137 U.S. 342, 26 Ct.Cl. 620, 11 S.Ct. 88, 34 L.Ed. 667 (1890)). 이에 관
한 설명으로는 Brent A. Olson, Minnesota Business Law Deskbook, 2011-2012 ed. (Vols.
20A1, Minnesota Practice Series) 중 §18:17 참조. 미국의 논의내용을 자세히 보면, '발명'
에 속하지 않는 여타 영업비밀에 관해서도 '발명(invention)'에 해당하는 영업비밀과 마찬
가지로 권리귀속 문제를 처리하고 있다. 'shop-right' doctrine이나 'hired to invent' doctrine
같은 보통법 법리가 협의의 발명은 물론이고 발명이 아닌 사안(가령, 고객 리스트)까지 넓
게 적용되기 때문이다. 이런 견지에서, '근로자가 자신의 직무범위가 아닌 영역에서 작성
한 영업비밀이나 특허(발명)는 근로자에게 권리가 귀속되며 만일 그때 사용자의 시설, 인
력 등을 활용한 경우라면 사용자에게 shop-right가 주어진다 … 근로관계에서 생산된 가치
있는 정보(valuable information)에 대한 권리귀속 법리는 주로 발명에 적용되겠지만, 고객
리스트, 마케팅 아이디어나 여타 사업정보와 같은 정보에도 적용된다 … 그런 정보를 근
로자가 직무로서 수집·개발하였다면 그 정보는 사용자에게 귀속된다.'는 취지로 정리하고
있는 Restatement, Second, Agency §397, Comment a. (이는 Elizabeth Rowe & Sharon
Sandeen, op. cit., p. 335에서 인용) 등 참조.

다. 한국에서의 바람직한 운영방향 제안

(1) 서

근로자가 직무상 개발할 수 있는 객체는 특허법 상의 발명이 대표적이며 이런 결과물은 대부분 특허출원될 것이지만, 경우에 따라서는 계속 영업비밀로 유지될 가능성도 낮지 않다. 그런데 한국에 국한하여 볼 때 발명진흥법은 '발명'[48]에 관한 권리를 근로자에게 원시적으로 귀속시키면서도 사용자가 예약승계할 수 있다는 요지[49]의 직무발명 제도를 규정하고 있다. 이런 직무발명의 제도는 영업비밀 중 그 성질상 '발명'[50]에 해당하는 것들(가령, 특허권을 얻을 수 있지만 출원을 유보하고 비밀로 간직하는 경우)의 권리귀속에 관하여도 마찬가지로 적용되어야 할 것이다. 특히 발명진흥법 제16조[51]는 직무발명이 출원되지 아니하고 영업비밀로 보호되는 상황도 입법자가 염두에 둔 규정이라고 해석된다.

그렇다면 발명에 해당하는 영업비밀의 경우 먼저 발명진흥법에 따라 사용자 앞으로 예약승계에 의한 권리이전이 이루어지지 않았다면 애당초 그런 영업비밀은 부정공개행위 등의 객체가 될 수 없다. 사용자가 보유하고 있는 영업비밀이 아니기 때문이다. 그와 대조적으로 성질상, '발명'에 해당하지 않는 나머지 영업비밀에 관해서는 발명진흥법의 직무발명 규정이 적용되지 아니하므로 사정

---

48) 발명진흥법은 특허법상의 발명뿐만 아니라 실용신안법상의 고안, 디자인보호법상의 디자인 창작을 편의상 '발명'으로 지칭하면서(발명진흥법 제2조 제1호 참조) 이들에 관해 동일한 취급을 하고 있다.

49) 우리 발명진흥법은 ① 일단 발명자인 종업원이 원시적으로 발명자권을 취득한다는 특허법 등의 원칙을 전제한 다음, ② 사용자는 당연히 무상의 통상실시권을 가지며(발명진흥법 제10조 제1항), ③ 직무발명에 관해 '특허를 받을 수 있는 권리', 즉 발명자권이나 전용실시권 설정의 사전승계약정이 있었던 경우 사용자가 발명자권이나 특허권 등을 승계하도록 하고(법 제10조 제2항), ④ 이런 승계가 원활하게 이루어질 수 있도록 종업원이 발명완성 즉시 사용자에게 통지하고 이에 따라 사용자는 권리승계여부를 소정기간 내에 통지하도록 하고 있으며(법 제12조 및 제13조), ⑤ 이렇게 승계가 있는 경우 발명자인 종업원에게 정당한 보상을 지급하도록(법 제15조) 각각 요구하고 있다. 참고로 일본의 현행 특허법(令和5年 法律第51号에 의해 개정된 특허법) 제35조의 직무발명 조항에도 우리 발명진흥법의 핵심적 내용과 엇비슷하게 규정하여 위 ① 내지 ⑤ 중 ④를 제외한 나머지를 규정하고 있다.

50) 여기서 지칭하는 '발명'은 앞서 설명과 같이 발명진흥법이 '발명'이라 통칭하면서 동일한 직무발명 법제를 적용하고 있는 특허법상의 발명, 실용신안법상의 고안, 디자인보호법상의 디자인 창작을 모두 아우르는 용어로 사용한다.

51) "제16조(출원 유보시의 보상) 사용자등은 직무발명에 대한 권리를 승계한 후 출원(出願)하지 아니하거나 출원을 포기 또는 취하하는 경우에도 제15조에 따라 정당한 보상을 하여야 한다. 이 경우 그 발명에 대한 보상액을 결정할 때에는 그 발명이 산업재산권으로 보호되었더라면 종업원등이 받을 수 있었던 경제적 이익을 고려하여야 한다."

이 다르다.

따라서 이하에서는 근로자가 작성한 영업비밀을 성질상 발명에 해당하는 경우와 그 이외의 경우로 크게 나누어 해당 영업비밀이 과연 부정경쟁방지법 제2조 제3호 (라)목의 '부정공개행위 등'의 객체인 영업비밀이 될 수 있는지, 환언하자면 사용자가 보유한 영업비밀에 해당할지를 검토해본다.[52]

(2) '발명'에 해당하는 영업비밀의 경우

만일 근로자가 작성하는 영업비밀의 구체적 내용이 '발명'에 해당한다면, 그 권리귀속에 관해 특별히 규정한 발명진흥법이라는 특별법이 존재한다. 발명진흥법은 그 적용대상을 '특허법…에 따라 보호 대상이 되는 발명…'으로 명시하고 있는바, 우리 부정경쟁방지법은 제2조 제2호에서 영업비밀이 크게 기술정보와 경영정보로 나뉜다고 규정하고 있고 그중 '기술정보'에 해당하는 영업비밀의 상당부분이 위 특별법이나 특허법이 가리키는 '발명'에도 해당할 수 있으므로, 결국 발명진흥법의 규정 중 상당부분이 영업비밀 중 기술정보에도 그대로 적용될 수 있을 것이다.

이렇게 문제된 영업비밀이 직무발명에 해당하는 경우라면, 발명진흥법의 원칙에 따라 일단 근로자가 해당 영업비밀에 대한 권리를 가지게 되고 발명진흥법 소정의 절차에 따라 그 영업비밀을 사용자가 승계하지 않는 한 그 영업비밀은 사용자가 아니라 근로자가 보유한 영업비밀에 불과하게 된다. 사용자의 승계절차와 관련하여 근로자가 사용자에게 영업비밀에 대한 권리를 넘기기로 약속한 예약승계약정[53]이 있음에도 그 승계절차를 피하여 제3자에게 해당 발명의

---

52) 이하 관련 설명 중 일부는 박준석, "우리법상 영업비밀보호에 관한 비교론적 고찰", 산업재산권 38호, 한국산업재산권법학회(2012), 34-40 일부를 기초로 한 것이다.

53) 종업원이 권리를 가진 영업비밀을 사용자인 회사가 비밀로 유지하면서 영업비밀보유자의 권리를 승계하거나 독점적 사용권을 취득할 수 있는 지 여부에 관하여, 발명진흥법은 직무발명을 사용자가 승계받기 위한 절차에 관한 소분(법 제13조 제1항) 부분에서 "미리 사용자등에게 특허등을 받을 수 있는 권리나 특허권등을 승계시키거나 사용자등을 위하여 전용실시권을 설정하도록 하는 계약이나 근무규정이 없는 경우에는 사용자등이 종업원등의 의사와 다르게 그 발명에 대한 권리의 승계를 주장할 수 없다."라고 하여 예약승계가 가능한 대상을 마치 특허권이나 전용실시권에만 국한하여 허용한 듯 규정하고 있다. 그러나 위 조문의 진의는 뒷부분, 즉 계약이나 근무규정이 사전에 없는 경우 사용자 등이 승계를 하지 못한다는 것일 뿐 조문 앞부분에 등장하는 권리들은 예시에 가까운 것으로 넓게 해석하는 것이 타당하다. 사전에 예약승계조항을 합의하는 방법으로 영업비밀 보유자로서의 권리나 독점적 사용권(상표사용권과 달리 부정경쟁방지법은 아직 대세효가 있는 전용권 제도를 갖추고 있지 아니함)을 취득하는 것도 가능하다고 본다. 이는 박준석, 앞의 글, 40.

내용을 임의로 공개하였을 경우 (라)목의 부정공개행위가 성립할 수 있겠는가? 이에 대하여 우리 판례는 부정적인 입장이다. 대법원[54]은, 해당 종업원이 배임 죄의 주체인 '타인의 사무를 처리하는 자'의 지위에 있다고 할 것이어서 형법상 업무상배임죄를 범할 수 있을지는 몰라도, 발명자주의에 따라 직무발명을 한 종 업원에게 원시적으로 그 발명에 대한 권리가 귀속되는 이상 위 권리가 아직 사 용자 등에게 승계되기 전 상태에서는 유기적으로 결합된 전체로서의 발명의 내 용 그 자체가 사용자 등의 영업비밀로 된다고 볼 수는 없는 이상 종업원이 비 밀유지 및 이전절차협력의 의무를 이행하지 아니한 채 그 직무발명의 내용이 공개되도록 하는 행위를 하였더라도 곧바로 부정경쟁방지법 제18조 제2항에서 정한 영업비밀 누설에 해당한다고 볼 수는 없다고 판시하고 있다. 마찬가지로 하급심 판례 중에서도 "기업체 임직원이 영업비밀을 직무상 개발한 경우 특별 한 사정이 없는 한 그 영업비밀은 개발자에게 일차적으로 귀속하고 이와 같은 본원적 보유자 자신의 행위에 대하여는 부정경쟁방지법 제2조 제3호 (라)목이 적용되지 아니한다"고 판시한 예가 있다.[55]

　　이 판례에 관해, 해당 사건에서 문제된 부정경쟁방지법 상의 영업비밀 침해 여부를 판단함에 있어서 전혀 다른 법률인 발명진흥법의 권리승계 여부에 따라 결론을 내린 것은 부당하다는 견해[56]가 있다. 그렇지만 해당 판례는 사용자의 영업비밀이 침해되었는지 여부를 최종판단하기 위해 그 선결문제로서 과연 사 용자가 '영업비밀의 보유자'인지부터 판단해야했고 그런 선결 문제의 판단에 있 어 부정경쟁방지법의 해석론을 전개하는 과정에서 발명진흥법 관련 규정들을 검토하였을 따름이다.[57]

---

54) 대법원 2012. 11. 15. 선고 2012도6676 판결(Q22 합금 사건). 이 판결이 다룬 여러 쟁점 들 중에서, 이 글이 다룬 (라)목의 부정공개행위 성립여부 쟁점이 아니라, 직무발명의 이 중양도에 따른 배임죄 성립 여부 쟁점에 대해서는 박태일, "직무발명의 이중양도에 관한 연구", 한양대 박사학위논문(2015. 8), 70-100에서 심층 분석하고 있으니 위 학위논문을 참 조하기 바란다.

55) 서울지방법원 서부지원 1995. 12. 27. 선고 95가합3954 판결. 이는 사법연수원, 부정경쟁 방지법(2004), 94에서 재인용.

56) 장광홍·정차호, "발명자에 의한 직무발명 공개의 사용자 영업비밀의 침해 여부", 산업 재산권 제65호, 한국지식재산학회(2020. 10), 89~90 및 60~61. 이 견해에서 명시하고 있지 는 않지만, 대법원 판례를 비판하는 요지는 결국 형사소송절차에서 불고불리(不告不理)의 원칙에 위반된다는 취지로 볼 수 있다.

57) 또 다른 시각에서 위 판례(2012도6676 판결)을 비판하는 견해로는 조영선, "종업원에 의 한 직무발명의 사용·공개와 영업비밀 침해", 인권과정의 제483호(2019. 8), 107 이하를 참 조할 것. 그 비판의 요지는, 직무발명의 귀속주체와 영업비밀 보유주체를 동일시한 대법원

(3) '발명'에 해당하지 않는 나머지 영업비밀의 경우

근로자가 직무상 작성한 영업비밀이 성질상 '발명'에 해당하지 않는 경우, 가령 '우수고객 리스트'와 같이 전형적인 경영정보에 해당할 뿐 발명의 요건을 구비하지 못한 경우에 누가 해당 영업비밀에 관해 권리를 가지는가, 바꾸어 말하면 사용자가 보유한 영업비밀로 부정공개행위 등의 객체가 될 수 있는지의 문제는 근로자가 직무상 작성한 영업비밀이 '발명'에 해당하는 바로 앞서 항목의 경우와 별도로 검토하여야 한다.

근로자가 근로과정에서 다양한 지적재산권 산물을 만들었을 때 사용자와의 사이에서 그 지적재산권이 누구에게 귀속되는가에 관해 특허발명과 저작물에 관해서는 직접적 규정이 존재한다. 특허발명의 권리는 오직 발명자(자연인)에게 귀속하며 그 특칙이라 할 수 있는 발명진흥법상 직무발명에 있어서도 사용자는 이미 발명자에게 귀속될 권리를 사후 승계할 수 있을 따름이다. 반면 저작권법에서는 '업무상저작물 조항'을 통하여 (창작자인 자연인에게 귀속한다는 원칙이 수정되어) 근로자가 아닌 '법인 등' 사용자에게 원시적으로 귀속된다.

하지만 상표법 혹은 부정경쟁방지법의 대표적인 보호대상인 표지(標識)[58]에

판례의 입장과 다르게, 직무발명에 대한 권리는 근로자에게, 영업비밀에 대한 보호는 사용자에게 서로 다르게 귀속될 수도 있으므로 해당 사건에서 영업비밀 침해가 성립할 수 있다는 것이다. 살피건대, 위 비판은 발명진흥법이 규정한 권리귀속 문제를 특허법등에만 국한하여 고려하고 부정경쟁방지법의 영업비밀보유자 결정문제와는 지나치게 단절시켜 버린 점에 흠이 있다. 바꾸어 말하자면, 발명진흥법에 따른 '특허등을 받을 수 있는 권리' 등의 귀속은 '누가 부정경쟁방지법 상의 영업비밀보유자인가'의 결정에도 직접 영향을 미친다고 보아야 옳다.

특허를 받을 수 있는 권리가 여전히 종업원에게 귀속된 상황일지라도 사용자가 종업원과의 비밀유지약정을 체결한 사례를 예시하면서 이런 경우 사용자 스스로 영업비밀보유자가 될 수 있다는 위 비판론의 설명(조영선, 앞의 글, 111 이하)은, 특허법상의 권리와 영업비밀보호법 상의 보호(권리)가 서로 성격이 다른 별개 입법이라는 관점에만 치우쳐 있다. 영업비밀보유자의 정확한 개념과 범위에 아직 다툼의 여지가 많지만, 문제된 해당 기술성보의 가치를 향유할 정당한 권원이 있는 자가 영업비밀의 보유자로 판정되어야 한다는 점에서는 특허를 받을 수 있는 권리자와 근본적으로 다를 바가 없다. 앞서 비판론이 예시한 사례에서, 해당 정보가 세상에 공지되어 제3자의 모방행위가 성행한다면 종업원이야말로 특허를 받을 수 있는 권리 침해에 대해 특허법에 따른 구제를 구할 자일뿐 아니라 영업비밀로 보호되던 기술정보의 경제적 가치를 상실한 직접적 주체이다. 특허를 받을 수 있는 권리조차 아직 이전받지 못한 사용자에게 종업원과의 약정 등만을 근거로 영업비밀보유자의 지위를 인정하기 어렵다. 이런 견지에서 영업비밀보유자인지 실질적으로 판단한 위 2012도6676 판결의 입장이 타당하다.

58) 우리 상표법은 '표장', 부정경쟁방지법은 '표지'이라고 서로 다르게 지칭하는데 여기서는 편의상 '표지'라고 통칭한다.

관해서는 만일 근로자가 직무상 표지를 만들었을 경우 근로자와 사용자 중 어느 쪽에 권리가 주어지는지에 관해 별다른 규정이 없다. 그러나 특허법의 발명이나 저작권법의 창작물과 달리 표지 자체를 만들기 위한[59] 시간과 노력 자체는 대체로 주목하거나 특별히 보호할 만한 수준의 것이 아니라는 점, 보호의 실제 대상도 표지 자체라기보다 일반공중이 상품출처에 관해 혼동에 빠지지 않도록 하는 해당 표지의 식별력에 가깝기 때문에 그 표지를 실제 작성한 자보다는 현실적으로 표지를 외부에 사용하고 있는 자에게 해당 표지에 관한 권리를 귀속시킬 필요성이 크다는 점 등에 비추어 표지에 관한 권리는 별도의 권리귀속 조항에 따르는 발명 및 저작물의 경우와 구별하여 원칙적으로 사용자에게 귀속시켜야 할 필요성이 더 크다고 볼 수 있다.

나아가, 이 글의 관심인 영업비밀에 있어서도 그것이 '발명'의 성질을 가진 영업비밀이라면 특허발명과 나란히 취급하여야 하겠지만 그렇지 않은 나머지 영업비밀에 대하여는 '표지'와 엇비슷하게 가급적 사용자에게 권리를 귀속시킬 필요가 크다고 사료된다. 바꾸어 말하면 근로자 스스로가 직무 중 작성하였더라도 원칙적으로 사용자에게 권리가 귀속하며 따라서 그런 영업비밀은 (라)목의 부정공개행위 등의 객체에 해당하는 것으로 파악함이 타당하다고 본다. 이때 영업비밀은 상표법 혹은 부정경쟁방지법이 보호하는 다른 대상인 '표지'와 마찬가지로 사용자의 영업과 결합되어야 진정한 의미를 가진다고 보기 때문이다.

외국의 논의내용을 참고하더라도 이런 사견의 입장정리가 전반적으로 옳은 방향이라고 사료된다. 앞서 설명처럼 일본에서 대립 중인 2가지 견해는, '발명'에 해당하는 영업비밀과 '발명'에 해당하지 않는 영업비밀을 구분하지 않고 영업비밀 전체를 대상으로 삼아 직무발명 조항과 '업무상저작물' 조항의 관련 규정을 유추적용할지, 아니면 사안에 따라 개별적으로 판단할지를 서로 다투고 있다. 그렇기 때문에 '발명에 해당하지 않는 나머지 영업비밀은 누가 보유자가 되는가?'를 고민하는 데 직접적인 도움을 주지 않는다.[60] 그렇지만 성질상 발명이 아닌 영업비밀에 국한하여 살펴보면, 일본의 논의내용은 군이 따지자면 사용자

---

[59] 이미 작성한 표지의 식별력을 지키고 고양하기 위한 시간 및 노력과 혼동하지 말아야 한다. 이런 시간과 노력은 상표법이 보호하려는 직접적 대상으로 볼 수 있다.

[60] 가령 첫 번째 견해들 중 松村信夫의 견해는 기술적 노하우에 해당할 영업비밀에 대해 특허법상 직무발명규정을 준용하고 있어 '발명'에 해당하는 영업비밀에 대한 권리귀속에 있어서는 필자의 견해와 흡사하지만, 여타의 영업비밀에 대해서는 사용자와 근로자 중 누구에게 권리를 귀속시킬지 명확하게 정리하고 있지 않다.

에게 권리가 귀속된다는 쪽에 아무래도 더 가까운 것으로 이해된다. 한편 미국
에서는 앞서 설명대로, 사용자가 근로자에게 해당 영업비밀을 만들게 한 경우
사용자를 그 영업비밀의 권리귀속주체로 취급할 뿐 아니라 나머지 경우들에서
도 실제로는 사용자들이 계약을 통하여 권리를 대부분 양수하고 있다. 요컨대
일본과 미국에서의 관련 논의가 발명이 아닌 영업비밀의 경우 당연히 사용자에
게 귀속되어 사용자가 보유하는 영업비밀이 된다고 아주 분명하게 정리하고 있
는 것은 아니지만, 근로자보다는 사용자에게 귀속시키는 방향에 더 가깝게 진행
되고 있어 우리에게 좋은 참고가 될 수 있다고 생각한다.

Ⅳ. 부정공개행위 등의 행위유형

1. 부정한 이익을 얻거나 영업비밀보유자에게 손해를 가할 목적일 것

부정공개행위 등이 인정되려면, 바로 앞 부분까지 논의한 주체와 객체 관련
한 요건들을 충족하는 것 말고도, 침해자가 부정한 이익을 얻거나 본래의 영업
비밀보유자에게 손해를 가할 목적으로 영업비밀을 사용하거나 공개하는 행위를
하였어야 한다. 이 점은 부정경쟁방지법 제2조 제3항 (라)목의 문구 자체에서
분명하다. 이렇게 (라)목 위반인 '부정공개행위 등'에 관한 주체·객체·행위 관
련 요건들을 모두 충족하는 전형적인 상황으로 근로자가 그 직무수행을 위하여
사용자로부터 영업비밀을 전달받아 취득하고 있다가 그 근로계약의 명시적 약
정 혹은 신의칙상 비밀유지의무에 위반하여 새로운 직장의 사용자에게 이를 알
리거나 근로자 스스로 계속 사용하는 상황을 꼽을 수 있겠다.[61]

행위 관련 요건 중 '부정한 이익을 얻거나'라 함은 비밀유지의무를 위반하
여 이익을 얻는 행위를 가리킨다. 비밀유지의무를 직접 위반한 자의 이익뿐만
아니라 제3자에게 이익을 얻게 하는 경우도 포함될 것이다. 한편, '손해를 입힐
목적으로' 행하면 충분하고 실제로 영업비밀보유자에게 손해가 발생할 것을 필
요로 하지 않는다고 본다.[62]

그렇지만 '부정공개행위 등'에 해당하는지 판단함에 있어 실제로 가장 결정

---

61) 그 밖에도 영업비밀보유자가 도급인의 지위에서 그 상대방인 수급인에게 영업비밀을 전
    달한 경우, 혹은 영업비밀보유자가 공동연구개발이나 공동사업의 계약상대방에게 영업비
    밀을 전달한 경우 등에서 그 상대방들이 이를 부정공개하는 상황도 (라)목 위반에 해당할
    것이다.
62) 같은 견해는 한국특허법학회, 앞의 책, 177(최승재 집필부분).

적 기준은 위에서 언급한 '이익' 혹은 '손해'라기보다 '부정한 … 목적'이라는 요
소일 것이다. 이렇게 지극히 추상적이면서도 신축적일 수밖에 없는 '부정' 여부
가 단순히 배후의 고려사항이 아니라 전면(前面)의 중요한 기준으로 등장한다는
점에서 이 부분 영업비밀 보호법제도 우리 부정경쟁방지법 전체를 관통하는 공
통적인 특징을 가지고 있는 셈이다.

　　영업비밀 공개행위 등에 관하여 영업비밀보유자의 동의(승낙)가 명시적으로
존재하지 않더라도 묵시적 동의가 있는 경우라면 '부정공개행위 등'에 해당하지
않음은 두말할 나위가 없다. 판례[63]의 입장도 마찬가지이다.

2. 사용 또는 공개행위가 존재할 것

　　우리 부정경쟁방지법에서는 '공개'의 의미에 관해 "비밀을 유지하면서 특정
인에게 알리는 것을 포함한다."고 명확히 하고 있는데,[64] 이런 규정은 일본 부
정경쟁방지법의 대응규정[65]을 그대로 따른 것으로 보인다. 그런데 이런 개념정
의는 사실 일반공중에 알리는 것을 뜻하는 '공개'의 사전적 의미와는 정확히 합
치하지 않는 것이다. 이런 다소 부자연스러운 개념 설정 때문에 제2호에서 정한
영업비밀의 개념요소 중 '비공지성'과의 개념 충돌이 생기거나, 한편으로 (마)목
과 (바)목의 사후적 침해행위의 범주를 각각 정확히 파악하는데 불필요한 혼란
이 생길 수도 있음에 주의해야 한다. 이를 부연하면 아래와 같다.

　　우리 부정경쟁방지법이 특정 상대방에게 알리는 행위까지 '공개'에 포함된
다고 확장적으로 개념을 정의하고 있는 이상, 가령 근로자가 전직한 다음 새로
운 직장의 사용자에게 근로자가 알고 있는 영업비밀을 알리는 행위도 '(부정)공
개'에 당연히 해당한다. 그런데 불특정 다수에게 공공연히 알리는 상황 역시
'공개'에 포함되는 결과, ① 특정인에게만 알리는 행위와 ② 불특정다수에게 모
두 알리는 행위가 모두 (라)목 위반의 부정공개행위에 포함될 것이다. 그런데
아래에서 설명할 (마)목과 (바)목 각 위반행위는 (라)목에 따라 이미 '공개'된
영업비밀을 전제하고 그에 대한 사후적 침해행위를 규정한 것인데, (라)목 위반
행위 중 위 ②에 의한 공개행위와 관련해서는 이미 불특정다수에게 알려짐으로

---

63) 대법원 2019. 1. 31. 선고 2017다284885 판결 참조. 이는 영흥 발전소 설계자료 유출이
　　문제된 사건이었다.

64) 제2조 제3호 (가)목 참조.

65) 우리법의 공개에 대응하는 개념인 '開示'에 관한 일본 부정경쟁방지법 제2조 제1항 제4
　　호의 정의 참조.

써 부정경쟁방지법의 보호대상인 '영업비밀' 자체가 아니게 된 대상을 다시 사후적으로 규제하는 조항처럼 잘못 작동할 여지가 생기게 되었다. 이런 난점을 피하려면 결국 (마)목 및 (바)목 위반의 사후적 가담행위자가 취득하기 이전 시점에 이루어진 '공개'라는 문구 부분만큼은 ②에 의한 공개가 아니라 오직 ①에 의한 공개만을 의미한다고 해석하여야 할 것이다.

3. 관련 문제(형법상 업무상배임죄의 적용가능성)

(라)목 위반의 침해행위 입증이 곤란한 경우, 즉 문제된 정보가 영업비밀임을 인정받기 어려운 경우 부정경쟁방지법에 의한 보호를 받을 수 없을 것이지만, 여전히 형법상 업무상배임죄의 적용이 가능하다. 가령 회사 직원이 무단으로 자료를 반출한 경우 등에서 그러하다. 하지만 이렇게 형법에 의한 보호를 받는데 우리 법원은 그 자료가 반드시 '영업상 주요한 자산'에 해당하여야 한다는 제약을 가하고 있다. 즉 법원은 "회사 직원이 경쟁업체 또는 자신의 이익을 위하여 이용할 의사로 무단으로 자료를 반출한 경우에 업무상배임죄가 성립하기 위하여는, 그 자료가 영업비밀에 해당할 필요까지는 없다고 하더라도 적어도 그 자료가 불특정 다수인에게 공개되어 있지 않아 보유자를 통하지 아니하고는 이를 통상 입수할 수 없고, 그 자료의 보유자가 자료의 취득이나 개발을 위해 상당한 시간, 노력 및 비용을 들인 것으로 그 자료의 사용을 통해 경쟁자에 대하여 경쟁상의 이익을 얻을 수 있는 정도의 영업상 주요한 자산에 해당하는 것이어야 한다."고 판시하고 있다.[66] 이런 판례의 태도는 설령 비밀관리성을 결여한 정보일지라도 비공지성 등을 갖춘 경우라면 제한적으로 보호하겠다는 취지로 이해된다.

다만, 최근 대법원 판례 중에는 비밀유지조치를 취하지 아니한 채 판매 등으로 공지된 제품은 '영업상 주요한 자산'에 해당되지 않는다고 결론내리는 과정에서 역설계를 통한 정보획득 가능성과 비공지성 인정여부 문제[67]에 관해 얼핏 보아서는 다소 모순되는 듯한 판시를 내린 예가 있다.[68] 여기서는 "역설계

---

66) 대법원 2008. 7. 10. 선고 2008도3435 판결; 대법원 2010. 7. 15. 선고 2008도9066 판결; 대법원 2011. 6. 30. 선고 2009도3915 판결; 대법원 2012. 6. 28. 선고 2011도3657 판결; 대법원 2016. 7. 7. 선고 2015도17628 판결; 대법원 2022. 6. 30. 선고 2018도4794 판결; 대법원 2024. 4. 12. 선고 2022도16851 판결 등 다수.

67) 역설계(reverse engineering)를 통한 정보획득이 가능하더라도 그런 사정만으로는 영업비밀로서의 비공지성이 부정되지 않는다는 것이 우리 판례의 분명한 입장이다.

68) 대법원 2022. 6. 30. 선고 2018도4794 판결이 그것이다.

(reverse engineering)를 통한 정보의 획득이 가능하다는 사정만으로 그 정보가 불특정 다수인에게 공개된 것으로 단정할 수 없(다)"고 하여 기존 선례들의 입장을 재확인하는 듯하면서도, 바로 이어서 "상당한 시간과 노력 및 비용을 들이지 않고도 통상적인 역설계 등의 방법으로 쉽게 입수 가능한 상태에 있는 정보라면 보유자를 통하지 아니하고서는 통상 입수할 수 없는 정보에 해당한다고 보기 어려우므로 영업상 주요한 자산에 해당하지 않는다."고 하여 마치 역설계를 통한 입수가능성이 있는 경우라면 곧장 비공지성이 부정되어 영업상 주요한 자산에도 해당하지 않을 것처럼 표현하고 있다. 그렇지만, 이렇게 역설계를 둘러싸고 일견 모순되는 듯한 위 판례의 판시를 선해하자면, 나중 부분의 판시가 '역설계'를 언급하고 있을지라도 '상당한 시간과 노력 및 비용을 들이지 않고 … 쉽게 입수 가능한 상태에 있는 정보'의 일환으로 '통상적인' 역설계를 언급하고 있음에 불과하여 결국 상당한 시간과 노력 및 비용이 소요될 역설계에 있어서는 기존 판례의 입장을 재확인하고 있다고 이해된다.

V. 부정공개된 영업비밀의 악의적 취득 등((마)목)

부정경쟁방지법 제2조 제3호 (마)목에서는 "영업비밀이 (라)목에 따라 공개된 사실 또는 그러한 공개행위가 개입된 사실을 알거나 중대한 과실로 알지 못하고 그 영업비밀을 취득하는 행위 또는 그 취득한 영업비밀을 사용하거나 공개하는 행위"를 규제하고 있다. 이것은 앞서 제2조 제3호 (라)목에 따라 부정하게 공개된 영업비밀에 대해 고의 또는 중과실을 가지고 그것을 취득하는 행위 등을 금지하려는 규정이다. 부정공개자로부터 직접 취득한 자뿐만 아니라 그런 취득자로부터 전득한 자도 역시 본조의 적용을 받게 된다.

법 제2조 제3호 (마)목에서 영업비밀의 취득당시에 고의 또는 중과실에 의하여 취득할 것을 요건으로 한 것은, 영업비밀의 경우에는 특허권과 달리 등록과 같은 절차가 존재하지 않는 까닭에 외부에서 그 권리의 귀속 및 그 보호범위를 정확히 확인하기가 곤란한 이상 선의이자 경과실로 영업비밀을 잘못 취득한 자를 보호함으로써 최종적으로 제한적이나마 거래의 안전을 보호하기 위한 것이다. 다만 이렇게 선의이자 경과실이어서 일단 (마)목의 적용에서 배제된 자라도 취득시점 이후에 고의 또는 중과실을 뒤늦게 가지게 된 경우를 규제하려는 것이 아래 (바)목이다.

VI. 부정공개된 영업비밀에 대해 사후적 악의를 가진 경우((바)목)

부정경쟁방지법 제2조 제3호 (바)목에서는 "영업비밀을 취득한 후에 그 영업비밀이 (라)목에 따라 공개된 사실 또는 그러한 공개행위가 개입된 사실을 알거나 중대한 과실로 알지 못하고 그 영업비밀을 사용하거나 공개하는 행위"를 금지하고 있다.

이것은 앞서 '제2조 제3호 (라)목'의 부정한 행위에 의해 공개된 영업비밀에 대해 그것을 부정공개자로부터 넘겨받을 취득시점에는 고의 또는 중과실이 없었지만 이후에 그런 고의 또는 중과실을 가지게 된 자도 규제하려는 것이다. 가령 취득시점 이후에 뒤늦게 영업비밀보유자로부터 서면경고를 받거나 자신이 취득한 영업비밀이 사실 부정하게 공개된 대상임을 언론보도를 통해 알게 되는 것과 같은 상황이다.

이런 상황까지 영업비밀침해로 규제하는 것에는, 영업비밀은 비록 유출되더라도 그것이 비밀로 간직되어 비공지성을 유지하는 시점까지 여전히 보호할 가치가 있다는 입법자의 판단이 개입되어 있다고 볼 수 있다. 하지만 이렇게 규제되는 상대방의 입장에서는 취득시점에 고의 또는 중과실이 없었음에도 나중에 우연히 부정공개 사실을 알게 되었다는 사정만으로 이후 해당 영업비밀을 제대로 활용할 수 없게 됨으로써 결국 거래의 안전이 심하게 저해된다는 부정적 측면이 있다. 이런 부정적 측면을 어느 정도 감소시키기 위하여 우리 입법자는 일본법에서와 마찬가지로 '거래에 의하여 영업비밀을 정당하게 취득한 자'라면 '그 거래에 의하여 허용된 범위에서' 해당 영업비밀을 계속 사용하거나 공개하더라도 (바)목 위반행위로 규제되지 않도록 규정하고 있다. 이것이 소위 '선의자에 대한 특례'라는 제목으로 규정된 제13조인바, 이는 후술한다.

〈박준석〉

> **제2조(정의)** 이 법에서 사용하는 용어의 뜻은 다음과 같다.
>   4. "도메인이름"이란 인터넷상의 숫자로 된 주소에 해당하는 숫자·문자·기호 또는 이들의 결합을 말한다.

도메인이름이란 특정 도메인의 위치를 나타내기 위한 경로라 볼 수 있는데, 전화번호와 같이 숫자의 조합(예: 166.104.37.57)으로 구성된 인터넷 통신규약 주소(Internet Protocol Address: IP주소)를 인터넷상에서 사람들이 사용하기 쉬운 문자(영문, 한글 등), 숫자, 하이픈으로 표현한 것이다. 대소문자 구분이 없고 63자 이하(한글은 17자 이하)이다. 인터넷상에서 사용되는 도메인은 전 세계적으로 중복되는 주소가 없도록 고유하게 존재하여야 하므로, 공통적으로 정해진 체계에 따라 작성되어, 임의변경이나 생성은 불가능하다.

인터넷상의 모든 도메인은 루트(root)라 불리는 도메인 이하에 아래 그림과 같이 나무를 거꾸로 위치시킨 역트리(inverted) 구조로 계층적으로 구성되어 있다. 루트 도메인 바로 아래 단계를 1단계 도메인 또는 최상위 도메인(TLD: Top Level Domain)이라고 부르고, 그 다음 단계를 2단계 도메인이라고 부른다.[1]

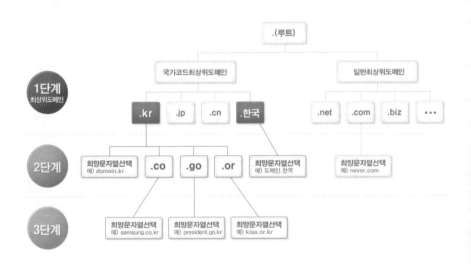

---

1) 이 도메인이름 체계에 관한 그림은 미래창조과학부·한국인터넷진흥원, 2016 도메인이름분쟁백서 38면에서 가져온 것이다.

일반 최상위 도메인(gTLD: generic Top Level Domain)으로는 인터넷 초창기부터 사용되던 7개 .com, .net, .org, .edu, .gov, .mil, .int,(.arpa도 gTLD로 분류되기도 하나, 정확하게는 인터넷 기반구조를 위한 기술적인 목적으로만 사용되는 기반구조 TLD이다)와 2000. 11. 새롭게 생성된 7개 .biz, .name, .info, .pro, .museum, .coop, .aero, 2005~11년에 생성된 8개 .job, .travel, .cat, .mobi, .tel, .asia, .post, .xxx 합계 총 22개(.arpa를 포함하면 23개)가 있다. 2012년 이후 .xyz, .top, .club, .shop, .vip 등 1,200개 이상의 new gTLD가 생성되었다(영문은 3글자 이상, 非영문은 2글자 이상이 신청 가능한데, 한국 기업 중에는 삼성이 .samsung과 .삼성, 현대자동차가 .hyundai, 기아자동차가 .kia를 보유하고 있다).

또한 세계 각국은 국가별로 ISO 3166-1(국가와 부속영토 명칭 부호) 표준에 의하여 두 자리 영문 약자로 표현한 국가별 최상위 도메인(ccTLD: country code Top Level Domain)을 가지고 있는데(.kr, .cn, .jp, uk, .fr 등), 그 수는 316개(영문 국가도메인 255개, 非영문 국가도메인 41개)에 이른다.

gTLD는 도메인이름 신청자가 2단계에서 자신이 희망하는 문자를 등록하여 사용할 수 있다. ccTLD는 국가별 도메인 관리 및 등록정책에 따라 다른데, 2단계 도메인을 사용하는 국가가 있고 3단계 도메인을 사용하는 국가가 있으며 2단계 도메인과 3단계 도메인을 혼용하여 사용하는 국가도 있다. 대한민국은 2006년까지 3단계 도메인을 사용하는 정책을 실시하여 왔는데, 최상위 도메인 '.kr' 이하에 2단계 도메인으로 기관이나 지역 등을 분류하기 위해 미리 정해진 문자(.co, .or, .ac, .pe, .seoul 등 29개가 있다)를 사용하고, 3단계에서 도메인이름 신청자가 희망하는 문자를 등록하여 사용하도록 하였다. 그러나 2007년부터는 이용자들의 편의를 위하여 2단계 도메인을 사용하는 정책도 실시하여 '.kr' 이하에 바로 도메인이름 신청자가 원하는 문자를 등록하여 사용하도록 하였다.[2]

그리고 각국의 고유 언어를 사용하는 다국어도메인(IDN: Internationalized Domain Name, 예를 들어 한글.한글)의 도입이 2009. 10.의 36차 국제인터넷주소관리기구(ICANN: Internet Corporation for Assigned Names and Numbers)가 서울 연례회의에서 확정되었다. 지금까지 세계는 영문.영문 또는 자국어.영문 형태의 도메인이름만을 사용할 수 있었으며, 우리나라도 '영문.kr'(예를 들면 scourt.go.kr, scourt.kr) 및 '한글.kr'(예를 들면 대법원.kr, 한글.kr은 2003. 8.부터 상용화되었다) 형태의 도메인이름을 사용하여 왔다. 그러나 우리나라를 비롯하여 영어를 모국어

---

2) 2012 도메인이름분쟁백서, 한국인터넷진흥원, 17.

로 사용하지 않는 한자권, 일본어권, 아랍어권 등 국가들이 주장하여 위와 같이
다국어도메인이 도입되었다.3)

  우리나라는 2010. 5. 10. ICANN에 '.한국'을 신청하여 2011. 2. 7. 승인을
받았고, 이를 관리하는 기관으로 한국인터넷진흥원(KISA)가 지정되었다. '한글.한
국' 도메인이름에 대하여 2011. 5. 25.부터 2011. 8. 16.까지 차례로 정부·공공
기관과 상표권자의 등록신청을 먼저 받았고, 그 후 일반인의 등록신청을 받았
다. 등록상표권자의 권리보호를 위해 상표권자에게 우선 등록 기회를 부여하였
는데, 지정상품을 달리하는 상표권자들 여럿이 같은 도메인이름을 신청한 경우
에는 추첨을 통해 등록인을 결정하였다. 일반인 신청의 경우 신청 폭주로 인한
시스템 장애를 미연에 방지하고 각 신청인이 동일 조건에서 신청할 수 있도록
하기 위해 2011. 8. 22.부터 8. 31.까지 신청을 받아 그 기간 동안 같은 도메인
이름을 2명 이상이 신청한 경우 추첨을 하여 등록인을 결정하였고, 2011. 10. 6.
부터는 선접수 선등록 원칙에 따르고 있다.

  ICANN은 2011. 6. 20. 기존의 23개 일반최상위도메인(gTLD) 외에 신규 일
반최상위도메인(new gTLD)을 생성하기로 하는 정책을 최종 승인하였다. 이는
자신이 희망하는 문자열을 자신이 희망하는 언어에 따라 최상위 도메인으로 생
성하는 것이다. 이에 따라 지역명(.서울, .seoul, .paris 등), 기업명이나 브랜드명
(.samsung, .cocacola, .microsoft 등), 일반명사(.love, .home, .music, .게임 등) 등의 최
상위 도메인(new gTLD)을 사용할 수 있게 되었다. 2012년 이후 .xyz, .top, .club,
.shop, .vip 등 1,200개 이상의 new gTLD가 생성되었다(영문은 3글자 이상, 非영
문은 2글자 이상이 신청 가능한데, 한국 기업 중에는 삼성이 .samsung과 .삼성, 현대자
동차가 .hyundai, 기아자동차가 .kia를 보유하고 있다).

  키워드서비스(예: 한글인터넷주소)는 주소창에 한글, 숫자, 영문 입력시 연결
이 설정되어 도메인이름 주소로 연결되는 인터넷 연결 서비스인데, 특정 프로그
램(플러그인)이 설치된 인터넷 환경에서만 이용할 수 있는 서비스로 국제표준방
식에 의한 것이 아니기 때문에 인터넷주소라고 할 수 없다.4)

  인터넷주소자원에 관한 법률 제2조 제1호는, "'인터넷주소'란 인터넷에서
국제표준방식 또는 국가표준방식에 의하여 일정한 통신규약에 따라 특정 정보

---

  3) 2012 도메인이름분쟁백서, 한국인터넷진흥원, 17.
  4) 키워드서비스에 관한 보다 상세한 내용은, 졸고, "도메인이름의 법적 문제점", 인터넷과
     법률 Ⅱ, 법문사(2005), 545의 주 1), 2) 참조.

시스템을 식별하여 접근할 수 있도록 하는 숫자·문자·부호 또는 이들의 조합
으로 구성되는 정보체계로서 다음 각 목의 어느 하나에 해당하는 것을 말한다.
가. 인터넷 프로토콜(protocol) 주소: 인터넷에서 컴퓨터 및 정보통신설비가 인식
하도록 만들어진 것, 나. 도메인(domain)이름: 인터넷에서 인터넷 프로토콜 주소
를 사람이 기억하기 쉽도록 하기 위하여 만들어진 것, 다. 그 밖에 대통령령으로
정하는 것"이라고 정의하고 있다[그러나 현재 시행령에는 위 (다)목에 해당하는 것
을 별도로 규정하고 있지 않으며, 다만 시행령 개정과정에서 위 (다)목에 해당하는 것
으로 "1. 모바일 주소: 인터넷에서 인터넷 프로토콜 주소 또는 도메인이름 대신 이동전
화단말기에 입력하기 쉽도록 하기 위해 만들어진 것, 2. 객체식별자(OID): 인터넷의 융
합서비스에서 유·무형의 모든 객체를 식별하기 위하여 만들어진 것"이 검토되었다].

〈최성준〉

> **제2조의2(기본계획의 수립)**
> ① 특허청장은 부정경쟁방지 및 영업비밀보호(이하 "부정경쟁방지등"이라 한다)를 위하여 5년마다 관계 중앙행정기관의 장과 협의를 거쳐 부정경쟁방지등에 관한 기본계획(이하 "기본계획"이라 한다)을 세워야 한다.
> ② 기본계획에는 다음 각 호의 사항이 포함되어야 한다.
> 1. 부정경쟁방지등을 위한 기본목표 및 추진방향
> 2. 이전의 부정경쟁방지등에 관한 기본계획의 분석평가
> 3. 부정경쟁방지등과 관련된 국내외 여건 변화 및 전망
> 4. 부정경쟁방지등과 관련된 분쟁현황 및 대응
> 5. 부정경쟁방지등과 관련된 제도 및 법령의 개선
> 6. 부정경쟁방지등과 관련된 국가·지방자치단체 및 민간의 협력사항
> 7. 부정경쟁방지등과 관련된 국제협력
> 8. 그 밖에 부정경쟁방지등을 위하여 필요한 사항
> ③ 특허청장은 기본계획을 세우기 위하여 필요하다고 인정하는 경우에는 관계 중앙행정기관의 장에게 필요한 자료의 제출을 요청할 수 있다. 이 경우 자료의 제출을 요청받은 관계 중앙행정기관의 장은 특별한 사정이 없으면 요청에 따라야 한다.
> ④ 특허청장은 기본계획을 관계 중앙행정기관의 장과 특별시장·광역시장·특별자치시장·도지사·특별자치도지사(이하 "시·도지사"라 한다)에게 알려야 한다.

<소 목 차>

Ⅰ. 의   의
Ⅱ. 내   용
  1. 기본계획의 수립
  2. 자료의 제출 요청
  3. 기본계획 통지

Ⅲ. 제1차 부정경쟁방지 및 영업비밀 보호 기본계획(2022~2026)
  1. 개   요
  2. 영업비밀 보호에 관한 기본계획
  3. 부정경쟁방지에 관한 기본계획

Ⅰ. 의   의

4차 산업혁명시대의 국가경쟁력 제고를 위해서는 강력하고 유연한 지식재산제도 구축과 혁신의 보호가 필수적이다. 그러나 최근 대외적으로는 경쟁국으로의 기술 유출문제가, 대내적으로는 기업 사이의 기술탈취 문제가 심화되고 있

다. 특히 등록을 전제로 하는 특허권, 상표권, 디자인권, 실용신안권 등과 달리
등록을 전제로 하지 않는 영업비밀과 행위규제방식을 취하고 있는 부정경쟁행
위의 경우 그 특성상 실태파악이 용이하지 않았고, 그로 인하여 체계적인 관리
가 어려웠다. 이에 본조는 부정경쟁행위를 방지하고, 영업비밀 보호를 강화하기
위하여 특허청장으로 하여금 중장기 기본계획을 수립하게 한 것으로서 2020년
(법률 제17529호, 2020. 10. 20.) 개정법에서 신설되어 2021. 4. 21. 시행되었다.

　　이는 지식재산권 주요국의 행보와 맥락을 같이하고 있다. 예를 들면, 미국
은 2008년 지식재산집행조정관(U.S. Intellectual Property Enforcement Coordinator,
IPEC)을 신설하여 2010년 「지식재산집행에 관한 합동 전략계획(2010)」을 발표한
이후 2016년부터 3년마다 '미국 지식재산에 관한 합동 전략 계획(U.S. Joint
Strategic Plan on Intellectual Property)'을 발표하고,[1] 매년 '연례 지식재산권 의회
보고서(Annual Intellectual Property Report to Congress)'를 발간하고 있다. 유럽은
2016년 EU 회원국 전체를 규율하는 '영업비밀 지침(Trade Secrets Directive)'을
제정하여 유럽 단일의 강화된 영업비밀 보호제도를 마련하였고, 또한 유럽연합
집행위원회는 2006년부터 격년마다 '제3국에서의 지식재산권 보호 및 집행에
관한 보고서(Report on the protection and enforcement of intellectual property rights in
third countries)'[2]를 발행하고 있다. 중국은 2021년 국가 지식재산권 전략 및 계
획인 '지식재산권 강국 건설 강요(2021-2035년)'[3]를 수립하였고, 2024년 '지식재
산권 강국 건설 발전 보고서(2023)'[4]를 발표하였다. 일본 또한 2003년 시행된
지적재산기본법(知的財産基本法)[5]에 따라 매년 '지적재산 추진계획'을 수립하고
있다.

　　본조와 함께 신설된 법 제2조의3에서는 본조에 따른 기본계획을 실천하기
위하여 매년 시행계획을 수립·시행하도록 규정하고 있고, 법 제2조의4에서는

---

1) 가장 최근 발표한 계획은 2020. 11. 9. 발표한 '2020-2023 미국 지식재산에 관한 합동 전
　략 계획(U.S. Joint Strategic Plan on Intellectual Property(2020-2023)'으로 ① 무역상대국과
　의 협력, ② 법률 당국의 효과적인 활용, ③ 법 집행조치 및 협력 확대, ④ 민간 부분 및
　기타 이해관계자의 참여 및 협력 등에 관하여 수립하였고, 그중에는 영업비밀 탈취 방지를
　위한 국가 사이버전략 수립, 전자상거래에서의 위조상품과 불법복제품 근절 등과 같이 부
　정경쟁행위 방지 및 영업비밀 보호에 대한 사항을 다수 포함하고 있다.
2) EU 이외의 국가들의 지식재산권 보호와 집행 상황이 EU 국가에 미치는 영향을 분석하
　고, EU에게 나쁜 영향을 줄 우려가 있는 국가들을 우선감시대상국으로 지정하고 있다.
3) 知识产权强国建设纲要(2021-2035年).
4) 知识产权强国建设发展报告(2023年).
5) 知的財産基本法.第二十三条.

기본계획 및 세부계획 수립·시행을 위한 실태조사를 매년 실시하도록 규정하고 있다.

Ⅱ. 내   용

1. 기본계획의 수립

특허청장은 부정경쟁방지 및 영업비밀 보호를 위하여 5년마다 관계 중앙행정기관의 장과 협의를 거쳐 부정경쟁방지 및 영업비밀 보호에 관한 기본계획을 세워야 한다(제1항). 지식재산 기본법 제8조는 정부에게 5년마다 지식재산에 관한 중장기 정책 목표 및 기본방향을 정하는 국가지식재산 기본계획을 수립하도록 하고 있다. 그러나 앞서 살펴 본 바와 같이 부정경쟁방지행위 및 영업비밀의 특성상 실태파악 조차 어려웠고, 부정경쟁방지 및 영업비밀 보호의 중요성이 나날이 중요도가 높아짐에도 현행법상으로는 사후적 구제방안 및 처벌에 관한 근거규정만 존재하였고, 사전적으로 관련사항을 조사하고 이를 방지할 수 있는 시스템을 구축할 수 있는 근거규정이 미비하였다. 일반적으로 국가 등의 책무 또는 계획·정책의 수립·시행 등에 관한 규정은 해당 의무를 법률로 명확히 함으로써 정부의 적극적인 법률 집행을 유도하는 등 법률의 입법목적을 보다 효과적으로 달성하기 위해 제정된다. 이와 마찬가지로 지식재산 보호를 위해 부정경쟁방지 및 영업비밀 보호에 대한 기초자료를 수집하고 이를 기초로 기본계획 및 세부 시행계획을 수립·시행하는 것은 부정경쟁방지 및 영업비밀 보호를 사전에 효과적으로 방지하여 입법목적을 달성하는 데 도움이 될 것으로 예상된다.[6]

기본계획에는 ① 부정경쟁방지 및 영업비밀 보호를 위한 기본목표 및 추진방향, ② 이전의 부정경쟁방지 및 영업비밀 보호에 관한 기본계획의 분석평가, ③ 부정경쟁방지 및 영업비밀 보호와 관련된 국내외 여건 변화 및 전망, ④ 부정경쟁방지 및 영업비밀 보호와 관련된 분쟁현황 및 대응, ⑤ 부정경쟁방지 및 영업비밀 보호와 관련된 제도 및 법령의 개선, ⑥ 부정경쟁방지 및 영업비밀 보호와 관련된 국가·지방자치단체 및 민간의 협력사항, ⑦ 부정경쟁방지 및 영업비밀 보호와 관련된 국제협력, ⑧ 그 밖에 부정경쟁방지 및 영업비밀 보호를 위

---

6) 본조 개정안에 대한 2019. 3. 국회 산업통상자원중소벤처기업위원회(수석전문위원 송대호) 검토보고서 6.

하여 필요한 사항이 포함되어야 한다(제2항).

2. 자료의 제출 요청

특허청장은 기본계획을 세우기 위하여 필요하다고 인정하는 경우에는 관계 중앙행정기관의 장에게 필요한 자료의 제출을 요청할 수 있다. 이 경우 자료의 제출을 요청받은 관계 중앙행정기관의 장은 특별한 사정이 없으면 요청에 따라야 한다(제3항).

3. 기본계획 통지

특허청장은 기본계획을 관계 중앙행정기관의 장과 특별시장·광역시장·특별자치시장·도지사·특별자치도지사에게 알려야 한다(제4항).

Ⅲ. 제1차 부정경쟁방지 및 영업비밀 보호 기본계획(2022~2026)

1. 개　　요

특허청장은 2021. 12. 제1차 부정경쟁방비 및 영업비밀 보호 기본계획(2022~2026)을 발표하였다. 영업비밀 보호와 부정경쟁방지로 구분하여 수립하였는데, 그중 영업비밀 보호는 '부정한 방법으로 유출되는 비공개 기술·경영정보 보호를 위한 대응방안'을 중심으로 수립하였고, 부정경쟁방지는 다른 법률에서 규제하지 못하는 타인의 성과 등에 무단편승하는 부정경쟁행위를 방지하기 위한 대응방안을 중심으로 수립하였다.

2. 영업비밀 보호에 관한 기본계획

가. 영업비밀 보호실태[7]

2021년 스위스 IMD가 평가한 지식재산 보호수준에 의하면 우리나라는 64개국 중 36위에 해당하고, 우리나라 영업비밀 보호수준에 대한 국민 체감도는 6.3점/10점에 불과하다. 2021년 실태조사에 따르면 기업의 11.1%가 유출 피해를 경험하였고, 기업 당 평균 피해규모는 8.9억 원에 이르렀다. 유출경위는 내부자(퇴직자 61.3%, 재직자 16.8%)가 가장 많았고, 유출사건 중 7.6%는 외부의 사이버

---

7) 영업비밀 보호에 관한 기본계획 수립을 위해 2021년 기업 1,068개, 대학 및 공공연구소 105개에 대하여 조사를 실시하였다.

해킹에 의해 발생되었다. 침해에 대한 대응으로 경고장 발송이 42%로 가장 많았고, 형사고소는 10.1%[8]), 민사소송은 8.4%였으며, 23.5%는 아무런 대응을 하지 않았다. 침해된 영업비밀 유형은 경영정보가 34.5%, 기술정보가 29.1%, 기술·경영정보 혼합이 16.4%로 나타났다.

나. 영업비밀 보호정책의 문제점과 대내외 환경변화

기본계획은 기존 영업비밀 보호정책의 문제점으로 크게 ① 사전적 예방보다 사후적 처벌 강화 중심이었던 점,[9]) ② 기업위주의 보호대책으로 대학 및 연구소는 상대적으로 취약했던 점, ③ 사이버 해킹 등 디지털 환경에서의 보호대책이 미흡했던 점, ④ 집행조직을 포함한 부처 간 연계가 부족했던 점을 지적하였다.

한편, 영업비밀과 관련하여 대내외 환경변화와 관련하여 ① 디지털 전환과 4차 산업혁명의 가속화, ② 글로벌 기술패권 경쟁의 심화, ③ 사이버해킹 위험의 일상화, ④ 다자, 양자협상에서의 영업비밀 논의의 가속화, ⑤ 지식기반산업 성장 및 민군 겸용기술의 확대를 뽑았다.

다. 영업비밀 보호 비전 및 전략

기본계획은 영업비밀 보호 비전을 "영업비밀 보호 강화를 통한 혁신기반 구축 및 국가 경쟁력 제고"로 정하고, 목표를 ① 우리나라 영업비밀 보호 수준 향상,[10]) ② 영업비밀 보호 강화로 경제적 피해 예방,[11]) ③ 기업들의 영업비밀 관리체계 구축 확산[12])으로 삼았다.

기본계획은 이에 대한 3대 전략으로 ① 영업비밀 유출방지를 위한 사전예방 강화,[13]) ② 새로운 환경변화에 대응할 수 있는 영업비밀 보호기반 구축,[14])

---

8) 2015년부터 2019년까지 기소율은 약 9.7%로 다소 낮은 수준이다(2019년 전체 형사사건 기소율은 29.6%).

9) 특허와 달리 영업비밀은 특성상 유출되어 공개된 경우 그 가치를 상실하기 때문에 사전적 예방이 중요하다.

10) 구체적으로 6.3점/10점이었던 2021년의 보호 수준에 대한 국민 체감도를 2026년까지 7.0점/10점까지 높이는 것을 목표로 삼았다.

11) 구체적으로 영업비밀 유출의 경제적 피해액 최대 수치를 2021년 GDP의 3%에서 2026년 GDP의 1%로 낮추는 것을 목표로 삼았다.

12) 구체적으로 전체기업 중 영업비밀 유출 방지지침 준수율을 2020년 32.7%에서 2026년 50%로 높이는 것을 목표로 삼았다.

13) 이와 관련된 핵심 정책과제로 중소기업·대학·공공연구소의 영업비밀 보호 사각지대 해소, 영업비밀 보호 인식 제고 및 생태계 조성, 해외에서의 우리기업 영업비밀 보호 기반 마련을 마련하였다. 이와 관련된 예로 전략적 기술보호를 위한 "IP믹스전략 수립지원" 등

③ 영업비밀 유출에 대한 전방위적 대응역량 제고[15]를 들고 있다.

3. 부정경쟁방지에 관한 기본계획

가. 부정경쟁방지 실태[16]

우리나라 부정경쟁방지 수준에 대한 국민 체감도는 6.22점/10점에 불과하고, 2021년 실태조사에 따르면 부정경쟁방지행위와 관련하여 기업의 4%가 국내에서 평균 9.58억 원의 피해를 경험하였고, 기업의 1.2%가 해외에서 평균 9.6억원의 피해를 경험하였다. 2017년부터 2019년 사이에 연평균 81건의 부정경쟁방지행위를 청구원인으로 하는 민사소송이 있었고, 유형별로는 타인성과 무단사용행위[(파)목]가 40.2%, 상품·영업 혼동행위[(가), (나) 목]가 33%, 상품형태 모방행위[(자)목]가 15.1%였다.[17] 2015년부터 2019년까지 총 2,931건의 부정경쟁방지행위 관련 형사사건이 있었고, 그중 기소율은 약 14%였다.[18]

나. 기존 부정경쟁방지행위 정책의 보완할 점

기본계획은 기존 부정경쟁방지행위 정책의 보완점으로 ① 급변하는 디지털 경제환경 속 현행 법체계와의 정합성이 부족한 점, ② 디지털 경제환경에서 다양화·지능화되는 부정경쟁행위 대응에 한계가 있었던 점, ③ 제도의 개선이 실효적 제재까지 잘 이어지지 못한 점, ④ 해외 부정경쟁행위로 인한 우리 기업의 피해가 지속되었던 점[19]을 지적하였다.

이 있다. 즉, 모방 또는 역설계가 용이한 기술은 특허출원을, 모방 또는 역설계가 어려운 기술은 영업비밀로 관리하는 전략 등의 수립에 대해 조언하는 것을 말한다. 영국 지식재산청의 2021년 자료에 의하면 통상 기업들은 제품은 특허를 통해 보호하고, 공정은 영업비밀로 보호하는 것을 선호한다고 한다.

14) 이와 관련된 핵심 정책과제로 영업비밀 해외유출 방지를 위한 범정부적 관리, 핵심 연구인력의 해외이직 방지를 위한 지원 강화, 디지털 전환 가속화에 따른 영업비밀 보호방안 마련을 마련하였다.

15) 이와 관련된 핵심 정책과제로 신속·효율적인 영업비밀 유출 수사·조사 체계 구축, 유출 피해에 취약한 중소기업의 대응역량 지원 강화, 효과적 영업비밀 분쟁해결을 위한 제도 선진화를 마련하였다.

16) 부정경쟁방지행위에 관한 기본계획 수립을 위해 2021년 사업체 1,230개, 소비자 1,000명에 대하여 조사를 실시하였다.

17) 2020년 특허청 판결분석 참조. 위 분석에 따르면 전체 민사사건 인용률은 15%, 손해배상액 중앙값은 2,700만 원이고, 유형별 인용률로는 타인성과 무단사용행위가 6.9%, 상품영업 혼동행위가 18.7%, 형태모방행위가 21.1%였다.

18) 2015년 내지 2019년 각 검찰연감 참조.

19) 예를 들면, 해외에서 K-브랜드 위조상품 증가, 우리기업 상표의 무단선점 등이 있었고, 최근에는 농산품 원산지 오인혼동 등의 피해가 지속되고 있다.

다. 영업비밀 보호 비전 및 전략

기본계획은 부정경쟁방지 비전을 "디지털 환경에서의 공정한 경쟁질서 확립"으로 정하고, 목표를 ① 우리나라 부정경쟁방지 수준 향상,[20] ② 영업비밀 보호 강화로 경제적 피해 예방[21]으로 삼았다.

기본계획은 이에 대한 전략으로 ① 디지털 환경변화에 대응한 법체계 정비,[22] ② 집행 실효성 확보 및 통상규범의 글로벌 조화[23]를 들고 있다.

〈김광남〉

---

20) 구체적으로 6.3점/10점이었던 2021년의 보호 수준에 대한 국민 체감도를 2026년까지 7.0점/10점까지 높이는 것을 목표로 삼았다.
21) 구체적으로 영업비밀 유출의 경제적 피해액 최대 수치를 2021년 GDP의 2.1%에서 2026년 GDP의 1%로 낮추는 것을 목표로 삼았다.
22) 이와 관련된 핵심 정책과제로 건전한 시장질서 유지를 위한 경쟁법 체계 개선, 디지털 시대에 부합하는 새로운 부정경쟁행위 유형 정립을 마련하였다.
23) 이와 관련된 핵심 정책과제로 건전한 경쟁질서 조성을 위한 집행의 실효성 확보, 부정경쟁방지 통상규범의 글로벌 조화 및 국제협력 강화를 마련하였다.

제2조의3(시행계획의 수립 등)
① 특허청장은 기본계획을 실천하기 위한 세부계획(이하 "시행계획"이라 한다)을 매년 수립·시행하여야 한다.
② 특허청장은 시행계획의 수립·시행과 관련하여 필요한 경우 국가기관, 지방자치단체, 「공공기관의 운영에 관한 법률」에 따른 공공기관, 그 밖에 법률에 따라 설립된 특수법인 등 관련 기관의 장에게 협조를 요청할 수 있다.

〈소 목 차〉

Ⅰ. 의   의   1. 세부계획의 수립
Ⅱ. 내   용   2. 협조 요청

Ⅰ. 의   의

법 제2조의2는 부정경쟁행위를 방지하고, 영업비밀 보호를 강화하기 위하여 특허청장으로 하여금 5년마다 관계 중앙행정기관의 장과 협의를 거쳐 부정경쟁방지 및 영업비밀 보호에 관한 기본계획을 수립하게 하였다. 본조는 기본계획을 실천하기 위한 시행계획을 매년 수립·시행하도록 한 것으로 2020년(법률 제17529호, 2020. 10. 20.) 개정법에서 신설되어 2021. 4. 21. 시행되었다.

Ⅱ. 내   용

1. 시행계획의 수립

특허청장은 부정경쟁방지 및 영업비밀 보호에 관한 기본계획을 실천하기 위한 세부계획을 매년 수립·시행하여야 한다(제1항). 본조에 따라 특허청장은 매년 8월 부정경쟁방지 및 영업비밀 보호 시행계획을 수립하고 있다. 시행계획은 부정경쟁방지 및 영업비밀의 보호수준, 피해현황, 구제 및 관리 현황에 대한 정보를 매년 갱신하고, 주요 추진 성과를 살펴본 후 그에 따라 기본계획에서 정한 비전, 목표, 전략, 핵심 정책과제를 재검토하고 있다.

2. 협조 요청

특허청장은 시행계획의 수립·시행과 관련하여 필요한 경우 국가기관, 지방자치단체, 「공공기관의 운영에 관한 법률」에 따른 공공기관, 그 밖에 법률에 따라 설립된 특수법인 등 관련 기관의 장에게 협조를 요청할 수 있다(제2항).

〈김광남〉

제2조의4(실태조사)

① 특허청장은 기본계획 및 시행계획의 수립·시행을 위한 기초자료를 확보하기 위하여 실태조사를 매년 실시하여야 한다. 다만, 특허청장이 필요하다고 인정하는 경우에는 수시로 실태조사를 할 수 있다.

② 특허청장은 관계 중앙행정기관의 장과 「기술의 이전 및 사업화 촉진에 관한 법률」에 따른 공공연구기관의 장에게 제1항에 따른 실태조사에 필요한 자료의 제출을 요청할 수 있다. 이 경우 자료 제출을 요청받은 기관의 장은 기업의 경영·영업상 비밀의 유지 등 대통령령으로 정하는 특별한 사유가 있는 경우를 제외하고는 이에 협조하여야 한다.

③ 제1항에 따른 실태조사를 하는 경우 실태조사에서의 구체적인 자료 작성의 범위 등에 관하여는 대통령령으로 정한다.

<소 목 차>

Ⅰ. 의   의
Ⅱ. 연   혁
Ⅱ. 내   용
  1. 실태조사

2. 자료의 제출 요청
3. 실태조사에서의 자료 작성의 범위
   및 절차

Ⅰ. 의   의

법 제2조의2는 부정경쟁행위를 방지하고, 영업비밀 보호를 강화하기 위하여 특허청장으로 하여금 5년마다 관계 중앙행정기관의 장과 협의를 거쳐 부정경쟁방지 및 영업비밀 보호에 관한 기본계획을 수립하게 하였고, 법 제2조의3은 기본계획을 실천하기 위한 시행계획을 매년 수립·시행하도록 하였다. 본조는 위 기본계획 및 시행계획의 수립·시행을 위한 기초자료를 확부하기 위하여 실태조사를 하게 한 것으로 2020년(법률 제17529호, 2020. 10. 20.) 개정법에서 신설되어 2021. 4. 21. 시행되었다.

Ⅱ. 연   혁

구 발명진흥법(2020. 10. 20. 법률 제17527호로 개정되기 전의 것) 법 제20조의6은 정부에게 산업재산권 및 영업비밀과 관련된 지식재산 활동 전반에 관한 실태를 파악하기 위하여 대학·연구기관 및 기업 등을 대상으로 실태조사를 매년 실시하도록 하였다. 그러나 영업비밀에 관하여는 2013년 및 2016년 총 2회만 실시되어 통계의 연속성이 부족했고, 21개의 표준산업분류 중 일부인 12개 산업에 대해서만 단순 설문조사 방식으로 진행하여 범위가 제한되었고 전문성이 부족했다는 비판이 있었다. 이에 본조는 조사의 범위를 영업비밀 외에 부정경쟁방지까지 확대하면서 그 근거규정을 부정경쟁방지 및 영업비밀 보호에 관한 개별법인 「부정경쟁방지 및 영업비밀보호에 관한 법률」에 두고, 기본계획 및 시행계획과 연계하여 기초자료 확보하게 하여 조사의 대상과 목적을 보다 분명히 할 수 있게 하였다.

Ⅲ. 내   용

1. 실태조사

특허청장은 기본계획 및 시행계획의 수립·시행을 위한 기초자료를 확보하기 위하여 실태조사를 매년 실시하여야 한다. 다만, 특허청장이 필요하다고 인정하는 경우에는 수시로 실태조사를 할 수 있다. 즉, 기본계획을 5년마다, 시행계획을 매년 각 수립하여야 하므로 그 기초자료 확보를 위한 실태조사를 매년하게 하였고, 새로운 유형의 부정경쟁방지행위 및 영업비밀 침해에 대응하기 위하여 수시로도 실태조사를 하게 한 것이다. 본조에 따라 실시한 2021년 실태조사는 부정경쟁방지와 관련하여 사업체 1,230개, 소비자 1,000명에 대하여, 영업비밀 보호와 관련하여 기업 1,068개, 대학 및 공공연구소 105개에 대하여 광범위한 조사를 실시하였다.

2. 자료의 제출 요청

특허청장은 관계 중앙행정기관의 장과 「기술의 이전 및 사업화 촉진에 관한 법률」에 따른 공공연구기관의 장에게 제1항에 따른 실태조사에 필요한 자료의 제출을 요청할 수 있다(제2항 전문). 「기술의 이전 및 사업화 촉진에 관한 법률」에 따른 공공연구기관에는 국공립 연구기관, 「과학기술분야 정부출연연구기관 등의 설립·운영 및 육성에 관한 법률」 제8조 제1항에 따라 설립된 정부출연연구기관, 「특정연구기관 육성법」 제2조를 적용받는 특정연구기관, 고등교육법 제2조에 따른 학교, 그 밖에 민법 또는 다른 법률에 따라 설립된 연구개발과 관련된 법인·단체로서 기술의 이전 및 사업화를 촉진하기 위하여 대통령령으로 정한 기관이 포함된다. 기본계획 수립을 위한 자료의 제출의 경우 중앙행정기관의 장에게만 자료의 제출을 요청한 것과 구별되며, 이는 자료제출의 상대방을 대폭 확대하여 충실한 조사를 하게 하기 위한 것으로 보인다.

이 경우 자료 제출을 요청받은 기관의 장은 기업의 경영·영업상 비밀의 유지 등 대통령령으로 정하는 특별한 사유가 있는 경우를 제외하고는 이에 협조하여야 한다(제2항 후문). 여기서 "기업의 경영·영업상 비밀의 유지 등 대통령령으로 정하는 특별한 사유가 있는 경우"란 ① 자료를 제출하면 기업의 경영·영업상 비밀에 관한 사항이 공개되어 기업의 정당한 이익을 현저히 해칠 우려가 있다고 인정되는 경우, ② 법령이나 계약에 따라 비밀 유지 의무가 부과되어 있는 경우를 말한다.[1]

3. 실태조사에서의 자료 작성의 범위 및 절차

실태조사를 하는 경우 실태조사에서의 구체적인 자료 작성의 범위에는 ① 부정경쟁행위와 관련된 기업의 인식도 및 영업환경에 관한 사항, ② 영업비밀 보유자의 현황 및 영업비밀 취득·사용·관리에 관한 사항, ③ 부정경쟁행위 및 영업비밀 침해행위의 발생유형·피해구제 현황 등 분쟁에 관한 사항, ④ 그 밖에 부정경쟁방지 및 영업비밀보호를 위한 정책수립·시행과 관련하여 특허청장이 필요하다고 인정하는 사항을 포함한다.[2]

특허청장은 실태조사를 하려는 경우에는 조사 대상자 선정기준을 정하고, 조사의 목적·내용 및 기간 등을 포함한 실태조사 계획을 작성하여 미리 조사대상자에게 통지해야 한다.[3] 실태조사는 현장조사 또는 서면조사의 방법으로 실시하며, 효율적인 조사를 위하여 필요한 경우에는 전자우편 등 정보통신망을 활용하여 할 수 있다.[4] 특허청장은 실태조사 중 전문적인 검토나 조사업무를 부정경쟁방지 및 영업비밀 보호 관련 연구기관·단체 또는 전문가에게 의뢰하여 실시할 수 있다.[5]

〈김광남〉

---

1) 부정경쟁방지 및 영업비밀보호에 관한 법률 시행령 제1조의3 제1항.
2) 본조 제3항, 부정경쟁방지 및 영업비밀보호에 관한 법률 시행령 제1조의3 제2항.
3) 부정경쟁방지 및 영업비밀보호에 관한 법률 시행령 제1조의3 제3항.
4) 부정경쟁방지 및 영업비밀보호에 관한 법률 시행령 제1조의3 제4항.
5) 부정경쟁방지 및 영업비밀보호에 관한 법률 시행령 제1조의3 제5항.

> **제2조의5(부정경쟁방지 및 영업비밀보호 사업)**
> 특허청장은 부정경쟁행위의 방지 및 영업비밀보호를 위하여 연구·교육·홍보 등 기반구축, 부정경쟁방지를 위한 정보관리시스템 구축 및 운영, 그 밖에 대통령령으로 정하는 사업을 할 수 있다.

〈소 목 차〉

Ⅰ. 의   의   Ⅲ. 내   용
Ⅱ. 연   혁

Ⅰ. 의   의

본조는 개발도상국과의 무역장벽 철폐로 위조상품이 대량으로 유입되는 등 악영향에 대비하여 부정경쟁방지 및 영업비밀보호 관련 업무를 강화할 필요가 있으므로 특허청장이 부정경쟁방지 및 영업비밀보호를 위한 연구·교육 및 홍보, 부정경쟁방지를 위한 정보관리 시스템 구축 및 운영 등의 사업을 할 수 있도록 한 것이다.

본조와 함께 신설된 법 제17조 제2항에서는 본조에 따른 연구·교육·홍보 등 기반구축 및 정보관리시스템의 구축·운영에 관한 업무를 대통령령으로 정하는 산업재산권 보호 또는 부정경쟁방지 업무와 관련된 법인이나 단체에 위탁할 수 있도록 하고 있고, 비용지출근거 등을 규정하고 있다. 이에 대한 상세한 내용은 본 주해서 중 제17조에 대한 부분을 참고하기 바란다.

Ⅱ. 연   혁

본조는 2009년(법률 제9537호, 2009. 3. 25.) 개정법에서 제2조의2로 신설되었다. 원래 개정안은 '특허청장은 부정경쟁행위의 방지 및 영업비밀보호를 위하여 연구·교육 및 홍보, 정보관리 시스템 구축 및 운영, 그 밖에 대통령령으로 정하는 사업을 할 수 있다'로 되어 있었으나 국회 심사과정에서 정보관리 시스템 구축·운영 등을 외부에 위탁할 경우 기업의 영업비밀 유출 우려가 있다는 지적이 있어 영업비밀에 관한 정보관리 시스템은 제외하기로 하였고, 이에 따라 "정보

관리 시스템"이 "부정경쟁방지를 위한 정보관리시스템"으로 수정되었다.

　본조는 원래 제2조의2로 신설되었으나 2020년(2020. 10. 20. 법률 제17529호) 개정법에서 부정경쟁방지 및 영업비밀보호 사업범위 중 '연구·교육 및 홍보'를 '연구·교육·홍보 등 기반구축'으로 확장하여 정의하면서 제2조의5로 이동하게 되었다.

Ⅲ. 내　　용[1]

　지식기반경제의 대두와 함께 국가경쟁력 확보 및 국가이미지 제고를 위한 지식재산권 보호의 중요성은 증가하고 있다. 이를 위해 법에서는 위조상품의 유통 등 부정경쟁행위자에 대한 민·형사적 책임과 함께 행정기관의 조사 및 시정권고 등 단속규정을 두고 있으며, 특허청은 단속공무원에 대한 교육, 홍보 및 위조상품 신고포상금제 운영 등의 사업을 시행하고 있다.

　그러나 최근 단속강화에 따라 적발건수는 매년 증가하고 있으나 정확한 유통실태는 파악할 수 없는 실정이며, 특히 온라인을 통한 위조상품 유통이 급증하고 있으나, 특허청 및 지자체의 한정된 인력으로는 단속에 한계가 있다는 지적이 제기되고 있다.

　이에 따라 본조는 부정경쟁행위 단속을 위한 교육, 침해실태 및 사례조사, 실태분석, 온라인상 부정경쟁행위에 대한 모니터링 시스템 구축·운영, 검·경 및 지자체 공무원 대상 전문교육, 일반인 대상 위조상품 침해 예방 교육 및 부정경쟁행위 방지를 위한 홍보(인터넷 홍보, 홍보물 게재, TV홍보, 광고공모전 등) 등 기반구축 등 사업을 민간 전문기관에게 위탁할 수 있도록 법적 근거를 마련하는 것으로서, 이는 단속지원업무에 대한 전문성을 제고하고자 하는 취지이다.

　위와 같은 업무위탁에 대한 구체적인 절차와 내용은 법 제17조에 규정되어 있으므로 본 주해서의 제17조에 관한 부분을 참조하기 바란다.

〈백강진〉

---

1) 본조 개정안에 대한 2009. 2. 국회 지식경제위원회 심사보고서의 내용을 참조한 것이다.

제 2 장
부정경쟁행위의 금지 등

> **제3조(국기·국장 등의 사용 금지)**
> ① 파리협약 당사국, 세계무역기구 회원국 또는 상표법 조약 체약국의 국기·
> 국장(國章), 그 밖의 휘장이나 국제기구의 표지와 동일하거나 유사한 것은 상
> 표로 사용할 수 없다. 다만, 해당 국가 또는 국제기구의 허락을 받은 경우에
> 는 그러하지 아니하다.
> ② 파리협약 당사국, 세계무역기구 회원국 또는 상표법 조약 체약국 정부의
> 감독용 또는 증명용 표지와 동일하거나 유사한 것은 상표로 사용할 수 없다.
> 다만, 해당 정부의 허락을 받은 경우에는 그러하지 아니하다.

<소 목 차>

Ⅰ. 의의 및 취지
Ⅱ. 연   혁
Ⅲ. 구체적 내용
Ⅳ. 시정권고 및 형사처벌

Ⅴ. 타법의 관련 규정
  1. 상 표 법
  2. 실용신안법
  3. 디자인보호법

Ⅰ. 의의 및 취지

부정경쟁방지법이 들고 있는 국기·국장 등의 무단사용의 유형은 ① 파리
협약[1] 당사국·세계무역기구 회원국·상표법 조약 체약국의 국기·국장 기타 휘
장과 국제기구의 표지와 동일·유사한 것을 상표로 사용하는 것(제3조 제1항),
② 파리협약 당사국·세계무역기구 회원국·상표법 조약 체약국 정부의 감독

---

[1] 공업소유권의 보호를 위한 파리협약(Paris Convention for the Protection of Industrial
Property). 통상 파리조약 또는 파리협약이라고 부르는데 이하에서는 상표법에 규정된 바
에 따라 파리협약으로 통일한다. 파리협약은 산업재산권의 국제적 보호에 관한 최초의 다
자조약으로서, 1883. 3. 20. 성립된 후 모두 7차례에 걸쳐 개정되어 오늘에 이르고 있고,
우리나라도 스톡홀름에서 개정된 파리조약에 가입하여 1980. 5. 4.부터 발효되었다(조약
707호). 특허소송실무, 법원행정처, 371, 372 참조

용·증명용 표지와 동일·유사한 것을 상표로 사용하는 것(제3조 제2항)이다.

이 규정은 주권의 상징이라고 할 수 있는 국기·국장 등에 대한 국가의 관리권을 침해하는 행위를 방지하기 위한 것[2]으로 파리협약 제6조의 3[3]에서 규정한 조약상의 의무를 이행하기 위한 규정이다. 또한 국기·국장 등을 상표로 사용하는 것은 그 상품이 당해 국가나 국제기구와 어떤 관계가 있는 것으로 그 상품의 출처에 대하여 일반 소비자의 오인·혼동을 일으킬 우려가 있기 때문에 이를 금지할 필요가 있어 규정한 것이다.

상표법은 국기·국장 등과 동일·유사한 상표는 당해 국가·국제기구 등의 허락 여부에 관계없이 상표등록을 받을 수 없도록 규정(상표법 제7조 제1항 제1호)하고 있는 반면, 부정경쟁방지법은 해당 국가·국제기구 등의 허락을 받은 경우에는 부정경쟁행위에 해당하지 않는 것으로 규정하고 있다.

Ⅱ. 연 혁

1961. 12. 30. 법률 제911호로 제정된 법은 제6조(국기, 국장 등의 사용금지)에서는 "① 국기, 국장, 군기, 훈장, 포장, 기장 또는 국제기구 등의 표지는 이를 상표로 사용하거나 또는 이를 상표로 한 상품을 판매, 무상반포 또는 수출할 수

---

2) 대법원 2987. 4. 28. 선고 85후11 판결: 상표법 제9조 제1항에 의하면 등록을 받을 수 없는 상표를 규정하면서 그 제1호에서 국가, 국장…적십자, 올림픽 또는 저명한 국제기관의 칭호나 표장과 동일 또는 유사한 상표를 들고 있는바, <u>그 입법취지는 공익적 견지에서 국제기관의 존엄을 유지하기 위하여 그 칭호나 표장과 동일 또는 유사한 상표에 대하여 등록을 인정하여 사인의 독점적 사용을 하게 하는 것은 국제신의의 입장에서 적당하지 않기 때문</u>이라 할 것이다.

3) Article 6ter

Marks: Prohibitions concerning State Emblems, Official Hallmarks, and Emblems of Intergovernmental Organizations

(1)

(a) The countries of the Union agree to refuse or to invalidate the registration, and to prohibit by appropriate measures the use, without authorization by the competent authorities, either as trademarks or as elements of trademarks, of armorial bearings, flags, and other State emblems, of the countries of the Union, official signs and hallmarks indicating control and warranty adopted by them, and any imitation from a heraldic point of view.

(a) 동맹국은 동맹국의 國家文章, 旗章, 기타의 記章 및 동맹국이 택한 감독용 및 증명용의 공공의 기호와 인장 또는 문장학상 이러한 것들의 모방이라고 인정되는 것의 상표 또는 그 구성부분으로서의 등록을 거절 또는 무효로 하고 또한 권한 있는 당국의 허가를 받지 않고 이를 상표 또는 그 구성부분으로 하여 사용하는 것을 적당한 방법으로 금지할 것에 합의한다.

없다. ② 외국의 문장, 기장 기타의 휘장으로서 상공부장관이 지정하는 것과 동일 또는 유사한 것은 그 국가의 당해 관청의 허가를 받지 아니하면 이를 상표로 사용하거나 또는 이를 상표로 사용한 상품을 판매 또는 무상반포할 수 없다. ③ 전항의 문장, 기장 기타의 휘장은 그 국가의 당해 관청의 허가를 받지 아니하면 상품의 원산지의 오인을 일으키게 하는 방법에 의하여 거래상 이를 사용하거나 또는 이를 사용한 상품을 판매 또는 무상반포할 수 없다. ④ 외국정부기관의 감독용 또는 증명용의 인장 또는 기호로서 상공부장관이 지정하는 것과 동일 또는 유사한 것은 그 국가의 당해 관청의 허가를 받지 아니하면 이와 동일 또는 유사한 상표로서 사용하거나 또는 이것을 사용한 상품을 판매 또는 무상반포할 수 없다."고 규정하였다.

1986. 12. 31. 법률 제3897호로 개정된 법에서는 종전의 법 제6조의 내용을 법 제3조로 이동하면서 "① 공업소유권의 보호를 위한 파리협약(이하 '파리조약'이라 한다) 당사국의 국기·국장 기타의 휘장이나 국제기구의 표지와 동일 또는 유사한 것은 상표로 사용할 수 없다. 다만, 당해 국가 또는 국제기구의 허락을 받은 경우에는 그러하지 아니하다. ② 파리조약 당사국의 정부의 감독용 또는 증명용 표식과 동일 또는 유사한 것은 상표로 사용할 수 없다. 다만, 당해국의 정부의 허락을 받은 경우에는 그러하지 아니하다."라고 전면 수정하였다.

1998. 12. 31. 법률 제5621호로 개정된 법 제3조에서는 종전의 "파리협약(이하 '파리조약'이라 한다) 당사국"을 "공업소유권의 보호를 위한 파리협약(이하 '파리협약'이라 한다) 당사국 또는 세계무역기구 가입국"으로 확대하였다.

2001. 2. 3, 법률 제6421호로 개정된 법 제3조에서는 "공업소유권의 보호를 위한 파리협약(이하 '파리협약'이라 한다) 당사국"을 "파리협약 당사국"으로, "세계무역기구 가입국"을 "세계무역기구 회원국"으로 자구를 수정하고, 상표법조약 제15조에서 상표법 조약 체약국에 대하여는 표장에 관한 파리협약의 준수를 의무로 규정하고 있어, 2001년도 상표법 조약 가입을 위한 국내법상의 이행준비가 필요한 점을 감안하여 "상표법 조약 체약국"의 국기, 국장 등과 동일 또는 유사한 것은 상표로 사용할 수 없도록 함으로써 파리협약 당사국과 세계무역기구 회원국의 국기, 국장과 동일하게 보호하고자 하였다.

2007. 12. 21. 법률 제8767호로 개정된 법에서는 국민이 쉽게 읽고 이해하도록 법 문장 중 한자를 한글로 바꾸되, 한글만으로 이해가 어렵거나 혼동의 우려가 있을 경우에는 괄호 안에 한자를 적도록 하고 한글맞춤법 등 어문 규범을

준수하여 문장부호와 기호 등을 사용하였다.

Ⅲ. 구체적 내용

휘장(徽章)이란 국가·단체 등을 상징하는 표장(標章)4)을 말한다. 넓은 뜻으로
는 개인의 신분·직업·명예 등을 나타내기 위하여 옷이나 모자에 붙이는 표장 등
도 포함된다. 부정경쟁방지법 제3조 제1항에 의하면 미국의 성조기를 허락 없이 신
발의 상표로 사용하는 경우 특허청장의 시정권고는 물론 형사처벌의 대상이 된다.

그리고 국제기구라 함은 정부간국제기구와 비정부간국제기구5)를 포함하고,
국제연합(UN) 및 산하기구와 EU, NATO, OPEC와 같은 지역 국제기구 등 국제
사회에서 일반적으로 인지되고 있는 국가 간의 단체를 말한다.6) 상표법 제34조
제1항 제1호 (다)목에서는 국제적십자, 국제올림픽위원회, 또는 저명한 국제기관의
명칭, 약칭, 표장과 동일하거나 유사한 상표를 상표부등록사유로 규정하고 있다.

파리협약 당사국, 세계무역기구 회원국 또는 상표법 조약 체약국이 사용하
는 감독용이나 증명용 표지는 물론 그 국가의 중앙행정기관, 지방행정기관, 그
밖의 지방자치단체, 공공조합, 공법상의 영조물법인과 그 대표기관 및 산하기관
이 사용하는 것을 포함한 것으로 보아야 할 것이다.

감독용이나 증명용 표지란 국내외의 공공기관이 상품 등의 규격·품질 등

---

4) 상표법은 기호, 문자, 도형, 소리, 냄새, 입체적 형상, 홀로그램·동작 또는 색채 등으로
서 그 구성이나 표현방식에 상관없이 상품의 출처(出處)를 나타내기 위하여 사용하는 모
든 표시를 표장(標章)으로 규정하고 있다(상표법 제2조 제1항 제2호).

5) 대법원 1987. 4. 28. 선고 85후11 판결에 따르면, 구 상표법(1990. 1. 13. 법률 제4210호
로 개정되기 전의 것) 제9조 제1항 제1호의 입법취지는 공익적 견지에서 국제기관의 존엄
을 유지하기 위하여 그 칭호나 표장과 동일, 유사한 상표에 대하여 등록을 인정하여 사인
의 독점적 사용을 하게 하는 것은 국제신의의 입장에서 적당하지 않기 때문이라 할 것이
므로 위 법조에서 규정한 국제기관에는 제국이 공통적인 목적을 위하여 국가간의 조약으
로 설치하는 이른바 국가(정부)간의 국제기관뿐만 아니라 정부간의 합의에 의하지 않고
창설된 이른바 비정부단체(Non-governmental Organization)나 국제적 민간단체(International
Non-governmental Organization)도 이에 포함될 수 있다고 한다.

6) 특허청 예규 제106호 상표심사기준, 50105에서는 저명한 국제기관의 예시로 정부간국제
기구로는 국제원자력기구(IAEA), 국제형사경찰기구(INTERPOL), 세계보건기구(WHO), 세계
무역기구(WTO), 국제부흥개발은행(IBRD), 국제금융공사(IFC), 국제개발협회(IDA), 국제
연합식량농업기구(FAO), 국제연합교육과문화기구(UNESCO), 아프리카연합(AU), 국제노동
기구(ILO), 국제통화기금(IMF), 석유수출국기구(OPEC), 세계지식재산기구(WIPO), 북대서
양조약기구(NATO) 등을 들고 있고, 비정부간국제기구로는 국제사면위원회(AI), 국제상공
회의소(ICC), 국제의회연맹(IPU), 기독교청년회(YMCA), 기독교여자청년회(YWCA), 국경
없는의사회(MSF), 세계교회협의회(WCC) 등을 들고 있다.

을 관리, 통제, 증명하기 위하여 사용하는 제 표장 등을 말한다.[7] 예를 들면 정부의 공업규격 인증표지인 KS마크를 허락없이 가스레인지의 상표로 사용하는 경우 특허청장의 시정권고는 물론 형사처벌의 대상이 된다.[8]

유사한 상표의 개념을 넓게 해석하여 대체로 이 조가 규정하는 표지를 의미하는 것으로 인식될 수 있는 정도이면 족하다고 보고, 이 조가 규정하는 표지의 명칭을 문자로 동일 또는 유사하게 표시한 경우에도 동일 또는 유사한 표지로 볼 수 있고, 상표의 일부에 이 조가 규정하는 표지를 결합하였을 때에도 이 조에 해당하는 것으로 볼 수 있다.

상표법과 부정경쟁방지법이 상호 저촉되는 경우에는 부정경쟁방지법이 적용되지 아니하나, 부정경쟁방지법 제15조의 규정은 상표법 등에 부정경쟁방지법의 규정과 다른 규정이 있는 경우에는 그 법에 의하도록 한 것에 지나지 아니하므로, 상표법 등 다른 법률에 의하여 보호되는 권리일지라도 그 법에 저촉되지 아니하는 범위 안에서는 부정경쟁방지법을 적용할 수 있는 것이다.[9] 따라서 부정경쟁방지법과 상표법은 그 목적과 보호방법 및 대상 등이 일치하지 아니하므로 비록 상표법상 보호받지 못하는 표지라 하더라도 부정경쟁방지법의 요건을 충족하는 경우에는 부정경쟁방지법이 보호하는 표지에 해당한다고 할 것이다. 부정경쟁방지법 제3조는 국기·국장 등의 경우에 사용금지 규정을 두고 있으나, 상표법상 등록무효사유에 해당하는 경우에 대하여 일반적으로 사용금지 규정을 두고 있지 않다. 이러한 점에 비추어 보면 상표법상 보호받지 못하는 경우에도 사안에 따라서는 부정경쟁방지법이 보호하는 표지에 해당할 수 있다고 해석함이 상당하다.

한편, 대법원 2021. 5. 7. 선고 2020도7080 판결은 부정경쟁방지 및 영업비밀 보호에 관한 법률 제3조 제2항에서 금지하는 감독용·증명용 표지와 동일, 유사한 것의 상표사용이 문제된 사건에서 부정경쟁방지법 제3조 제2항에서 금지하는 '파리협약 당사국, 세계무역기구 회원국 또는 「상표법 조약」 체약국 정부의 감독용 또는 증명용 표지와 동일하거나 유사한 것을 상표로 사용하는 행위'는 상표법 제2조 제1항 제1호에서 정하는 '자기의 상품과 타인의 상품을 식별하기 위하여

---

7) 특허청, 조문별 상표법 해설(2007), 56.
8) 특허법원 2005. 8. 11. 선고 2005허2915 판결(확정)은 상표법 제7조 제1의1호에 해당하기 위해서는 출원상표의 거절결정 당시 공공기관이 현실적으로 감독용이나 증명용으로 사용하고 있는 인장이나 기호이어야 하고 단순히 앞으로 그 인장이나 기호를 감독용이나 증명용으로 사용할 계획이 있다는 사정만으로는 본호에 해당한다고 할 수 없다고 판시하였는바, 부정경쟁방지법에서도 마찬가지라고 할 것이다.
9) 대법원 1999. 4. 23. 선고 97도322 판결(집47-1, 560; 공1999상, 1088) 참조.

사용하는 표장'으로 사용하는지에 따른다고 판시하였다. 해당 사건 상품에 EU(유
럽연합) 혹은 러시아연방에서 관리하는 감독용·증명용 표지인 'CE', 'ROHS',
'EAC' 표지가 표시되어 있으나, 제반 사정에 비추어 이를 상표의 본질적 기능이
라고 할 수 있는 출처표시를 위하여 사용한 것으로 보기 어렵고, 달리 위 표지를
상표로 사용하였다는 점을 인정할 증거가 없다는 이유로 부정경쟁방지법 제18조
제3항 제2호 (다)목 위반죄를 무죄로 판단한 원심을 수긍하였다.

IV. 시정권고 및 형사처벌

특허청장, 시·도지사 또는 시장·군수·구청장은 제3조를 위반한 행위가 있다
고 인정되면 그 위반행위를 한 자에게 30일 이내의 기간을 정하여 그 행위를 중지
하거나 표지를 제거 또는 폐기할 것 등 그 시정에 필요한 권고를 할 수 있다(제8조).

제3조를 위반하여 파리협약 당사국, 세계무역기구 회원국 또는 상표법 조약
체약국의 국기·국장, 그 밖의 휘장, 국제기구의 표지, 파리협약 당사국, 세계무
역기구 회원국 또는 상표법 조약 체약국 정부의 감독용·증명용 표지와 동일하
거나 유사한 것을 상표로 사용한 자는 3년 이하의 징역 또는 3천만원 이하의
벌금에 처한다(제18조 제3항 제2호).

V. 타법의 관련 규정

1. 상 표 법

대한민국의 국기, 국장(國章), 군기(軍旗), 훈장, 포장(褒章), 기장, 대한민국
이나 공공기관의 감독용 또는 증명용 인장(印章)·기호와 동일·유사한 상표(제
34조 제1항 제1호 (가)목), 파리협약 동맹국 등의 국기와 동일·유사한 상표(같은
호 (나)목), 국제적십자 등 저명한 국제기관의 명칭, 약칭, 표장과 동일·유사한
상표(같은 호 (다)목), 세계지식재산기구로부터 통지받아 특허청장이 지정한 동맹
국 등의 문장(紋章) 등 또는 동맹국 등이 가입한 정부 간 국제기구의 명칭 등과
동일·유사한 상표(같은 호 (라)목) 및 세계지식재산기구로부터 통지받아 특허청
장이 지정한 동맹국 등 또는 그 공공기관의 감독용·증명용 인장 또는 기호와
동일·유사한 상표로서 그 인장 또는 기호가 사용되고 있는 상품과 동일·유사
한 상품에 대하여 사용하는 것(같은 호 (마)목)은 상표법 제33조의 규정에 의한

식별력을 갖추고 있더라도 상표등록을 받을 수 없도록 규정하고 있다.

2. 실용신안법

국기 또는 훈장과 동일하거나 유사한 고안은 실용신안등록을 받을 수 없다(실용신안법 제6조 제1호).

3. 디자인보호법

국기, 국장(國章), 군기(軍旗), 훈장, 포장, 기장(記章), 그 밖의 공공기관 등의 표장과 외국의 국기, 국장 또는 국제기관 등의 문자나 표지와 동일하거나 유사한 디자인은 디자인등록을 받을 수 없다(디자인보호법 제34조 제1호).

〈권동주〉

제3조의2(자유무역협정에 따라 보호하는 지리적 표시의 사용금지 등)

① 정당한 권원이 없는 자는 대한민국이 외국과 양자간(兩者間) 또는 다자간(多者間)으로 체결하여 발효된 자유무역협정에 따라 보호하는 지리적 표시(이하 이 조에서 "지리적 표시"라 한다)에 대하여는 제2조 제1호 라목 및 마목의 부정경쟁행위 이외에도 지리적 표시에 나타난 장소를 원산지로 하지 아니하는 상품(지리적 표시를 사용하는 상품과 동일하거나 동일하다고 인식되는 상품으로 한정한다)에 관하여 다음 각 호의 행위를 할 수 없다.

1. 진정한 원산지 표시 이외에 별도로 지리적 표시를 사용하는 행위
2. 지리적 표시를 번역 또는 음역하여 사용하는 행위
3. "종류", "유형", "양식" 또는 "모조품" 등의 표현을 수반하여 지리적 표시를 사용하는 행위

② 정당한 권원이 없는 자는 다음 각 호의 행위를 할 수 없다.

1. 제1항 각 호에 해당하는 방식으로 지리적 표시를 사용한 상품을 양도·인도 또는 이를 위하여 전시하거나 수입·수출하는 행위
2. 제2조 제1호 라목 또는 마목에 해당하는 방식으로 지리적 표시를 사용한 상품을 인도하거나 이를 위하여 전시하는 행위

③ 제1항 각 호에 해당하는 방식으로 상표를 사용하는 자로서 다음 각 호의 요건을 모두 갖춘 자는 제1항에도 불구하고 해당 상표를 그 사용하는 상품에 계속 사용할 수 있다.

1. 국내에서 지리적 표시의 보호개시일 이전부터 해당 상표를 사용하고 있을 것
2. 제1호에 따라 상표를 사용한 결과 해당 지리적 표시의 보호개시일에 국내 수요자 간에 그 상표가 특정인의 상품을 표시하는 것이라고 인식되어 있을 것

<소 목 차>

Ⅰ. 취   지
Ⅱ. 요   건
  1. 지리적 표시
  2. 대한민국이 외국과 양자간(兩者間) 또는 다자간(多者間)으로 체결하여 발효된 자유무역협정에 따라 보호하는 지리적 표시
Ⅲ. 예   외
Ⅳ. 결   어

Ⅰ. 취   지

본조는 우리나라가 양자간 또는 다자간 조약의 체결을 통하여 지리적 표시

(Geographical Indications)를 보호하기로 합의한 경우 그 조약상의 의무이행을 위하여 해당 조약에서 보호하는 지리적 표시를 추가로 보호하기로 한 것이다.

우리나라는 지리적 표시를 상표법상 단체표장, 증명표장제도나 농산물 품질관리법, 수산물 품질관리법 등에 의하여 주로 보호하고 있었고, 부정경쟁방지 및 영업비밀보호에 관한 법률 제2조 제1호 (라)목과 (마)목의 원산지 또는 출처지 오인 행위 금지를 통해서도 보호가 이루어져 왔다. 세계무역기구협정(WTO)의 부속서인 무역관련 지적재산권에 관한 협정(TRIPs)에서는 가맹국의 지리적 표시의 보호의무를 규정하고 있었으며, 이러한 TRIPs 체제는 앞서 본 상표법상 단체표장제도나 농산물 품질관리법 등의 법률을 통하여 우리 법에 반영되어 있었다. 그런데 유럽연합에서는 이에서 더 나아가 오래 전부터 지리적 표시를 독자적인 지적재산권에 가까운 형태로 보호하고 있었고, 우리나라는 2011. 7. 1. 이래 적용된 우리나라와 유럽연합 사이의 자유무역협정을 통하여 유럽연합에서 보호하는 방식의 지리적 표시에 대하여 이를 상호 보호하기로 합의하였다.

이에 즈음하여 2011. 6. 30. 신설된 본조(우리나라와 유럽연합 사이의 자유무역협정이 발효하는 날부터 시행, 부칙 제10810호)는 우리나라와 유럽연합 사이의 자유무역 협정 등을 비롯한 여러 관련 조약에서 정한 지리적 표시에 관한 보호에 위반하는 행위를 부정경쟁행위의 새로운 형태로 추가 규정한 것이다.

Ⅱ. 요   건

1. 지리적 표시

지리적 표시에 관한 첫 국제조약인 TRIPs 협정 제22조 제1항의 정의에 따르면, 지리적 표시는 상품의 특정 품질, 명성 또는 그 밖의 특성이 본질적으로 지리적 근원에서 비롯되는 경우, 특정 지역, 지방 또는 국가를 원산지로 하는 상품임을 명시하는 표시를 말한다.[1]

한편 유럽연합에서는 지리적 표시를 더욱 세분화하여 원산지 보호 표시

---

1) 이는 리스본 협정상의 원산지 명칭(Appellation of origin, 자연적, 인적 요소를 망라하는 해당 지리적 환경에서 전적으로(exclusively) 본질적인 특성이 기인되는 생산품을 말한다)보다는 넓고, 파리협약상의 출처표시(Indication of origin, 품질 중립적인 출처 개념이다)보다는 좁은 개념으로 이해된다. 참고로 우리 상표법 제2조 제1항 제4호의 지리적 표시에 관한 정의는 '상품의 특정 품질, 명성 또는 그 밖의 특성이 본질적으로 특정 지역에서 비롯된 경우에 그 지역에서 생산, 제조 또는 가공된 상품임을 나타내는 표시를 말한다.'라고 되어 있다

(Protected Designation of Origin: PDO)와 지리적 보호 표시(Protected Geographical Indication: PGI) 등으로 나누어 보호하고 있었는데,[2] 우리나라와 유럽연합 사이의 자유무역협정에서는 위와 같은 TRIPs의 정의를 따르지 아니하고 상호 인정하는 지리적 표시 보호 법률을 적시하였는바,[3] 유럽연합 측이 인정받은 '지리적 표시'는 '유럽연합 이사회 규정 제510/2006호, 제110/2008호, 제1234/2007호 등에 언급된 지리적 표시, 원산지 명칭…' 등으로 상세히 정의되어 있다.

2. 대한민국이 외국과 양자간(兩者間) 또는 다자간(多者間)으로 체결하여 발효된 자유무역협정에 따라 보호하는 지리적 표시

가. 자유무역협정

우리나라가 지리적 표시에 관하여 다자간으로 체결한 자유무역협정에는 앞서 본 WTO의 TRIPs가 있다. 그리고 지리적 표시에 관하여 양자간으로 체결한 자유무역협정은 칠레, 유럽연합, 페루, 미국, 호주, 캐나다와의 자유무역협정을 들 수 있다. 위 양자간 자유무역협정들은 그 내용이 강화된 유럽연합과의 자유무역협정을 제외하고는 대부분 TRIPs의 내용을 기초로 하여 지리적 표시의 정의와 보호범위를 규정하고 있다.[4]

나. 보호의 대상

앞서 2항에서 본 것처럼 보호의 대상이 되는 지리적 표시는 우리나라가 체결한 각 자유무역협정에서 보호대상으로 규정된 것을 말한다. 이 경우 부정경쟁방지법 제2조 제1항 제1호 (가) 내지 (다)목에서 요구하는 주지성 내지 저명성은 요구되지 않으므로 상대적으로 강력한 보호를 받게 된다. 위 지리적 표시의 보호와 관련된 지정 상품이나 서비스의 범위는 개별 조약의 협정문에 상세히 규정되어 있으므로 이에 따른다.

다. 금지되는 행위

본조 제1, 2항에서는 금지되는 행위를 열거하고 있다.[5] 즉, 지리적 표시를

---

2) 이에 대한 상세한 설명은 윤여강, 정태호, 한국·EU FTA 타결에 따른 한국 지리적 표시 보호에 대한 평가, 국제통상연구 제15권 제1호(2010. 2), 4-5 참조

3) 협정문 제10장 주석 2).

4) TRIPs, 각 FTA 및 국내법상의 지리적 표시 보호 내용과 범위에 관한 상세한 비교에 대해서는, 육소영, FTA 지리적 표시와 국내 이행에 관한 법제연구, 한국법제연구원(2014. 8), 159-163 참조.

5) '제2조 제1호 (라)목 및 (마)목의 부정경쟁행위 이외에도'라는 부분은 지리적 표시에 관

사용하는 상품과 동일하거나 동일하다고 인식되는 상품 중 지리적 표시에 나타
난 장소를 원산지로 하지 아니하는 상품임에도, 1) 진정한 원산지 표시 이외에
별도로 지리적 표시를 사용하는 행위, 2) 지리적 표시를 번역 또는 음역하여 사
용하는 행위, 3) "종류", "유형", "양식" 또는 "모조품" 등의 표현을 수반하여 지
리적 표시를 사용하는 행위를 할 수 없고, 정당한 권원이 없는 자는, 위와 같이
위법하게 지리적 표시를 사용한 상품을 양도·인도 또는 이를 위하여 전시하거
나 수입·수출하는 행위, 그리고 부정경쟁방지법 제2조 제1호 (라)목 또는 (마)
목 위반의 원산지 또는 출처지 표시 위반 상품을 인도하거나 전시하는 행위 역
시 할 수 없다.

　　부정경쟁방지법 제2조 제1호 (가) 내지 (바)목에서는 혼동, 오인, 명성의 손
상 등을 요구함으로써 '부정'한 경쟁행위라는 요건을 충족하는 징표를 특정하고
있음에 반하여, 본조에서는 지리적 표시에 관한 실제의 오인, 혼동 등의 발생
여부와 관계없이 이를 불러일으킬 가능성이 있는 대표적 행위 태양을 열거하여
금지함으로써 보호 수준을 강화하고 있다.6) 다만 그 대상이 '동일하거나 동일하
다고 인식되는 상품'으로 제한된다는 점에서는 다소 제한이 있다.

III. 예   외

　　본조 3항에서는 예외적으로 지리적 표시의 사용이 허용되는 경우를 들고
있다. 즉, 국내에서 지리적 표시의 보호개시일 이전부터 해당 상표를 사용하고
있었고, 그에 따라 상표를 사용한 결과 해당 지리적 표시의 보호개시일에 국내
수요자 간에 그 상표가 특정인의 상품을 표시하는 것이라고 인식되어 있는 경
우에는, 위 상표의 사용이 본조 제1, 2항에 위배되고 그 사람이 해당 지리적 표
시에 관하여 정당한 권원이 없더라도 해당 상표를 그 사용하는 상품에 계속 사
용할 수 있다.

　　한 기존의 보호제도인 원산지, 출처지 보호에 더하여 자유무역협정에 의해 더욱 강화된 금
　　지행위를 규율한다는 의미로 이해되며, 제2항 말미에서 위 원산지, 출처지 표시 위반 상품
　　에 대한 인도 및 전시 금지행위를 추가로 규정한 내용과 관련된다.
6) TRIPs 협정 제22조는 대중에게 출처를 오인하게 하는 방식으로 지리적 표시를 사용하는
　　것을 금하고 있다. 다만 제23조는 포도주, 증류주 지리적 표시에 한정하여 출처오인 여부
　　를 불문하고 위와 같은 특정 사용 형태를 모두 규제함으로써 보호를 강화하였다. 우리나라
　　는 유럽연합과의 자유무역협정에서 이러한 규제를 포도주, 증류주 외의 다른 농, 식품에까
　　지 확대 적용함으로써 그 보호수준을 강화하였다(이른바 TRIPs 플러스 방식).

　　본조에서 말하는 지리적 표시의 보호개시일은 특별한 사정이 없는 한 해당 조약이 국내에 적용되기 시작하는 날이라고 보아야 할 것이다.

　　상표법 상 선사용자의 보호와 유사한 규정으로서,[7] 지리적 표시에 관하여 이미 주지성을 갖춘 선사용자가 있는 경우에는 그 지리적 표시의 사용은 오인, 혼동을 일으키는 부정경쟁행위라 볼 수 없으므로 예외적으로 이를 계속 사용할 수 있게 한 것이다.[8] 예외 규정의 취지상 해당 상표를 해당 상품에 사용하는 것이 허용될 뿐 유사 상품에까지 사용하는 것은 금지된다고 보아야 할 것이다.

　　한편, 지리적 표시가 오랜 사용을 통하여 소비자에게 해당 상품을 나타내는 보통명칭으로 인식되어 있는 경우(대표적으로 샴페인, 치즈의 종류인 Feta 등을 들 수 있다[9]), TRIPs 제24조 제6호에서는 명시적으로 이에 대한 보호를 부정하고 있으나, 현재의 양자간 자유무역협정에서는 명문의 규정이 없어 논란이 되고 있다.[10][11]

IV. 결　　어

　　본조는 기존의 TRIPs 체제에 더하여 유럽연합과의 자유무역협정을 계기로 추가된 부분으로서 유럽연합의 강화된 보호 수준을 상당 부분 수용한 결과물이다. 향후 본조의 지리적 표시에 대해 부정경쟁행위의 징표인 오인, 혼동 등의 요건 인정 없이 그대로 전면적인 보호를 부여한 부분, 특히 보통명칭의 예외에 대한 명확한 규정이 없는 점 등에 대해서는 그 구체적 보호범위를 둘러싸고 전체적인 부정경쟁방지법 체계와의 정합성의 관점에서 추가 논의와 해석의 여지가 있을 것으로 예상된다.

---

　7) 상표법 제99조 제1항 참조.
　8) 참고로, 유럽연합과의 FTA 협정문 부속서 세10.21소(보호의 범위) 제5항에서는, '이 조에 따른 지리적 표시의 보호는, (⋯) 사용에 의하여 확립된 상표의 계속적인 사용을 저해하지 아니한다'라고 규정하고 있다.
　9) 육소영, 위의 글, 144-145 참조.
　10) 나종갑, 지적재산권 분야에서 FTA 규정 충돌에 관한 연구, 인하대학교 법학연구 제20집 제1호(2017. 3. 31), 63-95 참조.
　11) 유럽연합과의 자유무역협정에 의한 지리적 표시 보호의 특징으로서, 기존에 우리에게 익숙한 단어 즉, 상표 내지는 상품으로 인식하고 있는 고르곤졸라, 페따, 까망베르(드 노르망디), 모짜렐라(디 부팔라 캄파나), 보르도, 샹파뉴, 꼬냑, 스카치 위스키 등이 모두 지리적 표시로 보호되고 있다는 점을 들고 있는 견해로서, 이헌희, "FTA에서 지리적 표시보호에 관한 고찰", 법학논총 제34권 제1호(2017. 3), 한양대학교법학연구소, 449.

　　참고로 부정경쟁방지법은 본조 제1, 2항 위반행위에 대해 제4조 내지 제6
조의 금지청구권, 손해배상책임, 신용회복 조치 등은 물론 제7, 8조의 부정경쟁
행위 조사, 시정권고 등의 대상으로 하고 있으나, 제18조 제3항의 처벌 대상으
로 규정하지 않고 있다.

〈백강진〉

> **제3조의3(오인 · 혼동방지청구)**
>
> 제2조 제1호 가목 또는 나목의 타인은 다음 각 호의 어느 하나에 해당하는
> 자에게 그의 상품 또는 영업과 자기의 상품 또는 영업 간에 출처의 오인이나
> 혼동을 방지하는 데 필요한 표시를 할 것을 청구할 수 있다.
> 1. 제2조 제1호 가목 1) 또는 2)에 해당하는 자
> 2. 제2조 제1호 나목 1) 또는 2)에 해당하는 자

본 규정은 2023. 3. 28. 법률 제19289호 개정으로 신설되었다.[1] 국내에 널리
인식된 타인의 상품표지 또는 영업표지의 오인 · 혼동행위에 대하여 부정한 목
적 없이 먼저 사용한 경우에는 부정경쟁행위에서 제외하면서(제2조 제1호 (가)목
및 (나)목의 개정), 타인은 선의의 선사용자에게 그의 상품 또는 영업과 자기의
상품 또는 영업 간에 출처의 오인이나 혼동을 방지하는 데 필요한 표시를 할
것을 청구할 수 있도록 한 것이다.

위 개정 전까지 우리 「부정경쟁방지 및 영업비밀보호에 관한 법률」(이하 '부
정경쟁방지법'이라고 한다)에는 타인의 상품표지나 영업표지가 주지성을 획득하
기 전부터 그 존재를 알지 못한 채 선의로 자신의 표지를 사용해온 사람에게
사용권을 인정(부정경쟁행위에서 제외)하는 규정을 두고 있지 않았다. 이에 대법
원 2004. 3. 25. 선고 2002다9011 판결은 주지성을 획득한 상호의 존재를 모르
는 선의의 선사용자의 행위도 부정경쟁행위를 구성할 수 있다고 보았다.[2] 표지
의 주지성 구비 여부의 판단시점에 관하여 이 판결이 채택한 사실심변론종결시

---

1) 본 규정의 신설은 2021. 1. 26. 홍성국 의원 대표발의 개정법률안(의안번호 2107638)과
 이규민 의원 대표발의 개정법률안(의안번호 2107796) 및 한무경 의원 대표발의 개정법률
 안(의안번호 2108827)에 각각 포함되어 발의되었다가 2023. 2. 23. 국회 산업통상자원중소
 벤처기업위원장 발의 대안(의안번호 2120226)에 통합 · 조정 반영되어 2023. 2. 27. 본회의
 에서 가결되었다.

2) 이 판결은 부정경쟁방지법 제2조 제1호 (가)목 소정의 타인의 상품표지가 국내에 널리 인
 식되었는지의 여부는 사실심 변론종결 당시를 기준으로 판단하여야 하고, 그 법규정상 주
 지성을 획득하기 이전부터 그 상호의 존재를 알지 못한 채 선의로 사용하여 온 선사용자
 의 행위도 부정경쟁행위를 구성할 수 있다는 점을 명시적으로 선언한 의의가 있다[박정화,
 "부정경쟁방지및영업비밀보호에관한법률 제4조에 의한 금지청구에 있어서 같은 법 제2조
 제1호 (가)목이 정한 상품표지의 주지성 여부의 판단 시점", 대법원판례해설(49호), 법원도
 서관(2004), 603 참조].

설은, 타인의 노력으로 획득한 상품표지의 주지성에 편승하는 행위를 부정경쟁행위로서 금지하고자 하는 부정경쟁방지법의 입법목적에 부합하는 측면이 있으나, 사실심변론종결시 자체가 유동적인데다가 선의의 선사용자의 행위까지 부정경쟁행위로서 금지청구 등의 대상이 될 수 있다는 점에서는 법적 안정성을 저해한다는 문제로 제기되었다.[3]

한편, 저명상표의 희석화에 관한 부정경쟁방지법 제2조 제1호 (다)목의 부정경쟁행위와 관련하여서는 원래 시행령에서 '타인의 성명, 상호, 상표, 상품의 용기·포장, 그 밖에 타인의 상품 또는 영업임을 표시한 표지가 국내에 널리 인식되기 전에 그 표지와 동일하거나 유사한 표지를 사용해온 사람(그 승계인을 포함)이 이를 부정한 목적 없이 사용하는 경우'를[4] 적용제외 사유로 규정(2023. 9. 27. 대통령령 제33773호로 개정되기 전의 구 부정경쟁방지 및 영업비밀보호에 관한 법률 시행령 제1조의2 제3호)해 오다가 2023. 3. 28. 법률 제19289호 개정 부정경쟁방지법 제2조 제1호 (다)목이 이를 법률에 규정함으로써 시행령에서는 삭제하였다.

이제 상품주체 혼동행위 및 영업주체 혼동행위에도 선의로 자신의 표지를 사용해온 사람에게 사용권을 인정(부정경쟁행위에서 제외)하는 규정이 마련됨으로써, 주지된 상품표지 및 영업표지 보유자로서는 부정경쟁행위에서 제외되는 선사용자에게 출처의 오인이나 혼동을 방지하는 데 필요한 조치를 강구할 필요가 있게 되었다. 수요자[5] 입장에서도 이러한 조치가 마련되는 것이 바람직하다.

이러한 취지는 상표권자나 전용사용권자가 상표법 제99조 제1항의 선사용에 따른 상표를 계속 사용할 권리를 가지는 사람에게 그의 상품과 자기의 상품

---

3) 손영언, "부정경쟁방지법 제2조 제1호 (가)목의 표지의 주지성 구비 판단시점 및 선의의 선사용권 인정 여부", 법원 지적재산권법연구회·사단법인 한국특허법학회 공편, 부정경쟁방지법 판례백선, 박영사(2024), 31 참조.

4) 여기서 '부정한 목적으로 사용하는 경우'란, 타인의 노력에 의해 자신이 사용하는 상품표지 등과 동일·유사한 표지가 저명성을 획득하게 되었고, 이로 인해 자신이 사용하는 상품표지 등이 저명표지의 고객흡인력 내지 판매력을 감소시키게 된다는 점을 알면서도, 저명표지의 명성이나 신용에 편승하여 부당한 이익을 얻거나 또는 그 명성이나 신용을 훼손할 목적으로 상품표지 등을 계속해서 사용하는 경우를 의미한다고 볼 수 있다[정상조 편집대표, 부정경쟁방지법주해, 박영사(2020), 53(송재섭 집필부분) 참조].

5) 대법원 1995. 12. 26. 선고 95후1098 판결은 '일반 수요자'를 '최종 소비자는 물론이고 중간 수요자 또는 그 상품판매를 위한 도·소매상을 포함'하는 개념이라고 설시하였고, 대법원 1994. 1. 25. 선고 93후268 판결은 '수요자'를 '소비자나 거래자 등 거래관계자를 의미'한다고 설시하였으므로, 이 글에서 '일반 수요자 및 거래자'를 포괄하는 개념으로 '수요자'라는 용어를 사용한다.

간에 출처의 오인이나 혼동을 방지하는 데 필요한 표시를 할 것을 청구할 수 있도록 한 상표법 제99조 제3항과 일맥상통한다. 여기에서 '출처의 오인이나 혼동을 방지하는 데 필요한 표시'는 거래에서 상품 출처의 오인이나 혼동을 방지하기에 족한 것이면 된다고 해석되고, 다만 등록상표권자라 하더라도 이 규정에 기하여 선사용상표의 요부를 변경하도록 하는 등의 표시를 요구할 수는 없다고 보아야 한다.[6] '출처의 오인이나 혼동을 방지하는 데 필요한 표시'에 관한 이러한 상표법 제99조 제3항의 해석은 부정경쟁방지법 제3조의3에 대해서도 마찬가지로 볼 수 있다.

〈박태일〉

---

6) 정상조 편집대표, 상표법주해Ⅱ, 박영사(2018), 184(이해완 집필부분) 참조.

제4조(부정경쟁행위 등의 금지청구권 등)

① 부정경쟁행위나 제3조의2 제1항 또는 제2항을 위반하는 행위로 자신의 영업상의 이익이 침해되거나 침해될 우려가 있는 자는 부정경쟁행위나 제3조의2 제1항 또는 제2항을 위반하는 행위를 하거나 하려는 자에 대하여 법원에 그 행위의 금지 또는 예방을 청구할 수 있다.

② 제1항에 따른 청구를 할 때에는 다음 각 호의 조치를 함께 청구할 수 있다.

1. 부정경쟁행위나 제3조의2 제1항 또는 제2항을 위반하는 행위를 조성한 물건의 폐기

2. 부정경쟁행위나 제3조의2 제1항 또는 제2항을 위반하는 행위에 제공된 설비의 제거

3. 부정경쟁행위나 제3조의2 제1항 또는 제2항을 위반하는 행위의 대상이 된 도메인이름의 등록말소

4. 그 밖에 부정경쟁행위나 제3조의2 제1항 또는 제2항을 위반하는 행위의 금지 또는 예방을 위하여 필요한 조치

③ 제1항에 따라 제2조 제1호 차목의 부정경쟁행위의 금지 또는 예방을 청구할 수 있는 권리는 그 부정경쟁행위가 계속되는 경우에 영업상의 이익이 침해되거나 침해될 우려가 있는 자가 그 부정경쟁행위에 의하여 영업상의 이익이 침해되거나 침해될 우려가 있다는 사실 및 그 부정경쟁행위를 한 자를 안 날부터 3년간 행사하지 아니하면 시효의 완성으로 소멸한다. 그 부정경쟁행위가 시작된 날부터 10년이 지난 때에도 또한 같다.

〈소 목 차〉

Ⅰ. 서   론
  1. 의   의
  2. 연   혁
Ⅱ. 금지청구권
  1. 부정경쟁행위
  2. 영업상의 이익

3. 침해되거나 침해될 우려
4. 영업자의 범위
5. 권리행사 요건
6. 효   과
7. 불법행위에 기한 금지청구권

Ⅰ. 서   론

1. 의   의

부정경쟁방지 및 영업비밀보호에 관한 법률(이하 '법'이라 한다)은 제2조 제1

호에 열거된 부정경쟁행위에 대한 민사적 구제수단으로 금지청구권(제4조), 손
해배상청구권(제5조) 및 신용회복청구권(제6조)을 인정하고 있다. 그리고 위반행
위자에 대한 행정조치로서 특허청장의 부정경쟁행위에 대한 조사(제7조)와 시정
권고 등(제8조)를 규정하고 있다.

　법 제2조 제1호 (아)목, (차)목 및 (카)목 1)부터 3)까지, (타)목 및 (파)목을
제외한 부정경쟁행위에 대해서는 형사처벌규정(법 제18조 제3항 제1호)이 마련되
어 있기는 하나, 일반적인 부정경쟁행위에 대한 가장 유효적절한 대처수단은 본
조의 규정에 의하여 부정경쟁행위의 금지 및 예방을 청구하는 것이다. 다른 지
적재산권에 대한 침해도 그러한 측면이 있겠지만 특히 부정경쟁행위는 이로 인
한 손해의 확대가 급격하거나 그 침해행위가 단기간에 집중적으로 이루어지는
경우가 많기 때문에 손해배상청구권을 인정하는 것만으로는 피해자의 보호에
충분하지 아니한 경우가 빈번하다. 이러한 피해자의 보호와 공정한 경쟁질서의
유지를 위하여 본조의 금지청구권의 존재는 중요한 의미를 가진다.

2. 연　　혁

　1961년 제정 부정경쟁방지법(1961. 12. 30. 법률 제911호)은 제2조에서 '다음
각 호의 1에 해당하는 행위를 하는 자가 있을 때에는 이로 인하여 영업상의 이
익이 침해될 우려가 있는 자는 그 행위의 중지를 청구할 수 있다'라고 규정함으
로써 부정경쟁행위를 정의함과 동시에 '부정경쟁행위중지청구권'을 규정하였다
가 그 후 1986년 전문개정(1986. 12. 31. 법률 제3897호) 시 제2조를 정의규정으로
하고 제4조(부정경쟁행위의 중지청구 등)에서 별도로 동일한 내용의 중지청구권을
규정하였고 이후 현재까지 이 규정은 법 제4조에 위치하게 되었다.

　1991년 개정법(1991. 12. 31. 법률 제4478호)은 '부정경쟁행위로 인하여 자신
의 영업상의 이익이 침해되거나 침해될 우려가 있다고 인정하는 자는 부정경쟁
행위를 하거나 하고자 하는 자에 대하여 법원에 그 행위의 금지 또는 예방을
청구할 수 있고(제1항), 그 부정경쟁행위를 조성한 물건의 폐기, 부정경쟁행위에
제공된 설비의 제거 기타 부정경쟁행위의 금지 또는 예방1)을 위하여 필요한 조
치를 청구할 수 있다(제2항)'라고 규정하여 '부정경쟁행위의 금지 또는 예방청구

---

1) 이러한 개정의 경과는 일본 부정경쟁방지법과 유사한바, 일본에서는 종래부터 해석상
　다수의 판례에 의하여 인정되어 오던 '예방의 제거'를 명시적으로 규정하게 된 것이라고
　한다(小野昌延 編著, 新·注解 不正競爭防止法, 靑林書院(2000), 534 참조).

권(이하 ‘금지청구권’이라고만 한다)’을 규정하였고 이러한 조문 형식은 현재까지 그 기본적 틀이 유지되고 있다.

2001년 개정법(2001. 2. 3. 법률 제6421호)에서 “침해될 우려가 있다고 인정하는 자”를 “침해될 우려가 있는 자”로 자구 수정하였고, 2004년 개정법(2004. 1. 20. 법률 제7095호)에서는 제2조 (아)목에서 부정경쟁행위로 ‘부정한 목적으로 타인의 성명·상호·상표 등과 동일하거나 유사한 도메인이름을 등록·사용하는 등의 행위’를 새롭게 규정함에 따라 제4조 역시 부정경쟁행위의 금지 또는 예방을 위하여 필요한 조치의 하나로서 ‘부정경쟁행위의 대상이 된 도메인이름의 등록말소’를 새롭게 추가하였다.

2007년 개정법(2007. 12. 21. 법률 제8767호)에서 행하여진 법 문장 표기의 한글화 등 정비작업에 따라 제2항의 필요한 조치들을 각 호로 분리하였다.

2011년 개정법(2011. 6. 30. 법률 제10810호)에서는 「대한민국과 유럽연합 및 그 회원국 간의 자유무역협정」의 합의사항을 반영하기 위하여 자유무역협정에 따라 보호하는 지리적 표시의 사용 등을 금지하고, 지리적 표시의 침해에 대한 금지예방, 손해배상 등 구제절차를 마련하였다.

2023년 개정법(2023. 3. 28. 법률 제19289호, 시행 2023. 9. 29.)에서는 아이디어 탈취에 대하여, 영업상의 이익이 침해되거나 침해될 우려가 있다는 사실 및 그 부정경쟁행위자를 안 날부터 3년, 그 부정경쟁행위가 시작된 날부터 10년이 지나면 침해금지청구를 하지 못하도록 하는 제3항이 신설되었다.

Ⅱ. 금지청구권

1. 부정경쟁행위

금지청구권을 행사하기 위해서는 우선 부정경쟁행위가 존재하여야 한다. 따라서 법 제2조 제1호 (가)목 내지 (파)목에서 규정하고 있는 부정경쟁행위 및 부정경쟁방지법 제3조의 2 제1항 또는 제2항을 위반하는 지리적 표시의 침해행위에 대하여 주장·입증한다면 본조에 의한 금지청구권을 행사할 수 있다.[2)]

부정경쟁방지법상의 금지청구권의 대상이 되는 부정경쟁행위의 성립에는 상법상의 상호권의 침해에서와 같은 ‘부정한 목적’이나 부정경쟁행위자의 ‘고

---

2) 법 제2조 제1호 (가)목 내지 (파)목에 규정된 각 부정경쟁행위 및 법 제3조의 2 제1항 또는 제2항 위반행위의 성립요건에 대하여는 이 주해서의 해당 부분을 참조.

의, 과실'은 요건이 아니다(대법원 1995. 9. 29. 선고 94다31365,31372 판결). 침해자 개인의 책임을 묻는 손해배상의 경우와는 달리 침해자가 선의, 무과실인 경우에도 공익상 필요 또는 소비자 보호를 위하여 금지청구를 인정할 실익이 있다. 다만 위법성이 조각되는 병행수입상품의 경우와 같이 위법성을 인정하기 어려운 경우까지 금지청구를 허용하기는 어렵다고 할 것이다.[3]

다만 일본의 부정경쟁방지법과 달리 우리 법은 영업비밀을 제2조 제2호에서 별도로 규정하고, 영업비밀침해행위에 대한 금지청구권 또한 제10조에서 별도로 규정하고 있으므로 영업비밀침해에 관해서는 본조가 적용될 여지는 없다.

대법원은 본조에 의한 금지청구를 인정할 것인지의 판단은 사실심 변론종결 당시를 기준으로 하고, 법 제5조에 의한 손해배상청구를 인정할 것인지의 판단은 침해행위 당시를 기준으로 하여야 한다고 하여 동일한 부정경쟁행위에 대하여도 금지청구와 손해배상의 판단시점을 분리하고 있음을 주의하여야 한다 (대법원 2009. 6. 25. 선고 2009다22037 판결 외 다수). 따라서 침해행위 당시에는 표지의 주지성이 갖추어지지 아니하였더라도 사실심 변론종결 당시에 주지성을 갖추었다면 금지청구권을 인정할 수 있다.

2. 영업상의 이익

가. 영   업

본조에서 말하는 영업이란 상법상의 상인, 상행위의 개념으로 포착되는 영업만을 가리키는 것이 아니라[4] 상업 이외의 농업, 광업 등 산업 전반을 포함하여 계속적인 경제활동을 하는 주체에 의한 활동, 즉 경제적 대가를 얻는 것을 목적으로 하는 활동이면 충분하다고 보아야 한다.[5] 따라서 병원, 유치원의 경영, 학술·기술 등의 진흥·발전 등 사회복지, 문화활동 사업 내지 공익사업, 변호사, 변리사, 세무사, 의사, 약사, 작가, 화가의 활동도 경제활동 주체인 이상 모두 포함된다.[6]

이러한 영업개념의 설정 목적은 공정한 경쟁질서의 확보이다. 따라서 이러

---

3) 윤태식, 부정경쟁방지법, 박영사 (2021), 221 참조.
4) 이상경, 지적재산권소송법, 육법사(1998), 549.
5) 小野昌延(주 1), 543.
6) 사법연수원, 부정경쟁방지법(2009), 89; 손주찬, "부정경쟁방지법의 개정과 문제점", 학술원논문집(인문사회과학편) 25집(1986), 179; 박재영, "부정경쟁행위와 그 구제책에 관한 연구", 고려대학교 대학원(2006), 160.

한 법의 보호목적에 비추어 경쟁질서를 유지하여야 하는 분야에서는 그 개념을 넓게 인정할 필요가 있고, 사회통념상 영리사업이 아니라고 하여 당연히 법의 적용을 면하는 것이 아니다.[7] 그러므로 공무원, 공법인, 비영리단체, 협동조합 등의 활동도 일부 공익목적을 포함하고 있더라도 그에 동반한 경제활동에서 불 공정한 수단을 사용하는 것을 규제하여야 할 필요가 있다면 영업의 개념에 포 함시켜야 한다.[8]

다만 영업은 적법한 영업에 한한다. 즉 도박, 마약, 매춘과 같은 공서양속에 반하는 영업은 보호될 수 없다.[9] 공서양속에 반하지는 않더라도 법률상 영업행 위의 금지 또는 제한이 있는 경우, 그 영업에 관한 이익이 침해되었음을 이유로 금지청구를 소구할 수 없다.[10] 그러나 영업자가 영업을 개시함에 있어서 단지 관계 법령이 요구하는 형식이나 절차를 지체하고 있다는 사실만으로는 그 영업 이익을 침해하는 부정경쟁행위로부터 보호받을 가치가 부인되지는 않는다.[11]

나. 이   익

이익이란 수지계산상의 이익 또는 회계상의 이익을 말하는 것은 아니고 사 업상의 이익이면 족하며 법률상의 권리일 필요는 없다.[12] 원칙적으로 그 이익이 현존할 것을 필요로 하므로 과거의 이익은 대상이 아니지만 장래의 예상 이익 은 포함된다고 본다.

매출의 감소, 거래처의 상실, 영업상의 신용훼손 등을 이익 침해의 예로 들 수 있다. 나아가 추상적인 출처식별기능이나 품질보증기능의 훼손도 이익 침해

---

7) 비교상표판례연구회 역, 상표판례백선(2011), 392-397; 일본 최고재(最高裁) 2006. 1. 20. 판결에 대한 평석 참조(김기영). 이에 대한 일본 학자들의 학설을 보면, 영업을 경제적 대 가를 얻는 것을 목적으로 하는 사업으로 해석하는 설(小野昌延), 영리목적을 묻지 않고 널 리 경제상의 수지계산 아래 계속적, 반복적으로 행해지는 사업을 포함한다는 설(竹田稔), 거래사회에 있어서 사업이면 족하다는 설(田村善之), 그 사업 활동이 어떠한 형태에서 거 래질서(경업질서)의 형성에 관여하고 있고, 공정한 경쟁을 기대할 수 있는 사업자이면 좋 다고 하는 설(松村信夫) 등이 있다(위 평석에서 재인용).

8) 小野昌延(주 1), 546.

9) 사법연수원(주 6), 89.

10) 영업상의 이익이라고 하는 것은 그 이익이 그와 같은 행위에 의한 침해로부터 보호받을 가치가 인정되어 그 보호를 위하여 그 침해행위의 중지를 구하는 것이 건전한 상거래의 질서유지의 이념에서 능히 시인될 수 있는 정당한 업무상의 이익이라야 할 것은 동법의 목적을 선언한 그 제1조의 규정취지에 비추어 능히 짐작할 수 있다는 이유로, 약사 아닌 "갑"이 약사인 "을"명의로 약국을 개설한 사안에서 "갑"의 영업주체 지위를 부인한 사례 (대법원 1976. 2. 24. 선고 73다1238 판결) 참조.

11) 유남석, "부정경쟁행위와 금지청구권", 사법연구자료 제20집, 544.

12) 박재영(주 6), 160.

로 볼 수 있고, 이러한 관점에서 보면 혼동을 초래하는 것 자체가 바로 이익의
침해라고 보는 논리도 가능해진다.[13] 이러한 해석은 아래에서 보는 바와 같이
'침해의 우려'가 있는 경우에도 금지청구권을 행사할 수 있도록 하는 이상 그
이익의 개념을 엄격하게 해석할 필요성은 크지 않다는 점에서 수긍할 수 있다.

  대법원은 신용 및 고객 흡인력을 실추 또는 희석화시켜, 그에게 영업상의
손실을 가져오도록 하는 경우도 영업상 이익의 침해에 해당한다고 한다(대법원
1980. 12. 9. 선고 80다829 판결)고 판시하여 같은 취지로 보인다.

  다만 법 제2조 제1호 (라)목의 원산지 허위표시, (마)목의 생산지 등 오인
야기행위, (바)목의 상품의 품질, 수량 오인행위 등에서 경쟁 영업자의 영업상
이익을 구체적으로 파악하기 곤란한 측면이 있다. 이에 대하여 공정한 영업자로
서 향수하는 경쟁상의 지위(진정한 표시로 영업활동한다는 지위)를 영업상의 이익
개념으로 파악하여야 한다는 견해가 있다.[14]

  대법원은 이러한 견해들을 종합하여 '부정경쟁방지법 제4조 제1항에서 말
하는 영업상의 이익이란 영업자가 영업활동을 하면서 향유하는 고유하고 정당
한 이익으로, 경제적인 이익은 물론 영업상의 신용, 고객흡인력, 공정한 영업자
로서의 경쟁상 지위 등이 이에 해당한다'(대법원 2023. 12. 28. 자 2022마5373 결
정)고 판시하였다.

3. 침해되거나 침해될 우려

  본조의 금지청구권을 행사하기 위해서는 영업상의 이익이 침해될 우려만으
로도 족하므로 실제로 이익의 침해가 있음을 입증할 필요는 없고 이익이 침해
될 상당한 정도의 가능성이 있는 것으로 충분하다.[15] 그러나 단순히 추상적인
우려에 불과하거나 주관적인 견해나 예상에 의한 것을 뜻하지는 아니하며, 사회
통념상 "이익이 침해될 가능성이 확실히 있다"고 객관적으로 인식될 수 있는
사정이 존재하여야 한다.[16] 따라서 침해행위는 어느 정도 계속되거나 반복될 필

---

13) 사법연수원(주 6), 89. 小野昌延(주 1), 551에서도 이러한 취지의 일본 판례를 소개하고
   있다.
14) 윤병각, "부정경쟁행위의 유형과 구제방법", 재판자료 제57집, 576.
15) 서울고등법원 1996. 7. 5. 선고 96나7382 판결.
16) 송영식, "부정경쟁방지법상 부정경쟁행위에 대한 구제제도", 변호사 제17집, 211; 최두
   진, 지적재산권 침해에 대한 금지청구, 기업법연구 제21권 제2호(통권 29호), 366. 이와 관
   련하여 이른바 휴, 폐업 후의 'Residual Reputation'의 보호문제를 논하고 있는 것으로, 윤
   병각(주 14), 570 참조.

요가 있으나, 반드시 현재에도 이루어지고 있을 필요는 없고 과거의 침해사실 및 반복의 위험성의 입증으로도 침해될 우려가 인정될 수 있을 것이며, 침해행위가 가까운 과거에 있었다면 반복의 위험은 추정된다고 보아 피고가 그 추정을 깨뜨려야 할 것이다.[17]

현재 이러한 침해 우려에 대한 판단은 표지를 이미 사용한 단계에서는 부정경쟁행위 여부의 판단에 흡수되고 있다고 보인다. 왜냐하면 대부분 부정경쟁행위의 판단은 '혼동가능성'을 기준으로 하고 있고 타인의 표지와 혼동가능성이 있는 표지를 사용한 사람은 이로 인하여 그 표지에 관한 권리자의 이익, 즉 표지의 출처식별기능이나 품질보장기능을 침해할 우려 또한 그대로 추정할 수 있기 때문이다.

이러한 점에서 혼동의 사실이 인정되는 경우에는 특별한 사정(권리자의 관리 해태로 인하여 고객흡입력이 없다는 점을 예로 들 수 있다)이 없는 한 영업상의 이익이 침해될 우려도 있다고 보아야 하고, 위 특별한 사정은 침해자 측에서 입증해야 하는 항변 사항으로 작용할 수도 있을 것이다.[18]

그러나 침해자가 아직 표지를 사용하지 아니하는 경우에도 '침해될 우려'를 인정할 수 있는지는 문제이다. 이른바 '준비행위'의 경우 사업 및 홍보계획의 수립, 제작설비의 발주, 전문인력의 모집, 표지 자체의 구입, 표지사용상품의 주문, 혼동적 상표의 등록, 동일 상호의 등기 등 객관적으로 침해의사가 표현된 경우에는 침해될 우려를 인정하여야 할 것이다.[19]

그리고 일시적으로 휴업하고 있는 경우나 파산한 경우에도 장차 침해 영업행위의 가능성을 배제할 수 없다면 침해될 우려를 인정할 수 있을 것이지만 완전히 폐업하여 영업재개의 가능성이 없을 때에는 이를 부정하여야 할 것이다.[20]

부정경쟁행위자와 피해자 사이에 경쟁관계가 있어야 하는지가 문제될 수 있다. 독일 부정경쟁방지법 제3조(2004년 개정법)는 '경쟁을 목적으로' 선량한 풍속에 반하는 행위를 하는 경우에 금지청구를 할 수 있다고 규정하고 있으나, 우리 법은 이를 명시적으로 규정하고 있지 아니하다.[21] 그러나 이미 부정경쟁행위 성부의 판단의 전제가 경쟁관계인 경우가 대부분이고, 법 제2조 제1호 (다)목의

---

17) 유남석(주 11), 547.
18) 상표판례백선(주 7), 712.
19) 박재영(주 6), 161; 사법연수원(주 14), 89.
20) 사법연수원(주 6), 90.
21) 박재영(주 6), 162.

식별력이나 명성 손상행위와 같이 예외적인 경우에만 경쟁관계가 없어도 부정경쟁행위가 성립하므로 이 부분은 부정경쟁행위의 판단에 흡수하여도 무방할 것이다.

대법원은 기업그룹 분리 후 기업그룹 표지의 사용에 의한 부정경쟁행위 성부에 관하여 다음과 같이 판단하고 있다. 즉, 부정경쟁방지법 규정의 입법 취지와 내용 등에 비추어 보면, 경제적·조직적으로 관계가 있는 기업그룹이 분리된 경우, 어느 특정 계열사가 그 기업그룹 표지를 채택하여 사용하는 데 중심적인 역할을 담당함으로써 일반 수요자에게 그 기업그룹 표지에 화체된 신용의 주체로 인식됨과 아울러 그 기업그룹 표지를 승계하였다고 인정되지 아니하는 이상, 해당 기업그룹의 계열사들 사이에서 그 기업그룹 표지가 포함된 영업표지를 사용한 행위만으로는 타인의 신용이나 명성에 편승하여 부정하게 이익을 얻는 부정경쟁행위가 성립한다고 보기 어렵다. 이때 그 계열사들 사이에서 기업그룹 표지가 포함된 영업표지를 사용하는 행위가 '영업주체 혼동행위'에 해당하는지는 기업그룹 표지만이 아닌 영업표지 전체를 서로 비교하여 볼 때 외관, 호칭, 관념 등의 점에서 유사하여 혼동의 우려가 있는지를 기준으로 판단하여야 한다(대법원 2016. 1. 28. 선고 2014다24440 판결; 대법원 2016. 1. 28. 선고 2013다76635 판결).

4. 영업자의 범위

원칙적으로 자기의 이름으로 영업을 하는 자만이 이에 해당하므로 피용자나 대리인, 지배인, 영업자인 회사의 이사[22] 등은 이에 해당하지 아니한다. 영업의 명의를 기준으로 하므로 실제 영업명의자 외의 자본투자자나 영업의 경제적 이익 귀속주체등은 이에 해당하지 아니한다고 볼 것이지만, 단순히 명의만을 빌려 주었을 뿐 실제로 영업활동을 하지 아니한 자에 대해서는 영업자로 인정할 수 없다.[23]

영업자는 상인이므로 소비자는 영업상 이익이 침해된 자라고 할 수 없다. 따라서 일반 소비자, 소비자단체, 사업자단체 등은 영업자의 범위에서 제외된다고 본다.[24] 그 단체 구성원이나 제3자의 이익을 비롯한 공익상의 목적을 지닌

---

22) 신청인이 신청인 회사와 함께 공동의장권자이고 신청인 회사의 대표이사라고 하더라도 영업상의 이익이 침해될 우려 있는 자는 본건의 경우는 그 영업의 주체인 신청인 회사라 볼 것이다(대법원 1978. 7. 25. 선고 76다847 판결).

23) 小野昌延(주 1), 557.

24) 박재영(주 6), 164.

단체는 자신의 영업상의 이익과는 관련이 없으므로 우리 법의 해석상 영업자라
고 보기 어려운 것이 사실이고, 이 점은 소비자나 사업자단체 등에 금지청구권
을 인정하고 있는 독일과 스위스의 부정경쟁방지법과의 차이점이다.

　　법 제2조 제1호 (라)목의 원산지 허위표시, (마)목의 생산지 등 오인야기행
위, 그리고 특히 (바)목의 상품의 품질, 수량 오인행위는 경쟁영업자의 피해는
경미한 반면 소비자의 피해는 크다는 점에서[25] 입법론 또는 해석론으로서 청구
주체의 범위를 넓혀야 한다는 주장이 있다.[26]

　　이러한 영업자의 지위는 실체법상의 법률요건일 뿐 소송법상의 원고적격을
규정한 것은 아니라고 해석된다. 따라서 영업자의 지위가 인정되지 아니하는 경
우에는 소의 각하가 아닌 청구기각 사유가 된다.[27]

5. 권리행사 요건

가. 개   요

　　본조의 금지청구권은 특허권, 상표권 등과 같이 권리의 성격에 기초하여 그
권리에 대세적 효력을 부여함으로써 그에 기한 금지청구권이 인정되는 경우가
아니라 행위의 성격에 기초하여 특정한 행위를 금지하는 경우에 해당한다.[28]

　　이 금지청구권은 부정경쟁행위를 방지하는 가장 유효적절한 수단이다. 물
권적 청구권과 유사하게 현재 장래의 부정경쟁행위에 대해서는 예방을, 이미 이
루어진 부정경쟁행위에 대해서는 금지를 통하여 원상회복을 구하는 청구권의
성격을 가진다.

　　또한 그와 같은 침해행위의 재발을 미연에 방지하기 위하여 침해행위로 인
하여 발생한 침해물과 침해상태 등을 제거하는 청구도 이에 포함된다. 본조 제2
항 4호는 이러한 제거 청구가 금지 또는 예방을 위하여 필요한 조치임을 명시
하고 있다.

　　따라서 이 금지청구권은 현재 또는 장래의 계속적인 부정경쟁행위의 금지
를 구하는 침해금지청구권, 장래에 생길 우려가 있는 행위를 사전에 금지하는
권리로서의 예방적 금지청구권 및 의무위반에 의하여 발생된 상태의 제거를 구

---

　25) 이상경(주 4), 556.
　26) 박재영(주 6), 165; 손주찬(주 14), 183.
　27) 사법연수원(주 6), 82.
　28) 정상조, "혁신과 경쟁: 정보통신기술과 시장의 변화에 따른 불공정 경쟁행위의 규제",
　　　LAW & TECHNOLOGY(제2권 제1호), 24.

하는 방해제거청구권의 3가지를 포함하고 있는 것이다.[29][30]

다만 위법상태의 제거를 구하는 청구권은 독립하여 행사할 수 없고 다른 2개의 청구권을 행사할 때에 부수하여 청구할 수 있음은 본조 제2항의 규정취지상 분명하다.

본 금지청구권은 소송이나 가처분을 통하여 재판상 행사할 수도 있고, 경고 등의 방법으로 재판 외에서 행사할 수 있을 것이다.

나. 청구권자

특허법이나 저작권법 등과 달리 부정경쟁방지법은 권리자를 미리 정해 놓고 있지 아니하므로 본조에 따라 영업상의 이익이 침해되거나 침해될 우려가 있는 자가 누구인지는 사전에 일의적으로 정할 수 없고 개별 사안에서 판단되어야 한다. 이 점에서 본조의 해석상 비교적 많은 논의가 있다.

이에 대하여 대법원은 자신의 영업상의 이익이 침해되거나 침해될 우려가 있어 같은 법 제4조 제1항에 의하여 그 행위의 금지 또는 예방을 청구할 수 있는 자에는 그러한 표지의 소유자뿐만 아니라 그 사용권자 등 그 표지의 사용에 관하여 고유하고 정당한 이익을 가지고 있는 자도 포함된다(대법원 1997. 2. 5. 자 96마364 결정[31])고 한다.[32]

따라서 표지의 사용에 관하여 고유하고 정당한 이익을 가지고 있는 자의 범위를 결정하는 것이 관건이다.

영업과 주지표지를 함께 양수받은 자는 금지청구권도 승계하나[33] 공시제도가 존재하지 아니하는 점 등을 고려할 때 영업과 별도로 금지청구권만을 양도하는 것은 불가능하다고 보아야 할 것이다. 주지표지의 양도가 이루어진 경우 양도인은 그 당해표지의 사용에 관한 정당한 이익을 상실하므로 일시적으로 그

29) 김병일, "부정경쟁행위로 인한 금지청구권", 법학연구 제1집(인하대학교 법학연구소), 161.
30) 대법원 1988. 4. 12. 선고 87다카90 판결.
31) 권리자로부터 상표의 사용승낙을 받아 사용하는 지사(支社)의 지위에 있었으나 서울·인천·경기 지역에 있어서는 독립적인 성격을 가진 체인점영업을 하여 온 자에 대하여 청구권을 인정한 사례.
32) 전국적인 운동협회 등이 운동용품에 대하여 부여하는 인증은 일반 수요자들에게 품질에 대한 실질적인 보증의 효과를 줄 수 있어 그 협회 등의 허락을 받지 아니하고 자신의 운동용품 등의 상품에 그 인증표지를 하는 행위는 법 제2조 제1호 (바)목이 말하는 부정경쟁행위에 속한다고 할 것이고, 그 협회의 공인을 받아 인증표지를 사용하고 있는 동종의 영업을 하는 자로서는 법원에 그러한 부정경쟁행위의 금지를 청구할 수 있다(대법원 2007. 10. 26. 자 2005마977 결정)고 한 사례도 있다.
33) 대법원 1996. 5. 31. 선고 96도197 판결.

표지를 사용하고 있다 하더라도 양수인만이 금지청구권을 행사할 수 있다.[34]

표지모용자의 경쟁사업자는 모용자의 행위에 의하여 경쟁상 상대적으로 불리한 입장에 놓인다 하더라도 주지표지의 사용에 관한 고유의 이익을 가지지 못하므로 금지청구권을 행사할 수 없고, 표지의 모용자가 당해 표지를 계속 사용한 결과 모용자 자신의 상품, 서비스를 나타내는 것으로 그 주지성을 취득한다 하더라도 모용자는 표지의 사용에 관한 정당한 이익을 가진다고 볼 수 없으므로 금지청구권을 행사할 수 없다.[35]

영업상의 이익이 침해되는 자가 다수인 경우에는 원칙적으로 그 모두가 침해행위의 금지 또는 예방청구를 공동으로 할 수도 있고 단독으로 할 수도 있다고 본다.[36] 한편 대법원은 신청인 개인이 신청인 회사의 대표이사라고 하더라도 부정경쟁행위의 금지를 청구할 수 있는 '영업상의 이익이 침해될 우려 있는 자'는 그 영업의 주체인 회사라 볼 것이므로 신청인 개인이 공동의장권리자라 하더라도 이와 같은 사유만으로는 대표이사 개인인 신청인이 영업상의 이익이 침해될 우려 있는 자라고는 볼 수 없다고 한다(대법원 1978. 7. 25. 선고 76다847 판결).

이와 같은 정당한 이익을 가지는 자의 범주에 포함되는 주체로서는 독점적 사용허락권자, 그룹 명칭의 경우 계열사 중의 한 회사, 프랜차이즈에 있어서 그 본부와 가맹점 등을 들 수 있다.[37] 이러한 자들은 하나의 신용주체로서 공통의 이익을 가지고 있으므로 다수인 경우에도 그 청구주체성이 인정되는 것이다.

이와 관련하여 일본에서는 이른바 캐릭터 상품화사업과 관련하여 외국 주지표시의 사용허락자인 외국법인과 그로부터 유일하게 사용허락을 받은 국내 사용권자(다시 19개 국내 회사와 재사용허락을 맺음)가 본조의 정당한 이익을 가지는 자에 해당한다고 한 판결이 있다.[38]

그러나 단순한 사용허락계약, OEM 계약, 제조위탁계약, 판매대리점 계약 등과 같은 경우에도 관련자 모두를 정당한 이익을 가지고 있는 자로 인정할 것

---

34) 이상경(주 4), 555.
35) 윤병각(주 14), 579-580.
36) 손주찬(주 6), 183.
37) 사법연수원(주 6), 82.
38) 最高裁 1984. 5. 29. 제3소법정 판결(民集 38권 7호 920), 이 판결의 상세한 내용과 평석은 상표판례백선(주 15), 512(백강진 번역) 참조. 위 판결에서는 '특정 표시에 관한 상품화계약에 의해 결속한 그 표시의 사용허락자, 사용권자 및 재사용권자의 그룹과 같이 그 표시를 가지고 출처식별기능, 품질보증기능 및 고객흡인력을 보호발전시킨다고 하는 공통의 목적을 바탕으로 결속하고 있는 자'라는 것을 주된 이유로 하고 있다.

인지 문제이다. 다시 말하면 상품화사업의 말단 사용허락권자, OEM 계약의 제조자, 단순 수탁제조자나 판매대리점 등도 본조의 금지청구권자에 포함되는지 여부이다.

일본의 하급심에는 상품형태모방의 부정경쟁행위에 대하여 상품형태를 스스로 개발하지 아니하고 단순히 이를 수입하거나 제3자에게 제조만 하게 한 독점적 수입업·판매업자에 대하여 청구주체성을 부인한 판결[39]이 있었으나 그 후의 판결[40] 중에는 다소 입장이 변경된 것도 보인다.

일본에서는 유통관계의 투자이익을 정당한 이익으로 인정하는 것은 모방품 판매자의 유통이익까지도 보호할 수 있어 과잉보호의 위험이 있고, 금지청구권을 갖는 물권적 독점권을 계약에 의하여 창설할 수 없으며, 채권자 대위에 의한 청구도 가능하므로 독점적 판매권자에게는 청구주체성이 인정되어서는 안 된다는 견해와 독점적 판매권자는 단순 이용허락권자와는 달리 독점권을 얻기 위해 상품화를 위한 자금과 노력을 투하한 자이므로 이는 원 권리자의 투자회수를 용이하게 한다는 점에서 이익을 보호하는 측면이 있으므로 청구주체성을 허용하여야 한다는 견해가 대립되고 있는 것으로 보인다.[41]

우리나라 하급심 판결 중에도 독점적 통상사용권을 보유하지 아니한 독점판매자에 대하여 금지청구권은 물론 손해배상청구권까지도 부인한 사례가 있다.[42]

일본에서 판매권자나 단순 이용허락권자에게는 청구주체성을 인정하지 아

---

39) 東京地裁 2001. 1. 28. 平成 10년(ワ)제13395호 판결, 상표판례백선(주 15), 600.

40) 大阪地裁 2004. 9. 13. 平成 15년(ワ)제8501호-2 판결, 상표판례백선(주 15), 607.

41) 위 주 40)의 평석 참조.

42) 부정경쟁방지법에서 말하는 국내에 널리 인식된 타인의 상표 또는 타인의 상품임을 표시한 표지에 관한 권리는 반드시 상표나 표지의 소유자에 한정되지 아니하고 그로부터 독점적 사용권을 부여받는 등 그 상표나 표지의 사용에 관하여 고유하고 정당한 이익을 가지는 자도 포함된다 할 것이나, 적어도 그 상품에 부착된 상표나 표지와 관련하여 대외적으로 권한을 행사할 수 있는 지위에 있어야 할 것이고, 단지 상표권자 또는 표지에 관한 권리를 가진 자로부터 완제품을 공급받아 이를 독점 판매할 수 있는 권한만 가진 경우, 이는 완제품의 독점 판매자가 공급자에 대하여 가지는 계약상 권리에 불과할 뿐만 아니라, 그 상품에 관한 상표나 표지가 완제품의 독점 판매자의 상품임을 나타내는 것이라고 할 수도 없으므로, 완제품의 독점 판매자가 상표권자 또는 상품의 표지에 관한 권리를 가진 자를 통하지 아니하고 독자적으로 부정경쟁행위에 대한 손해배상청구권을 갖는다고 할 수는 없다. 완제품의 독점 판매자가 독자적으로 부정경쟁행위에 대한 손해배상청구권을 갖는다고 할 수 있으려면 적어도 전용사용권과 유사한 정도로 독점적 통상사용권을 갖고 있다고 평가할 수 있어야 할 것이다. 서울고등법원 2008. 6. 17. 2008나40436 판결(확정). 이 판결에 대한 평석으로는, 함석천, 부정경쟁행위에 대한 금지청구 및 손해배상청구를 할 수 있는 자, Law & technology 제5권 제5호(2009년 9월), 147-155 참조.

니하고, 독점적 이용권자에게만 청구주체성을 인정하는 이유는 무엇이며 그 경계는 어떻게 설정할 것인가의 문제는 이론적으로 명확하지 않은 상태로 보인다.[43] 결국 권리관계의 복잡화의 방지, 이해관계의 강약 및 이익 보호의 필요성, 최초 권리자의 권리행사의 용이성 여부 등을 종합적으로 고려하여 청구주체 해당여부를 판단할 수밖에 없다고 생각한다.

　　이와 관련하여, 대법원에서 본조의 금지청구권자에 해당한다고 인정된 '제주일보' 사건(대법원 2023. 12. 28. 자 2022마5373 결정)의 사실관계는 참고가 될 수 있다. 위 사건에서 채권자(주식회사 제주일보)는 부도 처리되어 폐업한 제주일보사가 정상화될 때까지 신문의 발행을 지속하기 위하여 설립되어 제주일보사로부터 '제주일보' 명칭 등에 관한 사용허락을 받고, 신문 등의 진흥에 관한 법률에 따른 등록을 한 다음 그 무렵부터 '제주일보' 명칭으로 일반 일간신문을 발행하면서 신문업을 영위하여 온 회사이다. 대법원은, 채권자가 '제주일보' 명칭으로 신문 등록을 마친 신문사업자로서 '제주일보' 명칭을 사용하는 신문은 채권자만이 발행할 수 있고, 그에 따라 채권자는 주지표지인 '제주일보' 명칭을 유일하게 사용하여 신문을 발행하는 영업활동을 하였으며, 이를 통해 채권자는 신문업을 영위할 인적 · 물적 설비를 상실하고 폐업한 제주일보사를 대신하여 '제주일보' 명칭에 대한 영업상의 신용과 고객흡인력을 유지해 왔다고 볼 수 있다고 판단한 후, 제주일보사가 사용허락기간이 경과된 이후에도 '제주일보' 명칭을 계속 사용하여 신문을 발행하는 채권자의 행위에 대하여 상당한 기간 내에 이의를 제기하지 않았고, 그러한 채권자의 신문발행이 제주일보사에 불이익이 된다거나 공정한 경쟁질서를 해친다고 볼 자료가 없다는 등의 이유를 덧붙여, 채권자는 주지표지인 '제주일보' 명칭으로 신문을 발행할 고유하고 정당한 이익을 가진다고 하였다.

　　이처럼 대법원은 영업표지에 관하여 당사자가 영업표지에 관하여 보유한 이익의 정도와 그 보호 필요성, 최초 권리자의 권리행사의 용이성 및 공정한 경쟁질서 침해 여부 등을 종합적으로 살펴 청구권자 지위를 인정하였고, 이처럼 개별 사안에 따른 구체적 검토를 거쳐 청구권자 해당 여부를 판단하는 사례들이 늘어날 것으로 생각된다.

　　이상의 논의와 구별할 것으로 '타인성'이 문제되는 사례들이 있다. 이는 법

---

43) 橫山久芳 교수는 각 부정경쟁행위의 보호법익에 따라 결정되어야 한다고 주장한다. 상표판례백선(주 15), 611.

제2조 1호의 부정경쟁행위의 정의에서 '타인의' 표지를 사용하는 것이 요건으로 되어 있기 때문에 타인이 아니라면 부정경쟁행위가 성립되지 아니하는 사례들로서 본조의 '표지의 사용에 관하여 고유하고 정당한 이익을 가지고 있는 자'의 판단과는 원칙적으로 무관한 것이어서 구별해야 한다. 예를 들면, 서로 무관하게 표지의 사용을 개시한 사람들이 미사용 지역에서 충돌하는 경우, 동일 그룹에 속하고 있던 자들이 분열하여 각자 표지를 사용하는 경우, 사용허락 계약을 맺고 있던 자들이 각자 동일 표지를 사용하는 경우 등으로서 원래 모두 표지의 사용에 관하여 정당한 이익을 가지고 있었던 자들이므로 그들 사이에서는 계약의 해석 등 다른 기준에 의하여 해결되어야 한다.

다. 상 대 방

금지청구의 상대방은 부정경쟁행위를 하거나 하고자 하는 자이다. 부정경쟁행위를 현재 계속하고 있는 자 또는 그 행위를 할 개연성이 높은 자에 해당하여야 하고 직접 행위자가 아니더라도 법률상 이와 같이 평가할 수 있는 관계, 예를 들면 방조책임이 있는 자도 이에 포함된다고 할 것이다.[44]

상품생산자, 하청업자, 도·소매 판매업자 등이 주로 해당될 것인데, 법인의 대표자가 대표자 자격으로 부정경쟁행위를 한 경우, 피용자가 사용자인 법인 등의 지시·감독 하에 부정경쟁행위를 한 경우에는 민법의 법인의 책임에 관한 규정이나 사용자책임에 관한 규정을 유추적용할 수 있다고 본다.[45]

대법원은 주지성을 획득한 상호의 존재를 모르는 선의의 선사용자의 행위도 금지청구의 상대방이 될 수 있다고 한다(대법원 2004. 3. 25. 선고 2002다9011 판결).

라. 관　　할
(1) 사물관할

금지청구의 소는 금전의 지급이나 물건의 인도를 목적으로 하지 아니하는 소에 해당하므로 소가를 산출할 수 없는 소로 보아 소가를 금 1억 원으로 한다(민사소송등인지법 제2조 제4항, 민사소송등인지규칙 제18조, 제18조의 2).

또한 피고가 특정한 상호를 사용하는 것이 부정경쟁행위에 해당한다는 이

---

44) 사법연수원(주 6), 84; 최성준, "부정경쟁행위에 관한 몇 가지 쟁점", Law & technology 제5권 제1호(2009년 1월), 18.
45) 이상경(주 4), 557. 대법원 2011. 7. 28. 선고 2010다103017 판결의 이유 참조.

유로 상업등기 중 상호 부분의 말소를 구하거나, 인터넷 도메인이름의 사용이 부정경쟁행위에 해당한다는 이유로 도메인이름 등록의 말소를 구하는 청구의 소 역시 금지청구권의 행사 방법 중 하나로 보아야 할 것이므로, 실무상 민사소송등인지규칙 제13조의 등기 또는 등록 등 절차의 이행을 구하는 소의 소가산정방식에 의하여 따로 소가를 산정하지 아니한다.

금지청구의 소는 민사소송등인지규칙 제18조에 의하여 무체재산권에 관한 소 중 금전의 지급이나 물건의 인도를 목적으로 하지 아니하는 소로서 소가를 산출할 수 없는 소송에 해당하는데, 지적재산권에 관한 소는 재산권상의 소에도 해당하므로, 민사소송등인지법 제2조 제4항의 소에 해당하여 민사 및 가사소송의 사물관할에 관한 규칙 제2조에 의하여 지방법원 및 지방법원지원의 합의부의 관할에 속한다.

(2) 토지관할

다른 지적재산권에 관한 소와 마찬가지로 금지청구의 소도 부정경쟁행위자의 보통재판적 소재지의 법원에 토지관할이 있다.

통상 금지청구의 소는 부작위채무의 이행을 구하는 지역의 범위가 한정되어 있지 아니하므로 의무이행지의 특별재판적이 문제되는 경우는 드물다고 할 것이다.

다만 불법행위지의 특별재판적과 관련하여 침해행위가 행하여지는 공장 등의 장소에 불법행위지의 특별재판적을 인정할 수 있는지 여부가 문제된다. 이를 긍정하는 견해가 유력하다.[46]

금지청구권 행사의 일환으로 상업등기 중 상호 부분의 말소를 구하거나, 인터넷 도메인이름 등록의 말소를 구하는 소는 민사소송법 제21조에 의하여 등기, 등록지의 특별재판적이 인정된다.

마. 청구의 범위

대법원은 금지청구권 행사에 의한 금지의 범위는 당해 부정경쟁행위의 금지, 예방, 배제를 함에 필요하고도 충분한 한도 내에서 그쳐야 하는 것이고 특히 그것을 결정함에 있어서 고려해야 할 여러 가지 사정 가운데에서 "금지"에 의하여 의무자가 입게 되는 불이익까지도 아울러 충분하게 고려하여야 한다(대법원 1988. 4. 12. 선고 87다카90 판결)고 판시한다.

---

46) 이상경(주 4), 547. 윤태식, 부정경쟁방지법, 박영사(2021), 238면 참조.

예방청구는 장래 반복의 위험이 있는 행위를 대상으로 할 수 있을 뿐 그와 유사한 일체의 행위까지 대상으로 할 수 없으며 금지 및 예방의 대상 행위는 구체적으로 특정되어야 한다.[47]

따라서 금지청구를 구하면서 '원고의 상품과 혼동을 일으키는 행위를 하여서는 아니 된다'라는 청구취지는 특정된 것으로 볼 수 없고, 이는 '원고의 표지를 사용하여서는 아니 된다'로 하여야 한다. 따라서 통상 '피고는 원고의 △△ 표장(원고의 특정 표장)을 ○○(피고의 특정 침해품)에 사용하거나, 위 표장을 사용한 ○○을 판매, 반포, 수입·수출[48]하여서는 아니 된다'와 같은 형태로 특정된다.[49]

'이와 유사한 표장', '이와 유사한 상품', '이에 준하는 장소'와 같은 문구는 그 유사여부의 판단을 집행기관에 위임한 형태가 되어 원칙적으로 집행이 가능하다고 볼 수 없고, 특정되지 아니한 부분으로 보아야 할 것이다.

이와 같이 엄격한 특정을 요구하는 경우 침해자가 약간의 변경만으로도 금지명령을 쉽게 극복할 수 있는 단점이 있으므로 변경에 의한 차이가 상식적으로 중요하지 않다고 인정되는 경우에는 집행기관이 판단하여 금지할 수 있도록 해야 한다는 견해가 있는바,[50] 집행대상의 특정에 큰 문제가 없고, 권리자의 보호가 실질적으로 필요한 경우에는 예외적으로 이러한 형태의 특정을 허용할 여지도 있을 것이다.

6. 효　　과

가. 내　　용

금지청구는 앞서 살핀 바와 같이 현재 계속 중인 침해행위의 금지, 장래 침

---

47) 이상경(주 4), 613; 사법연수원(주 6), 91.

48) 법 제2조 1호의 밑문에는 없으나 '제소·판매', '판매를 위한 전시'도 이에 준하여 허용되는 것으로 본다.

49) 대법원 2000. 5. 12. 선고 98다49142 판결은 다음과 같은 주문을 경정의 형식으로 직접 선고하였다.

'피고는 별지 1 목록 표시의 각 표장을 부착한 별지 2 목록 기재의 제품, 그 포장지, 포장용기, 선전광고물을 생산, 판매, 반포 또는 수출하여서는 아니 되고, 그의 사무소, 공장, 창고, 영업소, 매장에 보관중인 별지 1 목록 표시의 각 표장이 부착된 별지 2 목록 기재의 완제품 및 반제품, 포장지, 포장용기, 선전광고물을 폐기하라.'

다만, 위 주문 중에서 '반제품'이 무엇을 의미하는지에 대해서는 논란이 있을 수 있을 것이다.

50) 박재영(주 6), 168에서 소개한 田村善之의 견해.

해행위의 예방, 부정경쟁행위로 인한 조성물의 제거, 폐기 등을 포함한다.

침해상태의 제거 방법으로는 상품주체 또는 영업주체 혼동행위의 경우 위법한 표지를 부착한 간판, 포장, 상품, 명함[51] 등의 폐기를 구하거나, 그 폐기 자체가 과잉 청구인 경우[52]에는 그에 표시한 문자의 말소만을 구할 수도 있다.[53] '침해행위를 조성한 물건'에 대한 폐기는 그 현존 여부를 밝힌 다음 그 소유자나 처분권한이 있는 자에게 명하여야 한다.[54]

본조 제2항 1호의 '부정경쟁행위를 조성한 물건'은 부정경쟁행위에 필연적인 물건, 예컨대 그 물건의 존재 없이는 부정경쟁행위가 성립되지 않는 물건(예를 들면 혼동초래를 일으키게 하는 표지 및 타인의 상표 등을 선점하여 등록한 도메인이름, 완성된 제품 등)을 말하고,[55] 같은 2호의 '부정경쟁행위에 제공된 설비'는 침해행위에 직접적으로 제공된 것(예를 들면 표지를 인쇄하는데 제공된 인쇄설비 등)을 말한다.[56] 실무상 완성품의 구조를 구비하고 있는 것으로 아직 완성에 이르지 않은 물건을 '반제품'으로 집행의 대상으로 하고 있다.

같은 4호의 '그 밖에 부정경쟁행위의 금지 또는 예방을 위하여 필요한 조치'는 '판결주문의 공시', '거래처에의 통보',[57] '부정경쟁행위를 하지 않는다는 보증으로 담보를 제공하거나 공탁시키는 것'[58] 등을 들 수 있다.

금지청구권의 대상으로 부정경쟁행위의 원인인 등록상호의 말소를 청구할 수 있는가에 대해서는 긍정설[59]이 다수로 보이고 판례[60]도 같은 입장이다. 다만 등록상표의 경우에는 특허청에서의 무효심판절차를 거치지 않고 본 금지청

---

51) 대법원 2002. 9. 24. 선고 99다42322 판결 참조.
52) '부정경쟁방지법 제4조 제1항의 중지청구권에는 당해 부정경쟁행위 그 자체의 정지 이외에도 그의 예방적 조치를 청구할 수 있는 권능이 포함되어 있다 할 것이고 또한 부정경쟁행위로 인한 조성물의 제거, 폐기청구권이 거기에 포함될 수 있음은 소론과 같다. 그러나 위에서 본 규정 가운데의 "중지"의 범위는 당해 부정경쟁행위의 정지, 예방, 배제를 함에 필요하고도 충분한 한도내에서 그쳐야 하는 것이고 특히 그것을 결정함에 있어서 고려해야 할 여러가지 사정 가운데에서 "중지"에 의하여 의무자가 입게 되는 불이익까지도 아울러 충분하게 고려하여야 하는 것이다'라고 판시하면서 원심이 폐기청구를 배척한 조치를 수긍한 사례(대법원 1988. 4. 12. 선고 87다카90 판결) 참조.
53) 서울고등법원 1993. 4. 27. 선고 92나33970 판결 참조.
54) 대법원 1996. 12. 23. 선고 96다16605 판결.
55) 박재영(주 6), 167.
56) 특허청, 부정경쟁방지업무해설서(2008), 66.
57) 이상경(주 4), 614.
58) 김병일(주 29), 173.
59) 이상경(주 4), 615; 김병일(주 29), 173.
60) 서울고등법원 2002. 5. 1. 선고 2001나14377 판결(확정).

구권의 행사로 그 등록상표의 등록말소를 청구할 수 없다고 해석해야 할 것이
다.61)

나. 도메인 이름

본조 제2항 3호에 의하여 침해상태의 제거로서 부정경쟁행위의 대상이 된
도메인이름의 등록말소를 구할 수 있는 것에는 의문이 없고, 대법원도 이를 긍
정한다.62)

이와 관련하여 본조 제1항의 금지 또는 예방 청구권에 근거하여 도메인이
름의 등록이전까지 청구할 수 있는지에 대해서는 견해의 대립이 있다.63) 일부
견해64)와 일부 하급심 판결65)은 이를 긍정하나, 대법원은 이에 대해 부정적인
입장이다.66)

다. 가처분 등

실제로 금지명령은 본안소송보다 이를 피보전권리로 하는 가처분 소송을
통하여 많이 행사된다. 이는 상대방에게 부작위의무를 명하는 만족적 가처분이
며 임시의 지위를 정하는 가처분에 해당한다.67) 만족적 가처분이라고 하더라도
임시의 조치를 취하는데 그치는 것이므로, 가처분으로서 위법상태의 제거를 청

61) 김병일(주 29), 173.
62) 대법원 2004. 5. 14. 선고 2002다13782 판결 등.
63) 우리나라의 인터넷주소자원에 관한 법률, WIPO의 UDRP, 미국의 반사이버스쿼팅소비자
　보호법은 모두 구제수단에 도메인이름의 등록이전명령을 포함하고 있음에도 본조에서는
　말소청구권만을 규정하고 있어 문제가 생긴다. 이전등록청구권이 본조에 의하여 발생하지
　않는다는 입장에 설 경우, 이러한 법률규정의 흠결을 이용하여 침해자가 UDRP의 조정결
　정에 따른 집행을 중지시키기 위해 등록이전청구권 부존재 소를 제기하면 법원으로서는
　실체에 관한 판단 없이 실정법이 등록이전청구를 허용하지 아니한다는 형식적인 이유만으
　로 그 청구를 인용할 수밖에 없어 권리자를 보호할 수 없게 되는 난점이 있다. 만일 도메
　인이름 등록인이 이와 같은 문제점을 교묘히 이용하고자 조정결정의 집행을 보류시키기
　위하여 소송을 세기하면서 청+취지를 이전등록청구권 부존재 확인만으로 하는 경우에는
　신청인이 반소로서 원고에게 해당 도메인이름의 사용금지를 청구하는 소를 제기하여 대비
　하여야 한다고 한다(최성준, 도메인이름에 관한 소송에서 판단기준으로 삼아야 할 법규,
　Law & technology 제3권 제8호, 165).
64) 최성준(주 62), 165.
65) 서울중앙지방법원 2004. 8. 19. 선고 2003가합88245 판결(확정); 서울중앙지방법원 2002.
　10. 18. 선고 2001가합35469 판결(확정); 서울중앙지방법원 2002. 10. 18. 선고 2001가합
　25165 판결(김기영, "인터넷 도메인이름 관련 분쟁사례 연구", 재판실무연구(광주지방법
　원, 2009)에서 재인용).
66) 대법원 2008. 9. 25. 선고 2006다51577 판결.
67) 사법연수원(주 6), 93.

구하는 경우에는 가처분의 성격상 당해 가처분으로 인하여 종국적 상태가 창설되지 아니하는 예외적인 경우에 한하여 허용된다고 보아야 할 것이다.[68] 따라서 침해물을 폐기하기보다는 침해행위 조성물에 대한 채무자의 점유를 풀고 집행관에게 보관을 명하도록 하는 것이 보통이다.

금지명령의 집행은 가처분, 본안소송 공히 간접강제 또는 대체집행의 방법에 의하게 된다.

라. 소멸시효

법에는 금지 및 예방 청구권의 소멸시효에 관한 일반적 규정이 없다.[69] 이에 대하여 예방청구권과 달리 금지청구권은 소멸시효의 적용을 받는 것으로, 이 경우 민법 제162조 제1항 및 제166조 제2항의 규정에 의하여 침해행위를 한 때로부터 10년간 행사하지 아니하면 시효로 소멸한다는 견해[70]가 있다. 시효로 소멸하지 않는다고 보더라도 이른바 '실효의 원칙[71]'에 의하여 권리가 실효되는 경우는 발생할 수 있을 것이다.[72]

다만 2023년 개정법(2023. 3. 28. 법률 제19289호, 시행 2023. 9. 29.)에 의하여, '아이디어 탈취'에 대하여는 영업상의 이익이 침해되거나 침해될 우려가 있다는 사실 및 그 부정경쟁행위자를 안 날부터 3년, 그 부정경쟁행위가 시작된 날부터 10년이 지나면 침해금지청구를 하지 못하도록 하는 제3항이 신설됨으로써 그 소멸시효를 명확히 규정하게 되었다. 이에 대한 반대해석으로 다른 부정경쟁행위에 대한 금지청구권에 대해서는 소멸시효가 적용되지 않는다고 볼 여지가 있게 되었다.

7. 불법행위에 기한 금지청구권

대법원은, '경쟁자가 상당한 노력과 투자에 의하여 구축한 성과물을 상도덕

---

68) 김병일(주 29), 176.

69) 영업비밀 침해행위로 인한 금지청구권의 소멸시효는 제14조에 규정되어 있다.

70) 특허청(주 56), 67.

71) 실효의 원칙이라 함은 권리자가 장기간에 걸쳐 그 권리를 행사하지 아니함에 따라 그 의무자인 상대방이 더 이상 권리자가 권리를 행사하지 아니할 것으로 신뢰할 만한 정당한 기대를 가지게 된 경우에 새삼스럽게 권리자가 그 권리를 행사하는 것은 법질서 전체를 지배하는 신의성실의 원칙에 위반되어 허용되지 아니한다는 것을 의미하고, 항소권과 같은 소송법상의 권리에 대하여도 이러한 원칙은 적용될 수 있다(대법원 1996. 7. 30. 선고 94다51840 판결).

72) 小野昌延(주 1), 586.

이나 공정한 경쟁질서에 반하여 자신의 영업을 위하여 무단으로 이용함으로써 경쟁자의 노력과 투자에 편승하여 부당하게 이익을 얻고 경쟁자의 법률상 보호할 가치가 있는 이익을 침해하는 행위는 부정한 경쟁행위로서 민법상 불법행위에 해당하는바, 위와 같은 무단이용 상태가 계속되어 금전배상을 명하는 것만으로는 피해자 구제의 실효성을 기대하기 어렵고 무단이용의 금지로 인하여 보호되는 피해자의 이익과 그로 인한 가해자의 불이익을 비교·교량할 때 피해자의 이익이 더 큰 경우에는 그 행위의 금지 또는 예방을 청구할 수 있다'고 판시하였다(대법원 2010. 8. 25. 자 2008마1541 결정, 이하 '이 사건 대법원 결정'이라 한다).

이 사건 대법원 결정은 법 제2조 제1호에서 열거하고 있는 부정경쟁행위에 해당하지 아니하는 행위라고 하더라도 이른바 '부정한 경쟁행위'로서 불법행위에 해당할 수 있음을 분명히 한 후,73) 나아가 이러한 '부정한 경쟁행위'로서 불법행위에 대하여 '위와 같은 무단이용 상태가 계속되어 금전배상을 명하는 것만으로는 피해자 구제의 실효성을 기대하기 어렵고 무단이용의 금지로 인하여 보호되는 피해자의 이익과 그로 인한 가해자의 불이익을 비교·교량할 때 피해자의 이익이 더 큰 경우'에는 금지청구권을 행사할 수 있다고 하고 있으나, 이와 같은 경우의 불법행위에 대하여 금지청구권을 인정할 수 있는 근거에 대해서는 명확히 밝히고 있지 아니하다.

이 사건 대법원 결정 전 우리 학계의 논의를 살펴보면 불법행위에 대하여 일반적 금지청구권을 행사할 수 있다는 견해74)나 침해행위에 의하여 침해되는 권리의 종류 및 내용과 침해의 태양 및 정도에 따른 위법성의 양(침해행위에 대한 사회적 금지의 정도)에 의하여 결정되어야 한다는 견해75)를 비롯하여 불법행위에 따른 금지청구권을 일반적으로 또는 제한적으로 긍정하는 견해가 일부 존재하였다.

대법원 역시 명문의 법률 규정이 없음에도 불법행위에 해당하는 권리에 기초하여 금지청구권을 인정한 사례가 있었는데, 인격권의 경우에는 명시적으로

---

73) 이에 대한 상세한 논의는 이 주해서 중 법 제2조에 관한 '부정경쟁행위와 민법상 불법행위의 관계' 부분을 참조

74) 권영준, "불법행위와 금지청구권", 서울대 법학 4권 2호(2008)는 이러한 논의를 모아서 정리하고 있다.

75) 편집대표 곽윤직, 민법주해(18), 박영사(2005), 258(박철 집필 부분). 이는 환경법 분야에서 原田尙彦, 加藤一郎과 같은 일본 학자들에 의하여 주창되어 온 이른바 위법성단계설(違法性段階說)을 지지하는 취지로 보인다.

그 근거76)를 설시하고 있으나, 영업권,77) 시설관리권78) 등에 대해서는 그 근거
를 명백히 밝히지는 않고 있는 것으로 보이고, 환경권의 경우에는 환경권에 기
한 금지청구는 부정하되, 우회적인 방법으로서 소유권에 기한 방해의 제거나 예
방청구를 인정하고 있다.79)

불법행위의 내용이 부정경쟁행위인 경우에는 이 사건 대법원 결정이 최초의
것이다. 종전의 학설상 본조의 금지청구권을 유추적용하여 부정경쟁행위의 실질
을 가진 불법행위의 경우에 한하여 금지청구권을 인정하자는 견해가 있었고,80)

---

76) 대표적인 것에 대법원 2005. 1. 17. 자 2003마1477 결정이 있는바, 위 결정은 '명예는 생
   명, 신체와 함께 매우 중대한 보호법익이고 인격권으로서의 명예권은 물권의 경우와 마찬
   가지로 배타성을 가지는 권리라고 할 것이므로 사람의 품성, 덕행, 명성, 신용 등의 인격적
   가치에 관하여 사회로부터 받는 객관적인 평가인 명예를 위법하게 침해당한 자는 손해배
   상 또는 명예회복을 위한 처분을 구할 수 있는 이외에 인격권으로서 명예권에 기초하여
   가해자에 대하여 현재 이루어지고 있는 침해행위를 배제하거나 장래에 생길 침해를 예방
   하기 위하여 침해행위의 금지를 구할 수도 있다'라고 하여 인격권의 배타성에서 금지청구
   권의 근거를 찾고 있다. 그런데 그 전의 대법원 판결에서는, 인격권이 그 성질상 일단 침
   해된 후의 구제수단(금전배상이나 명예회복 처분 등)만으로는 그 피해의 완전한 회복이
   어렵고 손해전보의 실효성을 기대하기 어려우므로, 인격권 침해에 대하여는 사전(예방적)
   구제수단으로 침해행위 정지·방지 등의 금지청구권도 인정된다는 전제에서, 위법한 비방
   광고로부터 그 명예·신용 등을 보전하기 위하여 그러한 광고의 중지를 요구할 권리가 있
   는 원심의 판단을 수긍한 사례(대법원 1996. 4. 12. 선고 93다40614, 40621 판결)와 같이
   권리의 성격이 아닌 금지청구권의 인정필요성에 중점을 둔 설시만이 있었다(이균용, "인격
   권으로서의 명예권에 기초한 침해행위금지청구권의 법적 근거와 언론·출판 등의 표현행
   위에 대한 가처분에 의한 사전금지의 허용 요건", 대법원판례해설 2005년 상반기(통권 제
   54호)(2006. 1) 참조).
77) 피신청인이 신청인의 해태 수위탁판매업무를 방해하는 행위에 대하여, 신청인은 해태
   수위탁판매업무의 방해배제를 구할 피보전권리가 있다고 한 원심을 수긍한 것(대법원
   1979. 11. 13. 선고 79다1497 판결)이 있는가 하면, 허가받은 자의 판매구역 안에서 허가를
   받지 아니한 제3자가 석유판매행위를 한다고 하여도 그 허가받은 자는 그로 말미암아 영
   업상의 개별적 이익이 부당하게 침해되었음을 이유로 그 제3자에 대하여 그로 인한 손해
   배상을 청구할 수 있음은 별론으로 하고 위 제3자의 판매행위가 부정경쟁행위에 해당하는
   등 특별한 사정이 없는 한 허가받은 영업 그 자체에 기하여 직접 그 판매행위의 금지 등
   영업에 대한 방해제거나 방해예방의 청구를 할 수는 없다(대법원 1979. 5. 8. 선고 79다
   242 판결)고 한 것도 있다.
78) 학교를 설립·운영하는 법인과 그 교장은 학교에 대한 운영주체로서 그 시설관리권 등
   에 근거하여 면학분위기를 해치는 위법행위에 대한 방해예방청구 등 부작위청구권을 행사
   할 수 있다(대법원 2006. 5. 26. 선고 2004다62597 판결).
79) 대법원 1997. 7. 22. 선고 96다56153 판결, 한편 광산에서 금광의 탐광 및 채광을 위한
   굴진공사를 계속 진행할 경우 인근 주민들에게 수인한도를 넘는 환경침해가 발생할 개연
   성이 있고, 그 침해이익이 생명, 건강 기타 금전으로 배상하기 어려운 생활상 이익에 관한
   것이므로, 위 주민들은 토지 소유권 및 환경권에 기초하여 굴진공사의 중지와 금지를 청구
   할 권리가 있다고 한 사례(대법원 2008. 9. 25. 선고 2006다49284 판결)도 발견된다.
80) 이상경, 지적재산권소송법, 육법사(1998), 541; 정상조, 부정경쟁방지법 원론, 세창출판사

이 사건 대법원 결정 역시 이러한 입장을 취하고 있는 것으로 보인다.

　이 사건 대법원 결정은 이후 현행 법 제2조 제1호 (파)목의 '그 밖에 타인의 상당한 투자나 노력으로 만들어진 성과 등을 공정한 상거래 관행이나 경쟁 질서에 반하는 방법으로 자신의 영업을 위하여 무단으로 사용함으로써 타인의 경제적 이익을 침해하는 행위'가 부정경쟁행위의 한 형태로서 명시적으로 규정되는 계기가 되었다는 점에서 의의를 찾을 수 있고, 이후 이러한 형태의 불법행위를 규율하기 위한 이론적 기초가 되었다고 볼 수 있으며, 금지청구권과 관련해서는 위 법 제2조 제1호 (파)목의 해석 문제로 주로 다루어 질 것으로 보인다.[81]

〈백강진〉

(2007), 165도 같은 취지.

81) 대법원 2012. 3. 29. 선고 2010다20044 판결; 대법원 2017. 11. 9. 선고 2014다49180 판결 등 참조.

제5조(부정경쟁행위에 등에 대한 손해배상책임)

고의 또는 과실에 의한 부정경쟁행위나 제3조의2 제1항 또는 제2항을 위반한 행위(제2조 제1호 다목의 경우에는 고의에 의한 부정경쟁행위만을 말한다)로 타인의 영업상 이익을 침해하여 손해를 입힌 자는 그 손해를 배상할 책임을 진다.

〈소 목 차〉

Ⅰ. 서   론
　1. 본조의 취지
　2. 본조의 연혁
　3. 본조와 민법 제750조의 관계
Ⅱ. 요   건
　1. 고의 또는 과실
　2. 부정경쟁행위
　3. 부정경쟁행위에 의한 영업상 이익
　　의 침해로 손해의 발생

　4. 부정경쟁행위와 손해발생과의 상
　　당인과관계
Ⅲ. 손해배상청구의 당사자
　1. 손해배상청구권자
　2. 손해배상청구의 상대방
Ⅳ. 손해배상
　1. 손해배상의 범위
　2. 손해배상의 산정
Ⅴ. 부당이득

Ⅰ. 서   론

1. 본조의 취지

부정경쟁방지 및 영업비밀보호에 관한 법률(이하, '부정경쟁방지법'이나 '동법' 또는 '법'이라 한다)에는 손해액의 추정에 관한 제14조의2 규정뿐 아니라 손해배상책임에 관한 근거 규정이 존재한다. 법 제5조(이하, '본조'라 한다)가 바로 그에 해당하는 조문이다. 그리고 본조에 의한 손해배상책임이 불법행위책임의 성질을 가진다는 점에는 異論이 없다.[1] 본조의 존재는 저작권법과 대조되는 점이다. 본조와 같은 규정이 없는 저작권법의 경우 저작권 침해로 인한 손해배상청구는 민법 제750조의 불법행위 규정을 따르게 되지만, 부정경쟁행위로 인한 손해배상청구는 본조의 손해배상책임 규정을 따르게 된다.

---

[1] 송영식 외 6인, 송영식 지적소유권법 하(제2판), 육법사(2013), 424; 양창수, "불법행위의 변천과 가능성", 민법연구 3, 박영사(1995), 313; 정성진, "부정경쟁행위와 불공정거래행위", 법치와 자유, 법문사(2010), 104; 정호열, 부정경쟁방지법론, 삼지원(1993), 75 이하; 사법연수원, 부정경쟁방지법(2015), 91. 같은 취지 정상조, 부정경쟁방지법 원론, 세창출판사(2007), 147 이하.

본조의 의의는 자유경쟁시장에서 영업의 자유를 보장하고 이를 조정하는 기능을 한다는 데에 있다. 즉 競業者 상호간에 營業의 自由를 보장함과 동시에 '건전한 거래질서의 유지'를 위하여(법 제1조의 '목적') 영업의 자유를 남용한 부정경쟁행위자를 제재한다는 행위규제의 관점을 확인한 규정이다. 이에 따라 '부정경쟁행위'로 '영업상의 이익'을 침해당한 자(원고)가 '부정경쟁행위'를 한 자(피고)를 상대로 손해배상책임을 추궁할 수 있도록 규정한 것이다. 물론 본조와 같이 "'행위의 위법성'을 전면에 내세운 불법행위규정"[2]이 없다 하더라도 부정경쟁방지법상의 부정경쟁행위가 불법행위에 해당하지 않는다는 것은 거의 생각할 수 없는 일이기 때문에 그 결과에 있어서 차이가 생기는 것은 아니다. 그렇지만 본조는 명시적으로 그 요건에서 '부정경쟁행위'를 전면에 내세우고 있고, 또한 '영업상 이익'을 침해당한 자가 원고의 지위에서 '부정경쟁행위'를 한 자를 피고로 하여 손해배상청구권을 행사할 수 있다는 점을 규정하였다는 점에서 그 존재의의를 새롭게 모색해 볼 수 있을 것이다. 그리고 이러한 본조의 존재의의를 전제로 한다면, 고의의 성립에 위법성의 인식을 필요로 하는지 여부에 관한 검토는 물론이고 개개의 부정경쟁 관련 사건에서 구체적으로 누가 원고가 될 수 있는지의 문제, 즉 누가 '영업상 이익'을 침해당한 자에 해당하는지를 결정하는 문제는 본조와 관련하여 중요한 고찰 대상으로 부각된다고 말할 수 있다. 아울러 부수적인 문제이지만 본조와 민법 제750조의 관계에 관한 논의도 필요함은 물론이다.

2. 본조의 연혁

1961년 제정된 우리나라 부정경쟁방지법(1961년 12월 30일 법률 제911호) 제3조 제1항은 "고의 또는 과실로 인하여 전조 각 호의 1에 해당하는 행위를 한 자는 이로 인하여 영업상 이익의 침해를 받은 자에 대하여 손해배상의 책임을 진다"고 규정하였다. 위 조항은 1950년 개정된 일본 부정경쟁방지법 제1조의2 "고의 또는 과실로 인하여 전조 각 호의 1에 해당하는 행위를 한 자는 이로 인하여 영업상 이익의 침해받은 자에 대하여 손해배상의 책임을 진다"[3]는 규정을 그대로 모방하여 입법한 것이다. 당초 일본이 제정한 부정경쟁방지법(1934년 법

---

2) 양창수, "독점규제법에서의 손해배상", 민법연구 5, 박영사(1999), 221.
3) "故意又ハ過失ニ因リ前条第一項各号ノ一ニ該当スル行為ヲ為シタル者ハ之ニ因リ營業上ノ利益ヲ害セラレタル者ニ対シ損害賠償ノ責ニ任ス".

률 제14호) 제1조에서는 손해배상청구의 근거를 명시함과 동시에 '부정한 경쟁의 목적'을 요건으로 부가하였는데, 1950년 동법이 개정되면서 위 '부정한 경쟁의 목적' 요건이 삭제되었고 조문 배치도 제1조의2로 조정되었다. 그런데 1934년 일본 부정경쟁방지법이 제정될 때에 위와 같이 별도의 손해배상청구의 근거 규정을 둔 것에 대해서는 그 나름의 법리적 이유가 있었다고 설명된다. 즉 당시 일본 민법 제709조의 불법행위 조항은 '권리침해'를 객관적 요건으로 규정하고 있었는데,[4] 위 '권리침해 요건을 위법성으로 치환하고 그 위법성의 유무를 판단함에 있어서는 被侵害利益의 종류와 침해행위의 태양을 상관적 · 종합적으로 판단함으로써 불법행위의 성립을 논하고자 이론구성한 일본 학자 我妻榮의 이른바 相關關係說의 입장에서는[5] 1934년 제정법 제1조를 확인적 성격의 규정이라고 이해하였다.[6] 그러나 당시 통설의 지위에 있었던 권리침해론의 입장에서는 손해배상청구의 근거규정을 별도로 입법하지 않으면 부정경쟁행위에 대해 손해배상청구를 인정할 수 없게 된다는 이유로 특별입법의 필요성을 주장하였다.[7] 따라서 일본 부정경쟁방지법의 입법 당시에는 별도로 근거규정을 마련한 것에 대하여 그 존재의의를 특히 높이 평가하였다고 말할 수 있다. 이에 반해 1958년 2월 22일 법률 제471호로 공포되어 1960년 1월 1일부터 시행되고 있는 우리 민법 제750조는 '권리침해'가 아니라 '위법성'을 객관적 요건으로 규정하고 있어서 부정경쟁행위와 같이 권리침해에 해당하지 않는 경우라도 민법상의 불법행위로서 손해배상청구를 하는 데에 아무런 문제가 없었다. 그렇기 때문에 우리 부정경쟁방지법 제정 당시의 상황을 일본의 경우와 비교할 때 부정경쟁방지법 중에 별도로 손해배상청구에 관한 근거규정을 마련할 필요는 없었다고 말할 수 있다.[8] 설령 그에 관한 조항을 마련할 필요가 있다손 치더라도 그 근거규정의

---

4) 일본은 2004년 민법 제709조를 개정하여 '권리침해' 외에 '법률상 보호되는 이익'을 보호대상에 포함시켰다.

5) 我妻榮, 債權法(不法行爲法), 現代法學全集 37卷, 日本評論社(1931), 447 이하; 加藤雅信 代表, 民法學說百年史, 日本民法施行 100年記念, 三省堂(1999), 586에서 재인용.

6) 我妻榮, "現代債權法の基礎理論", 日本國家科學大系 7, 實業之日本社(1942), 49; 小野昌延, 不正競爭防止法槪說, 有斐閣(1994), 37에서 재인용.

7) 有馬忠三郎, 不正競業論(1922), 517; 小野昌延(주 6), 37에서 재인용.

8) 그러한 점에서 본조의 의의에 대해서 국내 학설 중에는 손해배상청구권의 성립요건으로 '권리' 침해를 규정하지 않고 '영업 이익'의 침해를 규정한 것이라는 취지에서 위 규정을 일종의 특칙이라고 설명하는 견해가 있는데[가령, 황의창 · 황광연, 부정경쟁방지 및 영업비밀보호법(5정판), 세창출판사(2009), 94, 249-251], 이러한 설명은 일본 구 민법 제709조를 둘러싼 문제상황을 우리 민법 제750조의 그것으로 오인한 때문이 아닌가 생각한다. 일본 구 민법 제709조의 불법행위규정을 고려할 때에는 그러한 설명이 가능할 수 있겠지만,

존재의의를 새롭게 모색하거나, 아니면 일본의 그것과는 성격과 차원을 달리하는 내용으로 입법하도록 노력을 기울이는 것이 바람직하였을 것이다.

한편, 1986년 전면 개정된 동법(1986년 12월 31일 법률 제3897호 전면 개정) 제4조 제2항은 "제2조 각 호의 1에 해당하는 행위로 인하여 자신의 영업상의 이익이 침해된 자는 법원에 손해배상청구를 할 수 있다"고 규정함으로써 손해배상청구에서 고의·과실 요건을 삭제하였다. 이와 같이 1961년 제정법이 손해배상청구를 위해 명시적으로 요구하던 고의 또는 과실 요건을, 1986년 개정법이 이를 의도적으로 삭제한 입법 태도에 관하여 학설상 다음과 같은 해석론이 전개된 바 있다. 그 하나는 고의·과실 요건이 삭제됨으로써 "부정경쟁방지법리의 전개는 민법 제750조 이하의 일반 불법행위의 성립요건이나 효과와는 다른 방향으로 나아가고 있으며, 따라서 오늘날에 있어서는 더 이상 실정 부정경쟁방지법이 불법행위법에 대한 특별법의 위치에 서는 것으로 일반적으로 말할 수는 없다"는 견해이다.9) 즉 "부정경쟁방지법이 불법행위법의 연혁을 벗어나 객관적 법제도로 이행하여 競爭法의 체계로 편입됨을 뜻하는 것"이라고 이해하는 입장이다.10) 다른 하나는 "개정법 제4조 제2항은 구법과 달리 고의·과실을 삭제하고 있으나, 손해배상청구권이 성립하기 위해서는 주관적 요건인 고의·과실이 필요하다"는 견해인데, 그 이유는 경제법적인 관점에서 불공정거래방법을 금지하고자 무과실책임을 규정한 독점규제 및 공정거래에 관한 법률과는 달리 "부정경쟁행위로 보는 행위태양은 多種多樣하므로 이들 모든 경우에 무과실책임을 묻는 것은 가혹할 뿐 아니라 周知標識를 자기의 상표로서 사용하는 경우는 당해 표지의 주지성 정도에 따라 고의 또는 과실을 추정할 수 있으므로 과실책임을 인정해도 권리구제에 큰 지장이 없기 때문"이라고 한다.11) 그러나 이러한 학설상 해석론의 차이는 1991년 법 개정시에 고의·과실 요건이 부활함으로써 그 논의의 實益이 없어졌다. 즉, 1991년 영업비밀 보호 등을 위하여 개정된 동법(1991년 12월 31일 법률 제4478호) 제5조는 "고의 또는 과실에 의한 부정경쟁행위

우리 민법 제750조의 불법행위 규정과는 관계없는 내용이다. 이에 관한 상세는, 박성호, "부정경쟁행위에 대한 손해배상책임 법리의 고찰", 한양법학 제24권 제2집, 한양법학회 (2013. 5), 331-337 참조.
　9) 정호열(주 1), 77.
　10) 정호열(주 1), 236.
　11) 송영식 외 2인, 지적소유권법, 육법사(1987), 775-776. 같은 취지 윤병각, "부정경쟁행위의 유형과 구제방법", 지적소유권에 관한 제문제(하), 재판자료 제57집, 법원행정처(1992), 583.

로 타인의 영업상 이익을 침해하여 손해를 가한 자는 그 손해를 배상할 책임을
진다"고 규정하여 1986년 개정법에서 삭제된 고의 또는 과실 요건을 다시 복원
시켰다.12) 이는 현행 부정경쟁방지법 아래에서도 마찬가지인데, 다만 2011년 6
월 30일 법률 제10810호로 본조가 개정되면서 부정경쟁행위 외에 "제3조의2 제
1항 또는 제2항을 위반한 행위"에 관한 부분이 추가되었다. 어쨌든 현 단계에서
해석론상 요구되는 과제는 우리 부정경쟁방지법 제5조에 별도로 마련된 손해배
상청구의 근거규정의 존재의의를 새롭게 모색하는 작업이다.

참고로 일본은 2004년 민법 제709조를 개정하여 "고의 또는 과실로 타인의
권리 또는 법률상 보호되는 이익을 침해한 자는 이로써 발생한 손해를 배상할
책임을 진다"고 규정하였다. 종래의 '권리침해' 요건에 더하여 '법률상 보호되는
이익'을 추가한 것이다. 결과적으로 우리 민법 제750조와 같은 취지의 규정으로
귀결되었다. 이와 관련하여 일본 학설 중에는 "평성 16년 개정으로 민법 제709
조가 '법률상 보호되는 이익'을 명문으로써 보호대상에 포함한 현 단계에서 일
본 부정경쟁방지법 제4조가 존재할 필요성이 있는지 여부는 의문"13)이라고 그
존재의의를 부정적으로 보는 견해도 존재한다.

3. 본조와 민법 제750조의 관계

본조의 연혁에서 살펴본 바에 따르면, 본조의 성격은 "민법상의 불법행위로
인한 손해배상청구권을 확인적으로 규정한 특별규정"14)이라고 자리매김할 수
있다. 따라서 부정경쟁행위에 대한 손해배상청구에 있어서는 그 성질에 반하지
않는 한 불법행위에 관한 민법의 여러 규정들이 보충적으로 적용된다. 그러므로
본조에 의한 손해배상청구권은 양도성을 가지며, 소멸시효에 대해서는 민법 제

---

12) 1986년 개정법을 부정경쟁방지법이 경쟁법 체계로 편입된 것을 의미한다고 이해하는 견
해는, 1991년 개정법이 고의·과실이라는 주관적 요건을 복원한 것에 대해서 "개정법의 태
도는 바람직하지 않으며 주관적 구성요건의 필요 여부는 차라리 학설과 실무에 맡겨둠
이 옳았"을 것이라고 주장한다[정호열(주 1), 236-237]. 생각건대, 독일의 구 부정경쟁방지
법 제1조가 주관적 요건을 명시하지 않았음에도 주관적 요건이 요구되는 것으로 해석되었
다는 점에서 위 주장에도 일면의 타당성은 있다. 하지만 이미 비교법적으로 해명된 논점에
대해서 우리의 학설과 실무가 독일에서의 시행착오를 반복할 필요는 없을 것이다. 그러한
점에서 1991년 개정법의 태도는 바람직한 입법적 귀결이라고 생각된다. 私見과 유사한 취
지에서 위 주장을 비판하는 견해로는, 윤선희·김지영, 부정경쟁방지법, 법문사(2012),
314-315 참조.

13) 島並良, "差止めと損害賠償—比較で学ぶ知的財産法(第12回)", 法学教室 No. 390(有斐
閣, 2013. 3), 125의 각주 19).

14) 정성진(주 1), 104.

766조가 적용된다.[15] 또한 부정경쟁행위에 의해 정신적 손해를 입은 때에는 민법 제751조 규정에 의해 무형손해에 대한 위자료 청구를 할 수 있다.[16]

문제는 "타인의 영업상 이익"에 대한 침해에 대하여 본조에 의한 救濟 이외에도 일반적인 불법행위규정에 의한 구제를 이론상 또는 특히 실제상 인정할 수 있을 것인지 여부이다.[17] 부정경쟁방지법상의 손해배상청구권과 민법상의 불법행위에 기한 손해배상청구권과의 관계에 대해서는 양자를 전적으로 동일한 청구권으로 파악하여 경합하지 않는다고 생각할 수도 있겠지만, 부정경쟁방지법상의 손해배상청구권은 요건이나 손해배상청구권자의 범위에 대하여 민법상 불법행위에 대한 특칙을 마련한 것이기 때문에 양자는 경합한다고 이해하는 것이 타당할 것이다. 더구나 이러한 후자의 관점이야말로, 전술한 바 있는 본조의 존재의의를 새롭게 모색하고자 하는 해석방향과도 부합하는 것이다. 기존 국내 논의에서도 본조와 민법 제750조의 관계를 경합관계로 이해하였지만 양자를 請求權競合으로 볼 것인지, 아니면 法條競合을 볼 것인지에 관해서는 견해가 나뉘었다. 학설상으로는 청구권경합을 긍정하는 견해가 다수설이지만,[18] 양자의 관계를 법조경합으로 이해하는 견해도 존재한다.[19] 다만, 양자의 관계에 대하여 명시적으로 언급한 판례는 아직 발견되지 않는다.

II. 요　　건

손해배상청구에는 ① 행위자의 고의 또는 과실, ② 부정경쟁행위의 존재, ③ 부정경쟁행위에 의한 영업상 이익의 침해로 손해발생, ④ 부정경쟁행위와 손해발생과의 상당인과관계의 존재가 필요하다.[20] 이하 각 요건을 상술하면 다음과 같다.

---

15) 서울동부지방법원 2006. 4. 28. 선고 2005가합4992 판결(부정경쟁행위 등으로 발생한 손해에 대한 손해배상채권은 민법 제766조의 3년의 단기소멸시효 기간의 경과로 이미 소멸하였더라도 피고 얻은 이익을 부당이득으로서 반환청구할 수 있다고 한 사례).

16) 송영식 외 6인(주 1), 424; 小野昌延(주 6), 320.

17) 양창수(주 1), 313.

18) 송영식 외 6인(주 1), 424; 정상조(주 1), 147-148; 사법연수원(주 1), 91.

19) 정호열(주 1), 78.

20) 송영식 외 2인(주 11), 776; 송영식 외 6인(주 1), 425; 사법연수원(주 1), 92; 小野昌延 (주 6), 321.

1. 고의 또는 과실

가. 고의·과실의 의의

본조의 손해배상청구를 하기 위해서는 고의 또는 과실에 의해 부정경쟁행위가 이루어져야 한다. 이는 주관적 요건을 필요로 하지 않는 금지청구의 경우와 구별된다. 요컨대, 본조는 '過失責任의 原則'을 천명한 것으로서, 민법상 불법행위의 요건에서 말하는 고의 또는 과실과 전적으로 동일하다. 이에 따르면 고의라는 것은 일정한 결과가 발생하리라는 것을 알면서 감히 이를 행하는 심리상태를 말한다. 또 과실이란 일정한 결과가 발생한다는 것을 알고 있었어야 함에도 불구하고 부주의, 즉 주의를 게을리하였기 때문에 그것을 알지 못하고서 어떤 행위를 하는 심리상태를 말한다는 것이 종래의 통설이다.[21] 이러한 통설에 따르면 고의의 인정에는 위법성의 인식을 필요로 하지 않는다고 보아 위법성의 인식 또는 인식가능성은 고의의 요소가 아니라 책임요소라고 파악하였다(즉 責任說).[22] 이에 따라 본조의 규정 내용을 설명하면, 본조에서 말하는 고의라는 것은 자신의 행위가 타인의 영업상 이익을 침해하는 결과를 발생시킬 것이라는 점을 알면서도 그러한 행위를 감행한 경우에 그 행위자에게 고의가 있었다고 본다. 과실이란 그러한 침해의 결과가 발생하는 것을 알고 있었어야 함에도 부주의로 이를 알지 못하고서 행위하는 것을 말한다. 따라서 누군가의 영업상 이익을 침해할지도 모른다는 정도의 인식이었을 때에는 고의가 아니라 과실로 된다. 나아가 손해발생에 대한 고의·과실까지 필요로 하는 것은 아니다. 또한 본조는 고의·과실 외에 부정경쟁의 목적을 요구하지도 않는다.

그런데 종래의 통설과는 달리 고의의 성립에 위법성의 인식이 필요하다는 견해를 따르면(즉 故意說),[23] 고의는 가해자가 자기의 행위가 위법하다는 것을 인식하면서도 감히 이를 행하는 심리상태를 말한다. 이에 따라 본조의 규정 내용을 설명하면 고의라는 것은 법 제2조 제1호 (가)목 내지 (파)목 규정의 부정경쟁에 해당하는 것을 인식하고서 이를 감수하면서 행위하는 것을 말하고, 과실이란 이러한 부정경쟁에 해당하는 결과가 발생하는 것을 알고 있었어야 함에도 부주의로 이를 알지 못하고서 행위하는 것을 말한다. 요컨대, 고의란 違法行爲

---

21) 곽윤직 편집대표, 민법주해[XVIII], 박영사(2005), 182-185.
22) 김상용, 불법행위법, 법문사(1997), 38; 이은영, 채권각론(제3판), 박영사(2000), 784-785.
23) 김형배, 채권총론, 박영사(1993), 169.

(법 제2조 제1호 소정의 부정경쟁행위나 제3조의2 제1항 또는 제2항에 위반한 행위)에 대한 認識을 말하고,[24] 과실이란 그 인식의 주의의무를 게을리 한 것을 의미할 뿐이며,[25][26] 고의·과실 외에 부정경쟁의 목적을 요구하지도 않는다.[27]

　　생각건대, 일반 불법행위와 비교할 때 영업의 자유를 남용하는 부정경쟁행위를 규제하는 경우에 있어서는 '위법성의 인식 또는 인식가능성' 여부가 한층 더 중요한 의미를 가진다. "'행위의 위법성'을 전면에 내세운 불법행위규정"[28]이라는 본조의 특성도 이 점을 고려한 때문이었으리라고 추찰된다. 따라서 이러한 본조의 특성을 고려한다면 위법성의 인식 또는 인식가능성을 고의의 요소로 포함하는 것이 전제될 필요가 있을 것이다. 즉 고의라는 것은 위법행위에 대한 인식을 말하는 것이라고 이해하는 것이 타당할 것이다. 이러한 논의(즉 責任說과 故意說에 따른 구별)의 실익은 후술하는 바와 같이 부정경쟁방지법 제14조의2 제4항 후단에서 규정하는 輕過失에 의한 減額 규정의 적용 범위가 좁아지는가 아니면 넓어지는가의 차이에 있다.

나. 과실에 있어서 주의의무의 정도

　　과실에 있어서 행위자에게 부과되는 주의의무의 정도는 일반인의 능력을 기준으로 추상적으로 결정할 것인지, 아니면 특정한 행위자의 능력을 기준으로 구체적으로 결정할 것인지 학설의 대립이 있을 수 있다. 생각건대, 여기서 말하는 과실은 이른바 추상적 과실로서 과실의 전제가 되는 주의의무의 정도는 침해자 자신의 개별적 주의능력을 기준으로 하지 않으며, 그 구체적 사례에 있어서 일반 통상인의 주의능력을 판단기준으로 한다고 할 것이다.[29]

---

24) 서울동부지방법원 2004. 7. 15. 선고 2003고단3650 판결("주지성 있는 타인의 영업 표지를 그 주지성을 갖추기 전에 선의로 먼저 사용한 자는 부정경쟁행위에 대한 고의가 없기 때문에 부정경쟁방지및영업비밀보호에관한법률 위반행위로 처벌할 수 없다"고 판시).

25) 사법연수원(주 1), 92는 본조의 "고의·과실이란 행위의 주관적 요소로서 위법행위에 대한 고의·과실을 말[한다]"고 설명한다.

26) 竹田稔, 知的財産権侵害要論(不正競業編)(改訂版), 発明協会(2003), 281; 같은 취지, 大江忠, 要件事実知的財産法, 第一法規(2002), 381-382 각 참조. 다만, 前註의 사법연수원 교재나 本註의 위 일본문헌들이 고의의 성립에 위법성의 인식이 필요한지 여부를 둘러싼 학설 대립을 의식하면서 고의·고실의 내용을 서술한 것으로 보이지는 않는다.

27) 최정열·이규호, 부정경쟁방지법(제5판), 진원사(2022), 520. 서울동부지방법원 2007. 5. 18. 선고 2006가합15289 판결(본조의 "고의는 부정경쟁행위의 의도나 타인의 영업에 대한 침해 의사까지를 포함하는 것이 아니고 위법행위에 대한 인식을 의미하는 것"이라고 판시).

28) 양창수(주 2), 221.

29) 小野昌延 編著, 新·注解 不正競争防止法 下巻(新版), 靑林書院(2007), 893; 竹田稔(주 26), 281.

다. 법 제2조 제1호 (다)목의 부정경쟁행위에 대해서는 고의의 경우에만 적용

법 제2조 제1호 (다)목에 의한 부정경쟁행위는 동호 (가)목 또는 (나)목의 규정에 의한 혼동을 하게 하는 행위 외에 비상업적 사용 등 대통령령이 정하는 정당한 사유 없이 국내에 널리 인식된 타인의 성명·상호·상표·상품의 용기·포장 그 밖에 타인의 상품 또는 영업임을 표시한 표지와 동일하거나 이와 유사한 것을 사용하거나 이러한 것을 사용한 상품을 판매·반포 또는 수입·수출하여 타인의 표지의 식별력이나 명성을 손상하게 하는 행위를 말한다. 이러한 행위는 이른바 저명표지의 희석행위를 가리키는 것으로서 소비자에게 직접적인 손해를 가져오는 제2조 제1호에 규정된 다른 부정경쟁행위와 다르므로 '고의'의 경우에만 본조의 손배상책임을 묻도록 규정한 것이다.[30]

라. 고의·과실에 대한 주장·입증책임

고의·과실에 대한 주장·입증책임은 불법행위 일반론에 따라 손해배상청구를 하는 자가 부담한다. 그런데 고의와 과실을 구별하는 것은 미필적 고의나 인식 있는 과실의 경우처럼 실제로는 상당히 곤란하다. 본조에서 고의와 과실을 구별하는 것은 고의의 경우에만 손해배상책임이 인정되는 법 제2조 제1호 (다)목에 의한 부정경쟁행위를 제외하고는 크게 중요하지 않다. 다만, 법 제14조의2 제4항 단서에서 "영업상의 이익을 침해한 자에게 고의 또는 중대한 과실이 없으면 법원은 손해배상 금액을 산정할 때 이를 고려할 수 있다"고 규정하고 있으므로 이러한 경과실에 의한 감액청구의 경우에는 고의와 과실을 구별할 실익이 있다. 즉 고의의 침해에 대해서는 경과실 감액이 성립할 여지가 없으므로 고의의 성립에 위법성의 인식이 필요하지 않다는 책임설을 따르면 고의의 인정 범위가 넓어지지만 위법성의 인식을 고의의 요소로 보는 고의설을 따르면 반대로 그 인정 범위가 좁아지게 된다. 따라서 고의설의 입장에서는 경과실에 의한 감액 규정 적용 가능성이 그만큼 높아진다는 실익이 있다. 또한 본조에 의한 손해배상청구에 대해 보충적으로 적용될 수 있는 민법의 불법행위 관련 규정 제756조에서도, 가해자의 고의 또는 중대한 과실에 의한 불법행위에 있어서는 배상액의 감액을 청구할 수 없고, 輕過失로 인한 불법행위의 경우에만 손해배상액의 감액을 청구할 수 있도록 함으로써, 손해배상액의 輕減請求에 있어서 차

---

30) 송영식 외 6인(주 1), 406; 사법연수원(주 1), 68.

이를 두고 있는데, 이때에도 그 구별의 실익이 있다. 이와 같이 법 제2조 제1호 (다)목에 의한 부정경쟁행위가 아니더라도 고의와 과실 간에 그 구별의 실익이 있는데, 이와 관련하여 法官은 손해배상의 기초가 되는 사실관계의 주장이 있으면, 피해자의 가해자에 대한 고의의 주장에 대하여 과실을 인정하여도 상관이 없다고 할 것이다.[31]

　부정경쟁방지법은 본질적으로 標識에 내재되어 있는 영업자의 재산적 정보의 총체인 영업상의 신용을 보호함으로써 競業秩序를 유지하는 것을 그 목적 중의 하나로 하는 법률이다. 이를 위해 同法은 당해 정보에 대한 부정한 이용행위를 규제함으로써 부정경쟁행위로부터 영업자를 보호하고 있다. 그런데 同法의 보호대상인 이러한 재산적 정보는 점유를 수반하는 유체물과는 달리 그 물리적 관리가 어렵고 또 고의·과실이 없는 것처럼 僞裝을 한 악질적인 부정경쟁자에 의해 침해가 이루어지기 때문에, 일반적으로 부정경쟁행위자의 고의·과실을 입증하는 것이 곤란한 경우가 많다. 그럼에도 동법은 부정경쟁행위에 대하여 특허법 제130조 또는 저작권법 제125조 제4항과 같은 過失의 推定規定을 두고 있지 않다.[32] 그러나 개개의 사건에서 '타인'과 동일 또는 유사한 사업을 영위하는 자가 商品 또는 營業主體混同行爲를 하는 경우, 通常人이라면 이러한 주체혼동의 결과가 발생한다는 것을 인식할 수 있었을 것이므로, 과실이 부정되는 사례는 극히 적을 것이다. 또한 저명표시의 부정사용행위에 관해서는 저명성의 정도에 따라 그 부정사용에 대해 過失이 있다고 事實上 推定할 수 있을 것이다.[33] 실무상으로는 이러한 입증상의 문제를 없애기 위하여 부정행위자에게 경고장을 발송하고 계속하여 침해를 하는 경우에 민사소송이나 형사고소에 착수하는 예가 많다.[34] 경고 후에는 고의·과실이 인정될 수 있을 것이기 때문이다.

2. 부정경쟁행위

　법 제2조 제1호 (가)목 내지 (파)목 규정의 부정경쟁행위가 존재하여야 한

---

31) 김상용(주 22), 45-46 참조; 같은 취지 小野昌延 編著(주 29), 893.
32) 부정경쟁방지법에 과실의 추정규정을 두고 있지 않은 이유에 대해서는 부정경쟁행위의 유형이 다양할 뿐 아니라 개개의 부정경쟁행위를 규제함으로써 보호하고자 하는 법적 이익(영업상의 이익)이 公示에 적합하지 않기 때문이라고 설명한다[가령, 小野昌延 編著(주 29), 896]. 이는 뒤집어 말하면 과실이 추정되는 근거는 公示에 있으며 공시되어 있기 때문에 침해자는 그 내용을 알고 있었던 것으로 추정할 수 있다는 의미라고 이해된다.
33) 竹田稔(주 26), 281-282; 같은 취지, 최정열·이규호(주 27), 520.
34) 송영식 외 6인(주 1), 425.

다. 위 각 부정경쟁행위의 어느 하나에 해당하는 경우는 물론이고 사안에 따라서는 여러 개의 부정경쟁행위에 해당하는 경우도 있을 수 있다. 특히 법 제2조 제1호 (가)(나)목 소정의 상품·영업주체혼동행위와 (다)목 소정의 저명표시의 희석행위 또는 (자)목 소정의 상품형태모방행위는 그 취지 및 요건의 면에서 서로 다르다 하더라도, 실제 사건에서는 위 각 부정경쟁행위 중 어느 하나에 해당하는 것으로 예비적 또는 선택적으로 주장될 수도 있을 것이다. 어느 경우라도 본조가 적용되는 데에는 문제가 없다.35)

또한 민법 제750조의 손해배상청구에서는 위법성 요건이 충족되어야 하는 것에 비추어 이는 본조에 의한 손해배상청구에서도 마찬가지라 할 것이다. 그러나 법 제2조 제1호 (가)목 내지 (파)목에서 한정적으로 열거한 각 부정경쟁행위는 그 위법성을 전제로 한 것이므로, 본조의 손해배상청구에서는 위법성 요건을 별도로 검토할 필요가 없다. 그래서 부정경쟁방지법 제2조 제1호 각 호의 행위는 "열거된 일정한 위법행위"36) 및 보충적인 일반조항의 성격에 기한 위법행위이고, 본조는 '부정경쟁행위'라는 "'행위의 위법성'을 전면에 내세운 불법행위규정"이라고 설명되고 있다.37) 다만, 예컨대 법 제2조 제1호 (가)목의 "국내에 널리 인식된"이라는 이른바 周知性 要件이 피침해자의 공서양속 위반행위에 의해 획득된 경우에는 본조에 기한 손해배상청구권을 행사하는 것이 허용되지 않는다고 할 것이다.38)

3. 부정경쟁행위에 의한 영업상 이익의 침해로 손해의 발생

가. 영업상 이익의 침해

부정경쟁행위에 의한 영업상 이익의 침해로 손해가 발생하여야 한다. 영업상 이익의 침해란 부정경쟁행위를 원인으로 하여 이것에서 발생하는 영업상 이익의 침해이다. 여기서 말하는 '영업상 이익'의 범위는 아래에서 구체적으로 언급하는 것처럼 넓게 해석된다. 또한 '영업상 이익의 침해'는 후술하는 것처럼

---

35) 小野昌延 編著(주 29), 897 참조.
36) 곽윤직 편집대표(주 21), 219.
37) 양창수(주 2), 221.
38) 小野昌延 編著(주 29), 897-898. 이에 관한 仙台高裁 1992(平成4). 2. 12. 判決은, 원고(피침해자)가 허위의 위법표시라는 것을 알면서도 자신의 제품에 특허표시로 혼동하기 쉬운 'PAT'라는 문자를 써넣고 이를 선전·광고하여 주지성을 획득한 사안에서 허위표시 및 그 선전행위가 反良俗的 行爲에 해당한다는 이유로 손해배상청구를 인정하지 않았다.

손해배상청구권자 및 그 의무자의 범위를 정하는 데에 중요한 의미를 갖는다.[39]

그러면 '영업상 이익'에서 '營業'의 의미와 범위는 무엇인가? 일반적으로 '영업'이라는 개념은 법률상 극히 여러 의미로 사용되고 있고, 그 내용도 법의 목적에 따라 어느 경우에는 넓고 또 어느 경우에는 좁게 해석된다. 그런데 부정경쟁방지법에서의 '영업'이란 주지표지의 사용대상으로 일반적으로 이윤추구를 목적으로 한 영리사업이 중심이 되지만, 이윤이 발생하지 않는다 하더라도 수지타산을 목적으로 영업을 반복, 계속하고 있는 사업이라면 침해행위로부터의 보호의 필요성은 영리사업과 동일하게 인정되므로 단순히 영리를 목적으로 하는 경우만이 아니고 널리 경제상 그 수지계산 위에서 행해지고 있는 사업도 포함된다 할 것이다.[40] 따라서 영리를 목적으로 하는 개인기업이나 주식회사와 같은 영리법인만이 아니고 농업협동조합과 같은 비영리특수법인이 독립채산제 아래에서 경영하는 사업이나 각종 비영리단체, 협동조합, 자연인의 사업활동도 수지타산 위에서 이루어진다면 영업에 포함된다고 할 것이다.[41] 요컨대, 직접적으로 영리를 목적으로 활동하는 기업은 물론이고 의사·변호사와 같은 자유업, 교육사업이나 공익을 목적으로 하는 사업활동도 여기서 말하는 '영업'의 범위에 포함된다고 할 것이다.[42]

다음으로 '영업상 이익'에서 '利益'이란 무엇을 의미하는가? 여기서의 '이익'이란 본조의 "… 不正競爭行爲로 他人의 營業上 利益을 侵害하여 損害를 가한 …"이라는 法文과 관련하여 파악할 때에, 매우 '내용이 희박한 이익'으로서 그 침해는 한편으로 그 앞의 '부정경쟁행위' 자체에 몰입되거나 다른 한편으로는 그 다음에 나오는 '손해'와 크게 다를 바 없다고 생각된다.[43] 따라서 이는

---

39) 小野昌延 編著(주 29), 898.

40) 서울고등법원 1996. 7. 5. 선고 96나7382 판결(확정)[재단법인 한국과학기술연구원(KIST)에 대하여 사업목적 중에는 순수한 연구 외에 대가취득이 예상되는 사업도 있고 현실직으로도 시석새산권 등의 공여에 의한 반대급부로서 기술료 등 대가를 얻는 사업을 영위하고 있다고 하여 부정경쟁방지법에 의한 영업의 주체로 인정할 수 있다고 판시]. 위 판결의 사안은 재단법인 한국과학기술연구원(KIST)이 주식회사 키스트엔지니어링에 대해 "KIST"에 대한 사용금지 등을 청구하여 승소한 사건에 관한 것이다.

41) 특허청, 부정경쟁방지 및 영업비밀보호에 관한 법률 조문별 해설서(2008), 34.

42) 小野昌延 編著(주 29), 899. 이에 관한 일본 재판례를 소개하면, '영업'이란 경제상 그 수지계산상에 입각하여 행하여야 하는 사업으로서 사립학교의 경영 등은 이에 포함되지만 [東京地裁 2001(平成13). 7. 19 판결 — 吳靑山학원 사건], 종교법인의 본래적인 종교활동 및 이와 밀접불가분의 관계에 있는 사업은 포함되지 않는다고 한다[最高裁 2006(平成18). 1. 20. 판결 — 天理敎分敎會 사건].

43) 양창수(주 2), 221.

영업자가 영업을 수행함에 있어서 향유할 수 있는 유형 또는 무형의 이익 일반
을 가리키는 것으로서, 사실상의 것이면 족하고 법률상의 권리일 필요는 없
다.[44] 결국 이것은 후술하는 손해배상의 범위의 문제로 환원되는 문제라고 할
것이다.

나. 손해의 발생

영업상 이익의 침해로 인한 '손해의 발생'에 대해서는, 첫째, 상당인과관계
의 범위 및 둘째, 손해액의 범위라는 두 가지 문제가 해석상 관련되어 있다. 전
자는 후술하는 '부정경쟁행위와 손해발생과의 상당인과관계'에서, 후자는 '손해
배상의 범위'에서 각 詳述한다.

4. 부정경쟁행위와 손해발생과의 상당인과관계

부정경쟁행위와 손해발생 사이에 상당인과관계가 존재하여야 한다. 여기서
말하는 손해에는 재산적 손해와 비재산적 손해(정신적 손해로서의 위자료, 법인에
대해서는 무형손해)가 있고, 재산적 손해에는 적극적 손해(권리·재산의 멸실 등)와
소극적 손해(증가해야 할 이익이 부정경쟁행위에 의해 증가하지 않음으로써 발생한
손해, 즉 逸失損害)가 있다.[45]

相當因果關係라는 것은 원인과 결과 간에 무엇인가 관련이 있다는 사실
적·자연적·기계적 인과관계를 말하는 것이 아니라, '원인-결과'의 관계에 있
는 무한한 사실 가운데에서 객관적으로 보아 어떤 前行事實로부터 보통 일반적
으로 초래되는 後行事實이 있는 때에 양자 사이에 상당인과관계가 있다고 한
다. 이것이 우리나라의 통설이다. 이러한 상당인과관계설에 의하면 단순히 개개
의 경우에 관하여 구체적으로 '원인-결과'의 관계를 고찰하는 데 그치지 않고
다시 이를 일반적으로 고찰하여 동일한 조건이 존재하는 경우에는 동일한 결과
를 발생하게 하는 것이 보통이라는 경우에만 인과관계를 인정함으로써 우연한
사정이나 특수한 사정은 책임에서 제외한다. 또 상당인과관계의 판단에 있어서
는 가해행위 당시에 통상인이 알 수 있었던 사정과 가해자가 특히 알고 있었던
사정을 함께 고찰의 대상으로 한다(이른바 '절충설').[46]

---

44) 豊崎光衞·松尾和子·渋谷達紀, 不正競爭防止法, 第一法規(1982), 29; 高部眞規子, "營
業上の利益", 新·裁判實務大系 4―知的財産關係訴訟法, 靑林書院(2001), 425; 小野昌延
編著(주 29), 899.

45) 竹田稔(주 26), 281-282.

46) 곽윤직 편집대표(주 21), 230-231.

한편, 법 제4조에 의한 금지청구를 인정할 것인지의 판단은 사실심 변론종결 당시를 기준으로 하여야 하지만, 본조에 의한 손해배상청구를 인정할 것인지의 판단은 침해행위 당시를 기준으로 하여야 한다.[47]

Ⅲ. 손해배상청구의 당사자

1. 손해배상청구권자

가. 의　　의

본조는 불법행위 규정임과 동시에 "영업을 영위하는 사람을 손해배상청구권의 주체로 제한한다는 점에"[48] 특징이 있다. 즉 손해배상청구권자는 부정경쟁행위로 '영업상 이익'이 침해된 자이다. 이는 법 제4조가 금지청구권의 주체를 "'영업상의 이익'이 침해되거나 침해될 우려가 있는 자"로 규정한 것과 구별된다. 손해배상청구권은 현실로 발생한 과거의 손해를 회복하는 것을 목적으로 하는 제도임에 반하여 금지청구권은 침해의 방지 및 그 예방을 목적으로 하기 때문이다.[49]

한편, 부정경쟁방지법은, 가치 있고 유용한 지적 성과물로서의 정보를 보호함에 있어서 특허법이나 상표법, 저작권법 등과 같은 '權利附與方式'을 선택한 것이 아니라, 당해 정보의 부정한 이용행위를 규제하는 '行爲規制方式'을 채택한 입법이다.[50][51] 즉 부정경쟁방지법은 그 보호대상을 저작권법의 '저작권'이나 특허법의 '특허권'처럼 법률상 '○○권'으로 구성하지 않고, 단지 규제되는 부정한 행위유형만을 열거하는 방식을 취함으로써 그러한 부정경쟁행위로부터 보호를 받을 수 있도록 하고 있다. 따라서 부정경쟁방지법은 '권리'가 아니라 '법률

---

47) 대법원 2008. 2. 29. 선고 2006다22043 판결; 대법원 2009. 6. 25. 선고 2009다22037 판결.

48) 양창수(주 2), 221.

49) 小野昌延 編著(주 29), 898-899.

50) 정상조 외 5인, 데이터베이스 보호방안 연구보고서, 한국데이터베이스진흥센터(2000), 63-67; 신재호, "지적재산의 보호방법론에 관한 연구: 특허법적 보호방법과 저작권법적 보호방법을 중심으로", 한양대학교 대학원 박사학위논문(2004. 8), 55 이하(특히 98 이하); 윤선희·김지영(주 12), 61; 최정열·이규호(주 27), 5; 박성호, "우리나라 '부정경쟁방지법의 탄생'과 그에 관한 법제사적 고찰", 정보법학(제26권 제2호), 한국정보법학회(2022. 8), 16-18 각 참조.

51) 헌법재판소 2001. 9. 27. 선고 99헌바77 결정; 헌법재판소 2015. 2. 26. 선고 2013헌바73 결정은 부정경쟁방지법과 상표법의 관계에 대해 언급하면서 전자는 '행위규제형 입법'이고 후자는 '권리부여형 입법'이라고 구분하여 판시하고 있다.

상 보호 받을 수 있는 지위'를 그 보호대상으로 하는 법률로서 불법행위법과 유사한 法制라고 설명할 수 있다.52) 다만, 부정경쟁방지법에서도 규제대상이 되는 행위를 행하여 법을 위반한 경우에는 그 實體法上의 效果로서, 권리부여방식에 따른 법률과 마찬가지로 금지청구권 등(법 제4조) 및 본조에 의한 손해배상청구권이 인정된다.53) 부정경쟁방지법의 경우 그 실체법상 효과로서 손해배상청구권 외에 금지청구권이 인정된다는 점에서 민법상의 불법행위와 다르다.54) 요컨대, 본조는 'Ⅰ. 서론 1. 본조의 취지'에서 언급한 것처럼 '영업의 자유'를 남용한 부정경쟁행위자를 제재한다는 行爲規制의 관점을 확인한 규정이라는 점을 염두에 두고 '손해배상청구권자'의 범위를 劃定하여야 할 것이다.

나. 손해배상청구권자의 범위

그러면 구체적으로 어떠한 경우에 본조의 '營業上 利益'이 侵害된 者라고 인정되는가, 다시 말해 부정경쟁방지법상의 '법률상 보호 받을 수 있는 지위'에 있는 자인가 하는 점이 문제이다.

본조의 손해배상청구권에 관한 것은 아니지만 법 제4조의 금지청구권과 관련된 가처분 신청사건에서, 대법원은 "부정경쟁방지법 제2조 제1호 (가)목 및 (나)목 소정의 국내에 널리 인식된 상품표지 또는 영업표지에 관한 부정경쟁행위로 인하여 자신의 영업상의 이익이 침해되거나 침해될 우려가 있어 같은 법 제4조 제1항에 의하여 그 행위의 금지 또는 예방을 청구할 수 있는 자에는 그러한 표지의 소유자뿐만 아니라 그 사용권자 등 그 표지의 사용에 관하여 고유하고 정당한 이익을 가지고 있는 자도 포함된다"고 판시하였다.55) 즉 상표의 통상사용권을 부여받아 이를 사용해온 신청인 회사의 금지청구 가처분신청 사건에서 통상사용권자로서 그 표지의 사용에 관하여 고유하고 정당한 이익을 가지고 있으면 통상사용권자라고 하더라도 부정경쟁행위에 대하여 금지청구를 할 수 있는 자라고 판단한 것이다.56) 이러한 법리에 따라 본조와 관련해서도 '영업

---

52) 中山信弘 저, 한일지재권연구회 역, 공업소유권법(상) 특허법, 법문사(2001), 17-19; 中山信弘, 特許法, 弘文堂(2010), 15-16; 知的財産裁判實務研究會, "知的財産訴訟の実務(1)", 法曹時報 第58卷11号, 法曹会(2006), 5-6 각 참조.
53) 知的財産裁判實務研究会(주 52), 6.
54) 유의할 것은 이러한 실체법상 효과가 부여되는 것에 대해 이를 마치 부정경쟁방지법이 권리부여방식의 입법인 것처럼 오해하는 일이 있어서는 안 된다는 점이다. 박성호(주 50), 17.
55) 대법원 1997. 2. 5. 자 96마364 결정.
56) 반면에 위 대법원 결정의 원심(서울고등법원 1996. 2. 21. 자 95라117 결정)은 이 사건

상 이익'이 침해된 자에는 영업표지의 소유자뿐 아니라 그 사용권자 등 그 표지의 사용에 관하여 고유하고 정당한 이익을 가지고 있는 자도 포함된다고 해석하여야 할 것이다. 그리고 어느 경우에 고유하고 정당한 이익을 가진다고 인정할 것인지는 법 제2조 제1호 소정의 각 부정경쟁행위의 구체적 유형에 따라 사안별로 해석하는 수밖에 없을 것이다.

　문제는 독점적 판매업자의 경우 위 대법원 결정에서 판시한 "고유하고 정당한 이익을 가지는 자"에 포함된다고 볼 수 있을 것인가 하는 점이다. 하급심 판결 중에는 외국 회사의 국내 독점 판매권자인 원고 회사가 법 제2조 제1호 (가)목, (나)목 및 (바)목의 부정경쟁행위를 이유로 피고를 상대로 금지청구 및 손해배상청구를 구한 사건에서, 비록 이 사건 제품의 포장과 용기에 원고 회사의 이름만 기재되어 있고 또 원고가 비용과 노력을 들여 이 사건 제품을 광고함으로써 주지성 획득에 기여하였다 하더라도 "단지 상표권자 또는 표지에 관한 권리를 가진 자로부터 완제품을 공급받아 이를 독점 판매할 수 있는 권한만을 가진 경우, 이는 완제품의 독점 판매자가 공급자에 대하여 가지는 계약상 권리에 불과"하므로 "독자적으로 부정경쟁행위에 대한 손해배상청구권을 갖는다고 할 수 있으려면 적어도 전용사용권과 유사한 정도로 독점적 통상사용권을 갖고 있다고 평가할 수 있어야 할 것이다."[57]라고 판시하여 독점 판매권만을 가진 원고의 손해배상청구권을 부정하였다.[58] 또 다른 하급심 판결은 법 제2조 제1호 (자)목의 상품형태 모방행위에 관한 사안에서, 외국 기업으로부터 독점적 수입판매권을 부여받은 경우 국내 판매망의 개척과 확보를 위한 노력을 한 결과 보호되어야 할 영업상의 이익이 있으므로 ① 선행자가 상품화하였다는 점, ② 선행자로부터 독점판매권을 수여받았다는 점을 입증하면 위 (자)목의 청구주체가 될 수 있다고 판시하여 독점적 수입판매권자인 원고의 금지청구 및 손해배상청구권을 긍정하였다.[59]

　　상표 등에 대한 통상사용권자인 신청인 회사의 침해금지 가처분신청에 대하여 위 상표 등의 주지노력의 효과인 주지성이 신청인 회사가 아니라 위 상표 등의 소유자들에게 귀속하므로 신청인 회사는 이 사건 상표 등에 관한 부정경쟁방지법상의 금지청구권을 독자적으로 행사할 수 있는 자라고 할 수 없어 이 사건 가처분신청은 피보전권리에 대한 소명이 없는 경우에 해당한다고 하였다.

57) 서울고등법원 2008. 6. 17. 선고 2008나40436 판결(확정).

58) 위 하급심 판결에 대한 긍정적 해설로는, 함석천, "부정경쟁행위에 대한 금지청구 및 손해배상청구를 할 수 있는 자", Law&Technology, 서울대학교 기술과법센터(2009. 9), 147 이하.

59) 서울남부지방법원 2007. 2. 8. 선고 2006가합6288 판결(항소심에서 조정에 갈음하는 결

참고로 이에 관한 일본에서의 논의를 살펴보면, 특히 상품·영업주체혼동행위를 중심으로 하여 논의가 활발히 전개되고 있다.60) 즉 부정경쟁방지법상의 침해금지청구권이나 손해배상청구권이 긍정된 종래 일본의 裁判例들을 ① 계열기업,61) ② 상품화사업, 라이선스계약,62) ③ 프랜차이즈계약,63) ④ 수입판매업자, 총대리점, 독점적 판매권자,64) ⑤ 주지표시의 승계, 영업양도의 경우 등으로 유형화

정으로 종결).

60) 이하 각주에서 소개하는 일본 재판례에 관한 설명은, 高部眞規子(주 44), 429-433을 중심으로 하여 小野昌延 編著(주 29), 900-904를 보충한 것이다.

61) 미쓰이(三井), 미쓰비시(三菱), 스미토모(住友) 등 구 財閥系의 기업그룹이나 도큐(東急), 세이부(西武) 등 系列關係에 있는 기업표시의 보호에 대한 재판례가 이에 해당한다. 이러한 사건들 중에는 부정경쟁행위자와 경업관계에 있는 기업이 원고가 되어 금지청구소송을 제기하는 경우가 많다. 상품·영업주체혼동행위에서 말하는 "혼동하게 하는 행위"에는 양자 간에 親會社, 子會社의 관계나 계열관계 등 긴밀한 영업상의 관계가 존재한다고 誤信하게 하거나[最高裁 1983(昭和58). 10. 7. 판결—맨파워 사건], 동일 표시의 상품화사업을 운영하는 그룹에 속하는 것으로 오신하게 하는 등 이른바 광의의 혼동을 포함하며, 경쟁관계에 있을 것을 요하지 않는다고 한다[最高裁 1984(昭和59). 5. 29. 판결—아메리칸풋볼 사건]. 또한 이와 같이 타인의 상품과의 혼동의 사실이 인정되는 경우에는 특별한 사정이 없는 한 위 타인은 영업상 이익이 침해될 우려가 있는 자에 해당한다[最高裁 1981(昭和56). 10. 13. 판결—맥도널드 사건]고 한다. 이러한 점에서 구 재벌계의 기업그룹이나 계열관계에 있는 기업들 중의 한 회사는 기업표시를 사용하는 자에 대해 금지청구권을 가진다고 할 수 있을 것이다. 또한 最高裁 1998(平成10). 9. 10. 판결(스낵샤넬 사건)은 기업그룹에 속하고 지적재산권을 소유·관리하는 회사에 금지청구권을 인정하였다. 같은 취지에서 손해배상청구권을 인정한 것으로서 東京地裁 1966(昭和41). 10. 11. 판결(스미토모地所 사건), 大阪地裁 1979(昭和54). 9. 12. 판결(한큐서비스 사건) 등이 있다.

62) 주지표시의 상품화사업에 관계되는 표시의 사용허락자(라이선서) 또는 사용권자(라이선시)로서 재사용권자(서브라이선시)에 대한 관리통제 및 동일 표시에 의한 상품의 출처식별기능, 품질보증기능 및 고객흡인력이 침해될 우려가 있는 자도 영업상 이익이 침해될 우려가 있는 자에 포함된다고 한다[最高裁 1984(昭和59). 5. 29. 판결—아메리칸풋볼 사건]. 즉 위 最高裁 판결은 사용허락자(라이선서)가 외국법인이고 일본에서 유일한 사용권자로서 再許諾의 권한을 가지고 있는 자(라이선시)에 대해서도 금지청구권 및 손해배상청구권을 인정한 것이다. 또한 東京地裁 1998(平成10). 11. 27. 판결(ELLE 사건)은 배타적 사용허락을 받은 자에게 금지청구권을 인정하였다.

63) 프랜차이저(가맹본부)에게 금지청구권이나 손해배상청구권을 인정하는 것은 일반적인 재판례의 입장이다[東京地裁 1993(平成5). 6. 23 판결; 東京地裁 1984(昭和59). 5. 30. 판결; 金澤地小松支部 1973(昭和48). 10. 30. 판결; 東京地裁 1972(昭和47). 11. 27. 판결]. 예외적으로 프랜차이지(가맹점)에게도 금지청구권을 긍정하는 재판례도 있지만[金澤地小松支部 1973(昭和48). 10. 30. 판결], 학설은 영업지역이 분명하고 구체적인 영업상 이익의 침해(고객의 상실, 매상의 감소 등)가 인정되는 경우에 한하여 금지청구권 및 손해배상청구권을 인정할 여지가 있을 것이라고 한다.

64) 독점적으로 수입판매를 계속해온 업자의 영업상의 노력에 의해 상품표시가 저명하게 된 경우 외국기업 외에 그 수입판매업자도 금지청구권 등을 가지는 것으로 볼 수 있다고 한다[大阪地裁 1981(昭和56). 1. 30. 판결—롱샹(Longchamp) 사건], 이와 관련하여 학설은 주지표시를 부착한 상품을 독점적으로 수입하여 판매하는 자 내지 일본 내의 총대리점도

하여 검토하면서 상품 등의 "표시에 대하여 고유하고 정당한 이익을 갖는 자"에 해당하는지 여부를 판단하고 있다.[65]

2. 손해배상청구의 상대방

손해배상청구의 상대방은 법 제2조 제1호 (가)목 내지 (파)목 규정의 부정경쟁행위를 하여 타인의 영업상 이익을 침해한 자이다. 실제로 이러한 행위를 계속하고 있는 자도 포함되지만, 행위를 할 우려가 있는 것만으로는 손해가 발생한 것이 아니므로 상대방이 될 수 없다.[66] 특히 실무상으로는 손해배상청구소송의 피고로 누구를 선택할 것인지는 손해의 실질적 회복이라는 측면에서 중요한 문제이다. 예컨대, 침해자가 法人인 경우 법인은 無資力이지만 대표자 등이 자력이 있을 때에 그 의미가 크다. 그래서 주로 문제가 되는 것은 법인 내지 사용자가 대표자나 대리인·피용자 등을 통해서 부정경쟁행위를 실행한 경우에, 그 대표자나 피용자에 대해서도 본조 내지는 민법·상법상의 책임을 물을 수 있는가 하는 점이다.[67]

이러한 문제와 관련하여, 국내 학설은 침해자가 법인인 경우 법인과 함께 직접 침해행위를 실행한 대표자도 공동불법행위의 법리에 따라 부진정연대책임을 질 경우가 많을 것이고, 피용자의 부정경쟁행위에 대하여 사용자 책임을 지는 경우도 있을 것이라고 설명한다.[68] 문제는 구체적인 책임근거를 어떻게 명시할 것인가 하는 점이다. 예컨대, 법인의 대표자가 직무와 관련하여 부정경쟁행위

금지청구권을 가진다고 해석하는 것이 상당하다고 한다. 이들은 그 판매노력에 의해 일본에서 주지성을 취득하는 데에 기여하였다고 할 수 있으며, 혼동야기행위에 의해 구체적으로 영업상 이익이 침해된 것이고, 또한 輸入先이 외국법인이라는 점에서 수입판매업자에게도 금지청구권을 인정할 실익이 있다고 한다.

65) 전술한 우리 하급심 판결[서울고등법원 2008. 6. 17. 선고 2008나40436 판결(확정)]은 제품의 포장과 용기에 원고 회사의 이름만이 기재되어 있고 또 원고가 비용과 노력을 들여 이 사건 제품을 광고함으로써 해당 표지의 주지성 획득에 기여하였더라도 원고는 독점적 판매권만을 가셨을 뿐이고 그 표지에 대해 독점적 통상사용권을 가지고 있지 않으므로 부정경쟁방지법상의 손해배상청구권 등을 인정할 수 없다고 판시하였다. 생각건대, 부정경쟁방지법은 '권리부여방식'의 법률이 아니라 부정한 이용행위를 규제하는 '行爲規制方式'을 채택한 입법으로서 '법률상 보호받을 수 있는 지위'를 그 보호대상으로 한다는 점을 고려할 때, 독점적 수입판매업자인 원고가 당해 상품 등의 標識의 周知性 획득에 기여하였고 또 그 수입판매업자에게 구체적인 영업상 이익의 침해(고객의 상실, 매상의 감소 등)를 인정할 수 있는 경우라면, 설령 그 표지에 대해 원고가 독점적 통상사용권을 가지고 있지 않더라도 손해배상청구권 등을 긍정하는 쪽이 타당할 것이다.

66) 竹田稔(주 26), 283.

67) 小野昌延 編著(주 29), 904.

68) 송영식 외 6인(주 1), 425; 사법연수원(주 1), 91-92.

를 한 경우 민법 제35조에 의해 법인의 불법행위책임이 성립하므로 법인과 그
대표자는 각 손해배상책임을 지고, 양자의 책임은 부진정연대의 관계에 놓이게
될 것이다. 한편, 상법 제401조에 의해 주식회사의 理事가 그 任務를 懈怠하여
부정경쟁행위를 함으로써 제3자에 대하여 손해배상책임을 지는 경우도 있을 것이
다. 이 경우 법인 외에 해당 이사를 손해배상청구의 상대방으로 할 수 있다.69)70)
또한 민법 제756조에 의해 법인 등 사용자는 피용자가 어느 사무에 종사하면서
그 事務執行에 관하여 제3자에게 부정경쟁행위를 하여 손해를 입힌 경우 이를
배상할 책임을 지게 된다. 이때에도 법인 등 사용자 외에 피용자를 손해배상책
임의 상대방으로 할 수 있다.

Ⅳ. 손해배상

1. 손해배상의 범위

본조의 요건을 모두 갖추면 그 법적 효과로서 손해배상청구권이 발생한다.
손해배상이란 부정경쟁행위로 인하여 발생한 손해를 塡補하는 것이다. 본조에
의한 손해배상을 인정할 것인지의 판단은 침해행위 당시를 기준으로 하여야 한
다. 그리고 손해배상의 범위는 부정경쟁행위와 상당인과관계에 있는 모든 손해
이며, 그 내용을 분류하면 財産的 損害와 非財産的 損害로 나눌 수 있다. 다시
재산적 손해는 현실적으로 입은 손해(적극적 손해)와 침해가 없었다면 얻을 수
있었을 것이나 침해로 인해 상실한 이익(소극적 손해)으로 이루어진다. 적극적
손해의 예로는 침해제거비용, 고객에 대한 해명광고를 위해 지출한 비용, 조사
비용 등이 전형적인 것이다. 소극적 손해는, 예컨대 상품형태의 모방행위로 인
해 자사의 신제품이 잘 팔리지 않아 매출이 감소된 경우 모방행위가 없었다면
얻을 수 있었던 이익의 상실을 말한다.71)

그런데 실제 소송에서 적극적 손해의 입증은 상대적으로 용이하지만, 손해

---

69) 다만, 상법 제401조 책임의 본질을 어떻게 이해하느냐(법정책임 또는 불법행위책임)에
따라 법인과 이사의 책임관계에 대한 이론구성이 달라질 것이다.

70) 이와 관련하여 회사의 理事의 업무집행행위로 인해 그 회사의 상품판매, 서비스제공행
위 등이 타인의 지적재산을 침해한 경우 회사의 이사 등의 지적재산 관련 침해책임 등에
관해 정리한 논문으로는, 우성엽, "지적재산권 침해 및 관리 등과 관련한 회사의 이사 및
투자자 책임", Law&Technology, 서울대학교 기술과법센터(2009. 9), 4 이하.

71) 송영식 외 6인(주 1), 425; 사법연수원(주 1), 95-96; 小野昌延(주 6), 321; 山本庸幸, 不
正競爭防止法入門, ぎょうせい(1994), 114-115 각 참조.

의 주종을 이루는 소극적 손해의 입증은 현실적으로 대단히 곤란하다. 즉 부정
경쟁행위로 인한 소극적 손해는, 부정경쟁자의 기술, 자본, 판매력, 경험, 노력
등 경제상황이나 수요자의 취향 등의 요인에 의해서도 영향을 받는다. 그렇기
때문에, 실제로는 침해행위와 손해 간의 인과관계를 증명하는 것이 곤란하다.
이러한 소극적 손해에 대한 입증의 어려움을 감안하여 신설된 것이 損害額의
推定規定 등(법 제14조의2)인데, 이 규정의 신설 이전에는 특허법이나 상표법 등
에 마련된 손해액의 추정규정을 부정경쟁행위로 인한 손해액을 산정할 때에 유
추적용할 수 있다고 보았다.[72]

　　다음으로 비재산적 손해라는 것은 무형의 손해라고도 한다. 개인이라면 부
정경쟁행위로 인해 입은 정신적 손해를 말하고, 법인의 경우에는 정신적 손해는
있을 수 없으므로 그에 갈음하여 사회적 신용의 훼손에 의한 손해가 인정된다.

2. 손해배상의 산정

　　부정경쟁행위로 인한 손해액을 산정할 때에 가장 곤란한 것이 전술한 것처
럼 소극적 손해에 대한 입증문제이고, 이 점을 고려하여 손해배상액 산정의 특
칙으로 신설된 것이 損害額의 推定規定 등(법 제14조의2)이다.[73] 이러한 손해배
상액의 산정에 관한 특칙규정은 특허법 등 산업재산권법은 물론 저작권법에도
마련되어 있다.[74]

　　그런데 이러한 특칙규정이 신설되기 이전에는 소극적 손해액의 산정과 관
련하여 특허법 등 산업재산권법에서는 그 산정방법으로서 여러 가지 학설이 존
재하였다.[75] ① 模造品總價額說(침해자가 판매한 침해물, 즉 모조품의 총가액을 피
해자의 소극적 손해로 보는 설), ② 模造品總利益說(모조품 각각에 관하여 침해자가
얻은 이익과 시장에서 판매된 총수량을 곱하여 그 수액을 소극적 손해로 보는 설), ③
利得比較說(피해자의 침해행위 이전의 이득과 침해행위 이후의 이득을 비교하여 그
차액을 소극적 손해로 보는 설), ④ 實施料說(권리의 사용료, 부정경쟁방지법의 경우
주지표지의 사용료에 의해 소극적 손해를 결정하는 설) 등이 그것이다.

　　모조품총가액설의 문제점은 침해자 입장에서 보면 모조품을 생산하기 위해

---

72) 윤병각(주 11), 584.
73) 이에 관해서는 법 제14조의2 주해 참조.
74) 예컨대, 특허법 제128조, 저작권법 제125조 등을 들 수 있다.
75) 이에 관한 국내 문헌으로는, 양승두, 공업소유권법, 법경출판사(1984), 182-183; 송영식
　　외 6인(주 1), 426; 남계영 외 3인, 신특허법, 고시계(1987), 432 각 참조.

투입한 자본, 원료, 노동력이 있으므로 총가액을 피해자의 소극적 이익으로 볼 수 없다는 데에 있다. 또 모조품총이익설은 침해자가 얻은 이익과 피해자의 소극적 손해가 반드시 일치하는 것이 아니라는 난점이 있다. 이에 반해 이득비교설이 어느 정도 합리적이라 할 수 있지만 그 차액의 전부가 예외 없이 침해행위로 인한 것이냐의 여부, 바꿔 말하면 상당인과관계의 범위에 속하는지의 여부에 대한 입증이 곤란하다는 비판이 뒤따른다. 그러므로 실제로 손해액을 산정하는 데에는 실시료설이 가장 간편한 방법이라고 할 수 있고, 적어도 실시료는 소극적 손해의 최소한도라고 할 수 있지만, 구체적·현실적으로 실시료를 어떻게 정할 것인가 라는 어려움이 있다.[76]

V. 부당이득

부정경쟁방지법에 부당이득에 관한 규정은 존재하지 않지만, 가령 아무런 권원 없이 타인의 널리 알려진 상품표지나 영업표지를 盜用하거나 상품형태 등을 冒用함으로써 이득을 보는 경우 민법상 부당이득의 요건이 충족될 수 있다. 이러한 경우 손해를 입은 被冒用者는 부정경쟁행위자를 상대로 부당이득반환을 청구할 수 있다. 이때 손해배상청구권과 부당이득반환청구권은 경합하게 된다. 부당이득반환을 청구하기 위해서는 침해자의 이득이 부정경쟁행위로 인한 것이고, 또한 그로 인해 被冒用者가 손실을 입었다는 인과관계를 증명하여야 한다. 그러나 침해자의 이득은 단순히 부정경쟁행위로 말미암아 얻어지는 것은 아니고, 전술한 것처럼 부정경쟁자의 기술, 자본, 판매력, 경험, 노력 등 경제상황이나 수요자의 취향 등의 요인에 의해서도 영향을 받는다. 그렇기 때문에 이득과 손실 간에 인과관계를 입증하는 것이 곤란한 경우가 많다.[77]

그래서 부당이득반환청구에 있어서는 현실적으로 상품·영업표지 등의 사용료 상당액을 청구하는 경우가 많다. 즉, 침해자는 본래 지급하여야 할 사용료의 지급을 면하였기 때문에 그 만큼의 이득은 있었을 것이고 또한 피해자는 본래 그 정도의 사용료를 받는 것이 가능하였던 것인데, 현실적으로는 받지 않았기 때문에 그만큼의 손실이 있었던 것이 되어 원칙적으로 양자 사이에 인과관

---

76) 양승두(주 75), 183; 송영식 외 6인(주 1), 426-427.
77) 小野昌延 編著(주 29), 912 이하; 中山信弘 저, 한일지재권연구회 역(주 52), 354-356; 中山信弘(주 52), 367-368 각 참조.

계가 있다고 볼 수 있기 때문이다.[78] 그 한도 내에서는 불법행위에 의한 손해배상청구의 액과 사실상 다르지 않지만, 불법행위에 의한 손해배상청구권의 시효는 '피해자가 그 손해 및 가해자를 안 날'로부터 3년임에 비하여[79] 부당이득반환청구권의 시효는 통상의 채권과 마찬가지로 10년이기 때문에, 불법행위에 의한 손해배상청구권의 시효가 소멸한 후에는 부당이득반환청구권이 의미를 갖는다.[80]

　참고로 대법원은, 저작물 무단이용에 따른 부당이득반환의무의 발생에 관한 법리를 최초로 설시하고 부당이득액의 산정에 관하여 다음과 같이 판시하였다. 즉, 저작권자의 허락 없이 저작물을 이용한 사람은 특별한 사정이 없는 한 법률상 원인 없이 그 이용료 상당액의 이익을 얻고 이로 인하여 저작권자에게 그 금액 상당의 손해를 가하였다고 보아야 하므로, 저작권자는 부당이득으로 이용자가 그 저작물에 관하여 이용허락을 받았더라면 이용대가로서 지급하였을 객관적으로 상당한 금액의 반환을 구할 수 있다. 이러한 부당이득의 액수를 산정할 때는 우선 저작권자가 문제된 이용행위와 유사한 형태의 이용과 관련하여 저작물 이용계약을 맺고 이용료를 받은 사례가 있는 경우라면 특별한 사정이 없는 한 그 이용계약에서 정해진 이용료를 기준으로 삼아야 한다. 그러나 해당 저작물에 관한 이용계약의 내용이 문제된 이용행위와 유사하지 아니한 형태이거나 유사한 형태의 이용계약이더라도 그에 따른 이용료가 이례적으로 높게 책정된 것이라는 등 그 이용계약에 따른 이용료를 그대로 부당이득액 산정의 기준으로 삼는 것이 타당하지 아니한 사정이 있는 경우에는, 그 이용계약의 내용, 저작권자와 이용자의 관계, 저작물의 이용 목적과 이용 기간, 저작물의 종류와 희소성, 제작 시기와 제작 비용 등과 아울러 유사한 성격의 저작물에 관한 이용

---

78) 다만, 부정경쟁행위 중에는 법 제2조 제1호 (라)목 내지 (바)목과 같이 사용료를 산정할 수 없는 유형도 있을 수 있으므로 그러한 경우에는 원칙으로 돌아가서 침해자의 이득과 피해자의 손실 간의 인과관계를 입증하여야 할 것이다.

79) 불법행위로 인한 손해배상채권의 단기소멸시효의 기산점이 되는 '피해자가 그 손해 및 가해자를 안 날'이란 피해자가 위법한 가해행위, 손해의 발생 및 가해행위와 손해 사이의 상당인과관계의 존재 등 불법행위의 요건사실에 대하여 현실적이고도 구체적으로 인식하였을 때를 의미하나, 그러한 요건을 충족한다는 점이 확정판결에 의하여 공권적으로 확정되거나 이에 관하여 피해자가 확신을 가질 필요는 없다(서울동부지방법원 2006. 4. 28. 선고 2005가합4992 판결).

80) 상표권 침해행위 또는 부정경쟁행위로 인하여 등록상표권자가 입은 손해에 대한손해배상채권은 3년의 단기소멸시효 기간의 경과로 이미 소멸하였으나 위 상표권 침해행위자가 등록상표와 유사한 상표의 사용으로 법률상 원인 없이 얻은 이득은 그로 인하여 손해를 입은 등록상표권자에게 부당이득으로 반환되어야 한다(서울동부지방법원 2006. 4. 28. 선고 2005가합4992 판결).

계약이 있다면 그 계약에서 정한 이용료, 저작물의 이용자가 이용행위로 얻은
이익 등 변론과정에서 나타난 여러 사정을 두루 참작하여 객관적이고 합리적인
금액으로 부당이득액을 산정하여야 한다.[81]

〈박성호〉

---

81) 대법원 2016. 7. 14. 선고 2014다82385 판결.

> **제6조(부정경쟁행위 등으로 실추된 신용의 회복)**
>
> 법원은 고의 또는 과실에 의한 부정경쟁행위나 제3조의2 제1항 또는 제2항을 위반한 행위(제2조 제1호 다목의 경우에는 고의에 의한 부정경쟁행위만을 말한다)로 타인의 영업상의 신용을 실추시킨 자에게는 부정경쟁행위나 제3조의2 제1항 또는 제2항을 위반한 행위로 인하여 자신의 영업상의 이익이 침해된 자의 청구에 의하여 제5조에 따른 손해배상을 갈음하거나 손해배상과 함께 영업상의 신용을 회복하는 데에 필요한 조치를 명할 수 있다.

〈소 목 차〉

I. 의   의
II. 연   혁
III. 적용요건
  1. 부정경쟁행위로 인한 영업상 이익의 침해

2. 영업상 신용의 실추
3. 신용회복조치의 필요성
IV. 조치의 내용
V. 소송 및 집행절차

I. 의   의

본조는 부정경쟁행위에 의해 영업상의 신용이 실추된 경우에 금전배상의 청구와 선택적으로 또는 금전배상과 함께 신용회복 조치를 청구할 수 있음을 규정하고 있다. 이는 특허법 제131조(실용신안법 제30조에 의해 실용신안권자에게 준용), 디자인보호법 제117조, 상표법 제113조, 영업비밀에 관한 부정경쟁방지 및 영업비밀보호에 관한 법률(이하 '법'이라 한다) 제12조에 규정된 권리자의 신용회복청구권과 조문의 형식과 내용이 거의 동일한 규정[1]으로서 금지명령이나 손해배상만으로는 피해자의 보호에 불충분한 점이 있기 때문에 마련된 것이다.

특히 부정경쟁행위는 그 개념 자체에서 타인의 신용 훼손과 밀접한 관련이 있어 단순 재산상의 피해 회복만으로는 이로 인한 피해가 모두 회복되지 아니하는 경우가 빈번하므로, 본조에 의한 신용회복조치는 특허법이나 디자인보호법의 경우에 비하여 더 활발하게 이용되는 편이다.[2]

우리 민법상 타인의 불법행위에 대한 구제책은 금전적인 손해배상이 원칙

---

1) 다만 저작권법 제127조는 저작인격권의 침해와 관련하여 '명예회복 등의 청구'를 규정하고 있어 그 취지가 다르다.
2) 정상조, 박성수 공편 특허법 주해 II, 박영사(2010), 317 및 324 주 25 참조.

이다(민법 제763조, 제394조, 제751조). 그러나 우리 민법 제764조는 명예훼손의 경우의 특칙으로서 '타인의 명예를 훼손한 자에 대하여는 법원은 피해자의 청구에 의하여 손해배상에 갈음하거나 손해배상과 함께 명예회복에 적당한 처분을 명할 수 있다.'라고 규정하고 있고, 이 민법 규정은 본조를 비롯한 앞서 본 특허법 등의 규정의 기초가 된 규정으로 볼 수 있다.[3] 따라서 부정경쟁방지법상의 부정경쟁행위로 인정되지 아니하여 본조의 적용대상에서 벗어나는 행위[4]라고 하더라도 타인의 명예나 신용[5]을 훼손한 경우에는 위 민법 규정이 적용될 여지는 있는 것이다.

Ⅱ. 연   혁

1961년 제정법(1961. 12. 30. 법률 제911호)에서는 부정경쟁행위로 실추된 신용회복에 대한 별도의 조항이 없었으나, 1986년 개정법(1986. 12. 31. 법률 제3897호) 제4조(부정경쟁행위의 중지청구등) 제3항에서 자신의 영업상의 이익이 침해된 자는 제2항의 규정에 의한 손해배상을 청구할 경우 손해배상에 대신하여 또는 손해배상과 함께 영업상의 신용을 회복하는데 필요한 조치를 법원에 청구할 수 있도록 규정하였다.

1991년 개정법(1991. 12. 31. 법률 제4478호)에서는 제6조(부정경쟁행위로 실추된 신용의 회복)를 신설하여 '법원은 고의 또는 과실에 의한 부정경쟁행위로 타인의 영업상의 신용을 실추하게 한 자에 대하여는 부정경쟁행위로 인하여 자신의 영업상의 이익이 침해된 자의 청구에 의하여 제5조의 규정에 의한 손해배상에 갈음하거나 손해배상과 함께 영업상의 신용을 회복하는데 필요한 조치를 명할 수 있다'라고 규정하여 현재의 규정 모습을 대부분 갖추게 되었고, 2001년 개정법(2001. 2. 3. 법률 제6421호) 제6조에서는 단서를 신설하여 '다만 같은 법

---

3) 편집대표 곽윤직 민법주해[XIX], 332(김황식 집필 부분) 참조.
4) 참고로 일본 부정경쟁방지법 제2조 제1항 14호는 '경쟁관계에 있는 타인의 영업상의 신용을 해치는 허위의 사실을 고지하거나 유포하는 행위'를 부정경쟁행위의 하나로 규정하고 있다. 위와 같은 행위야말로 바로 본조의 직접적인 규율 대상이 될 수 있겠으나 우리 법에서는 이를 부정경쟁행위의 개념에 포함하고 있지 아니하므로 본조의 직접 적용대상이 된다고 보기는 어렵다.
5) 대법원은, '민법 제764조에서 말하는 명예란 사람의 품성, 덕행, 명예, 신용 등 세상으로부터 받는 객관적인 평가를 말하는 것이고 특히 법인의 경우 그 사회적 명예, 신용을 가리키는데 다름없는 것으로 명예를 훼손한다는 것은 그 사회적 평가를 침해하는 것을 말한다'라고 한다(대법원 1988. 6. 14. 선고 87다카1450 판결 등 참조).

제2조 제1호 (다)목의 경우에는 고의에 의한 부정경쟁행위에 한한다'라고 규정하였다.

그 후 2007년 개정법(2007. 12. 21. 법률 제8767호)에서 한글화 및 표현간소화 작업 과정을 통하여 단서의 내용을 괄호 안에 넣어 본문 안에 포함시켰다.

2011년 개정법(2011. 6. 30. 법률 제10810호)에서는 「대한민국과 유럽연합 및 그 회원국 간의 자유무역협정」의 합의사항을 반영하기 위하여 자유무역협정에 따라 보호하는 지리적 표시의 사용 등을 금지하고, 지리적 표시의 침해에 대한 구제절차를 마련하였다.

Ⅲ. 적용요건

1. 부정경쟁행위로 인한 영업상 이익의 침해

우선 법 제2조 제1호 (가)목 내지 (파)목에서 규정하고 있는 부정경쟁행위가 존재하여야 한다.[6] 위 부정경쟁행위는 고의 또는 과실에 의한 것이어야 한다. 다만 법 제2조 제1호 (다)목의 이른바 '저명상표 희석화'에 의한 부정경쟁행위에 대하여는 과실에 의한 행위는 본조의 적용범위에서 제외되고, 고의에 의한 경우만이 포함된다.[7]

침해자에게 책임능력이 없는 경우에도 손해배상의 경우와는 달리 신용회복을 위한 조치는 명할 수 있다는 견해[8]도 있으나 이론적인 논의일 뿐 실제에 있어 책임능력 없는 자가 신용회복조치를 자신의 책임 아래 행할 수 있는 경우란 많지 않을 것으로 보인다.

다음으로 부정경쟁행위로 인하여 영업상 이익이 침해된 자가 본조의 신용회복청구권을 행사할 수 있다. '영업상 이익의 침해'의 해석에 관하여는 본 주해서 중 법 제4조에 대한 부분을 참조하기 바란다. 다만 제4조는 '영업상 이익이 침해될 우려가 있는 자'도 청구권자의 범위에 포함하고 있으나 본조에서는 아래에서 살피는 바와 같이 실제로 영업상 신용의 실추가 발생할 것을 요구하고 있으므로 '침해될 우려'만으로는 권리행사 적격을 인정하기 곤란하다.

---

6) 법 제2조 제1호 (가)목 내지 (파)목에 규정된 각 부정경쟁행위의 성립요건에 대하여는 이 주해서의 해당 부분을 참조.
7) 법 제5조는 손해배상책임에 관하여도 동일한 내용을 규정하고 있다. 이러한 규정의 취지에 대해서는 본 주해서 중 법 제5조에 대한 부분 참조.
8) 특허법 주해 Ⅱ(주 2), 318.

그리고 부정경쟁행위와 영업상 이익 침해 내지는 영업상 신용의 실추 사이에 상당인과관계가 존재하여야 한다. 이에 대해서는 아래 2.항에서 상세히 논하기로 한다.

2. 영업상 신용의 실추

부정경쟁행위로 영업상 신용이 실추되는 경우의 예로서는 침해자가 권리자의 물건보다 현저하게 조악한 물건을 만든 다음 권리자의 물건인 것처럼 보이는 상품표지를 부착하여 판매하는 경우를 들 수 있다.

대법원은, '부정경쟁행위가 있었다고 하여도 그것만으로 피해자의 영업상의 신용이 당연히 침해되었다고 단언하기 어려우므로, 그와 같은 경우 본조에 정한 신용회복을 위해 필요한 조치를 명하기 위하여는 부정경쟁행위가 있었다는 것 외에 그와 같은 행위에 의하여 피해자의 영업상의 신용이 실추되었음이 인정되어야 한다'라고 판시(대법원 2008. 11. 13. 선고 2006다22722 판결)함으로써 영업상 신용이 실추되었다는 구체적 사실이 입증되어야 함은 물론 부정경쟁행위와 그 영업상 신용의 실추 사이에 상당인과관계까지 입증하여야 함을 명백히 하고 있다.[9]

그렇다면 본조의 적용을 주장하는 자로서는 '신용의 실추'라는 것을 어떻게 구체적으로 입증할 것인지가 관건이다. 위 대법원 판례에서는 '품질의 조악'을 들고 있으나 품질이 현저히 조악하다는 것을 입증하면 다른 사실관계를 입증할 필요는 없는지 아니면 품질 대비 외의 다른 사정의 입증으로도 신용의 실추를 입증하는 것이 가능한지 여부 등이 문제될 것이다.

관련하여, 법인의 신용훼손에 따른 불법행위와 관련하여 대법원은, '법인의 명예나 신용을 훼손하는 행위에는 법인의 목적사업 수행에 영향을 미칠 정도로 법인의 사회적 평가를 저하시키는 일체의 행위가 포함되므로, 이에는 구체적인 사실을 적시하거나 의견을 표명하는 행위 등뿐만이 아니라, 고급 이미지의 의류로서 명성과 신용을 얻고 있는 타인의 의류와 유사한 디자인의 의류를 제조하여 이를 저가로 유통시키는 방법 등으로 타인인 법인의 신용을 훼손하는 행위

---

9) 위 판결 이유를 살펴보면, '피고가 독점판매계약 종료 후에도 유사 소화제에 원고의 상표를 부착, 판매하였다 하여도, 피고가 판매한 유사 소화제의 <u>품질이 조악하여</u>(밑줄은 편의상 부기하였다) 거래계에서 원고가 제조·판매한 이 사건 소화제의 신용이 손상되었다는 등의 특별한 사정이 있었음을 인정할 자료를 기록상 찾아보기 어려워, 원심이 들고 있는 위 사정들만으로 원고의 영업상 신용이 실추되었음을 추인하기는 어렵다'고 판시하였다.

도 포함된다고 한다(대법원 2008. 10. 9. 선고 2006다53146 판결).

참고로 일본의 경우 '피고의 상품혼동행위에 의해 원고 제품의 품질 유지와 판매방법에 결함이 있는 것으로 거래처로부터 오해를 받게 되었고, 확보하였던 판로를 빼앗겼으며 판매량도 감소하였다는 사정이 있다면 양 상품 품질의 비교를 하지 않더라도 영업상 신용의 침해를 인정할 수 있다'라고 한 최고재판소의 판결10)을 비롯하여 품질의 우열 외의 요소로서 제품을 오인한 소비자의 불만 호소, 침해자의 제품이 유포되는 데 대한 거래처의 대응책 요구 또는 침해자의 부정경쟁행위로 인하여 거래회사로부터 손해배상 청구를 당한 사정 등을 고려하여 신용회복조치를 인정한 다수의 판례가 있다.11)

일본의 하급심 판례는 신용실추의 정도에 대해서 반드시 불특정 다수의 제3자 사이에서 신용이 실추될 것을 필요로 하지 아니하고, 특정 1인에 대한 신용훼손의 경우에도 본조의 적용이 가능하다고 한다.12)

3. 신용회복조치의 필요성

피해자가 손해배상청구권과 본조의 신용회복조치 청구를 선택적으로 행사할 수 있음은 물론 양자를 병합하여 청구할 수 있음은 법문상 명백하다. 신용훼손의 경우는 금전배상이 구제방법으로 적절치 않은 경우도 있기 때문이다. 원칙적으로 양 청구를 선택적으로 행사하거나 병합하여 행사하는 사정이 양 청구의 인용 범위에 영향을 미치는 것도 아니다.13)

그러나 권리자의 업무상 신용이 실추된 점을 인정할 수 있는 경우에도 부정경쟁행위자의 행위의 태양, 부정경쟁행위 전후의 사정 등에 비추어 행위자에게 손해배상을 명하는 것으로 충분히 피해자의 손해가 전보되었다고 볼 수 있는 경우에는 피해자의 청구 중 본조에 의한 부분은 기각하여야 한다.14)

본조에 의한 신용회복청구를 인정할 것인지의 판단은 침해행위 당시를 기

---

10) 天化糖 사건, 小野昌延 編著, 新·注解 不正競爭防止法, 靑林書院(2000), 694 참조.
11) 주 10) 참조.
12) 小野昌延(주 10), 695.
13) 특허법 주해 II(주 2), 321도 同旨.
14) 사법연수원, 부정경쟁방지법(2009), 100. 예를 들면, 서울동부지법 2004. 2. 12. 선고 2000가합1820 판결에서는, 피고가 위 부정경쟁행위를 한 동기, 게임의 유통경로 및 소비자 계층, 피고 게임의 가격 및 판매량, 이 사건 원고 상표가 이미 소멸등록되었고, 이 법원이 피고의 위 부정경쟁행위로 인한 원고의 영업상 손해와 신용실추에 대하여 손해배상금의 지급을 명하고 있는 점 등을 종합하면, 해명광고의 게재는 과도한 조치라고 판시하였다.

준으로 하여야 한다.15) 그러나 원상회복의 대상인 신용훼손이 침해당시까지 발
생한 것만으로 제한되는 것은 아니라고 할 것이다.

IV. 조치의 내용

법원이 명할 수 있는 신용회복에 적당한 조치로는 사죄장의 교부, 공개법정
에서의 사죄, 신문 등에 의한 사죄광고, 취소광고의 게재 등이 열거되고 있으며,
신용훼손의 원상회복을 인정하는 나라의 예로서는 기사, 言說의 취소, 피해자
승소판결을 신문 등에 공고하는 것이 많이 이용된다고 한다.16)

종전에는 사죄광고의 방법이 일반적으로 사용되었으나, 헌법재판소의 결
정17)으로 인하여 사죄광고는 불가능하게 되었고, 이에 따라 본조의 적용범위 또
한 매우 제한적인 것이 되었다.

위 결정에서 헌법재판소는 사죄광고 대신, ① 가해자의 비용으로 그가 패소
한 민사손해배상판결의 신문·잡지 등에 게재, ② 형사명예훼손죄의 유죄판결의
신문·잡지 등에 게재, ③ 명예훼손기사의 취소광고 등의 방법을 상정할 수 있
다고 한다. 그 중 본조에서 적용할 수 있는 것은 위 ①항의 방법인 부정경쟁행
위로 인한 패소판결을 게재할 것을 명하는 방법이 될 것이다.

나아가 판결문 전체를 게재할 경우 분량이 많고 독자들의 이해에도 한계가
있으므로 판결의 초록이나 요지만 게재하는 방식이 효율적일 것이어서,18) 결국
판결 주문 자체에서 게재 대상 매체(신문 등)와 게재 시기(이 판결 확정일로부터
○개월 내), 기사의 규격(크기, 활자), 횟수 등을 명시한 후 구체적인 판결의 요지
와 게재문의 내용은 별지로 특정하는 것이 바람직할 것이다.19)

---

15) 대법원 2008. 2. 29. 선고 2006다22043 판결.
16) 특허법 주해 II(주 2), 322.
17) 민법 제764조가 사죄광고를 포함하는 취지라면 그에 의한 기본권제한에 있어서 그 선택
   된 수단이 목적에 적합하지 않을 뿐만 아니라 그 정도 또한 과잉하여 비례의 원칙이 정한
   한계를 벗어난 것으로 헌법 제37조 제2항에 의하여 정당화될 수 없는 것으로서 헌법 제19
   조에 위반되는 동시에 헌법상 보장되는 인격권의 침해에 이르게 된다(헌법재판소 1991. 4.
   1. 선고 89헌마160 결정).
18) 함석천, 인격권 침해와 그 회복에 적당한 처분, 언론관계소송 재판실무연구(1), 433.
19) 참고로 서울지방법원 98가합109742호에서 게재를 명한 해명서의 내용은 다음과 같다. "표
   백제를 제조·판매하고 있는 당사가 그 동안 사용한 표백제의 용기는 국내에 널리 인식된
   ○○회사의 표백제 '옥시크린(OXYCLEAN)'의 용기와 유사한 것으로서 당사가 위와 같은
   용기를 사용하는 것은 '부정경쟁행위'에 해당한다고 하여, ○○회사가 당사를 상대로 제기
   한 부정경쟁행위 금지소송에서 1999. 9. 10. ○○회사가 승소판결을 받은 사실이 있습니다."

대법원은 "명예훼손으로 인한 피해자가 그로 인한 손해배상과 아울러 사죄 광고를 함께 청구하고 있다면 법원은 그 명예훼손이 있는 것으로 인정될 때 그 청구범위 내에서 명예회복 처분을 금전배상과 함께 명하거나 또는 전자만을 명하거나 아니면 전자를 인정함이 없이 후자만을 명할 수 있다"라고 하고 있으나,[20] 위와 같이 신용회복조치로서 패소판결문의 게재를 우선적으로 생각할 수밖에 없는 우리나라의 실정에서 부정경쟁행위로 인한 금지명령이나 손해배상 판결 없이 신용회복조치만을 명하는 사례는 드물 것이다.

최근에는 인터넷의 발달에 따라 신문이나 잡지 외에 침해자의 인터넷 홈페이지를 비롯한 인터넷 게시판이나 인터넷 광고형태의 게시를 요청하는 경우도 상정할 수 있으나, 그 전파력 등에 비추어 신중한 판단이 필요하다. 참고로 일본에서는, 불특정 다수를 상대로 하는 부정경쟁행위가 아닌 특정의 거래처와의 관계에서 부정경쟁행위로 인한 신용의 실추의 경우에는 불특정 다수가 아닌 그 특정 거래처에 부정경쟁행위로 인하여 패소판결이 있었음을 알리는 것만으로 충분하다고 한다.[21]

판결문의 게재 외에 생각할 수 있는 방법으로는 광고나 유인물을 통해서 침해 사실을 객관적으로 알리는 것, 침해자의 비용으로 해명광고, 판결문 혹은 정정문을 신문지상에 게재하는 것,[22] 관계 당사자들에게 '사실'을 통지하도록 명하는 것[23] 등이 있다고 하나, 어느 경우에나 침해자의 양심의 자유를 침해하지 아니하는 내용과 형식이 되도록 하여야 하며, '사실'만을 전달하는 내용이 되어야 한다.

V. 소송 및 집행절차

원고는 청구취지에서 신용회복조치의 내용, 게재방법과 횟수, 활자의 크기 등을 지정하는 것이 보통이나 법원이 이에 기속되는 것은 아니고 일종의 비송사건과 유사하게 신용회복에 필요한 범위 내에서 적절하게 이를 정할 수 있다고 할 것이다. 그렇다고 하더라도 법원은 원고가 청구한 범위 내에서만 이를 조

---

20) 대법원 1988. 6. 14. 선고 87다카1450 판결
21) 동경지방재판소 2007. 5. 25. 판례타임즈 1283호 281면 참조(최정열·이규호, 부정경쟁방지법 제2판, 진원사(2017), 423면에서 재인용).
22) 특허법 주해 Ⅱ(주 2), 323.
23) 사법연수원(주 14), 101.

절할 수 있을 뿐 원고가 청구하지도 아니한 내용이나 청구한 내용을 초과하는 부분을 추가적으로 이행할 것을 명하는 것은 불가능하다고 본다.

민법 764조의 규정에 의한 명예회복을 위한 적당한 처분을 구하는 소에 있어서는, 그 처분에 통상 소요되는 비용을 산출할 수 있는 경우에는 그 비용을 소송목적의 값으로 하고, 그 비용을 산출하기 어려운 경우에는 비재산권상의 소로 보아 5,000만 원을 소송목적의 값으로 한다(민사소송 등 인지규칙 제14조, 제18조의2 본문). 그 처분에 통상 소요되는 비용은 광고게재비용[24]이 될 것이다[25]. 본조 역시 이에 준하여 소가를 산출하여야 할 것이다.

본조의 신용회복조치에 대한 강제집행은 이른바 대체적 작위채무에 해당하므로 민사집행법 제260조 제1항, 민법 제389조 제2항 후단에 의한 대체집행의 방법으로 할 수 있다. 다만 제3자인 신문사 등은 그 판결에 구속될 이유가 없으므로 신문사가 그 게재계약의 체결을 거부하면 이행불능이 될 수밖에 없다.[26]

한편 해명서의 피고 홈페이지 게재를 명한 경우와 같이 피고가 지배 가능한 매체를 이용한 신용회복조치를 명하였음에도 피고가 이행하지 아니하는 경우에는 민사집행법 제261조의 간접강제의 방법에 의할 수 있을 것이다.

〈백강진〉

---

24) 게재를 구하는 신문사 등의 광고 기준표 등을 제출하여 소명하여야 할 것이다.
25) 법원행정처, 인지실무, 115.
26) 민법주해[XIX](주 3), 338.

제7조(부정경쟁행위 등의 조사 등)

① 특허청장, 시·도지사 또는 시장·군수·구청장(자치구의 구청장을 말한다. 이하 같다)은1) 제2조 제1호(아목과 파목은 제외한다)의 부정경쟁행위나 제3조, 제3조의2 제1항 또는 제2항을 위반한 행위를 확인하기 위하여 필요한 경우로서 다른 방법으로는 그 행위 여부를 확인하기 곤란한 경우에는 관계 공무원에게 영업시설 또는 제조시설에 출입하여 관계 서류나 장부·제품 등을 조사하게 하거나 조사에 필요한 최소분량의 제품을 수거하여 검사하게 할 수 있다.

② 특허청장, 시·도지사 또는 시장·군수·구청장이 제1항에 따른 조사를 할 때에는「행정조사기본법」제15조에 따라 그 조사가 중복되지 아니하도록 하여야 한다.

③ 특허청장, 시·도지사 또는 시장·군수·구청장은 제1항에 따른 조사 진행 중에 조사대상자에 대하여 조사대상과 동일한 사안으로「발명진흥법」제43조에 따른 분쟁의 조정(이하 "분쟁조정"이라 한다)이 계속 중인 사실을 알게 된 경우, 양 당사자의 의사를 고려하여 그 조사를 중지할 수 있다.

④ 특허청장, 시·도지사 또는 시장·군수·구청장은 분쟁조정이 성립된 경우에는 그 조사를 종결할 수 있다.

⑤ 제1항에 따라 조사 등을 하는 공무원은 그 권한을 표시하는 증표를 지니고 이를 관계인에게 내보여야 한다.

⑥ 그 밖에 부정경쟁행위 등의 조사절차 등에 관하여 필요한 사항은 대통령령으로 정한다.

<소 목 차>

Ⅰ. 의   의
Ⅱ. 연   혁
Ⅲ. 내   용
　1. 대상 및 시기

2. 방   법
3. 중복조사의 예방
4. 분쟁조정 계속 중인 경우의 조치

Ⅰ. 의   의

부정경쟁방지 및 영업비밀보호에 관한 법률(이하 '법'이라 한다)은 본조에서

---

1) 이 부분은 2011. 6. 30. 법률 제10810호(2011. 10. 1.부터 시행)에 의하여 "특허청장, 특별시장·광역시장·도지사·특별자치도지사(이하 "시·도지사"라 한다) 또는 시장·군수·구청장(자치구의 구청장을 말한다. 이하 같다)"으로 변경되었다. 이러한 점은 제8조, 제9조의 '특허청장' 역시 마찬가지이다. 이 주해서 제17조에 대한 부분에서 상론한다.

특허청장 및 그 권한을 위임받은 시·도지사 등으로 하여금 위조상품의 제조·판매 등 부정경쟁행위를 조사할 수 있는 근거를 두고 그 실효성 확보를 위하여 시정권고를 하거나(법 제8조), 조사를 거부·방해 또는 기피한 경우 과태료를 부과할 수 있는 근거 규정(법 제20조) 등을 두고 있으며, 나아가 특허청장은 형사소송법에 따라 고발을 할 수도 있다. 본조에 따른 조사는 행정법상 행정조사 절차에 해당하고, 특허청 등이 부정경쟁행위에 대하여 시정권고라는 행정행위를 함에 있어 필요한 자료나 정보를 수집하는 행위라고 할 수 있다.[2]

Ⅱ. 연   혁

1961년 제정법(1961. 12. 30. 법률 제911호)에서는 부정경쟁행위의 조사 등에 관한 규정이 없었으나, 1998년 개정법(1998. 12. 31. 법률 제5621호) 제7조(부정경쟁행위의 조사 등)에서 특허청장은 같은 법 제3조의 규정에 위반된 행위의 확인을 위하여 필요하다고 인정하는 때에는 관계 공무원으로 하여금 영업시설 또는 제조시설에 출입하여 관계서류나 장부·제품 등을 조사하게 할 수 있도록 규정하였다.

그 후 2004년 개정법(2004. 1. 20. 법률 제7095호)에서 법 제2조 제1호 (아)목 및 (자)목의 규정이 신설됨에 따라 제7조 제1항에서 "제2조 제1호 (가)목 내지 (사)목의 규정에 따른"이란 문구를 추가하여 부정경쟁행위의 조사범위를 특정하였다. 그 후 2007년 개정법(2007. 12. 21. 법률 제8767호)에서 한글화 및 표현간소화 작업 과정을 거쳤다.

2011년 개정법(2011. 6. 30. 법률 제10810호)에서는 「대한민국과 유럽연합 및 그 회원국 간의 자유무역협정」의 합의사항을 반영하기 위하여 자유무역협정에 따라 보호하는 지리적 표시의 사용 등을 금지하고, 지리적 표시의 침해에 대한 구제절차를 마련하여 지리적 표시자의 권리를 보호하는 한편, 부정경쟁행위에 대한 조사 등에 관한 업무를 특허청장, 시·도지사 및 시장·군수·구청장의 공동사무로 조정하였다. 또한 2016년 개정법(2016. 1. 27. 법률 제13844호)에서는 기업의 자유로운 영업활동을 보장하기 위하여, 특허청장 등이 관계 공무원에게 사업자의 영업시설 등에 출입하여 조사하게 하거나 조사에 필요한 제품을 수거하여 검사하게 할 수 있도록 하는 요건을 부정경쟁행위 등의 확인을 위하여 필요

---

2) 최정열·이규호, 부정경쟁방지법 제2판, 진원사(2017), 434면.

한 경우로서 다른 방법으로는 그 행위 여부를 확인하기 곤란한 경우로 하여 그 행사 요건을 엄격하게 개정하였다.

이후 2017. 1. 17. 법률 제14530호에 의하여 상품형태모방행위인 '제2조 제1호 (자)목의 부정경쟁행위'도 조사대상에 포함시켰고, 2018. 4. 17. 법률 제15580호에서는 신설된 아이디어 보호 관련 '제2조 제1호 (차)목의 부정경쟁행위'를 조사대상으로 추가하였다.

2020년 개정법(2020. 10. 20. 법률 제17529호) 제7조 제1항에서 "특별시장·광역시장·특별자치시장·도지사·특별자치도지사(이하 "시·도지사"라 한다)"를 "시·도지사"로 하고, 부정경쟁행위 등에 대한 조사 진행 중 발명진흥법에 따른 분쟁조정절차와 조율을 할 수 있도록 하는 규정을 신설하였다(제7조 제3항 및 제4항 신설). 또한 부정경쟁행위 등의 조사절차 등에 관하여 필요한 사항은 대통령령으로 정한다는 규정을 추가하였다(제7조 제6항 신설).

2021년 개정법(2021. 12. 7. 법률 제18548호)에서 데이터 및 유명인의 초상·성명 등에 대한 부정경쟁행위를 신설하면서(제2조 제1호 (카)목, (타)목) 이러한 행위들을 조사대상에 포함시키기 위해 제7조 제1항 중 "(카)목"을 "(파)목"으로 개정하였다.

Ⅲ. 내   용

1. 대상 및 시기

조사대상이 되는 부정경쟁행위는 법 제2조 제1호 (가)목 내지 (사)목, 자 내지 (타)목의 부정경쟁행위인 혼동초래행위, 저명상표 희석행위, 오인유발행위, 대리인 또는 대표자의 무단 상표사용행위, 상품형태모방, 데이터 부정사용 및 유명인의 초상·성명 등 무단사용행위 등과 법 제3조의 국기·국장 등이 사용금지에 대한 위반행위, 법 제3조의2 제1항 또는 제2항의 자유무역협정에 따라 보호하는 지리적 표시의 사용금지 등에 대한 위반행위이다. 법 제2조 제1호 (아)목과 (파)목에 규정된 도메인이름에 관한 부정행위와 성과 등 무단사용행위는 제외된다.

조사 요건은 '확인하기 위하여 필요한 경우로서 다른 방법으로는 그 행위 여부를 확인하기 곤란한 경우'이다. 이는 신고 또는 인지에 의하여 부정경쟁행위를 의심할 수 있는 사정을 관계 공무원이 알게 되었을 뿐 아니라, 나아가 관계 공무원의 조사가 아닌 다른 방법으로는 그 행위 여부를 확인하기 곤란한 경우에 해당할 것으로 요구함으로써 그 조사 개시를 신중히 하도록 한 것이다(이와 같은 보충성 요건은 2016년 개정으로 추가되었다).

부정경쟁행위 방지업무에 필요한 세부사항을 정하기 위하여 법(제7조 제6항에 위임규정이 있다)과 시행령(제1조의 4와 5에서 조사 방법과 수거물품 등의 처리에 관해 규정하고 있다)의 위임에 따라 특허청고시 "부정경쟁행위 방지에 관한 업무처리규정"(이하 '업무처리규정'이라 한다)이 마련되어 있다(2022. 9. 1. 특허청고시 제2022-18호 참조).

2. 방   법

부정경쟁행위자의 영업시설 또는 제조시설에 출입하여 조사를 실시하는 관계공무원은 관계서류, 장부, 제품 등을 조사하거나 조사에 필요한 최소분량의 제품을 수거하여 검사할 수 있다(법 제7조 제1항). 조사 등을 하는 공무원은 그 권한을 표시하는 증표3)를 지니고 이를 관계인에게 내보여야 한다(법 제7조 제5항).

부정경쟁행위 등의 조사 등을 실시하는 관계 공무원(이하 '조사관'이라 한다)은 법 제7조 제1항에 따라 영업시설 또는 제조시설에 출입하여 조사하거나 제품을 수거하기 전에 '당사자, 이해관계인 또는 참고인에 대한 관계 자료나 제품 등4)의 제출 요청', '당사자, 이해관계인 또는 참고인에 대한 출석 요청, 자문 및 진술 청취'의 방법에 따라 부정경쟁행위 등을 확인할 수 있다(법 시행령 제1조의 4 제1항). 조사관이 피신고인에게 자료제출이나 출석을 요구할 경우, '목적·취지 및 내용'과 '제출기한 또는 출석 일시·장소' 및 '자료제출이나 출석 거부에 대한 제재조치 및 근거 법령'이 기재된 서면을 발송하여야 한다[업무처리규정 제3조 제1항].

조사관은 법 제7조 제1항에 따른 현장조사를 할 경우, 조사확인서를 작성하고 방문기관의 대표자 또는 종업원이 이를 확인하도록 한 후 확인자란에 서명 또는 날인하게 하여야 한다. 다만, 도피·부재·방해 또는 거부 등으로 조사확인서에 서명 또는 날인을 받을 수 없는 경우에는 그 사유를 명확하게 기록하여야 한다(업무처리규정 제3조 제2항).

---

3) 법 시행령 별지 제2호 서식.
4) 종전에는 '관계 서류나 장부·제품'으로 되어 있었으나, 2023. 9. 27. '관계 자료나 제품 등'으로 개정되었다. 개정 이유에 따르면 디지털 파일 등도 포함할 수 있도록 한 취지라고 한다.

조사에 필요한 최소분량의 제품을 수거하는 경우 그 소유자나 점유자에게 수거증5)을 발급하여야 하고, 수거한 제품의 현황·목록 등에 관한 사항을 기록하고 이를 보관해야 하며, 수거한 제품에 대한 검사가 종료된 경우 수거 당시의 소유자나 점유자에게 즉시 돌려주어야 한다(시행령 제1조의5). 이와 같이 제품을 수거하였을 때는 봉인하여야 한다. 다만, 제품의 성질과 상태에 따라 봉인할 필요가 없거나 봉인이 곤란하다고 인정하는 경우에는 예외로 한다(업무처리규정 제5조).

한편 조사관은 조사결과가 확정된 날로부터 7일 이내에 조사결과를 당사자에게 서면으로 통지해야 하는바, 조사의 종결 사유와 조사의 중지에 대해서는 업무처리규정 제8조의2에서 규정하고 있고, 조사 종결 후에도 일정한 사유가 있는 경우에는 재조사를 할 수 있다(업무처리규정 제8조의3).

3. 중복조사의 예방

법 제7조 제2항에서는 특허청장, 시·도지사 또는 시장·군수·구청장이 제1항에 따른 조사를 할 때에는 행정조사기본법 제15조의 '중복조사 제한' 규정을 준수하도록 하는 규정을 명시적으로 둠으로써 특허청과 지방자치단체가 중복으로 조사하는 경우를 예방하도록 하고 있다.

본조에 의한 조사가 행정조사인 이상 행정조사기본법에서 규정하고 있는 행정조사의 기본원칙(제4조)를 비롯한 다른 관련 규정들도 특별한 사정이 없는 한 적용된다고 보아야 한다.

4. 분쟁조정 계속 중인 경우의 조치

본조 제3, 4항에서는 부정경쟁행위 등에 대한 조사 진행 중 발명진흥법에 따른 분쟁조정이 계속 중인 경우에는 조사를 중지할 수 있도록 하고, 분쟁조정이 성립된 경우 조사를 종결할 수 있게 하였다.

발명진흥법 제41조 제1항 제4호는 부정경쟁행위에 관련된 분쟁을 조정하는 기관으로 산업재산권분쟁조정위원회를 두고 있고, 같은 법 제43조는 조정신청이 있는 날로부터 3개월 이내에 조정을 하되, 1개월 단위로 3회에 한정하여 조정기간을 연장할 수 있으며, 이 기간이 지난 경우에는 조정이 성립되지 아니한 것으로 보고 있다. 한편 그 조정이 성립된 경우에는 재판상 화해와 같은 효력이

---

5) 법 시행령 별지 제1호 서식.

있다(같은 법 제46조 제2항).

　같은 법 제43조의2 제1항 제7호는 '부정경쟁행위의 분쟁당사자'를 조정신
청을 할 수 있는 자의 하나로 들고 있는바, 특허청장, 시·도지사 또는 시장·군
수·구청장은 제1항에 따른 조사 진행 중에 조사대상자에 대하여 조사대상과
동일한 사안으로 발명진흥법 제43조에 따른 분쟁의 조정이 계속 중인 사실을
알게 된 경우, 양 당사자의 의사를 고려하여 그 조사를 중지할 수 있고(제7조
제3항), 그 분쟁조정이 성립된 경우에는 그 조사를 종결할 수 있도록(제7조 제4
항) 함으로써, 중복된 절차 진행을 방지하고, 대체적 방식에 따른 조기 분쟁 해
결을 도모할 수 있도록 하였다.

〈백강진〉

제7조의2(자료열람요구 등)

① 제7조에 따른 조사의 양 당사자 또는 대리인 등 대통령령으로 정하는 자는 특허청장, 시·도지사 또는 시장·군수·구청장에게 제7조에 따른 조사와 관련된 자료의 열람 또는 복사를 요구할 수 있다. 이 경우 특허청장, 시·도지사 또는 시장·군수·구청장은 다음 각 호의 어느 하나에 해당하는 자료를 제외하고는 이에 따라야 한다.

1. 제2조 제2호에 따른 영업비밀

2. 그 밖에 다른 법률에 따른 비공개자료

② 제1항에 따른 열람 또는 복사의 절차, 방법 및 그 밖에 필요한 사항은 대통령령으로 정한다.

〈소 목 차〉

Ⅰ. 의   의
Ⅱ. 연   혁
Ⅲ. 내   용

1. 요구권자
2. 절   차

Ⅰ. 의   의

본조는 부정경쟁방지 및 영업비밀보호에 관한 법률(이하 '법'이라 한다) 제7조에 따른 조사의 양 당사자 또는 대리인 등이 그 조사권자인 특허청장, 시·도지사 또는 시장·군수·구청장에게 그 조사와 관련된 자료의 열람 또는 복사를 요구할 수 있는 권리를 인정한 것이다.

특허청의 설명에 따르면, 위 규정의 입법취지는 그간 부정경쟁행위의 피해자가 행정조사에서 이기고도 민사소송에서 행정조사 결과를 활용하지 못하여 증거 확보에 어려움을 겪었던 사정 등을 고려하여, 당사자가 특허청 행정조사기록을 열람, 등사할 수 있도록 한 것이라고 한다.[1]

행정조사기본법 제4조 제5항은 다른 법률에 따르지 아니하고는 행정조사의 대상자 또는 행정조사의 내용을 공표하거나 직무상 알게 된 비밀을 누설하는 것을 금지하고 있고, 제6항은 행정기관이 행정조사를 통하여 알게 된 정보를 다

---

1) 특허청 2024. 1. 26. 자 보도자료 참조.

른 법률에 따라 내부에서 이용하거나 다른 기관에 제공하는 경우를 제외하고는 원래의 조사목적 이외의 용도로 이용하거나 타인에게 제공하여서는 아니 된다고 규정하고 있다. 본조는 위 행정조사기본법에 정한 행정조사 정보 비공개 원칙에 대하여 법률상 예외를 규정한 것이다.

II. 연   혁

본조는 2024년 개정법(2024. 2. 20. 법률 제20321호, 시행 2024. 8. 21.)에서 신설되었다.

III. 내   용

1. 요구권자

법 제7조에 따른 조사의 양 당사자 또는 대리인 등이 그 요구권자이다. 부정경쟁행위로 피해를 입었다고 주장하는 사람뿐 아니라 피조사자(조사대상자)도 포함됨은 법문상 명백하다.

행정조사에서 적법절차의 준수를 비롯한 피조사자의 권리 보장에 대한 요구가 점차 높아지고 있고, 행정조사기본법 제8조에서도 조사대상 선정기준에 대한 조사대상자의 열람 신청권을 인정하고 있는 점 등에 비추어 보면, 본조를 피해자 중심으로만 운용할 것은 아니라고 할 것이므로, 피조사자 본인이 조사과정에서 작성한 확인서·문답서를 비롯하여 기타 자료의 열람 또는 복사를 요청하는 경우에는 본조에 따라 이를 허용할 수 있을 것이다.

특히 2024년 개정법에서 시정명령제도가 도입되어 법 제7조의 조사결과에 따른 처분에 대해 행정쟁송이 제기될 수 있을 것이므로 그 조사절차의 투명성과 적법성을 담보할 보완 장치들이 필요하게 되었고, 본조 역시 그러한 역할을 할 수 있을 것으로 보인다.

본조에 따른 요구권자의 구체적 범위에 대해서는 시행령에 위임되어 있다.

2. 절   차

요구권자의 요구에 대하여 조사를 실시하는 특허청장, 시·도지사 또는 시장·군수·구청장 측이 마련하여야 할 열람 또는 복사의 절차, 방법 및 그 밖에 필요한 사항에 대해서는 법 시행령에 위임되어 있다.

〈백강진〉

제8조(위반행위의 시정권고 등)

① 특허청장, 시·도지사 또는 시장·군수·구청장은 제2조 제1호(아목과 파목은 제외한다)의 부정경쟁행위나 제3조, 제3조의2 제1항 또는 제2항을 위반한 행위가 있다고 인정되면 그 위반행위를 한 자에게 30일 이내의 기간을 정하여 위반행위의 중지, 표지 등의 제거나 수정, 향후 재발 방지, 그 밖에 시정에 필요한 권고하거나 시정을 명할 수 있다.

② 특허청장, 시·도지사 또는 시장·군수·구청장은 위반행위를 한 자가 제1항에 따른 시정권고를 이행하지 아니한 때에는 위반행위의 내용 및 시정권고나 시정명령 사실 등을 공표할 수 있다.

③ 제1항에 따른 시정권고나 시정명령 및 제2항에 따른 공표의 절차 및 방법 등에 관하여 필요한 사항은 대통령령으로 정한다.

④ 시·도지사 또는 시장·군수·구청장은 제2조 제1호(아목과 파목은 제외한다)의 부정경쟁행위나 제3조, 제3조의2 제1항 또는 제2항을 위반한 행위가 있다고 인정되면 그 위반행위를 한 자에게 30일 이내의 기간을 정하여 위반행위의 중지, 표지 등의 제거나 수정, 향후 재발 방지, 그 밖에 시정에 필요한 권고를 할 수 있으며, 위반행위를 한 자가 시정권고를 이행하지 아니한 때에는 위반행위의 내용 및 시정권고 사실 등을 공표할 수 있다. 이 경우 시정권고 또는 공표의 절차 및 방법 등에 관하여는 제3항을 준용한다.

⑤ 시·도지사 또는 시장·군수·구청장은 위반행위를 한 자가 제4항에 따른 시정권고를 이행하지 아니한 때에는 특허청장에게 제1항에 따른 시정명령을 하여줄 것을 요청할 수 있다.

<소 목 차>

Ⅰ. 의   의
Ⅱ. 연   혁
Ⅲ. 내   용
  1. 대상과 조치

2. 조치의 종류
3. 공   표
4. 시정명령

Ⅰ. 의   의

본조의 규정은, 특허청장, 시·도지사 또는 시장·군수·구청장(이하 '특허청장 등'이라 한다)으로 하여금 일정한 부정경쟁행위(법 제2조 제1호 (가)목 내지 (사)목, (자)목 내지 (타)목) 또는 국기·국장 등의 사용 금지, 자유무역협정에 따라 보호하는 지리적 표시의 사용금지 등에 대한 위반행위를 한 자에 대하여 시정권고와 시정명령을 할 수 있게 하고, 나아가 위반행위자가 이에 따른 이행조치를 하지 않는 경우에는 위반행위의 내용 및 시정권고나 시정명령 사실 등을 공표함으로써 제도의 실효성을 확보하기 위한 것이다.

　본조는 법 제7조의 특허청장 등의 조사 권한의 행사에 따른 후속조치를 규정한 것으로서 위반행위에 대한 행정적 제재수단인바, 이러한 행정적 구제방법은 법 제1조에서 목적으로 삼고 있는 건전한 거래질서를 유지하기 위하여 특별히 주무관청인 특허청장 등에게 부여된 법적 수단이라고 할 수 있다.

　특히 2024년 개정법에서는 종전 행정조사 후 시정권고 및 공표를 하는 것만으로는 부정경쟁행위가 계속되는 상황을 억제하기 어렵다는 한계를 극복하기 위해 시정명령 제도를 새로 도입함으로써 이를 이행하지 않으면 공표는 물론 과태료를 부과할 수 있도록 하여 더욱 실효적인 권리구제를 도모하였다(법 제20조 제1항 제1의2호 참조).

II. 연　　혁

　1961년 제정법(1961. 12. 30. 법률 제911호)에서는 위반행위의 시정권고에 관한 규정이 없어 아주 경미한 부정경쟁행위나 무지에 의한 사안에 대해서도 바로 고발하여야 하는 법 제도상 문제점이 있었다. 부정경쟁행위의 단속 시 시정권고에 관한 뚜렷한 법적 근거도 없어서 부정경쟁행위시정을 위한 행정집행 상 실효성에 문제가 있었다.[1]

　1986년 개정법(1986. 12. 31. 법률 제3897호)에서 제6조(위반행위의 시정권고)를 신설하여 "특허청장은 제2조의 규정에 의한 부정경쟁행위 또는 제3조의 규정에 위반된 행위가 있다고 인정될 때에는 그 위반행위를 한 자에 대하여 30일 내의 기간을 정하여 그 행위를 중지하거나 표식을 제거 또는 폐기할 것 등 그 시정에 필요한 권고를 할 수 있다."고 규정하여 경미한 위반행위에 대해서는 사안발견 즉시 고발하기 전에 사전절차로서 시정을 권고할 수 있게 하였다.

　1991년 개정법(1991. 12. 31. 법률 제4478호)에서는 종전 제6조의 규정을 제8조(위반행위의 시정권고)로 이동하고, 제2조(정의)의 개정에 따라 자구를 수정하였다. 그 후 2004년 개정법(2004. 1. 20. 법률 7095호)에서는 법 제2조 제1호 (아)

---

[1] 특허청, 부정경쟁방지및영업비밀보호업무해설서(2008), 107.

목 및 (자)목의 규정이 신설됨에 따라 제8조에서 "제2조 제1호 (가)목 내지 (사) 목의 규정에 따른"이란 문구를 추가하여 시정권고의 범위를 특정하였다. 2007 년 개정법(2007. 12. 21. 법률 제8767호)에서 한글화 및 표현간소화 작업 과정을 거쳤다.

2011년 개정법(2011. 6. 30. 법률 제10810호)에서는 「대한민국과 유럽연합 및 그 회원국 간의 자유무역협정」의 합의사항을 반영하기 위하여 자유무역협정에 따라 보호하는 지리적 표시의 사용금지에 대한 위반행위가 추가되었다. 이후 2017. 1. 17. 법률 제14530호에 의하여 상품형태모방행위인 '제2조 제1호 (자)목 의 부정경쟁행위'도 시정권고의 대상에 포함시켰고, 2018. 4. 17. 법률 제15580 호에서는 신설된 아이디어 보호 관련 '제2조 제1호 (차)목의 부정경쟁행위'를 시정권고의 대상으로 추가하였다.

2020년 개정법(2020. 10. 20, 법률 제17529호)은 시정권고의 실효성 확보를 위 해 조문 제목을 "위반행위의 시정권고"에서 "위반행위의 시정권고 등"으로 바 꾸고, 개정 전 제8조의 "그 행위를 중지하거나 표지를 제거 또는 폐기할 것 등 그 시정에 필요한 권고"를 "위반행위의 중지, 표지 등의 제거나 수정, 향후 재 발 방지, 그 밖에 시정에 필요한 권고"로 확대하면서, 특허청장, 시·도지사 또 는 시장·군수·구청장은 위반행위를 한 자가 제1항에 따른 시정권고를 이행하 지 아니한 때에는 위반행위의 내용 및 시정권고 사실 등을 공표할 수 있다는 규정(제8조 제2항) 및 제2항에 따른 공표의 절차 및 방법 등에 관하여 필요한 사 항은 대통령령으로 정한다는 규정(제8조 제3항)을 신설하였다.

2021년 개정법(2021. 12. 7, 법률 제18548호)에서는 신설된 데이터 및 유명인 의 초상·성명 등에 대한 부정경쟁행위(제2조 제1호 (카)목, (타)목)를 시정권고의 대상에 포함시켰다.

2024년 개정법(2024. 2. 20. 법률 제20321호, 시행 2024. 8. 21.)에서는 시정명령 제도가 도입됨에 따라, 제4, 5항이 신설되는 한편, 제1항부터 제5항까지의 내용 에 시정권고와 함께 '시정명령'이 추가되는 등 전반적으로 조항이 정비되었다.

Ⅲ. 내   용

1. 대상과 조치

특허청장 등은 부정경쟁행위 또는 위반행위를 한 자에 대한 조사결과 법

제2조 제1호 (가)목 내지 (사)목, (자)목 내지 (타)목의 부정경쟁행위 또는 제3조, 제3조의2 제1항 또는 제2항 규정에 위반된 행위가 있다고 인정될 때(이는 앞서 본 제7조의 조사대상과 동일하다)에는 30일 내의 기간을 정하여 그 행위를 중지하거나 표지를 제거 또는 폐기할 것 등 그 시정에 필요한 권고를 하거나 시정을 명할 수 있고(제8조 제1항), 위반행위를 한 자가 제1항에 따른 시정권고나 시정명령을 이행하지 아니한 때에는 위반행위의 내용 및 시정권고나 시정명령 사실 등을 공표할 수 있다(제8조 제2항).

　한편 부정경쟁행위 방지업무에 필요한 세부사항을 정한 "부정경쟁행위 방지에 관한 업무처리규정"(2022. 9. 1. 특허청고시 제2022-18호, 이하 '업무처리규정'이라 한다) 제7조 제3항은 시정권고를 불이행한 자(법 제18조 제3항 제1호 또는 제2호에 따라 형사처벌이 가능한 위반행위의 경우)에 대하여 형사소송법 제234조 제2항에[2] 따라 고발하도록 하되, 다만 위반행위의 정도, 위반행위의 동기와 그 결과 등을 고려하여 14일 이내의 기간으로 한 차례에 한정하여 시정권고 내용의 이행을 촉구할 수 있다고 규정하고 있다. 다만 2024년 개정법에서 시정명령을 도입함에 따라 향후 특허청장 등이 곧바로 형사고발을 하기보다는 시정명령의 방법을 취할 것으로 예상된다.

2. 조치의 종류

　특허청장 등은 시정권고, 시정명령 및 공표, 고발을 하기 전에 직권 또는 당사자, 이해관계인 및 참고인(이하 "당사자 등"이라 한다) 등의 신청에 의하여 의견을 청취할 수 있고, 당사자 등은 의견청취 시 필요한 증거자료를 제출할 수 있다(법 제9조, 법 시행령 제3조, 업무처리규정 제8조).

　시정권고는 시정권고의 이유, 시정권고의 내용 및 시정기한을 명시한 문서[3]로 하여야 하고(법 시행령 제2조 제1항, 업무처리규정 제7조 제2항), 필요할 경우 관계공무원으로 하여금 현장을 확인하게 할 수 있다(법 시행령 제2조 제2항). 특허청장 등은 시정권고의 이행여부를 확인하여야 하고, 시정권고의 이행여부 확인은 시정기간이 경과한 후 1개월 이내에 시정여부확인서[4]에 따라 실시한다(업무처리규정 제9조).

---

2) 형사소송법 제234조(고발) ① 누구든지 범죄가 있다고 사료하는 때에는 고발할 수 있다. ② 공무원은 그 직무를 행함에 있어 범죄가 있다고 사료하는 때에는 고발하여야 한다.
3) 업무처리규정 별지 제6호 서식의 시정권고통지서.
4) 업무처리규정 별지 제9호 서식.

이러한 시정권고는 원칙적으로 처분성이 인정되지 않는 사실행위로서 행정절차법 제48조의 행정지도에 해당하므로 상대방의 의사에 반하여 부당하게 강요할 수 없고, 이에 따르지 않더라도 불이익한 조치를 할 수 없는 한계가 있었다. 이에 반해 2024년 개정법에서 도입된 시정명령5)은 행정법령의 위반행위로 초래된 위법상태의 제거 내지 시정을 명하는 행정행위로서 그 위반에 따른 과태료 부과를 할 수 있도록 하고 있다.

3. 공 표

특허청장과 시·도지사 등은 위반행위를 한 자가 제1항에 따른 시정권고나 시정명령을 이행하지 아니한 때에는 위반행위의 내용 및 시정권고나 시정명령 사실 등을 공표할 수 있고(제2항, 제4항), 그 절차는 시행령에 위임되어 있다(제3항, 제4항).

특허청장과 시·도지사 등은 법 제8조제2항에 따라 위반행위를 한 자의 성명 및 주소, 위반행위의 내용, 시정기한, 시정권고의 이유 및 내용을 관보, 인터넷 홈페이지 또는 전국을 보급지역으로 하는 일반일간신문에 게재하여 공표할 수 있고(법 시행령 제2조의2 제1항), 공표하려는 경우 위반행위의 내용 및 정도, 위반 기간 및 횟수, 위반행위로 인하여 발생한 피해의 범위 및 결과 등을 고려해야 한다(같은 조 제2항).6)

공표대상자를 결정하면, 그 사실을 서면으로 통지하여 의견을 진술하거나 제출할 기회를 주어야 하고, 공표대상자는 제2항에 따른 통지를 받은 날부터 30일 이내에 의견서를 제출하거나 의견을 진술할 수 있다(업무처리규정 제7조의2 제1항 내지 4항). 특허청장은 공표여부를 결정하기 위하여 필요한 경우에는 부정경쟁행위공표자문위원회를 두어 자문을 받을 수 있고(업무처리규정 제7조의5), 부정경쟁행위공표자문위원회가 개최되는 경우에는 공표대상자에게 개최 예정일 10일 전까지 그 사실을 서면으로 통지해야 한다. 이 경우 직권 또는 공표대상자의 신청에 따라 공표대상자로 하여금 부정경쟁행위공표자문위원회에 출석하여

---

5) 특허청장은 시정명령을 할 권한이 있고(제1항), 시·도지사 등은 위반행위를 한 자가 시정권고를 이행하지 아니한 때에는 특허청장에게 제1항에 따른 시정명령을 하여줄 것을 요청할 수 있다(제5항).

6) 업무처리규정 제7조의2 제6항은, 추가로 시정권고를 이행하지 아니한 사유, 공표로 인하여 공표대상자가 받을 불이익, 공표로 인한 효과도 함께 고려하여 공표여부를 결정하도록 하고 있다.

의견을 진술하게 할 수 있다(업무처리규정 제7조의2 제5항).

특허청장, 시·도지사 등은 공표대상자에게 공표여부에 대한 결정서를 서면으로 통지해야 하고(업무처리규정 제7조의2 제7항), 공표대상자가 공표예정일 10일 전까지 시정권고를 이행한 사실을 소명하는 경우에는 공표절차를 중지할 수 있다(업무처리규정 제7조의3).

공표제목에는 시정권고를 받은 사실을 명료하게 표시하여야 하고, 공표내용에는 일반 대중에게 널리 알려진 법위반 사업자의 사업장명이 따로 있는 경우 함께 쓰고, 해당 시정권고를 받은 사실을 원칙적으로 육하원칙에 따라 구체적으로 기재하여야 하는바, 기타 공표의 상세한 방법에 대해서는 업무처리규정 제7조의4에서 정하고 있다.

4. 시정명령

처분성이 인정되는 시정명령은 원칙적으로 행정절차법 제2장에서 규정된 처분기준의 설정·공표, 처분의 사전 통지, 의견청취, 처분의 이유 제시, 처분의 방식 등의 절차적 규율을 받게 된다.

시정명령의 절차 및 방법 등에 관하여 필요한 사항은 법 시행령으로 정하도록 되어 있으므로(제3항), 위 행정절차법 규정 및 공표 절차에 준하는 내용이 시행령에 구체적으로 규정될 것으로 보인다.

〈백강진〉

> **제9조(의견청취)**
>
> 특허청장, 시·도지사 또는 시장·군수·구청장은 제8조에 따른 시정권고, 시정명령, 공표를 하기 위하여 필요하다고 인정하면 대통령령으로 정하는 바에 따라 당사자·이해관계인 또는 참고인의 의견을 들어야 한다.

〈소 목 차〉

Ⅰ. 의   의
Ⅱ. 연   혁

Ⅲ. 절   차

Ⅰ. 의   의

법 제8조에 따른 시정권고는 그 후속절차로서 형사고발 등의 처분까지 받을 수 있는 것이고, 2020년 개정법으로 도입된 공표절차 및 2024년 개정법으로 도입된 시정명령은 명백히 당사자에게 불이익한 처분에 해당한다. 본조는 시정권고, 공표, 시정명령에 대한 당사자 등의 절차적 권리를 보장하고 행정처분의 신뢰성 확보를 위하여 당사자 등의 의견진술 기회를 보장하고 있다.

Ⅱ. 연   혁

1961년 제정법(1961. 12. 30. 법률 제911호)에서는 의견청취의 규정이 없었으나, 1986년 개정법(1986. 12. 31. 법률 제3897호)에서 제7조(의견청취)에 "특허청장은 제6조의 규정에 의한 시정권고를 하기 위하여 필요하다고 인정할 때에는 대통령령이 정하는 바에 의하여 당사자·이해관계인 또는 참고인의 의견을 들어야 한다."라고 규정하였다.

그 후 1991년 개정법(1991. 12. 31. 법률 제4478호)에서 종전 법 제7조의 규정이 법 제9조로 이동하였고, 2007년 개정법(2007. 12. 21. 법률 제8767호)에서 한글화 및 표현간소화 작업 과정을 거쳤다.

2011년 개정법(2011. 6. 30. 법률 제10810호)에서는 부정경쟁행위에 대한 조사 등에 관한 업무를 특허청장, 시·도지사 및 시장·군수·구청장의 공동사무로 조정하였다.

2020년 개정법(2020. 10. 20, 법률 제17529호)은 제8조 제2항에서 시정권고 사실 등에 대한 공표 규정을 신설하면서, 같은 취지의 반영을 위해 "제8조에 따른 시정권고"를 "제8조에 따른 시정권고 및 공표"로 개정하였다.

2024년 개정법(2024. 2. 20. 법률 제20321호, 시행 2024. 8. 21.)에서는 시정명령 제도가 도입됨에 따라 의견청취 대상에 '시정명령'이 추가되었다.

Ⅲ. 절   차

특허청장, 시·도지사 또는 시장·군수·구청장(이하 '특허청장 등'이라 한다)은 시정권고, 공표, 시정명령 및 고발을 하기 전에 직권 또는 당사자, 이해관계인 및 참고인(이하 "당사자 등"이라 한다) 등의 신청에 의하여 의견을 청취할 수 있고, 당사자 등은 의견청취 시 필요한 증거자료를 제출할 수 있다(법 제9조, 법 시행령 제3조, 처리규정 제8조). 법 시행령 제3조와 업무처리규정(2022. 9. 1. 특허청고시 제2022-18호) 제8조는 다음과 같이 의견청취의 절차를 정하고 있다.

의견청취예정일 10일 전[1]까지 시정권고 등의 상대방, 이해관계인, 참고인 또는 대리인에게 서면으로 통지하여 의견을 진술할 기회를 주어야 하며, 이때에 정당한 사유 없이 이에 따르지 아니하면 의견을 진술할 기회를 포기한 것으로 본다는 뜻을 분명히 밝혀야 한다(법 시행령 제3조 제1, 4항).

의견청취에 대한 통지를 받은 자는 지정된 일시 및 장소에 출석하여 의견을 진술하거나 서면으로 의견을 제출할 수 있고, 또 필요한 증거자료를 제출할 수 있다(법 시행령 제3조 제2항, 업무처리규정 제8조 제2항). 의견진술은 관계공무원이 그 요지를 서면으로 작성하여 진술자로 하여금 확인한 후 서명 또는 날인하게 하여야 한다(법 시행령 제3조 제3항).

이상의 법 시행령 및 업무처리규정의 내용은 2024년 개정법이 시정명령 도입 전의 것으로서, 처분성이 인정되는 시정명령에 대해서는 의견청취 내지 청문에 관한 절차가 추가로 마련될 여지도 있어 보인다.

〈백강진〉

---

1) 2001. 6. 27. 대통령령 제17255호로 개정되기 전까지는 '7일 전'이었다.

제 3 장
영업비밀의 보호

제9조의2(영업비밀 원본 증명)

① 영업비밀 보유자는 영업비밀이 포함된 전자문서의 원본 여부를 증명받기 위하여 제9조의3에 따른 영업비밀 원본증명기관에 그 전자문서로부터 추출된 고유의 식별값[이하 "전자지문"(電子指紋)이라 한다]을 등록할 수 있다.

② 제9조의3에 따른 영업비밀 원본증명기관은 제1항에 따라 등록된 전자지문과 영업비밀 보유자가 보관하고 있는 전자문서로부터 추출된 전자지문이 같은 경우에는 그 전자문서가 전자지문으로 등록된 원본임을 증명하는 증명서(이하 "원본증명서"라 한다)를 발급할 수 있다.

③ 제2항에 따라 원본증명서를 발급받은 자는 제1항에 따른 전자지문의 등록 당시에 해당 전자문서의 기재 내용대로 정보를 보유한 것으로 추정한다.

〈소 목 차〉

Ⅰ. 본조의 의의
Ⅱ. 규정체계
Ⅲ. 본조의 연혁
Ⅳ. 원본증명기관에의 등록 및 원본증명
　(제1, 2항)
　1. 영업비밀 원본증명제도
　2. 영업비밀 원본(전자지문)증명제도
　　의 절차
Ⅴ. 원본증명서 발급에 따른 추정효(제3항)
　1. 본 조항의 의의
　2. 추정조항의 법적 성격

3. 영업비밀성의 추정 여부
4. 영업비밀 개발사실의 추정 여부
5. 추정조항의 효력 발생시기
Ⅵ. 영업비밀 원본증명 제도의 유용성
　1. 생성시점 및 원본증명 기능
　2. 영업비밀 침해 억제(예방)
　3. 비밀관리성 요건 증명에 기여
　4. 선사용권/선발명사실 증명
　5. 기술보유자의 지위 보호 및 기술
　　의 경제적 이용 촉진

Ⅰ. 본조의 의의

본조는 영업비밀 침해 관련 소송 시 영업비밀 보유사실의 증명 부담을 완화하기 위하여 기업 등이 영업비밀의 보유시점 및 그 내용을 증명할 수 있는 영업비밀 원본증명제도를 도입하고 원본증명서를 발급받은 자에 대해 원본증명된 전자문서의 등록 시점에 해당 전자문서의 기재 내용대로 정보를 보유한 것으로 추정하도록 규정하고 있다. 이는 영업비밀 보유자의 권익을 효과적으로 보호하고 원본증명제도의 실효성을 확보하기 위한 것이다.

Ⅱ. 규정체계

본조 제1항은 영업비밀을 포함하고 있는 전자문서의 원본 여부를 증명하기 위하여 그 전자문서로부터 고유의 식별 값인 전자지문을 추출하여 원본증명기관에 등록하는 것을, 제2항은 필요한 경우 원본증명기관이 전자지문을 이용하여 그 전자문서가 원본임을 증명하는 증명서를 발급하는 것을, 제3항은 원본증명제도의 실효성을 제고하기 위하여 영업비밀 원본증명서 발급 시 등록시점에 해당 전자문서의 기재 내용대로 정보를 보유한 것으로 추정하는 내용을 규정한 것이다.

Ⅲ. 본조의 연혁

(1) 영업비밀의 경우 피해 기업 스스로 어떤 영업비밀을, 어느 시점에 보유하고 있었는지를 위·변조에 대한 의심의 여지없이 명확히 증명하는 것에 어려움이 있는데, 공신력 있는 국가기관에서의 증명이 필요하다는 주장이 제기되었다. 특허청은 이와 같이 증명 부담을 완화하기 위해 2010년 영업비밀 원본증명제도를 도입하였고,[1] 2013년 개정법(2013. 7. 30. 법률 제11963호, 시행 2014. 1. 31)에서는 원본증명제도의 법적 근거를 마련하고 제도의 공공성 강화 및 신뢰성 제고를 위해 본조 제1, 2항을 신설하였다.

(2) 그러나 원본증명서가 발급되더라도 영업비밀 보유자가 해당 시점에 등록된 정보를 보유한 것으로 추정하는 규정이 없어 영업비밀 보유사실에 대한 영업비밀 보유자의 증명곤란을 완화하는 데 한계가 있다는 논의에 따라 2015년 개정법(2015. 1. 28. 법률 제13081호, 시행 2015. 7. 29)에서 원본증명서 발급에 따른 추정효에 관한 본조 제3항을 신설하였다.

---

1) 한국특허정보원에서 2010년 11월부터 운영 중이다.

Ⅳ. 원본증명기관에의 등록 및 원본증명(제1, 2항)

1. 영업비밀 원본증명제도

가. 의   의

영업비밀 유출 소송에서 피해 기업 등은 유출된 영업비밀을 특정하여야 하나, 특허[2] 등 산업재산권이나 저작권[3]과 달리 별도의 등록·공시(公示) 제도가 없는 영업비밀의 경우 피해 기업 스스로 어떤 영업비밀을, 어느 시점에 보유하고 있었는지를 위·변조에 대한 의심의 여지없이 명확히 증명하는 것은 어려움이 있다. 또한 대부분의 기업들은 영업비밀에 해당하는 다양한 자료나 정보를 전자문서 형태로 보관하여 관리하고 있는데, 전자문서는 무한복제가 가능하고 위·변조가 용이한 특성으로 인하여 원본이 유출되었을 때 원본 판단 여부와 제작 시점을 증명하는 것이 쉽지 않다.

영업비밀 원본증명제도는 '타임스탬프(time stamp)'라는 전자적 기술을 이용하여 전자문서로부터 추출된 고유의 식별값인 전자지문[4]을 추출하여 원본증명기관에 등록하고, 필요한 경우 원본증명기관이 전자지문을 이용하여 그 전자문서가 원본임을 증명하는 제도이다. 원본증명을 받고자 하는 전자문서로부터 전자지문이 추출되어 원본증명기관에게 제공되고 원본증명기관은 특정 전자문서의 전자지문에 관한 등록확인서를 발급하게 되므로 향후 검증이 필요한 경우 원본증명기관이 저장하고 있는 전자지문과 영업비밀보유자가 보관하는 전자문서의 전자지문을 비교함으로써 그 생성시점과 원본 여부를 확인하게 되는 방식이다. 한국특허정보

---

2)「특허법」제87조(특허권의 설정등록 및 등록공고) ① 특허권은 설정등록에 의하여 발생
　　한다.
　　　③ 특허청장은 제2항에 따라 등록한 경우에는 특허권자의 성명 및 주소, 특허출원서에
　　첨부된 요약서 등의 사항을 특허공보에 게재하여 등록공고를 하여야 한다.
3)「저작권법」제53조(저작권의 등록) ① 저작자는 다음 각 호의 사항을 등록할 수 있다.
　　1. 저작자의 실명·이명(공표 당시에 이명을 사용한 경우에 한한다)·국적·주소 또는 거소
　　2. 저작물의 제호·종류·창작연월일
　　3. 공표의 여부 및 맨 처음 공표된 국가·공표연월일
　　4. 그 밖에 대통령령으로 정하는 사항
4) 전자지문(hash code): 전자문서로부터 난수를 생성하는 수법에 의해 생성된 값. 전자문서
　　가 수정되면 다른 코드가 생성됨. 해쉬코드를 원래 전자문서로 되돌리는 것은 불가능함.
　　전자지문(hash code)을 이용하여 데이터의 수정 여부가 검증되므로, 전자지문을 생성·등
　　록하게 되면 해당 전자문서가 특정 시각에 존재하고 있었다는 것과 그 시각 이후 데이터
　　가 변경되지 않았음을 증명할 수 있음.

원에서 2011년부터 영업비밀 원본등록 서비스를 시행하고 있다. 이는 영업비밀 실체정보를 등록하는 것이 아니라 영업비밀 보유자가 그로부터 추출한 전자지문만을 증명기관에 등록하므로 보관과정에서의 영업비밀의 누설의 우려가 없다는 점에 특징이 있고, 영업비밀 존재시점 및 원본여부를 증명하는데 도움이 된다.[5]

영업비밀 원본증명제도는 전자문서의 생성시점 증명을 통해 시간적 선후관계를 분명히 해주므로, 연구노트에 타임스탬프를 체계적으로 부여하여 관리할 경우 개발 시점에 대한 객관적인 증명이 가능해짐은 물론 구체적 연구개발 내용을 소송 과정에서 시기별로 확인 가능하므로 영업비밀 자체를 특정하거나 침해를 증명하는데 도움이 될 것이다.[6][7]

나. 유사 제도

(1) 기술자료 임치제도

영업비밀 원본증명 제도와 유사한 국내 제도로는 대·중소기업 상생협력 촉진에 관한 법률 제24조의2 내지 5와 중소기업기술 보호 지원에 관한 법률 제9조에 따라 대·중소기업·농어업협력재단이 운영하는 기술자료 임치제도가 있다. 기술자료 임치제도는 중소기업이 영업비밀 등의 기술자료를 대·중소기업·농어업협력재단의 기술임치센터(http://www.kescrow.or.kr)에 맡겨두고 임치기업에 의한 등록 임치물의 개발사실 및 개발내용을 추정받도록 하여 핵심기술 및 영업비밀을 효율적으로 보호하는 제도적 장치다. 기술자료 임치제도의 가장 본질적인 효과는 임치물을 통해 개발기업이 특정 시점(임치 시점)에 그 기술자료를 보유하고 있었다는 사실을 증명할 수 있고 개발사실의 추정효를 받으며, 수치인이 임치 기술을 보관하게 되므로 개발기업이 파산이나 폐업 등으로 기술에 대한 유지보수가 불가능할 경우 임치물을 이용할 수 있고, 개발기업의 자체 보유 기술자료가 훼손되거나 멸실된 경우에도 임치된 기술자료를 이용할 수 있다는 전에서 기술지료에 대한 안정성을 높일 수 있는 효과가 있다.[8]

기술자료 임치제도의 경우 거래관계에 있는 위탁·수탁기업 사이에서 이용되고 임치기관(대중소기업·농어업협력재단)이 계약기간 동안 보관하며 임치계약이 만료 또는 해지되거나 위탁기업의 요청 시 수탁기업 동의하에, 혹은 계약 시에

---

5) 이명규 외, 영업비밀 침해 입증부담 완화방안에 관한 연구, 특허청(2010), 114.
6) 이명규 외, 영업비밀 침해 입증부담 완화방안에 관한 연구, 특허청(2010), 115.
7) 윤선희·김지영, 영업비밀보호법, 법문사(2012), 188-189.
8) 영업비밀 원본증명 제도와 기술자료 임치제도의 비교에 관해서는 "이명규 외, 영업비밀 침해 입증부담 완화방안에 관한 연구, 특허청(2010), 116-122" 참조.

정한 별도 교부조건에 부합하는 경우 임치물을 반환하게 된다. 반면 영업비밀 원
본증명 제도는 영업비밀 보유자라면 법인, 개인 또는 거래관계를 불문하고 이용
할 수 있고 영업비밀 자체를 보유자가 직접 보관하고 문서의 원본을 원본증명기
관에 보관하지 않아도 된다는 차이가 있으며, 필요할 시에만 암호화된 전자지문
을 통해 문서의 생성시점과 원본성을 확인받기 때문에 별도의 반환 절차가 없다.

   대·중소기업·농어업협력재단의 기술임치센터에서는 기술자료 임치제도
운용요령9) 제14조에 따라 온라인을 통해 쉽게 기술자료 임치제도를 이용할 수
있는 "온라인 임치서비스"를 제공하고 있고, 개발인은 개발사실 및 시점을 증명
하기 위해 기술자료에 대한 암호화 파일을 전산정보처리장치를 통해 수치인에
게 임치할 수 있는데 이는 영업비밀 원본증명제도와 유사한 제도이다.

   (2) 외국의 유사제도

   미국·일본·독일 등 선진국에서도 전자지문을 활용한 원본증명제도가 민간
기업을 통해 시행되고 있다.10)11)

일본	■ Orega社의 크로노서브(www.orega.co.jp) 　·파일서버에 보존된 영업비밀 자료 등을 자동으로 백업한 후 타임스탬 　　프를 부여함으로써 각각의 정보가 작성된 일시와 경로를 증명 ■ Seiko社의 세이코사이버타임(www.seiko-cybertime.jp) 　·파일의 원본이 아닌 해쉬값만을 전송하여 연구데이터나 영업비밀 등 　　중요 정보에 대해 생성일시를 증명 ■ NRI Cyber Patent社의 Cyber Date Stamp(www.patent.ne.jp) ■ 메키키 크레에이트社의 Genius Note(www.geniusnote.com)
미국	■ Surety社의 AbsoluteProof(www.surety.com) 　·증명하고자 하는 전자문서를 해쉬함수로 변환하여 Surety사의 서버로 　　전달한 후 타임스탬프를 찍어 Surety 서버에 보관 ■ Digistamp社의 e-Timestamp(www.digistamp.com)
독일	■ Trustcenter社(www.trustcenter.de) ■ SetaSign社(www.setasign.de)
스페인	■ Safelayer사(safelayer.com)

---

　　9) 중소벤처기업부고시 제2020-1호(2020. 1. 3. 개정).
　10) 특허청, 부정경쟁방지 및 영업비밀보호에 관한 법률 일부개정법률(안) 법안설명자료
　　　(2014. 10), 4-5.
　11) 국내외의 다양한 타임스탬프 서비스의 종류와 운영실태에 관하여는 이명규 외, "영업비
　　　밀 침해 입증부담 완화방안에 관한 연구", 특허청(2010), 159-170 참조.

2. 영업비밀 원본(전자지문)증명제도의 절차

가. 전자지문 추출과정

영업비밀 원본증명 제도에서는 기업이 직접 원본 전자문서에서 전자지문을 추출하도록 되어 있다. 한국특허정보원이 운영하는 영업비밀보호센터에서는 기업들의 전자지문 추출을 돕기 위해 ① 홈페이지를 통하여 이용하는 방식, ② 별도의 IT 시스템이 구축되지 않은 중소규모의 기업인 개인 이용자를 위한 PC Agent 방식, ③ 기업의 운영시스템과 연동하는 Server Agent 방식의 세 가지 방식의 서비스를 제공하고 있다. 이 모든 방식에 공통적으로 전자지문 알고리즘 SHA-256 이상을 사용하여 전자지문을 추출한다. 서로 다른 전자문서는 고유한 전자지문을 가지기 때문에 Hash 함수의 고유한 특성에 따라 단 1bit의 값이 변경되더라도 완전히 다른 전자지문이 추출되게 된다. 지원 가능 파일은 아래아한글, MS-word 등의 문서뿐만 아니라 이미지, 동영상 등 다양한 형태의 전자파일을 지원한다.

나. 전자지문 등록 요청 및 처리과정

원본 전자문서에서 추출한 전자지문을 영업비밀 보호센터의 어플리케이션 서버에 제출하게 되면 공인인증기관의 TSA(Time Stamp Authority) 서버와 연동하여 타임스탬프 정보를 전송받고 공인인증서의 전자서명 값이 추가된다. 이와 같은 처리과정을 거친 후 데이터베이스 서버에 전자지문, 서명된 전자지문, 타임스탬프가 저장되고, 해당 자료의 보유여부, 보유자 및 보유시점을 영업비밀보호센터에 등록하게 된다.

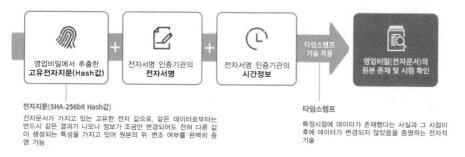

영업비밀에서 추출한 **고유전자지문(Hash값)** + 전자서명 인증기관의 **전자서명** + 전자서명 인증기관의 **시간정보** → 타임스탬프 기술 적용 → **영업비밀(전자문서)의 원본 존재 및 시점 확인**

전자지문(SHA-256bit Hash값)
전자문서가 가지고 있는 고유한 전자 값으로, 같은 데이터로부터는 반드시 같은 결과가 나오나 정보가 조금만 변경되어도 전혀 다른 값이 생성되는 특성을 가지고 있어 원본의 위·변조 여부를 완벽히 증명 가능

타임스탬프
특정시점에 데이터가 존재했다는 사실과 그 시점 후에 데이터가 변경되지 않았음을 증명하는 전자적 기술

* 출처 : 영업비밀보호센터(https://www.tradesecret.or.kr/kipi/web/serviceIntro.do?gb=421)

다. 원본증명 과정

원본증명이 필요한 기업이나 개인은 보관 중인 전자문서에서 전자지문을 추출하여 원본증명 기관인 영업비밀보호센터에 증명을 요청하고, 요청을 받은 원본증명 기관은 보관 중인 전자지문을 비교하여 원본 여부를 증명서를 발급한다. 이와 같이 영업비밀 원본증명 제도는 원본의 제출 없이 전자지문과 타임스탬프만을 이용하여 전자문서의 원본 여부(위·변조 여부)와 등록 시점을 증명해주기 때문에 원본(전자지문)등록 및 증명과정 중 발생될 수 있는 비밀정보의 유출 위험을 방지하는 효과가 있다.

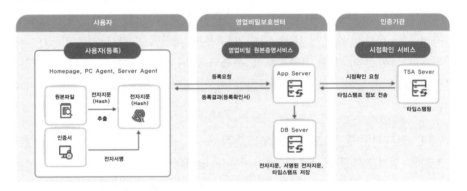

* 출처 : 영업비밀보호센터(https://www.tradesecret.or.kr/kipi/web/kindWay.do?gb=431)

V. 원본증명서 발급에 따른 추정효(제3항)

1. 본 조항의 의의

2015년 개정법에 의해 신설된 위 조항은 원본증명기관으로부터 원본증명서를 발급받은 자는 원본증명된 전자문서의 등록시점에 해당 전자문서의 기재 내용대로 정보를 보유한 것으로 추정하는 효력을 부여하고 있다. 2013년 개정법에 의해 신설된 본조 제1, 2항에 의한 원본증명제도는 영업비밀 보유자의 전자문서가 등록된 전자지문과 동일한 원본임을 증명하는데 그치고 있어 법적 분쟁이 발생한 경우 영업비밀보유자가 특정시점에 해당 영업비밀 등의 정보를 보유하고 있었다는 사실을 별도로 주장하고 증명하여야 하는 어려움이 그 한계로 지적되어 왔는데, 위 추정 조항은 이와 같은 어려움을 제거함으로써 원본증명제도의 도입취지를 보다 효과적으로 달성하게 한다는 점에서 그 실효성이 있다.[12] 원본증명서비스의 경우 현재의 포렌직(forensic) 기술의 발전 수준에 비추어 공신력있는 원본증명기관에서 보관하고 있는 특정 전자파일의 해쉬 값과 시간정보를 통해 특정 시점에 특정 파일이 존재했음을 증명할 수도 있다. 그러나 서비스 자체에 대한 법적 근거뿐만 아니라 서비스를 통해서 얻고자 하는 효과에 대해서 법으로 규정하는 경우 서비스의 목적을 명확히 하고 대외 신뢰도의 향상을 통해 업계에서의 이용을 활성화하고, 소송에서의 증명을 완화하며, 아래애서 살펴보는 바와 같이 효율적인 영업비밀의 보호 및 관리에 도움을 줄 수 있을 것으로 예상된다.

2. 추정조항의 법적 성격

앞서 본 바와 같이 영업비밀이 포함된 전자문서의 원본 등록 및 원본증명서의 발급이 이루어지면, 등록 당시에 해당 전자문서의 기재 내용대로 정보를 보유한 사실에 관하여 추정력이 발생한다. 이때의 추정의 효과는 이른바 '법률상의 사실추정'에 해당한다. 법률상의 사실추정은 당해 법규가 정하는 요건사실과는 별개의 사실로부터 그 요건사실을 추정하는 것이 법규에 정하여져 있는 경우를 말한다. 따라서 증명하여야 할 사실의 증명에 갈음하여 추정의 전제사실(전자문서의 전자지문에 관한 원본증명서의 발급 사실)을 증명함으로써 그 증명하여야 할 사실(특정 시점에 해당 전자문서의 정보를 보유하고 있었다는 사실)을 요건으로 하는 법률효과가 발생한다.

3. 영업비밀성의 추정 여부

그러나 어떠한 기술 및 자료에 대한 원본증명서를 발급받았다고 하더라도 영업비밀 보유자가 해당 시점에 등록된 정보를 보유한 것으로 추정될 뿐, 영업비밀성 자체가 추정되는 것은 아니다. 전자지문 및 타임스탬프를 이용한 영업비밀 원본증명 제도의 경우 원본증명기관에서 전자문서의 수록 내용이나 '비밀성' 여부와 상관없이 추출된 전자지문에 따라 원본증명서만 발급하기 때문이다.[13]

---

12) 산업통상자원위원회, 부정경쟁방지 및 영업비밀보호에 관한 법률 일부개정법률안 심사보고서(2014. 12), 3-4; 특허청, 부정경쟁방지 및 영업비밀보호에 관한 법률 일부개정법률(안) 법안설명자료(2014. 10), 2.

13) 이명규 외, 영업비밀 침해 입증부담 완화방안에 관한 연구, 특허청(2010), 115; 특허청, 공정한 기술개발환경 조성을 위한 영업비밀 보호제도 개선에 관한 연구(2011), 355.

따라서 영업비밀 보유자는 해당 정보가 영업비밀로서의 보호요건인 비공지성, 비밀관리성, 경제적 유용성 등의 요건을 갖추었다는 것을 증명해야 한다.

4. 영업비밀 개발사실의 추정 여부

본 조항은 원본증명서를 발급받은 자를 등록 당시 해당 전자문서의 기재 정보의 보유자로 추정하고 있으나, 이로부터 영업비밀 보유자가 당해 영업비밀 자료를 개발한 사실까지 추정되는 것은 아니다.[14] 원본증명기관은 원본등록자가 제출한 전자문서의 전자지문 등에 관해 기본적인 확인을 할 뿐이지 원본등록자가 당해 영업비밀을 개발하였는지 여부를 확인하는 것은 아니기 때문이다. 다만 영업비밀 보유자로서는 기술의 개발과정에서 개발 단계별로 연구개발 정보에 관해 영업비밀 원본증명을 하고 체계적으로 이를 관리하는 경우 기술개발 사실 및 개발 시점에 관한 객관적인 증명이 용이해져 영업비밀 자체의 특정이나 침해를 증명하는데 도움이 될 수 있다.

5. 추정조항의 효력 발생시기

원본증명서 발급에 따른 추정 규정은 2015년 개정법 부칙 제2조에 따라 개정규정 시행일인 2015년 1월 28일 이후 최초로 원본증명서가 발급된 경우부터 적용된다.

VI. 영업비밀 원본증명 제도의 유용성[15]

1. 생성시점 및 원본증명 기능

영업비밀 침해소송을 제기한 자는 자신이 "특정 시점에 해당 영업비밀을 보유한 자"라는 사실을 증명하여야 하는데, 영업비밀의 개념이 매우 광범위한데다가 그 실체나 범위, 한계가 모호하며 영업비밀을 이루는 개별 정보의 생성·변경·소멸 시점이 매우 불분명하기 때문에 관련 사실을 종합적으로 고려하여 판단될 수밖에 없다. 그런데 영업비밀 보유자가 주장하는 영업비밀이 전자지문

---

14) 이에 반해 대·중소기업 상생협력 촉진에 관한 법률 제24조의3 제2항은 "실명으로 등록된 임치기업의 기술에 대하여 당사자 또는 이해 관계자 사이에 다툼이 있으면 임치기업이 임치물의 내용대로 개발한 것으로 추정한다"고 규정하고 있다.

15) 이 항의 내용은 이명규 외, "영업비밀 침해 입증부담 완화방안에 관한 연구", 특허청 (2010), 171-175 부분을 요약, 정리한 것이다.

과 타임스탬프를 통한 원본증명이 가능할 경우 그 존재시점 및 원본성이 객관적으로 증명될 수 있고, 특히 정보들 사이의 생성 순서라든가 기술의 시간적 완성과정에 대한 사실관계가 쟁점이 되는 사건일 경우 영업비밀 보유자의 증명책임이 경감, 완화되는 효과가 있을 것이다.

2. 영업비밀 침해 억제(예방)

영업비밀을 이루는 정보에 대하여 원본증명을 받게 되면 영업비밀 침해 증명이 용이해진다는 장점과 더불어 일종의 '자물쇠 효과'를 기대할 수 있다. 예컨대 연구개발 결과물에 대하여 체계적으로 타임스탬프를 부여하여 영업비밀로서 관리하고 있음을 연구자들이 인식하게 됨으로써, 당해 정보를 개인적으로 유용하거나 유출하는 경우 타임스탬프를 이용한 검증 절차를 통해 영업비밀 침해의 책임을 면할 수 없다는 인식이 확산되게 되면, 그만큼 영업비밀 침해를 사전에 억제하는 효과가 발생하게 된다.

3. 비밀관리성 요건 증명에 기여

앞서 본 바와 같이 전자지문과 타임스탬프를 이용한 원본증명만으로 당해 정보가 영업비밀로서 인정되는 것은 아닐 것이나, 영업비밀 보유자가 자신의 정보를 비밀로 관리하기 위하여 타임스탬프를 이용한 원본증명 서비스를 이용하였다는 사실은 법적 분쟁 발생 시 법원이 당해 정보가 비밀로서 관리되고 있었음을 인정하는데 긍정적인 요소로 작용할 수 있을 것으로 생각된다.

4. 선사용권/선발명사실 증명

특허법 제103조[16]가 규정하는 선사용에 의한 통상실시권이나 특허법 제34, 35조의 무권리자의 특허출원과 관련하여 다른 여러 가지 요건 중에서도 특허가 출원된 시점보다 먼저 발명을 하였다는 사실의 증명이 쉽지 않다. 종래에는 연구개발 관련 자료나 사업 관련 자료를 수집·보관하고 나아가 공증제도나 내용증명우편을 통해 증명력을 높이는 방법을 사용해 왔으나, 기존의 방식은 이용절차가 번거롭고 상당한 비용이 발생한다는 점에서는 물론이고 영업비밀에 해당

---

16) 제103조(선사용에 의한 통상실시권) 특허출원 시에 그 특허출원된 발명의 내용을 알지 못하고 그 발명을 하거나 그 발명을 한 사람으로부터 알게 되어 국내에서 그 발명의 실시사업을 하거나 이를 준비하고 있는 자는 그 실시하거나 준비하고 있는 발명 및 사업목적의 범위에서 그 특허출원된 발명의 특허권에 대하여 통상실시권을 가진다.

하는 정보를 제3자에게 공개해야 한다는 점에서 근본적인 한계가 있다고 할 수
있다. 타임스탬프를 이용한 영업비밀 원본증명 제도의 경우에는 전자적 방식으
로 그 생성시점과 원본성을 증명할 수 있으므로, 연구개발 노트라든가 사업 관
련 자료에 대하여 원본증명을 받아둔다면 선사용권 인정 여부에 있어서 특허
출원시점과의 대비가 매우 간편하게 이루어질 수 있고, 연구개발 중인 기술이
제3자에게 유출되어 무권리자에 의해 특허로 출원되는 경우에 출원 전에 특허
발명 기술을 보유하고 있었다는 사실을 쉽게 증명할 수 있다는 점에서 효과가
기대된다.

5. 기술보유자의 지위 보호 및 기술의 경제적 이용 촉진

기술개발자 혹은 기업이 기술내용을 담은 전자문서에 타임스탬프를 받아
둔 경우 그 개발시점 및 개발 내용이 확정되므로 노하우 등의 기술 사업화를
위한 투자자 또는 제조업자 등과의 동업계약, 투자계약, 라이센스 계약, 기술이
전 계약 등을 협의·추진하는 과정에서 타임스탬프가 부여된 전자문서로 계약
의 목적인 기술을 특정할 수 있고, 비밀유지약정과 더불어 활용할 경우 기술보
유자의 지위가 보다 안정적으로 보장됨으로써 종국적으로는 기술이전 및 기술
사업화를 촉진할 수 있을 것으로 기대된다.

〈우성엽〉

제9조의3(원본증명기관의 지정 등)

① 특허청장은 전자지문을 이용하여 영업비밀이 포함된 전자문서의 원본 여부를 증명하는 업무(이하 "원본증명업무"라 한다)에 관하여 전문성이 있는 자를 중소벤처기업부장관과 협의하여 영업비밀 원본증명기관(이하 "원본증명기관"이라 한다)으로 지정할 수 있다.

② 원본증명기관으로 지정을 받으려는 자는 대통령령으로 정하는 전문인력과 설비 등의 요건을 갖추어 특허청장에게 지정을 신청하여야 한다.

③ 특허청장은 원본증명기관에 대하여 원본증명업무를 수행하는 데 필요한 비용의 전부 또는 일부를 보조할 수 있다.

④ 원본증명기관은 원본증명업무의 안전성과 신뢰성을 확보하기 위하여 다음 각 호에 관하여 대통령령으로 정하는 사항을 지켜야 한다.

1. 전자지문의 추출·등록 및 보관
2. 영업비밀 원본 증명 및 원본증명서의 발급
3. 원본증명업무에 필요한 전문인력의 관리 및 설비의 보호
4. 그 밖에 원본증명업무의 운영·관리 등

⑤ 원본증명기관 지정의 기준 및 절차에 필요한 사항은 대통령령으로 정한다.

<소 목 차>

Ⅰ. 본조의 의의
Ⅱ. 원본증명기관의 지정절차 및 운영기준
  1. 지정기관

2. 관련 규정 및 지정 요건
3. 비용의 전부 또는 일부의 보조

Ⅰ. 본조의 의의

본조는 원본증명업무의 안전성과 신뢰성을 확보하기 위하여 원본증명업무를 수행할 원본증명기관의 지정 절차 및 지정 요건, 관리방법 등을 규정한 것이다.

Ⅱ. 원본증명기관의 지정절차 및 운영기준

1. 지정기관

2011. 12. 특허청 고시 제2014-28호에 따라 영업비밀 보호사업 전문기관으

로 한국특허정보원이 지정되어 한국특허정보원 내에 영업비밀보호센터[1]가 설립
되어 관련 업무를 전문적으로 수행해오고 오다가 2013년 개정법에 따라 본조
제9조의3이 신설되자 특허청은 2014. 7. 29. 본조 제1항 및 시행령 제3조의3 제
3항에 따라 한국특허정보원을 원본증명기관으로 지정하였고,[2] 이후 2019. 1. 한
국지식재산보호원을 원본증명기관으로 지정하였다.[3] 영업비밀보호센터는 2019.
1.경부터 한국지식재산보호원으로 이관되어 운영되고 있다.

2. 관련 규정 및 지정 요건

가. 관련 규정

영업비빌 원본증명기관의 지정절차 및 요건에 관하여는 본조, 시행령 제3조
의2, 3, 4 및 특허청 고시인 "원본증명기관의 시설 및 장비 등에 관한 규정"과
"영업비밀 원본증명 업무지침"에 관련 내용이 규정되어 있다.

나. 원본증명기관의 지정 기준

시행령 제3조의2에서는 원본증명기관으로 지정받으려는 자가 갖추어야 할
전문인력과 설비의 요건으로 다음과 같은 사항을 규정하고 있다.

(1) 인적요건

> 1. 전문인력: 전자지문을 이용하여 영업비밀이 포함된 전자문서의 원본 여부를
>   증명하는 업무(이하 "원본증명업무"라 한다)에 필요한 설비의 운영인력으로
>   서 다음 각 목의 요건을 모두 갖춘 사람 2명 이상을 보유할 것
>   가. 「국가기술자격법」에 따른 정보통신기사·정보처리기사 또는 전자계산기
>   조직응용기사 이상의 국가기술자격을 갖출 것
>   나. 「국가기술자격법」에 따른 정보기술분야 또는 통신분야에서 2년 이상 근
>   무한 경력이 있을 것

(2) 물적요건

> 2. 설비: 원본증명업무에 필요한 설비로서 다음 각 목의 사항에 관하여 특허청
>   장이 정하여 고시하는 기준[3]에 맞는 설비를 갖출 것

---

1) 홈페이지는 "www.tradesecret.or.kr".
2) 특허청 공고 제2014-100호.
3) 특허청 공고 제2019-4호.
4) 원본증명기관 지정에 필요한 최소한의 설비 요건을 갖추도록 함으로써 원본증명기관에

> 가. 원본증명업무 관련 정보의 보관 및 송신·수신에 관한 사항
> 나. 네트워크 및 시스템 보안 체계에 관한 사항
> 다. 화재 및 수해(水害) 등 재해 예방 체계에 관한 사항
> 라. 그 밖에 원본증명업무 관련 시스템 관련 설비 등 원본증명업무의 운영·관리를 위하여 필요한 사항

다. 원본증명기관의 지정 절차

시행령 제3조의3에서는 원본증명기관의 지정 절차에 관하여 규정하고 있는데, 원본증명기관으로 지정을 받으려는 자는 원본증명기관 지정신청서에 ① 사업계획서, ② 시행령 제3조의2 각 호에 따른 전문인력 및 설비를 갖추었음을 증명할 수 있는 서류, ③ 법인의 정관 또는 단체의 규약(원본증명기관이 법인 또는 단체인 경우만 해당한다)을 첨부하여 특허청장에게 제출하고(시행령 제3조의3 제1항), 특허청장은 신청인의 법인 등기사항증명서(원본증명기관이 법인인 경우만 해당) 및 사업자등록증을 확인한 후 그 지정신청이 앞서 살펴본 지정기준을 충족한다고 인정하는 경우 원본증명기관으로 지정하고, 원본증명기관지정서를 발급하여야 한다(시행령 제3조의3 제2, 3항). 특허청장은 필요하면 지정신청서를 제출한 자에게 자료의 제출을 요구하거나 해당 제출자 및 관계 전문가의 의견을 들을 수 있다(시행령 제3조의3 제4항). 특허청장은 원본증명기관을 지정하면 지체 없이 그 사실을 특허청 인터넷 홈페이지에 게재하여야 한다(시행령 제5항).

라. 원본증명기관의 안전성 및 신뢰성 확보 조치

원본증명기관의 안전성 및 신뢰성 확보 조치를 위해 법 제9조의3 제4항, 시행령 제3조의4 및 별표 1.에서 원본증명기관이 지켜야 할 사항 및 구체적 기준을 규정하고 있다. 원본증명기관이 안전성 및 신뢰성 확보 조치를 취해야 할 사항은 시행령 별표 1과 같다.

대한 신뢰성을 제고하기 위해 특허청 행정규칙으로 「원본증명기관의 시설 및 장비 등에 관한 규정」을 제정하여, ① 전자지문·타임스탬프 등의 입증정보에 대한 보관 및 송신·수신설비의 구체적 기준(제4조부터 제7조까지), ② 온·오프라인 침입으로부터 설비를 안전하게 보호할 수 있는 네트워크 및 시스템 보안기준(제8조부터 제12조까지), ③ 화재·정전 등 각종 사고를 조기에 감지하고 대비하기 위한 재해 예방 체계 기준(제13조), ④ 원본증명업무의 원활한 운영·관리를 위한 기타 설비에 관한 기준(제14조부터 16조까지)을 규정하고 있다.

4) 특허청 행정규칙으로 「영업비밀 원본증명 업무지침」을 제정하여 ① 원본등록신청자가

> 원본증명기관의 안전성 및 신뢰성 확보 조치
>
> 1. 전자지문의 추출·등록 및 보관
> 2. 영업비밀 원본 증명 및 원본증명서의 발급
> 3. 원본증명업무에 필요한 전문인력의 관리 및 설비의 보호
> 4. 원본증명업무의 운영·관리
> 5. 제1호부터 제4호까지에서 규정하고 있는 안전성 및 신뢰성 확보 조치 관련 구체적 사항은 특허청장이 정하여 고시4)한다.

3. 비용의 전부 또는 일부의 보조

특허청장은 원본증명기관에 대하여 원본증명업무를 수행하는 데 필요한 비용의 전부 또는 일부를 보조할 수 있고, 만일 원본증명기관이 본조 제3항에 따른 보조금을 다른 목적으로 사용한 경우에는 법 제9조의4 제2항에 따라 특허청장은 그 반환을 명하여야 하며, 반환명령을 이행하지 않는 경우 법 제9조의4 제3항에 따라 업무정지 또는 원본기관지정 취소의 사유가 된다.

〈우성엽〉

원본파일을 등록하는 경우 전자지문의 추출·등록 및 보관방법에 대한 처리지침(제4조부터 제9조까지), ② 등록자가 원본증명서 발급을 신청하는 경우 신원확인·원본증명 및 증명서 발급절차에 대한 지침(제10조부터 제17조까지), ③ 안정적인 원본증명업무 수행을 위한 전문인력의 관리 및 설비의 보호기준(제18·19조), ④ 가입자 정보 보호·각종 기록 관리 및 이용자 차별 금지 등 그 밖에 업무수행시 지켜야 할 사항(제20조부터 제27조까지)에 관하여 규정하고 있다.

제9조의4(원본증명기관에 대한 시정명령 등)

① 특허청장은 원본증명기관이 다음 각 호의 어느 하나에 해당하는 경우에는 6개월 이내의 기간을 정하여 그 시정을 명할 수 있다.

1. 원본증명기관으로 지정을 받은 후 제9조의3 제2항에 따른 요건에 맞지 아니하게 된 경우

2. 제9조의3 제4항에 따라 대통령령으로 정하는 사항을 지키지 아니한 경우

② 특허청장은 원본증명기관이 제9조의3 제3항에 따른 보조금을 다른 목적으로 사용한 경우에는 기간을 정하여 그 반환을 명하여야 한다.

③ 특허청장은 원본증명기관이 다음 각 호의 어느 하나에 해당하는 경우에는 그 지정을 취소하거나 6개월 이내의 기간을 정하여 원본증명업무의 전부 또는 일부의 정지를 명할 수 있다. 다만, 제1호 또는 제2호에 해당하는 경우에는 그 지정을 취소하여야 한다.

1. 거짓이나 그 밖의 부정한 방법으로 지정을 받은 경우

2. 원본증명업무의 전부 또는 일부의 정지명령을 받은 자가 그 명령을 위반하여 원본증명업무를 한 경우

3. 정당한 이유 없이 원본증명기관으로 지정받은 날부터 6개월 이내에 원본증명업무를 시작하지 아니하거나 6개월 이상 계속하여 원본증명업무를 중단한 경우

4. 제1항에 따른 시정명령을 정당한 이유 없이 이행하지 아니한 경우

5. 제2항에 따른 보조금 반환명령을 이행하지 아니한 경우

④ 제3항에 따라 지정이 취소된 원본증명기관은 지정이 취소된 날부터 3개월 이내에 등록된 전자지문이나 그 밖에 전자지문의 등록에 관한 기록 등 원본증명업무에 관한 기록을 특허청장이 지정하는 다른 원본증명기관에 인계하여야 한다. 다만, 다른 원본증명기관이 인수를 거부하는 등 부득이한 사유로 원본증명업무에 관한 기록을 인계할 수 없는 경우에는 그 사실을 특허청장에게 지체 없이 알려야 한다.

⑤ 특허청장은 제3항에 따라 지정이 취소된 원본증명기관이 제4항을 위반하여 원본증명업무에 관한 기록을 인계하지 아니하거나 그 기록을 인계할 수 없는 사실을 알리지 아니한 경우에는 6개월 이내의 기간을 정하여 그 시정을 명할 수 있다.

⑥ 제3항에 따른 처분의 세부 기준 및 절차, 제4항에 따른 인계·인수에 필요한 사항은 대통령령으로 정한다.

〈소 목 차〉
Ⅰ. 본조의 의의
Ⅱ. 원본증명기관에 대한 시정명령
Ⅲ. 원본증명기관에 대한 보조금 반환명령
Ⅳ. 원본증명기관에 대한 지정 취소 또
　　는 업무정지

1. 지정 취소와 업무정지의 사유와
　　기준, 절차
2. 지정 취소와 업무정지에 대한 불복
Ⅴ. 원본증명기관에 대한 지정취소 시
　　업무의 인수인계

Ⅰ. 본조의 의의

본조는 원본증명기관으로 지정을 받은 자가 법 제9조의3에서 정한 사항을 충족하지 못하거나 이에 지키지 않는 경우 등에 대비하여 시정명령, 보조금 반환명령, 업무의 전부 또는 일부의 정지명령, 원본증명기관 지정 취소를 할 수 있는 요건과 절차를 규정하고 있다.

Ⅱ. 원본증명기관에 대한 시정명령

특허청장은 원본증명기관으로 지정을 받은 후 해당 원본증명기관이 법 제9조의3 제2항에서 정한 전문인력과 설비의 요건 기준을 충족시키지 못하게 되거나 법 제9조의3 제4항에서 원본증명기관의 안전성 및 신뢰성 확보를 위해 정한 사항을 지키지 않는 경우에는 6개월 이내의 기간을 정하여 이를 시정하도록 명할 수 있다(본조 제1항).

Ⅲ. 원본증명기관에 대한 보조금 반환명령

특허청장은 법 제9조의3 제4항에 따라 원본증명기관에 대하여 원본증명업무를 수행하는 데 필요한 비용의 전부 또는 일부를 보조할 수 있다. 그런데 만일 원본증명기관이 위와 같은 용도의 보조금을 다른 목적으로 사용한 경우, 특허청장은 기간을 정하여 그 반환을 명하여야 한다.[1]

---

[1] 구법에서는 '그 반환을 명할 수 있다'고 규정하고 있었으나, 2023. 3. 28. 법률 제19289호로 '그 반환을 명하여야 한다'고 개정되었다.

Ⅳ. 원본증명기관에 대한 지정 취소 또는 업무정지

1. 지정 취소와 업무정지의 사유와 기준, 절차

특허청장은 원본증명기관이 법 제9조의4 제3항의 어느 하나에 해당하는 경우에는 그 지정을 취소하거나 6개월 이내의 기간을 정하여 원본증명업무의 전부 또는 일부의 정지를 명할 수 있다. 다만, "거짓이나 그 밖의 부정한 방법으로 지정을 받은 경우"(제1호)와 "원본증명업무의 전부 또는 일부의 정지명령을 받은 자가 그 명령을 위반하여 원본증명업무를 한 경우"(제2호)에는 원본증명기관의 지정을 취소하여야 한다(법 제9조의4 제3항 단서).

지정취소 또는 업무정지에 관한 처분의 세부기준과 절차를 대통령령에 위임하여 시행령 제3조의5 제1항과 관련된 별표 2에서 행정처분의 일반기준과 개별기준을 정하고 있다.

특허청장은 원본증명기관의 지정을 취소하거나 원본증명업무의 전부 또는 일부의 정지를 명하기 위해서는 법 제9조의6에 따라 청문을 실시하여야 하고, 지정을 취소하거나 업무를 정지한 경우에는, ① 원본증명기관의 명칭 및 주소 (원본증명기관이 법인 또는 단체인 경우에는 대표자의 성명 및 주된 사무소의 소재지를 말한다)와 ② 처분의 내용을 고시하여야 한다(시행령 제3조의5 제2항).

2. 지정 취소와 업무정지에 대한 불복2)

원본증명기관의 지정 취소나 업무정지 등 특허청장의 처분에 대하여 다투려면 행정소송을 제기하여야 하는데, 그 소송은 성격상 항고소송에 해당한다. 지정취소나 업무정지의 처분을 취소 또는 변경하려면 취소소송을, 그와 같은 처분의 효력 유무 또는 존재 여부를 확인하기 위해서는 무효등 확인소송을 제기하여야 할 것이다.3)

위와 같은 불복 소송은 피고가 될 특허청의 소재지를 관할하는 행정법원이 제1심법원이 될 것인데,4) 현재 특허청은 대전에 소재하고 있으므로 대전지방법원이 제1심 관할법원이 될 것이고, 행정소송법의 중복관할 규정에 따라 대법원

---

2) 정상조, 설범식, 김기영, 백강진 공편, 디자인보호법 주해, 박영사(2015), 514-515(김용덕 집필부분).
3) 행정소송법 제3조, 제4조.
4) 행정소송법 제9조 제1항.

소재지를 관할하는 행정법원인 서울행정법원에도 소를 제기할 수 있다.5)

V. 원본증명기관에 대한 지정취소 시 업무의 인수인계

법 제9조의4 제3항에 따라 지정이 취소된 원본증명기관은 지정이 취소된 날부터 3개월 이내에 등록된 전자지문이나 그 밖에 전자지문의 등록에 관한 기록 등 원본증명업무에 관한 기록을 특허청장이 지정하는 다른 원본증명기관에 인계하여야 하고(법 제9조의4 제4항 본문), ① 원본증명기관지정서 원본과 ② 원본증명업무에 관한 기록의 인계·인수계약서 사본 1부를 특허청장에게 제출하여야 한다(시행령 제3조의6 제1항).

다만, 원본증명기관은 다른 원본증명기관이 인수를 거부하는 등 부득이한 사유로 원본증명업무에 관한 기록을 인계할 수 없는 경우에는 그 사실을 특허청장에게 지체 없이 알려야 한다(법 제9조의4 제4항 단서). 이 경우 원본증명기관은 원본증명기관 업무인계 불가 신고서에 ① 인계 불가 사유서와 ② 원본증명업무에 관한 기록 및 그 목록을 첨부하여 특허청장에게 제출하여야 하고, 이 경우 특허청장은 원본증명업무에 관한 기록이 다른 원본증명기관에 인계될 때까지는 그 기록을 보관하여야 한다(시행령 제3조의6 제2항).

특허청장은 지정이 취소된 원본증명기관이 원본증명업무에 관한 기록을 인계하지 아니하거나 그 기록을 인계할 수 없는 사실을 알리지 아니한 경우에는 6개월 이내의 기간을 정하여 그 시정을 명할 수 있다(법 제9조의4 제5항).

〈우성엽〉

---

5) 행정소송법 제9조 제2항.

> **제9조의5(과징금)**
>
> ① 특허청장은 제9조의4 제3항에 따라 업무정지를 명하여야 하는 경우로서 그 업무정지가 원본증명기관을 이용하는 자에게 심한 불편을 주거나 공익을 해칠 우려가 있는 경우에는 업무정지명령을 갈음하여 1억 원 이하의 과징금을 부과할 수 있다.
>
> ② 특허청장은 제1항에 따라 과징금 부과처분을 받은 자가 기한 내에 과징금을 납부하지 아니하는 경우에는 국세 체납처분의 예에 따라 징수한다.
>
> ③ 제1항에 따라 과징금을 부과하는 위반행위의 종류·정도 등에 따른 과징금의 금액 및 산정방법, 그 밖에 필요한 사항은 대통령령으로 정한다.

<소 목 차>

Ⅰ. 본조의 의의   Ⅲ. 과징금의 징수
Ⅱ. 원본증명기관에 대한 과징금 부과

Ⅰ. 본조의 의의

원본증명기관이 그 의무를 이행하지 않거나 시정명령, 보조금 반환명령을 이행하지 않는 경우 특허청장은 법 제9조의4 제3항에 따라 업무정지를 명할 수 있다. 그러나 원본증명기관의 업무를 정지하게 되면 원본증명기관을 이용하는 자에게 심한 불편을 주거나 공익을 해칠 우려가 있을 수 있으므로, 본조는 그와 같은 경우에 원본증명업무의 연속성을 유지하면서도 원본증명기관의 의무 이행이나 명령 이행의 실효성을 담보하기 위해 업무정지명령을 갈음하여 과징금을 부과할 수 있는 기준과 절차를 규정하고 있다.

Ⅱ. 원본증명기관에 대한 과징금 부과

과징금의 법적 성격에 대해서는, ① 법령의 위반을 통해 취득한 이익을 환수함으로써 그러한 위법행위로의 유인을 차단하는데 그 기본적 성질이 있다고 보는 견해(부당이득환수설), ② 영업정지처분 등이 현실적으로 곤란한 경우에 영업정지와 동일한 경제적 제재 효과를 부과하기 위한 수단에 기본적 성질이 있다고 보는 견해(영업정지등 변형설), ③ 행정상 의무위반에 대한 금전적 제재로

서 그 기본적 성질이 있다고 보는 견해(행정제재설) 등이 있다. 본조의 과징금은 그 부과대상행위가 반드시 부당이익을 전제로 하지 않으므로 부당이득환수설보다 는 영업정지등 변형설이나 행정제재설의 성격에 더 가까운 것으로 볼 수 있다.

원본증명기관이 법 제9조의4 제3항의 제3, 4, 5호와 같이 원본증명업무를 시작하지 아니하거나 6개월 이상 계속하여 중단한 경우, 시정명령을 이행하지 아니한 경우, 보조금 반환명령을 이행하지 아니한 경우에 특허청장은 법 제9조 의4 제3항에 따라 업무정지를 명할 수 있다. 특허청장은 그와 같은 업무정지가 원본증명기관을 이용하는 자에게 심한 불편을 주거나 공익을 해칠 우려가 있는 경우에는 업무정지명령을 갈음하여 1억 원 이하의 과징금을 부과할 수 있다.

원본증명기관의 위반행위의 종류·정도 등에 따른 과징금의 부과기준은 시 행령 제3조의7 제1항과 관련한 별표 3에서 규정하고 있다.

특허청장은 본조에 따라 과징금을 부과하려면 그 위반행위의 종류와 과징 금의 금액을 분명히 적어 이를 낼 것을 서면으로 알려야 한다(시행령 제3조의7 제2항). 과징금 부과처분에 대해 불복하는 경우에는 행정심판법에서 따라 행정 심판을 청구할 수 있고(행정심판법 제3조), 행정심판의 결과에 불복하는 경우에 는 다시 행정소송을 제기할 수 있으며, 임의적 선택사항인 행정심판을 거치지 않고 바로 행정소송을 제기할 수도 있다(행정소송법 제18조).

Ⅲ. 과징금의 징수

특허청장은 제1항에 따라 과징금 부과처분을 받은 자가 기한 내에 과징금 을 납부하지 아니하는 경우에는 국세 체납처분의 예에 따라 징수한다(법 제9조 의5 제2항).

〈우성엽〉

> **제9조의6(청문)**
>
> 특허청장은 제9조의4 제3항에 따라 지정을 취소하거나 업무정지를 명하려면 청문을 하여야 한다.

〈소 목 차〉

Ⅰ. 본조의 의의   Ⅱ. 청문의 개념과 절차

Ⅰ. 본조의 의의

특허청장이 법 제9조의4 제3항에 따라 원본증명기관의 지정을 취소하거나 업무정지를 명하는 조치는 원본증명기관에게 의무를 부과하거나 권익을 제한하는 침익적 행정행위에 해당한다. 따라서 그와 같은 조치를 하려는 경우 반드시 청문을 실시하도록 하여 당사자의 의견제출 기회를 보장함으로써 절차적 공정성과 투명성을 제공하고자 하는 것이다.

Ⅱ. 청문의 개념과 절차

행정절차법에 의하면 청문이란 '행정청이 어떠한 처분을 하기에 앞서 당사자 등의 의견을 직접 듣고 증거를 조사하는 절차'를 말한다(행정절차법 제2조 제5호). 청문제도는 행정처분의 사유에 대하여 당사자에게 변명과 유리한 자료를 제출할 기회를 부여함으로써 위법사유의 시정가능성을 고려하고 처분의 신중과 적정을 기하려는 데 그 취지가 있다. 법 제9조의6은 특허청장이 원본지정기관의 지정을 취소하거나 업무정지를 명하려면 의무적으로 청문을 실시하도록 규정하고 있으므로, 이를 결여한 경우에는 절차상 하자있는 행정행위로서 위법한 처분에 해당하므로 원칙적으로 취소사유에 해당하게 될 것이다.[1]

법 제9조의6에서는 청문의 대상과 실시만을 규정하고 있고, 그 절차에 관해서는 별도로 규정하지 않기 때문에 행정절차법의 청문절차의 규정이 적용될 것이다. 특허청장은 청문을 하려면 청문이 시작되는 날부터 10일 전까지 "처분의

---

[1] 대법원 2013. 1. 16. 선고 2011두30687 판결; 대법원 2016. 10. 27. 선고 2016두41811 판결 참조.

제목, 당사자의 성명 또는 명칭과 주소, 처분하려는 원인이 되는 사실과 처분의
내용 및 법적 근거, 이에 대하여 의견을 제출할 수 있다는 뜻과 의견을 제출하
지 아니하는 경우의 처리방법, 의견제출기관의 명칭과 주소, 의견제출기한 등"
에 관한 사항을 당사자에게 통지하여야 한다(행정절차법 제21조 제2항, 제1항). 구
체적인 청문절차는 행정절차법 제27조부터 제37조에 규정되어 있다. 행정절차
법 제35조의2에서 행정청으로 하여금 처분을 함에 있어서 청문절차에서 나온
청문결과를 검토하여 상당한 이유가 있다고 인정하는 경우에는 청문결과를 반
영하도록 규정하고 있다.

〈우성엽〉

<소 목 차>

Ⅰ. 본조의 의의

Ⅱ. 전자지문이나 그 밖의 관련 정보의 삭제 등 금지

Ⅲ. 원본증명기관의 임직원 등의 직무상 비밀 누설 금지

1. 원본증명기관의 임직원이거나 임직원이었던 사람

2. 직무상 알게 된 비밀

3. 비밀의 누설

Ⅳ. 처   벌

Ⅰ. 본조의 의의

본조는 원본증명기관에 등록된 전자지문이나 관련 정보의 안전을 지키고 보안을 유지하며, 원본증명기관의 임직원이 알게 된 직무상 비밀의 누설에 의한 이용자와 원본증명기관의 이익의 침해를 방지하기 위해 이를 해하는 행위를 금지하고 있다. 전자지문이나 관련 정보가 삭제, 훼손, 변경, 위조 또는 유출되거나 직무상 비밀이 누설되는 경우, 이용자의 이익을 해하게 될 뿐 아니라 공정한 거래질서를 보호하고자 하는 취지에서 마련된 영업비밀 원본증명제도의 질서와 신뢰가 무너지게 되므로 이를 보호하고자 하는데 입법취지가 있다.

Ⅱ. 전자지문이나 그 밖의 관련 정보의 삭제 등 금지

누구든지 원본증명기관에 등록된 전자지문이나 그 밖의 관련 정보를 없애거나 훼손·변경·위조 또는 유출하여서는 아니 된다. 법문상으로 주체나 행위의 내용에 제한이 없어 이론적으로는 원본증명기관의 임직원 등 담당자가 등록자의 요청에 따라 전자지문 등을 삭제 또는 변경하는 행위나 등록자에게 전자지문을 제공하는 행위, 법원의 영장이나 제출명령 등에 따라 법원이나 수사기관에 제출하는 경우에도 구성요건에 해당되는 것으로 해석될 여지가 있다.

따라서 위 조항에 대한 예외로서 "등록인이 제공·이용에 동의한 목적으로 이용하는 경우, 법원의 제출명령 또는 법관이 발부한 영장에 따라 제공되는 경우, 그 밖에 법률에 따라 제공되는 경우 등"에는 그 적용을 제외한다는 내용의 규정을 두는 것이 바람직한 것으로 생각된다.[1]

Ⅲ. 원본증명기관의 임직원 등의 직무상 비밀 누설 금지

1. 원본증명기관의 임직원이거나 임직원이었던 사람

본항의 행위주체는 원본증명기관의 임직원이나 임직원이었던 사람이다. 퇴직한 임직원의 비밀누설에 의해서도 이용자의 이익이나 영업비밀 원본증명제도의 질서와 신뢰가 침해될 수 있으므로 퇴직 후에도 직무상 비밀을 누설하지 못하도록 규정하고 있다.

2. 직무상 알게 된 비밀

직무상의 비밀은 직무담당자가 그 직무와 관련하여, 즉 그 지위 내지 자격에서 직무집행상 알게 된 비밀을 말한다. 위 조항에서의 직무란 본래의 직무뿐 아니라 그 직무와 밀접한 관계가 있는 모든 행위[2]와 객관적으로 보아 직무행위의 외형을 갖추고 있는 행위[3]를 포함한다. 직무수행과 관련하여 알게 된 사실이면 그 비밀을 지득한 방법이나 경위, 자기 또는 타인 누구의 직무에 관한 것인지 여부는 문제되지 않는다. 따라서 직무와 무관하게 알게 된 단순한 비밀은 여기에 포함되지 않는다.[4]

3. 비밀의 누설

'비밀'은 일반에게 알려지지 않은 것으로 원본증명기관의 업무와 관련된 것을 말한다. 본항의 행위로 규정된 '누설'은 비밀사항을 아직 이를 모르는 제3자에게 고지하는 일체의 행위를 말한다. 누설하는 방법에는 제한이 없고, 작위뿐 아니라 비밀서류의 열람을 묵인하는 등의 부작위에 의한 경우도 포함한다.

---

1) 자본시장과 금융투자업에 관한 법률 제335조의11 제6항 등 참조.
2) 정상조, 박성수 공편, 특허법 주해 Ⅱ, 박영사(2010), 1171(구본진 집필 부분).
3) 주석 형법(제5판), 각칙(1), 한국사법행정학회(2017), 323.
4) 주석 형법(제5판), 각칙(1), 한국사법행정학회(2017), 322-323.

Ⅳ. 처   벌

본조의 각 항을 위반한 자는 법 제18조 제4항에 따라 1년 이하의 징역 또는 1천만 원 이하의 벌금에 처해진다.

〈우성엽〉

> **제9조의8(영업비밀 훼손 등의 금지)**
> 누구든지 정당한 권한 없이 또는 허용된 권한을 넘어 타인의 영업비밀을 훼손·멸실·변경하여서는 아니 된다.

본 규정은 2024. 2. 20. 법률 제20321호 개정으로 신설되었다.[1] 부정한 이익을 얻거나 영업비밀 보유자에게 손해를 입힐 목적으로 제9조의8을 위반하여 타인의 영업비밀을 훼손·멸실·변경한 자는 10년 이하의 징역 또는 5억 원 이하의 벌금에 처하도록 하는 제18조 제3항도 함께 신설되었다.[2] 즉 영업비밀을 훼손·멸실·변경하는 행위가 금지됨을 선언하고 그 위반에 대한 형사처벌 규정을 마련함으로써 영업비밀 보호를 강화하고자 한 개정으로 볼 수 있다.

위 개정 전까지는 「부정경쟁방지 및 영업비밀보호에 관한 법률」(이하 '부정경쟁방지법'이라고 한다)상 형사처벌 되는 침해행위로 영업비밀 취득·사용·누설 등에 관한 행위태양이 규정되어 있었고 영업비밀 훼손·멸실·변경에 대해서는 부정경쟁방지법상 직접적인 규정은 없었다. 정보통신망 이용촉진 및 정보보호 등에 관한 법률에 따라 정보통신망 침입(제48조 제1항), 악성프로그램 유포(제48조 제2항), 정보통신망 장애(제48조 제3항), 정보 훼손(제49조 전단), 비밀침해·도용·누설(제49조 후단) 등으로 처벌될 수 있으나 그 형량이 영업비밀 침해죄보다 낮다. 본 규정의 신설로 해킹 등을 통한 영업비밀 훼손, 퇴사자의 영업비밀 자료 무단 삭제 등의 행위에 대한 보다 강력한 대응책이 부정경쟁방지법에 마련되었다고 평가된다.[3]

〈박태일〉

---

1) 2024. 8. 21.부터 시행된다.
2) 종전 제3항은 제4항으로, 종전 제4항은 제5항으로, 종전 제5항은 제6항으로 이동된다.
3) https://www.lawtimes.co.kr/LawFirm-NewsLetter/196314, https://www.shinkim.com/kor/media/newsletter/2323, https://www.leeko.com/newsl/ip/202402/ip2402_full.html (각 2024. 2. 28. 방문) 등 참조.

제10조(영업비밀 침해행위에 대한 금지청구권 등)

① 영업비밀의 보유자는 영업비밀 침해행위를 하거나 하려는 자에 대하여 그 행위에 의하여 영업상의 이익이 침해되거나 침해될 우려가 있는 경우에는 법원에 그 행위의 금지 또는 예방을 청구할 수 있다.

② 영업비밀 보유자가 제1항에 따른 청구를 할 때에는 침해행위를 조성한 물건의 폐기, 침해행위에 제공된 설비의 제거, 그 밖에 침해행위의 금지 또는 예방을 위하여 필요한 조치를 함께 청구할 수 있다.

<소 목 차>

Ⅰ. 영업비밀 침해금지청구권의 성격
Ⅱ. 일반적인 침해금지청구의 요건과 효과
　　1. 침해금지청구권의 법정요건과 절차 등
　　2. 금지청구권 행사에 있어 영업비밀의 특정문제
Ⅲ. 금지청구권 행사의 효과―금지명령의 기간
　　1. 미국의 경우
　　2. 한국의 판례

3. 한국 판례에 대한 평가
Ⅳ. 특수한 침해금지청구―이른바 전직금지청구의 문제
　　1. 서　　설
　　2. 미국에서의 이른바 불가피한 누설(Inevitable Disclosure) 이론
　　3. 한국의 판례상 전직금지청구의 허용기준
　　4. 전직금지청구가 인용될 경우의 효과―금지기간 및 그 기산점 문제

Ⅰ. 영업비밀 침해금지청구권의 성격

'부정경쟁방지 및 영업비밀보호에 관한 법률'(이하, 약칭하여 '부정경쟁방지법')에 따른 보호의 전체적 성격은 민법상 물권과 같이 완전하고 무조건적인 독점권을 부여하는 것이 아니라 일정한 조건하에 타인의 침해행위를 소극적으로 배제할 수 있는 지위를 부여함에 그친다.[1)]

그렇지만 영업비밀 보호규정들 중 침해금지청구권 및 침해예방청구권(이하에서는 편의에 따라 양자를 묶어 '침해금지청구권'이라고만 함)의 경우 민법상 물권

---

* 이 부분 조문 해설은 박준석, "영업비밀 침해금지청구에 대한 우리 법원의 태도―기술정보 유출을 중심으로―", 저스티스 통권 114호, 한국법학원(2009. 12), 164 이하를 기초로 한 것이다.

1) 이런 특징 때문에, 일본의 지배적 견해는 부정경쟁방지법을 특허법·저작권법·상표법과 다르게 '배타적인 권리부여방식'이 아니라 '행위규제방식'으로 규율하는 입법이라고 이해한다. 이에 관하여는 아래, 침해금지청구의 요건 설명부분에서 부연하기로 한다.

적 청구권과 거의 흡사한 문구적 표현을 동원하고 있으며,[2] 손해배상청구권 등 조항과는 분명히 구별하고 있는 체계적 위치에 비추어[3] 민법상 채권보다는 물권의 성격에 보다 가깝다. 물론 (영업이익 관련하여 일정 조건 하에) 불법행위에 대항해서라도 금지청구권 발동을 인정한 대법원 판결(대법원 2010. 8. 25. 자 2008마1541 결정)의 유연한 입장이 새로 등장함에 따라 종전과는 다르게 '금지청구권이 인정되면 물권적 보호다.'라는 식의 논리를 일관하기에는 분명히 복잡함이 생겼다. 하지만 여전히 금지청구권은 민법상 소유권에 기한 방해제거청구권과 비슷하게 대세적으로 특정 대상을 지배할 수 있는 물권적 지위를 상징하는 틀로 이해된다.

　　다만 특이하게도 영업비밀 보호에 관한 제10조의 금지청구권은, 부정경쟁방지법 제2조 제1호에 따른 일반부정경쟁행위 관련 보호에 관한 제4조의 금지청구권과는 다르게,[4] 선의자를 상대로 하여서는 침해금지청구권 행사가 제한되고(법 제13조) 시효 제도도 존재한다(법 제14조). 하지만 그런 사정 때문에 영업비밀 침해금지청구권의 성격이 물권보다 채권에 가깝다고 분류할 정도는 아니다. 가령 채권적 성질에 가깝다면 상대방(종업원)과의 약정 유무에 따라 금지청구권 발동 가능성이 좌우될 것이지만, 우리 판례[5]가 인정하듯이 위 조항의 금지청구권은 약정이 없더라도 당 조항에 근거하여 특정한 유형의 행위자에 해당

---

　　2) 무엇보다 법 제10조 제1항에서 "영업상의 이익이 침해되거나 침해될 우려가 있는 경우에는 … 금지 또는 예방을 청구할 수 있다."라고 규정함과 아울러 제2항에서 금지청구와 아울러 침해행위를 조성한 물건의 폐기 등 침해행위의 금지 또는 예방을 위하여 필요한 조치를 함께 청구할 수 있도록 하였는데 이 모두가 민법상 물권에 기한 금지청구권과 거의 동일하다.

　　3) 법 제11조 손해배상청구권이나 제12조 신용회복청구권이 별도로 언급되고 있다.

　　4) 금지청구권 부분을 비롯하여, 부정경쟁방지법 상의 영업비밀 보호규정들은 그 성질상, 제2조 제1호 (가)목 내지 (파)목에 열거된 '일반 부정경쟁행위' 규율 규정들과는 여러 가지 면에서 차이가 있다. 이 점에 관해 더 자세히는, 박준석, "영업비밀 공동보유자의 동의 없는 자기사용은 침해행위인가? ― 공유 조문 흠결에 대한 해석론 모델의 제시 ―", 서울대 법학 제64권 제1호, 서울대 법학연구소(2023. 3), 310-311 및 "우리 부정경쟁방지법의 법적 성격 ― 공정거래법과의 관계를 중심으로 ―", 419-426을 참조할 것.

　　한편, 일본 부정경쟁방지법(令和5年 法律第51号에 의해 개정된 것)은 우리 법과 다르게 영업비밀 보호를 독립한 장(章)으로 분리하지 않고 제2조 부정경쟁행위의 하나로 열거한 다음 금지청구권·손해배상청구권·신용회복청구권 등에 관해서도 일단 동일한 조문을 일괄 적용하는 체제를 취하고 있다. 하지만 오직 영업비밀 침해에 대항한 침해금지청구권의 경우에만 선의자를 상대로 한 권리행사를 제한하고 시효 제도를 두고 있다는 점은 우리 법과 마찬가지이다(일본 부정경쟁방지법 제15조 및 제19조 제1항 제6호 참조).

　　5) 대법원 2003. 7. 16. 자 2002마4380 결정; 서울고등법원 2007. 12. 20. 자 2007라509 결정 등.

하기만 하면 그 자를 상대로 발동될 수 있다.

　　요컨대 영업비밀의 구제수단으로서 부여되는 제10조의 금지청구권은, 부정
경쟁방지법상의 다른 영업비밀 보호규정들과는 비교하면 가장 물권에 근접한
성질을 가진 것이지만 시효 제도라는 특수한 제약도 담고 있는 등 다분히 정책
적 고려의 결과물이라고 할 수 있다.

Ⅱ. 일반적인 침해금지청구의 요건과 효과

1. 침해금지청구권의 법정요건과 절차 등

　　부정경쟁방지법 제10조의 침해금지청구권을 행사하려면 다음의 요건들을
갖추어야 한다. 먼저 당사자 측면에 있어, 영업비밀의 보유자가 영업비밀 침해
행위를 하거나 하려는 자를 상대로 행사하여야 한다. 다음으로 보호대상 측면에
있어서는, '영업비밀 침해행위에 의하여 영업상의 이익이 침해되거나 침해될 우
려'가 있어야 한다. 그 당연한 전제로 침해대상인 '영업비밀'이 존재하여야 함은
물론이다.

가. 영업비밀의 보유자일 것

　　침해금지청구의 적극적 당사자가 '영업비밀 보유자'이어야 함은 제10조의
문구에 명시되어 있다. 우리 법에서는 이때의 '영업비밀 보유자'가 어떤 의미
인지 더 부연하고 있지 않다. 참고로 일본 부정경쟁방지법의 경우 침해금지청
구권을 정한 제3조에서는 명시하지 않았지만, 제3조의 권리를 행사할 수 있는
자가 '영업비밀을 보유하는 사업자', 약칭하여 '영업비밀 보유자'임은 다른 조문
의 내용6)에 비추어 분명하다. 우리 법과 일본의 법 어느 경우에서나 '영업비밀
보유자'는 다름 아니라 영업비밀에 대한 정당한 권리자를 뜻한다고 보아야 할
것이다.

　　일본의 지배적 견해7)는 부정경쟁방지법이 특허법 등 다른 지적재산권법의
보호방식과 달리 제3자에게 양도 가능한 권리(가령, 특허권)를 적극적으로 부여

---

6) 제15조 제1항 및 제2조 제1항 제7호 참조.

7) 이런 견해로는 小野昌延 編,「新 註解 不正競爭防止法 3版 (上)」, 靑林書院(2012), 169
　(芹田幸子/三山峻司 집필부분) 및 中山信弘·大渕哲也·茶園成樹·田村善之編, 商標·意
　匠·不正競爭判例百選—別冊ジュリスト No.188—, 有斐閣(2007), 185(熊倉禎男 집필부
　분) 등 다수.

하는 방식이 아니라 타인의 부정한 침해행위에 대항하여 소극적으로 보호받을
지위를 부여한다는 점을 강조하면서, 특허권 등 다른 지적재산권법들이 '권리부
여형(權利賦與型)' 입법이라면 부정경쟁방지법은 '행위규제형(行爲規制型)' 입법
이라는 차이가 있다고 지적한다. 이런 일본에서의 분류는 자유롭게 양도가능한
독점권을 부여하지 않는 부정경쟁방지법만의 특징을 보다 분명히 드러내고 있
다는 점에서는 일면 수긍할 만하다. 그런데 일본의 지배적 견해는 여기에서 한
걸음 더 나아가, 부정경쟁방지법은 '권리'를 부여하는 법률이 아니기 때문에 그
런 성격의 부정경쟁방지 상의 보호까지 아울러 통칭하는 명칭으로 '지적재산권'
은 타당하지 않으며 '지적재산'이 더 적당하고, 마찬가지의 이유로 '지적재산권
법'이 아니라 '지적재산법'이 더 올바른 총칭이라는 입장을 취하고 있다. 한 마
디로 부정경쟁방지법 상의 보호는 '권리'가 아니라는 입장이다. 이런 입장에 따
를 경우 일본 부정경쟁방지법, 그리고 그 법률의 표현을 상당부분 따르고 있는
한국 부정경쟁방지법에서 각각 '(영업비밀) 보유자'라고 칭함으로써 '권리자'라
는 호칭을 피한 것은 당연한 결과이다.

　　그러나 사견으로는, 일본과 한국의 각 부정경쟁방지법 상의 보호가 특허권
등과 같은 독점권을 부여하지는 않지만 적어도 '권리'(더 정확하게는, 민법 등 법
률 일반에서 통용되는 개념을 기준으로 파악한 '권리')는 부여한다고 본다. 자유롭
게 양도 가능한 배타적인 권리가 아닐 따름이다.[8] 이런 사견의 입장에 따를 경
우 부정경쟁방지법 사안에서도 침해금지청구권 등 법적 보호를 구할 수 있는
자는 기본적으로 해당 보호대상에 관해 정당한 권리를 가진 자라는 점에서는
다른 지적재산권 법률에서와 다를 바 없다. 그런 견지에서 볼 때는 '영업비밀
권리자'라고 칭하더라도 법리상 문제가 없다. 그럼에도 법문에서 굳이 '영업비
밀 보유자'란 표현을 취한 이유를 찾자면, 부정경쟁방지법의 입법 방식이 앞서
언급한 대로 '행위규제형'이어서 권리자의 권리보호가 아니라 침해자의 침해행
위 규제에 더욱 초점을 맞추었고 그런 입법방식에 따라 조문을 표현한 결과인
것으로 이해할 수 있겠다.

　　나아가 영업비밀의 경우, 가령 특허권이나 상표권 등과는 다르게, 출원·심

---

8) 이상의 설명에 관해 더 자세히는 박준석, "간략한 조문과 등록 등 절차 부재에 따른 부
정경쟁방지법 사건의 특징 — 조문의 흠을 메울 바람직한 해석론 등—", 서울대 법학 제63
권 제4호(2022. 12), 302-308 및 "무체재산권·지적소유권·지적재산권·지식재산권 — 한국
지재법 총칭 변화의 연혁적·실증적 비판", 서울대 법학 제53권 제4호(2012. 12), 142-145
를 각 참조할 것.

사ㆍ등록이란 절차적 요건 없이 권리가 성립한다. 산업재산권법 영역에 속하면서도 유독 다른 산업재산권들과는 구별되게 절차적 요건이 존재하지 않는 부정경쟁방지법의 특성이 영업비밀 보호에도 그대로 적용되는 결과이다. 하지만, 법 제2조 제1호의 각 호에서 규제하는 일반부정경쟁행위와 비교할 때 제2조 제3호의 각 호에서 규제하는 영업비밀 침해행위는 비공지성을 가진 영업비밀만의 특징으로 인하여 실제 분쟁이 발생하였을 때 실제 권리자가 누구인지 파악하는 것이 훨씬 어려울 수 있다. 특히 기업 내부에서 영업비밀로 유지되고 있는 특정 정보에 관해 사용자와 근로자 중 누구에게 해당 영업비밀의 권리가 귀속되는지를 파악하는데 어려움이 있다. 이에 관해 더 자세히는 앞서 부정경쟁방지법 제2조 제3호 (라)목에 대한 해설 부분을 참조하기 바란다.

　한편 일본에서는 부정경쟁방지법이 명시한 '영업비밀 보유자'의 범위에 영업비밀의 사용권자(원문은, '실시권자[9]')도 포함된다는 견해가 유력하다.[10] 마찬가지로 한국에서도 부정경쟁방지법이 가리키는 '영업비밀 보유자' 범위 안에 영업비밀의 사용권자가 포함된다는 견해[11]가 존재한다. 이 견해에서는, 특허의 경우 통상실시권자에게는 전용실시권자와 다르게 침해금지청구권을 인정하지 않지만 영업비밀의 경우는 다르다고 함으로써, 설령 통상사용권자[12]일지라도 침해금지청구권을 행사할 수 있음을 분명히 하고 있다. 그 근거로, 특허의 통상실시권은 특허권자에 대한 채권에 불과하고 여전히 특허권자는 제3자에게 통상실시권을 설정할 수 있는 관계여서 특허침해자의 존재로 인해 통상사용권자의 이익이 침해되었다고 할 수 없는 반면에, 영업비밀의 (통상)사용권자는 침해자 때문에 비공지성으로 인한 독점적 이익이 상실되어 결국 영업상 이익을 침해당하기 때문이라고 설명한다.

　참고로, 비록 영업비밀이 아니라 상품ㆍ영업 표지(제2조 제1호 (가)목 및 (나)목)의 보호가 문제된 사건에 대하여 최근 대법원 결정[13]은 해당 표지의 소유자

---

9) '실시'는 특허법 등 특허분야의 용어이고, 상표 및 부정경쟁방지 분야에서는 '사용'이란 용어가 더 정확하다.

10) 小野昌延 編, 앞의 책, 546(小野昌延ㆍ平野惠稔 집필부분)에서 涉谷達紀, 営業秘密の保護, 曹時45巻2号 24를 인용하며 그런 견해를 취하고 있다.

11) 최정열ㆍ이규호, 부정경쟁방지법(영업비밀보호법제 포함), 제5판, 진원사(2022), 574. 한국의 이 견해 역시 일본 涉谷達紀의 견해를 각주에서 인용하고 있다.

12) 상표법과 달리, 우리 부정경쟁방지법 상으로는 전용사용권과 통상사용권 사이의 구별이 존재하지 않는다. '통상사용권자'라는 표현은 해당 사용허락의 내용이 비독점적 사용허락이라는 견지에서, 필자가 여기서 편의상 덧붙인 것이다.

13) 대법원 2023. 12. 28. 자 2022마5373 결정.

뿐만 아니라 '사용권자'도 널리 해당 표지의 사용에 관해 고유하고 정당한 이익을 가지고 있는 자로서 금지청구권 행사가 가능함을 다시[14] 분명히 하였다. 하지만 해당 사용권자의 권원이 통상사용권에 해당하는 것인지 여부는 불분명하다.[15]

　　영업비밀 침해에서는 비독점적 사용권 내지 통상사용권일지라도 금지청구권이 인정된다는 위 학설의 설명은 부당하다고 본다. 요컨대 통상사용권 수준의 권원만으로는 '영업비밀 보유자'로 인정하기 곤란하고 해당 사용권자의 권원이 독점적 사용허락에 근거한 것이어야 할 것이다. 위 학설의 설명과 달리, 영업비밀에서도 특허발명에서와 마찬가지로 비독점적 사용권 내지 통상사용권만 가진 자라면 제3자(침해자)의 존재가 추가됨으로 인해서 자신의 지위 내지 이익이 침해당했다고 하기 어렵다. 위 학설은 제3자(침해자)의 존재 때문에 비공지성으로 인한 독점적 이익이 상실된다고 단정하지만, 제3자의 침해가 있다고 하여 반드시 비공지성이 곧장 파괴되는 것이 아닐뿐더러 비독점적 사용권 내지 통상사용권에 그치는 지위라면 '독점적 이익' 자체를 가지고 있다고 평가하기 어렵다.

나. 침해금지청구 당시 영업비밀성을 유지할 것

　　금지청구 사건에서 그 대상이 영업비밀에 해당하는지 여부는 사실심 변론종결일을 기준으로 판단한다.[16] 손해배상청구 사건에서 부정행위가 있었던 날을 기준으로 판단하는 것과 구별된다. 즉 손해배상청구의 경우에는 영업비밀 침해로 인한 손해가 일단 발생한 이상 시효소멸 전이라면 언제든지 영업비밀 보유자가 손해배상을 청구할 수 있고, 타인이 영업비밀을 침해한 이후 영업비밀 보유자의 자발적인 의사에 의하여 일반 공중에 공개됨으로써 비밀성을 상실하게 되었더라도 여전히 손해배상청구권의 행사는 가능하다. 하지만 침해금지청구의 경우에는 그 성질상 금지청구권 행사당시 영업비밀의 존재가 인정되지 아

---

14) 대법원 1997. 2. 5. 자 96마364 결정에서 같은 취지로 판시한 바 있었고, 이를 위 2022마5373 결정에서 선례로 원용하고 있다.

15) 대법원 결정은 물론 원심인 광주고등법원 2022. 2. 14. 자 (제주)2021라523 결정, 그리고 1심인 제주지방법원 2021. 10. 18. 자 2021카합10240 결정 모두 문제된 표지인 '제주일보' 사용권자의 권원이 독점적(전용) 사용권인지, 비독점적(통상) 사용권인지 더 밝히지 않았다. 다만 관계법령에 따라 특정 명칭의 신문은 하나의 사업자에게만 발행이 허용된 결과로, 폐업한 표지 '소유자'(대법원 판결 상의 표현임)를 대신하여 해당 사용권자가 제주일보 발행 주체로서 신용과 고객흡입력을 유지해왔다는 사실을 대법원이 중시한 점에 비추어 보면, 후자라기보다 전자의 사용권에 가깝게 판단한 것으로 보인다.

16) 대법원 2008. 2. 29. 선고 2006다22043 판결 참조(본 사건은 영업비밀 침해사건이 아니라 제2조 제1호 (나)목 영업표지 침해사건이었음).

니하면 안 된다.

　미국의 판례 역시, 금지청구 사건의 경우 가해자가 영업비밀을 무단으로 이용한 이후에 영업비밀의 보유자가 스스로 그 영업비밀에 해당되는 기술을 대상으로 특허출원 등을 함으로써 일반 공중에 공개된 때에는 그 공개로써 더 이상 영업비밀로 보호해 주어야 할 비밀의 기술이나 정보가 없게 되었기 때문에 영업비밀 보유자는 자신의 영업비밀이 일반 공중에 공개된 이후에 침해금지청구권을 행사할 수 없다고 보았다.[17]

　다만 우리 학설상으로, 침해자가 비밀유지의무를 부담하고 있음에도 그 영업비밀을 무단으로 사용할 뿐만 아니라 그 영업비밀의 공개에 적극적으로 기여하거나 주도한 경우라면 영업비밀 침해금지청구에 대항하여 영업비밀이 존재하지 않는다는 항변을 하는 것은 금반언 원칙 혹은 신의칙에 반하는 것이라는 입장도 있다.[18]

다. 영업상의 이익이 침해되거나 침해될 우려

　'영업상의 이익'이란 영업비밀 침해행위로부터 보호받을 가치가 있는 모든 이익을 말하고 '침해될 우려'란 단순히 침해될 가능성만으로는 부족하고 침해될 것이 확실히 예상되는 개연성을 의미한다. 이때 침해자의 고의 및 과실은 금지청구권의 요건이 아님은 물론이다.

라. 입증책임

　이상과 같은 각 요건사실의 입증책임은 권리자가 부담한다. 직접적 증거를 제출하기가 곤란한 때가 대부분일 것이므로 가령 종업원의 비밀유지의무가 위반된 경우, 청구인이 침해사실(혹은 종업원의 의무위반사실)을 어떻게 입증할 것인가에 관하여는 대체로 직접증거가 존재하지 않을 것이다. 따라서 종업원의 근속기간, 전직한 업체의 주력사업내용과 그 경쟁제품이 가진 영업비밀 보유자의 그것과 비교하여 가진 유사성, 전직한 업체의 경쟁제품 출시까지의 실제 소요시간이 통상 예상되는 시간에 비하여 단축된 정도 등 여러 가지 정황증거(간접증거)에 의하여 법원이 판단하게 된다. 이와 관련하여 하급심 판례 중에는 '원래 영업비밀은 그것이 공개되는 순간 비공지성을 상실하게 되어 보호적격마저 부인되는 특성을 가지고 있고, 한편 그 어느 때보다도 기업경쟁이 치열한 오늘날

---

　17) Conmar Products Corp. v. Universal Slide Fastener Co., 172 F.2d 150(2nd Cir. 1989).

　18) 이러한 입장은 정상조·박준석, 지식재산권법, 제6판, 홍문사(2024), 797(정상조 집필부분).

개발하거나 획득한 영업비밀의 유지는 그 개인이나 기업의 사활이 걸린 중대한 문제이므로, 일단 상대방이 부정한 수단으로 영업비밀을 취득한 것이 입증되면 특별한 사정이 없는 한 그 부정취득자에 의하여 영업비밀이 사용되거나 공개되어 영업비밀 보유자의 영업상의 이익이 침해될 우려가 있다고 보아야 할 것이다'라고 판시한 것이 있다.[19]

2. 금지청구권 행사에 있어 영업비밀의 특정문제

가. 영업비밀 특정의 필요성과 지나친 특정시의 문제점

영업비밀의 특정(特定) 문제는 비단 침해금지소송에 국한된 문제는 아니다.[20] 영업비밀 관련소송에서 보유자에 의하여 영업비밀이 특정되어야 할 필요성은, 법원에 의한 필요성과 상대방 당사자에 의한 필요성으로 각기 나누어 살펴볼 수 있다.

먼저 영업비밀은 외부에 공시되는 것이 아니므로 정확한 내용이 특정되지 않는 경우가 많다. 영업비밀은 근본적으로 그 내용이 광범위하고 모호하다는 특징을 가지며, 실제 분쟁에서도 이러한 모호함이 금지청구권을 행사함에 있어 법원의 판단을 지연시키는 사유로 작용할 수 있다. 그에 따라 영업비밀의 침해행위금지 청구소송에서는 피고가 침해하고 있는 영업비밀을 청구취지에서 명확히 기재할 필요가 생긴다. 나아가 일반적으로 법원 재판의 주문은 기판력의 물적 범위와 집행력의 범위를 정하는 근거가 되기 때문에 주문 그 자체로서 내용이 특정되도록 기재하여야 하므로, 이에 의하더라도 침해금지청구의 청구취지나 판결주문에서 영업비밀이 구체적으로 특정될 필요가 있다.[21]

다음으로 영업비밀 보유자에 의하여 법적 구제가 주장되는 영업비밀의 대상이 제대로 특정되어야 소송의 상대방 역시 자신의 법적 책임에 관하여 공격방어를 실질적으로 수행할 수 있다.[22] 물론 상대방이 원고의 전직종업원이거나

---

19) 서울고등법원 1996. 2. 29. 선고 95나14420 판결.

20) 앞서 설명한 대로, 영업비밀 침해에 대응한 법적 구제수단으로 손해배상소송은 잘 활용되지 아니하며 금지(가처분)청구와 형사고소가 주로 활용되고 있다. 그런데 영업비밀의 특정 문제는 비단 본안(本案)의 금지청구나 가처분 청구의 경우뿐 아니라 손해배상소송, 형사소송에서 모두 발생할 수 있다. 따라서 이하에서 설명하는 내용은 형사소송 등 다른 경우에도 그대로 해당한다.

21) 특허출원으로 공개된 제조기술 이외의 영업비밀로 주장하는 기술상 정보가 구체적으로 무엇인지 주장·증명되지 않았음에도 만연히 생산방법에 대한 정보를 영업비밀이라고 인정한 원심을 파기한 사례로는 대법원 2004. 9. 23. 선고 2002다60610 판결 참조.

22) 적어도 상대방이 쟁점인 비밀성 유무에 관해 충분히 방어를 할 수 있을 정도까지는 영

원고가 스스로 영업비밀을 제공한 적이 있는 거래상대방인 경우와 같은 때에는 해당 영업비밀이 담고 있는 기술정보를 상대방이 이미 숙지하고 있는 상태이므로 원고가 재판과정에서 영업비밀을 상세하게 특정하지 않더라도 상대방의 공격방어방법을 침해한다고 할 수 없다.[23] 마찬가지로 당해 영업비밀을 사용한 제품이 이미 시장에 있거나 제품의 외형적 구조를 영업비밀로 하고 있어 소송에서 영업비밀 특정을 완화하는 것이 상대방 당사자의 공격방어를 방해하지 않는다고 법원이 인정할 수 있는 경우에는 상대방 침해행위를 특정하는 과정을 통하여 간접적으로 영업비밀이 특정되는 것으로 충분하다고 볼 수도 있다.[24] 그렇지만 영업비밀 관련 쟁송의 상대방은 비단 위와 같은 경우에 국한되는 것이 아닌 것이다.

　이상과 같은 법원이나 상대방으로부터의 필요성에만 충실하자면 영업비밀 보유자로 하여금 가급적 최대한 영업비밀을 드러내고 특정할 것을 요구하여야 하지만, 반대의 위험도 도사리고 있음을 유의할 필요가 있다. 즉 영업비밀의 특정에 관하여 지나치게 높은 기준을 요구하여 소장 등을 통하여 원고에게 영업비밀 내용의 상세한 제시를 요구하거나 판결문상 내용을 그대로 적시하게 되면 그 과정에서 원고의 영업비밀이 공개되어 가치를 상실하게 될 위험이 농후한 것이다. 영업비밀은 '비밀'이어야 가치가 있고 법적으로도 보호될 적격을 갖추는 것인데 영업비밀을 보호받기 위하여 제기한 소송에서 부지불식간에 영업비밀이 법적인 보호자격을 박탈당하게 된다는 심각한 모순에 빠질 수 있다. 영업비밀 침해소송을 담당하고 있는 일본이나 미국 등 선진각국의 법원이나 우리 법원은 이를 직시하여 다음과 같이 대처하고 있다.

나. 영업비밀 특정의 수준에 관한 외국의 동향

　일본에서 영업비밀 특정의 수준에 관하여 명확하게 밝히고 있는 것으로는,

업비밀을 특정하여야 함에도 이런 주장입증책임을 게을리하였다고 보아 영업비밀 보유자의 주장을 배척한 사례로는 宮越グールド 事件(東京地判 平3. 9. 24. 判時 1429号 80頁) 참조. 이는 小野昌延 編, 「新 註解 不正競爭防止法 3版 (下)」, 靑林書院(2012), 861(小野昌延·大瀨戶豪志·苗村博子 집필부분)에서 재인용.

23) 이런 취지로는 設樂隆一, 裁判實務大系(27), 581-582. 이는 小野昌延 編, 「新 註解 不正競爭防止法 3版 (下)」, 靑林書院(2012), 863(小野昌延·大瀨戶豪志·苗村博子 집필부분)에서 재인용.

24) 松村信夫, 不正競爭法の法理と實務─最新の判例·學說に基づく實踐的手引─(第4版), 民事法硏究會(2004), 357 및 358. 이는 小野昌延 編, 「新 註解 不正競爭防止法 3版 (下)」, 靑林書院(2012), 863-864(小野昌延·大瀨戶豪志·苗村博子 집필부분)에서 재인용.

이른바 '반도체 전자동 봉지 기계장치(半導体全自動封止機械裝置) 판결'이라고 불리는 한 하급심 판결[25]이 대표적이다. 이는 원고의 사업부 책임자가 세운 경쟁회사가 원고의 종업원을 채용함과 동시에 그 종업원이 부정취득한 9만장의 설계도를 사용한 행위에 대하여 침해금지 및 손해배상을 구한 사건이었다. 여기서 법원은 소송에서 영업비밀을 특정할 필요성과 그 정도를 사안에 따라 명확히 하면서 그 특정 정도의 상당함을 판단하고 있다. 법원은 "손해배상 및 금지청구 등의 영업비밀에 관계된 청구를 하기 위해서는 심리의 대상을 특정하고 당사자 쌍방의 공격 · 방어 대상을 명확히 하며, 집행의 시점에 불필요한 혼란을 일으키지 않도록 청구자가 영업 비밀을 특정할 필요가 있다. 그리고 어떤 정도로 영업비밀을 특정할 필요가 있는 것인가는 개별적인 영업비밀의 특성 및 부정경쟁 행위의 상태 등에 따라 당사자 쌍방의 이익 등을 감안하면서 결정해야 한다."고 일반적인 판단기준을 먼저 설시하였다. 이어서 법원은 "본건 영업비밀과 같이 기술정보에 관계된 영업비밀은 원고에 있어서도 그 내용을 구체적으로 특정하는 것이 그 성질상 반드시 용이한 것은 아니며 부주의하게 공개함으로써 비밀성을 상실할 우려가 없다고는 할 수 없고, (원고는 본건 소송기록에 대하여 비밀 보호를 위해 열람 등의 제한을 신청하고 있는데) 역으로 피고가 그 기술정보를 공개하지 않도록 하기 위해 원고가 피고 사용 중인 기술정보와 대비하여 특정하는 것은 불가능을 강요하는 것이 되며, … 피고의 대표자 및 많은 종업원이 원고의 전직 종업원이고 이들은 재직 중 본건 영업비밀의 개발에 관계된 등 본건 영업비밀을 직접 취급한 입장이므로 본건 영업비밀의 내용 및 가치 등을 충분히 이해할 수 있는 입장이라고 추인함이 타당하므로 당사자 쌍방에 본건 영업비밀에 관하여 공통 인식이 있는 것이 인정된다."고 한 다음, 결과적으로 "원고가 보유한 방대한 설계도를 전부 제출시켜 본건 영업비밀의 특정 작업을 행하지 않더라도 청구원인으로서의 특정은 별지 영업비밀 목록의 기재로 충분하다."고 판단한 바 있다.

위 판결과 비슷한 견지에서, "유용성, 비밀관리성, 비공지성이라고 하는 동법 제2조 제6항 소정 요건의 충족 유무를 판단할 수 있고, 또한 동법 제2조 제1항 제4호, 제5호 소정의 부정취득 등 유무를 판단하는 전제로서 그 부정취득행위 등의 대상으로서 객관적으로 파악할 수 있는 정도로 구체적으로 특정되어

---

25) 福岡地裁 平成14. 12. 24. 平11(ワ)1102号 · 平11(ワ)3694号 · 平11(ワ)3678号 判決 (判タ 1156号 225).

있으면 충분하다"고 판단한 또 다른 판례26)도 있다.

한편 미국의 경우를 보더라도 수많은 영업비밀 관련 판결문들은 거의 예외 없이 당해 분쟁대상인 영업비밀에 관하여 몇 줄 안 되는 개략적인 설명만으로 특정하고 있을 뿐, 해당 기술정보의 실질적인 내용을 상세하게 판결문에서 특정하고 있는 예는 찾기 어렵다.27) 미국의 법원은 특정 수준에 관하여 '합리적인 구체성(reasonable particularity)'을 요구하고 있다고 한다.28)

다. 영업비밀 특정의 수준에 관한 우리 판례의 동향

이 문제에 관하여 우리 하급심 판결29)은, 집행상 의문이 없는 한 영업비밀이 이유와 주문에서 개괄적으로 특정되도록 기재하는 것을 허용하여야 할 것이라는 입장이다.30) 가령, 영업비밀의 특정정도에 관하여 법원은 '영업비밀의 보유자가 보호받고자 하는 영업비밀의 내용을 모두 구체적으로 상세히 기재할 것을 요구하는 것은 영업비밀의 보호를 위하여 부득이한 점이 있는데다가 위 영업비밀을 채무자가 1998. 1. 1.부터 2000. 3. 29.까지 채권자의 무선사업부 개발팀장으로 이동통신단말기의 개발업무에 종사하면서 지득한 것으로 제한하고 있는 이상 이 사건 영업비밀은 특정되었다고 할 것'이라고 판시하여 영업비밀의 특정에 관하여 비교적 관대한 입장을 취하고 있다.31) 아울러 다른 판결 중에는,

---

26) 大阪地裁 平成15. 2. 27. 平13(ワ)10308号·平14(ワ)2833号 (セラミックコンデンサー事件).
27) 미국의 영업비밀소송에서 원고는, 진실을 확인하는데 불가결한 범위 이내가 아니라면, 자신의 영업비밀의 상세한 내용을 공개할 의무가 없다. 이는 Drake v. Herrman, 261 N.Y. 414, 185 N.E. 685 (1933) 판결. 아울러 "원고는 침해된 영업비밀을 보호받기 위한 소송에서의 소장을 통하여 자신의 비밀을 상세하게 퍼트릴 것을 강요받지 않는다. 성질상 비밀인 과정의 존재에 관하여 결정적인 사실들만 주장하는 것으로 충분하다."고 판시한 Eastman Kodak Co. v. Powers Film Products, 189 A.D. 556, 561, 179 N.Y.S. 325 (4th Dep't 1919) 판결 참조. 이상은 Louis Altman & Malla Pollack, Callmann on Unfair Competition, Trademarks and Monopolies (4th Edition) (Westlaw DB updated July 2009) 중 §14:30 p. 7(Westlaw출력페이지 기준, 이하 같음)에서 재인용. 이 점과 관련하여 미국의 판결문과 달리 증거개시(discovery) 단계에서는 다른 수준의 특정이 요청된다는 바박으로는 박성수, "영업비밀의 특정에 관한 실무상 문제", 민사판례연구 제34권(민사판례연구회 편), 박영사 (2012. 2), 900 이하 참조. 하지만, 증거개시 단계에 전혀 다른 기준이 별도로 존재한다고 하기보다는, 그 단계에서도 위와 같이 판시하고 있는 미국 판결의 요지대로 불가결하고 결정적인 내용만이 공개의 대상이 된다는 법리에서는 차이가 없고 다만 절차가 다르다는 점 때문에 법리의 구체적인 응용 면(가령, 이 주석서 아래에서 설명하는 protective order의 활용범위 등)에서만 차이가 있다고 이해함이 타당하다.
28) 이에 관해 자세히는 김원오, "영업비밀 침해소송에서 그 특정을 둘러싼 쟁점과 과제", 인하대 법학연구(2011. 7), 17 이하 참조.
29) 서울고등법원 1996. 2. 29. 선고 95나14420 판결.
30) 이 부분은 법원행정처, 지적재산권 재판실무편람(2001), 7-8을 인용함.
31) 서울고등법원 2002. 11. 12. 자 2002라313 결정(이는 대법원 2003. 7. 16. 자 2002마4380

주로 원료가 10여 가지 안팎의 화공약품의 종류, 제품 및 색깔에 따른 약품들의 조성 비율과 방법이 숫자와 알파벳 등의 문자로 정밀하게 표현되어 구성되어 있는 잉크 등 제조방법을 판결에서 특정함에 있어, 부정경쟁방지법이 추구하는 영업비밀 보호의 취지를 살리기 위해 '언제부터 언제까지 회사 재직 중 지득하면서 어떤 공책 1권에 기재해 두었던 어떤 제품의 제조 방법에 관한 기술정보' 정도로만 기재하고 더 나아가 그 공책의 실제 기재 내용과 똑같이 구체적으로 적시하는 것을 피한 사례[32)]가 있다.

　나아가 대법원 판결 중에는 "영업비밀침해금지를 명하기 위해서는 그 영업비밀이 특정되어야 할 것이지만, 상당한 정도의 기술력과 노하우를 가지고 경쟁사로 전직하여 종전의 업무와 동일·유사한 업무에 종사하는 근로자를 상대로 영업비밀 침해금지를 구하는 경우 사용자가 주장하는 영업비밀이 영업비밀로서의 요건을 갖추었는지의 여부 및 영업비밀로서 특정이 되었는지 등을 판단함에 있어서는, 사용자가 주장하는 영업비밀 자체의 내용뿐만 아니라 근로자의 근무기간, 담당업무, 직책, 영업비밀에의 접근 가능성, 전직한 회사에서 담당하는 업무의 내용과 성격, 사용자와 근로자가 전직한 회사와의 관계 등 여러 사정을 고려하여야 한다."고 하여 판결 취지상 영업비밀 특정의 정도를 완화하여 해석하는 것으로 여겨지는 사례가 있으며, 아울러 형사사건에 관한 것이기는 하지만 2008년에 내려진 대법원 판결[33)]은, "부정한 이익을 얻을 목적으로 영업비밀을 사용하였는지 여부가 문제되는 부정경쟁방지 및 영업비밀보호에 관한 법률 위반 사건의 공소사실에 영업비밀이라고 주장된 정보가 상세하게 기재되어 있지 않다고 하더라도, 다른 정보와 구별될 수 있고 그와 함께 적시된 다른 사항들에 의하여 어떤 내용에 관한 정보인지 알 수 있으며, 또한 피고인의 방어권 행사에도 지장이 없다면 그 공소제기의 효력에는 영향이 없다"고 판시하고 있다.

　다만, 대법원 판례 중에는 원심법원의 영업비밀 특정이 부족하다는 점을 파

결정으로 지지되었음).

32) 서울지방법원 남부지원 1995. 2. 22. 선고 94가합3033 판결.

33) 대법원 2008. 7. 10. 선고 2006도8278 판결. 이는 피고인이 공소외 회사에 근무하면서 취득하게 된 영업비밀에 관하여 "미국 배셋사의 바이어 명단, 납품가격, 아웃소싱 구매가격, 물류비, 가격산정에 관한 제반자료, 벨금속의 중국 하청업자인 존 울리(John woolley), 미스터 종(본명 공소외인)에 대한 자료"라고만 특정한 뒤, 공소사실은 "피고인이 벨금속 무역부장으로 근무하면서 취득한 위 영업비밀을 이용하여 중국인 하청업자인 '미스터 종' 등으로부터 손톱깎이 세트 등을 생산하게 한 후 이를 배셋사 등에 납품하였다"라는 요지로 기소된 사안이었다.

기사유로 삼고 있는 예외적 재판 사례도 보이나,[34] 이것은 당해 사건에서 주장된 영업비밀의 대상이 이미 당사자가 특허출원을 통해 일반에게 공개된 기술정보임에도 하급심에서 그렇게 공개된 부분과 명확하게 구분하지 않았음을 지적한 것일 뿐이므로, 우리 판례들의 앞서와 같은 일반적인 기조와 다른 취지로 해석하기는 곤란하였다.

　　그런데 2013년경에 이르러 내려진 대법원 판례[35]는 판시 내용 중 "영업비밀을 구체적으로 특정하여야" 한다고 명시적으로 요구하고 있어 개괄적 특정으로 충분하다고 보았던 기존 선례와 다른 기조를 취한 것처럼 보인다. 당해 사건에서는 대법원이 원심법원과 마찬가지로 영업비밀 특정이 이루어지지 않았다고 최종 판단하였는데 주된 이유는 신청인이 영업비밀로 내세운 정보와 피신청인이 이미 공지된 정보라고 주장한 내용이 서로 어떻게 다른지 밝혀지지 않았다는데 있었다. 이런 대법원의 입장이 기존 선례들과 사실상 다른 입장을 취한 것인지는 분명하지 않은 점이 있으나, 만약 다른 입장을 취한 것이라면 2011. 12. 2. 부정경쟁방지법 등의 개정을 통해 비밀유지명령 제도가 이미 도입된 상황이어서 설령 구체적 특정의 요구로 인하여 재판 상대방에게 영업비밀의 내용이 알려지더라도 비밀유지명령을 통해 외부에까지 공개되는 것은 방지할 수 있게 되었다는 사정변경이 대법원의 위 입장변화에 큰 영향을 주었다고 할 수 있다.[36]

---

34) 위 2002다60610 판결. 위 사건에서 원심은 원고가 이 사건 특허출원으로 공개된 제조기술 이외의 영업비밀로 주장하는 기술상 정보가 구체적으로 무엇인지 특정·밝히지 아니한 채 만연히 이동식교각에 대한 생산방법에 대한 정보를 영업비밀이라고 인정·판단하였다. 그러나 대법원은 원심을 파기하면서 원고는 제3자가 특허등록한 "이동식교각"에 관한 특허권의 전용실시권자로서 위 특허출원과 동일한 이 사건 이동식교각을 제작·생산하고 있으므로, 원고의 이동식교각에 관한 제조기술 자체는 특허출원으로 인하여 이미 공개되었다고 할 것이어서 그 비공지성을 상실하였다는 점을 그 파기이유의 하나로 지적하였디.

35) 내법원 2013. 8. 22. 자 2011마1624 결정. "영업비밀 침해행위의 금지를 구하는 경우에는 법원의 심리와 상대방의 방어권 행사에 지장이 없도록 그 비밀성을 잃지 않는 한도에서 가능한 한 영업비밀을 구체적으로 특정하여야 하고, 어느 정도로 영업비밀을 특정하여야 하는지는 영업비밀로 주장된 개별 정보의 내용과 성질, 관련 분야에서 공지된 정보의 내용, 영업비밀 침해행위의 구체적 태양과 금지청구의 내용, 영업비밀 보유자와 상대방 사이의 관계 등 여러 사정을 고려하여 판단하여야 한다."

36) 2011마1624 결정에 재판연구관으로 관여한 것으로 짐작되는 이의 판례해설[김병식, "영업비밀 침해금지소송에서 영업비밀의 특정정도 및 판단 기준(2013. 8. 22. 자 2011마1624 결정: 공2013하, 1678)", 대법원 판례해설 제97호 하, 법원행정처(2014)] 내용에서 비밀유지명령 제도의 도입을 중요한 분기점으로 설명하면서 2011마1624 사건에는 종전 선례들과 다른 법리가 필요하다는 요지로 해설하고 있다.

라. 보다 강화된 영업비밀 특정을 요구하던 종전 의견

2013년 대법원 판례가 있기 전에도 우리 판례 동향을 비판하면서, 영업비밀의 특정은 침해금지의 범위를 정하고 집행이 가능하도록 하는데 직접적으로 관련이 있으며 영업비밀을 제대로 특정하지 않은 상태에서 재판이 진행될 경우 실질적으로는 영업비밀의 보호요건보다는 당해 피고나 피고인의 행위가 비난받을 만한 행위를 하였는가에 잘못된 초점이 맞추어질 위험이 있으므로 영업비밀 관련 쟁송에서 종전보다 엄격하게 영업비밀의 특정을 요구하는 의견이 있었다.[37] 이 의견에 따르면, 우리 법원은 일응의 재판기준[38]으로 "통상 근로자가 채권자 회사의 특정 업무에 종사하면서 지득한 것으로 제한하여 '…를 만드는 기술, …의 배합비율, …를 조절하는 기술' 정도면 특정되었다고 보고, 예컨대, ○○성분 00%, □□성분 00% 등의 구체적인 배합비율, 조절방법 등의 특정까지는 요구되지 않는다"라고 보고 있으나, 이와 같이 특정하는 경우 영업비밀의 세 요건을 갖추었는지 여부를 판단하는 기준은 '…를 만드는 기술, …의 배합비율, …를 조절하는 기술'일 수밖에 없는데, 이러한 추상적인 기술은 대부분 공지된 것이거나, 경제적 가치가 없는 것이어서, 영업비밀성을 인정하기 어렵고, 영업비밀 보유자가 주장하는 영업비밀이 이와 같은 공지된 기술을 가리키는 것이 아님 또한 분명하므로, 이와 같은 방식으로는 당해 재판에서 문제로 되는 영업비밀이 특정되었다고 볼 수 없으며, 특정되었다고 보더라도 영업비밀의 세 요건을 갖추었는지 여부는 추상적으로 특정된 기술을 기준으로 판단하여야 한다는 것이었다.

마. 분   석
(1) 영업비밀의 구체적 특정 필요성 대 특정수준 완화 필요성의 충돌

사실 이 문제는 단순히 '소장 기재에서의 청구취지 특정' 혹은 '기판력의 범위와 관련한 판결주문 상의 특정' 문제뿐만 아니라, 법관으로 하여금 당해 재판의 대상이 무엇인지 정확하게 파악할 수 있도록 해야 한다는 보다 근본적인 문제까지 포함하고 있다. 사실, 상대방이나 제3자에게 불필요하게 당해 영업비밀의 내용이 공개된 결과 영업비밀의 보호요건이 상실되지 않도록 조치하면서

---

37) 이는 2009. 7. 20. 법원 지적재산권법 커뮤니티·서울대학교 기술과법 센터 공동워크숍 당시 박정희 부장판사의 토론문 내용이다.
38) 법원행정처, 지적재산권 재판실무편람(개정판)(2005), 141-142의 기재를 가리킨다.

도, 반대로 ① 법관에게는 당해 영업비밀의 상세한 내용을 알 수 있도록 공개하고 아울러 ② 기판력·집행력 범위(혹은 형사재판의 일사부재리의 효력)가 명확해지도록 당해 영업비밀을 특정하여야 한다는 너무나 모순된 요구가 영업비밀 소송에 존재한다. 이를 조화롭게 해결하는 것은 결코 쉬운 일이 아니다. 미국에서도 이런 어려움은 마찬가지여서 비록 구체적 내용은 상이하지만, "아이러니컬하게도, 영업비밀 보유자는 부정한 이용행위에 대항하여 법적 구제를 얻으려면 자신의 비밀이 공개될 수도 있다는 큰 위험을 감수하여야만 한다. 그는 반드시 입증책임의 부담에 상응하며[39] 아울러 상대방에게 방어를 위한 공정한 기회를 주기에 충분한[40] 공개를 하여야 하는 것이다. 덧붙여 법원이, 원고의 영업비밀이 실제로 부정하게 피고에 의해 이용되었고 판결로 강제하기에 이른 것인지를 판단하려면, 모든 사실을 파악하여야만 하는 것이다."라고 하는 취지로 설명되곤 한다.[41]

우선 법관으로 하여금 당해 재판의 대상이 무엇인지, 즉 영업비밀의 상세한 내용이 무엇인지 정확하게 지득(知得)하게 하여야 법원이 올바른 재판을 할 수 있을 것이므로, 이런 목적을 위하여 당사자가 상세하게[42] 법원에 그 내용을 밝혀야 할 필요성이 있음을 지적하는 측면에서는 앞서와 같이 판례보다 강화된 특정을 요구하는 의견이 일응 타당하다. 그러나 법관에게 그 내용을 알릴 필요성을 충실하게 만족시킬수록 그 변론(辯論)이나 공판(公判)에 참가하는 상대방이나 방청하는 제3자에게도 마찬가지로 영업비밀의 상세한 내용이 알려질 위험이 반드시 수반된다.

---

39) 이런 취지로는 Baglin v. Cusenier Co., 164 F. 25 (C.C.A. 2d Cir. 1908), rev'd on other grounds, 221 U.S. 580, 31 S. Ct. 669, 55 L. Ed. 863 (1911) 외 수많은 판례가 존재한다. 그 외에도 Trandes Corp. v. Guy F. Atkinson Co., 996 F.2d 655 (4th Cir. 1993). '당해 영업비밀을 상세히 제공하기를 거부한 행위는 원고청구의 입증부족을 가져온다'; Trandes Corp. v. Guy F. Atkinson Co., 996 F.2d 655, 661, 27 U.S.P.Q.2d (BNA) 1014 (4th Cir. 1993) '원고는 단지 자신이 영업비밀을 가지고 있다는 점을 주장하는 것 이상을 헤내야 한다.'

40) 이를 지적한 판례로는 Kaumagraph Co. v. Stampagraph Co., 235 N.Y. 1, 138 N.E. 485 (1923). 반면 "원고는 부정유용되었다는 영업비밀을 '합리적인 수준의 특정(reasonable particularity)'으로 공개하여야 한다 ⋯ 소송에 필요한 이상으로 공개되지 않도록 하여야⋯" 한다고 판시한 사례로는 SmithKline Beecham Pharmaceuticals Co. v. Merck & Co., Inc., 766 A.2d 442 (Del. 2000).

41) 미국에서의 이런 설명과 관련 판례는 Louis Altman & Malla Pollack, Callmann on Unfair Competition, Trademarks and Monopolies 중 §14:30 p. 5에서 재인용.

42) 가령 당해 영업비밀 침해로 인한 형사처벌의 적절한 양형을 위하여서나, 정당한 범위의 손해배상액을 산정하기 위하여서는 사실 당해 영업비밀의 실체가 최대한 자세하게 공개될 필요가 있다고도 볼 수 있다.

이에 관한 우리 판례의 입장을 살피건대, 영업비밀의 내용을 모두 구체적으로 상세히 기재할 것은 필요하지 않으며[43] 영업비밀이라고 주장된 정보가 상세하게 기재되어 있지 않다고 하더라도 다른 정보와 구별될 수 있고 그와 함께 적시된 다른 사항들에 의하여 어떤 내용에 관한 정보인지 알 수 있으면[44] 족하다는 입장을 취하고 있으므로, 적어도 앞서 본 ②의 요구, 즉 기판력·집행력 범위 등의 명확화를 위한 영업비밀 특정의 요구에 대응하여서는 그와 반대로 상대방이나 제3자에게 영업비밀이 불필요하게 공개되지 않도록 조치할 필요성도 함께 고려하고 있다고 볼 수 있다. ①의 요구에 비하여 기판력·집행력 범위 명확화를 위한 특정의 수준은 비교적 높지 않고 영업비밀이 상대방이나 제3자에게 부당하게 공개됨을 막을 수준에서도 충분히 조화시킬 여지가 있으므로 이런 판례의 입장은 타당하다.

더 구체적으로 말하자면, 영업비밀의 종류 중 비교적 간단한 수준의 경영정보(가령 영업노하우)와는 달리 기술정보는 비록 소장이나 판결문상에서 설명되더라도 아주 상세하게 설명되지 않는 한 비공지성을 지킬 수 있을 것이다. 반면 전문분야 기술정보라도 지나치게 상세한 소장이나 판결문상에서의 설시는 당해 기술이 속하는 분야에서 통상의 지식을 가진 자로 하여금 해당 기술정보의 내용을 용이하게 파악할 수 있게 하여 비공지성을 상실케 할 위험이 있다.[45] 참고로 미국의 경우를 보더라도 앞서 본대로, 거의 예외 없이 당해 분쟁대상인 영업비밀에 관하여 몇 줄 안 되는 개략적인 설명만으로 특정하고 있는 결과 다른 경쟁자가 그 판결문에 근거하여 당해 영업비밀의 실체에 접근하기는 거의 불가능한 것으로 보인다. 이에 관하여 미국의 그것과 달리 한국의 집행절차는 판결 불복에 대하여 법정모독죄(contempt of court)가 존재하지 아니하고 법원판결에 기한 집행관(執行官)의 기계적 집행을 축으로 하고 있으므로 미국에서보다는 판결 특정의 필요성이 더 강할 수도 있다는 지적이 있으나, 반대로 영업비밀 침해금지 재판의 집행은 궁극적으로 집행관이 아니라 법원에 의한 간접강제에 의존하는 것이므로 현재의 우리 법원이 취하고 있는 수준의 특정만으로도 법원 스스로의 간접강제 판단에 어려움이 없는 이상 충분하다는 반대의견도 존재한

---

43) 앞서 2002라313 결정.
44) 앞서 2006도8278 판결.
45) 이를 피하기 위해 앞서 94가합3033 판결에서와 같이 비록 법관이 재판과정을 통하여 이미 아는 내용이라도 판결문에 그대로 기재하지 않고 개괄적으로 적시하여야 하는 경우가 있을 것이다.

다.46) 영업비밀 관련 재판집행은 당해 영업비밀 자체에 이루어진다기보다 실제
로는 판결주문 상으로 그 영업비밀이 담긴 특정상품의 판매금지, 제조도구의 사
용금지 혹은 특정인의 전직금지 등으로 나타난다는 사정을 고려하더라도 이 차
원에서는 영업비밀 내용 자체의 지나친 특정을 요구할 필요가 없다는 입장이
타당하다고 본다.

　　하지만 앞서 본 ①의 필요성, 즉 법관에게 당해 영업비밀의 상세한 내용을
알 수 있도록 공개할 필요성과 그와 반대로 상대방이나 제3자에게 영업비밀이
공개되지 않도록 조치해야 한다는 측면을 어떻게 조화시키고 있는 지에 관하여
는 그동안 정확한 판례의 입장을 알기 힘들었다.47) 뿐만 아니라 2011. 12. 2. 비
밀유지명령 제도의 도입 전까지 구 법령에 의해서는 법원이 아무리 조화로운
해결책을 찾고자 하더라도 찾기가 극히 곤란한 상태였다.48)

(2) 그간의 입법적 노력과 향후의 입법방향

　　2002년 개정된 한국 민사소송법 제163조는 소송기록 중에 당사자가 가지는
영업비밀이 적혀 있는 때에 해당한다는 소명이 있는 경우 법원은 당사자의 신

---

46) 이 부분은 2009. 7. 20. 법원 지적재산권법 커뮤니티·서울대학교 기술과법 센터 공동워
크숍 당시 박성수 부장판사의 지적과 이에 대한 최성준 고등부장판사의 반대의견이다.
47) 앞서 2002라313 결정은 신청인이 전직근로자였던 피신청인의 전업금지 등 가처분을 법
원에 청구한 사안에서 영업비밀의 특정이 이루어지지 않았다는 피신청인의 주장을 영업비
밀의 내용을 모두 구체적으로 상세히 기재할 것은 필요하지 않다는 이유를 들어 배척하고
있다. 그런데 이렇게 구체적 기재가 필요하지 않은 것은 당해 소송물의 특정 문제에 국한
하여서이지, 만일 법원이 당해 재판의 대상을 제대로 파악하기 위해 요청됨에도 여전히 신
청인에 의한 구체적 기재가 필요하지 않다는 의미로는 보기 어렵다.
48) 한국의 경우 적어도 부정경쟁방지법 사안에서는 아직 미국과 같은 보호명령제도가 없고
재판의 공개 원칙이 비교적 철저하다. 그런 법령에 따르면, 법관의 심증형성을 위해 제시
되는 영업비밀의 내용이 변론이나 공판 과정에 참가하는 상대방이나 방청하는 제3자에게
도 아울러 제시될 수밖에 없다. 즉, 이와 관련하여 헌법과 법원조직법이 정한 재판의 예외
적 비공개 규정은 내용상 적용되기 어렵고, 비공개가 가능한 민사소송법상 변론준비절차
는 증인신문 능에는 적용되지 않아 결국 영업비밀의 비공지성 유지에 큰 도움이 되지 않
는다(자세히는 정상조·박준석, 영업비밀의 사법적(司法的) 보호에 관한 비교법적 연구,
법원행정처 정책연구용역 보고서(2009), 121-122 참조). 아래에서 설명할, 인 카메라(in
camera) 제도 등의 도움이 없는 한 법관에 대한 내용제시와 상대방·제3자에 대한 내용제
시 사이에 차이를 둘 수 없는 것이다. 그런데 통상 기술정보가 주류인 영업비밀 관련 쟁송
에 있어 상대방이나 제3자는 당해 기술분야의 종사자이고 반면 법관은 비전문가일 것이
보통이므로, 위와 같이 동일한 수준으로 제시된 내용을 토대로 상대방이나 제3자에게 당
해 영업비밀의 비공지성이 상실되지 아니한 상태로 법관이 당해 영업비밀의 실체(즉 침해
유무의 판단과 같은 다소 기계적 판단뿐 아니라 적절한 양형이나 손해배상액 결정을 위하
여 침해대상인 영업비밀의 진정한 가치를 평가할 필요가 있을 경우 등)를 파악하기란 곤
란한 경우가 대부분일 것이다.

청에 따라 결정으로 열람등사를 신청할 수 있는 자를 당사자로 한정할 수 있도록 하였고, 이에 따라 대법원도 재판예규49)로 같은 내용을 정하고 있다. 이런 변화는, 적어도 제3자에게 불필요한 공개를 막는 데 어느 정도 효과가 있을 것임은 사실이지만, 상대방 당사자가 영업비밀을 소송과정 중에 지득하는 데 대하여는 아무런 대책이 될 수 없고 심지어 제3자에 대하여도 소송기록 열람의 방법이 아니라 재판방청의 방법으로 인한 지득행위에 관하여는 별다른 효용을 가질 수 없었다.50)

결국 이 문제를 효과적으로 해결하려면 새로운 시스템을 입법으로 도입하는 것이 검토될 필요가 있었는데,51) 2011. 12. 2. 한·미 자유무역협정의 결과에 따라 비밀유지명령(秘密維持命令) 제도가 부정경쟁방지법은 물론 특허법 등 지적재산권 법률 전반에 일거에 도입되었다. 이것은 당초 미국과의 약속에 의해 도입하게 된 것이지만 실제 한국에 도입된 제도의 구체적 내용은 일본의 비밀유지명령 제도와 아주 흡사하였다. 이것은 소송과정에서 주장이나 증거의 대상이 된 영업비밀이 제3자에게 공개되는 것을 피하기 위해 소송상대방에게 비밀유지를 명령하고 위반할 경우 형사처벌을 가하는 것이 골격이다. 이에 관해 자세히는 본 주해서 중 제14조의4 내지 제14조의6 설명부분을 참조하기 바란다.

그러나 2011년 비밀유지명령의 도입에 불구하고 여전히 소송 중 상대방에게 영업비밀의 내용이 일단 누설되는 것은 피할 수 없는 상황이다. 따라서 영업비밀의 완벽한 보호를 위해서는 비밀유지명령만으로는 미흡한 면이 있다. 참고로 미국의 경우 보호명령 제도 등의 운영을 통하여 그런 미흡함을 해소하고 있다. 즉 미국에서는 소송절차 중 영업비밀이 공개되지 않도록 보호명령(protective order) 제도, 소환명령(subpoena)에 대한 취소변경 제도,52) 비공개 심리(In Camera)

---

49) 재판예규 제966호 "비밀보호를 위한 열람등의 제한" 예규.
50) 왜냐하면 재판에 대한 헌법상의 공개주의(公開主義) 원칙상 침해금지소송에서도 변론은 일반에게 공개됨이 원칙이고, 변론준비절차(辯論準備節次)에서는 비공개로 진행할 수 있기는 하지만 민사소송법 제281조에 따라 변론준비절차에서 시행할 수 있는 소송행위의 범위에는 제약이 있으며 특히 증인신문이나 당사자신문 등은 진행할 수 없다는 본질적 한계가 있다.
51) 이하의 미국·일본의 제도 설명은 정상조·박준석, 앞의 보고서 중 각각 17 이하 및 30 이하를 기초로 한 것이다.
52) 소환명령(subpoena)이란 연방민사소송규칙 제45조에 의하여 소송계속 중에 법원이 당사자나 제3자에게 증언을 하거나, 특정 문서, 정보, 유체물의 제출을 하거나 조사를 인용하는 등의 행위를 할 것을 명령하는 제도인데, 여기서 영업비밀인 대상에 관하여는 소환명령

절차53) 등을 운용하고 있다. 그중 대표적으로 연방민사소송규칙 제26조 (c)에서 정하고 있는 이른바 보호명령(保護命令, protective order) 제도는 소송당사자 혹은 증거개시(證據開示, discovery) 대상이 된 주체의 신청이 있고, 아울러 정당한 이유(good cause)의 입증이 있는 경우, 당해 사건이 계류 중인 법원에 의하여 혹은 증인진술서(deposition)의 대상이 되는 사안에 대하여서는 해당 증인진술서가 채록된 장소를 관할하는 법원에 의하여, 위 소송당사자나 주체를 방해하거나 당혹케 하거나 압박하거나 혹은 부당한 부담이나 비용을 당하지 않도록 일체의 명령을 내릴 수 있도록 한 제도이다. 그런데 연방민사소송규칙은 명시적으로 이런 보호명령의 내용 중에 영업비밀 혹은 다른 비밀의 연구, 개발, 혹은 상업 정보를 공개하지 않거나 특정한 방법으로만 공개할 것을 포함할 수 있다고 예시하고 있으므로 미국에서는 가령 상대방 당사자가 아니라 변호인에 국한하여54) 해당 영업비밀에의 접근을 허용하는 명령을 내리는 방법으로, 법관으로 하여금 영업비밀의 실체를 충분히 파악할 수 있게 하면서도 불필요하게 경쟁업체인 상대방 당사자가 함께 그 실체를 알게 되는 결과를 피하도록 강구하고 있다.

　　그런데 한국에서는, 미국의 상황과 다르게, 소송상대방에게조차 영업비밀의 내용을 비밀로 유지하면서도 법관에게는 영업비밀의 실체를 제대로 알릴 수 있는 방법이 적어도 부정경쟁방지법 차원에서는 아직 존재하지 않는다. 더 정확히 말하자면 특허법의 경우라면 2016년 개정법을 통하여 미국식 비공개 심리(In Camera) 절차가 새로 도입되었는데 그런 개정이 부정경쟁방지법에서는 이루어지지지 못했기 때문에 향후 부정경쟁방지법 개정을 통해 그런 비공개 심리 절차의 도입이 필요한 상황으로 보인다. 이를 더 부연하면 다음과 같다.

을 받은 자가 소환명령의 취소·변경을 구할 수 있도록 정하고 있다.

53) 'In Camera(이는 'in a chamber'의 의미) 절차란 가령 영업비밀의 보호를 위해서 필요한 경우와 같이 법원이 필요하다고 판단한 경우 비공개로 절차를 진행하는 것을 말한다. 물론 법원의 재판을 일반공중에게 공개하여야 한다는 당위성은 미국에서도 인정되는 것이지만 일정한 예외가 있다. 즉 법정책상, 소송에 대한 법원의 본안(trial) 절차는 특수한 예외를 빼고는 일반공중에게 공개되어야 하며… 형평법상의 사건들은 공개 법정에서 변론이 행하여지지만, 법원은 공개변론을 요구하는 성문규정이 없는 경우 공개되지 아니한 상태에서 당해 사건을 심리할 것을 명할 수 있는 것이다(뒷 문장은 53 Am Jur, Trial §36 참조).

54) 이는 변호인이 상대방의 이익을 대리하는 지위뿐만 아니라 넓게는 사법제도에서 당사자와 달리 공익적 기능을 수행하는 지위도 가짐에 착안한 것으로 보인다. 정확히 일치하지는 않지만, 한국 법제에서도 가령 공소제기 후 검사가 보관하고 있는 서류 등의 열람·등사에 있어 변호인에게는 열람·등사를 모두 가능하게 하면서도 피고인에게는 열람만을 허용하고 있는 조항(형사소송법 제266조의3 단서) 등은 당사자의 지위를 넘어서는 변호인의 지위를 일부 인정하고 있는 근거로 볼 수도 있다.

2016년경에 이르러 우리 입법자는 특허침해금지소송과 같은 특허법 사건에 있어서는 새롭게 비공개 심리 절차를 새로 도입함으로써 특허권자의 상대방이 자신의 영업비밀이라고 주장하는 내용이 있을 경우 그 내용을 특허권자에게 누설하지 않고도 법원이 비밀리에 과연 영업비밀에 해당하는지 여부를 심리할 수 있는 길을 열어 주었다. 즉 2016. 3. 29. 특허법 개정을 통하여 제132조 구 '서류의 제출' 제도[55])를 새로운 '자료의 제출' 제도(현행 제132조[56]))로 보완하면서 서류의 소지자가 그 서류의 제출을 거절할 정당한 이유가 있다고 주장하는 경우 "그 주장의 당부를 판단하기 위하여 자료의 제시를 명할 수 있다. 이 경우 법원은 그 자료를 다른 사람이 보게 하여서는 아니 된다."라고 상세히 규정한 제2항을 추가하였다. 또한 같은 제3항에서는 상대방이 제출거부하는 자료가 설령 영업비밀에 해당하더라도 "침해의 증명 또는 손해액의 산정에 반드시 필요한 때에는 제1항 단서에 따른 정당한 이유로 보지 아니한다."고 규정함으로써 영업비밀임이 인정되는 경우에도 일정 조건 하에 자료제출의무의 대상이 됨을 분명히 규정하였다. 개정 특허법 제132조의 인 카메라(in camera) 절차의 운영과 관련하여 우리 특허법원 실무[57])에서는 영업비밀을 열람할 수 있는 사람을 원칙

---

55) 개정전의 구 특허법 제132조(서류의 제출) 법원은 특허권 또는 전용실시권의 침해에 관한 소송에서 당사자의 신청에 의하여 해당 침해행위로 인한 손해를 계산하는 데 필요한 서류를 제출하도록 다른 당사자에게 명할 수 있다. 다만, 그 서류의 소지자가 그 서류의 제출을 거절할 정당한 이유가 있으면 그러하지 아니한다.

56) 제132조(자료의 제출) ① 법원은 특허권 또는 전용실시권 침해소송에서 당사자의 신청에 의하여 상대방 당사자에게 해당 침해의 증명 또는 침해로 인한 손해액의 산정에 필요한 자료의 제출을 명할 수 있다. 다만, 그 자료의 소지자가 그 자료의 제출을 거절할 정당한 이유가 있으면 그러하지 아니한다.

② 법원은 자료의 소지자가 제1항에 따른 제출을 거부할 정당한 이유가 있다고 주장하는 경우에는 그 주장의 당부를 판단하기 위하여 자료의 제시를 명할 수 있다. 이 경우 법원은 그 자료를 다른 사람이 보게 하여서는 아니 된다.

③ 제1항에 따라 제출되어야 할 자료가 영업비밀(「부정경쟁방지 및 영업비밀보호에 관한 법률」 제2조 제2호에 따른 영업비밀을 말한다. 이하 같다)에 해당하나 침해의 증명 또는 는 손해액의 산정에 반드시 필요한 때에는 제1항 단서에 따른 정당한 이유로 보지 아니한다. 이 경우 법원은 제출명령의 목적 내에서 열람할 수 있는 범위 또는 열람할 수 있는 사람을 지정하여야 한다.

④ 당사자가 정당한 이유 없이 자료제출명령에 따르지 아니한 때에는 법원은 자료의 기재에 대한 상대방의 주장을 진실한 것으로 인정할 수 있다.

⑤ 제4항에 해당하는 경우 자료의 제출을 신청한 당사자가 자료의 기재에 관하여 구체적으로 주장하기에 현저히 곤란한 사정이 있고 자료로 증명할 사실을 다른 증거로 증명하는 것을 기대하기도 어려운 때에는 법원은 그 당사자가 자료의 기재에 의하여 증명하고자 하는 사실에 관한 주장을 진실한 것으로 인정할 수 있다.

57) 특허법원, 민사항소심 소송절차안내(개정)(2018), 9.

적으로 소송대리인 및 법원이 선정한 전문가로 한정하고 있다.

그런데 문제는 2016. 3. 29. 개정 특허법이 새로 도입한 인 카메라 절차 관련 규정이 부정경쟁방지법에는 아직 도입되지 않았다는 사실이다. 당초 구 특허법 제132조의 '서류의 제출' 규정과 현행 부정경쟁방지법 제14조의3[58] 규정은 서로 호응하는 조문이라고 볼 수 있었는데, 우리 입법자가 특허법, 그리고 그것이 준용되는 실용신안법 등에만 인 카메라 절차를 인정하고 나머지 부정경쟁방지법 등은 제외한 이유는 분명하지 않다. 설령 어떤 이유가 있더라도 어지간해서는 타당한 태도라고 보기 어렵다. 즉 2016년 특허법 개정안이 염두에 둔 문제점이나 해결필요성은 영업비밀 보호와 관련한 부정경쟁방지법 소송에서도 마찬가지이므로 장기적으로 볼 때 부정경쟁방지법에도 유사한 조문이 도입되어야 균형이 맞을 것이다. 즉 차후 법률개정을 추진함에 있어서는 기술의 법적 보호에 관해 특허법과 (부정경쟁방지법상) 영업비밀보호규정이 아주 밀접한 관계에 있다는 점을 충분히 인식하고 특정한 제도를 반영할 때 함께 개정안을 추진하는 것이 바람직하다. 참고로, 일본의 경우 1999년 개정[59]을 통하여 특허법뿐만 아니라 부정경쟁방지법에도 동일하게 인 카메라 절차를 도입하였다.

향후 우리 부정경쟁방지법에도 특허법과 마찬가지로 인 카메라 절차가 도입된 이후시점이라면 법원이 당사자에게 과거보다 훨씬 강화된 수준으로 영업비밀의 구체적 특정을 요구하더라도 상대방에게 알려지는 것을 피할 수 있으므

　　"바. 자료제출명령

　　법원은 자료가 제출되지 않음으로 인해 신청인이 받은 불이익과 자료의 공개로 인해 상대방 당사자가 받는 불이익을 비교 형량하여 제출 자료의 종류와 범위를 정할 수 있다. 제출 대상 자료가 민감한 개인정보를 포함하거나 침해의 증명, 손해액의 산정과 무관한 정보를 포함하는 등 정당한 이유가 있는 경우 법원은 상대방 당사자의 신청에 따라 해당 부분을 삭제한 자료의 제출을 허가할 수 있다.

　　사. 열람범위지정 및 비밀유지명령

　　법원은 제출 대상 자료에 영업비밀이 포함된 경우 제출명령의 목적 내에서 열람할 수 있는 범위 또는 열람할 수 있는 사람(영업비밀을 열람할 수 있는 사람은 원칙적으로 소송대리인 및 법원이 선정한 전문가로 한정)을 지정하여야 한다. 이 경우 법원은 상대방 당사자의 신청에 따라 특허법 제224조의3 제1항 각호의 요건을 충족하는 경우 결정으로 위 자료를 열람할 수 있는 사람에 대하여 비밀을 유지할 것을 명할 수 있다."

58) 부정경쟁방지법 제14조의3(자료의 제출) 법원은 부정경쟁행위, 제3조의2 제1항이나 제2항을 위반한 행위 또는 영업비밀 침해행위로 인한 영업상 이익의 침해에 관한 소송에서 당사자의 신청에 의하여 상대방 당사자에 대하여 해당 침해행위로 인한 손해액을 산정하는 데에 필요한 자료의 제출을 명할 수 있다. 다만, 그 자료의 소지자가 자료의 제출을 거절할 정당한 이유가 있는 경우에는 그러하지 아니하다.

59) 다만 제3항은 2004년 개정시 추가.

로 부당하다고 하기 어려울 것이다. 그러나 현재의 비밀유지명령 제도만으로는 영업비밀이 소송상대방에 알려지는 것까지 막을 수는 없고 그런 상대방이 관련 시장에서 가장 유력한 경쟁자인 경우가 많다는 실정을 고려할 때 현재 제도 하에서 영업비밀의 특정을 지나치게 요구하는 것은 문제가 있다고 사료된다.

Ⅲ. 금지청구권 행사의 효과 — 금지명령의 기간

1. 미국의 경우

미국의 경우 영업비밀침해에 대응하여 법원이 발하는 금지명령의 기간에 관하여 종전 보통법 하에서는 의견의 대립이 있었다. 일부 판결60)에서는 피고가 영구적으로 유용(misappropriation)된 영업비밀을 사용할 수 없고, 나중에 일반적 지식이 된 후에도 마찬가지라고 하였다(영업비밀 보유자에게 가장 유리한 이른바 'Shellmar rule'). 이런 입장은 피고가 그 자신의 불공정한 행위에 의해 영구적으로 영업비밀을 사용할 권리를 잃어버린다는 이론에 바탕하고 있다. 또 다른 판결61)에 의하면 금지명령은 정보가 어떻게든 일단 일반공중에게 공개되면 자동적으로 종료한다고 보았다(침해자에게 가장 유리한 이른바 'Conmar rule').

그러나 1974년 연방 제9항소법원의 K-2판결62)에서는, 앞서 극단적인 두 입장 대신 이를 절충한 이른바 'Winston Research rule'63)을 따랐으며(이는 'head start rule'이라고도 불리며 이것이 우리 대법원64)이 아래 해당부분에서 보듯이 직접 '유리한 출발(headstart)'이라고 그 표현을 원용하면서 찬성하고 있는 입장이기도 하다), 금지명령의 기간은 침해자가 당해 영업비밀을 사용하지 않고 리버스 엔지니어링이나 독립적인 개발에 의해서 제품이나 공정을 알아내는데 걸리는 시간에 국한된다고 보았다.

이런 입장들과 관련하여 UTSA65)는 K-2 판결이 취한 원칙을 주로 채택하

---

60) Allen-Qualia Co. v. Shellmar Products Co., 87 F.2d 104 (7th Cir. 1936).
61) Conmar Products Corp. v. Univeral Slide Fastner Co., 172 F.2d 150 (2d. Cir. 1949).
62) K-2 Ski Company v. Head Ski Co., Inc., 506 F.2d 471 (9th Cir. 1974).
63) Winston Research Corp. v. Minnesota Min. & Mfg. Co., 350 F.2d 134 (9th Cir. 1965).
64) 침해행위로 얻은 '유리한 출발(headstart)'을 제거하는 데 소요될 침해금지기간을 설정할 필요가 있다고 판시한 대법원 1996. 12. 23. 선고 96다16605 판결을 말한다.
65) UTSA, 즉 통일영업비밀법(Uniform Trade Secrets Act)은 1979년 통일주법 전국위원회(National Conference of Commissioners on Uniform State Laws)가 영업비밀 분야에서 서로 다른 주법들의 통일을 지향하기 위해 수립한 권고적 법안이다. 1981년 캔사스 주가 이를 채용한 것을 비롯하여 2024년 1월 현재까지 뉴욕주를 제외한 나머지 주가 모두 채택하고

였다.[66] 즉 UTSA는 영업비밀이 유용되었다는 것이 입증되면 법원에 의해서 영업비밀의 사용을 금지하는 명령이 내려질 수 있다고 명시적으로 구제책을 부여함에 있어, 그 금지기간에 관하여는 피고가 독립적인 개발이나 리버스 엔지니어링을 통해 적법하게 영업비밀을 발견하기까지 걸렸을 시간을 최대한으로 하며, 일단 정보가 영업비밀로서 존재하지 않게 되면 종료되도록 하면서도[67] 영업비밀이 더 이상 존속하지 아니한 때라도, 영업비밀의 유용으로 인한 피고의 상업적 이득이 모두 제거될 때까지 추가적으로 금지명령이 계속될 수 있음을 명문으로 허용하고 있다.[68] 즉 UTSA는 당해 영업비밀이 침해자의 행위에 의한 경우는 물론이고, 제3자의 리버스 엔지니어링 등 적법한 행위에 의하여 공지상태가 된 경우라도 침해자는 그 공지시점부터 기산하여 침해행위로 얻은 '유리한

있다(더 자세히는 본서 제2조 제2호 설명 중 Ⅱ. 3. 부분을 참조할 것). 미국의 경우 연방제라는 특수한 구조 하에서 지적재산권의 다른 영역, 가령 특허나 저작물에 관하여는 연방이 전속으로 관할하고 있는 것과 달리 영업비밀에 관하여는 아직도 DTSA 등 뒤늦게 제정된 연방법률이 규율하는 부분을 제외하고는 각 주에서 관할하고 있으므로 UTSA가 영업비밀 법제에서 차지하고 있는 위상은 상당한 것이라고 할 수 있다.

66) 다만, 통상의 독자적인 개발에 필요한 기간을 경과하였지만, 실제로는 피고가 합법적으로 역설계 대상 제품을 구할 수 없는 등으로 독자적인 개발을 할 수 없었다거나, 피고가 실제로 독자적인 개발에 착수하지 아니하여 그 기간을 그대로 경과한 경우에는 그 기간 경과 이후에도 영업비밀성을 유지하고 있는 것이므로, 이와 같은 예외적인 사안에서는 미국 판례상 통상의 독자적인 개발에 필요한 기간을 넘어서도 금지명령을 발령한 사례가 다수 존재한다는 설명으로는 Roger M. Milgrim & Eric E. Bensen, 4 Milgrim on Trade Secrets §15.02 (2024) 중 '[d] Duration of Injunction as Function of Development Time' 부분 참조.

67) 아울러 다른 예를 들어 설명하면, A가 영업비밀을 가지고 있고 다른 사업자인 B와 C는 이를 모른다고 할 때, 만약 B가 A의 영업비밀을 유용하고 그 사용이 금지된 경우, C가 나중에 적법하게 A의 영업비밀을 리버스 엔지니어링하였다면, B가 유용행위로 취한 유리한 출발에 상응한 시간이 경과되는 즉시 B의 앞선 금지기간이 소멸되어 B를 제약하는 금지명령은 종료되게 된다. 그 정보의 사용으로 경제적 가치를 얻는 모든 사람은 그 사실을 알고 있고, 더 이상 영업비밀은 존재하지 않게 되는 것이다. 이 부분 본문과 각주의 내용은 UTSA 제2조에 대한 주석(comment) 참조.

68) UTSA §2 금지청구; (a) 실제 혹은 발생할 우려 있는 부정유용행위를 금지할 수 있다. 법원에 신청이 있는 경우, 유지명령(留止命令, injunction)은 당해 영업비밀이 더 이상 존속하지 아니한 때 취소된다. 그러나 당해 유지명령은 그것이 없을 경우 부정유용으로부터 발생할 상업적 이득을 제거하기 위하여 합리적인 기간 동안 지속될 수 있다.

(b) 예외적 상황에서는 유지명령안에, 원래 이용이 금지되었을 기간 동안에 국한하여 합리적인 실시료의 지급을 조건으로 장래의 이용을 정할 수 있다. 위 예외적 상황에는, 부정유용을 알았거나 알았으리라고 볼 사정을 구비하기 전 지위에 중대하고 소송물관련 유해한 변화가 있어 금지적 유지명령이 부적당하게 된 경우가 포함되나 이에 국한되지는 않는다.

(c) 적당하다고 인정된 상황에서는, 영업비밀을 보호하기 위한 적극적 조치를 법원명령으로 강제할 수 있다.

출발 내지 시간절약'에 상응한 기간 동안 침해금지를 받도록 하여 head start rule을 취한 선례69)를 지지하고 있다. 한편 '부정경쟁법 주해(Restatement 3rd. Unfair Competition)'70) 역시 리버스 엔지니어링이나 독립적인 개발에 의해서 당해 영업비밀을 획득하여 적용하는데 걸렸을 시간을 초과해서 금지명령을 부과해서는 안된다고 하여 마찬가지의 입장을 지지하고 있다.

미국 연방과 주의 실제 재판 예를 살펴보면 금지처분의 효력범위를 경쟁자 등이 침해행위를 개시하는 대신 독자적인 개발이나 역설계와 같은 합법적인 방법에 의하여 그 영업비밀을 취득하는데 소요될 시간으로 제한하고 있음은 한국과 같으나, '본안재판에서의 침해금지명령(permanent injunction)'71)을 발령함에 있어 기간을 한정하지 않은 명령('perpetual injunction') 형태72)와 기간을 한정한 명령('limited injunction') 형태73)를 모두 찾아볼 수 있다.74) 전자의 경우에는 명령을 내린 뒤 금지처분의 취소를 구하는 피고가 위 시간이 경과하였다는 점에 관하여 입증하도록 하고 있다.75) 다만 전반적인 경향은 과거 전자의 명령 형태가 주

---

69) Winston Research Corp. v. Minnesota Mining & Mfg. Co., 350 F.2d 134, 142 (9th Cir. 1965) 등.

70) 이는 미국 법학원(American Law Institute)에서 보통법의 쟁점별로 학술적 주해를 정리한 것으로, 1923년 처음 발간(1st Restatement of the Law)하였다. 모범법전의 형식을 띠고 있으며 비록 구속력은 없으나 보통법의 내용에 관한 권위 있는 지침으로 미국의 많은 법원에서 원용하여 왔다. 각 주에서 UTSA를 채용한 성문법률을 수립하였음에도 여전히 그 해석과 관련하여서는 많은 부분 보통법 법리를 참조하므로 위 주해서는 일정한 영향을 끼치고 있는데, 대표적으로 주 법원들이 원용하고 참조하는 근거가 위 주해서 중 ss. 39-45 부분이다.

71) 이와 달리 한국의 가처분에 해당하는 잠정적 금지명령(preliminary injunction)은 본안 이전이나 본안계속 중에 발령되며, 'interlocutory injunction' 혹은 'temporary injunction'이라고도 불린다. 잠정적 금지명령이 발령됨에 있어서는 상대방에게 통지하고 심문의 기회를 부여하여야 한다. 반면, 이런 절차를 생략하고 신청인에 의한 일방적 절차에 의해 발령되지만 극히 단기간(가령 20일 내외) 동안의 금지에 그치는 이른바 임시적 유지 명령(Temporary Restraining Order, TRO)도 자주 활용된다. 이상은 Black's Law Dictionary (8th ed. 2004), injunction 참조.

72) 가령 Franke v. Wiltschek, 209 F.2d 493 (2d Cir. 1953); Harris Mfg. Co. v. Williams, 157 F. Supp. 779(W.D. Ark. 1957). 주 법원 판결로는 Boeing Co. v. Sierracin Corp., 108 Wash. 2d 38, 1987-1 Trade Cas. (CCH) P 67572 (1987).

73) 앞에서 등장한 1965년 Winston Research Corp. v. Minnesota Min. & Mfg. Co. 판결 및 1974년 K-2 Ski Co. v. Head Ski Co.판결이 대표적이다.

74) 이 부분은 Melvin F. Jager, Trade Secrets Law (Database updated March 2009) §7:14 (Permanent injunctions—Limited injunctions) 참조. 'perpetual injunction'과 'limited injunction'이라는 호칭은 위 저자의 표현으로 미국에서 완전히 통일된 호명방법은 아니다.

75) 가령 Wyeth v. Natural Biologics, Inc. 395 F.3d 897 C.A.8 (Minn.), 2005; Greenberg v. Croydon Plastics Co., Inc., 378 F. Supp. 806, 182 U.S.P.Q. (BNA) 673 (E.D.Pa. 1974).

류이다가 점점 후자의 명령 형태가 더 자주 활용되는 방향으로 나아가고 있다고 한다.76) 실제로 미국 (연방)법원들이 설정한 금지기간의 예를 보자면 6개월,77) 16개월,78) 2년,79) 7년80) 등으로 그 폭이 다양하다.81)

2. 한국의 판례

우리 법원은 영업비밀 침해금지청구 사건에서 영구적인 금지명령은 제재적인 성격을 가지게 될 뿐만 아니라 자유로운 경쟁을 조장하고 종업원들이 그들의 지식과 능력을 발휘할 수 있게 하려는 공공의 이익과 상치되어 허용될 수 없다고 판단하고 있다.82) 즉 영업비밀 보호를 위한 침해금지명령은 그 기간을 한정할 필요가 있음을 일관되게 판시하고 있다. 금지명령의 기간에 관하여 우리 대법원이 판단한 가장 대표적 사례로 꼽을만한 것은 3건(대법원 1996. 12. 23. 선고 96다16605 판결; 1998. 2. 13. 선고 97다24528 판결; 2019. 3. 14. 자 2018마7100 결정)이다.

먼저 96다16605 판결에서 대법원은 "①(이하 판시내용 중 일련번호는 필자가 삽입함) 영업비밀 침해행위를 금지시키는 것은 침해행위자가 그러한 침해행위에 의하여 공정한 경쟁자보다 '유리한 출발(headstart)' 내지 '시간절약(lead time)'이라는 우월한 위치에서 부당하게 이익을 취하지 못하도록 하고, 영업비밀 보유자로 하여금 그러한 침해가 없었더라면 원래 있었을 위치로 되돌아갈 수 있게 하

---

76) Melvin F. Jager, op. cit. 아울러 '부정경쟁법 주해(Restatement 3rd. Unfair Competition)'에서도 위 두 가지 명령 형태가 병존하고 있음을 설명하면서 덧붙여 "가장 효율적 절차가 될지는, 적절한 금지명령의 기간을 미리 결정할 수 있도록 간명하고 확실성이 있느냐에 좌우된다"고 하여 그 취지상 후자의 명령 형태에 대한 호감을 드러내고 있다. 이는 Restatement (Third) of Unfair Competition §44.
77) Seventh Circuit: Chemetall GmbH v. ZR Energy, Inc., 138 F. Supp.2d 1079, 1086 (N.D. Ill. 2001).
78) First Circuit. Anaconda Co. v. Metric Tool & Die Co., 485 F. Supp. 410, 431 (E.D. Pa. 1980).
79) Synergetics, Inc. v. Hurst, 477 F.3d 949, 961 (8th Cir. 2007).
80) Third Circuit: General Electric Co. v. Sung, 843 F. Supp. 776, 780-781 (D. Mass. 1994). 고의적 침해를 고려한 사안이라고 한다.
81) James Pooley, Trade Secrets (Westlaw Database), 2009, §7.03 REMEDIES AT TRIAL [1]- Injunction [b]- Duration of Restraint 중 각주 16번에서 재인용.
82) 대법원 1996. 12. 23. 선고 96다16605 판결. 다만 여기서 '영구적인 금지'란 금지기간이 실질적으로 영구적으로 존속하는 경우를 지칭할 뿐 금지기간을 특정하지 않은 주문 자체, 즉 우리 법원이 통상 금지청구권행사를 인용할 때의 재판형식을 취할 수 없다는 의미는 아닐 것이다.

는 데에 그 목적이 있다 할 것이므로, ② 영업비밀 침해행위의 금지는 이러한 목적을 달성함에 필요한 시간적 범위 내에서 기술의 급속한 발달상황 및 변론에 나타난 침해행위자의 인적·물적 시설 등을 고려하여 침해행위자나 다른 공정한 경쟁자가 독자적인 개발이나 역설계와 같은 합법적인 방법에 의하여 그 영업비밀을 취득하는 데 필요한 시간에 상당한 기간 동안으로 제한하여야” 한다는 입장을 피력하였다.

그 뒤 97다24528 판결에서 대법원은, 앞서 ①과 같은 판시를 반복한 다음 “③ 영업비밀 침해행위의 금지는 공정하고 자유로운 경쟁의 보장 및 인적 신뢰관계의 보호 등의 목적을 달성함에 필요한 시간적 범위 내로 제한되어야 하고, 그 범위를 정함에 있어서는 영업비밀인 기술정보의 내용과 난이도, 영업비밀 보유자의 기술정보 취득에 소요된 기간과 비용, 영업비밀의 유지에 기울인 노력과 방법, 침해자들이나 다른 공정한 경쟁자가 독자적인 개발이나 리버스 엔지니어링과 같은 합법적인 방법에 의하여 그 기술정보를 취득하는 데 필요한 시간, 침해자가 종업원(퇴직한 경우 포함)인 경우에는 사용자와의 관계에서 그에 종속하여 근무하였던 기간, 담당 업무나 직책, 영업비밀에의 접근 정도, 영업비밀보호에 관한 내규나 약정, 종업원이었던 자의 생계 활동 및 직업선택의 자유와 영업활동의 자유, 지적재산권의 일종으로서 존속기간이 정해져 있는 특허권 등의 보호기간과의 비교, 기타 변론에 나타난 당사자의 인적·물적 시설 등을 고려하여 합리적으로 결정하여야 한다”고 대법원은 판단하였다. 97다24528 판결 중 ③ 판시부분만을 보아서는 다소 복잡하게 다양한 요소들을 고려하도록 설시하고 있어 과연 기준이 무엇인지가 오히려 불분명해진 측면이 있는데, 그 판결의 취지 중에서도 앞서 96다16605 판결 중 ② 판시부분에서 금지기간에 관하여 “경쟁자가 독자적인 개발이나 역설계와 같은 합법적인 방법에 의하여 그 영업비밀을 취득하는 데 필요한 시간에 상당한 기간”라고 설시한 내용을 거의 그대로 이어받고 있으므로 이 부분이 가장 핵심적 기준이라고 해석할 수 있다.

한편, 비교적 근래에 내려진 2018마7100 결정의 경우, 앞서 열거한 96다16605 판결 및 97다24528 판결을 참조 선례로 원용하면서 위 ①과 같은 판시를 다시 반복한 다음 위 ③과 엇비슷하게 다양한 요소들83)을 고려하여 침해금지기

---

83) 다만 “영업비밀 보호기간은 영업비밀인 기술정보의 내용과 난이도, 침해행위자나 다른 공정한 경쟁자가 독자적인 개발이나 역설계와 같은 합법적인 방법으로 영업비밀을 취득할 수 있었는지 여부, 영업비밀 보유자의 기술정보 취득에 걸린 시간, 관련 기술의 발전 속도, 침해행위자의 인적·물적 시설, 종업원이었던 자의 직업선택의 자유와 영업활동의 자유 등

간을 산정할 것을 요구하면서 "사실심의 심리 결과 영업비밀 보호기간이 남아 있으면 남은 기간 동안 침해금지청구권이 인정되고, 이미 영업비밀 보호기간이 지나면 침해금지청구권은 소멸한다. 다만 침해행위자나 다른 공정한 경쟁자가 독자적인 개발이나 역설계와 같은 합법적인 방법으로 영업비밀을 취득하거나 영업비밀과 동일한 기술을 개발할 가능성이 인정되지 않는 등으로 영업비밀 보호기간의 종기를 확정할 수 없는 경우에는 침해행위 금지의 기간을 정하지 않을 수 있다. 이처럼 금지기간을 정하지 않는다고 해서 영구히 금지하는 것은 아니고, 금지명령을 받은 당사자는 나중에 영업비밀 보호기간이 지났다는 사정을 주장·증명하여 가처분 이의나 취소, 청구이의의 소 등을 통해 다툴 수 있다."라고 주목할 만한 판시를 내리고 있다. 즉 2018마7100 결정은 영업비밀 침해금지명령의 경우 그 기간을 제한하여야 한다는 기본 입장을 유지하면서도 그 기간의 종기를 확정할 수 없는 예외적 사안에서는 기간을 정하지 않은 금지명령을 일단 발령할 수 있다는 입장을 분명히 하였다. 이런 입장은, 금지명령 자체에서 금지기간을 설정하던 다수 선례와 대조적으로 일단 기간을 정하지 않은 금지명령을 발한 뒤 침해자의 신청에 의하여 후발적으로 금지 효력을 없애는 수순을 택하였던 소수 선례[84]의 방식도 타당함을 재확인한 것이다.

3. 한국 판례에 대한 평가

가. 침해금지기간을 설정하는 것이 타당한지 여부

우리 대법원의 엇갈리는 판결례 중 더 다수의 입장은 미국의 K-2 판결이나 UTSA가 취한 입장과 마찬가지로 영업비밀의 침해금지기간을 산정함에 있어 침해행위자가 영업비밀 없이 독자적으로 혹은 적법한 리버스 엔지니어링에 의하여 당해 정보를 개발하는데 소요되는 기간까지로 한정하고 있다고 보인다. 원래 영업비밀에 관한 법적 보호의 성격이 적극적으로 물권적 독점권을 부여한 것인지, 아니면 소극적인 침해배제의 권리를 부여한 것인지에 관하여는 아직 학설의 일치가 있지 아니하지만,[85] 어느 입장에 따르더라도 침해금지기간을 제한하는 근거를 바로 도출하기는 어렵다. 즉, 물권적 독점권을 부여한 경우 물권적 특성에 기하여, 그렇지 않고 부정경쟁행위로부터 소극적 침해배제의 권리만을 부여

을 종합적으로 고려하여 정해야 한다"라고 하여 위 ③의 내용과는 다소 차이가 있다.
84) 대법원 2009. 3. 16. 자 2008마1087 결정; 대법원 2014. 3. 13. 선고 2011다17557 판결 등.
85) 이에 관하여는 앞서 'Ⅰ. 영업비밀 침해금지청구권의 법적성격' 부분 참조.

한 경우라도 다른 부정경쟁영역에서와 마찬가지로 부정경쟁행위가 존재하는 한 영구히 침해금지를 구할 수 있다고 보는 것이 합리적일 수 있기 때문이다. 보기에 따라서는 기술정보에 관한 영업비밀 보유자의 권리는 원래 특허권과 성질상 같은 객체를 보호하는 것으로 특허출원을 거부한 자의 영업비밀을 특허권보다 두텁게 보호하기는 곤란하므로 법원이 영업비밀에 관하여 비교적 짧은 존속기간을 설정하고 있는 것이라고 그럴듯하게 설명할 수도 있다. 그러나 영업비밀의 보호가 규정된 부정경쟁방지법상 권리는 상품표지나 영업표지에 대한 권리에서 알 수 있듯이 원래 존속기간의 제한을 받지 아니하고 경우에 따라서는 영구히 존속할 수 있는 것임에도 우리 판례가 같은 부정경쟁방지법 영역의 다른 권리들에서와 달리 영업비밀에 관하여 침해금지기간을 '원칙적으로' 설정하는 것은 아래 설명하는 대로 전직 종업원의 열악한 지위를 고려하는 등 다른 고려가 가미된 결과로 판단된다.

물론 영업비밀 침해자에게 과도한 부담을 주지 않기 위하여 영업비밀 권리자의 권리보호기간을 사실상 제약하는 것이 형평상 과연 타당한 지 의문이 생길 수 있다. 아울러 혹자[86]의 말대로 기술문외한이라 할 법관이 당해 영업비밀이 언제쯤 타인에 의해 독자 개발 등으로 공지되어 영업비밀성을 상실한 것인지를 정확히 판단하여 기간을 적절히 설정하는 것이 곤란할 것이라는 우려가 존재한다.

그렇지만, 한국의 법원이 처리하고 있는 영업비밀 침해금지청구의 많은 사례가 경제적 약자인 근로자의 전직을 둘러싸고 발생하는 경우가 많아 부정경쟁방지법상 침해금지청구 혹은 전직금지청구 사안은 지적재산권법적 고려뿐 아니라 일종의 노동법적 고려(勞動法的 配慮)[87]가 일정한 범위에서 교차할 수밖에 없는 영역인 사실,[88] 영업비밀의 보호란 원래 특허법이라는 거의 완비된 보호제

---

86) 이런 우려의 입장으로는 최정환, "근로자의 전직금지약정과 영업비밀 보호의무", 정보법판례백선 I, 박영사(2006), 812.

87) 가령 정영훈, "근로관계종료후의 경업금지의무에 관한 고찰―독일과 일본의 논의를 중심으로―", 노동법학 제29호(2009. 3), 75 이하를 살피면 노동법학의 논문임에도 부정경쟁방지법상 경업금지의무를 집중분석하고 있다.

88) 사실 전직금지청구를 포함한 부정경쟁방지법상 침해금지청구는 우리 법원에서 받아들여지기보다 배척된 경우가 아직 많다고 보인다. 그 원인으로는 여러 가지가 있겠으나 무엇보다 영업비밀 쟁송에서 기술정보 등의 보호적격을 법관 앞에서 제대로 입증하기 곤란하다는 특성과 더불어 위 본문에서 언급한 노동법적 고려가 상당한 영향을 미쳤다고 사료된다. 특히 97다24528 판결이 침해금지기간을 정하는데 고려할 요소를 설시함에 있어 96다16605 판결과 달리 나중의 97다24528 판결은 "종업원이었던 자의 생계 활동 및 직업선택

도가 있음에도 출원공개와 일정기간 뒤의 공유자산귀속이라는 불이익을 피하기 위하여 기술개발자가 특허출원하지 않고 보유하고 있는 정보를 국가가 뒤늦게 보호하기 시작한 것이므로 보호내용상으로 특허법보다 두터운 보호를 부여하기 곤란하다는 사실[89] 등을 고려해볼 때,[90] 우리 대법원이 영업비밀 분쟁에 있어 금지명령의 기간에 관하여 일단 금지기간을 정하지 아니하였다가 나중에 금지처분을 취소하는 방식을 취하지 아니하고 금지명령 발령과 동시에 처음부터 적당한 금지기간을 설정하는 방식을 취한 것 자체를 아예 부당하다고 비판하기는 어렵다고 본다.[91]

의 자유와 영업활동의 자유"를 그 하나로 언급하고 있다. 이와 관련하여, 금지기간을 제한하지 아니하였다가, 나중에 실제로 타인의 독자 개발 등으로 당해 정보가 영업비밀성을 상실한 경우 사정변경에 의한 가처분취소(본안판결에 대하여는 청구이의)에 의하여 금지효를 없애는 것은 영업비밀소송의 상대방에게 과도한 부담이 되기 때문에 위 본문과 같이 법원이 아예 기간을 제한하고 있는 것이라는 유력한 설명[이성호, "영업비밀침해 금지기간과 관련하여", 2008. 3. 28. 법원내부통신망(CourtNet) 게시글 (비공간), 2]도 같은 맥락이라 하겠다.

89) 위 97다24528 판결이 설시한 제반사정 중 "지적재산권의 일종으로서 존속기간이 정해져 있는 특허권 등의 보호기간과의 비교"가 이런 고려를 일부 암시한다고 볼 수 있다. 다만 혼동하지 말아야 할 것은, 특허권 보호보다 가벼운 보호를 부여한다고 하여 구체적인 사례를 불문하고 '항상' 보호기간에 있어 영업비밀의 경우가 더 짧아야 할 필요는 없다는 점이다. 넓게는 상표법과 같은 성격을 가진 부정경쟁방지법 안에 영업비밀의 보호조항을 뒤늦게나마 삽입하였다는 것은 상표·영업표지에 대한 권리(부정경쟁방지법 제2조 제1호 참조)와 마찬가지로 영업비밀에 관하여서도 그것이 부정경쟁방지법 제2조 제2호에서 정한 법정요건을 구비하는 한, 구체적 사례에 따라서는 심지어 영구(永久)히 보호될 수도 있음을 선언한 입법자의 결단이다. 가령 미국의 예이기는 하지만 가장 대표적인 영업비밀로 손꼽히는 '코카콜라 제법'은 벌써 1885년 최초 출시이래 수많은 침해시도에 불구하고 벌써 120년 이상 견고하게 영업비밀로 보호되고 있으며 과연 언제 비공지성을 상실할 지 예측하기조차 곤란한 상황이다(http://en.wikipedia.org/wiki/Coca-Cola 참조, 2019. 7. 20. 최종방문). 그럼에도 아래 설명하는 대로 한국의 경우 최고법원과 하급법원을 통틀어 거의 예외 없이 침해금지기간을 설정하면서, 그 과반수 사례에서 1-2년을 초과하지 않는 상당히 단기간을 침해금지기간으로 설정하고 있는 관행은 다소 의문의 여지가 있다. 일단 그렇게 설정된 금지기간을 추후에 변화된 사정을 보아가며 변동할 여지가 있으면 모르겠으나, 우리 법원은 이를 경과하면 당사자 사이에 영업비밀성이 소멸하는 것으로 취급하고 있기 때문이다.

90) 금지명령의 기간산정에 관해 고려되어야 할 다양한 요소들에 대한 자세한 검토는 박재헌, "영업비밀 보호를 위한 경업금지의 허용성에 관련된 요소 (하)", 저스티스 통권 제132호(한국법학원, 2012. 12), 179-183 참조. 여기서는 그 요소들을 독자적 취득기간, 종전회사의 개발기간, 경쟁사의 수준, 유사 정보의 공개성, 퇴직근로자의 재직기간과의 관계 등으로 분류하여 검토하고 있다.

91) 아울러 'Ⅰ. 영업비밀 침해금지청구권의 법적성격' 부분에서 설명한대로, 부정경쟁방지법에서 보호되는 다른 권리에서와 달리 영업비밀에 관하여는 부정경쟁방지법이 제14조에서 침해금지청구권의 행사에 관하여 기간을 규정하고 있다는 사정도 우리 법원의 입장을 지탱할 긍정적 고려요소가 될 수 있다.

다만 위와 같은 사실들은 대개의 경우 '종국적으로' 금지명령이 무한하여서는 안 되며 침해자의 유리한 출발을 제거하는 수준에 그쳐야 한다는 필요성을 드러낼 뿐 금지명령 자체에 반드시 기간을 설정하여야 할 필요성까지 제공하는 것은 아니다. 미국 법원의 일부 판결이 그러하듯이 우리 법원도 사안에 따라서는 기간제한 없는 금지명령을 발령하고 나중에 침해자로 하여금 취소신청하도록 하는 태도를 취함이 상당하다는 것이 필자의 입장[92]이며, 그런 견지에서 앞서 본 2018마7100 결정의 태도가 더욱 확대되면 좋을 것이다. 근래의 유력한 학설로는 이런 입장보다 한 걸음 더 나아가, 영업비밀 침해금지명령의 기간을 설정하지 않음을 원칙으로 삼고 오히려 예외적 사안에서만 침해금지기간 설정을 허용하여야 타당하다는 견해[93]도 제시되고 있으며, 관계자들이 경청할 만한 의견이다. 금지명령에서 섣부르게 설정된 기간이 도과한 후에 당해 영업비밀이 제대로 보호되지 못하는 현실을 비판하는 견해로서 이 글 바로 아래 항목의 비판과도 일맥상통한다.

나. 해당 침해금지기간이 경과된 뒤의 효력

침해금지명령에서 기간을 한정한 경우 그 기간을 도과한 후의 취급에 관해 대법원 판례의 논리에 문제가 있다고 사료된다. 이 점에 관하여 위 97다24528 판결은 "영업비밀이 보호되는 시간적 범위는 당사자 사이에 영업비밀이 비밀로서 존속하는 기간이므로 그 기간의 경과로 영업비밀은 당연히 소멸하여 더 이상 비밀이 아닌 것으로 된다고 보아야 하는바, 그 기간은 퇴직 후 부정한 목적의 영업비밀 침해행위가 없는 평온·공연한 기간만을 가리킨다거나, 그 기산점은 퇴직 후의 새로운 약정이 있는 때 또는 영업비밀 침해행위가 마지막으로 이루어진 때라거나, 나아가 영업비밀 침해금지 기간 중에 영업비밀을 침해하는 행위를 한 경우에는 침해기간만큼 금지기간이 연장되어야 한다고는 볼 수 없다" 라고 판시하고 있다. 그 문언표현을 그대로 따르면, 일단 법관이 설정한 침해금지기간이 도과한 시점에서는, 가령 아직 경쟁자가 독자적인 개발이나 역설계와 같은 합법적인 방법에 의하였지만 당해 영업비밀에 담겨 있는 정보를 취득하지 못한 상황에서도, 영업비밀로서의 보호가 부정되게 된다. 미국에서도 일부 판례

---

92) 박준석, "영업비밀 침해금지청구에 대한 우리 법원의 태도—기술정보 유출을 중심으로—", 184-185.

93) 정차호·장광홍, "영업비밀 침해에 대한 기간한정 또는 기간무한정 금지명령", 지식재산연구 14권 2호, 한국지식재산연구원(2019. 6), 80-81 및 76-77.

는 이렇게 다소 극단적인 입장을 취하고 있는 것으로 풀이된다고 한다.[94]

　　그러나 법원이 설정한 침해금지기간은 앞서 설명한 대로 재판시점을 기준으로 그 당시의 사정만을 기초로 하여 영업비밀이 언제쯤 공개되어 소멸할 것인지를 법원이 일응 예측한 결과에 불과하므로 그 기간이 도과하였다고 하여 발령 이후의 후발적 사정을 고려하지 않은 채 자동적으로 영업비밀에 관한 권리가 소멸하는 것으로 취급하여서는 곤란하다고 생각된다.[95]

　　이 글의 이런 입장과는 반대로, 장래 일정 시점에서 다시 심리하여 추가적인 침해금지명령을 내리는 것이 가능하게 되면 이미 소송 과정에서의 공방을 거쳐 당해 사안에 있어서 법원이 인정하는 영업비밀의 침해 금지기간에 대한 법적 평가가 이미 내려졌음에도 불구하고 다시 장래의 어느 시점에서 소송을 제기하여 다시 평가하는 것도 가능하게 될 것이고, 그와 같은 상황이 벌어진다면 소송의 일방 당사자는 분쟁기간은 물론 해당 판결이 확정된 이후에도 수년간 예측하기 어려운 불안정한 지위에 놓이게 되는 것이며, 나아가 영업비밀 관련 분쟁이 실질적으로는 경쟁관계에 있는 사업자들 사이 분쟁의 대리전이라는 측면에서 볼 때 이러한 법리해석은 일방의 사업 진행에 부당하게 불리하게 영향을 미칠 수 있을 것이라는 점에서 문제가 있다는 비판[96]이 있다. 아울러 같은 의견은 우리 법원이 침해금지 기간을 제한하는 것은 판결 시점(변론종결)에서 영업비밀 해당 분야 기술의 발전 경향, 기술 개발에 소요된 기간, 퇴직 시점, 정

---

94) Louis Altman & Malla Pollack, Callmann on Unfair Competition, Trademarks and Monopolies 중 §14:40. Remedies—Duration of injunctive relief 참조. 여기서 Atlantic Wool Combing Co. v. Norfolk Mills, Inc., 357 F.2d 866 (1st Cir. 1966) 판결을 예로 거론하고 있다.
95) 같은 취지의 비판으로는 이성호, 앞의 글 및 정상조, "영업비밀 침해금지청구권의 시간적 범위—대법원 1998. 2. 13. 선고, 97다24528 판결—", 상사판례연구 Ⅴ, 박영사(2000), 399. 또한 박재헌, "영업비밀 보호를 위한 경업금지의 허용성에 관련된 요소 (하)", 저스티스 통권 제132호(한국법학원, 2012. 12), 175-176 이에 반하여 장흥선, "핀레싱 나나난 영업비밀침해금지기간과 전직금지기간 및 그 기간 산정의 기산점에 관하여", 부산판례연구회 판례연구 제16집(2005), 835에서는 위 판례의 취지가 당사자간 영업비밀성이 소멸하는 것일 뿐 제3자에 대하여는 영업비밀성을 주장할 수 있다는 것이므로 부당하지 않다고 옹호한다. 그러나 이런 견해는 영업비밀의 특성을 제대로 이해하지 못한 것이다. 영업비밀은 그것이 특허권으로 보호될 때와 달리 극소수이더라도 비밀을 지킬 의무가 없는 타인에게 누설되었을 경우에는 바로 영업비밀의 보호요건인 비공지성을 상실하거나 적어도 그 타인에 의하여 제3자에게 쉽게 전파되는 방법으로 비공지성을 상실할 가능성이 크므로 설령 위 대법원 판지가 당사자 간에만 영업비밀로서의 보호를 상실한다는 취지였다 하더라도 영업비밀에 대하여 잘못판단하고 있음에는 변함이 없다.
96) 이는 2009. 7. 20. 법원 지적재산권법 커뮤니티·서울대학교 기술과법 센터 공동워크숍 당시 김지현 변호사의 토론문 내용이다.

당한 방법으로 해당 기술을 개발하는데 소요되는 예상 기간 등을 합리적으로
고려하여 영업비밀 유지의무(보호의무)의 기간을 제한하는 것이므로 그 기간이
지나면 당사자 사이에서는 영업비밀로서 그 효력이 상실된다고 보는 것이 타당
하다고 비판한다.

　　그러나 위 비판의견은 경청할만한 가치는 있으나 다음과 같은 이유로 채택
하기는 어렵다고 본다. 앞부분 비판에 관하여 보건대, 침해금지기간이 가령 'O
년'과 같이 특정되는 이상 침해자 측에게 수년 동안 지속적인 법적 불안이 발생
한다고 보기 어렵고 그 기간이 경과된 이후 다시 침해금지소송이 제기될 수 있
다는 점에서는 법적 불안이 설령 존재한다고 하더라도 침해자의 그러한 법적
불안을 해소시키기 위하여 영업비밀 보유자의 제소를 막는 것은 한쪽으로 지나
치게 치우친 이익형량으로 보인다.[97] 뒷부분 비판을 살피건대, 법원이 판결 시
점에서 제반사정을 최대한 합리적으로 고려하여 다른 경쟁자(혹은 침해자)가 정
당한 방법으로 해당 기술을 개발하는데 소요되는 예상 기간 등을 산출한다고는
하지만 이런 산출치는 근본적으로 일정한 한계가 있을 수밖에 없으므로 후발적
인 사정을 감안하여 다시 침해금지기간을 설정할 수 있게 하는 것이 그렇지 아
니한 경우보다 법관의 영업비밀소송에서의 심리부담을 경감시킬 수 있는 길이
다. 즉 기술정보의 분쟁이 특허소송으로 비화되었을 때라도 당해 기술 분야에
관하여 비전문가인 법관이 적절하게 특허기술의 내용을 판단하는 것[98]은 사실
쉽게 달성하기 어려운 과제이다. 출원 절차에 제공된 특허명세서를 비롯하여 비
교적 상세한 자료가 제공되는 특허권 분쟁의 상황조차 그러하다. 그런데, 만일
동일한 기술정보가 영업비밀로 보호되다가 쟁송에 이르게 된 때에는 영업비밀
의 속성상 외부로 뚜렷하게 공시되는 자료 등이 없는 경우가 많다. 그런 영업비
밀의 기술정보에 관하여 경쟁자 혹은 침해자가 시시각각으로 급변하는 산업기
술계에서 과연 몇 년 안에 독자적으로 개발을 달성할 수 있을 지 산출한다는
것은 법관이 아니라 심지어 당해 기술 분야의 전문가에게도 어려운 문제일 수
있다. 이런 상황에서 일단 침해금지기간을 한번 설정하면 다시 영업비밀의 보호
기간에 관해 법원이 되돌릴 여지가 없게 하는 것은 당해 침해소송을 심리하는

---

97) 앞서 언급한 대로 원래 부정경쟁방지법의 침해금지청구권 행사는 그 성질상 원래는 기
　　간의 제한이 있을 수 없는 것인데 영업비밀 침해금지에 있어서는 판례가 주로 침해자의
　　열등한 입장을 고려한 결과로 침해금지기간을 설정하고 있는 것이다.
98) 가령 '균등론'을 동원한 당해 특허권의 청구범위와 침해자의 실시행태와의 비교 등을 가
　　리킨다.

법관으로 하여금 지나치게 과중한 심리부담을 떠안게 하는 것이라 본다.[99]

다. 금지명령의 기산점 문제

영업비밀에 관한 여러 논의 중, 학설과 판례상으로 다양한 주장이 있어 일치하기 어려웠던 부분이 이른바 '금지명령의 기산점' 문제이다. 통상 우리의 판례는 침해금지기간과 전직금지기간을 서로 구별할 뿐만 아니라 심지어는 서로 상이한 기간을 설정하는 경우도 많다. 어쨌든 기산점 문제에 관하여는 이하 '전직금지청구' 부분에서 함께 설명하기로 한다.

IV. 특수한 침해금지청구 — 이른바 전직금지청구의 문제

1. 서　　설

한국 헌법에서는 근로자의 자유를 중시하여 제15조에서 직업선택의 자유를 보장하는 한편, 제32조에서는 근로의 권리를 인정하고 있는데, 이런 헌법조항이 전직금지청구 사건을 담당하는 우리 법원의 실무에 사실 많은 영향을 미치고 있다. 사실 부정경쟁방지법상의 금지청구권의 일환으로 행사되는 전직금지청구 (轉職禁止請求, 혹은 전업금지청구[100])는 널리 종전부터 다른 법학분야에서 논의되어온 근로자의 경업금지의무 관련논의와 밀접한 관련이 있다.[101] 이런 상황에서 근로자의 전직으로 종전 사용자와 새로운 경쟁주체 사이에 당해 근로자의 전직의 적법성을 둘러싸고 법적 다툼이 발생한 경우, 근로자의 전직의 유동성을 제한하기를 가급적 자제하여야 한다는 점, 한편으로는 영업비밀인 종전 사용자

---

99) 금지기간을 추정함에 있어 과연 당해 침해자의 역량만을 기준으로 할지 아니면 제3자 모두를 포함하여 사회전반의 상황을 고려할 지 불명확한 점이 있지만(다만 대결 2002마 4380호는 "침해지들이나 나른 공정한 경쟁자가 독자적인 개발이나 역설계(逆設計)와 같은 합법적인 방법에 의하여 그 기술정보를 취득하는 데 필요한 시간"이라고 하여 후자의 입장을 취한 것으로 보인다), 법원의 의도가 전자의 입장이라면 침해자의 역량(力量)에 따라 금지기간이 결정되고 그에 따라 사실상 영업비밀의 존속기간이 신축되는 결과가 되어 불합리하고, 후자의 입장이라면 과연 법관이 특정기술 업계에 속한 제3자를 망라하여 적절한 기간을 산정하는 것이 가능한지 강한 의문을 피할 수 없다. 이렇게 지극히 개략적인 기간이라면 추후 수정할 기회를 부여하는 것이 더 타당하다고 본다.

100) '전업금지'라는 표현을 채용한 예로는 "대법원 2003. 7. 16.자 2002마4380 결정【전업금지가처분】" 사건 참조.

101) 이런 차원의 논의로는 이성호, "근로자에 대한 경업금지약정의 효력과 전직금지가처분의 허용 여부", 저스티스 제34권 제4호(2001) 참조.

의 재산을 적절히 보호해야 한다는 점 사이의 적절한 균형을 맞추는 것이 전직금지청구 분쟁을 처리하는 사법기관의 핵심적 과제라 할 수 있다.102)

2. 미국에서의 이른바 불가피한 누설(Inevitable Disclosure) 이론

가. 이론의 배경과 일부 주법원들에 의한 이론수용

미국에서는 종래 이른바 '불가피한 누설' 이론에 근거하여 사용자의 근로자에 대한 전직금지청구가 폭넓게 인정되어 왔다. 이 이론은 특정 근로자에게 전직을 그대로 허용할 경우 그가 새로운 직장에서 수행할 업무의 성격상 종전 사용자로부터 취득한 영업비밀을 부정하게 사용할 것으로 예측되는 경우, 즉 영업비밀의 불가피한 누설이 예상되는 경우에는 비록 종전 사용자가 쟁송에서 당해 영업비밀이 현실로 부정하게 유용되었다거나 그런 유용이 임박하였음을 입증하지 못한 경우라도 장래의 불가피한 영업비밀 누설을 막기 위한 전직금지를 인정할 수 있다는 이론이다. 한때 이 이론은 여러 주 법원에서 충실하게 받아들여졌다.103)

나. 이론의 위험성과 비판

그러나 이 이론은 종전 사용자가 근로자와의 명시적인 약정이 없이도 근로자가 경쟁자를 위해 일하는 것을 금지시킬 수 있게 함으로써 근로자의 전직의 자유에 대한 심각한 제한으로 작용할 수 있다.104) 경쟁하지 않을 암묵적인 약정을 새롭게 발생시킴에 더하여, 이 이론은 사용자들이 근로자들을 부당하게 위협하여 회사에 남아있도록 하는 강력한 수단이 된다는 부작용이 있다.105) 불가피한 누설 이론이 통용되는 한 사용자는 양보하거나 협상할 필요 없이, 경쟁금지 규정의 모든 이점을 얻을 수 있다.106)

---

102) 이 부분은 Kurt M. Saunders, "The Law and Ethics of Trade Secrets: A Case Study", 42 California Western Law Review 209 (spring 2006), 212 참조.

103) 아울러 연방법원에서 이를 채택한 재판 사례로는 1995년 연방제7항소법원의 Pepsico Inc v. E Redmond. 판결(54 f.3d 1262) 등이 있다.

104) PSC Inc. v. Reiss, 111 F.Supp.2d 252, 256 (W.D.N.Y. 2000). 여기서는 근로자가 영업비밀을 절취하였다는 실제 증거가 존재하지 않았지만, 당해 근로자에게 불가피한 누설 이론에 근거하여 사실상 묵시적인 약정의 존재를 긍정하여 그 준수를 요구하였다.

105) Earthweb, Inc. v. Schlack, 71 F. Supp. 2d 299, 310-11 (S.D.N.Y. 1999). 여기서는 어떻게 불가피한 누설 이론이 사용자에게 "강력한 무기"가 될 수 있는지, 어떻게 제소당할 수 있다는 위협이 직장을 바꿀 적법한 권리가 있는 근로자에게 "위협적 효과"가 있게 되는지를 설명하고 있다.

106) EarthWeb, 71.F. Supp.2d 310-11("소송의 위험"에 의해 발생하는 "위협적 효과"가 불가피한 누설 이론에 의해 만들어지며, "근로계약상 제한은 모두 공개된 협상의 결과물이어야만 한다"고 판시).

다. 미국에서의 현황

그러나 불가피한 누설 이론에 반대하면서 이것이 오히려 경제성장을 저해한다는 유력한 취지의 주장이 미국에서 개진되어 왔다. 피용자의 전직을 구속하고 속박하기보다는 전직의 자유를 보장하는 것이 특히 기술 분야에서 국가경제 혹은 지역경제를 증진하는데 도움이 된다는 것이다. 가령, 미국 동부 매사추세츠 128루트의 기술인력은 1968년에 서부 실리콘밸리의 세배였지만, 그 후 수십년 동안 실리콘 밸리가 128루트를 앞질렀던 이유는 캘리포니아 법원이 근로자가 사용자와 체결한 경쟁금지약정(covenants not to compete)을 집행하길 거부해서 인력의 유동성이 더 많이 허용되고, 결과적으로 지식의 공유가 더 많이 촉진되었다는 데 있다는 것이다.107) 이런 비판론을 수용하여서인지, 현재 미국의 법원들은 대체로 더 이상 '불가피한 누설' 이론을 따르지 않고 있다.108)

3. 한국의 판례상 전직금지청구의 허용기준

가. 총　　설

전직금지청구(혹은 競業禁止請求)는 근로자가 단순히 영업비밀 준수의무를 부담하는 것을 넘어서 사용자와 경쟁관계에 있는 업체에 취업하거나 스스로 경쟁업체를 설립, 운영하는 등의 경쟁행위를 하지 아니할 것을 내용으로 한다. 그 결과 직업선택의 자유를 직접적으로 제한할 뿐만 아니라, 자유로운 경쟁을 저해하여 일반 소비자의 이익을 해칠 우려도 적지 아니하고, 특히 퇴직 후의 경쟁업체로의 전직금지약정은 근로자의 생계와도 직접적인 연관이 있으므로 우리 법원은 기본적으로는 허용될 수 없다고 보고 있다.

그러나 다음과 같은 2가지 상황에서는 예외적으로 전직금지청구가 인정될 수 있다. 첫째, 당사자 간의 전직 또는 경업금지의 약정이 있고, 그 약정 내용 및 기간에 합리성이 인정되어 유효한 경우이다. 둘째, 당사자 간의 위와 같은

---

107) Ronald J Gilson, The Legal Infrastructure of High Technology Industrial Districts, 74 N.Y.U.L. Rev. 575 (1999). 실리콘 밸리가 128루트를 앞지른 더 자세한 스토리를 담은 국내문헌으로는 나종갑, "영업비밀보호가 과학기술발전에 미치는 영향에 관한 법제도 연구", 법조 통권 제633호(2009. 6), 185 이하를 참조할 것.

108) 연방법원의 거부사례로는 Bayer Corp. v. Roche Molecular Sys., Inc., 72 F. Supp.2d 1120 (N.D. Cal. 1999); EarthWeb, Inc. v. Schlack, 71 F.Supp.2d 299, 311 (S.D.N.Y. 1999). 주법원의 거부사례는 Whyte v. Schlage Lock Co., 101 Cal. App.4th 1443 (Cal App. 2002); Marietta v. Fabhurst, 2002, WL 31898398 (N.Y.A.D. Dept. 3 2002).

약정이 없다 하더라도 근로자가 전직한 회사에서 영업비밀과 관련된 업무에 종
사하는 것을 금지하지 않고서는 회사의 영업비밀을 보호할 수 없다고 인정되는
경우이다.

나. 당사자 간의 전직금지약정이 있는 경우

우리 판례[109]는, 사용자와 근로자 사이에 경업금지약정이 존재한다고 하더
라도, 그와 같은 약정이 헌법상 보장된 근로자의 직업선택의 자유와 근로권 등
을 과도하게 제한하거나 자유로운 경쟁을 지나치게 제한하는 경우에는 민법 제
103조 반사회질서에 해당하는 법률행위로서 무효라고 보며, 이와 같은 경업금
지약정의 유효성에 관한 판단은 보호할 가치 있는 사용자의 이익, 근로자의 퇴
직 전 지위, 경업 제한의 기간·지역 및 대상 직종, 근로자에 대한 대가의 제공
유무, 근로자의 퇴직 경위, 공공의 이익 및 기타 사정 등을 종합적으로 고려하
여야 하고, 여기에서 말하는 '보호할 가치 있는 사용자의 이익'이라 함은 부정
경쟁방지법 상의 영업비밀 뿐만 아니라 그 정도에 이르지 아니하였더라도 해당
사용자만이 가지고 있는 지식 또는 정보로서 근로자와 이를 제3자에게 누설하
지 않기로 약정한 것이거나 고객관계나 영업상의 신용의 유지도 이에 해당한다
고 한다.[110] 나아가 법원은 약정한 경업금지기간이 과도하게 장기라고 인정될
때에는 적당한 범위로 경업금지기간을 제한할 수 있음을 분명히 한 것이 있
다.[111]

다. 당사자 간의 전직금지약정이 없는 경우

대법원 2002마4380 결정[112]은 근로자가 전직한 회사에서 "영업비밀과 관련
된 업무에 종사하는 것을 금지하지 않고서는 회사의 영업비밀을 보호할 수 없
다고 인정되는 경우"[113]에는 구체적인 전직금지약정이 없다고 하더라도 부정경

---

109) 대법원 2010. 3. 11. 선고 2009다82244 판결 및 대법원 2021. 9. 9. 선고 2021다234924
    판결 등. 같은 취지의 하급심 판결로는 서울고등법원 2019. 4. 16.자 2019라20165 결정.
110) 약정 유무를 불문하고 널리, 전직금지의 최종 인정범위에 영향을 줄 만한 요소들에 관한
    상세한 분석으로는 박재헌, "영업비밀 보호를 위한 경업금지의 허용성에 관련된 요소
    (상)", 저스티스 통권 제131호(한국법학원, 2012. 8), 149 이하 참조. 여기서는 이런 요소들
    을 퇴직 또는 전직의 경위, 보호할 가치 있는 사용자의 이익, 대상조치, 기타 고려사항들로
    분류하여 검토하고 있다.
111) 대법원 2007. 3. 29. 자 2006마1303 결정. 같은 취지의 판시로는 서울고등법원 2022. 7. 7.
    선고 2021나2047647 판결 및 같은 법원 2019. 10. 31. 선고 2019나2031083 판결 등 다수.
112) 대법원 2003. 7. 16. 자 2002마4380 결정.
113) 이런 경우가 구체적으로 어떤 경우인지 대법원 판례나 이를 따른 하급심 판례는 자세히

쟁방지법 제10조 제1항에 의한 침해행위의 금지 또는 예방 및 이를 위하여 필요한 조치 중의 한 가지로서 그 근로자로 하여금 전직한 회사에서 영업비밀과 관련된 업무에 종사하는 것을 금지하도록 하는 조치를 취할 수 있다는 취지로 판시한 바 있고,114) 그 취지를 여러 하급심 판결이 확인하고 있다.115) 학설116) 역시 종업원이 퇴직하여 더 이상 약정에 기한 영업비밀유지의무가 없더라도 영업비밀이라는 지적재산을 침해하는 일종의 불법행위가 되는 이상, 퇴직전후에 관계없이 합리적인 범위의 시간과 장소에서는 영업비밀을 침해하지 아니할 의무가 있다고 하여, 취지상 이와 같이 해석하고 있다.

　　이렇게 당사자 간 약정이 없음에 불구하고 전직금지청구를 인정하는 것은 이때의 전직금지청구권이 부정경쟁방지법 제10조에서 영업비밀 보유자에게 부여한 침해금지청구권에 직접 근거하여 인정되기 때문이다.

4. 전직금지청구가 인용될 경우의 효과 — 금지기간 및 그 기산점 문제

가. 금지기간

　　논리적으로 볼 때 침해금지청구권 행사의 구체적인 한 형태로 전직금지청구권(혹은 경업금지청구권)이 이용되는 것이다. 그런데 우리 판례는 영업비밀에 대한 일반적인 침해금지기간과 종업원의 전직금지기간의 개념을 별개로 취급하

설시하고 있지 아니하다. 살펴보건대, 가령 당해 전직금지대상인 근로자가 영업비밀대상인 정보의 개발이나 관리에 핵심적인 역할을 수행하였거나 하고 있는 경우 등이 이에 해당할 수 있다. 반면 당해 근로자가 개발팀이나 관리팀의 일원에 불과한 때는 직업선택의 자유를 고려할 때 위의 경우에 해당하지 않는다는 판단이 내려질 개연성이 있다.

114) 이는 판결공보의 '판결요지' 부분을 옮긴 것일 뿐, 실제 판결내용을 보면 그 진의가 그러한지는 다소간의 논란이 있을 수 있다. 어찌되었든 위 판결요지의 취지를 현재 하급법원들은 충실히 따르고 있다.

115) 이를 따른 판례로는 서울고등법원 2007. 12. 20. 자 2007라509 결정; 서울동부지방법원 2006. 5. 18. 선고 2005가합13637 판결 등이 있다. 이들 2건의 판결은 공히 먼저 당사자 간 체결되었던 전직금지약정의 효력을 헌법상 보장된 직업선택의 자유를 침해하거나 민법 제103조에서 정하는 선량한 풍속 기타 사회질서에 위반하는 것으로 보아 무효로 판단하고, 다음으로 부정경쟁방지법 제10조에 직접 근거한 전직금지청구에 대하여는 위 대법원 판결의 판지를 그대로 인용하여 근로자가 전직한 회사에서 영업비밀과 관련된 업무에 종사하는 것을 금지하지 않고서는 회사의 영업비밀을 보호할 수 없다고 인정되는 (예외적인) 경우에 가능한데 당해 사건은 이에 해당하지 않는다고 보아 결국 전직금지청구를 모두 배척하고 있다. 대법원 2002마4380 결정을 따른 근래의 예로는 서울고등법원 2022. 10. 6. 선고 2022나2016206 판결 참조.

116) 이는 정상조, "영업비밀 침해금지청구권의 시간적 범위—대법원 1998. 2. 13. 선고 97다24528 판결—", 392 및 최정열·이규호, 부정경쟁방지법(영업비밀보호법제 포함), 제5판, 진원사(2022), 625 등.

여 서로 상이한 기간을 설정하기도 한다. 이때 전직을 금지하더라도 특별한 사정이 없는 한 영업비밀의 존속기간을 넘는 기간까지 전직을 금지할 수는 없다는 것이 대법원의 입장이다.[117] 이처럼 종업원의 전직금지기간이 영업비밀에 대한 일반적인 침해금지기간에 비하여 적어도 같거나 대체로 더 짧은 것은, 침해금지청구에 대하여 법원이 굳이 기간을 설정하는 이유와 마찬가지로 종업원의 직업선택의 자유 등을 중시한 결과라고도 볼 수 있다.

전업금지청구에 있어 위와 같은 점을 추가로 고려하여 가급적 짧게, 혹은 발령을 제한하여야 한다는 점을 제외하면 일반적인 침해금지청구와 함께 설명하여도 크게 무리는 없다고 보이므로 이하 '전직금지의 기산점' 논의에서는 편의상 함께 묶어 설명한다.

나. 기 산 점

(1) 판례와 학설의 경향

사실 금지기간과 분리하여 생각하기 곤란한 것이 그 기산점이다. (전직)금지기간의 기산점에 관하여 우리 판례의 입장은, 종업원인 상대방의 퇴직시(退職時)를 기준으로 삼고 있는 태도가 현재 가장 주류로 보인다. 한편 학설로는 이렇게 '퇴직시점'을 기준으로 삼고 있는 판례의 입장에 적극 찬동하는 입장[118]도 있으나, 판례의 입장에 반대하면서 침해금지는 일정한 기간 동안의 '유리한 출발 내지 시간절약'을 확보해 주는 것이므로 영업비밀 보유자의 권리에 대한 완전한 구제가 이루어지려면 침해금지나 전직금지 가처분결정이나 판결이 집행되는 시점, 즉 재판집행시(裁判執行時)를 기준으로 산정하여야 한다는 비판론[119]도 존재한다.

가령 2008년경 '두산 대 STX'사건[120]의 하급심에서 피신청인측(신청인측의 전 종업원들)은 피신청인들이 신청인 회사 내에서 문제가 된 직위로부터 '고문' 직으로 자리를 옮긴 시점으로부터 약정기간을 기산할 경우 그 기간이 이미 도

---

117) 위 2002마4380 결정. 법원은 이 결정에서 영업비밀 침해금지기간과 전직금지기간의 기산점에 대하여 설시하고 있는데, 영업비밀 침해금지기간은 채무자(종업원)가 영업비밀을 취급하던 연구개발업무에서 실질적으로 이탈한 2000. 3. 29.부터 1년간(사용자가 정한 영업비밀보호기간)인 2001. 3. 28.로 봄이 상당하고, 전직금지기간은 퇴직한 시점부터 기산해야 하지만, 이 사건은 종업원이 퇴직할 당시 이미 사용자가 정한 영업비밀 보호기간을 경과했으므로 채권자(사용자)가 주장하는 영업비밀은 더 이상 보호받을 수 없다고 판시하고 있다.
118) 가령 최정열·이규호, 앞의 책, 582 및 장홍선, 앞의 논문, 833 이하.
119) 정상조, 앞의 책, 635. 아울러 같은 저자의 "영업비밀 침해금지청구권의 시간적 범위 — 대법원 1998. 2. 13. 선고 97다24528 판결 —", 398-400도 같은 취지이다.
120) 서울중앙지방법원 2008. 3. 19. 자 2007카합3903 결정.

과하였으므로 전직금지청구가 부당하다고 다툰 바 있다. 이런 다툼에 대하여 해당 법원은 "경업금지는 근로자가 사용자와 경쟁관계에 있는 업체에 취업하는 것을 제한하는 것이므로 근로자가 영업비밀을 취급하지 않는 부서로 옮긴 이후 퇴직할 당시까지의 제반 상황에서 사용자가 미리 경업금지를 신청할 수 있었다고 볼 사정이 없는 한 근로자가 퇴직한 시점을 기준으로 이를 산정하여야 할 것"이라고 판단하고 있다.121) 나아가 일부 하급심 판례들122)은 퇴직시점이 아니라 일부 학설과 같이 판결확정시를 기준으로 삼는 입장이 왜 부당한지에 관하여 '퇴직 시점을 기산점으로 삼는 경우에는 이 사건과 같이 소송 진행 과정에서 영업비밀 침해금지기간이 경과하여 영업비밀 침해사실이 인정되더라도 그 금지를 구할 수 없게 되는 결과가 발생하기도 하지만, 그렇다고 해서 기산점을 판결확정일로 하는 경우에는 당해 영업비밀 자체의 성질, 거래사정 등과 무관한 판결 확정이라는 우연적이고 외부적인 요소에 의하여 영업비밀 보호기간이 달라지게 되고, 사실심법원으로서는 향후 판결 확정시점을 추정하여 금지기간을 설정하여야 하여, 경우에 따라서는 판결 확정이 지체되는 경우에는 판결 확정시에 이미 영업비밀성을 상실하여 보호되지 말아야 할 정보에 대해서도 금지를 하게 되는 불합리가 발생할 여지가 있는 점, 영업비밀 보호의 취지에 비추어 볼 때 그 침해금지기간은 공정하고 자유로운 경쟁을 보장하기 위해 필요한 시간적 범위 내로 제한할 필요가 있는 점 등을 고려하면 판결 확정일을 기산점으로 삼는 것은 부당하다고 할 것이고, 퇴직시점을 기산점으로 삼는 것이 상당하다'는 취지로 상세히 반박하고 있다.

　　(2) 분　　석

　1) 판례의 현황 정리

　　실제로 지금까지 영업비밀 침해를 긍정하면서 침해금지청구권의 행사에 응하여 내려진 판결들을 살펴보면123) (전직)금지기간의 기산점에 관하여 퇴직일을 기준으로 그 금지기간에 관하여는 수개월을 설정한 판결례124)부터 역시 퇴직일

---

121) 2007카합3903 결정의 이 부분은 대법원 2003. 7. 16. 자 2002마4380 결정을 따른 것이다.
122) 서울고등법원 2003. 10. 8. 선고 2002나68777 판결 등.
123) 이런 자세한 판결 예에 관하여는 주로 장홍선, 앞의 논문, 805-824까지 참조. 덧붙여, 금지기간 제한 유무에 따라 여러 판례를 분류한 문헌으로는 이혜진, "주요 판례 해설—영업비밀 침해의 금지기간 제한 여부[서울고등법원 2018. 1. 11. 선고 2014나2011824 판결]", LAW & TECHNOLOGY 14권 6호, 서울대 기술과법센터(2018), 124 이하 참조.
124) 즉 이때는 판결이나 결정 주문의 형식이 대개 '○○○○년 ○○월 ○○일(퇴직시점)로부터 △월간 침해행위를 하여서는 아니된다(혹은 전직하여서는 아니된다)'와 같이 될 것이다.

을 기준으로 수년을 설정한 것이 있는가 하면,[125] 한편으로는 판결 확정일 또는
재판의 효력발생일(판결선고일[126] 혹은 금지가처분의 고지일[127]이 여기에 해당함)을
기산점으로 하면서 그 금지기간에 관하여는 역시 수개월 내지 수년까지의 기간
을 설정한 사례들이 존재한다. 아주 소수이기는 하지만, 아예 금지기간 자체를
설정하지 아니한 예[128]도 보인다. 이처럼 영업비밀 침해금지에 있어 이른바 그
기산점과 금지기간에 관하여 실로 다양한 판결례가 있다.

　　살피건대, 퇴직시보다는 재판집행시가, 아울러 (본집행이 아닌 가집행을 전제
한다면) 재판집행시보다는 판결확정시가 피침해자에게 물론 더 유리하다.[129] 그

때에 따라서는 '○○○○년 ○○월 ○○일(퇴직시점)', 즉 기산점에 대한 판단은 재판이유
중에 설시하고 주문에는 특정 시점을 정하여 '××××년 ××월 ××일까지 침해행위를 하여서
는 아니된다(혹은 전직하여서는 아니된다)'로 표현하는 경우도 있다.

125) 과거 한때 가장 많은 예는 퇴직시점을 기산점으로 삼고, 그로부터 1년을 침해금지기간으
로 설정한 재판례들이었다. 대표적으로 위에서 등장한 대법원 2003. 7. 16. 자 2002마4380
결정이 그러하다. 다만 2019년경 서울고등법원이 퇴직시점으로부터 '2년'의 금지기간을 인
정한 결정을 4건 이상 잇달아 내리는 등(이런 사실에 관해서는 법률신문 2019. 7. 18. 자
"'전직금지 기간', 기술보호와 생존권 침해의 경계는…삼성전자 관련 최근 항고심 판결로
본 기준" 기사 참조) 금지기간이 길어지는 경향이 일부 보이고 있다. 한편, '퇴직일'을 기
산점으로 3년 이상의 금지기간을 설정하고 있는 재판례는 그간 찾기 어려웠다. 가령 대법
원 1998. 2. 13. 선고 97다24528 판결 등이 3년의 금지기간을 설정하고 있는데 이는 과거
에는 다른 판결례에 비하여 상당히 장기에 속하는 것으로 소수의 입장이었다. 그런데 대법
원 2017. 11. 29. 선고 2017다24113 판결에서도 퇴직 후 3년의 금지기간을 긍정하고 있다.
이상과 같이 법원이 인정하는 전직금지 기간이 장기화되는 경향은 영업비밀 보호강화를
더 중시하려는 법원의 인식 변화와 무관하지 않은 듯하다. 덧붙여 판결확정일 등을 기준으
로 한 재판례에서는 3년보다 장기인 사례도 보인다. 가령 서울고등법원 2003. 10. 8. 선고
2002나68777 판결은 판결확정일로부터 5년을 금지기간으로 정하고 있다.
126) 민사소송법 제205조 참조.
127) 법원실무는 가처분 결정의 효력에 관하여도 민사소송법 제221조 제1항("결정과 명령은
상당한 방법으로 고지하면 효력을 가진다.")에 따라 원칙적으로 고지된 때에 효력이 생기
지만, 다만 민사집행법 제292조 제3항(가압류에 대한 재판의 집행개시에 관하여 채무자에
게 재판을 송달하기 전에도 할 수 있다고 규정하고 있음)에 따라 집행이 이루어지는 경우
에는 채무자가 가처분의 효력을 알게 되므로 집행할 때 효력이 생긴다고 보고 있다. 이는
법원행정처, 법원실무제요 민사집행 Ⅳ—보전처분—(2003), 108-109 참조.
128) 관련 하급심 사례로는 가령 수원지방법원 1998. 10. 22. 선고 98가합2115 판결. 이 판결
은 이유에서 기산점에 관한 언급이 없고 주문에서 "피고들은 별지 제1목록 기재 영업비밀
을 사용하거나 제3자에게 제공하거나 공개하여서는 아니된다."는 식으로 기간제한 없는
금지를 명하고 있다. 영업비밀이 아닌 일반적인 금지청구권의 행사에 있어서는 오히려 이
런 판결의 주문방식이 원칙적인 것임은 앞서 '침해금지기간을 설정하는 것이 타당한지 여
부' 부분에서 설명한 바와 같다.
129) 특히, 아래에서 보듯이 우리 판례가 기산점보다 금지기간을 '○년'식으로 먼저 획정하는
잘못된 경향을 보이고 있는 상황에서는 기산점이 언제인지가 보호가능성에 결정적 영향을
미치게 된다.

때문에 위 2002나68777 사건의 원고도 그러하였듯이 영업비밀 침해소송에서 통상 적극적 당사자인 피침해자는 판결확정시, 적어도 재판집행시를 기준으로 주장하고 침해자는 아예 직장 내부에서의 업무이탈시 혹은 적어도 퇴직시를 기준으로 주장한다. 특히 영업비밀 관련 쟁송은 그것이 본안이 아니라 비록 가처분이라 하더라도 이미 언급하였듯이 기술정보의 실체를 법관이 파악하는 데 어려움이 있다는 등의 사정으로 신속한 심리가 어려워 상당히 지연될 개연성이 있다. 이런 사정을 고려하면 퇴직시를 기준으로 하여 '1년'과 같이 비교적 단기간인 전직금지기간을 부여하게 되면 소송에서 침해가 긍정되고도 금지청구는 기각될 수 있고, 실제로 이런 실례가 상당히 많다.

　한편 외국의 상황을 간단히 보자면, 미국의 한 사례는 피고가 당해 영업비밀을 획득하기 위한 행위 시작을 재판시점까지 미룰 이유가 없는 이상 51개월의 금지명령기간을 재판시점으로부터 산정하여야 한다는 원고의 주장을 부당하다며 배척하고 실제 영업비밀 부정유용행위시점으로부터 계산한 재판례가 존재한다.[130) Head start rule의 취지를 가장 충실히 관철하자면 위 재판례와 같이 영업비밀 부정유용행위시점을 기준으로 침해자가 그런 침해행위 대신 적법한 획득을 꾀하였다면 소요되었을 시간을 추산하는 방법을 사용하여야 할 것이므로 이 점에서 위 판례의 입장이 부당하다고 할 수 없다. 그러나 다시 언급하건대 영업비밀 침해금지명령의 효력범위에 관하여 가장 주류적인 입장은 이른바 Head start rule이지만, 다른 입장들도 여전히 나름의 지위를 가지고 있다. 따라서 영업비밀 부정유용행위시점이 아닌 다른 시점을 금지명령의 기산점으로 삼고 있는 사례도 쉽게 찾아볼 수 있다. 가령 ITC(미국 무역위원회)[131)의 결정 중에는 당해 영업비밀이 절취된 시점을 기준으로 한 주장을 배척하고 결정일로부터 10년간의 수입금지명령을 산정한 예가 있다.[132)

　아울러 미국법원의 판례 중에 침해행위시를 기준으로 일응 추정한 금지기간이 재판시점에 이르러 이미 경과한 경우 본안의 금지청구를 기각하여야 한다

---

130) A.L. Laboratories, Inc. v. Philips Roxane, Inc., 803 F.2d 378 (8th Cir. 1986).

131) ITC(United States International Trade Commission)는 미국으로의 수입물품 중 특허, 상표권의 침해가 있는 경우 당사자의 제소에 의한 준사법절차에 의하여 수입을 금지하는 등 권한을 부여받고 있으며, 위 사건에서는 영업비밀 침해물품이 무역법(Trade Act) 337조를 위반한 행위라고 하여 제소된 것이었다.

132) 이는 Melvin F. Jager, Trade Secrets Law (Database updated March 2009) §7:14 (Permanent injunctions—Limited injunctions) 참조.

는 입장들도 찾아 볼 수 있으나,[133] 유의할 점은 이때의 사안들에서는 이미 침해자를 상대로 예비적 금지명령이 발령되어 있었고 그로부터 경과된 기간이 재판시점에 이르러 본안의 금지명령을 위해 추정한 금지기간을 초과한 상황이라는 점이다.[134] 즉 예비적 금지명령이 집행되고 있는 상황에서는 침해자가 리버스 엔지니어링 등 적법한 수단에 의하여 영업비밀을 실제로 취득하기 위해 행동할 여지가 없었을 것이므로, 재판시점에 법원은 여전히 그 소요기간을 '추정'할 필요가 있는 것이다. 반면, 추정된 금지기간이 재판시점에 이미 경과하였다고 금지청구를 기각한 우리 법원의 사례가 위와 마찬가지로 이미 금지가처분이 발령되어 침해자에게 적법한 취득행위를 실제 할 여지가 없었던 결과 부득이 법원이 그 기간을 추정한 다음 그 추정시간과 재판시점까지의 경과시간을 비교하여 본안의 금지청구를 기각하였다고는 일응 보이지 않아 문제이다.

한편, 일본의 관련 판결례는 아직 많지 않으나 재판확정시를 기준으로 금지기간을 설정하고 있는 것이 보인다.[135]

2) 침해금지기간과 기산점 중 어느 것이 먼저 정해져야 타당할지?

판례의 현황에 관하여 논평하기에 따라서는 문제된 구체적인 영업비밀의 내용이 각기 다르므로 판결에서 금지를 명한 내용 역시 다를 수밖에 없다고 긍정적으로 볼 여지도 있겠으나 그 실질을 살펴보면 무엇보다 그 기산점을 제각각으로 삼고 있는 것, 아울러 기산점의 근거, 가령 판례의 주류인 퇴직시설에 있어 왜 퇴직시가 기산점이 되는지 별다른 합리적 설명이 결여된 것은 의문이다.

우선 금지기간이 개별사안에 따라 다를 수 있더라도 금지기간을 부여하는 취지상 그 기간이 '경쟁자가 독자적인 개발이나 역설계와 같은 합법적인 방법에 의하여 그 영업비밀을 취득하는 데 필요한 시간에 상당한 기간'일 것을 우리 법원이 목표로 하고 있음은 앞서 본 바이다. 그런데 기술의 제반현황이란 정적(靜的)인 것이 아니라 동적인 것이어서 특정 기술개발이나 역설계에 소요되는 예상기간은 퇴직시, 재판집행시, 재판확정시가 각각 다를 수 있다. 즉 시점을 불

---

133) Seventh Circuit: Minnesota Mining & Manufacturing Co. v. Pribyl, 259 F.3d 587, 609 (7th Cir. 2001); K-2 Ski Co. v. Head Ski Co., Inc., 506 F.2d 471, 475 (9th Cir. 1974).

134) 이상은 James Pooley, Trade Secrets (DB), §7.03 REMEDIES AT TRIAL [b]- Duration of Restraint 참조.

135) 東京地裁 平成20年11月18日 平18(ワ)22955号 (判例タイムズ1299号 216). 여기서는 당해 기술의 성질에 비추어 재판확정후 2년간을 금지기간으로 설정하고 있다.

문하고 특정 기술을 타인이 개발하거나 역설계하는데 ○년이 소요된다는 불변의 법칙은 존재할 수 없는 것이다. 사정이 그러하다면 우리 판례가 위 목표에 부합하는 적절한 금지기간을 산출하려면 그 기산점에 관한 입장을 어느 것으로 취하든 먼저 기산점을 획정한 뒤 그 기산점 당시의 사정 등을 고려하는 등의 방법으로 적절한 금지기간을 산정하여야 판례 스스로의 논리에 부합할 것이다. 그럼에도 일부 판례(가령 대법원 2003. 7. 16. 자 2002마4380 결정[136]) 혹은 서울고등법원 2003. 10. 8. 선고 2002나68777 판결[137]) 등)는 먼저 영업비밀의 보호기간을 ○년으로 정한 다음 그 기간이 언제부터 시작하느냐 하는 식으로 앞뒤가 바뀐 논리를 전개하고 있다. 해당 판례들이, 이 글의 뒷부분에서 필자가 취하는 입장대로 영업비밀이 아닌 다른 금지청구권의 당부를 판단할 때와 마찬가지로, 재판시점을 기준으로 하여 금지기간을 먼저 정한 것이라는 옹호론도 제기될 수 있겠으나, 위 판례들은 위 금지기간이 기산점으로부터 산정할 때 이미

---

136) 대법원 2002마4380 결정만 보아서는 판결문에서 '2000. 3. 29.부터 1년'이라고 설시함에 있어 '2000. 3. 29.'이 퇴직시점임을 판결문의 다른 곳에서 설명하였으므로 보기에 따라 기산점을 먼저 정하고 있다는 옹호론도 제기될 수 있다. 그러나 엄밀히 살펴보면, 이 사건 원심(서울고등법원 2002. 11. 12. 자 2002라313 결정)은 그 설시이유로 당사자의 약정에 의한 전업금지청구권의 존재나 나아가 부정경쟁방지법 규정에 의한 전업금지청구권 발생을 부정한 다음 나아가 "설령 위 법 규정에 따라 전직금지를 구할 수 있다고 하더라도" 이하의 가정적 판단부분에서 다음과 같이 논리적 선후가 뒤바뀐 오류를 범하고 있다. 즉 여러 제반사정(이때 고려한 사정 중 당사자 간의 약정서상 퇴직일로부터 1년 동안의 전직금지가 부동문자로 포함된 사정이 포함되어 있으나 이는 퇴직일을 기산점으로 먼저 삼는다는 취지가 아니며, 앞에서 약정에 의한 전업금지청구권을 판단할 때 무효로 판단되었다가 여기서는 참작요소로 포함되었을 뿐이다)에 비추어 '1년의 전직금지기간이면 충분히 채권자의 영업비밀보호라는 목적을 달성할 수 있다고 봄이 상당하다고 할 것'이라고 금지기간을 결정한 다음 그 다음에야 "영업비밀보호를 위한 위 1년간의 전직금지기간을 산정함에 있어서는 채무자가 ○○으로 2차 전직한 2001. 9. 1.경이 아니라 채무자가 실제로 채권자에서의 연구개발업무에서 이탈한 2000. 3. 29.경부터 기산함이 상당하다"고 판시함으로써 기산점을 나중에 고려하고 있음을 분명히 하고 있다. 그럼에도, 대법원은 이런 선후 구조에 대한 잘못을 지적하기보다는 "원심이 채무자가 퇴직한 날이 아닌 채무자가 영업비밀을 취급하던 업무에서 이탈한 시점인 2000. 3. 29.을 그 전직금지기간의 기산점으로 인정한 것은 잘못"이라고 하였을 뿐 나머지 부분에 관하여는 원심을 긍정하고 있다.

137) 이 판결 역시 당해 영업비밀 기술이 동종 업계에 상당히 널리 알려져 있는 점, 관련 분야의 기술이 급속하게 발달하고 있는 점, 피고 회사가 이미 관련기술개발을 하여 온 점 등을 고려하여 "이 사건 각 기술정보가 영업비밀로서 보호될 수 있는 기간은 길어야 2년으로 봄이 상당하다"고 먼저 정한 다음(즉 2년의 기간이 도출되는 여러 사정을 고려함에 있어 그것이 퇴직시점 등 특정시점을 전제로 한 것이라는 어떠한 단서도 보이지 않으며 원, 피고를 둘러싼 그동안의 제반사정을 시간에 구애받지 않은 채 다소 막연하게 나열하고 있을 뿐이다), 바로 이어서 "한편, 영업비밀침해 금지기간의 기산점은 피고 김○○, 이○○가 영업비밀 취급업무에서 이탈한 때인 퇴직시점을 기준으로 산정하는 것이 합리적이라 할 것"이라고 판시하고 있다.

경과하였음을 들어 금지청구권 행사를 부정하고 있음을 볼 때[138] 그렇게 해석하기도 곤란하다.

3) 기산점을 굳이 정하자면 어떻게 정해야 할지?

아울러 우리 판례의 주류는 '퇴직시'를 기산점으로 삼고 있으나, 그 근거가 박약하다. 민법상 일반원칙은 물론 부정경쟁방지법 제10조도 "그 행위에 의하여 영업상의 이익이 침해되거나 침해될 우려가 있는 경우에는 … 금지 또는 예방을 청구할 수 있다."라고 분명히 규정하고 있으므로 '침해행위시'(혹은 예방청구권의 경우에는 침해우려시점)가 기산점이 되어야 함에는 사실 크게 다툼이 있을 수 없다.[139] 굳이 판례의 취지를 선해하자면, 종업원의 퇴직시점과 전직시점이 같은 때라면 전직으로 침해가 개시되거나 혹은 퇴직만으로 침해의 우려가 있을 수 있음을 염두에 둔 것으로 풀이하거나,[140] 종업원이 지득한 영업비밀의 범위는 수시로 변하므로 영업비밀을 최후로 접하여 획정된 시점이자 종업원이 최후로 영업비밀을 취급한 시점인 퇴직일을 기준으로 삼고 있다고 풀이해 볼 수도 있다.[141] 그러나 그 어느 풀이도 쉽게 수긍하기 어렵다.

전자의 해석은 실제 많은 사례에서 퇴직시가 침해행위가 개시된 시점과 일치한다는 통계적 설명으로는 몰라도 그렇지 않은 경우[142]까지 왜 획일적으로 퇴직시가 기준이 되어야 하는지에 관한 법적 논리로 받아들이기 어렵고, '퇴직시'를 언급하는 것이 내심으로는 침해(우려)가 있는 시점을 항상 염두에 두고 있는 것이라면 차라리 '침해(우려)시점'이라고 진정한 기준을 명시하는 것이 타

---

138) 즉 재판시점을 철저하게 관철하려면 '경쟁자가 독자적인 개발이나 역설계와 같은 합법적인 방법에 의하여 그 영업비밀을 취득하는 데 필요한 시간에 상당한 기간'을 산정함에 있어 퇴직시(혹은 침해행위시)를 기준으로 예상되는 기간이 아니라 재판시까지 드러난 사정이 기간산정의 기준이 될 것이다. 이때는 설령 퇴직시 기준으로 예상되는 기간이 재판시에 이미 경과하였더라도 이미 가처분이 내려져 침해자에게 행동의 여지가 없었다는 사정이 없는 한 당해 침해자가 재판시까지 '독자적인 개발이나 역설계와 같은 합법적인 방법에 의하여 그 영업비밀을 취득'하지 못하였다면 금지청구권 행사가 거절되어서는 곤란할 것이다.
139) 다소간 설명은 상이하지만, 마찬가지로 침해행위시가 기준시점이라는 입장은 김병일, "영업비밀 침해금지와 금지청구의 기산점", 창작과권리 통권 제53호(2008. 12), 128-129.
140) 송영식, 지적재산권법(하), 육법사(2013), 456에서 이런 풀이도 가능함을 설명하면서 동시에 이런 풀이에 따른 '퇴직시'설 고집은 잘못되었다고 비판하고 있다.
141) 이런 취지의 해석으로는 장흥선, 앞의 논문, 836-837 참조.
142) 종업원이 종전 직장에 경쟁업체로의 이직을 숨기기 위하여 퇴직시점과 전직시점을 달리하거나 다른 사정으로 휴직 중 경쟁업체로 이직했을 때까지 왜 퇴직시점이 기산점이 되는지 설명하기 어렵다. 아울러 나머지 모든 경우에 퇴직만으로는 직접 침해가 개시되지 않았더라도 항상 침해의 우려가 있다는 주장은 (가령 퇴직 후에야 경쟁업체의 제의를 받고 전직한 경우 등을 고려할 때) 지나친 논리비약이다.

당하다.

후자의 해석은 근본적으로 침해쟁송에서 침해대상인 영업비밀을 확정하는 문제와 침해청구권의 발생문제를 뒤섞어 혼란만 주고 있다. 종업원이 지득한 영업비밀의 폭이 시시각각 변화한다는 설명부분은 타당하지만 비록 그 범위를 확정하기 어려울 정도로 아주 유동적인 상황에서도 외형상 침해가 발생하였거나 그 우려가 있다면 일단 침해청구권은 발생한 것이며 이때 침해대상인 영업비밀을 획정하기 어렵다는 것은 별개의 문제일 뿐이다. 아울러 이 해석은 가령 근로자가 영업비밀을 취급하지 않는 부서로 옮겨 근무하다가 이후에 퇴직한 상황에서도 왜 당해 종업원이 영업비밀을 최후로 취급한 직장내부 이동시점이 아니라 퇴직시점을 대법원이 기준으로 삼을 수 있다고 하고 있는지 합리적으로 설명하지 못한다.143) 결국 대법원이나 하급법원이 기산점을 정함에 있어 굳이 '퇴직시'를 택하고 있는 합리적 이유를 발견하기 어렵다.

4) 영업비밀 금지청구권이 채권적 청구권과 같은 성질인지?

우리 판례의 경향을 보면, 영업비밀 금지청구권의 성질에 관하여 충분한 배려를 하지 못하고 있지 않느냐는 의문이 든다. 우선 근로자의 경업금지 내지 전직금지의무가 논의된 것은 1991년경에야 부정경쟁방지법상 영업비밀의 보호가 규정된 지적재산권 영역에서가 아니라 그 이전에 민법이나 다른 특수법 분야(가령 상법144)이나 노동법 등)에서였다. 그중 가장 오랜 민법의 논의내용의 핵심은 근로자의 경업피지의무는 고용계약이 종료함으로써 소멸하는 것으로, 필요한 예외적 경우에 한하여 신의칙상의 의무로서 존재할 수 있을 뿐이라는 요지이다.145) 여기에 노동법적 논의를 가미하여 더 설명하자면,146) 근로자 보호를 위하여 사용자와 근로자가 특약을 체결하거나 적어도 묵시적으로 약정을 인정할 여지가 없는 한 경업금지는 원칙적으로 인정되지 않는다는 것이어서, 당사자간

---

143) 위 2002마4380 결정 "전직금지는 기본적으로 근로자가 사용자와 경쟁관계에 있는 업체에 취업하는 것을 제한하는 것이므로, 근로자가 영업비밀을 취급하지 않는 부서로 옮긴 이후 퇴직할 당시까지의 제반 상황에서 사용자가 근로자가 퇴직하기 전에 미리 전직금지를 신청할 수 있었다고 볼 사정이 인정되지 아니하는 이상 근로자가 퇴직한 시점을 기준으로 전직금지기간을 산정하는 것이 타당하다"

144) 상법 제41조에 따른 영업양도인의 경업금지의무 혹은 제397조에 따른 주식회사 이사의 경업금지의무 등이나 이 글의 논의와 직접 관련이 없다.

145) 곽윤직 대표편저, 민법주해[XV], 박영사(1997), 347(남효순 집필부분).

146) 가령 김유성, 노동법Ⅰ, 법문사(2005), 343에서는 근로자는 근로관계 종료 후 특약이 없는 한 경업금지의무를 부담하지 않는다고 풀이한다. 이는 신권철, "근로자의 경업금지의무", 노동법연구(2005 상반기 제18호), 서울대 노동법연구회, 235에서 재인용.

약정의 내용과 그 효력 판단이 법원이 당해 사건을 심리하는 초점이었다고 할 수 있다. 그러나 비교적 늦게 도입된 부정경쟁방지법상의 전직금지청구는 당사자간 약정이 아니라도 판례 스스로 인정하듯이 부정경쟁방지법상 조항 자체에 기하여 금지청구권이 발생한다는 결정적인 차이가 있고, 이 글의 앞에서 설명한 대로 영업비밀 관련 조항의 전체적 성격에 불구하고 위 금지청구권의 성격은 채권적인 것이 아니라 물권적인 성질의 것이다.

그런데 현실에서 많은 기업이 위 근로자와 분쟁의 소지가 있을 경우 입사계약이나 그 갱신계약 등을 통하여 근로자와 특약을 체결함으로써 종전의 민법이나 노동법상 논의에 따르더라도 일응 경업금지청구권을 기업 측이 유보할 수 있도록 하고 있다. 이때 유의할 점은 실무상 사용하는 특약의 구체적 문구가 거의 예외 없이 '퇴직시'부터 일정기간의 금지기간을 설정하는 방식을 취하고 있다는 점이다.[147] 이후 실제로 근로자와 분쟁이 발생할 경우 기업 측이 제기하는 경업금지(혹은 전직금지)소송의 청구원인에 있어 적극적 당사자가 가장 먼저 내세우는 주장이 위 특약에 기한 전직금지청구이며, 그 다음에야 부정경쟁방지법 자체에 기한 전직금지청구권을 주장하게 된다.[148] 이런 형태의 소송에서 법원은 '퇴직시로부터 ○년'이라는 특약의 유효성을 먼저 판단하게 되는데 이때의 판단논리는 위에서 살핀 민법이나 노동법에서의 그것과 같다. 즉 근로자의 직업 선택의 자유를 중시하여 특약이 없는 한 경업금지는 원칙적으로 인정되지 않으며 심지어 특약이 있더라도 민법상 일반논리(통상 '공서양속 위반' 혹은 '부동문자'여서 무효라는 요지로 근로자 측이 제기한 항변을 판단하는 과정에 의함)에 의해 무효로 판단될 수 있다. 일부 법원은 소극적 당사자의 위 항변을 배척하고 위 약정내용에 따라 '퇴직시점'을 기준으로 전직금지명령을 내리기도 하지만,[149] 사실 압도적으로 더 많은 사안에서 법원은 위 특약의 효력을 부정하고 있다. 이때 다음 단계로 부정경쟁방지법 자체에 기한 전직금지청구권을

---

147) 당해 종업원이 언제까지 근무할 것인지를 전혀 예측하기 곤란한 현실에서 기업이 당해 종업원에게 사용자로서의 영향력을 미치는, 바꾸어 말하면 전직금지의 특약이 없더라도 기존 근로계약에 기한 법적 구제가 분명히 가능한 가장 최후의 시점이 다름 아니라 근로계약이 종료하는 퇴직시점까지이다.

148) 약정에 기한 청구보다 법률 자체에 기한 청구가 통상 받아들여지기 어렵다는 사정이 고려된 것으로 보인다.

149) 가령 서울고등법원 1998. 10. 29. 선고 98나35947 판결 혹은 앞서 본 서울중앙지결 2007카합3903 등. 최근의 사례로는, 약정에 근거해 퇴직시부터 2년간 전직금지를 명한 서울중앙지방법원 2023. 5. 24. 자 2022카합21499 결정 참조.

판단하게 되는데, 여기서 문제가 발생한다. 특약에 기한 전직금지청구권을 판단할 때와 달리 부정경쟁방지법 자체에 기한 전직금지청구권을 판단함에 있어서는 그것이 물권적 청구권의 성질에 가깝다는 것을 염두에 두어야 타당할 것이나, 법원은 대개 이런 차이를 명확히 구분하지 아니하고 종전까지의 논리, 즉 당사자 간 약정에 기한 청구의 당부를 논하던 기존논리를 단순히 연장하는 선상에서 부정경쟁방지법 자체에 기한 전직금지청구를 심리하는 모습을 자주 보이고 있다. 사소하게는, 가령 특약에 기한 금지청구권을 판단하는 단계에서 이미 무효라고 판단된 약정문 속에 담긴 '퇴직시'라는 기준을 부정경쟁방지법 자체에 기한 전직금지청구의 기산점을 결정함에 있어 고려요소 중 하나로 삼는 경우150)가 그런 예라 할 수 있지만, 크게는 물권적 청구권 행사에 가까운 부정경쟁방지법 자체에 기한 전직금지청구권의 판단을 당사자 간 약정에 기한 청구권의 판단, 환언하여 채권적 청구권을 판단하는 것과 같은 논리로 일관하고 있다는 점이다.

　민법상 물권적 청구권과 채권적 청구권은 다음과 같은 큰 차이가 있다. 민법상 물권에 기한 금지청구권은 침해행위가 존재하는 즉시 금지청구권이 발생하며 (i) 그 행사에 있어 존속기간이 별도로 존재하지 않고151) (ii) 시효의 제한도 받지 않는다. 이와 비교하여 채권적 청구권은 침해행위가 존재하는 즉시 청구권이 발생하는 점은 공통되지만 존속기간의 정함과 시효의 제약이 있다는 차이가 있다. 민법상 방해배제청구권의 행사에 있어 방해행위가 과거에 종결되어 버린 것이어서는 안 되며 현재도 지속하느냐가 문제되는 것처럼,152) 부정경쟁방지법상 영업비밀 침해금지청구의 행사에 있어서도 쟁점은 재판시점 당시까지 법정 보호요건을 구비한 영업비밀에 대한 침해행위가 지속적으로 존재하느냐 여부이지 침해행위시점으로부터 일정기간이 경과하였느냐가 되어서는 곤란하다. 그런데 영업비밀 침해금지청구에 대한 법원의 심리는 마치 채권적 청구권의 인용여부를 심리하는 것처럼, 과거 특정시점(퇴직시)의 침해행위의 유무(비유하자면, 채무불이행이나 과거 시점의 불법행위 발생), 나아가 그로부터 법원 나름의 기준에 의해 추정한 영업비밀 보호기간이 경과하였는지(역시 비유하자면, 채권적 청구권에서의 소멸시효)153)에 집중함으로써 해당 청구사건의 심리를 물권적 성격

---

150) 가령 앞서 본 서울고등법원 2002. 11. 12. 자 2002라313 결정 등.
151) 물론 그 본체인 물권의 존속을 전제로 한다.
152) 곽윤직 대표편저, 民法註解[Ⅴ], 박영사(1992), 246(양창수 집필부분).
153) 부정경쟁방지법은 제14조는 시효제도를 규정하면서 '3년' 및 '10년'의 기간을 규정하고

의 금지청구권이 아니라 아주 단기간의 소멸시효를 가진 채권적 청구권을 다루는 것처럼 변모시키고 있다. 물론 이런 결과가 나타나는 것은 앞서 우리 법원이 미국 법원과 마찬가지로 영업비밀 침해금지청구를 인용함에 있어 정책적 고려의 결과 금지기간을 제한하고 있다는 점에 크게 기인한 것이라고 볼 수도 있고 이렇게 우리 법원이 금지청구권에 있어 친숙하지 않은 금지기간을 설정하는 것은 앞서 본대로 나름의 정당한 이유가 있으므로 그것 자체까지 반박하기 곤란하지만, 만일 금지명령을 내림에 있어 이를 제약할 기간을 결정하고자 하였다면 거기에 참작할 사정들은 마치 채권적 청구권의 심리에서처럼 침해행위당시가 되는 것이 아니라 민법상 금지청구권에서와 같이 재판시점을 기준으로 하여야 할 것이다. 미국에서 UTSA나 이를 수용한 주법을 통하여 영업비밀침해에 부여되는 금지명령(injunction)의 성격이 한국 부정경쟁방지법상 금지청구권의 성격과 완전히 일치하는 것은 아님을 고려할 때[154] 한국에서의 운용에서는 위 정책적 고려를 살리면서도 민법과 같은 다른 법률에서 물권적 청구권과 채권적 청구권을 취급하는 논리와 크게 어긋나서는 곤란하다.

  요컨대, 침해행위가 존재하는 즉시 금지청구권이 발생할 것이고 그런 금지청구권의 발생 여부 문제와는 별도로 법원이 당해 금지청구를 인용할 지 여부는 재판시점(판결이라면 변론종결시)을 기준으로 하면 족할 것이다. 여기서 우리 법원이 굳이 종업원의 이익보호를 위하여 침해금지기간을 설정하고자 한다면 법관이 당해 기술정보를 둘러싸고 변화하는 제반사정을 고려할 수 있는 가장 나중 시점, 즉 재판시점(판결시는 변론종결시)을 기준으로 경쟁자 등이 침해행위를 개시하는 대신 독자적인 개발이나 역설계와 같은 합법적인 방법에 의하여 그 영업비밀을 취득하는데 소요될 시간을 보호기간으로 산정함이 타당할 것이다.[155] 물

  있는데, 특히 '10년'의 기간에 있어서는 그것이 소멸시효기간이든, 제척기간이든지 간에 우리 법원은 그보다 훨씬 단기간의 침해금지기간을 설정함으로써 규정의 존재의의가 별로 없게 되었다.

154) 가령, 앞서 보았듯이 미국에서는 영업비밀성이 소멸한 경우라도 여전히 침해금지명령이 침해자에게 발하여질 수 있다.

155) 즉 필자의 사견에 따른다면 당사자 간 특약이 아니라 부정경쟁방지법 자체에 기한 침해금지청구의 판단순서는 다음과 같게 된다. 우선 영업비밀 금지청구를 기각하는 경우는 재판시점에서 이미 공개되어 버리는 등으로 영업비밀성이 부정된 사례에 국한된다. 공개가 제3자의 적법한 행위에 기한 때는 물론 침해자의 행위에 기한 때라도 한국 법제는 미국의 UTSA와 달리 영업비밀성이 상실된 상태에서도 여전히 금지명령이 발령될 수 있다는 특칙을 두고 있지 아니하므로, 원칙적으로 손해배상청구의 문제만이 남게 된다. 반대로 재판시점에서 영업비밀이 비공지성 등 법정요건을 유지하고 있는 한 우리 일부 판례와 같이 '퇴

론 당사자 간 특약에 기한 청구라면 별개의 문제이다.[156]

〈박준석〉

직시로부터 기산할 때 이미 적정한 보호기간이 경과하였다'는 이유로 기각되지는 않는다. 다만 여기서 유일한 예외가 가처분이 내려져 있는 경우가 될 것이다. 우리 대법원이 종업원 보호를 위해 침해금지명령의 기간을 제한하는 입장을 수용한다면, 가처분이 내려져 있는 경우 침해자가 재판시점까지 리버스 엔지니어링 등 적법한 행위로 영업비밀을 취득할 여지가 없었으므로 부득이 법원은 가정적 판단에 의하여 만일 위 적법한 행위가 있었다면 소요되었을 기간을 산출하여 재판시점까지의 경과기간과 비교하여 가처분기간이 더 장기이면 보호를 부정할 것이다. 한편 재판시점에서 비공지성 등 법정요건을 유지하여 금지청구가 인용되는 경우에는, 이를 전제로 재판시점을 기준으로 장차 독자적인 개발이나 역설계에 소요되는 시간(즉 재판시점 현재까지는 피고가 가처분 등의 제약이 없었음에도 실제 영업비밀을 취득하지 못하였지만, 재판직후부터 적법행위를 개시한다면 소요될 추정시간)을 추산하여야 할 것이다.

156) 그러나 앞서 본대로 당사자 간 특약에 기한 전직금지청구가 받아들여질 경우라면 이는 그 약정에 정한 대로 기산점이 정해진다. 이것은 법률에 직접 근거한 금지청구권과 달리 채권적 효력에 기한 것이다. 이때, 가령 당사자 간 약정을 근거로 한 전직금지청구에 있어 약정기간은 비교적 분명하지만 그 시점에 관한 약정이 불분명하거나 다툼의 여지가 있을 때라면 '기산점'을 둘러싼 기존논쟁이 일부라도 의미가 있을 것이다.

> **제11조(영업비밀 침해에 대한 손해배상책임)**
> 고의 또는 과실에 의한 영업비밀 침해행위로 영업비밀 보유자의 영업상 이익
> 을 침해하여 손해를 입힌 자는 그 손해를 배상할 책임을 진다.

〈소 목 차〉

Ⅰ. 취　　지
Ⅱ. 연　　혁
Ⅲ. 손해배상 요건
　　1. 청구권자 및 그 상대방

2. 청구권의 요건
3. 손해배상의 범위
4. 시　　효

Ⅰ. 취　　지

부정경쟁방지 및 영업비밀보호에 관한 법률 제11조는 침해자의 고의 또는
과실로 인하여 영업상 이익을 침해당했을 경우 영업비밀보유자의 손해배상청구
권을 인정하고 있으며, 금지 및 예방청구권과 달리 과실책임주의 원칙을 명시하
고 있다. 따라서 그 성질에 반하지 않는 한 불법행위에 관한 민법의 규정이 적
용된다.[1]

영업비밀 침해로 인한 손해액 산정은 다른 지적재산권 침해보다 어려운 문
제이다. 침해에 의하여 영업비밀성이 상실되었는지 여부에 따라 손해의 개념이
달라질 수 있다. 금지청구 등으로 침해에도 불구하고 비밀성을 잃지 않았다면
단순히 매출의 감소분이나 상대방이 얻은 이득액이 산정 기준이 될 수 있지만,
그 비밀성을 잃게 된 경우라면 그와 같은 정보를 독자적으로 개발하기 위하여
소요되는 비용도 중요한 요소가 될 수 있다. 이에 부정경쟁방지 및 영업비밀보
호에 관한 법률은 다른 지적재산권과 같이 손해액 추정에 관한 규정(법 제14조
의2)을 신설하여, 영업비밀 침해도 다른 부정경쟁행위로 인한 손해액 추정과 똑

---

1) "피고회사가 도용한 원고회사의 위 수치제어식 심공가공기의 제작기술은 위 개발경위,
개발에 소요되는 기간 및 소요자금, 그리고 그에 대한 국내의 기술개발정도 등에 비추어
보아 원고회사의 영업활동의 기초가 되는 중요한 정보로서 독립한 경제적 가치를 갖는 영
업비밀이라 할 것이고, 피고회사는 그 설계도면 등을 복사하여 빼 내오는 등으로 원고회사
의 영업비밀인 위 제작기술을 도용하여 원고회사의 제품과 유사한 각종 심공가공기를 생
산함으로써 위 영업비밀을 불법적으로 침해하였다 할 것이므로, 피고회사는 그 침해행위
로 원고회사가 입은 손해를 배상할 책임이 있다 할 것이다."(부산고등법원 1997. 1. 9. 선
고 95나4056 판결).

같은 법리가 적용된다.

고의·과실은 영업비밀 침해행위에 대한 주관적 요건이고, 손해 발생에 대한 요건은 아니다. 따라서 고의·과실에 의한 침해행위가 인정되는 이상 그와 상당인과관계 있는 모든 손해가 배상의 범위에 들어간다.

Ⅱ. 연   혁

1961년 제정법(1961. 12. 30, 법률 제911호)에서는 부정경쟁행위에 대한 보호규정만 있었을 뿐 영업비밀 침해행위에 대한 별도의 보호규정이 없었다. 1991년 개정법(1991. 12. 31, 법률 제4478호)에서는 제3장에 영업비밀보호에 관한 규정을 별도로 신설하고 같은 법 제11조(영업비밀 침해에 대한 손해배상책임)에서 고의 또는 과실에 의한 영업비밀 침해행위로 영업비밀 보유자의 영업상 이익을 침해하여 손해를 가한 자는 그 손해를 배상할 책임을 지도록 규정하여 현재에 이르고 있다.

2007년 개정법(2007. 12. 21, 법률 제8767호) 제11조에서는 "손해를 가한 자"를 "손해를 입힌 자"로 수정하는 등 일본식 표현을 알기 쉬운 우리말로 고쳐 어려운 법령 용어를 순화하고 법 문장의 표기를 한글화하여 국민이 쉽게 읽고 이해할 수 있도록 하였다.

Ⅲ. 손해배상 요건

1. 청구권자 및 그 상대방

청구권자는 고의 또는 과실에 의한 영업비밀 침해행위로 영업상 이익이 침해되어 손해를 입은 자(영업비밀 보유자)이고, 그 상대방은 고의 또는 과실로 영업비밀 보유자의 영업상 이익을 침해하여 손해를 입힌 자이다.

2. 청구권의 요건

손해배상청구의 요건으로는 i) 행위자의 고의 또는 과실, ii) 객관적으로 위법한 영업비밀 침해행위의 존재, iii) 침해행위로 인한 영업상 이익의 손해 발생, iv) 행위와 손해발생과의 상당인과관계의 존재 등이 필요하다. 부정경쟁방지법 위반을 청구원인으로 하는 손해배상청구의 소는 본질이 불법행위 손해배상소송이다. 그러므로 부정경쟁에 의한 영업상 이익을 침해하는 것은 일반불법행위의 요건을 충족하는 것이 필요하다. 이런 점에서 부정경쟁방지법 제11조의 손해배상요건은 불법행위소송에서의 요건을 확인하는 의미가 있다.[2]

"고의"란 부정경쟁행위라는 것을 알면서 감히 이를 행하는 심리상태를 말하며, "과실"이란 일정한 결과가 발생한다는 것을 알고 있어야 함에도 불구하고 부주의로 그것을 알지 못하고 어떤 행위를 하는 심리상태를 말한다.

우리나라 특허법 제130조는 특허권의 침해행위에 대하여 과실이 있는 것으로 추정하지만, 영업비밀 침해행위에 대해서는 과실 추정규정이 없기 때문에 고의·과실에 대한 입증책임은 불법행위 일반론에 따라 손해배상 청구권자가 부담한다. 그러나 실제 영업비밀 침해행위의 존재가 입증된 이상 무과실에 대한 입증의 필요성이 생기는 경우가 많을 것이다.

3. 손해배상의 범위

손해배상청구권의 목적은 영업비밀 침해행위에 의해 생긴 손해를 전보(塡補)하는 것으로 그 범위는 영업비밀 침해행위와 상당인과관계가 있는 일체의 손해로서 적극적 손해, 소극적 손해, 정신적 손해[3]를 포함하며, 이에 대한 입증책임은 청구권자가 부담한다.

그러나 손해액의 입증이 용이하지 않기 때문에 부정경쟁방지법 제14조의2는 손해액의 추정에 관한 규정을 두어 부정경쟁행위 또는 영업비밀 침해행위로 인한 손해액 산정을 용이하게 하고 있다. 부정경쟁방지법상 증액배상제도의 도입 및 개정 경과를 살펴보면, 2019년 개정법(2019. 1. 8. 법률 제16204호) 제14조의2 제6항(법원은 영업비밀 침해행위가 고의적인 것으로 인정되는 경우에는 제11조에도 불구하고 제1항부터 제5항까지의 규정에 따라 손해로 인정된 금액의 3배를 넘지 아니하는 범위에서 배상액을 정할 수 있다)의 신설로 소위 고의적 영업비밀 침해행위에 3배 배상 제도를 도입하였고, 2020년 개정법(2020. 10. 20. 법률 제17529호)

---

[2] 최승재, "제6기 부정경쟁방지 및 영업비밀보호의 이해과정", 2018. 10. 국제지식재산연수원 강의자료(2018) 참조.
[3] "일반적으로 타인의 불법행위 등에 의하여 재산권이 침해된 경우에는 그 재산적 손해의 배상에 의하여 정신적 고통도 회복된다고 보아야 할 것이므로, 영업비밀 침해행위로 인하여 영업매출액이 감소한 결과 입게 된 정신적 고통을 위자할 의무가 있다고 하기 위하여는 재산적 손해의 배상에 의하여 회복할 수 없는 정신적 손해가 발생하였다는 특별한 사정이 있고 영업비밀 침해자가 그러한 사정을 알았거나 알 수 있었어야 한다"(대법원 1996. 11. 26. 선고 96다31574 판결).

에서는 제14조의2 제6항을 개정하여 아이디어 도용행위(제2조 제1호 (차)목)에도 3배 배상 제도가 적용되도록 하였으며, 2024년 개정법(2024. 2. 20. 법률 제20321호로 개정되어 2024. 8. 21.부터 시행 예정)에서 다시 제14조의2 제6항을 개정하여 3배를 5배로 상향하는 등 지속적으로 손해배상액을 높이기 위한 입법이 이루어지고 있음을 알 수 있다. 이러한 부정경쟁방지법상의 증액배상 제도는 특허법의 개정에 맞추어 개정되고 있음을 알 수 있다.[4]

이에 따라 i) 침해자가 영업비밀 침해행위를 한 물건을 양도(讓渡)한 경우, 그 물건의 양도수량(讓渡數量)에 영업상의 이익을 침해당한 자가 당해 영업비밀 침해행위가 없었다면 판매할 수 있었던 물건의 단위 수량당 이익액을 곱한 금액, 다만, 영업상의 이익을 침해당한 자가 생산할 수 있었던 물건의 수량에서 실제 판매한 물건의 수량을 뺀 수량에 단위 수량당 이익액을 곱한 금액을 한도로 하고, 영업비밀 침해행위의 사유로 판매할 수 없었던 사정이 있는 때에는 당해 사유로 판매할 수 없었던 수량에 따른 금액을 빼야 한다. ii) 침해자가 영업비밀 침해행위에 의하여 이익을 받은 것이 있는 때에는 그 이익의 액(額), iii) 영업비밀 침해행위의 대상의 된 영업비밀의 사용에 대하여 통상 받을 수 있는 금액에 상당하는 액(실시료) 등을 들 수 있는 것에 더해서 손해액이 산정될 수 있다.

한편 법원은 부정경쟁행위로 인한 영업상 이익의 침해에 관한 소송에서 당사자의 신청에 의하여 상대방 당사자에 대하여 침해로 인한 손해액을 산정하는 데 필요한 자료의 제출을 명할 수 있다. 다만 그 자료의 소지자가 제출을 거절할 정당한 이유가 있으면 그러하지 아니하다. 2024년 개정법(2024. 2. 20. 법률 20321호)에서 부정경쟁방지법 제14조의7이 개정되면서 기록의 송부 등에 대한 방법을 보완하였다. 소송실무에서 증명의 곤란으로 인해서 실제적인 권리보호가 어려운 경우가 발생한다는 요청이 있어서 이루어진 개정이다. 법원실무에서 실효성을 가질 것인지는 향후 관찰할 필요가 있다고 본다. 관련해서 제18조의 벌칙규정도 개정되어 법정형도 상향되었다.

4. 시 효

부정경쟁방지 및 영업비밀보호에 관한 법률에는 손해배상청구권의 행사기

---

4) 이에 대한 상세는 최승재·정차호·이규호, "징벌배상 도입 등 특허법·부정경쟁방지법 주요 개정사항에 대한 판단기준 및 효과분석연구", 특허법과제보고서(2019) 참조.

간(소멸시효)이 규정되어 있지 않다. 따라서 민법 제766조(손해배상청구권의 소멸시효)의 규정에 의하여, 영업비밀 침해행위가 있은 사실 및 행위자를 안 날로부터 3년 또는 그 행위가 시작된 날로부터 10년간 이를 행사하지 않으면 시효로 인하여 소멸된다.

〈최승재〉

> **제12조(영업비밀 보유자의 신용회복)**
>
> 법원은 고의 또는 과실에 의한 영업비밀 침해행위로 영업비밀 보유자의 영업상의 신용을 실추시킨 자에게는 영업비밀 보유자의 청구에 의하여 제11조에 따른 손해배상을 갈음하거나 손해배상과 함께 영업상의 신용을 회복하는 데에 필요한 조치를 명할 수 있다.

〈소 목 차〉

Ⅰ. 개   설
Ⅱ. 손해배상청구권 등과의 관계

Ⅲ. 신용회복청구권의 구체적인 발동
   태양

Ⅰ. 개   설

영업비밀 침해행위는 그로 인하여 타인의 신용과 명성에 대한 훼손을 수반하는 경우가 많으므로 신용회복청구권이 인정된다. 즉, 법원은 고의 또는 과실에 의한 영업비밀 침해행위로 영업비밀 보유자의 영업상의 신용을 실추하게 한 자에 대하여는 영업비밀 보유자의 청구에 의하여 영업상의 신용회복을 위하여 필요한 조치를 명할 수 있다.

참고로 일본의 현행 부정경쟁방지법[1] 제14조에서도 "고의 또는 과실에 의하여 부정경쟁을 행하여 타인의 영업상의 신용을 해한 자에 대하여, 법원은 그 영업상 신용을 침해당한 자의 청구에 의하여 손해배상에 갈음하거나 또는 손해배상과 함께 그 자의 영업상 신용을 회복하는데 필요한 조치를 명할 수 있다."고 규정하고 있다. 일본 부정경쟁방지법은 우리 법과 다르게 영업비밀 보호를 독립한 장(章)으로 분리하지 않고 제2조 부정경쟁행위의 하나로 열거한 다음 신용회복청구권 등 구체적인 법적 구제에 관해서도 동일한 조항들을 적용하는 체제를 취하고 있다.

Ⅱ. 손해배상청구권 등과의 관계

본조의 신용회복 조치는 법원이 "제11조에 따른 손해배상을 갈음하거나 손

---

1) 令和5年 法律第51号에 의해 개정된 것을 말한다.

해배상과 함께" 명할 수 있는 것이다. 신용회복청구권이 인정되려면 일단 "고의 또는 과실"을 요구한다는 점에서 손해배상청구권과 동일하며, 그렇지 아니한 침해금지청구권과 구별된다. 영업상의 신용이 실추된 경우 통상 손해배상청구만으로도 어느 정도 피해구제가 가능하지만 실추된 신용을 모두 회복하기 위한 것이 금전배상만으로 이루어질 수 있지는 않다는 사정을 감안하여 손해배상청구권과 병행하여 혹은 경우에 따라 그것을 갈음하여 신용회복청구가 가능하도록 규정하고 있는 것으로 보인다.

이와 관련하여 일본의 학설 중에는 손해배상청구권이 사후적 구제조치에 불과한 까닭에 신용회복을 위해 더 유효한 구제수단이 필요하여 신용회복청구권이 인정되고 있다고 설명함으로써 신용회복청구권은 손해배상청구권의 경우와 달리 사전적(事前的) 구제조치로도 발동가능하다는 취지로 이해되는 주장[2]이 있지만, 찬성하기 어렵다. ① 위 조문의 문구해석상 이미 실추된 신용의 회복을 위하여 청구권이 발동될 수 있을 뿐이라는 점, ② 앞에서 본 대로 신용회복청구권이 발동되기 위해서는 고의 또는 과실이 존재하여야 하는데, 사전 예방적으로 발동될 상황에서 장래의 신용실추에 대한 고의 또는 과실을 미리 인정하는데 법리상 난점이 있는 점 등에 비추어 그러하다. 앞서 일본에서의 위 주장이 염두에 둔 사전적 구제조치는 실제로 신용회복청구권이 아니라 그것과 개념상 별개인 침해예방청구권의 영역에서 그 요건을 구비한 범위 내에서만 일정부분 이루어질 수 있을 뿐이라고 사료된다.

아울러 신용회복청구권은 침해행위 당시를 기준으로 그 당부 판단이 이루어진다는 점에서 손해배상청구권과 공통되며, 사실심 변론종결 당시를 기준으로 삼고 있는 금지청구권과 대조된다.[3]

Ⅲ. 신용회복청구권의 구체적인 발동 태양

신용회복청구권은 현재 거의 활용되지 못하고 있다. 과거 한때, 신용회복청구권의 구체적 발동 태양으로 법원이 강제로 침해자로 하여금 일간신문 상에 사죄광고(謝罪廣告)를 하도록 명하는 방법이 비단 영업비밀 침해사건뿐만 아니

---

2) 小野昌延, 「新 註解 不正競爭防止法 3版 (下)」, 靑林書院(2012), 1192(松村信夫 집필 부분).
3) 영업비밀 침해사건이 아니라 제2조 제1호 (나)목 영업표지 침해사건이지만, 위와 같은 취지로 판단한 대법원 2008. 2. 29. 선고 2006다22043 판결 참조.

라 지재권 사건들 전반에서 상당히 자주 활용된 시절도 있었다.

하지만, 이런 형태의 사죄광고가 헌법이 보장하는 양심의 자유에 반하여 위헌이라는 1991년 헌법재판소의 결정4)에 따라 그런 태양으로 신용회복청구권을 발동하는 것이 불가능해졌다. 사죄광고를 강요하는 대신 다른 태양, 가령 재판 과정에 성립된 당사자 사이의 조정 내용의 이행이나 재판상 화해의 이행으로 자발적으로 이루어지는 사죄광고, 혹은 패소 또는 유죄 판결을 받은 사실이 있다는 내용의 사실광고, 판결문 또는 결정문 자체를 게재하는 방법 등은 여전히 활용될 수 있다. 하지만, 실무에서는 헌법재판소 결정 전에 널리 사죄광고가 행해지던 시절과 비교해서 현격하게 신용회복청구권의 중요성이 줄어든 상황으로 보인다. 그 점에서, 우리와 엇비슷하게 사죄광고를 명하는 것이 양심의 자유를 보장한 헌법에 위반되는지가 문제되었지만 최고재판소가 합헌이라고 판단5)하여 여전히 제한적이지만 사죄광고 판결이 이루어지고 있는 일본과 큰 차이가 있다.

〈박준석〉

---

4) 헌법재판소 전원재판부 1991. 4. 1. 선고 89헌마160 결정.
5) 最高裁判所 昭和31年7月4日 民集10卷7号, 785.

> **제13조(영업비밀 침해 선의자에 관한 특례)**
> ① 거래에 의하여 영업비밀을 정당하게 취득한 자가 그 거래에 의하여 허용된 범위에서 그 영업비밀을 사용하거나 공개하는 행위에 대하여는 제10조부터 제12조까지의 규정을 적용하지 아니한다.
> ② 제1항에서 "영업비밀을 정당하게 취득한 자"란 제2조 제3호 다목 또는 바목에서 영업비밀을 취득할 당시에 그 영업비밀이 부정하게 공개된 사실 또는 영업비밀의 부정취득행위나 부정공개행위가 개입된 사실을 중대한 과실 없이 알지 못하고 그 영업비밀을 취득한 자를 말한다.

〈소 목 차〉

Ⅰ. 총   설
Ⅱ. 위 특례 적용의 요건
Ⅲ. 본 규정 적용의 효과

Ⅰ. 총   설

본조는, 법 제2조 제3호 (다)목 및 (바)목의 규정에 따라 영업비밀을 취득할 당시에 그 영업비밀이 부정하게 공개된 사실 또는 영업비밀의 부정취득행위나 부정공개행위가 개입된 사실을 중대한 과실 없이 알지 못하고 그 영업비밀을 취득한 자를 대상으로 한다. 바꾸어 말하면 본조가 적용될 대상자는 제2조 제3호 (다)목 및 (바)목 위반행위자이므로 원칙적으로 제10조 내지 제12조에 따라 금지 또는 예방청구권, 손해배상청구권 및 신용회복청구권 등에 따른 법적 책임을 부담하여야 할 것이다. 하지만 본조가 정한 특칙에 따라, 당해 영업비밀을 취득한 거래에서 이미 허용된 범위 안에서는 그런 법적 책임을 벗어날 수 있다.

본조의 취지는 영업비밀에 관한 거래 안전을 제한된 영역에서나마 확보하기 위함이다. 제2조 제3호의 (가)목부터 (바)목까지의 규정들을 통하여 6가지 세부유형으로 나누어 규제하는 우리 법상 영업비밀에 대한 침해행위는, 최초로 부정취득 혹은 부정공개 등의 행위를 하는 자((가)목 및 (라)목), 그리고 그런 부정한 취득 또는 공개의 사정에 관해 고의 혹은 중과실을 가진 상태에서 그 자로부터 당해 영업비밀을 취득하는 자((나)목 및 (마)목), 이렇게 영업비밀을 취득할 당시에는 존재하지 않았던 고의 또는 중과실을 취득 시점 이후에 가지게 된 자((다)목 및 (바)목)에 의하여 각각 범해질 수 있다. 특히 영업비밀이 전전 유통되는 상황을 가정할 때[1] 제3자로서는 취득 시점에 선의를 가지고 영업비밀을 취득하였음에도 나중에 영업비밀의 당초 보유자로부터 서면경고를 받게 되었다는 등의 사정으로 사후에 악의 또는 적어도 중과실을 가지게 되는 경우 법 제2조 제3호 (다)목 및 (바)목의 규정에 따르게 되면 당해 영업비밀을 더 이상 사용하거나 공개할 수 없게 될 것이다. 이런 결과는 거래의 안전에 심각한 위협이 될 수 있다. 이 점을 고려하여 (다)목 및 (바)목에 해당하는 자들에 관해서만큼은 만일 당초 예정된 '거래에 의하여 허용된 범위'에서의 영업비밀 사용이나 공개행위에 관해 앞서 (다)목 및 (바)목에 불구하고 영업비밀 침해책임을 묻지 않겠다는 것이 본조의 취지인 것이다.

참고로 본조 역시 일본 부정경쟁방지법의 비슷한 규정에서 영향받은 것으로 보인다. 일본의 현행 부정경쟁방지법[2]은 "…부정경쟁 거래에 의하여 영업비밀을 취득한 자(그 취득시에 그 영업비밀에 관해 부정개시행위가 있다는 것 또는 그 영업비밀에 관해 부정취득행위 또는 부정개시행위가 개입되었던 것을 알지 못하고 또한 알지 못함에 관해 중대한 과실이 없는 자에 한한다)가 그 거래에 의해 취득한 권원의 범위 안에서 그 영업비밀을 사용하거나 공개하는 행위"를 부정경쟁방지법의 적용제외대상들을 규정한 제19조의 열거 내용 중에 포함시키고 있다(동법 제19조 제1항 제7호).

어쨌든 본조의 취지는, 설령 취득시점 당시에 선의이면서 무중과실(無重過失)이었더라도 제2조 제3호 (다)목 및 (바)목에 의하여 사후에 일정 요건을 충족하는 경우 여전히 영업비밀 침해가 될 수 있다는 대원칙을 '거래에 의하여 허용된 범위'(제13조 제1항 참조) 안에서 영업비밀을 사용하거나 공개하는 경우에 한하여 침해책임으로부터 제외하려는 특례이다. 따라서 본조의 주된 고려대상은 선의·무중과실이었느지 여부가 아니라 '거래에 의하여 허용된 범위'에 해당하는 지 여부에 있다. 이 사실을 고려할 때, 본조의 조문 제목을 '선의자에 관한 특례'라고 정함으로써 마치 '선의자'이기만 하면 전면 보호되는 규정인 것처럼 오해할 수 있게 표현한 것은 향후 입법론 차원에서 재검토할 필요가 있다. 앞서 본 대로 일본 부정경쟁방지법은 우리와 같이 독립한 조문이 아니라 부정경쟁방

---

1) 다만 여전히 비공지성을 유지한 상태로 전전 유통되어야지, 만일 공지된 정보가 될 경우 보호대상인 영업비밀 자체가 존재하지 아니하게 되므로 제13조의 적용은 문제되지 않을 것이다.
2) 令和5年 法律第51号에 의해 개정된 것을 말한다.

지법의 적용제외대상들을 열거한 제19조 내용 중 일부로 이를 규정하고 있어 우리 법과 같은 표현상의 오해 문제가 없다.

Ⅱ. 위 특례 적용의 요건

일단, 제2조 제3호 (다)목 및 (바)목에서 규정한 요건을 구비하여야 한다. 즉 영업비밀을 취득할 시점에서는 선의이고 중과실이 없어야 한다. 선의 및 무중과실의 대상에 관해 법조문은 "영업비밀을 취득할 당시에 그 영업비밀이 부정하게 공개된 사실 또는 영업비밀의 부정취득행위나 부정공개행위가 개입된 사실"이라고 다소 복잡하게 표현하고 있다. "영업비밀을 취득할 당시에 그 영업비밀이 부정하게 공개된 사실"은 제13조 특례의 혜택을 주장하는 자 스스로의 취득에 있어 그 상대방이 부정공개하고 있다는 사정을, "영업비밀을 취득할 당시에… 영업비밀의 부정취득행위나 부정공개행위가 개입된 사실"은 특례의 혜택을 주장하는 자의 취득행위와 직접 관련해서는 부정공개가 존재하지 않지만 그렇게 취득된 영업비밀이 그 전단계의 거래들 중 어느 거래에서 거래당사자의 부정취득 혹은 부정공개행위에 터 잡은 것이라는 사정을 각각 염두에 둔 조문표현으로 짐작된다. 쉽게 줄이자면 당해 영업비밀이 순차로 이전되어온 일체의 과정 중 어느 단계에 관해서라도 부정취득행위 혹은 부정공개행위가 존재한다는 점에 관해 선의 및 무중과실이어야 할 것이다.

다음으로, 당해 취득자가 영업비밀을 '거래에 의하여 취득'하였어야 한다. 여기서 '거래'라 함은 영업비밀의 매매, 사용허락(라이선스) 계약 등 정형적인 거래는 물론 널리 영업비밀을 대상으로 삼은 사실상의 거래 일체를 포함한다. 아직 한국에서는 본격적 논의가 없지만 일본의 관련 논의를 참조하자면, 가령 타사 종업원을 고용하여 그 자를 통해 타사의 영업비밀을 취득한 사안에 본조가 적용될 수 있는지 논란이 되고 있다. 바꾸어 말하면 종업원의 '고용'도 본조가 정한 '거래'에 해당할 수 있는지가 논란거리이다. 이에 관해, 종업원의 고용은 일반적으로 여기서의 '거래'에 해당하지 않지만 고용과정에서 특별히 영업비밀 거래행위가 존재할 수도 있다는 입장[3]과 종업원의 고용으로 영업비밀을 취

---

3) 通産省 知的財産政策室 監修, 営業秘密―逐条解説 改正不正競争防止法―, 有斐閣(1990), 115. 이는 小野昌延 · 松村信夫, 新 不正競争防止法概説 第2版, 青林書院(2015), 506에서 재인용.

득한 경우도 '거래'에 포함된다고 해석하여야 한다는 입장,[4] 고용된 종업원의 영업비밀을 사용한 특정시설의 사용중지와 같은 결과가 초래되는 사안이라면 최소한 권리남용 이론으로라도 선의취득자를 보호하여야 한다는 입장[5] 등이 존재한다. 필자의 사견으로는, 종업원의 고용에 따른 영업비밀 취득도 본조가 보호하는 거래 안에 포함시키는 방향이 타당할 것으로 본다.

한편, 거래에 의해 '취득'이 이루어졌는지에 관해서도 가령 영업비밀 매매계약이나 라이선스 계약은 성립되었지만 아직 그 대금이 지급되지 않은 사안이 본조에 의해 보호할 만한 대상인지 논란이 있을 수 있다. 이에 관해 일본에서의 유력한 설명[6]은, 대금 완불이나 당해 영업비밀 내용 전부의 이전까지 필요하지는 않지만 적어도 계약금의 지불이 이루어졌거나 영업비밀의 중요부분 이전이 이루어진 것처럼 확실하게 권원을 취득한 자라야 본조에 의해 보호된다는 것이다.

Ⅲ. 본 규정 적용의 효과

이상의 요건들을 구비한 자는, 원래대로였다면 영업비밀 보유자가 취할 수 있었을 금지청구권, 손해배상청구권, 신용회복청구권 등의 책임추궁에서 벗어나게 된다. '거래에 의하여 허용된 범위'를 벗어나 영업비밀을 사용하거나 공개하는 경우에는 특례의 적용범위를 벗어나므로 다시 원칙으로 돌아가 제2조 제3호 (다)목 및 (바)목의 침해행위로 규제됨은 물론이다.

〈박준석〉

---

4) 澁谷達紀, "営業秘密の保護", 法曹45卷 2号, 20. 이는 小野昌延·松村信夫, 앞의 책에서 재인용.
5) 小野昌延·松村信夫, 앞의 책, 506-507의 설명이다.
6) 小野昌延·松村信夫, 앞의 책, 507.

> **제14조(영업비밀 침해행위 금지청구권 등에 관한 시효)**
>
> 제10조 제1항에 따라 영업비밀 침해행위의 금지 또는 예방을 청구할 수 있는 권리는 영업비밀 침해행위가 계속되는 경우에 영업비밀 보유자가 그 침해행위에 의하여 영업상의 이익이 침해되거나 침해될 우려가 있다는 사실 및 침해행위자를 안 날부터 3년간 행사하지 아니하면 시효(時效)로 소멸한다. 그 침해행위가 시작된 날부터 10년이 지난 때에도 또한 같다.

〈소 목 차〉

I. 개   설   문제점

II. 금지청구권 시효 규정의 성격   2. 분   석

    1. 소멸시효기간인지 제척기간인지의

I. 개   설

부정경쟁방지법 제14조는 영업비밀 침해금지 청구권의 행사와 관련하여 영업비밀 보유자가 그 침해행위에 의하여 영업상의 이익이 침해되거나 침해될 우려가 있다는 사실 및 침해행위자를 안 날부터 3년간 행사하지 아니하면 시효로 소멸하며, 그 침해행위가 시작된 날부터 10년이 지난 때에도 같다고 규정한다. 이는 구법[1]에서 각각 1년, 3년의 기간을 정하고 있던 것을 크게 연장한 것으로, 일본의 부정경쟁방지법(不正競爭防止法) 제15조[2]에서 2015년 개정 이전까지 규정하고 있던 내용과 동일한 것이다.[3]

시효 진행과 관련한 우리 대법원 판례[4]는, 민법 제166조 제2항의 규정에

---

* 이 부분 조문해설은 박준석, "영업비밀 침해금지청구에 대한 우리 법원의 태도—기술정보 유출을 중심으로—", 저스티스(한국법학원, 2009. 12), 167-169 내용을 기초로 한 것이다.

1) 1998. 12. 31. 법률 제5621호로 일부 개정되기 이전의 법률.

2) "제2조 제1항 제4호부터 제9호까지 열거된 부정경쟁 중, 영업비밀을 사용한 행위에 대하여 제3조 제1항의 규정에 의한 침해의 정지 또는 예방을 청구할 권리는 그 행위를 행한 자가 그 행위를 계속한 경우에 있어 그 행위에 의하여 영업상의 이익이 침해되거나 침해될 우려가 있는 보유자가 그 사실 및 그 행위를 행한 자를 안 때부터 3년간 행사하지 않을 때는 시효에 의하여 소멸한다. 그 행위가 시작된 때부터 10년을 경과할 때도 동일하다."

3) 그렇지만 2015년 개정을 통해 일본 부정경쟁방지법 제15조의 문구 중 "10년"의 기간이 "20년"으로 연장되었다.

4) 대법원 1996. 2. 13. 자 95마594 결정. 당해 사건에서 대법원은, 채무자가 채권자의 영업비밀을 이용하여 제품을 생산·판매하려고 회사를 설립하였고 채권자가 그 사실을 알고 있었다고 하더라도, 그와 같은 사정만으로는 채무자 회사가 설립된 시점에 바로 침해행위

의하여 부작위를 목적으로 하는 채권의 소멸시효는 위반행위를 한 때로부터 진행한다는 점 및 위 부정경쟁방지법 제14조의 규정 내용 등에 비추어 보면 부정경쟁방지법 제10조 제1항이 정한 영업비밀 침해행위의 금지를 청구할 수 있는 권리의 경우 그 소멸시효가 진행하기 위해서는 일단 침해행위가 개시되어야 하고 나아가 영업비밀 보유자가 그 침해행위에 의하여 자기의 영업상의 이익이 침해되거나 또는 침해될 우려가 있는 사실, 나아가 그 침해행위자를 알아야 한다고 판시하였다.

II. 금지청구권 시효 규정의 성격

1. 소멸시효기간인지 제척기간인지의 문제점

부정경쟁방지법 제14조가 정하고 있는 '3년'과 '10년'의 두 가지 기간 중 후자의 기간이 소멸시효기간인지 제척기간인지에 관하여는 다툼이 있을 수 있다.

위 조문의 규정방식은 마치 민법 제766조[5]의 그것과 동일하다. 민법 동 조문이 정한 기간의 성격에 관하여 '3년'이 소멸시효기간이라는 점에는 전혀 다툼이 없다. 하지만, '10년'에 관해서는 제척기간이라는 입장과 소멸시효기간이라는 입장의 대립이 있지만 판례[6]와 다수설[7]은 소멸시효기간으로 파악하고 있다.

이런 민법적 시각을 관철하자면 부정경쟁방지법 제14조의 '10년'도 마찬가지로 소멸시효기간이라고 해석하여야 할 것이지만, 앞서 본 일본 부정경쟁방지법 제15조의 해석에 관하여는 1990년 일본에서 영업비밀에 대한 침해금지청구권의 기간을 정함을 있어 장기(長期)인 '10년'은 제척기간으로 의도하였다는 유력한 설명[8]이 있다. 더구나 이런 설명은 일본 민법 제724조에서도 한국 민법

가 개시되었다고 단정할 수 없으므로 회사 설립 시점부터 소멸시효가 진행되는 것으로 볼 수 없다고 판단하였다.

5) 민법 제766조(손해배상청구권의 소멸시효) ① 불법행위로 인한 손해배상의 청구권은 피해자나 그 법정대리인이 그 손해 및 가해자를 안 날로부터 3년간 이를 행사하지 아니하면 시효로 인하여 소멸한다.

② 불법행위를 한 날로부터 10년을 경과한 때에도 전항과 같다.

(2020년 추가된 ③항은 생략함)

6) 대법원 1993. 7. 27. 선고 93다357 판결 등 다수.

7) 곽윤직 대표편저, 민법주해[XIX], 박영사(1992), 395-397(윤진수 집필부분); 양창수·권영준, 민법 2(권리의 변동과 구제) 제3판, 박영사(2017), 678; 지원림, 민법강의 제13판, 홍문사(2015), 1847 등.

8) 日本 經濟産業省 知的財産政策室 編著, 逐條解說 不正競爭防止法(平成18年 改正版), 有斐閣, 133.

제766조에서와 마찬가지로 장기인 기간(다만, 한국과 달리 '20년'임)의 법적 성격
을 둘러싸고 논쟁이 있지만 그것이 제척기간이 아니라 소멸시효기간이라는 해
석이 더 유력하다는 사정조차 충분히 감안하고서도 주장되는 것이다.[9] 따라서
일본 부정경쟁방지법의 규정 거의 모두가 한국 부정경쟁방지법의 대응규정에
아주 강한 영향을 주었다는 사정을 고려하면, 한국 민법 제766조에 대한 판례와
다수설을 참고하여 한국 부정경쟁방지법 제14조의 '10년'도 제척기간이 아니라
소멸시효기간이라고 단정하는 것은 성급한 태도이다.

2. 분　석

　결국 '10년'의 법적 성격 문제는 한국 부정경쟁방지법 관련규정이 민법의
그것과 비교하여 성격상 차이가 있는지, 그리고 그것이 의미 있는 차이인지 여
부를 집중적으로 살펴서 해결하여야 타당하다. 우선 소멸시효기간으로 볼 때와
제척기간으로 볼 때의 차이점은, 민법에서의 논의를 빌리자면, 중단 유무, 포기
가능성, 당사자의 법률행위로 인한 신축(伸縮) 가능성, 기간완성의 소급효 유무
등에서 차이가 있을 수 있다.

　그런데 영업비밀 침해사안의 경우 대체로 그 보호객체인 기술정보 혹은 경
영정보가 비교적 단기간에 국한하여 경제적 가치를 가진다는 특징 때문에 그
기간 동안 침해금지청구권이 행사되지 않는다면 금지청구의 실질적 목적을 달
성할 수 없다. 따라서 설령 소멸시효기간으로 풀이하여 중단, 법률행위로 인한
신축 등을 영업비밀보유자에게 인정하더라도 별다른 실익이 없다. 한편 부정경
쟁방지법은 민법과 달리 당사자 간의 사적 이익을 조정하는 사법(私法)적 성격
뿐만 아니라 건전한 거래질서에 반하는 부정경쟁행위를 저지한다는 공법적 성
격도 일정부분 내포하고 있어 보기에 따라서는 이른바 '광의의 경제법(經濟法)'
에 속한다고 볼 수도 있는 독특한 법제이다.[10] 조항 운영에 있어 이런 공법적

---

　9) 小野昌延, 「新 註解 不正競爭防止法 3版 (下)」, 靑林書院(2012), 1198-1200(小野昌延/
　　　愛知靖之 집필부분) 참조. 위 책의 집필자 역시 다소 수정된 제척기간 설을 취하고 있다.
　10) 가령 부정경쟁방지법은 국가기관(특허청장)이 부정경쟁행위를 스스로 조사하고(법 제7
　　　조 참조) 그렇게 발견한 부정경쟁행위에 관하여는 시정명령을 발할 수 있도록 하여(2024.
　　　2. 20.개정된 동법 제8조 참조) 마치 공정거래법의 모습과 흡사한 구조를 갖추고 있다. 이
　　　렇게 부정경쟁방지법이 특허법·저작권법 등 다른 지적재산권 법률들과 다르게 사권 보호
　　　와 더불어 공적 이익의 보호까지 직접적인 목적으로 삼고 있다는 사실에 관해 자세히는,
　　　박준석, "한국 지적재산권법과 다른 법률들과의 관계", 법조 통권 제687호, 법조협회(2013.
　　　12), 49 및 "우리 부정경쟁방지법의 법적 성격 — 공정거래법과의 관계를 중심으로 —, 산
　　　업재산권 통권 제69호, 한국지식재산권학회(2021. 10), 399-400 및 416-418 각 참조.

성격도 고려하여야 하는데, 당사자의 인식이나 의사를 불문하고 미리 획정된 기간에 권리관계를 종결시킨다는 측면을 강조하고 있는 제척기간이 이런 성격에 더 부합한다. 이상의 검토에 따라 입법의 외형으로는 한국 부정경쟁방지법 제14조가 '시효'라고 조문제목을 명명하여 비록 소멸시효 쪽에 가깝더라도 '10년'의 기간은 '3년'의 경우와 달리 제척기간으로 운용하는 것이 더 바람직하다고 본다.

다만, 다른 부정경쟁행위들과는 달리 영업비밀 침해에 관해서는 설령 금지청구가 인용되는 경우라도, 가령 종업원인 상대방의 퇴직시(退職時)를 기준으로 '1년' 혹은 '2년'과 같이, 비교적 단기간의 침해금지기간만을 부여하고 있는 우리 법원의 관행이 크게 바뀌지 않는 한 '10년'의 기간이 소멸시효기간인지 제척기간인지가 실제로 큰 의미를 가지기 어렵다.

〈박준석〉

제 4 장
보 칙

제14조의2(손해액의 추정 등)

① 부정경쟁행위, 제3조의2 제1항이나 제2항을 위반한 행위 또는 영업비밀 침해행위로 영업상의 이익을 침해당한 자가 제5조 또는 제11조에 따른 손해배상을 청구하는 경우 영업상의 이익을 침해한 자가 그 부정경쟁행위, 제3조의2 제1항이나 제2항을 위반한 행위 또는 영업비밀 침해행위(이하 이 항에서 "부정경쟁행위등침해행위"라 한다)를 하게 한 물건을 양도하였을 때에는 다음 각 호에 해당하는 금액의 합계액을 손해액으로 할 수 있다.

1. 그 물건의 양도수량(영업상의 이익을 침해당한 자가 그 부정경쟁행위등침해행위 외의 사유로 판매할 수 없었던 사정이 있는 경우에는 그 부정경쟁행위등침해행위 외의 사유로 판매할 수 없었던 수량을 뺀 수량) 중 영업상의 이익을 침해당한 자가 생산할 수 있었던 물건의 수량에서 실제 판매한 물건의 수량을 뺀 수량을 넘지 아니하는 수량에 영업상의 이익을 침해당한 자가 그 부정경쟁행위등침해행위가 없었다면 판매할 수 있었던 물건의 단위수량당 이익액을 곱한 금액

2. 그 물건의 양도수량 중 영업상의 이익을 침해당한 자가 생산할 수 있었던 물건의 수량에서 실제 판매한 물건의 수량을 뺀 수량을 넘는 수량 또는 그 부정경쟁행위등침해행위 외의 사유로 판매할 수 없었던 수량이 있는 경우 이들 수량에 대해서는 영업상의 이익을 침해당한 자가 부정경쟁행위등침해행위가 없었으면 합리적으로 받을 수 있는 금액

② 부정경쟁행위, 제3조의2 제1항이나 제2항을 위반한 행위 또는 영업비밀 침해행위로 영업상의 이익을 침해당한 자가 제5조 또는 제11조에 따른 손해배상을 청구하는 경우 영업상의 이익을 침해한 자가 그 침해행위에 의하여 이익을 받은 것이 있으면 그 이익액을 영업상의 이익을 침해당한 자의 손해액으로 추정한다.

③ 부정경쟁행위, 제3조의2 제1항이나 제2항을 위반한 행위 또는 영업비밀 침해행위로 영업상의 이익을 침해당한 자는 제5조 또는 제11조에 따른 손해배상을 청구하는 경우 부정경쟁행위 또는 제3조의2 제1항이나 제2항을 위반한 행위의 대상이 된 상품 등에 사용된 상표 등 표지의 사용 또는 영업비밀

침해행위의 대상이 된 영업비밀의 사용에 대하여 통상 받을 수 있는 금액에 상당하는 금액을 자기의 손해액으로 하여 손해배상을 청구할 수 있다.

④ 부정경쟁행위, 제3조의2 제1항이나 제2항을 위반한 행위 또는 영업비밀 침해행위로 인한 손해액이 제3항에 따른 금액을 초과하면 그 초과액에 대하여도 손해배상을 청구할 수 있다. 이 경우 그 영업상의 이익을 침해한 자에게 고의 또는 중대한 과실이 없으면 법원은 손해배상 금액을 산정할 때 이를 고려할 수 있다.

⑤ 법원은 부정경쟁행위, 제3조의2 제1항이나 제2항을 위반한 행위 또는 영업비밀 침해행위에 관한 소송에서 손해가 발생된 것은 인정되나 그 손해액을 입증하기 위하여 필요한 사실을 입증하는 것이 해당 사실의 성질상 극히 곤란한 경우에는 제1항부터 제4항까지의 규정에도 불구하고 변론 전체의 취지와 증거조사의 결과에 기초하여 상당한 손해액을 인정할 수 있다.

⑥ 법원은 제2조 제1호 차목의 행위 및 영업비밀 침해행위가 고의적인 것으로 인정되는 경우에는 제5조 또는 제11조에도 불구하고 제1항부터 제5항까지의 규정에 따라 손해로 인정된 금액의 5배를 넘지 아니하는 범위에서 배상액을 정할 수 있다.

⑦ 제6항에 따른 배상액을 판단할 때에는 다음 각 호의 사항을 고려하여야 한다.

1. 침해행위를 한 자의 우월적 지위 여부
2. 고의 또는 손해 발생의 우려를 인식한 정도
3. 침해행위로 인하여 영업비밀 보유자가 입은 피해규모
4. 침해행위로 인하여 침해한 자가 얻은 경제적 이익
5. 침해행위의 기간·횟수 등
6. 침해행위에 따른 벌금
7. 침해행위를 한 자의 재산상태
8. 침해행위를 한 자의 피해구제 노력의 정도

〈소 목 차〉

I. 서　　론
II. 손해액 추정규정의 연혁
　1. 본조의 연혁
　2. 다른 지적재산권법과의 관계
　3. 입법경위
III. 본조 각항에 공통된 문제
　1. 부정경쟁행위 등으로 인한 손해배
　　상청구의 유형

2. 당사자의 주장과 규정의 적용
IV. 본조 제1항
　1. 법적 성격
　2. 추정의 범위
　3. 적극적 요건
　4. 소극적 요건
　5. 소극적 요건에 해당하는 수량에
　　대한 보충산정

     6. 적용효과   3. 제4항의 적용범위
 Ⅴ. 본조 제2항   4. 감액의 한도
     1. 추정의 성질과 그 복멸사유   Ⅷ. 본조 제5항
     2. 이익의 범위   1. 취   지
 Ⅵ. 본조 제3항   2. 적용요건
     1. 법적 성격   3. 적용효과
     2. 실시료 상당액의 산정   Ⅸ. 본조 제6항 및 제7항
     3. 실시료 상당액 산정에 관한 판결   1. 법적 성격
 Ⅶ. 본조 제4항   2. 외국 입법례
     1. 주의적 규정   3. 요   건
     2. 침해자의 과실 내용 참작   4. 증액배상

Ⅰ. 서   론

부정경쟁행위, 정당한 권한 없는 지리적 표시 사용 및 영업비밀 침해행위
(이하 '부정경쟁행위 등'이라 한다)가 인정되더라도 실제 피침해자가 그로 인하여
입은 손해를 증명하는 것은 쉽지 않은 일이다. 이에 부정경쟁방지 및 영업비밀
보호에 관한 법률(이하 '부경법'이라 한다) 제14조의2에서는 '손해액의 추정등'이
라는 규정을 두고 있는데, 이는 민법 제750조에서 규정하고 있는 불법행위로 인
한 손해배상청구권 규정에 대한 부경법상의 특칙이라고 할 것이다.

Ⅱ. 손해액 추정규정의 연혁

1. 본조의 연혁

1998. 12. 31. 법률 제5621호로 개정되기 전에는 제15조¹⁾에서 특허법, 실용
신안법, 의장법, 상표법 등을 포괄적으로 원용하는 규정만을 두고 있었는데,
1998. 12. 31. 법률 제5621호로 제14조의2를 신설하여 현행법 제14조의2 제2 내
지 4항과 동일한 내용을, 2001. 2. 3. 법률 제6421호로 제14조의2를 개정하여 현
행법 제14조의2 제1항 제1호 및 제5항과 동일한 내용을 각 규정하였다. 한편
2019. 1. 8. 법률 제16204호로 제14조의2 제6, 7항을 신설하여 3배 증액손해배상

---

1) 제15조 (다른 법률과의 관계)
   특허법, 실용신안법, 의장법, 상표법, 독점규제및공정거래에관한법률 또는 형법 중 국
   기·국장에 관한 규정에 제2조 내지 제6조, 제10조 내지 제14조 및 제18조 제1항의 규정과
   다른 규정이 있는 경우에는 그 법에 의한다.

규정을 도입하였다. 또한 2020. 12. 22. 법률 제17727호로 현행법 제14조의2 제1항 제2호를 추가하면서 제1항을 전체적으로 정비하였다. 최근 2024. 2. 20. 법률 제20321호로 제6항을 개정하면서 증액손해배상 한도를 기존의 3배에서 5배로 상향하였다.

2. 다른 지적재산권법과의 관계

특허법의 경우 1990. 1. 13. 개정으로 현행 부경법 제14조의2 제2 내지 4항과 동일한 내용을, 2001. 2. 3. 개정으로 현행 부경법 제14조의2 제1조 제1항 제1호 및 제5항과 동일한 내용을 특허법 제128조에 신설하였고, 2019. 1. 8. 개정을 통하여 부경법 제14조의2 제6, 7항의 경과와 마찬가지로 3배 증액손해배상 규정을 도입하였으며, 2020. 6. 9. 개정으로 현행 부경법 제14조의2 제1항 제2호와 동일한 내용을 추가하였다. 최근 2024. 2. 20. 법률 제20322호로 부경법과 마찬가지로 증액손해배상 한도를 기존의 3배에서 5배로 상향하였다. 한편 실용신안법 제30조에서는 특허법 제128조를 준용하고 있다.

상표법의 경우 1973. 2. 8. 개정으로 현행 부경법 제14조의2 제2, 3항과 유사한 내용을, 1990. 1. 13. 개정으로 현행 부경법 제14조의2 제2 내지 4항과 동일한 내용을, 2001. 2. 3. 개정으로 현행 부경법 제14조의2 제1조 제1항 제1호 및 제5항과 동일한 내용을 상표법 제67조에 신설하였고, 2016. 2. 29. 법률 제14033호로 전부개정하면서 이를 제110조로 옮겨 규정하고 있다. 또한 2020. 10. 20. 개정을 통하여 부경법 제14조의2 제6, 7항의 경과와 마찬가지로 3배 증액손해배상규정을 도입하였고, 2020. 12. 20. 개정으로 현행 부경법 제14조의2 제1항 제2호와 동일한 내용을 추가하였다.

디자인보호법의 경우 1990. 1. 13. 법률 제4208호로 전부 개정된 의장법 제64조에서 문구는 다소 상이하지만 부경법 제14조의2 제2 내지 4항과 사실상 동일한 내용의 규정이 신설되었고, 2001. 2. 3. 법률 제6413호로 일부 개정되면서 부경법 제14조의2 제1항 제1호와 유사한 규정이 제64조 제1항에, 부경법 제14조의2 제5항과 유사한 규정이 제64조 제5항에 각각 신설되고, 기존 제1 내지 3항이 제2 내지 4항으로 옮겨졌으며, 2004. 12. 31. 법률 제7289호로 의장법이 디자인보호법으로 개정되면서 기존 규정의 '의장권'이 '디자인권'으로 변경되었고, 2013. 5. 28. 법률 제11848호로 전부 개정됨에 따라 기존 제64조가 문구만 일부 수정되어 제115조로 변경되었는데, 제64조 제1항 제1문이 제115조 제1항으로,

제64조 제1항 제2문 및 단서가 제115조 제2항으로 나누어짐에 따라 제64조 제2 내지 5항이 제115조 제3 내지 6항으로 자리를 옮기게 되었다. 또한 2020. 10. 20. 개정을 통하여 부경법 제14조의2 제6, 7항의 경과와 마찬가지로 3배 증액손해배상규정을 도입하였고, 2020. 12. 22. 개정으로 현행 부경법 제14조의2 제1항 제2호와 동일한 내용을 추가하였다.

또한, 저작권법 제125조 제1 내지 3항은 부경법 제14조의2 제2, 3항 및 제4항 제1문과 동일한 체계로 구성되어 있다.

따라서 이하에서 살펴볼 내용은 ― 그 결론은 각 보호법익, 재산적 가치 등의 특징에 따라 다소 상이할 수 있으나 ― 기본적으로 위 각 법률에서도 동일하게 논의될 수 있을 것이므로, 이하에서는 필요한 범위 내에서 다른 지적재산권법에서의 논의내용을 함께 살펴보기로 한다.

3. 입법경위

현행 부경법 제14조의2의 규정을 신설한 1998. 12. 31. 법률 제5621호의 개정이유에는 "부정경쟁행위 또는 영업비밀 침해행위로 인한 손해배상을 청구하는 경우 당해 행위를 한 자가 그로 인하여 이익을 받은 때에는 그 이익의 액을 청구인의 손해의 액으로 추정하도록 하는 등 부정경쟁행위 또는 영업비밀 침해행위로 인하여 영업상의 이익을 침해당한 자가 손해배상청구소송을 용이하게 수행할 수 있도록 함"이라고 기재되어 있고, 2001. 2. 3. 법률 제6421호의 개정이유에는 "부정경쟁행위 또는 영업비밀 침해행위와 관련된 소송을 보다 용이하게 진행하여 부정경쟁행위 등으로 인하여 영업상의 이익을 침해당한 자의 손해를 효과적으로 보전할 수 있도록 하기 위하여 손해액 산정방식을 개선하는 등 현행 규정의 시행상 나타난 일부 미비점을 개선·보완하려는 것임"이라고 기재되어 있다. 또한 3배 증액손해배상규정을 신설한 2019. 1. 8. 법률 제16204호의 개정이유는 "영업비밀의 침해행위가 고의적인 것으로 인정되는 경우에는 손해로 인정된 금액의 3배를 넘지 아니하는 범위에서 배상액을 인정할 수 있도록 … 하여 영업비밀 침해에 따른 피해구제를 강화하도록 함"이라고, 2024. 2. 20. 법률 제20321호의 개정이유는 "아이디어 탈취 및 영업비밀 침해행위가 고의적인 것으로 인정되는 경우에 부과하는 징벌적 손해배상액의 한도를 손해액의 3배에서 5배로 상향"한다고 각 기재되어 있다.

한편 본조 제1항 제1호와 동일한 내용인 특허법 제128조 제2항 제1호의 도입배경에 관하여는, 대법원 1997. 9. 12. 선고 96다43119 판결2)에서 제시된 기준을 반영한 것이라는 견해,3) 위 판결 및 일본 특허법의 태도에 따라 신설된 것이라는 견해,4) 미국 Panduit 사건5)의 이론에 따라 도입된 일본 특허법의 규정에 뿌리를 둔 것이라는 견해,6) 일본 특허법의 규정을 받아들인 것이라는 견해7) 등이 있는데, 위 논의는 본조 제1항에 관하여도 마찬가지로 적용될 수 있다. 이 규정은 기본적으로 본조 제4항에서 침해자의 이익액을 피침해자의 손해액으로 추정하고 있던 것에서 한걸음 더 나아가 피침해자가 증명하기 더욱 용이한 피침해자의 이익률에 침해자의 판매수량을 곱한 금액으로써 피침해자의 손해액을 추정할 수 있도록 함으로써 피침해자의 편의를 증진시키고자 하는 규정으로서 위 96다43119 판결의 결론의 도출과정과 궤를 같이 한다고 할 것이나, 기본적으로 일본 특허법 개정의 영향을 받은 것임을 부인할 수는 없을 것이다.8)

---

2) [공1997. 10. 15.(44), 3083], 위 판결에서는 "상표권자가 구 상표법(2001. 2. 3. 법률 제6414호로 개정되기 전의 것) 제67조 제1항에 의하여 상표권을 침해한 자에 대하여 손해배상을 청구하는 경우에, 침해자가 받은 이익의 액은 침해 제품의 총 판매액에 그 순이익률을 곱하거나 또는 그 제조판매수량에 그 제품 1개당 순이익액을 곱하는 등의 방법으로 산출함이 원칙이지만, 통상 상표권의 침해에 있어서 침해자는 상표권자와 동종의 영업을 영위하면서 한편으로 그 상표에 화체된 상표권자의 신용에 무상으로 편승하는 입장이어서, 위와 같은 신용을 획득하기 위하여 상표권자가 투여한 자본과 노력 등을 고려할 때, 특별한 사정이 없는 한 침해자의 위 순이익률은 상표권자의 해당 상표품 판매에 있어서의 순이익률보다는 작지 않다고 추인할 수 있으므로, 침해자의 판매액에 상표권자의 위 순이익률을 곱하는 방법으로도 침해자가 받은 이익의 액을 산출할 수 있고, 위와 같이 산출된 이익의 액은 침해자의 순이익액으로서, 그 중 상품의 품질, 기술, 의장, 상표 이외의 신용, 판매정책, 선전 등으로 인하여 상표의 사용과 무관하게 얻은 이익이 있다는 특별한 사정이 없는 이상 그것이 상표권자가 상표권 침해로 인하여 입은 손해액으로 추정된다고 보아야 한다."라고 판시하였다.

3) 정상조·박준석, 지식재산권법, 홍문사(2013), 240; 송영식 외 6인, 지적소유권법(하), 육법사(2013), 290에서는 구 상표법(2016. 2. 29. 법률 제14033호로 전부개정되기 전의 것) 제67조 제1항에 관하여 이와 같은 취시로 설명하고 있다.

4) 김철환, "特許權侵害로 인한 損害賠償額의 算定方法", 창작과 권리 제40호, 세창출판사(2005), 10.

5) Panduit Corp. v. Stahlin Bros. Fibre Works, Inc., 575 F.2d 1152, 197 U.S.P.Q. 726(6th Cir. 1978).

6) 尹宣熙, "特許權侵害에 있어 損害賠償額의 算定—특허법 제128조 제1항의 이해—", 저스티스 제80호, 한국법학원(2004), 134.

7) 梁彰洙, "特許權 侵害로 인한 損害賠償 試論—特許法 제128조 제1항의 立法趣旨와 解釋論—", 법조 제588호, 법조협회(2005), 30.

8) 일본 특허법의 개정 과정에 관한 자세한 내용은 박성수, 특허침해로 인한 손해배상액의 산정, 경인문화사(2007), 29-34, 43-52 참조.

Ⅲ. 본조 각항에 공통된 문제

1. 부정경쟁행위 등으로 인한 손해배상청구의 유형

부경법 제11조에서는 "고의 또는 과실에 의한 영업비밀 침해행위로 영업비밀 보유자의 영업상 이익을 침해하여 손해를 입힌 자는 그 손해를 배상할 책임을 진다."라고 하여 영업비밀 보유자의 손해배상청구권을 규정하고 있다. 부경법 제14조의2는 손해3분설 중 소극적 재산손해에 관한 규정으로서,[9] 피침해자로서는 ① 민법 제750조에 의한 손해배상청구 외에, 증명의 부담을 덜기 위하여 ② 본조 제2항에 의하여 침해자의 침해행위로 인한 이익액을, ③ 대법원 1997. 9. 12. 선고 96다43119 판결[10] 및 그 이후에 신설된 본조 제1항 제1호에 의하여 침해자의 물건 양도수량에 피침해자의 단위수량당 이익액을 곱한 금액을 각 청구할 수도 있고, 이러한 증명조차도 곤란할 경우 ④ 본조 제3항에 의하여 통상 실시료 상당액을 청구하거나 ⑤ 법원에서 인정하는 상당한 손해액을 청구할 수도 있는데,[11] 제1항 내지 제4항은 영업비밀 침해행위로 인한 영업비밀 보유자의 손해액을 추정하는 규정이고, 제5항은 영업비밀 보유자가 손해액을 증명하지 못하더라도 손해의 발생이 인정되는 경우 법원이 재량으로 상당한 손해액을 인정할 수 있도록 규정한 것이다. 이 경우 각 항마다 소송물이 달라지는지 여부가 문제될 수 있다.

살피건대, 우선 제1항 내지 제5항의 경우 소극적 손해를 청구하는 한 소송물이 달라지는 것은 아니므로, 만약 본조 제2항에 기한 청구 또는 민법 제750조에 기한 청구를 하였다가 청구기각 판결 받아 확정되었다면 다시 본조 제3항에 기한 청구를 하는 것은 기판력에 저촉된다.[12]

제14조의2 제6항에서는 권리자가 배상을 청구할 수 있다거나,[13] 침해자가

---

9) 李均龍, "商標權侵害로 인한 禁止請求 및 損害賠償請求訴訟에 관한 小考", 법조 제420호, 법조협회(1991), 67; 김병일, "상표권침해로 인한 손해배상", 창작과 권리 제15호, 세창출판사(1999), 98.

10) [공1997. 10. 15.(44), 3083].

11) 이는 통상적으로 예비적 주장에 의하여 청구하는 경우가 대부분일 것이다.

12) 구 상표법(2016. 2. 29. 법률 제14033호로 전부개정되기 전의 것) 제67조에 관한 학설로는 全孝淑, "商標權 侵害로 인한 損害賠償請求의 要件事實", 民事裁判의 諸問題 9권, 韓國司法行政學會(1997), 452; 李均龍, 앞의 "商標權侵害로 인한 禁止請求 및 損害賠償請求訴訟에 관한 小考", 76; 김병일, 앞의 "상표권침해로 인한 손해배상", 96.

13) 증액손해배상규정은 아니지만 개인정보보호법 제39조 제1항, 정보통신망 이용촉진 및

배상책임을 진다는 형식14)이 아니라, "법원은 ⋯ 제11조에도 불구하고 제1항부
터 제5항까지의 규정에 따라 손해로 인정된 금액의 5배를 넘지 아니하는 범위
에서 배상액을 정할 수 있다."라고 하여, 법원이 재량으로 손해로 인정된 금액
의 5배 이하에서 배상액을 정할 수 있도록 규정하고 있는데,15) 이는 조문형식이
제14조의2 제5항과 유사하고, 예컨대 제11조 및 제14조의2 제1항 내지 제5항에
기한 손해배상청구가 기각된 판결이 확정된 후 제14조의2 제6항에 기한 증액배
상을 또 다시 청구하는 것은 기판력에 저촉될 것으로 보이므로, 결국 제14조의2
제6항에 기한 증액배상청구는 앞선 제14조의2 제1항 내지 제5항에 기한 손해배
상청구와 동일한 소송물로 보는 것이 바람직하다고 판단된다. 따라서 이는 별개
의 소송물이 아니라 제14조의2 제1항 내지 제5항에 의하여 산정(추정)된 손해액
의 5배 이하에서 배상액을 정할 수 있도록 한 것일 뿐이다.

2. 당사자의 주장과 규정의 적용

법원은 본조 각 항을 적용할 때 당사자가 주장하는 항에 구속되는지, 아니
면 당사자가 명시적으로 주장하지 않은 항도 적용할 수 있는지 여부가 문제된다.
특허법 제128조 및 구 상표법(2016. 2. 29. 법률 제14033호로 전부개정되기 전
의 것) 제67조에 관한 학설로는, 대법원은 손해배상책임이 인정되는 한 손해액
에 관하여는 법원이 적극적으로 석명권을 행사하고 증명을 촉구하여야 하며 경
우에 따라서는 직권으로 손해액을 심리판단할 필요가 있다는 입장을 취하고 있
으므로 법원은 당사자의 주장이 없더라도 직권으로 다른 유형의 계산방법에 따
라 손해액을 산정할 수 있다거나,16) 변론 전체의 취지에 의하여 명시적으로 주
장하지 않은 항에 대한 주장이 있다고 선의로 해석하여 적용을 인정할 수 있다
거나,17) 제5항의 경우에는 당사자의 주장이 없더라도 법원이 직권으로 심리 · 적

정보보호 등에 관한 법률 제32조 제1항, 특허법 제128조 제1항 등에서 이 같이 규정하고
있다.
14) 하도급거래 공정화에 관한 법률 제35조 제2항, 제조물책임법 제3조 제2항 등에서 이 같
이 규정하고 있다.
15) 개인정보보호법 제39조 제3항, 정보통신망 이용촉진 및 정보보호 등에 관한 법률 제32
조 제2항, 특허법 제128조 제8항 등에서 이 같이 규정하고 있다.
16) 구 상표법(2016. 2. 29. 법률 제14033호로 전부개정되기 전의 것) 제67조에 관한 학설로
서 全孝淑, 앞의 "商標權 侵害로 인한 損害賠償請求의 要件事實", 453.
17) 구 상표법(2016. 2. 29. 법률 제14033호로 전부개정되기 전의 것) 제67조에 관한 학설로
서 김병일, 앞의 "상표권침해로 인한 손해배상", 97.

용할 수 있다는[18] 취지로 당사자가 주장하는 항에 구속되지 않는다는 견해[19]와 민사소송법상의 변론주의와 관련하여, 원고가 주장책임을 지는 이상 그러한 문언이 어떠한 형태로든 전혀 주장되어 있다고 해석되지 않는 경우에는 당사자가 주장하지 않은 항을 적용할 수 없으나 가능한 석명권을 적절하게 행사하여 주장을 정리할 수 있도록 하여야 한다는 견해[20]가 있다.

대법원은 구 부경법(2007. 12. 21. 법률 제8767호로 개정되기 전의 것) 제14조의2 제1항의 적용을 주장하는 원고에 대하여 제2, 3항을 적용하여 산정한 손해액이 더 적음을 이유로 피고가 제2, 3항의 적용을 주장할 수 있는가의 문제에 관하여, "구 부경법(2007. 12. 21. 법률 제8767호로 개정되기 전의 것) 제14조의2 제1항은 피침해자가 부정경쟁행위 또는 영업비밀 침해행위가 없었다면 판매할 수 있었던 물건의 수량을 침해자가 부정경쟁행위 또는 영업비밀 침해행위로 양도한 물건의 양도수량에 의해 추정하는 규정으로, 피침해자에 대하여는 자신이 생산할 수 있었던 물건의 수량에서 침해행위가 있었음에도 실제 판매한 물건의 수량을 뺀 수량에 단위수량당 이익액을 곱한 금액을 한도로 하여 부정경쟁행위 또는 영업비밀 침해행위가 없었다면 판매할 수 있었던 물건의 수량 대신에 침해자가 양도한 물건의 양도수량을 입증하여 손해액을 청구할 수 있도록 하는 한편 침해자에 대하여는 피침해자가 부정경쟁행위 또는 영업비밀 침해행위 외의 사유로 판매할 수 없었던 사정이 있는 경우 당해 부정경쟁행위 또는 영업비밀 침해행위 외의 사유로 판매할 수 없었던 수량에 따른 금액을 빼야 한다는 항변을 제출할 수 있도록 한 것이다. 따라서 피침해자가 같은 항에 의하여 손해액을 청구하여 그에 따라 손해액을 산정하는 경우에 침해자로서는 같은 항 단서에 따른 손해액의 감액을 주장할 수 있으나, 같은 항에 의하여 산정된 손해액

---

18) 정희엽, "부정경쟁행위로 인한 손해배상액의 산정—서울중앙지방법원 2012. 5. 15. 선고 2011가합1779 판결—", Law & Technology 제8권 제3호, 서울대학교 기술과법센터(2012), 124.

19) 특허법 제128조에 관한 학설로는 李相京, 앞의 知的財産權訴訟法, 311; 權澤秀, "特許權 侵害로 인한 損害賠償—특히 일실이익의 산정과 관련하여—", 民事裁判의 諸問題 11권, 韓國司法行政學會(2002), 577; 安元模, 앞의 特許權의 侵害와 損害賠償, 243-244.

20) 김환수, "영업비밀 침해에 대한 손해배상—서울고등법원 2006. 11. 14. 선고 2005나 90379 영업비밀 침해금지 등 사건—" Law & Technology 제3권 제3호, 서울대학교 기술과법센터(2007), 149; 특허법 제128조에 관한 학설로는 梁彰洙, 앞의 "特許權 侵害로 인한 損害賠償 試論—特許法 제128조 제1항의 立法趣旨와 解釋論—", 66-67; 박성수, 앞의 특허침해로 인한 손해배상액의 산정, 363; 구 상표법(2016. 2. 29. 법률 제14033호로 전부개정되기 전의 것) 제67조에 관한 학설로는 李均龍, 앞의 "商標權侵害로 인한 禁止請求 및 損害賠償請求訴訟에 관한 小考", 76.

이 같은 조 제2항이나 제3항에 의하여 산정된 손해액보다 과다하다는 사정을 들어 같은 조 제2항이나 제3항에 의하여 산정된 손해액으로 감액할 것을 주장하여 다투는 것은 허용되지 아니한다."라고 판시한 바 있다.[21]

제6항에 기한 증액손해배상청구의 경우에는 앞선 손해액 추정규정보다 당사자 사이의 이해관계에 더 큰 영향을 미치는 것이기 때문에 그 증액 여부 및 증액범위에 대해서 상대방에게 반박할 기회를 주지 않고 직권으로 판단하면 변론주의에 위배된다고 볼 소지가 매우 크고, 처분권주의의 측면에서도 당사자가 주장하지 않은 청구금액까지 인정하기는 어려울 것이며, 증액손해배상에서 처분권주의 및 변론주의 예외를 인정할 만한 특별한 사정이 있다고 보기도 어렵다.

IV. 본조 제1항

1. 법적 성격

본 조항은 조문 구조상으로는 제2항에 앞서 규정되어 있으나, 그 연혁 및 논리구조를 보면 먼저 신설된 제2항의 보충규정 내지 특별규정에 해당한다고 할 수 있고 그 법적 성격 내지 추정의 범위 역시 제2항에서의 논의와 궤를 같이 한다. 따라서 제2항에 대응되는 구 상표법(2016. 2. 29. 법률 제14033호로 전부 개정되기 전의 것) 제67조 제2항에 관한 기존의 논의를 중심으로 살펴보면, 권리자의 현실의 손해액에 관계없이 침해자가 얻은 전 이익의 반환청구권을 새로 인정한 규정이라는 견해,[22] 특별히 규범적 손해개념을 새로 도입한 것이라는 견해[23]도 있으나, 위 규정은 권리자가 침해에 의하여 입은 소극적 손해의 인과관계와 액수를 증명하는 것이 극도로 곤란하다는 점에 비추어 권리자의 증명의 부담을 덜어주기 위해 설정된 규정이라는 견해가 우리나라[24]와 일본[25]의 통설이다. 또한 이를 반증의 제출을 허락하지 않는 간주규정이 아니라 반증에 의하여 그 推

---

21) 대법원 2009. 8. 20. 선고 2007다12975 판결 [공2009하, 1503].
22) 播磨良承, "特許權侵害における民事責任の本質", 時報, 42卷 9號, 149; 全孝淑, 앞의 "商標權 侵害로 인한 損害賠償請求의 要件事實", 440에서 재인용.
23) 田村善之 知的財産權と損害賠償, 弘文堂(1993), 214-215; 全孝淑, 앞의 "商標權 侵害로 인한 損害賠償請求의 要件事實", 440에서 재인용.
24) 李均龍, 앞의 "商標權侵害로 인한 禁止請求 및 損害賠償請求訴訟에 관한 小考", 68; 全孝淑, 앞의 "商標權 侵害로 인한 損害賠償請求의 要件事實", 440; 송영식 외 6인, 앞의 지적소유권법(하), 289-290.
25) 中山信弘(編) 注解 特許法 (上), 靑林書院 (1994), 860, 862; 全孝淑, 앞의 "商標權 侵害로 인한 損害賠償請求의 要件事實", 440에서 재인용.

정을 깨뜨릴 수 있는 추정규정으로 보는 견해가 다수설이다.[26]

　　판례도 구 상표법(2016. 2. 29. 법률 제14033호로 전부개정되기 전의 것) 제67조 제1항의 규정은 상표권자 등이 상표권 등의 침해로 인하여 입은 손해의 배상을 청구하는 경우에 그 손해의 액을 입증하는 것이 곤란한 점을 감안하여 권리를 침해한 자가 그 침해행위에 의하여 이익을 받은 때에는 그 이익의 액을 상표권자 등이 입은 손해의 액으로 추정하는 것일 뿐이라고 판시하여[27] 통설과 같은 입장이다.

2. 추정의 범위

가. 손해 발생의 추정 여부

　　먼저 위 규정에 의한 추정의 범위에 손해의 발생까지도 포함되는지 여부에 관하여, 구 상표법(2016. 2. 29. 법률 제14033호로 전부개정되기 전의 것) 제67조에 관한 우리나라의 통설[28]은 위 규정의 취지는 손해액에 관한 법률상의 사실추정 규정으로서 손해의 발생까지 추정하는 것은 아니므로 위 규정에 의한 손해배상을 구하는 경우에는 상표권자 또는 전용사용권자가 손해의 발생에 관하여 증명하여야 한다고 해석하고 있다.

　　대법원에서도 "구 상표법(2001. 2. 3. 법률 제6414호로 개정되기 전의 것) 제67조 제1항[29]의 규정은 상표권자 등이 상표권 등의 침해로 인하여 입은 손해의 배상을 청구하는 경우에 그 손해의 액을 입증하는 것이 곤란한 점을 감안하여 권리를 침해한 자가 그 침해행위에 의하여 이익을 받은 때에는 그 이익의 액을 상표권자 등이 입은 손해의 액으로 추정하는 것일 뿐이고, 상표권 등의 침해가 있는 경우에 그로 인한 손해의 발생까지를 추정하는 취지라고 볼 수 없으므로, 상표권자가 위 규정의 적용을 받기 위하여는 스스로 업으로 등록상표를 사용하고 있고 또한 그 상표권에 대한 침해행위에 의하여 실제로 영업상의 손해를 입

26) 박성수, 앞의 특허침해로 인한 손해배상액의 산정, 214.
27) 대법원 1997. 9. 12. 선고 96다43119 판결 [공1997. 10. 15.(44), 3083]; 대법원 2004. 7. 22. 선고 2003다62910 판결 [비공개]; 2009. 10. 29. 선고 2007다22514, 22521(병합) 판결 [공2009하, 1968] 등.
28) 全孝淑, 앞의 "商標權 侵害로 인한 損害賠償請求의 要件事實", 441; 李均龍, 앞의 "商標權侵害로 인한 禁止請求 및 損害賠償請求訴訟에 관한 小考", 68; 김병일, 앞의 "상표권 침해로 인한 손해배상", 86.
29) 구 상표법(2016. 2. 29. 법률 제14033호로 전부개정되기 전의 것) 제67조 제2항.

은 것을 주장·입증할 필요가 있다."라고 판시하고 있는데,30) 다만 영업비밀에 관하여는 "영업비밀을 부정취득한 자는 그 취득한 영업비밀을 실제 사용하였는지 여부에 관계없이 부정취득행위 그 자체만으로 영업비밀의 경제적 가치를 손상시킴으로써 영업비밀 보유자의 영업상 이익을 침해하여 손해를 입힌다고 봄이 상당하다."라고 판시한 바 있다.31)

나. 증명의 정도

따라서 피침해자가 위 규정의 적용을 받기 위하여는 부정경쟁행위 등뿐만 아니라 이로 인하여 피침해자가 실제로 영업상의 손해를 입은 사실을 주장·증명할 필요가 있으나,32) 피침해자의 증명책임을 완화하기 위하여 도입된 규정의 취지에 비추어볼 때 손해의 발생에 관한 증명의 정도를 완화할 필요가 있다.

대법원에서는 "특허법 제128조 제2항에서 말하는 이익은 침해자가 침해행위에 따라 얻게 된 것으로서 그 내용에 특별한 제한은 없으나, 이 규정은 특허권자에게 손해가 발생한 경우에 그 손해액을 평가하는 방법을 정한 것에 불과하여 침해행위에도 불구하고 특허권자에게 손해가 없는 경우에는 적용될 여지가 없으며, 다만 손해의 발생에 관한 주장·입증의 정도에 있어서는 경업관계 등으로 인하여 손해 발생의 염려 내지 개연성을 주장·입증하는 것으로 충분하다."라고 판시하거나,33) "위 규정의 취지에 비추어 보면 위와 같은 손해의 발생에 관한 주장·증명의 정도에 있어서는 손해 발생의 염려 내지 개연성의 존재를 주장·증명하는 것으로 족하다고 보아야 하고, 따라서 상표권자가 침해자와 동종의 영업을 하고 있는 것을 증명한 경우라면 특별한 사정이 없는 한 상표권 침해에 의하여 영업상의 손해를 입었음이 사실상 추정된다고 볼 수 있다."라고 판시한 바 있다.34) 이와 같은 취지에서 부경법 관련 하급심에서도 "구 부경법 (2001. 2. 3. 법률 제6421호로 개정되기 전의 것) 제14조의2 제1항35)의 규정은 부정경쟁행위 등으로 인하여 입은 영업상의 손해의 배상을 청구하는 경우에 그 손해의 액을 증명하는 것이 곤란한 점을 감안하여 권리를 침해한 자가 그 침해행

---

30) 대법원 1997. 9. 12. 선고 96다43119 판결 [공1997. 10. 15.(44), 3083].
31) 대법원 2011. 7. 14. 선고 2009다12528 판결 [공2011하, 1585].
32) 全孝淑, 앞의 "商標權 侵害로 인한 損害賠償請求의 要件事實", 443.
33) 대법원 2006. 10. 12. 선고 2006다1831 판결 [공2006, 1889].
34) 대법원 2013. 7. 25. 선고 2013다21666 판결 [공2013하, 1596]; 대법원 1997. 9. 12. 선고 96다43119 판결 [공1997. 10. 15.(44), 3083].
35) 현행법 제14조의2 제2항.

위에 의하여 이익을 받은 때에는 그 이익의 액을 권리자가 입은 손해의 액으로 추정하는 것일 뿐이고, 침해가 있는 경우에 그로 인한 손해의 발생까지를 추정하는 취지라고 볼 수 없으므로, 권리자가 위 규정의 적용을 받기 위하여는 침해행위에 의하여 실제로 영업상의 손해를 입은 것을 주장·증명할 필요가 있으나, 위 규정의 취지에 비추어 보면, 위와 같은 손해의 발생에 관한 주장·증명의 정도에 있어서는 손해 발생의 염려 내지 개연성의 존재를 주장·증명하는 것으로 족하다고 보아야 하고, 따라서 권리자가 침해자와 동종의 업을 하고 있는 것을 증명한 경우라면 특별한 사정이 없는 한 그러한 침해에 의하여 영업상의 손해를 입었음이 사실상 추정된다."라고 판시하였다.[36]

　　다만 대법원은 "구 부경법 제14조의2 제2항은 같은 조 제1항과 마찬가지로 부정경쟁행위에 기한 손해배상청구에 있어서 손해에 관한 피해자의 주장·증명책임을 경감하는 취지의 규정이고, 손해의 발생이 없는 것이 분명한 경우까지 침해자에게 손해배상의무를 인정하는 취지는 아니라 할 것이므로 부정경쟁행위에도 불구하고 그 기간 동안 상품표지의 주체 등이 그 상표를 부착한 제품의 생산·판매 등 영업활동을 하지 않았다면, 그에 따른 영업상 손해를 인정할 수 없어서, 침해자는 그 손해배상책임을 면할 수 있는 것으로 해석함이 상당하다고 판시하였다.[37]

---

36) 서울고등법원 2002. 5. 1. 선고 2001나14377 판결 [하집2002-1,193].
37) 대법원 2008. 11. 13. 선고 2006다22722 판결 [공2008하, 1665]. 이 판결에서는 이 같은 전제 아래 "피고가 이 사건 계약 종료 후인 2003. 1.경부터 2004. 2.경까지 유사 소화제 162,944kg에 국내에 널리 인식된 'NAFS-Ⅲ' 상표와 유사한 'FINENAFS' 상표를 부착, 판매하여 부정경쟁행위를 하였으므로, 원고는 특별한 사정이 없는 한 피고의 부정경쟁행위로 인하여 손해를 입었다고 할 것이고, 비록 원고가 위 기간 동안 국내에서는 영업을 하지 않았다 하더라도, 원고는 그 이전에 9년 가까이 국내 시장에서 영업을 하고 있었고 이 사건 계약 종료 이후에도 영업을 지속하려 하였으나 피고 측에서 FI 인정을 받은 상표를 변경하는 등 영업개시에 지장을 주는 바람에 일시적으로 영업을 중단할 수밖에 없었던 것으로 보이며, 이러한 사정에 비추어 만일 피고가 이 사건 계약 종료 이후에 부정경쟁행위를 하지 않았더라면 원고가 피고 또는 다른 국내 수입상을 통하여 국내 시장에 이 사건 소화제를 계속하여 판매하였을 가능성을 배제할 수 없으므로, 위 기간 동안 피고의 부정경쟁행위로 인하여 원고에게 손해가 발생하지 않았다고 단정할 수는 없다."라고 한 원심의 판단에 대하여 "이 사건 계약 종료 후 피고의 'FINENAFS' 상표의 사용기간 동안 원고가 대한민국 내에서 'NAFS-Ⅲ' 상표를 부착한 제품의 생산·판매 등 영업활동을 하지 아니하였다면 그에 따른 영업상 손해도 없었다 할 것이고, 원심 판시와 같이 피고측에서 FI 인정을 받은 상표를 변경하였다는 등의 사정만으로 원고의 영업개시에 지장을 주었다고 볼 수 없으며, 그 밖에 피고의 귀책사유로 인하여 위 기간 동안 원고의 영업개시가 지체되었음을 인정할 자료도 기록상 찾아보기 어렵다. 그럼에도 원심이 피고가 이 사건 계약기간 후 유사 소화제에 'FINENAFS' 상표를 부착하여 판매한 행위로 인하여 원고에게 영업상 손해가

3. 적극적 요건

가. 침해물건의 양도수량

민법상의 일반불법행위의 원칙인 차액설에 의하여 손해액을 산정하면,「피침해자의 감소한 판매량(= 침해가 없었다면 판매가능한 판매량 − 실제 판매량) × 피침해자의 물건 단위수량당 이익액」과 같이 산정할 수 있는데, 이 중에서 '침해가 없었다면 판매가능한 판매량'을 증명하기가 쉽지 않으므로, 본조 제1항에서는「침해물건의 양도수량 × 피침해자의 물건 단위수량당 이익액」과 같이 산정할 수 있도록 하였다. 이로써 부경법 제14조의3에 기한 자료제출명령 등에 의하여 침해자의 매출전표 등을 제출받아 침해물건의 양도수량을 파악하고 피침해자의 물건 단위수량당 이익액을 스스로 산정하여 손해액을 비교적 쉽게 계산할 수 있다.

위 규정에서는 '침해물건의 양도수량'을 '피침해자의 감소한 판매량'으로 추정하는 논리구조를 가지고 있으므로 침해물건의 양도수량이 침해로 인한 피침해자의 매출 감소를 추인할 수 있는 사정이 존재할 것을 요한다면서, 비교적 시장구조가 단순하고 침해자가 1인인 경우 피침해자의 물건과 침해물건 이외에 대체물건이 없어 상호경쟁관계에 있는 경우에 특히 이 방식이 합리성을 띠게 된다는 견해[38]가 있고, 이에 대하여 만일 침해자의 양도수량이 침해로 인한 피침해자의 매출액 감소를 추인할 수 있을 정도의 사정이 존재한다면 굳이 특허법 제128조 제1항을 신설하지 아니하더라도 특허권 침해로 인한 일실이익의 산정에 관한 종전의 방식에 의하여 권리자의 매출감소로 인한 일실이익의 배상을 인정할 수 있을 것이므로 위와 같은 해석은 특허법 제128조 제1항을 무의미하게 만드는 것이라는 비판[39]이 있다.

나. 단위수량당 이익액

단위수량당 이익액의 의미에 관하여, 특허법 제128조 제1항에 관한 다수설[40]은 침해가 없었다면 증가하였을 것으로 상정되는 대체제품의 단위당 매출

발생하였음을 전제로 피고에 대하여 손해배상책임을 인정한 것은 심리를 다하지 아니하고 부정경쟁행위로 인한 손해배상책임에 관한 법리를 오해하여 판결에 영향을 미친 위법이 있다."라고 판시하였다.

38) 송영식 외 6인, 앞의 지적소유권법(상), 666.
39) 박성수, 앞의 특허침해로 인한 손해배상액의 산정, 227.
40) 박성수, 앞의 특허침해로 인한 손해배상액의 산정, 231-232; 安元模, 앞의 特許權의 侵害와 損害賠償, 169; 梁彰洙, 앞의 "特許權 侵害로 인한 損害賠償 試論―特許法 제128조 제1항의 立法趣旨와 解釋論― ", 60-61.

액으로부터 그것을 달성하기 위하여 증가하였을 것으로 상정되는 단위당 비용
을 공제한 액, 즉 한계이익이라고 한다. 이는 제품판매액에서 변동경비는 공제
하되, 고정경비는 추가 생산과는 상관없이 지출하는 것이므로 공제하지 않는 것
으로 파악하는 견해이다.[41]

　　판례[42]도 구 의장법(2004. 12. 31. 법률 제7289호 디자인보호법으로 개정되기 전
의 것, 이하 같다) 제64조 제1항 본문에서 말하는 '단위수량당 이익액'은 침해가
없었다면 의장권자가 판매할 수 있었을 것으로 보이는 의장권자 제품의 단위당
판매가액에서 그 증가되는 제품의 판매를 위하여 추가로 지출하였을 것으로 보
이는 제품 단위당 비용을 공제한 금액을 말한다고 판시하여 한계이익설을 취하
고 있다.

4. 소극적 요건

가. 피침해자가 판매할 수 없었던 사정

　　피침해자가 침해행위 외의 사유로 침해자의 양도수량 전부 또는 일부를 판
매할 수 없었던 사정이 있는 때에는 침해행위 외의 사유로 판매할 수 없었던
수량에 따른 금액을 본항 제1호에 따른 한계이익 산정에서 제외하여야 한다. 침
해행위 외의 사유로 침해자의 양도수량 전부 또는 일부를 판매할 수 없었던 사
정에는 예컨대 침해물건의 기술적 우수성, 침해자의 영업노력 등으로 침해물건
이 많이 팔렸다는 사정,[43] 시장에서의 대체품의 존재[44] 등이 해당할 수 있고,
이러한 사정은 감액 요소로서 침해자가 주장, 증명하여야 한다.[45] 아울러 침해
자는 위와 같은 사정이 존재하는 것뿐만 아니라 그러한 사정에 의하여 판매할
수 없었던 수량에 대하여도 증명하여야 한다.[46]

　　대법원에서도 "의장권 등의 침해로 인한 손해액의 추정에 관한 구 의장법
제64조 제1항 단서의 사유는 침해자의 시장개발 노력 · 판매망, 침해자의 상표,

---

41) 김상국, "의장권침해로 인한 손해배상액의 산정", 판례연구 19집, 부산판례연구회(2008),
　　631.
42) 대법원 2006. 10. 13. 선고 2005다36830 판결 [공2006하, 1906].
43) 김철환, 앞의 "特許權侵害로 인한 損害賠償額의 算定方法", 12.
44) 尹宣熙, 앞의 "特許權侵害에 있어 損害賠償額의 算定—특허법 제128조 제1항의 이
　　해—", 126.
45) 박성수, 앞의 특허침해로 인한 손해배상액의 산정, 244; 尹宣熙, 特許法(제5판), 법문사
　　(2012), 814 등.
46) 安元模, 앞의 特許權의 侵害와 損害賠償, 180.

광고·선전, 침해제품의 품질의 우수성 등으로 인하여 의장권의 침해와 무관한 판매수량이 있는 경우를 말하는 것으로서, 의장권을 침해하지 않으면서 의장권자의 제품과 시장에서 경쟁하는 경합제품이 있다는 사정이나 침해제품에 실용신안권이 실시되고 있다는 사정 등이 포함될 수 있으나, 위 단서를 적용하여 손해배상액의 감액을 주장하는 침해자는 그러한 사정으로 인하여 의장권자가 판매할 수 없었던 수량에 의한 금액에 관해서까지 주장과 입증을 하여야 한다."라고 판시한 바 있고,47) 상표권에 관하여도 이와 동일한 취지의 하급심 판결이 있었다.48)

나. 피침해자의 생산능력

본항 제1호에 따른 손해액은 피침해자가 생산할 수 있었던 물건의 수량에서

---

47) 대법원 2006. 10. 13. 선고 2005다36830 판결 [공2006하, 1906].
48) 대구고등법원 2013. 2. 1. 선고 2011나6183 판결(대법원 2013. 7. 25. 선고 2013다21666 판결 [공2013하, 1596]로 상고기각되었다). 위 판결에서는 소극적 요건의 구체적인 증명 정도에 관하여, "① 피고의 경우 1978. 7. 20. 피고의 전신인 남성알미늄공업사가 설립되어 1985. 12. 17. 주식회사 남성알미늄으로 법인전환하였는데, 요부인 '남성'은 피고의 대표이사의 성(姓)인 남(南)과 별을 뜻하는 성(星)을 결합한 것이고, 원고의 경우 1947. 7. 20. 원고의 전신인 남선경금속 공업사가 설립되어 1973. 1. 4. 남선경금속공업 주식회사로 법인전환하였으며, 1990. 2. 28. 현재의 상호(주식회사 남선알미늄)로 변경하는 등 원고와 피고의 상호는 독자적으로 생성, 발전한 것으로 보이고, ② 요부인 남성 다음에 '알미늄'이라는 보통명칭을 사용하여 상호의 주된 부분을 완성한 시기는 오히려 피고가 10여년 이상 앞서는데, 원고의 상호와 피고의 이전 상호인 주식회사 남성알미늄은 요부인 '남성' 또는 '남선'에 보통명칭인 '알미늄'이 결합하게 됨으로써 비로소 두 상호의 유사성이 분명하게 부각되는 점, ③ 피고가 생산하는 알미늄 제품은 특별한 가공이나 용역을 투여하는 과정을 거치지 아니하고 그 자체로 직접 효용을 발휘할 수 있는 최종 소비재가 아니라 별도의 가공이나 용역이 투여됨으로써 비로소 최종적인 효용을 얻을 수 있는 중간재적인 제품이고 (예컨대, 알미늄을 재료로 하여 생산된 최종 소비재인 주전자, 그릇 등이 아니라 최종적인 효용을 얻기 위하여는 별도의 가공을 필요로 하는 형재 또는 인테리어 등 공사업자의 시공과정이 필요한 창문, 도어용 샤시 등의 제품이다), 피고도 자신이 생산하는 알미늄 제품의 거의 대부분을 대리점이나 공사업체에 판매하고 일반소비자를 상대로 판매하지는 않았는데, 알미늄 대리점, 알미늄창호 판매점, 알미늄창호 시공회사, 알미늄프로파일 취급점 등 알미늄 제품을 전문직으로 취급하는 업체에서는 피고의 전신인 주식회사 남성알미늄과 원고의 상호인 주식회사 남선알미늄을 혼동하지는 않았던 점, ④ 피고가 생산하는 제품을 일반인인 소비자가 직접 구입하여 공사에 사용하는 경우는 통상적으로 상정하기 어려운 점(일반소비자가 공사업체에 특정회사의 제품을 사용해 줄 것을 요구할 수는 있으나, 그러한 경우에도 공사업체를 통하여 남성알미늄과 남선알미늄의 혼동가능성이 배제될 수 있을 것으로 보인다) 등을 종합하면, 피고의 상표권 침해와 인과관계가 인정되는 원고의 손해는 극히 미미하다고 할 것이고, 구 상표법(2016. 2. 29. 법률 제14033호로 전부개정되기 전의 것) 제67조 제1항에 규정된 피고가 양도한 물건의 수량에 원고가 그 침해행위가 없었다면 판매할 수 있었던 물건의 단위수량당 이익액을 곱한 금액의 대부분은, 상표권자가 당해 침해행위 외의 사유로 판매할 수 없었던 수량에 따른 금액에 해당한다는 사실이 입증되었다고 볼 것"이라고 판시하였다.

실제 판매한 물건의 수량을 뺀 수량에 단위수량당 이익액을 곱한 금액을 한도로
한다. 즉, 피침해자의 생산능력을 벗어난 범위에서 침해자가 생산, 판매한 경우에
는 그 범위는 본항 제1호에 따른 한계이익 산정의 기초로 할 수 없는 것인데, 피
침해자의 생산능력이나 실제 판매한 물건의 수량 등은 피침해자의 사정으로서 그
가 이를 보다 용이하게 증명할 수 있는 지위에 있기 때문에 그 증명책임은 피침
해자에게 있다.[49]

5. 소극적 요건에 해당하는 수량에 대한 보충산정

소극적 요건이 존재하는 것으로 인정되는 경우 해당 수량에 따른 금액을
본항 제1호에 따른 한계이익의 산정에서 제외하여야 하는데, 그 부분에 대하여
본조 제3항의 적용을 주장하여 제3항의 실시료 상당액의 청구가 가능한 것인지
가 논의되어 왔고, 특허법 제128조의 해석에 있어서는 제1, 2항에 의한 청구가
인정되지 않는 부분에 대하여 제3항의 적용을 긍정하는 견해가 있었다.[50]

그런데 2020. 12. 22. 법률 제17727호로 본항 제2호를 신설하여 이 같은 논
의를 입법에 의하여 명확히 하였다. 본항 제2호에 따르면 "그 물건의 양도수량
중 영업상의 이익을 침해당한 자가 생산할 수 있었던 물건의 수량에서 실제 판
매한 물건의 수량을 뺀 수량을 넘는 수량 또는 그 부정경쟁행위등침해행위 외
의 사유로 판매할 수 없었던 수량이 있는 경우 이들 수량에 대해서는 영업상의
이익을 침해당한 자가 부정경쟁행위등침해행위가 없었으면 합리적으로 받을 수
있는 금액"을 손해액으로 할 수 있다. 여기에서 말하는 합리적으로 받을 수 있
는 금액이란 본조 제3항에서 규정하고 있는 실시료 상당액으로 볼 수 있다.[51]

6. 적용효과

침해물건의 양도수량(영업상의 이익을 침해당한 자가 그 부정경쟁행위등침해행
위 외의 사유로 판매할 수 없었던 사정이 있는 경우에는 그 부정경쟁행위등침해행위
외의 사유로 판매할 수 없었던 수량을 뺀 수량) 중 영업상의 이익을 침해당한 자가
생산할 수 있었던 물건의 수량에서 실제 판매한 물건의 수량을 뺀 수량을 넘지
아니하는 수량에 영업상의 이익을 침해당한 자가 그 부정경쟁행위등침해행위가

49) 박성수, 앞의 특허침해로 인한 손해배상액의 산정, 239; 梁彰洙, 앞의 "特許權 侵害로
　　인한 損害賠償 試論—特許法 제128조 제1항의 立法趣旨와 解釋論—", 64.
50) 박성수, 앞의 특허침해로 인한 손해배상액의 산정, 259-260.
51) 실시료 상당액에 관한 논의는 본조 제3항 부분 참조.

없었다면 판매할 수 있었던 물건의 단위수량당 이익액을 곱한 금액을 피침해자의 손해액으로 할 수 있다. 이는 앞서 본 바와 같이 반증의 제출을 허락하지 않는 간주규정이 아니라 반증에 의하여 그 추정을 깨뜨릴 수 있는 추정규정으로 보는 견해가 다수설이다.[52]

V. 본조 제2항

1. 추정의 성질과 그 복멸사유

가. 추정의 성질

제2항은 불법행위의 요건사실인 '침해행위와 인과관계 있는 손해액'을 증명하는 대신에 이보다 증명이 용이한 '침해자가 침해행위로 얻은 이익액'을 증명함에 의하여 '침해행위와 인과관계 있는 손해액'이 증명된 것으로 인정한다는 규정으로서 법률상의 사실추정에 해당한다.[53] 이러한 추정은 그 효과를 주장하는 피침해자에 대해서는 증명주제의 선택을 허용하고, 이를 복멸하고자 하는 침해자에게는 반대사실을 증명할 책임을 부담시킨다. 즉 피침해자는 손해배상을 청구할 때 직접 '침해행위와 인과관계 있는 손해액'을 증명하거나, '침해자가 침해행위로 얻은 이익액'을 증명하여 이에 대신할 수도 있다. 한편 이를 다투는 침해자는 '침해자가 침해행위로 얻은 이익액'의 증명을 진위불명의 상태로 만들어 본항의 추정을 면할 수 있는데, 이는 추정의 복멸이 아니라 추정규정의 적용 배제이고, 이 때 침해자가 내세우는 증거는 반증이다. 또한 '침해자가 침해행위로 얻은 이익액'이 피침해자에 의하여 증명된 경우에도 침해자는 '침해행위와 인과관계 있는 손해액'의 부존재를 증명하면 손해배상을 면할 수 있는데, 이는 추정의 복멸이고, 이 때 침해자가 내세우는 증거는 반증이 아니라 본증으로서 법관을 확신시킬 정도에 이르러야 한다.[54]

나. 인과관계의 추정

일반적으로 불법행위로 인한 손해배상을 청구하기 위하여는 피침해자가 침해행위와 손해의 발생 사이에 인과관계가 있다는 것을 증명할 책임을 부담하는

---

52) 박성수, 앞의 특허침해로 인한 손해배상액의 산정, 214.
53) 全孝淑, 앞의 "商標權 侵害로 인한 損害賠償請求의 要件事實", 443; 김병일, 앞의 "상표권침해로 인한 손해배상", 86.
54) 全孝淑, 앞의 "商標權 侵害로 인한 損害賠償請求의 要件事實", 443.

것이 원칙인데, 엄격한 인과관계를 요구할 경우 이 규정의 실효성을 사실상 부인하는 결과에 이를 수 있으므로, 본조 제2항은 침해행위와 손해의 발생 사이에 인과관계가 존재한다는 점까지도 추정하는 것이다.[55]

대법원에서는 상표권 침해에 관하여, "상표권자 또는 전용사용권자가 이 규정에 의하여 상표권 침해자에 대하여 손해배상을 청구하는 경우 그 자가 침해행위에 의하여 이익을 받았을 때에는 그 이익의 액은 상표권자가 받은 손해액으로 추정되므로 상표권자 또는 전용사용권자는 상표권 침해자가 취득한 이익을 입증하면 되고 그 밖에 침해행위와 손해의 발생 간의 인과관계에 대하여는 이를 입증할 필요가 없다."라고 판시한 바 있다.[56]

다. 추정복멸 사유

손해의 불발생이 추정복멸 사유인지에 관하여, 손해의 발생까지 추정되는 것은 아니라는 통설[57]에 의하면 '손해의 불발생'은 부인에 해당할 것이나, 손해의 발생까지 추정되는 것은 아니라고 하면서도 '손해의 발생'은 손해발생의 염려 내지 개연성의 존재만으로 족한 것이므로 구체적 손해의 불발생은 침해자가 증명책임을 부담한다는 견해[58]도 있다. 한편 손해의 발생까지 추정되는 것이라는 견해에 의하면 손해의 불발생은 추정복멸사유에 해당할 것이다.[59]

대법원에서는 상표권 침해에 관하여, 구 상표법(2016. 2. 29. 법률 제14033호로 전부개정되기 전의 것) 제67조 제2, 3항이 손해의 발생이 없는 것이 분명한 경우에까지 침해자에게 손해배상의무를 인정하는 취지는 아니므로, 침해자도 권리자가 동종의 영업에 종사하지 않는다는 등으로 손해의 발생이 있을 수 없다는 것을 주장·입증하여 손해배상책임을 면하거나 또는 적어도 그와 같은 금액을 얻을 수 없었음을 주장·입증하여 위 규정의 적용으로부터 벗어날 수 있다고 판시하였다.[60]

---

55) 저작권법에 관하여 黃贊鉉, "손해배상책임에 관한 현행법의 규정과 입법론적 검토", 정보법학 제3호, 한국정보법학회(1999), 312.

56) 대법원 1992. 2. 25. 선고 91다23776 판결 [공1992. 4. 15.(918), 1124].

57) 全孝淑, 앞의 "商標權 侵害로 인한 損害賠償請求의 要件事實", 441; 李均龍, 앞의 "商標權侵害로 인한 禁止請求 및 損害賠償請求訴訟에 관한 小考", 68; 김병일, 앞의 "상표권 침해로 인한 손해배상", 86.

58) 小野昌延(編), 注解商標法, 靑林書院(1994), 620; 全孝淑, 앞의 "商標權 侵害로 인한 損害賠償請求의 要件事實", 444에서 재인용.

59) 全孝淑, 앞의 "商標權 侵害로 인한 損害賠償請求의 要件事實", 444.

60) 대법원 2008. 3. 27. 선고 2005다75002 판결 [비공개], 원고 회사가 닭고기를 공급하는 회사로서 업으로 통닭용 양념을 제조하여 판매한 바는 없고, 통닭용 양념의 공급선이나 판매망을 따로 갖춘 것도 아니며, 단지 양념 공급업 알선을 소극적으로 한 사실이 인정되므

피침해자의 생산능력의 한계나 소극적 요건인 침해행위 외에 판매할 수 없었던 사정, 즉 침해물건의 기술적 우수성, 침해자의 영업노력 등으로 침해물건이 많이 팔렸다는 사정, 시장에서의 대체품의 존재, 저렴한 가격, 광고ㆍ선전, 지명도 등의 사유는 추정복멸사유에 해당할 수 있으나, 침해자는 위와 같은 사정이 존재하는 것뿐만 아니라 그러한 사정에 의하여 피침해자의 실제 손해액이 추정액보다 적다는 것을 증명하여야 추정이 복멸된다.

대법원에서도 부정경쟁행위로 영업상의 이익을 침해당한 자가 실제로 입은 손해가 부경법 제14조의2 제2항에 따른 추정액에 미치지 못하는 경우[61] 또는 침해자가 침해자 상품의 품질과 기술의 우수성, 침해자 고유의 신용, 영업능력, 판매정책, 광고ㆍ선전 등으로 인하여 부정경쟁행위와 무관하게 얻은 이익이 있다는 특별한 사정이 있는 경우[62] 위 규정에 따른 추정의 전부 또는 일부가 뒤집어질 수 있고, 추정을 뒤집기 위한 사유와 그 범위에 관해서는 침해자가 주장ㆍ증명을 해야 한다고 판시한 바 있다.

2. 이익의 범위

'침해자가 받은 이익'이란 침해자가 침해행위로 얻게 된 것으로 그 내용에 특별한 제한이 없으므로 부정경쟁행위의 모습에 따라 여러 가지 방식으로 산정될 수 있고, 반드시 침해품의 판매를 통해 얻은 이익에만 한정되지 않아서, 타인의 성과 등을 무단으로 사용하여 완제품을 제조함으로써 타인의 성과 등을 적법하게 사용한 경우에 비해 완제품 제조비용을 절감한 경우에는 비용 절감으로 인한 이익을 침해자의 이익으로 볼 수도 있다.[63]

로 피고 주식회사 한국식품이 원고의 이 사건 등록상표권 또는 등록서비스표권을 침해하는 동종의 영업을 한다고 보기 어렵다고 보아, 피고 주식회사 한국식품의 이 사건 등록상표권 또는 등록서비스표권 침해에 관하여 구 상표법(2016. 2. 29. 법률 제14033호로 전부 개정되기 전의 것) 제67조 제2항 … 을 직용하지 아니한 원심의 인정과 판단은 위 법리와 기록에 비추어 정당하다고 판시하였다.

[61] 대법원 2022. 4. 28. 선고 2021다310873 판결 [공2022상, 1055].

[62] 대법원 2023. 6. 1. 선고 2020다238639, 2020다238646 판결 [비공개], 이익액 중 70% 정도는 부정경쟁행위와 무관하게 피고의 자체적인 안전인증 보유, 기술력, 판매정책, 사후관리 노력 등으로 인하여 얻은 이익이라는 점을 피고가 증명하였다고 보아 그 추정을 일부 복멸하여, 결국 피고의 이익액에서 이를 제외한 나머지 금액을 위 규정에 따른 원고의 손해액으로 인정하였다.

[63] 대법원 2022. 4. 28. 선고 2021다310873 판결 [공2022상, 1055], 피고가 부정경쟁행위로 구동장치 1대당 1,142,000원의 구입비용을 절감하는 영업상 이익을 얻음으로써 합계 341,458,000원(= 1,142,000원 × 299대)의 이익을 얻었고, 이는 제14조의2에 따라 원고의

통상적으로 침해자의 이익액은「침해물건의 매상고 × 침해자의 이익률」또
는「침해물건의 판매수량 × 침해물건의 단위수량당 이익액」의 방법으로 산정할
수 있는데, 여기서 말하는 침해자의 이익액을 어떻게 산정할 것인지 문제된다.

가. 학   설

(1) 순이익설

침해자의 이익액은 당해 제품의 매상액에서 제조원가 외에 매출액을 높이
기 위하여 업무상 지출된 비용(일반관리비, 판매비, 발송운송비, 광고선전비, 제세공
과금 등 필요한 경비)을 공제함으로써 산정된 금액으로 보는 견해이다.[64] 이를
침해자의 이익에서 고정비용(감가상각비, 일반관리비 등을 판매수량에 비율적으로
대응한 금액)과 변동비용(재료비, 판매비 등)을 공제한 것으로 설명하기도 한다.[65]
순이익설은 일반불법행위로 인하여 발생한 손해 중 일실이익은 본래의 필요경
비를 제외한 순이익 상당의 손실액을 가리키는 것이고, 위 규정은 단순히 증명
책임의 경감을 위한 손해액의 추정규정에 불과할 뿐 어떤 제재적 의미를 가지
는 것은 아니라고 할 것이므로, 이 규정에 의해 피침해자의 손해액으로 추정되
는 침해자의 이익액도 순이익액으로 해석하여야 한다고 한다.[66] 이 견해에 의하
면 피침해자가 침해자의 순이익이 얼마인지를 증명하여야 한다.[67]

(2) 총이익설(粗利益說[68])

침해자의 이익액은 당해 제품의 매상액으로부터 제조원가, 판매원가 외에 침
해자가 침해행위로 제조, 판매를 한 것에 직접 필요하였던 제경비(일반관리비의 공
제를 하지 않는다)만을 공제한 액으로 보는 견해인데, 이에 대하여는 오로지 침해
자측의 사정만을 고려의 대상으로 하여 피침해자측의 사정을 판단요소로 하지 않
는 점에서는 종래의 순이익설과 기본적으로 발상을 같이 한다는 평가가 있다.[69]

손해액으로 추정된다고 판단한 원심판결은 정당하다고 판시하였다.

64) 특허법 제128조에 관한 학설로는 裵大憲, 앞의 特許權侵害와 損害賠償, 96-97; 김철환,
    앞의 "特許權侵害로 인한 損害賠償額의 算定方法", 14; 저작권법 제93조에 관한 학설로는
    정상조·박준석, 앞의 지식재산권법, 521.
65) 박성수, 앞의 특허침해로 인한 손해배상액의 산정, 275.
66) 김철환, 앞의 "特許權侵害로 인한 損害賠償額의 算定方法", 14; 裵大憲, 앞의 特許權侵
    害와 損害賠償, 95; 黃贊鉉, 앞의 "손해배상책임에 관한 현행법의 규정과 입법론적 검토",
    314.
67) 裵大憲, 앞의 特許權侵害와 損害賠償, 96.
68) 田村善之, 特許權侵害に対する損害賠償(四·完), 法協108卷10号1(108卷1539), 小野昌
    延(編), 注解商標法(新版) 下卷, 青林書院(2005), 938에서 재인용.
69) 박성수, 앞의 특허침해로 인한 손해배상액의 산정, 277.

(3) 한계이익설

침해자의 이익액은 재무회계상의 이익개념에 의할 것이 아니라 침해자의 매상액에서 생산증가에 따른 변동경비(원료비, 제품의 제조·판매를 위해 직접 추가적 지출을 요하는 인건비, 기타 경비의 증가분)만을 공제한 금액이라고 이해하는 견해이다.[70] 이 견해에 따르면 침해물건의 개발비, 일반관리비, 제품의 매출과 관계없이 고정적으로 지출되는 인건비, 제조관리비는 공제대상에서 제외되는데, 즉, 물건의 생산에 새로운 설비투자나 고용원 채용, 훈련 등의 필요가 없는 경우라면 변동경비만 공제하면 충분하고 고정비적 성격의 경비는 공제할 필요가 없다고 보는 것으로서, 결국 원가를 변동비와 고정비로 나누고 고정비는 공제할 수 없다고 하는 한정원가에 의하여 일실이익이 확대되는 결과가 된다.[71]

만일 순이익설의 방식대로 고정비용을 공제하게 되면 공제되는 만큼의 비용이 결국 타제품에 할당되어 그 이익액이 줄어들게 되고 피침해자에게는 회복할 수 없는 손해가 남게 되므로 이 규정의 이익액은 한계이익으로 보는 것이 논리적으로 정당하고,[72] 순이익설에 의하면 피침해자는 침해자가 얻은 순이익을 주장·증명해야 하는데 피침해자가 침해자의 당해 제품에 관한 필요경비를 주장·증명하는 것은 현실적으로 곤란한 경우가 많아서 주장·증명책임을 피침해자에게 완전히 부담시키는 경우에는 이 규정의 추정을 받을 수 없게 되고 증명책임 경감이라는 본조의 입법취지에 반하게 되는 반면,[73] 한계이익설을 취할 경우 순이익설과 비교하여 상대적으로 일실이익이 늘어나게 되므로 부수적으로 침해에 대한 제재적인 효과도 거둘 수 있다[74]는 점을 근거로 한다.

(4) 절 충 설

일반적으로 순이익으로 보아야 할 것이나, 이렇게 되면 계산이 복잡하게 되어 손해의 증명을 용이하게 하려고 한 본조의 기본취지에 어긋나므로, 기본적으로 순이익설에 의거하면서도 피침해자가 총이익액을 증명한 때에는 침해자가

---

70) 특허법 제128조에 관한 학설로는 박성수, 앞의 특허침해로 인한 손해배상액의 산정, 277; 구 상표법(2016. 2. 29. 법률 제14033호로 전부개정되기 전의 것) 제67조에 관한 학설로는 全孝淑, 앞의 "商標權 侵害로 인한 損害賠償請求의 要件事實", 436; 한편 송영식 외 6인, 앞의 지적소유권법(상), 667에서도 한계이익설을 최근의 유력한 견해로 소개하고 있다.

71) 송영식 외 6인, 앞의 지적소유권법(상), 668.

72) 全孝淑, 앞의 "商標權 侵害로 인한 損害賠償請求의 要件事實", 436.

73) 李相京, 앞의 知的財産權訴訟法, 299.

74) 全孝淑, 앞의 "商標權 侵害로 인한 損害賠償請求의 要件事實", 436.

감액요소, 즉 침해자가 그 이익 중에 자기의 노력과 출자에 기초한 것을 주장·
증명하지 않으면 총이익을 피침해자의 손해액으로 인정하는 것이 상당하다는
견해이다.[75]

나. 판   결

(1) 대법원 판결

1) 대법원 1992. 2. 25. 선고 91다23776 판결[76]

타인의 상표권을 침해한 자가 침해행위에 의하여 이익을 받았을 때에는 그
이익의 액을 상표권자가 받은 손해액으로 추정하는데 피고가 1987. 4.말부터
1988. 11.초순경까지 사이에 원고의 등록상표와 유사한 상표가 들어 있는 포장
지를 사용하여 분와사비 70,000포를 판매한 사실 및 피고가 분와사비를 판매하
여 얻은 순이익이 1포당 금 288원인 사실은 당사자 사이에 다툼이 없고 위 기
간 이후에도 1989. 1. 30.부터 같은 해 3.말까지 분와사비 2,520포를 더 판매한
사실이 인정된다 하여 피고는 원고에게 합계금 20,885,760원(= 72,520포 × 288원)
을 배상할 의무가 있다고 판시하였다.

2) 대법원 1997. 9. 12. 선고 96다43119 판결[77]

상표권자가 현행 부정경쟁방지법 제14조의2 제2항과 같은 내용의 구 상표
법(2001. 2. 3. 법률 제6414호로 개정되기 전의 것) 제67조 제1항에 의하여 상표권
을 침해한 자에 대하여 손해배상을 청구하는 경우에, 침해자가 받은 이익의 액
은 침해 제품의 총 판매액에 그 순이익률을 곱하거나 또는 그 제조판매수량에
그 제품 1개당 순이익액을 곱하는 등의 방법으로 산출함이 원칙이라 할 것이나,
통상 상표권의 침해에 있어서 침해자는 상표권자와 동종의 영업을 영위하면서
한편으로 그 상표에 화체된 상표권자의 신용에 무상으로 편승하는 입장이어서,
위와 같은 신용을 획득하기 위하여 상표권자가 투여한 자본과 노력 등을 고려
할 때, 특별한 사정이 없는 한 침해자의 위 순이익률은 상표권자의 해당 상품
판매에 있어서의 순이익률보다는 작지 않다고 추인할 수 있으므로, 침해자의 판
매액에 상표권자의 위 순이익률을 곱하는 방법으로도 침해자가 받은 이익의 액
을 산출할 수 있다고 할 것이고, 위와 같이 산출된 이익의 액은 침해자의 순이

---

75) 송영식 외 6인, 앞의 지적소유권법(상), 667; 김병일, 앞의 "상표권침해로 인한 손해배
    상", 90.
76) [공1992. 4. 15.(918), 1124].
77) [공1997. 10. 15.(44), 3083].

익액으로서, 그것이 상표권자가 상표권 침해로 인하여 입은 손해액으로 추정된
다고 보아야 할 것이라고 전제하고, 상표권 침해가 있었던 1990년부터 1993년
경까지의 피고 2가 경영하는 소외 회사의 총 매출액은 합계 금 945,311,750원이
고, 그 중 1/5 정도가 위 유사한 표장을 부착한 상품의 매출액이며, 한편 같은
기간 동안의 원고 회사의 영업이익률은 7.608% 정도인 사실을 인정한 다음, 특
별한 사정이 없는 한 위 유사한 표장을 부착한 상품의 매출액에 원고 회사의
위 영업이익률을 곱하는 방법으로 산정한 금액이 피고들의 위 상표권 침해로
인한 이익의 액이라고 보아 이를 원고가 입은 손해의 액으로 추정하는 원심의
판단은 정당하다고 판시하였다.

　　위 판결에 대하여 순이익설을 취한 것으로 이해하면서 우리나라의 주류적
인 판결례가 순이익설을 취하고 있다는 견해[78]가 있으나, 이에 대하여 위 96다
43119 판결은 순이익률이나 순이익액이라는 표현을 사용하고 있으면서도 비용
으로 공제하는 항목이 구체적으로 무엇인지, 다시 말해서 일반관리비를 공제한
것인지 아닌지에 대하여는 명시적으로 밝힌 바 없으므로 이 판결을 가지고 순
이익설을 채택하였다고 단정하기 어렵다는 견해,[79] 위 판결은 침해자 이익에 대
하여 판단한 것일 뿐만 아니라 상표권자인 원고회사 자신이 침해자인 피고의
순이익률이 그의 '영업이익률'보다 작지 않다고 주장하여 이를 기준으로 침해자
이익을 산정한 것을 그대로 수긍한 것에 그친다는 견해[80]가 있다.

　　3) 대법원 2008. 3. 27. 선고 2005다75002 판결[81]

　　구 상표법(2016. 2. 29. 법률 제14033호로 전부개정되기 전의 것) 제67조 제2항
은 권리를 침해한 자가 그 침해행위에 의하여 이익을 받은 때에는 그 이익의
액을 권리자가 받은 손해의 액으로 추정한다고 규정하고 … 있으므로, 상표권자
혹은 전용사용권자로서는 침해자가 상표권 침해행위로 인하여 얻은 수익에서
상표권 침해로 인하여 추가로 들어간 비용을 공제한 금액, 즉 침해자의 이익액
을 손해액으로 삼아 손해배상을 … 청구할 수 있다고 판시하였는데,[82] 위 판결

---

78) 尹宣熙, 앞의 "特許權侵害에 있어 損害賠償額의 算定—특허법 제128조 제1항의 이
　　해—", 119.

79) 박성수, 앞의 특허침해로 인한 손해배상액의 산정, 279.

80) 梁彰洙, 앞의 "特許權 侵害로 인한 損害賠償 試論—特許法 제128조 제1항의 立法趣旨
　　와 解釋論—", 63.

81) [비공개].

82) 위 판결의 원심인 서울고등법원 2005. 11. 8. 선고 2004나91900 판결에서는 "이 경우 이
　　익은 매출액에서 일반관리비 등을 제외한 순이익을 의미한다."라고 판시하였다.

에 대하여 한계이익설을 채택한 것으로 이해하는 견해[83])가 있다.

(2) 하급심 판결

1) 서울고등법원 2005. 3. 16. 선고 2004나53922 판결[84])

피고의 부정경쟁행위로 인하여 원고가 입은 손해는 특별한 사정이 없는 한 부경법 제14조의 2 제2항에 의하여 부정경쟁행위자가 부정경쟁행위로 인하여 얻은 이득액에 상당한 액이라 할 것인바, 피고가 1997년도부터 2002. 2. 26.까지 옥시화이트 제품을 판매하여 그 합계액이 6,968,585,314원에 이르는 사실을 인정할 수 있고, 피고가 속하는 비누 및 세정제 제품의 도매 및 상품중개업자의 표준소득률 중 일반율이 4.6%인 사실을 인정할 수 있어 피고가 옥시화이트 제품을 판매하여 320,554,924원(= 매출액 합계 6,968,585,314원 × 0.046) 상당의 이익을 얻은 사실을 인정할 수 있으므로, 원고가 입은 손해액은 320,554,924원으로 추정된다고 판시하였다.

2) 서울고등법원 2004. 7. 6. 선고 2003나36739 판결[85])

부경법 제14조의2 제2항에 의하면 부정경쟁행위로 인한 손해배상을 청구하는 경우에는 영업상의 이익을 침해한 자가 그 침해행위에 의하여 이익을 받은 것이 있는 때에는 그 이익액을 손해액으로 추정한다고 규정하고 있고, 이 경우 침해자가 받은 이익액은 침해제품의 총판매액에 그 순이익률을 곱하는 등의 방법으로 산출함이 원칙이지만 침해자의 판매액에 청구권자의 순이익률을 곱하는 방식에 의한 손해산정도 적법하다 할 것인바, 피고의 2002. 7. 1.부터 2002. 12. 31.까지의 매출액이 201,523,355원이고, 원고의 2002. 1. 1.부터 2002. 12. 31.까지의 매출액 대비 영업이익률이 30.48%인 사실은 당사자 사이에 다툼이 없으므로, 이에 의하면 피고가 위 부정경쟁행위로 인하여 2002. 7. 1.부터 2002. 12. 31.까지의 기간동안 얻은 이익액은 61,424,318원(= 201,523,355원 × 30.48%)이 된다고 판시하였다.

3) 서울고등법원 2000. 8. 29. 선고 2000나14974 판결[86])

구 부경법(1998. 12. 31. 법률 제5621호로 개정되기 전의 것) 제15조, 구 상표법(2001. 2. 3. 법률 제6414호로 개정되기 전의 것) 제67조 제1항은 "부정경쟁행위자가 그 행위에 의하여 이익을 받은 때에는 그 이익의 액을 영업상의 이익을 침

---

83) 정상조·박성수 공편, 특허법 주해 Ⅱ, 박영사(2010), 230(박성수 집필부분).
84) [비공개], 상고기간 도과되어 확정되었다.
85) [비공개], 상고기간 도과되어 확정되었다.
86) [비공개], 상고기간 도과되어 확정되었다.

해받은 자의 손해로 추정한다"고 규정하고 있는바, … 원고가 AC24AK 모델 GE에어컨 1대를 판매할 경우 그 판매이익금이 금 332,800원 정도인 사실을 인정할 수 있고 반증이 없으며, 특단의 사정이 없는 한 부정경쟁행위자가 얻은 이익이 영업상의 이익을 침해받는 자가 얻은 이익보다 적지 않다고 추인할 수 있으므로, 피고는 이 사건 에어컨 72대를 판매함으로써 적어도 위 금 23,961,600원 상당의 이득을 얻었다 할 것이라고 판시하였다.

4) 서울민사지방법원 1992. 2. 21. 선고 90가합36831 판결[87]

실용신안권에 관한 사안으로서, 총제품매출액에서 총제품매입원가를 공제하여 매출총이익을 계산하는 방식으로 산출된 피고들의 이익을 원고의 손해로 보아 손해배상액을 산정하였는데, 이 판결을 조이익설(총이익설)에 가까운 판결로 평가하는 견해[88]가 있다.

5) 서울지방법원 2004. 2. 13. 선고 2002가합30683 판결[89]

특허법 제128조 제2항에 기하여 손해배상을 청구한 사안인데, 손해배상액을 산정함에 있어 침해자의 총매출액 중 침해된 특허를 이용한 사료나 그 관련 제품의 매출액이 차지하는 비율에 따른 매출총이익액에서 같은 비율에 따른 판매 및 일반관리비(다만, 그 특허를 이용한 매출과 관계없이 고정적으로 지출되리라고 보이는 임원급여와 감가상각비는 제외한다)를 공제하는 방식[= 매출총이익 × 사료 관련 매출액/매출총액 − (판매 및 일반관리비 − 고정비용) × 사료 관련 매출액/매출총액]으로 계산함이 상당하다고 판시함으로써, 명시적으로 한계이익설을 채택하였다.[90]

VI. 본조 제3항

1. 법적 성격

피침해자는 부정경쟁행위 또는 제3조의2 제1항이나 제2항을 위반한 행위의 대상이 된 상품 등에 사용된 상표 등 표지의 사용 또는 영업비밀 침해행위의 대상이 된 영업비밀의 사용에 대하여 통상 받을 수 있는 금액에 상당하는 금액을 자기의 손해액으로 하여 손해배상을 청구할 수 있다고 규정하고 있는데, 특

---

87) [비공개].
88) 全孝淑, 앞의 "商標權 侵害로 인한 損害賠償請求의 要件事實", 436.
89) [비공개], 서울고등법원 2004나21659로 항소되었다가, 2006. 7. 28. 피고의 항소취하로 확정되었다.
90) 박성수, 앞의 특허침해로 인한 손해배상액의 산정, 281.

히 손해불발생의 항변이 가능한지와 관련하여 위 규정의 법적 성격이 문제된다.

가. 손해액법정설

손해발생을 전제로 하여 실시료 상당액을 최저한도의 손해액으로 법정한 것이므로 피침해자로서는 손해의 발생을 요건사실로 증명할 필요가 없고 부정경쟁행위 등으로 인한 영업상의 이익침해 및 실시료 상당액만 주장·증명하면 족하며 손해의 불발생은 항변사유로서 침해자에게 주장·증명책임이 있다는 견해이다.[91] 이 설에 의하면 손해의 발생이 있을 수 없는 경우를 제외하고는 최소한 실시료 상당액의 손해는 인정되나 피침해자가 실제로 부정경쟁행위의 대상인 상표 또는 영업 표지 등을 사용하여 영업을 하고 있지 않은 경우에는 손해가 있을 수 없기 때문에 배상을 하지 않아도 된다고 한다.[92]

나. 손해발생의제설

본조 제3항은 단순히 손해액만을 추정하는 것이 아니라, 손해의 발생은 물론 침해행위와 손해 사이의 인과관계까지도 추정함으로써, '영업비밀 보유자가 영업비밀의 사용에 대하여 통상받을 수 있는 금액'을 최저배상액으로 의제하는 성격의 규정이라고 해석하여야 한다는 견해로서, 영업비밀 보유자로서는 영업비밀이 침해되었다는 사실만 증명하게 되면 위 규정에 따라 손해의 발생과 인과관계 및 손해액까지도 추정받을 수 있게 된다고 한다.[93] 이 견해에 의할 경우 손해의 불발생을 항변사유로 주장할 수는 없게 된다. 영업비밀은 공개되지 아니할 때 그 존재 의의를 갖고 있으므로, 만약 그것이 공개되었다면 제품생산 등에 이용되지 아니하였다고 하더라도 존재의의를 상실하는 것이며, 특히 영업비밀이 경쟁업체에 제공되었다면 더욱 침해정도가 중하다고 하여야 하기 때문에 적어도 통상사용료의 배상을 명하는 것이 정의에도 부합한다는 견해[94]도 같은 취

---

91) 구 상표법(2016. 2. 29. 법률 제14033호로 전부개정되기 전의 것) 제67조에 관한 학설로는 全孝淑, 앞의 "商標權 侵害로 인한 損害賠償請求의 要件事實", 448; 李均龍, 앞의 "商標權侵害로 인한 禁止請求 및 損害賠償請求訴訟에 관한 小考", 74-75; 文容宣, "상표권 침해로 인한 손해배상청구에 관한 구 상표법 제67조 제2항의 취지", 대법원판례해설 제42호, 법원도서관(2002), 182; 송영식 외 6인, 앞의 지적소유권법(상), 668-669; 저작권법 제125조 제2항에 관한 학설로는 오승종, 저작권법(제3판), 박영사(2013), 1438.
92) 文容宣, 앞의 "상표권 침해로 인한 손해배상청구에 관한 구 상표법 제67조 제2항의 취지", 179.
93) 송재섭, "영업비밀보호에 관한 법률 제14조의2 제3항의 성격—서울고등법원 2006. 11. 14. 선고 2005나90379 판결", 법률신문 제3520호, 법률신문사(2007), 13.
94) 김환수, 앞의 논문, 148.

지로 이해된다. 이 규정과 동일한 규정인 특허법 제128조 제3항, 저작권법 제
125조 제2항의 법적 성격에 대하여는 손해발생의제설이 다수설이다.95)

다. 판　　례

대법원에서는 구 상표법(2016. 2. 29. 법률 제14033호로 전부개정되기 전의 것)
제67조 제3항에 관하여, 제67조 제2항과 마찬가지로 불법행위에 기한 손해배상
청구에 있어서 손해에 관한 피해자의 주장·입증책임을 경감하는 취지의 규정
이고, 손해의 발생이 없는 것이 분명한 경우까지 침해자에게 손해배상의무를 인
정하는 취지는 아니라 할 것이므로, 제67조 제3항의 규정에 의하여 상표권자 등
이 상표권 등을 침해한 자에 대하여 침해에 의하여 받은 손해의 배상을 청구하
는 경우에 상표권자 등은 손해의 발생사실에 관하여 구체적으로 주장·입증할
필요는 없고, 권리침해의 사실과 통상 받을 수 있는 금액을 주장·입증하면 족
하다고 할 것이지만, 침해자도 손해의 발생이 있을 수 없다는 것을 주장·입증
하여 손해배상책임을 면할 수 있는 것이라고 판시하고,96) 이러한 전제하에 상표
권자에게 손해의 발생이 인정되지 아니하는 경우에는 민법 제750조에 기한 손
해배상청구권 역시 인정될 수 없다고 판시하여97) 손해불발생의 항변을 인정하

95) 특허법 제128조 제3항에 관한 학설로는 박성수, 앞의 특허침해로 인한 손해배상액의 산
정, 292-293; 鄭熺章, 앞의 "特許權等 侵害로 因한 損害賠償請求權, 不當利得返還請求
權", 428; 李相京, 앞의 知的財産權訴訟法, 309; 저작권법 제125조 제2항에 관한 학설로는
鄭載勳, "著作權侵害에 대한 損害賠償", 法曹 46卷 3號(1997), 103; 黃贊鉉, 앞의 "손해배
상책임에 관한 현행법의 규정과 입법론적 검토", 317.
96) 대법원 2002. 10. 11. 선고 2002다33175 판결 [공2002, 2705], 위 판결에서는 이 같은 취
지에서 "원고가 1994.경 이래로 수건 제조업 또는 판매업을 하고 있지 않을 뿐 아니라,
1997. 10. 15.부터 1999. 3. 11.까지 김경암에게 원고의 등록상표(이하 '이 사건 상표'라 한
다)에 대한 전용사용권을 부여함으로써 위 전용사용권이 미치는 범위 내에서는 이 사건
상표를 사용할 수 없는 점에 비추어 보면, 피고의 이 사건 상표 사용으로 인하여 전용사용
권자인 김경암에게 영업상의 손해가 발생하였는지 여부는 별론으로 하고, 상표권자인 원
고에게 손해가 발생하였다고는 볼 수 없으므로, 피고가 이 사건 상표를 사용함으로써 원고
에게 손해가 발생하였음을 전제로 한 원고의 위 주장은 더 나아가 살필 필요 없이 이유
없다고 판단하고 있는바, 위에서 본 법리와 기록에 비추어 보면 원심의 위와 같은 판단은
그 설시에 있어서 다소 적절하지 못한 점이 없지 아니하나 원심이, 원고가 이 사건 상표를
사용하여 수건 제조업 또는 판매업을 하고 있지 않거나 전용사용권을 설정함으로써 그 범
위 내에서는 피고의 이 사건 상표 사용으로 인하여 원고에게 손해가 발생하였다고 볼 수
없다는 이유로 원고의 청구를 배척한 것은 결론에 있어서 정당한 것으로 수긍할 수 있고,
거기에 상고이유로 주장하는 바와 같이 구 상표법(2001. 2. 3. 법률 제6414호로 개정되기
전의 것) 제67조 제2항[구 상표법(2016. 2. 29. 법률 제14033호로 전부개정되기 전의 것)
제67조 제3항]에 관한 법리오해 또는 심리미진으로 인한 이유불비의 위법이 있다고 할 수
없다"라고 판시하였다.
97) 대법원 2004. 7. 22. 선고 2003다62910 판결 [비공개], 위 판결에서는 이 같은 취지에서

고 있다.

한편, 대법원에서 "저작권법 제93조 제2항98)에서는 저작재산권을 침해한 자가 침해행위에 의하여 이익을 받았을 때에는 그 이익의 액을 저작재산권자 등이 입은 손해액으로 추정한다고 규정하고 있고, 그 제3항99)에서는 저작재산권자 등은 제2항의 규정에 의한 손해액 외에 그 권리의 행사로 통상 얻을 수 있는 금액에 상당하는 액을 손해액으로 하여 그 배상을 청구할 수 있다고 규정하고 있는바, 이는 피해 저작재산권자의 손해액에 대한 입증의 편의를 도모하기 위한 규정으로서 최소한 제3항의 규정에 의한 금액은 보장해 주려는 것"이라고 판시한 바 있는데,100) 최소한의 보장이라는 표현에 무게를 둔다면 대법원도 이 규정을 간주규정에 가깝게 보는 것이라고 하여 손해발생의제설에 따른 것으로 해석하는 견해가 있다.101)

영업비밀에 관한 하급심에서는 "영업비밀은 그 속성상 공연히 알려지지 아니하여야 그 가치를 가지는 것이라 할 것이므로, 그것이 실제로 사용되든 또는 사용되지 아니하든 상관없이 영업비밀 보유자 이외의 타인에게 공개되는 것만으로 재산적 가치가 감소되는 것인바, 부정하게 영업비밀을 취득하고 이를 공개

"원심은 서울 중구 신당동 소재 광희시장에서 의류판매업에 종사하는 피고가 2001. 8.경부터 2001. 11. 20.까지 사이에 원고가 의류 등을 지정상품으로 하여 일본 및 대한민국 특허청에 각 등록한 상표인 X-GIRL(이하 '이 사건 상표'라고 한다)에 대한 정당한 사용권한 없이 이를 위조한 상표가 부착된 티셔츠 등 의류를 일본 보따리상들에게 판매하여 온 사실, 원고는 피고의 이 사건 판매행위 기간 동안 일본 내에서는 위 상표를 부착한 제품을 생산·판매하여 왔지만 대한민국 내에서는 그 생산·판매 등 영업활동을 하지 아니한 사실 등을 인정한 다음, 피고의 이 사건 판매행위 기간 동안 원고가 대한민국 내에서 위 상표를 사용하여 제품을 생산·판매하는 등의 영업활동을 한 바가 없는 이상 그에 따른 영업상 손해도 없었다 할 것이고, 원고가 대한민국에서 이 사건 상표권을 등록하고 그 침해행위에 대한 단속활동을 벌여 왔다 해도 이를 제품의 생산·판매 또는 그와 유사한 내용의 영업활동에 해당하는 것으로 볼 수 없다 할 것이며, 따라서 피고의 이 사건 판매행위로 인하여 원고에게 영업상 손해가 발생하였음을 전제로 하는 원고의 한국 상표권에 기한 손해배상청구는 이유 없다고 판단한 다음, 나아가 원고가 이 사건 상표에 관한 대한민국 내 위조품 단속을 위하여 지출하였다고 주장하는 비용은 원고 직원들이 대한민국 내에서 불특정 다수인을 상대로 위조품 단속을 하는 과정에서 일반적으로 지출된 것일 뿐 피고의 이 사건 판매행위 단속에 직접 소요된 것이라고 볼 수 없다는 이유로 위 지출비용 상당의 손해배상청구도 배척하였다. 앞서 본 법리를 기초로 이 사건 기록을 살펴보면, 위와 같은 원심의 사실인정 및 판단은 정당한 것으로 수긍할 수 있고 거기에 상고이유에서 주장하는 바와 같은 법리오해 및 심리미진 등의 위법이 있다고 할 수 없다"라고 판시하였다.

 98) 현행 저작권법 제125조 제1항.
 99) 현행 저작권법 제125조 제2항.
100) 대법원 1996. 6. 11. 선고 95다49639 판결 [공1996, 2121].
101) 박성수, 앞의 특허법 주해 II, 240.

하였다면 특별한 사정이 없는 한 그것만으로도 영업비밀 보유자는 침해행위자에게 영업비밀보호법 제14조의2 제3항에 따라 '영업비밀의 사용에 대하여 통상받을 수 있는 금액에 상당하는 액'을 손해배상으로서 구할 수 있다."라고 판시한 예가 있다.[102]

라. 검　　토

부정경쟁행위 또는 제3조의2 제1항이나 제2항을 위반한 행위의 경우에는 상표권과 유사하게 보아 손해불발생의 항변을 인정할 수 있을 것이지만, 영업비밀 침해행위의 경우에는 구 상표법(2016. 2. 29. 법률 제14033호로 전부개정되기 전의 것) 제67조 제3항에 관한 위 대법원 판결이 그대로 적용될 수 있다고 보기는 어렵다.[103] 이는 우리 법체계가 상표권에 대하여 가지는 평가와 영업비밀, 특허권 등에 대하여 가지는 평가가 다르기 때문이다.[104] 특허권은 기술의 발전이라는 점에서 그 자체로 재산적 가치를 가지고, 영업비밀은 그 속성상 공연히 알려지지 아니하여야 그 가치를 가지는 것임에 비하여, 상표는 설령 그 창작을 위한 노력과 투자가 큰 경우에 있어서도 영업표지로서 사용에 의하여 업무상 신용이나 고객흡인력을 축적해 나가는 것이기 때문에 이러한 신용이나 고객흡인력이 화체되지 아니한 불사용상표의 객관적 가치는 매우 미미하거나 없을 수도 있다.[105]

2. 실시료 상당액의 산정

가. 통상적으로 받을 수 있는 금액의 의미

통상적으로 받을 수 있는 금액이란 침해자에게 실시를 허락하였다면 받을 수 있었을 액이 아니라 일반적으로 타인에게 실시허락을 하였다면 받을 수 있었을 액을 의미한다. 실시권이 설정되어 있는 경우에는 그 실시료를 참고할 수 있을 것이지만,[106] 실시권이 설정되어 있지 않을 경우에는 만일 그 업계에서 일

---

102) 서울고등법원 2006. 11. 14. 선고 2005나90379 판결 [비공개], 상고기간 도과로 확정되었다. 이 판결에 대하여는 "달리 이 사건 영업비밀에 대하여 통상사용료를 얻을 가능성조차 전혀 없다는 점에 관한 피고들의 주장·입증이 없는 이상" 피고들에게 위 영업비밀보호법 규정에 따른 손해배상책임이 있다고 설시하여, 반대사실의 증명을 통해 위 규정에 의한 추정의 효과를 복멸시킬 수 있는 여지를 남겨 두고 있는 것으로 보인다는 견해가 있다(송재섭, 앞의 논문, 13).

103) 특허법 제128조 제3항에 관한 논의로는 박성수, 앞의 특허법 주해 Ⅱ, 240-241.

104) 朴晟秀, "구 상표법 67조 2항의 법적 성격", 한국정보법학회 편, 정보판례백선(Ⅰ), 博英社(2006), 240.

105) 全孝淑, 앞의 "商標權 侵害로 인한 損害賠償請求의 要件事實", 448.

106) 특허법에 관한 판례로서, 대법원 2006. 4. 27. 선고 2003다15006 판결[집54(1)민, 143; 공

반화되어 있는 실시료가 있다면 이를 손해액 산정의 기준으로 삼을 수도 있을
것이다.107) 법원은 피침해자가 주장하는 액수의 범위 내에서 감정이나 사실조회
등의 증거조사방법을 통하여 이를 결정하게 될 것인데, 실시료율이나 단위당 실
시료의 액수는 피침해자의 증명이 없어도 법원이 현저한 사실이나 변론 전체의
취지로부터 인정할 수 있으나, 침해자의 판매수량과 판매가액에 관하여는 피침해
자가 주장증명책임을 부담한다.108)

　　다만 영업비밀의 경우에는 다른 지식재산권과 달리 그 거래·이전 사례나
실시료 산정을 위하여 참고할 수 있는 유사한 기술거래 사례가 없는 경우가 대
부분이고, 그 보호범위가 확실하지 않으며, 보호되는 것 역시 어떤 기술의 가치
보다 비밀로서 유지됨으로써 향유할 수 있는 경제적 가치를 의미하게 되는 경
우가 많기 때문에, 이 조항에 의한 실시료 상당액을 인정하기는 쉽지 않다.109)

나. 실시료 상당액 산정의 기준시

　　특허의 실시료 상당액 산정의 기준시에 관하여는, 원칙적으로 사후적으로
보아 객관적으로 상당한 액으로 해석하여야 한다는 견해,110) 실시료 상당액의
기준은 침해시를 기준으로 하면 배상액이 소액에 그치게 되어 불공평하므로 사
실심 변론종결시를 기준으로 하고 그간의 모든 사정을 고려하여 결정하여야 한
다는 견해,111) 상당한 실시료 산정의 기준시점은 침해행위시를 기준으로 하되,
사실심의 변론종결시에 명확하게 밝혀진 침해기간 중의 특허발명의 가치에 관
한 전체의 증거를 참작하여 합리적인 당사자라면 침해행위 개시 시에 합의하였
을 실시료액을 기준으로 하여야 한다는 견해112) 등이 있다. 한편, 상표의 사용

2006. 6. 1.(251), 879]에서는 특허법 제128조 제3항에 의하여 특허발명의 실시에 대하여
통상 받을 수 있는 금액에 상당하는 액을 결정함에 있어서는, 당해 특허발명에 대하여 특
허권자가 제3자와 사이에 특허권 실시계약을 맺고 실시료를 받은 바 있다면 그 계약 내용
을 침해자에게도 유추적용하는 것이 현저하게 불합리하다는 특별한 사정이 없는 한 그 실
시계약에서 정한 실시료를 참작하여 위 금액을 산정하여야 하며, 그 유추적용이 현저하게
불합리하다는 사정에 대한 입증책임은 그러한 사정을 주장하는 자에게 있다고 판시한 바
있다.
107) 저작권법에 관한 판례로서, 대법원 2010. 3. 11. 선고 2007다76733 판결 [공2010상,715].
108) 李均龍, 앞의 "商標權侵害로 인한 禁止請求 및 損害賠償請求訴訟에 관한 小考", 75-76.
109) 윤선희·김지영, 부정경쟁방지법, 법문사(2012), 358.
110) 孫京漢 編, "特許權侵害로 인한 損害賠償", 新特許法論, 法英社(2005), 817(全孝淑 집
　　필 부분).
111) 송영식 외 6인, 앞의 지적소유권법(상), 669; 박성수, 앞의 특허침해로 인한 손해배상액
　　의 산정, 305.
112) 安元模, 앞의 特許權의 侵害와 損害賠償, 255.

료 상당액 산정의 기준시에 관하여는 불법행위시인 침해행위가 발생한 때로 보는 견해113) 외에는 국내에서는 별다른 논의가 없다.

대법원에서는 특허법 제128조 제3항에 의하여 변론종결시까지 변론과정에서 나타난 여러 가지 사정을 모두 고려하여 객관적, 합리적인 금액으로 결정하여야 한다고 판시하였다.114)

3. 실시료 상당액 산정에 관한 판결

가. 대법원 판결

(1) 대법원 2006. 4. 27. 선고 2003다15006 판결115)

특허법 제128조 제3항에 의하여 특허발명의 실시에 대하여 통상 받을 수 있는 금액에 상당하는 액을 결정함에 있어서는, 특허발명의 객관적인 기술적 가치, 당해 특허발명에 대한 제3자와의 실시계약 내용, 당해 침해자와의 과거의 실시계약 내용, 당해 기술분야에서 같은 종류의 특허발명이 얻을 수 있는 실시료, 특허발명의 잔여 보호기간, 특허권자의 특허발명 이용 형태, 특허발명과 유사한 대체기술의 존재 여부, 침해자가 특허침해로 얻은 이익 등 변론종결시까지 변론과정에서 나타난 여러 가지 사정을 모두 고려하여 객관적, 합리적인 금액으로 결정하여야 하고, 특히 당해 특허발명에 대하여 특허권자가 제3자와 사이에 특허권 실시계약을 맺고 실시료를 받은 바 있다면 그 계약 내용을 침해자에게도 유추적용하는 것이 현저하게 불합리하다는 특별한 사정이 없는 한 그 실시계약에서 정한 실시료를 참작하여 위 금액을 산정하여야 하며, 그 유추적용이 현저하게 불합리하다는 사정에 대한 입증책임은 그러한 사정을 주장하는 자에게 있다고 판시하였다.

(2) 대법원 2008. 4. 24. 선고 2006다55593 판결116)

구 저작권법(2006. 12. 28. 법률 제8101호로 개정되기 전의 것) 제93조 제2항에 따라 손해액을 산정함에 있어 그 권리의 행사로 통상 얻을 수 있는 금액에 상당하는 액이라 함은 침해자가 저작물의 이용허락을 받았더라면 그 대가로서 지급하였을 객관적으로 상당한 금액을 말하는 것으로, 저작권자가 침해행위와 유사한 형태의 저작물 이용과 관련하여 저작물이용계약을 맺고 이용료를 받은 사

---

113) 김병일, 앞의 "상표권침해로 인한 손해배상", 94.
114) 대법원 2006. 4. 27. 선고 2003다15006 판결 [집54(1)민, 143; 공2006. 6. 1.(251), 879].
115) [집54(1)민, 143; 공2006. 6. 1.(251), 879].
116) [비공개].

례가 있는 경우라면, 특별한 사정이 없는 한 그 이용계약에서 정해진 이용료를 저작권자가 그 권리의 행사로 통상 얻을 수 있는 금액으로 보아 이를 기준으로 손해액을 산정함이 상당하다는 전제 하에 원심이 원고와 피고 사이에 2000. 5. 23. 체결된 이 사건 3곡에 대한 저작권 이용료를 기준으로 이 사건 3곡에 대한 저작권 침해로 인한 손해액을 산정하였음은 옳다고 판시하였다.

    (3) 대법원 2001. 11. 30. 선고 99다69631 판결[117]

    저작권자가 침해행위와 유사한 형태의 저작물 사용과 관련하여 저작물사용 계약을 맺고 사용료를 받은 사례가 있는 경우라면, 그 사용료가 특별히 예외적 인 사정이 있어 이례적으로 높게 책정된 것이라거나 저작권 침해로 인한 손해 배상청구 소송에 영향을 미치기 위하여 상대방과 통모하여 비정상적으로 고액 으로 정한 것이라는 등의 특별한 사정이 없는 한, 그 사용계약에서 정해진 사용 료를 저작권자가 그 권리의 행사로 통상 얻을 수 있는 금액으로 보아 이를 기 준으로 손해액을 산정함이 상당하다고 판시하였다.

    (4) 대법원 2003. 3. 11. 선고 2000다48272 판결[118]

    이 사건 등록고안에 관하여 원고 임동순이나 원고들이 체결한 기존의 각 실시허락계약을 보면 매출금액의 3%를 통상실시료로 지급하기로 약정하였고 위 실시료율 3%는 이 사건 등록고안의 기술내용과 기여도 등을 고려하여 정한 것으로 보이며, 달리 위 실시료율이 부당하다고 볼 만한 자료를 기록상 찾아보 기 어려운 이상, 통상실시료 상당의 금액을 손해배상으로 구하는 이 사건에 있 어서 피고들이 배상할 손해액은 위 실시료율에 의하여 산정함이 상당하다고 판 시하였다.

나. 하급심 판결

    (1) 부산고등법원 1996. 6. 27. 선고 95나3886 판결[119]

    피고가 원고의 의장권의 권리범위 내에 속하는 제품 합계 금 1,556,774,710 원(1,505,622,610원 + 51,152,100원) 상당을 납품한 사실은 앞서 인정한 바와 같고, 증거를 종합하면 등록의장권자의 실시료는 통상 매출액의 3% 내지 5%인 사실 을 인정할 수 있으므로, 원고는 피고의 위 의장권침해행위로 인하여 적어도 피 고가 납품한 위 제품들에 대하여 3%의 실시료에 상당하는 금 46,703,241원

---

117) [공2002. 1. 15.(146), 160].
118) [공2003. 5. 1.(177), 959].
119) [비공개] 상고되었으나 대법원 1997. 2. 14. 선고 96다36159 판결로 상고기각되었다.

(1,556,774,710원 × 3/100)의 손해는 입었다고 판시하였다.

(2) 대구고등법원 2013. 2. 1. 선고 2011나6183 판결120)

일반적으로 사용료는 기존에 상표권 사용계약이 있었으면 그에 따르고, 사용계약이 없는 경우에는 업계의 통상적인 사용료 등에 거래의 개별사정을 고려하여 적정하게 산정한 사용료율에 침해물건의 판매가격을 곱하는 방식에 의하여 산정하는 것이 보통이라는 전제 아래, 감정결과에 의하여 원고가 피고로부터 2004년부터 2007년까지 받을 수 있었던 원고 상표의 통상사용료율121)을 0.5%로 인정하였다.

(3) 서울중앙지방법원 2009. 5. 6. 선고 2007가합46652 판결122)

피고 1은 원고 2와 이 사건 가맹계약을 체결하면서 월 카드매출액의 1%에 해당하는 금액을 로열티로 지급하기로 한 점, 원고 1은 원고 2의 대표이사로서 피고 1과 이 사건 가맹계약을 직접 체결한 점 등을 감안할 때, 피고들이 원고 1에게 이 사건 서비스표 사용의 대가로 통상 지급하여야 할 금원은 '월 카드매출액의 1%에 해당하는 금액'이라고 판시하였다.

(4) 광주지방법원 2008. 9. 4. 선고 2007가합10766 판결123)

① 원고는 2006. 3. 15. A 주식회사에게 2005. 11. 28.부터 2006. 11. 27.까지 사이에 이 사건 특허권 및 이 사건 디자인권에 관하여 통상실시권을 설정함에 있어서 A 주식회사와 사이에 보강토 옹벽용 블록 및 보강토 옹벽의 마감형 블록에 관하여는 개당 각 금 2,000원, 블록 연결용 투 핀에 관하여는 개당 금 500원의 실시료를 각 지급받기로 약정한 사실, ② 그 후 원고는 2008. 1. 16. A 주식회사에게 2008. 1. 16.부터 2009. 1. 15.까지 사이에 이 사건 디자인권에 관하여 실시권을 설정함에 있어서 A 주식회사와 사이에 ①항 기재와 같은 금액의 실시료를 지급받기로 약정한 사실을 인정할 수 있는바, 위 인정사실에 의하면, 피고에게 위 실시료를 유추 적용함이 현저하게 불합리하다는 사정을 찾아볼 수 없는 이 사건에 있어서 위 실시료를 원고가 받은 손해액을 산정함에 있어서 기준으로 삼음이 상당하다고 판시하였다.

---

120) [비공개], 대법원 2013. 7. 25. 선고 2013다21666 판결[공2013하, 1596]로 상고기각되었다.
121) 통상사용료율 = 기업가치 × 상표기여도 / 총매출액.
122) [비공개], 항소기간 도과로 확정되었다.
123) [비공개] 항소되었으나 항소취하로 확정되었다.

Ⅶ. 본조 제4항

1. 주의적 규정

제3항의 규정에 불구하고 손해의 액이 같은 항에 규정된 금액을 초과하는 경우에는 그 초과액에 대하여도 손해배상을 청구할 수 있다. 이는 실손해배상의 원칙을 확인하는 규정으로서 이 규정이 없더라도 민법이나 제1, 2항의 규정에 의한 손해배상청구가 가능하므로 주의적인 규정에 지나지 않는다.124)

2. 침해자의 과실 내용 참작

침해자에게 고의 또는 중대한 과실이 없을 때에는 법원은 손해배상액을 산정함에 있어서 이를 고려할 수 있다. 즉 침해자에게 경과실만 있는 경우에는 제3항의 손해배상액을 초과하는 손해배상액이 경감될 수 있다. 이는 실시료 상당액 이상의 배상을 청구하는 경우에 경과실밖에 없는 침해자에게 이를 모두 배상케 하는 것은 가혹하므로 법원의 재량에 의하여 배상액을 경감할 수 있도록 하는 규정이다.

3. 제4항의 적용범위

손해액이 제3항의 실시료 상당액을 초과하는 한 제1, 2항에 의하여 산정된 금액에 대하여도 제4항 제2문을 근거로 하여 침해자의 경과실을 참작하여 손해배상액을 정할 수 있는지 문제되는데, 제4항 규정 자체가 제3항의 금액을 넘는 손해배상청구의 경우라고만 규정하여 제1, 2항에 의한 청구를 배제하고 있지 않고, 제4항 제2문이 침해자를 보호하기 위한 규정이라고 한다면, 실시료의 액을 초과하는 손해배상이 제1, 2항의 규정에 의하여 청구되어 그 손해배상액이 실시료를 초과하는 경우에도 법원이 이를 참작할 수 있다고 보아야 할 것이다.125)

---

124) 全孝淑, 앞의 "商標權 侵害로 인한 損害賠償請求의 要件事實", 450.
125) 구 상표법(2016. 2. 29. 법률 제14033호로 전부개정되기 전의 것) 제67조에 관한 학설로 김병일, 앞의 "상표권침해로 인한 손해배상", 98; 李均龍, 앞의 "商標權侵害로 인한 禁止請求 및 損害賠償請求訴訟에 관한 小考", 78; 全孝淑, 앞의 "商標權 侵害로 인한 損害賠償請求의 要件事實", 451.

4. 감액의 한도

침해자의 경과실을 참작한다 하더라도 제3항의 실시료 상당액은 침해자의 과실 정도에 관계 없이 최저의 손해배상액으로써 인정되는 것이므로 제3항의 실시료 상당액 이하로 경감할 수는 없다.[126]

Ⅷ. 본조 제5항

1. 취   지

이는 자유심증주의하에서 손해가 발생된 것은 인정되나 손해액을 증명하기 위하여 필요한 사실을 증명하는 것이 해당 사실의 성질상 극히 곤란한 경우에는 증명도·심증도를 경감함으로써 손해의 공평·타당한 분담을 지도원리로 하는 손해배상제도의 이상과 기능을 실현하고자 하는 데 취지가 있는 것이지, 법관에게 손해액 산정에 관한 자유재량을 부여한 것은 아니다.[127]

2. 적용요건

본 조항을 적용하기 위하여는 손해의 발생이 인정되어야 하고, 그 손해액을 증명하기 위하여 필요한 사실을 증명하는 것이 해당 사실의 성질상 극히 곤란한 경우에 해당하여야 한다. 손해 발생에 관한 증명책임은 피침해자에게 있다. 손해액을 증명하기 위하여 필요한 사실을 증명하는 것이 해당 사실의 성질상 극히 곤란한 경우의 예로 '침해자가 매입·매출관계 서류를 전혀 작성치 않았거나 제출하지 아니한 경우',[128] '특허침해의 규모를 알 수 있는 자료가 모두 폐기되어 그 손해액을 입증하기 위하여 필요한 사실을 입증하는 것이 어렵게 된 경우'[129] 등을 들 수 있다.

상표권에 관한 대법원 2005. 1. 13. 선고 2002다67642 판결[130]에서는, 증거

---

126) 구 상표법(2016. 2. 29. 법률 제14033호로 전부개정되기 전의 것) 제67조에 관한 학설로 김병일, 앞의 "상표권침해로 인한 손해배상", 98; 李均龍, 앞의 "商標權侵害로 인한 禁止請求 및 損害賠償請求訴訟에 관한 小考", 79; 全孝淑, 앞의 "商標權 侵害로 인한 損害賠償請求의 要件事實", 452.

127) 대법원 2011. 5. 13. 선고 2010다58728 판결[공2011상, 1156].

128) 송영식 외 6인, 앞의 지적소유권법(상), 670.

129) 대법원 2006. 4. 27. 선고 2003다15006 판결[집54(1)민, 143; 공2006. 6. 1.(251), 879].

130) [비공개].

에 의하여 산정한 피고의 이익 금액에는 이 사건 등록상표권의 침해행위에 의
하여 얻은 이익과 무관한 정상적인 영업이익 및 피고가 종래부터 구축한 영업
망이나 경영수완에 의한 이익 등의 기여요인에 의한 이익이 포함되어 있기 때
문에 그 이익 전부를 곧바로 침해행위에 의하여 얻은 것이라고 할 수 없지만,
달리 침해행위에 의하여 얻은 이익액을 인정할 증거가 없고, 이 사건 등록상표
의 통상사용료를 산정할 자료도 없어, 결국 피고의 이 사건 등록상표권의 침해
행위로 인한 손해액을 입증하기 위하여 필요한 사실을 입증하는 것이 해당 사
실의 성질상 극히 곤란한 경우에 해당한다고 판시한 바 있다.

3. 적용효과

가. 적정손해배상

　　법원은 변론 전체의 취지와 증거조사의 결과에 기초하여 상당한 손해액을
인정할 수 있다. 법원이 구체적 손해액을 판단할 때에는 손해액 산정 근거가 되
는 간접사실들의 탐색에 최선의 노력을 다해야 하고, 그와 같이 탐색해 낸 간접
사실들을 합리적으로 평가하여 객관적으로 수긍할 수 있는 손해액을 산정해야
한다.131) 특허법 제128조에 관한 분석이기는 하나, 일응 제2항 또는 제3항을 적
용하되 보충적으로 제5항을 함께 적용한 사건132)이나 형식상 제5항에 의하여
손해액을 인정하였으나 사실상 제2항에 따른 산정방식에 의한 금액을 그대로
인정한 사건133)의 인용률(청구금액 대비 인용금액의 비율)은 평균 73%로 오히려
전체 사건의 인용률 평균보다 높았으나, 순수하게 제5항만에 의하여 산정된 사
건의 인용률은 평균 44.9%로 전체 사건의 인용률 평균보다 낮았는데, 이러한
점에 비추어보면 비록 보충적으로 제5항에 의하여 손해액 산정을 하더라도 충
실한 증거조사가 중요하고 할 것이다.134) 실무에서는 제1 내지 4항에 따라 손해
액을 산정하기 곤란한 경우 제5항에 따른 손해액의 인정이 폭넓게 이루어지고
있는데, 제5항에 따라 손해액을 인정함에 있어서 종래에는 손해액의 구체적인
인정 근거를 밝히지 않은 채 단순히 결론만을 설시한 예가 많았으나, 최근에는

---

131) 대법원 2011. 5. 13. 선고 2010다58728 판결[공2011상, 1156].
132) 예컨대, 서울중앙지방법원 2013. 8. 23. 선고 2012가합76619 판결; 서울중앙지방법원
　　　2013. 12. 20. 선고 2012가합68717 판결 등(판결내용은 다음의 관련 판결례 참조).
133) 예컨대, 서울중앙지방법원 2014. 4. 11. 선고 2012가합107636 판결(판결내용은 다음의
　　　관련 판결례 참조).
134) 염호준, "특허침해소송에서의 적정 손해액 산정을 위한 개선방안 검토", The 2nd Asia
　　　Pacific IP Forum, 서울대학교 기술과법센터(2014), 62-63, 65-66.

그와 같이 손해액을 인정하게 된 이유를 구체적으로 설시하는 사례가 점차 증가하고 있다.[135]

　　법원은 피고의 매출액, 피고의 부정경쟁행위 등에 이르게 된 배경, 원고와 피고의 제품 및 영업의 동종성, 부정경쟁행위 등의 기간, 피고가 보여준 태도, 침해의 고의성, 기타 이 사건 변론에 나타난 제반 사정 등[136]을 참작할 수 있다. 어느 정도가 상당한 손해액에 해당하는지에 관하여 이를 사회통념상 침해된 손해액[137]으로 이해하는 견해도 있으나, 이는 결국 개별 사건에서 법원이 구체적으로 판단할 사항이다.

　　한편 불법행위로 인한 손해의 발생 또는 확대에 관하여 피해자에게도 과실이 있는 때에는 가해자의 손해배상의 범위를 정함에 있어 당연히 이를 참작하여야 하고, 양자의 과실비율을 교량함에 있어서는 손해의 공평부담이라는 제도의 취지에 비추어 불법행위에 관련된 제반 상황을 충분히 고려하여야 하며, 과실상계사유에 관한 사실인정이나 그 비율을 정하는 것이 사실심의 전권사항이라고 하더라도 그것이 형평의 원칙에 비추어 현저히 불합리하여서는 아니 되는데, 이러한 법리는 본 항에 따라 부정경쟁행위로 인한 손해액을 산정하는 경우에도 마찬가지로 적용될 수 있다.[138]

나. 관련 판결례

(1) 대법원 판결

1) 대법원 2006. 4. 27. 선고 2003다15006 판결[139]

　　피고의 특허침해기간이 약 8년 반 정도였는데 이 중 소송 제기 전 5년 반 정도에 대해서는 특허법 제128조 제3항에 의한 실시료 상당액이 청구되고, 그 전 3년 정도에 대해서는 제5항에 의한 상당한 손해액이 청구된 사안이었는데, 원심인 서울고등법원은[140] 문서제출명령에 대하여 피고가 매입, 매출 관계 서류

---

135) 정희엽, 앞의 논문, 120.

136) 대법원 2005. 5. 27. 선고 2004다60584 판결[공2005. 7. 1.(229), 1035] 참조.

137) 전수진, 특허침해에 있어서 손해배상액의 산정에 관한 연구, 연세대학교 법무대학원 석사학위논문(2003), 94.

138) 저작권법에 관한 판례로서, 대법원 2010. 3. 11. 선고 2007다76733 판결 [공2010상,715] 참조. 인터넷 포털사이트 운영자가 타인의 사진작품을 무단 복제·전시·전송한 사안에서, 원심이 저작재산권 침해로 인한 손해배상액을 산정하면서 저작재산권자의 복제방지조치 태만 등의 과실상계사유를 전혀 참작하지 아니한 것은 형평의 원칙에 비추어 현저히 불합리한 조치라고 한 사례이다.

139) [집54(1)민, 143; 공2006. 6. 1.(251), 879].

140) 서울고등법원 2003. 2. 10. 선고 2001나42518 판결.

의 보존기한은 5년이라는 회사의 내규에 따라 앞의 3년 정도에 해당하는 매출관계서류는 폐기하였다고 주장하자, 자료가 없는 3년간의 기간에 대하여 특허법 제128조 제5항을 적용하여 상당한 손해액을 인정하였다.

2) 대법원 2005. 1. 13. 선고 2002다67642 판결[141]

피고가 (가)호 표장 또는 (나)호 표장을 부착한 위 상품의 수입, 판매 수량은 265,752상자(1상자당 24캔)이고, 그 상품의 수입단가는 1상자에 최대 7,000원, 피고가 도매상에 판매하는 가격은 1상자에 최소 8,000원에 이르는 사실을 인정한 다음, 이러한 사실을 토대로 산정한 피고의 이익 금액인 265,752,000원{265,752상자 × (8,000원 − 7,000원)}에는 이 사건 등록상표권의 침해행위에 의하여 얻은 이익과 무관한 정상적인 영업이익 및 피고가 종래부터 구축한 영업망이나 경영수완에 의한 이익 등의 기여요인에 의한 이익이 포함되어 있기 때문에 그 이익 전부를 곧바로 침해행위에 의하여 얻은 것이라고 할 수 없지만, 달리 침해행위에 의하여 얻은 이익액을 인정할 증거가 없고, 한편, 이 사건 등록상표의 통상 사용료를 산정할 자료도 없어, 결국 피고의 이 사건 등록상표권의 침해행위로 인한 손해액을 입증하기 위하여 필요한 사실을 입증하는 것이 해당 사실의 성질상 극히 곤란한 경우에 해당하므로, 구 상표법(2016. 2. 29. 법률 제14033호로 전부개정되기 전의 것) 제67조 제5항을 적용하여 그 증거조사 결과에 나타난 이 사건 등록상표의 인지도, 피고가 (가)호 표장 및 (나)호 표장을 피고의 상품에 사용하게 된 경위, 원고와 피고의 사업규모, 수요자와 유통경로의 이동(異同), 기타 변론에 나타난 제반 사정 등을 종합하여 원고의 손해액은 위에서 추산된 피고의 이익 중 60%에 해당하는 금액인 159,451,200원(= 265,752,000원 × 60%)이라고 봄이 상당하다고 판시하였다.

3) 대법원 2005. 5. 27. 선고 2004다60584 판결[142]

상표사용료 상당액의 합계가 133,155,798원이고, 이와 별도로 피고들이 1999. 12.부터 2000. 9.까지 '오리리화장품'이라는 상호를 표시하여 생산·판매한 제품의 총매출액이 804,380,774원에 이르는 점, 피고들이 이 사건 각 등록상표 및 피고들 상표를 사용하게 된 배경, 원고들과 피고들의 상품 및 영업의 동종성, 상표권침해 및 부정경쟁행위의 기간, 그 동안 피고들이 보여준 태도와 권리침해의 고의성, 기타 이 사건 변론에 나타난 제반 사정 등을 종합하여, 이 사

---

141) [비공개].
142) [공2005. 7. 1.(229), 1035].

건 상표권침해 및 부정경쟁행위로 인하여 피고들이 원고에게 배상하여야 할 손해액을 1억 7천만 원으로 정하였는바, 원심의 이러한 조치는 위 각 규정에 따른 것으로서 정당하며, 그 손해액 또한 비교적 적정하다고 판시하였다.

(2) 하급심 판결

1) 서울고등법원 2006. 11. 14. 선고 2005나90379 판결[143]

영업비밀은 그 속성상 공연히 알려지지 아니하여야 그 가치를 가지는 것이라 할 것이므로, 그것이 실제로 사용되든 또는 사용되지 아니하든 상관없이 영업비밀 보유자 이외의 타인에게 공개되는 것만으로 재산적 가치가 감소되는 것인바, 부정하게 영업비밀을 취득하고 이를 공개하였다면 특별한 사정이 없는 한 그것만으로도 영업비밀 보유자는 침해행위자에게 영업비밀보호법 제14조의2 제3항에 따라 '영업비밀의 사용에 대하여 통상 받을 수 있는 금액에 상당하는 액'을 손해배상으로서 구할 수 있다고 보아야 한다. … 다만, 영업비밀의 성격상 이를 타인에게 사용하도록 하고 그 사용료를 받는 사례는 찾아보기 어려우므로, 이 사건에서 위 영업비밀의 사용에 대하여 통상 받을 수 있는 금액을 입증하는 것이 성질상 극히 곤란한 경우에 해당한다 할 것인바, 피고 1, 2의 원고 회사에서의 근무기간과 직책 및 역할, 위 피고들의 영업비밀 침해행위의 태양, 위 침해된 영업비밀의 성질과 내용, 위 침해된 영업비밀과 피고 회사가 현재 생산하고 있는 백색 LED의 제조방법이 상이한 점 등 이 사건 변론 전체 취지와 증거조사 결과를 기초로 할 때 그 손해배상액을 5,000만 원으로 정함이 상당하다.

2) 서울고등법원 2013. 4. 4. 선고 2012나43852 판결[144]

피고들의 부정경쟁행위로 인하여 원고에게 손해가 발생한 사실은 인정되나, 제출된 모든 증거들을 종합하더라도 그 손해액을 산정하기 곤란하므로, 이 법원은 변론 전체의 취지와 증거조사의 결과에 기초하여 알 수 있는 아래와 같은 사정들을 고려하여, 위 피고들의 부정경쟁행위로 인하여 원고가 입은 손해액을 950,000,000원으로 인정하기로 한다.

○ 위 피고들은 코스파로부터 복제 스포트박스를 1개당 96,000원에 납품받아 1,000,000원에, 정진금형으로부터 복제 돔을 1조당 80,000원에 납품받아 811,000원에, 소비자들에게 판매하였다.

○ 위 피고들이 판매한 복제 스포트박스의 수량은, 위 피고들이 2009. 4.경

---

143) [비공개], 상고기간 도과로 확정되었다.
144) [비공개], 상고기간 도과로 확정되었다.

부터 2010. 6.경까지 판매하였다고 자인하는 바와 같이 적어도 복제 스포트박스
는 1,879개, 복제 돔은 701조에 이른다.

○ 위 피고들의 이 사건 복제 스포트박스와 돔의 단위수량당 이익액은 위
피고들이 판매한 단위수량당 매출액에서 이 사건 복제품의 판매를 위하여 지출
하였을 것으로 보이는 단위수량당 비용을 공제한 금액이라고 할 것인바, 그 단
위수량당 비용은 다음과 같은 사정들, 즉 ① 위 피고들은 이 사건 복제품의 개
발을 위해, 이 사건 제품의 역설계비용으로 160,000,000원, 복제 스포트박스 개
발비로 34,000,000원(=초기 개발비 9,000,000원 + 중간 개발비 25,000,000원), 복제 돔
의 금형 제작비로 120,000,000원 등 합계 314,000,000원을 지출한 점, ② 피고 1
에 납품된 복제 스포트박스와 돔은 거의 완성된 형태의 제품이었던 것으로 보
이므로, 위 피고들이 이들 복제품을 납품받아 판매하기까지의 과정에서 제품 자
체와 관련하여 지출한 비용은, 코스파와 정진금형에 지급한 납품대금을 공제하
면 그리 많지는 않았을 것으로 보이는 점, ③ 게다가 위 납품대금 역시 스포트
박스의 경우 1개당 96,000원, 돔의 경우 1조당 80,000원으로서 그 판매가격과
비교할 때 현저히 낮은 금액인 점, ④ 피고 2는 이 사건 복제품을 판매하기 이
전부터 이미 이 사건 제품의 판매를 위한 인력과 설비를 어느 정도 갖추고 있
었으므로, 위 피고가 이 사건 복제품의 판매를 위하여 지출한 경비가 그다지 많
이 들어갈 것으로는 보이지 않는 점 등을 종합적으로 고려하면, 그 비율은 매출
액의 약 50% 정도로 추정할 수 있다. 따라서 스포트박스의 단위수량당 이익액
은 500,000원[=1,000,000원 × (1 − 0.5)], 복제 돔의 단위수량당 이익액은 405,500원
[=811,000원 × (1 − 0.5)] 정도가 되고, 위 피고들이 판매한 이 사건 복제품의 수량
에 위 피고들의 단위수량당 이익액을 곱하면, 1,223,755,500원[= 939,500,000원
(1,879개 × 500,000원) + 284,255,500원(701조 × 405,500원)]이 된다.

○ 한편 위 피고들은, 위 피고들이 판매한 이 사건 복제품 중 일부를 구매
자들에게 정품으로 교환해 준 것으로 보이기는 하나, 증거들만으로는 그 구체적
이고도 객관적인 교환 수량을 확인하기 어려운데, 위와 같은 사정도 손해액의
산정에 있어 참작하기로 한다.

○ 위 피고들은, 이 사건 복제품의 사용으로 피해를 본 일부 구매자들이 손
해배상을 구하는 소를 제기하자, 이 사건 복제품의 구매대금을 환불하고(복제
스포트박스 55개, 복제 돔 65개) 위자료 및 소송비용 등을 지급하였다.

3) 서울고등법원 2013. 5. 29. 선고 2012나61393 판결[145]

피고들이 세무 신고한 2009년부터 2012년까지 사업소득의 합계는 939,104,500 (= 85,824,000 + 147,019,000 + 97,108,000 + 145,100,000 + 89,895,000 + 145,908,600 + 90,619,900 + 137,630,000)원에 이르고, 피고들은 매출액 중 별지3 문양을 사용한 제품의 비중은 15%이고 그 영업이익률은 15%라고 자인하고 있다. 그리고 별지2 문양을 사용한 제품의 비중과 영업이익률도 비슷하다고 본다면 피고들이 별지2, 3 문양을 사용하여 얻은 이익은 21,129,851(= 939,104,500 × 0.15 × 0.15)원 정도로 추정된다. 그뿐만 아니라 피고들이 개인 명의로 사업자등록을 한 다음, 원고의 상표와 유사한 상표를 사용한 상품을 판매하고 있는 영업형태에 비추어 실제 매출액은 세무 신고한 매출액보다 클 것으로 보이고, 별지2, 3 문양을 사용한 제품의 판매량과 영업이익률도 피고들이 자인하고 있는 것보다 클 개연성이 있으며, 피고 박무성은 2009. 5.초 무렵부터 2009. 10. 23.까지 약 6개월 동안에도 별지2 문양의 상표가 부착된 가방 약 600개를 750만 원에 판매하였고, 지갑 약 80개를 100만 원에 판매하였으며, 판매 시가 1,300만 원 상당의 가방 약 880개와 지갑 약 170개를 판매 목적으로 보관하였고, 피고들은 원고의 상표권을 침해한 전력이 있을 뿐 아니라 상표권 침해에 관한 민사, 형사사건이 계속되고 있음에도 이 법원 변론종결시점까지 별지 문양이 사용된 제품을 여전히 제조, 판매하고 있었으며, 피고들은 별지 문양을 사용하여 상품을 제조, 판매한 자료를 전혀 제출하지 않고 있고, 원고가 그에 관한 자료를 입수하여 제출하는 것도 사실상 불가능한 사정에 비추어 원고 등록상표의 주지 저명성, 피고들의 의도, 침해의 경위·태양·기간·정도, 원고의 제품과 피고들 제품의 가격 및 거래방법의 차이 등을 종합적으로 고려하여 볼 때, 원고는 피고들의 제품 생산·판매행위로 말미암아 적어도 4,000만 원 정도의 재산상 손해를 입었다고 봄이 타당하다.

4) 서울중앙지방법원 2013. 8. 23. 선고 2012가합76619 판결[146]

이 법원에 제출된 증거들을 모두 종합하여 보더라도, 위 피고 제품 2,292개의 1개당 평균 판매 가격 및 위 피고 제품 2,292개를 제조 및 판매하는 데 지출된 비용을 산정할 수 없고, 달리 이를 인정할 자료가 없는바, 이는 특허권 침해

---

145) [비공개], 상고되었으나 대법원 2013. 10. 17. 선고 2013다56877 판결로 심리불속행기각되었다.
146) [비공개], 서울고등법원 2013나61376호로 항소되었고 2014. 4. 18. 강제조정되었다.

로 원고에게 손해가 발생한 사실은 인정되나 원고가 입은 손해액을 산정하기 어려운 경우에 해당한다고 할 것이므로, 일응 원고가 구하는 바에 따라 특허법 제128조 제2항에 의하여 원고의 손해액으로 추정되는 피고의 이익액을 산정하되, 보충적으로 같은 조 제5항을 함께 적용하여 판단하기로 한다.

5) 서울중앙지방법원 2013. 12. 20. 선고 2012가합68717 판결[147]

원고는 이 사건 특허발명에 관한 제품 1개당 통상실시료가 3,000원이라고 주장하나, 증거들만으로는 이 사건 특허발명에 관한 제품 1개당 통상실시료가 3,000원에 이른다고 인정하기에 부족하고 달리 이 사건 특허발명에 관하여 실시료 상당액으로서 객관적으로 상당한 액을 산정할 만한 증거가 없다. 이는 특허권 침해로 원고에게 손해가 발생한 사실은 인정되나 원고가 입은 손해액을 산정하기 어려운 경우에 해당한다고 할 것이므로, 원고가 구하는 바에 따라 특허법 제128조 제3항에 의하여 그 특허발명의 실시에 대하여 통상 받을 수 있는 금액에 상당하는 액을 손해의 액으로 하되 보충적으로 특허법 제128조 제5항을 함께 적용하여 손해액을 산정해 보건대, 증거들을 종합하여 인정되는 다음과 같은 사정, 즉 ① 2011년경 피고 제품이 일반 수요자들에게 50,000~70,000원에 판매된 점, ② 통상실시권의 실시료율이 일반적으로 2%~5% 정도로 정해지는 점 등 이 사건 변론에 나타난 제반 사정을 모두 종합해 보면, 이 사건 특허발명에 대한 통상실시권의 실시료 상당액을 제품 1개당 1,500원(= 50,000원 × 3%)으로 정함이 상당한바, 결국 피고 1, 2의 공동침해행위로 인한 원고의 손해액은 134,595,000원(= 89,730개 × 1,500원), 피고 1, 3의 공동침해행위로 인한 원고의 손해액은 2,097,000원(= 1,398개 × 1,500원), 피고 1의 침해행위로 인한 원고의 손해액은 74,494,500원(= 49,663개 × 1,500원)이 된다.

6) 서울중앙지방법원 2014. 4. 11. 선고 2012가합107636 판결[148]

피고가 설립 이후 2013년경까지 피고 제품을 주식회사 롯데리아에 판매하여 얻은 매출액은 921,518,790원(= 피고의 총 매출액 6,981,202,960원 × 피고 제품의 비율 13.2%, 원 미만은 버림, 이하 같다) 정도인 사실, 국세청이 고시하는 '연소기 및 관련기기'(코드번호: 291401) 제조업의 단순경비율은 2010년부터 2012년까지 88.6%인 사실을 인정할 수 있으나, 위 단순경비율은 국세청이 해당 업종의 매

---

147) [비공개], 서울고등법원 2014나6826호로 항소되었다가 2014. 9. 15. 항소취하로 확정되었다.
148) [비공개], 항소기간 도과로 확정되었다.

출액 또는 수입액에서 신고자의 편의 또는 소득세 부과의 편의를 위해 통계자
료를 바탕으로 규범적 판단을 거쳐 결정하는 것으로, 위 단순경비율을 제외한
나머지 11.4%를 피고 제품에 대한 이익률이라고 단정할 수는 없다. 그런데 이
사건의 경우 손해가 발생한 사실은 인정되나 손해액 산정을 위한 기초자료(특히
영업이익률을 산정할 수 있는 자료)가 침해자인 피고에게 편중되어 있어 그 손해
액을 입증하기 위하여 필요한 사실을 입증하는 것이 성질상 극히 곤란한 경우
에 해당하므로, 특허법 제128조 제5항에 따라 법원이 변론 전체의 취지와 증거
조사의 결과에 기초하여 상당한 손해액을 인정할 수 있다. 앞서 인정한 피고 제
품에 대한 매출액, 피고 제품이 속하는 '연소기 및 관련기기' 제조업의 표준소
득률(100%에서 단순경비율을 공제한 비율이다), 피고의 실제 영업이익률이 위 표
준소득률보다 현저히 낮다고 볼 만한 사정이 보이지 않는 점과 기타 이 사건
변론 과정에서 나타난 여러 사정을 고려하면, 피고가 피고 제품을 생산, 판매함
으로써 원고가 입은 손해는 피고 제품을 주식회사 롯데리아에 판매하여 얻은
매출액 921,518,790원에 '연소기 및 관련기기' 제조업의 표준소득률 11.4%를 곱
한 105,053,142원이라고 봄이 상당하다.

IX. 본조 제6항 및 제7항

1. 법적 성격

징벌적 손해배상(punitive damages)은 영미법계 국가의 보통법을 중심으로 발
전하여 왔는데, 미국의 경우를 살펴보면, 일반 불법행위(torts)를 포함하는 다양
한 분야를 포괄하는 영역에서 주법에 근거하여 각 주별로 독자적으로 발달되어
왔다.[149] 이는 실손해액을 상회하는 금액을 손해배상액으로 인정하여 민사적 벌
금의 형태로 가해자에게 실질적인 처벌을 가함으로써 악의적 불법행위에 대한
법적 제재를 유도하는 기능과 전보적 손해배상에 포함되지 않는 정신적 고통에
대한 배상 및 변호사비용 등 소송에 소요된 실질적인 비용을 보전하는 기능을
가진다.

반면 증액손해배상(enhanced damages)은 실손해액 이상의 배상을 명하여 피
고에게 실질적인 제재를 가하는 효과를 가지는 점에서 징벌적 손해배상과 유사

---

149) 이주환, "미국 특허법상 증액손해배상제도의 우리 특허법으로의 도입방안", 외법논집 제
    42권 제2호(2018. 5), 426.

하나, 특허법이나 다음에서 살펴볼 '범죄 및 형사소송절차법'과 같은 연방법의
하나로 독자적으로 발달되어 왔고,[150] 배상액의 상한이 법률에 규정되어 있다는
점을 특징으로 한다.

이런 측면에서 검토하여 보면, 본조 제6, 7항에 의하여 인정되는 실손해액
이상의 배상은 실손해를 계산하지 않고 징벌적 손해배상액을 배심원들이 임의
로 산정하는 방식을 취하는 것이 아니라 미국과 마찬가지로 실손해액에 대한
일정한 배수 내지 승수를 곱하는 방식이라는 점에서[151] 증액손해배상(enhanced
damages)으로서의 성격을 지닌다.

2. 외국 입법례

가. 미   국

미국 '범죄 및 형사소송절차법(U.S.C Title 18. Crimes and Criminal Procedure)'
제90장 영업비밀의 보호(Protection of Trade Secrets)에서는 영업비밀을 부당하게
이용당한 피해자에게 민사소송을 제기할 수 있도록 하고 있고, 그에 따른 손해
배상액은 해당 영업비밀의 부당이용에 의해 실제로 발생한 손해와, 실제 손실에
계산되지 않은 영업비밀의 부당이용에 의해 발생된 부당이득에 대한 손해 등으
로 산정하고 있는데[제1836조(b)(3)(B)], 영업비밀이 고의적이고 악의적으로 부정
이용된 경우에는 법원은 전보적인 손해배상액 혹은 합리적인 실시료에 의하여
산정된 손해배상액의 2배를 넘지 않는 범위 내에서 징벌적인 손해배상(exemplary
damages)을 인정할 수 있도록 규정하고 있다[제1836조(b)(3)(C)].[152]

---

150) 이주환, "미국 특허법상 증액손해배상제도의 우리 특허법으로의 도입방안", 외법논집 제
    42권 제2호(2018. 5), 426.
151) 최승재, "3배 배상제도의 도입과 특허침해소송에서의 손해배상액 산정 — 고의 판단 기
    준을 중심으로", 사법 제48호(2019. 6), 176.
152) §1836 Civil proceedings
    (b) Private Civil Actions.-
       (3) Remedies.-In a civil action brought under this subsection with respect to the mis-
    appropriation of a trade secret, a court may-
         (B) award-
          (i) (I) damages for actual loss caused by the misappropriation of the trade secret;
    and
             (II) damages for any unjust enrichment caused by the misappropriation of the trade
    secret that is not addressed in computing damages for actual loss; or
           (ii) in lieu of damages measured by any other methods, the damages caused by the
    misappropriation measured by imposition of liability for a reasonable royalty for the mis-
    appropriator's unauthorized disclosure or use of the trade secret;

나. 대   만

대만 '영업비밀법(營業秘密法)'에서는 영업비밀 침해행위로 인해 피해를 입은 자에 대한 손해배상액 계산방법을 규정하면서, ① '민법' 제216조 규정에 따라 손해배상액을 청구하거나, 피해자가 그 손해를 증명할 수 없는 경우에는 피해자가 해당 영업비밀을 사용하였더라면 통상적인 정황에 따라 얻을 수 있는 예상이익에서 침해를 받은 이후에 동일한 영업비밀을 사용하여 얻은 이익을 감한 차액을 손해배상액으로 간주하고(제13조 제1호), ② 침해행위로 인하여 침해자가 얻은 이익을 청구할 수 있으나, 침해자의 자본이나 필요비용을 증명할 수 없다면, 해당 침해행위로 얻은 전체 수입을 그 소득 이익으로 간주하도록 규정하고 있다(제13조 제2호). 피해자의 청구로 인하여 법원이 손해배상액을 산정할 때에는, 해당 영업비밀 침해행위가 고의에 해당한다면 피해자의 청구, 침해 정황을 참작하여 손해액 이상의 배상액을 산정할 수 있지만 이미 증명된 손해액의 3배를 초과할 수 없도록 규정하고 있다(제13조 후단).[153]

3. 요   건

가. 원고의 청구형식

앞서 살펴본 바와 같이 증액손해배상청구도 동조 제1항 내지 제5항과 동일한 소송물로 본다면 청구취지는 원고가 주장하고자 하는 증액된 금액으로만 특정하여 청구하면 될 것이다. 가사 원고가 주위적으로 증액된 손해액을, 예비적으로 전보 손해액을 청구한다고 하더라도 이는 공격방어방법으로서의 주장에 불과하다. 청구원인으로서는 인정(추정)되는 손해액이 얼마인지, 몇 배의 증액을 청구하는 것인지를 특정하면 될 것이다.

(C) if the trade secret is willfully and maliciously misappropriated, award exemplary damages in an amount not more than 2 times the amount of the damages awarded under subparagraph (B).

153) 第13條 損害賠償額之計算
　　依前條請求損害賠償時, 被害人得依左列各款規定擇一請求:
　　一、依民法第二百十六條之規定請求。但被害人不能證明其損害時, 得以其使用時依通常情形可得預期之利益, 減除被害人後使用同一營業秘密所得利益之差額, 為其所受損害。
　　二、請求侵害人因侵害行為所得之利益。但侵害人不能證明其成本或必要費用時, 以其侵害行為所得之全部收入, 為其所得利益。
　　依前項規定, 侵害行為如屬故意, 法院得因被害人之請求, 依侵害情節, 酌定損害額以上之賠償。
　　但不得超過已證明損害額之三倍。

나. 아이디어 탈취행위 또는 영업비밀 침해행위

제14조의2 제1항 내지 제5항은 부정경쟁행위 또는 영업비밀 침해행위로 인한 손해액의 추정에 공통적으로 적용되나, 증액손해배상에 관한 제6항 및 제7항은 법문상 부정경쟁행위 중 아이디어 탈취행위(제2조 제1호 (차)목) 또는 영업비밀 침해행위에만 적용되는 것이고, 아이디어 탈취행위를 제외한 나머지 부정경쟁행위에는 적용되지 않는다.

다. 고   의

(1) 미국 판례의 검토

1) Underwater Devices Inc. v. Morrison-Knudsen Co. 판결[154]

연방항소법원(Court of Appeals for the Federal Circuit, CAFC)은 1983년 증액손해배상이 문제된 Underwater Devices Inc. v. Morrison-Knudsen Co. 판결에서, 잠재적인 침해자는 특허권의 존재에 대한 타인의 실질적인 통지를 받으면, 자신이 당해 특허권을 침해하고 있는 것은 아닌가에 대하여 확인하여야 할 상당한 주의의무(due care)로서의 적극적인 주의의무(affirmative duty)를 가지게 되고, 이러한 적극적인 주의의무에는 침해자가 특허침해행위를 시작하기 이전에 변호사로부터 의견을 구하여야 하는 의무가 포함된다고 판시하였다.

연방항소법원은 ① 특허침해에 대한 통지를 받은 침해자가 특허침해행위를 시작한 이후인 1974. 11. 30.이 되어서야 사내변호사인 Schlanger로부터 의견서를 받았고, ② 침해자는 특허침해행위를 시작하기 이전에 특허권의 유효성과 침해에 대하여 조사하지 않았으며, ③ 특허권의 유효성과 침해에 대한 평가는 일반적으로 출원경과를 포함하여야 하나 Schlanger는 침해자가 특허침해행위를 시작한 이후인 1974. 9. 5.이 되어서야 특허권의 출원경과에 대하여 조사하였기 때문에, 이 사건에서 침해자가 얻은 변호사 의견서는 침해자의 선의에 대한 적극적인 주의의무를 인정하기에 충분하지 않고, 결국 침해자가 적극적인 주의의무를 이행하지 않았다는 이유로 고의침해를 인정하면서 손해배상액을 3배로 증액한 지방법원 판결을 지지하였다.[155]

---

154) Underwater Devices Inc. v. Morrison-Knudsen Co., 717 F.2d 1380 (Fed. Cir. 1983).
155) 이주환, "우리 특허법상 증액손해배상제도의 도입과 실무적 운영방안 ― 미국 특허법상 증액손해배상제도와 비교를 중심으로 ―", 2019년 한국지식재산학회 춘계학술대회, 한국지식재산학회(2019. 5. 31. 발표), 15.

2) In re Seagate Technology, LLC 판결[156]

연방항소법원 전원합의체는 2007년 컴퓨터 드라이브 디스크 기술 특허권자가 Seagate를 상대로 고의 특허침해에 기한 손해배상을 구하자 Seagate가 변호사의 자문에 따라 선의(good faith)로 실시한 것이라고 주장한 사안에서, 적극적인 주의의무 원칙을 폐기하면서, 이제부터는 고의침해를 회피하기를 원하는 침해자는 자신의 행위가 특허침해행위에 해당하는가의 여부를 확인하기 위하여 변호사의 의견을 구하여야 하는 적극적인 주의의무가 없다고 판시하였다. 다음으로 연방항소법원은 1983년 Underwater Devices 판결이 채택하였던 고의침해에 대한 낮은 증명기준인 과실기준(negligence standard)을 폐기하고, 고의침해의 새로운 증명기준으로 객관적인 중과실 기준(objective recklessness standard)을 채택하면서, 고의침해의 증명책임은 특허권자가 부담한다고 판시하였다.

연방항소법원은 고의침해의 증명기준으로 객관적인 중과실 기준을 채택하는 이유에 대하여, Underwater Devices 판결은 고의침해의 의미를 과실(negligence)과 유사한 개념으로 해석함으로써 고의침해의 증명기준을 낮은 기준으로 설정하였지만, 이러한 낮은 기준은 연방대법원의 선례에 부합하지 않는 기준으로서, Underwater Devices 판결이 판시한 고의의 의미는 다른 민사사건에서 정의되는 고의의 의미와 부합하지 않는다고 비판하면서, 현재 연방대법원의 태도에 의하면 "고의적인(willful)"이라는 단어의 의미에 대한 민사법적 기준은 중과실을 의미한다고 하였다. 이어서 연방항소법원은 객관적인 중과실 기준에서의 "중과실(recklessness)"의 의미에 대하여 일반적으로 민사법은 알려진 손해 혹은 알려져야만 하는 정도로 너무나 명백한 손해에 대하여, 정당화될 수 없을 정도의 높은 위험에 직면하여 행동하는 사람에게 중과실이 있다고 판단하고 있다고 하였다. 다음으로 연방항소법원은 특허권자가 고의침해를 증명할 수 있는 2단계 판단방법, 즉 "two-part test"에 대하여, 우선 특허권자는 침해자가 자신의 행위가 유효한 특허의 침해에 해당한다는 객관적으로 높은 가능성(objectively high likelihood)이 있음에도 불구하고 특허침해행위를 하였다는 것을 증명하여야 하고, 만약 이러한 객관적인 요건(objective prong)이 만족된다면, 이에 더하여 특허권자는 이러한 객관적인 위험은 침해자에게 이미 알려져 있었거나 혹은 너무나 명백하여 알려질 수밖에 없었다는 것, 즉 주관적인 요건(subjective prong)을 증명하여야 한다고 하였다. 특히 연방항소법원은 "two-part test"의 증명기준은 명백하고 확실

---

156) In re Seagate Technology, LLC, 497 F.3d 1360 (Fed. Cir. 2007) (en banc).

한 증거 기준(clear and convincing evidence standard)이라고 설시하였다.

피고가 소송과정에서 특허권의 무효 또는 비침해에 관한 '합리적 주장(reasonable argument)'을 제시하면 고의가 부정될 수 있는데, 이는 특허의 유효성이나 침해의 성립에 대해 '상당한 의심(substantial question)'을 제기하면 되고, 침해 행위시나 특허권자로부터 특허 존재를 통지받은 시점에 아무런 주의를 하지 않았더라도 1심 소송 진행 중 피고의 주장을 보아 합리성 여부를 평가한다.157)

결과적으로 특허 침해자의 고의가 있었더라도 침해소송에서 변호사의 능력에 따라 증액손해배상이 부과되지 않을 수 있기 때문에, 특허 침해자는 특허권자로부터 특허 침해 통지를 받는 시점에 비용을 투자하여 변호사의 무효 또는 비침해 의견을 받아두어야 할 필요성을 못 느끼게 된다.158)

3) Halo Electronics, Inc. v. Pulse Electronics, Inc. 판결159)

Seagate 판결에 따르면, 특허 침해자는 침해 행위 당시에 침해의 고의가 있었더라도, 침해 소송 중에 자신의 행위가 객관적으로 특허 침해 가능성이 높은 행위가 아니라고 방어하면서 고의 책임을 벗어날 수 있다. 그러나 이는 특허 침해의 고의 여부를, 침해행위 당시의 행위자의 인식이 아닌, 침해 소송 중에 사후적으로 판단하는 것이 되어 부당하는 비판이 제기되었다.160)

연방대법원은 2016. 6. 13. Halo 판결을 통하여 증액손해배상제도에 대한 새로운 법리를 채택하였다.

첫째, 연방대법원은 Seagate 판결이 채택한 "two-part test"는 증액손해배상의 인정기준으로는 "지나치게 엄격한(unduly rigid) 기준"으로서 증액손해배상의 인정판단에 대한 지방법원 재량권을 과도하게 제한하여 악의적인(worst) 혹은 고의적인 침해자(wanton and malicious pirate)를 증액손해배상이라는 법적 책임으로부터 면책시키는 기능을 수행하여 왔기 때문에, 미국 특허법 제284조의 입법취지에 부합하지 않는다는 이유로, "two-part test"를 명시적으로 폐기하였다. 연방대법원은 "two-part test"를 폐기한 이유를 부연하면서, 미국 특허법 제285조161)상 변호사비용(attorney's fee)의 인정기준에 대한 선례인 2014년 Octaine

---

157) 손승우, "미 연방대법원, 고의적 특허침해에 대한 징벌적 손해배상의 판단기준 재정립", 지식재산정책 Vol. 30(2017), 한국지식재산연구원, 133.
158) 진욱재, "미국 특허법의 징벌적 손해배상과 변호인 의견서", 법률신문(2017. 3. 16), 11.
159) Halo Electronics, Inc. v. Pulse Electronics, Inc., 136 S.Ct. 1923 (2016).
160) 진욱재, "미국 특허법의 징벌적 손해배상과 변호인 의견서", 법률신문(2017. 3. 16), 11.
161) 35 U.S.C. §285 Attorney fees
　　The court in exceptional cases may award reasonable attorney fees to the prevailing party.

Fitness 판결[162]은 연방항소법원이 변호사비용의 인정요건의 하나인 "예외적인 사건(exceptional cases)"의 인정기준으로 채택하였던 "two-part test", 즉 당해 사건이 예외적인 사건으로 인정되려면 소송상의 청구가 객관적으로 근거 없고 (objectively baseless), 주관적으로 악의에(subjectively bad faith) 의한 것이어야 한다는 것을 파기하면서, 그 이유에 대하여 침해자의 주관적인 악의만으로도 변호사비용을 인정할 수 있는 근거가 된다고 설명하였는데, 이러한 Octaine Fitness 판결의 판시사항에 근거하면 침해자에게 객관적인 중과실(objective recklessness)이 있는가의 여부와 관계없이, 침해자의 주관적인 고의성(subjective willfulness)만으로도 증액손해배상을 인정할 수 있다고 하였다.

　이어서 연방대법원은 앞에서 언급하였듯이, "two-part test"는 소송본안에서 침해자가 비록 성공하지는 못하였지만 합리적인 방어방법(reasonable defense)을 제출한 것만으로도 증액손해배상이 인정되지 않게 하는 문제를 야기하고 있고, 특히 침해자가 이러한 방어방법을 특허침해행위를 할 당시에 알고 있었다고 하더라도 사후에 본안에서 제출하는 것을 가능하게 함으로써, 변호사의 능력만으로도 악의적인 침해자를 증액손해배상으로 처벌하지 못하게 되는 문제가 발생하기 때문에, 증액손해배상의 인정대상이 되는 침해자의 비난가능성 존부는 침해자의 특허침해시를 기준으로 판단하여야 한다고 하였다. 결국 연방대법원은 ① 미국 의회의 특허법 제284조의 입법취지는 지방법원으로 하여금 침해자의 "비난가능성이 있는 행위(culpable behavior)"에 대한 "전체적인 범위(full range)"를 처벌하는 것을 인정하기 때문에, 지방법원은 증액손해배상의 인정 여부와 증액정도를 개별 사건에서 제출된 "특정 정황증거(particular circumstances)"를 고려하여 판단하여야 하고, ② 이런 측면에서 미국 특허법 제284조는 지방법원이 "two-part test"라는 증액손해배상의 인정요건으로부터 탈피하여 자신의 재량권을 행사하는 것을 인정하며, ③ 증액손해배상제도에 의한 침해자의 처벌은 "고의침해(willful misconduct)"라는 "비난가능성이 있는 사건(egregious cases)"에서 적용된다고 판시하였다.

　둘째, 연방대법원은 연방항소법원이 Seagate 판결을 통하여 채택한 고의침해의 증명기준인 명백하고 확실한 증거 기준은 미국 특허법 제284조와 부합하지 않는다는 이유로 폐기하였다. 연방대법원은 그 이유를 부연하면서, Octaine Fitness 판결은 연방항소법원이 변호사비용의 인정에 대한 증명기준으로 명백하

---

162) Octane Fitness, LLC v. ICON Health & Fitness Inc., 134 S.Ct. 1749 (2014).

고 확실한 증거 법칙을 채택한 것에 대하여, 이러한 정도의 높은 증명기준 (heightened standard)을 부과할 근거가 없다는 이유로 파기하였기 때문에, 미국 특허법 제285조와 마찬가지로, 미국 특허법 제284조에서도 명백하고 확실한 증거 기준이라는 높은 증거기준을 특허권자에게 부담시킬 수 없다고 언급하였다. 결국 연방대법원은 Octaine Fitness 판결은 특허침해소송에서는 우월한 증거 기준(preponderance of the evidence standard)이 적용된다고 판시하였기 때문에, 증액손해배상의 증명기준으로도 우월한 증거 기준이 적용된다고 판시하였다.

셋째, 연방대법원은 지방법원의 증액손해배상 판결에 대한 연방항소법원의 검토방식인 3단계 방식(tripartite framework)을 폐기하였다. 그 이유에 대하여 연방대법원은 ⅰ) 그 동안 연방항소법원은 "two-part test"의 객관적인 요건에 대해서는 처음부터 검토하고(de novo), "two-part test"의 주관적인 요건에 대해서는 실질적인 증거(substantial evidence)에 의하여 지지되는가를 검토하며, 증액손해배상의 인정은 지방법원의 재량권(discretion) 남용여부를 검토하는 방식으로 실무를 운영하여 왔는데, ⅱ) Highmark 판결163)은 변호사비용의 인정에 있어서 지방법원에 재량권을 부여하였다는 Octaine Fitness 판결의 판시사항에 근거하여, 연방항소법원은 변호사비용의 인정에 대한 지방법원의 재량권의 남용(abuse of discretion)만을 검토하여야 한다고 판시하면서, 증액손해배상제도에서 연방항소법원이 채택하고 있는 3단계 방식과 유사한 검토방식을 파기하였다고 설명하였다. 결국 연방대법원은 Highmark 판결의 판시사항에 근거한다면, 미국 특허법 제284조는 증액손해배상을 인정함에 있어서 지방법원에 재량권을 부여하였기 때문에, 연방항소법원은 지방법원의 증액손해배상에 대한 판결을 재량권 남용만을 기준으로 검토하여야 한다고 설명하였다.

최종적으로 연방대법원은 ① 미국 특허법 제284조는 지방법원으로 하여금 비난가능성이 있는 행위를 한 침해자에게 증액손해배상을 인정할 수 있는 재량권을 부여하였고, ② 지방법원은 이러한 재량권을 행사함에 있어서 지난 2세기 동안 특허법의 적용과 해석을 통하여 발전되어온 법리를 따라야 하며, ③ 이러한 법리에 의하면 증액손해배상은 "전형적인 특허침해행위(typical infringement)"가 아니라 "비난가능성이 있는 특허침해행위(egregious misconduct)"에 대하여 인정되는 것으로서, ⅵ) 결국 Seagate 판결이 채택한 "two-part test"는 지방법원의 재량권을 부당하게 제한하기 때문에, "two-part test"에 의하여 판결된 항소심 판

---

163) Highmark Inc. v. Allcare Health Management System, Inc., 134 S.Ct. 1744 (2014).

결을 파기한다고 판시하였다.

Halo 판결 이후에는 특허권자로부터 특허침해의 통지를 받고나서도 계속해서 침해행위를 한 경우에는 고의에 의한 침해행위가 성립되기 때문에 침해자로서는 특허침해의 통지를 받게 되면 즉시 변호사의 무효 또는 비침해 의견을 받아둘 필요성이 높아지게 되었다.164)

(2) 고의의 인식대상

통상 고의는 자신의 행위에 의하여 일정한 결과가 발생하리라는 것을 인식하고서도 그 행위를 하는 심리상태라고 설명되고 있고(대법원 2004. 8. 20. 선고 2003다26075 판결 등 참조), 이 정의에 의하면 자기의 행위의 결과에 대한 인식이 있어야만 고의가 인정될 수 있다. 즉, 부경법 제14조의2 제6항과 관련된 영업비밀 침해행위의 고의란 '자신의 행위가 영업비밀 침해의 결과를 발생시킨다는 사실'에 대해 인식하고도 그 행위를 하는 것을 의미한다. 그런데 문제는 위 고의의 인식 대상인 '자신의 행위가 영업비밀 침해의 결과를 발생시킨다는 사실'은 순수한 의미에서의 사실이 아니라 평가 내지 판단이라는 불확실한 영역이 포함되는 규범적 사실이라는 점이다.165) 고의의 인식 대상과 관련하여 아래와 같은 견해들이 있을 수 있다.

1) 제1설

제11조의 고의와 제14조의2 제6항의 고의를 달리 보아 제6항의 고의에는 위법성의 인식도 포함된다는 견해이다. 이 견해에 따르면 규범적 판단의 착오를 일으킨 경우에는 위법성 인식이 조각되어 고의가 성립하지 않고, 영업비밀의 보호범위를 정당한 이유 없이 오인한 경우에도 중과실 해당 여부는 별론으로 하고 고의침해는 성립할 여지가 없으며, 그에 따른 구체적 타당성의 문제는 미필적 고의의 해석에 따라 해결하게 된다.

2) 제2설

제11조에서는 "고의 … 에 의한 영업비밀 침해행위"라고 규정하고 있는 것과 달리 제14조의2 제6항에서는 "영업비밀 침해행위가 고의적인 것으로 인정되는 경우"라고 규정하고 있는데, 고의적인 것으로 인정되는 경우란 단순히 고의만을 의미하는 것이 아니라 구체적인 사항을 종합적으로 고려한 비난가능성으로 보아야 한다는 견해이다.

---

164) 진욱재, "미국 특허법의 징벌적 손해배상과 변호인 의견서", 법률신문(2017. 3. 16), 11.
165) 김기수, "「우리 특허법상 증액손해배상제도의 도입과 실무적 운영방안」에 관한 토론문", 2019년 한국지식재산학회 춘계학술대회, 한국지식재산학회(2019. 5. 31. 지정토론), 2.

3) 제3설

제11조의 고의와 제14조의2 제6항의 고의를 동일하게 보아 영업비밀의 보호범위에 관한 인식은 사실에 관한 인식이 아니라 법률적 평가에 관한 인식에 불과하다는 점에서 이를 고의의 인식의 대상에 포함되지 않는다고 보는 견해이다. 이 견해에 따르면 침해자에게 보호범위를 오인한 착오가 있을 경우, 제1설과 같이 무조건적으로 고의가 없는 것으로 평가되는 것이 아니라 그 착오에 정당한 이유가 있는지를 따져서 고의가 조각되는지를 검토하게 된다. 만일 제1설과 같이 해석하게 되면 증액손해배상을 인정할 수 있는 경우가 극히 제한되기 때문에 증액손해배상제도를 도입한 입법취지에 비추어 볼 때 제3설과 같은 해석을 통하여 고의를 다소 넓게 인정할 필요가 있고, 뒤에 살펴보는 바와 같이 고의에 의한 침해가 인정된다고 하여 반드시 증액을 하여야 하는 것은 아니며 여러 가지 고려요소를 감안하여 증액배상을 인정하지 않을 수도 있으므로 이를 통하여 구체적으로 타당성 있는 결론에 이를 수 있다는 점을 근거로 한다.[166] 또한 당초 정부안에서는 '고의'보다 높은 수준의 경우에 적용하기 위하여 '악의'라는 표현을 사용하였으나[167] 결과적으로 '고의'로 변경되어 개정된 입법 경위를 살펴보더라도 고의를 제11조의 고의와 달리 가중적인 요건으로 보기보다는 이와 동일한 의미로 확정한 것이 입법자의 결단이라는 점도 제3설의 근거가 될 수 있다.

대법원에서는 민법상 불법행위로 인한 손해배상 사건에서 "불법행위에 있어서 고의는 일정한 결과가 발생하리라는 것을 알면서 감히 이를 행하는 심리상태로서, 객관적으로 위법이라고 평가되는 일정한 결과의 발생이라는 사실의 인식만 있으면 되고 그 외에 그것이 위법한 것으로 평가된다는 것까지 인식하는 것을 필요로 하는 것은 아니다."라고 판시한 바 있다.[168]

(3) 증명 정도 및 방법

고의는 증액배상을 구하는 영업비밀 보유자가 증명해야 한다. 다만 영업비밀 보유자가 어느 정도까지 증명할 경우 고의를 추정하여 증명책임을 전환시킬 수 있을 것인지가 문제된다. 우리 민사소송법상의 증명책임에 대한 법률요건분

---

166) 同旨: 최승재, "3배 배상제도의 도입과 특허침해소송에서의 손해배상액 산정 — 고의 판단 기준을 중심으로", 사법 제48호(2019. 6), 188.

167) 제20대 국회 제364회 제3차 "특허청 소관 산업통상자원특허소위원회 심사자료"(2018. 11), 28, 38, 39.

168) 대법원 2002. 7. 12. 선고 2001다46440 판결[공2002. 9. 1.(161), 1943].

류설에 의하면 권리근거규정의 요건사실은 권리자가 증명하여야 하기 때문에, 영업비밀 보유자가 침해자의 영업비밀 침해행위가 고의적인 침해행위에 해당한 다는 것은 본증에 의하여 증명하여야 할 것이다. 이에 비하여 침해자는 자신의 행위가 고의적인 행위가 아니라는 것에 대하여 법관으로 하여금 의심을 품을 수 있을 정도인 반증으로 증명하면 족할 것이다.169) 우리나라에서는 명백하고 확실한 증거 기준이 아니라 우월한 증거 기준이 민사소송법상의 기본원칙으로 이해되고 있다.170)

대법원에서는 고의의 증명방법과 관련하여 "그와 같은 내심의 의사는 이를 인정할 직접적인 증거가 없는 경우에는 사물의 성질상 고의와 상당한 관련성이 있는 간접사실을 증명하는 방법에 의하여 입증할 수밖에 없고, 무엇이 상당한 관련성이 있는 간접사실에 해당할 것인가는 사실관계의 연결상태를 논리와 경험칙에 의하여 합리적으로 판단하여야 한다."라고 판시한 바 있다.171)

(4) 변호사 의견서의 중요성

변호사 의견서가 영업비밀 침해의 고의에 대한 방어 방법으로 쓰이기 위해서는 ① 객관성을 담보할 수 있도록 가급적 사내 변호사가 아닌 외부 변호사, 또한 영업비밀사건을 전문으로 하는 변호사의 의견을 받아두는 것이 바람직하고, ② 합리적 근거를 바탕으로 한 충실한 내용을 포함하고 있어야 하기 때문에 영업비밀에 관한 분석 외에도 선행 기술이나 최신 판례 경향에 대한 검토까지 반영되어 있어야 하며, ③ 침해 행위를 안 시점(예컨대 영업비밀 보유자로부터 침해의 통지를 받은 때)부터 변호사 의견서를 받기 전까지는 일응 고의가 인정될 수 있으므로, 가능한 한 신속히 변호사 의견서를 받아둘 필요가 있다.172)

다만 미국에서 변호사 의견서는 변호사-의뢰인 간의 비밀유지특권(Attorney-Client Privilege)의 대상인데, 변호사 의견서를 고의침해를 피하기 위하여 제출하게 되면 디스커버리 절차에서 이 특권을 포기한 것이 된다.173)

---

169) 이주환, "우리 특허법상 증액손해배상제도의 도입과 실무적 운영방안 — 미국 특허법상 증액손해배상제도와 비교를 중심으로 —", 2019년 한국지식재산학회 춘계학술대회, 한국지식재산학회(2019. 5. 31. 발표), 53.
170) 최승재, "3배 배상제도의 도입과 특허침해소송에서의 손해배상액 산정 — 고의 판단 기준을 중심으로", 사법 제48호(2019. 6), 188.
171) 대법원 2004. 8. 20. 선고 2003다26075 판결 등.
172) 진욱재, "미국 특허법의 징벌적 손해배상과 변호인 의견서", 법률신문(2017. 3. 16), 11.
173) 최승재, "3배 배상제도의 도입과 특허침해소송에서의 손해배상액 산정 — 고의 판단 기준을 중심으로", 사법 제48호(2019. 6), 192.

라. 시   기

부경법 부칙 제1조에 의하면 이 법은 공포 후 6개월이 경과한 날(2019. 7. 9)부터 시행하고, 부칙 제2조에 의하면 부경법 제14조의2 제6항 및 제7항의 개정규정은 이 법 시행 후 영업비밀 침해행위가 시작되는 경우부터 적용한다. 따라서 2019. 7. 9. 이전에 영업비밀 침해행위가 시작되어 종료된 경우에는 증액손해배상규정이 적용되지 않는다. 그러나 영업비밀 침해행위가 2019. 7. 9. 이전에 시작되었지만 2019. 7. 9. 이후에도 지속되고 있는 경우 2019. 7. 9. 이후부터의 영업비밀 침해행위에 대하여 증액손해배상규정을 적용할 수 있는지 여부가 문제된다.

이 경우에도 부칙 제2조의 문언 그대로 2019. 7. 9. 이후부터의 영업비밀 침해행위에 대해서까지 증액손해배상규정을 적용할 수 없다고 한다면 침해자로 하여금 그 침해행위를 계속하게 하려는 유인으로 작용할 수도 있기 때문에 증액손해배상규정의 실효성을 보장하기 위하여 영업비밀 침해행위를 가분적인 행위로 보아서 2019. 7. 9. 이후의 영업비밀 침해행위에 대해서는 증액손해배상규정을 적용할 수 있다는 견해도 있으나,[174] 부칙 제2조의 "이 법 시행 후 영업비밀 침해행위가 '시작'되는 경우"라는 문언에 충실하게 해석한다면 일련의 영업비밀 침해행위를 이렇게 나누어 일부에 관하여 증액손해배상규정을 적용하기는 어렵다고 판단된다. 다만 비록 이 법 시행 이전에 영업비밀 침해행위가 발생하였다고 하더라도 사회통념상 하나의 계속된 행위라고 인정하기 어려운 경우에는 이 법 시행 이후에 별개의 영업비밀 침해행위가 시작되는 경우라고 보아 증액손해배상규정을 적용할 수 있다고 보아야 할 것이다.

4. 증액배상

가. 5배를 넘지 아니하는 범위

부경법 제14조의2 제6항에서는 "손해로 인정된 금액의 5배[175]를 넘지 아니하는 범위 내에서" 배상액을 정할 수 있도록 하여 손해액의 5배까지 증액배상할 수 있는데, 5배의 범위 내에서 어느 정도까지(예컨대 2배, 1.5배, 2.5배 등) 증

---

174) 특허법에 관한 하급심 판결로, 부산지방법원 2023. 10. 4. 선고 2023가합42160 판결 [비공개], 증액배상이 도입된 개정법 시행일(2019. 7. 9.) 이후 매출액에 한정하여 증액배상을 인정하였는데, 특허법원 2023나11276호로 항소되어 항소심 계속중이다.

175) 2024. 8. 21.부터는 2024. 2. 20. 법률 제20321호로 일부 개정된 법률에 의하여 손해로 인정된 금액의 "5배"를 넘지 아니하는 범위 내에서 배상액을 정할 수 있다.

액을 할 것인지는 뒤에서 살펴보는 동조 제7항 각호의 고려요소 등을 참작하여 정하게 될 것이고, 추후 다양한 판결례가 쌓여 구체적인 판단기준을 제시하여 줄 것으로 기대해본다.

　　다만 동조 제6항에서 "5배를 넘지 아니하는 범위 내에서 배상액을 정할 수 있다."라고 규정하고 있고, 동조 제7항 각호의 고려요소 등은 가중적 요소와 감경적 요소가 혼재되어 있는데 각각의 요소가 어느 정도 가중하는 요인이 될 것인지, 또는 어느 정도 감경하는 요인이 될 것인지를 종합하여 그 배수를 정하게 되므로, 경우에 따라서는 고의침해가 인정되더라도 실제로는 손해배상액을 증액하지 않는 판결이 선고될 수도 있을 것이다.

나. 배상액 판단시 고려요소
(1) 제7항의 고려요소

　　부경법 제14조의2 제7항에서 "제6항에 따른 배상액을 판단할 때에는 다음 각 호의 사항을 고려하여야 한다."라고 규정하면서 증액배상액 판단을 위한 8가지 고려요소를 열거하고 있다. 한편, 아래 표에서 보는 바와 같이 하도급거래공정화에 관한 법률 제35조 제3항에서 부경법 제14조의2 제7항 제2호 내지 제8호와 유사한 고려요소를 규정한 이래 개별법상 증액배상 규정에는 이와 거의 유사한 고려요소를 각 개별법의 특성에 맞게 적절히 변용하여 규정하고 있다.

부경법 제14조의2 제7항	하도급거래 공정화에 관한 법률 제35조 제3항	개인정보보호법 제39조 제4항	제조물책임법 제3조 제2항
1. <u>침해행위를 한 자의 우월적 지위 여부</u>			
2. 고의 또는 손해 발생의 우려를 인식한 정도	1. 고의 또는 손해 발생의 우려를 인식한 정도	1. 고의 또는 손해 발생의 우려를 인식한 정도	1. 고의성의 정도
3. 침해행위로 인하여 영업비밀 보유자가 입은 피해규모	2. 위반행위로 인하여 수급사업자와 다른 사람이 입은 피해규모	2. 위반행위로 인하여 입은 피해 규모	2. 해당 제조물의 결함으로 인하여 발생한 손해의 정도

4. 침해행위로 인하여 침해한 자가 얻은 경제적 이익	3. 위법행위로 인하여 원사업자가 취득한 경제적 이익	3. 위법행위로 인하여 개인정보처리자가 취득한 경제적 이익	3. 해당 제조물의 공급으로 인하여 제조업자가 취득한 경제적 이익
5. 침해행위의 기간·횟수 등	5. 위반행위의 기간·횟수 등	5. 위반행위의 기간·횟수 등	5. 해당 제조물의 공급이 지속된 기간 및 공급 규모
6. 침해행위에 따른 <u>벌금</u>	4. 위반행위에 따른 벌금 및 과징금	4. 위반행위에 따른 벌금 및 과징금	4. 해당 제조물의 결함으로 인하여 제조업자가 형사처벌 또는 행정처분을 받은 경우 그 형사처벌 또는 <u>는 행정처분의 정도</u>
7. 침해행위를 한 자의 재산상태	6. 원사업자의 재산상태	6. 개인정보처리자의 재산상태	6. 제조업자의 재산상태
8. 침해행위를 한 자의 피해구제 노력의 정도	7. 원사업자의 피해구제 노력의 정도	7. 개인정보처리자가 정보주체의 개인정보 분실·도난·유출 후 해당 개인정보를 회수하기 위하여 노력한 정도 8. 개인정보처리자가 정보주체의 피해구제를 위하여 노력한 정도	7. 제조업자가 피해구제를 위하여 노력한 정도

　　법원이 각 고려요소를 판단할 때 모든 요소를 고려하여야 하는 것은 아니고 그중에 관련되는 몇 개의 요소만을 고려하는 것으로도 족하다.[176] 제7항 본문에서 "다음 각 호의 사항'만'을 고려하여야 한다."라고 규정하고 있지는 않고, 소위 '징벌성'을 가진 증액배상규정의 입법취지 등에 비추어볼 때 양형요소와 마찬가지로 법원이 합리적인 범위 내에서 재량을 행사하여 증액의 정도를 적절히 산정하기 위하여 이에 필요한 다양한 요소(예컨대 뒤에서 살펴볼 미국 판례상의 Read factors)를 폭넓게 고려하는 것이 바람직하다고 할 것이므로 동항 각호 사유들은 예시적 열거규정으로 보는 것이 타당하다. 따라서 위 각호의 8가지 정황증거에 근거하여 고의침해와 손해배상액의 증액을 판단하되, 증액손해배상제

---

176) 최승재, "3배 배상제도의 도입과 특허침해소송에서의 손해배상액 산정 ― 고의 판단 기준을 중심으로", 사법 제48호(2019. 6), 198.

도에서 중요한 것은 침해자의 행위에 내재되어 있는 비난가능성의 정도를 판단하는 것이지, 위 조항의 정황증거 그 자체가 중요한 것이 아니기 때문에, 영업비밀 침해자의 영업비밀 침해행위에 내재되어 있는 비난가능성을 판단할 수 있는 정황증거라면 위 조항이 언급하지 않은 정황증거라도 함께 판단하여야 한다.[177]

입법론으로는 법원에서 제7항 각호에서 나열하고 있는 고려요소에 한정되지 않고, 소송에서 제시된 다양한 증거에 근거하여 고의침해판단과 손해배상액의 증액판단을 할 수 있도록 하기 위하여, 제7항 본문을 "고려할 수 있다."로 개정하는 것이 바람직해 보인다.

1) 침해행위를 한 자의 우월적 지위 여부(제1호)

제1호 침해자의 우월적 지위 여부는 국내에서 증액배상규정을 도입한 기존 법률에는 없고 부경법과 특허법에 증액손해배상이 도입되면서 신설된 고려요소이다. 중소기업 기술탈취 문제는 대기업과 중소기업 간 불공정한 거래관행, 혁신성장 및 기술거래 활성화 장애 등 국가와 국민에 미치는 영향이 상당하다는 점에서 중소기업 기술탈취의 원인을 제거하고 기술거래 활성화를 통한 혁신성장을 유도하기 위하여 이와 같은 내용이 도입되었다.[178] 이에 대하여 아무리 제재로서의 성격이 가미된다고 하더라도 침해자의 지위의 우월성에 따라서 손해액이 달라지는 것은 아니고, 우월한 지위로 인하여 그렇지 않았으면 발생하였을 금액보다 더 많은 손해를 입었다면 이미 이런 점은 손해배상액의 산정에 고려된 것이라고 보아야 할 것인데 추가적으로 다시 가중적 고려요소로 삼는 것은 의문이라는 견해가 있다.[179]

2) 침해행위에 따른 벌금(제6호)

증액손해배상은 침해자에게 전보배상을 초과하는 손해배상의무를 부과하는데, 동일한 침해행위로 인하여 형사처벌을 받은 경우에 이중처벌이 문제될 수 있으므로 이 같은 논란을 피하기 위하여 이를 고려요소의 하나로 규정하였다. 경제사정이 좋지 않은 침해자의 경제적 부담을 감안할 수 있도록 침해행위에

---

177) 同旨: 이주환, "우리 특허법상 증액손해배상제도의 도입과 실무적 운영방안 — 미국 특허법상 증액손해배상제도와 비교를 중심으로 —", 2019년 한국지식재산학회 춘계학술대회, 한국지식재산학회(2019. 5. 31. 발표), 53.

178) 제20대 국회 제364회 제3차 "특허청 소관 산업통상자원특허소위원회 심사자료"(2018. 11), 28, 38, 41.

179) 최승재, "3배 배상제도의 도입과 특허침해소송에서의 손해배상액 산정 — 고의 판단 기준을 중심으로", 사법 제48호(2019. 6), 195.

따른 벌금을 납부한 경우 증액판단에서 이를 고려하도록 한 것이다. 이를 의미
있게 해석하려면 감경요소로 벌금을 감안하라는 취지로 해석하여야 한다.[180] 증
액손해배상을 도입한 대부분의 개별법에서도 마찬가지로 '벌금'을 규정하고 있
기는 하나, 벌칙조항인 부경법 제18조[181]에서 법정형으로 벌금형 외에 징역형도
규정하고 있고, 벌금 외에 징역의 형사처벌을 받은 경우 이를 고려요소에서 배
제할 특별한 이유는 없으며, 이를 예시적 열거규정으로 본다면 징역형의 형사처

---

180) 최승재, "3배 배상제도의 도입과 특허침해소송에서의 손해배상액 산정 — 고의 판단 기
　　 준을 중심으로", 사법 제48호(2019. 6), 197.

181) 제18조(벌칙)

　　 ① 영업비밀을 외국에서 사용하거나 외국에서 사용될 것임을 알면서도 다음 각 호의 어느
　　 하나에 해당하는 행위를 한 자는 15년 이하의 징역 또는 15억원 이하의 벌금에 처한다.
　　 다만, 벌금형에 처하는 경우 위반행위로 인한 재산상 이득액의 10배에 해당하는 금액이
　　 15억원을 초과하면 그 재산상 이득액의 2배 이상 10배 이하의 벌금에 처한다.

　　 1. 부정한 이익을 얻거나 영업비밀 보유자에 손해를 입힐 목적으로 한 다음 각 목의 어느
　　 　 하나에 해당하는 행위

　　 　 가. 영업비밀을 취득·사용하거나 제3자에게 누설하는 행위

　　 　 나. 영업비밀을 지정된 장소 밖으로 무단으로 유출하는 행위

　　 　 다. 영업비밀 보유자로부터 영업비밀을 삭제하거나 반환할 것을 요구받고도 이를 계속
　　 　 　 보유하는 행위

　　 2. 절취·기망·협박, 그 밖의 부정한 수단으로 영업비밀을 취득하는 행위

　　 3. 제1호 또는 제2호에 해당하는 행위가 개입된 사실을 알면서도 그 영업비밀을 취득하거
　　 　 나 사용(제13조 제1항에 따라 허용된 범위에서의 사용은 제외한다)하는 행위

　　 ② 제1항 각 호의 어느 하나에 해당하는 행위를 한 자는 10년 이하의 징역 또는 5억원 이
　　 하의 벌금에 처한다. 다만, 벌금형에 처하는 경우 위반행위로 인한 재산상 이득액의 10배
　　 에 해당하는 금액이 5억원을 초과하면 그 재산상 이득액의 2배 이상 10배 이하의 벌금에
　　 처한다.

　　 ③ 다음 각 호의 어느 하나에 해당하는 자는 3년 이하의 징역 또는 3천만원 이하의 벌금
　　 에 처한다.

　　 1. 제2조 제1호(아목, 차목 및 카목은 제외한다)에 따른 부정경쟁행위를 한 자

　　 2. 제3조를 위반하여 다음 각 목의 어느 하나에 해당하는 휘장 또는 표지와 동일하거나
　　 　 유사한 것을 상표로 사용한 자

　　 　 가. 파리협약 당사국, 세계무역기구 회원국 또는 「상표법 조약」 체약국의 국기·국장,
　　 　 　 그 밖의 휘장

　　 　 나. 국제기구의 표지

　　 　 다. 파리협약 당사국, 세계무역기구 회원국 또는 「상표법 조약」 체약국 정부의 감독용·
　　 　 　 증명용 표지

　　 ④ 다음 각 호의 어느 하나에 해당하는 자는 1년 이하의 징역 또는 1천만원 이하의 벌금
　　 에 처한다.

　　 1. 제9조의7 제1항을 위반하여 원본증명기관에 등록된 전자지문이나 그 밖의 관련 정보를
　　 　 없애거나 훼손·변경·위조 또는 유출한 자

　　 2. 제9조의7 제2항을 위반하여 직무상 알게 된 비밀을 누설한 사람

　　 ⑤ 제1항과 제2항의 징역과 벌금은 병과(倂科)할 수 있다.

벌을 받은 것도 고려할 수 있을 것이다. 입법론으로는 앞서 표에서 살펴본 것처럼 제조물책임법 제3조 제2항에서와 같이 "형사처벌 또는 행정처분을 받은 경우 그 형사처벌 또는 행정처분의 정도"로 개정하는 것이 바람직해 보인다.

(2) 미국 판례상 고려요소

1) Read Corp. v. Portec, Inc. 판결[182]

연방항소법원은 1992년 Read 판결에서 특허의 고의침해판단을 위한 일반적인 기준으로서 흔히 "Read Factors"라고 칭하는 9가지 정황증거, 즉 ① 침해자의 고의실시 여부(whether the infringer deliberately copied the ideas or design of another), ② 침해자가 타인의 특허권의 존재를 알고 있었던 경우 그 무효나 비침해 여부에 관하여 선의가 형성될 정도의 조사의무를 다하였는지 여부(whether the infringer, when he knew of the other's patent protection, investigated the scope of the patent and formed a good-faith belief that it was invalid or that it was not infringed), ③ 소송당사자로서 침해자의 행태(the infringer's behavior as a party to the litigation), ④ 침해자의 회사규모와 재정상황(defendant's size and financial condition), ⑤ 침해 성부 판단의 미묘함(closeness of the case), ⑥ 침해자의 특허침해 기간(duration of defendant's misconduct), ⑦ 침해자의 침해로 인한 피해를 구제하기 위한 노력(remedial action by the defendant), ⑧ 침해자의 특허침해동기(defendant's motivation for harm), ⑨ 침해자의 특허침해 은폐 시도 여부(whether defendant attempted to conceal its misconduct)를 구체적으로 열거하였다.[183] 이는 Panduit나 Georgia-Pacific 테스트와 마찬가지로 기존 판례에 나타난 여러 기준을 종합하여 정리한 것이다.[184]

그 중에서도 특히 중요한 것으로서 증액배상의 가부를 판단하는 결정적인 요소는 ① 침해자의 고의실시 여부(발명의 우회), ② 침해자가 타인의 특허권의 존재를 알고 있었던 경우 그 무효나 비침해 여부에 관하여 선의가 형성될 정도의 조사의무를 다하였는지 여부(전문가로부터의 적절한 의견청취), ⑤ 침해 성부 판단의 미묘함이고 다른 요소는 부수적인 고려사항이다. 위 세 가지 요소는 다른 요소의 존부가 분명하지 않는 경우에도 그것만으로 증액배상의 여부를

---

182) Read Corp. v. Portec, Inc., 970 F.2d 816 (Fed. Cir. 1992).

183) Read Corp. v. Portec, Inc., 970 F.2d 816 (Fed. Cir. 1992); 안원모, "특허권침해로 인한 손해액의 산정에 관한 연구", 박사학위 논문, 연세대학교(2005), 63.

184) 특허법원 국제 지식재산권법 연구센터, 각국의 특허침해소송에서의 손해액 산정방법에 관한 연구(2017), 152.

결정하는 강력한 요소이나, 기타 다른 요소는 그것만으로 증액여부를 결정하는
요소로 되는 경우가 거의 없고 다른 요소와 함께 종합적 요소로 고려될 뿐이
다.185)

  2) 제7항 각호와 Read Factors와의 비교

  부경법 제7항 각호의 고려요소는 다음에서 살펴보는 것과 같이 미국 판례
상의 Read Factors에 대응한다.

부경법 제14조의2 제7항	Read Factors 중 관련 요소
1. 침해행위를 한 자의 우월적 지위 여부	
2. 고의 또는 손해 발생의 우려를 인식한 정도	① 침해자의 고의실시 여부 ② 침해자의 조사의무 이행 여부 ⑧ 침해자의 특허침해동기
3. 침해행위로 인하여 영업비밀 보유자가 입은 피해규모	
4. 침해행위로 인하여 침해한 자가 얻은 경제적 이익	
5. 침해행위의 기간·횟수 등	⑥ 침해자의 특허침해기간
6. 침해행위에 따른 벌금	
7. 침해행위를 한 자의 재산상태	④ 침해자의 회사규모와 재정상황
8. 침해행위를 한 자의 피해구제 노력의 정도	⑦ 침해자의 피해구제 노력

  제2호의 "고의 또는 손해 발생의 우려를 인식한 정도"는 Read Factors ①
번 요소 "침해자의 고의실시 여부", ②번 요소 "침해자가 타인의 특허권의 존
재를 알고 있었던 경우 그 무효나 비침해 여부에 관하여 선의가 형성될 정도
의 조사의무를 다하였는지 여부", ⑧번 요소 "침해자의 특허침해동기"에 대응
되는 고려요소이다. Read Factors 중 ①, ②번 요소가 ⑤번 요소와 함께 증액배
상의 가부를 판단하는 가장 결정적인 요소라는 점은 앞서 살펴본 바와 같으므
로, 제2호는 부경법 제7항 각호의 고려요소 중 가장 중요한 요소라고 판단된다.
특히 미국에서 침해자의 고의침해 회피방법으로 "변호사의 의견서"가 중요한 역
할을 수행하여 왔고, 우리나라에서도 변호사의 의견서가 침해자의 고의침해 회
피방법으로 많이 활용될 것으로 예상되는데, 이 역시 제2호와 연관성이 있다. 또

---
185) 안원모, "특허권침해로 인한 손해액의 산정에 관한 연구", 박사학위 논문, 연세대학교
    (2005), 63.

한 제2호의 고려요소는 고의침해 여부와 증액 여부 모두에서 판단근거로 사용될 수 있다.[186)]

〈염호준〉

---

186) 이주환, "우리 특허법상 증액손해배상제도의 도입과 실무적 운영방안 — 미국 특허법상 증액손해배상제도와 비교를 중심으로 —", 2019년 한국지식재산학회 춘계학술대회, 한국지식재산학회(2019. 5. 31. 발표), 47.

> **제14조의3(자료의 제출)**
>
> 법원은 부정경쟁행위, 제3조의2 제1항이나 제2항을 위반한 행위 또는 영업비밀 침해행위로 인한 영업상 이익의 침해에 관한 소송에서 당사자의 신청에 의하여 상대방 당사자에 대하여 해당 침해행위로 인한 손해액을 산정하는 데에 필요한 자료의 제출을 명할 수 있다. 다만, 그 자료의 소지자가 자료의 제출을 거절할 정당한 이유가 있는 경우에는 그러하지 아니하다.

〈소 목 차〉

Ⅰ. 서   론
Ⅱ. 서류제출명령의 절차
  1. 당 사 자
  2. 시   기
  3. 제출대상
  4. 신청방식
  5. 제출거절사유
  6. 법원의 서류제출명령
Ⅲ. 부제출의 효과

Ⅰ. 서   론

이 조항은 부정경쟁행위, 정당한 권한 없는 지리적 표시 사용 및 영업비밀 침해행위(이하 '부정경쟁 및 영업비밀 침해행위 등'이라 한다)의 경우 손해배상의 계산에 필요한 자료가 소송의 상대방에게 있을 때 이의 제출을 명하여 그 계산을 가능하게 하기 위한 것으로서, 특허법 제132조, 상표법 제114조, 디자인보호법 제118조 등 다른 지식재산권법에도 이와 동일한 취지의 규정이 있다.

민사소송법 제343조 내지 제351조에는 문서제출명령에 관한 일반조항이 있는데, 2002. 1. 26. 법률 제6626호로 개정되기 전의 민사소송법(이하 '구 민사소송법'이라 한다) 316조[1])에서는 문서제출의무가 인정되는 경우를 제한적으로 규정하고 있었기 때문에 이 규정만으로는 부정경쟁 및 영업비밀 침해행위 등으로 인한 손해배상소송의 손해액 산정에 필요한 서류에 대해 제출의무를 부담시킬 수 없는 경우가 생길 수 있었다. 그런데 2002. 1. 26. 법률 제6626호로 개정된

---

1) 제316조(문서제출의무)
  다음 경우에는 문서소지자는 제출을 거부하지 못한다.
  1. 당사자가 소송에서 인용한 문서를 소지한 때
  2. 신청자가 문서소지자에 대하여 그 인도나 열람을 구할 수 있는 때
  3. 문서가 신청자의 이익을 위하여 작성되었거나 신청자와 문서의 소지자간의 법률관계에 관하여 작성된 것인 때

민사소송법 제344조 제2항2)에서는 당사자와 문서 사이에 위와 같은 특별한 관계가 없는 경우에도 일정한 제외사유에 해당하지 않는 한 문서제출의무를 부담하도록 문서제출의무의 대상을 모든 문서로 확대하였고 이에 따라 본조의 의의가 상당부분 퇴색되었다.3) 그러나 민사소송법 개정 후에도 본조는 민사소송법상의 문서제출명령에 대한 보충규정으로서,4) 민사소송법 제344조에서 한정하는 '문서' 이외에도 손해액 계산을 위하여 필요한 '자료'의 제출을 명할 수 있다는 점에서 여전히 의의를 가진다.5)

Ⅱ. 서류제출명령의 절차

1. 당 사 자

권리자가 신청하는 경우가 통상적이겠지만, 법문상 신청할 수 있는 자는 '당사자'로 규정되어 있기 때문에 침해자가 신청하는 경우도 상정할 수 있다. 즉, 손해배상소송의 원고라면 당해 침해행위에 의한 손해의 계산을 위하여 필요한 피고의 매출액, 매출수량, 상품단가, 원재료비, 제조원가, 매입액, 판매비용, 일반관리비 등을 표시하는 피고의 자료에 관하여 제출명령을 신청할 수 있을 것이고, 피고는 원고의 실손해액이 침해자인 피고의 이익액보다 적다는 점을 증명하기 위하여 원고의 매출액, 매출수량, 상품단가, 원재료비, 제조원가, 매입액, 판매비용, 일반관리비 등을 표시하는 원고의 자료에 관하여 제출명령을 신청할 수 있을 것이다.6)

---

2) 제344조(문서의 제출의무)
   ② 제1항의 경우 외에도 문서(공무원 또는 공무원이었던 사람이 그 직무와 관련하여 보관하거나 가지고 있는 문서를 제외한다)가 다음 각호의 어느 하나에도 해당하지 아니하는 경우에는 문서를 가지고 있는 사람은 그 제출을 거부하지 못한다.
   1. 제1항 제3호 나목 및 다목에 규정된 문서
   2. 오로지 문서를 가진 사람이 이용하기 위한 문서
3) 특허법 제132조에 관하여, 정상조·박성수 공편, 특허법 주해 Ⅱ, 박영사(2010), 327(박성수 집필부분); 오충진, "문서제출명령의 대상이 되는 문서의 범위", 특허판례연구(개정판), 한국특허법학회(2012), 838-839.
4) 박성수, 앞의 특허법 주해 Ⅱ, 328; 디자인보호법 주해, 박영사(2015), 842(김기영 집필부분); 小野昌延 編, 新·注解 不正競爭防止法 下卷(第3版), 靑林書院(2012), 1080(南川博茂 집필부분) 참조.
5) 본조의 연혁·비교법적 고찰에 관하여는 박성수, 앞의 특허법 주해 Ⅱ, 328-335에 있는 특허법 제132조의 연혁·비교법적 고찰 참조.
6) 南川博茂, 앞의 新·注解 不正競爭防止法 下卷, 1080 참조.

## 2. 시	기

침해자가 부정경쟁 및 영업비밀 침해행위 등의 성부에 관하여 다투면서 부정경쟁 및 영업비밀 침해행위 등에 해당한다는 판단이 있기까지 자료제출을 거부할 수 있는가.

조문상으로 '침해자'라고 규정되어 있지 않고 '당사자'라고 규정되어 있는 점, 통상적으로 종국판결에 이르기 전에는 재판부의 심증이 명확히 개시되지 않는 점, 민사소송법 제201조의 중간판결이 실무상 잘 활용되지 않고 있는 점 등에 비추어보면, 침해자가 이 같은 이유로 자료제출을 거부할 수는 없다고 봄이 타당하다.7) 다만 그 실제적인 운용은 재판부의 재량에 맡겨져 있다고 할 것이다.

3. 제출대상

제출명령의 대상이 되는 자료는 손해액의 계산을 위하여 필요한 자료이다. 부정경쟁방지 및 영업비밀보호에 관한 법률(이하 '부경법'이라 한다) 제14조의2 제1항에 기한 청구의 경우, 원고는 침해 물건의 판매수량, 판매기간, 판매처에 대한 자료 등에 관하여, 피고는 원고측 물건의 단위수량당 이익액을 산정하기 위한 자료, 생산능력에 관한 자료, 침해행위 외의 사유로 판매할 수 없었던 사정에 관한 자료 등에 관하여 각각 제출명령신청을 할 것이고, 제2항에 기한 청구의 경우에는 당해 침해행위에 의한 이익의 액을 계산하는 데 필요한 자료에 관하여, 제3항에 기한 청구의 경우에는 실시료 산정을 위한 자료에 관하여 제출명령신청을 할 것이다.8)

본조는 침해행위 증명을 위한 자료제출명령에 관하여 규정하고 있지 않으므로, 이에 관하여는 민사소송법 제344조 이하의 문서제출명령에 의하여야 할 것이다.9) 예컨대, 피고 제품이나 피고 방법의 기술적 구성을 나타내는 설계도, 카탈로그, 사용설명서, 플로우시트, 제조지도서 등이 이에 해당한다.10)

특허법 제132조에 관하여, 위 규정은 손해액 추정규정인 특허법 제128조를 적용하기 위하여 존재하는 규정인데 특허법 제128조를 적용할 것인지 말 것인

---

7) 南川博茂, 앞의 新·注解 不正競爭防止法 下卷(第3版), 1080.
8) 박성수, 앞의 특허법 주해 Ⅱ, 339 참조; 南川博茂, 앞의 新·注解 不正競爭防止法 下卷 (第3版), 1081.
9) 오충진, 앞의 논문, 840 참조.
10) 오충진, 앞의 논문, 840 참조.

지 여부도 특허법 제128조의 적용문제이고, 특허법 제132조의 법문상 '손해의 계산'이라고 되어 있으므로, 손해가 있는지 없는지도 손해의 계산에 포함된다는 견해가 있었으나,[11] 이는 "침해행위로 인한 손해를 계산하는 데 필요한 서류"라고 규정하고 있던 구 특허법(2016. 3. 29. 법률 제14112호로 개정되기 전의 것) 제132조에서의 견해이고, 2016. 3. 29. 법률 제14112호로 개정된 특허법 제132조 제1항에서는 "침해의 증명 또는 침해로 인한 손해액의 산정에 필요한 자료"라고 규정하고 있어 침해의 증명에 필요한 자료가 제출명령의 대상에 명시적으로 포함되어 있다.

손해액을 산정하는데 필요한 자료는 ① 매상액(판매수량 및 단가)에 관한 자료, ② 원가(매입수량, 단가, 원재료비, 일반관리비, 기타 경비 등)에 관한 자료, ③ 이들 자료의 진실성을 확인하기 위한 자료 등이 있을 수 있는데, ①에 해당하는 자료로는 매출원장, 거래처별 원장(외상매출대장), 매출전표, 출고전표, 청구명세서, 수령증 등을, ②에 해당하는 자료로는 매입원장, 매입처별 원장(외상대장), 매입전표, 원료수불대장, 재고표, 손익계산서 및 제조원가명세서, 경비명세서 등을, ③에 해당하는 자료로는 총계정원장, 대차대조표, 확정신고서 및 그 첨부서류 등을 들 수 있다.[12] 컴퓨터용 자기테이프, 디스크 등도 제출명령의 대상에 포함된다.[13]

자료의 범위는 원칙적으로 손해배상청구를 주장하는 기간 내의 계산에 필요한 기간의 자료에 한하고, 또 대상물건(침해품)에 의한 손해액의 산정을 위하여 필요한 자료에 한정된다.[14] 반면에 손해액을 산정하는 데 필요한 자료의 범위를 지나치게 엄격히 보면 손해액의 산정을 정확히 할 수 없기 때문에, 다른 제품 및 손해배상청구기간 이외의 기간에 관하여 기재되어 있다 하여도, 손해액 산정을 위하여 필요한 사항을 기재한 자료와 일체를 이루고 있는 자료는 제출명령의 대상이 된다.[15] 일본에서는 "손해배상의 시기 전이어도 제조승인을 받은 날 이후에 작성된 문서의 기재내용은 피고의 판매행위와 밀접히 관련될 것"이라고 판시한 바 있는데,[16] 제조회사는 제조승인을 받은 날을 기준으로 하여 판

---

11) 박성수, 앞의 특허법 주해 Ⅱ, 340.

12) 박성수, 앞의 특허법 주해 Ⅱ, 341-342.

13) 南川博茂, 앞의 新·注解 不正競爭防止法 下卷(第3版), 1081.

14) 寒河江孝允 외 공저, 意匠法コンメンタール(제2판), LexisNexis(2012), 600(김기영, 앞의 디자인보호법 주해, 845에서 재인용).

15) 寒河江孝允 외 공저, 앞의 意匠法コンメンタール(제2판), 600(김기영, 앞의 디자인보호법 주해, 845에서 재인용).

16) 東京高裁 1997. 5. 20. 자 결정(判時 1601호 143)[中山信弘·相澤英孝·大渕哲也 編(比

매계획(판매가액, 판매경로)을 세워 판매를 개시하기 때문에 그 시기 전의 문서라
도 판매행위와 밀접하게 관련된 것이라고 한다.[17]

4. 신청방식

부경법에는 자료제출명령의 신청절차에 관한 특별규정이 없기 때문에 일반
법인 민사소송법 제345조의 규정에 따라 신청하여야 할 것인데, 이는 지식재산
권법에 관한 일본의 통설, 판례이기도 하다.[18] 따라서 자료제출명령신청에는 자
료의 표시, 자료의 취지, 자료를 가진 사람, 증명할 사실, 자료를 제출하여야 하
는 의무의 원인을 기재하여야 한다.

가. 자료의 표시

자료의 종별, 작성자, 작성일자, 표제 등에 의해 자료를 특정하는 것이다.[19]
다만 신청인으로서는 상대방 당사자가 어떠한 장부체계를 가지고 있는지를 명
확하게 파악하는 것이 사실상 곤란하기 때문에 '자료의 취지'와 관련하여 제출
을 구하는 자료를 상대방 당사자가 파악할 수 있는 정도로 특정하면 충분하
다.[20] 법원은 필요하다고 인정하는 경우 신청대상이 되는 자료의 취지나 그 자
료로 증명할 사실을 개괄적으로 표시한 당사자의 신청에 따라, 상대방 당사자에
게 신청내용과 관련하여 가지고 있는 자료 또는 신청내용과 관련하여 서증으로
제출할 자료에 관하여 그 표시와 취지 등을 적어 내도록 명할 수 있다(민사소송
법 제346조). 다만 상대방 당사자가 이에 응하지 않는 경우 제재규정까지는 없
고, 예컨대 소지자를 증인신문하여 더욱 명백히 하지 않는다면 문서제출명령을
각하하지 않을 수 없게 되는 경우도 있을 수 있다.[21]

나. 자료의 취지

제출을 구하는 자료의 개략적인 기재내용이다. 권리자의 침해액 또는 침해
자의 이익액 산정의 기초로 되는, 침해자의 판매수량, 판매단가, 경비액 등을 증
명하기 위하여 자료제출을 신청하기 때문에 제출을 구하는 자료에 이러한 점에

較特許判例研究會 譯), 特許判例百選(제3판), 博英社(2005), 594(安田有三 집필부분)에서
　　재인용].
17) 安田有三, 앞의 特許判例百選(제3판), 594.
18) 南川博茂, 앞의 新·注解 不正競爭防止法 下卷(第3版), 1081.
19) 南川博茂, 앞의 新·注解 不正競爭防止法 下卷(第3版), 1081.
20) 南川博茂, 앞의 新·注解 不正競爭防止法 下卷(第3版), 1081.
21) 南川博茂, 앞의 新·注解 不正競爭防止法 下卷(第3版), 1082.

관하여 어떠한 구체적인 기재가 있는지를 기재하게 될 것인데, 이는 '자료의 표시'의 기재와 맞물려 부제출 및 사용방해의 경우에 '자료의 기재에 대한 상대방의 주장을 진실한 것으로 인정'할 수 있는 효과를 가지게 되므로, 지나치게 추상적으로 기재하면 실효적인 부제출 및 사용방해의 효과가 생기지 않는다.[22]

각 기간별로 판매수량에 관한 주장이 기재되어 있다면 부제출 및 사용방해의 경우 이러한 판매수량이 당해 자료에 기재되어 있다고 인정함이 상당하나, 단가나 이익률이 계속 상승하는 것이 통상적임에도 불구하고 각 기간별로 단일한 단가나 이익률에 관한 주장만 기재되어 있다면, 부제출 및 사용방해의 경우에도 당해 자료에 그와 같은 단가나 이익률이 기재되어 있다고 인정하기 어려울 수도 있다.[23]

다. 자료를 가진 사람

'문서를 가지고 있는 사람'이라고 규정하고 있는 민사소송법 제344조와 달리 본조에서는 '상대방 당사자'라고 규정하고 있는데, '당사자'에는 공동소송의 같은 편 당사자도 포함되고, 독립당사자참가인, 보조참가인 등 참가인도 포함되나, '당사자'가 아닌 '제3자'는 포함되지 않는다.[24]

자료를 현실로 소지하고 있지 않더라도 사실상 이를 자기의 지배하에 옮길 수 있는 지위에 있는 것으로 충분하므로, 사용자가 종업원에게 보관시키고 있는 경우나 은행의 대여금고에 자료를 맡기고 있는 보관자는 현실로 소지하고 있지 않지만 이를 자기의 지배하에 옮길 수 있는 지위에 있기 때문에 자료의 소지자에 해당하여 자료제출의무를 지는 자로 해석함이 타당하다.[25] 반면 자료의 소유자이기는 하지만 현실로 그 자료를 소지하고 있는 제3자가 자료의 반환을 거부하고 있는 경우 그 소유자는 소지인이라고 할 수 없다.[26]

라. 증명할 사실

해당 자료에 의해 증명하려고 하는 사실로서, 손해액에 관한 결론이 아니라, 손해액 산정의 기초가 되는 일정 기간에 있어서의 대상물건의 판매수량, 판매단가, 경비 등을 가능한 한 구체적인 수치로 기재하여야 한다.[27]

---

22) 南川博茂, 앞의 新·注解 不正競爭防止法 下卷(第3版), 1082.
23) 南川博茂, 앞의 新·注解 不正競爭防止法 下卷(第3版), 1082.
24) 박성수, 앞의 특허법 주해 II, 338-339; 김기영, 앞의 디자인보호법 주해, 843 참조.
25) 南川博茂, 앞의 新·注解 不正競爭防止法 下卷(第3版), 1082.
26) 박성수, 앞의 특허법 주해 II, 338 참조.
27) 南川博茂, 앞의 新·注解 不正競爭防止法 下卷(第3版), 1082-1083.

마. 자료제출의 원인

본조가 이에 해당한다.[28]

5. 제출거절사유

자료의 소지자가 자료의 제출을 거절할 정당한 이유가 있을 때에는 자료
제출을 명할 수 없는데, 자료의 부존재가 대표적인 경우이다.[29]

이와 관련하여, 영업비밀에 해당된다는 사유가 자료의 제출을 거절할 정당
한 이유에 해당하는지 여부가 문제된다. 다른 지식재산권법에 관한 논의로서,
특허법 제132조 제1항 단서는 피고의 영업비밀을 보호하고자 하는데 그 법의가
있으므로 해당 문서에 영업비밀이 있다고 하는 경우에는 제출이 제한된다는 견
해[30]가 있으나, 다수설은 해당 자료에 영업비밀이 기재되어 있다는 것만으로는
정당한 이유가 있다고 볼 수는 없다고 보고 있고,[31] 이는 일본의 다수설이기도
하다.[32] 민사소송법 제315조 제1항 제2호에서는 "기술 또는 직업의 비밀에 속
하는 사항에 대하여 신문을 받을 때" 증언을 거부할 수 있다고 규정하고 있고,
민사소송법 제344조 제1항 제3호 (다)목 및 제2항 제1호에서는 그와 같은 사유
에 해당하고 비밀을 지킬 의무가 면제되지 않은 경우에 문서제출을 거부할 수
있다고 규정하고 있는데, 다수설에 의할 경우 민사소송법에 비하여 본조의 자료
제출의무가 더 넓은 범위에서 인정될 여지가 있다.[33]

그러나 정당한 이유에 해당하는지 여부는 개별적인 사안에서 당해 자료에
기재되어 있는 정보의 성질이라든가 비밀의 정도를 고려하면서 동시에 영업비
밀의 보호의 필요성과 소송 진행상의 필요성, 즉 당해 정보가 개시됨에 의해 자
료의 소지자가 입는 불이익과 당해 자료가 제출되지 않음에 따라 신청인이 받
는 불이익을 비교형량하여 법원이 적절하게 결정하여야 할 것이다.[34] 일본에서

---

28) 南川博茂, 앞의 新・注解 不正競爭防止法 下卷(第3版), 1083.

29) 南川博茂, 앞의 新・注解 不正競爭防止法 下卷(第3版), 1084.

30) 장수길, "지적소유권의 침해에 따른 손해배상", 지적소유권법연구 창간호, 한국지적소유
   권학회(1991), 61.

31) 박성수, 앞의 특허법 주해 Ⅱ, 348-349; 오충진, 앞의 논문, 842; 김기영, 앞의 디자인보
   호법 주해, 846.

32) 南川博茂, 앞의 新・注解 不正競爭防止法 下卷(第3版), 1083-1084.

33) 오충진, 앞의 논문, 842.

34) 門口正人 外 3人 編, 民事證據法大系 제4권 各論 Ⅱ 書證, 靑林書院(2003), 223(森義
   之・內藤裕之 집필 부분).

는 "영업상의 비밀에 있어서 당해 계쟁사건과 관련 없는 부분임이 분명해 보이는 경우에는 제출을 거부할 정당한 이유가 존재한다."라고 전제한 후 일기장, 제조지도서 등을 이익산출에 직접 필요하지 않은 문서에 해당한다는 이유로 배제결정한 사례가 있다.[35]

한편 제시명령 및 비공개심리절차(In Camera)에 관한 민사소송법 제347조 제4항[36]은 부경법상의 자료제출명령 신청에 대한 재판절차에도 적용될 수 있다.[37]

문제되는 자료에 침해품에 의한 손해액 산정 관련 내용 외의 다른 내용이 포함되어 있을 경우에는 민사소송법 제347조 제2항[38]에 의하여 자료의 일부 제출이 허용될 수 있으나, 제출명령의 대상에서 제외된 부분 때문에 침해품 관련 내용의 수치의 정합성을 확인하는 것이 곤란할 경우도 있을 수 있는데, 일본의 학설 중에는 이와 같은 경우에 먼저 구입량, 판매량, 구입단가·매상단가를 기재한 구입장부, 매상대장 등의 장부에 관하여 제출을 명하고, 필요에 따라 추가로 제출을 명하는 것으로 하면, 필요한 단계에 필요한 문서가 제출되고 상대방의 불이익도 줄일 수 있다는 견해가 있고,[39] 실무상으로는 장부에 관하여 해당 제품 이외의 부분이나 거래처를 흑색으로 한 채 복사하여 증거로 제출하고, 흑색처리하지 않은 원본에 관하여도 원고대리인에 한하여 개시하는 예가 있다고 한다.[40]

민사소송법상의 문서제출명령에 관한 사안이기는 하나, 대법원에서는 회계원장 및 재무제표, 통장이 회계서류로서 영업비밀에 해당되므로 문서제출 거부사유에 해당한다는 원심법원의 판단에 대하여, 이는 민사소송법 제344조 제2항의 제출거부사유에 해당하는 서류에 해당한다고 보기 어렵다고 판시하였고,[41]

---

35) 大阪地裁 1966. 3. 25. 결정(判工현행법편 12권 2327의 101)[安田有三, 앞의 特許判例百選(제3판), 594-595에서 재인용].
36) 제347조(제출신청의 허가여부에 대한 재판)
① 법원은 문서기 제344조에 해당하는지를 판단하기 위하여 필요하다고 인정하는 때에는 문서를 가지고 있는 사람에게 그 문서를 제시하도록 명할 수 있다. 이 경우 법원은 그 문서를 다른 사람이 보도록 하여서는 안된다.
37) 송영식 외 6인 공저, 지적소유권법 제2판(상), 육법사(2013), 679; 오충진, 앞의 논문, 843; 김기영, 앞의 디자인보호법 주해, 846.
38) 제347조(제출신청의 허가여부에 대한 재판)
② 문서제출의 신청이 문서의 일부에 대하여만 이유 있다고 인정한 때에는 그 부분만의 제출을 명하여야 한다.
39) 森義之·內藤裕之, 앞의 民事證據法大系 제4권 各論 II 書證, 靑林書院(2003), 221-222.
40) 森義之·內藤裕之, 앞의 民事證據法大系 제4권 各論 II 書證, 靑林書院(2003), 226.
41) 대법원 2008. 4. 14. 자 2007마725 결정.

일본에서는 "본건 문서에 다른 의약품에 관하여 같은 업을 하는 다른 회사의
단골거래처, 매상, 경비율, 이익률이 기재되어 있더라도 그 점으로부터 본건 각
문서가 당연히 '비밀로서 관리되고 있는 사업활동에 유용한 기술상 또는 영업
상의 정보'라고 말할 수 없을 뿐 아니라, 가사 그와 같은 정보를 포함하고 있다
고 해도, 그것이 특허권 침해라고 주장되는 약품의 제조판매행위에 의해 피고가
얻은 이익을 계산하기 위하여 필요한 사항을 기재한 문서와 일체로 이루어져
있는 이상, 적어도 상대방과의 관계에 있어서는 영업비밀을 이유로 당해 문서의
제출명령을 거부할 정당한 이유로는 되지 않는다. 본건 문서제출명령에 기하여
본건 각 문서가 제출된 경우에 영업비밀이 불필요하게 개시되는 것을 피하는
것은 소송 당사자의 신청과 관련하여 원심법원이 소송지휘 등에 의해 적절히
조치해야 할 사안이다."라고 판시한 바 있는데,42) 이에 따라 원심법원에서는 문
서의 등사를 불허하고 열람할 수 있는 자를 원칙적으로 원고 소송대리인으로
한정하는 등의 상세한 제한을 가하여 불필요한 개시를 피하는 조치를 취하였다
고 한다.43)

정당한 이유에 대한 주장·증명책임은 법문의 형식상 자료제출명령을 받게
될 상대방 당사자에게 있다.44)

6. 법원의 서류제출명령

민사소송법상의 문서제출명령신청이 있는 경우에 법원은 그 신청서를 상대
방에게 송달하는 등 상대방으로 하여금 문서제출명령신청에 대한 의견을 진술
할 기회를 주어야 하는데,45) 이는 본조의 자료제출명령신청에 대하여도 마찬가
지로 적용된다.46) 이와 관련하여 대법원에서는 "문서제출신청의 허가 여부에 관
한 재판을 함에 있어서는 그때까지의 소송경과와 문서제출신청의 내용에 비추
어 신청 자체로 받아들일 수 없는 경우가 아닌 한 상대방에게 문서제출신청서
를 송달하는 등 문서제출신청이 있음을 알림으로써 그에 관한 의견을 진술할

42) 東京高裁 1997. 5. 20. 자 결정(判時 1601호 143)[安田有三, 앞의 特許判例百選(제3판),
593에서 재인용].
43) 東京地裁 1997. 7. 22. 자 결정(判時 1627호 141)[安田有三, 앞의 特許判例百選(제3판),
596에서 재인용].
44) 박성수, 앞의 특허법 주해 Ⅱ, 348.
45) 민사소송규칙 제110조 제2항.
46) 박성수, 앞의 특허법 주해 Ⅱ, 346; 오충진, 앞의 논문, 843; 김기영, 앞의 디자인보호법
주해, 848 참조.

기회를 부여하고, 그 결과에 따라 당해 문서의 존재와 소지 여부, 당해 문서가 서증으로 필요한지 여부, 문서제출신청의 상대방이 민사소송법 제344조에 따라 문서제출의무를 부담하는지 여부 등을 심리한 후, 그 허가 여부를 판단하여야 한다. 그런데 원심은 이 사건 문서제출신청 후 이를 그 상대방인 재항고인에게 송달하는 등 문서제출신청에 대한 의견을 진술할 기회를 부여함에 필요한 조치를 취하지 않은 채 문서제출명령의 요건에 관하여 별다른 심리도 없이 문서제출신청 바로 다음날 이 사건 문서제출명령을 하였는바, 이러한 원심의 조치는 앞서 본 법리에 비추어 위법하다."라고 판시한 바 있다.[47]

　　법원은 자료제출신청에 정당한 이유가 있다고 인정한 때에는 결정으로 자료를 가진 사람에게 그 제출을 명할 수 있다(민사소송법 제347조 제1항 참조). 신청이 이유 없는 경우 신청을 기각하면 되나, 자료제출명령신청에 대해서 별다른 판단을 하지 아니한 채 변론을 종결하고 판결을 선고한 것은 자료제출명령신청을 묵시적으로 기각한 취지라고 할 것이다.[48] 자료제출의 신청에 관한 결정에 대하여는 즉시항고를 할 수 있다(민사소송법 제348조 참조). 자료제출명령의 신청이 있고 그에 따른 제출명령이 있었다 하여도 그 자료가 법원에 제출되기 전에는 그 신청을 철회함에 상대방의 동의를 필요로 하지 않는다.[49]

Ⅲ. 부제출의 효과

　　당사자가 민사소송법 제347조 제1항, 제2항 및 제4항의 규정에 의한 문서제출명령, 일부제출명령 및 제시명령에 따르지 아니한 때에는 법원은 문서의 기재에 대한 상대방의 주장을 진실한 것으로 인정할 수 있는데(민사소송법 제349조), 이 규정은 부경법상의 자료제출명령 등을 제출하지 아니하는 경우에도 마찬가지로 적용된다.[50]

　　판례는 "당사자가 문서제출명령에 따르지 아니한 경우에는 법원은 상대방의 그 문서에 관한 주장, 즉 문서의 성질, 내용, 성립의 진정 등에 관한 주장을 진실한 것으로 인정하여야 한다는 것이지 그 문서에 의하여 입증하고자 하는

---

47) 대법원 2009. 4. 28. 자 2009무12 결정(공2009상, 795).

48) 대법원 2001. 5. 8. 선고 2000다35955 판결[공 2001. 7. 1.(133), 1336] 참조.

49) 대법원 1971. 3. 23. 선고 70다3013 판결[집 19(1) 민, 200] 참조.

50) 장수길, 앞의 논문, 63; 박성수, 앞의 특허법 주해 Ⅱ, 353; 김기영, 앞의 디자인보호법 주해, 848 참조.

상대방의 주장사실까지 반드시 증명되었다고 인정하여야 한다는 취지가 아니며, 주장사실의 인정 여부는 법원의 자유심증에 의하는 것"이라고 판시하고 있다.51)

당사자가 상대방의 사용을 방해할 목적으로 제출의무가 있는 자료를 훼손하여 버리거나 이를 사용할 수 없게 한 때에도 마찬가지로 법원은 그 자료의 기재에 대한 상대방의 주장을 진실한 것으로 인정할 수 있는데(민사소송법 제350조 참조),52) 여기에서 말하는 '방해할 목적'은 장래 분쟁이 생길 경우에 해당 자료가 존재하면 상대방이 이를 이용하여 자신에게 불리하게 될지도 모른다는 정도로 족하다.53) 고의에 의하지 않은 자료 멸실의 경우나 처음부터 문서가 존재하는 않는 경우에는 부제출의 효과에 관한 위 규정이 적용되지 않는다.54)

〈염호준〉

---

51) 대법원 2007. 9. 21. 선고 2006다9446 판결)[공 2007. 10. 15.(284), 1649]; 대법원 1993. 6. 25. 선고 93다15991 판결[공 1993. 9. 1.(951), 2120]; 대법원 1987. 7. 7. 선고 87누13 판결[공1987. 9. 1.(807), 1339].

52) 박성수, 앞의 특허법 주해 Ⅱ, 354 참조.

53) 寒河江孝允 외 공저, 앞의 意匠法コンメンタール(제2판), LexisNexis(2012), 604(김기영, 앞의 디자인보호법 주해, 849에서 재인용).

54) 南川博茂, 앞의 新·注解 不正競爭防止法 下卷(第3版), 1088.

제14조의4(비밀유지명령)

① 법원은 부정경쟁행위, 제3조의2 제1항이나 제2항을 위반한 행위 또는 영업비밀 침해행위로 인한 영업상 이익의 침해에 관한 소송에서 그 당사자가 보유한 영업비밀에 대하여 다음 각 호의 사유를 소명한 경우에는 그 당사자의 신청에 따라 다른 당사자(법인인 경우에는 그 대표자), 당사자를 위하여 소송을 대리하는 자, 그 밖에 해당 소송으로 인하여 영업비밀을 알게 된 자에게 그 영업비밀을 해당 소송의 계속적인 수행 외의 목적으로 사용하거나 그 영업비밀에 관계된 이 항에 따른 명령을 받은 자 외의 자에게 공개하지 아니할 것을 명할 수 있다. 다만, 그 신청 시점까지 다른 당사자(법인인 경우에는 그 대표자), 당사자를 위하여 소송을 대리하는 자, 그 밖에 해당 소송으로 인하여 영업비밀을 알게 된 자가 제1호에 규정된 준비서면의 열람이나 증거 조사 외의 방법으로 그 영업비밀을 이미 취득하고 있는 경우에는 그러하지 아니하다.

1. 이미 제출하였거나 제출하여야 할 준비서면 또는 이미 조사하였거나 조사하여야 할 증거 또는 제14조의7에 따라 송부된 조사기록에 영업비밀이 포함되어 있다는 것

2. 제1호의 영업비밀이 그 소송 수행 외의 목적으로 사용되거나 공개되면 당사자의 영업에 지장을 줄 우려가 있어 이를 방지하기 위하여 영업비밀의 사용 또는 공개를 제한할 필요가 있다는 것

② 제1항에 따른 명령(이하 "비밀유지명령"이라 한다)의 신청은 다음 각 호의 사항을 적은 서면으로 하여야 한다.

1. 비밀유지명령을 받을 자

2. 비밀유지명령의 대상이 될 영업비밀을 특정하기에 충분한 사실

3. 제1항 각 호의 사유에 해당하는 사실

③ 법원은 비밀유지명령이 결정된 경우에는 그 결정서를 비밀유지명령을 받은 자에게 송달하여야 한다.

④ 비밀유지명령은 제3항의 결정서가 비밀유지명령을 받은 자에게 송달된 때부터 효력이 발생한다.

⑤ 비밀유지명령의 신청을 기각 또는 각하한 재판에 대하여는 즉시항고를 할 수 있다.

〈소 목 차〉

Ⅰ. 본조의 의의
Ⅱ. 연   혁
Ⅲ. 절차의 성질 및 기본사건
　1. 절차의 성질

2. 부정경쟁행위, 제3조의2 제1항이나 제2항을 위반한 행위 또는 영업비밀 침해로 인한 영업상 이익의 침해에 관한 소송

Ⅳ. 비밀유지명령의 신청인과 피신청인
   1. 신 청 인
   2. 피신청인
Ⅴ. 비밀유지명령의 요건
   1. 준비서면이나 증거 또는 송부된
      조사기록에 영업비밀이 포함되어
      있을 것(제1항 제1호)
   2. 영업비밀의 사용 또는 공개를 제
      한할 필요가 있을 것(제1항 제2
      호)
   3. 준비서면의 열람이나 증거 조사
      외의 방법으로 그 영업비밀을 이
      미 취득하고 있는 경우가 아닐 것
      (제1항 단서)
Ⅵ. 비밀유지명령의 신청

   1. 신청시기 및 사전협의
   2. 비밀유지명령 신청서의 기재사항
Ⅶ. 비밀유지명령 신청사건의 심리와
   결정
   1. 심리절차
   2. 소명책임
   3. 비밀유지명령 신청에 대한 결정
   4. 비밀유지명령의 송달방법
Ⅷ. 비밀유지명령의 효력
   1. 효력의 발생 시기와 종기
   2. 효력의 내용
Ⅸ. 비밀유지명령의 추가 신청
Ⅹ. 비밀유지명령 신청에 대한 각하
   또는 기각결정
Ⅺ. 불복절차

Ⅰ. 본조의 의의

당사자가 보유하는 정보를 영업비밀로 계속 보호받기 위해서는 그 비공지성이 유지될 필요가 있다. 그럼에도 특허권 등의 지적재산권 침해 소송에서 관련 영업비밀이 재판심리 과정에서 부득이하게 공개됨으로써 소송상대방에 의하여 외부에 누설되어 최종적으로 비공지성을 상실할 위험이 크다. 가령 특허권침해소송에서 권리자의 발명을 도용하여 실시하고 있는 것에 불과하다는 특허권자의 주장에 대하여 상대방은 그것이 진실이 아니라 자신이 영업비밀로 간직하고 있는 정보에 기초하여 이루어지는 전혀 별개의 실시형태에 불과하다는 반박을 제기하는 경우 부득이하게 자신의 영업비밀의 구체적 내용을 재판에서 드러내야 하는데 그렇게 특허권자에 의하여 지득된 내용이 부정하게 사용되거나 공개될 우려가 있다.[1]

한편, 민사소송법에는 비밀보호제도와 관련하여 증언거부(민사소송법 제315조 1항), 문서제출의 거부(민사소송법 제344조 제1항 3호 (다)목), 문서제출신청 심리절차에서의 비밀심리(민사소송법 제347조 제4항), 비밀보호를 위한 열람 등의 제한(민사소송법 제163조) 등의 제도가 마련되어 있다.

---

[1] 정상조·박준석, 지식재산권법, 홍문당(2024), 246.

그런데 증언거부나 문서제출의 거부 제도는 그 영업비밀의 보호에 주안점이 있는 나머지 그 비밀이 소송자료로 현출되지 아니함으로써 심리의 충실을 도모할 수 없게 된다. 비밀심리제도는 서증제출의무의 여부를 판단하기 위한 경우에나 이용할 수 있어 적용범위 자체가 한정된다.[2] 결국 심리의 충실을 꾀하면서 영업비밀을 보호하는 제도로는 비밀보호를 위한 열람 등의 제한 제도 정도이다. 그러나 영업비밀이 소송기록에 기재된 경우 비밀보호를 위한 소송기록의 열람 제한 절차에 의하여 제3자에게 열람 복사시키지 않을 수 있지만 상대방 당사자에 대하여는 이를 제한시킬 수 없다. 또 그 위반행위에 대한 제재도 분명하지 않아서 기본적인 한계가 있다.[3] 이와 같이 민사소송법에는 영업비밀 누설 금지를 방지하기 위한 충분한 절차가 마련되어 있지 아니하여, 지적재산권의 침해에 관한 소송에서는 비밀유지명령 제도의 도입이 필요하였다.

이 제도는 소송절차에서 제출하는 준비서면이나 조사되는 증거에 영업비밀이 포함되어 있는 경우 이를 알게 된 소송당사자 등에게 소송의 목적을 넘어서 해당 영업비밀을 이용하거나 제3자에게 공개하지 말 것을 명하는 법원의 명령이다.

이 제도의 도입 과정을 보면, 일본처럼[4] 사법제도의 개혁 과정에서 소송절차 중의 영업비밀보호 방안을 마련하기 위한 논의 끝에 도입된 것이 아니라, 한·미 자유무역협정이 체결됨에 따라 한·미 자유무역협정문 제18.10조 제11항 나호[5]에서 "각 당사국은 소송절차에서 생성되거나 교환된 비밀정보의 보호에 관한 사법명령의 위반에 대하여 민사 사법절차의 당사자, 변호인, 전문가 또는 법원의 관할권이 미치는 그 밖의 사람에게 제재를 부과할 수 있는 권한을 사법당국이 가지도록 규정한다."고 규정한 합의사항을 우리 부정경쟁방지법 등 지적재산

2) 전효숙, "지식재산소송절차와 비밀유지명령 제도", 이화여자대학교 법학논집 제17권 제2호(2012. 12), 37.
3) 민사소송법 제163조 제1항에 따른 비밀보호를 위한 열람 등 제한 결정이 있는 경우 상대방 당사자가 열람 등에 의하여 알게 된 비밀사항을 제3자에게 누설한 경우에는 민법 제750조의 불법행위가 성립하여 손해배상의무가 발생한다고 봄으로써 간접적으로 소송기록 열람제한의 실효성을 담보하여야 하고, 그 비밀사항이 영업비밀인 경우에는 부정경쟁방지 및 영업비밀보호에 관한 법률상의 부정경쟁에 해당하여 그 비밀을 가지는 당사자는 동법에 기하여 손해배상이나 금지청구를 할 수 있다[주석 민사소송법 Ⅱ, 박영사(2018), 511 (이재근 집필부분)].
4) 일본의 경우에는 자유무역협정과는 상관없이 사법제도 개혁 작업의 일환으로 2004년 모든 지적재산권법에 비밀유지명령제도가 도입되었다[설범식, 최근 일본의 지적재산관계법 개정 내용, LAW & TECHNOLOGY 제3호(2005), 서울대학교 기술과법센터, 90 참조].
5) 문병철, 특허법 일부 개정법률안 검토보고서(2011. 10), 25.

권법 분야에서 이행하기 위하여 도입된 것이다.[6)]

그런데 비밀유지명령의 발령요건과 효과 및 그 취소절차 등 대부분에 대하여 일본 특허법 등의 기존 제도를 수용한 점은 흥미롭다.[7)]

본조는 비밀유지명령의 발령요건, 신청 및 발령절차, 불복신청 등에 대하여 규정한 민사소송법의 특별규정이다.

Ⅱ. 연   혁

본조는 2011. 12. 2. 개정 부정경쟁방지 및 영업비밀보호에 관한 법률(법률 제11112호)에 신설되었다. 아울러 제14조의5(비밀유지명령의 취소), 제14조의6(소송기록 열람 등의 청구 통지 등), 제18조의4(비밀유지명령위반죄) 규정도 함께 신설되었다.

Ⅲ. 절차의 성질 및 기본사건

1. 절차의 성질

비밀유지명령 신청사건은 문서제출명령 신청사건 등과 마찬가지로 기본사건[8)]의 부수사건으로서 결정절차에서 심리 판단된다. 민사기타신청 사건으로 기본사건과는 별개의 사건이다. 기본사건의 당사자로부터 신청을 받아 기본사건의 수소법원이 발령요건의 충족여부를 심리하고, 그것이 인정되는 경우에는 비밀유지명령이 발령되며, 인정되지 않는 경우에는 기각결정이 내려진다. 즉 비밀유지명령의 발령법원은 기본사건의 수소법원이다.

---

6) 비밀유지명령 제도는 부정경쟁방지 및 영업비밀보호에 관한 법률(법률 제11112호) 제14 조의4에 규정된 것을 비롯하여, 특허법 제224조의3, 실용신안법 제44조에 의한 특허법 준용, 상표법 제227조, 디자인보호법 제217조, 저작권법 제129조의3에 거의 동일한 내용으로 규정되어 지적재산권 분야의 대부분 법률에 신설되었다. 최근에는 2019. 8. 20. 개정된 산업기술의 유출방지 및 보호에 관한 법률(법률 제16476호) 제22조의4 및 2020. 2. 4. 개정된 개인정보 보호법(법률 제16930호) 제39조의4와 2021. 8. 17. 개정된 하도급거래 공정화에 관한 법률(법률 제18434호) 제35조의3에도 비밀유지명령 제도가 신설되었다.
7) 정상조·박준석(주 1), 246. 다만, 당사자본인 등의 신문을 공개하지 않을 수 있는 제도를 도입하지 않은 점에서 일본법과 차이가 있다.
8) 비밀유지명령 신청은 주로 '본안사건' 진행 중에 이루어지겠으나, 가처분 등 신청사건에서도 비밀유지명령을 신청할 수 있으므로, 여기서는 '기본사건'이라 칭한다.

2. 부정경쟁행위, 제3조의2 제1항이나 제2항을 위반한 행위 또는 영업비밀 침해로 인한 영업상 이익의 침해에 관한 소송

비밀유지명령은 '부정경쟁행위, 제3조의2 제1항이나 제2항을 위반한 행위 또는 영업비밀 침해행위로 인한 영업상 이익의 침해에 관한 소송'에서 그 당사자가 보유한 영업비밀을 해당 소송의 계속적인 수행 외의 목적으로 사용하거나 비밀유지명령을 받은 자 외의 자에게 공개하지 않을 것을 명하는 제도이다. 따라서 기본이 되는 '부정경쟁행위, 제3조의2 제1항이나 제2항을 위반한 행위 또는 영업비밀 침해행위로 인한 영업상 이익의 침해에 관한 소송'이 존재할 것을 전제로 하지만, 기본사건과는 별개의 신청사건으로 절차가 진행된다.[9]

즉 기본사건은 법 제2조 제1호의 각목에서 규정하고 있는 부정경쟁행위, 제3조의2 제1항이나 제2항을 위반한 행위, 법 제2조 제3호 각목에서 규정하고 있는 영업비밀 침해행위(이하 '영업비밀 침해행위 등'이라고 한다)로 인하여 영업상의 이익이 침해되거나 침해될 우려가 있는 자가 그 부정경쟁행위나 영업비밀 침해의 금지를 구하는 소송(법 제4조, 제10조), 그로 인하여 입은 손해의 배상을 구하거나(법 제5조, 제11조), 신용회복 조치를 구하는 소송(법 제6조, 제12조)을 말한다. 또한 영업비밀 침해 등의 금지청구권이나 손해배상청구권의 부존재확인소송도 이에 포함된다.[10] 독점적 통상실시권 침해에 기한 손해배상청구소송은 이에 포함되지 않는다.[11] 위반행위에 대하여 형사벌의 제재가 내려지는 제도의 확대적용 또는 유추적용은 허용되지 않는다고 해석되기 때문이다. 한편, 직무발명 보상금 청구사건은 민사사건이지만 침해를 원인으로 하지 않으므로 비밀유지명령 규정이 적용되지 않는다는 것이 실무이고 다수의 견해였으나,[12] 2024. 2. 6. 법률 제20197호로 개정된 발명진흥법(제55조의9 내지 제55조의11)에 비밀유지명령 제도가 도입됨에 따라 직무발명 보상금 소송에서도 비밀유지명령을 적용할 수 있게 되었다.[13]

---

9) 윤태식, 부정경쟁방지법, 박영사(2021), 279.

10) 윤태식(주 9), 279; 小野昌延 편, 新注解 不正競爭防止法(下), 靑林書院(2012), 1124(伊原友己 집필부분); 中山信弘·小泉直樹 편, 新注解 特許法(下), 靑林書院(2011), 1886(大野聖二/井上義隆 집필부분).

11) 小野昌延 편(주 10), 1127(伊原友己 집필부분).

12) 윤태식(주 9), 279; 전효숙(주 2), 39; 박병민·이주연, "민사소송절차에서 비밀 보호에 관한 연구 ― in camera 심리절차를 중심으로 ― ", 사법정책연구원(2022), 38.

13) 다만, 위 개정 발명진흥법의 시행일인 2024. 8. 7. 이후 제기된 직무발명 보상금에 관한

이 점에서 '영업비밀 침해행위 등으로 인한 영업상 이익의 침해에 관한 소송'에 가처분 사건도 포함되는지 여부에 대하여 문제로 되는데, 넓은 의미의 소송에는 보전소송도 포함된다는 점, 영업상 이익의 침해금지 청구는 대부분 가처분신청절차를 통하여 이루어지고, 가처분이 본안소송화하는 것이 실무의 경향인 점 등을 고려하면 가처분 사건에도 비밀유지명령 규정이 적용된다고 할 것이다.14) 이 문제와 관련하여 일본 하급심은 가처분사건은 소송에 포함되지 않는다고 보았으나, 최고재판소는 포함된다고 판시하였다.15)

IV. 비밀유지명령의 신청인과 피신청인

1. 신 청 인

비밀유지명령은 당사자의 신청을 받아 법원이 결정으로 명한다. 당사자라 함은 영업상 이익의 침해에 관한 소송에서 공개할 필요가 있는 영업비밀을 보유하는 당사자를 말한다. 즉 영업비밀을 보유하는 당사자만이 신청할 수 있고, 영업비밀의 보유자가 아닌 당사자는 신청할 수 없다.16)

영업비밀의 보유자라 함은 영업비밀을 스스로 창작, 작성을 한 본래의 보유자뿐만 아니라 라이센스 계약을 통하여 보유하고 있는 경우 등 그 당사자가 정당한 권원에 의하여 보유하고 있는 자를 의미한다고 해석함이 마땅하다.17)

그리고 일본 하급심 결정18) 중에는, 특허권자인 원고가 피고에 대하여 피고의 수입 판매 제품이 특허권침해에 해당한다는 이유로 양도 등의 금지를 청구한 특허권침해소송에, 해당 제품의 제조자가 원고에 대하여는 특허권침해에 기한 손해배상청구권의 부존재확인을 구하고, 피고에 대하여는 매매계약에 기한 손해배상청구권의 부존재확인을 구하는 독립당사자참가를 한 사안에서, 병합심리되고 있는 소송(원고와 피고 사이의 소송)이 특허권침해소송이면 특허권침해소송이 아닌 소송의 당사자에 지나지 않는 독립당사자참가인도 비밀유지명령 신

소송부터 적용된다(부칙 제4조)

14) 전효숙(주 2), 39; 윤태식(주 9), 279; 박병민·이주연(주 12), 38
15) 이에 대한 자세한 내용은 檜山敬士 저/ 노갑식 역, "가처분사건에 있어서 비밀유지명령의 신청", 사단법인 한국특허법학회 역, 특허판례백선, 박영사(2014), 579-584 참조.
16) 小野昌延 편(주 10), 1130(伊原友己 집필부분).
17) 小野昌延 편(주 10), 1133(伊原友己 집필부분); 中山信弘·小泉直樹 편(주 10), 1885(大野聖二/井上義隆 집필부분).
18) 大阪地裁 결정, 平20. 4. 18. 判タ 1287호 220.

청이 가능하다고 하여 이를 인정한 사례가 있다. 위 결정은 독립당사자참가인과 피고의 관계에서는 매매계약의 채무불이행의 유무가 문제로 되는바, 그 내용은 독립당사자참가인이 특허권침해제품을 공급하였는가의 점이어서 해당 제품이 어떠한 구성으로 이루어져 있는지가 주요한 쟁점인데, 피고는 독립당사자참가인으로부터 그 구체적 내용을 개시받아 방어할 필요가 있는 점, 피고가 해당 소송의 소송기록의 열람 등을 청구할 수 있는 당사자의 지위에 있는 점을 감안하면, 피고에 대하여 비밀유지명령이 발령되지 않는다면 독립당사자참가인이 원고에 대한 관계에서 현출시킨 영업비밀을 피고가 소송기록의 열람 등에 의하여 지득하게 되어 독립당사자참가인의 영업비밀이 보호되지 못하여 불합리한 점 등을 근거로 들었다. 더구나 위 결정은 이러한 3면 소송에서 특허권자인 원고로부터 특허권침해소송을 제기당하고 있는 다른 공동피고(피고로부터 당해 제품을 구입하여 제3자에게 판매하는 자)에 대하여는 독립당사자참가인으로부터 소송상의 청구가 없어 소송계속 자체가 존재하지 않지만(독립당사자참가인과 다른 공동피고 사이에는 직접의 계약관계가 없기 때문에 매매계약에 기한 손해배상청구권의 부존재확인 등의 법률구성도 되지 않는다), 특허권침해소송의 공동피고로서의 입장에서 증거공통의 원칙이 적용되어 일체적 심리판단이 되어야 하는 관점에서 독립당사자참가인과 다른 피고 사이에는 소송계속이 존재하지 않음에도 다른 피고에 대하여 한 비밀유지명령 신청을 받아들였다.

한편, 이러한 병합심리에서 비밀유지명령의 발령 가부에 대하여는 모두 재판실무의 운용에 맡겨져 있지만 형사벌을 수반하는 비밀유지명령제도의 확장운용은 신중한 판단이 필요하고 또한 입법적으로 해결해야 할 것이라는 견해가 있다.[19]

2. 피신청인

비밀유지명령 제도의 도입 초기에는 기본사건의 일방 당사자가 비밀유지명령을 신청하면서 그 신청사건의 피신청인으로 비밀유지명령을 받을 사람을 기재하는 경우가 있었으나, 현재는 대부분 기본사건의 상대방 당사자를 피신청인으로 기재하고 있다. 법원 실무도 비밀유지명령 신청사건의 피신청인은 비밀유

---

19) 牧野知彦, "秘密保持命令及び秘密保持命令取消決定の實務上の問題點 ― 命宛人となった經驗から ―", AIPPI 55권 9호(2010), 609; 小野昌延 편(주 10), 1126(伊原友己 집필부분)에서 재인용.

지명령의 수명자와 구분하여 기본사건의 상대방 당사자로 보고 처리하고 있다. 비밀유지명령 신청사건은 기본사건에 부수하는 사건이고, 그 심리는 기본사건에 제출되는 준비서면이나 증거에 포함된 정보의 영업비밀 여부와 범위, 수명자의 범위 등을 중심으로 이루어지므로, 이에 대해 이해관계를 가지고 의견을 가장 잘 제출할 수 있는 기본사건의 상대방 당사자를 피신청인으로 삼는 것이 원활한 심리에 도움이 된다. 이러한 실무의 태도가 타당하다고 할 것이다.[20]

V. 비밀유지명령의 요건

1. 준비서면이나 증거 또는 제14조의7에 따라 송부된 조사기록에 영업비밀이 포함되어 있을 것(제1항 제1호)

가. 영업비밀의 의의

영업비밀이란 법 제2조 제2호에 따른 영업비밀을 말한다. 즉 공공연히 알려져 있지 아니하고 독립된 경제적 가치를 가지는 것으로서, 비밀로 관리된 생산방법, 판매방법, 그 밖에 영업활동에 유용한 기술상 또는 경영상의 정보를 말한다. 요컨대, ① 비밀성(비공지성), ② 경제성(경제적 유용성), ③ 관리성(비밀관리성)을 갖춘 정보만이 영업비밀로서 비밀유지명령의 대상이 될 수 있다.

나. 영업비밀이 포함된 준비서면이나 증거 또는 제14조의7에 따라 송부된 조사기록

비밀유지명령의 대상은 준비서면이나 증거 또는 제14조의7에 따라 송부된 조사기록에 포함된 영업비밀이다.

준비서면은 당사자가 변론 또는 변론준비기일에서 말로 하고자 하는 사항을 기일 전에 미리 적어 법원에 내는 서면을 말한다. 준비서면인지 여부는 그 내용에 의하여 정해지는 것이고, 서면의 표제에 따르는 것은 아니다. 준비서면에는 통상의 준비서면 외에 답변서와 요약준비서면이 있다.[21]

소장은 준비서면에 포함되지 않는 점에서 소장에 기재된 영업비밀을 대상으로 하여 비밀유지명령을 신청할 수는 없다.[22] 실무의 태도도 이와 같다.[23] 이

---

20) 박병민·이주연(주 12), 38.
21) 전원열, 민사소송법 강의, 박영사(2020), 329; 법원실무제요 민사소송[Ⅱ], 법원행정처(2017), 1091.
22) 전효숙(주 2), 45; 中山信弘·小泉直樹 편(주 10), 1894(大野聖二/井上義隆 집필부분).
23) 박병민·이주연(주 12), 40.

는 소장을 제출하는 단계에서 비밀유지명령을 받을 자를 누구로 할 것인지가 명확하지 않은 점, 소장에 기재된 영업비밀을 대상으로 하여 비밀유지명령이 발령된다면 수명자로 된 당사자가 소송대리인에게 상담할 수 없게 되는 문제가 있는 점, 또한 영업비밀이 소장에 기재된 경우 소장을 보충송달(민사소송법 제186조)을 할 수 없게 되는 송달실무상의 문제가 생기는 점 등을 이유로 든다.24)

답변서는 피고가 처음으로 제출하는 준비서면이므로 답변서에 영업비밀을 기재하고 비밀유지명령을 신청하는 것은 가능하다. 실무상으로는 제1회 변론기일 또는 제1회 변론준비기일 전에는 비밀유지명령을 받을 자를 누구로 정할지 명확하지 않기 때문에 답변서의 기재사항을 대상으로 하여 비밀유지명령을 신청하는 경우는 드물 것이다.

증거라는 개념에는 증거방법, 증거자료, 증거원인 등 여러 가지 의미가 있으나,25) 여기서는 증거방법을 말하는 것으로 보인다. 증거방법은 법원이 사실의 존부를 확정하기 위하여 조사하는 대상이 되는 유형물을 말한다. 증거방법 중에서 문서, 검증물, 전자정보저장물 등은 물적 증거이고, 증인, 감정인, 당사자본인은 인적 증거이다. 비밀유지명령의 대상이 되는 것은 주로 서증인데, 서증을 신청할 때에는 소지하는 문서를 제출하거나 문서를 가진 사람에게 그것을 제출하도록 명할 것을 신청하는 방식으로 한다.

조사기록은 특허청장 등이 부정경쟁방지법 제7조에 따라 부정경쟁행위 등을 조사한 기록(사건관계인, 참고인 또는 감정인에 대한 심문조서 및 속기록 기타 재판상 증거가 되는 일체의 것을 포함)을 말한다. 부정경쟁행위의 금지 또는 예방 청구의 소나 부정경쟁행위로 인한 손해배상청구의 소가 제기된 경우 법원은 특허청장 등에게 제7조에 따른 조사기록의 송부를 요구할 수 있고, 이 경우 조사기록의 송부를 요구받은 특허청장 등은 정당한 이유가 없으면 이에 따라야 하므로(법 제14조의7 제1항), 위 조사기록에 영업비밀이 포함되어 있는 경우 비밀유지명령을 신청할 수 있다.

다. 이미 제출하였거나 제출하여야 할 준비서면 또는 이미 조사하였거나 조사하여야 할 증거

아직 제출하지 아니한 준비서면이나 조사하지 아니한 증거에 영업비밀이 포함되어 있는 경우, 상대방이 그 준비서면이나 증거에 접근하지 않은 이상 준

24) 中山信弘·小泉直樹 편(주 10), 1894-1895(大野聖二/井上義隆 집필부분).
25) 법원실무제요 민사소송[Ⅲ], 법원행정처(2017), 1288.

비서면이나 증거에 포함된 영업비밀의 비밀관리성이 유지된다. 따라서 이러한 준비서면이나 증거에 포함된 영업비밀이 비밀유지명령의 대상으로 될 수 있음은 당연하다.

그런데 이미 제출한 준비서면이나 조사한 증거에 포함된 영업비밀도 비밀유지명령의 대상에 해당하는지 여부에 관하여 견해의 대립이 있다. 비밀유지명령의 대상이 될 수 없다는 견해는, 이미 제출한 준비서면이나 조사한 증거는 일반적으로 영업비밀의 요건인 비밀관리성을 상실하게 되므로, 원칙적으로 비밀유지명령의 대상으로 될 수 없다고 한다.[26] 영업비밀이 포함된 준비서면이나 증거가 이미 제출되었거나 조사되었어도 그 영업비밀을 대상으로 하여 비밀유지명령이 발령되고 해당 부분의 소송기록에 대한 열람 등의 제한결정이 되어 있으면(민사소송법 제163조), 그 영업비밀의 개시를 받은 비밀유지명령 수명자는 비밀유지명령에 기하여 영업비밀을 유지할 의무를 부담하고, 또한 제3자는 소송기록의 열람 등을 통하여 그 영업비밀에 접근할 수 없는 이상, 그 영업비밀은 비밀관리성 및 비공지성을 상실하지 않고, 비밀유지명령의 대상으로 될 수 있으므로, 법 제14조의4 제1항 제1호에서 '이미 제출한 준비서면'이나 '이미 조사한 증거'도 비밀유지명령의 대상으로 규정한 것은 비밀유지명령의 수명자를 사후에 추가하는 것을 상정한 문언으로 해석해야 한다고 한다.[27]

그러나 준비서면의 제출이나 증거의 조사 그 자체만으로 바로 영업비밀의 요건인 비빌관리성을 상실한다고 보기 어렵고, 법 제14조의4 제1항 단서는 '비밀유지명령을 받을 자가 제1호에 규정된 준비서면의 열람이나 증거조사 외의 방법으로 그 영업비밀을 이미 취득하고 있는 경우에는 비밀유지명령을 발령할 수 없다.'고 규정하고 있으므로, 이 규정의 반대해석상 이미 제출한 준비서면이나 조사한 증거도 비밀유지명령의 대상이 된다고 볼 수 있으며, '이미 제출한 준비서면'이나 '이미 조사한 증거'를 위와 같이 제한 해석할 이유도 없다.[28] 실무상으로도 이미 제출하였거나 조사한 준비서면 또는 증거에 대해서도 다른 요건이 소명되는 경우 비밀유지명령을 발령하고 있다.[29]

---

26) 中山信弘·小泉直樹 편(주 10), 1894(大野聖二/井上義隆 집필부분).
27) 전효숙(주 2), 45; 中山信弘·小泉直樹 편(주 10), 1895(大野聖二/井上義隆 집필부분).
28) 박병민·이주연(주 12), 41; 小野昌延 편(주 10), 1135-1136(伊原友己 집필부분).
29) 박병민·이주연(주 12), 41.

2. 영업비밀의 사용 또는 공개를 제한할 필요가 있을 것(제1항 제2호)

이 요건은 영업비밀의 소송 수행 목적 외 사용 또는 공개를 제한할 필요성을 정한 것이다. 즉 영업비밀이 해당 소송 수행 외의 목적으로 사용되거나 공개되면 당사자의 영업에 지장을 줄 우려가 있어 이를 방지하기 위하여 영업비밀의 사용 또는 공개를 제한할 필요가 있어야 한다.

이 사용 및 공개 제한의 필요성 요건과 관련하여 일본의 논의를 보면, 영업비밀은 영업활동에 유용한 기술상 또는 경영상의 정보로서 공공연히 알려져 있지 아니하고 비밀로 관리되는 정보이므로, 해당 정보가 영업비밀에 해당하기만 하면 이 요건은 추인된다고 보는 견해[30]와 그렇지 않다는 견해가 있다.[31]

전자의 견해는 비밀유지명령 신청인의 영업비밀임이 인정된다면, 그것이 소송의 수행 외의 목적으로 사용되거나 비밀유지명령을 받을 자 외의 자에게 공개되면 영업비밀로서의 가치를 유용시키거나 또는 훼손시켜 신청인의 영업활동에 지장을 줄 우려가 있다고 추인된다고 한다. 현실적으로 신청인의 영업비밀을 해당 소송의 수행 외의 목적으로 사용하거나 공개하더라도 신청인의 그 영업비밀에 기한 영업활동에 지장을 줄 우려가 없어 명령 발령의 필요가 없다는 반증을 대기는 곤란할 것이라고 한다.

후자의 견해는 추인설에 따르면, 영업비밀 해당성의 요건만 인정되면 그 영업비밀의 목적 외의 사용 제한이나 공개 제한의 필요성 요건까지 충족하는 것으로 되어, 소송기록의 열람 등의 제한(민사소송법 제163조)의 대상이 되는 영업비밀이면 비밀유지명령의 발령 요건도 충족되는 것으로 되고, 이는 소송기록의 열람 등의 제한(민사소송법 제163조) 제도에 비하여 영업비밀의 개시 대상을 더 엄격히 제한하고 형사벌의 적용으로 영업비밀을 보호하려고 하는 비밀유지명령 제도의 취지에 반한다고 한다. 이 요건의 심리에 있어서 영업비밀의 누설에 의하여 영업에 어느 정도의 지장을 줄 우려가 있는지와 그 우려를 방지하기 위하여 비밀유지명령에 의하여 방지할 필요성이 있는가 아니면 소송기록의 열람 등의 제한(민사소송법 제163조)으로는 충분한 보호가 어려운지 등에 대하여 검토해야 할 것이라고 한다.

실무상으로는 영업비밀 해당성을 판단할 때의 사실인정과 함께 이 요건에

---

30) 小野昌延 편(주 10), 1139(伊原友己 집필부분).
31) 中山信弘·小泉直樹 편(주 10), 1897(大野聖二/井上義隆 집필부분).

대한 판단도 함께 이루어질 것으로 보인다.

3. 준비서면의 열람이나 증거 조사 외의 방법으로 그 영업비밀을 이미 취득하고 있는 경우가 아닐 것(제1항 단서)

1) 부정경쟁방지법 제14조의4 제1항 단서는 '비밀유지명령의 신청 시점까지 다른 당사자(법인인 경우에는 그 대표자)나 당사자의 소송대리인 등이 준비서면의 열람이나 증거 조사 외의 방법으로 그 영업비밀을 이미 취득하고 있는 경우에는 그러하지 아니하다'고 규정하여, 앞서 본 두 요건, 즉 제14조의4 제1항 제1호(준비서면이나 증거에 영업비밀이 포함되어 있을 것) 및 제2호(영업비밀의 사용 또는 공개를 제한할 필요가 있을 것)와는 달리 소극적 형식으로 규정되어 있다. 부정경쟁방지법에 따른 비밀유지명령 신청은 '부정경쟁행위, 제3조의2 제1항이나 제2항을 위반한 행위 또는 영업비밀 침해행위로 인한 영업상 이익의 침해에 관한 소송'에서 이루어질 것인데, 그중 영업비밀 침해행위로 인한 영업상 이익의 침해에 관한 소송, 즉 영업비밀 침해소송에서 위 단서의 해석상 원고가 자신의 영업비밀을 다른 당사자 등이 부정하게 취득하여 사용하고 있다고 주장하면서 그 영업비밀에 대하여 비밀유지명령을 신청하는 경우 이를 받아들일 수 있는지에 관하여 다음과 같이 부정설과 긍정설, 그리고 발령요건 재설정설 등이 있다.

① 부정설[32]의 논거는 다음과 같다. 비밀유지명령은 소송절차에서 현출되는 영업비밀을 보호함을 목적으로 하여 도입된 것이고, 소송절차와 무관하게 취득하거나 보유하고 있는 영업비밀은 그러한 목적과는 관계없기 때문에 제외한 것이다. 원고가 자신의 영업비밀을 상대방이 부정하게 취득하여 사용하고 있다는 이유로 부정경쟁방지법에 기한 사용의 금지나 손해배상을 구하는 사건은, 원고 스스로 소송제기 전에 피고가 이미 원고의 영업비밀을 취득하거나 개시를 받았다는 것을 전제로 하여 해당 소송을 제기하고 있는 것이기 때문에, 원고의 그 영업비밀은 비밀유지명령의 대상이 아니다. 만약 위와 같은 비밀에 관하여 사용의 금지 등을 구하는 소송 중에 피고에 대하여 제3자에의 공개를 금지하는 비밀유지명령을 하게 되면, 해당 소송에서 원고가 구하고 있는 청구(금지청구)를 심리에 앞서서 실현하는 것이 되고, 원고에 대하여 만족적 가처분을 초과하는 보호를 부여하는 결과가 된다.[33]

---

32) 전효숙(주 2), 46; 中山信弘·小泉直樹 편(주 10), 1898(大野聖二·井上義隆 집필부분).
33) 전효숙(주 2), 46.

대법원 판례도 이와 같은 입장이다. 대법원은 "부정경쟁방지법 제14조의4 제1항은, 법원은 영업비밀 침해행위로 인한 영업상 이익의 침해에 관한 소송에서 그 당사자가 보유한 영업비밀에 대하여 다른 당사자(법인인 경우에는 그 대표자), 당사자를 위하여 소송을 대리하는 자, 그 밖에 해당 소송으로 인하여 영업비밀을 알게 된 자에게 비밀유지명령을 할 수 있다고 규정하면서, 그 단서에서 "다만, 그 신청 시점까지 다른 당사자(법인인 경우에는 그 대표자), 당사자를 위하여 소송을 대리하는 자, 그 밖에 해당 소송으로 인하여 영업비밀을 알게 된 자가 제1호에 규정된 준비서면의 열람이나 증거 조사 외의 방법으로 그 영업비밀을 이미 취득하고 있는 경우에는 그러하지 아니하다."고 규정하고 있다. 위 규정에 따른 비밀유지명령은 소송절차에서 공개된 영업비밀의 보호를 목적으로 하는 것으로서 소송절차와 관계없이 다른 당사자 등이 이미 취득하고 있는 영업비밀은 위와 같은 목적과는 아무런 관련이 없으므로, 영업비밀 침해소송에서 자기의 영업비밀을 다른 당사자 등이 부정하게 취득하여 사용하고 있다고 주장하면서 그 영업비밀에 대하여 한 비밀유지명령 신청은 받아들일 수 없다고 보아야 한다"(대법원 2015. 1. 16. 자 2014마1688 결정)고 판시하였다.

② 긍정설[34])의 논거는 다음과 같다. 원고는 피고가 원고의 영업비밀을 부정취득하였다는 사실을 심리하여 확정하여 달라는 목적으로 소를 제기한 것이므로, 원고도 피고가 원고의 영업비밀을 부정취득하였는지 여부를 확신할 수 없다. 피고가 원고의 주장을 자인한다면 모를까 별다른 심리도 없이 원고 주장 사실이 확정되었음을 전제로 원고의 영업비밀이 비밀유지명령의 대상이 될 수 없다고 보는 것은 본말이 전도된 것이다. 그리고 심리 결과 원고의 주장이 받아들여지지 않으면 원고는 비밀유지명령의 보호를 받지 못한 채 자신의 영업비밀만 상대방에게 드러내게 되어 부당하다. 원고가 주장하는 영업비밀은 원칙적으로 비밀유지명령의 대상이 된다고 보는 것이 맞고, 예외적으로 피고가 원고의 영업비밀을 취득하였음을 자인하거나 증거 등에 의하여 이러한 사정이 인정되어야 비밀유지명령의 대상이 될 수 없다고 보아야 한다.

③ 현행법의 해석론으로는 부정설이 당연하지만, 비밀유지명령의 신청인이 본안에서 영업비밀 침해를 청구원인으로 주장하는 원고인 경우 비밀유지명령의 발령요건을 합리적으로 설정하는 것이 필요하다는 견해[35])의 논거는 다음과 같

---

34) 박병민 · 이주연(주 12), 39~40.

35) 한국특허법학회 편, 영업비밀보호법, 박영사(2017), 275~276(박태일 집필부분).

다. 비밀유지명령 신청인이 부정경쟁방지법 제14조의4 제1항 본문 및 각호 해당 사유를 주장·소명하면 법원으로서는 원칙적으로 비밀유지명령을 발령하고, 다만 비밀유지명령 신청 시점까지 이미 제출된 주장·증명에 비추어 이미 비밀유지명령 피신청인측이 신청인이 주장하는 영업비밀을 해당 준비서면의 열람이나 증거조사 외의 방법으로 이미 취득하고 있다고 인정되는 경우에는 비밀유지명령을 발령하지 아니한다. 이러한 예외사유에 해당하려면, '신청인이 주장하는 영업비밀을 해당 준비서면의 열람이나 증거조사 외의 방법으로 이미 취득하고 있다고 인정'되어야 한다. 즉 신청인이 원고인 경우 단순히 그가 본안의 청구원인으로 당해 영업비밀 침해 자체를 주장하고 있다는 것만으로는 부족하고, 피고 스스로 이미 그 영업비밀을 취득하고 있음을 인정하거나, 그렇지 않다고 하더라도 증거 등에 의하여 이러한 사정이 인정되어야 한다고 설정함이 타당하다.

2) 영업비밀 침해소송에서 원고는 그가 청구취지로 주장하는 영업비밀을 특정하여야 하므로 원고의 영업비밀이 소송절차를 통하여 공개될 위험에 직면한다는 본질적인 문제가 있고, 영업비밀 침해를 주장하는 원고로서도 본안소송 심리가 충분히 이루어지기 전까지는 실제로 피고가 원고의 영업비밀을 취득하였는지 여부, 취득하였다고 하더라도 어느 범위까지 취득하였는지를 원고 스스로 제대로 알지 못한다는 특성이 있다.36) 이러한 특성을 고려하면 영업비밀 침해소송에서의 비밀유지명령 발령요건을 재설정할 필요가 있다는 견해는 원고의 영업비밀 보호를 위하여 합리적인 방안이라고 생각된다. 그런데 실무상 청구취지의 특정은 본안소송 심리의 초기 단계에서 진행되는 점에 비추어 관련 형사판결 등이 있는 경우를 제외하고는 그 단계에서 원고가 침해되었다고 주장하는 영업비밀이 이미 소송 외에서 상대방이 이를 취득하였음을 인정할 수 있을 정도의 증거나 자료가 제출되기는 어렵다. 이 경우 원고 스스로 피고가 이미 소송 외에서 원고의 영업비밀을 취득하였다고 주장하는 영업비밀 침해소송 사건에서도 이미 소송 외에서 취득하였음을 인정할 자료가 없다고 보아 비밀유지명령을 발령할 개연성이 높게 된다. 비밀유지명령 제도는 소송절차에서 제출되는 준비서면이나 증거에 의하여 상대방 등에게 알려지는 영업비밀을 보호함을 목적으로 도입된 것이고, 소송절차와 관계없이 당사자가 취득한 영업비밀은 그러한 목적과는 관계없기 때문에 부정경쟁방지법 제14조의4 제1항 단서에서 이를 명문으로 제외한 것으로 보인다. 따라서 원고가 자기의 영업비밀을 상대방이 부정하

---

36) 한국특허법학회 편(주 35), 273(박태일 집필부분).

게 취득하여 사용하고 있다는 이유로 사용의 금지나 손해배상을 구하는 사건에서는 원고의 주장 자체로 피고가 이 사건 소송 절차 외에서 이미 원고의 영업비밀을 취득하였다는 것이므로, 비밀유지명령을 발령할 수 없다고 보아야 한다. 다만 원고가 해당 영업비밀을 피고가 이미 부정하게 취득하여 사용하고 있다고 주장하는 영업비밀 침해소송에서, 침해되었다는 영업비밀 자체에 대한 비밀유지명령은 허용되지 아니하나, 침해되었다는 영업비밀을 설명하거나 특정하기 위하여 관련된 다른 영업비밀이 포함된 준비서면이나 증거를 제출하는 경우에는 이에 대하여 비밀유지명령을 할 수 있을 것이다.

이와 관련하여 일본에서는 비밀유지명령 신청 사건의 심리 단계에서는 비밀유지명령을 받을 자가 그 영업비밀을 준비서면의 열람이나 증거조사 외의 방법으로 이미 취득하고 있는지 여부를 알 수 없고, 그 단계에서는 비밀유지명령을 받을 자에게 신청의 대상으로 되어 있는 영업비밀이 개시되지 않기 때문에 이미 취득하고 있는지 여부에 대한 심리 방법도 없는 점에 비추어, 이 요건은 비밀유지명령 신청의 요건이 아니라, 비밀유지명령을 받은 자가 그 취소를 신청할 때 소명해야 하는 요건으로 보아야 한다는 견해가 있다.[37] 그러나 앞서 본 바와 같이 이 규정이 법 제14조의4 제1항 단서의 형식으로 규정되어 있는 점에 비추어 보면, 오로지 비밀유지명령의 취소요건으로만 해석하기는 어렵다. 입법론으로는 검토할 필요가 있다고 생각된다.

VI. 비밀유지명령의 신청

1. 신청시기 및 사전협의

비밀유지명령의 신청은 기본사건인 "영업상 이익의 침해에 관한 소송"의 존재를 전제로 하여 행하여지는 부수사건이어서 기본사건인 소가 제기되기 전의 단계에서는 그 신청을 할 수 없고, 최소한 기본사건의 소가 제기된 후에 가능하다.

새로 제출 예정인 준비서면이나 증거에 포함된 영업비밀을 보호하기 위한 신청이면 그 제출이라는 소송행위가 가능한 시기, 즉 변론종결 시까지 가능할 것이다. 이미 발령된 비밀유지명령의 대상자를 추가하는 신청의 경우에는 변론

---

37) 小野昌延 편(주 10), 1140(伊原友己 집필부분); 中山信弘·小泉直樹 편(주 10), 1899(大野聖二/井上義隆 집필부분).

종결 후에도 가능하다.

판결이 확정되거나 화해가 성립하는 등 소송이 종료된 후에는 "영업비밀 침해행위 등으로 인한 영업상 이익의 침해에 관한 소송"이라고 규정되어 있는 이상, 더 이상 소송이 종료하여 계속하고 있지 아니한 상황에서는 비밀유지명령을 신청할 수 없다고 해석할 수 있고, 소송 종료 후에는 준비서면이나 증거의 제출이라는 것은 상정할 수 없기 때문에 비밀유지명령의 신청이라는 것은 의미가 없다고 생각할 수도 있다.38) 그러나 상대방 당사자가 확정된 소송기록의 열람 등을 청구하는 경우에 비밀유지명령의 신청인이 추가발령을 구하는 신청을 하지 않을 수 없는 경우가 있기 때문에 이와 같은 경우에 대비하여 소송종료 후에도 신청이 가능하다고 해석할 것이다. 그렇다면 기본사건이 종료한 후라도 소송기록의 열람 등의 신청이 가능한 소송기록의 보존기간 내39)에는 비밀유지명령을 신청할 수 있다고 본다.40)

그리고 비밀유지명령을 신청하기 위해서는 그 비밀유지명령을 받을 대상자를 특정할 필요가 있는바, 신청인으로서는 누가 대상자로서 적당한지 쉽게 알 수 없고, 대상자로 되는 자도 형사벌의 제재 개연성 아래 장래의 행동을 강하게 제약받게 되므로, 사전협의의 절차를 통하여 대상자로 될 자를 확정할 필요가 있다.41) 우리 실무에서도 비밀유지명령의 신청인이 우선 비밀유지명령을 받을 자를 기재하여 신청한 후 심문기일에서 쌍방 당사자의 협의를 통하여 수명자의 범위, 대상 자료의 범위 등을 협의하게 하고, 이를 반영하여 비밀유지명령을 받을 자와 대상 자료를 특정하고 있는 것으로 보인다.42)

2. 비밀유지명령 신청서의 기재사항

비밀유지명령은 서면으로 신청하여야 하고, 그 신청서에는 ① 비밀유지명령을 받을 자, ② 비밀유지명령의 대상이 될 영업비밀을 특정하기에 충분한 사실, ③ 제1항 각호의 사유에 해당하는 사실을 기재하여야 한다. 이하 차례로 살펴본다.

---

38) 小野昌延 편(주 10), 1130(伊原友己 집필부분).
39) 재판서·사건기록 등의 보존에 관한 예규(재일 2005-2) 제7조, 별표에 따르면, 판결에 관한 소송기록은 5년간, 기타 신청사건 기록은 3년간 보존된다.
40) 小野昌延 편(주 10), 1130(伊原友己 집필부분).
41) 전효숙(주 2), 47; 中山信弘·小泉直樹 편(주 10), 1899(大野聖二/井上義隆 집필부분).
42) 박병민·이주연(주 12), 42.

가. 비밀유지명령을 받을 자(제2항 제1호)

비밀유지명령을 받을 자는 기본사건의 "다른 당사자(법인인 경우에는 그 대표자), 당사자를 위하여 소송을 대리하는 자, 그 밖에 그 소송으로 인하여 영업비밀을 알게 된 자"이다.

당사자가 법인인 경우에는 대표자가 비밀유지명령을 받을 자로 될 수 있고, 법인 자신은 비밀유지명령의 대상자가 될 수 없다.[43] 그리고 소송참가가 있는 경우 참가인도 당사자에 포함되고, 비밀유지명령의 대상자가 될 수 있다고 해석된다. 일본에서는 보조참가인의 경우에도 비밀유지명령의 대상자가 될 수 있는지 여부에 관하여 논의가 있는데, 견해가 나누어져 있다.[44] 즉 민사소송법 제163조 제1항이 규정하는 비밀보호를 위한 열람 등의 제한 결정이 있는 경우에도 열람 등을 신청할 수 있는 '당사자'에 보조참가인도 포함된다고 해석하는 입장에서는 이러한 경우 보조참가인이 열람 등의 제한이 이루어지는 소송기록을 비밀유지명령에 기한 의무 부담 없이 소송기록에 포함된 영업비밀을 취득하지 못하도록 보조참가인을 대상자로 하는 비밀유지명령의 신청을 인정할 필요가 있다고 한다.[45] 한편 보조참가인이 민사소송법 제163조 제1항의 '당사자'에 포함되지 않는다고 해석하는 입장에서는 보조참가인은 열람의 제한이 이루어지고 있는 소송기록의 열람 등의 청구를 신청할 수 없고, 그 열람 등을 통하여 비밀정보가 누설되는 사태가 생기지 않으므로 보조참가인을 대상자로 하는 비밀유지명령의 신청을 인정할 필요가 없게 된다.

'당사자를 위하여 소송을 대리하는 자'는 기본사건인 영업비밀 침해행위 등으로 인한 영업상 이익의 침해소송 당사자의 소송대리인을 말한다. 여기에는 법정대리인과 임의대리인 모두 포함한다.

'그 밖에 그 소송으로 인하여 영업비밀을 알게 된 자'라 함은 당사자나 당사자의 소송대리인은 아니나 그 소송으로 인하여 영업비밀을 알게 되는 사람, 즉 당사자의 사용인이나 종업원 등과 같은 사람을 말한다.

---

43) 中山信弘・小泉直樹 편(주 10), 1891(大野聖二/井上義隆 집필부분).
44) 中山信弘・小泉直樹 편(주 10), 1891(大野聖二/井上義隆 집필부분) 참조.
45) 小野昌延 편(주 10), 1131(伊原友己 집필부분).

나. 비밀유지명령의 대상이 될 영업비밀을 특정하기에 충분한 사실(제2항 제2호)

비밀유지명령 신청서에는 그 대상인 영업비밀을 특정하기에 충분한 사실을 기재하여야 한다. 신청인으로서는 가능한 한 상대방에게 영업비밀이 상세하게 알려지기를 원하지 않을 것이므로 지나치게 엄격한 기준을 요구할 수는 없을 것이고, 영업비밀이 어떠한 것인지를 비밀유지명령의 대상자가 알 수 있는 정도면 될 것이다.[46] 영업비밀의 특정 문제는 영업비밀이 관련된 재판에서 매우 어려운 과제인데 영업비밀의 유형화나 산출물에 의한 특정, 영업비밀원본증명제도의 활용 등이 제시되고 있다.[47]

비밀유지명령과 관련하여 일본의 실무는, 신청서에 영업비밀의 구체적인 내용을 기재하지 않고 제출 예정인 준비서면이나 증거를 특정한 다음, 해당 준비서면이나 증거에서의 기재위치를 특정하여 인용하는 방식으로 이루어진다고 하고,[48] 우리의 실무도 이와 같다.[49] 이는 비밀유지명령 신청서는 원칙적으로 그 부본이 피신청인에게 송달되므로 비밀유지명령의 발령에 앞서 피신청인이 영업비밀을 제시받는 상황을 피하기 위한 것이다.[50]

그리고 영업비밀 기재문서를 신청서에 첨부하면, 신청서 부본이 피신청인에게 송달되기 때문에 아직 비밀유지명령을 발령하지도 않은 채 영업비밀의 내용이 알려질 염려가 있다. 또한 신청이 각하되거나 취하된 후에도 신청서가 열람 복사될 가능성이 있다. 따라서 신청서에 영업비밀 기재문서를 첨부하거나 정식으로 소명자료로 제출하는 것도 상당하지 않다. 실무에서는 신청서나 소명자료와는 별도로 사실상 법원에 제출하는 것으로 취급함이 상당할 것이다.[51]

다. 본조 제1항 각호의 사유에 해당하는 사실(제2항 제3호)

앞에서 살펴본 비밀유지명령의 발령 요건에 해당하는 사항인 준비서면의

---

46) 전효숙(주 2), 47.
47) 박성수, "영업비밀의 특정에 관한 실무상의 제문제 — 소송실무상의 문제점을 중심으로 —", 민사판례연구[XXXIX], 박영사(2012), 918.
48) 中山信弘·小泉直樹 편(주 10), 1900-1901(大野聖二/井上義隆 집필부분). 예컨대 "00년 0월 0일자 피고 준비서면 0면 0행 ~ 0면 0행에 기재된 비밀" 등과 같은 형식이다.
49) 박병민·이주연(주 12), 37(각주 103).
50) 한편, 大阪地方裁判所에서는 비밀유지명령 신청서의 부본을 피신청인에게 송달하지 않는 방식으로 운용하고 있다고 한다[中山信弘·小泉直樹 편(주 10), 1901(大野聖二/井上義隆 집필부분)].
51) 전효숙(주 2), 48.

기재나 증거의 내용에 영업비밀이 포함되어 있다는 것(제1항 제1호) 및 그 영업비밀을 그 소송 수행 외의 목적으로 사용하거나 공개하면 신청인의 영업에 지장을 줄 우려가 있어 이를 방지하기 위하여 그 사용 또는 공개를 제한할 필요가 있다는 것(제1항 제2호)을 기재한다.

VII. 비밀유지명령 신청사건의 심리와 결정

1. 심리절차

비밀유지명령 신청사건의 심리절차에 관한 특별한 규정은 없다. 일반 신청사건과 마찬가지로 변론을 열 것인지 아닌지를 정하고 변론을 열지 아니할 경우에, 법원은 당사자와 참고인을 심문할 수 있고, 서면심리만으로 마칠 수도 있다(민사소송법 제134조 제1항 단서, 제2항). 법원은 원칙적으로 비밀유지명령 신청서의 부본을 피신청인에게 송달하고, 서면심사 또는 당사자심문을 통하여 비밀유지명령의 발령 요건을 심리한다. 비밀유지명령은 형사벌을 수반하는 강력한 효과를 생기게 하므로 발령 전에 피신청인에게 충분한 절차적인 보장을 할 필요가 있어 심문을 하는 것이 바람직하다.[52] 그러나 피신청인은 비밀유지명령이 발령된 후가 아니면 영업비밀의 구체적인 내용을 알 수 없어 비밀유지명령의 발령 요건에 대하여 반증을 드는 것은 매우 어렵다.[53] 다만, 신청인이 비밀유지명령을 받을 대상자로 기재한 자가 실제로 그 대상자에 해당하는지 여부 및 법 제14조의4 제1항 단서의 요건에 해당하는지 여부에 관하여는 피신청인측이 적극적으로 의견을 제시할 수 있을 것이다.

2. 소명책임

비밀유지명령의 신청인은 ① 신청의 대상인 정보가 영업비밀일 것 ② 해당 영업비밀의 소송 목적 외 사용 또는 공개를 제한할 필요성이라는 본조 제1항 각호의 요건에 대하여 소명할 것이 요구된다(본조 제1항, 제2항 제3호).

영업비밀 해당성에 대한 소명은 소송기록의 열람 등의 제한 신청(민사소송법 제163조)에서도 요구되고 있는바, 동 신청에서는 그 해당성을 비교적 유연하게 인정하고 있다. 그러나 형사벌의 수반 하에 비밀유지명령의 대상자로 된 자

---

52) 전효숙(주 2), 48.
53) 小野昌延 편(주 10), 1146(伊原友己 집필부분).

의 장래의 행동을 강하게 제약하는 비밀유지명령 신청사건에서는 유연하게 인정되어서는 안 될 것이다. 영업비밀 해당성에 대한 소명의 정도는 부정경쟁방지법상 영업비밀 사건에서의 청구원인의 증명방법과 같으나,[54] 신청사건에서는 증명이 아닌 소명으로 족하기 때문에 영업비밀 해당성을 다소 유연하게 판단한다.[55] 그리고 소명의 방법으로는 회사의 비밀관리규정, 진술서 등이 있다.

3. 비밀유지명령 신청에 대한 결정

가. 결정의 주문

소송요건을 갖추지 못하는 등 부적법한 경우에는 각하결정을, 적법한 신청으로서 비밀유지명령의 요건을 모두 갖춘 경우에는 인용결정을, 비밀유지명령의 요건을 갖추지 못한 경우에는 기각결정을 한다(본조 제4항, 제5항 참조).

인용결정의 주문은 "별지1 목록 기재 각 비밀유지명령 대상자는 별지2 목록 기재 비밀유지명령 대상을 서울중앙지방법원 2024가합100호 사건의 소송 수행 외의 목적으로 사용하거나 제3자에게 공개하여서는 아니 된다"[56] 또는 "별지1 목록 기재 각 비밀유지명령 수명자는 서울중앙지방법원 2024가합100호 사건의 소송기록 중 별지2 목록 기재 문서상의 정보를 위 사건의 계속적인 소송 수행 외의 목적으로 사용하거나 위 각 비밀유지명령 수명자 외의 자에게 공개해서는 아니 된다."라고 기재하고, 첨부된 별지1 비밀유지명령 대상자 또는 비밀유지명령 수명자 목록에는 비밀유지명령을 받는 사람 성명과 직위 등을, 별지2 비밀유지명령 대상 목록에는 "피고의 2024. 1. 5. 자 준비서면 0면 0행 ~ 0면 0행" 등으로 기재한다.

나. 결정서에 영업비밀 기재문서를 첨부할 것인지 여부

결정서에는 영업비밀의 내용이 구체적으로 기재되는 것은 아니고, 영업비밀이 기재된 준비서면 등도 첨부되지 않는다. 이는 영업비밀이 포함된 준비서면 등이 피신청인의 수만큼 사회에 나돌게 되면 그 누설의 위험이 높아지는 점, 결정서에 첨부하지 않더라도 법원이 결정 원본을 보존할 때 해당 영업비밀 기재문서를 동시에 보존하면 비밀유지명령의 취소나 형사벌의 관계에서도 명확하게

---

54) 小野昌延 편(주 10), 1142(伊原友己 집필부분); 中山信弘 · 小泉直樹 편(주 10), 1902(大野聖二/井上義隆 집필부분).
55) 윤태식(주 9), 268.
56) 전효숙(주 2), 48 참조.

처리할 수 있다는 점 등의 이유에서이다.[57] 이에 대하여 일본에서는 영업비밀의 구체적 내용이 없는 인용결정서의 피신청인에 대한 송달은 그 자체로 부적법할 뿐만 아니라 비밀유지명령이 취소되지 않는 한 형사벌의 제재 가능성이 있으므로 피신청인에 대하여 비밀유지명령의 대상을 명확하게 해 둘 필요가 있고, 기록이 폐기된 후에 비밀유지명령의 취소를 신청할 때에도 영업비밀의 범위가 명확해야 한다는 등의 이유로 비밀유지명령의 결정서에 영업비밀 기재문서를 첨부해야 한다는 견해도 있다.[58]

　기각이나 각하결정서에는 영업비밀 기재문서를 첨부할 필요는 없고, 그 이유 중에 영업비밀 기재문서를 특정하고 그에 관한 비밀유지명령의 신청이 있었다는 취지를 구체적으로 기재하면 될 것이다.[59]

4. 비밀유지명령의 송달방법

　법원은 비밀유지명령이 결정된 경우에는 그 결정서를 비밀유지명령을 받은 자에게 송달하여야 한다(본조 제3항). 만일 결정서에 영업비밀 기재문서를 첨부하는 방식으로 운용하는 때에는 결정서의 송달과정에서 영업비밀이 누설될 위험이 있기 때문에, 결정서의 송달은 원칙대로 교부송달(민사소송법 제178조 제1항)을 해야 하고, 보충송달의 방법에 의하는 것은 적절하지 않다.[60] 결정서에 영업비밀 기재문서를 첨부하지 않는 때에는 송달과정에서 영업비밀이 누설될 위험은 없으나 결정서를 송달받는 것만으로는 비밀유지명령 수명자가 영업비밀의 내용을 구체적으로 파악하기 어렵다. 현재 우리 실무는 이 경우에 비밀유지명령의 수명자가 법원에 출석하여 결정서를 교부송달 받고, 아울러 영업비밀 기재문서인 기본사건의 준비서면이나 증거를 열람 복사 신청하여 이를 교부받아 비밀유지명령의 대상이 되는 영업비밀의 내용을 파악하는 식으로 운용하고 있다. 일본 실무에서는 수명자로부터 "나는 오늘 비밀유지명령 결정서의 정본을 송달받았고 동시에 해당 영업비밀이 포함되어 있는 아래 서류를 송달받았으며, 그 자리에서 비밀유지명령의 대상인 영업비밀 기재문서의 내용을 확인하였습니다."라는 내용 등이 기재된 확인서를 받아둔다고 한다.[61]

---

57) 전효숙(주 2), 49; 윤태식(주 9), 286.
58) 小野昌延 편(주 10), 1148(伊原友己 집필부분).
59) 전효숙(주 2), 49; 윤태식(주 9), 286.
60) 박병민·이주연(주 12), 43.
61) 中山信弘·小泉直樹 편(주 10), 1904(大野聖二/井上義隆 집필부분).

Ⅷ. 비밀유지명령의 효력

1. 효력의 발생 시기와 종기

가. 시   기

비밀유지명령의 효력은 비밀유지명령 결정서가 비밀유지명령을 받은 자에 게 송달된 때부터 발생한다(본조 제4항).

앞서 기술한 바와 같이 결정서 정본을 비밀유지명령 수명자에게 교부송달 한다.

나. 종   기

비밀유지명령의 효력은 그 비밀유지명령이 취소될 때까지 존속한다(제14조 의5). 형사벌로 담보되는 비밀유지명령은 그 존속기간이 일의적으로 명확할 것 이 바람직하기 때문이다.[62] 민사소송법상의 비밀보호를 위한 기록 열람 등 제한 결정(민사소송법 제163조)도 그 효력의 종기를 규정해 두고 있지 않기 때문에 비 밀유지명령도 취소되지 않는 한 유효한 것으로 한 것이다.[63]

비밀유지명령의 신청인이 사망하거나 도산한 경우에는 상속인이나 비밀유 지명령의 대상인 영업비밀에 관한 사업의 양수인이 존재하는 한, 비밀유지명령 의 효력이 존속한다고 해석된다.[64] 비밀유지명령을 받은 자가 사망한 경우에는 그 명령을 받은 자에 대한 효력은 상속인에게 승계되지 않는다고 해석되므로 비밀유지명령의 효력은 소멸한다.[65] 비밀유지명령을 받은 종업원이 전직하거나 퇴직하여도 그 효력이 존속하고, 비밀유지명령을 받은 소송대리인이 기본사건 에 관하여 사임하여도 그 효력은 존속한다.[66]

다만, 일정한 시기 이후에 영업비밀의 비밀성 요건을 상실할 것이 예정되어 있는 영업비밀(비밀유지명령의 신청인이 특허출원을 마친 기술이거나 학술잡지에 게재 예정인 기술, 모터쇼의 시기에 발표예정인 신차의 디자인 등)에 관하여는, 비밀유지명 령을 내릴 때 비밀유지의무 기간의 종기를 명기하는 방법도 고려해 볼 수 있다.[67]

---

62) 小野昌延 편(주 10), 1149(伊原友己 집필부분).
63) 小野昌延 편(주 10), 1147(伊原友己 집필부분).
64) 윤태식(주 9), 287; 中山信弘·小泉直樹 편(주 10), 1904(大野聖二/井上義隆 집필부분).
65) 中山信弘·小泉直樹 편(주 10), 1904(大野聖二/井上義隆 집필부분).
66) 전효숙(주 2), 50; 윤태식(주 9), 287.
67) 전효숙(주 2), 50; 박병민·이주연(주 12), 43; 小野昌延 편(주 10), 1147(伊原友己 집필부분).

2. 효력의 내용

가. 비밀유지의무

비밀유지명령이 발령되면 비밀유지명령을 받은 자는 그 영업비밀을 해당 소송의 계속적인 수행 외의 목적으로 사용하거나 그 영업비밀에 관계된 비밀유지명령을 받은 자 외의 자에게 공개하여서는 안 되는 의무를 진다(본조 제1항 본문). 따라서 영업비밀이 포함된 준비서면 등을 송달받은 비밀유지명령 대상자인 기본사건의 소송대리인은 이를 엄중하게 보관하여야 한다.

비밀유지명령을 받은 자가 (기본사건의 소송대리인으로서) 변호사인 경우에는 그 영업비밀과 관련된 업무를 수행하는 것은 일반적으로 상정하기 어렵기 때문에 비밀유지명령에 기한 의무 부담으로 인하여 향후 업무수행에 지장이 생길 개연성은 적다. 그러나 비밀유지명령을 받은 자가 변리사 또는 연구개발을 수행하는 종업원인 경우에는 어느 정도 업무에 지장이 생기는 것은 피할 수 없다. 비밀유지명령의 대상인 영업비밀과 관계된 연구개발 업무를 수행하는 것은 그 영업비밀의 공개 내지 사용을 의심받기 때문에 이러한 업무를 담당하려면 세심한 주의가 필요하다.[68]

해당 소송의 계속적인 수행의 목적으로 비밀유지명령의 대상인 영업비밀을 사용하는 것은 가능하므로 기본사건의 소송준비를 위하여 그 영업비밀을 사용하여 실험을 하는 것은 허용된다. 그러나 이때에도 제3자는 물론 비밀유지명령을 받은 자가 아닌 회사의 대표자나 같은 개발부서의 직원 등에 대하여도 영업비밀을 공개하는 것은 허용되지 아니한다.[69] 또한 그 영업비밀이 포함된 준비서면을 소송에서 제출할 수밖에 없는 경우에는 그 기안이나 복사 및 법원에의 제출 등에 관해 비밀유지명령을 받은 자가 아닌, 다른 소송대리인이나 법률사무소 직원 또는 회사의 종업원 등이 영업비밀의 내용을 알고, 그것을 다른 사람에게 누설하지 않도록 충분하게 주의할 필요가 있다.[70]

일본의 실무도 비밀유지명령을 받은 소송대리인인 변호사가 스스로 준비서면의 사본 등을 작성하고, 법원에 제출할 때에도 우송하지 않고 변호사 스스로 지참하여 접수하는 방식으로 운용되고 있다고 한다.[71] 그러나 이와 같은 실무는

---

68) 中山信弘·小泉直樹 편(주 10), 1906(大野聖二/井上義隆 집필부분).
69) 전효숙(주 2), 51.
70) 전효숙(주 2), 51.
71) 中山信弘·小泉直樹 편(주 10), 1906(大野聖二/井上義隆 집필부분).

비현실적이고, 변호사사무소의 사무원은 변호사의 수족에 불과하므로 고유의 지위에서 소송절차에 관여하는 것이 아니며, 변호사사무소에서 사무원에 대하여 당연히 부과하고 있는 비밀유지의무의 틀 내의 이야기로서 변호사가 그 책임으로 사무원에 대하여 해당 비밀을 취급시키는 한, 비밀유지명령을 받은 자 외의 자에게 공개한 것으로 보아서는 안 된다고 해석해야 한다는 견해도 있다.72)

비밀유지명령 결정서에 준비서면이나 서증의 기재 위치를 형식적으로 특정하여 인용하는 방법에 의하여 영업비밀을 특정한 경우라도, 그 명령에 의하여 금지되는 것은 그 준비서면 등에 기재된 정보의 사용과 공개이다. 해당 준비서면이나 서증의 기재 부분 그 자체를 공개하는 것만이 금지되는 것은 아니다. 따라서 신청인이 비밀유지명령의 대상이 된 영업비밀과 동일한 사항을 그 발령 후에 제출하는 준비서면에 기재하거나 동일한 사항을 포함하는 별도의 증거를 제출한 경우에는, 그 영업비밀은 이미 발령된 비밀유지명령의 대상으로 되어 있어 당연히 그 준비서면의 기재부분이나 증거의 해당 내용을 공개하는 것도 금지된다고 할 것이나,73) 실무상 후에 제출하는 준비서면이나 증거에 이미 발령된 비밀유지명령의 대상이 된 영업비밀과 동일한 내용이 포함되어 있는지 여부를 법원에서 파악하여 관리하는 것은 어렵다. 보통 이러한 경우에는 후에 제출하는 준비서면 등에 대하여도 비밀유지명령을 신청한다.

신청인은 기본사건에서 영업비밀 기재문서를 제출하게 되는데, 이 때 소송기록의 열람 등의 제한 신청을 동시에 할 필요가 있다. 비밀유지명령은 그 대상자에게 비밀유지의무를 부과하는 것이어서 제3자의 소송기록 열람 등을 제한하는 효력까지 가지는 것은 아니기 때문이다.

나. 비밀유지명령위반

(1) 형사책임

비밀유지명령을 위반한 자에게는 형사벌이 가해진다. 법정형은 5년 이하의 징역 또는 5천만원 이하의 벌금으로서, 징역형과 벌금형을 선택해서 부과할 수 있다(제18조의4). 양벌규정은 적용되지 않는다(제19조 참조).74)

---

72) 小野昌延 편(주 10), 1154(伊原友己 집필부분).
73) 전효숙(주 2), 51; 中山信弘·小泉直樹 편(주 10), 1905(大野聖二/井上義隆 집필부분).
74) 특허법 제230조, 실용신안법 제50조, 상표법 제235조, 디자인보호법 제227조도 부정경쟁방지 및 영업비밀보호에 관한 법률과 마찬가지로 비밀유지명령위반죄에 대하여는 양벌규정에서 제외하고 있다. 한편, 저작권법은 징역형과 벌금형을 병과할 수 있다고 규정하고 있으며(저작권법 제136조 제1항), 같은 법 제141조는 법인의 대표자나 법인 또는 개인의

비밀유지명령위반죄는 비밀유지명령을 신청한 자의 고소가 없으면 공소를
제기할 수 없는 친고죄이다(제18조의4 제2항). 비밀유지명령위반죄 사건을 공개
된 형사법정에서 심리하는 과정에서 비밀유지명령에 의하여 보호되어야 할 영
업비밀이 침해될 우려가 있으므로 그 소추를 영업비밀 보유자의 의사에 맡기기
로 한 것이다.[75]

(2) 민사책임

비밀유지명령을 위반한 자는 비밀유지명령에 기한 의무에 위반하여 비밀유
지명령 신청인의 법률상 보호되는 이익을 침해한 것으로 민법상의 불법행위책
임(민법 제750조)을 진다. 그리고 부정한 목적(부정한 이익을 얻거나 그 영업비밀
보유자에게 손해를 입힐 목적)으로 해당 영업비밀을 사용하거나 공개하는 것은 영
업비밀 침해행위로서 침해금지의 대상이 되거나 손해배상의 책임을 질 수 있다
(제10조, 제11조).

영업비밀 침해행위 등으로 인한 영업상 이익에 관한 침해소송의 당사자(회
사의 경우에는 대표자)는 비밀유지명령의 대상자가 아닌 경우에도 비밀유지명령
을 받은 피용자가 비밀유지명령에 위반하면 사용자책임(민법 제756조)을 지는
경우가 있다.

IX. 비밀유지명령의 추가 신청

비밀유지명령 발령 후에 기본사건에서 비밀유지명령 신청인 쪽 당사자가
영업비밀인 자신의 제품의 구조나 디자인, 제조방법을 추가로 개시하는 경우에
는 동일한 비밀유지명령 대상자에 대하여 추가로 단계적으로 비밀유지명령을
신청할 필요가 있다. 또한 동일내용의 영업비밀에 관하여 복수의 대상자에 대한
비밀유지명령을 신청할 필요가 있는 경우에는 가능한 한 1회에 복수의 대상자
에 대한 비밀유지명령을 신청하는 것이 바람직하다.[76] 그러나 비밀유지명령을
받은 상대방의 담당 종업원이 전직, 퇴직 또는 사망하거나 소송대리인이 사임하
여 새로운 담당 종업원 또는 소송대리인을 추가하여 비밀유지명령의 대상자로

대리인, 사용인 그 밖의 종업원이 그 법인 또는 개인의 업무에 관하여 이 장의 죄를 범한
때에는 행위자를 벌하는 외에 그 법인 또는 개인에 대하여도 각 해당 조의 벌금형을 과한
다고 하여 비밀유지명령위반죄도 양벌규정에 포함하고 있다.
75) 전효숙(주 2), 52; 中山信弘·小泉直樹 편(주 10), 1907(大野聖二/井上義隆 집필부분).
76) 전효숙(주 2), 52.

할 필요가 있는 경우도 예상된다. 그리고 처음부터 개발자 등을 비밀유지명령 대상자로 지정하는 경우 영업비밀의 혼합(Contamination)으로 연구개발이 위축될 가능성이 있으므로 비밀유지명령을 받는 측에서는 가능한 한 개발자 등 중요한 종업원에 대하여는 비밀유지명령의 대상자로 되는 것을 원하지 않을 수 있는데, 이러한 경우 재판의 진행에 따라 점차 비밀유지명령 대상자를 확대해 나갈 필요도 있다.[77]

Ⅹ. 비밀유지명령 신청에 대한 각하 또는 기각결정

　　비밀유지명령 신청을 각하하거나 기각하는 경우에도 그 결정서에는 비밀유지명령의 결정서와 마찬가지로 영업비밀을 구체적으로 기재하지 않는다. 그리고 영업비밀이 기재된 준비서면 등도 첨부하지 않는다. 비밀유지명령 신청인은 신청사건 심리 시에 제출하였던 영업비밀 기재 문서를 반환받게 된다.

Ⅺ. 불복절차

　　(1) 비밀유지명령이 발령되면 이에 대하여는 즉시항고를 할 수 없고, 비밀유지명령 결정서가 비밀유지명령을 받은 자에게 송달되면 바로 확정된다. 비밀유지명령을 받은 자가 이에 불복하는 경우에는 발령을 요건을 갖추지 못하였음을 이유로 하여 비밀유지명령의 취소를 신청할 수 있을 뿐이다(제14조의 5 해설 부분 참조).
　　(2) 비밀유지명령의 신청을 기각 또는 각하한 재판에 대하여는 즉시항고를 할 수 있다(본조 제5항). 영업비밀이 기재된 준비서면 등은 항고심 심리 시에 다시 제시하여야 한다.
　　신청인이 즉시항고를 하지 않는 경우에는 비밀유지명령에 의한 보호를 구하였던 사항을 기재한 준비서면 등을 어떻게 할 것인지 고민하게 된다. 신청인은 기본사건의 법원에 이를 그대로 제출할 수도 있고, 해당 사항의 일부 또는 전부를 삭제하거나 새로운 준비서면 등을 작성하여 제출할 수도 있다.

〈설범식〉

---

77) 전효숙(주 2), 52; 小野昌延 편(주 10), 1154(伊原友己 집필부분).

> **제14조의5(비밀유지명령의 취소)**
> ① 비밀유지명령을 신청한 자 또는 비밀유지명령을 받은 자는 제14조의4 제1
> 항에 따른 요건을 갖추지 못하였거나 갖추지 못하게 된 경우 소송기록을 보
> 관하고 있는 법원(소송기록을 보관하고 있는 법원이 없는 경우에는 비밀유지
> 명령을 내린 법원)에 비밀유지명령의 취소를 신청할 수 있다.
> ② 법원은 비밀유지명령의 취소 신청에 대한 재판이 있는 경우에는 그 결정
> 서를 그 신청을 한 자 및 상대방에게 송달하여야 한다.
> ③ 비밀유지명령의 취소 신청에 대한 재판에 대하여는 즉시항고를 할 수
> 있다.
> ④ 비밀유지명령을 취소하는 재판은 확정되어야 그 효력이 발생한다.
> ⑤ 비밀유지명령을 취소하는 재판을 한 법원은 비밀유지명령의 취소 신청을
> 한 자 또는 상대방 외에 해당 영업비밀에 관한 비밀유지명령을 받은 자가 있
> 는 경우에는 그 자에게 즉시 비밀유지명령의 취소 재판을 한 사실을 알려야
> 한다.

〈소 목 차〉

Ⅰ. 본조의 의의
Ⅱ. 연   혁
Ⅲ. 비밀유지명령 취소의 신청권자 및
     상대방
   1. 신청권자
   2. 상 대 방
Ⅳ. 비밀유지명령의 취소사유 및 소명
     책임
   1. 취소사유
   2. 소명책임
Ⅴ. 비밀유지명령의 취소신청 절차

   1. 신청 시기
   2. 취소신청서의 기재사항
   3. 신청 법원
   4. 취소신청 사건의 심리
Ⅵ. 비밀유지명령의 취소결정 및 통지
   1. 취소결정
   2. 취소결정 확정 후 일부 명령상대
       방에 대한 통지
Ⅶ. 비밀유지명령 취소신청의 각하 또는
     기각결정

Ⅰ. 본조의 의의

비밀유지명령을 받은 사람은 그 영업비밀을 해당 소송의 계속적인 수행 외
의 목적으로 사용하거나 그 명령을 받은 사람 외의 사람에게 공개하여서는 안
되는 무거운 의무를 지게 됨에도, 그 비밀유지명령을 내린 결정에 대하여 즉시
항고할 수 있는 절차가 없다. 또한 비밀유지명령을 받은 사람은 그 비밀유지명

령 신청 사건의 심리단계에서 그 영업비밀의 구체적 내용을 제시받지 못하여 그 단계에서는 비밀유지명령 발령 요건에 대하여 충분히 반론하기도 어렵다. 따라서 비밀유지명령 발령 당시에 이미 그 발령 요건을 갖추지 못한 경우 비밀유지명령을 받은 사람은 본조에 따라 비밀유지명령의 취소를 신청하여 그 명령의 의무에서 벗어날 수 있다.

본조는 비밀유지명령의 발령요건이 사전에 흠결되어 있었거나 사후에 흠결이 생긴 경우 비밀유지명령의 취소절차를 정하고 있다.

II. 연   혁

본조는 2011. 12. 2. 개정 부정경쟁방지 및 영업비밀보호에 관한 법률(법률 제11112호)에 신설된 규정이다. 즉 한·미 자유무역협정이 체결됨에 따라 그 합의사항을 우리 부정경쟁방지 및 영업비밀보호에 관한 법률 등 지적재산권법 분야에서 이행하기 위하여 비밀유지명령(제14조의4) 제도가 도입되면서,[1] 비밀유지명령의 취소에 관한 본조와 소송기록 열람 등의 청구 통지 등(제14조의6), 비밀유지명령위반죄(제18조의4) 규정도 함께 신설되었다.

III. 비밀유지명령 취소의 신청권자 및 상대방

1. 신청권자

비밀유지명령의 취소 신청권자는 "비밀유지명령을 신청한 자 또는 비밀유지명령을 받은 자"이다(본조 제1항).

비밀유지명령을 신청한 사람이 비밀유지명령의 취소를 신청하는 경우는 비밀유지명령이 발령된 후에 라이센스 계약이나 비밀유지계약을 포함하는 화해가 성립한 때 등을 예상할 수 있다.[2]

비밀유지명령을 받은 사람이 신청하는 경우에 복수의 수명자 중 일부도 취소신청을 할 수 있고, 반드시 전원이 공동하여 취소신청을 할 필요는 없다. 복수의 수명자가 취소신청을 한 경우 일부의 자에 대해서만 취소결정을 할 수도

---

1) 정상조·박준석, 지식재산권법, 홍문당(2024), 246.
2) 전효숙, "지식재산소송절차와 비밀유지명령 제도", 이화여자대학교 법학논집 제17권 제2호(2012. 12), 55; 윤태식, 부정경쟁방지법, 박영사(2021), 288; 中山信弘, 小泉直樹 편, 新注解 特許法(下), 靑林書院(2011), 1910(大野聖二/井上義隆 집필부분).

있다.3)

다수의 영업비밀에 관하여 비밀유지명령이 발령된 경우에는 기본적으로 영업비밀마다 취소를 신청할 수 있다. 영업비밀이 단계적으로 제시되고 비밀유지명령이 단계적으로 발령된 경우에도 취소사유가 공통되는 경우에는 한꺼번에 취소신청을 할 수 있다.4)

2. 상 대 방

가. 비밀유지명령을 받은 자가 취소신청하는 경우

비밀유지명령을 받은 사람이 취소를 신청하는 경우에는 비밀유지명령의 신청인이 취소신청의 상대방이 된다.

비밀유지명령의 신청인은 개인인 경우와 회사 등 법인인 경우가 있는데, 개인이 사망하거나 법인이 도산한 경우에도 수명자에 대한 비밀유지명령의 효력에 영향을 미치는 것은 아니다.5) 따라서 비밀유지명령의 신청인이 사망하거나 도산한 경우에도 상속인 또는 비밀유지명령의 대상이 된 영업비밀에 관한 사업의 양수인이 존재하는 경우에는 그 상속인 또는 사업의 양수인이 비밀유지명령 취소신청의 상대방이 된다. 상속인 또는 사업의 양수인이 존재하지 않는 경우에는 법원에 특별대리인의 선임을 신청하여 특별대리인을 상대방으로 하여 취소신청을 할 수 있다.6) 즉 비밀유지명령을 받은 사람은 비밀유지명령의 취소를 신청할 때 해당 영업비밀의 보유주체에 변경이 생긴 경우에는 상대방을 특정하기 위한 절차적 부담을 지게 된다.

한편, 비밀유지명령을 받은 사람은 소송기록의 보존기간7) 내에는 기본사건인 영업비밀 침해행위 등으로 인한 영업상 이익의 침해소송의 당사자로 하여금 소송기록의 열람 등의 청구를 하게 하고, 비밀유지명령을 받지 아니한 당사자의 종업원 또는 대리인에게 그 열람 등의 청구절차를 밟게 함으로써(제14조의6), 비밀유지명령의 신청인 또는 그 상속인이나 사업의 양수인 측에서 소송기록의 열람 등을 청구하는 비밀유지명령을 받지 아니한 당사자나 그 절차를 밟는 종업

---

3) 전효숙(주 2), 55; 박병민·이주연, "민사소송절차에서 비밀 보호에 관한 연구 — in camera 심리절차를 중심으로 —", 사법정책연구원(2022), 45

4) 전효숙(주 2), 55; 박병민·이주연(주 3), 45

5) 小野昌延 編, 新注解 不正競爭防止法(下), 靑林書院(2012), 1160(伊原友己 집필부분).

6) 中山信弘, 小泉直樹 편(주 2), 1910-1911(大野聖二/井上義隆 집필부분).

7) 재판서·사건기록 등의 보존에 관한 예규(재일 2005-2) 제7조, 별표에 따르면, 판결에 관한 소송기록은 5년간, 기타 신청사건 기록은 3년간 보존된다.

원 또는 대리인을 수명자에 추가하는 비밀유지명령을 신청하게 함으로써 그 영
업비밀의 보유주체를 파악할 수 있고, 상대방을 특정하기 위한 절차적 부담을
덜 수 있을 것이다.[8]

나. 비밀유지명령의 신청인이 취소신청하는 경우

비밀유지명령의 신청인이 취소신청을 하는 경우에는 비밀유지명령을 받은
사람 전부 또는 일부를 상대방으로 하게 된다.

비밀유지명령을 받은 사람은 개인인 자연인이므로 언젠가 사망한다. 비밀
유지명령을 받은 사람이 사망한 경우 그 명령을 받은 지위는 상속되지 아니한
다고 해석된다.[9] 비밀유지명령을 받은 사람이 해당 영업비밀과 관련된 사업을
양도한 경우에도 비밀유지명령을 받은 사람에 대한 명령의 효력이 사업의 양수
인에게 승계되지 아니한다. 따라서 비밀유지명령 취소신청의 상대방을 특정하
기 위한 절차적 부담이 생기는 것은 아니다.[10]

IV. 비밀유지명령의 취소사유 및 소명책임

1. 취소사유

비밀유지명령의 취소는, 비밀유지명령의 발령 단계에서 발령 요건을 갖추
지 못한 점이나 비밀유지명령의 발령 후에 발령 요건을 갖추지 못하게 된 점을
사유로 하여 신청할 수 있다. 전자는 발령에 대한 수명자의 불복절차로서 기능
하고, 후자는 사정변경에 의한 취소신청이다.

비밀유지명령의 발령 요건은, ① 영업비밀이 준비서면 또는 증거에 포함되
어 있을 것(제14조의4 제1항 제1호), ② 영업비밀이 소송 수행 외의 목적으로 사
용되거나 공개되면 당사자의 영업에 지장을 줄 우려가 있어 그 영업비밀의 사
용 또는 공개를 제한할 필요가 있을 것(같은 항 제2호), ③ 비밀유지명령의 신청
시점까지 다른 당사자 등이 준비서면의 열람이나 증거조사 외의 방법으로 그
영업비밀을 이미 취득하고 있는 경우가 아닐 것(같은 항 단서) 등이다. 따라서
비밀유지명령의 취소에서는 이러한 요건의 결여가 문제로 된다.

---

8) 中山信弘, 小泉直樹 편(주 2), 1911(大野聖二/井上義隆 집필부분).
9) 小野昌延 편(주 5), 1160(伊原友己 집필부분).
10) 中山信弘, 小泉直樹 편(주 2), 1911(大野聖二/井上義隆 집필부분).

2. 소명책임

비밀유지명령의 취소사유에 대한 소명책임이 문제되는 것은 비밀유지명령
을 받은 자가 그 취소를 신청하는 경우일 것이다. 이 경우에 비밀유지명령 발령
당시 제14조의4 제1항 각호의 비밀유지명령 발령의 요건을 갖추지 못하였다는
점은 취소신청인이 소명할 것이 아니라, 비밀유지명령 신청인이 위 요건의 존재
를 소명해야 한다.[11] 영업비밀 보유자는 통상적으로 영업비밀 해당성에 관하여
가장 잘 소명을 할 수 있는 입장에 있고 비밀유지명령 발령 시에 그 점의 소명
을 했기 때문이다.[12] 그런데 제14조의4 제1항 본문 단서의 요건에 관하여는 조
문의 구성이 단서로 규정되어 있는 점 및 비밀유지명령의 신청인이 알 수 있는
것은 아닌 점에 비추어 비밀유지명령을 받은 사람이 소명책임을 부담한다고 할
것이다.[13]

한편, 비밀유지명령 발령 후 사후적으로 요건을 갖추지 못하게 된 경우에
는, 여전히 영업비밀성 등의 발령요건에 대하여 비밀유지명령 신청인 측에 소명
책임이 있다는 견해와 취소를 신청하는 비밀유지명령을 받은 사람 측에 있다는
견해가 가능하나,[14] 취소신청인이 자신에게 유리한 법률효과의 발생을 구하는
것이므로 그가 소명책임을 진다고 보는 후자의 견해가 공평의 원칙에 부합한다
고 생각된다.[15]

V. 비밀유지명령의 취소신청 절차

1. 신청 시기

비밀유지명령 취소신청은 비밀유지명령이 발령되어 그 효력이 존속하는 동
안 할 수 있다.

2. 취소신청서의 기재사항

비밀유지명령의 효력은 그 명령을 취소하는 재판이 확정될 때까지 존속하

---

11) 윤태식(주 2), 289; 박병민·이주연(주 3), 45.
12) 전효숙(주 2), 54; 小野昌延 편(주 5), 1162(伊原友己 집필부분).
13) 윤태식(주 2), 289; 박병민·이주연(주 3), 45.
14) 小野昌延 편(주 5), 1162(伊原友己 집필부분).
15) 전효숙(주 2), 54; 윤태식(주 2), 289; 박병민·이주연(주 3), 45.

기 때문에 비밀유지명령 취소신청서에는 비밀유지명령의 대상이 된 영업비밀을
구체적으로 기재하는 것은 피해야 한다. 비밀유지명령의 대상으로 된 영업비밀
은 형식적으로 특정하는 데 그치고, 비밀유지명령의 취소사유를 구체적으로 적
어야 할 것이다. 비밀유지명령의 취소를 구하는 영업비밀이 복수인 경우 이를
한 통의 비밀유지명령 취소신청서에 기재하여 한꺼번에 그 취소결정을 받을 수
있다.

그리고 비밀유지명령의 취소신청인이 취득하고 있는 정보가 그에게 영업비
밀로 관리되고 있는 경우에는, 비밀유지명령 취소신청서의 열람 등을 통하여 제
3자에게 그 영업비밀이 누설되지 않도록 열람 등의 제한 신청(민사소송법 제163
조)을 할 필요가 있다.

3. 신청 법원

비밀유지명령 취소신청은 소송기록을 보관하고 있는 법원에 한다(본조 제1
항). 여기서 '소송기록'은 비밀유지명령 신청사건 기록을 말하는 것이 아니라,
기본사건인 침해소송 기록을 말한다.[16] 따라서 기본사건이 1심 법원 계속 중에
1심 법원에서 비밀유지명령이 발령된 경우 취소신청을 할 당시 기본사건이 항
소심이나 상고심 법원에 계속하고 있다면 기본사건의 소송기록이 있는 항소심
이나 상고심 법원에 신청해야 한다.[17] 기본사건의 소송이 판결의 확정 등으로
종료한 경우에는 소송기록이 제1심 법원으로 돌아와 보관되므로(민사소송법 제
421조, 제425조), 예컨대 항소심 법원에서 비밀유지명령이 발령된 경우라도 제1
심 법원에 신청해야 한다. 소송기록이 보존기간[18] 만료로 폐기되어 이를 보관하
고 있는 법원이 없는 경우에는 비밀유지명령을 내린 법원에 신청하여야 한다(본
조 제1항 괄호).

4. 취소신청 사건의 심리

취소신청서가 접수되면 그 부본은 상대방에게 송달되고, 원칙적으로 취소
신청인 및 상대방에 대한 심문이 행하여질 것이다.

비밀유지명령을 받은 사람은 비밀유지명령 취소신청을 스스로 할 수도 있

---

16) 윤태식(주 2), 289.
17) 전효숙(주 2), 55.
18) 재판서·사건기록 등의 보존에 관한 예규(재일 2005-2) 제7조, 별표에 따르면, 판결에 관
    한 소송기록은 5년간, 기타 신청사건 기록은 3년간 보존된다.

고, 함께 비밀유지명령을 받은 소송대리인을 비밀유지명령 취소신청의 소송대리인으로 선임하여 그 신청을 하게 할 수도 있다.

비밀유지명령을 받은 사람이 그 명령을 받지 아니한 변호사를 비밀유지명령 취소신청의 소송대리인으로 선임할 수 있는지에 대하여, 기본사건인 영업비밀 침해소송의 소송대리인인 변호사라도 그가 비밀유지명령을 받지 않았으면 그에게 영업비밀의 공개가 허용되지 않는 이상, 비밀유지명령의 취소신청을 하는 경우라고 하여 그 대리인으로 되는 변호사에 대하여 합법적으로 공개할 수 있다고 해석하는 것은 균형을 잃기 때문에 불가능하다는 소극설[19]과, 비밀유지명령을 받은 자가 취소신청의 소송대리를 의뢰하거나 그 인용 가부 및 전망 등을 상담할 수 있는 경우가 해당 비밀유지명령을 받은 변호사에 한정된다면, 비밀유지명령은 그것이 취소될 때까지 수명자의 일생에 걸쳐 효력을 가지므로 10년, 20년 후에도 취소신청을 할 필요가 있는바, 그 때까지 비밀유지명령을 받은 변호사가 변호사로 활동하고 있을지 의문이고, 새로 선임하는 변호사의 상담을 듣기 위하여 비밀유지명령을 받는 것도 비현실적인 점, 또한 기본사건의 소송기록 보존기간이 경과한 후 그 기록이 폐기된 단계에서는 소송기록의 열람 등을 신청하는 방법으로 새로운 변호사에 대한 비밀유지명령 신청을 유도할 수도 없는 점, 비밀유지명령을 받은 자의 재판을 받을 권리를 보장하여야 하는 점 등에 비추어 직업상 비밀유지의무가 부과되어 있는 변호사에게는 그 변호사가 해당 비밀유지명령을 받은 자인지 여부를 불문하고 취소신청에 관한 상담과 소송위임이 가능하다는 적극설[20]이 있다.

VI. 비밀유지명령의 취소결정 및 통지

1. 취소결정

비밀유지명령 취소결정의 결정서에는 "이 법원 2024카기100 비밀유지명령 신청사건에 관하여 이 법원이 2024. ○. ○.에 한 비밀유지명령을 취소한다."고 기재하고, 비밀유지명령을 받은 사람 중 일부에 대하여 취소하거나 대상 영업비밀 중 일부 영업비밀에 대하여만 취소하는 경우에는 그 부분을 특정하여 기재한다.

---

19) 中山信弘, 小泉直樹 편(주 2), 1914(大野聖二/井上義隆 집필부분).
20) 小野昌延 편(주 5), 1162-1163(伊原友己 집필부분).

법원은 비밀유지명령의 취소신청에 대한 재판이 있는 경우에는 그 결정서를 취소신청을 한 자 및 상대방에게 송달하여야 한다(본조 제2항).

취소결정에 대하여는 즉시항고기간을 경과하는 등으로 확정되어야 효력이 발생한다(본조 제4항). 확정일을 증명하기 위하여 법원의 확정증명을 발급받아 두면 좋을 것이다.

2. 취소결정 확정 후 일부 명령상대방에 대한 통지

법원은 비밀유지명령을 받은 사람 중 일부만 취소신청을 하거나 비밀유지명령의 신청인이 일부의 수명자에 대해서만 취소신청을 하여 그 취소결정이 이루어진 경우에는 즉시 나머지 비밀유지명령을 받은 자에게도 취소재판을 한 사실을 알려야 한다(본조 제5항). 수명자 중 일부에 대하여 비밀유지명령이 취소되어도 나머지 수명자에 대한 비밀유지명령의 효력이 당연히 잃는 것은 아니므로, 나머지 수명자에게 취소재판을 한 사실을 통지한다.

비밀유지명령을 받은 사람 중 일부에 대하여 취소결정이 있는 경우 나머지 수명자가 그 취소결정을 받은 자에게 영업비밀을 공개하는 것이 비밀유지명령 위반인지 여부에 대하여 긍정설[21]과 부정설[22]로 견해가 나뉜다. 부정설은 비밀유지명령이 취소된 사람은 이미 지금까지 해당 영업비밀을 알고 있던 자로서 그에게 비밀유지명령을 받고 있는 자가 그 영업비밀의 내용을 이야기하더라도 객관적인 사정에는 아무런 변경이 없는 점, 이로써 해당 영업비밀의 누설 위험이 증가한다고 평가할 수도 없는 점, 비밀유지명령위반의 실질적인 위법성을 결하여 형사벌의 발동도 곤란할 것인 점 등을 근거로 든다. 그리고 본조 제5항의 통지는 아직 취소신청을 하지 아니한 수명자에 대하여 취소신청을 할 것을 촉구하는 의미로 이해할 수 있다고 한다.[23]

취소재판을 한 사실을 통지받은 나머지 수명자는 통상적으로 비밀유지명령을 유지하여야 할 실질적인 이유가 없기 때문에 비밀유지명령에 따른 의무에서 벗어나기 위하여 바로 비밀유지명령 취소신청을 하게 될 것이다. 그리고 비밀유지명령을 받은 사람은 본조 제5항의 통지를 받을 필요가 있기 때문에 거주지나 사무실을 이전한 경우에는 법원에 그 취지를 신고하여 둘 필요가 있다.

---

21) 中山信弘, 小泉直樹 편(주 2), 1914(大野聖二/井上義隆 집필부분).
22) 小野昌延 편(주 5), 1165(伊原友己 집필부분).
23) 小野昌延 편(주 5), 1165(伊原友己 집필부분).

비밀유지명령 취소신청의 상대방은 비밀유지명령의 취소결정에 대하여 즉시항고를 할 수 있다(본조 제3항).

VII. 비밀유지명령 취소신청의 각하 또는 기각결정

법원은 비밀유지명령 취소신청을 각하하거나 기각하는 재판을 한 경우 그 결정서를 신청인 및 상대방에 대하여 송달한다(본조 제2항). 비밀유지명령취소 신청인은 이에 불복이 있는 경우는 즉시항고를 할 수 있다(본조 제3항).

〈설범식〉

> **제14조의6(소송기록 열람 등의 청구 통지 등)**
>
> ① 비밀유지명령이 내려진 소송(모든 비밀유지명령이 취소된 소송은 제외한다)에 관한 소송기록에 대하여 「민사소송법」 제163조 제1항의 결정이 있었던 경우, 당사자가 같은 항에서 규정하는 비밀 기재 부분의 열람 등의 청구를 하였으나 그 청구절차를 해당 소송에서 비밀유지명령을 받지 아니한 자가 밝은 경우에는 법원서기관, 법원사무관, 법원주사 또는 법원주사보(이하 이 조에서 "법원사무관등"이라 한다)는 「민사소송법」 제163조 제1항의 신청을 한 당사자(그 열람 등의 청구를 한 자는 제외한다. 이하 제3항에서 같다)에게 그 청구 직후에 그 열람 등의 청구가 있었다는 사실을 알려야 한다.
>
> ② 제1항의 경우에 법원사무관등은 제1항의 청구가 있었던 날부터 2주일이 지날 때까지(그 청구절차를 행한 자에 대한 비밀유지명령신청이 그 기간 내에 이루어진 경우에는 그 신청에 대한 재판이 확정되는 시점까지) 그 청구절차를 행한 자에게 제1항의 비밀 기재 부분의 열람 등을 하게 하여서는 아니 된다.
>
> ③ 제2항은 제1항의 열람 등의 청구를 한 자에게 제1항의 비밀 기재 부분의 열람 등을 하게 하는 것에 대하여 「민사소송법」 제163조 제1항의 신청을 한 당사자 모두의 동의가 있는 경우에는 적용되지 아니한다.

〈소 목 차〉

Ⅰ. 본조의 의의
Ⅱ. 연   혁
Ⅲ. 소송기록 열람 등의 청구 통지
  1. 소송기록의 열람 등 신청
  2. 통지의 의의
  3. 열람 등의 잠정적 정지
  4. 적용제외
Ⅳ. 통지를 받은 당사자의 대응절차
  1. 새로운 비밀유지명령의 신청
  2. 새로 비밀유지명령을 받을 사람

Ⅰ. 본조의 의의

비밀유지명령의 대상이 된 영업비밀이 포함된 준비서면이나 증거는 법원에 제출되어 다른 준비서면이나 증거와 마찬가지로 소송기록에 철하여진다.

비밀유지명령의 신청인은 해당 영업비밀이 포함된 문서가 제3자에 의하여 열람되지 않도록 소송기록의 열람 등의 제한 신청을 하게 되지만, 기본사건인 영업비밀 침해행위 등으로 인한 영업상 이익의 침해에 관한 소송의 상대방 당사자가 하는 열람 등의 청구에 대하여는 이를 제한할 수 없다(민사소송법 제163

조). 즉 상대방 당사자가 소송기록의 열람 등의 청구를 하였으나, 해당 소송에서 비밀유지명령을 받지 아니한 자가 그 청구절차를 밟았을 때에는[1] 민사소송법상 그 열람 등의 제한을 할 수 없고, 그 당사자의 사용인, 대리인 등은 영업비밀 기재 문서의 열람 등을 통하여 비밀유지명령에 기한 의무를 부담함이 없이 그 명령의 대상이 된 영업비밀을 취득할 수 있게 된다.

이에 본조는 비밀유지명령의 신청인에게 소송기록의 열람 등의 청구절차를 밟은 자를 비밀유지명령을 받을 자로 추가하는 비밀유지명령 신청을 할 기회를 주어 비밀유지명령(제14조의4 제1항)의 실효성이 무너지는 상황을 막기 위한 절차를 정하고 있다.

II. 연   혁

본조는 2011. 12. 2. 개정 부정경쟁방지 및 영업비밀보호에 관한 법률(법률 제11112호)에 신설되었다. 즉 한·미 자유무역협정이 체결됨에 따라 그 합의사항을 우리 부정경쟁방지 및 영업비밀보호에 관한 법률 등 지적재산권법 분야에서 이행하기 위하여 비밀유지명령(제14조의4) 제도가 도입되면서, 비밀유지명령의 취소(제14조의5), 소송기록 열람 등의 청구 통지 등에 관한 본조(제14조의6), 비밀유지명령위반죄(제18조의4) 규정도 함께 신설되었다.

III. 소송기록 열람 등의 청구 통지

1. 소송기록의 열람 등 신청

민사소송법은 소송기록에 대한 접근을 넓게 인정하고 있어 당사자나 이해관계를 소명한 제3자는 소송기록의 열람·복사, 재판서·조서의 정본·등본·초본의 교부를 신청할 수 있다(민사소송법 제162조 제1항). 소송대리인은 그 사용인,

---

[1] 특허법 제224조의5, 디자인보호법 제219조는 부정경쟁방지 및 영업비밀보호에 관한 법률 제14조의6과 같은 표현 형식으로 규정하고 있는 반면, 상표법 제229조 제1항은 "… 그 소송에서 비밀유지명령을 받지 아니한 자가 열람 등이 가능한 당사자를 위하여 그 비밀 기재 부분의 열람 등의 청구절차를 밟은 경우", 저작권법 제129조의5 제1항은 "… 당사자가 같은 항에 규정하는 비밀 기재 부분의 열람 등을 해당 소송에서 비밀유지명령을 받지 아니한 자를 통하여 신청한 경우"라고 표현을 다소 달리하고 있으나 그 의미는 거의 같다고 본다[전효숙, "지식재산소송절차와 비밀유지명령 제도", 이화여자대학교 법학논집 제17권 제2호(2012. 12), 53].

사무원, 그 밖의 사람으로 하여금 재판기록의 열람·복사를 하게 할 수 있다. 다만, 재판장이 이를 금지하는 경우에는 그러하지 아니하다(재판기록 열람·복사 규칙 제7조 제1항).[2]

그런데 소송기록 중에 개인의 사생활이나 영업비밀이 기재되어 있는 경우에는 소송기록의 열람·복사 등의 절차를 거쳐 누설될 염려가 있다. 더욱이 영업비밀의 보호에 관하여는 1991. 12. 31. 부정경쟁방지 및 영업비밀보호에 관한 법률 제3장이 신설되면서 영업비밀의 침해행위에 대한 금지청구권이 인정되었으나(제10조), 금지청구권을 주장·입증함에 있어 종전의 공개심리 하에서는 영업비밀이 제3자에게 알려지게 되어 그 비밀성을 상실하게 되므로, 비밀보유자는 소송에서 승소하기 위하여 비밀을 포기할 것인가, 비밀유지를 위하여 패소하고 말 것인가라는 양자택일을 강요당하게 됨으로써 부득이 소송수행을 포기하여야 하는 사례도 생겨났다.[3] 민사소송법은 당사자의 비밀유지라는 이익과 제3자의 기록열람 등의 청구권 사이에 조정을 꾀하여, 당사자의 신청을 전제로 소송기록 중 비밀 기재부분의 열람 등을 신청할 수 있는 자를 당사자로 한정할 수 있는 절차를 정하고 있다(민사소송법 제163조).

다만, 당사자 외의 제3자에 대하여 열람 등의 제한결정이 있는 경우에도 당사자가 재판기록 열람 등의 신청권자로서 그의 대리인이나 사용인 등에 의한 재판기록의 열람 등의 신청절차를 밟게 하는 것이 가능한바,[4] 이와 같은 경우에는 당사자의 대리인이나 사용인도 그 영업비밀을 알게 된다.

---

2) 재판기록 열람·복사 규칙
제7조(열람·복사의 절차 등)
① 소송대리인 또는 변호인은 그 사용인, 사무원, 그 밖의 사람(이하 "사용인 등"이라 한다)으로 하여금 재판기록의 열람·복사를 하게 할 수 있다. 다만, 재판장이 이를 금지하는 경우에는 그러하지 아니하다.
3) 주석 민사소송법(Ⅱ), 한국사법행정학회(2012), 546(안정호 집필부분).
4) 재판기록 열람·복사 예규(재일 2012-3)
제4조(신청권자)
① 민사재판기록 및 이에 준하는 재판기록의 열람·복사를 신청할 수 있는 사람은 다음과 같다.
1. 당사자(당사자로부터 열람·복사의 위임을 받은 사람 포함)
2. 법정대리인 또는 특별대리인(이로부터 열람·복사의 위임을 받은 사람 포함)
3. 소송대리인(재판기록 열람·복사 규칙 제7조 제1항에 따른 사용인 등 포함)
4. 이해관계를 소명한 제3자
5. 그 밖에 법령이 허용하는 사람

2. 통지의 의의

비밀유지명령의 신청인은 영업비밀이 적혀 있는 문서(준비서면, 증거)를 기본사건인 영업상 이익의 침해에 관한 소송의 소송기록으로 제출하는 경우, 동시에 비밀보호를 위한 열람 등의 제한신청을 하여(민사소송법 제163조 제1항) 해당 영업비밀 기재부분의 열람 등을 거쳐 영업비밀이 제3자에게 누설되는 상황을 방지할 필요가 있다.

원래 소송기록의 열람 등의 제한 결정이 있는 경우에도 당사자에 의한 열람 등의 신청은 제한되지 않아(민사소송법 제163조 제1항), 당사자가 열람 등의 신청 주체로 되어 그 신청절차를 당사자본인이나 그 대리인, 사용인이 밟으면 이들은 소송기록 중 영업비밀 기재부분의 열람 등을 통하여 영업비밀을 취득할 수 있다.

이 경우 열람 등의 신청절차를 행하는 자(당사자본인, 그 대리인이나 사용인)가 비밀유지명령을 받은 사람이면 비밀유지명령에 따른 의무 하에, 이미 제시받고 있는 영업비밀 기재 문서를 다시 열람 등을 하는 데 지나지 않고, 여기에 아무런 문제도 생기지 않는다. 그러나 열람 등의 신청절차를 밟은 자가 비밀유지명령을 받은 사람이 아닌 경우에는 이들은 소송기록 중 영업비밀 기재부분의 열람 등을 통하여 비밀유지명령에 기한 의무를 부담함이 없이 영업비밀을 취득하게 되어 비밀유지명령의 실효성에 문제가 생긴다.

또한, 기본사건을 진행하면서 상대방 당사자도 비밀유지명령을 받은 자신의 소송대리인이나 종업원을 교체하고 싶은데 비밀유지명령 신청인이 비밀유지명령을 받을 자의 교체를 위한 신청에 협조하지 않는 경우에 소송기록 중 영업비밀 기재부분의 열람 등을 청구하여 비밀유지명령 신청인으로 하여금 비밀유지명령의 추가 신청을 하도록 유도할 수도 있다.[5]

그래서 법원사무관 등은 비밀유지명령의 신청인에게 소송기록의 열람 등의 청구절차를 밟은 자를 비밀유지명령을 받을 자로 추가하는 비밀유지명령의 신청을 할 것인지 여부를 판단하게 하기 위하여 그 청구가 있었다는 사실을 알려야 한다는 규정을 두게 되었다(본조 제1항).

---

5) 윤태식, 부정경쟁방지법, 박영사(2021), 291.

3. 열람 등의 잠정적 정지

소송기록 중 영업비밀 기재부분의 열람 등을 신청할 수 있는 자를 당사자로 한정하는 결정이 있었던 경우(민사소송법 제163조 제1항), 비밀유지명령을 받지 아니한 사람이 그 비밀 기재부분의 열람 등의 청구절차를 밟은 경우에는 법원사무관 등이 민사소송법 제163조 제1항의 소송기록 열람 등의 제한결정 신청을 한 당사자에게 그 비밀 기재부분의 열람 등의 청구가 있었다는 사실을 알려야 하고(본조 제1항), 그 경우에는 법원사무관 등은 비밀 기재부분의 열람 등의 청구절차를 밟은 자에 대하여 그 청구가 있었던 날부터 2주일이 지날 때까지(그 청구절차를 밟은 자에 대한 비밀유지명령신청이 그 기간 내에 이루어진 경우에는 그 신청에 대한 재판이 확정되는 시점까지) 열람 등을 하게 하여서는 아니 된다(본조 제2항). 즉 이러한 경우에는 그 비밀 기재부분의 열람 등의 절차를 밟은 자는 일정한 기간 그 열람 등을 할 수 없게 된다.

4. 적용제외

기본사건인 영업상 이익의 침해에 관한 소송에서 비밀유지명령이 발령되었으나 그 후 비밀유지명령이 취소된 경우나, 비밀 기재부분의 열람 등의 청구를 한 당사자가 비밀유지명령의 신청인 자신인 경우에는 비밀유지명령의 신청을 하게 할 기회를 줄 필요가 없어, 법원사무관 등은 민사소송법 제163조 제1항의 소송기록 열람 등의 제한결정 신청을 한 당사자에게 비밀 기재부분의 열람 등의 청구가 있었다는 사실을 통지하지 않는다(본조 제1항 괄호).

그리고 민사소송법 제163조 제1항의 소송기록 열람 등의 제한결정 신청을 한 당사자 모두가 그 비밀 기재부분의 열람 등의 청구를 한 자에게 열람 등을 하게 하는 것에 대하여 동의하고 있는 경우에는 법원사무관 등은 열람 등의 잠정적 정지조치를 취하지 않고 바로 열람 등을 하게 한다(본조 제3항). 그 비밀 기재부분의 열람 등의 청구절차를 밟으면서 처음부터 열람 제한결정 신청인 모두의 동의서를 첨부한 경우에는 비밀유지명령의 신청을 하게 할 기회를 줄 필요가 없으므로 본조 제1항의 통지도 생략할 수 있을 것이다.

Ⅳ. 통지를 받은 당사자의 대응절차

1. 새로운 비밀유지명령의 신청

해당 소송에서 비밀유지명령을 받지 아니한 자가 비밀 기재부분의 열람 등의 청구를 하였다는 사실의 통지가 있는 경우(본조 제1항), 열람 등의 청구절차를 밟은 자는 청구가 있었던 날부터 2주일이 지날 때까지(그 청구절차를 밟은 자에 대한 비밀유지명령신청이 그 기간 내에 이루어진 경우에는 그 신청에 대한 재판이 확정되는 시점까지), 그 열람 등을 할 수 없다(본조 제2항). 비밀유지명령 신청인은 그 열람 등의 청구절차를 밟은 자를 '비밀유지명령을 받을 자'로 하는 비밀유지명령을 신청할 것인지 여부를 검토하고, 그 필요가 있다고 판단할 경우에는 위 기간 내에 비밀유지명령을 신청할 수 있다.

새로운 비밀유지명령을 신청하지 않는다면 비밀 기재부분에 대하여 열람 등의 청구절차를 밟은 자가 비밀유지명령에 기한 의무를 부담함이 없이 그 영업비밀을 취득하여 영업비밀성을 잃게 되므로 통상은 새로운 비밀유지명령을 신청하게 될 것이다.

2. 새로 비밀유지명령을 받을 사람

새로운 비밀유지명령의 신청에 의하여 추가되어야 할 사람은 소송기록의 열람 등의 청구절차를 밟은 사람이다.[6]

따라서 비밀유지명령의 신청인이 아닌 영업상 이익의 침해에 관한 소송(기본사건)의 상대방 당사자는 비밀유지명령을 받지 아니한 사용인이나 대리인으로 하여금 소송기록의 열람 등의 청구절차를 밟게 함으로써 사후적으로 그들을 비밀유지명령을 받을 자로 추가시키도록 유도하는 것도 가능하다.

대개 비밀유지명령 신청사건의 심문기일에서 법원이 양 당사자 사이의 의견을 듣고 그 '비밀유지명령을 받을 자'를 확정하기 때문에 비밀유지명령을 받을 자를 사후적으로 추가하여야만 하는 경우는 많지 않을 것이다. 기본사건의 상대방 당사자의 담당자(종업원)가 교체된 경우, 비밀유지명령을 받은 담당자보다 다른 사람이 그 영업비밀을 검토하는 것이 적임인 경우 등에 있어서 비밀유

---

6) 中山信弘, 小泉直樹 편, 新注解 特許法(下), 靑林書院(2011), 1919(大野聖二/井上義隆 집필부분).

지명령의 신청인이 '비밀유지명령을 받을 자'를 추가하는 새로운 비밀유지명령의 신청을 하지 않는 때에는 본조의 절차를 통하여 비밀유지명령을 받을 자를 추가하도록 유도하는 기능을 한다.[7]

비밀유지명령 신청인의 기본사건 상대방 당사자 수인 중 일부에 대해서만 비밀유지명령이 내려지고 일부에 대해서는 비밀유지명령이 없는 경우 비밀유지명령을 받지 아니한 당사자가 소송기록의 열람 등의 청구절차를 밟는 때에는 그 당사자본인도 비밀유지명령의 신청인에 의하여 새로 비밀유지명령을 받을 사람으로 추가될 수 있을 것이다.

〈설범식〉

---

7) 中山信弘, 小泉直樹 편(주 6), 1919-1920(大野聖二/井上義隆 집필부분).

제14조의7(기록의 송부 등)

① 법원은 다음 각 호의 어느 하나에 해당하는 소가 제기된 경우로서 필요하다고 인정하는 때에는 특허청장, 시·도지사 또는 시장·군수·구청장에게 제7조에 따른 부정경쟁행위 등의 조사기록(사건관계인, 참고인 또는 감정인에 대한 심문조서 및 속기록 기타 재판상 증거가 되는 일체의 것을 포함한다)의 송부를 요구할 수 있다. 이 경우 조사기록의 송부를 요구받은 특허청장, 시·도지사 또는 시장·군수·구청장은 정당한 이유가 없으면 이에 따라야 한다.

1. 제4조에 따른 부정경쟁행위 등의 금지 또는 예방 청구의 소

2. 제5조에 따른 손해배상 청구의 소

② 특허청장, 시·도지사 또는 시장·군수·구청장은 제1항에 따라 법원에 조사기록을 송부하는 경우 해당 조사기록에 관한 당사자(이하 "조사기록당사자"라 한다)의 성명, 주소, 전화번호(휴대전화 번호를 포함한다), 그 밖에 법원이 제5항에 따른 고지를 하는 데 필요한 정보를 함께 제공하여야 한다.

③ 특허청장, 시·도지사 또는 시장·군수·구청장은 제1항에 따라 법원에 조사기록을 송부하였을 때에는 조사기록당사자에게 법원의 요구에 따라 조사기록을 송부한 사실 및 송부한 조사기록의 목록을 통지하여야 한다.

④ 조사기록당사자 또는 그 대리인은 제1항에 따라 송부된 조사기록에 영업비밀이 포함되어 있는 경우에는 법원에 열람 범위 또는 열람할 수 있는 사람의 지정을 신청할 수 있다. 이 경우 법원은 기록송부 요구의 목적 내에서 열람할 수 있는 범위 또는 열람할 수 있는 사람을 지정할 수 있다.

⑤ 법원은 제4항에 따라 조사기록당사자 또는 그 대리인이 열람 범위 또는 열람할 수 있는 사람의 지정을 신청하기 전에 상대방 당사자 또는 그 대리인으로부터 제1항에 따라 송부된 조사기록에 대한 열람·복사의 신청을 받은 경우에는 특허청장, 시·도지사 또는 시장·군수·구청장이 제2항에 따라 특정한 조사기록당사자에게 상대방 당사자 또는 그 대리인의 열람·복사 신청 사실 및 제4항에 따라 열람 범위 또는 열람할 수 있는 사람의 지정을 신청할 수 있음을 고지하여야 한다. 이 경우 법원은 조사기록당사자가 열람 범위 또는 열람할 수 있는 사람이 지정을 신청할 수 있는 기간을 정할 수 있다.

⑥ 법원은 제5항 후단의 기간에는 제1항에 따라 송부된 조사기록을 다른 사람이 열람·복사하게 하여서는 아니 된다.

⑦ 제5항에 따른 고지를 받은 조사기록당사자가 같은 항 후단의 기간에 제4항에 따른 신청을 하지 아니하는 경우 법원은 제5항 본문에 따른 상대방 당사자 또는 그 대리인의 열람·복사 신청을 인용할 수 있다.

⑧ 제1항, 제2항 및 제4항부터 제7항까지에 따른 절차, 방법 및 그 밖에 필요한 사항은 대법원규칙으로 정한다.

<소 목 차>

I. 행정조사 기록의 법원 송부   위한 절차
II. 기록에 포함된 영업비밀을 보호하기

I. 행정조사 기록의 법원 송부

「부정경쟁방지 및 영업비밀보호에 관한 법률」(이하 '부정경쟁방지법'이라고 한다) 제14조의7은 2018. 4. 17. 법률 제15580호 개정으로 신설되었고,[1] 2024. 2. 20. 법률 제20321호 개정으로 전문개정되었다.[2] 특허청장, 시·도지사 또는 시장·군수·구청장(자치구의 구청장을 말한다)은 부정경쟁방지법 제2조 제1호((아)목과 (파)목은 제외한다)의 부정경쟁행위나 제3조, 제3조의2 제1항 또는 제2항을 위반한 행위를 확인하기 위하여 필요한 경우로서 다른 방법으로는 그 행위 여부를 확인하기 곤란한 경우에는 관계 공무원에게 영업시설 또는 제조시설에 출입하여 관계 자료나 제품 등을 조사하게 하거나 조사에 필요한 최소분량의 제품을 수거하여 검사하게 할 수 있다.[3] 이러한 부정경쟁행위 등의 조사기록을 같은 행위를 원인으로 한 민사사건에서 법원이 판단할 기초자료로 활용할 수 있으므로 송부 규정을 마련한 것이다.[4] 2018. 4. 17. 입법 당시에는 법원이 송부

---

1) 본 규정의 신설은 2017. 11. 23. 홍익표 의원 대표발의 개정법률안(의안번호 2010360)에 포함되어 발의되었다가 2018. 3. 29. 국회 산업통상자원중소벤처기업위원장 발의 대안(의안번호 2012752)에 반영되어 2018. 3. 30. 본회의에서 가결되었다.
2) 2024. 2. 20. 개정은 2021.5.14. 황운하 의원 대표발의 개정법률안(의안번호 2110114), 2022. 6. 10. 정태호 의원 대표발의 개정법률안(의안번호 2115870), 2022. 12. 15. 김용민 의원 대표발의 개정법률안(의안번호 2118959), 2022. 12. 16. 김용민 의원 대표발의 개정법률안(의안번호 2118983), 2023. 3. 17. 양금희 의원 대표발의 개정법률안(의안번호 2120741), 2023. 6. 9. 김성원 의원 대표발의 개정법률안(의안번호 2122561), 2023. 7. 19. 김성원 의원 대표발의 개정법률안(의안번호 2123352), 2023. 9. 15. 한무경 의원 대표발의 개정법률안(의안번호 2124508)의 내용을 통합·조정한 2024. 1. 24. 국회 산업통상자원중소벤처기업위원장 발의 대안(의안번호 2126378)이 2024. 1. 25. 본회의에서 가결되고 공포된 것이다.
3) 부정경쟁방지법 제7조(부정경쟁행위 등의 조사 등).
4) 국회 산업통상자원중소벤처기업위원회 수석전문위원 송대호, "홍익표 의원 대표발의 개

를 요구할 수 있는 대상기관을 '특허청'으로 규정하였고 대상사건도 '제5조에 따른 손해배상 청구'만을 규정하였다가, 2024. 2. 20. 개정 시 부정경쟁방지법 제7조에 의한 조사권한을 가진 기관 모두인 '특허청장, 시·도지사 또는 시장·군수·구청장'으로 대상기관을 확대하였고 '제4조에 따른 금지 또는 예방 청구'도 대상사건에 포함시켰다.

부정경쟁방지법에 대한 2018. 4. 17. 개정은 트레이드 드레스 보호를 위한 영업표지 정의규정의 확대(제2조 제1호 (나)목 및 (다)목), 아이디어 탈취 행위를 방지하기 위한 아이디어 보호 범위의 확대(제2조 제1호 (차)목) 등 부정경쟁행위의 유형을 넓혀 권리자 보호를 강화하는 추세를 보여주고 있다.[5] 또한 부정경쟁행위에 대한 조사기록을 향후 법원의 요청이 있을 경우 법원에 제출할 수 있도록 하는 본조의 신설에 의하여 당사자의 증명부담을 덜어주는 효과가 있다는 점도 주목할 만한 부분이라고 설명된다.[6]

나아가 2024. 2. 20. 개정은 보호대상인 '데이터'의 개념에서 '비밀로서 관리되고 있지 아니한' 대신 영업비밀을 제외하는 것으로의 변경(제2조 제1호 (카)목), 당사자가 특허청장, 시·도지사 또는 시장·군수·구청장에게 부정경쟁행위 확인을 위한 행정조사와 관련된 자료의 열람 및 복사를 요구할 수 있는 근거 마련(제7조의2), 부정경쟁행위를 한 자에 대한 특허청장의 시정명령제도 도입 및 불이행 시 위반행위의 내용 등의 공표와 과태료 부과(제8조 제1항, 제20조 제1항 제1호의2), 영업비밀 훼손·멸실·변경 금지 및 위반에 대한 형사처벌(제9조의8, 제18조 제3항), 고의적인 아이디어 탈취 및 영업비밀 침해에 대한 증액 손해배상액 한도 강화(제14조의2 제6항), 영업비밀 침해행위 또는 부정경쟁행위를 조성한 물품 등에 대한 몰수 근거 마련(제18조의5), 부정경쟁행위 범죄나 영업비밀 침해죄에 관한 법인의 벌금형 상한을 행위자의 3배로 강화(제19조), 영업비밀 침해죄에 관한 법인의 공소시효를 10년으로 연장(제19조의2)하는 등의 내용을 담고 있고, 아울러 행정조사 기록의 법원 송부와 관련하여 행정조사 기록에 포함된 영업비밀을 보호하기 위한 절차 규정을 마련하는 등 제14조의7에 대한 전문개정이 이루어졌다.

정법률안(의안번호 2010360)에 대한 검토보고서"(2018. 2), 10 참조.
5) 한국지식재산연구원, "우리기업의 부정경쟁행위 피해 실태조사"(2018), 82 참조.
6) 박성준, "[특별기고] 아이디어 탈취 금지를 위한 부정경쟁방지법 개정 배경과 주요내용", 대한변협신문, 제697호[http://news.koreanbar.or.kr/news/articleView.html?idxno=18493 (2019. 5. 29. 방문)] 참조.

　　부정경쟁방지법은 부정경쟁행위에 대하여 민·형사적 구제뿐만 아니라 행정적 조치를 마련하고 있는데(제7조 '부정경쟁행위 등의 조사 등', 제8조 '위반행위의 시정권고 등', 제9조 '의견청취'), 특허청장이 위반자를 형사고발하고 조사한 자료를 수사기관에 제출하여 형사상 증거자료가 될 수 있도록 할 가능성, 시정권고 후 계속된 부정경쟁행위에 대한 고의 인정의 용이성 등에 의한 간접적인 효력 또한 행정적 구제방법의 효과라고 볼 수 있다.[7][8] 그리고 법원이 특허청에 부정경쟁행위 등의 조사기록의 송부를 요구할 수 있도록 한 제14조의7 규정에 의해 행정적 구제방법의 의의가 강화되었다고 평가할 수 있다.[9] 즉 조사결과가 향후 민사소송에서 활용될 수 있으므로 행정청 조사권한의 실효성이 더욱 높아질 것이고, 권리자가 행정적 구제방법을 통하여 부정경쟁행위에 대한 증거자료를 상대적으로 용이하게 확보할 수 있게 되므로 부정경쟁행위를 이유로 민사소송을 준비하는 경우 먼저 행정적 구제방법의 이용도 고려하게 될 것으로 예상된다.[10] 현행법 하에서 특허청이 부정경쟁행위 시정권고의 내용으로 침해금지의 권고 외에 손해배상의 권고도 할 수 있다고 해석할지에 대해서는 논란이 있지만, 손해배상의 권고는 할 수 없다고 보더라도 본조의 활용이 민사소송에 의한 권리자 구제에 행정상 구제절차가 적극 조력하는 수단이 될 수 있다는 분석도 같은 취지이다.[11]

　　참고로 중소기업기술 보호 지원에 관한 법률(이하 '중소기업기술보호법'이라고 한다)은 중소기업기술 침해행위를 당한 중소기업 및 중소기업자는 그 사실을 중소벤처기업부장관에게 신고하고 필요한 조치를 요청할 수 있도록 하고(중소기업기술보호법 제8조의2 제1항), 중소벤처기업부장관은 위 신고를 받은 경우 중소기업기술 침해행위 사실을 조사하기 위하여 관련 기관 또는 사업자 등에 자료제출을 요구하거나 소속 공무원으로 하여금 그 사무소·사업장, 그 밖에 필요한 장소에 출입하여 장부·서류, 시설 및 그 밖의 물건을 조사하게 할 수 있도록

---

7) 윤선희·김지영, 부정경쟁방지법, 법문사(2012), 330-331 참조.
8) 종전에는 위반자가 시정권고를 이행하지 않는 경우에도 이를 강제할 수 있는 직접적인 수단은 마련되어 있지 않아 한계가 있었으나, 위에서 본 바와 같이 2024. 2. 20. 개정으로 특허청장의 시정명령 및 불이행에 대한 과태료 부과 제도가 신설되었다(제8조 제1항, 제20조 제1항 제1호의2).
9) 한국지식재산연구원(주 5), 80 참조.
10) 한국지식재산연구원(주 5), 81 참조.
11) 세종대학교 산학협력단, "정책연구과제 결과 보고서 — 부정경쟁행위 판단기준 및 행정조사에 관한 연구"(2018), 269 참조.

정한다(중소기업기술보호법 제8조의2 제4항). 아울러 2024. 1. 9. 법률 제19993호 개정으로 제8조의5를 신설하여, 법원은 제8조의2에 따른 조사를 실시한 중소기업기술 침해사건과 관련하여 부정경쟁방지법 제11조에 따라 손해배상청구의 소가 제기된 경우 중소벤처기업부장관에게 '사건관계인, 참고인 또는 감정인에 대한 진술조서', '당사자가 제출하였거나 현장조사 과정에서 당사자로부터 확보한 기록의 전체목록', '그 밖의 해당 사건 관련 조사 기록'의 송부를 요구할 수 있도록 하였다. 이는 부정경쟁행위를 원인으로 한 민사소송에서 법원이 판단할 기초자료로 부정경쟁행위 조사기록을 활용할 수 있도록 한 부정경쟁방지법 제14조의7과 같은 취지에서 영업비밀침해를 원인으로 한 손해배상 사건에서 법원이 판단할 기초자료로 중소기업기술 침해행위 조사기록을 활용할 수 있도록 한 것으로 보인다. 아울러 법원이 요구할 수 있는 조사기록의 종류를 보다 구체적으로 규정하고 있다.

또한 대·중소기업 상생협력 촉진에 관한 법률(이하 '상생협력법'이라고 한다)은 수탁·위탁거래에 관한 실태 파악 등을 위하여 중소벤처기업부장관이 필요하다고 인정할 때에는 관련 중소기업 또는 대기업 등에 자료제출을 요구하거나 소속 공무원으로 하여금 그 사무소·사업장 및 공장 등에 출입하여 장부·서류, 시설 및 그 밖의 물건을 조사하게 할 수 있도록 하면서(상생협력법 제40조 제1항), 법원은 위 제1항의 내용에 관하여 손해배상청구의 소가 제기된 경우 중소벤처기업부장관에게 해당 사건 기록의 송부를 요구할 수 있도록 정한다(상생협력법 제40조 제4항). 이에 대하여 어떤 기록을 받을 수 있는지 명시하지 않아 법원이 활용하지 않고 중소벤처기업부도 요구에 따르기 어렵다는 지적이 꾸준히 제기되었다.[12] 대응하여 여러 법률안이 발의되었다가 국회 산업통상자원중소벤처기업위원장 발의 대·중소기업 상생협력 촉진에 관한 법률 일부개정법률안(대안, 의안번호 2125824)에 반영되어 2023. 11. 23. 산업통상자원중소벤처기업위원회에서 가결되고 2023. 12. 7. 법제사법위원회에서 체계자구심사를 마친 후 수정가결되었다. 이 개정안에 의하면 '사건관계인, 참고인 또는 감정인에 대한 진술조서', '당사자가 제출하였거나 현장조사 과정에서 당사자로부터 확보한 기록의 전체목록', '그 밖의 해당 사건 관련 조사 기록'으로 법원이 중소벤처기업부장관에게 요구하는 해당 사건 기록의 종류를 구체화하고 있다(2024. 1. 9. 법률 제19989호로 개정된 상생협력법 제40조 제4항). 그 내용은 2024. 1. 9. 신설된 중소

---

12) https://news.mt.co.kr/mtview.php?no=2023120715485524725 (2023. 12. 8. 방문).

기업기술보호법 제8조의5 규정과 같다.

부정경쟁방지법 제14조의7 제1항은 '사건관계인, 참고인 또는 감정인에 대한 심문조서 및 속기록 기타 재판상 증거가 되는 일체의 것을 포함한다'고 규정하고 있어 2024. 1. 9. 개정 전 상생협력법 제40조 제4항 규정보다는 훨씬 구체화되어 있기는 하나, 부정경쟁방지법 제14조의7에 따른 제도 운용 및 개정 필요성 검토에 2024. 1. 9. 중소기업기술보호법 제8조의5 신설 및 상생협력법 제40조 제4항 개정의 취지와 내용을 참조할 수 있다고 본다.

Ⅱ. 기록에 포함된 영업비밀을 보호하기 위한 절차

2024. 2. 20. 개정으로 법원의 행정조사 기록 송부 요구에 대하여 요구받은 특허청장, 시·도지사 또는 시장·군수·구청장은 정당한 이유가 없으면 이에 따라야 한다는 규정을 추가하였다(제14조의7 제1항 주서의 후문). 아울러 행정조사 기록에 포함된 영업비밀을 보호하기 위한 절차 규정을 제14조의7 제2항 이하에 마련하였다.[13]

행정조사 기록 송부 요구를 받은 특허청장, 시·도지사 또는 시장·군수·구청장이 송부를 거부할 수 있는 '정당한 이유'가 무엇인지에 관하여는 특허법상 자료제출명령을 거부할 수 있는 '정당한 이유'에[14] 관한 해석론을 참조할 수 있을 것이다. 영업비밀이 포함되어 있다는 점만으로 제출 거부의 정당한 이유에 해

---

13) 한편 비밀유지명령에 관한 제14조의4 제1항 제1호를 개정하여 제14조의7에 따라 송부된 조사기록에 영업비밀이 포함되어 있는 경우 비밀유지명령을 신청할 수 있도록 하는 규정을 추가하였다.

14) 특허법 제132조(자료의 제출)
① 법원은 특허권 또는 전용실시권 침해소송에서 당사자의 신청에 의하여 상대방 당사자에게 해당 침해의 증명 또는 침해로 인한 손해액의 산정에 필요한 자료의 제출을 명할 수 있다. 다만, 그 자료의 소지자가 그 자료의 제출을 거절할 정당한 이유가 있으면 그러하지 아니하다.
② 법원은 자료의 소지자가 제1항에 따른 제출을 거부할 정당한 이유가 있다고 주장하는 경우에는 그 주장의 당부를 판단하기 위하여 자료의 제시를 명할 수 있다. 이 경우 법원은 그 자료를 다른 사람이 보게 하여서는 아니 된다.
③ 제1항에 따라 제출되어야 할 자료가 영업비밀(「부정경쟁방지 및 영업비밀보호에 관한 법률」 제2조 제2호에 따른 영업비밀을 말한다. 이하 같다)에 해당하나 침해의 증명 또는 손해액의 산정에 반드시 필요한 때에는 제1항 단서에 따른 정당한 이유로 보지 아니한다. 이 경우 법원은 제출명령의 목적 내에서 열람할 수 있는 범위 또는 열람할 수 있는 사람을 지정하여야 한다.
(제4항 및 제5항 생략)

당한다고 볼 수는 없고 자료의 개시로 인하여 받게 될 영업비밀 유출 등의 불이익과 해당 자료의 소송에서의 필요성을 비교형량하여 판단하여야 한다.[15] 이는 민사소송법상 증언거부 및 문서제출거부 사유로서 '기술 또는 직업의 비밀에 속하는 사항'이 규정되어 있기는 하나, 단순히 영업비밀이 포함되어 있다고 해서 무조건적으로 증언이나 문서의 제출을 거부할 수 있는 것은 아니라고 보는 것과도[16] 일맥상통한다.

기록에 포함된 영업비밀을 보호하기 위한 절차를 요약하면, ① 법원은 조사기록의 당사자 또는 대리인의 신청에 따라 조사기록의 열람범위와 열람자를 제한할 수 있고, ② 위 신청이 있기 전에 상대방 당사자 또는 그 대리인으로부터 조사기록에 대한 열람복사의 신청이 있는 경우에는 법원이 조사기록의 당사자가 열람범위 또는 열람자 지정을 신청할 수 있는 기간을 정할 수 있으며, ③ 해당 기간에는 다른 사람의 열람복사를 금지하도록 한 것이다. 구체적인 내용은 아래와 같다.

먼저 특허청장, 시·도지사 또는 시장·군수·구청장은 제14조의7 제1항에 따라 법원에 조사기록을 송부하는 경우 해당 조사기록에 관한 당사자(이하 '조사기록당사자'라 한다)의 성명, 주소, 전화번호(휴대전화 번호를 포함한다), 그 밖에 법원이 제14조의7 제5항에 따른 고지를 하는 데 필요한 정보를 함께 제공하여야 한다(제14조의7 제2항). 또한 특허청장, 시·도지사 또는 시장·군수·구청장은 제14조의7 제1항에 따라 법원에 조사기록을 송부하였을 때에는 조사기록당사자에게 법원의 요구에 따라 조사기록을 송부한 사실 및 송부한 조사기록의 목록을 통지하여야 한다(제14조의7 제3항).

조사기록당사자 또는 그 대리인은 제14조의7 제1항에 따라 송부된 조사기록에 영업비밀이 포함되어 있는 경우에는 법원에 열람 범위 또는 열람할 수 있는 사람의 지정을 신청할 수 있고, 이 경우 법원은 기록송부 요구의 목적 내에서 열람할 수 있는 범위 또는 열람할 수 있는 사람을 지정할 수 있다(제14조의7 제4항). 법원은 제14조의7 제4항에 따라 조사기록당사자 또는 그 대리인이 열람범위 또는 열람할 수 있는 사람의 지정을 신청하기 전에 상대방 당사자 또는

---

15) 로앤비 온주 특허법 제132조(조영선 집필부분); 오충진, "문서제출명령의 대상이 되는 문서의 범위", 한국특허법학회 편, 특허판례연구(개정판), 박영사(2012), 841 이하; 정상조·박성수 공편, 특허법 주해 Ⅱ, 348(박성수 집필부분) 이하 각 참조.

16) 상세한 내용은 한국특허법학회 편, 영업비밀보호법, 박영사(2017), 264~268(박태일 집필부분) 참조.

그 대리인으로부터 제14조의7 제1항에 따라 송부된 조사기록에 대한 열람·복사의 신청을 받은 경우에는 특허청장, 시·도지사 또는 시장·군수·구청장이 제14조의7 제2항에 따라 특정한 조사기록당사자에게 상대방 당사자 또는 그 대리인의 열람·복사 신청 사실 및 제14조의7 제4항에 따라 열람 범위 또는 열람할 수 있는 사람의 지정을 신청할 수 있음을 고지하여야 한다. 이 경우 법원은 조사기록당사자가 열람 범위 또는 열람할 수 있는 사람의 지정을 신청할 수 있는 기간을 정할 수 있다(제14조의7 제5항). 법원은 제14조의7 제5항 후단의 기간에는 제14조의7 제1항에 따라 송부된 조사기록을 다른 사람이 열람·복사하게 하여서는 아니 된다(제14조의7 제6항). 제14조의7 제5항에 따른 고지를 받은 조사기록당사자가 같은 항 후단의 기간에 제14조의7 제4항에 따른 신청을 하지 아니하는 경우 법원은 제14조의7 제5항 본문에 따른 상대방 당사자 또는 그 대리인의 열람·복사 신청을 인용할 수 있다(제14조의7 제7항).

　제14조의7 제1항, 제2항 및 제4항부터 제7항까지에 따른 절차, 방법 및 그 밖에 필요한 사항은 대법원규칙으로 정한다(제14조의7 제8항). 재판 관련 절차이므로 대통령령이 아니라 대법원규칙에 위임한 것이다.

〈박태일〉

제15조(다른 법률과의 관계)
　① 「특허법」, 「실용신안법」, 「디자인보호법」, 「상표법」, 「농수산물 품질관리
법」, 「저작권법」 또는 「개인정보 보호법」에 제2조부터 제6조까지 및 제18조
제4항과 다른 규정이 있으면 그 법에 따른다.
　② 「독점규제 및 공정거래에 관한 법률」, 「표시·광고의 공정화에 관한 법
률」, 「하도급거래 공정화에 관한 법률」 또는 「형법」 중 국기·국장에 관한 규
정에 제2조 제1호 라목부터 바목까지, 차목부터 및 파목까지, 제3조, 제3조의
2, 제3조의3, 제4조부터 제7조까지, 제7조의2, 제8조, 제18조 제4항 및 제20조
와 다른 규정이 있으면 그 법에 따른다.

〈소 목 차〉

Ⅰ. 의의 및 입법취지　　　　　　　Ⅲ. 내　　용
Ⅱ. 연　　혁

Ⅰ. 의의 및 입법취지

　　부정경쟁방지 및 영업비밀보호에 관한 법률 제15조는 상표법 등 다른 법률
과의 관계에서 이 법의 규정과 충돌된 다른 법의 규정이 있을 때에는 그 법에
의하도록 규정하고 있다. 즉,

　　① 「특허법」, 「실용신안법」, 「디자인보호법」, 「상표법」, 「농수산물 품질관
리법」, 「저작권법」 또는 「개인정보 보호법」에 제2조부터 제6조까지 및 제18조
제4항과 다른 규정이 있으면 그 법에 따른다.

　　② 「독점규제 및 공정거래에 관한 법률」, 「표시·광고의 공정화에 관한 법
률」, 「하도급거래 공정화에 관한 법률」 또는 「형법」 중 국기·국장에 관한 규정
에 제2조 제1호 (라)목부터 (바)목까지, (차)목부터 (파)목까지, 제3조, 제3조의
2, 제3조의3, 제4조부터 제7조까지, 제7조의2, 제8조, 제18조제4항 및 제20조와
다른 규정이 있으면 그 법에 따른다.

　　이러한 규정의 취지는 상표법 등 다른 법률에 부정경쟁방지법의 위 규정들
과 다른 규정이 있는 경우에는 그 법에 의하도록 한 것에 지나지 아니하므로
상표법 등 다른 법률에 의하여 보호되는 권리일지라도 그 법에 저촉되지 아니

하는 범위 안에서는 부정경쟁방지법을 적용할 수 있다.[1]

Ⅱ. 연　혁

　　1961년 12월 30일 법률 제911호로 제정된 부정경쟁방지법은 제7조에서 "무
체재산권행사행위에 대한 적용의 제외" 제목 아래 "부정경쟁방지법 제2조 제1
호 및 제2호, 제3조, 전조 제1항 및 제2항과 제8조 제2호의 규정은 특허법, 실용
신안법, 의장법, 상표법 또는 상법 중 상호에 관한 규정에 의하여 권리를 행사
하는 행위에 대하여는 적용하지 아니한다."라고 규정하였고,[2] 이는 1986년 12월
31일 개정을 통하여 "특허법, 실용신안법, 의장법, 상표법, 독점규제 및 공정거
래에 관한 법률, 상법중 상호에 관한 규정 또는 형법 중 국기·국장에 관한 규
정에 부정경쟁방지법 제2조 내지 제4조 및 제11조의 규정과 다른 규정이 있는
경우에는 그 법에 의한다."라고 개정한 바 있다. 1991년 개정법(법률 제4478
호,1991. 12. 31.) 제15조 제1항에서는 "상법 중 상호에 관한 규정"의 내용을 삭
제하였고, 1999년 개정법(법률 제5814호, 1999. 2. 5.) 제15조 제2항에서는 종전
의 법에 규정되지 않았던 "표시·광고의 공정화에 관한 법률"이 추가되었으며,
2011년 개정법(법률 제10810호, 2011. 6. 30.) 제15조 제1항에서는 농산물품질관리
법 또는 수산물품질관리법이 추가되었다.

　　2013년 개정법(법률 제11963호, 2013. 7. 30.) 제15조 제1항에서는 수산물품질
관리법이 폐지되고 농수산물 품질관리법으로 통합된 것을 반영하고 저작권법이
추가되었고, 제15조 제2항에서는 (차)목이 추가되었다. 2018년 개정법(법률 제
15580호, 2018. 4. 17.) 제15조 제2항에서는 하도급거래 공정화에 관한 법률이 추
가되었고 종전의 (차)목이 (카)목으로 이동된 것을 반영하였으며 신설된 (차)목

---

[1] '~다른 규정이 있는 경우에는 그 법에 따른다.'라는 저촉관계 입법 형태는 구 부정경쟁
방지법 제9조(다른 법률과의 관계)의 규정은 그 법률이 시행되기 전의 구 부정경쟁방지법
(1986. 12. 31, 법률 제3897호로 전문 개정되기 전의 것) 제7조(무체재산권행사행위에 대
한 적용의 제외)가 상표법 등에 의하여 권리를 행사하는 행위에 대하여는 부정경쟁방지법
의 규정을 적용하지 아니한다고 규정하던 것과는 다른 것이다.
[2] 1961년 제정법은 일본 1934년 제정 부정경쟁방지법 제6조(工業所有權의 行使係適用除
外規定)을 입법 형태를 따른 것이다. "제6조 제1조 제1항 제1호, 제2호 및 제4조 제1항 내
지 제3항의 규정은 특허법, 실용신안법, 의장법 또는 상표법에 의한 권리의 행사로 인정되
는 행위에 대해서는 적용하지 아니한다"고 규정했던 동규정은 1993년 개정법에서 삭제되
었다. 일본 구 부정경쟁방지법 제6조의 폐지 등에 대한 자세한 논의는, 小野昌延·松村信
夫, 新·不正競爭防止法槪說〔第3版〕上卷, 有斐閣, 2020, 56-57.

을 추가하였다. 2021년 개정법(법률 제18548호, 2021. 12. 7.) 제15조 제1항에서는 개인정보 보호법이 추가되었고, 같은 조 제2항 중 "차목 및 카목"을 "차목부터 파목까지"로 개정되었다.

III. 내 용

부정경쟁방지법 제15조 제1항은 특허법, 상표법 등과 같은 지적재산권법에 부정경쟁방지법과 다른 규정이 있으면 지적재산권법의 규정에 의한다고 규정하고 있으므로, 지적재산권법과 부정경쟁방지법이 충돌하는 경우에는 상표법이 우선하고 그러한 충돌이 없거나 지적재산권법에 관련 규정이 없는 경우에 한해서 부정경쟁방지법이 보충적으로 적용된다는 것으로 해석된다.

부정경쟁방지법 제15조 제1항은 상표법 등과 서로 밀접한 관계에 있으면서도 그들 법과 구체적 입법목적과 규율방법을 달리함으로써 상호 간에 저촉, 충돌의 가능성을 가지고 있는 법 상호 간의 관계를 분명히 함으로써 이러한 저촉, 충돌에 대비하기 위한 것이다.[3] 즉, 이 규정의 취지는 상표법 등에 부정경쟁방지법의 규정과 다른 내용의 규정이 있는 경우에 그 법에 의하도록 한 것에 지나지 아니하므로, 상표법 등 다른 법률에 의하여 보호되는 권리일지라도 그 법에 저촉되지 아니하는 범위 안에서는 부정경쟁방지법을 적용할 수 있다.[4]

대법원은 상표법과 부정경쟁방지법의 취지가 충돌하는 경우 또는 주지저명 상표와 등록상표의 보유자가 달라서 서로 충돌하는 경우에, "상표권의 등록이 자기의 상품을 타인의 상품과 식별시킬 목적으로 한 것이 아니라 국내에서 널리 인식되어 사용되고 있는 타인의 상표와 동일 또는 유사한 상표를 사용하여 일반 수요자로 하여금 타인의 상품과 혼동을 일으키게 하여 이익을 얻을 목적으로 형식상 상표권을 취득하는 것이라면 그 상표의 등록출원 자체가 부정경쟁행위를 목적으로 하는 것으로서, 설령 권리행사의 외형을 갖추었다 하더라도 이

---

3) 헌법재판소 2001. 9. 27. 선고 99헌바77 전원재판부 결정 [구부정경쟁방지법제15조 위헌소원].

4) 대법원 1993. 1. 19. 선고 922054 판결 ─ '사임당가구'; 대법원 1995. 11. 7. 선고 94도3287 판결 ─ '에나'; 대법원 1996. 5. 13. 자 96마217 결정 ─ '재능교육'; 대법원 2000. 5. 12. 선고 98다49142 판결 ─ '비제바노'; 대법원 2001.4. 10. 선고 2000다4487 판결 ─ '헬로우 키티'; 대법원 2004. 11. 11. 선고 2002다18152 판결 ─ 'CASS'; 대법원 2007. 6. 14. 선고 2006도8958 판결 ─ 'CAMBRIDGE MEMBERS'; 대법원 2008. 9. 11. 자 2007마1569 결정 ─ 'K2' 등 참조. 윤태식, 부정경쟁방지법, 박영사, 2021, 35.

는 상표법을 악용하거나 남용한 것이 되어 상표법에 의한 적법한 권리의 행사라고 인정할 수 없으므로 이러한 경우에는 부정경쟁방지법 제15조의 적용이 배제된다"고 해석하고 있다.5) 따라서 외관상 상표법 등에 의한 권리행사이더라도 그것이 실질적으로 사법상의 일반 원리인 권리남용 또는 신의칙에 위반된 행위일 경우에는 부정경쟁방지법 제15조 제1항에 따른 상표법 우선 원칙이 적용되지 아니한다.6) 한편, 대법원이 주지 · 저명한 상표를 타인이 먼저 상표등록한 것은 상표법을 악용하거나 남용한 것이 되어 상표법에 의한 적법한 권리의 행사라고 인정할 수 없으므로 이러한 경우에는 부정경쟁방지법 제15조 제1항의 적용을 배제하고 부정경쟁방지법의 우선적 적용을 인정한 것7)에 대해서, 부정경쟁방지법의 우선적 적용 내지 상표법의 보충적 적용의 원칙을 새롭게 해석한 것이라는 비판적 견해가 있다.8) 나아가 타인의 상표의 주지 · 저명성에 편승하려는 의도로 상표등록출원하는 행위 자체가 바로 상표권의 남용이라는 전제하에 부정경쟁방지법의 우선적 적용을 하는 것이 동법 제15조 제1항의 취지에 부합하는 것인지에 대해서는 의문이 존재한다.9)

대법원은 디자인보호법과의 관계에 관하여도 "부정경쟁방지법 제15조 제1항은 디자인보호법 등 다른 법률에 부정경쟁방지법 제2조 등과 다른 규정이 있

---

5) 대법원 1993. 1. 19. 선고 92도2054 판결 — '사임당가구'; 1995. 11. 7. 선고 94도3287 판결 — '에나'; 대법원 1996. 5. 13. 자 96마217 결정 — '재능교육'; 대법원 2001. 4. 10. 선고 2000다4487 판결 — '헬로우 키티' 등

6) 대법원 2006. 2. 24. 자 2004마101 결정 — 'KGB'; 대법원 2007. 1. 25. 선고 2005다67223 판결 — '진한커피'.

7) 대법원 1993. 1. 19. 선고 92도2054 판결 — '사임당가구'; 대법원 1995. 11. 7. 선고 94도 3287 판결 — '에나'; 서울고등법원 1997. 8. 12. 선고 95나36598 판결 — 'Agapia'; 대법원 1999. 11. 26. 선고 98다19950 판결 — '미화분회'; 대법원 2000. 5. 12. 선고 98다49142 판결 — '비제바노'; 대법원 2001. 4. 10. 선고 2000다 4487 판결 — '헬로우 키티'.

8) 구대환, "상표권과 부정경쟁방지", 창작과 권리 제36호, 2004, 108; 정상조, 부정경쟁방지법 원론, 세창출판사(2007), 74-78. 부정경쟁방지법 제15조를 문리적으로 해석하는 경우, 지적재산권법과 부정경쟁방지법의 취지가 충돌하는 경우에는 지적재산권법이 우선해서 적용되고 부정경쟁방지법은 보충적인 지위만을 가진다고 해석하는 것이 옳을 것이다. 특허법과 상표법리에 의한 권리부여형 보호가 부정경쟁방지법에 의한 행위규제형 보호에 우선성(priority)을 가지는 것은 아니다. 입법론적으로는 독일 표지법 제6조와 마찬가지로, 등록상표권과 미등록주지상표권의 권리의 선행순위의 결정에는 권리가 취득된 시점을 기준으로 한다는 방식으로 개정함이 바람직할 것이다.

9) 정민호, "상표법상 권리와 부정경쟁방지법상 권리의 충돌문제", 성균관법학 제24권 제3호(2012), 757. 한편, 상표법 등이 부정경쟁방지법에 우선하여 적용되어야 할 합리적인 근거가 없으므로 입법론상으로는 부정경쟁방지법 제15조는 폐지되어야 한다는 견해도 있다. 도두형, "부정경쟁방지법과 공업소유권법의 적용순위", 인권과정의 제206호, 대한변호사협회(1993), 95.

는 경우에는 부정경쟁방지법의 규정을 적용하지 아니하고 다른 법률의 규정을 적용하도록 규정하고 있으나, 디자인보호법상 디자인은 물품의 형상·모양·색채 또는 이들을 결합한 것으로서 시각을 통하여 미감을 일으키게 하는 것이고 (디자인보호법 제2조 제1호 참조), 디자인보호법의 입법 목적은 이러한 디자인의 보호 및 이용을 도모함으로써 디자인의 창작을 장려하여 산업발전에 이바지함에 있는 것이므로(디자인보호법 제1조 참조), 디자인의 등록이 대상물품에 미감을 불러일으키는 자신의 디자인의 보호를 위한 것이 아니고, 국내에서 널리 인식되어 사용되고 있는 타인의 상품임을 표시한 표지와 동일 또는 유사한 디자인을 사용하여 일반 수요자로 하여금 타인의 상품과 혼동을 일으키게 하여 이익을 얻을 목적으로 형식상 디자인권을 취득하는 것이라면, 그 디자인의 등록출원 자체가 부정경쟁행위를 목적으로 하는 것으로서, 가사 권리행사의 외형을 갖추었다 하더라도 이는 디자인보호법을 악용하거나 남용한 것이 되어 디자인보호법에 의한 적법한 권리의 행사라고 인정할 수 없으니, 이러한 경우에는 부정경쟁방지법 제15조 제1항에 따라 같은 법 제2조의 적용이 배제된다고 할 수 없다(대법원 2013. 3. 14. 선고 2010도15512 판결)."고 판시하여 같은 입장을 취하고 있다.

    부정경쟁방지법 제15조 제2항은 독점규제 및 공정거래에 관한 법률, 표시·광고의 공정화에 관한 법률, 하도급거래 공정화에 관한 법률 또는 형법 중 국기·국장에 관한 규정에 법 제2조 제1호 (라)목부터 (바)목까지, (차)목부터 (파)목까지, 제3조, 제3조의2, 제3조의3, 제4조부터 제7조까지, 제7조의2, 제8조, 제18조 제4항 및 제20조의 규정과 다른 규정이 있는 경우에는 독점규제법 등이 우선적으로 적용한다고 규정하고 있다. 부정경쟁방지법 제2조 제1호의 (라)목 내지 (바)목의 오인야기행위의 전형은 허위광고·과장광고이다. 오인야기행위는 수요자에 대한 부정수요조종행위의 일종이다. 이것은 정당한 노력에 의하지 않고, 자기의 불리한 조건의 감소, 유리한 조건의 증대를 가져오거나 부당하게 경업상의 유리한 지위를 획득하는 부정경쟁행위이다. 오인야기행위에 대한 규제에 있어서 부정경쟁방지법은 개별사업자에게 민사적 구제를 부여함으로써 이같은 부정경쟁행위를 규제함으로써 공정경쟁의 확보를 도모하는 것이고, 경제발전에 부응해서 이러한 행위가 시장에 악영향을 주는 경우에는 공익적 관점에서 독점규제 및 공정거래에 관한 법률, 표시·광고의 공정화에 관한 법률에 의한 행정규제가 이루어지고 있으므로 시장에서의 자유로운 경쟁의 확보를 이룰

수 있게 된다. 그러나 독점규제 및 공정거래에 관한 법률에 의한 불공정한 거래
방법에 대한 규율 또는 표시 광고의 공정화에 관한 법에 의한 부당표시에 대하
여, 행정기관이 개입해서 할 수 있는 조치를 두어 행정규제를 원칙으로 하는 법
제도를 채택하고 있는 것은 입법론적으로 바람직하지 못하다. 즉 우리 부정경쟁
방지법은 영업사법적 성격을 가져 소비자 보호를 위한 입법으로서는 충분하지
못하다고 볼 수 있다.[10]

　　또한 형법에는 부정경쟁방지법 제3조와 관련되는 규정은 없으며, 독점규제
및 공정거래에 관한 법률에는 국기·국장 또는 국제기구의 표지, 정부의 감독·
증명용 표지의 용어조차 없다. 따라서 부정경쟁방지법 제15조 제2항의 규정은
동법 제3조에 관하여는 의미가 거의 없다.

〈김병일〉

---

10) 우리 법은 부정경쟁행위에 대한 민사적 구제의 가장 유효한 수단인 금지 및 예방청구권
　　을 영업상 이익이 침해된 자 및 침해될 우려가 있는 자로 한정하고 있는데, 이러한 입법
　　태도는 독일이 사업자단체나 소비자단체에게, 나아가서 스위스는 소비자에게도 금지청구
　　권 등을 인정하는 법제에 비하여 소비자 보호 측면에서 미흡하다고 볼 수 있다.

> 제16조(신고포상금 지급)
>
>   ① 특허청장은 제2조 제1호 가목에 따른 부정경쟁행위(「상표법」 제2조 제1항 제10호에 따른 등록상표에 관한 것으로 한정한다)를 한 자를 신고한 자에게 예산의 범위에서 신고포상금을 지급할 수 있다.
>   ② 제1항에 따른 신고포상금 지급의 기준·방법 및 절차에 필요한 사항은 대통령령으로 정한다.

〈소 목 차〉

Ⅰ. 본조의 의의 및 연혁
  1. 의   의
  2. 연   혁
Ⅱ. 위조상품 포상금 지급요건 및 기준

1. 포상금 지급대상
2. 포상금 지급절차
3. 포상금 지급기준

Ⅰ. 본조의 의의 및 연혁

1. 의   의

본조는 위조상품의 유통을 효과적으로 단속하고 그 불법성과 폐해에 대한 국민의 인식을 제고하기 위해 위조상품 신고포상금제도의 법적 근거를 마련하기 위해 신설되었다.

2. 연   혁

위조상품 신고포상금제도는 위조상품의 제조·유통 경로에 대한 체계적인 정보 수집 및 위조상품의 불법성에 대한 대국민 인식 제고를 위해 2006년부터 도입되었으며, 과거 특허청 훈령인 「위조상품 신고자에 대한 포상금 지급에 관한 규정」[1])에 근거하여 위조상품 포상금이 지급되어 왔다. 그러나 정부의 「예산 및 기금운용계획 집행지침」에서 '보상금에 대한 지급근거 및 지급한도는 법령에서 명확하게 규정하여야 하며, 지급방법 및 절차·금액 등은 하위규정(행정규칙)으로 구체화할 수 있다'라고 규정하고 있어 법령에 포상금에 대한 근거규정을 마련하는 것이 필요하다는 지적이 있어 왔다. 이에 따라 2013년 개정법(2013. 7. 30. 법률 제11963호, 시행 2014. 1. 31.)에서 본조가 신설되었다.

---

1) 특허청 훈령 제440호, 2005. 12. 30. 제정.

Ⅱ. 위조상품 포상금 지급요건 및 기준

1. 포상금 지급대상

가. 본조의 지급대상

본조는 신고포상금을 통해 단속하려는 자의 범위를 "본법 제2조 제1호 (가) 목2)에 따른 부정경쟁행위(「상표법」 제2조 제1항 제10호에 따른 등록상표에 관한 것으로 한정한다)를 한 자"로 규정하고 있다. 즉 상표법에 따른 등록상표를 이용하여 본법 제2조 제1호 (가)목의 부정경쟁행위를 한 자만이 신고대상이 된다. 본조의 신설 이유가 위조상품 신고에 대한 신고포상금의 지급 규정을 신설하고자 하는 것인데, 본법 제2조 제1호에서 열거하고 있는 부정경쟁행위 중 유명상표를 모방하는 위조상품과 관련된 행위는 타인의 상품과 혼동하게 하는 행위를 규정한 제2조 제1호 (가)목에 해당하며 상대적으로 상품의 품질·수량·원산지 등을 허위로 표시하는 행위 등을 규정한 제2조 제1호 (나)목 내지 (사)목3)과는 관련성이 적고, 예산이 한정된 신고포상금을 보다 보호가치가 있는 법익에 사용하는 것이 타당하기 때문이다.4)

나. 「위조상품 신고포상금 지급규정」의 지급대상

과거 위조상품 신고자에 대한 포상금 지급에 관한 특허청 훈령(2014. 1. 29. 특허청 훈령 제758호로 개정되기 전의 것)들은 "상표법 제93조5) 및 본법 제2조 제

---

2)「부정경쟁방지 및 영업비밀보호에 관한 법률」제2조(정의) 이 법에서 사용하는 용어의 뜻은 다음과 같다.
  1. "부정경쟁행위"란 다음 각 목의 어느 하나에 해당하는 행위를 말한다.
    가. 다음의 어느 하나에 해당하는 정당한 사유 없이 국내에 널리 인식된 타인의 성명, 상호, 상표, 상품의 용기·포장, 그 밖에 타인의 상품임을 표시한 표지(이하 이 목에서 "타인의 상품표지"라 한다)와 동일하거나 유사한 것을 사용하거나 이러한 것을 사용한 상품을 판매·반포 또는 수입·수출하여 타인의 상품과 혼동하게 하는 행위
      1) 타인의 상품표지가 국내에 널리 인식되기 전부터 그 타인의 상품표지와 동일하거나 유사한 표지를 부정한 목적 없이 계속 사용하는 경우
      2) 1)에 해당하는 자의 승계인으로서 부정한 목적 없이 계속 사용하는 경우
3) (나)목은 영업 주체의 혼동 유발행위를, (다)목은 저명상표의 식별력·명성의 손상행위를, (라)목은 원산지 허위표시행위를, (마)목은 상품의 생산지 등의 오인 유발행위를, (바)목은 상품 품질 등의 오인 유발행위를, (사)목은 대리인 등에 의한 부당한 상표 사용행위를 부정경쟁행위로 규정하고 있다.
4) 국회 산업통상자원위원회, 부정경쟁방지 및 영업비밀보호에 관한 법률 일부개정법률안 검토보고서, 2013. 4. 4.
5) 현행 상표법 제230조에 해당.

1호 (가)목을 위반하여 위조상품을 제조·판매한 자"를 신고대상으로 규정하여 상표법과 본법을 동시에 위반한 위조상품 사범을 포상금 지급대상으로 하였다.

그러나 본조의 신설에 따라 개정된 현행 특허청 훈령인「위조상품 신고포상금 지급규정」6)은 포상금 지급대상을 "상표법 제230조에 해당하는 침해행위" 또는 "본법 제2조 제1호 (가)목(「상표법」제2조 제1항 제10호에 따른 등록상표에 관한 것으로 한정한다)의 부정경쟁행위"로 규정하고 있다. 따라서 위 규정에 따르면 부정경쟁행위에 해당하지 않는 상표권 침해행위도 포상금 지급대상이 된다. 그러나 상표법에는 포상금지급에 관한 근거가 규정되어 있지 않아 법적 근거규정의 신설에 대한 검토가 필요할 것으로 보인다.

다. 단속의 정도

포상금의 지급대상이 되기 위해서는 당해 위반자가 단속된 사건이 적발금액 3억 원 이상이고 검찰에 기소의견으로 송치되는 경우에 해당하여야 한다.

단, 신고내용이 위반자 단속에 직접적인 근거가 되지 못한 신고의 신고자에게는 포상금을 지급하지 아니한다.7) 동일한 자의 동일한 위반행위에 대하여 2 이상의 신고가 있는 때에는 먼저 신고한 자에게 포상금을 지급한다. 다만, 누가 먼저 신고했는지 분명하지 아니한 때에는 포상금을 균등분배하여 지급한다.8)

2. 포상금 지급절차

본법 시행령 제3조의8에서는 신고포상금의 지급절차 및 지급기준에 관하여 규정하고 있다. 우선 신고포상금을 지급받으려는 자는 특허청장에게 신청하여야 한다.9) 특허청장은 그 신청을 받은 경우 포상금 지급을 위해 신고인, 처분결과, 적발내역 등에 대해 담당 수사관이 확인한 날 또는 신고포상금심의위원회 심의 결정이 있는 날부터 10일 이내에 포상금의 지급여부를 결정한다.10) 포상금 지급여부 또는 지급금액등이 결정이 어려운 사건이 포상금에 관한 사항을 심의하기 위하여「신고포상금심의위원회」를 둔다.11) 특허청장은 신고 내용을

---

6) 가장 최근의 것은 2022. 12. 16. 개정 특허청훈령 제1096호(시행 2023. 1. 1.)이다.

7)「위조상품 신고포상금 지급규정」제2조 제1항.

8)「위조상품 신고포상금 지급규정」제2조 제2항.

9) 본법 시행령 제3조의8 제2항,「위조상품 신고포상금 지급규정」제4조 제1항에서는 "포상금의 신청은 검찰에 기소의견으로 송치한 날부터 5개월 이내에 특허청장에게 신청하여야 한다."고 규정하고 있다.

10)「위조상품 신고포상금 지급규정」제5조 제1항.

11)「위조상품 신고포상금 지급규정」제6조.

확인하여 신고포상금 지급 여부 및 지급액을 결정하고, 그 결정일부터 15일 이
내에 신청인에게 알려야 하며,[12] 그 신고포상금 지급액을 결정함에 있어 ① 해
당 신고가 수사기관의 수사의 근거가 되었는지 여부, ② 부정경쟁행위를 한 자
가 취한 이익과 그로 인한 피해 정도, ③ 해당 신고 관련 위반행위에 관한 수사
기관의 처리결과의 사항을 고려하여 결정한다.[13]

3. 포상금 지급기준

　　본조 제1항에 따른 포상금 지급대상 위반행위 유형별 포상금액의 지급기준
은 「위조상품 신고포상금 지급규정」의 <별표1>의 기재와 같이 6단계로 구분되
어 있다.

　　동일한 포상금 지급대상자에게 지급결정일을 기준으로 연간(1월 1일부터 12
월 31일까지를 말한다) 2회 또는 1천만 원을 초과하여 포상금을 지급할 수 없으
며,[14] 포상금은 지급 결정이 있는 당해년도 포상금 예산의 범위 내에서 지급하
되,[15] 포상금 예산이 부족할 경우에는 다음 연도로 이월시켜 포상금을 지급할
수 있다.[16]

〈우성엽〉

---

12) 본법 시행령 제3조의8 제3항.
13) 본법 시행령 제3조의8 제4항.
14) 본법 시행령 제3조의8 제1항, 「위조상품 신고포상금 지급규정」 제3조 제2항.
15) 「위조상품 신고포상금 지급규정」 제3조 제3항.
16) 「위조상품 신고포상금 지급규정」 제3조 제4항.

제17조(업무의 위탁 등)

① 삭제

② 특허청장은 제2조의5에 따른 연구·교육·홍보 등 기반구축 및 정보관리 시스템의 구축·운영에 관한 업무를 대통령령으로 정하는 산업재산권 보호 또는 부정경쟁방지 업무와 관련된 법인이나 단체(이하 이 조에서 "전문단체"라 한다)에 위탁할 수 있다.

③ 특허청장, 시·도지사 또는 시장·군수·구청장은 제7조나 제8조에 따른 업무를 수행하기 위하여 필요한 경우에 전문단체의 지원을 받을 수 있다.

④ 제3항에 따른 지원업무에 종사하는 자에 관하여는 제7조 제5항을 준용한다.

⑤ 특허청장은 예산의 범위에서 제2항에 따른 위탁업무 및 제3항에 따른 지원업무에 사용되는 비용의 전부 또는 일부를 지원할 수 있다.

<소 목 차>

Ⅰ. 의   의
Ⅱ. 연   혁
Ⅲ. 내   용

Ⅰ. 의   의

본조는 효율적인 부정경쟁행위 방지 등 업무수행을 위해 특허청장의 권한의 일부를 전문단체에 위탁할 수 있도록 하고, 특허청장, 시·도지사 또는 시장·군수·구청장이 부정경쟁행위 등의 조사나 위반행위의 시정권고 등 업무를 수행하기 위하여 필요한 경우 위 전문단체의 지원을 받을 수 있도록 하였으며, 특허청장이 이에 대한 비용을 지원할 수 있도록 하는 내용을 규정하고 있다.

2011. 6. 30. 법률 제10810호(2011. 10. 1.부터 시행)로 개정되기 전에는, 본조 제1항은 "이 법에 따른 特許廳長의 권한은 그 일부를 대통령령으로 정하는 바에 따라 특별시장·광역시장·도지사 또는 특별자치도지사(이하 이 조에서 "시·도지사"라 한다)에게 위임할 수 있다."라고 규정하고 있었고, 제3항 역시 "시·도지사는 제1항에 따른 위임업무를 수행하기 위하여 필요한 경우에 전문단체의 지원을 받을 수 있다."라고 규정하고 있었다. 당시에는 부정경쟁행위 조사업무 등을 특허청장의 권한으로 하고[1] 법률 및 시행령에 의해 시·도지사에게 위임

---

1) 2011. 6. 30. 법률 제10810호로 개정되기 전의 구 부정경쟁방지 및 영업비밀보호에 관한

할 수 있었으나,[2] 2011. 6. 30. 개정으로 특허청뿐만 아니라 광역 및 기초지방자
치단체도 자치사무로 수행할 수 있도록 변경되었다.[3]

　　이러한 개정은 아래와 같은 취지에서 이루어졌다. 먼저 2009년 12월 지방
분권촉진위원회가 특허청의 부정경쟁행위 방지관련 업무를 지방자치단체로 이
양하기로 결정한 바 있다. 부정경쟁행위 등의 조사 업무는 직접적으로 지역 소
비자 및 상공인과 맞닿아 있는 사무이므로 지역사정에 밝은 해당 지자체에서
직접적인 지도·감독이 필요하고, 건전한 상거래 질서 확립을 위해 현장 행정이
필요하다는 측면이 고려된 결정이다. 한편으로, 국내에 널리 인식된 상표·상호
등을 단속하는 부정경쟁행위 조사의 특성상 국가적 통일성 내에서 단속이 필요
하고, 대규모 위조 상품 등 국내 또는 국외의 상거래 질서에 심각한 영향을 미
칠 우려가 있다고 인정되는 경우에는 특허청이 직접 혹은 관련 지방자치단체와
함께 단속하는 것이 효과적이라는 측면도 있다. 이에 부정경쟁행위 방지를 위한
단속권한을 특허청과 지방자치단체가 동시에 보유함으로써 국가적 통일성 내에
서, 지역적 특수성을 고려하여 업무를 처리할 수 있도록 한 것이다.[4]

　　법률 제7조(부정경쟁행위의 조사 등)
　　① 특허청장은 제2조 제1호 가목부터 사목까지의 부정경쟁행위 또는 제3조를 위반한 행
　　위를 확인하기 위하여 필요하다고 인정하면 관계 공무원에게 영업시설 또는 제조시설에
　　출입하여 관계 서류나 장부·제품 등을 조사하게 하거나 조사에 필요한 최소분량의 제품
　　을 수거하여 검사하게 할 수 있다.
　2) 2011. 6. 30. 법률 제10810호로 개정되기 전의 구 부정경쟁방지 및 영업비밀보호에 관한
　　법률 제17조(권한의 위임 및 업무의 위탁)
　　① 이 법에 따른 특허청장의 권한은 그 일부를 대통령령으로 정하는 바에 따라 특별시
　　장·광역시장·도지사 또는 특별자치도지사(이하 이 조에서 "시·도지사"라 한다)에게 위
　　임할 수 있다.
　　2011. 9. 22. 대통령령 제23153호로 개정되기 전의 구 부정경쟁방지 및 영업비밀보호에 관
　　한 법률 시행령 제4조(권한의 위임 및 업무의 위탁)
　　① 특허청장은 법 제17조 제1항에 따라 다음 각 호의 권한을 특별시장·광역시장·도지사
　　또는 특별자치도지사(이하 "시·도지사"라 한다)에게 위임한다. 다만, 특허청장은 법 제2
　　조 제1호 각 목의 부정경쟁행위 또는 법 제3조를 위반한 행위로 인하여 국내 또는 국외의
　　상거래 질서에 심각한 영향을 미칠 우려가 있다고 인정되는 경우에는 해당 권한을 직접
　　행사할 수 있다.
　　1. 법 제7조 제1항에 따른 부정경쟁행위 등의 조사
　　2. 법 제8조에 따른 위반행위의 시정권고
　　3. 법 제9조에 따른 의견청취
　　4. 법 제20조에 따른 과태료의 부과·징수
　3) 이러한 내용을 담은 개정안은 2011. 1. 17. 정부가 제출한 개정법률안(의안번호 1810629)
　　으로 발의되었다가 2011. 6. 22. 국회 지식경제위원장 발의 대안(의안번호 1812326)에 반
　　영되어 2011. 6. 23. 본회의에서 가결되었다.
　4) 이상의 내용은 국회 지식경제위원회, "부정경쟁방지 및 영업비밀보호에 관한 법률 일부

Ⅱ. 연   혁

1986년 개정법(1986. 12. 31. 법률 제3897호)에서는 이 법에 의한 특허청장의 권한은 그 일부를 대통령령이 정하는 바에 의하여 서울특별시장·직할시장 또는 도지사에게 위임할 수 있도록 하는 제10조(권한의 위임)를 신설하였고, 1991년 개정법(1991. 12. 31. 법률 제4478호)에서 제17조(권한의 위임)로 위치를 이동하였으며, 2007년 개정법(2007. 12. 21. 법률 제8767호)에서 한글화 및 표현간소화 작업 과정을 거쳤다.

그 후 2009년 개정법(2009. 3. 25. 법률 제9537호)에 의하여 제2항 내지 5항의 업무의 위탁 등에 관한 규정이 신설되었다.

한편 지방분권촉진위원회의 권고사항을 반영하여 위와 같이 위임사무로 규정된 부정경쟁행위방지를 위한 업무를 지방자치단체 자치사무로 이양하기로 함에 따라 2011. 6. 30. 법률 제10810호(2011. 10. 1.부터 시행)에 의하여, 본조 제1항은 삭제되고 부정경쟁방지를 위한 권한을 특허청장뿐만 아니라 시·도지사 또는 시장·군수·구청장도 갖는 것으로 법 제7 내지 9조와 본조 제3, 4항 및 제20조(과태료)가 개정되었다.

2020년(2020. 10. 20. 법률 제17529호) 개정법에서 법 제2조의2가 제2조의5로 이동하고 제7조 제3항이 제5항으로 이동된 내용을 반영하여 해당 부분이 수정되었다.

Ⅲ. 내   용

특허청장은 법 제2조의5에[5] 따른 연구·교육·홍보 및 정보관리시스템의 구축·운영에 관한 업무를 대통령령으로 정하는 산업재산권 보호 또는 부정경쟁방지 업무와 관련된 법인이나 단체 즉 '전문단체'에 위탁할 수 있다(법 제17조

개정법률안(의안번호 1810629)에 대한 심사보고서"(2011. 6), 3 이하를 참조하여 정리한 것이다.

5) 제2조의5(부정경쟁방지 및 영업비밀보호 사업)
　　특허청장은 부정경쟁행위의 방지 및 영업비밀보호를 위하여 연구·교육·홍보 등 기반구축, 부정경쟁방지를 위한 정보관리시스템 구축 및 운영, 그 밖에 대통령령으로 정하는 사업을 할 수 있다.

제2항). 여기의 전문단체란 '발명진흥법에 따라 설립된 한국발명진흥회' 및 '법 제2조의5의 업무에 관한 전문성이 있다고 인정되는 법인 또는 단체 중에서 특허청장이 지정하여 고시하는 법인 또는 단체'를 말한다(법 시행령 제4조 제3항). 법 시행령 제4조 제6항은 특허청장으로 하여금 위와 같은 법인 또는 단체의 지정기준과 절차를 정하여 고시하도록 정하고 있다. 이에 특허청은 2010. 1. 19. '부정경쟁방지 및 영업비밀보호 사업 위탁기관 지정에 관한 요령'을 제정·고시하였고 이에 따라 위탁기관을 지정하여 공고하고 있다.[6] 이는 단속업무에 대한 전문성을 높이고자 하는 취지라고 한다[7]

특허청장, 시·도지사 또는 시장·군수·구청장은 부정경쟁행위 등의 조사나 위반행위의 시정권고 등 업무를 수행하기 위하여 필요한 경우 위 전문단체의 지원을 받을 수 있다(법 제17조 제3항). 이에 따른 지원업무에 종사하는 자는 그 권한을 표시하는 증표를 지니고 이를 관계인에게 내보여야 한다(법 제17조 제4항, 제7조 제5항). 또한 위 지원업무에 종사하는 자는 형법 제127조 및 제129조부터 제132조까지의 규정에 따른 벌칙의 적용에서는 공무원으로 본다(법 제17조의3). 이에 따라 민간 전문단체 소속 지원 전담반의 구성·운영을 통해 위조상품의 사실 여부 판단 등 지원업무를 수행토록 하는 것으로서, 이 경우 위조상품 빈발지역에 대한 집중단속 및 기획단속 등 단속활동 강화에 이바지하고자 하는 내용이다.[8]

특허청장은 예산의 범위에서 위의 위탁업무 및 지원업무에 사용되는 비용의 전부 또는 일부를 지원할 수 있다(법 제17조 제5항). 민간 전문기관에 대해 업무를 위탁하거나 지원 전담반을 구성·운영하기 위해서는 인건비 등 필요경비가 발생하게 되고, 이를 지원하기 위해서는 법적 근거를 마련할 필요가 있으므로 그 근거규정을 둔 것이다.[9]

〈백강진〉

---

6) 가장 최근의 것은 2020. 12. 29. 특허청고시 제2020-41호이다.

7) 특허청, 부정경쟁방지 및 영업비밀보호에 관한 법률 조문별 해설서(2022), 299면.

8) 위 해설서 299면.

9) 국회 지식경제위원회, "부정경쟁방지 및 영업비밀보호에 관한 법률 일부개정법률안(의안 번호 1802012)에 대한 심사보고서"(2009. 2), 6 참조.

> **제17조의3(벌칙 적용에서의 공무원 의제)**
> 제17조 제3항에 따른 지원업무에 종사하는 자는 「형법」 제127조 및 제129조부터 제132조까지의 규정에 따른 벌칙의 적용에서는 공무원으로 본다.

<소 목 차>

Ⅰ. 의   의   Ⅱ. 효   과

Ⅰ. 의   의

특허청장, 시·도지사 또는 시장·군수·구청장은 부정경쟁행위 등의 조사(법 제7조)나 위반행위의 시정권고(법 제8조)에 관한 업무를 수행하기 위하여 필요한 경우에 전문단체로부터의 지원을 받을 수 있도록 하고 있는바(법 제17조 제3항), 이러한 지원업무에 종사하는 자를 공무원으로 의제하여, 형법 제127조의 공무상 비밀누설죄,[1] 제129조부터 제132조(뇌물죄)[2]의 수뢰, 사전수뢰죄 등의

---

1) 제127조(공무상비밀의 누설)
　공무원 또는 공무원이었던 자가 법령에 의한 직무상 비밀을 누설한 때에는 2년 이하의 징역이나 금고 또는 5년 이하의 자격정지에 처한다.
2) 제129조(수뢰, 사전수뢰)
　① 공무원 또는 중재인이 그 직무에 관하여 뇌물을 수수, 요구 또는 약속한 때에는 5년 이하의 징역 또는 10년 이하의 자격정지에 처한다.
　② 공무원 또는 중재인이 될 자가 그 담당할 직무에 관하여 청탁을 받고 뇌물을 수수, 요구 또는 약속한 후 공무원 또는 중재인이 된 때에는 3년 이하의 징역 또는 7년 이하의 자격정지에 처한다.
　제130조(제삼자뇌물제공)
　공무원 또는 중재인이 그 직무에 관하여 부정한 청탁을 받고 제3자에게 뇌물을 공여하게 하거나 공여를 요구 또는 약속한 때에는 5년 이하의 징역 또는 10년 이하의 자격정지에 처한다.
　제131조(수뢰후부정처사, 사후수뢰)
　① 공무원 또는 중재인이 전2조의 죄를 범하여 부정한 행위를 한 때에는 1년 이상의 유기징역에 처한다.
　② 공무원 또는 중재인이 그 직무상 부정한 행위를 한 후 뇌물을 수수, 요구 또는 약속하거나 제삼자에게 이를 공여하게 하거나 공여를 요구 또는 약속한 때에도 전항의 형과 같다.
　③ 공무원 또는 중재인이었던 자가 그 재직중에 청탁을 받고 직무상 부정한 행위를 한 후 뇌물을 수수, 요구 또는 약속한 때에는 5년 이하의 징역 또는 10년 이하의 자격정지에 처한다.
　④ 전3항의 경우에는 10년 이하의 자격정지를 병과할 수 있다.

대상이 되도록 하고 있다.

Ⅱ. 효   과

본조와 같은 방식의 공무원의제규정은 건설산업기본법을 비롯한 여러 입법에서 찾아볼 수 있다. 이와 같은 규정을 통하여 공무원에 준하는 지원인력의 직무상 염결성(廉潔性)을 확보할 수 있다.

대법원은 공무원의제제조항과 국가공무원법 위반죄의 관계에 대해서 대한법률구조공단의 임직원이 국가공무원법 제66조 제1항의 의무를 부담하는 것은 아니라고 보았다.[3] 이런 점에서 공무원의제규정이 있다고 해서 바로 국가공무원법의 적용이 되어 이에 따른 공무원으로서의 의무가 발생하는 것은 아니며 단지 본 조의 처벌규정에서 벌칙의 적용에 있어서 공무원으로 볼 뿐이라고 할 것이다.

〈최승재〉

제132조(알선수뢰)
　공무원이 그 지위를 이용하여 다른 공무원의 직무에 속한 사항의 알선에 관하여 뇌물을 수수, 요구 또는 약속한 때에는 3년 이하의 징역 또는 7년 이하의 자격정지에 처한다.
3) 대법원 2023. 4. 13. 선고 2021다254799 판결.

제18조(벌칙)

① 영업비밀을 외국에서 사용하거나 외국에서 사용될 것임을 알면서도 다음 각 호의 어느 하나에 해당하는 행위를 한 자는 15년 이하의 징역 또는 15억원 이하의 벌금에 처한다. 다만, 벌금형에 처하는 경우 위반행위로 인한 재산상 이득액의 10배에 해당하는 금액이 15억원을 초과하면 그 재산상 이득액의 2배 이상 10배 이하의 벌금에 처한다.

1. 부정한 이익을 얻거나 영업비밀 보유자에 손해를 입힐 목적으로 한 다음 각 목의 어느 하나에 해당하는 행위

   가. 영업비밀을 취득·사용하거나 제3자에게 누설하는 행위

   나. 영업비밀을 지정된 장소 밖으로 무단으로 유출하는 행위

   다. 영업비밀 보유자로부터 영업비밀을 삭제하거나 반환할 것을 요구받고도 이를 계속 보유하는 행위

2. 절취·기망·협박, 그 밖의 부정한 수단으로 영업비밀을 취득하는 행위

3. 제1호 또는 제2호에 해당하는 행위가 개입된 사실을 알면서도 그 영업비밀을 취득하거나 사용(제13조 제1항에 따라 허용된 범위에서의 사용은 제외한다)하는 행위

② 제1항 각 호의 어느 하나에 해당하는 행위를 한 자는 10년 이하의 징역 또는 5억원 이하의 벌금에 처한다. 다만, 벌금형에 처하는 경우 위반행위로 인한 재산상 이득액의 10배에 해당하는 금액이 5억원을 초과하면 그 재산상 이득액의 2배 이상 10배 이하의 벌금에 처한다.

③ 부정한 이익을 얻거나 영업비밀 보유자에게 손해를 입힐 목적으로 제9조의 8을 위반하여 타인의 영업비밀을 훼손·멸실·변경한 자는 10년 이하의 징역 또는 5억원 이하의 벌금에 처한다.

④ 다음 각 호의 어느 하나에 해당하는 자는 3년 이하의 징역 또는 3천만원 이하의 벌금에 처한다.

1. 제2조 제1호(아목, 차목 및 카목은 제외한다)에 따른 부정경쟁행위를 한 자

2. 제3조를 위반하여 다음 각 목의 어느 하나에 해당하는 휘장 또는 표지와 동일하거나 유사한 것을 상표로 사용한 자

   가. 파리협약 당사국, 세계무역기구 회원국 또는 「상표법 조약」 체약국의 국기·국장, 그 밖의 휘장

   나. 국제기구의 표지

   다. 파리협약 당사국, 세계무역기구 회원국 또는 「상표법 조약」 체약국 정부의 감독용·증명용 표지

⑤ 다음 각 호의 어느 하나에 해당하는 자는 1년 이하의 징역 또는 1천만원 이하의 벌금에 처한다.

1. 제9조의7 제1항을 위반하여 원본증명기관에 등록된 전자지문이나 그 밖의
   관련 정보를 없애거나 훼손·변경·위조 또는 유출한 자
2. 제9조의7 제2항을 위반하여 직무상 알게 된 비밀을 누설한 사람
⑥ 제1항과 제2항의 징역과 벌금은 병과(倂科)할 수 있다.

〈소 목 차〉

Ⅰ. 취   지
Ⅱ. 연   혁
   1. 제정법상 벌칙규정
   2. 벌칙규정 개정연혁
Ⅲ. 비교법적 고찰
   1. 미   국
   2. 독   일
   3. 일   본
Ⅳ. 조문별 해설

1. 영업비밀침해죄(제18조 제1항 및
   제2항)
2. 제18조 제3항(법 제9조의8 위반
   죄)
3. 제18조 제4항(법 제2조의1 등 위
   반죄)
4. 제18조 제5항(법 제9조의7 위반죄)
5. 제18조 제6항(징역형과 벌금형의
   병과)

Ⅰ. 취   지

　「부정경쟁방지 및 영업비밀보호에 관한 법률」 제18조는 영업비밀 침해행위
등에 대한 형사벌을 규정하고 있다. 2004년 1월 20일 개정(법률 제7095호)시 우
리나라의 영업비밀을 보호하기 위하여 그동안 논란이 많았던 형사처벌 및 보호
대상 확대, 친고죄 폐지 등을 주요 개정 내용으로 하여 크게 개정되었다. 이후
2019년 1월 개정(법률 제16204호)에서 형사처벌을 대폭 강화하였다. 이런 개정은
민사손해배상에서도 소위 3배 배상(treble damage) 내지 증액배상(enhanced dam-
age)이 도입되면서 민사적으로도 손해배상액을 높여서 영업비밀 침해시 억지력
을 높이기 위한 법 개정에 대해서 상응하는 개정이라고 할 것이다.

　영업비밀 침해자에 대한 형사처벌규정을 별도로 두는 것은 영업비밀이라고
하는 보호객체의 특수성은 물론 최근 산업경제사회에서 영업비밀의 중요성이
점차 높아지면서 국내외를 가릴 것 없이 그 침해사례도 늘어나고 있고 그 수법
도 한층 교묘해지고 있기 때문이다. 영업비밀침해는 미국의 경우에도 별도의 연
방법(Economic Espionage Act)을 두어서 형사처벌을 하고 있다. 이는 영업비밀침

해죄의 중요성을 잘 보여주는 예라고 하겠다. 그러나 2004년 법 개정 전에는 영업비밀을 담은 서류나 도면 등의 무단반출 등 유형적 위법행위를 수반하지 않는 경우 형사처벌을 할 적절한 규정이 없었다.

이와 같이 반도덕성이 현저한 영업비밀의 침해행위를 처벌할 수 없다고 보는 것은 건전한 거래질서의 확립에 반하는 것이기 때문이다. 같은 맥락에서 영업비밀의 침해행위에 대한 형사처벌의 필요성은 일반적으로 인정되지만 그 처벌범위를 지나치게 확대하는 경우 발생할 수 있는 문제점에 대한 의견도 있었다. 그 논거는 향후에도 참고가 될 것으로 보이므로 정리한다. 형사처벌 확대에 대한 부정적인 논거는 ① 법원·검찰 등 수사기관에 의한 침해여부 판단의 곤란성, ② 형사소추의 선호경향으로 인한 민사적 구제수단의 형식화 초래 우려, ③ 보호객체의 모호성으로 인한 죄형법정주의의 위반가능성 등의 부작용이 예상된다는 이유 등이 있다. 이들은 지금도 여전히 향후 입법시 고려하여야 할 점들이다.

이런 우려에도 불구하고 영업비밀 침해행위가 기술상 정보뿐만 아니라 판매방법 기타 영업상, 경영상의 정보에 이르기까지 영업비밀 전반에 걸쳐 일어나고 있고 그 행위도 조직화·지능화·규모화되어 가고 있다는 점, 중국, 태국, 말레이시아 등 국가 등 경쟁적으로 우리 기업의 기술비밀 및 경영비밀 등 영업비밀에 대한 유출시도가 발생하고 있어 영업비밀유출을 방지하기 위한 제재의 필요성이 높아지고 있다는 점 등을 감안하여 형사처벌은 강화되는 추세이다.

법개정의 경향을 보면, ① 형사상 침해 주체도 기업의 현직 임원 또는 직원이나 퇴직 임원 또는 직원에 국한했던 것을 기업의 현직, 퇴직 임원 또는 직원은 물론 그 영업비밀과 이해관계에 있는 자를 포함한 제3자까지를 모두 영업비밀에 대한 침해의 주체가 될 수 있도록 확대하였으며, ② 형사벌의 보호대상을 그 기업에 유용한 기술상의 영업비밀에 한정했던 것을 생산방법·판매방법 기타 영업활동에 유용한 기술상 또는 경영상의 정보까지를 모두 포함하였고, ③ 종래 행위의 태양을 누설에 한정하였으나 행위 태양을 누설에 국한하지 않고(외국에 유출하는 경우 포함) 취득·사용하는 경우까지를 모두 침해행위의 유형으로 확대하였다. 또 ④ 법정형 또한 외국에 누설할 경우 10년 이하의 징역 또는 원칙적으로 1억원 이하의 벌금, 국내에 누설할 경우 5년 이하의 징역 또는 원칙적으로 5천만원 이하의 벌금에 처할 수 있도록 하던 것을 개정법에서는 외국에 누설한 경우 15년 이하의 징역 또는 원칙적으로 15억원 이하의 벌금에, 국내에서 취득하여 국내에서 사용·누설한 경우 10년 이하의 징역 또는 원칙적으로 5

억원 이하의 벌금에 처할 수 있도록 하는 등 영업비밀 유출행위에 대한 가중벌금제도를 도입하여 종전법에 비하여 벌칙, 즉 형량을 대폭 강화하여 영업비밀보호의 실효성을 강화하였다.

　2019년 법개정을 통해서 벌금을 국외유출의 경우에는 15억원까지, 국내유출의 경우에는 5억원까지 부과할 수 있도록 하여 벌금액의 상한을 높였다. 재산상 이득액의 2배 내지 10배까지 가중할 수 있는 영업비밀누출에 따른 벌금액을 감안하더라도 벌금 상한을 높이는 것은 가중을 고려함에 있어서 위하력을 높이는 개정이라고 평가할만하다.

　2021년과 2024년 개정을 통해서도 처벌대상을 확대하였는데, 2024년 개정법(2024. 2. 20. 법률 제20321호, 2024. 8. 21. 시행 예정)에서는 제9조의8(영업비밀 훼손 등의 금지)에 규정된 "누구든지 정당한 권한 없이 또는 허용된 권한을 넘어 타인의 영업비밀을 훼손·멸실·변경하여서는 아니 된다."라는 영업비밀훼손 등의 금지에 대한 형사처벌 규정이 제18조 제3항으로 신설되었다.

II. 연   혁

1. 제정법상 벌칙규정

　1961년 제정법(1961. 12. 30, 법률 제911호) 제8조(벌칙) 제1호에서 "상품 또는 그 광고에 그 상품의 원산지, 품질, 내용 또는 수량에 관하여 오인을 일으키게 하는 허위의 표식을 한 자", 제2호에서 "부정경쟁의 목적으로 제2조 제1호 내지 제5호의 1에 해당한 행위를 한 자"에 대하여는 2년 이하의 징역 또는 50만환 이하의 벌금에 처하도록 규정하였고, 제9조(벌칙)에서는 제6조(국기, 국장 등의 사용금지)의 규정에 위반한 자는 5년 이하의 징역 또는 100만환 이하의 벌금에 처하도록 벌칙규정을 두었다.

2. 벌칙규정 개정연혁

　1986년 개정법(법률 제3897호, 1986. 12. 31.)에서는 종전의 제8조 및 제9조의 조항을 제11조(벌칙)에 규정하고 벌금액을 상향조정을 함으로써 건전한 경쟁원리에 의한 거래질서를 유지하도록 하였다.

　1991년 개정법(법률 제4478호, 1991. 12. 31.)에서는 종전의 법 제11조의 규정을 제18조(벌칙)로 이동하고, 기업의 임원 또는 직원으로서 부정한 이익을 얻거나 그 기업에 손해를 가할 목적으로 그 기업에 특유한 생산기술에 관한 영업비밀을 제3자에게 누설한 자에게도 3년 이하의 징역 또는 3천만원 이하의 벌금에 처하도록 하되, 친고죄를 규정하였다.

1998년 개정법(법률 제5621호, 1998. 12. 31.) 제18조(벌칙)에서는 기업에 유용한 기술상의 영업비밀을 외국에서 사용하거나 외국에서 사용될 것임을 알고 제3자에게 누설한 자를 더 무겁게 처벌할 수 있게 하여 영업비밀의 해외유출을 방지하도록 하고, 종전에는 기업의 현직 임직원의 부정한 이익을 얻거나 그 기업에 손해를 가할 목적으로 그 기업에 특유한 생산기술에 관한 영업비밀을 제3자에게 누설할 경우에 한하여 처벌하였으나, 앞으로는 전직 임직원이 제3자에게 누설한 경우에도 이를 처벌하도록 하고, 그 형량도 상향조정함으로써 영업비밀 침해행위를 방지할 수 있는 제도적 기반을 확충하도록 하였다.

2001년 개정법(법률 제6421호, 2001. 2. 3.) 제18조 제3항에서는 "상표법조약 체약국"을 벌칙규정에 추가하고, 법문장의 체계를 정비하였다.

2004년 개정법(법률 7095호, 2004. 1. 20.) 제18조 제1항 및 제2항에서는 종전의 영업비밀 침해행위의 처벌대상을 해당 기업의 전·현직 임직원으로 하고 보호대상 영업비밀을 기술상의 영업비밀로 한정했었던 것을, 처벌대상을 모든 위반자로 확대하고 보호대상 영업비밀에 경영상 영업비밀을 추가하도록 하고, 영업비밀 침해행위에 대하여 1억원 이하 또는 5천만원 이하의 벌금에 처하던 것을 7년 이하의 징역 또는 그 재산상 이득액의 2배 이상 10배 이하의 벌금으로 상향조정하였으며, 기업의 영업비밀 침해죄와 관련된 친고죄 규정을 삭제하였다. 종전법(법률 제6421호, 2001. 2. 3.) 제18조 제5항은 영업비밀 침해범에 대해서는 고소가 있어야만 공소를 제기할 수 있되, 다만 국가안전보장 또는 중대한 공공의 이익을 위하여 필요하다고 인정되는 때에는 고소가 없이도 공소를 제기할 수 있다고 규정하고 있으나, 2004년 개정시 동 조항을 삭제하였다. 이는 최근에 기업의 영업비밀이 기업의 중요한 재산일 뿐만 아니라, 국가의 경쟁력을 좌우하는 중요한 요소로 인식됨에 따라 국가가 당사자의 고소·고발이 없어도 그 침해행위를 수사·처벌할 수 있도록 한 것이다.

2007년 개정법(법률 제8767호, 2007. 12. 21.)에서는 법 문장을 원칙적으로 한글로 적고 어려운 용어를 쉬운 용어로 바꾸어 국민들이 법 문장을 이해하기 쉽게 정비하고, 영업비밀의 유출방지에 대한 실효성을 강화하기 위해 영업비밀을 외국으로 유출하는 자에 대한 징역형의 법정형을 최고 7년 이하에서 최고 10년 이하의 징역으로 상향조정하였다.

　이후 2009년 및 2013년 개정을 통해서 지금의 법조문과 유사한 형태를 가지게 되었다. 이런 조문형태는 2019. 1. 8. 개정을 통해서 제18조 제1항의 행위유형 분류 및 처벌을 강화하는 법개정이 이루어지기 전까지 유지되었다. 2021년과 2024년 개정에서도 제18조 제1항과 제2항만을 개정 없이 유지되었다.[1] 2024. 2. 20. 신설되어 2024. 8. 21.부터 시행되는 법 제9조의8을 신설하여 영업비밀 훼손 등의 금지를 명문화하면서, 이를 위반한 경우에 대한 형사처벌조항을 제18조 제3항으로 신설하였다.

Ⅲ. 비교법적 고찰

1. 미   국

(1) 개   관

　미국의 영업비밀보호에 대한 규율은 크게 보면 통일영업비밀보호법(Uniform Trade Secret Act)과 경제스파이처벌법(Economic Espionage Act)[2])에 의하여 이루어진다. 이중 전자는 주로 민사손해배상과 같은 사법적 규율에 의존하고, 후자는 형사적인 제재에 의존한다.

(2) 통일영업비밀보호법

　미국에서의 영업비밀의 보호는 저작권이나 상표권과 달리 연방법이 아니라, 주법에 의해서 이루어진다. 영업비밀의 보호는 19세기초부터 보통법(common law) 상의 불법행위의 한 유형인 영업비밀침해행위로 보호되었다. 그리고 이러한 영업비밀침해행위는 일종의 부정경쟁행위로 이해되었다.[3])

　1934년 제1차 리스테이트먼트(1st Restatement of Tort)에서 영업비밀이 불법행위의 일종으로 규정된 이후, 법원은 불법행위법의 일종으로 판결을 하기도 하고, 묵시적 계약위반, 부당이득 등으로 영업비밀침해행위를 판단하였다.[4]) 이후 미국에서는 1979년 영업비밀에 대한 통일영업비밀보호법(Uniform Trade Secret

---

1) 이에 대한 영업비밀 및 산업기술유출범죄 등 지식재산범죄에 대한 양형기준은 2024. 2. 16. 양형위원회 공청회를 통해서 공개되었다. 참고로 박형관, "기술유출범죄 양형기준 연구", 대검찰청 연구보고서(2022).

2) Title 18 U.S. Code Sections 792-799.

3) 이정덕, 한형구, "산업스파이범죄에 대한 대응방안 연구", 한독사회과학논총(2007), 437.

4) David P. Hathaway, Is the North Carolina Trade Secrets Protection Act itself a Secret and Is the Act Worth Protecting?' 77 N.C.L. Rev. 2149, 2201 (1999).

Act)이 모델법으로 제정되었다.

통일영업비밀보호법상의 영업비밀침해행위가 되기 위해서는 영업비밀성이 인정되어야 하며, 그 영업비밀을 부적절한 수단으로 부정하게 이용(misappropriation)한 사실이 있어야 한다. 부정이용이란 불법적으로 영업비밀을 획득하거나 합법적으로 획득한 영업비밀의 부적절한 사용 또는 공개가 있어야 한다. 다만 이 경우 불법적으로 누설된 영업비밀을 지득한 제3자는 그가 실제로 그 정보를 사용하거나 공개했는지, 그 정보가 불법적인 수단을 통해서 획득된 사실을 알았거나 알 수 있었는지 여부와 무관하게 영업비밀 취득에 대한 손해배상 책임을 부담한다.[5] 그리고 1993년에는 불법행위에서 분리된 형식으로 3차 리스테이트먼트(3rd Restatement on Unfair Competition)가 제정되었다.

2016년 미국은 종래 민사적으로 통일영업비밀보호법을 만들고 각 주법에서 이에 대응하도록 하는 방안의 한계를 인식하고, 연방법으로 영업비밀보호법(The Defend Trade Secret Act of 2016)을 입법하였다. 2022년에는 '미국지식재산권보호법(The Protecting American Intellectual Property Act)'을 입법하였다.[6]

(3) 형사처벌: 경제스파이처벌법

영업비밀보호를 기본적으로 민사손해배상의 문제로 해결하는 미국의 시스템에서도 형사처벌의 필요성이 있어서 연방법으로 형사처벌의 근거를 만든 것이 경제스파이처벌법이다. 경제스파이처벌법에는 형사처벌에 대한 조항이 크게 2개가 있다.

제1831조(a)[7]는 영업비밀의 유용행위(the misappropriation of trade secrets)를 규율하는바, 모의 및 그에 의한 취득행위를 포함하여 영업비밀을 의도적으로 (with the knowledge and intent) 절취하여 외국인에게 이득을 주는 행위에 대해서 행위자에게는 50만 달러 이하의 벌금과 15년 이하의 징역을, 법인에게는 1000만 달러 이하의 벌금을 부과할 수 있도록 규정하고 있다.

제1832조[8]는 주간통상이나 국제통상을 통하여 영업비밀보유자에게 손해를 가하는 영업비밀유용행위를 처벌한다. 이 경우 개인에게는 벌금형 없이 10년 이하의 징역형을, 법인에게는 500만 달러 이하의 벌금을 부과할 수 있도록 규정하고 있다. 처벌의 대상이 되는 침해의 행위유형으로 첫째 영업비밀을 절취하거나

---

5) 이정덕, 한형구, 앞의 글, 438.
6) 최승재, "산업기술전쟁, 우리기술을 지키는 최선책", 법률신문 2024. 2. 17. 자.
7) 18 U.S.C. §1831(a).
8) 18 U.S.C. §1832.

권한 없이 착복·취득·취거·은닉하거나 기망·술책·속임수에 의하여 획득하는 행위, 둘째 영업비밀을 권한 없이 복사·복제·스케치·사생·촬영·다운로드·업로드·변경·파기·사진·모사·전송·전달·송부·우송·통신·양도하는 행위, 셋째 절취되었거나 권한 없이 착복·획득·권리변경되었다는 것을 알면서 수령·구입·점유하는 행위로 나눌 수 있다.9)

2. 독   일

(1) 연   혁

독일의 영업비밀보호에 관한 규제는 독일 부정경쟁방지법(UWG, Gesetz gegen den Unlauteren Wettbewerb) 제17조 내지 제19조에 규정되어 있다. 우리의 영업비밀보호법제는 독일법의 영향을 받은 바가 크므로 이를 이해하는 것은 의미가 있다.10)

독일에서 영업비밀(Geschäfts-oder Betriebsgeheimnis)이라 함은 기업경영과 관련이 있고(Beziehung zum Geschäftsbetrieb), 공공에 알려져 있지 않으며(Fehelende Offenkundigkeit) 소유자에 의하여 비밀로 유지하려는 의사(Geheimhaltungswille)가 표시되어 비밀로 유지함에 소유자의 이익(Geheimhaltungsinteresse)이 있는 사실을 의미한다.11) 영업비밀에 관한 규정이 부정경쟁방지법에 규율되는 초기에는 영업비밀이 고객명단과 같은 영업상 비밀을 포함하지 않고 주로 기술적인 지식을 중심으로 하는 노하우 등의 보호를 의미하였다. 그러던 것이 1896년 부정경쟁방지법 제정 이후 지속적으로 적용범위가 확대되어 왔다.12) 2004년 독일 부정경쟁방지법이 개정되면 일반조항에 사소한 경쟁침해행위에 대해서는 법의 적용을 배제하거나(제3조), 부정한 경쟁행위의 예를 법조문에 규정하고(제4조), 소비자 이익 저해행위에 대한 규정을 두고(제7조), 부정경쟁행위의 법적 효과를 규정하는 제8조 및 제11조를 규정하면서, 부정경쟁행위를 통해서 얻은 이득에 대한 청구권을 규정하는 조항의 신설(제10조) 등의 많은 개정이 있었지만 영업비밀보호와 관련된 부분은 의미 있는 개정이 없었다.13)

---

9) 김재봉, 미국의 경제스파이법, 법학연구 제12권 제1호(2001), 16.
10) 하헌주, "독일 경쟁법의 위상과 체계", 비교법학 제16집(2005), 91.
11) 한상훈, "영업비밀의 형사법적 보호와 문제점", 형사정책 제12권 제2호(2000), 40-41.
12) 현대호, "한국과 일본의 부정경쟁방지법에 관한 고찰", 외국법제연구, 한국법제연구원, 35.
13) 심재한, "독일의 개정 부정경쟁방지법의 고찰", 경영법률 제16집 제1호(2005. 10), 677.

(2) 형사처벌

독일 부정경쟁방지법 제4장은 형사처벌이 되는 부정경쟁행위에 대해서 규정하고 있다. 이 중 제16조 형사처벌이 되는 광고행위 규정과 제20조 과태료 규정을 제외한 제17조, 제18조, 제19조는 모두 삭제되었다.[14] 구 독일 부정경쟁방지법은 영업비밀을 침해하는 행위로 영업상 또는 경영상의 비밀누설과 원형 등의 무단사용, 그리고 배신행위의 교사 및 제의를 금지행위로 규정하고 있었다.[15] 그리고 구 부정경쟁방지법상 영업비밀보호에 관한 제17조 내지 제20조(a)에서 제17조, 제18조, 제20조는 영업비밀침해행위에 대한 형사처벌을 규정하고 있으며, 제19조는 민사손해배상청구권을 규정하고 있었다. 이중 아래에서 언급하는 제17조와 제18조는 법개정으로 삭제(repealed)되었지만 여전히 참고할 가치가 있어서 소개한다.

삭제 전 구 독일 부정경쟁방지법에서 형사처벌과 관련된 핵심조항은 제17조로서, 제17조 제1항은 어떤 기업에 근무하는 자가 업무상 얻게 되거나, 접근할 수 있었던 영업상 또는 경영상 비밀을 경쟁의 목적으로 자신의 이익을 위하여 제3자를 위하여 또는 기업주에게 손해를 가할 목적으로 고용관계의 유효기간 내에 권한 없이 타인에게 누설한 자는 3년 이하의 징역 또는 벌금형에 처한다고 규정하고 있었다.[16] 이 때 '권한 없이'라 함은 영업비밀소유자에 대해서 피용자가 부담하고 있는 신뢰의무에 반하는 것을 의미하며, '전달'이라 함은 제3자가 영업비밀을 알 수 있는 상황을 만드는 것을 말하고, '타인'이라 함은 행위자 외의 모든 사람을 의미하는 것으로 규정하고 있었다.[17]

제17조 제2항 제1호는 경쟁목적으로, 자신의 이익을 위하여, 제3자를 위하

---

14) 2019. 04. 18, BGBl I S 466, 지식재산연구원 2019년 번역문 참조.

15) 독일 부정경쟁방지법 개정이력에 대한 설명으로 2015년 개정에 대해서는, 박윤석·안효질, "독일 부정경쟁방지법 최근 개정 동향", 저스티스 통권 167호(2016. 12) 249-284면 참조("독일 부정경쟁방지법이 2015년 12월 2일에 개정되었다. 2008년 개정 이후 7년만의 개정이다. 이번 개정의 주요 내용은 유럽연합의 불공정한 상관행 지침에 부합하게 독일 부정경쟁방지법을 개정하는 것이었다. 따라서 대부분은 유럽연합의 불공정한 상관행 지침규정을 독일 부정경쟁방지법에 새로이 도입하는 것이었다").

16) (1) Wer als eine bei einem Unternehmen beschäftigte Person ein Geschäfts- oder Betriebsgeheimnis, das ihr im Rahmen des Dienstverhältnisses anvertraut worden oder zugänglich geworden ist, während der Geltungsdauer des Dienstverhältnisses unbefugt an jemand zu Zwecken des Wettbewerbs, aus Eigennutz, zugunsten eines Dritten oder in der Absicht, dem Inhaber des Unternehmens Schaden zuzufügen, mitteilt, wird mit Freiheitsstrafe bis zu drei Jahren oder mit Geldstrafe bestraft.

17) 한상훈, 앞의 글, 44.

여 또는 기업주에게 손해를 가할 목적으로 영업상 또는 경영상 비밀을 기술적 수단을 이용하여 비밀을 담고 있는 복제품의 생성에 의하여, 비밀을 담은 물건을 절취하여 권한 없이 취득하거나 확보하는 행위에 대해서 3년 이하의 징역형이나 벌금형으로 처벌하도록 하고 있었다.[18] 제17조 제2항 제2호는 1호의 국외범에 대한 처벌을, 제3항은 미수범 처벌을 규정하고 있다. 그리고 제4항은 외국에서의 사용으로 인한 독일의 국가이익을 침해하는 경우 형을 가중하고 있었다.

한편 제18조는 제17조의 영업비밀침해죄에 해당하지 않는 정보를 침해하는 행위를 처벌하기 위하여 고안 등의 무단사용죄를 규정하고 있었다.[19]

3. 일   본

(1) 입법연혁

일본은 종래 영업비밀의 보호를 절도, 횡령, 배임 등 형법을 적용하거나 민사상 손해배상으로 해결하였으나 산업계의 요구가 증대하면서 1990년 부정경쟁방지법을 개정하여 영업비밀보호법제를 도입하였다. 1990년에는 형사처벌규정을 두고 있지 않다가 2003년 처음으로 형사처벌규정을 두고, 2006년 형사처벌규정을 강화하는 방향으로 입법을 하였다.[20]

---

18) (2) Ebenso wird bestraft, wer zu Zwecken des Wettbewerbs, aus Eigennutz, zugunsten eines Dritten oder in der Absicht, dem Inhaber des Unternehmens Schaden zuzufügen,
1. sich ein Geschäfts- oder Betriebsgeheimnis durch
a) Anwendung technischer Mittel,
b) Herstellung einer verkörperten Wiedergabe des Geheimnisses oder
c) Wegnahme einer Sache, in der das Geheimnis verkörpert ist,
unbefugt verschafft oder sichert oder

19) §18 Verwertung von Vorlagen
(1) Wer die ihm im geschäftlichen Verkehr anvertrauten Vorlagen oder Vorschriften technischer Art, insbesondere Zeichnungen, Modelle, Schablonen, Schnitte, Rezepte, zu Zwecken des Wettbewerbs oder aus Eigennutz unbefugt verwertet oder jemandem mitteilt, wird mit Freiheitsstrafe bis zu zwei Jahren oder mit Geldstrafe bestraft.
(2) Der Versuch ist strafbar.
(3) Die Tat wird nur auf Antrag verfolgt, es sei denn, dass die Strafverfolgungsbehörde wegen des besonderen öffentlichen Interesses an der Strafverfolgung ein Einschreiten von Amts wegen für geboten hält.
(4) §5 Nummer 7 des Strafgesetzbuches gilt entsprechend.

20) 2006년 개정으로 10년 이하의 징역 또는 1000만엔 이하의 벌금으로 형벌규정이 정비되었다. 친고죄로 규정되어 피해자의 고소가 필요한 것으로 하였다. 이는 우리 구법의 입법태도와 같다. 현대호, "한국과 일본의 부정경쟁방지법에 관한 고찰", 외국법제연구, 한국법제연구원(2008. 6).

2006년 개정전 일본의 영업비밀침해죄 규정은 일본에서 취득한 영업비밀을 국외에서 사용·개시한 경우에는 처벌되지 않을 가능성이 있어서 글로벌 지식재산 경쟁시대에 부합하는 입법을 통해서 영업비밀의 국경외 유출행위를 규율하기 위하여 이와 관련된 부분을 보완하였다. 이를 통하여 (i) 국내에서 관리된 영업비밀로서, 일본기업이 생산한 영업비밀, 일본기업이 관리하는 영업비밀, 일본국 내에서 관리하는 영업비밀, 일본국 내에서 취득된 영업비밀 등, (ii) 사기 등 행위, 관리 침해행위에 의한 영업비밀의 부정취득행위, (iii) 영업비밀의 부정취득후 배임행위에 의한 사용이나 개시행위, (iv) 국외에서의 영업비밀유지명령 위반행위 등이 처벌대상 행위로 규정되었다.[21]

(2) 형사처벌

일본의 영업비밀침해죄는 사기 등 행위 또는 관리침해행위가 있었던 때나 보유자로부터 공개된 때에 일본국에서 관리되고 있던 영업비밀에 관해서 일본국 외에 있어서 부정사용이나 개시, 비밀유지명령을 위반한 경우에 적용된다.

영업비밀침해죄의 행위유형을 크게 분류하면 부정취득형과 부정공개형으로 구분할 수 있다.

부정취득형은 다시 절취, 사기, 강박 그 외의 부정한 수단에 의해 영업비밀을 취득하는 행위 또는 부정취득행위에 의해 취득한 영업비밀을 사용하거나 공개하는 행위(부정취득행위; 제2조 제1항 제4호)[22] 및 영업비밀에 부정취득행위가 개입한 것을 알거나 중대한 과실로 알지 못하고 영업비밀을 취득하거나, 그 취득한 영업비밀을 사용하거나 공개하는 행위(부정취득후 전득행위: 제2조 제1항 제5호)[23]로 구별된다.

한편 부정공개형은 부정사용·공개하는 행위로서 제2조 제1항 제7호 규정된 행위[24]로 영업비밀을 보유한 사업자로부터 그 영업비밀을 알게 된 경우에 있어 부정경업 및 기타 부정한 이익을 얻을 목적으로 또는 그 보유자에게 손해

---

21) 백영준, "부정경쟁방지법상 영업비밀 보호제도 배교와 적용에 관하여", 창작과 권리 여름호(2006), 52.
22) 四 窃取、詐欺、強迫その他の不正の手段により営業秘密を取得する行為(以下「不正取得行為」という。)又は不正取得行為により取得した営業秘密を使用し、若しくは開示する行為(秘密を保持しつつ特定の者に示すことを含む。以下同じ。).
23) 五 その営業秘密について不正取得行為が介在したことを知って、若しくは重大な過失により知らないで営業秘密を取得し、又はその取得した営業秘密を使用し、若しくは開示する行為.
24) 七 営業秘密を保有する事業者(以下「保有者」という。)からその営業秘密を示された場合において、不正の利益を得る目的で、又はその保有者に損害を加える目的で、その営業秘密を使用し、又は開示する行為.

를 가할 목적으로 그 영업비밀을 사용하거나 공개하는 행위(부정공개행위) 및 부정공개 후의 전득행위(제2조 제1항 제8호25)) 및 취득한 후에 그 영업비밀에 대해 부정공개행위가 있었던 것 또는 그 영업비밀에 대해 부정공개행위가 개입된 것을 알고 있거나 중대한 과실에 의해 알지 못하고 그 취득한 영업비밀을 사용하거나 공개한 행위(부정공개에 관한 사후악의에 의한 사용·공개(제2조 제1항 제9호)26)로 구별된다.

특히 일본의 경우 평성 7년(1995년)에서 13년(2001년)간에 발생한 영업비밀 침해사건은 총 79건인바, 그 가운데 50건이 퇴직자가 관련된 사건이어서 퇴직자의 경우에도 영업비밀침해죄로 규율할 필요성이 높다는 판단에서 영업비밀을 보유자로부터 공개받은 임원 또는 종업원이었던 자로부터 부정경쟁의 목적으로 그 재직중에 그 영업비밀의 관리에 관한 임무에 위배하여 그 영업비밀의 개시의 신청을 하고 또는 그 영업비밀의 사용자 혹은 개시에 관하여 청탁을 받고 그 영업비밀을 그 직을 퇴직한 후에 사용하거나 개시한 자는 처벌되도록 규정하였다. 이 규정을 통하여 영업비밀을 퇴직 후에 공개할 것을 재직 중에 미리 약속하는 등의 준비행위를 하고 퇴직 후 경쟁회사에 영업비밀을 개시하는 경우에 한해서 현직의 임직원과 마찬가지로 퇴직직원도 처벌의 대상이 되었다.27)

한편 2차적 관여자의 영업비밀 침해행위에 대한 처벌도 보완되었다. 부정경쟁의 목적으로 영업비밀침해죄에 해당하는 개시행위에 의해서 영업비밀을 취득하고 그 영업비밀을 사용하거나 개시한 자는 처벌된다는 규정을 둔 것이다. 일본에서는 개정전 부정경쟁방지법에서도 부정개시를 행한 자의 공범이 되는 경우에는 처벌의 대상이 되었지만 2차적 관여자라도 공범에까지 이르지 못하는 방조범이나 교사범의 경우에는 처벌규정이 없었다. 그러나 2차적 관여자라도 영업비밀을 보유하고 있는 종업원을 유혹하여 부정개시를 하도록 하고 그 개시에 의해 영업비밀을 취득하는 경우 이러한 행위의 가벌성은 결코 낮다고 볼 수 없

---

25) 八 その営業秘密について不正開示行為(前号に規定する場合において同号に規定する目的でその営業秘密を開示する行為又は秘密を守る法律上の義務に違反してその営業秘密を開示する行為をいう。以下同じ。)であること若しくはその営業秘密について不正開示行為が介在したことを知って、若しくは重大な過失により知らないで営業秘密を取得し、又はその取得した営業秘密を使用し、若しくは開示する行為.

26) 九 その取得した後にその営業秘密について不正開示行為があったこと若しくはその営業秘密について不正開示行為が介在したことを知って、又は重大な過失により知らないでその取得した営業秘密を使用し、又は開示する行為.

27) 백영준, 앞의 글, 53.

다. 그러므로 이러한 교사 및 방조 행위를 한 자도 형사처벌할 수 있도록 규정한 것이다.

Ⅳ. 조문별 해설

1. 영업비밀침해죄(제18조 제1항 및 제2항)[28]

(1) 유   형

2019년 1월 개정전 제18조 제1항은 "부정한 이익을 얻거나 기업에 손해를 입힐 목적으로 그 기업에 유용한 영업비밀을 외국에서 사용하거나 외국에서 사용될 것임을 알면서 취득·사용 또는 제3자에게 누설한 자는 10년 이하의 징역 또는 그 재산상 이득액의 2배 이상 10배 이하에 상당하는 벌금에 처한다."고 규정하여 국외 영업비밀 침해죄를 규정하고 있었다. 또 제18조 제2항은 "부정한 이익을 얻거나 기업에 손해를 입힐 목적으로 그 기업에 유용한 영업비밀을 취득·사용하거나 제3자에게 누설한 자는 5년 이하의 징역 또는 그 재산상 이득액의 2배 이상 10배 이하에 상당하는 벌금에 처한다."고 규정하여 국내 영업비밀 침해죄를 규정하고 있었다.

2019년 1월 개정되어 7월 시행되는 현행법 제1항은 "영업비밀을 외국에서 사용하거나 외국에서 사용될 것임을 알면서도 다음 각 호의 어느 하나에 해당하는 행위를 한 자는 15년 이하의 징역 또는 15억원 이하의 벌금에 처한다. 다만, 벌금형에 처하는 경우 위반행위로 인한 재산상 이득액의 10배에 해당하는 금액이 15억원을 초과하면 그 재산상 이득액의 2배 이상 10배 이하의 벌금에 처한다."고 하면서, 그 행위유형을 정하고 있다. 이는 죄형법정주의 관점에서 제2조의 행위유형에 의존하지 않고 명확성을 높이는 입법이라고 평가할 수 있다. 제18조 제1항이 형사처벌 대상으로 규정하는 행위유형은 3가지 유형으로 나뉜다. 영업비밀침해의 유형에 대한 제2조의 정의규정에 의존하지 않고 별도의 형사처벌을 위한 행위유형을 규정함으로써 형사처벌에 관한 한 제18조는 독립적인 규정이 되었다. 그러나 구체적인 행위의 해석에 있어서는 당연히 정의규정이 참고되어야 한다.

---

28) 영업비밀침해죄의 성립과 관련된 구성요건 해석에서 영업비밀 침해행위의 유형에 대해서 참고하려는 독자는 최승재 집필부분(한국특허법학회 편), 영업비밀보호법, 박영사(2017. 10), 149-183을 참조.

제18조 제1항은 국외유출에 대한 가중처벌 규정으로 규정형식을 생각하면 국내유출이 기본형식이 되고 국외유출이 이에 대한 가중유형으로 규정되는 방식, 즉 제1항에 국내유출이 규정되고 제2항에 국외유출이 규정되는 방식이 더 일반적이라고 볼 수 있을 것이나 형사처벌을 함에 있어서 국외유출이 가지고 오는 피해의 크기가 크다는 점과 미국의 경우에서 보는 것처럼 국외유출이 형사처벌을 통해서 억지하여야 할 필요성도 높다는 점에서 제1항에 국외유출에 대한 형사처벌 규정을 둔 것으로 이해할 수 있다.

제1호는 "부정한 이익을 얻거나 영업비밀 보유자에 손해를 입힐 목적으로 한 다음 각 목의 어느 하나에 해당하는 행위"를 처벌대상행위로 하면서, 구체적으로 다시 (가)목에 "영업비밀을 취득·사용하거나 제3자에게 누설하는 행위", (나)목에 "영업비밀을 지정된 장소 밖으로 무단으로 유출하는 행위", (다)목에 "영업비밀 보유자로부터 영업비밀을 삭제하거나 반환할 것을 요구받고도 이를 계속 보유하는 행위"를 각 세부행위로 규정한다.

제2호는 "절취·기망·협박, 그 밖의 부정한 수단으로 영업비밀을 취득하는 행위"를, 제3호는 "제1호 또는 제2호에 해당하는 행위가 개입된 사실을 알면서도 그 영업비밀을 취득하거나 사용(제13조 제1항에 따라 허용된 범위에서의 사용은 제외한다)하는 행위"를 규정한다. 제2호의 절취의 경우에는 영업비밀보호법 위반죄 외에 별도로 절도죄가 성립하게 될 것이고, 기망의 경우에는 영업비밀보호법 위반죄 외에 별도로 사기죄가, 협박의 경우에는 영업비밀보호법 위반죄 외에 별도로 협박죄가 성립한다. 이 경우 양자의 관계는 경합적으로 모두 성립하는 것이지 법조경합관계에 있는 것은 아니다. 즉 영업비밀이 담긴 매체(예를 들어 종이문서나 유에스비(USB)와 같이 이동형저장매체)를 절취하는 경우 하나의 행위로 수죄가 성립하는 것이다.

제3호는 사후적으로 영업비밀의 취득이나 사용을 규율하는 행위형식으로 제1호 및 제2호에 대한 관계에서 제1호 및 제2호의 성립을 전제로 하는 규정이라고 할 것이다.

2019년 1월 개정법 제2항은 "제1항 각 호의 어느 하나에 해당하는 행위를 한 자는 10년 이하의 징역 또는 5억원 이하의 벌금에 처한다. 다만, 벌금형에 처하는 경우 위반행위로 인한 재산상 이득액의 10배에 해당하는 금액이 5억원을 초과하면 그 재산상 이득액의 2배 이상 10배 이하의 벌금에 처한다."라고 하여 국외유출이 아닌 국내유출의 경우를 규정하고 있다.

제2항은 제1항과의 관계에서, 그 사용이 외국에서 이루어질 것인지 아니면 국내에서 이루어질 것인지 여부에 의해서 구별될 뿐 실질적인 구성요건 등에 있어서는 차이가 없다. 제18조 제1항의 국외 영업비밀 침해죄에 대한 자유형과 벌금형 모두 가중하여 규정함으로써 외국에서 사용되는 등으로 인하여 외국에 이롭게 하는 행위에 대해서는 가중하여 처벌할 수 있도록 규정하고 있다.

(2) 행위주체

영업비밀 침해행위자에 제한이 없다. 그러므로 "누구든지" 부정한 이익을 얻거나 기업에 손해를 입힐 목적으로 그 기업에 유용한 영업비밀을 외국에서 사용하거나 외국에서 사용될 것임을 알면서 취득·사용 또는 제3자에게 누설하면 본조에 의한 형사처벌을 받게 된다. 따라서 기업의 내부자뿐만 아니라 기업의 외부자, 제3자, 개인, 법인 모두 영업비밀 침해행위의 주체로서 처벌대상이 된다.

이 조항이 없더라도 기업의 내부자인 전·현직 임직원이 아닌 일반인에 의한 외부탐지행위는 그 유형에 따라 절도죄, 주거침입죄 등 형법규정에 의하여 처벌할 수 있지만 본조의 규정으로 인하여 이들 범죄와 실체적으로 경합하게 됨은 앞서 설명한 바와 같다. 따라서 제3자가 기업의 영업비밀을 절취하여 외국 기업에 누설한 경우에는 본조에 의한 처벌과 절도죄 등의 범죄가 모두 적용된다.

입법연혁상 1998년 개정법 이전에는 현직자만 처벌대상으로 하고 있었기 때문에 재직 중에 기업의 생산기술에 관한 영업비밀을 취득하여 보유하고 있다가 퇴직 후 제3자에게 누설하거나 또는 재직 중에 확보해 놓은 생산기술에 관한 영업비밀을 퇴직하면서 가지고 나와 제3자에게 누설한 경우가 처벌가능한지에 대한 논란이 있었다.[29] 그러나 이 문제는 1998년 개정법에 의해서 퇴직자도 처벌대상으로 함으로써 해소되었다. 그러나 1998년 개정법은 침해행위의 주체를 신분범으로 규정하면서 기업의 임원 또는 직원이나 임원 또는 직원이었던 자로 제한하여 형사처벌대상을 한정함으로써 외부인의 영업비밀탐지행위를 형사처벌 범위에서 제외하였다. 그 이유로는 외부인의 탐지는 행위형태가 매우 다양하여 만일 처벌하게 되면 형사처벌 범위가 너무 광범위해질 우려가 있기 때문이었다.[30]

---

29) 황희창, 개정판 부정경쟁방지 및 영업비밀보호법, 세창출판사(2001), 239.
30) 위의 책, 같은 면.

(3) 보호객체

영업비밀침해죄의 보호객체는 영업비밀이다. 2004년 부정경쟁방지법 개정 전에는 처벌대상이 되는 영업비밀은「그 기업에 유용한 기술상의 영업비밀」로 정하고 있었으며, 그 이유는 판매방법 기타 경영상의 영업비밀까지 모두 형사처 벌의 보호객체로 하게 될 경우 그 비밀성 여부가 모호한 경우가 많고, 형사처벌 의 대상이 되는 영업비밀의 범위가 지나치게 확대될 우려가 있기 때문이라고 설명되었다.31) 2004년 1월 20일 개정법에서는「그 기업에 유용한 영업비밀」로 보호범위를 확대하여 기술상 영업비밀은 물론 경영상 영업비밀까지도 보호하고 있다. 보호객체는 종래 유용한 영업비밀을 보호객체로 하였을 때에도 유용성의 의미는 실제로는 영업비밀성의 한 요소를 나타내는 것일 뿐 독자적인 의미는 없었다. 왜냐하면 영업비밀의 의미에 대해서 대법원이 "구 부정경쟁방지 및 영 업비밀보호에 관한 법률(2007. 12. 21. 법률 제8767호로 개정되기 전의 것) 제2조 제2호의 '영업비밀'이란 공연히 알려져 있지 아니하고 독립된 경제적 가치를 가 지는 것으로서 상당한 노력에 의하여 비밀로 유지된 생산방법, 판매방법 그 밖 에 영업활동에 유용한 기술상 또는 경영상의 정보를 말하고, 여기서 '상당한 노 력에 의하여 비밀로 유지된다'는 것은 그 정보가 비밀이라고 인식될 수 있는 표 시를 하거나 고지를 하고, 그 정보에 접근할 수 있는 대상자나 접근 방법을 제 한하거나 그 정보에 접근한 자에게 비밀준수의무를 부과하는 등 객관적으로 그 정보가 비밀로 유지·관리되고 있다는 사실이 인식 가능한 상태인 것을 말한 다."고 하여 이미 영업비밀성의 판단에서 고려하고 있기 때문이다.32)

따라서 영업비밀이면 모두 처벌대상이 되는 것이다. 그러므로 본조에 의한 처벌대상이 되는 영업비밀에는 기술정보33)뿐만 아니라 고객리스트, 판매계획 등 경영상의 정보 등도 포함된다.

---

31) 위의 책, 240.
32) 대법원 2010. 12. 23. 선고 2008다44542 판결.
33) "피고인들이 근무하던 회사에서 개발한 제품의 제조설비 및 생산공정에 관한 기술자료 등을 복사한 CD를 가지고 있다가 퇴사하면서 위 CD를 가지고 나와 새로운 회사의 설립 에 사용한 경우, 이는 절도에 해당할 뿐만 아니라 구 부정경쟁방지 및 영업비밀보호에 관 한 법률(2004. 1. 20. 법률 제7095호로 개정되기 전의 것)에 정한 기술상의 영업비밀 침해 행위에 해당한다."(인천지방법원 2005. 2. 4. 선고 2001고단709 판결). 해당 쟁점에 대하여 보다 상세히 기재한 위 사건의 항소심은 인천지방법원 2005. 7. 7. 선고 2005노502 판결 참조.

(4) 침해의 태양

2019년 7월부터 시행되는 영업비밀보호법은 구체적으로 3개의 행위유형을 나누고 이 중 제1호 위반행위를 다시 3개의 세부유형으로 나누었다. 그러므로 취득, 사용 또는 제3자에게 누설하는 행위 외에 위 행위의 개별적인 유형에 해당하는 것인지 여부를 살펴보아야 한다. 이는 2019년 개정전 법이 침해태양을 국내에서 「외국에서 사용하거나, 외국에서 사용될 것임을 알면서 취득·사용 또는 제3자에게 누설하는 행위」(제18조 제1항)와 「영업비밀을 취득·사용하거나 제3자에게 누설하는 행위」(제18조 제2항)로 나눈 것과 비교된다. 2019년 개정법은 이전 법의 행위태양을 제1호의 (가)목의 위반행위로 옮기고 나머지 형사처벌대상이 되는 행위태양을 추가적으로 규정하여 처벌대상의 명확성을 높였다.

제1호는 개정 전 법의 각 행위를 처벌대상으로 한다. 영업비밀의 "사용"은 영업비밀 본래의 사용 목적에 따라 이를 상품의 생산·판매 등의 영업활동에 이용하거나 연구·개발사업 등에 활용하는 등으로 기업활동에 직접 또는 간접적으로 사용하는 행위로서 구체적으로 특정이 가능한 행위를 가리킨다.[34] 한편 영업비밀의 "취득"의 의미에 대해서 대법원은 "부정경쟁방지 및 영업비밀보호에 관한 법률 제18조 제2항은 '부정한 이익을 얻거나 기업에 손해를 가할 목적으로 그 기업에 유용한 영업비밀을 취득·사용하거나 제3자에게 누설한 자'를 처벌하고 있다. 여기서 영업비밀의 '취득'은 도면, 사진, 녹음테이프, 필름, 전산정보처리조직에 의하여 처리할 수 있는 형태로 작성된 파일 등 유체물의 점유를 취득하는 형태는 물론이고, 그 외에 유체물의 점유를 취득함이 없이 영업비밀 자체를 직접 인식하고 기억하는 형태 또는 영업비밀을 알고 있는 사람을 고용하는 형태로도 이루어질 수 있으나, 어느 경우에나 사회통념상 영업비밀을 자신의 것으로 만들어 이를 사용할 수 있는 상태가 되었다면 영업비밀을 취득하였다고 할 것이다.[35] 그리고 기업의 직원으로서 영업비밀을 인지하여 이를 사용할 수 있는 사람은 이미 당해 영업비밀을 취득하였다고 보아야 하므로 그러한 사람이 당해 영업비밀을 단순히 기업의 외부로 무단 반출한 행위는, 업무상배임죄에 해당할 수 있음은 별론으로 하고, 위 조항 소정의 '영업비밀의 취득'에는 해당하지 않는다."라고 판시한 바 있다.[36]

---

34) 대법원 2009. 10. 15. 선고 2008도9433 판결.
35) 대법원 2009. 10. 15. 선고 2008도9433 판결이 영업비밀의 취득에 대한 리딩케이스이다.
36) 대법원 2009. 10. 15. 선고 2008도9433 판결.

(나)목에서 규정하는, "영업비밀을 지정된 장소 밖으로 무단으로 유출하는 행위"는 영업비밀의 경우 특정한 장소에서 사용하도록 하는 것을 규정하는 경우가 많으므로 장소적인 특정성을 깨고 이를 그 이외의 장소로 유출하는 것을 처벌대상으로 한다. 다만 오늘날은 다수의 영업비밀이 디지털 형태로 되어 있어서 구체적으로 특정한 터미널에서 사용하도록 하는 것을 의미하기도 하지만 서버에 접속할 수 있는 권한의 제한을 포함하는 것으로 해석하지 않으면 본조의 의미가 희석될 수 있다고 본다.

(다)목에서 규정하는 "영업비밀 보유자로부터 영업비밀을 삭제하거나 반환할 것을 요구받고도 이를 계속 보유하는 행위"는 기업이나 조직의 경우 영업비밀을 취급 및 보류를 할 수 있도록 하거나 계약에 의해서 영업비밀의 취급 및 보유를 할 수 있게 된 자가 당해 퇴직이나 계약의 종료 등의 사유로 인해서 영업비밀의 삭제나 당해 영업비밀이 담긴 서류, 매체 등을 반환할 것을 요구받고도 이를 계속적으로 보유하는 행위를 별도의 세부처벌대상행위로 규정한 것이다.

제2호의 경우는 절취, 사취, 협박에 의한 취득과 같은 범죄행위와 영업비밀침해죄를 규정한 것으로서 이들 범죄의 성립시에는 별도로 영업비밀침해죄가 성립하는 것이다. 그 구체적인 구성요건은 개별 형법 및 당해 행위를 처벌대상으로 하고 있는 형사특별법상의 행위의 해석과 달리할 필요는 없다고 본다.

제3호는 제1호 또는 제2호의 성립을 알면서도 그 영업비밀을 취득하거나 사용하는 행위를 형사처벌하는 규정으로 장물죄와 같은 성격이라고 할 수 있다. 즉 영업비밀이 확산되어 피해가 확대되는 것을 막기 위해서 제1호 또는 제2호의 행위를 하지 않은 자라고 하더라도 그 취득이나 사용에 있어서 악의가 있으면, 즉 이런 사실을 알고 있으면 처벌하도록 하는 규정이다.

(5) 목 적 범

행위자가 「부정한 이익을 얻거나 기업에 손해를 입힐 목적으로」 영업비밀을 취득·사용·누설해야 한다. 이 죄는 부정한 이익을 얻거나 기업에 손해를 끼칠 목적이 필요한 목적범이다. 목적범에서의 목적은 범죄 성립을 위한 초과주관적 위법요소로서 고의 외에 별도로 요구되는 것이므로, 행위자가 영업비밀을 취득하는 등의 행위로 손해가 발생할 수 있다는 점을 인식하였다고 하더라도 손해를 입힐 목적이 인정되지 아니하면 그 구성요건은 충족되지 아니한다.[37] 그

---

37) 목적범에 있어서의 목적의 의의에 대해서 대법원 2010. 7. 23. 선고 2010도1189 전원합의체 판결.

러나 문언상 부정한 이익을 취득하는 경우에는 반드시 손해를 입힐 목적이 요구되는 것은 아니다.

(6) 영업비밀부정사용죄(제18조 제2항)의 실행의 착수시기

「부정경쟁방지 및 영업비밀보호에 관한 법률」 제18조 제2항에서 정하고 있는 영업비밀부정사용죄에 있어서는, 행위자가 당해 영업비밀과 관계된 영업활동에 이용 혹은 활용할 의사 아래 그 영업활동에 근접한 시기에 영업비밀을 열람하는 행위(영업비밀이 전자파일의 형태인 경우에는 저장의 단계를 넘어서 해당 전자파일을 실행하는 행위)를 하였다면 그 실행의 착수가 있다는 것이 대법원의 태도이다.[38]

(7) 법 정 형

2019년 개정법은 법정형을 대폭 높였다. 국외유출은 법정형으로 15년 징역형과 15억의 벌금형을 상한으로, 국내유출은 법정형을 10년으로, 5억원의 벌금형을 상한으로 규정하였다. 이는 징역형의 면에서도 종래 10년, 5년으로 규정되었던 국외유출과 국내유출과 비교하여 법정형을 크게 높였다. 이로써 법정형을 확보하기 위해서 만일 절도죄와 영업비밀침해죄가 같이 성립하더라도 법정형을 높이기 위해서 영업비밀침해죄가 역할을 할 수 있게 되었다.

2019년 개정전, 영업비밀보호법은 국외 영업비밀 침해죄(제18조 제1항)에 대해서는 "10년 이하의 징역 또는 그 재산상 이득액의 2배 이상 10배 이하에 상당하는 벌금"에 처하고, 징역형과 벌금형은 병과할 수 있다. 반면 제18조 제2항의 국내 영업비밀 침해죄는 "5년 이하의 징역 또는 그 재산상 이득액의 2배 이상 10배 이하에 상당하는 벌금"을 규정하고 있다. 이러한 법정형은 영업비밀을 절취하는 경우 절도죄로 규율하는 것과 비교하여 보면 형법 제329조가 6년 이하 또는 1천만원 이하의 벌금에 처하도록 하고 있는 점과 비교하여 징역형의 상한은 절도죄가 국내 영업비밀 침해죄보다 오히려 무겁고, 벌금형은 선택형이 아닌 병과형으로 규정되어 있기는 하나 재산상 이득액에 연동하고 있어 결코 높은 수준의 형량을 확보하고 있는 것은 아니다. 제331조의 특수절도와 비교하여 특수절도의 형량이 국내 영업비밀 침해죄보다 오히려 무거운 상황이었다.

2019년 개정전의 경우 양자는 실체적 경합관계에 있으므로[39] 경합범 가중

---

38) 대법원 2009. 10. 15. 선고 2008도9433 판결.
39) 대법원은 무상으로 배포된 서류라도 절도죄의 객체가 된다고 보았다. "피고인이 근무하던 회사를 퇴사하면서 가져간 서류가 이미 공개된 기술내용에 관한 것이고 외국회사에서 선전용으로 무료로 배부해 주는 것이며 동 회사연구실 직원들이 사본하여 사물처럼 사용

을 감안하면 적절한 형량의 확보가 가능할 수 있으나 영업비밀보호의 중요성에
비추어보면 다소 가벼운 법정형이었다고 본다. 특히 기존의 회사를 퇴직하고 타
회사로 전직하려고 하는 과정에서 자신이 재직중이던 회사가 비밀자료로 소유
하고 있던 자료를 사본하여 이를 전직하려고 하는 회사에 양도하기로 마음먹고,
퇴근시간에 다른 사원과 함께 일단 퇴근한 후에 다시 회사로 들어가 다른 직원
이 보관하는 위 비밀자료를 다른 직원의 책상서랍에서 꺼내어 외부로 반출한
후 이를 인근 복사가게에서 복사를 하고 원본은 2시간 내에 반환한 사건과 같
은 경우에 이러한 행위가 사용절도로서 절도죄가 성립되지 않는 것으로 보게
되면40) 영업비밀침해죄의 성부만이 문제가 되므로 징역형의 상한을 높일 필요
가 있다는 것이 필자의 생각이었는데, 2019년 개정으로 이런 문제는 해소되었
다고 할 것이다.

(8) 위법성 조각사유

부정한 이익을 얻거나 기업에 손해를 끼칠 목적으로 영업비밀보호법 위반
행위를 하여야 형사처벌의 대상이 된다. 부정한 이익을 얻기 위한 행위여야 하
므로 생산기술에 관한 라이선스 계약의 성사를 위해서 교섭과정에서 관계자료
를 제공하는 행위나 공익목적만을 위한 보도를 하기 위하여 자료를 제공하는
경우에는 그 행위가 영업비밀의 누설에 해당하더라도 정당한 사유의 존재가 인
정되어 위법성이 조각되어 형사처벌의 대상이 되지 않는다.41)

하던 것이라도 위 서류들이 회사의 목적업무 중 기술분야에 관한 문서들로서 국내에서 쉽
게 구할 수 있는 것도 아니며 연구실 직원들의 업무수행을 위하여 필요한 경우에만 사용
이 허용된 것이라면 위 서류들은 위 회사에 있어서는 소유권의 대상으로 할 수 있는 주관
적 가치뿐만 아니라 그 경제적 가치도 있는 것으로 재물에 해당한다 할 것이어서 이를 취
거하는 행위는 절도에 해당하고 비록 그것이 문서의 사본에 불과하고 또 인수인계 품목에
포함되지 아니하였다 하여 그 위법성이 조각된다 할 수 없다."는 판결로 대법원 1986. 9.
23. 선고 86도1205 판결.
40) 우리나라에서는 이와 같은 경우 사용절도로 보는 견해가 다수인 것으로 보인다. 대법원
이 "타인의 재물을 점유자의 승낙 없이 무단 사용하는 경우 그 사용으로 인하여 재물 자
체가 가지는 경제적 가치가 상당한 정도로 소모되거나 또는 사용 후 그 재물을 본래의 장
소가 아닌 다른 곳에 버리거나 곧 반환하지 아니하고 장시간 점유하고 있는 것과 같은 때
에는 그 소유권 또는 본권을 침해할 의사가 있다고 보아 불법영득의 의사를 인정할 수 있
으나, 그렇지 아니하고 그 사용으로 인한 가치의 소모가 무시할 수 있을 정도로 경미하고
또 사용 후 곧 반환한 것과 같은 때에는 그 소유권 또는 본권을 침해할 의사가 있다고 할
수 없어 불법영득의 의사를 인정할 수 없다."(대법원 2000. 3. 28. 선고 2000도493 판결)고
하여 사용절도로 판시한 사례에 비추어 보아도 이러한 태도는 수긍할 수 있다. 그러나 동
경지방재판소는 이런 사안에서 절도죄가 성립한다고 보았다. 東京地裁, 昭和 55. 2. 14. 判
決. 곽경직, "영업비밀의 침해에 대한 형사적 보호", 법조(1989. 9), 69 각주 12번 재인용.
41) 황희창, 앞의 책, 241.

(9) 업무상배임죄와의 관계

검찰의 기소관행을 보면, 영업비밀침해죄와 업무상 배임죄의 관계에서 상대적으로 증명하기 어려운 영업비밀침해죄가 증명부족으로 무죄로 되는 상황을 대비하여 업무상 배임죄로 기소하는 경우가 있었던 것으로 보인다. 그리고 업무상 배임죄의 성립을 영업비밀침해행위라고 해서 별도의 기준으로 판단할 필요는 없다고 할 것이고 대법원도 마찬가지의 태도를 가지고 있다. 대법원은 "회사 직원이 영업비밀을 경쟁업체에 유출하거나 스스로의 이익을 위하여 이용할 목적으로 무단으로 반출하였다면 그 반출시에 업무상배임죄의 기수가 된다. 영업비밀이 아니더라도 그 자료가 불특정 다수의 사람에게 공개되지 않았고 사용자가 상당한 시간, 노력 및 비용을 들여 제작한 영업상 주요한 자산인 경우에도 그 자료의 반출행위는 업무상배임죄를 구성하며, 회사 직원이 영업비밀이나 영업상 주요한 자산인 자료를 적법하게 반출하여 그 반출행위가 업무상배임죄에 해당하지 않는 경우라도 퇴사시에 그 영업비밀 등을 회사에 반환하거나 폐기할 의무가 있음에도 경쟁업체에 유출하거나 스스로의 이익을 위하여 이용할 목적으로 이를 반환하거나 폐기하지 아니하였다면, 이러한 행위는 업무상배임죄에 해당한다."고 보고 있다.[42)]

2. 제18조 제3항(제9조의8 위반죄)

점차 영업비밀침해행위에 대한 침해태양을 명확하게 하고 이에 대한 규제를 강화함에 따라서 그 일환으로 제9조의8이 입법되었다. 2024. 2. 20. 신설되고 8. 21.부터 시행되는 제9조의8이 신설됨에 따라서 그 위반의 경우에 대한 형사처벌규정도 신설되었다. 제9조의8에 대한 상세한 내용은 해당부분을 참고하기 바란다.

3. 제18조 제4항(부정경쟁방지법 위반죄)

법 제18조 제4항은 "다음 각 호의 어느 하나에 해당하는 자는 3년 이하의 징역 또는 3천만원 이하의 벌금에 처한다."고 하여 부정경쟁행위를 한 자에 대해서 민사상 손해배상이나 금지청구를 허용하는 형사처벌을 할 수 있는 근거를 규정하고 있다. 제18조 제3항은 제1호는 구법이 "제2조 제1호((아)목, (차)목 및 (카)목은 제외한다)에 따른 부정경쟁행위를 한 자"를 "제2조 제1호((아)목, (차)목,

---

42) 대법원 2009. 10. 15. 선고 2008도9433 판결.

(카)목 1)부터 3)까지, (타)목 및 (파)목은 제외한다)에 따른 부정경쟁행위를 한 자"
로 개정하여 부정경쟁방지법 개정내용을 반영하여 형사처벌 대상으로 하고 있으
며, 제2호는 "제3조를 위반하여 다음 각 목의 어느 하나에 해당하는 휘장 또는
표지와 동일하거나 유사한 것을 상표로 사용한 자"를 처벌대상으로 하는 조문에
서 "제3조를 위반하여 다음 각 목의 어느 하나에 해당하는 휘장 또는 표지와 동
일하거나 유사한 것을 상표로 사용한 자"로서, (가)목의 "파리협약 당사국, 세계
무역기구 회원국 또는 「상표법 조약」 체약국의 국기·국장, 그 밖의 휘장", (나)
목의 "국제기구의 표지", (다)목의 "파리협약 당사국, 세계무역기구 회원국 또는
「상표법 조약」 체약국 정부의 감독용·증명용 표지"를 대상으로 규정하였다.

　　제18조 제4항 위반죄의 구성요건은 제2조 제1호 및 제3조의 해석에 의하게
되므로 이에 대해서는 여기서 상설하지는 않는다. 다만 제1항이 (아)목,43) (차)
목,44) (카)목,45) (타)목,46) (파)목47)을 형사처벌대상에서 제외한 것은 (아)목의

---

43) 아. 정당한 권원이 없는 자가 다음의 어느 하나의 목적으로 국내에 널리 인식된 타인의
　　성명, 상호, 상표, 그 밖의 표지와 동일하거나 유사한 도메인이름을 등록·보유·이전 또는
　　사용하는 행위
　　　　(1) 상표 등 표지에 대하여 정당한 권원이 있는 자 또는 제3자에게 판매하거나 대여할 목적
　　　　(2) 정당한 권원이 있는 자의 도메인이름의 등록 및 사용을 방해할 목적
　　　　(3) 그 밖에 상업적 이익을 얻을 목적
　　차. 사업제안, 입찰, 공모 등 거래교섭 또는 거래과정에서 경제적 가치를 가지는 타인의 기
　　술적 또는 영업상의 아이디어가 포함된 정보를 그 제공목적에 위반하여 자신 또는 제3자
　　의 영업상 이익을 위하여 부정하게 사용하거나 타인에게 제공하여 사용하게 하는 행위. 다
　　만, 아이디어를 제공받은 자가 제공받을 당시 이미 그 아이디어를 알고 있었거나 그 아이
　　디어가 동종 업계에서 널리 알려진 경우에는 그러하지 아니하다.
　　카. 그 밖에 타인의 상당한 투자나 노력으로 만들어진 성과 등을 공정한 상거래 관행이나
　　경쟁질서에 반하는 방법으로 자신의 영업을 위하여 무단으로 사용함으로써 타인의 경제적
　　이익을 침해하는 행위
44) 차. 사업제안, 입찰, 공모 등 거래교섭 또는 거래과정에서 경제적 가치를 가지는 타인의
　　기술적 또는 영업상의 아이디어를 포함된 정보를 그 제공목적에 위반하여 자신 또는 제3
　　자의 영업상 이익을 위하여 부정하게 사용하거나 타인에게 제공하여 사용하게 하는 행위.
　　다만, 아이디어를 제공받은 자가 제공받을 당시 이미 그 아이디어를 알고 있었거나 그 아
　　이디어가 동종 업계에서 널리 알려진 경우에는 그러하지 아니하다.
45) 카. 데이터(「데이터 산업진흥 및 이용촉진에 관한 기본법」 제2조 제1호에 따른 데이터
　　중 업(業)으로서 특정인 또는 특정 다수에게 제공되는 것으로, 전자적 방법으로 상당량 축
　　적·관리되고 있으며, 비밀로서 관리되고 있지 아니한 기술상 또는 영업상의 정보를 말한
　　다. 이하 같다)를 부정하게 사용하는 행위로서 다음의 어느 하나에 해당하는 행위
　　1) 접근권한이 없는 자가 절취·기망·부정접속 또는 그 밖의 부정한 수단으로 데이터를
　　　취득하거나 그 취득한 데이터를 사용·공개하는 행위
　　2) 데이터 보유자와의 계약관계 등에 따라 데이터에 접근권한이 있는 자가 부정한 이익을
　　　얻거나 데이터 보유자에게 손해를 입힐 목적으로 그 데이터를 사용·공개하거나 제3자
　　　에게 제공하는 행위

도메인이름 부정사용 등 행위, (차)목의 아이디어탈취행위, (카)목의 데이터부정
사용행위, (타)목의 (파)목의 퍼블리시티 침해행위, (타)목의 성과모용행위는 민
사적인 구제를 염두에 둔 포괄적인 규정으로 이를 형사처벌의 대상으로 하는
경우 규정의 명확성이 상대적으로 다른 행위유형에 비하여 낮아서 위헌성의 문
제가 제기될 수 있다는 점과 민사적인 구제가 적절한 수단이라는 입법자의 판
단에 기초한 것으로 보인다.

4. 제18조 제5항(법 제9조의7 위반죄)

법 제18조 제5항은 "다음 각 호의 어느 하나에 해당하는 자는 1년 이하의
징역 또는 1천만원 이하의 벌금에 처한다."고 하면서 제1호에서 "제9조의7 제1
항을 위반하여 원본증명기관에 등록된 전자지문이나 그 밖의 관련 정보를 없애
거나 훼손·변경·위조 또는 유출한 자"를, 제2호에서 "제9조의7 제2항을 위반
하여 직무상 알게 된 비밀을 누설한 사람"을 형사처벌하는 규정을 두고 있다.
본조는 2013. 7. 30. 신설된 조문이다. 법 제9조의7[48]은 원본증명기관에 등록된
전자지문 등에 대한 조문으로 그에 대한 형사처벌을 규정한 것이다. 제18조 제4
항의 해석은 법 제9조의7에 맡긴다.

---

3) 1) 또는 2)가 개입된 사실을 알고 데이터를 취득하거나 그 취득한 데이터를 사용·공개
   하는 행위
4) 정당한 권한 없이 데이터의 보호를 위하여 적용한 기술적 보호조치를 회피·제거 또는
   변경(이하 "무력화"라 한다)하는 것을 주된 목적으로 하는 기술·서비스·장치 또는 그
   장치의 부품을 제공·수입·수출·제조·양도·대여 또는 전송하거나 이를 양도·대여하
   기 위하여 전시하는 행위. 다만, 기술적 보호조치의 연구·개발을 위하여 기술적 보호
   조치를 무력화하는 장치 또는 그 부품을 제조하는 경우에는 그러하지 아니하다.
46) 라. 국내에 널리 인식되고 경제적 가치를 가지는 타인의 성명, 초상, 음성, 서명 등 그
   타인을 식별할 수 있는 표지를 공정한 상거래 관행이나 경쟁질서에 반하는 방법으로 자신
   의 영업을 위하여 무단으로 사용함으로써 타인의 경제적 이익을 침해하는 행위
47) 파. 그 밖에 타인의 상당한 투자나 노력으로 만들어진 성과 등을 공정한 상거래 관행이
   나 경쟁질서에 반하는 방법으로 자신의 영업을 위하여 무단으로 사용함으로써 타인의 경
   제적 이익을 침해하는 행위
48) 제9조의7(비밀유지 등)
   ① 누구든지 원본증명기관에 등록된 전자지문이나 그 밖의 관련 정보를 없애거나 훼손·
   변경·위조 또는 유출하여서는 아니 된다.
   ② 원본증명기관의 임직원이거나 임직원이었던 사람은 직무상 알게 된 비밀을 누설하여서
   는 아니 된다.

5. 제18조 제6항(징역형과 벌금형의 병과)

(1) 병과(併科)

영업비밀 침해행위에 대한 처벌은 징역형과 벌금형을 병과할 수 있다(동조 제6항). 이처럼 하나의 죄, 즉 하나의 영업비밀침해죄에 동시에 둘 이상의 형에 처하는 일, 동법과 같이 자유형과 벌금형을 아울러 과하는 것을 병과라 한다.

(2) 입법취지

영업비밀 침해행위는 손해를 가할 목적만 있는 경우도 있을 것이나, 다수의 경우가 부정한 이득을 얻기 위해서 행위를 하는 경우가 많아 벌금형을 통하여 이득을 환수하지 않으면 적절한 제재가 이루어지지 않을 수 있다. 그러므로 제18조 제6항은 임의적 병과를 규정하여 법원이 징역형과 벌금형을 병과할 수 있도록 하여 법원이 필요하다고 판단할 경우 징역형과 벌금형을 병과하여 실효적인 제재를 달성할 수 있도록 하고 있다. 특히 영업비밀침해행위의 경우 더해서 몰수나 추징, 범죄수익환수 등이 이루어져야 영업비밀침해에 대한 유인을 줄일 수 있을 것으로 생각된다.

〈최승재〉

제18조의2(미수)

　제18조 제1항 및 제2항의 미수범은 처벌한다.

　본조는 영업비밀 침해행위를 실행하다가 미수에 그친 자를 처벌하기 위한 근거를 마련하기 위해 2004. 1. 20. 부정경쟁방지법 개정 당시 신설된 조항이다. 종래 영업비밀 침해행위의 미수자를 적발하고도 처벌근거가 없어서 처벌하지 못하던 문제점을 감안하여, 형사정책적으로 영업비밀 누출 직전 단계에서의 영업비밀보호 강화를 위해 본조를 신설한 것이다.[1] 본조는 국외 영업비밀 침해죄는 물론 국내 영업비밀 침해죄의 미수범도 처벌하도록 규정하고 있다.　미국과 독일 등의 경우에는 영업비밀 침해행위의 미수·예비·음모·승낙·교사 행위에 대하여도 처벌하고 있다.

　미수범은 범죄의 실행의 착수가 있다는 점에서 예비·음모와 구별되고, 범죄의 완성에 이르지 못했다는 점에서 기수와 구별된다. 미수범의 형은 기수범보다 감경할 수 있다(형법 제25조 제2항). 다만 영업비밀 침해자가 자의로 착수 행위를 중지하거나 또는 그 행위로 인한 결과의 발생을 방지한 때에는 필요적으로 형을 감경 또는 면제하여야 한다(형법 제26조). 또한 예컨대 영업비밀이 아닌 것을 영업비밀인 줄 알고 침해하려 한 경우와 같이, 실행의 수단 또는 대상의 착오로 인하여 영업비밀 침해의 결과 발생이 불가능하다고 하더라도 위험성이 있는 때에는 형을 감경 또는 면제할 수 있다(형법 제27조).

〈송재섭〉

---

1) 국회 산업자원위원회, 부정경쟁방지및영업비밀보호에관한법률중개정법률안 심사보고서 (2003), 15.

> **제18조의3(예비 · 음모)**
> ① 제18조 제1항의 죄를 범할 목적으로 예비 또는 음모한 자는 3년 이하의
> 징역 또는 3천만원 이하의 벌금에 처한다.
> ② 제18조 제2항의 죄를 범할 목적으로 예비 또는 음모한 자는 2년 이하의
> 징역 또는 2천만원 이하의 벌금에 처한다.

2004. 1. 20. 개정된 부정경쟁방지법은 본조를 신설하여, 영업비밀 침해행위를 예비 · 음모한 자도 처벌할 수 있는 근거 조항을 마련하였다. 범죄의 음모 또는 예비행위가 실행의 착수에 이르지 아니한 때에는 법률에 특별한 규정이 없는 한 처벌할 수 없는바(형법 제28조), 본조는 종래 영업비밀 침해행위의 예비 · 음모자를 적발하고도 처벌근거가 없어서 처벌하지 못하던 문제점을 해결하여 영업비밀 누출 직전 단계에서의 영업비밀보호를 강화하려는 것으로 해석된다.[1]

한편 2019. 1. 8. 개정된 부정경쟁방지법은 영업비밀 침해행위의 죄를 범할 목적으로 예비 또는 음모한 자에 대한 벌금액을 상향조정하여, 국외 영업비밀 침해죄를 범할 목적으로 예비 · 음모한 자는 3년 이하의 징역 또는 3천만원 이하의 벌금에 처하고, 국내 영업비밀 침해죄를 범할 목적으로 예비 · 음모한 자는 2년 이하의 징역 또는 2천만원 이하의 벌금에 처하도록 규정하였다. 이는 국회의장 직속 법정형정비 자문위원회와 국민권익위원회 권고안 및 국회사무처 법제예규의 기준인 '징역 1년당 1천만원'의 비율에 따라 벌금형을 현실화하기 위한 것으로서, 이를 통해 영업비밀 침해죄의 예비 · 음모에 대한 처벌기준이 산업기술의 유출방지 및 보호에 관한 법률 제37조와 동일한 수준으로 상향되었다.

본조의 예비는 영업비밀을 침해하기 위해서 행하는 준비행위로서, 침해행위의 착수에 이르지 아니한 것을 말하고, 음모는 영업비밀을 침해하기 위해 2인 이상이 합의를 이루는 것을 말한다. 예비 · 음모는 착수 후의 미수 내지 기수와 법조경합의 관계(보충관계)에 있기 때문에, 예비 · 음모 후 영업비밀 침해행위의 착수에 이르면 예비 · 음모행위는 독립해서 처벌의 대상이 되지 않는다. 영업비밀 침해의 예비 · 음모행위를 자의로 중지한 경우 형법 제26조를 준용할 것인지에 관하여는 견해가 대립하나, 대법원은 실행의 착수가 있기 전인 예비 · 음모의

---

1) 국회 산업자원위원회, 부정경쟁방지및영업비밀보호에관한법률중개정법률안 심사보고서
(2003), 15.

행위를 처벌하는 경우에 있어서 중지범의 관념은 인정할 수 없다는 태도를 견지하고 있다.[2] 한편 정범이 실행의 착수에 이르지 아니한 예비의 단계에 그친 경우에는 이에 가공한다 하더라도 예비의 공동정범이 되는 때를 제외하고는 종범으로 처벌할 수 없으므로,[3] 영업비밀을 침해하기 위한 예비행위만을 방조한 자는 본조에 따라 처벌할 수 없다.

〈송재섭〉

2) 대법원 1999. 4. 9. 선고 99도424 판결.
3) 대법원 1979. 5. 22. 선고 79도552 판결.

〈소 목 차〉

Ⅰ. 본조의 의의
Ⅱ. 연　　혁
Ⅲ. 구성요건
Ⅳ. 형　　벌
Ⅴ. 친 고 죄

Ⅰ. 본조의 의의

　　본조는 영업비밀 침해행위 등으로 인한 영업상 이익의 침해에 관한 소송에서 비밀유지명령 제도가 도입됨에 따라 그 실효성을 확보하기 위하여 신설된 규정이다.

　　즉 제14조의4 제1항의 비밀유지명령에 위반하여 비밀유지명령의 대상인 영업비밀을 해당 소송의 계속적인 수행 외의 목적으로 사용하거나 해당 비밀유지명령을 받은 자 외의 자에게 공개하는 행위를 형사처벌의 대상으로 한다. 이는 민사소송 절차에서 생산되거나 교환된 비밀정보의 보호에 관한 사법명령의 위반에 대하여 사법당국이 제재를 부과할 수 있는 권한을 규정한 한·미 FTA 협정문 제18.10조 제11항을 반영하기 위한 것이다. 비밀유지명령 위반은 법규 위반이 아닌 법원의 명령에 대한 위반이며, 심리 중에 알게 된 비밀을 소극적으로 유지하지 못한 것이라는 점에서 일정한 목적을 가지고 누설한 목적범과 형량에 있어서 차이를 두는 것이 합리적이므로, 산업기술유출방지법 및 일본 부정경쟁방지법 등과 같이 5년 이하의 징역 또는 5천만원 이하의 벌금으로 규정하였다.[1]

　　그리고 민사소송법상의 비밀심리제도(in camera)를 형사소송까지 확대하여 비공개로 할 수 있는 법적 근거가 없는 이상, 명령위반에 대한 형사소송에서 영

---

[1] 특허청, 부정경쟁방지 및 영업비밀보호에 관한 법률 조문별 해설서(2022), 318.

업비밀이 공개될 가능성이 있으므로 영업비밀 보유자에게 영업비밀 유지 이익의 선택권을 주어 친고죄로 규정하였다.

Ⅱ. 연   혁

본조는 2011. 12. 2. 개정 부정경쟁방지 및 영업비밀보호에 관한 법률(법률 제11112호)에 신설되었다. 즉 한·미 자유무역협정이 체결됨에 따라 그 합의사항을 우리 부정경쟁방지 및 영업비밀보호에 관한 법률 등 지적재산권법 분야에서 이행하기 위하여 비밀유지명령(제14조의4) 제도가 도입되면서,[2] 비밀유지명령의 취소(제14조의5), 소송기록 열람 등의 청구 통지 등(제14조의6)과 함께 비밀유지명령위반죄(제18조의4) 규정도 함께 신설되었다.

Ⅲ. 구성요건

"제14조의4 제1항에 따른 비밀유지명령"이라 함은 제14조의4의 규정에 기하여 내려진 결정을 말하고, 그 결정에 위반하는 행위가 본조의 대상으로 된다. 비밀유지명령에 대하여는 제14조의4의 주해를 참조하기 바란다.

"국내외에서"라고 규정하고 있으므로 대한민국 내에서뿐만 아니라 대한민국 외에서 범한 자도 처벌된다. 영업비밀의 국외 사용, 개시 행위의 처벌과 마찬가지로 영업비밀의 보호법익의 관점에서 생각해 보면 국외에서 영업비밀이 공개되어도 영업비밀의 재산적 가치가 감소하는 것에 틀림없기 때문에 비밀유지명령위반에 대하여는 국외범에 대하여도 처벌의 필요가 있다.

비밀유지명령을 위반함에 "정당한 사유"가 있는 경우에는 구성요건에 해당하지 않는다고 해석할 수도 있으나 위법성 조각사유에 해당한다고 볼 것이다.

Ⅳ. 형   벌

비밀유지명령을 위반한 자에게는 형사벌이 가해진다. 법정형은 5년 이하의 징역 또는 5천만원 이하의 벌금으로서, 징역형과 벌금형을 선택해서 부과할 수 있다(본조 제1항).

---

2) 정상조·박준석, 지식재산권법, 홍문당(2024), 246.

　저작권법상의 비밀유지명령위반죄[3]와 달리 징역형과 벌금형을 병과할 수 없다. 양벌규정도 적용되지 않는다(제19조 참조).[4]

V. 친 고 죄

　비밀유지명령위반죄는 친고죄이다(본조 제2항). 비밀유지명령위반죄 사건을 공개된 형사법정에서 심리하는 과정에서 비밀유지명령에 의하여 보호되어야 할 영업비밀이 현출되어 침해될 우려가 있기 때문에 본죄를 친고죄로 하여 그 소추를 피해자인 영업비밀의 보유자의 의사에 맡긴 것이다.[5]

　즉 법원의 명령에 대한 위반이 현실화된 이상 충분한 억지력을 주기 위해서는 친고죄로 구성해서는 안 된다는 견해와 친고죄로 구성하여 영업비밀 보유자에게 영업비밀 유지 이익의 선택권을 주어야 한다는 견해가 있을 수 있는데, 비친고죄로 구성하는 경우, 피해자가 형사재판을 원하지 않아도 검사가 기소하면 공판절차가 개시되므로 형사처벌을 통해 보호하고자 하는 영업비밀이 형사소송 과정에서 다시 공개되어 버릴 가능성이 있으므로, 영업비밀을 침해받은 자는 비밀유지명령 위반에 대하여 자신의 영업비밀이 누설되는 것을 감수하고서라도 형사소추를 하여 처벌할 것인지, 아니면 영업비밀을 중시하여 소추하지 않을 것인지 여부를 스스로 비교 형량하여 판단하게 하는 등 비밀유지명령 위반에 대하여 형사처벌의 근거를 마련함으로써 영업비밀을 보호하여 건전한 거래질서를 확립할 수 있을 것으로 기대하고 친고죄로 구성하였다고 한다.[6]

〈설범식〉

---

3) 저작권법 제136조 제1항은 징역형과 벌금형을 병과할 수 있다고 규정하고 있다.
4) 특허법 제230조, 실용신안법 제50조, 상표법 제235조, 디자인보호법 제227조도 부정경쟁방지 및 영업비밀보호에 관한 법률 제19조와 마찬가지로 비밀유지명령위반죄는 양벌규정에서 제외하고 있다. 한편, 저작권법 제141조는 법인의 대표자나 법인 또는 개인의 대리인, 사용인 그 밖의 종업원이 그 법인 또는 개인의 업무에 관하여 이 장의 죄를 범한 때에는 행위자를 벌하는 외에 그 법인 또는 개인에 대하여도 각 해당 조의 벌금형을 과한다고 하여 비밀유지명령위반죄도 양벌규정에 포함하고 있다.
5) 전효숙, "지식재산소송절차와 비밀유지명령 제도", 이화여자대학교 법학논집 제17권 제2호(2012. 12), 52; 中山信弘·小泉直樹 편, 新注解 特許法(下), 靑林書院(2011), 2722(森崎博之/ 岡田誠 집필부분).
6) 특허청, 부정경쟁방지 및 영업비밀보호에 관한 법률 조문별 해설서(2022), 319.

> **제18조의5(몰수)**
>
> 제18조 제1항 각 호 또는 제4항 각 호의 어느 하나에 해당하는 행위를
> 조성한 물건 또는 그 행위로부터 생긴 물건은 몰수한다.

<소 목 차>

Ⅰ. 의   의

Ⅱ. 내   용

  1. 몰수의 의의

2. 대상범죄

3. 몰수의 대상

4. 필요적 몰수

Ⅰ. 의   의

형법 제41조 제9호, 제48조는 임의적 몰수규정을 두고 있고, 「구 범죄수익
은닉의 규제 및 처벌 등에 관한 법률(2022. 1. 4. 법률 제18672호로 개정되기 전의
것)」제2조 제1호, [별표] 제42호는 동법이 적용되는 특정범죄에 부정경쟁방지
및영업비밀보호에관한법률위반(영업비밀국외누설등)죄[1]를 포함하고 있었다.[2] 따
라서 종래 실무는 영업비밀침해죄 등이 기소될 경우 형법 또는 「범죄수익은닉
의 규제 및 처벌 등에 관한 법률」에 따라서 몰수형을 선고하여 왔다.

그러나 위 규정만으로는 부정경쟁방지행위 및 영업비밀 침해로 인한 이득
을 회수하고 침해물이 유통되어 발생하는 2차 피해를 방지하기에 부족하다는
비판이 있었고, 특허법, 실용신안법, 디자인보호법, 상표법, 저작권법은 이미 침

---

1) 부정경쟁방지 및 영업비밀보호에 관한 법률 제18조 제1항.
2) 다만, 「구 범죄수익은닉의 규제 및 처벌 등에 관한 법률(2022. 1. 4. 법률 제18672호로
   개정되기 전의 것)」은 적용대상이 되는 중대범죄에 대해 나열식으로 규정하고 있었는데,
   이에 대해 부정한 방법으로 취득한 범죄수익이라고 하더라도 미리 법률에 열거된 범죄기
   아니라면 환수할 수 없고, 변화된 사회 환경에 따른 신종 범죄에 대해서는 법률이 개정될
   때까지 실효적으로 대처할 수 없는 한계가 있다는 비판이 있었다. 이에 2022년 개정법
   (2022. 1. 4. 법률 제18672호)은 범죄수익 환수의 공백을 최소화하기 위하여 일정한 법정
   형 이상의 범죄를 범죄수익 환수의 대상이 되는 중대범죄로 규정하고, 이에 해당하지 않으
   나 범죄수익의 환수가 필요한 죄를 별표에 열거하여 중대범죄에 포함하는 '혼합식' 규정
   방식을 도입하였다. 따라서 현재는 특정범죄에 부정경쟁방지및영업비밀보호에관한법률위
   반죄 중 영업비밀 국외누설 등 영업비밀 침해죄(제18조 제1항), 영업비밀 누설 등 영업비
   밀 침해죄(제18조 제2항), 영업비밀 훼손 등(제18조 제3항), 부정경쟁행위의 죄(제18조 제4
   항 제1호), 국기·국장 등의 사용 금지 위반죄(제18조 제4항 제2호) 등의 경우에도 「범죄
   수익은닉의 규제 및 처벌 등에 관한 법률」이 적용된다.

해행위를 조성한 물건, 그 행위로부터 생긴 물건 등에 대해 몰수규정을 두고 있는 점을 고려하여, 본조는 위 지식재산관련 개별법령에 규정한 몰수규정을 확대하는 입법으로 2024년(법률 제20321호, 2024. 2. 20.) 개정법에서 신설되어 2024. 8. 21. 시행될 예정이다.

미국도 영업비밀 침해죄 등에 대하여 범죄로 만들어진 물건, 범죄행위를 저지르거나 조장하기 위하여 어떤 방식으로든 또는 부분적으로 사용되었거나 사용되도록 의도된 재산 등에 대해 몰수하도록 하고 있고,[3] 일본도 영업비밀 침해죄, 부정경쟁행위의 죄 등에 대해서 개별법령에서 몰수형의 규정을 두고 있다.[4]

Ⅱ. 내   용

1. 몰수의 의의

몰수란 범죄와 관련된 물건이나 문서 등을 국가가 강제로 취득하거나 폐기하는 것을 내용으로 하는 형벌을 말한다.[5] 몰수는 원칙적으로 다른 형벌에 과하는 부가형이지만, 예외적으로 행위자에게 유죄의 재판을 아니할 때에도 몰수의 요건이 있는 때에는 몰수만을 선고 할 수 있다(형법 제49조).[6] 형법 제59조에 의하여 형의 선고유예를 하는 경우에도 몰수의 요건이 있는 때에는 몰수형만의 선고를 할 수 있다.[7]

---

3) 18 U.S.C. § 2323.

4) 不正競爭防止法第二十一条10. 다만, 일본은 범죄행위로 인하여 발생하거나 해당 범죄행위로 인하여 얻은 재산 또는 해당 범죄행위의 보수로서 얻은 재산, 위 재산의 과실로 얻은 재산 등에 대해서 몰수할 수 있다고 규정하고 있어 사용된 설비, 장비도 몰수하도록 하고 있는 본조와 몰수의 대상이 다르다.

5) 오영근, 형법총론, 제6판, 박영사(2021), 522.

6) 다만, 형법 제49조 단서는 행위자에게 유죄의 재판을 하지 아니할 때에도 몰수의 요건이 있는 때에는 몰수만을 선고할 수 있다고 규정하고 있으므로 몰수뿐만 아니라 몰수에 갈음하는 추징도 위 규정에 근거하여 선고할 수 있다고 할 것이나 우리 법제상 공소의 제기 없이 별도로 몰수나 추징만을 선고할 수 있는 제도가 마련되어 있지 아니하므로 위 규정에 근거하여 몰수나 추징을 선고하기 위하여서는 몰수나 추징의 요건이 공소가 제기된 공소사실과 관련되어 있어야 하고, 공소사실이 인정되지 않는 경우에 이와 별개의 공소가 제기되지 아니한 범죄사실을 법원이 인정하여 그에 관하여 몰수나 추징을 선고하는 것은 불고불리의 원칙에 위반되어 불가능하며, 몰수나 추징이 공소사실과 관련이 있다 하더라도 그 공소사실에 관하여 이미 공소시효가 완성되어 유죄의 선고를 할 수 없는 경우에는 몰수나 추징도 할 수 없다(대법원 1992. 7. 28. 선고 92도700 판결 등 참조).

7) 대법원 1973. 12. 11. 선고 73도1133 전원합의체 판결.

2. 대상범죄

　본조는 제18조 제1항 각 호 또는 제4항 각 호의 어느 하나에 해당하는 행위를 조성한 물건 또는 그 행위로부터 생긴 물건은 몰수한다고 규정하고 있으므로, 영업비밀 국외누설 등 영업비밀 침해죄(제18조 제1항), 부정경쟁행위의 죄(제18조 제4항 제1호), 국기·국장 등의 사용 금지 위반죄(제18조 제4항 제2호)의 경우에만 적용되고, 국내 영업비밀 누설 등 영업비밀 침해죄(제18조 제2항)에는 적용되지 않는다. 다만, 본조가 적용되지 않는다고 하더라도 형법 또는「범죄수익은닉의 규제 및 처벌 등에 관한 법률」에 따라 몰수형이 부과될 수 있음은 물론이다.

　부정경쟁행위 중 도메인이름 부정행위[(아)목], 아이디어 부정사용행위[(차)목], 데이터 부정사용행위[(카)목], 유명인의 인적 식별표지 무단사용행위[(타)목], 기타 성과 등 무단사용행위[(파)목]는 형벌 규정을 따로 두고 있지 않으므로 당연히 본조가 적용되지 않는다. 또한 이 경우는 형법 또는「범죄수익은닉의 규제 및 처벌 등에 관한 법률」에 따라 몰수형이 부과될 수도 없을 것이다.

3. 몰수의 대상

　본조는 몰수의 대상에 관하여 ① 행위를 조성한 물건 또는 ② 그 행위로부터 생긴 물건으로 규정하고 있다. 따라서 법원은 침해물과 침해물 제조에 사용된 설비·장비에 대해서도 몰수를 하여야 한다. 특허법,[8] 실용신안법,[9] 디자인보호법,[10] 상표법,[11] 저작권법[12]도 침해물과 조성물을 모두 몰수의 대상으

---

8) 특허법 제231조(몰수 등)
① 제225조 제1항에 해당하는 침해행위를 조성한 물건 또는 그 침해행위로부터 생긴 물건은 몰수하거나 피해자의 청구에 따라 그 물건을 피해자에게 교부할 것을 선고하여야 한다.
② 피해자는 제1항에 따른 물건을 받은 경우에는 그 물건의 가액을 초과하는 손해액에 대해서만 배상을 청구할 수 있다.
9) 실용신안법 제51조(몰수 등)
① 제45조 제1항에 해당하는 침해행위를 조성한 물품 또는 그 침해행위로부터 생긴 물품은 몰수하거나 피해자의 청구에 따라 그 물품을 피해자에게 교부할 것을 선고할 수 있다.
② 피해자는 제1항에 따른 물품을 받은 경우에는 그 물품의 가액을 초과하는 손해액에 대해서만 배상을 청구할 수 있다.
10) 디자인보호법 제228조(몰수 등)
① 제220조 제1항에 해당하는 침해행위를 조성한 물건 또는 그 침해행위로부터 생긴 물건은 몰수하거나 피해자의 청구에 의하여 피해자에게 교부할 것을 선고하여야 한다.
② 피해자는 제1항에 따른 물건을 받은 경우에는 그 물건의 가액을 초과하는 손해액에 대

로 보고 있다.

다만, 본조는 위 법들과 달리 피해자 교부청구권을 인정하고 있지 않은데, 이는 부정경쟁행위로 인한 위조 상품 등이 유통될 경우 2차 피해의 우려가 있는 점, 위 법들은 권리자에게 독점권을 부여하고 이를 보호하는 방식(권리부여방식)으로 규정하고 있으나 「부정경쟁방지 및 영업비밀보호에 관한 법률」은 법률상 열거한 행위들만을 금지하는 방식(행위규제방식)을 취하고 있어 권리자를 상정하기 어려운 점, 피해자 교부청구권을 부여하는 해외 입법례를 찾기 어려운 점 등 고려한 것으로 보인다.

한편, 몰수·추징의 대상이 되는지 여부는 범죄구성요건사실에 관한 것이 아니어서 엄격한 증명은 필요 없지만 적어도 증거에 의하여 인정되어야 한다.[13] 몰수는 반드시 압수되어 있는 물건에 대하여만 하는 것이 아니므로 몰수대상물건이 압수되어 있는가 하는 점 및 적법한 절차에 의하여 압수되었는가 하는 점은 몰수의 요건이 아니다.[14] 다만, 실무상 압수되지 않은 물품에 대하여 몰수를 선고하는 것은 매우 드물다.

4. 필요적 몰수

형법 제48조 및 「범죄수익은닉의 규제 및 처벌 등에 관한 법률」 제8조는 "몰수할 수 있다."고 규정하고 있어 임의적 몰수임을 명시하고 있으나, 본조는 "몰수한다."고 규정하고 있어 필요적 몰수임을 명시하고 있다.

특별법에서 해당 법률의 입법 목적과 취지 등을 고려하여 몰수·추징의 성

하여만 배상을 청구할 수 있다.

11) 상표법 제236조(몰수)
① 제230조에 따른 상표권 또는 전용사용권의 침해행위에 제공되거나 그 침해행위로 인하여 생긴 상표·포장 또는 상품(이하 이 항에서 "침해물"이라 한다)과 그 침해물 제작에 주로 사용하기 위하여 제공된 제작 용구 또는 재료는 몰수한다.
② 제1항에도 불구하고 상품이 그 기능 및 외관을 해치지 아니하고 상표 또는 포장과 쉽게 분리될 수 있는 경우에는 그 상품은 몰수하지 아니할 수 있다.

12) 저작권법 제139조(몰수)
저작권, 그 밖에 이 법에 따라 보호되는 권리를 침해하여 만들어진 복제물과 그 복제물의 제작에 주로 사용된 도구나 재료 중 그 침해자·인쇄자·배포자 또는 공연자의 소유에 속하는 것은 몰수한다.

13) 대법원 2006. 4. 7. 선고 2005도9858 판결, 대법원 2007. 6. 14. 선고 2007도2451 판결 등 참조.

14) 대법원 2003. 5. 30. 선고 2003도705 판결 참조, 대법원 2014. 9. 4. 선고 2014도3263 판결 등 참조.

격이나 그 범위 등에 관하여 형법과 달리 정한 경우에는 특별법 우선의 원칙상 특별법 규정이 적용되는 한도에서 형법 제48조의 적용이 배제된다. 그러나 특별법에 따른 몰수·추징 요건이 구비되지 않고 형법 제48조의 요건이 충족되는 경우에는 이에 따른 몰수·추징이 가능하다.15) 따라서 본조에 따른 몰수 요건이 구비되지 않고, 형법 제48조의 요건이 충족되는 경우에는 이에 따른 몰수도 가능하다. 다만 형법 제48조 제1항에 따른 몰수는 임의적인 것이므로 그 몰수의 요건에 해당하는 물건이라도 이를 몰수할 것인지는 법원의 재량에 맡겨져 있다.16)

한편, 본조에서 규정하는 몰수 대상물을 몰수할 수 없는 경우에는 필요적으로 추징하여야 하는지 문제되나, 본조가 필요적 추징 규정을 두고 있지 않으므로 죄형법정주의 원칙상 부정적으로 해석하여야 할 것이다.17)

〈김광남〉

---

15) 대법원 1974. 6. 11. 선고 74도352 판결, 대법원 2018. 7. 26. 선고 2018도8194 판결 등 참조.
16) 2002. 9. 4. 선고 2000도515 판결, 대법원 2018. 7. 26. 선고 2018도8194 판결 등 참조.
17) 정상조 대표편집, 상표법 주해Ⅱ, 초판, 박영사(2018), 1048(윤주탁 집필).

> **제19조(양벌규정)**
>
> 법인의 대표자나 법인 또는 개인의 대리인, 사용인, 그 밖의 종업원이 그 법인 또는 개인의 업무에 관하여 제18조 제1항부터 제5항까지의 어느 하나에 해당하는 위반행위를 하면 그 행위자를 벌하는 외에 그 법인에게는 해당 조문에 규정된 벌금형의 3배 이하의 벌금형을, 그 개인에게는 해당 조문의 벌금형을 과한다. 다만, 법인 또는 개인이 그 위반행위를 방지하기 위하여 해당 업무에 관하여 상당한 주의와 감독을 게을리하지 아니한 경우에는 그러하지 아니하다.

<소 목 차>

Ⅰ. 의   의   Ⅱ. 처   벌

Ⅰ. 의   의

본조는 행위자가 본법이 정한 일정 유형의 범죄행위를 저지른 경우 그 행위자의 사용자 지위에 있는 법인 또는 개인에 대하여도 형사책임을 물을 수 있도록 양벌규정을 정하고 있다. 즉 본조 본문은 법인의 대표자나 법인 또는 개인의 대리인, 사용인, 그 밖의 종업원이 그 법인 또는 개인의 업무에 관하여, ① 영업비밀을 외국에서 사용하거나 외국에서 사용될 것임을 알면서도 ㉠ 부정한 이익을 얻거나 영업비밀 보유자에 손해를 입힐 목적으로 영업비밀을 취득·사용하거나 제3자에게 누설하는 행위, 영업비밀을 지정된 장소 밖으로 무단으로 유출하는 행위, 영업비밀 보유자로부터 영업비밀을 삭제하거나 반환할 것을 요구받고도 이를 계속 보유하는 행위(제18조 제1항 제1호), ㉡ 절취·기망·협박, 그 밖의 부정한 수단으로 영업비밀을 취득하는 행위(제18조 제1항 제2호), ㉢ 제1호 또는 제2호에 해당하는 행위가 개입된 사실을 알면서도 그 영업비밀을 취득하거나 사용(제13조 제1항에 따라 선의자에 관한 특례로 허용된 범위에서의 사용은 제외)하는 행위(제18조 제1항 제3호) 중 어느 하나에 해당하는 행위를 한 경우, ② '외국에서 사용하거나 외국에서 사용될 것임을 알면서도'라는 가중구성요건 없이 제18조 제1항 각 호의 어느 하나에 해당하는 행위를 한 경우(제18조 제2항), ③ 부정한 이익을 얻거나 영업비밀 보유자에게 손해를 입힐 목적으로 제9조의8을

위반하여 타인의 영업비밀을 훼손·멸실·변경한 경우(제18조 제3항), ④ 제2조 제1호[(아)목, (차)목, (카)목 1)부터 3)까지, (타)목 및 (파)목은 제외]에 따른 부정경쟁행위를 한 경우(제18조 제4항 제1호), ⑤ 제3조를 위반하여 파리협약 당사국, 세계무역기구 회원국 또는 「상표법 조약」 체약국의 국기·국장, 그 밖의 휘장, 국제기구의 표지, 파리협약 당사국, 세계무역기구 회원국 또는 「상표법 조약」 체약국 정부의 감독용·증명용 표지의 어느 하나에 해당하는 휘장 또는 표지와 동일하거나 유사한 것을 상표로 사용한 경우(제18조 제4항 제2호), ⑥ 제9조의7 제1항을 위반하여 원본증명기관에 등록된 전자지문이나 그 밖의 관련 정보를 없애거나 훼손·변경·위조 또는 유출하는 행위, 제9조의7 제2항을 위반하여 직무상 알게 된 비밀을 누설한 행위 중 어느 하나에 해당하는 행위를 한 경우(제18조 제5항) 각 그 행위자를 처벌하는 외에 그 행위자의 사용자 지위에 있는 법인 또는 개인에게도 형벌을 과할 수 있도록 양벌규정을 정하고 있다.

이는 범죄행위를 방지하고 영업비밀을 보호하며 부정경쟁을 방지하기 위한 규제 목적을 달성하기 위하여 그 행위자의 사용자 지위에 있는 법인 또는 개인에 대하여 감독책임을 묻는 것이다.

그러나 이 경우에도 형사법상의 책임주의 원칙은 여전히 적용되기 때문에, 법인 또는 개인이 그 위반행위를 방지하기 위하여 해당 업무에 관하여 상당한 주의와 감독을 게을리 하지 아니한 경우에는 죄책을 물을 수 없다(제19조 단서). 구체적인 사안에서 법인 또는 개인이 상당한 주의 또는 관리감독 의무를 게을리 하였는지 여부는 당해 위반행위와 관련된 모든 사정, 즉 당해 법률의 입법 취지, 처벌조항 위반으로 예상되는 법익 침해의 정도, 그 위반행위에 관하여 양벌규정을 마련한 취지 등은 물론 위반행위의 구체적인 모습과 그로 인하여 실세 야기된 피해 또는 결과의 정도, 법인 또는 개인의 영업 규모 및 행위자에 대한 감독가능성 또는 구체적인 지휘감독 관계, 법인 또는 개인이 위반행위 방지를 위하여 실제 행한 조치 등을 전체적으로 종합하여 판단한다.[1]

다만 법인은 기관을 통하여 행위를 하므로 법인이 대표자를 선임한 이상 그의 행위로 인한 법률효과는 법인에게 귀속되어야 하고, 법인 대표자의 범죄행위에 대하여는 법인 자신이 책임을 져야 한다. 법인 대표자의 법규위반행위에 대한 법인의 책임은 법인 자신의 법규위반행위로 평가될 수 있는 행위에 대한 법인의 직접책임으로서, 대표자의 고의에 의한 위반행위에 대하여는 법인 자신

---

[1] 대법원 2010. 9. 9. 선고 2008도7834 판결[공2010하, 1943].

의 고의에 의한 책임을, 대표자의 과실에 의한 위반행위에 대하여는 법인 자신의 과실에 의한 책임을 지는 것이다.[2] 양벌규정 중 법인의 대표자 관련 부분은 대표자의 책임을 요건으로 하여 법인을 처벌하는 것일 뿐, 그 대표자의 처벌까지 전제조건이 되는 것은 아니다.[3]

2024. 1. 25. 개정 전 조항은 위반행위를 한 행위자의 사용자 지위에 있는 법인과 개인에 대하여 그 행위자에게 적용되는 해당 조문의 벌금형을 과하도록 정하였다. 그러나 2024. 1. 25. 개정 조항은 법인의 경우에는 해당 조문에 규정된 벌금형의 3배 이하의 벌금형을, 개인에게는 해당 조문의 벌금형을 과하도록 개정하였다. 이는 법인의 경우에는 개인보다 영업규모나 자산규모가 크고, 그에 따라 위반행위로 인한 피해자의 피해액이 더 확대될 수 있으며, 조직적인 범죄행위에 나갈 수도 있어 그 규제 필요성이 더 크다는 점 등을 고려하여 개인보다 더 중한 형사책임을 물을 수 있도록 한 것으로 보인다. 이는 같은 날 개정된 제19조의2가 일정 유형의 행위자의 위반행위에 대하여 그 사용자 지위에 있는 법인의 공소시효를 10년으로 연장한 것과 궤를 같이한다. 따라서 법인은 가중된 양벌규정에 대응하기 위해서는 효율적인인 내부통제시스템을 구축할 필요가 있다.

II. 처   벌

① 행위자가 영업비밀을 외국에서 사용하거나 외국에서 사용될 것임을 알면서도 ㉠ 부정한 이익을 얻거나 영업비밀 보유자에 손해를 입힐 목적으로 영업비밀을 취득·사용하거나 제3자에게 누설하는 행위, 영업비밀을 지정된 장소 밖으로 무단으로 유출하는 행위, 영업비밀 보유자로부터 영업비밀을 삭제하거나 반환할 것을 요구받고도 이를 계속 보유하는 행위(제18조 제1항 제1호), ㉡ 절취·기망·협박, 그 밖의 부정한 수단으로 영업비밀을 취득하는 행위(제18조 제1항 제2호), ㉢ 제18조 제1항 제1호 또는 제2호에 해당하는 행위가 개입된 사실을 알면서도 그 영업비밀을 취득하거나 사용(제13조 제1항에 따라 선의자에 관한 특례로 허용된 범위에서의 사용은 제외)하는 행위(제18조 제1항 제3호)를 한 경우, 그 행위자를 15년 이하의 징역 또는 15억 원 이하의 벌금(다만, 벌금형에 처하는

---

2) 대법원 2010. 9. 30. 선고 2009도3876 판결[미간행].
3) 대법원 2022. 11. 17. 선고 2021도701 판결)[공2023상, 90]

경우 위반행위로 인한 재산상 이득액의 10배에 해당하는 금액이 15억 원을 초과하면 그 재산상 이득액의 2배 이상 10배 이하의 벌금)에 처하고, 그 행위자에 대한 주의와 감독을 게을리 한 법인에게는 위와 같이 정해진 벌금형의 3배 이하의 벌금형을, 그 개인에게는 위와 같이 정해진 벌금형을 과한다. 단, 개인의 경우 징역형의 병과가 가능하다(제18조 제6항).

② 행위자가 '외국에서 사용하거나 외국에서 사용될 것임을 알면서도'라는 가중구성요건 없이 제18조 제1항 각 호의 어느 하나에 해당하는 행위를 한 경우(제18조 제2항), 그 행위자를 10년 이하의 징역 또는 5억 원 이하의 벌금(다만, 벌금형에 처하는 경우 위반행위로 인한 재산상 이득액의 10배에 해당하는 금액이 5억 원을 초과하면 그 재산상 이득액의 2배 이상 10배 이하의 벌금)에 처하고, 그 행위자에 대한 주의와 감독을 게을리 한 법인에게는 위와 같이 정해진 벌금형의 3배 이하의 벌금형을, 그 개인에게는 위와 같이 정해진 벌금형을 과한다. 단, 개인의 경우 징역형의 병과가 가능하다(제18조 제6항).

③ 행위자가 부정한 이익을 얻거나 영업비밀 보유자에게 손해를 입힐 목적으로 제9조의8을 위반하여 타인의 영업비밀을 훼손·멸실·변경한 경우(제18조 제3항), 그 행위자를 10년 이하의 징역 또는 5억 원 이하의 벌금에 처하고, 그 행위자에 대한 주의와 감독을 게을리 한 법인에게는 위와 같이 정해진 벌금형의 3배 이하의 벌금형을, 그 개인에게는 위와 같이 정해진 벌금형을 과한다.

④ 행위자가 제2조 제1호[(아)목, (차)목, (카)목 1)부터 3)까지, (타)목 및 (파)목은 제외]에 따른 부정경쟁행위를 한 경우(제18조 제4항 제1호), 그 행위자를 3년 이하의 징역 또는 3천만 원 이하의 벌금에 처하고, 그 행위자에 대한 주의와 감독을 게을리 한 법인에게는 위와 같이 정해진 벌금형의 3배 이하의 벌금형을, 그 개인에게는 위와 같이 정해진 벌금형을 과한다.

⑤ 행위자가 제3조를 위반하여 파리협약 당사국, 세계무역기구 회원국 또는 「상표법 조약」 체약국의 국기·국장, 그 밖의 휘장, 국제기구의 표지, 파리협약 당사국, 세계무역기구 회원국 또는 「상표법 조약」 체약국 정부의 감독용·증명용 표지의 어느 하나에 해당하는 휘장 또는 표지 중 어느 하나와 동일하거나 유사한 것을 상표로 사용한 경우(제18조 제4항 제2호), 그 행위자를 3년 이하의 징역 또는 3천만 원 이하의 벌금에 처하고, 그 행위자에 대한 주의와 감독을 게을리 한 법인에게는 위 벌금형의 3배 이하의 벌금형을, 그 개인에게는 위 벌금형을 과한다.

⑥ 행위자가 제9조의7 제1항을 위반하여 원본증명기관에 등록된 전자지문이나 그 밖의 관련 정보를 없애거나 훼손·변경·위조 또는 유출한 경우, 제9조의7 제2항을 위반하여 직무상 알게 된 비밀을 누설한 경우의 어느 하나에 해당하는 때(제18조 제5항), 그 행위자를 1년 이하의 징역 또는 1천만 원 이하의 벌금에 처하고, 그 행위자에 대한 주의와 감독을 게을리 한 법인에게는 위 벌금형의 3배 이하의 벌금형을, 그 개인에게는 위 벌금형을 과한다.

〈오영준〉

> **제19조의2(공소시효에 관한 특례)**
> 　제19조에 따른 행위자가 제18조 제1항 또는 제2항의 적용을 받는 경우에는 제19조에 따른 법인에 대한 공소시효는 10년이 지나면 완성된다.

<소 목 차>

Ⅰ. 의　　의　　　　　　　　　　　　　｜　　Ⅱ. 요건 및 효과

Ⅰ. 의　　의

　　본조는 양벌규정 중 행위자가 영업비밀과 관련하여 제18조 제1항 또는 제2항을 위반한 경우 그 사용자 지위에 있는 법인에 대하여 공소시효의 특례를 정한 것이다. 이는 2024. 1. 25. 법률 개정을 통과하여 신설된 조항이다.

　　형사소송법 제252조 제1항은 시효는 범죄행위가 종료한 때로부터 진행한다고 규정하고, 같은 법 제249조 제1항 제3호는 장기 10년 이상의 징역에 해당하는 범죄에 대하여는 공소시효를 10년으로, 같은 항 제5호는 벌금에 해당하는 범죄에 대하여는 공소시효를 5년으로 정한다. 양벌규정의 적용을 받는 법인은 벌금형만이 법정형으로 규정되어 있어 위 형사소송법 규정에 의하면, 공소시효가 5년인데, 본조는 행위자의 제18조 제1항 또는 제2항 위반과 관련하여 그 법인에 대한 공소시효를 10년으로 연장함으로써 위 형사소송법 규정과 다른 특례를 규정한 것이다. 제18조 제1항 또는 제2항을 위반한 행위자의 공소시효가 형사소송법 제249조 제1항 제3호에 따라 10년인 점에 비추어 보면, 이로써 제18조 제1항 또는 제2항의 범죄에 관한 한 행위자의 공소시효와 법인의 공소시효가 농일하게 되있다고 볼 수 있다.

　　본조가 행위자의 제18조 제1항 또는 제2항 위반과 관련하여 법인에 한하여 공소시효의 특례를 규정한 취지는 법인의 경우에는 그 조직 및 규모에 비추어 피해자가 입은 피해가 더 클 수 있는 반면, 법인 내부의 조직적인 범죄 가담 및 은폐의 위험성이 상존한다는 점 등을 고려하여, 형사책임을 적정하게 추궁할 수 있도록 공소시효를 2배 연장한 것으로 보인다. 이는 양벌규정을 받는 법인에 대하여 해당 조문의 벌금형의 3배까지 처벌할 수 있도록 2024. 1. 25. 제19조가 개정된 것과 궤를 같이 한다.

II. 요건 및 효과

법인의 대표자나 법인의 대리인, 사용인, 그 밖의 종업원이 그 법인의 업무에 관하여 제18조 제1항, 제2항의 어느 하나에 해당하는 위반행위를 한 경우, 법인에 대한 벌금형의 공소시효가 10년으로 연장된다. 여기에 해당하는 위반행위의 유형은 행위자가 ① 영업비밀을 외국에서 사용하거나 외국에서 사용될 것임을 알면서도 ㉠ 부정한 이익을 얻거나 영업비밀 보유자에 손해를 입힐 목적으로 영업비밀을 취득·사용하거나 제3자에게 누설하는 행위, 영업비밀을 지정된 장소 밖으로 무단으로 유출하는 행위, 영업비밀 보유자로부터 영업비밀을 삭제하거나 반환할 것을 요구받고도 이를 계속 보유하는 행위(제18조 제1항 제1호), ㉡ 절취·기망·협박, 그 밖의 부정한 수단으로 영업비밀을 취득하는 행위(제18조 제1항 제2호), ㉢ 제1호 또는 제2호에 해당하는 행위가 개입된 사실을 알면서도 그 영업비밀을 취득하거나 사용(제13조 제1항에 따라 선의자에 관한 특례로 허용된 범위에서의 사용은 제외)하는 행위(제18조 제1항 제3호), ② '외국에서 사용하거나 외국에서 사용될 것임을 알면서도'라는 가중구성요건 없이 제18조 제1항 각 호의 어느 하나에 해당하는 행위를 한 경우(제18조 제2항)이다.

행위자가 제18조 제3항 내지 5항의 위반행위를 한 경우에는 본조의 적용이 없으므로, 양벌규정에 의하여 벌금형에 처해지는 법인의 공소시효는 개인의 공소시효와 동일하게 5년이다.

〈오영준〉

제20조(과태료)

① 다음 각 호의 어느 하나에 해당하는 자에게는 2천만원 이하의 과태료를 부과한다.

1. 제7조 제1항에 따른 관계 공무원의 조사나 수거를 거부·방해 또는 기피한 자

1의2. 제8조 제1항에 따른 시정명령을 정당한 사유없이 이행하지 아니한 자

2. 제9조의4 제5항을 위반하여 시정명령을 이행하지 아니한 자

② 제1항에 따른 과태료는 대통령령으로 정하는 바에 따라 특허청장, 시·도지사 또는 시장·군수·구청장이 부과·징수한다.

<소 목 차>

Ⅰ. 의   의
Ⅱ. 과태료의 부과
　　1. 부과사유
　　2. 부과기준
　　3. 부과절차
Ⅲ. 과태료처분에 대한 불복절차
Ⅳ. 과태료의 징수 및 과태료재판의 집행
Ⅴ. 과태료의 시효

Ⅰ. 의   의

본조는 ① 특허청장, 특별시장·광역시장·도지사·특별자치도지사 또는 시장·군수·구청장(자치구의 구청장을 말한다, 이하 같다)이 ㉠ 관계공무원에게 본법이 규정하는 일정 유형의 위반행위에 대하여 조사·수거를 하게 하거나, ㉡ 위반행위에 대한 중지, 표지 등의 제거나 수정, 향후 재발 방지, 그 밖에 시정에 필요한 사항의 시정을 명하거나, ② 특허청장이 지정이 취소된 원본증명기관이 원본증명업무 기록을 인계하지 않거나 기록인계 불능 사실을 알리지 아니하는 경우 시정을 명함에 있어서, 그 행정조치의 실효성을 확보하기 위하여 위반자에 대하여 과태료를 부과할 수 있도록 하고 있다. 위와 같은 행정조치는 부정경쟁행위와 타인의 영업비밀을 침해하는 행위를 방지하여 건전한 거래질서를 유지하려는 입법목적을 달성하기 위하여 마련된 것인데, 이러한 조치를 따르지 아니하는 위반자에 대하여 아무런 제재가 없다면 자발적인 협조를 기대하기 어렵고 행정조치의 실효성을 확보하기 곤란하기 때문이다.

과태료는 형벌이 아니고 행정질서벌의 일종이다. 본조가 규정한 과태료는 질서위반행위규제법 제2조 제1호 소정의 질서위반행위에 해당한다.

Ⅱ. 과태료의 부과

1. 부과사유

가. 관계 공무원의 조사나 수거의 거부·방해·기피

제7조 제1항에 의하면, 특허청장, 특별시장·광역시장·도지사·특별자치도지사 또는 시장·군수·구청장은 제2조 제1호((아)목과 (파)목은 제외한다)의 부정경쟁행위나 제3조(국기·국장 등의 사용금지), 제3조의2(자유무역협정에 따라 보호하는 지리적 표시의 사용금지 등) 제1항 또는 제2항을 위반한 행위를 확인하기 위하여 필요한 경우로서 다른 방법으로는 그 행위 여부를 확인하기 곤란한 경우, 관계 공무원에게 영업시설 또는 제조시설에 출입하여 관계 서류나 장부·제품 등을 조사하거나 조사에 필요한 최소분량의 제품을 수거하게 수 있다. 관계 공무원의 이러한 조사나 수거를 거부·방해 또는 기피한 자에 대하여는 본조 제1항 제1호에 의하여 과태료를 부과할 수 있다.

이는 부정경쟁행위를 방지하고 영업비밀을 보호하려는 입법목적을 달성하기 위하여 행정기관이 그에 필요한 조사와 수거를 효율적으로 진행할 수 있도록 하기 위하여 상대방에게 협조의무를 부과하고 이를 위반할 경우 과태료라는 금전벌을 과하게 한 것이다.

나. 위반행위의 중지 등 시정명령의 불이행

2024. 1. 25. 신설된 제8조 제1항은 특허청장, 시·도지사 또는 시장·군수·구청장이 제2조 제1호((아)목과 (파)목은 제외한다)의 부정경쟁행위나 제3조(국기·국장 등의 사용금지), 제3조의2(자유무역협정에 따라 보호하는 지리적 표시의 사용금지 등) 제1항 또는 제2항을 위반한 행위가 있다고 인정되면 그 위반행위를 한 자에게 30일 이내의 기간을 정하여 위반행위의 중지, 표지 등의 제거나 수정, 향후 재발 방지, 그 밖에 시정에 필요한 명령을 할 수 있도록 규정한다. 이 시정명령을 정당한 사유 없이 이행하지 아니한 자에 대하여는 본조 제1항 제2호에 의하여 과태료를 부과할 수 있다.

이는 부정경쟁행위를 방지하고 영업비밀을 보호하려는 입법목적을 달성하기 위하여 행정기관이 위와 같은 위반행위에 대하여 시정을 명하여 상대방에게 그에 대한 이행의무를 부과하고 불이행 시 과태료라는 금전벌을 과할 수 있도록 한 것이다.

다. 원본증명기관에 대한 시정명령의 불이행

원본증명기관은 전자지문을 이용하여 영업비밀이 포함된 전자문서의 원본 여부를 증명하는 업무를 수행한다. 그런데 특허청장이 원본증명기관의 지정을 취소한 경우, 그 원본증명기관은 제9조의4 제3항에 따라 지정이 취소된 날부터 3개월 이내에 등록된 전자지문이나 그 밖에 전자지문의 등록에 관한 기록 등 원본증명업무에 관한 기록을 특허청장이 지정하는 다른 원본증명기관에 인계하여야 한다. 다만, 다른 원본증명기관이 인수를 거부하는 등 부득이한 사유로 원본증명업무에 관한 기록을 인계할 수 없는 경우에는 그 사실을 특허청장에게 지체 없이 알려야 한다. 이 경우 지정이 취소된 원본증명기관이 원본증명업무에 관한 기록을 인계하지 아니하거나 그 기록을 인계할 수 없는 사실을 알리지 아니하는 때에는, 특허청장은 특허청장은 제9조의4 제5항에 의하여 6개월 이내의 기간을 정하여 그 시정을 명할 수 있다. 이러한 시정명령을 이행하지 아니한 자에 대하여는 본조 제1항 제3호에 의하여 과태료를 부과할 수 있다.

이는 특허청장이 원본증명업무의 안전성과 신뢰성을 확보하기 위하여 지정이 취소된 원본증명기관의 위반행위에 대하여 시정을 명하여 그에 대한 이행의무를 부과하고 불이행 시 과태료라는 금전벌을 과할 수 있도록 한 것이다.

2. 부과기준

본조 제2항은 과태료의 부과 및 징수에 관하여 대통령령에 위임하고 있다. 그런데 질서위반행위규제법 제5조는 "과태료의 부과·징수, 재판 및 집행 등의 절차에 관한 다른 법률의 규정 중 이 법의 규정에 저촉되는 것은 이 법으로 정하는 바에 따른다."고 규정한다. 본법 시행령 제6조는 "법 제20조 제1항에 따른 과태료의 부과기준은 별표 4와 같다."고 규정하고 있는데, 이 규정은 질서위반행위규제법에 저촉되지 아니하므로 과태료의 부과기준에 관하여는 위 별표의 기준이 적용된다. 그 별표의 기준은 다음과 같다.

○ 일반기준

가. 위반행위의 횟수에 따른 과태료의 가중된 부과기준은 최근 3년간 같은 위반행위로 과태료 부과처분을 받은 경우에 적용한다. 이 경우 기간의 계산은 위반행위에 대하여 과태료 부과처분을 받은 날과 그 처분 후 다시 같은 위반행위를 하여 적발된 날을 기준으로 한다.

나. (가)목에 따라 가중된 부과처분을 하는 경우 가중처분의 적용 차수는 그 위반행위 전 부과처분 차수((가)목에 따른 기간 내에 과태료 부과처분이 둘 이상 있었던 경우에는 높은 차수를 말한다)의 다음 차수로 한다.

다. 부과권자는 다음의 어느 하나에 해당하는 경우에는 제2호에 따른 과태료 금액의 2분의 1의 범위에서 그 금액을 줄일 수 있다. 다만, 과태료를 체납하고 있는 위반행위자의 경우에는 그러하지 아니하다.

1) 위반행위자가 「질서위반행위규제법 시행령」 제2조의2 제1항 각 호의 어느 하나에 해당하는 경우

2) 위반행위가 사소한 부주의나 오류로 인한 것으로 인정되는 경우

3) 위반행위자가 법 위반상태를 시정하거나 해소하기 위하여 노력한 것이 인정되는 경우

4) 그 밖에 위반행위의 정도, 위반행위의 동기와 그 결과 등을 고려하여 줄일 필요가 있다고 인정되는 경우

라. 부과권자는 다음의 어느 하나에 해당하는 경우에는 제2호에 따른 과태료 금액의 2분의 1의 범위에서 그 금액을 늘릴 수 있다. 다만, 법 제20조 제1항에 따른 과태료 금액의 상한을 넘을 수 없다.

1) 위반의 내용·정도가 중대하여 소비자 등에게 미치는 피해가 크다고 인정되는 경우

2) 법 위반상태의 기간이 6개월 이상인 경우

3) 그 밖에 위반행위의 정도, 위반행위의 동기와 그 결과 등을 고려하여 늘릴 필요가 있다고 인정되는 경우

○ 개별기준

위반행위	근거법령	과태료 금액(만원)		
		1회 위반	2회 위반	3회 이상 위반
가. 법 제7조 제1항에 따른 관계 공무원의 조사나 수거를 거부·방해 또는 기피한 경우	법 제20조 제1항 제1호			
1) 관계 공무원의 영업장 출입을 거부하거나 영업장 조사를 거부하는 등 관계 공무원의 조사를 적극적으로 거부하는 경우		500	1,000	2,000
2) 영업장 내의 증거품을 반출하거나 숨기거나 인멸하는 등 관		200	400	800

계 공무원의 조사를 방해하는 경우				
3) 정당한 사유 없이 영업장을 이탈하는 등 조사를 기피하는 경우		100	200	400
4) 정당한 사유 없이 관계 공무원의 조사 확인이나 조사에 필요한 제품의 수거를 거부하는 등 기피행위를 한 경우		50	100	200
나. 법 제9조의4 제5항을 위반하여 시정명령을 이행하지 않은 경우	법 제20조 제1항 제2호	300	600	1,200

3. 부과절차

특허청장 등은 질서위반행위에 대하여 과태료를 부과하고자 하는 때에는 미리 당사자(고용주 등을 포함한다)에게 사전통지하고 10일 이상의 기간을 정하여 의견을 제출할 기회를 주어야 하고, 당사자는 의견 제출 기한 이내에 특허청장 등에 의견을 진술하거나 필요한 자료를 제출할 수 있다. 특허청장 등은 당사자가 제출한 의견에 상당한 이유가 있는 경우에는 과태료를 부과하지 아니하거나 통지한 내용을 변경할 수 있다(질서위반행위규제법 제16조). 특허청장 등은 위 의견 제출 절차를 마친 후에 서면(당사자가 동의하는 경우에는 전자문서를 포함한다)으로 과태료를 부과하여야 한다(질서위반행위규제법 제17조). 특허청장 등은 당사자가 위 의견 제출 기한 이내에 과태료를 자진하여 납부하고자 하는 경우에는 과태료를 감경할 수 있다(질서위반행위규제법 제18조).

특허청장 등은 질서위반행위가 종료된 날부터 5년이 경과한 경우에는 해당 질서위반행위에 대하여 과태료를 부과할 수 없다(질서위반행위규제법 제19조 제1항). 다만 특허청장 등은 법원의 과태료 재판 또는 약식재판이 있는 경우에는 그 결정이 확정된 날부터 1년이 경과하기 전까지는 과태료를 정정부과 하는 등 해당 결정에 따라 필요한 처분을 할 수 있다(질서위반행위규제법 제19조 제2항).

Ⅲ. 과태료처분에 대한 불복절차

상표법은 과태료처분에 대한 불복절차에 관하여 별도의 규정을 두지 않고 있는데, 이는 그 불복절차에 관하여 질서위반행위규제법이 규율하고 있기 때문이다. 과거 부정경쟁방지 및 영업비밀보호에 관한 법률상 과태료처분에 대한 불복절차에 관하여 제20조¹⁾ 제3항 및 제4항이, 징수절차에 관하여 같은 조 제2, 5항이 각 규정이 있었으나 질서위반행위규제법의 제정(법률 제8725호, 2008. 6. 22. 시행)으로 불필요해졌으므로, 2009. 12. 30. 본법 개정 시 위 각 규정은 삭제되었다.

특허청장 등의 과태료 부과에 불복하는 당사자는 과태료 부과 통지를 받은 날부터 60일 이내에 해당 특허청장 등에게 서면으로 이의제기를 할 수 있다. 위 이의제기가 있는 경우에는 행정청의 과태료 부과처분은 그 효력을 상실한다(질서위반행위규제법 제20조 제1항, 제2항). 특허청장 등은 이의제기를 받은 날부터 14일 이내에 이에 대한 의견 및 증빙서류를 첨부하여 관할 법원에 통보하여야 한다(질서위반행위규제법 제21조). 여기서 관할 법원이라 함은 당사자의 주소지의 지방법원 또는 그 지원을 말한다(질서위반행위규제법 제25조).

법원은 심문기일을 열어 당사자의 진술을 듣고, 검사로부터 의견을 들은 후(검사의 심문기일 참여는 임의적이다) 이유를 붙인 결정으로 과태료 재판을 한다. 그 결정은 당사자와 검사에게 고지함으로써 효력이 생긴다(질서위반행위규제법 제31조, 제36조, 제37조). 법원은 필요하다고 인정하는 때에는 행정청으로 하여금 심문기일에 출석하여 의견을 진술하게 할 수 있다(질서위반행위규제법 제32조).

법원은 심문을 거치지 않고 약식재판을 할 수 있는데, 당사자와 검사가 약식재판의 고지를 받은 후 7일 이내에 적법한 이의신청을 한 경우에는 정식재판

---

1) 제20조(과태료)
　① 제7조 제1항에 따른 관계 공무원의 조사나 수거를 거부·방해 또는 기피한 자에게는 2천만 원 이하의 과태료를 부과한다.
　② 제1항에 따른 과태료는 대통령령으로 정하는 바에 따라 특허청장이 부과·징수한다.
　③ 제2항에 따른 과태료 처분에 불복하는 자는 그 처분을 고지받은 날부터 30일 이내에 특허청장에게 이의를 제기할 수 있다.
　④ 제2항에 따른 과태료 처분을 받은 자가 제3항에 따라 이의를 제기하면 특허청장은 지체 없이 관할 법원에 그 사실을 통보하여야 하며, 그 통보를 받은 관할 법원은 「비송사건절차법」에 따른 과태료 재판을 한다.
　⑤ 제3항에 따른 기간에 이의를 제기하지 아니하고 과태료를 내지 아니하면 국세 체납처분의 예에 따라 징수한다.

으로 이행한다. 정식재판으로 이행한 경우에는 반드시 심문기일을 열어 당사자의 진술을 들어야 한다(질서위반행위규제법 제44조, 제45조, 제50조).

당사자와 검사는 과태료 재판에 대하여 즉시항고를 할 수 있다. 이 경우 항고는 집행정지의 효력이 있다(질서위반행위규제법 제38조).

Ⅳ. 과태료의 징수 및 과태료 재판의 집행

질서위반행위규제법 제5조는 "과태료의 부과·징수, 재판 및 집행 등의 절차에 관한 다른 법률의 규정 중 이 법의 규정에 저촉되는 것은 이 법으로 정하는 바에 따른다."고 규정한다. 본조 제2항의 위임을 받은 본법 시행령은 과태료의 부과기준만 규정하고 있을 뿐 그 외 보과·징수, 재판 및 집행 등의 절차에 관하여 아무런 규정을 두고 있지 않다. 따라서 본조에 따른 과태료의 징수, 집행 등의 절차에 관하여는 질서위반행위규제법이 전면적으로 적용된다.

본조 제2항은 과태료의 부과 및 징수에 관한 사항을 대통령령에 위임하면서 특허청장 등이 과태료를 징수하도록 규정한다. 특허청장 등이 부과한 과태료가 당사자의 이의제기 없이 확정된 후 당사자가 과태료를 납부하지 아니한 경우에는 특허청장 등은 국세 또는 지방세 체납처분의 예에 따라 이를 징수한다. 당사자가 납부기한까지 과태료를 납부하지 아니한 때에는 납부기한을 경과한 날부터 체납된 과태료에 대하여 100분의 3에 상당하는 가산금을 징수한다. 당사자가 체납된 과태료를 납부하지 아니한 때에는 납부기한이 경과한 날부터 매 1개월이 경과할 때마다 체납된 과태료의 1천분의 12에 상당하는 중가산금을 위 가산금에 가산하여 징수한다. 이 경우 중가산금을 가산하여 징수하는 기간은 60개월을 초과하지 못한다. 이러한 가산금 및 중가산금 역시 국세 또는 지방세 체납처분의 예에 따라 징수한다(질서위반행위규제법 제24조).

당사자가 적법한 이의제기 기간 내에 과태료 부과에 대하여 이의를 제기한 경우에는 법원이 과태료 재판을 진행하여 과태료를 결정하고, 확정된 과태료 재판의 집행을 통한 과태료의 징수는 검사가 담당하되, 검사는 특허청장 등에게 과태료 재판의 집행을 위탁할 수 있다(질서위반행위규제법 제43조).

과태료 재판은 검사의 명령으로써 집행한다. 이 경우 그 명령은 집행력 있는 집행권원과 동일한 효력이 있다. 과태료 재판의 집행절차는 민사집행법에 따르거나 국세 또는 지방세 체납처분의 예에 따른다. 다만, 민사집행법에 따를 경우에는 집행을 하기 전에 과태료 재판의 송달은 하지 아니한다. 검사가 민사집행법 또는 국세 또는 지방세 체납처분의 예에 따라 과태료 재판을 집행한 경우 그 결과를 특허청장 등에 통보하여야 한다(질서위반행위규제법 제42조).

검사가 특허청장 등에 대하여 과태료 재판의 집행을 위탁할 경우, 위탁을 받은 특허청장 등은 국세 또는 지방세 체납처분의 예에 따라 집행한다(질서위반행위규제법 제43조 제1항). 지방자치단체의 장이 위 집행을 위탁받은 경우에는 그 집행한 금원은 당해 지방자치단체의 수입으로 한다(질서위반행위규제법 제43조 제2항).

V. 과태료의 시효

과태료는 특허청장 등의 과태료 부과처분이나 법원의 과태료 재판이 확정된 후 5년간 징수하지 아니하거나 집행하지 아니하면 시효로 인하여 소멸한다. (질서위반행위규제법 제15조 제1항). 위 소멸시효의 중단·정지 등에 관하여는 국세기본법 제28조를 준용한다(질서위반행위규제법 제15조 제2항).

이에 따르면 과태료의 소멸시효는 납부고지, 독촉, 교부청구, 압류에 의하여 중단된다(국세기본법 제28조 제1항). 그와 같이 중단된 소멸시효는 고지한 납부기간, 독촉에 의한 납부기간, 교부청구 중의 기간, 압류해제까지의 기간이 각 지난 때부터 새로 진행한다(국세기본법 제28조 제2항). 한편, 과태료의 소멸시효는 분납기간, 납부고지의 유예, 지정납부기한·독촉장에서 정하는 기한의 연장, 징수 유예기간, 압류·매각의 유예기간, 연부연납기간, 관계공무원이 국세징수법 제25조에 따른 사해행위 취소소송이나 민법 제404조에 따른 채권자대위 소송을 제기하여 그 소송이 진행 중인 기간, 체납자가 국외에 6개월 이상 계속 체류하는 경우 해당 국외 체류 기간의 어느 하나에 해당하는 기간에는 진행되지 아니한다(국세기본법 제28조 제3항). 위 사해행위 취소소송 또는 채권자대위 소송의 제기로 인한 시효정지의 효력은 소송이 각하·기각 또는 취하된 경우에는 효력이 없다(국세기본법 제28조 제4항).

〈오영준〉

사항색인

[ㄱ]

가능성　64

가상의 근로자　460

개량　233

개별적 인격권　280

개별화하　26

개시　258

개연성　64

객관적 관찰　43

거래자　38

거래적 가치(Wettbewerbliche Eigenart)　329

경과실　447

경쟁상 불가피적 형태　215

경쟁상 우위　228

경쟁질서　334

경제적 가치　275

고객흡인력(顧客吸引力)　53

고용계약　258

고의　538

공개　254

공공영역(公共領域, public domain)　271, 330

공동 침해　234

공무원의제규정　810

공소시효의 특례　851

공정거래법　362

공정사용　69

공정한 상거래 관행　69, 334

공지　230

과실　538

과잉금지원칙　50

과태료　853

광의의 혼동　44

국가첨단전략산업법　419

국기·국장 등의 무단사용　494

국제인터넷주소관리기구(ICANN: Internet Corporation for Assigned Names and Numbers)　477

국제재판관할　161

금지기간　644

금지대상의 특정　428

금지명령의 기간　628

금지청구권　512, 609

금지청구권 시효　669

기능성 원리(doctrine of functionality)　33

기능적 형태　215

기망　254

기밀보호의 법리(law of confidentiality)　4

기산일　216

기술경영(Management of Technology, MOT)　424

기술적 보호조치　262

기술적 아이디어　225

기술정보   398
기술탈취   480

[ㄴ]

노예적 모방(sklavische Nachahmung)
    340

[ㄷ]

다국어도메인(IDN: Internationalized
    Domain Name)   477
단위수량당 이익액   685
단일한 출처표시(unique identifier)   65
대세효   426
대외비   393
WTO 지식재산권협정(TRIPs)   103
데드 카피   172, 199
데이터   238
데이터베이스   239
데이터브로커   258
데이터산업법   242
도메인네임   47
도메인이름   47, 106, 476
도메인이름 등록말소   122
도메인이름 등록이전   122
도메인이름 등록이전청구권   155
도메인이름분쟁조정규정   132
독립된 경제적 가치성(independent eco-
    nomic valu)   382
독립적 거래대상이   194
독점규제법   350
독점적 수입판매권자   182
독점적 판매권   182
독점적응성   224

[ㄹ]

리버스 엔지니어링   382, 423

[ㅁ]

마드리드협정   85
면책   226
명확성원칙   50
모방금지권   175
몰수   842
무단사용   339
무등록디자인권   175
무력화   262
무임승차(free-riding)   7
무체물   328
미등록상표   354

[ㅂ]

발명진흥법   467
방어권   226
방해할 목적   117
배신적(背信的) 사용   232
배타적 권리   241
범용 부품   264
변형   233
보안각서   391
보안관리 규정   393
보충적 일반조항   240
보통법(common law)   372
보호기간   216
복제   254
부동산   185
부정경쟁행위의 조사   564
부정공개행위   455
부정사용   232

부정사용행위   238
부정적 용어   151
부정접속   254
부정차용(misappropriation)   5
부정취득 후 공개행위   444
부정취득 후 사용행위   443
부정취득행위   438, 439
부정한 목적   66, 133, 146
부정한 수단   254, 438
부품   194, 215
분리관찰   42
不可視的 形態   197
불가피한 누설 이론   640
불법행위   222
불법행위에 기한 금지청구권   528
비공개(In Camera) 절차   434
비공지성   226, 374, 397
비기능성   26
비밀관리성   384
비밀유지관계   221
비밀유지명령   434, 750
비밀유지명령 취소   772
비밀유지의무   391
비상업적 사용   67
비전형 상표   32
비징형 데이터   240
비즈니스 모델   328
비평 사이트   131
빅 데이터   238

[ㅅ]
사실상 추정   207
사실상의 동일성   57
사실심 변론종결 당시   39

사외비   253
사용   254
사용금지의 범위   151
사용에 의한 식별력   27
사용허락계약   258
사이버스쿼팅(cybersquatting)   115,
   120
4차 산업혁명시대   480
사칭(詐稱: passing off)   2
사칭통용(詐稱通用, passing off)   22
사칭행위   354
사회질서   255
사회통념   256
사후적부정사용행위   438
사후적 전득   262
사후적 중과실   450
산업재산권법   172
상당량   248
상당축적성   242
상당한 노력   387
상사불법행위   329
상업적 사용   59, 116
상업적 이익   145
상표법조약(Trademark Law Treaty)
   103
상표의 사용   107, 108
상품   25
상품사칭행위   92
상품의 아이디어   185
상품의 조합   195
상품의 형태   172
상품의 형태의 일부   193
상품주체 혼동행위   22
상품표지   25

상품형태의 모방행위   177
서비스 유추적용   79
선량한 풍속   254
선사용자   48, 66
선의취득자   218
성과 도용   222
성과물   257, 322
성명권   282
소멸시효의 기산점   155
소송기록의 열람   781
손상(tarnishment)   60
손해배상청구   537, 657
손해액 추정   674
수요자   38
순이익설   692
스카웃   441
시간 절약(lead time)   228
시정권고   575
시정명령   577
시효기간   351
식별력   27
신용회복조치   559
신의칙 위반   254
신의칙상 비밀유지의무   454
신종 상품   214
실시료 상당액의 산정   701
실질적 동일성   200
심미성   174

[ㅇ]
아이디어   198, 331
아이디어 탈취   219
악의   447
악의적 전득행위   260

약화(blurring)   60
양벌규정   846
업무상배임죄   473
업무상저작물   462
업으로서   245
엑세스 제한   251
역분석(reverse engineering)   441
역사칭행위(reverse passing-off)   95
역설계   230
연방 경제스파이법(EEA: The Economic
    Espionage Act)   373
연방 영업비밀방어법(DTSA: Defend
    Trade Secrets Act)   374
영업   25
영업방법(BM) 발명   422
영업비밀   398, 406
영업비밀 보유자   387
영업비밀 원본증명제도   582
영업비밀 침해금지청구권   413
영업비밀 특정   431, 614
영업비밀침해죄   823
영업상 아이디어   225
영업상 주요한 자산   473
영업적 거래   177
영업주체 혼동행위   22
영업표지   27
예비행위   263
예속적 모방(sklavische Nachahmung)
    336
오인·혼동방지청구   507
오인유발행위   72
오픈데이터   246
완전한 모방   199
요부관찰   42

용이 창작   213
원산지 거짓표시행위   74
위법한 정보   251
위조상품 포상금   802
유동성   188
유리한 출발(headstart)   228
유명상표   52
유명인(celebrities)   274
유용성   395
유체물   225, 328
유형물   398
의무위반행위   438
이격적(離隔的) 관찰   43
이용통제조치   263
2차적인 의미(secondary meaning)   27
인격권   272
인격표지영리권   279
인공지능   256
인적 식별표지   274
인터넷주소   478
인터넷주소법   118
인터넷주소분쟁조정위원회   131
일반적 인격권   280
일반적 지식(general knowledge and
   skill)   379, 459
일반조항   323
一身專屬權   282

[ㅈ]
저명성   55
저명표지   55
적용 제외   65
전자적 관리성)   242
전자적 방법   248

전자파일   410
전직금지청구   639
전체관찰   42
전체적인 외양과 느낌(look and feel)
   54
절취   254
접근통제조치   263
정당한 권원   117, 144
정보(information)   399
정형 데이터   240
조사의무   261
주관적 인식   206
主觀的 財産   459
주의의무   261
주지성   37
준거법   168
준물권   276
중대한 과실   260, 261, 438, 447
증명책임의 전환   229
지리적 표시   502
지적 창작물   225
직무발명   462
직접적 모방(unmittelbare
   Leistungsübernahme)   336
진부한 형태   212
진정상품 병행수입   130

[ㅊ]
청구권자   519
청구주체   179
초상   272
초상권   285
초상등재산권   279
총이익설   692

추상적 위험   63

추상적 특징   185

출처지 오인유발행위   85

취득   254

침해금지기간   426

침해행위   39

[ㅋ]

캐릭터   26

컨소시움(consortium)   257

크롤링   268

클라우드   256

키워드서비스   478

[ㅌ]

타인   25, 178

타인의 성과에 대한 모방의 자유   177

통상적인 형태   211

통일영업비밀법   373

트레이드 드레스(trade dress)   26, 29,
   54, 331

특정   226

특정 다수   245

특정인   245

[ㅍ]

파리협약   103, 328

판매력(selling power)   53

판매상의 경영정보   398

패러디   68

퍼블리시티권(right of publicity)   270

폴라로이드 요소(Polaroid factors)   46

표지의 동일 또는 유사   39

품질 등 오인야기행위   92

플랫폼   328

[ㅎ]

한계이익설   693

한류   271

한정제공데이터   242

한정제공성   242

합리적인 노력   387

행정조사   266

행정조사 기록   788

현저한 지리적 명칭   28

협박   255

협의의 혼동   44

형태적 동일성   198

혼동가능성(likelihood of confusion)
   44

희석화 이론   53

제2판
부정경쟁방지법 주해

초판발행	2020년 2월 10일
제2판발행	2024년 7월 15일

편집대표	정상조
펴낸이	안종만 · 안상준

편 집	김선민
기획/마케팅	조성호
표지디자인	벤스토리
제 작	고철민 · 김원표

펴낸곳	(주) **박영사**
	서울특별시 금천구 가산디지털2로 53, 210호(가산동, 한라시그마밸리)
	등록 1959. 3. 11. 제300-1959-1호(倫)
전 화	02)733-6771
f a x	02)736-4818
e-mail	pys@pybook.co.kr
homepage	www.pybook.co.kr
ISBN	979-11-303-4755-4 93360

* 파본은 구입하신 곳에서 교환해 드립니다. 본서의 무단복제행위를 금합니다.

정 가   49,000원